SPĀŅU-LATVIEŠU VĀRDNĪCA

DICCIONARIO ESPAÑOL-LETÓN

Sastādījusi Lilita LEODANSKA

Mākslinieks Uldis BALTUTIS

ISBN 9984–757–17–X

© L. Leodanska, 2004
© U. Baltutis, 2004
© Avots, 2004

PRIEKŠVĀRDS

Spāņu-latviešu vārdnīca domāta tiem, kas mācās spāņu valodu, lasa šai valodā un tulko no spāņu valodas latviešu valodā. Vārdnīca noderēs tiem, kas dodas uz valstīm, kur runā spāņu valodā, kā arī spāņu valodā runājošiem ārzemniekiem, kas atbraukuši uz mūsu zemi.

Vārdnīcā ievietots ap 35 000 spāņu vārdu. Tās pamatā ir galvenokārt mūsdienu spāņu literārās un sarunvalodas leksika. Doti arī vārdi un vārdu nozīmes, ko lieto tikai Latīņamerikas valstīs.

Frazeoloģismi, parunas un sakāmvārdi atspoguļoti stingras atlases veidā.

Vārdnīcas beigās ievietots ģeogrāfisko nosaukumu saraksts un darbības vārdu locīšanas tabulas.

LEKSIKOGRĀFISKIE AVOTI

Rozenberga M. Spāņu valoda iesācējiem. Rīga, Leptons Media, 1995.

Aut. kol. Spāņu-latviešu vārdnīca. Rīga, Liesma, 1978.

Испанско-русский и русско-испанский словарь. Сост. К. А. Марцишевская, Б. Х. Сордо-Пенья, С. Маринеро. Москва, Русский язык, 2000.

Современная экономическая терминология испаноязычных стран. Сост. С. Н. Кособчук. Москва, Наука, 1982.

Испанско-русский словарь. Москва, Русский язык, 1988.

VĀRDNĪCAS UZBŪVE
Vispārīgi norādījumi

Spāņu pamatvārdi doti alfabēta secībā. Vārdi, kā arī to nozīmes ilustrēti ar piemēriem, precizēti ar paskaidrojumiem, lietošanas nozaru apzīmējumiem, gramatiskām un stila norādēm.

Ar romiešu cipariem parādītas dažādas vārdšķiras, pie kurām pieder viens un tas pats pamatvārds. Piem.:

afilado I *a* uztrīts; izslīpēts; ass; **II** *m* slīpējums.

Atsevišķu nozīmju priekšā likti arābu cipari. Piem.:

cincho *m* **1.** josta; **2.** dzelzs stīpa.

Homonīmi apzīmēti ar mazajiem latīņu burtiem (^{a,b} utt.). Piem.:

desabono^a *m* diskreditācija; diskreditēšana

desabono^b *m* (*laikrakstu u. tml.*) parakstīšanās (abonēšanas) izbeigšana.

Tulkojumi, kas ir tuvi sinonīmi, cits no cita atdalīti ar komatu. Ja nozīmes atšķirība lielāka, tos šķir semikols. Piem.:

fámulo *m* kalps, sulainis;

emotivo, emocional *a* viegli aizkustināms; jūtelīgs; sentimentāls.

Spāņu valodā burtu kopas *ch* un *ll* ir patstāvīgas alfabēta zīmes, tāpēc vārdi, kas sākas ar šīm burtkopām, jāmeklē aiz vārdiem, kas sākas ar burtiem *c* un *l*.

Refleksīvie (atgriezeniskie) darbības vārdi, ja tie alfabētiski seko pamatdarbības vārdam, doti aiz pamatdarbības vārda ar apzīmējumu *rfl*. Piem.:

adaptar *v* ... ~**se** *rfl* ...

Vārda daļa, kas atrodas aiz tildes (~), pievienojama pamatvārdam, ja tas nav sadalīts ar paralēlēm (‖), vai tai pamatvārda daļai, kas atrodas paralēļu priekšā. Piem.:

laurel *m* ... ◇ dormirse en los ~es (jālasa: *dormirse en los laureles*) – atdusēties (dusēt) uz lauriem;

fronteriz‖o *a* **1.** pierobežas-; zona ~a (jālasa: *zona fronteriza*) – pierobežas josla, robežjosla ...

Ja pamatvārds piemēros atkārtojas negrozītā veidā, tas aizstāts ar tildi. Piem.:

abono *m* **1.** abonements; abonēšana; ~ al teatro (jālasa: *abono al teatro*) – teātra abonements.

Fakultatīvie vārdi vai vārdu daļas kā latviskajā, tā arī spāniskajā daļā likti kvadrātiekavās. Piem.:

Garabato *m* **1.** [dzelzs] āķis (jālasa: *dzelzs āķis*) ... Apaļajās iekavās stāviem burtiem doti varianti. Piem.:

lengua *f* ... dzimtā (mātes) valoda ...

Frazeoloģismi novietoti pamatvārda rindkopas beigās aiz romba zīmes (◇).

Gramatiskais raksturojums

Lietvārdiem pievienots dzimtes apzīmējums *m* (vīr. dz.) vai *f* (siev. dz.). Kopdzimtes vārdiem dots apzīmējums *m, f.* Daudzskaitliniekiem pievienots apzīmējums *pl.* Pārējo vārdu šķiru vārdiem pievienots attiecīgais vārdšķiras apzīmējums (*adj, adv, pron* u. c.).

SAĪSINĀJUMI

a, adj – adjetivo (īpašības vārds)
adv – adverbio (apstākļa vārds)
ak. – akuzatīvs
am. – amerikānisms
anat. – anatomija
arheol. – arheoloģija
arhit. – arhitektūra
art det – artículo determinado (noteiktais artikuls)
art indet – artículo indeterminado (nenoteiktais artikuls)
astr. – astronomija
av. – aviācija
bazn. – baznīcas termins
biol. – bioloģija
bot. – botānika
būvn. – būvniecība
celtn. – celtniecība
conj – conjunción (saiklis)
darb. v. – darbības vārds
dat. – datīvs
daž. noz. – dažādās nozīmēs
dsk. – daudzskaitlis
dzelzc. – dzelzceļa termins
ek. – ekonomika
el. – elektrība
ent. – entomoloģija
f – femenino (sieviešu dzimte)
farm. – farmakoloģija
filoz. – filozofija
fiz. – fizika
fiziol. – fizioloģija
fizk. – fiziskā kultūra un sports
foto – fototehnika
glezn. – glezniecība
gram. – gramatika
grāmatv. – grāmatvedība
ģen. – ģenitīvs
ģeod. – ģeodēzija
ģeogr. – ģeogrāfija
ģeol. – ģeoloģija
iht. – ihtioloģija
impers – impersonal (bezpersoniski)
inf – infinitivo (nenoteiksme)
inf. – informātika
interj – interjección (izsauksmes vārds)
iron. – ironiski
jur. – juridisks termins
jūrn. – jūrniecība
kalnr. – kalnrūpniecība
kub. – Kubā lietojams vārds vai vārda nozīme
kul. – kulinārija
ķīm. – ķīmija
lauks. – lauksaimniecība
lietv. – lietvārds
lit. – literatūras termins
loģ. – loģika
m – masculino (vīriešu dzimte)
māksl. – māksla
mat. – matemātika
med. – medicīna

meh. – mehānika
mil. – militārs termins
min. – mineraloģija
mit. – mitoloģija
mūz. – mūzika
nek. dz. – nekatra dzimte
niev. – nievājoši
novec. – novecojis vārds vai izteiciens
num – numeral (skaitļa vārds)
ornit. – ornitoloģija
pārn. – pārnestā nozīme
part – participio (divdabis)
pers. – persona
pils. – pilsēta
pl – plural (daudzskaitlis, daudzskaitlinieks)
poēt. – dzejiskā valodā lietojams vārds vai izteiciens
pol. – politisks termins
poligr. – poligrāfija
prep – preposición (prievārds)
pron dem – pronombre demostrativo (norādāmais vietniekvārds)
pron indef – pronombre indefinido (nenoteiktais vietniekvārds)
pron interr – pronombre interrogativo (jautājamais vietniekvārds)
pron pers – pronombre personal (personas vietniekvārds)
pron pos – pronombre posesivo (piederības vietniekvārds)
pron rel – pronombre relativo (attieksmes vietniekvārds)
pron rfl – pronombre reflexivo (atgriezeniskais vietniekvārds)
psihol. – psiholoģija
rel. – reliģija
saīs. – saīsinājums
sakāmv. – sakāmvārds
sar. – sarunvalodā lietojams vārds vai izteiciens
siev. dz. – sieviešu dzimte
sk. – skatīt
teātr. – teātra termins
tehn. – tehnika
tekst. – tekstilrūpniecība
v – verbo (darbības vārds)
v rfl – verbo reflexivo (atgriezenisks darbības vārds)
val. – valodniecība
vēst. –vēsture
vet. – veterinārija
vietn. – vietniekvārds
vīr. dz. – vīriešu dzimte
vsk. – vienskaitlis
zool. – zooloģija

Spāņu alfabēts

A	B	C	Ch	D	E
F	G	H	I	J	K
L	Ll	M	N	Ñ	O
P	Q	R	S	T	U
V	W	X	Y	Z	

A

abacería bakalejas preču veikals, pārtikas preču veikals
abacero *m* sīktirgotājs, bodnieks
abad *m* **1.** abats, klostera priekšnieks; **2.** garīdznieks; priesteris; ◊ *como canta el ~ responde el sacristán* – kā mežā sauc, tā atskan
abadejo *m* **1.** menca; **2.** *ornit.* zeltgalvītis; svilgalvītis
abadesa *f bazn.* abate, klostera priekšniece
abadía *f bazn.* abatija
abajadero *m* nogāze, nokalne
abajo **I** *adv* apakšā; zemē; uz leju, lejup; *de arriba ~ ~* 1) no augšas lejup; 2) no augšas līdz apakšai; *de abajo* – no apakšas; *rio ~ ~* pa straumi; **II** *interj.* nost!
abalanzar[a] *v* līdzsvarot
abalanzar[b] *v* sviest, mest; **~se** *rfl* mesties: *~se sobre uno* – uzbrukt kādam
abaldonar *v* **1.** apvainot; **2.** bārt, lamāt
abalorio *m* stikla krelles; ◊ *no vale un ~* – nav ne plika graša vērts

abanderamiento *m* iesaukums; vervēšana (*armijā*)
abandonado *a* **1.** pamests, atstāts; *niño ~* – izlikts bērns; atradenis; **2.** nolaists, atstāts novārtā; **3.** nevīžīgs; nevērīgs
abandonar *v* atstāt, pamest; *~ en manos de la suerte* – pamest likteņa varā; *~ la ciudad* – pamest pilsētu; **~se** *rfl* **1.** *pārn.* nolaisties, kļūt nekārtīgam; **2.** nodoties (*kaut kam nosodāmam*); ~se *a los vicios* – palaisties netikumos, dzīvot netikumīgi; **3.** zaudēt dūšu; kļūt grūtsirdīgam
abanicar *v* **1.** vēdināt (*ar vēdekli*); *vēršu cīņās* – kaitināt vērsi ar muleti; **~se** *rfl* vēdināties (*ar vēdekli*)
abanico *m* **1.** vēdeklis; **2.** ass (griezīgs) vējš; **3.** ventilators; **4.** *jūrn.* kravas celtnis
abanillo mazs vēdeklis
abaratar *v* **1.** palētināt; pazemināt (*cenu*); pārdot (pirkt) lētāk; **2.** pietiekami nenovērtēt; nevērīgi (ne-

A

cienīgi) izturēties; ~se *rfl* palētināties, kļūt lētākam; **3.** nicināt; **4.** zaudēt cieņu

abarca *f* vīze; pastala (*no jēlmītas ādas*)

abarca‖r *v* **1.** apņemt, aptvert; ietvert, saturēt; **2.** *mil.* apiet; **3.** *medn.* ielenkt (*meža daļu*); ◇ quien mucho ~a, poco aprieta – kas daudz grib, tam maz tiek

abarquillarse *v rfl* sačokuroties (*par lapām, pergamentu*); samesties (*par dēļiem*)

abarrajar *v mil.* uzbrukt, doties triecienā; izsist no pozīcijām (*ienaidnieku*); ~se *rfl* (*am.*) novelties, nogāzties [zemē]

abarrancadero *m* **1.** sekla vieta; sēre; sēklis; **2.** grūts uzdevums; **3.** grūts (sarežģīts) stāvoklis

abarrancar *v* **1.** izskalot (*par lietu*); **2.** iegrūst grāvī (bedrē); **3.** iepīt (iejaukt) nepatikšanās; **4.** *jūrn.* uzdzīt uz sēkļa; **5.** *jūrn.* uzskriet uz sēkļa; ~se *rfl* **1.** *jūrn.* uzskriet uz sēkļa; **2.** *pārn.* sapīties

abarredera *f* slota; suka

abastecedor *m* **1.** piegādātājs; **2.** uzpircējs; **3.** spekulants

abastecer *v* (con, de) piegādāt; apgādāt (*ar pārtiku, ūdeni u. tml.*); ~ de vīveres – apgādāt ar pārtiku; ~se *rfl* apgādāties

abastecimiento *m* sagāde; apgāde; ~ de agua – ūdens apgāde

abatimiento *m* **1.** nomāktība; grūtsirdība; **2.** spēku izsīkums; **3.** entregarse al ~ – kļūt grūtsirdīgam; būt nospiestā garastāvoklī; **4.** *jūrn.* dreifs

abatir *v* **1.** nogāzt, notriekt [zemē]; ~ un avión – notriekt lidmašīnu; **2.** [no]cirst (*mežu*); **3.** [no]kaut (*lopus*); **4.** nojaukt, noplēst (*ēku, būvi*); **5.** *jūrn.* nolaist (*buras*); **6.** apspiest, pārvarēt (*kādas jūtas*); ~ su rencor – savaldīt savas dusmas; **7.** pazemot; **8.** atņemt (laupīt) drosmi; no dejarse ~ – nezaudēt dūšu; nepadoties grūtsirdībai; **9.** *jūrn.* dreifēt; ~se *rfl* **1.** nogāzties [zemē]; **2.** mesties virsū (*laupījumam*); **3.** piekāpties, padoties

abdicación *f* atteikšanās, atkāpšanās (*no ieņemamā amata, tiesībām, uzskatiem*); lieto arī ar juridiskā termina nozīmi kā *atteikšanās no īpašuma tiesībām u. tml.*

abdicar *v* atteikties, atkāpties (*no ieņemamā amata, tiesībām, uzskatiem*)

abdomen *m* **1.** vēdera dobums; vēders; **2.** vēderiņš (*kukaiņiem*)

abdominal *a* vēdera-; cavidad ~ – vēdera dobums; tifus ~ – vēdertīfs

abdominia *f* rijība, nesātība

abecé *m* ābece

abecedario *m* **1.** alfabēts; **2.** ābece

abedul *m* bērzs; ~ de Carelia – Karēlijas bērzs

abedular *m* bērzu birzs

abeja *f* bite
abejar *m* bišu dārzs, drava
abejaruco *m* 1. bišu dzenis, bišķērājs (*putns*); 2. *sar.* cilvēks ar jocīgu ārieni
abejón *m* 1. trans; 2. sirsenis; 3. (*am.*) sliņķis; 4. (*am.*) viltnieks; ◇ jugar con alguno al ~ – zoboties par kādu; aizskart kāda patmīlību
abejorro *m* 1. kamene; 2. maijvabole
abela *f* apse
aberenjenado *a* tumši violets
aberración *f* 1. *pārn.* maldīšanās, kļūdīšanās; novirzīšanās no pareizā ceļa; ◇ ~ mental – prāta aptumšošanās
aberrar *v* maldīties, kļūdīties; novirzīties no pareizā ceļa
abertura *f* 1. caurums; sprauga; 2. atvēršana, attaisīšana; 3. atklātība, vaļsirdība
abetal *m* egļu mežs; eglājs
abeto *m* egle; ~ albar (blanco) – baltegle
abiert‖o I *part no abrir*; II *a* 1. atvērts; attaisīts; vaļējs; 2. atklāts, atsegts, klajš; neapsargāts; nenocietināts; 3. atklāts, vaļsirdīgs; 4. izšķērdīgs; 5. (*am.*) uzpūtīgs; pašapmierināts; ◇ campo ~ klajš lauks; con el corazón ~ – atklāti, vaļsirdīgi, sirsnīgi; carta ~a – atvērta vēstule; cuenta ~a – atvērts rēķins; inteligencia ~a – ass prāts
abigarrado I *a* raibs; II *m* pārmērīgs raibums

abigotado *a* ūsains
abismado *a* 1. nogrimis drūmās domās; 2. domīgs; kluss, nerunīgs; 3. noslēpumains, mīklains; 4. cietis sakāvi, izputējis
abismar *v* 1. iegrūst (nogrūst) bezdibenī; 2. samulsināt; 3. noslēpt, apslēpt; ~**se** *rfl* nogrimt drūmās domās; noslēgties sevī
abismo *m* 1. *arī pārn.* bezdibenis; estar al borde del ~ – atrasties bezdibeņa malā; 2. elle, pekle; pazeme
abjurar *v* noliegt, apstiprinot ar zvērestu; apzvērēt savu atteikšanos
ablación *f med.* amputācija
ablandar *v* 1. [pa]darīt mīkstu; atmiekšķēt; izmiekšķēt; 2. *pārn.* mīkstināt; atvieglot, remdēt; ~**se** *rfl* 1. kļūt mīkstākam; atmiekšķēties; 2. atmaigt; atsilt; 3. aprimt, mazināties
abnegación *f* atteikšanās; uzupurēšanās; pašaizliedzība
abnegadamente *adv* pašaizliedzīgi
abobado *a* pamuļķīgs; pastulbs; padumjš
abocar *v* 1. pavērst, pagriezt; notēmēt; 2. kost, sakampt ar zobiem (*par medību, suni*); 3. *jūrn.* iebraukt (*kanālā, jūras šaurumā*); ~**se** *rfl* (con uno) satikties, sanākt kopā (*uz pārrunām ar kādu*)
abochornar *v* 1. sakarsēt, apdedzināt, apsvilināt; 2. nokaunināt; likt nosarkt; ~**se** *rfl* 1. kļūt tveicīgam (spiedīgam); 2. nokalst; iz-

kalst saulē (*par augiem*); **3.** nokaunēties; nosarkt, pietvīkt
abofetear *v* [ie]cirst pļauku, [ie]pļaukāt
abogacía *f* advokatūra
abogada 1. advokāte, aizstāve; **2.** advokāta sieva
abogado *m* **1.** advokāts; **2.** aizstāvis; labvēlis; ◇ ~ de secano – burta kalps; viszinis
abogar *v* **1.** *jur.* aizstāvēt; **2.** aizbilst; atbalstīt
abolir *v* atcelt (*verdzību*)
abolladura *f* **1.** iespiedums, ieliekums (*metāla priekšmetiem*); **2.** metālplastika
abollarse *v rfl* iespiesties, ieliekties (*par metālu u. tml.*)
abombado *a* **1.** izliekts, konvekss; cristal ~ – izliekts stikls; **2.** (*am.*) apdullināts; **3.** sasmacis, sabojājies (*par gaļu, konserviem*); **4.** (*am.*) *sar.* ar sabojātu (samaitātu) reputāciju
abombarse *v rfl* **1.** sākt bojāties (*par gaļu, konserviem*); **2.** (*am.*) jukt prātā, reibt
abominable *a* riebīgs, pretīgs; neieredzēts
abominación *f* **1.** riebums, pretīgums; **2.** riebeklis
abominar *v* **1.** just riebumu; neieredzēt; **2.** apkraut ar lāstiem
abonable *a* **1.** uzticības cienīgs; ieteicams, rekomendējams; **2.** maksājams (*par summu*)

abonado I *a* **1.** pārbaudīts; droši zināms; ticams; **2.** kredītspējīgs; **3.** mēslots (*par zemi*); **II** *m* abonents, abonētājs
abonanzar *v* norimt[ies], mitēties (*par vēju, vētru*); noskaidroties (*par laiku*)
abonar *v* **1.** atzīt par labu; piekrist; **2.** apliecināt; galvot; **3.** ieteikt, rekomendēt; **4.** uzlabot (*darbu*); mēslot (*augsni*); **5.** [sa]maksāt; **6.** *sk.* **abonanzar**; **~se** *rfl* abonēt (*laikrakstu, žurnālu u. c.*)
abonaré *m* čeks, naudas orderis
abono *m* **1.** abonements; abonēšana; ~ al teatro – teātra abonements; **2.** galvojums; garantija; **3.** ~s *pl lauks.* mēslojums, ~s químicos – mākslīgie mēsli
abordar *v* **1.** *jūrn.* sadurties (*par kuģiem*); **2.** *jūrn.* piestāt (*krastā*); **3.** pieiet klāt; uzrunāt
aborigen I *a* iezemieša-, iedzimtā-, vietējā-; iezemiešu-, iedzimto-; vietējo-; vietējais; **II** *m* iezemietis, iedzimtais; vietējais
aborrachado *a* spilgti sarkans
aborrascarse *v rfl* **1.** pasliktināties (*par laiku*); **2.** saniknoties; **3.** piedzerties, apdzerties
aborrecer *v* **1.** ienīst, neieredzēt; **2.** apriebties, apnikt; **3.** pamest, atstāt (*ligzdu*); **4.** šķiest, tērēt (*laiku, naudu*); **~se** (*rfl*) zaudēt pacietību
aborrecido *a* **1.** ienīsts, neieredzēts; **2.** apriebies, apnicis

aborrecimiento *m* **1.** antipātija, nepatika; **2.** riebums, pretīgums

abortar *v* **1.** pirms laika dzemdēt; **2.** neizdoties; ciest neveiksmi

aborto *m* **1.** aborts; **2.** izdzimtenis, **3.** neveiksme, neizdošanās

abotonar *v* **1.** aizpogāt; **2.** riest pumpurus

abovedado *a* **1.** velvēts, spraišļains, spraišļots; **2.** izliekts, lokveidīgs, lokveida-

abozalar *v* **1.** uzlikt uzpurni; **2.** *pārn.* iegrožot, apvaldīt

abra *f* **1.** līcis (*neliels*); **2.** kalnu ieplaka, plaisa augsnē (*pēc zemestrīces*); **3.** (*am.*) (*loga, durvju*) puse

abrasado *a* **1.** ļoti karsts, svelmains; **2.** *pārn.* dedzīgs, kvēls

abrasar *v* **1.** sadedzināt; apdedzināt, apsvilināt; **2.** izkaltēt, izžāvēt (*saulē*); **3.** novārdzināt; **4.** izšķiest, izšķērdēt; **5.** apkaunot; darīt kaunu; **~se** *rfl* **1.** apdedzināties; **2.** *pārn.* iedegties, uzliesmot; ◊ **~se vivo** – 1) smakt nost no karstuma; 2) *pārn.* degt, kvēlot, kaist

abrazada *f* (*am.*) **1.** apskaušanās, apkampšanās

abrazadera *f* **1.** apaļš uzgalis; metāla gredzens uz roktura (spala) (*instrumentam, nazim u. tml.*); **2.** dzelzs āķis, skava

abrazar *v* **1.** apkampt, apskaut; **2.** apņemt, aptvert; apvīt; **3.** pievienoties, pieslieties; **4.** ķerties (*pie kaut kā*); uzsākt (*kaut ko*); ◊ **~ de una ojeada** – aptvert ar vienu acu uzmetienu; **~se** *rfl* apkampties, apskauties

abrazo *m* apkampiens, apskāviens; dar un **~** – apkampt

abrelatas *m* konservu atgriežamais nazis

abreviadamente *adv* īsi, īsuma, īsos vārdos

abreviar *v* **1.** īsināt, saīsināt; **2.** paātrināt

abreviatura *f* saīsinājums; en **~** – saīsinātā veidā

abrigar *v* **1.** [pa]sargāt, dot patvērumu (*no lietus, vēja u. tml.*); **2.** aizsargāt; aizstāvēt; palīdzēt; pabalstīt; **3.** dot siltumu, sildīt, [ap]segt (*par apģērbu*); **4.** **~** esperanzas – lolot cerības; **~se** *rfl* **1.** pasargāties, [pa]tverties (*no aukstuma u. tml.*); **2.** apsegties; **3.** silti saģērbties

abrigo *m* **1.** pajumte, patvērums; **2.** virsdrēbes; mētelis; **3.** palīdzība; aizgādnība; protekcija; **4.** aizsegs; patvertne; **~ blindado** – blindāža; **~ de cemento** – bunkurs; ponerse al **~** – patverties (*no lietus u. tml.*); no tener **~** – būt bez pajumtes; ◊ ropa de **~** – siltā veļa; estar al **~** – atrasties drošībā; ◊ un persona de **~** – bīstams cilvēks

abril *m* **1.** aprīlis; **2.** *pārn.* ziedonis; ◊ los **~es** – jaunības gadi

abrir *v* **1.** atvērt; attaisīt; atslēgt;

atdarīt; ~ la puerta – atvērt (atslēgt) durvis; **2.** *pārn.* atklāt; atvērt (*skolu, teātri u. c.*); ~ la sesión – atklāt sesiju; ~ la discusión – atklāt diskusiju; ~el fuego – atklāt uguni; ~ una cuenta corriente – atvērt norēķinu kontu; **3.** izlauzt, izurbt (*caurumu*); ~ brecha en un muro – izlauzt caurumu (robu) mūrī; *vēršu cīņās* – atgaiņāt no barjeras vērsi; **4.** ierīkot; [iz]būvēt; [iz]rakt; ~ un canal – [iz]būvēt kanālu; ~ un pozo – izrakt aku; **5.** [ie]gravēt; ~ en cobre – gravēt varā; **6.** noskaidroties (*par laiku*); ◊ ~ los ojos a alguien – atvērt kādam acis (*pārn.*); ~ los oídos – uzmanīgi klausīties; ~ el apetito – radīt ēstgribu; estar en medio ~ būt pievērtam; en un ~ y cerrar de ojos – vienā mirklī; ~ tantos ojos – ieplest acis; ~**se** *rfl* **1.** atvērties; attaisīties; **2.** [ie]sākties; **3.** pašķirties (*par pūli*); **4.** uzplaukt (*par ziedu*); ◊ ~ se con alguien – atklāt (izkratīt) savu sirdi kādam; ~se paso – izlauzties, izsprausties [cauri]

abrochar *v* aizpogāt; aizāķēt

abrogar *v* atcelt; atsaukt; anulēt

abrojo *m* **1.** *bot.* dadzis, dzelksnis; **2.** *mil.* prettanku aizsprosts; dzeloņstiepļu aizžogojums; **3.** krabis, jūras vēzis; **4.** ~s *pl* asas zemūdens klintis

abromado *a* miglains; apmācies, nomācies

abroncar *v sar.* **1.** sadusmot, [sa]kaitināt; **2.** likt nosarkt, samulsināt; ~**se** *rfl* dusmoties, kaunēties

abrumador *a* **1.** smags, grūts; nomācošs; **2.** uzbāzīgs, uzmācīgs; apnicīgs; apgrūtinošs

abrumar *v* **1.** nomākt, nospiest; **2.** apgrūtināt; nelikt mieru, uzbāzties; apnikt; ~ de trabajo – apkraut ar darbiem; ~**se** *rfl* apmigloties; kļūt miglainam

abrupto *a* stāvs, kraujš, pēkšņs, piepešs

abrutado *a* zvērisks; mežonīgs; brutāls; satracināts

absceso *m med.* abscess; strutu perēklis; augonis

absintio *m* **1.** *bot.* vērmeles; vībotnes; **2.** absints, vērmeļu degvīns

absolución *f* **1.** piedošana; ~ sacramental – grēku atlaišana (piedošana); **2.** *jur.* attaisnošana

absoluta *f* kategorisks apgalvojums; ◊ dar la ~ – atraidīt; noraidīt; tomar la ~ *mil.* – izstāties (aiziet) no dienesta

absolutamente *adv* **1.** absolūti, pilnīgi; **2.** visādā (katrā) ziņā

absoluto *a* **1.** absolūts, pilnīgs, neierobežots; **2.** pavēlniecisks, valdonīgs; ◊ en ~ – noteikti, kategoriski

absolver *v* **1.** *jur.* attaisnot; **2.** atbrīvot (*no kāda pienākuma*); **3.** *rel.* atlaist grēkus; **4.** piedot; **5.** atrisināt,

izlemt (*kādu jautājumu*); **6.** novest līdz galam, pabeigt (*kaut ko*)
absorber *v* **1.** uzsūkt; iesūkt; uzņemt sevī; absorbēt; **2.** *pārn.* aprīt; paņemt; prasīt; **3.** *pārn.* saistīt (*uzmanību*); valdzināt; ◊ ~ el choque – atvairīt sitienu
absorción *f* **1.** iesūkšanās; uzsūkšanās; **2.** *ķīm.*, *fīz.* absorbcija
abstemio I *a* nedzērājs; **II** *m* atturībnieks (*attiecībā uz alkoholu*)
abstenerse *v rfl* **1.** atturēties; izvairīties; **2.** nelietot alkoholiskus dzērienus; **3.** atsacīties, atteikties
abstinencia *f* **1.** atturība; atturīgums; mērenība; **2.** gavēšana; **3.** atturība (*alkoholisku dzērienu nelietošana*)
abstracción *f* **1.** abstrakcija; abstrahējums; abstrakts jēdziens; **2.** tieksme uz vientulību; ◊ hacer ~ de... – atstāt bez ievērības; ~ hecha de... – neņemot vērā
abstracto *a* **1.** abstrakts; en ~ – [aplūkojot] abstrakti; **2.** nošķirts, atšķirts; izolēts; arte ~ – abstraktā māksla
abstraer *v* **1.** abstrahēt; novirzīt, novērst; **2.** (*de*) neņemt vērā (*ko*); **~se** *rfl* nogrimt sevī; nodoties pārdomām
abstraído *a* nogrimis domās, koncentrējies sevī; izklaidīgs
abstruso *a* **1.** neskaidrs, grūti saprotams; juceklīgs; **2.** apslēpts, slepens

absurdo I *a* absurds, bezjēdzīgs; aplams; **II** *m* absurds; bezjēdzība; aplamība
abuela *f* **1.** vecāmāte; **2.** veca sieva, sirmgalve; vecene
abuelo *m* **1.** vecaistēvs; **2.** vecs vīrs, sirmgalvis, vecis; **3.** ~s *pl* tēva vecāki; mātes vecāki; vecāku vecāki; **4.** ~s *pl* senči, priekšteci
abultado *a* liela apmēra-, liela apjoma-; liels; biezs
abultar *v* **1.** palielināt apjomu (apmēru); paplašināt; padarīt biezāku; **2.** parspīlēt; **3.** palielināties, kļūt lielākam; pieaugt apmērā (apjomā); ◊ ~ los hechos – pārspīlēt faktus; **4.** izspiesties, izspīlēties (*par kabatu, biksēm u. tml.*)
abundancia *f* pārpilnība; bagātība; en ~ – pārpilnām, atliku likām; ◊ cuerno de la ~ – pilnības rags; de la ~ de corazón – jūtu pārpilnībā; vivir en la ~ – dzīvot greznībā
abundante *a* bagātīgs, bagāts, pārpilns
abundar *v* **1.** būt bagātam; ~ en dinero – būt bagātam ar naudu, būt ļoti bagātam; **2.** čumēt, mudžēt (*no cilvēkiem, skudrām u. tml.*); ◊ ~ en su sentido – būt vienis prātis (*ar kādu*); lo que abunda no daña – labs labu nemaitā
aburrido *a* **1.** īgns, sapīcis; **2.** garlaicīgs
aburrimiento *m* **1.** apnikums, apnicība; **2.** īgnums, sapīkums; sa-

aburrir	18

rūgtinājums; **3.** garlaicība, nogurums

aburrir *v* **1.** apnikt; kļūt apnicīgam; sariebt; apgrūtināt; garlaikot; **2.** [izšķiest (*naudu, laiku*); ~**se** *rfl* garlaikoties

abusar *v* (de) **1.** ļaunprātīgi izmantot (*ko*); izlietot nevietā (*ko*); ~ de su salud – nesaudzēt savu veselību; **2.** izvarot

abusiv‖o *a* **1.** pretlikumīgs, nelikumīgs; netaisns; **2.** pārmērīgs, pārliecīgs; **3.** apvainojošs, aizskarošs; lamu-; palabras ~as – lamu vārdi

abuso *m* **1.** ļaunprātīga izmantošana; ~ de confianza – uzticības nelietīga izmantošana, piekrāpšana; ~ en la comida – pārmērība ēšanā; **2.** piedauzīga rīcība; **3.** netikums

acá *adv* **1.** (*vietas nozīmē*) te, šeit, še; ~ y allá – gan te, gan tur; de ~ para allá – no šejienes uz turieni; ¡ven ~! – nāc šurp!; más ~ – šaipus; **2.** (*laika nozīmē*): de ayer ~ – kopš vakardienas; desde entonces ~ – no tā laika; ¿de cuándo ~? – no kura laika?; de dos años ~ – kopš diviem gadiem

acabado *a* **1.** pilnīgs, absolūts; galīgs; pabeigts, nobeigts; pilnīgi gatavs; **2.** nolietots, nodeldēts, novalkāts (*par apģērbu u. tml.*); **3.** sabeigts, sagrauts (*par veselību u. tml.*); vājš

acab‖ar *v* **1.** beigt, pabeigt, nobeigt; novest līdz galam; **2.** apdarināt, apstrādāt, veikt apdari; **3.** izgatavot, pagatavot; izpildīt (*pasūtījumu*); **4.** nogalināt; **5.** beigties, nobeigties, izbeigties; **6.** nomirt; **7.** (con) darīt galu (*kaut kam*); **8.** (por+*inf*) beidzot; ~ó por rendirse – beidzot viņš padevās; **9.** (de+*inf*) apzīmē nupat (tikko) notikušu darbību; ~a de venir – viņš nupat kā atnāca; ◇ él va a ~ mal – tas viņam labi nebeigsies; es cosa de nunca ~ – tas jau nekad nebeigsies, tam jau nekad nebūs gals; ¡~a ya! – beidz taču!, pietiek!; ¡~arémos! – beigsim!; ~**se** *rfl* beigties, izbeigties; ¡se ~ó! – beigas!

acabóse *m sar.* traģiskas (briesmīgas) beigas; ¡eso es el ~! – sliktāk vairs nevar būt!

acacia *f* akācija; ~ blanca (falsa) – baltā akācija; ~ de Rusia – dzeltenā akācija

academia *f* **1.** akadēmija; Academia de Ciencias – Zinātņu akadēmija; Academia de Bellas Artes – Mākslas akadēmija; **2.** skola; mācību iestāde; ~ militar – karaskola; ~ de baile – deju skola; **3.** zinātnieku (mākslinieku) savienība; **4.** kursi; **5.** *māksl.* akts

académico I *a* akadēmijas-: akadēmisks; **II** *m* akadēmiķis; año ~ – mācību gads

acaecer *v* **1.** iestāties, atnākt, sākties (*par vasaru u. tml.*); **2.** notikt, [at]gadīties

acaecimiento *m* notikums, [at]gadījums
acalorado *a* dedzīgs, kvēls
acaloramiento *m* **1.** sakarsēšana; karsēšana; sasildīšana; **2.** *pārn.* (*jūtu, dusmu*) uzplūdums, uzliesmojums; **3.** *pārn.* kvēle, degsme, dedzība
acalorar *v* **1.** sakarsēt; **2.** *pārn.* iekvēlināt; sakairināt; aizkaitināt; **~se** *rfl* iekarst, iekaist
acallar *v* **1.** apklusināt; likt apklust (*kādam*); **2.** [no]mierināt; **3.** *sar.* uzpirkt, piekukuļot; **~se** *rfl* nomierināties; norimt
acampanado *a* zvanveidīgs
acampar *v* apmesties (*nometnē*)
acampo *m* ganības
acanalar *v* **1.** gropēt, rievot; **2.** [iz]rakt kanālu
acanallado *a* (*am.*) nekrietns, zemisks; negodīgs
acanelado 1. kanēļkrāsas; **2.** ar kanēļa garšu (smaržu)
acantilado I *a* stāvs, kraujš; klinšains; **II** *m* stāvs (klinšains) krasts
acaparador *m* **1.** uzpircējs; **2.** spekulants; ierāvējs
acaparar *v* **1.** uzpirkt vairumā (*preci*); monopolizēt (*preci*); **2.** ieraut; spekulēt
acaparrarse *v* *rfl* (con) saprasties, vienoties (*ar kādu*)
acaramelado *a* **1.** sacukurots; glazēts; **2.** *pārn. sar.* saldens; salds kā cukurs; laipns, galants

acardenalarse *v* *rfl* dabūt zilumus
acariciador *a* maigs, mīlīgs; laipnīgs
acariciar *v* **1.** glāstīt, apmīļot; izrādīt maigumu; **2.** lutināt; lolot; ◇ **~ la esperanza** – lolot cerības, cerēt
acarminado *a* karmīna-, karmīnkrāsas-; koši sarkans
ácaro *m* ērce; smidzis
acarrear *v* **1.** transportēt; nogādāt; nosūtīt; **2.** būt par iemeslu (cēloni); izraisīt, radīt (zaudējumus); **~ desgracias** – atnest nelaimi
acarreo *m* pārvešana, pārvadāšana; pievešana, piegāde
acartonado *a* **1.** kartonveida-; **2.** sarucis, izkaltis (*par vecu cilvēku*)
acartonarse *v* *rfl* sarauties, sarukt (par vecu cilvēku)
acaserarse *v* *rfl* (*am.*) **1.** kļūt par mājās sēdētāju; **2.** kļūt par pastāvīgu pircēju (klientu); ◇ **~ con alguien** – pieķerties kādam; iemīļot kādu
acaso I *m* gadījums; sagadīšanās; nejaušība; **II** *adv* varbūt; ◇ **al ~** – uz labu laimi; **por si ~** – katram gadījumam
acastañado *a* kastaņkrāsas
acatamiento *m* godbijība, bijība; [dziļa] cieņa
acatar *v* **1.** cienīt, godāt; **2.** cildināt
acatarrarse *v* *rfl* saaukstēties, dabūt iesnas
acaudalado I *a* bagāts; mantīgs, turīgs, pārticis; **II** *m* bagātnieks
acaudillar *v* **1.** būt priekšgalā, būt

par vadoni, vadīt; **2.** komandēt [armiju]

acceder *v* piekrist, pievienoties; pieslieties (*kādam uzskatam*); ◇ ~ a un deseo – izpildīt kāda vēlēšanos

accesible *a* pieejams; piekāpīgs; atsaucīgs

acceso *m* **1.** pieeja; piekļūšana; ieeja; **2.** tuvošanās; tuvināšanās; ◇ ~ carnal – dzimumakts; kopošanās; ~ de fiebre – drudža (karstumu) lēkme; ~ al trono – kāpšana tronī

accesoria *f* piebūve; telpas ēkas pirmajā stāvā ar atsevišķu ieeju

accesorio I *a* **1.** blakus-; piederošs, piederīgs; **2.** mazāk svarīgs, mazāk nozīmīgs, mazsvarīgs, maznozīmīgs; **II** *m* ~s *pl* piederumi, aksesuāri

accidentado *a* **1.** cietis nelaimes gadījumā, cietis avārijā; **2.** paģībis; **3.** nemierīgs (*par jūru*); nelīdzens (*par ceļu*); izrobots (*par krastu, līci*); terreno ~ – pauguraina zeme; viaje ~ – ceļojums ar piedzīvojumiem

accidental *a* **1.** nejaušs; **2.** nesvarīgs, nebūtisks; sueldo ~ – gadījuma peļņa

accidente *m* **1.** gadījums, nejaušība; sagadīšanās; starpgadījums; por ~ – nejauši; **2.** ģībonis; **3.** nelaime, nelaimes gadījums; ~ de trabajo – nelaimes gadījums darbā

acción *f* **1.** darbība; akts; ~ recíproca – savstarpēja iedarbība; ~ de guerra – karadarbība; **2.** rīcība, solis, izturēšanās; **3.** efekts; iedarbība; **4.** poza; **5.** *mil.* sadursme, cīņa; **6.** *ek.* akcija, paja; **7.** *jur.* lieta; *lit.* darbība (romānā); ◇ ~ de gracias – atzinības (pateicības) izteikšana

accionar *v* **1.** [ie]darboties; **2.** žestikulēt; **3.** *tehn.* iedarbināt; darboties, strādāt

accionista *m, f* akcionārs, -e

acebrado lāsumains (visbiežāk par zirgu)

acecinar *v* kūpināt (žāvēt) gaļu

acechar *v* (*pētoši*) lūkoties; uzglūnēt (*kam*); novērot, uzmanīt; [iz]sekot; ◇ ~ la ocasión – meklēt izdevību

acecho *m* **1.** paslēptuve, slēpnis; **2.** uzglūnēšana; izspiegošana, izlūkošana; uzmanīšana; estar al ~ – būt modram; uzglūnēt (*kam*)

acedarse *v rfl* **1.** saskābt, kļūt skābam; **2.** [no]dzeltēt (*par augiem*)

acedera *f* skābenes

acedía[a] *f* **1.** skābums; skāba garša; sīvums; sūrums; **2.** *pārn.* īgnums

acedía[b] *f* plekste, bute

acedo *a* **1.** skābs; **2.** *pārn.* skābs, saīdzis, īgns

aceitar *v* [ie]eļļot, [ie]smērēt

aceite *m* eļļa; ~ de oliva – olīveļļa; ~ de tornasol – saulespuķu eļļa; ~ de hígado de bacalao – zivju eļļa; ~ de ricino – rīcineļļa; ~ mineral – nafta; ~ de gas (*kub.*) – nafta; ~ de anís – anīsa degvīns

aceitero *m* augu eļļas tirgotājs
aceituna *f* olīva
aceituno *m* olīvkoks
acelerado *a* paātrināts; ātrs, žigls (straujš); steidzīgs; con paso ~ – raitā solī
acelerador I *a* paātrinošs; paātrināšanas-; **II** *m* paātrinātājs; pedal del ~ – gāzes pedālis
acelerar *v* paātrināt; **~se** *rfl* [pa]steigties
acémila *f* **1.** nastu nesējs dzīvnieks; **2.** mūlis; **3.** izturīgs cilvēks; **4.** *sar.* aitasgalva; ēzelis
acendrado *a* **1.** neaptraipīts, tīrs; **2.** *pārn.* tīrs, neliekuļots (*par jūtām*); ◊ cariño ~ – dziļa mīlestība
acendrar *v* **1.** attīrīt, dzidrināt; **2.** *pārn.* šķīstīt
acensuar *v* aplikt ar nodokli
acento *m* **1.** akcents, uzsvars; **2.** akcents, izruna; **3.** balss modulācija; skaņa; tonis
acentuar *v* akcentēt, uzsvērt; izcelt; pasvītrot; **~se** *rfl* saasināties (*par slimību*)
aceña *f* ūdensdzirnavas
aceñero *m* dzirnavnieks
acepción *f* nozīme (*vārda*); en toda la ~ de palabra – vārda pilnā nozīmē
acepilladura *f* **1.** ēvelēšana; **2.** ēveļskaidas
acepillar *v* **1.** ēvelēt; **2.** sukāt, tīrīt (*ar suku*)
aceptable *a* **1.** pieņemams; **2.** patīkams; vēlams

aceptación *f* **1.** akceptēšana; akcepts; pieņemšana; **2.** piekrišana; atzīšana par labu
aceptar *v* **1.** akceptēt; pieņemt; ~ la proposición – pieņemt priekšlikumu; ~ excusas – pieņemt atvainošanos; **2.** atzīt; piekrist; ~ el hecho – atzīt faktu; akceptēt, pieņemt samaksai (*rēķinu, vekseli*)
acepto *a* patīkams, tīkams; vēlams
acequia *f* apūdeņošanas (irigācijas) kanāls (grāvis)
acera *f* **1.** trotuārs, ietve; **2.** ielas puse
acerado *a* **1.** tērauda-; **2.** *pārn.* tēraudciets, dzelzs
acerarᵃ *v* **1.** rūdīt (*dzelzi*); **2.** *pārn.* norūdīt
acerarᵇ *v* **1.** ierīkot ietves; noklāt, pārklāt; apšūt (*piem., ar dēļiem*)
acerbo *a* **1.** sūrs; rūgts; ieskābs, skāņš; **2.** *pārn.* skarbs, ass
acerca *adv*: ~ de – par, attiecībā uz...
acercar *v* **1.** tuvināt; pievirzīt; piestumt, piebīdīt, pabīdīt [tuvāk]; **2.** tuvināt, satuvināt; **~se** *rfl* tuvoties; tuvināties
acería *f* tēraudlietuve
acerico, acerillo *m* adatu spilventiņš
acero *m* **1.** tērauds; **2.** zobens; **3.** ~s *pl* spēks; drosme, drošsirdība; stingrums, nelokāmība; **4.** ~s *pl sar.* ēstgriba; tener buenos ~s – būt labai ēstgribai; ◊ voluntad de ~ – dzelzs griba; ~ colado (fundido) – lietais tērauds; ~ en hojas (en planchas) – lokšņu tērauds

acerolo *m* irbenājs; irbenes (*krūms*)
acerrojar *v* aizbultēt; iekalt važās
acertado *a* 1. zīmīgs; trāpīgs; 2. pareizs, īsts; 3. izveicīgs, veikls, manīgs; 4. saprātīgs, gudrs
acert‖ar *v* 1. trāpīt; 2. uzminēt; 3. (con) sasniegt, nonākt, nokļūt; atrast, satikt; 4. (a+*inf*) trāpīties, [at]gadīties; ~ó a ser lunes aquel día – tā bija tieši pirmdiena; 5. veikties, labi izdoties
acervo *m* kaudze; guba; čupa
acético *a* ķīm. etiķa-
acetileno *m* ķīm. acetilēns
acetoso *a* skābs kā etiķis
acetre *m* 1. spainis (*neliels – šķidruma smelšanai*); 2. *bazn.* svaidīšanas trauks
acezar *v* elst; tusnīt
aciago *a* nelaimīgs; likteņīgs, kļūmīgs; día ~ – nelaimīga diena
aciano *m* rudzupuķe
acibar *m* 1. *bot.* aloje; 2. *pārn.* rūgtums, sarūgtinājums; īgnums
acicalar *v* 1. pulēt, [no]spodrināt; 2. apmest (*sienu*); 3. uzpost; **~se** *rfl* uzposties
acicular *a* adatveida-
acidez *f* 1. skābums; 2. ķīm. skābe
acidificar *v* ķīm. skābt, skābināt
ácido I *a* skābs; **II** *m* skābe; ~ bórico – borskābe; ~ nítrico – slāpekļskābe; ~ cítrico – citronskābe; ~ láctico – pienskābe; ~ úrico – urīnskābe; ~ clorhídrico – sālsskābe; ~ sulfúrico – sērskābe

acídulo *a* skābens, ieskābs, paskābs
acierto *m* 1. trāpīšana; trāpījums (*mērķī*); 2. izveicīgums, veiklums; con ~ – veikli; 3. veiksme; sekmes; 4. saprātība, takts
acigarrado *a* (*am.*) sēcošs; aizsmacis, piesmacis (*par balsi*)
acijado *a* koši zils
aciscarse *v rft* (*kub.*) samulst, apjukt
aclamación *f* 1. piekrišanas (atzinības) saucieni, skaļa piekrišana; por ~ – ar aklamāciju, bez balsošanas; vienbalsīgi, skaļi piekrītot; 2. uzsauciens; uzmudinājuma sauciens
aclamar *v* 1. uzgavilēt; vētraini apsveikt, aplaudēt; 2. uzsaukt; 3. pasludināt, izvēlēt (*bez balsošanas*)
aclarar *v* 1. noskaidrot; paskaidrot; izskaidrot; ~ una cuestión – noskaidrot jautājumu; 2. izretināt, [pa]retināt; ~ un bosque – paretināt (iztīrīt) mežu; 3. atšķaidīt, padarīt šķidrāku; attīrīt (*šķidrumu*); 4. izskalot (*veļu*); 5. noskaidroties (*par laiku*); 6. aust, uzaust; **~se** *rfl* 1. noskaidroties (*par laiku*); 2. nostāties (*par šķidrumu*); ◊ ~se la voz – atklepoties
aclimatarse *v rf* aklimatizēties; iedzīvoties
aclocar *v*, **aclocarse** *rfl* 1. perēt; 2. *sar.* ērti iesēsties; atgāzties; atlaisties
acobardar *v* iebiedēt
acobrado *a* vara krāsā

acocarse *v rfl* kļūt tārpainam (*par augļiem*)

acocear *v* **1.** sperties; spārdīties; **2.** *arī pārn.* mīdīt kājām (*kaut ko*)

acocharse *v rfl* notupties, pietupties

acodadura *f* atbalstīšanās, atspiešanās (*ar elkoņiem*)

acodarse *v rfl* atspiesties, atbalstīties (*ar elkoņiem*)

acodiciarse *v rfl* alkt, [ie]kārot, karsti vēlēties

acogedor *a* **1.** laipns, sirsnīgs; viesmīlīgs; **2.** mājīgs, omulīgs

acoger *v* **1.** uzņemt; pieņemt; saņemt; sagaidīt; **2.** aizsargāt, aizstāvēt; palīdzēt; **~se** *rfl* tverties, patvertics, paglābties; ~se a alguien – paglābties pie kāda

acogida *f* **1.** uzņemšana; pieņemšana; saņemšana; sagaidīšana; hacer una buena ~ – priecīgi sagaidīt; dispensar buena ~ – laipni uzņemt; **2.** aizsargāšana, aizstāvēšana; palīdzība; **3.** patvērums

acogotar *v* **1.** nosist (*ar sitienu pa pakausi*); **2.** *pārn. sar.* pieveikt, pievārēt; **3.** apnikt; **4.** nostādīt grūtā materiālā situācijā

acohombrar *v* aprušināt, apraust (*stādu*)

acolchar *v* popēt, polsterēt

acollarar *v* aplikt kakla siksnu; uzmaukt sakas

acollo *m* zemūdens akmens, rifs

acomedido *a* (*am.*) pakalpīgs, laipns

acometer *v* **1.** [enerģiski] uzbrukt; **2.** [enerģiski] ķerties (*pie kaut kā*), uzsākt; ~ un trabajo con valor – enerģiski ķerties pie darba; **3.** uzbrukt (*par slimību*); uznākt (*par miegu*)

acometida *f* **1.** uzbrukums; **2.** (*slimības*) lēkme

acometividad *f* kareivīgums, kareiviskums

acomodación *f* **1.** piemērošanās, pielāgošanās; **2.** akomodācija

acomodadizo *a* **1.** tāds, kas viegli piemērojas (pielāgojas); **2.** viegli apmierināms; piekāpīgs; piekļāvīgs

acomodado *a* **1.** piemērots, derīgs; ērts; **2.** turīgs, pārticis; **3.** mērens, saprātīgs (*par cenu*)

acomodador *m* vietu ierādītājs (*kinoteātrī u. c.*)

acomodamiento *m* **1.** līgums, vienošanās; darījums; **2.** ērtība[s]

acomodar *v* **1.** savest kārtībā; nokārtot; **2.** piemērot, pielāgot; **3.** iekārtot darbā, apgādāt ar vietu; **4.** samierināt; **5.** sagādāt ērtības; apgādāt ar visu nepieciešamo; **6.** būt piemērotam, derēt; **7.** būt pa prātam, patikt; **~se** *rfl* piemēroties, pielāgoties; pierast; ~se al carácter de alguno – pielāgoties kāda raksturam

acomodo *m* vieta; nodarbošanās; darbs

acompañado *a* **1.** pavadīts (*no kā*); vienlaikus (līdztekus, tai pašā laikā) notiekošs; constipado ~ de calentura – iesnas ar drudzi; **2.** ļaužu pilns, dzīvs (*par ielu u. tml.*); **3.** (*kub.*) piedzēries, iemetis

acompañamiento *m* **1.** pavadīšana; **2.** pavadoņi, svīta; **3.** *teātr*. statisti; **4.** *mūz*. pavadījums, akompanements

acompañar *v* **1.** pavadīt; **2.** būt par kompanjonu; sekot; just līdzi; **3.** pielikt klāt, pievienot (*dokumentus*); **4.** *mūz*. pavadīt

acompasado *a* **1.** vienmērīgs, ritmisks; **2.** *pārn*. nosvērts; cienīgs

acomplejado *psihol*. ar kompleksiem, (*am.*) norūpējies

acomunarse *v rfl* sabiedroties; noslēgt savienību

aconcharse *v rfl* **1.** atbalstīties; atspiesties, pieslieties; **2.** *jūrn*. uzskriet (*uz sēkļa vai uz cita kuģa*)

acondicionado *a* **1.** nosacīts; ierobežots [ar nosacījumu]; **2.** kondicionēts (*par gaisu*); ◇ bien ~ – 1) ar labu raksturu; 2) labas kvalitātes (*par produktiem u. tml.*)

acondicionar *v* saistīt [ar nosacījumu], ierobežot [ar nosacījumu]; nosacīt, izteikt

acongojar *v* darīt raizes; nospiest, nomākt

acónito *m bot*. kurpītes

aconsejable *a* ieteicams

aconsejar *v* ieteikt, dot padomu; **~se** *rfl* prasīt padomu; apspriesties

acontecer *v* notikt, [at]gadīties

acontecimiento *m* notikums, [at]gadījums; adelantarse (anticiparse) a los ~s – apsteigt notikumus

acopiar *v* savākt; sakrāt, uzkrāt; sapirkt, uzpirkt

acopio *m* **1.** savākšana; sakrāšana; uzkrāšana; sapirkšana, uzpirkšana; **2.** valsts sagāde; depósito de ~s – sagādes punkts; ~ de grano – labības sagāde, hacer ~ de paciencia – apbruņoties ar pacietību

acoplar *v* **1.** savienot; **2.** piemērot, pielāgot; **3.** sasiet kopā; saslēgt; sakabināt; **4.** sajūgt divjūgā; **5.** aplecināt (*kustoņus*); **6.** *sar*. savest kopā; samierināt

acorazado I *a* **1.** bruņu-; bruņots; **2.** nocietinājies (*par cilvēku*); **II** *m* bruņukuģis; līnijkuģis

acorazar *v* bruņot, pārklāt (nosegt) ar bruņām

acorazonado *a* sirdsveidīgs

acorchado *a* sarucis, savilcies (sarāvies) čokurā

acorcharse *v rfl* **1.** sarauties; sarukt; **2.** savīst (*par augļiem*); **3.** notirpt, zaudēt jutīgumu (*par locekļiem*)

acordado *a* **1.** vienprātīgi nolemts; saskaņots; **2.** labi pārdomāts; saprātīgs; **3.** *mūz*. harmonisks

acordar *v* **1.** vienprātīgi nolemt, pieņemt lēmumu; **2.** pavēlēt; noteikt; **3.** noteikt, piešķirt (*piem., pabalstu*); **4.** *mūz*. skaņot, uzskaņot; **5.** saskanēt; **~se** *rfl* **1.** (de) atcerēties; si mal no me acuerdo *sar.* – cik es atceros; **2.** (con) vienoties, panākt vienošanos

acorde I *a* **1.** attiecīgs, atbilstošs; **2.** saskanīgs; vienprātīgs; **II** *m mūz.* akords; *māksl.* – harmonija

acordeón *m* akordeons

acornar *v* badīt, sabadīt

acorralar *v* **1.** sadzīt aplokā (*lopus*); **2.** *pārn.* iedzīt strupceļā; piespiest pie sienas; **3.** *pārn.* izsist no sliedēm

acorrer *v* **1.** atbalstīt, pabalstīt; izpalīdzēt; **2.** piesteigties klāt; nākt (steigties) palīgā

acortar *v* **1.** saīsināt; samazināt; ~ el paso – palēnināt soļi, iet lēnāk; **2.** nocirst, atcirst; nošķelt; nogriezt; **~se** *rfl* kļūt īsākam, sarukt; **3.** rauties (par audumu)

acosar *v* **1.** vajāt; trenkāt; dzīt (*zirgu*); **2.** *pārn.* vajāt, nedot mieru; uzmākties; ~ a preguntas – uzmākties ar jautājumiem

acostar *v* **1.** apguldīt, [no]likt gulēt; **2.** piesliet; **3.** sašķiebties (*par māju u. c.*); **4.** *jūrn.* piestāt[ies], pietauvoties (*par kuģi*); **~se** *rfl* apgulties; iet gulēt; likties gultā

acostumbrar *v* **1.** [pie]radināt (*pie kaut kā*); **2.** būt paradušam, būt ieradušam; **~se** *rfl* pierast; pieradināties

acotación[a] *f* **1.** piezīme malā (*grāmatā u. c.*); **2.** *teātr.* remarka

acotación[b] *f* **1.** robežu novilkšana; robežzīmju (robežstabu) izvietošana; **2.** iežogojums

acoyundar *v* iejūgt (*vēršus*)

acre[a] *m* akrs

acre[b] *a* **1.** ass; sīvs; kodīgs; **2.** *pārn.* kodīgs, dzēlīgs; **3.** *pārn.* ass, skarbs (*par raksturu*)

acrecencia *f* **1.** pieaugums; **2.** (*am.*) parāds; **3.** *jur.* tiesības uz papildu īpašuma daļu

acrecentar *v* **1.** pastiprināt; kāpināt; palielināt; pavairot; **2.** paaugstināt (*darbā*)

acrecer *v* **1.** palielināt; paplašināt, vērst plašumā; izvērst; **2.** [pie]augt

acreditado *a* **1.** godājams, cienījams; ievērojams; **2.** apstiprināts (*par dokumentu*); **3.** akreditēts (*sūtnis*); **4.** uzticams, drošs

acreditarse *v rfl* **1.** iemantot uzticību; **2.** apstiprināties, attaisnoties; **3.** kļūt ievērojamam; kļūt populāram

acreedor *m* kreditors

acrianzar *v* izaudzināt

acribar *v* [iz]sijāt

acribillar *v* **1.** sacaurumot, padarīt caurumainu; **2.** sakost (*par moskītiem*); **3.** *pārn.* apbērt (*ar jautājumiem u. tml.*)

acriminación *f* apvainošana; apsūdzēšana; apsūdzība

acriminar *v* apvainot (apsūdzēt) noziegumā, inkriminēt

acrimonia, acritud *f* kodīgums; asums; rūgtums; sūrums

acrobacia f akrobātika; ◊ ~ de alto pilotaje, ~ de alto escuela – augstākās pilotāžas figūra

acróbata m, f akrobāts, -e; acrofobia f bailes no augstuma

acromático a ahromatisks, bezkrāsains

acta f 1. akts; protokols; levantar ~ – sastādīt protokolu; 2. akts, dokuments, (oficiāls) raksts; ~ de acusación – apsūdzības raksts

actitud f 1. izturēšanās; poza; stāvoklis; stāja; ~ imponente – cienīgums, solīdums; 2. izturēšanās, attieksme, nostāja; viedoklis; pozīcija; ~ pacífica – miera pozīcija; ~ expectante – nogaidoša izturēšanās

activar v aktivizēt; pastiprināt; veicināt, sekmēt; paātrināt; ~ los trabajos – pasteidzināt darbu; ~ el fuego – uzpūst uguni

actividad f aktivitāte; darbība; darbīgums; enerģija, spars

activ‖o I a aktīvs; darbīgs, enerģisks; servicio ~ – aktīvais [kara]dienests; voz ~a *gram.* – darāmā kārta; II m *grāmatv.* aktīvs

acto m 1. akts; rīcība; darbs; se conoce a un hombre por sus ~s – cilvēku vērtē pēc viņa darbiem; 2. svinīgs akts; 3. *teātr.* cēliens; ◊ hacer ~ de presencia – ierasties, piedalīties (*pieklājības, pienākuma dēļ*); ~ continuo (seguido) – tūlīt pēc (*kā*); en el ~ – uz vietas, tūlīt; hacer ~ de buena voluntad – izrādīt labu gribu

actor m 1. aktieris; 2. dalībnieks, līdzdalībnieks (*kāda notikuma*); primer ~ – vadošais aktieris

actriz (*pl* actrices) f aktrise

actuación f 1. darbība; darbošanās; 2. uzstāšanās; 3. uzstāšanās tiesas prāvā; 4. ~ es *pl jur.* tiesas procedūra

actual a 1. tagadējs, pašreizējs; aktuāls; en el momento ~ – pašreizējā brīdī; šobrīd, tagad; 2. īsts, patiess; reāls; posición ~ – faktiskais stāvoklis

actualidad f 1. mūsdienas; tagadējais laiks (laikmets); tagadne; 2. realitāte, īstenība; 3. aktualitāte; de gran ~ – ļoti aktuāls; 4. ~es *pl* kinohronika

actuar v 1. darboties; rīkoties; strādāt; 2. *tehn.* iedarbināt; 3. aizstāvēt disertāciju; 4. *med.* iedarboties; 5. *teātr.* tēlot, spēlēt; 6. vadīt tiesas prāvu

actuario m tiesas sekretārs; ~ de seguros – apdrošināšanas aģents

acuarela f akvarelis

acuarelista akvarelists

acuario m akvārijs

acuartelar v *mil.* novietot kazarmās

acuático, acuátil a ūdens-; ūdenī dzīvojošs (augošs); deporte ~ – ūdenssports

acucia f 1. centība; dedzība; 2. kāre, iekāre; karsta vēlēšanās

acuciar *v* **1.** [uz]mudināt, [pa]skubināt; **2.** ļoti kārot, karsti vēlēties

acuclillarse *v rfl* pietupties, notupties

acuchillar *v* sadurt ar nazi; ~**se** *rfl* kauties ar nažiem

acudir *v* **1.** atsteigties, piesteigties; ierasties; ~ al llamamiento – ierasties uz saucienu; ~ en auxilio – [at]steigties palīgā; **2.** bieži apmeklēt; **3.** griezties (*pie kāda pēc palīdzības*); **4.** ķerties (*pie kaut kā*); ~ a las armas – ķerties pie ieročiem; **5.** ātri atbildēt; **6.** klausīt (*par zirgu*); **7.** dot, nest augļus (*par zemi*); ~ al pensamiento – iešauties prātā

acuerdo *m* **1.** vienošanās; saprašanās; noruna; piekrišana; ¡de ~! – piekrītu!, labi!; de común ~ – vienprātīgi; ponerse de ~ – vienoties; **2.** līgums; **3.** lēmums; ~ del tribunal – tiesas lēmums; volver sobre su ~ – atteikties no pieņemtā lēmuma; **4.** *novec.* atmiņas; **5.** domas, uzskats; **6.** *gram.* saskaņa; saskaņošana; **7.** saskaņa; de ~ con – saskaņā ar (*ko*); ◇ dormiréis sobre ello, y tomaréis ~ – 7 reizes nomērī, 1 reizi nogriez; rīts gudrāks par vakaru

acuitar *v* skumdināt, apbēdināt; ~**se** *rfl* **1.** bailoties; **2.** bēdāties, skumt, sēroties

acular *v* iedzīt kaktā; piespiest pie sienas

acumulador *m.* **1.** akumulators; **2.** ierāvējs, mantrausis

acumular *v* **1.** uzkrāt; sakrāt; salikt [kopā]; sablīvēt; **2.** *tehn.* akumulēt

acunar *v* ieaijāt

acuñar *v* **1.** iedzīt (iesist) ķīli; **2.** [iz]-kalt naudu (medaļas)

acuoso *a* **1.** ūdeņains; **2.** sulīgs (*par augļiem*)

acurrucarse *v rfl* **1.** sarauties (savilkties) [čokurā]; ietīties, ievīstīties; satuntuļoties; **2.** notupties, pietupties; **3.** (*kub.*) uzcirsties, švītīgi ģērbties

acusación *f* **1.** apsūdzība, inkriminēšana; **2.** *jur.* apsūdzības raksts; **3.** testigo de ~ – apsūdzības liecinieks

acusar *v* **1.** apsūdzēt, inkriminēt; **2.** [pa]ziņot (*par zādzību u. tml.*); **3.** darīt zināmu; apliecināt (*vēstules saņemšanu u. tml.*); ~ recibo – apliecināt saņemšanu; ~**se** *rfl* atzīties, atzīt savu vainu

acusatorio *a* apsūdzības-; acto ~ – apsūdzības raksts

acuse *m* paziņojums

achacar *v* uzvelt vainu, apvainot

achacoso *a* vārgs; slimīgs; uzņēmīgs pret slimībām

achantarse *v rfl sar.* pārlaist briesmas; **2.** samierināties; piekāpties; **3.** *sar.* turēt muti; **4.** (*kub.*) zaudēt drosmi (dūšu), sašļukt

achaparrado *a* **1.** mazs (*augumā*);

drukns; plecīgs; **2.** zems, zemaudzīgs (*par koku*)

achaque *m* **1.** lēkme; **2.** vārgums; uzņēmība pret slimībām; slimīgums; ~s de la vejez – vecuma kaites; **3.** slikts paradums; **4.** *sar.* grūtniecība; **5.** iegansts, atruna, aizbildināšanās

acharolado *a* [no]lakots

achatar *v* saplacināt; saspiest; (padarīt) plakanu

achiacabo *m* (*kub.*) vectēvs

achicado *a* **1.** samazināts; sašaurināts; ierobežots; **2.** bērnišķīgs; **3.** mazdūšīgs; bikls; nedrošs

achicar *v* **1.** samazināt; sašaurināt; ierobežot; **2.** pazemināt, mazināt (*cenas vērtību u. tml.*); **3.** iebiedēt; **4.** *jūrn.* izsūknēt; izsmelt; ~**se** *rfl* samazināties; sašaurināties; ierobežoties; **2.** (*am.*) būt kautram; būt pieticīgam

achicoria *f* cigoriņi

achichado *a* (*kub.*) piedzēries

achicharrar *v* **1.** par daudz sacept; piededzināt; pārvārīt; pāržāvēt; pārkaltēt; **2.** pārkarsēt; **3.** *sar.* ļoti traucēt, ļoti apgrūtināt; **4.** *sar.* uzmākties, uzplīties; ~**se** *rfl* **1.** piedegt; **2.** apdedzināties

achiquitar *v* (*am.*) samazināt, pataisīt mazāku

achisparse *v rfl* apreibt, apskurbt; piedzerties

achocadura *f* grūdiens; trieciens; sitiens

achocar *v* atgrūst, atmest, atsviest; sist (*pret ko*); triekt (*pret kaut ko*)

achocharse *v rfl sar.* kļūt bērnišķīgam

achubascarse *v rfl* **1.** apmākties, pārklāties ar mākoņiem; **2.** *pārn.* būt sadrūmušam; dusmoties

achucuyarse *v rfl* (*am.*) zaudēt dūšu; skumt, bēdāties

achuchar *v* [sa]spiest; [sa]spaidīt

achuchón *m* **1.** grūdiens; trieciens; **2.** [sa]spiešana; spaidīšana

achula [pa] do *a* **1.** drošs, pārdrošs; draisks; **2.** *sar.* nekaunīgs, nekautrīgs

achumarse *v rfl* (*am.*) piedzerties

adagio[a] *m* sentence; izteiciens; sakāmvārds; paruna

adagio[b] *m mūz.* adadžo

adalid *m* **1.** vadonis; barvedis; **2.** celmlauzis, pionieris; cīnītājs

adamado *a* **1.** sievišķīgs; **2.** mīkstčaulīgs; **3.** pārsmalcināts; **4.** elegants

adamantino *a poēt.* dimanta-

adán *m* **1.** nolaidīgs (glēvs) cilvēks; sliņķis; **2.** *sar.* klaidonis, vazaņķis

adaptación *f* **1.** pielāgošana, pierīkošana; piemērošana; lietošana, izlietošana; **2.** adaptācija (*optikā*); **3.** *mūz.* aranžējums

adaptar *v* pielāgot, piemērot; pierīkot; lietot, izlietot; ~ un mango al martillo – pielikt kātu āmuram; ~ todos los medios – izlietot visus līdzekļus; ~ al film – pārstrādāt filmai; ~se *rfl* piemēroties, pielāgoties; ~se a las circunstancias – pielāgoties apstākļiem

adarme *m* **1.** adarme (*novec. svara vienība = 179 centigrami*); **2.** vismazākais daudzums; niecīgs daudzums; no tiene un ~ de corazón – viņam nemaz nav sirds; viņš ir bezjūtīgs (cietsirdīgs); pagar por ~s – maksāt pa kripatiņai, maksāt ļoti skopi

adatar *v* **1.** datēt; **2.** ierakstīt, reģistrēt (*summu*)

adecuad‖o *a* atbilstošs; pienācīgs; piemērots; attiecīgs; adekvāts; tomar las medidas ~as – attiecīgi rīkoties, lietot attiecīgos līdzekļus; momento ~ – piemērots brīdis; cantidad ~a – attiecīgs daudzums, pietiekams daudzums

adéfago *a* rijīgs, badīgs (*par dzīvnieku*)

adefesio *m* **1.** biežāk *pl* ~s nejēdzība, bezjēdzība; aplamība; neprātība; **2.** *sar.* jocīgs apģērbs; ◇ hecho un ~ – karikatūra, ķēms, jocīgs cilvēks

adehala *f* **I.** piemaksa; **2.** dzeramnauda

adelantadamente *adv* laikus; vispirms, iepriekš, papriekš[u]

adelantad‖o I *a* **1.** aizgājis (pavirzījies) uz priekšu; la noche ~a – vēla nakts; **2.** priekšlaicīgs, pāragrs; agrīns (*par augļiem u. c.*); agri attīstījies (*bērns*); **3.** sekmīgs (*skolēns*); ◇ pagar [por] ~ – maksāt uz priekšu; ir ~ – būt priekšā (*par pulksteni*); **II** *m vēst.* **1.** pierobežas provinces gubernators; **2.** augstākais tiesnesis karalistē

adelantamiento *m* **1.** progress; attīstība; sekmes; **2.** uzplaukums; augšupeja

adelantar *v* **1.** pavirzīt uz priekšu (*arī pulksteņa rādītāju*); **2.** paātrināt; veicināt, sekmēt; **3.** maksāt (izsniegt) avansveidā (*naudu*); **4.** pārspēt (*kādu*), būt pārākam (*par kādu*); gūt sekmes; progresēt; **5.** iet pa priekšu (*kam*); apdzīt (*ko*); steigties (*par pulksteni*); **6.** atveseļoties, atspirgt; ◇ ~ sobre lo ya dicho – piemetināt, piebilst; ~**se** *rfl* **1.** aizsteigties priekšā; apdzīt; **2.** izvirzīties; **3.** pārspēt (*kādu*)

adelante *adv* **1.** priekšā; **2.** uz priekšu, turpmāk; de hoy en ~ – no (kopš) šā laika (brīža); no šīs dienas sākot; en ~ – turpmāk, nākotnē; más ~ – vēlāk; tālāk; de allí en ~ – no (kopš) tā laika; ¡~! – 1) uz priekšu!; 2) iekšā!; 3) turpiniet!, tālāk!

adelanto *m* **1.** progress; attīstība; sekmes; ~s de la ciencia – zinātnes sasniegumi; **2.** avanss

adelfa *f bot.* oleandrs

adelgazar *v* **1.** pataisīt tievāku; padarīt slaidāku; **2.** kļūt tievākam; kļūt slaidākam; **3.** novājēt

ademán *m* **1.** žests; kustība; vaibsts; sejas izteiksme; con triste ~ – ar skumju sejas izteiksmi; **2.** izturēšanās; stāja; **3.** ~es *pl* manieres; ◇ en ~ de huir – taisīties bēgt

además *adv* bez tam, vēl; ~ de eso – turklāt

adentellar *v* **1.** iekost; iecirst zobus; **2.** *pārn.* dzēlīgi runāt; **3.** [iz]robot; taisīt robiņus

adentrarse *v rfl sar.* iespiesties; ielauzties; iet iekšā; iedziļināties

adentro I *adv* iekšā, iekšpusē, iekšienē; tierra ~ – zemes iekšienē; mar ~ – atklātā jūrā; ◇ ser uno muy de ~ – būt pašu cilvēkam (savējam) mājās; ¡adentro! – iekšā!; **II** *m* ~s *pl* sirds dziļumi; para sus ~s – pie sevis, sevī

adepto I *a* zinošs, lietpratīgs, pieredzējis, kompetents; iepazīstināts (*ar amata noslēpumu u. tml.*); **II** *m* **1.** sektas loceklis; slepenas organizācijas loceklis; **2.** piekritējs, sekotājs, adepts; **3.** alķīmiķis

aderezar *v* **1.** sakārtot, uzpost; **2.** sagatavot (*ēdienu likšanai galdā*); pielikt garšvielas; **3.** salabot, salāpīt (*drēbes*)

aderezo *m* **1.** sakārtojums; izrotājums; **2.** dārglietu garnitūra; medio ~ – auskari *un* broša; **3.** piederumi; ~ de casa – mājsaimniecības piederumi; **4.** apdare; apkalums (*aukstiem ieročiem*); **5.** piedeva[s] (*ēdieniem*); **6.** ~s *pl* rotaslietas

adeudar *v* **1.** iestigt parādos; būt parādā; **2.** *grāmatv.* ierakstīt debetā

adeudo *m* **1.** parāds (*naudas*); **2.** muita; nodeva; **3.** debetēšana

adherir *v* **1.** cieši piegulēt; pielipt; pieaugt klāt; **2.** piekļauties, pievienoties; ~se *rfl* iestāties (partijā)

adición *f* **1.** pielikums; pievienojums; papildinājums; **2.** *mat.* saskaitīšana

adicionar *v* **1.** pielikt klāt, pievienot; papildināt; **2.** *mat.* saskaitīt

adicto I *a* **1.** uzticīgs; padevīgs; piekēries; labvēlīgs, draudzīgs; ~ a la tradición – uzticīgs tradīcijai; **2.** pieskaitīts; piekomandēts; **II** *m* **1.** piekritējs; **2.** piekomandēta persona

adiestrador *m* dresētājs

adiestrar *v* **1.** iemācīt; izdresēt; apmācīt; trenēt; instruēt; **2.** iejāt, iebraukt (*zirgu*); **3.** *pārn.* [pa]rādīt ceļu; vadīt

adinerado *a* naudīgs

adiós I *interj* sveiki!, ardievu!; **II** *m* ardievas; atvadīšanās

adivinanza *f* **1.** pareģojums; paredzējums; **2.** mīkla

adivinar *v* **1.** paredzēt; pareģot; **2.** izdibināt, izpētīt; **3.** atminēt, uzminēt; adivina, quien te dio – meklē vēju laukā

adivino *m arī:* **adivinador** *m* gaišreģis

adjetivo *m gram.* īpašības vārds, adjektīvs

adjudicar *v* piespriest, piešķirt (apbalvojumu, pabalstu u. c.); atzīt (*nopelnus*)

adjuntar *v* pielikt klāt, pievienot (*vēstuli dokumentam*)

adjunt‖o I *a* pielikts klāt, pievienots: carta ~a – pievienota (klāt pielikta) vēstule; **II** *m* **1.** pielikums; **2.** adjunkts; palīgs; vietnieks

adminículo *m* palīglīdzeklis; palīgmateriāls

administración *f* pārvaldīšana; pārvalde; administrācija; administratīvais personāls; ~ de justicia – tiesvedība, tiesāšanas kārtība; ~ central – galvenā pārvalde

administrador *m* **1.** administrators; pārvaldnieks, vadītājs; pārzinis

administrar *v* **1.** pārvaldīt; vadīt; pārzināt; **2.** ieņemt amatu, būt amatā; izpildīt pienākumu: **3.** apgādāt (*ar visu nepieciešamo*); **4.** *bazn.* pasniegt sakramentu (*mirējam*); ~ la ultima (extrema) unción; ◇ ~ medicinas – dot zāles

admirable *a* apbrīnojams; brīnišķīgs

admiración *f* **1.** apbrīnošana; apbrīns; sajūsma; digno de ~ – apbrīnas vērts; **2.**: signo de ~ *gram.* – izsaukuma zīme

admirador *m* pielūdzējs, dievinātājs; cienītājs

admirar *v* **1.** sajūsmināt; radīt apbrīnu; **2.** apbrīnot

admisible *a* pieļaujams; pieņemams

admisión *f* **1.** pieņemšana; uzņemšana; **2.** pielaišana; pieļaušana; **3.** atzīšana (*nopelnu u. tml.*)

admitir *v* **1.** pieņemt; uzņemt; **2.** pielaist; pieļaut; **3.** atzīt (*nopelnus u. tml.*)

admonición *f* **1.** brīdinājums; atgādinājums; pamudinājums (*būt čaklam, paklausīgam*); pamācīšana; **2.** rājiens; aizrādījums

adobar *v* **1.** gatavot ēdienu, taisīt ēst; **2.** [ie]sālīt (*gaļu*); konservēt (*gaļu – mājās*); **3.** miecēt (*ādu*)

adobo *m.* **1.** ēdiena gatavošana; **2.** mērce; marināde

adocenado *a* ikdienišķs, parasts; viduvējs; caurmēra-

adoctrinar *v* pamācīt

adolecer *v* slimot; sirgt; ciest; ◇ ~ de muchos defectos – būt ar daudziem trūkumiem

adolescencia *f* pusaudža gadi, pusaudža vecums

adonde *adv* kur; kurp; uz kurieni; ~ quiera – 1) kaut kur; 2) lai tas būtu kur būdams; visur

adopción *f* **1.** adoptēšana, pieņemšana bērna vietā; **2.** pieņemšana; atzīšana par labu

adoptar *v* **1.** adoptēt, pieņemt bērna vietā; **2.** pieņemt; atzīt par labu; ~ una resolución – pieņemt rezolūciju; ~ una actitud – ieņemt viedokli

adoquin *m* **1.** bruģakmens; **2.** *sar.* pedazo de ~ – muļķis, stulbenis

adorable *a* dievišķīgs, dievīgs; brīnumjauks, debešķīgs

adorador *m sk.* **admirador**

adorar *v* pielūgt; dievināt; bezgalīgi mīlēt

adormecedor *a* iemidzinošs

adormecer *v* **1.** iemidzināt; **2.** remdēt (*sāpes*); vājināt (*modrību*); mazināt (*uzmanību*); **~se** *rfl* **1.** iemigt; **2.** notirpt (*par locekļiem*)

adormidera *f* magone

adormilarse, adormitarse *v rfl* iesnausties; snaust

adornar *v* [iz]rotāt; [iz]greznot; [iz]pušķot

adornista *m, f* dekorāciju zīmētājs, -a; (gleznotājs, -a), dekorators, -e

adorno *m* rota, greznojums; [iz]rotājums

adosar *v* piesliet, atsliet

adquirir *v* **1.** iegūt, ~ crédito – iegūt uzticību; iemantot; dabūt; sasniegt; **2.** apgūt (*tehniku u. tml.*)

adquisición *f* **1.** ieguvums; iegūšana; **2.** apgūšana (*tehnikas u. tml.*)

adrede, adredemente *adv* apzināti, tīšām; ar nodomu

adscribir *v* **1.** piedēvēt (*vainu*), inkriminēt; **2.** piekomandēt; iedalīt; nozīmēt darbā (*kādā vietā*)

aduana *f* **1.** muita; muitas pārvalde; **2.** muita, muitas nodoklis; derechos de ~ – muitas nodokļi; ◇ pasar por todas las ~s – izstaigāt visas instances, staigāt pa visām instancēm

aducir *v* minēt (*piemērus, pierādījumus*); atsaukties (*uz ko*)

adueñarse *v rfl* **1.** (de) kļūt par īpašnieku (*kaut kam*); sagrābt savā varā, iegūt, piesavināties; **2.** uzveikt, tikt galā; **3.** uzmesties par saimnieku

adulación *f* glaimi; glaimošana; iztapība; lišķība

adulador *m* glaimotājs

adular *v* glaimot; izdabāt; lišķēt; (*pārmērīgi*) slavēt

adulterador *m* **1.** viltotājs, falsifikators, falsificētājs; **2.** *novec. sk.* **adúltero**

adulterar *f* **1.** pārkāpt laulību; **2.** viltot, falsificēt

adulterino *a* **1.** ārlaulības-, ārlaulībā dzimis; **2.** viltots, falsificēts

adulterio *m* laulības pārkāpšana

adúltero *m* laulības pārkāpējs

adulto I *a* pieaudzis; nobriedis; attīstījies; **II** *m* pieaugušais; escuela para ~s – pieaugušo skola

adusto *a* **1.** saulē izdedzis, sauss (*par apvidu, zemi*); **2.** drūms; bargs; **3.** igns, sapīcis

advenedizo I *a* ienācis, svešs; iebraucis, atbraucis (*no citurienes*); svešzemju-, **II** *m* **1.** iebraucējs, atbraucējs; svešzemnieks; **2.** iznirelis

advenedero *a* nākamais, nākošais

advenimiento *m* **1.** ierašanās; atnākšana; **2.** uzkāpšana tronī; ◇ ~ de la República – republikas nodibināšanās

adverbio *m gram.* apstākļa vārds
adversario 1. pretinieks, ienaidnieks; **2.** sāncensis, konkurents
adversidad *f* **1.** naidīgums; **2.** neveiksme; nelaime, posts
advers‖o *a* **1.** naidīgs; **2.** pretējs; **3.** nelabvēlīgs; nelaimīgs; suerte ~a – nelaimīgs liktenis
advertencia *f* **1.** brīdinājums; aizrādījums; piezīme; **2.** atzīme (*grāmatā u. c.*)
advertido *a* **1.** piedzīvojis, pieredzējis; **2.** piesardzīgs, apdomīgs; mal ~ – neapdomīgs, pārsteidzīgs
advertir *v* **1.** pamanīt, ieraudzīt; **2.** darīt uzmanīgu; brīdināt; ~ un peligro – brīdināt no briesmām; **3.** darīt zināmu; paziņot; ~se *rfl* manīt; noprast; saprast; ◇ se advierte claramente – kļūst skaidri redzams (labi saprotams)
adyacencia *f* robežošanās
adyacente *a* kaimiņu-; blakus-; [cieši] saistīts
aeración *f* **1.** [iz]vēdināšana; ventilācija; **2.** *med.*, *tehn.* aerācija
aére‖o *a* **1.** gaisa-; aviācijas-; comunicación ~a – gaisa satiksme; correo ~ – gaisa pasts, aviopasts; **2.** gaisīgs, viegls; **3.** nereāls, fantastisks
aeróbica *f* aerobika
aerodinámico *a* **1.** aerodinamisks; **2.** plūdlīniju-, plūdlīniju formas-
aeródromo *m* aerodroms, lidlauks
aeronauta *m* aeronauts, gaisa kuģotājs

aeroplano *m* aeroplāns, lidmašīna
aeropuerto *m* lidosta
aerostación *f* gaisa kuģniecība
afable *a* laipns; pieklājīgs; patīkams, jauks
afamado *a* slavens, ievērojams
afamar *v* padarīt slavenu
afán *m* **1.** pūles; cenšanās; **2.** dedzīga vēlēšanās; tieksme, dziņa; alkas; **3.** smags fizisks darbs
afanar *v*, **afanarse** *rfl* **1.** pūlēties, censties; **2.** nomocīties, nopūlēties; smagi strādāt
afanoso *a* **1.** smags, grūts; mokošs; nogurdinošs; **2.** strādīgs, čakls
afear *v* **1.** izkropļot; izķēmot, padarīt neglītu; **2.** nopelt, nosodīt; paļāt
afección *f* **1.** simpātija[s]; pieķeršanās; mīlestība; **2.** afekts; **3.** noskaņojums; **4.** kaite; slimība; ~ mental – gara slimība; ~ cardíaca – sirds nepietiekamība; ◇ ~es del alma – pārdzīvojumi
afectable *a* [viegli] ietekmējams; jūtīgs
afectación *f* afektācija; klīrēšanās; nedabiskums, [sa]mākslotība
afectado *a* **1.** afektēts; **2.** klīrīgs; mākslots; samākslots; estilo ~ – pārspīlēti (mākslot) svinīgs stils; ◇ ~ por la noticia – ziņas satriekts; ~ de ... – 1) slims ar...; 2) (*kā*) pārņemts
afectar *v* **1.** izrādīt; **2.** izlikties; ~ ignorancia – izlikties nekā nezinām; **3.** aizskart, skart (*kāda inte*-

reses); **4.** aizskart, uztraukt; apbēdināt; **5.** *med.* uzbrukt, uznākt (*par kādu slimību*); skart (*kādu orgānu*); **5.** norīkot, nozīmēt

afectibilidad *f* jūtīgums, emocionalitāte

afectiv∥o *a* jūtīgs; jūtelīgs; naturaleza ~a – jūtīga daba

afecto I *a* **1.** pieķēries; mīlošs; labvēlīgs; amigo ~ – labs draugs; **2.** norīkots, nozīmēts; quedar ~ a la cátedra – palikt pie katedras; **3.** *jur.* ar nodokli (nodevu) apliekams; ◊ ~ de un mal – kādas kaites pārņemts; **II** *m* **1.** afekts; **2.** simpātijas; labvēlība; **3.** *glezn.* dzīvums, izteiksmīgums

afectuosamente *adv* maigi; mīļi; sirsnīgi; lieto arī vēstules nobeigumā

afectuoso *a* mīļošs, mīlestības pilns; sirsnīgs; maigs

afeitada *f* (*am.*) skūšana

afeitar *v* **1.** skūt; **2.** apgriezt, apcirpt; **3.** [mazliet] izrotāt, izgreznot; **4.** uzkrāsot (*lūpas, uzacis u. tml.*)

afeite *m* **1.** izgreznojums, rota; **2.** kosmētisks līdzeklis

afeminación *f* mīkstčaulība; izlutinātība

afeminado I *a* **1.** sievišķīgs; **2.** mīkstčaulīgs; izlutis; **3.** bikls; **II** *m* mīkstčaulis

aferrado *a* stūrgalvīgs, spītīgs; neatlaidīgs; seguir ~ a una opinión – palikt pie kādiem uzskatiem

aferrar *v* **1.** saķert, cieši turēt; **2.** aizķert (*ar ķeksi, baļķi u. c.*); ◊ ~ el ancla – izmest enkuru; **~se** *rfl* pieķerties; cieši turēties, iekrampēties; ~se a (con, en) alguna cosa – stūrgalvīgi pastāvēt uz kaut ko

afianzamiento *m* **1.** nodrošināšana, garantēšana; nodrošinājums, garantija; **2.** balsts; balsta stabs; **3.** *pārn.* atbalsts

afianzar *v* **1.** galvot; dot garantiju; **2.** nodrošināt; nostiprināt, nocietināt; atbalstīt (*mūri*); **3.** saķert, satvert

afición *f* patika; aizraušanās (*ar ko*); kaislība (*uz ko*); sevišķa tieksme (*uz ko*); tomar ~ – pieķerties (*kam*); aizrauties (*ar ko*)

aficionado I *a* noskaņots (*uz ko*); mīlošs; **II** *m* mīļotājs, cienītājs; draugs; círculo de ~s al arte – māksliniecīskās pašdarbības pulciņš

aficionarse *v rfl* **1.** (a) pieķerties (*kam*); aizrauties (*ar ko*); **2.** (a, de) iemīlēties

afiladera *f* strīķis; galoda, tecīla

afilado I *a* uztrīts; izslīpēts; ass; **II** *m* slīpējums

afilar *v* **1.** asināt; trīt; slīpēt; **2.** *pārn.* asināt (*prātu u. tml.*)

afiliación *f* **1.** adoptēšana; **2.** uzņemšana (*par biedru*)

afiliar *v* **1.** adoptēt; **2.** uzņemt (*par biedru*)

afiligranad∥o *a* **1.** filigrāns, ļoti smalks (*darbs*); **2.** sīks (*augums*); graciozs, smalks (*stils*); facciones ~as – smalki sejas panti

afín I *a* **1.** robežojošs, blakus-; **2.** radniecisks, radniecīgs; lenguas ~es – radniecīgas valodas; **II** *m* sievas radinieks (*vīram*), vīra radinieks (*sievai*)

afinación *f* **1.** pilnveidošana; nostrādāšana visos sīkumos; galīgā apdare; **2.** *mūz.* uzskaņošana; **3.** attīrīšana (*no piemaisījumiem*)

afinador *m* **1.** tīrskaņotājs; **2.** skaņošanas atslēga

afinar *v* **1.** novest līdz pilnībai; nostrādāt visos sīkumos; **2.** uzskaņot (*instrumentu*); **3.** padarīt cildenāku (kulturālāku, smalkāku) (*par cilvēku*); **4.** attīrīt (*metālu*); **5.** pareizi spēlēt (dziedāt); **~se** *rfl* kļūt smalkākam

afinidad *f* **1.** radniecība (*vīram – ar sievas radiem, sievai – ar vīra radiem*); **2.** radniecība, līdzība; ~ de carácteres – rakstura vienādība; ~ espiritual – garīga radniecība

afirmar *v* **1.** nostiprināt; **2.** apstiprināt; apgalvot; apliecināt

afirmativ‖o *a* apstiprinošs; respuesta ~a – piekrītoša (apstiprinoša) atbilde

afirolar *v* (*kub.*) uzpost; izrotāt, izgreznot

aflicción *f* **1.** skumjas; bēdas; ciešanas; **2.** raizes, rūpes

afligir *v* skumdināt, apbēdināt; **~se** *rfl* bēdāties, raizēties

aflojar *v* **1.** padarīt vaļīgāku; palaist vaļīgāku; atlaist [vaļā]; ~ la cuerda – palaist virvi vaļīgāku; **2.** *pārn. sar.* izlaist no rokām; **3.** atslābt; mazināties (*par karstumiem u. tml.*); pierimt (*par vēju u. tml.*); atlaisties (*par salu*); kļūt vaļīgākam (*par virvi u. tml.*); **4.** *pārn.* kļūt vēsam, atsalt (*pret kaut ko, kādu*), kļūt nevērīgam; ◊ ~ la mosca – atdarīt maku

aflorar *v* **1.** *ģeol.* parādīties [virspusē], atklāties (*par rūdas dzīslu u. tml.*); **2.** uzpeldēt, parādīties virs ūdens; **3.** parādīties, uzmesties (*uz ādas*)

afluencia *f* **1.** pieplūdums; uzplūdums; saplūdums; **2.** pārpilnība, bagātība; ~ de palabras – vārdu plūdi, vārdu birums

afluente I *a* **1.** plūstošs [šurp]; pieplūstošs; uzplūstošs; **2.** ietekošs (*par upi*); **3.** runīgs; **II** *m* pieteka

afluir *v* **1.** ieplūst, ietecēt (*par upi*); **2.** saplūst (*par ļaudīm u. c.*)

aflujo *m* pieplūdums (*asins*)

afondarse *v rfl* iet dibenā, slīkt

afónico *a* **I.** neskanīgs; **2.** bez balss, balsi zaudējis; galīgi aizsmacis; quedarse ~ a fuerza de gritar – pazaudēt balsi no lielas kliegšanas

aforar *v* **1.** novērtēt [preci] (*muitas noteikšanai*); taksēt, vērtēt; **2.** nomāt, rentēt, iznomāt, izrentēt (*īpašumu, māju*); **3.** piešķirt privilēģijas (tiesības)

aforo

aforo m 1. vērtēšana, novērtēšana (*preču*); 2. vietu skaits (*skatītāju zālē*); 4. *teātr.* ieņēmums

aforrar v oderēt (*apģērbu*); **~se** *rfl* silti saģērbties; ◊ ~ bien – krietni saēsties

afortunadamente *adv* par laimi, laimīgā kārtā

afortunado *a* 1. laimīgs; aplaimots; 2. vētrains (*laiks*)

afrecho m klijas

afrenta f 1. lamas; nozākājums; apvainojums; 2. kauns, negods

afrentar v lamāt; nozākāt; apvainot; **~se** *rfl* kaunēties, sarkt

afrontar v 1. nostādīt vienu otram pretī; 2. turēties pretī, stāties pretī; ~ el peligro – stāties pretī (spītēt) briesmām

afuera I *adv* 1. no ārpuses; no ārienes; 2. ārā, laukā; ārpusē; de ~ – no ārpuses; ¡~! – ārā!, laukā!; II m ~s *pl* apkārtne, apkaime

afufar v *sar.* [aiz]mukt, laisties lapās

agachadiza f mērkaziņa, pērkonkaza (*putns*); ◊ hacer la ~ – ielīst, nolīst (*paslēpties*)

agacharse v *rfl* 1. pieliekties; pietupties; 2. *sar.* nolīst (*kaut kur*); paslēpties; nozust, noslēpties (*uz kādu laiku*)

agalla f I. panga, pangābols; 2. ~s *pl* žaunas; 3. ~s *pl anat.* mandeles; 4. (*am.*) skopums; ◊ tener (muchas) ~s – būt brašam

agalladero *a* (*kub.*) uzpūties; uzpūtīgs, vīzdegunīgs

agalludo *a* (*am.*) *sar.* spējīgs uz visu (*sliktā nozīmē*)

agarrada f *sar.* strīdēšanās; strīds, ķilda

agarrado *a sar.* skops, sīksts; sīkumains

agarrar v 1. sagrābt; iekļerties; ~ por el cuello – sagrābt aiz apkakles; 2. uzbrukt (*par slimību*); 3. *sar.* [ie]gūt sev (*labumu*); **~se** *rfl* 1. pieķerties; iekļerties; 2. pielipt; 3. *pārn. sar.* saķerties, sarauties; sakauties; ◊ ~se a un clavo – ķerties pie salmiņa

agarrotar v 1. sasiet, savīt cieši kopā; savilkt; 2. nožņaugt

agasajar v 1. laipni uzņemt; 2. cienāt, pacienāt; 3. apdāvināt, apveltīt

agasajo m 1. laipna uzņemšana; 2. cienāšana, pacienāšana; 3. dāvana, velte

ágata f *min.* ahāts

agavanzo m *bot.* mežrozīte

agave f *bot.* agave

agavillar v siet kūlīšus

agencia f aģentūra; birojs; ~ telegráfica – telegrāfa aģentūra; ~ de turismo – ceļojumu birojs, nodaļa, filiāle

agenciar v 1. veicināt, paātrināt; 2. censties panākt (*kaut ko*)

agencioso *a* rosīgs, darbīgs, kustīgs

agenda f piezīmju grāmatiņa; dienas kārtība

agente 1. *m, f* aģents, -e; pārstāvis, -e; ~ de negocios – tirdzniecības aģents; ~ de bolsa (de cambios) – biržas mākleris; ~ de enlace *mil.* – sakaru virsnieks; ~ de policía – policijas aģents; ~ de transportes – ekspeditors; **2.** *m* dzinējspēks; **3.** *m* ~s *pl* aģentūra, aģenti; **4.** m: ~ químico *ķīm.* – reaģents, reaktīvs

agestado *a*: bien (mal) ~ – glīts (neglīts) pēc izskata, ar glītu (neglītu) seju

agible *a* padarāms, izpildāms, veicams

agigantado *a* milzīgs, neparasts

ágil *a* veikls, izveicīgs; rosīgs; žigls

agilidad *f* veiklība, izveicība; rosība; žiglums

agitación *f* **1.** spēcīga kustība; viļņošanās (*uz jūras*); **2.** satraukums; saviļņojums; nemiers; ~ popular – tautas nemieri; **3.** aģitācija; hacer ~ – aģitēt

agitado *a* nemierīgs; satraukts; saviļņots; mar ~ – sabangota jūra; sueño ~ – nemierīgs miegs

agitar *v* **1.** kustināt; **2.** vicināt, māt; **3.** sakratīt; saskalot; **4.** saviļņot; satraukt; darīt nemierīgu; **5.** aģitēt

aglomeración *f* **1.** krājums; uzkrājums; sakopojums; sablīvējums; **2.** pūlis, bars; drūzma

aglomerado *m tehn.* aglomerāts

aglutinar *v* **1.** pielīmēt, pielipināt; **2.** *med.* savilkties (*par rētu*)

agobiar *v* **1.** noliekt; piespiest, nospiest (*pie zemes*); **2.** *pārn.* nospiest, nomākt; **3.** apkraut (*ar darbu*)

agobio *m* **1.** slogs; spiediens; **2.** nospiests (nomākts) garastāvoklis; bēdīgs prāts

agolpamiento *m* drūzmēšanās; drūzma, burzma

agolparse *v rfl* **1.** salasīties, saskriet; **2.** izšļākt (*par asinīm*)

agolpear *v* (*am.*) *sar.* piekaut

agonía *f* **1.** agonija; **2.** mokošs nemiers, skumjas

agorar *v* **1.** zīlēt; pareģot; **2.** nojaust (*nelaimi*)

agorero I *a* nelaimi vēstošs; **II** *m* zīlnieks; pareģis

agostadero *m* kalnu ganības; vasaras ganības

agostarse *v rfl* **1.** nokalst, sakalst; izkalst

agostero *m* pļāvējs (*labības*); ražas novācējs

agosto *m* **1.** augusts; **2.** ražas novākšanas laiks; rudens; **3.** ražas novākšana; ◇ hacer su ~ – iedzīvoties; iegūt sev labumu

agotamiento *m* **1.** izsmelšana, izsūknēšana; **2.** nogurdināšana, novārdzināšana; **3.** spēku izsīkums; pagurums, (*stiprs*) nogurums

agotar *v* **1.** izsmelt, izsūknēt; **2.** izlietot (*krājumus*); izpārdot (*preces*); iztukšot; **3.** novārdzināt, (*stipri*) nogurdināt; ~**se** *rfl* izsīkt

agraciado *a* **1.** graciozs; pievilcīgs; **2.** apdāvināts, talantīgs

agraciar *v* **1.** piešķirt graciozitāti, padarīt pievilcīgu; **2.** apžēlot; atlaist sodu; **3.**: ~ con... – 1) apveltīt ar...; 2) pagodināt ar...; 3) aplaimot ar...

agradable *a* **I.** patīkams; pievilcīgs; piemīlīgs; **2.** laipns, pakalpīgs

agrad‖ar *v* patikt; būt pa prātam; si le ~a a Ud. – ja jūs vēlaties, ja jums [pa]tīk; nos ~ aría conocer – mēs vēlētos zināt

agradecer *v* būt pateicīgam; pateikties

agradecido *a* pateicīgs; estoy muy ~ – esmu ļoti pateicīgs

agradecimiento *m* pateicība; pateikšanās

agrado *m* **1.** laipnība; labvēlība, vēlīgums; **2.** [lab]patika, patikšana; ser del ~ de alguien – būt kāda gaumē, patikt, būt pa prātam kādam; con ~ – ar prieku, labprāt

agramadera *f* kulstāmmašīna (*liniem, kaņepēm*)

agrari‖o I *a* **1.** agrārs; zemes-; reforma ~a – agrārreforma, zemes reforma; **2.** zemkopības-, **II** *m* **1.** lielgruntnieks; **2.** agrārās partijas biedrs

agravación *f*, **agravamiento** *m* palielināšanās (*vainas*); saasināšanās, paasināšanās (*attiecību u. tml.*); pasliktināšanās (*slimnieka stāvokļa*)

agravar *v* palielināt, padarīt smagāku (*vainu*); saasināt, paasināt (*attiecības u. tml.*); pasliktināt (*slimnieka stāvokli*)

agraviar *v* **1.** apvainot, aizvainot, aizskart; **2.** nodarīt pārestību, darīt pāri; **~se** *rfl* **1.** apvainoties, justies aizskartam (aizvainotam); ņemt ļaunā; **2.** pasliktināties (*par slimību*)

agravio *m* **1.** apvainojums, aizvainojums; **2.** zaudējumi; zaudējumu nodarīšana

agraz *m* **1.** zaļas vīnogas (*nenogatavojušās*); **2.** skābais vīns (*no puszaļām vīnogām*); **3.** īgnums, sapīkums; ◇ en ~ – priekšlaicīgi; nelaikā; echar a uno el ~ en el ojo – sarunāt rupjības kādam

agrazar *v* **1.** sarūgtināt; sagādāt nepatikšanas; **2.** būt ar skābu (skāņu) garšu

agredir *v* **1.** uzbrukt; **2.** *sar.* klupt virsū, uzklupt

agregado I *a* **1.** pielikts; pievienots; **2.** ieskaitīts; piekomandēts; **II** *m* **I.** *fiz.* agregāts; **2.** atašejs; ~ militar – militārais atašejs; ~ comercial – tirdzniecības atašejs

agregar *v* **1.** pielikt; pievienot; **2.** ieskaitīt; piekomandēt

agresión *f* **1.** agresija; ~ armada – bruņota agresija; bloque de ~ – agresīvais bloks; **2.** tiesību pārkāpšana

agresiv‖o I *a* **1.** agresīvs; uzbrukuma-; **2.** izaicinošs; apvainojošs; naidīgs; mirada ~a – izaicinošs skatiens; palabras ~as – apvainojoši vārdi; **II** *m*: ~os químicos – indīgās kaujas vielas

agriar *v* **1.** skābēt; padarīt skābu; **2.** saniknot; sakaitināt

agrícola I *a* zemkopības-: lauksaimniecības-; lauksaimniecisks; obrero ~ – laukstrādnieks; **II** m zemkopis

agricultor *m* zemkopis

agricultura *f* lauksaimniecība; zemkopība

agridulce *a* saldskābs

agrietarse *v rfl* [sa]plaisāt; ieplaisāt; ieplīst

agrimensor *m* mērnieks

agri∥o I *a* **1.** skābs; skāņš; sūrs; sīvs; **2.** nelaipns, īdzīgs (*raksturs*); **3.** akmeņains, nelīdzens (*ceļš, apvidus*); **4.** trausls (*metāls*); **5.** dzēlīgs, ass (*par runu, valodu*); respuesta ~a – dzēlīga atbilde; **II** *m* **1.** skāba augļu sula; **2.** ~os *pl* citrusaugi, citrusi; ◊ mascar las ~as – apslēpt nepatiku (īgnumu)

agronomía *f* agronomija

agrónomo *m* agronoms

agrupación *f* **1.** grupēšana; **2.** grupa; grupējums; **3.** *mil.* vienība

agrupar *v* **1.** [sa]grupēt; **2.** apvienot; saliedēt

agrura *f* skābums, skāba garša

agua *f* ūdens; ~ corriente, ~ viva, ~ de pie – tekošs ūdens; ~ dulce – saldūdens; ~ estancada (muerta) – stāvošs ūdens; ~ abajo – pa straumi; ~ arriba – pret straumi; ~ oxigenada *ķīm.* – ūdeņraža pārskābe; ~ pesada *ķīm.* – smagais ūdens; ~ termal – karstais avots; ~ llovediza – lietusūdens; ~ de limón – limonāde; ~ de Colonia – odekolons; ~s jurisdiccionales – teritoriālie ūdeņi; ◊ ~ nieve – slapjš sniegs; a flor de ~ – ūdens virspusē; sin decir ~ va *sar.* – negaidot, bez brīdinājuma; coger ~ en cesto – niekoties, nodarboties ar niekiem; se le hace ~ la boca – viņam tek siekalas; sacar ~ de las piedras – no visa kā iegūt sev labumu; ~s de creciente – paisums; ~s de menguante – bēgums; entre dos ~ – nenoteikts, svārstīgs

aguacero *m* lietus gāze

aguachento *a* (*am.*) ūdeņains (*par augli*)

aguada *f* **1.** dzeramūdens krājums; **2.** *jūrn.* vieta, kur kuģis uzņem dzeramo ūdeni; **3.** *glezn.* akvarelis

aguado *a* **1.** ūdeņains; ar ūdeni atšķaidīts; **2.** *sar.* sabojāts (*prieks*); **3.** (*am.*) vājš, nespēcīgs

aguador *m* ūdens vedējs, ūdens nesējs

aguaducho *m* atspirdzinošu dzērienu kiosks

aguafuerte *m* asējums, oforts

aguaitar *v* (*am.*) *sar.* izsekot, izspiegot

aguamala *f* medūza
aguamarina *f min.* akvamarīns
aguanoso *a* 1. ūdeņains; 2. pārāk mitrs
aguantar *v* izturēt; panest; paciest; ◊ ~ burlas – saprast jokus; **~se** *rfl* 1. savaldīties; 2. stingri turēties (*pie kā*); 3. paciest vienam otru
aguante *m* 1. izturība; de mucho ~ – stingrs, nelokāms; izturīgs; 2. pacietība
aguar *v* atšķaidīt ar ūdeni (*vīnu, etiķi*); ◊ ~ la fiesta – izjaukt jautrību
aguardada *f* gaidīšana
aguardar *v* 1. gaidīt; 2. pagarināt termiņu
aguardentería *f* degvīna pārdotava
aguardiente *m* degvīns
aguarrás *m sar.* terpentīns
aguatocha *f* 1. [ūdens]sūknis; ūdens šļūtene; 2. ugunsdzēsēju mašīna
aguazo *m* gleznojums ar guašu
agudeza *f* 1. asums (*asmens u. tml.*; *prāta, redzes, dzirdes*); ~ de espíritu – asprātīgums, prāta asums; 2. asprātība; joks
agudo *a* 1. ass; 2. *med.* akūts; 3. spalgs; griezīgs; 4. smeldzošs (*par sāpēm*); 5. trāpīgs (*joks*); 6. asprātīgs; atjautīgs; ◊ ángulo ~ – šaura leņķis
agüero *m* [iepriekšēja] zīme (pazīme); pareģojums; buen ~ – laba zīme; de mal ~ – nelaimi vēst[īj]ošs

aguerrir *v* 1. norūdīt kaujām, pieradināt pie kaujas apstākļiem; 2. pieradināt pie grūtībām, norūdīt
aguijón *m* 1. dzelonis; ērkšķis; adata (*ezim*); 2. smaile; dzelzs uzgalis (*vēršu dzenamam kokam*); 3. dzinulis, stimuls
aguijonear *v* 1. skubināt (*vērsi – ar koku, zirgu – ar piešiem*); 2. skubināt, mudināt; stimulēt
águila *f* ērglis; ~ caudal, ~ real – klinšu ērglis
aguileñ‖o *a* ērgļa-; ērgļu-; nariz ~a – ērgļa deguns
aguinaldo *m* Ziemassvētku dāvana
agüista *m, f* peldviesis, -e; atpūtnieks, -ce
aguja *f* 1. adata; ~ de tejer – adāmadata; ~ de medias – zeķu adāmā adata; ~ de gancho – tamborējamā adata; 2. rādītājs (*pulksteņa*); adata (*kompasa*); 3. obelisks; 4. smaile; 5. pārmija; ◊ alabar sus ~s – slavēt pašam sevi; buscar una ~ en un pajar – meklēt adatu siena kaudzē
agujazo *m* adatas dūriens
agujerear *v* [iz]caurumot; sacaurumot; padarīt caurumainu
agujero *m* caurums; atvere
agujeta *f* 1. siksniņa; apavu auklīņa (*ar metāla uzgaliņiem*); 2. **~s** *pl* dūrējs sānos; lauzējs, muskuļu sāpes
agusanarse *v rfl* kļūt tārpainam

aguzadera *f* galoda; strīķis

aguzador *m* **1.** trinējs; asinātājs; slīpētājs; **2.** [uz]mudinātājs; kūdītājs, musinātājs

aguzanieves *f* cielava

aguzar *v* **1.** [uz]trīt; [uz]asināt; slīpēt; **2.** [uz]mudināt; kūdīt, musināt; ◊ ~ las orejas – ausīties; ~ los oídos – sasprindzināt dzirdi

ahebrado *a* šķiedrains

ahechar *v* sijāt, vētīt

aherrojar *v* **1.** iekalt važās; **2.** pieķēdēt; **3.** *pārn.* nospiest verdzībā, pakļaut verdzībai

aherrumbrarse *v rfl* [sa]rūsēt, pārklāties ar rūsu

ahí *adv* tur; te, šeit; turp; de ~ – no šejienes; de ~ que – no tā secinām, ka...; no tā izriet, ka...; ◊ ~ está la cosa – tā jau ir tā lieta; por ~, por ~ – daudzmaz; por ~ – 1) netālu; 2) tādēļ, tāpēc

ahidalgado *a* augstsirdīgs, bruņniecisks

ahijado *m* **1.** krustbērns; **2.** aizbilstamais, aizsargājamais

ahijar *v* **1.** adoptēt; **2.** *bot.* dzīt asnus

ahilado *a* **1.** vājš, nonīcis; **2.** viegls, silts (*par vēju*)

ahilarse *v rfl* **1.** novājēt, kļūt vājākam; kļūt vārgākam; **2.** nīkuļot, vīst (*par stādiem*); **3.** pelēt, pārklāties ar pelējumu (*par maizi u. c.*)

ahincado *a* uzstājīgs, neatlaidīgs; centīgs

ahincar *v* **1.** skubināt; spiest (*kādu kaut ko darīt*); **2.** (en) pastāvēt (*uz kaut ko*), neatkāpties

ahinco *m* neatlaidība; centība

ahitarse *v rfl* pārēsties, samaitāt vēderu (kuņģi)

ahíto I *a* šķebīgs, pretīgs (*par ēdienu*); **II** *m* kuņga darbības traucējumi (*no pārēšanās*)

ahogado I *a* **1.** noslīcis; **2.** smacīgs, šaurs (*par telpu*); **II** *m* slīkonis

ahogar *v* **1.** noslāpēt, nosmacēt; nožņaugt; **2.** noslīcināt; **3.** apslāpēt, apdzēst (*uguni*); **4.** *pārn.* mocīt; plosīt; nomākt (jūtas); **~se** *rfl* **1.** smakt nost, nosmakt; slāpt nost, noslāpt; ~se de calor – smakt nost no karstuma; **2.** [no]slīkt; [no]slīcināties; **3.** apdzist, noslāpt (*par uguni*); **4.** panīkt; nīkuļot (*par stādiem*); ◊ ~se en un vaso de agua – justies nedrošam; ļauties panikai

ahogo *m* **1.** slāpšana, smakšana; **2.** elpas trūkums; aizdusa; **3.** smacīgums

ahondar *v* **1.** padziļināt; izrakt dziļāku (*bedri u. c.*); **2.** izdibināt, izpētīt; **3.** (en) dziļi ieaugt (*par saknēm*); **4.** (en) *pārn.* iedziļināties, ielūkoties (*lietas būtībā*)

ahora I *adv* tagad, pašlaik; nupat, tikko; tūliņ; ~ mismo – 1) tūliņ; 2) tikko, nupat; por ~ – pagaidām; hasta ~ – līdz šim; desde ~ – no šā brīža (laika); uz priekšu, turpmāk; desde ~ en adelante – sākot ar šo brīdi; turpmāk; ◇ ~ bien – tātad; **II** *conj*: ~ ..., ~ – vai..., vai...; vai nu..., vai...

ahorcar *v* pakārt (*sodot ar nāvi*); ◇ ~ los hábitos – atteikties no studijām, beigt mācīties, vairs nestudēt; **~se** *rfl* pakārties

ahorita *adv* nupat; tikko; tūlīt, tūliņ

ahormar *v* **1.** formēt; [iz]veidot; **2.** pielāgot; **3.** izmīt (*kurpes*)

ahornagarse *v rfl* sakalst, izkalst, izžūt

ahornar *v* likt cepeškrāsnī; **~se** *rfl* piedegt; slikti izcepties

ahornado *a* sausa, cieta (*par maizi*)

ahorr‖ar *v* atlaist brīvībā (*vergu*); **2.** taupīt; ietaupīt; iekrāt; **3.** taupīt, saudzēt; ◇ no ~ árselas con nadie – nesaudzēt nevienu; teikt tieši acīs; ~ dinero – krāt naudu; ~ palabras – lieki netērēt vārdus

ahorrativo *a* skops, sīkstulīgs

ahorro *m* **1.** taupīšana; taupība; **2.** **~s** *pl* ietaupījums; ietaupījumi; caja de ~s – krājkase

ahoyar *v* rakt bedres (grāvjus)

ahuchar *v* krāt, sakrāt, uzkrāt

ahuecar *v* **1.** izdobt; **2.** uzirdināt (*zemi*); ◇ ~ [en ala] – laist ļekas vaļā, aizmukt; **3.** ¡ahueca! – vācies prom!; **~se** *rfl* piepūsties

ahumado I *a* **1.** apkvēpis; nokvēpis; piekvēpis; **2.** kūpināts; žāvēts; **3.** (*kub.*) piedzēries; **II** *m* **~s** *pl* žāvēti produkti

ahumada *f* dūmu signāls

ahumadero *m* kūpinātava

ahumar *v* **1.** kūpināt; žāvēt; **2.** apkvēpināt, nokvēpināt (*stiklu*); **3.** [ap]dūmot; **4.** kūpēt; **~se** *rfl* **1.** nokvēpt, apkvēpt; apkūpēt; **2.** ost pēc dūmiem (*par ēdienu*); **3.** *sar.* apreibt, apskurbt

ahuyentar *v* **1.** padzīt; aizdzīt; aizbaidīt, aiztramdīt (*putnus*); **2.** *pārn.* aizdzīt (*miegu, domas u. c.*)

aína[s] *adv* **1.** ātri, žigli; **2.** viegli; **3.** gandrīz; ◇ ~ sobre ~ – ļoti ātri; no tan ~ – nav nemaz tik vienkārši

ainado *a* noguris, piekusis

aindamáis *adv sar.* bez tam, turklāt

airado *a* **1.** nikns; dusmīgs, sirdīgs; **2.** izlaidīgs (*par dzīvi*)

airar *v* sadusmot; saniknot; satracināt

aire[a] *m* **1.** gaiss; atmosfēra; al ~ libre – svaigā gaisā, laukā, arā; ~ acondicionado – kondicionēts gaiss; en pleno ~ – zem klajām debesīm, brīvā dabā, svaigā gaisā; tomar el ~ – ieelpot svaigu gaisu; ~ cargado – smags (saspiests) gaiss; ~ fresco – svaigs gaiss; **2.** vējš; ~ corriente – caurvējš; ~ del mar – jūras vējš; ◇ estar en el ~ – karāties gaisā; ofenderse del ~ – apvainoties par niekiem

aire[b] *m* **1.** izskats, āriene; sejas izteiksme, uzvedība, manieres; ~ de suficiencia – pašapmierināts izskats; ~ de importancia – iespaidīga (cienīga) āriene; impozants izskats; darse ~s de importancia –

augstprātīgi izturēties, būt uzpūtīgam; ~ de familia – ģimenes līdzība; **2.** pievilcība; grācija; **3.** motīvs; melodija; ~ popular – tautas melodija, tautas dziesma; **4.** *mūz.* takts; temps; al ~ – bez ietvara (*par dārgakmeņiem un brillēm*); de buen (mal) ~ – labā (sliktā) garastāvoklī; coger ~ – saaukstēties, dabūt iesnas; fabricar (fundar) (castillos) en el ~ – celt smilšu pilis

aireño *a* gaisīgs

airear *v* **1.** [iz]vēdināt; **2.** [iz]žāvēt (*ārpus telpas*); **~se** *rfl* **1.** izvēdināties; **2.** dabūt caurvēju; saaukstēties

airón *m* gārnis, dzēse; **2.** spalvu kušķis; cekuliņš (*putnam*)

airoso *a* **1.** [pa]vēss, dzedrs, dzestrs; **2.** pievilcīgs; graciozs; elegants (*par tērpu*)

aislado *a* **1.** vientuļš; **2.** atsevišķs; nošķirts; izolēts; caso ~ – īpašs gadījums

aislador *m* izolators

aislamiento *m* **1.** vientulība; **2.** savrupība; nošķirtība, atšķirtība; izolētība; **3.** izolācija; ~ térmico – siltumizolācija; ~ de sonido – skaņas izolācija

aislar *v* **1.** atšķirt, atdalīt; nošķirt; **2.** izolēt

¡ajaja! *interj* tā, tā!; lieliski!

ajanado *a* līdzens, gluds

ajar *v* **1.** [sa]burzīt, [sa]ņurcīt; **2.** *sar.* nozākāt; apvainot; **~se** *rfl* **1.** [sa]burzīties, [sa]ņurcīties; **2.** [iz]balēt; [no]vīst; **3.** nolietoties; nodilt

ajedrecista *m, f* šahists, -e

ajedrez *m* šaha spēle, šahs; tablero de ~ – šaha galdiņš; jugar al ~ – spēlēt šahu

ajedrezado *a* rūtains

ajenabe, ajenabo *m* sinepes

ajenjo *m* **1.** *bot.* vērmeles; **2.** vermuts, vērmeļu vīns

ajen‖o *a* **1.** svešs, citam piederošs; en manos ~as – svešās rokās; **2.** svešs, nepazīstams; **3.** brīvs (*no kā*); ~ de cuidados – brīvs no rūpēm, bez rūpēm; ◊ estar ~ a una cosa – neko nezināt par kaut ko; lo ~ – sveša manta

ajetrearse *v rfl sar.* **1.** nomocīties; nogurt (no darba); **2.** [pārmērīgi] rosīties, noņemties; noskrieties

ajetreo *m sar.* pūles; nomocīšanās; noņemšanās; (*parmērīga*) rosīšanās; andar en constante ~ – pūlēties (strādāt) nenoguris; nezināt ne miera, ne atpūtas

ají *m* indiāņu pipari; ponerse como un ~ – nosarkt kā vēzim

ajiaco *m* (*am.*) piparu mērce; ◊ estar (ponerse) como ~ – saskaisties, būt dusmīgam

ajilar *v* (*kub.*) doties (*kurp*)

ajo *m* **1.** ķiploks; espigón de ~, diente de ~ – ķiploka daiviņa; **2.** ķiploku mērce; **3.** *sar.* netīra (tumša) lieta;

◇ andar en el ~ – būt iejauktam tumšā lietā; estar en el ~ – būt līdzzinātājam [kādā tumšā lietā]; bueno anda el ~ – viss iet juku jukām; quien se pica, ~s come – kas vainīgs, tas bailīgs

ajobo *m* 1. nasta; krava; 2. *pārn.* nasta, slogs; smagums

ajonjolí *m bot.* sezams

ajorca *f* rokassprādze

ajornalar *v* salīgt par dienas strādnieku

ajuar *m* 1. (*līgavas*) pūrs; 2. mājsaimniecības piederumi; ~ de cocina – virtuves piederumi

ajuiciado *a* [sa]prātīgs, apdomīgs

ajuiciar *v* kļūt [sa]prātīgam (apdomīgam); pieņemties gudrībā (prātā)

ajustado *a* 1. taisnīgs (*cilvēks, sods u. tml.*); krietns; 2. piemērots; pareizs; 3. pielāgots; pierīkots; 4. noregulēts (*par mašīnu*)

ajustador *m* 1. jaka (*cieši pieguļoša*); ņieburs; korsete; 2. atslēdznieks (*augstākās kategorijas*); 3. *poligr.* aplauzējs, metieris

ajustar *v* 1. savest kārtībā; sakārtot; 2. piemērot, pielāgot; pielaikot; 3. *tehn.* nostādīt; [sa]montēt; noregulēt (*mašīnu*); 4. vienoties, norunāt; saskaņot; 5. nokārtot (*strīdīgu jautājumu, rēķinus*); ~ el precio – vienoties par cenu; norēķināties; 6. *poligr.* aplauzt; ~**se** *rfl* 1. piemēroties; 2. vienoties; 3. (a) vadīties (*pēc*)

ajuste *m* 1. saskares vieta; sadura; salaidums; 2. līgums; vienošanās; noruna; conforme al ~ – saskaņā ar vienošanos; 3. [sa]montēšana; montāža; pielāgošana; noregulēšana

ajusticiar *v* sodīt ar nāvi, izpildīt nāves sodu

al *prievārda* **a** *kontrakcija ar noteikto artikulu* **el**

ala *f* 1. *dažn. noz.* spārns; 2. mala (*cepurei*); ◇ dar ~s – spārnot, uzmundrināt; tomar ~s – kļūt pārdrošam; desplegar las ~s – 1) izplest spārnus; 2) sākt darboties; volar con sus propias ~s – kļūt patstāvīgam, «nostāties uz savām kājām»

alabancioso I *a* lielīgs; **II** *m* lielībnieks

Alá *m* Allāhs

alabamiento *m* uzslava

alabanza *f sar.* uzslava; slavinājums; canto de ~ – slavas dziesma

alabar *v* slavēt; cildināt; ~**se** *rfl* 1. lielīties, dižoties, plātīties; 2. (de) būt apmierinātam (*ar*)

alabastro *m* alabastrs

alabearse *v rfl* samesties, sagriezties (*par dēli – no mitruma*)

alacena *f* sienas skapis

alacrán *m* skorpions

álacre *a* 1) priecīgs, jautrs; 2) dzīvīgs, kustīgs

alada *f* spārna vēciens (vēziens)

alado *a* **1.** spārnains; spārnots; **2.** *bot.* plūksnots (*par lapām*)

alafia *f sar.* žēlsirdība; piedošana; pedir ~ – lūgt piedošanu

alajú *m* medus rausis (*ar mandelēm un riekstiem*)

alambicado *a* **1.** skops (*par cilvēku*); **2.** pārsmalcināts; samākslots

alambicar *v* **1.** destilēt, pārtvaicēt; **2.** izdomāt, izgudrot; **3.** gudrot, lauzīt galvu

alambique *m* pārtvaices (destilācijas) katls; destilators; ◇ por ~ – līdz ar nagiem

alambrada *f* dzeloņstiepļu aizžogojums (aizsprostojums)

alambrado *m* **1.** drāšu pinums; **2.** dzeloņstiepļu žogs; **3.** *a* izturīgs, stiprs (*par diegu*); **4.** koši sarkans

alambre *m* **1.** stieple, drāts; ~ de espino – dzeloņstieple; **2.** *jūrn.* tērauda trose; dar el ~ – nostiprināt ar tērauda trosi; **3.** zvārguļi, zvaniņi (*lopiem*)

alambrera *f* drāšu tīkliņš (pinums) (*logiem, uz sejas – pret moskītiem u. tml.*) **alameda** *f* **1.** papeļu aleja; **2.** aleja

álamo *m* papele; ~ temblón – apse

alampar *v*, **alamparse** *rfl* tīkot (*pēc kā*), kārot (*pēc kā*); ~ por beber – slāpt; ~ por comer – būt izsalkušam kā vilkam; just lielu izsalkumu

alano *m* buldogs

alandro *m* nieks, sīkums

alaqueca *f*, **alaqueque** *m* serdoliks, sarkanais ahāts

alarde *m* **1.** *mil.* skate (*karaspēka*); parāde: **2.** spožums, greznums; **3.** lielīšanās; hacer ~ de – lielīties, plātīties (*ar ko*)

alardear *v* (de) dižoties, plātīties, lielīties (*ar ko*)

alarg‖ar *v* **1.** pagarināt; pataisīt garāku; paplašināt; **2.** paaugstināt (*algu*); **3.** staipīt (*kaklu*); **4.** [pa]sniegt (*no rokas rokā, no viena uz otru*); **5.** atlaist vaļīgāku (*virvi u. c.*); ◇ ~ las palabras – stiept vārdus; ~ el paso – paātrināt gaitu, pielikt soli; ~ la bolsa – atdarīt maku; **~se** *rfl* **1.** pagarināties; kļūt garākam, se ~an los días – dienas kļūst garākas; **2.** *sar.* vilkt garumā (*runu u. tml.*); **3.** mainīt virzienu (*par vēju*)

alarido *m* žēlabains kliedziens; brēkšana, vaimanāšana; gaudošana; dar ~s – vaimanāt; gaudot

alarife *m* **1.** būvdarbu vadītājs; **2.** mūrniekmeistars

alarma *f* trauksme; ~ aérea – gaisa trauksme; ~ falsa – viltus trauksme; timbre (aparato, freno) de ~ – papildu bremze (*piem., vilciena apturēšanai nelaimes gadījumā*)

alarmante *a* satraucošs, uztraucošs; trauksme

alarmar *v* sacelt trauksmi; ~se *rfl* uztraukties, raizēties

alarmista *m, f* panikas cēlājs, -a
alazán I *a* ruds, sarkanbrūns (*par zirga spalvu*); II *m* sarķis, sarkanbrūns zirgs
alba *f* 1. [rīt]ausma; al ~, al rayar (al quebrar, al reír) el ~ – rītausmā, gaismai austot; 2. *rel.* baltais garīdznieku tērps
albacea m *jur.* testamenta izpildītājs
albahaca *f* baziliks
albanés I *a* Albānijas-; albāņu-; albānisks; II *m* 1. albānis; 2. albāņu valoda
albañal *m* noteka, notekcaurule; kloāka
albañil *m* mūrnieks
albar I *a* balts; bālgans (*par dažiem dzīvniekiem un augiem*); pino ~ – baltegle, dižegle; II *m* krīta augsne
albarda *f* 1. (*nastu nesēju dzīvnieku*) segli; 2. speķa šķēle; 3.: bestia de ~ – ēzelis; ◊ ~ sobre ~ – 1) lieka nasta, lieka slodze; 2) lieki vārdi; echar una ~ a alguno – uzkraut kādam lieku nastu
albardero *m* seglinieks
albardón *m* lieli jājamsegli (*plakani*)
albaricoque *m* aprikoze
albaricoquero *m* aprikozu koks, aprikoze
albariza *f* sālsezers
albatros(te) *m* albatross, vētrasputns
albayalde *m* ķīm. svina baltums
albazano *a* 1. tumši blonds; 2. bērs (*par zirgu*)
albedrío *m* 1.: libre ~ – brīvā griba; 2. patvaļa; 3. iegriba, iedoma, untums; ◊ al ~ de alguien – pēc kāda ieskatiem; rendir el ~ – pakļauties
alberca *f* 1. ūdens tvertne, ūdens baseins; 2. mērcētava (*liniem, kaņepēm*)
albergar *v* dot pajumti (patvērumu); ~se *rfl* iegriezties (*kādā mājā u. tml.*); dabūt pajumti (naktsmājas)
albergue *m* 1. iebraucamā vieta; viesnīca, tūristu mītne; traktieris; 2. pajumte, patvērums
albiar *m* apelsīnu koks
albicanta *f* baltā anemone
albillo *m* sīkās baltās vīnogas (*viena no šķirnēm*); viena no baltvīna šķirnēm
albo *a* 1. *poēt.* balts; 2. nokaitēts līdz baltkvēlei
albóndiga, albondiguilla *f* frikadele (*gaļas, zivju*); arī kotlete
albín *m* hematīts (*minerāls*)
albina *f* lagūna, līcis, *arī* ~ de marisma
albolena *f* vazelīns
albor *m* 1. baltums; 2. rītablāzma; pirmais gaismas stars; 3. ~es *pl* rītausma; 4. *arī pl* ~es *pārn.* rīts, sākums, ~es de la vida – dzīves rīts, dzīves sākums
alborada *f* 1. rītausma: 2. rīta serenāde; 3. *mil.* rīta junda
albornoz (*pl* albornoces) *m* 1. apmetnis; 2. izturīgs nekrāsotas vilnas audums; 3. peldmētelis

alborotadizo *a* **1.** nemierīgs, nemiera pilns; trokšņains, skaļš; **2.** viegli uzbudināms

alborotado *a* **1.** nemierīgs; uztraukts, uzbudināts; trokšņains, skaļš; **2.** juceklīgs; **3.** pārsteidzīgs; **4.** izspūris

alborotador *m* **1.** miera traucētājs; vispārējās kārtības traucētājs; **2.** musinātājs, kūdītājs

alborotar *v* **1.** traucēt mieru; traucēt vispārējo kārtību; **2.** darīt nemierīgu; uztraukt; satraukt; **3.** [sa]kūdīt, [sa]musināt; **4.** trokšņot; kliegt; trakot; **~se** *rfl* trakot, bangoties (*par jūru*); ~ se por nada – uztraukties par sīkumiem

alboroto *m* **1.** troksnis; kņada; tracis; sajukums; **2.** satraukums; uztraukums; nemiers; bažas; **3.** dumpis; sacelšanās; nemieri

alborozar *v* ļoti iepriecināt; izraisīt skaļas gaviles

alborozo *m* skaļš prieks; gaviles; jautrība

álbum *m* albums

albumen *m* olbaltums

albur *m* rauda (*zivs*); sagadīšanās, veiksmes spēle; ◊ correr un ~ – 1) uzdrošināties (*kaut ko darīt*), riskēt; 2) doties briesmās

alcachofa *f bot.* artišoks

alcahuetear 1. savest kopā; **2.** *sar.* slēpt, piesegt; **3.** *sar.* tenkot

alcalde *m* **1.** alkalds, pilsētas galva; mērs; municipālpadomes priekšsēdētājs; **2.** pilsētas tiesnesis; **3.** alkalde (*kāršu spēles nosaukums*)

álcali *m ķīm.* bāze; sārms

alcalino *a* alkālisks; sārmains; sārma-; sārmu-

alcance *m* **1.** (*mērķa*) sasniegšana; **2.** varas robežas; kompetences robežas; **3.** sasniedzamība; redzes lauks (loks); estar al ~ – būt sasniedzamam; estar al ~ ~ – tuvu, rokas stiepiena attālumā; ~ de un proyectil – šāviņa lidojuma tālums; pieza de largo ~ – tālšāvējs lielgabals; **4.** svarīgums, nozīmīgums; **5.** *ek.* deficīts; **6.** pēdējās ziņas (*avīzē*); **7.** ziņnesis, kurjers; **8.** ~s *pl* spējas, talants; ◊ tener otro ~ – mērķēt uz ko citu; de cortos ~s – vientiesīgs, naivs; irle a uno a los ~s – izsekot kādam, novērot kādu

alcancía *f* krājkasīte

alcanfor *m* kampars; ~ de Borneo – kamparspirts

alcanforero *m* kamparkoks

alcantarilla *f* **1.** laipa; **2.** notekcaurule, noteka; atūdeņošanas kanāls

alcantarillado *m* notekcauruļu sistēma; kanalizācija

alcanzadizo *a* viegli sasniedzams (pieejams, aizsniedzams, panākams)

alcanzado *a* trūkumcietīgs-, trūcīgs; ◊ andar (estar) ~ – būt lielos parādos; quedar ~ – palikt parādniekam, palikt (būt) parādā

alcanz‖ar *v* 1. panākt; gūt (*panākumus*); 2. aizsniegt; sasniegt; ~ con la mano – aizsniegt ar roku; ~ el techo – aizsniegt griestus; ~ la casa – sasniegt māju, nokļūt līdz mājai; 3. būt spējīgam (*kaut ko izdarīt*); 4. trāpīt (*par šāvienu*); 5. aptvert, saprast; no se me ~a – tas man nav saprotams; 6. būt par laikabiedru (*kādam*); vēl atcerēties (*kādu*); alcancé a mi bisabuelo – es vēl atceros savu vecvectēvu; 7. pietikt; būt diezgan; 8. paspēt laikā (*uz transportlīdzekli*)

alcaparra *f bot.* kaperi; kaperu cers; ◊ – de Indias – krese; krešu salāti

alcaravea *f* ķimenes

alcarraza *f* poraina māla trauks

alcarria *f* sausa, neauglīga plakankalne

alcázar *m* 1. cietoksnis; nocietināta pils; 2. karaļa pils; 3. *jūrn.* kvarterklājs

alce *m* alnis

alcoba *f* 1. guļamistaba; alkovs; 2. liels zvejas tīkls

alcohol *m* alkohols, spirts; ~ absoluto – tīrais spirts; ~ desnaturalizado – denaturētais spirts; ~ metílico – koka spirts, metilspirts; ~ de menta – piparmētru pilieni

alcoholar *v ķīm.* iegūt spirtu

alcohólic‖o I *a* 1. alkoholisks; spirta-; bebidas ~as – alkoholiskie dzērieni; **II** *m* alkoholiķis, dzērājs

alcor *m* paugurs, pakalns

Alcorán *m* Korāns

alcornoque *m* korķozols; ◊ es un ~ – viņš ir dumjš kā zābaks; pedazo de ~ – nejēga; aitasgalva; vientiesis

alcorque *m* apavi ar korķa zoli

alcorza *f* sīrupa glazūra; glazēti konditorejas izstrādājumi

alcucero *m* kārumnieks, gardēdis

alcurnia *f* 1. izcelšanās, rašanās; 2. ģints; dzimta

alcuza *f* eļļas kanna; trauks olīveļļai

alcuzcuz *m* kuskuss

aldaba *f* 1. metāla riņķis; durvju āmuriņš (*zvana vietā*); 2. drošības bulta; aizšaujamais, aizbīdnis; ◊ tengo buenas ~s – man ir ļoti laba protekcija

aldea *f* sādža, neliels ciems

aldeano I *a* lauku-; **II** *m* lauku iedzīvotājs; zemnieks; laucinieks

aleación *f* 1. sakausējums; ligatūra; 2. sakausēšana (*metālu*)

alearᵃ *v* sakausēt (*metālus*)

ale‖arᵇ *v* 1. plivināt spārnus; 2. vicināt rokas; 3. atvilkt elpu; uzkrāt spēkus; 4. atveseļoties

aleatorio *a* 1. no gadījuma atkarīgs; gadījuma rakstura-; 2. azarta-

alebrarse *v rfl* 1. pieliekties; pietupties; pieplakt (*pie zemes*); noslēpties; 2. *sar.* krist izmisumā; zaudēt dūšu; baiļoties

aleccionar *v* mācīt; pamācīt; apmācīt; instruēt

alechugado *a* [sa]krokots

aleda f propoliss, bišu līme

aledaño I *a* 1. robežojošs; blakus-; 2. piederīgs; attiecīgs; II *m* ~s *pl* robežas

alegación f 1. atsaukšanās (*uz ko*); 2. *jur.* aizstāvēšanas runa

alegar *v* minēt (*lai kaut ko pierādītu, attaisnotu*); atsaukties, norādīt (*uz ko*)

alegrador I *a* uzjautrinošs, iepriecinošs; II *m* jokdaris; jautrības radītājs, sabiedrības dvēsele

alegrar *v* 1. iepriecināt, darīt prieku; uzjautrināt; 2. *pārn.* padarīt dzīvāku; padarīt skaistāku; ~ la vista – priecēt skatu; 3. sabikstīt (*uguni*); palielināt (*gaismu*); ◇ ~ el toro – kaitināt (izaicināt) vērsi (*vēršu cīņās*); **~se** *rfl* 1. priecāties; uzjautrināties; 2. *sar.* būt iereibušam

alegre *a* 1. jautrs; priecīgs; dzīvespriecīgs; estar ~ – būt jautrā prātā (omā); ~s nuevas – prieka vēstis; 2. skaidrs (*par laiku*); 3. pikants (*par anekdoti, stāstu*); 4. *sar.* iedzēris, iemetis; 5. azartisks spēlmanis

alegría f prieks; jautrība; ~ de la vida – dzīvesprieks

alejado *a* 1. tāls, attālināts; 2. atsvešinājies

alejamiento *m* 1. attālums, tālums; 2. attālināšanās (*no cilvēkiem, sabiedrības*); noslēgšanās sevī; 3. nedraudzīga izturēšanās (*pret ko*)

alejar *v* 1. attālināt; 2. izšķirt; atšķirt; 3. izolēt

alelado *a* 1. dumjš; vientiesīgs; 2. apstulbis; apjucis, samulsis

alelarse *v rfl* 1. apstulbt; apdult; 2. nonākt bērna prātā

aleluya f 1. *rel.* aleluja; cantar ~s *pārn.* – glaimot, izdabāt; slavināt; 2. Lieldienas, Lieldienu nedēļa; 3. *sar.* pindzelējums, slikta glezna

alemán I *a* vācu-; II *m* 1. vācietis; 2. vācu valoda

alentada f elpas vilciens; de una ~ – vienā elpas vilcienā

alentado *a* 1. drosmīgs, drošsirdīgs, vīrišķīgs; 2. možs, mundrs

alentar *v* 1. elpot; 2. iedvest drosmi, iedrošināt; **~se** *rfl* saņemt dūšu; uzmundrināties

alerce *m bot.* lapegle

alero *m* 1. nojume; 2. dubļu aizsargs; spārns (*ratiem, karietei*)

alerta I *adv* modri; vērīgi; neatslābstoši; uzmanīgi; estar ~, andar ~ – būt modram, turēt acis vaļā, būt nomodā; II *interj*: ¡~! – uzmanīgi!, [pie]sargies! (*sarga brīdinājuma sauciens*); III *m* brīdinājums; trauksme

alerto *a* 1. modrs; vērīgs; 2. mundrs, možs; rosīgs

alesna f īlens

aleta f 1. spārniņš; 2. spura (*zivij*); 3. ~s *pl* pleznas (*akvalangistam*)

aletada f spārna vēziens

aletargado *a* 1. iegrimis letarģijā; 2. miegains, vājš, bezdarbīgs

aletazo *m* 1. sitiens ar spārnu; 2. (*kub.*) dūres sitiens; pļauka

aletear *v* 1. plivināt spārnus; 2. kustināt spuras; 3. vicināt rokas (*kā spārnus*)

aleteo *m* 1. spārnu plivināšana; 2. spuru kustināšana; 3. paātrināta sirdsdarbība

aleve *a* neuzticams; nodevīgs; viltīgs

alevosia *f* vārda (zvēresta) laušana; ļaunprātība; viltība; nodevība; con ~ – nodevīgi

alevoso **I** *a* nodevīgs; ļaunprātīgs; viltīgs; **II** *m* nodevējs

alfabético *a* alfabēta-; alfabētisks

alfabeto *m* alfabēts; ~ Morse – Morzes ābece, ~ para ciegos – alfabēts neredzīgajiem

alfalfa *f bot.* lucerna

alfar *m* 1. podnieku darbnīca; 2. māli

alfanje *m* 1. īss, līks zobens, jatagans; 2. zobenzivs

alfarero *m* podnieks

alfeiza *f*, **alféizar** *m* 1. logu (durvju) aile; 2. palodze

alfeñique *m* 1. salda (sacukurota) mandeļu mīkla; 2. *sar.* vārgulis; 3. *sar.* klīrība; ceremonēšanās

alférez (*pl* **alféreces**) *m* jaunākais leitnants; ~ de navio – vecākais leitnants (*flotē*)

alfil *m* laidnis (*šahā*)

alfiler *m* 1. kniepadata; spraužamadata; 2. dārga (vērtīga) spraužamadata; broša; dekoratīva piespraude; ◇ dar para ~es – dot dzeramnaudu (*viesnīcā*)

alfilerazo *m* 1. kniepadatas dūriens; 2. izaicinošs skatiens

alfiletero *m* adatnīca; adatu (kniepadatu) kārbiņa

alfitete manna

alfombra *f* 1. grīdsega, tepiķis, paklājs; 2. *poēt.* zaļš paklājs

alfóncigo, alfónsigo *m* 1. pistācija (*koks*); 2. pistācija (*auglis*)

alforfón *m* griķi

alforja *f* 1. soma, kule, tarba (*nesama pār muguru*); 2. ceļamaize; ēdamais; proviants; ◇ ¡qué ~! – kāda nekaunība!

alforza *f* 1. ieloce, kroka (*kleitai*); 2. *sar.* skramba; rēta

alga *f* aļģe

algaida *f* 1. aizaudzis mežs; 2. kāpa

algarabía *f* 1. arābu valoda; 2. *sar.* lauzīta valoda; (*nesaprotams*) penterējums; 3. *sar.* juceklis, sajukums

algarada *f* 1. negaidīts jātnieku uzbrukums; 2. burzma (*uz ielas*); 3. kņada; tracis

algarrada *f tauromahijā*: 1. korida atklātā laukā; 2. korida ar jauniem vēršiem

algente *a poēt.* auksts kā ledus, ledusauksts

álgid‖o *a* 1. ledains, ledusauksts; 2. ziemeļu-, subarktisks; ◇ fiebre ~a – drudzis; punto ~ – sasalšanas punkts

algo *n* **I** *pron indef* kaut kas; šis tas; **II** *adv* nedaudz, mazliet, drusku; ◊ por ~ – ar zināmu nodomu (nolūku); ser ~ – būt ietekmīgam cilvēkam

algodón *m* 1. kokvilna; ~ en rama – neapstrādāta kokvilna; 2. vate; ◊ estar criado entre ~ – būt izlutinātam (mīkstčaulīgam)

alguien *pron indef* kāds

algún *pron indef* (*saīs. no* alguno, *lieto pirms vīr. dz. lietv. vsk.*) [kautl kāds; ~ día – kādā dienā; desde ~ tiempo – kopš kāda (zināma) laika; ~ tanto – mazliet, nedaudz

alguna (*pl* algunas) *pron indef* [kaut] kāda; kāda nekāda; viena otra, daža laba; ~ cosa – kaut kas; šis tas; ~ vez – reizēm, dažkārt; decir ~s palabras – teikt dažus vārdus

alguno (*pl* algunos) *pron indef* [kaut] kāds; kāds nekāds; viens otrs, dažs labs; ¿ha venido ~? – vai kāds bija atnācis?; ~ que otro – nedaudzi, viens otrs; ~s de ellos – daži no viņiem

alhaja *f* 1. dārglieta; vērtslieta; 2. greznuma lieta; 3. *pārn. sar.* dārgums

alharaca *f* 1. vaimanāšana, kliegšana; 2. ākstīšanās; pārspīlēta jūtu izrādīšana; ◊ sin ~s ni bambollas – nesaceļot lieku troksni; bez lielas brēkas

alhelí (*pl* alhelíes) *m* lefkoja

alhucema *f* lavanda

aliacán *m* dzeltenā slimība

aliado I *a* savienības-, sabiedrotais; sabiedrotā-, sabiedroto-; **II** *m* sabiedrotais

alianza *f* 1. savienība; en ~ con – savienībā ar...; concertar (concluir, firmar) una ~ – noslēgt savienību ar...; 2. pakts; līgums; 3. laulības gredzens

aliarse *v rfl* 1. sabiedroties; noslēgt savienību; 2. pievienoties; 3. saradoties

alicaído *a* 1. ar nolaistiem spārniem; ar pārsistu spārnu; nespējīgs lidot; 2. *sar.* nespēcīgs, vārgs; 3. *sar.* mazdūšīgs; 4. *sar.* izputējis

alicántara, **alicante** *f* smilšu odze (*viena no pasugām*)

alicantina *f sar.* 1. viltība; 2. intriga

alicates *m pl* plakanknaibles

aliciente *m* 1. ēsma; pievilināšanas līdzeklis; 2. stimuls

alicuanta *mat.* dalāmais

alícuota *mat.* **I** *a* proporcionāls; **II** *m* dalītājs

alienación *f jur.* atsavināšana; ◊ ~ mental *med.* – vājprātība, gara slimība

alienado *a* garā vājš, ārprātīgs

alienar *v* 1. *jur.* atsavināt; 2. padarīt traku

alienismo *m* psihiatrija

alienista *m*, *f* ārsts psihiatrs; ārste psihiatre

aliento *m* 1. eipa; dvaša; ~ corto –

aligación

aizdusa; tomar ~ – atvilkt elpu; de un ~ – vienā elpas vilcienā; exhalar el último ~ – izlaist garu; **2.** *biežāk pl* ~os drosme, drošsirdība

aligación *f* samaisīšana, sajaukšana; piemaisīšana, piejaukšana

aligerar *v* **1.** atvieglot, padarīt vieglāku; **2.** mazināt, remdēt (*sāpes*); ◇ ~ el paso – pielikt soli, paātrināt gaitu

alijar[a] *m* neapstrādāta zeme; papuve; atmata

alijar[b] *v* **1.** izkraut kuģi; **2.** izkraut (*krastā*) kontrabandu

alijo *m* **1.** kuģa izkraušana; **2.** kontrabandas krava

alimentación *f* **1.** pārtika, uzturs; **2.** apgāde [ar pārtiku]; uzturēšana; **3.** *tehn.* barošana; (*enerģijas*) pievadīšana

alimentar *v* **1.** uzturēt, barot; **2.** apgādāt [ar pārtiku]; **3.** *tehn.* barot; pievadīt (*enerģiju*)

alimentici‖**o** *a* **1.** pārtikas-; uztura-; barības-; substancia ~a – barības viela; **2.** barošanas-; ēdināšanas-; **3.** barojošs; ◇ pensión ~a – pensija

alimento *m* **1.** barība; pārtika; uzturs; **2.** kurināmais materiāls; degviela; **3.** ~s *pl* uzturnauda; alimenti

alimentoterapia *f* ārstnieciska uztura terapija

alindar[a] *v* **1.** norobežot, novilkt robežu; **2.** robežot[ies]

alindar[b] *v* izskaistināt; izrotāt

alinear *v* **1.** izlīdzināt; nolīdzināt; **2.** *mil.* līdzināt

aliño *m* **1.** tīrība; tīrīgums; kārtība; **2.** rotājums; **3.** pagatavošana (*ēdienu, dzērienu*)

aliquebrado *a* **1.** ar ielauztu spārnu; nespējīgs lidot; **2.** *sar.* nespēcīgs, vārgs; **3.** *sar.* skumjš; grūtsirdīgs

alisado *m* pulēšana, slīpēšana

alisador *m* pulētājs; [no]slīpētājs

alisar[a] *v* **1.** izgludināt, nogludināt, padarīt gludu; **2.** pulēt; [no]slīpēt; **3.** saglaust, pieglaust (*matus*)

alisar[b] *m*, **aliseda** *f* alksnājs

aliso *m* alksnis

alistado *a* svītrains

alistamiento *m* **1.** pierakstīšana, [ie]-reģistrēšana; **2.** *mil.* vervēšana; iesaukšana, iesaukums (*armijā*)

alistar *v* **1.** sagatavot; **2.** pierakstīt, [ie]reģistrēt; **3.** *mil.* vervēt; iesaukt (*armijā*); ~se *rfl* **1.** būt sagatavotam, būt gatavam; ~se para la partida – būt gatavam aizbraukšanai; **2.** pierakstīties; iestāties; **3.** *mil.* iestāties karadienestā

aliviar *v* atvieglot; atvieglināt; ~ las cargas – pazemināt nodokļus; ~ su corazón – izkratīt savu sirdi; ~se *rfl* **1.** atspirgt; izveseļoties; ¡que se alivie! – drīzu izveseļošanos!; **2.** norimt (*par sāpēm*); **3.** atpūsties

aljama *f* **1.** mauru *vai* ebreju kvartāls (*Spānijas pilsētās*); **2.** mošeja; **3.** sinagoga

aljez *m* ģipsis
aljofaina *f* mazgājamā bļoda
aljofifa *f* grīdas lupata
alma *f* **1.** dvēsele; sirds; **2.** cilvēks, dzīva dvēsele; **3.** sabiedrības dvēsele; **4.** virzītājspēks, dzinējs; ◊ ni un ~ – nav ne dvēseles; con ~ y vida, con toda el ~, en cuerpo y ~ – no [visas] sirds; ¡~ mía! – mana sirds, mans dārgums!; con el ~ – sirsnīgi; sentir en el ~ alguna cosa – nožēlot kaut ko no [visas] sirds; abrir su ~ – izkratīt sirdi; andar como ~ en pena – staigāt kā dieva nepieņemtam; entregar el ~ – izlaist garu, nomirt; manchar el ~ – sabojāt reputāciju; caérsele a uno el ~ a los pies – būt dūšai papēžos; darle a uno el ~ alguna cosa – nojaust kaut ko; en el fondo del ~ – sirds dziļumos
almacén *m* **1.** veikals; tirgotava; grandes ~ s – universālveikals; **2.** noliktava; **3.** ~ de agua *jūrn.* – saldūdens cisterna
almacenar *v* **1.** sakraut (novietot) noliktavā, turēt (glabāt) noliktavā; **2.** uzkrāt daudz mantas
almádena *f* veseris (*akmeņu skaldīšanai*)
almadía *f* pārceltuve, prāmis
almagrado *a* sarkans, okera krāsā
almanaque *m* **1.** almanahs; **2.** kalendārs
almandina *f* granāts (*tumši sarkans vai sarkanviolets*)

almaraco *m* majorāns
almártagaᵃ *f* apauši
almártagaᵇ *f* ķīm. svina oksīds
almatriche *m* apūdeņošanas (irigācijas) kanāls
almazara *f* eļļas spiestuve
almeja *f* ēdamā gliemene
almena *f* (*mūra*) dzegulis
almenara *f* signāluguns
almendra *f* **1.** mandele; ~ garopiñada – ar cukuru apkaisīta grauzdēta mandele; ~ amarga – rūgtā mandele; **2.** kodols (*augļa*); ~ de cacao – kakao pupiņa; ◊ de la media ~ – klīrīgs
almendrada *f* mandeļpiens ar cukuru; ◊ dar una ~ – izteikt salkanas laipnības, paglaimot
almendrado I *a* mandeļveida-; **II** *m* **1.** mandeļu mīkla; **2.** mandeļu cepumi (*kūka*)
almendrero *m* **1.** mandeļkoks; **2.** trauks *vai* vāze mandelēm
almete *m* **1.** bruņucepure; ķivere; **2.** kareivis ar bruņucepuri
almiar *m* siena kaudze; stirpa
almíbar *m* sīrups; dulce de ~ – augļi sīrupā; está hecho un ~ – viņa ir pati laipnība
almidón *m* **1.** ciete, stērķele; **2.** kartupeļu milti
almidonado *a* **1.** stērķelēts, cietināts; cietes-, stērķeles; **2.** uzcirties; **3.** *sar.* manierīgs, stīvs
alminar *m* minarets

almiranta f admirālkuģis, flagmaņa kuģis
almirante m admirālis
almizcle m muskuss
almizclera f mošus žurka, bizamžurka, ondatra
almocafre m kaplis
almohada f **1.** spilvens; **2.** spilvendrāna; **3.** polsteris; ◇ la ~ es buen consejero – rīts gudrāks par vakaru
almohaza f [zirgu] skrāpis
almoneda f **1.** ūtrupe, izsole; **2.** lietotu mantu pārdošana
almonedear v pārdot ūtrupē (izsolē)
almoraduj, almoradux m **1.** majorāns; **2.** piparmētru pasuga
almorzar v **1.** brokastot; **2.** ēst brokastīs (*kaut ko*)
almuecín m muedzins
almuerzo m brokastis
alnada f pameita
alnado m padēls
alocado a neprātīgs; traks
alocución f īsa runa; uzruna
áloe f *bot.* aloje
alógico a neloģisks
alojamiento m **1.** pajumtes (naktsmāju) došana; novietošana; izvietošana; **2.** dzīvoklis, mājoklis
alojar v **1.** dot pajumti (naktsmājas); novietot; izvietot
alondra f cīrulis
alquería f **1.** ferma; **2.** lauku mājas, lauku sēta
alquiladizo a **1.** izīrējams; iznomājams; **2.** *pārn.* uzpērkams, piekukuļojams
alquilador m **1.** izīrētājs; iznomātājs; **2.** zirgu un ekipāžu iznomātājs
alquilar v izīrēt; iznomāt
alquiler m **1.** izīrēšana; iznomāšana; **2.** īre; noma; īres (nomas) nauda
alquitrán m darva; gudrons; ~de leña (vegetal) – koka darva; ~ mineral – asfalts
alrededor I *adv* [vis]apkārt; ~ de... – apmēram...; alumbrar ~ – apspīdēt; II m ~es *pl* apkārtne, apkaime; un viaje ~ del mundo – ceļojums apkārt pasaulei
alta f **1.** sena spāņu deja; **2.** izrakstīšana no slimnīcas; izrakstīšanas zīme; dar de ~ – izrakstīt no slimnīcas; uzskatīt par derīgu dienestam armijā; tomar el ~ – izrakstīties no slimnīcas; **3.** *mil.* karaklausības apliecība
altamente *adv* ārkārtīgi, ļoti, augstākā mērā
altanería f **1.** piekūnu medības; **2.** augstprātība, uzpūtība, lepnība; **3.** augsts putnu lidojums
altar m altāris
altavoz (*pl* altavoces) m skaļrunis, reproduktors
alterable a mainīgs, nepastāvīgs, grozīgs, svārstīgs
alteración f **1.** pārmaiņa, pārgrozība; pārveidošanās; **2.** satraukums; **3.** strīds; **4.** nepatika, īgnums; **5.** viltojums

alterar *v* **1.** mainīt, grozīt; pārveidot; **2.** izķēmot; sagrozīt; **3.** viltot; **4.** satraukt

altercado *m* strīds; disputs; ķilda

altercar *v* strīdēties, ķildoties; rāties

alternación *f* **1.** maiņa, mainīšanās; **2.** pārmaiņa, pārgrozība

alternar *v* **1.** mainīt; nomainīt (darot ko pārmaiņus); ~ el trabajo con el descanso – pārmaiņus strādāt un atpūsties; **2.** mainīties; **3.** (con) saieties, sastapties

alternativa *f* **1.** mainīšanās, maiņa; mija; **2.** alternativa; *tauromahijā* – matadora iesvētīšanas ceremonija

alteza *f* **1.** augstiene; **2.** augstība (*tituls*); **3.** *pārn.* cēlums, cildenums, diženums

altillo *m* augstiene; paugurs, pakalns

altiplanicie *f* plakankalne

altitud *f* **1.** augstums; augstums virs jūras līmeņa; **2.** augstiene

altivez *f* lepnība, augstprātība

alt‖oᵃ **I** *a* **1.** augsts; liels (*par cilvēku, māju*); **2.** smags (*pārkāpums*); ~ a traición – valsts nodevība; **3.** vēls; bien ~a la noche – vēlā naktī; ◊ ~a mar – atklātā jūra; en voz ~a – skaļā balsī; **II** *m* **1.** augstums; **2.** paaugstinājums; uzkalns; **3.** (*nama*) augšējais stāvs; **4.** *mūz.* alts; ◊ lo ~ – debesis; **III** *adv.* **1.** augstu; **2.** skaļi; más ~ – skaļāk; pasar por ~ – 1) noklusēt; 2) palaist garām, neievērot

altoᵇ *m mil.* atpūta; apmešanās uz atpūtu; hacer ~ – 1) apstāties; apmesties uz atpūtu; 2) kļūt domīgam, pārdomāt (*ko*); ¡~! – stāt! (*pavēle*)

altoparlante *m* (*am.*) skaļrunis

altozano *m* **1.** neliels paugurs; **2.** (*am.*) baznīcas priekša, baznīcas piedurve

altramuz *m bot.* lupīna

altura *f* **1.** augstums; tomar ~ *av.* – uzņemt augstumu; ~ sobre el nivel del mar – augstums virs jūras līmeņa; de 100 metros de ~ – 100 metru augstumā; **2.** (*kalna*) virsotne; **3.** *pārn.* cēlums, cildenums; **4.** ~s *pl* debesis; ◊ a estas ~s – 1) šai vietā; 2) šai laikā

alubia *f* kāršu pupas

alucinación *f* halucinācija

alud *m* lavīna

alud‖ir *v* dot mājienu; likt manīt, likt saprast; ~ a... – aplinkus norādīt uz ...., mērķēt uz...; darse por ~ido – attiecināt uz sevi; no darse por ~ido – neliktas manām

alumbrado I *a* **1.** apgaismots; **2.** izglītots; **3.** *sar.* iereibis; **II** *m* apgaismojums; ~ público – ielas apgaismojums; red de ~ – elektrības (apgaismojuma) tīkls

alumbramiento *m* **1.** apgaismošana; apgaismojums; **2.** *sar.* dzemdēšana; dzemdības

alumbrar *v* **1.** apgaismot; **2.** apgaismot, izglītot; izskaidrot; **3.** *sar.* laist pasaulē, dzemdēt

alumbre *m. ķīm.* alauns
alúmina *ķīm.* alumīnija oksīds
alumnado *m* audzināšanas iestāde; internāts
alumno *m* skolnieks; audzēknis; ~ de universidad – students
alunado *m* mēnessērdzīgais
alusión *f* mājiens, aplinku norādījums; hacer ~ – dot mājienu; ~ personal – personiskā piezīme; ~ discreta – smalks mājiens
aluvión *m* 1. ūdensplūdi, plūdi; 2. *ģeol.* alūvijs; 3. *pārn.* uzplūdums; pieplūdums
álveo *m* upes gultne
alvino *a* vēdera-
alza *f* 1. paliekamais, paliktnis; 2. *ek.* uzcenojums; jugar al ~ – spekulēt biržā
alzacuello *m* stāvapkaklīte
alzamiento *m* 1. [pa]celšana; uzcelšana; 2. pārsolīšana (*vairāksolīšanā*); 3. sacelšanās; dumpis; 4. ļaunprātīgs bankrots
alzar *v* 1. [pa]celt; uzcelt; nostādīt [uz kājām]; 2. novērst (*šķēršļus*); 3. [uz]celt (*māju u. tml.*); 4. paaugstināt (*cenu*); 5. izbeigt (*aplenkumu*); ◇ ~ el gallo – celt degunu, būt iedomīgam; ~ el grito – 1) pacelt balsi; 2) žēloties; vaimanāt; ~ velas – 1) pacelt buras; 2) [aiz]laisties lapās; ¡alza! – celies!; uz priekšu!; **~se** *rfl* 1. [uz]celties, celties augšā; piecelties; pacelties; 2. *jur.* iesniegt apelāciju, pārsūdzēt; ◇ ~ a mayores – kļūt uzpūtīgam; ~ con algo – piesavināties, nozagt; ¡alza! – kusties!; ātrāk!

allá *adv* 1. tur; turp, uz turieni; más ~ de Riga – aiz Rīgas; muy ~ – tālu [prom]; 2. toreiz; ◇ ¡~ voy! – es tūlīt nākšu!, es jau nāku!; ~ se las arregle – lai viņš pats tiek galā; ¿quién va ~? – kas tur ir?; mucho más ~ – daudz tālāk
allanar *v* 1. izlīdzināt; nolīdzināt; nogludināt; 2. nolīdzināt līdz ar zemi; nopostīt līdz pamatiem; 3. novērst (*grūtības*); 4. nomierināt, savaldīt; **~se** *rfl* 1. sagrūt, sabrukt; 2. (a) pakļauties, padoties (*kādam*); samierināties (*ar ko*)
allegado I *a* tuvākais; tuvs; tuvu stāvošs; radniecisks; **II** *m* 1. radinieks; 2. domubiedrs
allegar *v* 1. savākt, salasīt [kopā]; 2. sanest; 3. sagrābt (*ar grābekli*); pievienot
allende *adv* 1. no turienes; no otras puses; 2. bez tam
allí *adv* 1. te; tur; turp; desde ~ – no turienes; 2. toreiz, tad; de ~ a poco – drīz pēc tam; ◇ hasta ~ – 1) līdz tai vietai; 2) līdz tam laikam; ~ lejos – tur tālumā; ~ arriba – tur augšā
ama *f* 1. kundze; 2. namamāte, mājasmāte; 3. saimniece; saimniecības pārzine; ◇ ~ de cría (de leche) – zīdītāja; ~ seca – bērnu

aukle; ~ de llaves, ~ de gobierno – saimniecības vadītāja

amabilidad *f* laipnība; pretimnākšana; tenga la ~ – esiet tik laipni

amable *a* laipns; mīļš; pretimnākošs; ~ de genio – labsirdīgs

amador **I** *a* **1.** mīlošs; **2.** iemīlējies; **II** *m* **1.** iemīlējies; **2.** mīļākais

amaestrado *a* **1.** pieredzējis, piedzīvojis; **2.** rūdīts, slīpēts; **3.** izdresēts, iedīdīts

amaestramiento *m* **1.** [ap]mācīšana; instruēšana; pamācība; instrukcija; **2.** dresēšana; dresūra

amaestrar *v* **1.** [ap]mācīt; pamācīt; instruēt; ~ para el tiro caballo – iebraukt zirgu; **2.** [iz]dresēt; iedīdīt

amagar *v* **1.** atvēzēties sitienam; **2.** draudēt, tuvoties (*par nelaimi, slimību*); **3.** atklāt simptomus (*slimības*); ◊ ~ y no dar – 1) apsolīt un neizpildīt; 2) neizpildīt draudus

amago *m* **1.** draudošs žests; atvēziens sitienam; **2.** pazīme; simptoms; ~ de una enfermedad – slimības simptoms

ámago *m* 1) bišu līme; 2) pretīgums

amagur *m* sardīne

amalgama *f* **1.** *ķīm.* amalgama; **2.** *pārn.* sajaukums, mistrojums

amamantar *v* zīdīt, barot ar krūti

amancillar *v* **1.** notraipīt; aptraipīt: **2.** *pārn.* aptraipīt godu; laupīt godu

amancebamiento *m* kopdzīve bez laulības, ārlaulības sakars

amanecer **I** *v* aust; uzaust; **2.** ierasties līdz ar rīta gaismu, ierasties ar mazu gaismiņu; **II** *m* [rīt]ausma; al ~ – rītausmā; antes de ~ – pirms rītausmas

amanecida *f* rītausma

amanerado *a* manierīgs; samākslots

amanojar *v* salikt [saisiet] saišķos

amansador *m* **1.** zvēru dresētājs; **2.** (*am.*) pikadors (*vēršu cīņās*)

amansar *v* **1.** pieradināt, padarīt rāmu (*dzīvnieku*); iedresēt; **2.** *pārn.* apvaldīt, savaldīt

amante **I** *a* mīlošs; mīlestības pilns; ~ de la paz – mieru mīlošs, miermīlīgs; **II** m, *f* **1.** mīļotājs, -a; cienītājs, -a; **2.** mīļākais, -ā

amanuense *m* pārrakstītājs; skrīveris; rakstvedis

amañar *v* **1.** veikli rīkoties; **2.** izlocīties, izgrozīties

amaño *m* **1.** izveicība; veiklums; **2.** ~s *pl* veikli paņēmieni, triki; **3.** ~s *pl* (*amatnieka*) darbarīki

amapola *f* magone (*lauku*)

amar *v* **1.** mīlēt; ~ de corazón – no sirds mīlēt; **2.** labi ieredzēt; cienīt

amaraje *m* *av.* nosēšanās (nolaišanās) uz ūdens

amarar *v* *av.* nosēsties (nolaisties) uz ūdens

amarescente *a* rūgtens

amarete *m* mandeļu cepumi

amargar *v* **1.** būt rūgtam, garšot

rūgti; **2.** [pa]darīt rūgtu; **3.** *pārn.* sarūgtināt; apbēdināt

amargo I *a* **1.** rūgts *arī pārn.*; **2.** nelaipns, īgns, sapīcis; **3.** smags, skarbs (*par raksturu*); **II** *m* **1.** rūgtums *arī pārn.*; **2.** mandeļu liķieris; **3.** degvīna šķirne

amargor *m*, **amargura** *f* **I.** rūgtums, rūgta garša; **2.** sarūgtinājums, bēdas

amaricado *a* **1.** sievišķīgs, gļēvs (*par vīrieti*); **2.** klīrīgs

amarillear *v*, **amarillecer** *v* kļūt dzeltenam; [no]dzeltēt; krāsot dzeltenā krāsā

amarillento *a* dzeltenīgs

amarillez *f* dzeltena sejas krāsa; bālums

amarillo *a* dzeltens

amarra *f* **1.** *jūrn.* tauva; trose; **2.** ~s *pl sar.* atbalsts; protekcija

amarrar *v* **1.** piesiet, piestiprināt; **2.** *jūrn.* pietauvot; **3.** *jūrn.* piestāt

amartelado *a* iemīlējies

amartelar *v* **1.** parādīt uzmanību (*sievietei*); **2.** mocīt ar greizsirdību; ~se *rfl* iemīlēties

amasadera *f* abra

amasadería *f* maiznīca, maizes veikals

amasar *v* **1.** mīcīt; **2.** sajaukt, samaisīt; iejaukt (*javu*); **3.** masēt

amasijo *m* **1.** mīkla; **2.** java; **3.** *sar.* mistrojums; juceklis, putra; **3.** *sar.* mahinācijas

amatista *f min.* ametists; ~ oriental – violetais korunds

amatorio *a* **1.** erotisks; **2.** mīlestības-; mīlas-; ~ a – mīlas lirika

ambages *m pl* aplinku ceļi (*sarunā*); sin ~ – bez aplinkiem, atklāti; hablar sin ~ – runāt bez aplinkiem, runāt skaidri un gaiši

ámbar *m* dzintars

ambas *a pl* abas; abas divas

ambición *f* godkāre; varaskāre

ambicionar *v* dzīties (*pēc kā*), tiekties (*pēc kā*), tīkot (*pēc kā*); dedzīgi vēlēties (*ko*)

ambiente I *a* apkārtnes-, apkārtējs; **II** *m* **1.** *arī pārn.* atmosfēra; ~ muy cargado – 1) smags (piesmacis) gaiss; 2) saspīlēta atmosfēra; **2.** apkārtējā pasaule, apkārtne; vide

ambigüedad *f* divdomība

ámbito *m* **1.** apgabals; rajons; apvidus; **2.** apmērs, apjoms; **3.** vide

ambivalencia *f* pretrunīgums

ambleo *m* **1.** liela vaska svece; **2.** svečturis, kandelabrs

ambos *a pl* abi; abi divi

ambulancia *f* **I.** lauku lazarete; **2.** sanitārie rati; sanitārā mašīna; ~ automóvil – ātrā palīdzība

ambulante *a* **1.** ceļojošs; klejojošs; vendedor ~ – ielas tirgotājs; **2.** pārvietojams; ceļojošs; biblioteca ~ – pārvietojamā bibliotēka; **3.** lauka-, ceļa-, pārgājiena-; vida ~ – klaidoņa dzīve

amedrentar *v* šausmināt; [ie]biedēt

amelga *f* vaga

amén I *bazn.* āmen; ◇ en un decir ~ – acumirklī, vienā mirklī; **II** *adv*: ~ de – izņemot, atskaitot; bez tam, turklāt

amenaza *f* draudi; ~s vanas – tukši draudi; proferir ~ – draudēt, piedraudēt (*kādam*)

amenaz\|ar *v* piedraudēt; draudēt: le ~a la muerte – viņam draud nāve; ~a la lluvia – būs lietus, taisās uz lietu

amenguar *v* **1.** mazināt (*autoritāti, nopelnus*); noniecināt; **2.** noķengāt; aizskart godu

amenidad *f* piemīlīgums; pievilcība; šarms

ameno *a* **1.** piemīlīgs, mīlīgs; patīkams, tīkams; pievilcīgs; valdzinošs; **2.** interesants, saistošs

americano I *a* amerikānisks; Amerikas-; **II** *m* amerikānis; calendario ~ – sienas kalendārs

amerind[i]o *m* Amerikas indiānis

ametalado *a* **1.** metālam līdzīgs; **2.** metālisks, ass un griezīgs (*par skaņu*)

ametralladora *f* ložmetējs; ~ antiaérea – zenītložmetējs; ~ pesada – balsta ložmetējs

ametrallar *v* šaut, apšaudīt (*no ložmetēja*)

amianto *m* azbests

amiba *f*, **amibo** *m zool.* amēba

amiga *f* **1.** draudzene; **2.** meiteņu skolas skolotāja; **3.** mīļākā, draugaļa

amigable *a* **1.** draudzīgs; **2.** labprātīgs (*par vienošanos*)

amigarse *v rfl* **1.** sadraudzēties; **2.** salabt, salīgt mieru; **3.** dzīvot ārlaulībā

amigdala *f anat.* mandele, mandeļveida dziedzeris

amigdalitis *f* tonsilīts

amigo I *a* draudzīgs; labvēlīgs; **II** *m* **1.** draugs; ~ del alma – sirdsdraugs; **2.** mīļotājs, cienītājs; ~ de chistes – jokdaris; ~ de sí mismo – egoists; **3.** mīļākais

amigote *m sar.* sirdsdraugs

amilanar *v* iedzīt (iedvest) bailes (*kādam*); šausmināt (*kādu*)

amillonado *a* ļoti bagāts

aminorar *v* [pa]mazināt, samazināt; ~ la marcha – samazināt ātrumu, braukt lēnāk

amiscle *m* jūras lauva

amistad *f* **1.** draudzība; romper[las] ~es – sanīsties; hacer[las] ~es – izlīgt, samierināties; **2.** savienība, sadraudzība; **3.** mīlestība; laipnība; pakalpojums; **4.** ~es *pl* paziņas, paziņu loks

amistarse *v rfl* **1.** sadraudzēties; **2.** salabt, izlīgt

amnistía *f* amnestija

amo *m* **1.** ģimenes galva; **2.** kungs, pavēlnieks; **3.** īpašnieks, saimnieks; el Amo grande – Dievs; **4.** pārvaldnieks, vecākais draugs (pārraugs); ◇ ~ de la casa – namatēvs

amodorramiento *m* 1. miegainība; 2. apmātība; 3. paģiras

amohinar *v* sakaitināt, aizkaitināt; izvest no pacietības

amojamarse *v rfl* 1. saraukties; sarukt; 2. novājēt; noliesēt *sar.*

amolador *m* 1. trinējs; slīpētājs; 2. *sar.* uzbāzīgs cilvēks

amolar *v* 1. trīt; slīpēt; 2. *sar.* apnikt, uzbāzties (*kādam*); nomocīt (*kādu*)

amoldar *v* veidot, modelēt; izveidot; darināt; ~se *rfl* piemēroties, pieradināties

amondongado *a sar.* tukls, vēderīgs

amonedacioń *f* monētu kaltuve

amonestación *f* 1. atgādinājums; brīdinājums; 2. paziņojums; 3. *bazn.* uzsaukšana; correr las ~es – tikt uzsauktam

amoníaco *m ķīm.* amonjaks

amontonar *v* 1. savākt, salasīt; 2. [sa]kraut (*gubā u. c.*); sapūst (*kupenās – sniegu*); 3. *sar.* saniknoties, dusmoties bez iemesla

amor *m* 1. mīlestība; mīla; 2. mīļotais, dārgais; 3. ~es *pl* romāns (*starp vīrieti un sievieti*); 4. maigums; paļāvība; ◊ ~ propio – patmīlība, egoisms; por ~ de dios – dieva dēļ; por ~ mio – man par prieku; con mil ~es – ar lielāko prieku, no visas sirds; ¡~ mio! – mans dārgums!; hacer el amor – aplidot, pievērst uzmanību, nodarboties ar mīlestību

amoratado *a* tumši violets; zilgani bāls (*par sejas krāsu*)

amordazar *v* 1. *arī pārn.* aizbāzt muti; 2. uzlikt uzpurni

amorfo *a* amorfs; bezveidīgs

amorío *m sor.* 1. iemīlēšanās; 2. mīlināšanās; flirts

amoros∥o *a* 1. mīlošs; padre ~ – mīlošs tēvs; 2. mīlestības-; declaración ~a – mīlestības atklāšana; carta ~a – mīlestības vēstule; 3. [pie]mīlīgs; maigs; 4. patīkams, rāms (*laiks*)

amorrar *v* 1. nokārt galvu; 2. *sar.* uzmest lūpu; bozties; pukoties

amortecer *v* 1. [no]vājināt; mazināt; 2. apslāpēt; apspiest; klusināt; 3. nomirdināt (*zoba nervu u. tml.*); ~se *rfl* paģībt

amortecimiento *m* bezsamaņa; nesamaņa

amortiguado *a* 1. pamiris; izdzisis; 2. *ek.* amortizēts; 3. apslāpēts; apspiests; klusināts

amortiguar *v sk.* **amortecer**

amortización *f* 1. *ek.* amortizācija, amortizēšana; fondo de ~ – amortizācijas fonds; 2. *fin.* parāda, aizņēmuma dzēšana

amortizar *v ek.* amortizēt; dzēst aizdevumu

amoscarse *v rfl* 1. *sar.* skaisties, pukoties; 2. (*kub.*) nosarkt; ◊ estar amoscado – justies aizvainotam

amotinador *m* musinātājs, kūdītājs

amotinamiento *m* 1. sacelšanās; dumpis; 2. musināšana, kūdīšana
amotinar *v* 1. sacelt dumpi; 2. musināt, kūdīt; ~**se** *rfl* sacelties; sadumpoties
amovible *a* 1. [ap]maināms; 2. pārbīdāms; pārvietojams
amparador *m* aizstāvis; sargātājs
amparar *v* aizstavēt; aizsargāt; protežēt
amparo *m* 1. aizsardzība; aizstāvība; atbalsts; palīdzība; 2. patvērums
ampliar *v* paplašināt; palielināt
amplificar *v* 1. paplašināt; 2. izstrādāt, izkopt (*valodas ziņā*; *mākslinieciski*); 3. *radio* pastiprināt
ampli‖o *a* 1. plašs; un local ~ – ērta (plaša) telpa; en sentido ~ – plašā nozīmē; 2. bagātīgs
amplitud *f* 1. plašums; ~ del mar – jūras klaids; 2. [plašs] vēriens; 3. amplitūda
ampo *m* 1. žilbinošs baltums; 2. sniega pārsla
ampolla *f* 1. burbulis; 2. tulzna; 3. pūslis; 4. ampula; 5. *ķīm.* kolba; ◊ ~ de vidrio – spuldze
ampolleta *f* smilšu pulkstenis
ampón *a* 1. piepūsts (*par buru*); 2. kupls; 3. apaļīgs; paresns
ampulosidad *f* pārspīlēts svinīgums (*par stilu*); frāžainība
amputar *v* amputēt
amuchachado *a* puicisks

amueblar *v* mēbelēt
amuñecado *a* lellei līdzīgs
amurallar *v* uzcelt mūri (*kam apkārt*)
amurrarse *v rfl sar.* būt grūtsirdīgam, nodoties drūmām domām
amusgar *v* 1. kustināt (smailēt) ausis, ausīties (*par dzīvniekiem*); 2. *sar.* piemiegt acis; 3. nolaist acis, nokaunēties
ana *f* olekts (*garuma mērs*)
anacarado *a* perlamutra-
ánade *m, f* pīle
anadear *v* iet gāzelēdamies (*kā pīlei*)
anadino, anadón *m* pīlēns
anafe *m* ogļu krāsniņa; pārvietojamā krāsns
anales *m pl* annāles
analfabetismo *m* analfabētisms, lasīt un rakstīt neprašana
analgésico *m* sāpju remdēšanas līdzeklis
análisis *m, f* analīze
analitic‖o *a* analītisks; química ~a – analītiskā ķīmija
analizar *v* analizēt (*teikumu u. c.*); izdarīt analīzi (*asins u. tml.*)
analógico, análogo *a* analoģisks
ananá *f,* **ananás** *m* ananass
anaplastia *f* plastiskā ķirurģija
anaquel *m* plaukts (*skapī*)
anaquelería *f* plaukti (*viens uz otra*); veikala skapis; etažēre
anaranjado *a* oranžkrāsas-, oranžs
anarquía *f* anarhija
anarquista *m, f* anarhists, -e

anata f gada ienākums, gada rente
anatema m, f baznīcas lāsts; lāsts
anca f **1.** pakaļpuse; dibenpuse; **2.** ~s pl krusti (*dzīvniekam*); ◇ a ~s, a las ~s – aizmugurē; no sufrir ~s – neļaut sevi apsmiet
anciano I a **1.** ļoti vecs; **2.** sens; senlaiku-; **II** m sirmgalvis
ancla f enkurs; echar ~s – izmest enkuru; estar sobre las ~s – būt noenkurotam; levar ~s – pacelt enkuru
ancón m neliels līcis
ancheta f **1.** neliels preču daudzums; **2.** profits, peļņa; labums
anch‖o I a **1.** plats; **2.** plašs, tilpīgs, liels; **3.** *sar.* nekautrīgs; izlaidīgs; ◇ vida ~a – jautra (bezbēdīga) dzīve; ponerse muy ~ – kļūt lepnam; le viene muy ~ el cargo – šis amats viņam nav pa spēkam; estar a sus ~as – omulīgi (ērti) justies; darse tantas en ~ como en largo – dzīvot ar vērienu; **II** m platums
anchoa f anšovs
anchura f **1.** platums; **2.** plašums; **3.** nekautrība; izlaidība
andadas f pl pēdas (*zvēru, putnu*); ◇ volver a las ~ – iet vecās pēdās; atgriezties pie veciem netikumiem
andaderas f pl bērna krēsliņš uz riteņiem *vai* sētiņa (*staigāt iesācējiem*); ◇ no necesitar ~ – būt patstāvīgam, nejust vajadzību pēc palīdzības
andadero I a ar [ērtiem] ceļiem (*par kādu apvidu*); **II** m klejotājs; klaidonis
andado a **1.** ļaužu pilns, dzīvs (*par ceļu*); **2.** nonēsāts; lietots (*par apģērbu*); **3.** ikdienišķs, parasts
andadura f **1.** gaita; **2.** iešana
andaluz I a Andalūzijas-; andalūziešu-; **II** m andalūzietis
andamiada f, **andamiaje** m stalažas (*būvvietā*)
andana f **1.** rinda; līnija; **2.** platforma; perons; **3.** gaitenis, koridors; ◇ llamarse uno ~ – noliegt savus vārdus, atteikties no solījuma; ¡andando! – ātrāk!; kustēties!
andante[a] a **1.** ejošs; staigājošs; excavadora ~ – soļojošais; ekskavators; **2.** ceļojošs; klejojošs; ◇ bien ~ – laimīgs; mal ~ – nelaimīgs
andante[b] *mūz. adv* m andante
andanza f **1.** liktenis; **2.** gadījums; sagadīšanās; buena ~ – laimīgs gadījums, laime;
mala ~ – nelaimīgs gadījums, nelaime
and‖ar I v **1.** iet; staigāt; ~ por el camino – iet pa ceļu; soļot; **2.** iet, darboties (*par mehānismu*); el reloj ~a bien – pulkstenis iet labi; las cosac andan bien – lietas veicas labi; **3.** būt, atrasties (*kaut kur*); **4.** būt (*kādā stāvoklī*); klāties; justies; ~ triste – būt noskumušam; ~ ocupado – būt aizņemtam; ~ bien – būt veselam; justies labi; ~ con ambre – būt izsalkušam; ~ con la gripe – slimot ar gripu;

~ sin trabajo – būt bezdarbniekam; **4.** iet, paiet (*par laiku*); van ~ando los años – [pa]iet gadi; **5.** apstaigāt, izstaigāt; apskriet, izskriet; ~ toda la ciudad – apstaigāt (izskriet) visu pilsētu; ◊ ~ dudando – šaubīties; ~ paso a paso – klaiņot; a mal ~ – ļaunākajā gadījumā; a más (a todo) ~ – **1)** lielā steigā; **2)** ātri, steidzami; nekavējoties; **3)** *jūrn.* ar pilnu jaudu; ~ando el tiempo – ar laiku; ~ en los libros – rakņāties grāmatās; ~ escribiendo – joprojām rakstīt; ¡~a! – **1)** labi, lai iet!; **2)** ej tačuǃ; ¡~a a paseo! – vācies prom!; ¡~a, di! – ko tu neteiksi!; ¡~ando! – veicīgāk!, uz priekšu!; **~se** *rfl* **1.** aiziet [prom]; **2.** stāties (*pie kā*); iesākt, [uz]sākt (*ko darīt*); ◊ ~ con rodeos – izlocīties, izgrozīties; ~ a derechas (derecho) – uzvesties, kā pienākas; ~ torcido – nodarboties ar tumšām lietām; **II** *m* **1.** iešana, staigāšana; **2.** kustība, gaita; (*kuģa*) ātrums; **3.** gaita; ◊ a largo ~ – ar laiku; galu galā

andarín *m* **1.** ātrs gājējs; soļotājs; **2.** skrējējs

andarríos *m* cielava

andas *f pl* nestuves; segtas nestuves; palankīns; ◊ en ~ y en volandas – pavirši; ātri

andén *m* **1.** perons; **2.** trotuārs, ietve; **3.** gaitenis, koridors; **4.** plaukts; **5.** (*izbūvēta*) krastmala

andino *a* Andu-

ándito *m* galerija (*mājai*)

andorga *f sar.* resns (liels) vēders

andorina *f* bezdelīga

andrajo *m* **1.** lupata; **2.** ~s *pl* skrandas, kankari; **3.** skrandainis

andrómina *f*, **andróminas** *pl* **1.** viltība, viltus; **2.** mānīšanās

androtomía *f* cilvēka anatomija

andullo *m* **1.** savīkstīta tabakas lapa; **2.** (*am.*) zelējamā tabaka

andurriales *m pl* nomaļš apvidus; nomale, nomaļš kakts

anea *f* meldri

aneblar *v* **1.** ietīt miglā; aizmigtot; **2.** aptumšot; padarīt neskaidru

anegación *f* **1.** plūdi; **2.** applūdināšana; pārplūdināšana

anegar *v* **1.** applūdināt; pārplūdināt; **2.** noslīcināt; **3.** nogremdēt (*kuģi*); **~se** *rfl* **1.** nogrimt (*par kuģi*); **2.** noslīkt

anejo I *a* **1.** pievienots; pielikts klāt; **2.** piederīgs, (*kaut kur*) piederošs; **II** *m* **1.** pielikums, pievienojums (*vēstulei*); **2.** piebūve; edificio ~ – blakus celtne

aneldo *m* dilles

anestesiar *v* anestezēt

anexar *v* anektēt, pievienot

anfibio *m* amfībija

anfibología *f* **1.** divējāda nozīme (jēga); divnozīmība; **2.** divdomība

anfiteatro *m* amfiteātris

anfitrión *m sar.* viesmīlīgs namatēvs

anfractuosidad *f* **1.** [iz]liekums, nelīdzenums (*zemes garozā*); **2.** ~es *pl* smadzeņu krokas

angarillas *f pl* **1.** [slimnieku] nestuves; **2.** pīts grozs nastu nešanai (*nastu nesējam dzīvniekam*)

ángel *m* eņģelis; ~ custodio, ~ de la guarda – sargeņģelis; ◊ ~ malo, ~ de las tinieblas – nelabais, ļaunais gars, sātans; tener buen ~ – būt asprātīgam

angelical, angélico *a* **1.** eņģeļa-, eņģeļu-; **2.** *sar.* nevainīgs, šķīsts

angelito *m* **1.** eņģelītis; **2.** *iron.* nevainīgs bērniņš; ◊ estar con los ~s – 1) gulēt; 2) lidināties mākoņos

angina *f* angīna; ~ de pecho – stenokardija

angla *f ģeogr.* zemesrags

anglicano I *a* anglikāņu-, **II** *m* anglikānis

angostar *v* sašaurināt, padarīt šauru (šaurāku)

angosto *a* šaurs; ciešs

angostura *f* **1.** šaurums; šaurība; saspiestība; **2.** šaura kalnu taka

angra *f* neliels līcis

anguila *f* zutis

angular *a* stūra-; leņķa-, stūrains; šķautnains; piedra ~ – stūrakmens

ángulo *m* **1.** stūris; **2.** leņķis; ~ recto – taisns leņķis; ~ agudo – šaurs leņķis; ~ obtuso – plats leņķis; ~ de caída – krišanas leņķis

anguloso *a* [daudz]stūrains

angustia *f* **1.** iekšējs nemiers; nomāktība, nospiestība; sirdēsti; raizes; bēdas; **2.** slikta dūša, nelabums

angustiado *a* nobažījies; noraizējies; iekšēja nemiera pilns; skumju pilns

angustiar *v* radīt nemieru (bažas); skumdināt

angustioso *a* **1.** nemierīgs; satraukts; **2.** uztraucošs

anhelar *v* **1.** smagi elpot, elst; **2.** karsti ilgoties; iekārot; alkt, tvīkt; cerēt (*uz kaut ko*); ~ algo – beigties [vai] nost (alkt) (*pēc kā*)

anhélito *m* aizdusa; apgrūtināta elpošana

anhelo *m* **1.** ilgas; alkas; **2.** iekāre; kāre; dzīšanās (*pēc kaut kā*)

anidar *v* **1.** vīt ligzdu; **2.** mājot, dzīvot; **3.** dot pajumti

anilla *f* **1.** metāla riņķis (gredzens) (*aizkaru pakāršanai*); **2.** vingrošanas riņķis

anillo *m* **1.** riņķis, gredzens; ~ de boda – laulības gredzens; **2.** [ķēdes] loceklis; **3.** *zool.* posms

ánima *f* **1.** dvēsele; **2.** ~s *pl* vakara iezvanīšana (*aicinājums uz lūgšanu*); día de las ~s – mirušo piemiņas diena

animación *f* **1.** iedvesmošana; iedvesma; apgarošana; **2.** rosība; (*piem., satiksmes*) dzīvums

animado *a* **1.** iedvesmots; apgarots; **2.** dzīvs (*piem., par satiksmi*);

3. enerģisks; rosīgs; kustīgs; película de dibujos ~s – multfilma

animadversión *f* **I.** antipātija; nepatika; (*apslēpts*) naids, ļauns prāts; **2.** nopelšana, nosodīšana; stingrs rājiens

animal I *a* **1.** dzīvnieka-, dzīvnieku-; mundo ~ – dzīvnieku valsts; **2.** *pārn.* dzīvniecisks, kustonisks; **II** *m* dzīvnieks, kustonis; ~ doméstico – mājas dzīvnieks; ~ de bellotas – 1) cūka; 2) *pārn.* cūka, lops; ~ dañino *lauks.* – kaitēklis

animar *v* **1.** iedvesmot; apgarot; **2.** uzmundrināt; iedrošināt; **3.** uzjautrināt; padarīt dzīvāku (spraigāku); ~ la conversación – padarīt dzīvāku sarunu

ánimo *m* **1.** dvēsele; gars; estado de ~ – garastāvoklis; noskaņojums; ~ levado – pacilāts garastāvoklis; presencia de ~ – attapība, atjautība; esparcir el ~ – atpūsties; **2.** spars; enerģija; drosme, dūša; caer[se] de ~ – zaudēt dūšu; cobrar ~ – saņemt dūšu; ¡~! – saņemies!; **3.** daba, raksturs; sirds; **4.** nodoms; estar en ~ de... – gribēt, būt ar mieru...

animoso *a* **1.** enerģisks; sparīgs; **2.** drosmīgs; vīrišķīgs

aniñadamente *adv* bērnišķīgi

aniñarse *v rfl* uzvesties bērnišķīgi

aniquilar *v* sagraut; iznīcināt; ~ el enemigo – iznīcināt ienaidnieku; ~se *rfl* pazemoties; zaudēt dūšu

anís *m.* **1.** *bot.* anīss; anīsa sēkla; **2.** anīsa pilieni; anīsa liķieris; ◊ llegar a los ~es – ierasties [par] vēlu viesībās; pues es un grano de ~ *iron.* – patiešām, tas ir kas ļoti svarīgs

aniversario I *a* gadskārtējs; ikgadējs; ik gada-; **II** *m* gadadiena

¡anjá! *interj* (*am.*) braši!, bravo!

ano *m anat.* tūplis

anoche *adv* vakar vakarā; antes de ~ – aizvakar vakarā

anochecedor *m pārn.* naktsputns (*par cilvēku*)

anochecer I *v* **1.** krēslot, [sa]tumst; **2.** ierasties krēslas stundā; **3.** palikt pa nakti; pārgulēt nakti; **II** *m* krēsla, mijkrēslis; vakara stunda; al ~ – pievakarē, krēslā; ~ y no amanecer – «nozust miglā», izgaist bez pēdām

anodino I *a* **1.** sāpju remdinošs; pretsāpju-; **2.** nekaitīgs; nevainīgs; **3.** nepievilcīgs; sekls, tukšs; **II** *m* sāpju remdinošs līdzeklis

anodo *m fiz.* anods

anómalo *a* anormāls, nepareizs

anonadar *v* **1.** satriekt, iznīcināt; iznīdēt; izskaust; **2.** nomākt, nospiest; satriekt; **3.** stipri samazināt; sašaurināt; ierobežot

anónim‖o I *a* anonīms, bezvārda-; ◊ sociedad ~a – akciju sabiedrība; **II** *m* **1.** anonīma vēstule; **2.** anonīms; anonīms autors

anormal *a* nenormāls, slims, garīgi

(fiziski) atpalicis (*bieži lieto daudzskaitlī*)
anotación *f* 1. piezīme, atzīme; 2. anotācija (*bibliogrāfiska*)
anotar *v* pierakstīt; atzīmēt, piezīmēt
ánsar, ansarón *m* meža zoss
ansia *f* 1. nemiers, satraukums; bailes; ciešanas, mokas; 2. ilgas; alkas; ~ de saber – zinātkāre
ansiar *v* karsti ilgoties; alkt
ansiedad *f* dvēseles satraukums, sirds nemiers, iekšējs nemiers
ansioso *a* 1. alkatīgs; kārīgs; kārs; ~ de... – kārs uz..., kā uzburts uz... (*kaut ko*); 2. ilgu pilns; alkstošs; 3. nomākts; nemiera pilns
anta *f* alnis (Argentīnā, Bolīvijā, Peru – tapīrs)
antagonismo *m* antagonisms
antaño *adv* 1. pagājušā gadā, pērn; 2. senos (vecos) laikos, senatnē
antártico *a* antarktisks; Antarktikas-; Dienvidpola-, polo ~ – Dienvidpols
ante[a] *prep* pirms, priekš; priekšā; ~ todo – vispirms; pirmām kārtām; ~ todo y sobre todo – galvenokārt; ~ mí – manā priekšā
ante[b] *m* 1. *sk.* **anta**; 2. zamšāda; 3. bifelis; 4. zamšādas krāsa (gaiši dzeltena)
anteayer *adv* aizvakar
antebrazo *m anat.* apakšdelms
antecama *f* paklājs (*neliels – pie gultas*)
antecámara *f* priekšistaba; priekšnams; uzgaidāmā telpa

antecedente I *a* iepriekšējs; pagājušais; sin ~s penales *jur.* – nesodīts, ar nevainojamu pagātni; II *m* 1. precedents, iepriekšējs gadījums; sin ~ – bez precedenta; ne ar ko nesalīdzināms; nebijis, neredzēts; 2. priekšgājējs, priekštecis; 3. ~s *pl* iepriekšējā dzīve, (*cilvēka*) pagātne; ◇ estar en ~s – būt lietas kursā (*par kaut ko*); poner en ~ – informēt par pagājušiem notikumiem
anteceder *v* notikt pirms (*kaut kā cita*); iet pa priekšu (*kam*)
antecesor *m* 1. priekšgājējs, priekštecis; 2. ~es *pl* senči, priekšteči
antedatar *v* datēt ar atpakaļejošu datumu
antedecir *v* pareģot
antedicho I *part no* **antedecir**; II *a* iepriekš teiktais, minētais
antediluviano *a* aizvēsturisks
anteguerra *f* pirmskara laiks
antelación *f* aizsteigšanās priekšā (*kādam ar ko*); con ~ – iepriekš; laikus, pie laika
antemano *adv*: de ~ – [jau] laikus, iepriekš
antemeridiano *a* priekšpusdienas-
antena *f* 1. *zool.* tausteklis, ūsiņa; 2. *tehn.* antena; 3. *jūrn.* rāja
antenupcial *a* pirmskāzu-
anteojera *f* 1. briļļu futrālis; 2. ~s *pl* acu aizsegi, pieači (*zirgam*)
anteojo *m* I. tālskatis; teleskops; ~ de larga vista – tālskatis; ~ pris-

mático – lauka tālskatis; ~ **de pieza mil.** – teleskopiskais (tēmeklis; **2.** ~s *pl* brilles; **3.** ~s *pl* binoklis; ~s **de teatro** – teātra binoklis

antepagar *v* maksāt uz priekšu (avansā)

antepasado I *a* pagājušais; **II** *m* **1.** priekštecis, sencis; ciltstēvs; **2.** ~s *pl* priekšteči, senči

antepecho *m* **1.** margas; **2.** palodze; **3.** *mil.* brustvērs, nocietinājuma valnis; **4.** krūšu siksna (*zirga aizjūgā*)

antepenúltimo *a* priekšpriekšpēdējais, trešais no beigām

anteponer *v* **1.** nostādīt (nolikt) pirmajā vietā (priekšā); **2.** dot priekšroku

antepuerta *f* durvju aizkars, drapērija

antera *f bot.* putekšnīca

anterior *a* **1.** priekšējais; **2.** iepriekšējais; **lo** ~ ~ [iepriekš] minētais; **el año** ~ – pagājušajā gadā

anterioridad *f* priekšlaicīgums; **con** ~ – 1) iepriekš; pirms tam; 2) priekšlaicīgi

antes I *adv* **1.** iepriekš; pirms tam; agrāk, senāk; **mucho** ~ – daudz ātrāk, sen; **como** ~ – kā agrāk (senāk); **poco** ~ – īsi pirms tam; drusku agrāk; **2.** vispirms; drīzāk, labāk; **cuanto** ~ – pēc iespējas drīz[āk]; ~ **al contrario** – drīzāk otrādi; **morir que rendirse** – labāk (drīzāk) mirt nekā padoties; ~ **bien** – turpretim; drīzāk; **II** *prep*; ~ **de** – pirms; ~ **de que se ponga el sol** – līdz (pirms) saullēktam (a)

antesala *f* priekštelpa, vestibils; priekšistaba; **hacer** ~ – gaidīt pieņemamā istabā

antever *v* paredzēt

antiaére‖o *a* pretgaisa-; **defensa** ~a – pretgaisa aizsardzība; **artilleria** ~a – zenītartilērija

anticipación *f* **1.** aizsteigšanās priekšā (*notikumam*); (*jautājuma*) iepriekšēja izlemšana; iepriekšēja paziņošana (brīdināšana); **2.** avanss; ◇ **con** ~ – pirms termiņa, uz priekšu; laikus

anticipada *f* negaidīts uzbrukums

anticipar *v* aizsteigties priekšā (*notikumiem*); iepriekš izlemt (*jautājumu*); iepriekš paziņot (brīdināt); **2.** maksāt uz priekšu; dot avansu; ~ **las gracias** – iepriekš pateikties; ~**se** *rfl* **1.** atnākt pirms laika; notikt pirms laika; **2.** aizsteigties priekšā

anticipo *m* avanss, rokasnauda

anticuado *a* novecojis; novecojies, vecmodīgs

anticuario *m* **1.** senatnes pētnieks; **2.** antikvārs; bukinists; **3.** antikvariāts

antidoto *m* pretinde

antifaz (*pl* antifaces) *f* (*karnevāla*) pusmaska

antigás *a* pretgāzu-, **careta** ~ – gāzmaska

antigripal *a* pretgripas-

antigualla f 1. veca (mazvērtīga) grāmata; 2. ~s pl sar. vecas grabažas, krāmi; kankari; 3. sar. pagātnes palieka

antigüedad f I. senatne, senlaiki; 2. vecā pasaule, vecie ļaudis; 3. ~es pl antīkās lietas, senlietas; 4. [darba] stāžs

antigu‖o a 1. sens, vecs; tiempo ~ – senatne, vecie laiki; de muy ~ – kopš senseniem (ilgiem) laikiem; en lo ~ – veeos laikos; de ~ – no seniem laikiem, no sendienām; monumentos ~s – senatnes piemiņekļi; un ~ amigo – vecs draugs; 2. antīks; vecmodīgs; 3. vecuvecais; sen ierasts; a la ~a – 1) pa vecam, kā senos laikos; 2) antīkā stilā

antihumano a necilvēcīgs

antilope m antilope; ~ de las estepas – saiga (antilopju suga)

antinómico pretrunīgs

antipara 1. aizliekamā sieniņa; aizslietnis (piem., gultai); 2. ~s pl getras

antipatía f antipātija; causar ~ – izraisīt nepatiku

antipoda m antipods, pretstats

antisocial a antisociāls, pretsabiedrisks

antojadizo a 1. untumains, kaprīzs, gražīgs; patvaļīgs; 2. kārs, kārīgs

antojarse v rfl 1. iegribēties; iekārot; 2. ienākt (iešauties) prātā; se me antoja que... – man liekas, ka...

antojo m 1. untums, kaprīze; 2. kāre; patika; iegriba; 3. dzimumzīme; ◊ a su ~ – pēc sirds patikas

antorcha f 1. lāpa; 2. pārn. gaismas nesējs; spīdeklis

antracita f min. antracīts

ántrax (pl ántrax) m med. augonis, karbunkuls

antro m 1. grota; ala; 2. pārn. midzenis; perēklis; ~ de corrupción – netiklības perēklis, zaņķis

antropófago m cilvēkēdājs

anual a 1. gada-; viena gada-; gadskārtējs; ikgadējs; balance ~ – gada bilance; 2. bot. viengadīgs; vacaciones ~es – ikgadējs atvaļinājums

anualidad f 1. gada termiņš; 2. gada ienākums

anubarrado a 1. apmācies, mākoņains; 2. muarē (audums)

anublarse v rfl apmākties; izgaist, sagrūt (par sapņiem, cerībām)

anudar v 1. [sa]siet mezglā (mezglu); piesiet; sasiet kopā (piem., diegus). 2. pārn. saistīt, savienot; nodibināt sakarus; ~se rfl 1. atpalikt augšanā; 2. aizspriesties, neklausīt (par balsi – no uztraukuma)

anularᵃ v deldēt, dzēst (parādu); anulēt, atsaukt; paziņot par nederīgu, atņemt varu (pilnvaras)

anularᵇ a gredzenveidīgs; gredzena-; riņķa-; ◊ dedo ~ – zeltnesis (pirksts)

anunciación f 1. ziņojums, paziņojums; sludinājums; **2.** *rel.* Anunciación – Marijas pasludināšanas diena

anunciador I *a* vēstošs, vēstījošs; **II** *m* vēstnesis; **III ~a** *f* reklāmu (sludinājumu) stabs

anunciar *v* **1.** paziņot, pavēstīt; izsludināt (*laikrakstā*); **2.** vēstīt, paredzēt; **3.** reklamēt (*preci*); **~se** *rfl* pieteikties

anuncio *m* **1.** paziņojums; sludinājums; ~ luminoso – gaismas reklāma; ~s económicos – sīkie sludinājumi (*laikrakstā*); sección de ~s – sludinājumu daļa (*laikrakstā*); **2.** vēstnesis, (*iepriekšēja*) zīme, pazīme; reklāmas prospekts, buklets

anuo *a sk.* **anual**

anverso *m* virspuse, labā puse (*monētai vai medaļai*)

anzuelo *m* **1.** (*makšķeres*) āķis; **2.** *pārn. sar.* vilinājums; makšķere; caer (picar) en el ~ *sar.* – uzķerties uz makšķeres, iekrist; roer el ~ – izsprukt no lamatām

añadido *m* **1.** piemetinājums, piebilde; **2.** pievienojums; iespraudums (*manuskriptā u. tml.*); **3.** liekie mati

añadidura *f* **1.** piemetinājums, piebilde; **2.** pievienojums; piedeva; papildinājums; por ~ – piedevām (*pie iepirkšanās*)

añadir *v* **1.** piemetināt, piebilst; **2.** pievienot; ~ de pasada – iesaistīt runā; **3.** papildināt; palielināt, paplašināt

añagaza *f* **1.** māneklis (*medījuma pievilināšanai*); **2.** *pārn.* vilinājums

añal *a* gada-; viengadīgs; cordero ~ – gadu vecs jērs

añalejo *m* baznīcas kalpotājs; baznīcas kalendārs

añejo *a* **1.** *daž. noz.* vecs; **2.** nogulējies, nostāvējies (*vīns*); **3.** *sar.* novecojies

añicos *m pl* lauskas, drumslas; hacer ~ – saplēst drumslās

añil *m* indigo (*stāds; krāsa*)

año *m* **1.** gads; ~ astral – astronomiskais gads; ~ bisiesto – garais gads; ~ corriente – kārtējais gads; fértil, buen ~ – ražīgs gads; ~ nuevo – jaunais gads; de ~ en ~ – no gada gadā, gadu pēc gada; hace un ~, un ~ atrás – pirms gada: ~ y vez – ik gadus; ~ pasado – pagājušais gads; el ~ que viene – nākamajā gadā; todos los ~s – katru gadu; ~ económico – budžeta gads; ~ financiero – finanšu (saimnieciskais) gads; ~ de luz – gaismas gads; cabs de ~ – gada beigas; **2.** ~s *pl* dzimšanas diena; celebrar los ~s – svinēt dzimšanas dienu; de pocos ~s – mazs (*bērns*); entrado en ~s – [krietni] gados; ¡por muchos ~ s! – novēlu jums ilgu mūžu!; ◊ estar de buen ~ – būt pilnīgam, resnam; perder ~ zaudēt gadu, izkrītot eksāmenos

añoranza *f* **1.** ilgošanās; ilgas; **2.** skumjas atmiņas

añorar *v* ilgoties; skumt (*pēc kā*); ~ la patria – ilgoties pēc dzimtenes

añoso *a* ilggadīgs, vecs

aojar *v* **1.** noskaust; nobrīnīt; **2.** iegrūst postā, atnest nelaimi

aojo *m* ļauna acs, nelabs skatiens

aovado *a* ovāls, olveida-

aovar *v* dēt

apabullar *v* **1.** *sar.* saspiest plakanu; **2.** *sar.* [sa]burzīt; **3.** *pārn.* aizbāzt muti

apacentadero *m* ganības

apacentador *m* gans

apacentar *v* **1.** ganīt; **2.** mācīt, apmācīt

apache *m* **1.** apaču cilts indiānis; **2.** apašs (*huligāns, bandīts lielpilsētās*)

apacible *a* **1.** lēnprātīgs; maigs; **2.** rāms (*par laiku*); mierīgs, patīkams (*par laiku, krāsu*)

apaciguador *m* **1.** miera nodibinātājs; samierinātājs; **2.** *tehn.* trokšņa slāpētājs

apaciguar *v* **1.** nodibināt mieru; samierināt; **2.** apslāpēt; klusināt (*piem., balsi*); remdēt (*sāpes u. tml.*)

apadrinar *v* **1.** uzņemties aizgādņa pienākumus, būt par aizgādni (*bērnam*); **2.** aizstāvēt; **3.** būt par liecinieku; būt par sekundantu; **4.** protežēt

apadronarse pakļauties vadonim

apagado *a* **1.** nodzisis, apdzisis; izdzēsts (*par uguni*); **2.** dzēsts, veldzēts (*par kaļķiem*); **3.** dobjš; apslāpēts (*par balsi, skaņu*); **4.** izdzisis (*skatiens*); nespodrs (*par krāsu, skatienu*)

apagador *m* **1.** cepurīte (*sveces vai spirta lampiņas nodzēšanai*); **2.** *mūz.* moderators

apagar *v* **1.** nodzēst, izdzēst (*uguni*); **2.** dzēst, veldzēt (*kaļķus*); **3.** apslāpēt, klusināt (*balsi, skaņu*); **4.** dzēst, remdēt (*slāpes*); **5.** mīkstināt (*krāsas*); ¡~a y vámonos! – balle beigusies!, punkts, un pietiek!; ~**se** *rfl* [no]dzist; izdzist (*par uguni, skaņu*); izbalēt – par krāsām; izskanēt

apaisado *a* iegarens, šķērsformāta- (*glezna u. c.*)

apalabrar *v* **1.** norunāt (*ko*), sarunāt (*ko*); **2.** vienoties (*par ko*)

apalear *v* **1.** sist, dauzīt (*ar koku*); **2.** izdauzīt putekļus (*ar koku, ar rīkstēm*); **3.** *lauks.* vētīt, izcilāt (*labību – ar lāpstu*); ◇ ~ las anzas – raust naudu kaudzēm

apalpar apčamdīt

apandar *v sar.* ievilkt, nočiept; piesavināties

apantanarse *v rfl* pārpurvoties

apañado *a sar.* **1.** izdarīgs, izveicīgs, veikls; **2.** derīgs, lietojams; piemērots; ¡éstoy ~! – esmu pagalam!

apañar *v* **1.** [sa]ņemt, paņemt; satvert; **2.** piesavināties; **3.** *sar.* lāpīt; **4.** *sar.* tīt, tīstīt, tuntulēt; **5.** grezni ģērbt; **~se** *rfl sar.* veikti rīkoties, izmantot (nepalaist garām) gadījumu

apaño *m* **1.** ķēriens, tvēriens; **2.** *pārn.* ķēriens; izveicība; **3.** *sar.* ielāps; **4.** lāpīšana

apañuscar *v sar.* saburzīt, sagumzīt

aparador *m* **1.** bufete, lete (*dzērienu izsniegšanai krogā*); servējamais galdiņš; **2.** darbnīca; **3.** vitrīna (*preču izlikšanai*); ◇ estar de ~ – sagatavoties (ģērbties) viesu uzņemšanai

aparadorista mākslinieks, skatlogu noformētājs

aparar *v* **1.** sagatavot; **2.** turēt rokas (priekšautu) (*lai kaut ko saņemtu*); ¡apara! – ķer!; **3.** gatavot (piegriezt) apavu virsas; mizot augļus; **4.** *lauks.* (*atkārtoti*) ravēt, aprušināt; **5.** [uz]klāt galdu; **~se** *rfl* gatavoties, sagatavoties; *sar.* uzcirsties

aparato *m* **1.** aparāts; ierīce; iekārta, mehānisms; ~ fotográfico – fotoaparāts; ~ receptor – [radio]uztvērējs; ~ transmisor – [radio]raidītājs; **2.** ~ *pl* aparatūra; darba rīku komplekts; ierīce, ietaise; piederumi; **3.** *fiziol.* aparāts, sistēma (*orgānu*); ~ circulatorio – asinsriņķošanas sistēma; ~ digestivo – kuņģa un zarnu trakts; **4.** aparāts, štats, personālais sastāvs; ~ del Estado, ~ estatal – valsts aparāts; **5.** *med.* bandāža; pārsējs; sindroms; **6.** ārējie atribūti; svinīgums; greznums

aparatoso *a* **1.** grezns, krāšņs; sensacionāls; **2.** *sar.* pārspīlēts

aparcamiento *m* automašīnu stāvvieta

aparcería *f* **1.** kooperatīvs; artelis; sabiedrība; **2.** *lauks.* pusgraudniecība, izrentēšana uz pusgrauda; **3.** likme (*piem., kāršu spēlē*)

aparcero *m* **1.** kooperatīva (arteļa, sabiedrības) biedrs; **2.** *lauks.* pusgraudnieks; **3.** vinnesta kompanjons (*spēlē*)

aparear *v* **1.** pārot (*dzīvniekus*); **2.** salikt pa pāriem

aparecer *v* **1.** parādīties, kļūt redzamam; ~ en sueños – parādīties sapnī; ~ como... – izskatīties kā...; **2.** atrasties; nokļūt; nākt klajā (*par drukātiem izdevumiem*)

aparecido *m* parādība, spoks

aparejado *v* lietderīgs, mērķim atbilstošs; piemērots

aparejar *v* **1.** sagatavot; sarīkot; **2.** sajūgt; apseglot (*zirgu*); **3.** *jūrn.* uztakelēt; **4.** (*kub.*) pacelt (*smagumu*) ar bloku; **5.** *glezn.* gruntēt audeklu; **6.** *arhit.* gruntēt (*pirms apzeltīšanas*)

aparejo *m* **1.** sagatavošana; sarīkošana; **2.** zirglietas; **3.** ~s *pl* instrumenti; piederumi; ~s de pesca – zvejas piederumi; **4.** *tehn.* bloku sistēma; **5.** *tehn.* apretūra; **6.** *jūrn.* takelāža

aparent∥ar *v* **1.** apgalvot (*kaut ko nepatiesu*); **2.** radīt nepareizu priekšstatu (*par kaut ko*); **3.** uzdoties (*par ko*); izlikties; no ~a los años que tiene – viņa neizskatās tik veca, kā ir; viņa izskatās jaunāka par saviem gadiem; debes ~ que no te importa – izliecies, ka tev vienalga

aparente *a* **1.** šķietams; ārējs; ārīgs; muerte ~ – šķietama nāve; letarģijas stāvoklis; motivo ~ – neīsts iemesls; **2.** acīm redzams; un error ~ – skaidri redzama kļūda; **3.** piemērots, ērts

aparentemente *adv* acīmredzot, kā liekas

aparición *f* **1.** parādīšanās; hacer su ~ *pārn.* – parādīties pie apvāršņa; **2.** vīzija, parādība; **3.** (*grāmatas*) iznākšana

apariencia *f* **1.** [ārējais] izskats, āriene; ~ simpática – patīkama āriene; las ~s engañan – āriene maldina; a juzgar por las ~s – spriežot pēc izskata; según las ~s – kā liekas; cubrir (salvar) las ~s – ievērot ārējo pieklājību; **2.** māņu tēls; šķietamība; **3.** ~s *pl teātr.* dekorācijas

apartadero *m* **1.** *dzelzc.* rezerves ceļš; (*vilcienu*) mainīšanās vieta (*uz vienslieža dzelzceļiem*); **2.** lielceļa mala, pļavas strēmele gar lielceļu; **3.** vēršu šķirošanas laukums; kūts vēršu cīņu vēršiem; **4.** vilnas šķirotava

apartadizo I *a* nesabiedrisks; **II** *m* nošķirta (norobežota) telpa; nodalījums (*no kādas telpas*)

apartado I *a* **1.** nomaļš; tāls, attāls; **2.** atšķirīgs, dažāds; dzīvojošs vientulībā, vientuļš; **II** *m* **1.** atdalīšana; šķirošana; **2.** atkāpe; rindkopa; **3.** *dzelzc.* pārmija; **4.** nodalījums (*kādā telpā*); ~ de correos – abonējamā pasta kastīte (*pastā*)

apartamiento *m* **1.** atšķiršana; atdalīšana; norobežošana; **2.** attālināšana, aizgādāšana prom; **3.** (*laulības*) šķiršana; **4.** istaba, apartaments; **5.** *jur.* atsacīšanās, atkāpšanās (*no prasības u. tml.*)

apartar *v* **1.** nošķirt, atšķirt; atdalīt; norobežot; ~ de su empleo – atstādināt no amata; **2.** attālināt, aizgādāt prom; ~ de... – novirzīt no...; **3.** atlikt (*naudu – kādam mērķim*); **4.** šķirot (*pastu, vilnu u. tml.*); ◇ izmest no galvas (*ko*); vairs nedomāt (*par ko*); **~se** *rfl* **1.** attālināties; nošķirties; ~se del mundo – nošķirties no pasaules; dzīvot vientulībā; ~se de lo convenido – nepildīt norunu; ~se del peligro – izvairīties no briesmām; **2.** novirzīties; **3.** atbrīvot vietu (*ceļu*); **4.** *jur.* atteikties (*no kā*); atkāpties (*no kā*); no ~se de lo justo –

neatkāpties no tiesībām; **5.** [iz]šķirties (*par laulātajiem*)

aparte I *adv* **1.** sāņus, malā; **2.** atsevišķi, par sevi; tenerse ~ – turēties sāņus; vivir ~ – dzīvot atsevišķi; ◇ ~ de que... – neraugoties uz to, ka...; ~ de eso – bez tam; ¡bromas ~! – jokus pie malas!; **II** *m* **1.** paragrāfs; **2.** atkāpe; jauna rindkopa; jauna rinda; **3.** *teātr.* replika (*kas izteikta pie sevis*); čuksts; **4.** saruna bez lieciniekiem; observar aparte – novērot iztālēm

apasionado I *a* **1.** kaislīgs; kvēls; dedzīgs; **2.** iemīlējies; ~ por *sar.* – kā uzburts (*uz kaut ko*); **3.** slims (*par ķermeņa daļu*); **II** *m* **1.** iemīlējies; **2.** miļākais; **3.** kvēls piekritējs

apasionar *v* **1.** aizraut; apburt; **2.** modināt kaislību; uzbudināt; **3.** iegūt simpātijas; **4.** mocīt (*par slimību*); ~se *rfl* aizrauties, iedegties kaislē; būt kaislības pārņemtam; ~se por – aizrauties ar (*kaut ko*)

apatía *f* apātija; vienaldzība, pasivitāte, bezdarbība

apatusco *m sar.* rota, rotājums (*tērpam, sieviešu cepurēm u. tml.*)

apea *f* pineklis (*zirgam*)

apeadero *m* **1.** pakāpiens; kāpslis; **2.** *dzelzc.* pieturas vieta, pusstacija; **3.** pagaidu dzīvoklis

apear *v* **1.** palīdzēt nokāpt no zirga (izkāpt no ratiem); **2.** *sar.* atrunāt (*no kāda nodoma*); **3.** sapīt (*zirgam kājas*); **4.** *sar.* novērst (*grūtības*); **5.** mērīt (*zemi*); nospraust robežas; ~se *rfl* nokāpt (*no zirga*), izkāpt (*no ratiem, vagona*); ◇ ~se de su burro – atteikties no saviem uzskatiem; ~se de su jumento – atzīt savu kļūdu

apechugar *v* piespiest pie krūts, cieši apkampt; ◇ ~ con todo – samierināties ar visu

apedernalado *a* cietsirdīgs, akmensciets; corazón ~ – akmens sirds

apedreado *a* **1.** raibs; **2.** bakurētains

apedrear *v* **1.** apmētāt ar akmeņiem; **2.** birt krusai; **3.** *sar.* aizvainot ar asiem vārdiem

apegarse *v rfl* piekerties, just sevišķu simpātiju

apego *m* piekeršanās, simpātija; tener ~ a *sar.* – ļoti piekerties (*kādam*)

apelable *a jur.* pārsūdzams

apelación *f* **1.** *jur.* apelācija, pārsūdzēšana; interponer ~ – iesniegt apelāciju, pārsūdzēt; **2.** *sar.* izeja (*no sarežģīta stāvokļa*); no haber ~, no tener ~ – būt bezizejas stāvoklī; sin ~ – neglābjams

apelante, apelador *m jur.* apelants, pārsūdzētājs

apelar *v* **1.** *jur.* iesniegt apelāciju, pārsūdzēt; **2.** ~ (a) *sar.* – patverties, paglābties, meklēt glābiņu (*kur*); **3.** atsaukties uz kādu, kaut ko; ~ a otro medio – ķerties pie cita līdzekļa

apelativo *a*: nombre ~ *gram.* – sugas vārds

apelotonar *v* **1.** [sa]tīt kamolā; **2.** saspiest pikā (*sniegu u. c.*); **~se** *rfl* **1.** savelties (*par vilnu*); **2.** *mil.* sadalīties rotās

apellidar *v* **1.** nosaukt; **2.** saukt, aicināt; **3.** izsaukt (*klātesošo vārdus*); **4.** uzsaukt (*kādam, piem., uz ielas*)

apellido *m* **1.** uzvārds; **2.** nosaukums; del mismo ~ – ar vienādu vārdu, ar vienādu nosaukumu; **3.** iesauka, pievārds; **4.** *mil.* iesaukums; **5.** sauciens, kliedziens; **6.** rokasnauda

apenar *v* sagādāt ciešanas; sāpināt; nospiest, nomākt

apenas *adv* **1.** tikko; ar pūlēm; **2.** tiklīdz

apeo *m* **1.** nokāpšana (*no zirga*); izkāpšana (*no ratiem u. tml.*); **2.** zemes mērīšana; **3.** balsts, atbalsts (*piem., ēkai*)

aperador *m* **1.** ratnieks, ratu meistars; **2.** muižas pārvaldnieks; **3.** priekšstrādnieks; **4.** *kalnr.* uzraugs

apercibimiento *m* **1.** sagatavošanās; sagatavošana; iekārtošana, ierīkošana; **2.** brīdināšana; brīdinājums; atgādinājums; **3.** uzaicinājums, aicinājums

apercibir *v* **1.** [sa]gatavot; iekārtot, ierīkot; **2.** brīdināt, atgādināt; **~se** *rfl* **1.** (para) [sa]gatavoties; būt gatavam (*uz ko*); **2.** (de) apgādāties (*ar ko*); ~ con el despido – draudēt ar atlaišanu

apercollar *v sar.* **1.** sagrābt aiz rīkles; ņemt aiz apkakles; **2.** nogādāt pie malas; **3.** ievilkt, nočiept

aperitivo **I** *a* **1.** ēstgribu veicinošs; **2.** *med.* caurejas-; **II** *m* **1.** aperitīvs (*dzēriens*); **2.** ~s *pl med.* caurejas līdzeklis

aperlado *a* pērļu krāsas

apero *m* **1.** ~s *pl* zemkopības (amatniecības) darba rīki; ~s de la labranza – lauksaimniecības inventārs; **2.** laidars; aploks; aitu kūts; **3.** ~s *pl* darba lopi

aperreado *sar.* smags, grūts; vida ~ *a* – suņa dzīve

aperrear *v* **1.** rīdīt [suņus]; **2.** *sar.* novest izmisumā; nomocīt; uzbāzties; **~se** *rfl* nomocīties (*ar kaut ko*); nostrādāties

apersonado *a*: bien ~ – izskatīgs, stalts; reprezentabls; mal ~ – neizskatīgs

apersonarse *v rfl* ierasties personīgi (*tiesā*)

apertura *f* **1.** atvēršana, taisīšana vaļā; atdarināšana; **2.** (*sesijas u. tml.*) atklāšana; **3.** (*aizzīmogota dokumenta, testamenta*) svinīga atvēršana

apesadumbrarse *v rfl* noskumt, kļūt bēdīgam; uztraukt (*uztraukties*) ~ se por niñerías – uztraukties sīkumu dēļ; ~ con (de) la noticia – noskumt par ziņu

apest‖ar *v* **1.** inficēties (aplipt) ar mēri; **2.** piesmirdināt (samaitāt) gaisu; **~a** – šausmīgi smird; **3.** samaitāt; pavest

apestoso *a* **1.** smirdošs, smirdīgs; **2.** *sar.* pretīgs, riebīgs; neciešams; uzbāzīgs

apetecer *v* **1.** kārot, tīkot; vēlēties; **2.** patikt, būt (*kāda*) gaumē; būt pa prātam

apetecible *a* **1.** gards, garšīgs; ~ al gusto – gards, ar patīkamu garšu; **2.** pievilcīgs; kairs; iekārojams

apetencia *f* **1.** ēstgriba, apetīte; **2.** *pārn.* apetīte; [ie]kāre; vēlēšanās

apetite *m* **1.** apetīti rosinoša mērce, asa garšviela; **2.** stimuls, pamudinājums

apetito *m* **1.** ēstgriba, apetīte; abrir (despertar) el ~ – radīt apetīti; **2.** kāre; prasība (*pēc kā*); ~ concupiscible – kārība, miesas kāre; el ~ viene comiendo – apetīte rodas ēdot

apetitoso *a* **1.** apetīti veicinošs; garšīgs; manjar ~ – garšīgs ēdiens; poco ~ – negaršīgs; **2.** kārs, alkatīgs; **3.** aicinošs, vilinošs; kārdinošs

apiadar *v* pamodināt žēlumu (līdzcietību); aizkustināt; **~se** *rfl* apžēloties, iežēloties; just līdz

apicarado *a* šķelmīgs, blēdīgs; slīpēts, rūdīts

ápice *m* **1.** virsotne; en el ~ de la gloria – slavas virsotnē; galotne; gals; **2.** *gram.* ortogrāfiska zīme virs burtiem; **3.** nieks, sīkums; mazumiņš (*no kaut kā*); **4.** (*lietas*) būtība; ◇ no falta un ~ – nekā netrūkst; estar en los ~s de – pilnīgi saprast (*kaut ko*), būt lietas kursā (*par kaut ko*)

apiceo *a* ar asiem stūriem, asstūrains

apicultor *m* biškopis, dravnieks

apilar *v* sakraut citu uz cita; sakraut grēdās (kārtās)

apimpollarse *v rfl* [iz]plaukt; atvērties (*par pumpuriem*)

apiñado *a* čiekurveidīgs

apiñarse *v rfl* drūzmēties, [sa]blīvēties

apio *m bot.* selerija

apiolar *v* **1.** savalgot, sasiet kājas (*nobeigtam, nošautam u. tml. dzīvniekam*); **2.** *sar.* saņemt ciet, arestēt; **3.** *sar.* nogalināt; nosist

apiparse *v rfl sar.* **1.** piestampāties, pieēsties; pārēsties; **2.** piedzerties, ka vai plīst

apisonadora *f* ceļu veltnis

apisonar *v* [no]blietēt, nostampāt

apitonar *v* riesties, aizmesties; parādīties (*par pumpuriem; ragiem*); **~se** *rfl* **1.** celt traci, trokšņot; ķildoties; **2.** *sar.* apmētāties ar dzēlībām

aplacar *v* apklusināt; nomierināt; remdēt

aplanadera *f* stampa, bliete

aplanado *a* **1.** līdzens, lēzens; plakans; **2.** nostampāts; noblietēts

aplanar *v* **1.** nolīdzināt, nogludināt (*ceļu*); **2.** [no]stampāt, [no]blietēt; **3.** *pārn.* nospiest, nomākt; **~se** *rfl* justies nomāktam, zaudēt mundrumu

aplastamiento *m* saplacināšana; saspiešana

aplastar *v* **1.** pataisīt plakanu, saspiest plakanu, saplacināt; **2.** saspiest; samīt; **3.** saberzt; sadragāt; **4.** apspiest; likvidēt; ~ un levantamiento – apspiest sacelšanos; **5.** *sar.* satriekt, nomākt

aplatanarse *v rfl* (*kub.*) *sar.* iedzīvoties, pierast; palaisties slinkumā

aplaudir *v* **1.** aplaudēt; **2.** atzīt par labu; piekrist; **3.** slavēt, [uz]lielīt

aplauso *m* **1.** aplausi; tempestuosos y prolongados ~s – vētraini un ilgi aplausi; **2.** piekrišana; piebalsošana

aplazamiento *m*, **aplazada** *f* **1.** uzaicinājums ierasties (*tiesā u. tml.*); **2.** atlikšana; nolikšana (*uz citu laiku*); (*termiņa*) pagarināšana

aplazar *v* **1.** uzaicināt ierasties (*tiesā u. tml.*); **2.** atlikt; nolikt (*uz citu laiku*); noteikt (*laiku kaut kam*); pagarināt (*vekseli*)

aplicable *a* lietojams; derīgs; ◊ ser ~ – vērā ņemams

aplicación *f* **1.** lietošana, izlietošana; **2.** [apsēju] uzlikšana; pārsiešana; **3.** centība, uzcītība (*mācībās*); **4.** aplikācija

aplicad‖o *a* **1.** centīgs, uzcītīgs (*skolēns*); **2.** lietišķs; praktisks; lietojams; artes ~as – lietišķā māksla; ciencias ~as – praktiskās zinātnes

aplicar *v* **1.** uzlikt; pielikt; **2.** uztriept (*krāsu*); **3.** lietot; **4.** *jur.* uzlikt, piespriest (*sodu*); **5.** *pārn.* uzvelt, uzkraut (*vainu*); ◊ ~ el oído – uzmanīgi klausīties; **~se** *rfl* **1.** nodoties (*zinībām u. c.*); **2.** censties, pūlēties

aplique *m* butaforija

aplomado *a* **1.** svina krāsas-; **2.** svērtenisks, vertikāls; **3.** *sar.* smagnējs; tūļīgs, neveikls; grūti iekustināms; **4.** saprātīgs; nopietns; apdomīgs

aplomar *v* **1.** *jūrn.* mērīt (pārbaudīt) dziļumu (ar *svērteni*); **2.** *arhit.* izvietot pa vertikāli-; **3.** (*am.*) nostādīt neērtā stāvoklī, apmulsināt; **~se** *rfl* sagāzties, sabrukt

aplomo *m* **1.** pašpaļāvība, pašpārliecība; noteiktība; perder el ~ – sašļukt, zaudēt pašpaļāvību; **2.** *tehn.* svērtenis, lode

apocado *a* **1.** mazdūšīgs; bailīgs; **2.** zemisks; nekrietns

apocalíptico *a* **1.** apokaliptisks; **2.** noslēpumains, mīklains; **3.** šausmīgs

apocar *v* **1.** samazināt, pamazināt, pazemināt; **2.** sašaurināt, ierobežot; **3.** mazināt (*vērtību, nopelnus*); **4.** iebiedēt; laupīt drosmi

apodar v **1.** pārkristīt; dot palamu; **2.** zoboties, izsmiet

apoderado m pilnvarotais; prokūrists; constituir ~ – dot pilnvaru, pilnvarot

apoderar v pilnvarot; **~se** rfl **1.** (de) sagrābt savā varā (ko); **2.** savaldīties

apodo m palama, iesauka

apogeo m **1.** astr. apogejs; **2.** pārn. kalngals, kalngali; kulminācijas punkts

apolilladura f [kodes izēsts] caurumiņš

apolillar v saēst, izēst (par kodēm)

apología f apoloģija; aizstāvēšanas runa (raksts); hacer ~ de alguien – aizstāvēt (cildināt) kādu

apologista m apoloģēts; aizstāvis; goda aizstāvētājs

apólogo m līdzība, fabula

apoltronarse v rfl **1.** palaisties slinkumā; kļūt kūtram; **2.** kļūt nolaidīgam, nolaisties

apoplejía f med. apopleksija, trieka

aporcar v aprušināt, apraust; aprakt (ap koku, krūmu)

aporrar v pārn. sar. zaudēt valodu, kļūt mēmam (no apjukuma); **~se** rfl sar. kļūt uzbāzīgam, uzbāzties, apgrūtināt

aporreado a **1.** nožēlojams; nabadzīgs; **2.** sar. slīpēts, rūdīts

aporrear v dauzīt, slānīt; ~ el piano pārn. sar. – dauzīt klavieres

aportación f **1.** iemaksa; ieguldījums; paja; **2.** ieguldījums; tiesa, daļa (kopīgā pasākumā); hacer una ~ apreciable a la ciencia – dot vērtīgu ieguldījumu zinātnē

aportadero m **1.** [kuģa] piestātne; **2.** av. nosēšanās vieta; **3.** mil. desanta izcelšanas vieta

aportar v **1.** jūrn. pienākt, ieiet ostā; **2.** nonākt, nokļūt (kaut kur); **3.** ieguldīt, dot ieguldījumu (kaut kur); **4.** jur. piegādāt, dot (pierādījumus); **5.** sagādāt, izraisīt (nepatikšanas, prieku u. tml.)

aportillar v **1.** izcirst caurumu (robu) (sienā, mūrī); **2.** izlauzt, izsist; **~se** rfl sasprāgt, [sa]plaisāt (par mūri, sienu)

aposentador m viesnīcas (dzīvokļa) saimnieks

aposentar v **1.** dot pajumti; dot naktsmājas; **2.** izvietot (pa dzīvokļiem); **~se** rfl īrēt (dzīvokli); apmesties uz dzīvi

aposento m **1.** istaba, telpa; **2.** apartaments; **3.** iebraucamā vieta; viesnīca; **4.** teātr. loža

aposición f gram. pielikums

apósito m med. **1.** ārīgas zāles; **2.** (brūču) pārsējs, pārsējums; material de ~s – pārsienamais materiāls

aposta, apostadamente adv ar nodomu, tīšām

apostadero m **1.** jūrn. kuģu piestātne; **2.** mil. kara osta; **3.** [sarg]postenis

A **apost‖ar** *v* **1.** derēt, saderēt; ~ por – derēt uz...; ¿qué apostamos? – uz ko derēsim?; **2.** *mil.* nostādīt; uzstādīt (*posteņus*)

apostatar *v* **1.** *rel.* atkrist no ticības; izstāties no (*mūku*) ordeņa; **2.** pāriet no vienas partijas citā

apostemero *m* skalpelis

apostilla *f* **1.** piezīme malā (*grāmatā u. tml.*); **2.** izskaidrojums; paskaidrojums

apóstol *m* apustulis; sprediķotājs, sludinātājs; misionārs

apostolado *m* **1.** apustuļa pakāpe (amats); **2.** *sar.* augsts amats; **3.** gatavošanās kampaņa; **4.** (*kādas mācības*) propaganda

apostólicamente *adv* **1.** apustuliski, kā apustulis; **2.** *sar.* nabadzīgi, vienkārši

apostolizar pievērst katoļticībai

apostrofar *v* **1.** uzrunāt; **2.** uzkliegt, uzbrukt (*ar vārdiem*); **3.** *gram.* likt apostrofu

apostura *f* stāja; iznesība

apotegma *f* prātula, aforisms

apoyar *v* **1.** balstīt (*uz ko*); **2.** pamatot; ~ una opinión – pamatot (motivēt) kādu domu; apstiprināt; **3.** *daž. noz.* atbalstīt; aizbilst; aizstāvēt (*kādu uzskatu*); **4.** uzsvērt; ~ sobre una nota – izturēt (vilkt) kādu toni; ~ en – uzspiest; **~se** *rfl daž. noz.* balstīties, atbalstīties

apoyatura *f mūz.* priekšskanis

apoyo *m* **1.** balsts, atbalsts, balsta stabs; punto de ~ – atbalsta punkts; venir en ~ – nākt palīgā; **2.** pamatojums; motīvējums; **3.** *pārn.* atbalsts; **4.** atzveltne; **5.** *mil.* aizsegs

apreciable *a* **1.** vērtīgs, augstvērtīgs; **2.** cienījams; ievērības cienīgs; vērā ņemams; **3.** godājamais (*uzrunājot kādu vēstulē u. tml.*)

apreciación *f* **1.** novērtējums; vērtēšana; cenas noteikšana; **2.** domas, uzskats, ieskats

apreciador *m* novērtētājs; taksētājs

apreciar *v daž. noz.* [no]vērtēt; noteikt cenu (vērtību); notaksēt; ~ por ... – vērtēt pēc (*kā*); ~ en mucho – augstu vērtēt

aprecio *m* **1.** *sk.* **apreciación**; **2.** vērtība; **3.** cieņa, cienība; atzinība; sentir ~ por (hacia) alguien – just cienību pret kādu, cienīt kādu; gozar de ~ – baudīt cieņu (cienību); tener a uno en gran ~ – augsti vērtēt kādu

aprehender *v* **1.** [sa]tvert; notvert; **2.** apķīlāt; aizturēt; ~ los bienes *jur.* – uzlikt arestu īpašumam; **3.** uztvert, saprast

aprehensión *f* **1.** [sa]tveršana; notveršana; **2.** apķīlāšana; aizturēšana; **3.** uztvere

apremiador I *a* nomācošs; juridiski saistošs; **II** *m* apspiedējs

apremiante *a* neatliekams, steidzams; aktuāls; cuestión ~ – aktuāls jautājums

apremi‖ar *v* **1.** apspiest; nospiest;

nomākt; **2.** spiest; uzspiest, likt; piespiest; skubināt; ~ a uno – 1) uzmākties kādam; 2) censties kādu pārliecināt; **3.** *jur.* piedzīt (*tiesas ceļā*); ◊ el tiempo ~a – laiks negaida

apremio *m* **1.** spiediens (*uz kādu*); piespiešana; skubināšana; **2.** nospiestība; neveiklības sajūta; **3.** administratīvs rīkojums; (*nodokļu*) piedzīšana; **4.** soda nauda (*par nokavētu maksājumu*); ◊ por ~ del tiempo – laika trūkuma dēļ

aprender *v* **1.** mācīties, iemācīties; ~ de memoria – iemācīties no galvas; difícil de ~ – grūti iemācīties; ~ a leer – mācīties lasīt; tener que ~ – būt uzdotam [iemācīties]; **2.** uzzināt

aprendiz *m* **1.** māceklis; **2.** iesācējs, praktikants, stažieris

aprendizaje *m* mācību laiks; apmācību laiks

aprensión, aprehensión *f* **1.** bažas; šaubas; baidīšanās; **2.** nepareizs (maldīgs) priekšstats; tukša iedoma; ◊ tener poca ~ – būt neapdomīgam (vieglprātīgam)

aprensivo *a* bailīgs; [slimīgi] aizdomīgs, neuzticīgs

apresar *v* **1.** sakampt (*ar zobiem, ķetnām*); **2.** sagrābt; **3.** saņemt gūstā; **4.** ieslodzīt (*cietumā*)

aprestar *v* **1.** [sa]gatavot; [sa]rīkot; apgādāt (*ar ko*); **2.** apretēt; ~**se** *rfl* gatavoties (*veikt pasākumus*); sagatavoties (*kaut kam*)

apresto *m* **1.** sagatavošana; sarīkošana; **2.** apretūra

apresurado *a* steidzīgs

apresurar *v* **1.** [pa]steidzināt, mudināt, skubināt; ~ el paso – pielikt soli; **2.** paātrināt; veicināt

apretadera *f* aukla, saite; siksna (*aizsaitēšanai; savilkšanai*)

apretado *a* **1.** šaurs, ciešs; **2.** saspiests, blīvs (*par rokrakstu*): **3.** steidzams, neatliekams; **4.** *sar.* skops; ◊ estar muy ~ – atrasties ļoti spaidīgos apstākļos; būt lielās grūtībās; trance ~ – sarežģīts (smags) gadījums

apretar *v* **1.** saspiest [kopā]; sapresēt; ~ los puños – sažņaugt dūres; ~ los dientes – sakost zobus; griezt zobus; **2.** [ciešāk] piegriezt (*skrūvi*); **3.** savilkt (*auklu*); ~ el nudo – savilkt mezglu; **4.** *pārn.* piespiest pie sienas; iedzīt strupceļā; piespiest (*ko darīt*); **5.** *pārn.* radīt bažas, darīt raizes; ~ a uno – nedot mieru kādam; uzplīties kādam; **6.** steidzināt, paātrināt; ~ el paso – pielikt soli; **7.** kļūt spiedīgam (*par karstumu*); ◊ ~ a correr – aizmukt; saber donde aprieta el zapato – zināt, kur spiež kurpe; zināt (*kāda*) vājo vietu; **8.** spiest (*par apģērbu, apaviem*)

apretón *m* **1.** *daž. noz.* spiediens; ~ de manos – rokas spiediens; **2.** ātrs un īss skrējiens; rikši; **3.** *sar.* spiešanās, drūzmēšanās, spaidīšanās; **4.** *sar.* sadursme; **5.** *sar.* prasība, vajadzība (*pēc defekācijas*)

apretujar *v* **1.** spiesties [virsū]; **2.** mākties (plīties) virsū

apretura *f* **1.** spaidīšanās, drūzmēšanās; **2.** šaura telpa; šaurums; **3.** *sk.* **aprieto 2.**

aprieto *m* **1.** *sk.* **apretura 1.**; **2.** spaidīgi apstākļi; lielas grūtības; **3.** *sar.* sprukas

aprisa *adv* ātri, žigli, mudīgi; ¡~! – žigli!

aprisco *m* aploks; laidars; aitu kūts

aprisionar *v* **1.** arestēt, ielikt cietumā; **2.** saņemt gūstā; **3.** *poēt.* [sa]valdzināt, apburt

aprobación *f* **1.** atzīšana, piekrišana; dar su ~ – dot savu piekrišanu, atļaut; **2.** aprobācija

aprobado *a* **1.** izturējis pārbaudi, atzīts, pieņemts; **2.** nolicis eksāmenu; **3.** apmierinoši (*atzīme eksāmenā*)

aprobar *v* **1.** piekrist, dot savu piekrišanu; atļaut; ~ con la cabeza – pamāt ar galvu; **2.** atzīt par labu; aprobēt; eksamenēt, pieņemt eksāmenu, sankcionēt; ~ una ley – pieņemt likumu

aprobativo, aprobatorio *a* atzinīgs

aprontar *v* **1.** ātri padarīt, sagatavot; **2.** iemaksāt nekavējoties; *arī* avansēt

apropiación *f* piesavināšanās

apropiado *a* derīgs, piemērots; pienācīgs, atbilstošs

apropiar *v* **1.** piemērot, pielāgot; **2.** piešķirt; **~se** *rfl* piesavināties

aprosado *a* prozaisks

aprovechable *a* derīgs; izmantojams; lietojams

aprovechado *a* **1.** progresīvs; **2.** sekmīgs (*skolēns*); **3.** atjautīgs; **4.** *sar.* veikls, izveicīgs; **5.** saimniecisks; ekonomisks

aprovech‖ar *v* **1.** izlietot, lietot; izmantot; ~ la ocasión – izmantot gadījumu; **2.** noderēt; līdzēt; **3.** gūt sekmes; tikt uz priekšu; **4.** gūt labumu; ◊ ¡qué ~ e! – prozit!, uz veselību!; labu apetīti!; **~se** *rfl* (de) izmantot [savā labā] (*ko*)

aproximadamente *adv* aptuveni, apmēram

aproximar *v* piebīdīt [tuvāk]; tuvināt; **~se** *rfl* **1.** tuvoties; **2.** tuvināties; piekļūt

aptitud *f* **1.** spējas; dotības; ~ para el trabajo – darba spējas; ~ para las lenguas – dotības uz valodām; ~ para las ciencias – dotības uz zinātnēm; **2.** [no]derīgums, piemērotība

apto *a* **1.** spējīgs; apdāvināts; ~ para todo – spējīgs uz visu; **2.** derīgs, piemērots; ~ para el servicio militar – derīgs karadienestam; ser ~ para – būt piemērotam, noderēt (*kam*); ~ para el trabajo – dar-

baspējīgs; ~ para el servicio militar – derīgs karadienestam
apuesta *f* derības
apuesto *a* stalts; iznesīgs; izskatīgs; piemērots
apuntado *a* smails, ass; ◊ ~ de cordón (*kub.*) – vājš degvīns
apuntador *m* **1.** *teātr.* suflieris; režisora palīgs; **2.** *mil.* tēmētājs
apuntalar *v* atbalstīt (*žogu u. tml.*)
apuntamiento *m* **1.** tēmēšana, mērķēšana; **2.** piezīme, atzīme; **3.** izraksts (*no dokumenta*); izvilkums; **4.** *teātr.* suflēšana
apuntar *v* **1.** notēmēt, nomērķēt; **2.** norādīt (*uz ko*); dot mājienu; likt saprast; **3.** uzmest (*galvenajos vilcienos*); piezīmēt, atzīmēt; pierakstīt; **4.** [viegli] piespraust; piediegt; **5.** lāpīt; **6.** [pa]teikt priekšā (*skolēnam*); **7.** taisīt izrakstu (*no dokumenta*); **8.** *teātr.* suflēt; **9.** *pārn.* iznirt, uzpeldēt; **10.** asināt; **11.** sākties (*par dienu*); ◊ ~ y no dar – apsolīt, bet neizpildīt; **~se** *rfl* **1.** pierakstīties (*kur*); **2.** ieskābt, saskābt (*par vīnu*); **3.** *sar.* apskurbt, apreibt
apunte, apuntamiento, apunto *m* **1.** (*rakstveida*) piezīme, atzīme; **2.** *teātr.* replika (*sufliera*); **3.** *glezn.* skice, uzmetums; **4.** ~s *pl* piezīmes; memuāri; ~s de viaje – ceļojuma piezīmes
apuñar *v* **1.** sagrābt (saspiest) dūrē; **2.** sist ar dūrēm

apurad∥o *a* **1.** *arī pārn.* tukšs; izsmelts; **2.** apjucis, samulsis; **3.** smags, grūts (*stāvoklis*); situación ~a – sarežģīta situācija; **4.** trūcīgs, nabadzīgs; ~ de medios – bez līdzekļiem; **5.** (*am.*) steidzīgs
apurar *v* **1.** attīrīt; iztīrīt; **2.** *arī pārn.* iztukšot; izsmelt, ~ la paciencia – izvest no pacietības; **3.** izdibināt; noskaidrot; **4.** [pa]steidzināt, skubināt; novest līdz pilnībai; ◊ ~ los goces de la vida – izbaudīt dzīvi [līdz galam]; **~se** *rfl* **1.** skumt, bēdāties; no hay que ~se – nav ko raizēties, nav ko ņemt pie sirds; **2.** (*am.*) [pa]steigties
apuro *m* **1.** posts; trūkums, nabadzība; **2.** bēdas; raizes; **3.** nepatīkams stāvoklis, grūtības; ķeza; **4.** ~s *pl* likstas; ķeza; salir con ~s – izkļūt no ķezas; poner en un ~ – iegrūst ķezā, novest sarežģītā stāvoklī; **5.** *sar.* steiga
aquejar *v* **1.** mocīt (*par sāpēm*); **2.** nomākt
aquel (*pl* aquellos) *pron dem* (*lieto kopā ar lietv.*) tas; ◊ tener mucho ~ ~ – būt ļoti pievilcīgam
aquél (*pl* aquéllos) *pron dem* tas; ese papel no es como ~ – šis papīrs nav tāds kā tas
aquella (*pl* aquellas) *pron dem* (*lieto kopā ar lietv.*) tā
aquélla (*pl* aquéllas) *pron dem* tā; esta revista es tuya y ~ es de José

– šis žurnāls ir tavs, bet tas pieder Hosē

aquello *pron dem* tas

aquese, aqueste *pron poēt. sk.* **ese, este**

aquí *adv* **1.** te, šeit; šurp; ~ luego – šeit blakus; ~ mismo – 1) šeit pat; 2) uz vietas; ~ estoy – te es esmu; por ~ – te, šurp; **2.** tagad; de ~ en adelante – turpmāk; no šīs dienas sākot; ¡he ~! – paskaties!; de ~ se puede deducir – no tā var spriest; hasta ~ – līdz šim

aquiescencia *f* piekrišana

aquietar *v* nomierināt

aquilatar *v* **1.** pārbaudīt, noteikt īstumu (*zeltam, dārgakmeņiem*); **2.** novērtēt, atzīt (*nopelnus u. c.*)

aquilón *m* ziemeļvējš, ziemeļi

aquistador *m* iekarotājs, konkistadors

ara *f* altāris; ziedoklis; ◊ acogerse a las ~s – atrast patvērumu, patverties

árabe I *a* **1.** arābu-; **2.** Arābijas-; **II** *m* **1.** arābs; arābiete; **2.** arābu valoda

arabesco I *a* arābu-; **II** *m* ~s *pl* arabeskas

arábico, arábigo I *a* **1.** arābu-; números arábigos – arābu cipari; **2.** Arābijas-; **II** *m* arābu valoda

arada *f* **1.** aršana, uzaršana; **2.** aramzeme

arado *m* arkls; ~ de madera – spīļarkls; ~ quitanieve – sniega tīrāmā mašīna

aragonés I *a* Aragonijas-; aragonisks; **II** *m* aragonietis; aragoniešu dialekts

arana *f* meli; mānīšanās

arancel *m* **1.** tarifs, takse; **2.** cenrādis, nodeva

arancelario *a* tarifa-; tarificēts; derechos ~s – muitas nodevas, muita

arándano *m* mellene (*stāds un oga*); ~ encarnado – brūklene

arandela *f* **1.** sveču šķīvītis; **2.** sienas svečturis; **3.** *tehn.* paplāksne, disks

araña *f* **1.** zirneklis; tela de ~ – zirnekļtīkls; ~ de mar – krabis; **2.** lustra, kroņlukturis; **4.** *sar.* mantkārīgs cilvēks, skopulis; iznirelis; **5.** [ielas] staigule, prostitūta

arañando *adv.* ar grūtībām

arañar *v* **1.** saskrāpēt; skrāpēt, kasīt; **2.** užšņāpt (*uz papīra*); **3.** *sar.* [sa]raust (*mantu u. tml.*)

arar *v* art, uzart; ◊ no venir de ~ – nebūt uz mutes kritušam

aráquida *f,* **araquis** *m* arahiss

arbitrable *a* patvaļīgs

arbitraje *m* arbitrāža, šķīrējtiesa; ~ internacional – starptautiskā šķīrējtiesa

arbitral *a* arbitrāžas-, šķīrējtiesas-; sentencia ~ – arbitrāžas (šķīrējtiesas) lēmums

arbitrar *v* **1.** rīkoties patvaļīgi (pēc saviem ieskatiem); **2.** *jur.* izšķirt (lemt) arbitrāžā; **3.** aplikt ar nodokli; ~ medios – piešķirt līdzekļus

arbitrariedad *f* patvaļa
arbitrario *a* patvaļīgs, patvarīgs
arbitrio *m* 1. vaļa, [gribas] brīvība; 2. ieskats, atzinums; 3. līdzeklis, izeja (*no kāda stāvokļa*); 4. arbitrāžas (šķīrējtiesas) lēmums; 5. ~s *pl* nodokļi; ◊ de su libre ~ – pēc viņa ieskatiem, pēc viņa vēlēšanās
árbitro I *a* neierobežots, brīvs, neatkarīgs; II *m* 1. arbitrs, šķīrējtiesnesis; šķīrējtiesas komisijas loceklis; 2. neierobežots valdnieks, kungs; 3. *fizk.* tiesnesis
árbol *m* 1. koks; ~ de Año Nuevo – Jaungada egle; ~ de Navidad – Ziemassvētku eglīte; ~ frutal – augļu koks; ~ conífero – skujkoks; 2. *tehn.* vārpsta; 3. *jūrn.* masts; ~ maestro (mayor) – grotmasts; ◊ ~ genealógico – ciltskoks; ~ marino – korallis
arbolado I *a* kokiem bagāts; ar kokiem apstādīts; II *m* apstādījumi
arbolar *v* 1. uzstādīt; uzvilkt, pacelt (*karogu, vimpeli*); 2. *jūrn.* uzstādīt mastus (*kuģim*)
arboleda *f* 1. koku aleja; 2. apstādījumi; birze
arbóreo *a* 1. koka-; koku-, 2. kokveidīgs, kokveida-
arboricultura *f* mežkopība, mežsaimniecība
arbusto *m* krūms; cers; ~s *pl* krūmājs

arca *f* 1. šķirsts, tīne; kaste; 2. šķirstiņš, kastīte (*dārglietām*); 3. naudas skapis; 4. *anat.* paslēpenes (*dzīvniekiem*); 5.: ~ de agua – ūdenstornis; ◊ es una ~ cerrada – viņš ir kā aizvērta grāmata
arcabucero *m* 1. musketieris; 2. ieroču meistars, kas darina arkebūzas (musketes)
arcada *f* 1. *arhit.* arkāde; kolonnu eja; 2. (*tilta*) posms; 3. *med.* nelabuma sajūta; atraugāšanās; rīstīšanās (*pirms vemšanas*)
arcángel *m bazn.* erceņģelis
arcano I *a* apslēpts; slepens; II *m* 1. noslēpums; 2. *sar.* sevī noslēdzies cilvēks
arce *m* kļava
arcilla *f* māls; ~ figulina – podnieku māli
arcipreste *m bazn.* protoprezbiters, virsmācītājs
arco *m* 1. *daž. noz.* loks; ~ de violín *mūz.* – vijoles lociņš; ~ iris – varavīksne; ~ voltáico *el.* – volta loks; ~ de circulo – riņķa loks; 2. *arhit.* arka; velve, sprieslis; ~ triumfal – triumfa arka; ◊ ~ de iglesia – grūti izdarāma lieta
arctocéfalo *m* jūras lauva
archimandrita *m bazn.* arhimandrīts
archimillonario *m* multimiljonārs
archín *m* aršīna
archipiélago *m* arhipelāgs
archivo *m* 1. arhīvs; 2. kartotēka
ardasa *f* persiešu zīds

ardentía *f* **1.** karstums; svelme; **2.** karstumi (*slimniekam*); **3.** *pārn.* kvēle, kaisme, degsme; **4.** jūras spīdēšana

arder *v* **1.** degt, liesmot; **2.** (de, en) *pārn.* degt, kaist (*mīlestībā u. tml.*); kvēlot [kā ugunī] (*par slimnieku*); ~ de ira – kaist dusmās; ~ incompleta (lentamente) – gruzdēt; gailēt; plēnēt

ardid *m* **1.** viltība; ļaunprātība; usar de ~es – blēdīties; **2.** [veikls] paņēmiens; triks

ardiente *a* arī *pārn.* dedzinošs, karsts; ugunīgs; deseo ~ – karsta vēlēšanās; sol ~ – dedzinoša saule

ardilla *f* vāvere; más ligero que una ~ – veikls kā vāvere

ardimiento *m* **1.** degšana; **2.** drošsirdība, drosme

ardor *m* **1.** karstums; tveice; svelme; ~ del sol – saules tveice; **2.** *pārn.* karstums; dedzība; en el ~ de la batalla – cīņas karstumā; el ~ del verano – vasaras tveice

ardoroso *a* **1.** kvēlojošs; svelmains; **2.** *pārn.* dedzīgs; straujš; kvēls; **3.** drosmīgs; pārdrošs

ardu‖o *a* ļoti grūts, smags; cuestión ~a – grūts jautājums

área *f* **1.** laukums; platība; ~ de siembra – sējas platība; **2.** ārs (*zemes mērs*)

arena *f* **1.** smiltis; ~ aurífera – zelta smiltis; ~ movediza – plūstošās smiltis; reloj de ~ – smilšu pulkstenis; edificar sobre (fundar en) ~ – celt smilšu pilis; **2.** arēna; cīņas laukums; ◇ sembrar en ~ – veltīgi pūlēties

arenería *f* smilšu karjers

arenga *f* **1.** [svinīga] runa (uzruna); **2.** gara (garlaicīga) spriedelēšana

arengar *v* **1.** apsveikt ar runu; uzstāties ar runu; **2.** *sar.* nostrostēt

arenilla *f* **1.** smalkas smiltis; **2.** ~s *pl med.* smiltis (*nierēs, urīnpūslī*)

arenoso *a* smilšains

arenque *m* siļķe; ~ ahumado (curado, seco) – žāvēta siļķe

arete *m* **1.** gredzentiņš; **2.** auskars

argamasa *f* java; kaļķu java

árgana *f*, **árgano** *m* **1.** *tehn.* tītava; vinča; **2.** ~s *pl* kravas grozi (*nastu nesējiem dzīvniekiem*)

argavieso *m* negaiss

argayo *m* noslīdenis, nogruvums; ~ de nieve – sniega lavīna

argelino I *a* alžīriešu-; Alžīrijas-; II *m* alžīrietis

argentar *v* **1.** apsudrabot; **2.** izrotāt ar sudrabu

argénteo *a* **1.** sudraba-; **2.** apsudrabots; **3.** ar sudrabu izrotāts

argentino[a] *a* **1.** *sk.* argénteo; **2.** sudrabains (*par skaņu u. tml.*)

argentino[b] I *a* argentīniešu-; Argentīnas-; II *m* argentīnietis

argento *m* *poēt.* sudrabs; ~ vivo – dzīvsudrabs

argolla *f* **1.** (*masīvs*) metāla riņķis; ~ de puerta – durvju riņķis;

2. krokets (*spēle*); jugar al ~ – spēlēt kroketu

argos *m* **1.** *mit.* arguss; **2.** *pārn.* modrs sargs

argot *m* žargons

argucia *f* viltība, viltus; viltīgs paņēmiens; ~ militar – kara viltība

argüir *v* **1.** strīdēties; **2.** secināt; spriest; **3.** argumentēt; pierādīt; **4.** apsūdzēt

argumentar *v* **1.** secināt; spriest; **2.** minēt argumentus

argumento *m* **1.** arguments; secinājums; atzinums; **2.** [īss] satura atstāstījums; **3.** temats; tēma; sižets; **4.** (*filmas*) scenārijs

aria *f mūz.* **1.** ārija; **2.** dziesma; kupleja; ~ parlante – rečitatīvs

aridez *f* (*pl* arideces) **1.** sausums; **2.** *pārn.* sausums, garlaicīgums; garlaicība

árido I *a* **1.** sauss (*par klimatu*); izkaltis, neauglīgs (*par zemi*); **2.** *pārn.* sauss, garlaicīgs; **3.** neatsaucīgs; bezjūtīgs; **II** *m* ~ s *pl* žāvēti augļi

Aríes *m. astr.* Auna zvaigznājs

arijo *a* irdens (*par zemi*)

ario I *a* āriešu-; ārisks; **II** *m* ārietis

arisco *a* **1.** nesabiedrisks; nelaipns, sabozies (*cilvēks*); skarbs (*raksturs*); **2.** nevaldāms, nesavaldāms (*par dzīvnieku*)

arista *f* **1.** *bot.* akots; **2.** (*kaņepāju, linu*) spaļi; **3.** šķautne, mala; de ~s vivas – ar asām malām; šķautnains; **4.** mala, apmale (*audumam*)

aristócrata *m, f* aristokrāts, -e

aritmética *f* aritmētika

arlequín *m* **1.** arlekīns; **2.** *sar.* nerrs, jokupēteris

arma *f* **1.** ierocis; ~ blanca – aukstais ierocis; **2.** ~s *pl* ieroči, bruņojums; licencia de ~s, uso de ~s – ieroču atļauja; tomar las ~s – ķerties pie ieročiem, pasar por las ~s – nošaut; alzarse en ~s – sacelties; **3.** ~s *pl pārn.* līdzekļi; **4.** ~s *pl* armija, karaspēks; bruņotie spēki, kauju varoņdarbi; **5.** ~s *pl* ģerbonis; las ~s de la ciudad – pilsētas ģerbonis

armada *f* **1.** flote; la Armada – kara flote (*Spānijā*); **2.** eskadra; **3.** dzinēji (*medībās*)

armadía *f* plosts

armadijo *m* **1.** cilpa (*medībās*); **2.** lamatas; slazds

armadillo *m zool.* bruņnesis

armador *m* **1.** *jūrn.* rēderis; kuģu īpašnieks; **2.** armatūras izgatavotājs; **3.** korsārs; **4.** (*am.*) veste; (*zem uzvalka pavelkama*) jaka

armadura *f* **1.** bruņojums; bruņas; **2.** *tehn.* armatūra; **3.** karkass; **4.** skelets (*dzīvniekiem*); **5.** *jūrn.* branga

armamentario *m* arsenāls, ieroču noliktava

armamento *m* **1.** bruņošanās; carrera de ~s – bruņošanās drudzis;

2. [ap]bruņojums; amunīcija; **3.** (*kuģa*) takelāža

armar *v* **1.** [ap]bruņot; ~ el fusil – pielādēt ieroci; **2.** izlikt (*cilpas*); **3.** uzklāt (*galdu*); **4.** [sa]montēt; uzstādīt (*mašīnu*); **5.** uzsākt (*strīdu*); ~ escándalo – sacelt traci; **6.** *sar.* organizēt, sarīkot (*saviesīgu vakaru u. tml.*); **~se** *rfl* **1.** *arī pārn.* [ap]bruņoties; **2.** tuvoties (*par negaisu*); **3.** (*am.*) ietiepties, kļūt stūrgalvīgam (*par dzīvnieku*); izcelties (*par strīdu*); ◊ **~se** de valor – saņemt dūšu

armario *m* skapis; ~ de luna – spoguļskapis, skapis ar spoguli; ~ de acero – seifs

armat[r]oste *m* **1.** masīva mēbele; **2.** *sar.* lempis

armazón *f* **1.** karkass; **2.** spāres; **3.** montēšana, montāža

armenio **I** *a* armēņu-; Armēnijas-; **II** *m* **1.** armēnis; **2.** armēņu valoda

armería *f* **1.** *mil.* arsenāls; **2.** ieroču darbnīca; **3.** ieroču veikals; **4.** heraldika

armiño *m* **1.** sermulis; **2.** sermuļāda

armisticio *m* pamiers; firmar el acta de ~ – noslēgt pamieru

armonía *f daž. noz.* harmonija; vivir en buena ~ – dzīvot saticībā; falta de ~ – disharmonija; ~ de sonidos – skaņu harmonija

armónico *a* harmonisks

armónio *m mūz.* harmonijs

armonioso *a arī pārn.* harmonisks, saskaņīgs

armonizar *v* **1.** *mūz.* harmonizēt; **2.** saskaņot; **3.** harmonēt

armuelle *m bot.* balanda, balodene

arnés *m* **1.** *vēst.* bruņas; **2.** ~es *pl* zirglietas; jājampiederumi

aro *m* **1.** stīpa; [riteņa] loks; **2.** (*am.*) auskars; ◊ entrar por el ~ – padoties, pakļauties

aroma **I** *m* **1.** smarža, aromāts; **2.** [vīna] buķete; **II** *f* akācijas zieds; ~ blanca – baltā akācija

aromo *m bot.* dzeltenā akācija

arpa *f mūz.* arfa

arpado[a] *a* izrobots, robains

arpado[b] *a* līdzīgs arfas skaņām, skanīgs (*par putna dziedāšanu*)

arpar 1) skrāpēt, saskrāpēt; 2) raut

arpía *f* **1.** *mit.* harpija; **2.** ragana (*neglīta, nejauka sieviete*)

arpillera *f* rupjš audekls, maisa drēbe

arpista *m, f* arfists, -e, arfas spēlētājs, -a

arpón *m* harpūna; žebērklis

arqueo[a] *m* izliekšana (saliekšana) lokā

arqueo[b] *m* **1.** (*kuģa*) tonnāžas [iz]mērīšana; **2.** (*kuģa*) tilpība (tonnāža)

arqueo[c] *m* **1.** kases pārbaudīšana; revīzija; **2.** inventāra uzņemšana

arqueología *f* arheoloģija

arquetipo *m* prototips, pirmtēls

arquitectura *f* arhitektūra

arrabal *m* priekšpilsēta; ~es *pl* ārpilsēta, pilsētas apkaime; ◇ contar una cosa con linderos y ~es – stāstīt kaut ko gari *un* plaši

arracada *f* (*gari*) auskari

arraigado *a* **1.** iesakņojies; **2.** *pārn.* [dziļi] iesakņojies; iesīkstējis; nocietinājies; **3.** uz vietas (vienā vietā) dzīvojošs

arraigar *v* iesakņoties, laist saknes; **~se** *rfl* iesakņoties; iedzīvoties; ~se en un lugar – apmesties uz dzīvi kādā vietā

arraigo *m* **1.** *arī pārn.* iesakņošanās; persona de ~ – vecs (ilggadējs) iedzīvotājs; hombre de ~ – turīgs cilvēks; **2.** zemes gabals, gruntsgabals; **3.** derīga zeme, derīgie zemes gabali

arramblar *v* **1.** aizsērēt, pienest ar smiltīm (*piem., upi*); **2.** *pārn.* aiznest (aizraut) [sev] līdz; ◇ ~ con todo – laist visu pāri galvai, ignorēt visu

arrancadero *m* starta vieta, starts; línea de ~ – starta līnija

arrancado *a* **1.** nogājies; pagrimis; **2.** nobružāts, noplucis

arrancar *v* **1.** raut, plēst; plosīt; ~ con los dientes – izraut ar zobiem, izkost; **2.** izplūkt; izvilkt; izraut (*piem., zobu*); ~ un clavo – izraut naglu; **3.** atņemt (*ar varu, spēku*); izspiest (*ar varu, draudiem*); ~ el consentimiento – izdabūt atļauju (piekrišanu); ~ lágrimas – izspiest asaras; **4.** atkrēpot, izkraukāt; **5.** atraut (*no darba u. tml.*); **6.** startēt; ~ de pronto – iekustēties, sākt kustēties; izrauties; **7.** sākt darboties (*par motoru, mašīnu*); **8.** izbraukt, aizbraukt; iesākties

arranchar *v* **1.** *jūrn.* pabraukt tuvu garām (*gar krastu*); **2.** *jūrn.* pievilkt ciešāk buru; **3.** (*am.*) *pārn.* nocelt [no deguna], atņemt; **~se** *rfl* **1.** *mil.* apmesties nometnē; **2.** (*am.*) ierīkot rančo

arranque *m* **1.** izraušana (izvilkšana) ar sakni; **2.** izraušana; atņemšana (*ar spēku*); **3.** *pārn.* iekustēšanās; iesākšana; sākums; **4.** iedarbināšana, palaišana (*mašīnas u. tml.*) **5.** starteris; iedarbinātājs (*motoram*); **6.** starts; **7.** ātrs slēdziens; no servir ni para el ~ – būt nekam nederīgam

arranquera *f* (*kub.*) liela nabadzība; naudas bads

arrapiezo *m* **1.** skrandas, lanckari; **2.** *sar.* nerātnis, zeperis

arras *f pl* rokasnauda; drošības nauda, iemaksa (*tirdzniecībā*); vīra dāvana sievai (*juridiski noslēdzot laulības*)

arrasar *v* **1.** nopostīt (*cietoksni*); **2.** nolīdzināt (*virsmu*); **3.** piepildīt līdz malām (*trauku*); **~se** *rfl* noskaidroties (*par debesīm, par laiku*); ◇ ~se en lágrimas – izplūst asarās

arrastrad∥o I *a* **1.** trūcīgs, nabadzīgs; bēdīgs, nožēlojams; vida

~a – nožēlojama (trūcīga) dzīve; 2. *sar.* palaidnīgs, izlaidīgs; kaunu pazaudējis; mujer ~a – palaidnīga sieviete, prostitūta; **II** *m.* **1.** *sar.* palaidnis; **2.** *pārn.* [pie]līdējs

arrastrar *v* **1.** vilkt pa zemi, vazāt; ~ apenas los pies – tik tikko vilkt kājas; **2.** iesūkt (*malku tējas*); ievilkt (*dūmu*); **3.** aizraut [sev] līdzi; **4.** *pārn.* pārvilkt savā pusē, dabūt savā puse; **5.** līst; **6.** izspēlēt trumpi; ~ a la tierra – pieskalot pie krasta; ~**se** *rfl* **1.** līst; šļūkt; rāpus lavīties; **2.** vilkties, vazāties; **3.** *pārn.* pielīst

arrastre *m* **1.** aizvilkšana, *tauromahijā – (vērša aizvilkšana no koridas laukuma);* vilkšana prom; vilkšanās, vazāšanās; **2.** koku izvešana (*no meža*); pievede, treilēšana; **3.** trumpja izspēlēšana (*kāršu spēlē*); **4.** (*cukurniedru ražas*) novākšana; ◇ estar para el ~ – būt nekur nederīgam

arratonado *a* peļu sagrauzts

arrayán *m bot.* mirte

¡arre! *interj* nu! (*nastu nesēju dzīvnieku mudinot*); ◇ ¡~ allá! – vācies prom!

arreada *f* (*am.*) lopu zagšana

arreado *a* (*am.*) smagnējs, tūļīgs; flegmatisks

arrear *v* **1.** dzīt, skubināt (*nastu nesēju – dzīvnieku*); **2.** (*am.*) zagt lopus; aizdzīt no ganībām; ◇ ~ demasiado – pārspīlēt; ¡arrea! – 1) ātrāk!; kusties!; 2) taisies, ka tiec!

arrebañar *v* rūpīgi uzlasīt (salasīt) (*kaut ko*); **2.** uzlasīt visas ēdiena paliekas, apēst visu

arrebatadizo *a* pārsteidzīgs; neapdomīgs; impulsīvs

arrebatado *a* **1.** straujš, karstas dabas-; nesavaldīgs; nevaldāms; **2.** kvēlojošs (*par seju*); ◇ hombre ~ – karstgalvis

arrebatador I *a* aizraujošs; brīnišķīgs; **II** *m* nolaupītājs; laupītājs

arrebatamiento *m* **1.** nolaupīšana; aizvešana ar varu; **2.** nesavaldīgums; straujums; dedzība; dedzīgums; **3.** aizraušanās; sajūsma; ekstāze

arrebatar *v* **1.** nolaupīt; atņemt ar varu; ~ de las manos – izraut no rokām; ~ la vida – nogalināt, atņemt (laupīt) dzīvību; **2.** aizraut, savaldzināt; apburt; **3.** (*am.*) *sk.* **atropellar**; ~**se** *rfl* **1.** zaudēt savaldīšanos; iekarst, iekaist (*dusmās*); **2.** nonākt sajūsmā, sajūsmināties; aizrauties; ~ la pelota – atsist bumbu no pretinieka; **3.** piedegt (*par ēdienu*); **4.** izkalst (*par sējumiem*)

arrebatina *f* kautiņš, plūkšanās; andar a la ~ – kauties, plūkties (*kaut kā dēļ*)

arrebato *m* **1.** saviļņojums; (*jūtu*) uzplūdums; afekts; uzbudinājums; en un ~ de sinceridad – vaļsirdības uzplūdumā; ~ de ira – dusmu uzliesmojums; **2.** aizrautība, sajūsma

arrebol *m* **1.** sārtums (*mākoņos*); **2.** sarkanais smiņķis; **3.** ~es *pl* rīta (vakara) blāzma

arrebolar *v* krāsot sarkanu (sarkanā krāsā); sārtot

arrebujadamente *adv* neskaidri, nenoteikti; nekārtīgi

arrebujar *v* [sa]burzīt, [sa]gumzīt; ~se *rfl* ietīties, satīties, satuntuļoties; silti apsegties

arreciar *v* kļūt stiprākam, pieņemties (*par vēju, drudzi*)

arrecido *a* [no aukstuma] sastindzis

arrecife *m* **1.** šoseja; bruģēts ceļš; **2.** rifs, zemūdens klints

arrechucho *m sar.* **1.** pēkšņa iegriba; **2.** dusmu uzliesmojums; **3.** (*pārejoša, īslaicīga*) lēkme

arredro *adv* **1.** aizmugurē; iepakaļ; **2.** atpakaļ

arregazado *a* uzrauts, sarauts uz augšu

arreglado *a* **1.** kārtīgs; akurāts; **2.** nokārtots; noregulēts; esto está ya ~ – tas jau ir nokārtots; **3.** grezns (*tērps*); ◊ precio ~ – mērena cena

arreglar *v* **1.** regulēt, kārtot; **2.** nokārtot, samaksāt (*rēķinu*); **3.** ierīkot; **4.** izlabot; pāršūt (*kleitu u. tml.*); **5.** noregulēt; pārbaudīt (*mašīnu u. tml.*); ◊ ~ cuentas – norēķināties; ~ la maleta – kārtot čemodānu; ~ un asunto – nokārtot lietu; ~ el precio – noteikt cenu; ~ su vida – nokārtot savu dzīvi; ~se *rfl* **1.** noregulēties, nokārtoties; **2.** ~se con alguien – vienoties ar kādu; ◊ ~se a lo suyo – dzīvot pēc savām iespējām; ~se como se puede – ierīkoties cik iespējams ērtāk; ~selas – atrast izeju no sarežģīta stāvokļa; saber arreglarse – prast ģērbties; arreglarse a la razón – sekot saprāta balsij

arreglo *m* **1.** likums; noteikums; kārtība; **2.** vienošanās; nolīgums; **3.** kompromiss; **4.** ~ [de cuentas] – [rēķinu] nokārtošana; con ~ a – pēc; saskaņā ar; atbilstoši (*kam*); ◊ vivir con ~ – būt savai iztikai; llegar a un ~ – panākt vienošanos

arregostarse *v rfl* **1.** jūsmot, sajūsmināties (*par ko*); **2.** (a) rast patiku (*pie kā*), būt patikai (*uz ko*)

arrejacar *v lauks.* ecēt

arrellanarse *v rfl* **1.** ērti atlaisties, ērti iesēsties (*krēslā, dīvānā*); **2.** iejusties (*sava stāvoklī u. tml.*)

arremangar *v* uzrotīt (*piedurknes*); sacelt augstāk (*kleitu, priekšautu*); ~se *rfl* saņemties, sadūšoties; nolemt

arremetedero *m mil.* pieeja

arremeter *v* uzbrukt; uzklupt, mesties virsū

arremetida *f* **1.** pēkšņs (straujš) uzbrukums; trieciens, triecienuzbrukums; **2.** rupjš izlēciens (*pret kādu*), [nepamatots] uzbrukums

arremolinar v virpuļot; mutuļot; ~se rfl [sa]drūzmēties, spiesties

arrendable a izrentējams; iznomājams

arrendado a lēns, rāms (*par zirgu*)

arrendador[a] m 1. izrentētājs, iznomātājs; 2. rentnieks, nomnieks

arrendador[b] m zirgu iebraucējs (iejājējs)

arrendar[a] v [iz]nomāt, [iz]rentēt; ◇ no le arriendo la ganancia – es nevēlētos būt viņa ādā

arrendar[b] v 1. piesiet ar pavadu (*zirgu*); 2. savaldīt; iebraukt (*zirgu*); iejāt

arrendatari‖o I m nomnieks; II a: compañía ~a – tirdzniecības sabiedrība, kas iznomājusi kādu valsts monopolu

arreo[a] m 1. (*tērpa*) rotājums; rota; 2. ~s pl zirglietas, iejūgs; jājampiederumi

arreo[b] adv nepārtraukti

arrepentimiento m nožēla; grēku nožēlošana; ~ activo – vaļsirdīga atzīšanās

arrepentirse v rfl nožēlot; me arrepiento de... – man ir žēl...

arrepsia f neizlēmība

arrepticio a (kā) apsēsts

arrestado I a 1. arestēts; 2. *sar.* bezbailīgs; sparīgs; dūšīgs; II m arestants

arrestar v arestēt, aizturēt; ~se rfl iedrošināties, uzdrošināties; sadūšoties

arresto m 1. arestēšana; arests; ~ en el colegio – mājas arests; infligir ~ – uzlikt arestu; 2. spars, sparīgums; apņēmība

arriada f 1. *jūrn.* buru nolaišana; 2. plūdi, ūdens celšanās

arriar v 1. *jūrn.* ievilkt (*buras*); nolaist (*karogu*); 2. palaist vaļīgāk (*tauvu*); 3. applūdināt, pārplūdināt

arriate m puķu dobe

arriba adv augšā; uz augšu, augšup; calle ~ – augšup pa ielu; hacia ~ – augšup, uz augšu; de ~ abajo – 1) no augšas lejup; 2) no sākuma līdz beigām; 3) no augšas līdz apakšai; pilnīgi; agua(s) ~ – augšup pa straumi, pret straumi; cuesta ~ – pret kalnu, kalnup; ◇ ¡~! – hop!; celies!; augšā!; más ~ – iepriekš, augstāk (*par vietu grāmatā, vēstulē u. tml.*); por ~ – augšpusē; volver lo de abajo ~ – apgriezt visu otrādi; pelo ~ – pret spalvu; lo ~ mencionado – augstāk minētais

arribada f piestāšanās malā (krastā); izcelšanās malā; entrar de ~ – vētras dēļ iebraukt ostā

arribar v 1. pienākt ostā; iebraukt ostā (*vētras laikā u. tml.*); 2. piestāt pie krasta; izcelties malā; 3. *sar.* sasniegt mērķi, panākt savu

arribeño m (*am.*) kalnietis, kalnu iedzīvotājs (*kādas zemes iekšējos rajonos*)

arribista m, f karjerists, -e

arribo *m* **1.** pienākšana; ierašanās; atbraukšana; ~ de provisiones – provianta pievedums; **2.** pienākšana, iestāšanās (*ziemas u. tml.*)

arriendo *m* **1.** nomāšana, rentēšana; noma, rente; **2.** nomas maksa, rente

arriero *m* **1.** mūļu dzinējs; **2.** ormanis

arriesgado *a* **1.** riskants, bīstams; **2.** drošs; pārdrošs; pārgalvīgs; acto ~ – pārdrošs (riskants) pasākums, pārgalvība

arriesgar *v* riskēt; iedrošināties; likt uz spēles; **~se** *rfl* **1.** doties briesmās; riskēt; **2.** uzdrošināties, iedrošināties

arrimadero *m* atzveltne

arrimar *v* **1.** pievirzīt, piebīdīt [tuvāk]; piesliet; **2.** atlikt [atpakaļ], atsliet; **3.** apiet, neievērot (*kādu*); nepievērst uzmanību (*kam*); **4.** atstādināt, atlaist (*no darba*); **5.** *sar.* dot triecienu (sitienu); iesist pļauku; **~se** *rfl* **1.** atbalstīties, atspiesties; **2.** *pārn.* balstīties (*uz ko*); meklēt (*kāda*) labvēlību; **3.** stāties, ķerties (*pie kāda darba*); **4.** pielabināties, taisīties klāt; ~se a uno – pieslieties kādam, nostāties kāda pusē

arrimo *m* **1.** tuvošanās; **2.** atzveltne; **3.** *pārn.* atbalsts; labvēlība; **4.** spieķis; **5.** (*kub.*) sēta, žogs

arrimón *m* dienaszaglis; ◊ estar de ~ – nostāvēt kājas līkas (*ko gaidot*); hacer el ~ – neturēties uz kājām (*par iereibušu*)

arrinconado *a* atstāts, pamests; nomaļš; aizmirsts

arrinconar *v* **1.** ielikt kaktā; iebīdīt kaktā; **2.** *pārn.* iedzīt strupceļā, piespiest pie sienas; **3.** *pārn.* nobīdīt pie malas; atstāt novārtā

arrisado *a* **1.** jauks, pievilcīgs, patīkams; **2.** paļāvīgs

arriscado *a* **1.** drosmīgs, bezbailīgs; izmanīgs; **2.** klinšains; **3.** (*am.*) uzrotīts; sacelts uz augšu

arriscar *v* iedrošināties; riskēt; **~se** *rfl* **1.** *pārn.* uzpūsties, piepūsties, kļūt uzpūtīgam; **2.** skaisties, dusmoties; **3.** nogāzties, nokrist (*piem., no klints*); quien no arrisca, no aprisca – kas neriskē, tas nevinnē

arroaz *m* delfīns

arrobado *a* sajūsmināts, aizgrābts

arrobamiento, arrobo *m* sajūsma, aizrautība; ekstāze

arrobarse *v rfl* sajūsmināties; aizrauties

arrocero I *a* rīsa-; rīsu-; **II** *m* **1.** rīsa plantators; **2.** rīsa tirgotājs

arrodillamiento *m* ceļu locīšana, ceļos mešanās

arrodillarse *v rfl* [no]mesties ceļos

arrogación *f* **1.** adoptēšana; **2.** piesavināšanās

arrogancia *f* arogance, augstprātība, uzpūtība; pašpārliecinātība

arrogante *a* **1.** augstprātīgs, uzpūtīgs; pašpārliecināts; **2.** brašs; iznesīgs

arrogar *v jur.* pieņemt bērna vietā,

adoptēt; ~**se** *rfl* uzdrošināties, atļauties; [neatļauti] sev piešķirt; pretendēt; ~**se el derecho** – piešķirt sev tiesības, atļauties

arrojadiz‖o *a* viegli metams; metamais-; **arma ~a** – metamie ieroči

arrojado *a* **1.** drosmīgs; apņēmīgs; **~ de carácter** – drošsirdīgs, drosmīgs; **2.** brašs

arrojar[a] *v* stipri sakurināt (*krāsni*); nokaitēt

arrojar[b] *v* **1.** mest, sviest; **~ violentamente** – triekt (sviest) ar visu spēku; **2.** izstarot (*gaismu*); **3.** izplatīt (*smaržu, smaku*); **4.** izmest, izsviest; aizmest; aizsviest; **~ al través de...** – izmest pa (caur)...; **~ atrás** – aizmest atpakaļ; **~ por encima** – pārmest, pārsviest [pāri]; **~ por la borda** – pārmest pār bortu; **~ fuera** – izmest ārā; **~ a la orilla** – pieskalot pie krasta (*par upi, jūru*); **5.** dzīt asnus; plaukt; **~se** *rfl* **1.** gāzties, krist; **2.** mesties; traukties; **~se sobre** – mesties virsū, uzklupt; **~se con el paracaídas** *av.* – lēkt ar izpletni; **2.** uzdrošināties, iedrīkstēties; riskēt, pakļaut sevi briesmām

arrojo *m* bezbailība, drosme; spars

arrollar *v* **1.** saritināt, satīt; **2.** aizvelt [prom]; aizdzīt [prom]; **3.** [no]veltnēt (*ceļu*); pārbraukt pāri; **4.** *pārn.* neievērot, ignorēt (*likumus u. c.*); mīdīt kājām (*kāda tiesības u. tml.*); **5.** pieveikt; satriekt; **~ al contrario** – satriekt pretinieku

arromarse *v rfl* kļūt neasam; notrulināties, atkosties (*par asmeni u. tml.*)

arropar[a] *v* pievienot (*vīnam*) vīnogu sīrupu

arropar[b] *v* apsegt; apklāt

arrope *m* vīnogu sīrups; medus sīrups ar ārstniecības augiem

arropea *f* **1.** kāju dzelži, važas; **2.** pineklis (*zirgam*)

arrostrar *v* **1.** [bezbailīgi] stāties pretī (*kādam*); pretoties (*kam*); **~ la muerte** – skatīties nāvei acīs; **~se** *rfl* **1.** sastapties vaigu vaigā; **2.** (a) uzdrošināties (*ko*)

arroyada *f*, **arroyadero** *m* **1.** ieleja, kur tek strauts; grava; **2.** izskalojums, izrāvums (*pēc spēcīga lietus*)

arroyar *v* izskalot gravu (gravas); izveidot urdziņas (*par lietu*)

arroyo *m* **1.** strauts; **2.** noteka; ◇ **~s de lágrimas** – asaru plūdi; **plantar en el ~** – izsviest pa durvīm; **no hay ~sin fuente** – nav dūmu bez uguns

arroz *m* rīss; **~ con leche** – rīsu biezputra; **día de comer ~** *sar.* – svētku diena, svētki

arrozal *m* rīsu lauks

arrufianado *a* nekaunīgs

arruga *f* **1.** krunka, grumba; **2.** kroka; ieloce

arrugado *a* **1.** krunkains, grumbains; **2.** saburzīts, sagumzīts

arrugar *v* **1.** savilkt grumbās, saraukt; ~ la frente – saraukt pieri; **2.** salocīt (*papīru, vēstuli u. tml.*); likt ieloces; **3.** burzīt, gumzīt

arruinar *v* nopostīt; izpostīt; sagraut; ~ la salud – sagraut veselību; irse arruinando – sabrukt, sagrūt

arrullar *v* **1.** ieaijāt (*bērnu*); **2.** dūdot (*par balodi*); **3.** *pārn.* dudināt, dūdot

arrullo *m* **1.** šūpuļdziesma; **2.** dudināšana, dūdošana

arrumaco *m* **1.** *biežāk pl* ~s glāsti; maigums (*žestos, skatienā*); **2.** ~s *pl* maigošanās, ķircināšanās; **3.** ~s *pl sar.* – bezgaumīgs tērpa izrotājums

arrumar *v jūrn.* kraut, iekraut (*kravu kuģī*); ~se *rfl* apmāktjes

arrumbar *v* **1.** aizvākt; novākt; nobāzt, nogrūst (*kaut ko nevajadzīgu*); **2.** *jūrn.* vadīt pēc noteikta virziena (*kuģi*)

arsénico *m ķīm.* arsēns

arte *m, f* māksla; obra de ~ mayor – liels mākslas darbs; Academia de Bellas Artes – Mākslas akadēmija; ~ militar – kara māksla; ~ oratorio – runas māksla; ~ popular – tautas māksla; ~ escénico – skatuves māksla; ~s industriales – daiļamatniecība; ◇ usar ~s – blēdīties, mānīties; con ~ y primor – ar lielu māku (prasmi, meistarību); tener buen ~ – būt [sa]prātīgam; malas ~s – nekrietni līdzekļi; con malas ~s – ar intrigu palīdzību; negodīgi

artefacto *m* **1.** *novec.* mašīna; aparāts; **2.**: ~ espacial – kosmosa kuģis; **3.** ~s *pl* tekstilpreces, manufaktūra

artejo *m anat.* pirksta locītava

artemisa *f bot.* vībotne

arteria *f anat.* artērija; ~ carótida – miega artērija; ~ coronaria – vēnu artērija; ◇ ~ de comunicación – maģistrāle

artería *f* viltība; blēdība

arterial *a anat.* arteriāls; tensión ~ – arteriālais spiediens

artero *a* viltīgs; slīpēts; blēdīgs

artesa *f abra*; mulda; sile

artesano I *a* amatniecisks; amatniecības-, mājamatniecības-; oficios ~s – amats, arods; **II** *m* amatnieks, mājamatnieks

artesiano *a* artēzisks; pozo ~ – artēziskā aka

ártico *a* arktisks, ziemeļu-; polo ~ – Ziemeļpols

articulación *f* **1.** savienojums; **2.** *anat.* locītava; **3.** *val.* artikulācija

articulado I *a* posmains; sadalīts; **II** *m* **1.** (*likuma, līguma*) pants, paragrāfs; **2.** ~s *pl zool.* posmkāji

articular[a] *a* locītavas-; locītavu-; reumatismo ~ – locītavu reimatisms

articular[b] *v* **1.** savienot, [sa]saistīt

(*posmus*); **2.** artikulēt, izrunāt skaidri (tīri); **3.** sadalīt, iedalīt (*pēc punktiem, pantiem u. tml.*); formulēt

articulatorio *a* runas-; órganos ~s – runas orgāni

articulista *m, f* **1.** žurnālists, -e; **2.** raksta autors, -e (*avīzē, žurnālā*)

artículo *m* **1.** paragrāfs, punkts, pants (*likumā, līgumā*); **2.** raksts (*laikrakstā*); ~ de fondo – ievadraksts; **3.** *anat.* locītava; pirksta falanga; **4.** *gram.* artikuls; ~ indefinido – nenoteiktais artikuls; **5.** priekšmets; izstrādājums; ~ de comercio – prece; ~s de primera necesidad – pirmās nepieciešamības priekšmeti; ~s de amplio consumo – plaša patēriņa priekšmeti; ~ de fantasía – galantērijas (modes) prece

artifice m, *f* savas lietas pratējs, -a; meistars, -e

artificial *a* mākslīgs; seda ~ – mākslīgais zīds; fuegos ~es – uguņošana; cabellos ~es – parūka

artificiero *m mil.* pirotehniķis

artificio *m* **1.** prasme, māka; meistarība; **2.** veikls paņēmiens; triks; **3.** mākslotība, izlikšanās; viltus; **4.** ierīce, ietaise; mašīna

artificioso *a* **1.** mākslinieciski; **2.** [sa]mākslots, nedabisks; neīsts; viltīgs, blēdīgs

artillería *f* artilērija; ~ antiaérea – zenītartilērija; ~ gruesa (pesada) – smagā artilērija; ~ ligera – vieglā artilērija; ~ de largo alcance – tālšāvēja artilērija; de ~ – artilērijas-; escuela de ~ – artilērijas skola

artillero *m* artilērists

artimaña *f* arī *pārn.* lamatas, slazds

artista *m, f* mākslinieks, -ce; artists, -e; ~ emérito – nopelniem bagāts mākslinieks

artístico *a* mākslinieciski; artistisks; mākslas-; director ~ – režisors

arveja *f bot.* vīķi

arvejo *m* zirnis

arzobispo *m* arhibīskaps

as *m* **1.** dūzis (*kārts*); acs (*kāršu spēlē*); punkts (*domino spēlē un tml.*); **2.** meistars; čempions; **3.** *pārn. sar.* dūzis; (*sporta, filmas u. tml.*) slavenība; zvaigzne; ◊ ser un ~ – būt pirmajam

asa *f* **1.** osa; rokturis; **2.** iegansts; iemesls; ◊ ser muy del ~ – būt ciešos sakaros; būt lielos draugos

asá *adv sar.*: así que ~ – šā vai tā

asacar 1. iegūt, saņemt; **2.** izmantot par iemeslu

asado *m* cepetis; ~ de ternera – teļa gaļas cepetis; ~ a la parrilla – uz restēm cepta gaļa; pasarse el ~ – aiziet gar degunu (*par izdevību, gadījumu*)

asadura *f* **1.** aknas (*dzīvniekiem*); **2.** ķidas, iekšas; echar las ~ s – līst no ādas ārā

asaetear *v* **1.** apšaudīt ar bultām; **2.** *pārn.* bombardēt

asainetear *v* pievienot sāli un piparus

asalariar *v* atlīdzināt; atalgot; maksāt algu

asaltar *v* **1.** uzbrukt; uzklupt, mesties virsū; **2.** *mil.* sturmēt, uzbrukt triecienā; **3.** uzmākties (*par šaubām*)

asalto *m* **1.** uzbrukums; **2.** *mil.* trieciens, triecienuzbrukums; carro de ~ – tanks; tomar por ~ *mil.* – ieņemt triecienā; **3.** raunds (*boksā*); **4.** ~ [de esgrima] – [paukošanās] gājiens

asamblea *f* asambleja; sapulce; sanāksme; ~ general – 1) kopsapulce; 2) ģenerālā asambleja; ~ electoral – vēlēšanu sapulce; – constituyente – satversmes sapulce; ~ legislativa – likumdošanas sapulce; ~ representativa – deputātu palāta

asar *v* cept, cepināt (*gaļu u. tml.*); grauzdēt; ~ a la parilla – cept uz restēm; ~ a fuego lento – sutināt, sautēt

ascalonia *f* šalotes sīpoli

ascendencia *f* radniecības pakāpe, radniecības augšupejošā līnija; **2.** priekšteči

ascendente *a* **1.** kāpjošs; augšupejas-; **2.** augošs, pieaugošs; ◊ marea ~ – paisums; tren – *Spānijā* – *vilciens, kas iet no krastmalas uz zemes iekšieni* (*Madrides virzienā*)

ascender *v* **1.** kāpt, celties uz augšu; **2.** pieaugt, palielināties; ~ a – sasniegt (*kādu noteiktu lielumu*); **3.** izvirzīties (*darbā*); **4.** paaugstināt (*darba vietā*); izvirzīt

ascendiente *m* **1.** cieņa, autoritāte; ietekme; **2.** ~s *pl* radinieki augšupejošā līnijā; priekšteči; ejercer (tener) mucho ~ sobre uno – izrādīt lielu ietekmi uz kādu

ascensión *f* **1.** kāpšana, uzkāpšana; uziešana; **2.** uzkāpšana tronī; **3.** *rel.* Debesbraukšana

ascenso *m* **1.** [uz]kāpšana; kāpiens (*piem., kalnā*); **2.** paaugstinājums (*amata, dienesta pakāpē*); **3.** algas paaugstinājums

ascensor *m* **1.** lifts; celtnis; ~ funicular de montaña – trosu dzelzceļš, funikulers; **2.** elevators; ~ de cargos – kravas lifts, kravas pacēlājs

asceta *m, f* askēts, -e

asco *m* **1.** riebums, pretīgums; tener ~a – būt riebumam (*pret ko*), sajust riebumu; da ~ – riebjas; **2.** nelabums, slikta dūša; **3.** riebeklis; **4.** pretīga lieta, cūcība; esto es un ~ – tas ir [kaut kas] riebīgs; **5.** *sar.* baidīšanās; bailes; ◊ estar hecho un ~ – būt ļoti netīram; hacer ~s – klīrēties; ¡qué ~! – pē!

ascua *f* kvēlojošas ogles; ◊ ser un ~ de oro – spīdēt un laistīties; estar

aseado

en ~s – sēdēt kā uz karstām oglēm; arrimar el ~ a su sardina – izmantot izdevību; ¡~s! – velns lai parauj!; echar ~s – iekvēloties, iekaist

aseado *a* **1.** tīrs, spodrs; **2.** tīrīgs, kārtīgs; **3.** jauks, glīts; patīkams

asear *v* **1.** [iz]tīrīt; sakārtot; **2.** izgreznot, izrotāt

asechanza *f biežāk pl, arī pārn.* lamatas, slazds; cilpa; tender ~s – izlikt slazdus (*kādam*), uzglūnēt

asechar *v* **1.** izlikt slazdus (lamatas); **2.** uzglūnēt; izsekot

asedado *a* zīdains, zīdmīksts

asediar *v* **1.** *mil.* aplenkt; **2.** ~a (*vai con*) – uzmākties, nedot mieru ar (*jautājumiem u. c.*)

asedio *m* **1.** *mil.* aplenkums; aplenkšana; **2.** uzmākšanās, uzbāšanās

asegundar *v* atkārtot, izdarīt vēlreiz

asegurador *m* apdrošinātājs; apdrošināšanas aģents

asegurar *v* **1.** nodrošināt (*pret ko*); **2.** apdrošināt; ~ la vida – apdrošināt dzīvību; ~ los bienes – apdrošināt īpašumu; **3.** apsolīt; garantēt; **4.** nostiprināt (*sienu u. tml.*); ~se *rfl* **1.** apdrošināties; **2.** nodrošināties; **3.** palaisties (*uz ko*); **4.** iestāties (*par labu laiku*)

asemejarse *v rfl* līdzināties, būt (kļūt) līdzīgam

asendereado *a* **1.** iestaigāts, iemīts (*ceļš, taka*); **2.** nomocīts; izmocījies; nevarīgs

asenderear *v* **1.** iemīt takas (*mežā*); **2.** *pārn.* dzīties [pakaļ] pa pēdām, vajāt; **3.** nogurdināt kādu, izvest no pacietības

asenso *m* piekrišana, piebalsošana; no dar ~ – neticēt; no dar su ~ – nedot savu piekrišanu

asentada *f* **1.** (*no:* asentar); de una ~ – vienā rāvienā; ar vienu rāvienu; vienā paņēmienā; **2.** *glezn.* seanss

asentaderas *f pl sar.* sēžamvieta, sēža

asentado *a* **1.** sēdošs; **2.** nopietns, nosvērts; solīds; **3.** izturīgs, stiprs; dar por ~ – uzskatīt par izlemtu (*jautājumu*)

asentador *m* **1.** bruģētājs; ~ de via *dzelzc.* – sliežu licējs; **2.** siksna bārdas naža asināšanai

asentar *v* **1.** [no]sēdināt; **2.** nolikt, novietot; nostādīt; **3.** likt pamatu; **4.** dot (*sitienu*); iesist (*pļauku*); **5.** iegrāmatot; ierakstīt (*sarakstos*); **6.** noslēgt (*līgumu*); **7.** apstiprināt (*parakstu u. tml.*); ~ lo dicho – apstiprināt teikto; **8.** labi pieguļēt (*par apģērbu*); **9.** ~ las paces – noslēgt mieru; ~se *rfl* nosēsties, nogulsnēties

asentimiento *m* piekrišana; piebalsošana; dar ~ – dot piekrišanu

asentir *v* (a) piekrist; piebalsot

asentista *m* **1.** piegādātājs; **2.** būvuzņēmējs

aseo *m* tīrība; spodrība; kārtība; ~ del cuerpo – miesas kopšana, tualete

asequible *a* sasniedzams; iespējams

aserción *f* apstiprināšana, apgalvošana; apgalvojums; apliecinājums

aserradero *m* kokzāģētava (*laukums vai fabrika*)

aserrador *m* **1.** zāģētājs; **2.** čīgātājs (*slikts vijolnieks*); máquina ~a – mehāniskais zāģis

aserrar *v* **1.** [sa]zāģēt; **2.** *pārn.* zāģēt, čīgāt (*vijoli*)

aserrín *m* zāģu skaidas

asertar *v* apgalvot

aserto *m* apstiprinājums, apgalvojums; liecība (*tiesā*)

asertorio *a jur.* apstiprinošs, apliecinošs

asesar *v* kļūt prātīgam, nākt pie prāta

asesinar *v* **1.** noslepkavot; nonāvēt; **2.** *pārn.* mocīt, spīdzināt

asesinato *m* slepkavība; kriminālnoziegums; ~ en masa – masu slepkavība; ~ con estupro – sadistiska slepkavība; ~ premeditado – slepkavība ar iepriekšēju nodomu

asesino I *a* nāvējošs, iznīcinošs; **II** *m* slepkava; ļaundaris; ◊ gritar al ~ – bļaut pilnā rīklē

asesor *m* asesors, tiesas piesēdētājs; padomnieks

asesorar *v* dot padomu, izteikt savas domas

asestar *v* **1.** vērst, pagriezt (*ieroci pret ko*); **2.** raidīt, vērst (*skatienu uz ko*); **3.** iesist (*kādam*); **4.** raidīt (*šāvienu*)

aseverar *v* censties pārliecināt; apgalvot; apliecināt

asfaltar *v* asfaltēt

asfixia *f* **1.** nosmakšana, noslāpšana; **2.** smakšana, elpas trūkums; morir de ~ – nosmakt, noslāpt

asfixiante *a* **1.** smacējošs; gases ~s – smacējošās (indīgās) gāzes; **2.** *pārn.* smacīgs; tveicīgs, spiedīgs; calor ~ – smacējošs karstums

asfixiar *v* **1.** nosmacēt (*ar gāzi*); saindēties ar gāzi; **2.** nosmakt, noslāpt

así *adv* **1.** tā; tādā veidā; ~se dice – tā runā; ~ no se hace – tā nedara; ~ sea – lai notiek tā; ~ ... ~... – kā ..., tā ...; **2.** tik; tikpat; **3.** tātad; ~ ~ – puslīdz, viduvēji; ~ no más (*am.*) – puslīdz, viduvēji; ~ como ~ – tā kā tā, tik un tā; 2) que – 1) tiklīdz, līdzko; 2) tā ka; ~ que asá – vienalga, viss viens; ~ es que – no tā; tādēļ; ~ pues – tātad; tādējādi; ar to; ~ ... como ... – tiklab ..., kā arī ...; gan ...., gan [arī] ...; ni tanto ~ – ne mazākā mērā; y ~ sucesivamente – un tā joprojām (un tā tālāk); por decirlo ~ – tā sakot; tanto es ~ que – īsi sakot; vārdu sakot; ¿cómo ~? – kā tas iespējams?; ~ no más – ne visai; ~ como – kā arī, tāpat kā; ~ y todo – neraugoties uz visu

asidero *m* **1.** rokturis; kāts; spals; osa; **2.** *pārn.* pamats, iemesls

asiduo *a* **1.** čakls, darbīgs, centīgs; **2.** precīzs; **3.** pastāvīgs; neatlaidīgs; parroquiano ~ – pastāvīgs apmeklētājs; cliente ~ – pastāvīgs klients

asiento *m* 1. sēdeklis; krēsls; [sēd]vieta; tome usted ~ – sēdieties!; 2. atrašanās vieta; 3. mājoklis, dzīves vieta; 4. (*trauka*) dibens; 5. nogulsnes; mieles; 6. pieraksts; hombre de ~ – nosvērts (nopietns) cilvēks; no calentar el asiento – bieži mainīt darbu, neaizkavēties vienā vietā

asignar *v* asignēt; piešķirt, dot; noteikt; ~ dote – dot pūru; ~ una renta – piešķirt pensiju

asignatario *m* mantinieks

asignatura *f* mācību priekšmets, kurss

asilo *m* 1. patvērums; derecho de ~ *pol.* – patvēruma tiesības; 2. patversme; ~ de ancianos – nespējnieku patversme, nabagmāja; 3. (*bērnu*) novietne; ~ de huérfanos – bāriņu nams; pedir ~ – lūgt patvērumu

asimilar *v* pielīdzināt; asimilēt

asimismo *adv* arī, tāpat

asimplado *a* stulbs, pamuļķis

asir *v* 1. grābt, kampt; ~ (con, de) – sagrābt, satvert; 2. ieaugt, laist saknes (*par stādiem*); **~se** *rfl* 1. ~ de [pie]ķerties (*pie kā*); 2. *pārn.* saiet matos

asistencia *f* 1. asistēšana, klātbūtne; 2. palīdzība; (*slimnieku*) [ap]kopšana; ~ médica – medicīniskā palīdzība; ~ mutua – savstarpējā palīdzība; 3. klātesošie, sanākušie; 4. ~s *pl* pabalsts; lista de ~ – dalībnieku saraksts, klases žurnāls

asistenta *f* 1. apkopēja, apteksne; apkalpotāja; mājkalpotāja; 2. (*slimnieku*) kopēja

asistente *m* 1. asistents; palīgs; 2. (*virsnieka*) raitnieks; 3. ~s *pl* klātesošie

asistir *v* 1. asistēt, būt klāt; 2. palīdzēt; izpalīdzēt; atbalstīt; 3. pavadīt (*kādu*); 4. [ap]kopt (*slimnieku*); apkalpot; 5. (a) piedalīties, asistēt; 6. (a) apmeklēt (*skolu*); mācīties (*skolā*)

asma *f med.* astma; ~ bronquil (cardiaca) – bronhiālā (sirds) astma

asno *m* ēzelis; stulbenis, muļķis; ◇ caer de su ~ – atzīt savas kļūdas

asociación *f* asociācija (*daž. noz.*); sabiedrība; ~ de ideas – ideju asociācija, domu saistība; ~ profesional – arodbiedrība; ~ comercial – tirdzniecības sabiedrība

asociado *m* loceklis; (*biedrības*) biedrs; kompanjons, dalībnieks

asociar *v* 1. pievienot; apvienot; 2. uzņemt organizācijā (biedrībā)

asolador I *a* postu nesošs, postošs; iznīcinošs; guerra ~a – postošs karš; II *m* postītājs; iznīcinātājs

asolamiento *m* izpostīšana, nopostīšana; iznīcināšana

asolar[a] *v* izkaltēt (*par sauli, vēju*)

asolar[b] *v* izpostīt, nopostīt; pārvērst postažā; noārdīt; **~se** *rfl* nosēsties, nogulsnēties (*par šķidrumu*)

asoleada *f (am.) med.* saules dūriens
asolear *v* izlikt saulē; apsauļot; **~se** *rfl* sauļoties
asomar *v* **1.** izbāzt [laukā]; parādīt; ~ la cabeza a la ventana – izbāzt galvu pa logu; skatīties pa logu; **2.** *sar.* viegli iereibt, būt jautrā prātā; **3.** parādīties, kļūt redzamam; **~se** *rfl* [iz]liekties ārā, [iz]kārties ārā; parādīties; es peligroso ~se al exterior *dzelzc.* – aizliegts izliekties pa logu
asombradizo *a* bailīgs; bikls
asombrar *v* **1.** *poēt.* apēnot, aizēnot; **2.** radīt izbrīnu, pārsteigt; **3.** biedēt; šausmināt
asombro *m* **1.** izbrīns; **2.** izbailes; šausmas; **3.** neparasts, apbrīnojams cilvēks; **4.** vienreizēja lieta, brīnums
asombros‖o *a* **1.** apbrīnojams, pārsteidzošs; dīvains; ver cosas ~as – redzēt zilus brīnumus; **2.** [nepatīkami] pārsteidzošs
asomo *m* **1.** mājiens; [pa]zīme; **2.** aizdomas, pieņēmums; ◇ ni por ~ – ne uz to pusi; ne mazākā mērā
asonancia *f* **1.** *lit.* asonanse; **2.** saskaņa, atbilstība; tener ~ con – būt saskaņai ar...
asonante *a* saskanīgi
asordar *v* [pa]darīt kurlu, dunēt ausīs; apdullināt
aspado *a sar.* sažņaugts, iežņaugts (*pārāk šaurā apģērbā*)
aspar *v* **1.** tīt, uztīt (*uz tītavām*); **2.** [pie]sist krustā; **3.** *sar.* sagādāt ciešanas; apvainot, aizvainot; **~se** *rfl* **1.** līst [vai] no ādas ārā (*no dusmām u. c.*); **2.** locīties (*sāpēs*); ~se a gritos – bļaut pilnā rīklē
aspaventero *m* **1.** muļķīgu joku taisītājs, āksts; **2.** liekuļotājs
aspaviento *m* **1.** (*kādu jūtu*) liekuļošana, pārspīlēšana; **2.** ~s *pl* klīrēšanās, ākstīšanās; hacer ~s – ākstīties
aspecto *m* **1.** izskats; āriene; tener buen ~ – labi izskatīties; a juzgar por el ~ – spriežot pēc ārienes; tener ~ de – izskatīties pēc ...; **2.** aspekts; [redzes] viedoklis; uzskats; al primer ~ – no pirmā skata, no pirmā acu uzmetiena; un ~ particular – raksturīga iezīme
áspero *a* **1.** skāņš; sūrs; **2.** nelīdzens, grumbuļains; **3.** ass, raupjš (*par ādu*); **4.** ass, griezīgs (*par skaņu*); **5.** skarbs; strups; **5.** grūts, smags
asperón *m* **1.** smilšakmens; **2.** strīķis; galoda; tecīla
aspersión *f bazn.* apslacināšana, svaidīšana (*ar svētīto ūdeni*)
aspersorio *m bazn.* slacināmais
áspid *m zool.* odze; ◇ lengua de ~ – ļauna valoda
aspillera *f mil.* ambrazūra, šaujamlūka
aspiración *f* **1.** ieelpošana; **2.** iesūkšana, uzsūkšana (*par sūkni*); **3.** tiekšanās; **4.** ~es *pl* prasības; persona de grandes ~es – cilvēks ar lielām prasībām; **5.** *mūz.* – ceturtdaļpauze

aspirador *m* putekļu sūcējs
aspirante I *a* sūcēj-; bomba ~ – sūcējsūknis; **II** *m* aspirants; kandidāts
aspirar *v* **1.** ieelpot, ievilkt gaisu; ~ el aire fresco – paelpot svaigu gaisu; **2.** iesūkt, uzsūkt (*ar sūkni*); **3.** ~ a tiekties, tīkot (*pēc kā*); ~ a la mano de una mujer – tīkot pēc kādas sievietes rokas
asquear *v* **1.** iedvest riebumu, riebties; **2.** just riebumu
asquerosidad *f* **1.** riebīgums, pretīgums; **2.** cūcība
asta *f* **1.** šķēps; **2.** (*šķēpa, karoga u. tml.*) kāts; karoga kārts; arriar bandera a media ~ – nolaist karogu pusmastā; **3.** (*vērša*) rags; ◊ dejar en las ~s del toro – atstāt likteņa varā
aster *m.* astere
asteria *f* jūras zvaigzne
asterisco *m* zvaigznīte (*ortogrāfiskā zīme*)
asterismo *m* zvaigznājs
astil *m* **1.** rokturis; kāts; spals; **2.** (*putna*) spalvas kāts; **3.** svaru kārts
astilla *f* **1.** skaida; skals: šķemba; **2.** skabarga; ◊ de tal palo tal ~ – ābols nekrīt tālu no ābeles; añadir ~s al fuego – pieliet eļļu ugunī
astillar *v* [sa]skaldīt, [sa]šķelt
astillero *m* **1.** kuģu būvētava; doks; **2.** kokmateriālu noliktava; ◊ estar en ~ – būt augstā amatā

astilloso *a* lūstošs, trausls
astracán *m* karakuls, karakulāda, biezs vilnas audums
astral *a* zvaigžņu-
astreñir, astringir *v* **1.** cieši savilkt, sažņaugt; **2.** piespiest, spiest (*ko darīt*)
astro *m* debesu spīdeklis; zvaigznājs; el ~ rey – saule
astronave *f* kosmosa kuģis
astrónomo *m* astronoms
astroso *a* **1.** noplīsis; netīrs; **2.** zemisks, zems; nicināms
astucia *f* **1.** viltība; viltus; blēdība; conseguir por ~ – panākt ar viltu (*kaut ko*), izvilt; obrar con ~ – mānīties, lietot viltību; **2.** vērīgums, asums
astuto, astucioso *a* viltīgs; blēdīgs; rafinēts; slīpēts
asueto *m* **1.** brīvdiena; **2.** atpūtas stunda
asumir *v* pārņemt; uzņemties; ~ el poder – pārņemt varu, ņemt varu savās rokās; ~ la responsabilidad – uzņemties atbildību
Asunción *f bazn.* Marijas Debesbraukšanas diena (*katoļiem*)
asunto *m* **1.** (*apspriedes, pārrunas u. tml.*) priekšmets, temats, jautājums; **2.** tēma; sižets; motīvs; **3.** darījums; lieta; apstāklis; ~s de negocios – tirdzniecības lietas; por ~s de familia – ģimenes apstākļu dēļ; ~s de trámite – pašreizējās lietas (kas ir dienas kārtībā)

asurarse *v rfl* **1.** piedegt (*par ēdienu*); **2.** izdegt (*par sējumiem*); **3.** stipri uztraukties, raizēties

asustadizo *a* bailīgs; tramīgs (*par zirgu*)

asustarse *v rfl* **1.** baidīties; **2.** (de) izbīties, pārbīties (*no kā*)

atabalear *v* **1.** stampāt, dauzīt ar kājām (*par zirgu*); **2.** bungot (*ar pirkstiem*)

atabanado *a* salns (*par zirga spalvu*)

atabladera *f* ecēšas

atacado *a sar.* **1.** bikls, bailīgs; **2.** nožēlojams, bēdīgs; **3.** skops; ◇ ~ de [una enfermidad] – [kādas slimības] piemeklēts

atacar *v* **1.** aizsiet; aizsaitēt; sapogāt; **2.** *arī pārn.* uzbrukt; **3.** iebilst, apstrīdēt; **4.** ķīmiski iedarboties, reaģēt

atadero *m* **1.** saite; valgs; **2.** āķis, riņķis (*piesiešanai*); ◇ eso no tiene ~ – tur nav nekāda satura

atado **I** *a* **1.** aprobežots; **2.** bikls, bailīgs; **3.** saistīts, nebrīvs; **II** *m* sainis; nasta; saišķis

atador *m lauks.* kūlīšu sējējs

atafagar *v* **1.** apdullināt, apreibināt (*par smaržu, smaku*); **2.** *sar.* padarīt (*kādu*) vai traku; apgrūtināt

atajar *v* **1.** aizsprostot (nogriezt) ceļu (*kādam*); **2.** *pārn.* likt šķēršļus ceļā; [aiz]kavēt; ~ el fuego – nodzēst uguni; ~ un pleito – pārtraukt strīdu; **3.** norobežot (*ar sienu, režģi u. tml.*); **4.** [ie]likt iekavās; **5.** iet pa īsāko ceļu; **~se** *rfl* apklust; apmulst, samulst

atajo *m* **1.** ceļa aizsprostošana (nogriešana); **2.** ceļa saīsināšana; **3.** sānceliņš (*kas saīsina ceļu*); taisnākais ceļš; **4.** izeja (*no stāvokļa*); ◇ no hay ~ sin trabajo – bez darba nekas nav panākams

atalaya *f* sargtornis; novērošanas tornis; skatu tornis; *m* **1.** patruļnieks; novērotājs; **2.** (*tilta*) sardze; estar de ~ – atrasties sardzē

atañer *v* **1.** attiekties (*uz ko*); **2.** pienākties, nākties; piederēt

ataque *m* **1.** *mil.* uzbrukums, trieciens; lanzarse al ~ – iet triecienā (uzbrukumā); ~ aéreo – uzbrukums no gaisa; **2.** *med.* lēkme; tener un ~ de locura – trakot

atar *v* **1.** [pie]siet; sasiet [kopā]; **2.** *pārn.* traucēt; kavēt; ◇ ~ de pies y manos – saistīt rokas (*kādam*); ~ corto a uno – turēt kādu grožos; **~se** *rfl* **1.** apjukt, samulst; **2.** sapīties, iestrēgt (*kādā darbā u. tml.*)

ataraxia *f* miers, dvēseles līdzsvars

atarazana *f* **1.** doks; kuģu būvētava; **2.** arsenāls; **3.** [vīna] pagrabs

atarazar *v* [sa]kost, [sa]plēst [ar zobiem]

atardecer *v* [sa]tumst, krēslot; al ~ – pievakarē

atarear *v* uzdot darbu (*kādam*); **~se** *rfl* nodoties darbam; spraigi (intensīvi) strādāt

atarjea *f* notekcaurule; noteka; noteces grāvis

atarugar *v* aizbāzt spundi; nostiprināt ar koka tapu; ~ a uno *sar.* – aizbāzt muti kādam; **~se** *rfl sar.* **1.** aizrīties; **2.** *pārn.* sapīties, sajukt (*runājot*); **3.** pieēsties, pieēst pilnu vēderu

atasajar *v* sadalīt, sagriezt (*gaļu*)

atascarse *v rfl* **1.** piesērēt; aizsērēt; aizķept; piesārņoties; **2.** iestigt, iestrēgt (*dubļos, purvā*); **3.** *pārn.* sapīties

atasco *m* **1.** kavēklis, šķērslis; grūtības; **2.** aizsprūdums (*caurulē*)

ataúd *m* zārks

ataviar *v* uzpost; izgreznot, izrotāt

atávico *a* atavistisks

atavío *m* **1.** rota, rotājums; **2.** grezns tērps; **3.** **~s** *pl* greznuma lietas; rotaslietas

atediar *v* garlaikot, kļūt apnicīgam; apnikt

ateísta *m, f* ateists, -e

atemorizar *v* iebiedēt, iebaidīt

atemperar *v* **1.** apvaldīt; remdēt; mīkstināt; **2.** piemērot, pielāgot; ~ los gastos a los ingresos – samērot izdevumus ar ienākumiem

atención *f* **1.** uzmanība; vērība; llamar la ~ de alguien sobre... – pievērst kāda uzmanību (*kaut kam*), darīt kādu uzmanīgu uz (*kaut ko*); centrar la ~ – sakoncentrēt uzmanību; desviar la ~ – novērst uzmanību; dedicar ~ – veltīt uzmanību; en ~ a – ņemot vērā (*ko*); ¡~! – uzmanību!; digno de ~ – ievērības cienīgs; falta de ~ – neuzmanība, nevērība; **2.** **~es** *pl* 1) darīšanas; 2) pienākumi, saistības

atender *v* **1.** ievērot; ~ la petición – ievērot (izpildīt) prasību; ~ por ... – klausīt uz vārda ... (*piem., par suni*); **2.** uzraudzīt; pieskatīt; **3.** rūpēties (*par ko*); **4.** lasīt (*korektūras*); **5.** uzmanīgi klausīties, uzklausīt

atendible *a* ievērojams, ievērības cienīgs

atenebrarse *v rfl* satumst, pārklāties ar mākoņiem

ateneo *m* **1.** *poēt.* atēnietis; **2.** zinātnieku un mākslinieku biedrība

atenerse *v rfl* pieturēties, turēties (*pie kā*); ~ a ello – turēties pie tā paša, palikt pie tā paša; saber a que ~ – būt skaidrībā (*par kaut ko*); ~ a las circunstancias – rīkoties atkarībā no apstākļiem, raugoties pēc apstākļiem

atentado I *a* uzmanīgs, piesardzīgs; apdomīgs; **II** *m* **1.** atentāts; **2.** (*iestādes sūtīts uzaicinājums*); ◇ ~ al honor – goda aizskaršana

atentar *v*: ~ a la vida – mēģināt nonāvēt, mēģināt laupīt dzīvību (*kādam*); ~ a los derechos de alguien – aizskart kāda tiesības; laupīt kāda tiesības; pārkāpt likumu; ~ contra alguien – tīkot pēc kāda dzīvības

atentatorio *a* noziedzīgs

atento *a* **1.** uzmanīgs, vērīgs; estar ~ a alguna cosa – vērīgi sekot kam; **2.** uzmanīgs, laipns; ◇ ~ que – ņemot vērā, ka; rēķinoties ar to, ka

atenuar *v* **1.** padarīt tievāku (plānāku); **2.** mazināt; vājināt; mīkstināt; ~ la culpa – mīkstināt vainu

ateo I *a* ateistisks; **II** *m* bezdievis, ateists

aterciopelado *a* samtains, mīksts kā samts

aterirse *v rfl* [sa]stingt (*no aukstuma*)

aterrarᵃ *v* **1.** nosviest zemē; nogāzt zemē; **2.** aprakt (apbērt) ar zemi; **3.** nosēsties, nolaisties (*par lidmašīnu*)

aterrarᵇ *v* **1.** šausmināt, iedvest šausmas; biedēt; **2.** *pārn.* satriekt

aterrizaje *m* (*lidmašīnas, kosmosa kuģa*) nosēšanās, nolaišanās uz zemes; ~ forzoso – piespiedu nolaišanās

aterrizar *v* nosēsties, nolaisties uz zemes (*par lidmašīnu, kosmosa kuģi*)

aterrorizar *v* iedvest šausmas, terorizēt

atesorar *v* **1.** savākt (uzkrāt) dārgumus; **2.** *pārn.* saglabāt sevī labas īpašības

atestación *f* **1.** rakstveida apliecinājums; **2.** *jur.* (*liecinieka*) liecība

atestadoᵃ **I** *a* apliecināts, apstiprināts; **II** *m* apliecība; liecība; atestāts

atestadoᵇ **I** *a* **1.** stūrgalvīgs; neatlaidīgs; **2.**: ~ [de gente] – [cilvēku] pārpildīts; **II** *m* stūrgalvis

atestarᵃ *v jur.* **1.** apliecināt, apstiprināt; **2.** būt par liecinieku; liecināt; ◇ salir atestando – aiziet lamādamies

atestarᵇ *v* **1.** piebāzt [pilnu]; **2.** pildīt; iepildīt; piepildīt

atestiguación *f,* **atestiguamiento** *m* (*liecinieka*) liecība

atestiguar *v* apliecināt, liecināt, pierādīt

atezado *a* **1.** brūns, iededzis (*saulē*); vēja appūsts; **2.** [ogļu] melns

atiesar *v* **1.** pataisīt stingru (cietu); **2.** cieši savilkt; stingri nostiept (*virvi u. tml.*)

atigrado *a* svītrains, strīpains (*kā tīģeris*)

atijara *f* **1.** prece; **2.** frakts, veduma maksa; atalgojums, atlīdzība

atildado *a* rūpīgs; tīrs; glīts; uzposies

atildar *v* **1.** spodrināt; greznot; post; **2.** aizrādīt, kritizēt; **3.** likt tildi

atinado *a* trāpīgs, zīmīgs

atinar *v* **1.** trāpīt; **2.** atminēt, uzminēt; ~ con algo – pareizi uzminēt; **3.** sameklēt, atrast

atingencia *f* saskaršanās; saskare

atiplado *a* augsts, spiedzīgs (*par balsi*), spalgs (*par skaņu*)

atiriciarse *v rfl* saslimt ar dzelteno kaiti

atisbar *v* [no]skatīties, [no]vērot; izsekot

atisbo *m,* **atisbadura** *f* **1.** noskatīšanās, novērošana; izsekošana; pēdas; pazīme

atizador *m* **1.** [krāsns] kruķis, bigulis; **2.** kurinātājs, krāsnkuris; **3.** uzraudzītājs (pārraugs) olīveļļas spiestuvē

atizar *v* **1.** maisīt, rušināt (*ogles*); bikstīt, sabikstīt (*uguni*); **2.** *pārn.* kurināt (*naidu*); ◇ ~ un puntapié – iespert; ~ una bofetada – iecirst pliķi; ~ un trago – iemest (iedzert) kādu malciņu; ¡atiza! – ir nu gan!

atlántico *a* **1.** atlanta-, atlantu-; **2.** Atlantijas-; Océano Atlántico – Atlantijas okeāns

atleta *m* atlēts; stiprinieks

atmósfera *f* atmosfēra, vide; en una ~ de amistad – draudzīgā atmosfērā

atocinado *a sar.* tukls, brangs; nobarojies

atocinar *v* **1.** sadalīt un iesālīt cūkgaļu; **2.** *sar.* nodevīgi noslepkavot (*uzbrūkot no mugurpuses*); **~se** *rfl sar.* **1.** lēkt [vai] no ādas ārā (*no dusmām*); **2.** bezprātīgi iemīlēties

atocha *f bot.* Spānijas irbulene

atolandoro *a* **1.** vieglprātīgs, gaisīgs; **2.** neapdomīgs; nepārdomāts, pārsteidzīgs

atolón, atoll *m* atols, koraļļu rifs

atolondrar *v* **1.** apdullināt (*ar sitienu*); **2.** *pārn.* izsist no sliedēm; pārsteigt, apstulbot

atolladero, atascadero *m* **1.** peļķe; **2.** ķeza, nepatikšanas

atollarse *v rfl* **1.** iestrēgt dubļos; **2.** būt (nokļūt) ķezā

atómic‖o *a* atoma-; atomu-; bomba ~a – atombumba; núcleo ~o – atoma kodols; peso ~o – atomsvars; central ~ a – atomelektrostacija

átomo *m* atoms

atonía *f med.* atonija; atslābums

atónito *a* apstulbis, apjucis; pārsteigts; quedarse ~ – apstulbt

átono *a gram.* neuzsvērts, neakcentēts

atontado *a* **1.** muļķīgs, padumjš; **2.** *sar.* apdullis; apstulbis

atontarse *v rfl* **1.** *sar.* apdullt; apstulbt; **2.** kļūt vientiesīgam

atorar *v* **1.** aizsprostot (aizšķērsot) ceļu; **~se** *rfl* aizspriesties

atormentar *v* **1.** spīdzināt; mocīt; **2.** dusmoties; nervozēt

atornillar *v* pieskrūvēt; ieskrūvēt; saskrūvēt

atorrante *m (am.)* **1.** ubags; **2.** slaists, dīkdienis

atortolar *v* **1.** *sar.* samulsināt, apmulsināt; **~se** *rfl sar.* iemīlēties

atortujar *v* saplacināt; saspiest plakanu

atosigar *v* **1.** saindēt; **2.** uzbāzties; mocīt

atóxico *a* bez indes

atrabajado *a* **1.** nostrādājies, darbā noguris (nomocījies); **2.** samocīts, neveikls (*stils u. tml.*)

atrabanco *m* **1.** slikts (neprasmīgs, paviršs) darbs; **2.** haltūra

atrabiliario *a* drūms, tumšs, ļauns (*par domām u. tml.*); saīdzis, drūms

atracada *f* **1.** (*kuģa*) piestāšanās; **2.** (*kub.*) strīds, kautiņš

atracadero *m* (*kuģa*) piestātne

atracador *m* [ap]laupītājs

atracarª *v* [ap]laupīt

atracarᵇ *v* **1.** pieēdināt; sadzirdināt; **2.** piestāt, pietauvoties (*par kuģi*); **~se** *rfl* pieēsties; pārēsties

atracción *f* **1.** *fiz.* pievilkšana; **2.** pievilcība, šarms; **3.** atrakcija; (*par kinofilmu, lugu u. tml.*) grāvējs; parque de ~es – izpriecas vieta (parks)

atraco *m* [ap]laupīšana; [laupītāja] uzbrukums

atractiv‖o I *a* **1.** pievelkošs-; pievilkšanas-; fuerza ~a – pievilkšanas spēks; **2.** pievilcīgs, valdzinošs; **II** *m* **1.** pievilcība, pievilcīgums; **2.** vilinājums

atraer *v* **1.** pievilkt [klāt]; **2.** [sa]valdzināt; iegūt (*kāda*) simpātijas; **3.** iesaistīt, iekļaut; ~ con promesas – pievilināt ar solījumiem; ~ a su bando – pārvilkt savā pusē

atragantarse *v rfl* **1.** aizrīties; **2.** *sar.* sastomīties, sastostīties

atramparse *f rfl* **1.** ieskriet (iekrist) lamatās; **2.** piesērēt, aizsērēt (*par cauruli, grāvi*); **3.** aizkrist (*par slēdzeni*)

atrancar *v* **1.** aizbultēt, aiztaisīt aizbīdni; **2.** soļot lieliem soļiem; **3.** *sar.* [paviršī] pārlasīt; lasīt ātri, norijot vārdus

atrapar *v sar.* **1.** notvert, noķert (*zagli u. tml.*); ~ un novio – nomakšķerēt līgavaini; **2.** saķert (*iesnas u. tml.*); pieķert (*melos*); **3.** piemuļķot, apvest ap stūri; ◇ quien anda primero, primero atrapa – kas pirmais brauc, tas pirmais maļ

atrás *adv* **1.** atpakaļ; años ~ – daudzus gadus atpakaļ, pirms gadiem; **2.** iepakaļ, nopakaļ; aizmugurē, aiz muguras; por ~ – no mugurpuses; hacerse ~ – atkāpties; quedarse ~ – 1) atpalikt; 2) labi nesaprast; dejar ~ – atstāt aiz sevis; mirar ~ – paskatīties atpakaļ, atskatīties; ◇ volverse ~ – ņemt atpakaļ savus vārdus; desde muy ~ – kopš seniem laikiem; ¡~! – atpakaļ!

atrasado I *a* **1.** atpalicis; **2.** aizkavējies (*par attīstību*); ir ~, estar ~ – būt vēlākam (*par pulksteni*); el reloj va ~ – pulkstenis atpaliek; **3.** nokavēts (*par maksājuma termiņu*); **4.** ar parādiem, parādos iestidzis; **II** *m* nodokļu (nodevu) parādi

atrasar *v* **1.** atlikt; pagarināt (*termiņu*); novilcināt, vilkt garumā; **2.** pagriezt atpakaļ (*pulksteni*); **3.** atpalikt [attīstībā]; **~se** *rfl* novēloties, nokavēties

atraso *m* **1.** nokavēšana; novēlošana; **2.** aizkavēšana, novilcināšana; **3.** atpalicība; ~ mental – garīga atpalicība; **4.** ~s *pl* (*plāna izpildes, maksājumu*) parādi

atravesado I *a* **1.** greizs; **2.** šķielējošs; **3.** *sar.* nepatiess; divkosīgs; melīgs; **II** *m* jauktenis, krustojums (*par dzīvniekiem*); tener atravesado a alguien en la garganta – nevarēt [pa]ciest kādu

atravesar *v* **1.** [no]likt šķērsām (*pār ceļu u. tml.*); **2.** šķērsot; ~ la calle – pāriet pār ielu, šķērsot ielu; **3.** caururbt, izurbt cauri; **4.**: ~ una crisis – pārciest krīzi, atrasties krīzes stāvoklī; ◊ ~ una palabra con alguien – parunāties (pārmīt dažus vārdus) ar kādu; **~se** *rfl* **1.** stāties ceļā (*kam*); **2.** iejaukties (*sarunā*); **3.** strīdēties; **4.** negaidīti notikt

atreguar *v* **1.** dot atelpu; **2.** noslēgt pamieru

atrenzo *m* (*am.*) **1.** grūtības; posts; bēdas; **2.** konflikts

atreverse *v rfl* uzdrošināties, iedrīkstēties; ~ a [alguna cosa] – uzdrošināties ķerties klāt [kādai lietai]; ~ con [alguien] – 1) uzdrošināties tuvoties (*kādam*); 2) uzsākt strīdu (*ar kādu*)

atrevido *v* drošs, pārdrošs; drosmīgs; un vestido ~ – izaicinošs tērps

atribución *f* **1.** (*ordeņa u. c.*) piešķiršana; **2.** (*piem., vainas*) piedēvēšana; **3.** tiesības; pilnvara

atribuir *v* **1.** piešķirt (*ordeni u. tml.*); ~ un titulo honorífico – piešķirt goda nosaukumu; **2.** piedēvēt (*vainu*)

atribulación *f* bēdas; skumjas; sirdēsti

atribular *v* apbēdināt; darīt rūpes (raizes)

atributo *m* **1.** atribūts, piederums; **2.** īpašība; **3.** *gram.* apzīmētājs

atrición *f* nožēlošana

atril *m* **1.** (*nošu*) pults; **2.** *bazn.* lasāmais galdiņš

atrincherarse *v rfl mil.* ierakties

atrio *m* **1.** vestibils, priekštelpa; **2.** pagalms (*mājas priekšā*); **3.** *arhit.* ātrijs; **4.** baznīcas priekša, baznīcas piedurve

atrocidad *f* necilvēcīgums, zvērība; šausmas; ◊ ¡qué ~! – šausmas!, neiespējami!; neticami!; decir (hacer) ~es – stāstīt (darīt) visneiespējamākās lietas

atronado *a* neapdomāts; pārsteidzīgs; bezjēdzīgs

atronador I *a* dārdošs; skaļš; apdullinošs; aplausos ~es – vētraina piekrišana; vētraini aplausi; **II** *m* bļauris, kliedzējs; voz ~ a – pērkondimdoša balss

atronar *v* apdullināt (*par troksni*)

atropa *f* beladonna

atropar *v* **1.** pulcēt, pulcināt; **2.** sakasīt, sagrābt (*sienu*)

atropelladamente *adv* steigā; hablar ~ – runāt ātri

atropellado *a* 1. pārsteidzīgs; 2. ātras dabas-

atropellar *v* 1. apgāzt; sabraukt; izgrūstīt; 2. *pārn.* aizskart (*ar vārdiem*); meklēt kašķi; 3. nodarīt pāri (*lietojot varu*); 4. (por) neievērot, nepiegriezt vērību; ignorēt; ~ la justicia – pārkāpt likumu; ~ por todos los obstáculos – pārvarēt visus šķēršļus

atropello *m* 1. grūstīšanās, spiešanās, drūzmēšanās; 2. satiksmes nelaimes gadījums; sadursme; 3. varmācība, brutalitāte; spaidi; 4. aizskaršana (*ar vārdiem*); nolamāšana

atropurpúreo *a* tumši violets

atroz (*pl* atroces) *a* 1. šausmīgs, briesmīgs; riebīgs; 2. milzīgs; ārkārtīgi liels; un dolor ~ – ārkārtīgas (neciešamas) sāpes; estatura ~ – milzīgs augums

atuendo *m* 1. greznums; krāšņums; 2. tērps (*piem., tautas*)

atufarse *v rfl* 1. pieņemt sliktu smaku; būt piesūcies ar sliktu smaku; 2. *sar.* saskaisties, saniknoties

atufo *m* dusmas, niknums

atún *m* 1. tunzivs; 2. *sar.* resnvēderis; ◊ pedazo de ~ – liels muļķis; ir por ~ y a ver al duque – nošaut divus zaķus

aturdido *a* 1. neapdomīgs, vieglprātīgs; 2. samulsis; apstulbis; 3. *sar.* stulbs

aturdimiento *m* 1. apstulbums, liels pārsteigums; 2. stulbums

aturdir *v sar.* apstulbināt; pārsteigt; **~se** *rfl* izbrīnīties; būt pārsteigtam

aturrullar *v sar.* samulsināt, apstulbināt; izsist no sliedēm

atusar *v* 1. apgriezt, apcirpt; 2. saglaust, pieglaust (*matus*); **~se** *rfl* uzcirsties, izgreznoties

auca *f* zoss

audacia *f* drosme; brašums; pārdrošība, nebēdnība

audaz (*pl* audaces) *a* drosmīgs; brašs; nebēdnīgs

audibilidad *f* dzirdamība; límites de ~ – dzirdamības slieksnis

audición *f* klausīšanās; ~ musical – [radiofona] koncerts; ~ de testigos *jur.* – liecinieku nopratināšana

audiencia *f* 1. *jur.* iztiesāšana; tiesas sēde; hacer ~ – tiesāt; 2. audience, pieņemšana; dar ~ – 1) pieņemt audiencē; 2) pielaist (*apmeklētāju*), uzklausīt (*kādu*); 3. audiences zāle; 4. tiesa, tiesas zāle; ~ provincial – lauku tiesa

auditivo I *a* dzirdes-, II *m* (*telefona*) klausule

auditor *m* 1. klausītājs; 2. auditors, tiesas priekšsēdētājs; ~ de guerra – kara tiesnesis

auditorio *m* auditorija, klausītāji

auge *m* 1. uzplaukums, augšupeja;

estar en ~ – uzplaukt (*par saimniecību u. tml.*); **2.** *astr. sk.* **apogeo**

augurar, agorar *v* pareģot; vēstīt

augurio *m* zīme, pazīme; pareģojums

augusto *a* **1.** cēls, cildens; **2.** dižs

aula *f* **1.** aula; auditorija; klase; **Aula Magna** aktu zāle; **2.** *poēt.* karaļa pils

áulico I *a* galma-, pils-; **II** *m* galminieks

aullar *v* kaukt, gaudot

aullido, aullo *m* kauciens; kaukšana, gaudošana

aumentar *v* **1.** vairot, pavairot; palielināt; paaugstināt; paplašināt; ~ el sueldo – paaugstināt algu; **2.** vairoties; pieņemties, pieaugt

aumento *m* pieaugums; (*cenu, algas*) paaugstinājums; paplašinājums; ~ de la población – iedzīvotāju pieaugums; lente de ~ – palielināmais stikls; ir en ~ – iet augšup; kāpt, celties

aun I *adv* pat; ni ~ intentó hacerlo – viņš pat necentās to darīt; **II** *conj*: ~ cuando – kaut arī, lai arī

aún *adv* vēl, joprojām; aún está enfermo – viņš vēl ir slims; aún más – vēl jo vairāk; ~ llueve – vēl (joprojām) līst

aunar *v* **1.** saistīt; savienot; apvienot; **2.** [sa]kombinēt; ~ esfuerzos – apvienot spēkus; ~ criterios – saskaņot viedokļus

aunque *conj* kaut arī, lai arī; kaut gan, lai gan; pat [ja]

¡aúpa! *interj* hop!; de aúpa – satriecošs

aupar *v sar.* **1.** palīdzēt piecelties [kājās]; palīdzēt tikt augšā; **2.** saslavēt, izlielīt, celt debesīs

aura *f* **1.** vēsma, viegls vējiņš; **2.** popularitāte, slava; **3.** (*asins*) pieplūdums

áureo I *a* **1.** *poēt.* zelta-; zeltains; **2.** apzeltīts; **II** *m* zelta gabals (*sena zelta monēta Kastīlijā*)

aurícula *f* **1.** auss gliemene; auss; **2.** *anat.* sirds priekškambaris

auricular I *a* **1.** auss-; ausu-; **2.** klausāmais-; **II** *m* **1.** klausāmais radziņš (stobriņš); **2.** (*telefona*) klausule; **3.** ~es *pl* [radio]austiņas; confesión ~ – grēksūdze

aurora *f* **1.** rīta blāzma; rītausma; **2.** *pārn.* ausma, rīts; sākums; **3.** dzēriens no mandeļpiena; ◇ ~ boreal – ziemeļblāzma, kāvi

auscultar *v med.* izklausīt, auskultēt

ausencia *f* **1.** prombūtne; neierašanās; ~ injustificada al trabajo – neattaisnots darba kavējums; ~ sin permiso – patvaļīga prombūtne; **2.** trūkums, defekts; kļūda; ◇ hacer malas ~s a alguien – slikti par kādu runāt (*viņa prombūtnes laikā*)

ausentarse *v rfl* aiziet; aizbraukt; aizceļot

ausente *a* klāt neesošs, trūkstošs

auspicio *m* **1.** [iepriekšēja] zīme,

pazīme; **2.** ~s *pl* aizstāvība, aizsardzība; palīdzība; šefība
austero *a* **1.** ar stingru morāli, ļoti tikumisks; **2.** stingrs, bargs; skarbs; **3.** [sevī] noslēdzies; **4.** sūrs, rūgts; skāņš
austral *a* dienvidu-, polo ~ – Dienvidpols; hemisferio ~ – Dienvidu puslode
australiano I *a* Austrālijas-; austrāliešu-; **II** *m* austrālietis
austríaco I *a* Austrijas-; austriešu-; **II** *m* austrietis
austro *m* dienvidvējš, dienvidi
auténtica *f* **1.** oriģināls; **2.** apstiprināts noraksts; **3.** apliecība; apliecinājums
autenticidad *f* ticamība; (*dokumenta*) īstums
auténtico *a* ticams; īsts; firma ~ a – personīgais paraksts
autillo *m* pūce (*viena no pasugām*)
auto-[a] (*priedēklis*) paš-, pat-, auto-
auto[b] *m* **1.** *jur.* tiesas lēmums (spriedums); ~ definitivo – galīgais spriedums; ~ interlocutorio – iepriekšējs lēmums; **2.** rīkojums; pavēle; **3.** ~s *pl* lietas (*dokumenti*); **4.** *teātr.* auto (*īsa drāma ar alegorisku sižetu vai ar sižetu no Bībeles*); ~ de fe – autodafē (*sadedzināšana uz sārta*); ◇ estar en ~s – būt lietas kursā (*par kaut ko*); poner en ~s – iepazīstināt (*ar kādu lietu u. tml.*)
auto[c] *m sar.* automobilis

autocamión *m* smagais automobilis, kravas mašīna
autocar *m* tūristu autobuss
autóctono I *a* **1.** iezemiešu-; iedzimto-; vietējo-; **2.** savdabīgs; **II** *m* pirmiedzīvotājs
autodeterminación *f* pašnoteikšanās; derecho de las naciones a la ~ – nāciju pašnoteikšanās tiesības
autoeducación *f* pašizglītība
autofinanciamiento *m* saimnieciskais aprēķins
autogobierno *m* pašpārvalde
autolatria *f* patmīlība
autómata *m* automāts
automóvil *m* automobilis, automašīna; conducir un ~ – vadīt automašīnu; ir en ~ – braukt automašīnā, braukt ar auto; canoa (bote) ~ – motorlaiva; fábrica de ~ es – autorūpnīca
autónomo *a* autonoms; república ~a – autonomā republika
autopista *f* autostrāde, autoceļš
autor *m* **1.** radītājs; iniciators; **2.** autors; sacerētājs; derecho de ~ – autortiesības; **3.** *jur.* vainīgais
autoridad *f* **1.** autoritāte; prestižs; tener ~, gozar de ~ – būt autoritatīvam; hablar con ~ – autoritatīvi runāt; **2.** spēks, vara; tiesības; de propia ~ – patvaldnieciski, patvaļīgi; pasado en ~ de cosa juzgada – 1) *jur.* stājies likumīgā spēkā; 2) pats par sevi saprotams,

neapstrīdams; **3.** ~es *pl* priekšniecība; valdības iestāde
autoritario *a* **1.** autoritatīvs; **2.** valdonīgs
autorizado *a* **1.** autoritatīvs; noteicošs; vadošs; **2.** autorizēts; **3.** pilntiesīgs, ar tiesībām (*uz kaut ko*); ~ para recibir ... – ar tiesībām saņemt ...; **4.** cienījams; ievērojams; **5.** ticams
autorretrato *m* pašportrets
autoservicio *m* pašapkalpošanās
autovía *f* autoceļš
autumnal *a* rudenīgs; rudens-
auxiliar I *a* palīga-; palīg-; economia ~ – palīgsaimniecība; verbo ~ gram. – palīga darbības vārds; **II** *m* **1.** palīgs; **2.** asistents (*universitātē*); **3.** palīgstrādnieks; **4.** palīgskolotājs; **III** *v* **1.** palīdzēt, sniegt palīdzību; izpalīdzēt; **2.** veicināt, sekmēt
auxilio *m* palīdzība; atbalsts; prestar ~ – sniegt palīdzību; Auxilio Social – tautas sociālā aizgādība (*Spānijā*); correr en ~ – nākt palīgā; pedir ~ – saukt palīgā; prestar ~ – sniegt palīdzību
avadar *v* kļūt seklam (pārbrienamam) (*par upi*)
aval *m* **1.** (*vekseļa*) galvojums; **2.** garantija (*dokuments*), garantijas zīme
avalancha *f* lavīna
avalar *v* **1.** galvot (*vekseli*); **2.** dot garantiju, garantēt
avalentado *a* lielīgs; bravūrīgs

avalentarse *v rfl* lielīties, dižoties; tēlot varoni, izlikties par varoni
avalista *m, f* (*vekseļa*) galvotājs, -a, galvinieks, -ce
avalorar *v* **1.** novērtēt, noteikt vērtību; **2.** novērtēt; atzīt par svarīgu; **3.** iedvest drosmi, iedrošināt; iedvesmot
avaluar *v* cienīt, atzīt
avance *m* **1.** *mil.* virzīšanās uz priekšu, uzbrukums, ofensīva; **2.** avanss; **3.** *sk.* **avanzo**
avanzada *f mil.* **1.** avangards, priekšpulks; **2.** uzbrukums
avanzad‖o *a* **1.** izvirzījies; priekšēj[ai]s; posición ~a *mil.* – priekšējā pozīcija; **2.** sekmīgs; tāds, kas gūst (guvis) panākumus; **3.** progresīvs; ideas ~as – progresīvi uzskati; ◊ de edad muy ~a – [labi] gados, padzīvojis
avanzar *v* **1.** pavirzīt (pabīdīt) uz priekšu; **2.** *mil.* uzbrukt, iet triecienā; izrauties uz priekšu; **3.** iet uz priekšu (*par laiku, gadiem*); **4.** izvirzīties; **5.** progresēt; **6.** maksāt uz priekšu, dot avansu
avanzo *m* **1.** bilance; **2.** tāme, iepriekšējs aprēķins
avaricia *f* **1.** skopums; **2.** mantkāre, mantrausība
avaro, avaricioso I *a* **1.** skops; ~ de palabras *pārn.* – kūtrs uz runāšanu; mazrunīgs; **2.** mantkārīgs, mantrausīgs; **II** *m* skopulis; mantrausis

avasallar *v* verdzināt; kalpināt; pakļaut sev

ave *f* putns; ~ de paso (pasajera, peregrina) – gājputns; ~ de rapiña – laupītājputns; ~ silvestre (brava, montaraz) – meža (savvaļas) putns; ~s [de corral] mājputni; ~s cautivas – istabas putni; ~ de Paraíso – paradīzes putns; ~ nocturna – naktsputns; ◊ ~ de mal agüero – nelaimes putns; ~ de alabarda – muļķis

avecinarse *v rfl* tuvoties

avecindar *v* **1.** nometināt; **2.** dot pilsoņa tiesības

avejentarse *v rfl* **1.** izskatīties vecākam par saviem gadiem; **2.** pāragri novecot

avellana *f* (*lazdu*) rieksts; ~ americana – zemesrieksts

avena *f* auzas; ~ machacada – auzu pārslas

avenar *v* drenēt; nosusināt (*purvu*)

avenencia *f* **1.** vienošanās; izlīgums; **2.** vienprātība, saskaņa

avenida *f* **1.** pali, [pavasara] plūdi; **2.** aleja; prospekts; **3.** ~s *pl mil.* pieeja; **4.** ~s *pl pārn.* pieplūdums, uzplūdums

avenido *a*: estar bien ~ – būt vienis prātis; labi saprasties; mal ~ – nevienprātīgi; matrimonio mal ~ – nesaskanīgas laulības

avenir *v* **1.** samierināt, salabināt; **2.** nokārtot; **3.** [at]gadīties, notikt; ~**se** *rfl* **1.** samierināties, izlīgt; **2.** samierināties (*ar kaut ko*); piemēroties; ~se a – iejusties; aprast (*ar ko*); ~se a todo – samierināties ar visu; ◊ allá te las avengas – tā ir tava darīšana

aventador *m* **1.** *lauks.* vētītājs; **2.** dakšas, sakumi

aventajado *a* **1.** izcils (*skolnieks u. tml.*); teicams; lielisks; **2.** priviļeģēts; ◊ ~ de estatura – slaidi noaudzis, garš; soldado ~ – jefreitors; kareivis ar paaugstinātu algu

aventajar *v* **1.** būt pārākam (*mācībās*); izcelties (*ar spējām*); pārsniegt (*augumā, augstumā*); pārspēt; **2.** atbalstīt, veicināt, protežēt; **3.** dot priekšroku, atzīt par labāku; ~**se** *rfl* izcelties (*ar spējām*); aizsteigties priekšā, pārspēt

aventar *v* **1.** [iz]vēdināt (*istabu u. c.*); **2.** *lauks.* vētīt; **3.** *sar.* izmest ārā (*kādu*); aizpūst (*par vēju*); **4.** šķiest, tērēt

aventura *f* avantūra; dēka; meterse en ~s – meklēt dēkas; ielaisties avantūrās; novela de ~s – piedzīvojumu romāns; gadījums, nejaušība

aventurarse *v rfl* iedrošināties, riskēt; ~ en ... – ielaisties

aventurero *m* piedzīvojumu meklētājs; avantūrists

avergonzarse *v rfl* **1.** [no]kaunēties; **2.** pietvīkt, nosarkt

avería *f* **1.** avārija; sufrir una ~ – ciest avāriju; **2.** sasišanās, sadauzīšanās, sabojāšanās (*par precēm – pārvadājot*); zaudējums

averiarse *v rfl* 1. ciest avāriju; salūzt; 2. sabojāties, samaitāties (*par precēm*)

averiguar *v* 1. izmeklēt; 2. izlūkot, izspiegot; izdibināt; ~ escuchando – noklausīties

averrugado *a* kārpains

aversión *f* nepatika; antipātija; riebums, pretīgums

avestruz (*pl* avestruces) 1. *m* strauss; 2. cietpauris

avetado *a* dzīslains; (*par koku*) svēdrains

avezar *v* pieradināt (*pie kaut kā*); ieradināt

aviación *f* aviācija; ~ de asalto – triecienaviācija; ~ de caza – iznīcinātāju aviācija; unidad de ~ – aviācijas daļa; campo de ~ – aerodroms, lidlauks; escuadrilla de ~ – aviācijas nodaļa

aviador *m* 1. lidotājs; pilots; 2. (*am.*) naudas aizdevējs; kreditors

aviar *v* 1. sagatavot visu (*ceļam*); sapost; 2. apgādāt (*ar naudu*; *ar nepieciešamo*); 3. (*am.*) aizdot naudu, dot uz kredīta; ◊ ¡vamos aviando! – vienmēr moži! (*pamudinošs izsauciens*); estar bien aviando – būt pamatīgi iekritušam

avícola *a* putnkopības-; granja ~ – putnu ferma

avicultura *f* putnkopība

avidez *f* 1. kāre, alkatība; 2. rijība

ávido *a* 1. kārīgs, alkatīgs; ~ de saber – ziņkārīgs; ~ de lucro – mantkārīgs, peļņas kārs; ~ de sangre – asinskārs; 2. rijīgs

avieso *a* 1. šķībs, greizs; 2. neizdevies; ačgārns; aplams; 3. jucis, ķerts; 4. slikts; nekrietns; blēdīgs

avigorar *v* 1. nostiprināt, dot spēku; 2. uzmundrināt, iedvesmot

avillanado *a* 1. zemniecisks, lauciniecisks; vulgārs (*par valodu*); 2. rupjš; nekrietns

avinagrado *a* 1. skābs kā etiķis; pārvērties etiķī (*par vīnu*); 2. *sar.* īgns; kašķīgs, nesaticīgs; estar ~ – būt sliktā omā

avío *m* 1. apgādāšana [ar visu nepieciešamo]; 2. ēdamais (*ko dod līdzi ganam, strādniekam uz lauka*); 3. ~s *pl* darba rīki, piederumi; ~s de afeitar – bārdas dzenamie piederumi; ~s de escribir – rakstāmlietas; 4. (*am.*) naudas aizdevums, kredīts; ¡al ~! – pie darba!

avión *m* lidmašīna; ~ de caza – iznīcinātājs; ~ de cohete – raķešlidmašīna; ~ de enlace – sakarlidmašīna; ~ de corrección – lidmašīna koriģētāja; ~ de reacción (de retropropulción a chorro; reactivo) – reaktīvā lidmašīna; ~ de pasajeros – pasažieru lidmašīna

avioneta *f av.* neliela lidmašīna; sporta lidmašīna

avisado *a* 1. uzmanīgs, piesardzīgs; 2. *pārn.* slīpēts; gudrs; mal ~ –

tāds, kurš rīkojas nesaprātīgi (nepārdomāti)

avisador I *a* brīdinošs; **II** *m* ziņnesis, izsūtāmais; [eléctrico] – [ugunsgrēka] signālierīce; ~ de la borrasca – vētras signāls

avisar *v* **1.** [pa]ziņot; **2.** darīt uzmanīgu; brīdināt; atgādināt; **3.** pieteikt; **4.** (*am.*) ievietot sludinājumu (*avīzē*)

aviso *m* **1.** paziņojums; dar ~, pasar ~ – darīt zināmu; **2.** brīdinājums; atgādinājums; sin ~ – nebrīdinot; con previo ~ – ar brīdinājumu; **3.** norādījums; padoms; **4.** informācija; **5.** (*am.*) sludinājums; ◊ andar (estar) sobre ~ *sar.* – būt modram, turēt acis vaļā; ¡avisón! – uzmanību!, uzmanīgi!

avispa *f* lapsene

avispado *a* možs, acīgs; viltīgs

avispero *m* **1.** lapseņu pūznis; **2.** sarežģīta (nepatīkama) lieta; **3.** *med.* karbunkuls

avispón *m* kamene

avistar *v* pamanīt, ieraudzīt (*tālumā*); ~se *rfl* satikties

avivar 1. atdzīvināt, uzmundrināt; iejūsmināt; **2.** sabikstīt (*uguni*); uzpūst (*liesmu*); **3.** *pārn.* uzkurināt, iekvēlināt; ◊ ~ el paso – iet ātrāk, paātrināt soli; ~ una herida – uzplēst rētu; ~ el ojo – turēt acis vaļā; ~ la pasión – uzkurināt kaislību

avizor I *a* **1.** modrs; ojo ~ – modra acs; **2.** pētījošs; **II** *m* novērotājs; izlūks; spiegs

avocar *v* nodot augstākajai tiesai (*kādu lietu*); pārsūdzēt augstākā instancē

avutarda *f* lielā sīga (*putns*)

axila *f* paduse

axiomático *a* aksiomātisks, neapstrīdams

ay I *interj* vai!, ai!, ak!; ¡~ de mi! – ak, es nelaimīgais!; vai manu!; ¡~ del que...! – vai tam, kurš ...!, lai sargās tas, kas ...!; **II** *m* nopūta, žēlaba

ayer *adv* **1.** vakar; ante~ – aizvakar; de ~ acá – kopš vakardienas; **2.** nesen; de ~ a hoy – 1) kopš (pirms) neilga laika; 2) neilgā laikā; ◊ el ~ de la vida – jaunība, jaunības gadi; pagātne

aya *m* audzinātāja; mājskolotāja

ayuda *f* **1.** palīdzība; piepalīdzība; atbalsts; ~ mutua – savstarpēja palīdzība; ~ de vecinos *sar.* – citu palīdzība; prestar (dar) ~ – sniegt palīdzību, atbalstu; **2.**: ~ de cámara – kambarsulainis; **3.** *med.* klizma; echar una ~ – taisīt klizmu

ayudante *m* **1.** asistents; palīgs; ~ de laboratorio – laborants; **2.** *mil.* adjutants; **3.** palīgskolotājs

ayudar *v* palīdzēt; atbalstīt; ~ a alguien a algo – piepalīdzēt kādam kaut kur; ◊ ~ bajo cuerda – būt iejauktam kādā lietā

ayunador *m* gavētājs

ayunar v 1. gavēt; ~ después de harto – neievērot gavēni; 2. atturēties

ayun‖o I a neēdis; ◇ en ~as – tukšā dūšā; quedarse en ~as – 1) palikt tukšā; 2) palikt neziņā; **II** m gavēnis; badošanās

ayuntamiento m 1. rātsnams, pilsētas domes nams; 2. pilsētas valde; municipalitāte; 3. apvienošana; savienojums; 4.: ~ carnal – dzimumakts

azabache m ahāts, melnais dzintars

azacán m ūdens nesējs; melnstrādnieks; ◇ estar (andar) hecho un ~ – strādāt kā katordzniekam

azada f, **azadón** m cērte, lauznis; kaplis; lāpsta (*ar šauru apakšējo daļu*)

azadonada f cirtiens ar kapli (cērti, lauzni, lāpstu); ◇ a la primera ~ – ar pirmo cirtienu, uzreiz, bez jebkādām grūtībām

azafrán m safrānaugs, krokuss; safrāns

azahar m citronkoka (apelsīnkoka) zieds; esencia de ~ – pomerančus mizu eļļa

azalea f acālija

azanca f pazemes strauts

azar m 1. nejaušība, sagadīšanās; 2. negaidīts notikums; neparedzēts atgadījums; 3. likteņa trieciens (piemeklējums); 4. (*kāršu spēlē*) nelaimīga kārts, nelaimīgs gājiens; 5. risks; ◇ juego de ~ – azartspēle; al ~ – uz labu laimi; akli; por puro ~ – tīrās nejaušības dēļ

azaroso a 1. bīstams, riskants; 2. nelaimīgs; kļūmīgs, likteņīgs; una vida ~ a – piedzīvojumu pilna dzīve

ázimo a neraudzēts (*par mīklu*)

ázoe m ķīm. slāpeklis

azófar m misiņš

azogadamente adv sar. ātri; dzīvi

azogado a 1. pārklāts ar dzīvsudrabu; dzīvsudrabu saturošs; 2. sar. kustīgs, nemierīgs

azogarᵃ v pārklāt ar dzīvsudrabu; amalgamēt; ~se rfl 1. saindēties ar dzīvsudraba iztvaikojumiem; 2. sar. būt nemierīgam; rosīties; skraidīt šurpu turpu

azogarᵇ v dzēst kaļķus

azogue m dzīvsudrabs; ◇ ser un ~ – būt nemierīgam kā dzīvsudrabs

azor m [vistu] vanags

azorar v 1. izbiedēt, sabiedēt; 2. baidīt, biedēt, radīt bažas; 3. samulsināt, apmulsināt

azotacalles m, f sar. slaists, -e, dīkdienis -e

azotaina f pēriens; pārmācīšana; šaustīšana

azotar v 1. pātagot; pērt; 2. sist; pliķēt; 3. sar. pārmācīt; šaustīt; 4. šļakstēt (*par ūdeni*); sisties (*par vēju*); ◇ ~ las calles – slaistīties pa ielām; ~ la puerta – aizcirst durvis; ~ el aire – nest ūdeni caurā sietā

azote *m sar.* pātaga; pletne; rīksts; ◇ dar un ~ – iezvelt, iekraut (*kādam*); nelaimes vaininieks; publiska sodīšana, perot ar pletni

azotea *f* lēzens jumts

azúcar *m, f* cukurs; saharoze; ~ de remolacha – cukurbiešu cukurs; ~ de caña – cukurniedru cukurs; ~ de pilón – gabalcukurs; ~ de lustre – rafināde; ~ blanco, ~ de flor – pūdercukurs; ~ molido – smalkais cukurs; ~ glaseado – glazūra

azucarar *v* 1. cukurot; pārkaisīt ar cukuru; 2. *pārn.* saldināt

azucarera *f* 1. cukurtrauks; 2. cukurfabrika

azucena *f* baltā lilija

azufrado *a* 1. sērains; sēra-; 2. sēram līdzīgs, dzeltens

azufre *m* sērs

azul I *a* zils; ~ celeste – debeszils; ~ turquí – tumši zils; ~ de mar (marino) – jūras zils; **II** *m* zilgme; zilums

azulado *a* zilgans

azular *v* 1. krāsot zilu; 2. zilināt

azulear *v* zilgot, zilgmot; zilēt, zilgt

azulejo[a] *m* rudzupuķe

azulejo[b] **I** *a* zilgans; **II** *m* krāsns podiņš; flīze

azumbar *m* balzams, smaržīgie sveķi

azur *m* lazurīts

azumbrado *a sar.* piesūcies, sameties

azur *m* lazurīts

azuzar *v* 1. [uz]kūdīt, musināt; 2. [uz]rīdīt (*suni*); 3. kaitināt; izaicināt

azurita *f* zilais malahīts

B

baba *f* 1. siekalas, slienas; echar ~ – 1) siekaloties; 2) *pārn.* runāt ar putām uz lūpām; 2. gļotas; ◇ caérsele a uno la ~ – 1) skatīties, muti iepletis; 2) būt trakam (ķertam) (*uz kaut ko*); 3) iekerties (*iemīlēties*)

babador *m* krūšautiņš, (*mazbērna*) priekšautiņš

babaza *f* 1. biezas gļotas; 2. *zool.* gliemis, mīkstmiesis

babear *v* 1. siekalot, slienāt; 2. *sar.* luncināties (*ap kādu sievieti*);
◇ ~ de cólera – sprauslot no niknuma, runāt ar putām uz lūpām

babeo *m* siekalošanās, slienāšanās

babitonto *a* bezcerīgi dumjš, stulbs

babor *m jūrn.* bakborts (*kuģa kreisā puse*)

baboso *a* 1. nosiekalojies, noslienājies; siekalains; 2. pārspīlēti galants; 3. (*am.*) dumjš; muļķīgs; aušīgs

babucha *f* rītakurpe, mājas kurpe (*bez papēža un kapes*)

bacalao, bacallao *m* 1. menca;

2. *pārn. sar.* kaulkambaris; está hecho un ~, es un ~ – vājš (izģindis) kā skelets; ◊ cortar el ~ – 1) komandēt (*mājās*); 2) noteikt toni (*sabiedrībā*); te conozco ~ – redzu tev cauri

bacanal I *a* bakhantisks; **II** *m* bakhanālija; orģija

bacante *f* bakhante

bacará *f* bakara (*kāršu spēle*)

bacía *f* **1.** [skūšanās] trauciņš; **2.** [mazgājamā] bļoda

bacífero *a* ogām bagāts

bacilo *m* bacilis

bacín *m* naktspods

bacinete *m* bruņucepure, ķivere

bacteria *f*, **bacterio** *m* baktērija

báculo *m* **1.** spieķis, nūja; zizlis; **2.** *pārn.* atbalsts, atspaids; mierinājums; ser el ~ de su vejez – būt atbalstam vecumdienās (*kādam*)

bache *m* **1.** gramba; bedre; **2.**: ~ de aire *av. sar.* – gaisa bedre

bachiller *m* **1.** bakalaurs; titulo de ~ ~ – bakalaura grāds; **2.** abiturients; **3.** *sar.* pļāpa

bachillerarse *v rfl* saņemt bakalaura grādu

bachillerear *v sar.* pļāpāt bez apstājas, tarkšķēt

badajada *f* **1.** zvans (*skaņa*); **2.** muļķība, aplamība

badil *m*, **badila** *f* **1.** krāsns kruķis; **2.** ogļu lāpstiņa

bagaje *m* **1.** bagāža, krava; **2.** *mil.* transporta līdzekļi, *arī* transports; ~ intelectual – intelektuālā bagāža

bagajero *m* **1.** bagāžnieks; **2.** *mil.*, *vēst.* vezumnieks

bagatela *f* **1.** sīkums; nieks; **2.** nieciņš, sīks greznuma priekšmets; **3.** nieki, blēņas

bagazo *m* **1.** nogulsnes, mieles; **2.** izspaidas; **3.** padibenes

bahía *f* (*neliels*) [jūras] līcis

bailable I *a* dejojams; dejas-, deju-, **II** *m* dejas numurs, deja (*koncertā*)

bailador *m* dejotājs

bailar *v* **1.** dejot; ~ un vals – dejot valsi; **2.** griezties [riņķī]; **3.** *sar.* būt vaļīgam, ļodzīgam; ◊ ~ el agua delante – rauties [vai] pušu; ~ el pelado – kļūt nabadzīgam, nonākt nabadzībā

bailarín *m* dejotājs; baletdejotājs

bailarina *f* dejotāja, baletdejotāja

baile *m* **1.** deja; ~ de cuenta – figūrdeja; ir a paso de ~ – iet dejojošā gaitā; **2.** balle, deju vakars; **3.** balets; ◊ ~ de San Vito *med.* – Svētā Vita deja

baja *f* **1.** krišana, krišanās; grimšana; mazināšanās; **2.** [cenu] pazemināšanās, dar ~ ~ – nokrist (*par cenu*), palētināties; [cenu] krišana; seguir en ~ ~ – turpināt kristies (*par cenām*); jugar a la ~ ~ – spekulēt ar cenu pazeminājumu (*biržā*); **3.** *mil.* zaudējums, neveiksme (*kaujā*); sin ~s – bez zaudējumiem; dar de ~ ~ –

uzskatīt par kritušu (zaudētu); **4.** (*jūras līmeņa*) kritums; ◊ darse de ~ – izstāties (*no biedrības*); likt sevi izsvītrot (*no saraksta*)
bajá *m* (*turku*) pašā
bajada *f* **1.** nokāpšana; nolaišanās (*no kalna u. tml.*); **2.** lejupceļš; **3.** nogāze; nokalne; **4.**: ~ de aguas – jumta rene, notekcaurule
bajamar *f* bēgums
bajamente *a* zemiski
bajar *v* **1.** iet lejā (zemē), noiet [lejā], nokāpt [lejā, zemē]; ~ la escalera – nokāpt (iet lejā) pa kāpnēm; **2.** izkāpt; ~ a tierra – izkāpt krastā; **3.** krist, kristies; pazemināties; mazināties; **4.** balēt, izbalēt (*par krāsām*); **5.** nocelt [lejā, zemē]; nonest [lejā]; nolaist [lejā]; ~ el telón – nolaist priekškaru; **6.** pazemināt (*cenas*; *balsi*); mazināt (*saspīlējumu u. tml.*); **7.** noliekt (*galvu*); ~ los ojos – nolaist acis; **8.** atskaitīt, izslēgt; ◊ ~ las orejas – nekurnot piekāpties; ~ los humos a uno – izdzīt kādam uzpūtību, aplauzt kādam ragus; hacer ~ el gallo – aizbāzt muti (*kādam*); **~se** *rfl* **1.** noliekties, pieliekties; **2.** noslīgt, nolaisties
bajel *m* kuģis; ~ de fuego *jūrn.* – branders
bajer‖**o** *a* apakšējais; apakš-; falda ~a – apakšsvārki; sábana ~a – palags
bajete *m* baritons

bajeza *f* **1.** zemiskums, nekrietnība; **2.** pazemība; samierināšanās; ~ de espíritu – mazdūšība
baj‖**o** **I** *a* **1.** zems; pazems; ~a presión – zems spiediens; **2.** mazs, neliela auguma-; **3.**: piso ~, planta ~a – apakšējais (pirmais) stāvs; **4.** kluss (*par balsi*); hablar ~ – runāt klusu; **5.** nolaists (*skatiens*); noliekts (*par galvu*); **6.** blāvs, nespodrs (*par krāsu*); **7.** *pārn.* zemisks, nelietīgs; **8.** sekls, nodrāzts (*par stilu*); **9.** zemas raudzes (*zelts*); **II** *m* **1.** bass; **2.** zema vieta; zemiene; **3.** ~os *pl* apakšveļa; **III** *adv* apakšā, lejā; uz leju; lejup; ◊ por lo ~ – klusībā, slepeni; **IV** *prep* zem; ar; uz; ¿~ qué? – zem kā?; ~ techado – zem jumta; ~ juramento – ar zvērestu; ~ palabra – uz goda vārda; ~ tutela – aizbildniecībā; por lo ~ – slepus, klusām
bajónª *m mūz.* fagots
bajónᵇ *m* **1.** (*veselības, omas*) pasliktināšanās; **2.** zaudējums; dar un ~ – 1) panīkt; 2) *pārn.* nolaisties
bajorrelieve *m* bareljefs, zemcilnis
bala *f* **1.** lode; ~ trazadora – trasējošā lode; ~ perdida – nomaldījusies (akla) lode; **2.** šāviņš; ~ de cañon – artilērijas lādiņš; **3.** baķis, ķīpa
balada *f* balāde
baladí (*pl* baladíes) *a* **1.** mazvērtīgs; **2.** sīks, mazs, niecīgs, neievērojams; **3.** nožēlojams

baladrero *m* kliedzējs, bļāvējs, bļauris

baladro *m* kliegšana, bļaušana

baladrón *m* lielībnieks; mutes bajārs

baladronear *v sar.* lielīties, dižoties, plātīties

bálago *m* **1.** salmi (*jumtam*), garsalmi; **2.** salmu kaudze; **3.** ziepju putas

balance *m* **1.** šūpošanās; līgošanās; grīļošanās; **2.**: ~ [comercial] – [tirdzniecības] bilance; hacer el ~ – noslēgt bilanci; **3.** *pārn.* svārstīšanās

balancear *v* **1.** šūpoties; līgoties; grīļoties; **2.** šūpot; **3.** līdzsvarot; **4.** *ek.* noslēgt bilanci; **5.** *pārn.* ~ en la duda – svārstīties; šaubīties

balanceo *m* **1.** balansēšana; **2.** šūpošanās; svārstīšanās

balandra *f jūrn.* neliels vienmasta kuģis, jahta

balandro *m* **1.** buru laiva; jahta; **2.** (*kub.*) zvejas kuģis

balanza *f* **1.** svari; svaru kauss; **2.** *pārn. sar.* apsvēršana; ◇ estar en ~ – svārstīties; caer la ~ – zaudēt līdzsvaru; pesar en la ~ de la justicia – labi apsvērt visus par un pret

balar *v* blēt; mēkšķināt

balaustrada *f* balustrāde; margas

balaustre *f* balustrs; [margu] statnis

balazo *m* **1.** šāviens; **2.** ievainojums no šāviena, šāviņa brūce

balbucear *v* **1.** stostīties, stomīties (*runājot*); **2.** murmināt; **3.** šļupstēt

balcón *m* **1.** balkons; ~ corrido – galerija; **2.** skatu laukums

baldadura *f*, **baldamiento** *m* paralīze

baldaquín *m* baldahīns

baldar *v* **1.** atņemt kustības spējas (*pēc slimības, no noguruma u. tml.*); **2.** *pārn.* paralizēt, apturēt

balde *m* ūdens spainis; toveris, kubls; ◇ de ~ – par velti, par brīvu; en ~ – veltīgi; estar de ~ 1) būt liekam; 2) dīkoties

baldear *v* **1.** noskalot (apliet) no spaiņa; **2.** *jūrn.* mazgāt [kuģa] klāju

baldíamente 1. veltīgi; **2.** neuzmanīgi, neapdomīgi

baldío I *a* **1.** neapbūvēts; **2.** neapstrādāts, atstāts atmatā; **3.** veltīgs; **II** *m* **1.** dīkdienis, slaists; **2.** tukša (neapbūvēta) vieta

baldón *m* **1.** lamas, nozākājums; **2.** kauna traips, negods

baldonar, **baldonear** *v* nolamāt

baldosa *f* flīze

balido *m* blēšana

baliza *f* bāka; boja; bakens

balneari‖o I *a* kūrorta-; estación ~a – kūrorta sezona; **II** *m* kūrorts

balón *m* **1.** balons; bumba (*sporta spēlei*); **2.** garkaklaina pudele; **3.** ķīpa, sainis; jugar al ~ – spēlēt bumbu

baloncesto *m* basketbols

balonmano *m* handbols
balonvolea *m* volejbols
balotar *v* vēlēt, balotēt
balsaᵃ *f* plosts; prāmis
balsaᵇ *f* **1.** peļķe; **2.** dūksnājs, muklājs; ◇ estar como una ~ de aceite – būt ļoti mierīgam (nesatricināmam)
balsamina *f* balzamīne
balsero *m* plostnieks
baluarte *m* **1.** *mil.* bastions; **2.** *pārn.* balsts; ~ de la paz – miera balsts
ballena *f* **1.** valzivs, valis; pesca de la ~ – valzivju (vaļu) medības; **2.** vaļa bārda
ballesta *f* **1.** *mil.*, *vēst.* stops; **2.** ~s *pl* atsperes; carruaje con ~s – atsperu rati; ekipāža uz atsperēm; ◇ a tiro de ~ – tālu, lielā attālumā
bambalear *v* **1.** ļodzīties; grīļoties; līgoties; zvalstīties; šūpoties; **2.** *pārn.* svārstīties, būt neziņā
bambarria *sar.* **1.** *m* Dieva dots cilvēciņš; vientiesis; **II** *f* laimīgs sitiens, izdevīgs gājiens (*spēlē*)
bambolla *f sar.* **1.** greznības kāre; **2.** lielīgums, plātīgums; uzpūtīgums
bambollero *a* lielīgs; melīgs
bambú, bambuc *m* bambuss, bambusniedre
banana *f* banāns
banastero *m* grozu pinējs
banasto *m* apaļš, augsts grozs (*pīts vai lubu*)
banca *f* **1.** sols; ķeblis; **2.** galds, lete (*tirgū*); **3.** banka (*kāršu spēlē*)

bancal *m* **1.** dobe (*dārzā*); **2.** tepiķis; pārklājs; **3.** sēklis
bancari‖**o** *a* bankas-; banku-
bancarrota *f* bankrots; bankrotēšana; ~ fraudulenta – ļaunprātīga bankrotēšana; hacer ~ – bankrotēt
bancoᵃ *m* **1.** sols; sēdeklis; ~ azul *vēst.* – ministra sēdeklis (*spāņu kortesos*); **2.** darbgalds; skrūvsols; ~ de carpintero – ēvelsols; **3.**: ~ de arena – sēklis; **4.** (*zivju*) bars; **5.** *ģeol.* slānis, kārta; ◇ estar en el ~ de la paciencia – izciest smagus pārbaudījumus; ~ de hielo – aisbergs; herrar o quitar el ~ – izšķirties: viens no diviem
bancoᵇ banka; billete de ~ – banknote; ~ de Estado – Valsts banka; ~ corresponsal – korespondējošā banka; darle poderes al ~ – pilnvarot banku; ~ inversionista – investīciju banka; utilizar los sorvicios del ~ – izmantot bankas pakalpojumus
banda *f* **1.** lente; **2.** apsējs, saite; **3.** strēmele, sloksne; **4.** plata josta; **5.** (*kuģa*) sāns, borts, mala; **6.** banda; ~ de ladrones – zagļu banda; **7.** orķestris; **8.** bars, pūlis, pulks; ◇ de la ~ de acá – šaipus; cerrarse a la ~ – stūrgalvīgi turēties pie (*kāda*) lēmuma, palikt pie sava; hacerse a la ~ – nerūpēties, neraizēties
bandada *f* **1.** (*putnu*) bars; **2.** pūlis, bars; a ~s – bariem

bandearse *v rfl sar.* sisties cauri (*dzīvē*); vilkt dzīvību
bandeja *f* paplāte
bandera *f* **1.** karogs; arriar; ~ – 1) nolaist karogu pusmastā; 2) padoties ienaidniekam (*par kuģi*); alzar la ~ – pacelt karogu; **2.** *mil.* bataljons; ◊ batir ~ *jūrn.* – salutēt; levantar ~ – nostāties priekšgalā, vadīt (*kustību*); jurar la ~ – dot zvērestu pie karoga
bandería *f* piesliešanās (*kādai partijai*)
banderilla *f* banderiļja (*neliels šķēps ar tam piestiprinātām krāsainām lentēm vērša kaitināšanai – vēršu cīņās*); ◊ poner a alguien una ~ – pateikt kādam dzēlību, iedzelt kādam
banderillero *m* banderiļjēro (*vēršu cīņas dalībnieks*)
banderín *m* **1.** karodziņš; **2.** *dzelzc.* signālkarodziņš
banderola *f* vimpelis
bandidaje *m* bandītisms, bandītu grupa
bando *m* **1.** [svinīga] paziņošana atklātībai; **2.** rīkojums; pavēle; dekrēts; echar ~ – publicēt rīkojumu (likumu); **3.** puse (*karā, manevros*); **4.** banda
bandola *f* **1.** *mūz.* bandola; **2.** *jūrn.* rezerves masts
bandolera *f* **1.** plecu siksna, šķērssiksna; en ~ – siksnā pakārts (*par ieroci*); **2.** patronsomas siksna
bandolero *m* laupītājs, bandīts
bandullo *m* vēders
banjo *m* (*am.*) *mūz.* bandžo
banquero *m* **1.** baņķieris; **2.** bankas turētājs (*kāršu spēlē*)
banqueta *f* **1.** ķeblītis, taburete; **2.** (*am.*) trotuārs, ietve
banquete *m* bankets; darse un ~ – garšīgi paēst
banquillo *m* **1.** ķeblītis, kāju soliņš; **2.** sols (*bez atzveltnes*); ~ de los acusados – apsūdzēto sols
bañadera *f* (*am.*) vanna
bañado *m* naktspods
bañador *m* peldkostīms; peldbiksītes
bañar *v* **1.** mazgāt; peldināt; **2.** apskalot (*krastu*); **3.** apspīdēt (*par sauli*); **4.** pārklāt ar glazūru; **~se** *rfl* mazgāties, iet vannā; iet peldēties
bañera *f* **1.** vanna; **2.** pirtniece
baño *m* **1.** pelde, vanna; ~ de fango – dubļu vanna; ~ de aire – gaisa pelde; tomar un ~ – iet vannā; ~ de vapor – tvaika pirts; **2.** pirts; vannas istaba; **3.** glazūra; **4.** ~s *pl* dziednieciskās vannas; kūrorts; ir a ~s – braukt uz kūrortu (vannām); **5.** tualete
baptisterio *m* *bazn.* kristījamais trauks
baqueta *f* **1.** rīkste, vica; **2.** jājamā pātaga; **3.** bungu sitamā vālīte; ◊ mandar a la ~ – rīkoties despotiski, tiranizēt

báquic||o *a* bakhantisks; canción ~a – dzērāju dziesma

barahunda *f* **1.** troksnis, kņada; **2.** [ļaužu] mudžeklis, burzma

baraja *f* **1.** spēļu kārtis (*komplekts*); **2.** ķilda, strīds; **3.** juceklis; ◇ jugar con dos ~s – būt divkosīgam; echarse en la ~, entrarse en la ~ – atmest kaut kam ar roku

barajar *v* **1.** jaukt (*kārtis*); **2.** *pārn.* sajaukt, saputrot; **3.**: ~ una proposición – atraidīt priekšlikumu; manipulēt (*ar skaitļiem, datiem*)

baranda *f* **1.** margas; **2.** mala (*biljardā*); **3.** rampa; echar de ~ – ļoti slavēt, celt debesīs

barata, baratura *f* **1.** lētums; maza cena; **2.** maiņa, [ap]mainīšana; a la ~ – nekārtīgi

baratear *v* [pārāk] lēti pārdot, pārdot par pusvelti

baratería *f* **I.** krāpšana, noblēdīšana (*tirdzniecībā*); **2.** kukuļņemšana (*tiesā*)

baratillo *m* **1.** sīkumtirgus, krāmu tirgus; **2.** veci krāmi; **3.** lietotu preču veikals

barato I *a* **1.** lēts; valer ~ – būt lētam; **2.** viegls; viegli sasniedzams; **II** *m* izpārdošana; **III** *adv* lēti; hacer ~ – lēti atdot (pārdot); ◇ dar de ~ – atzīt par labu; labprāt piekrist; labprāt piekāpties; de ~ – par velti, bez maksas; echar (meter) a ~ *sar.* – traucēt koncentrēties (*ar troksni, klaigām*)

barba *f* **1.** zods; **2.** bārda; ~ cerrada – pilnbārda; ~ en punta – smaila bārdiņa; **3.** *teātr.* veca vīra lomas tēlotājs; ◇ hombre de ~ – vīrišķīgs (drošsirdīgs) cilvēks; ~ a ~ – aci pret aci; a las ~s de ... – (*kāda*) acu priekšā; decir en sus propias ~s a alguien – pateikt kādam tieši acīs; hacer la ~ – 1) noskūt bārdu; 2) *pārn.* atcirst (*kādam*); traucēt, apnikt; subirse a las ~s de alguien – atļauties pret kādu (*kaut ko*); tener pocas ~s – būt vēl jaunam (bez pieredzes); echar a la buena ~ *sar.* – likt samaksāt par visiem, likt atvērt maku

barbacú *m* dzeguze

barbada *f* **1.** (*zirga, ēzeļa*) apakšžoklis; **2.** ķēdīte pie iemauktiem; **3.** bute

barbar *v* **1.** augt (*par bārdu*); **2.** laist saknes (*par stādu*)

barbaridad *f*, **barbarismo** *m* **1.** barbarisms; cietsirdīga apiešanās; **2.** rupjība; **3.** *pārn.* grāvējs; ¡qué barbarismo! – kādas muļķības, neticami!

barbarie *f* **1.** rupjība; barbarisms, zvērīgums; **2.** kultūras trūkums

bárbaro I *a* **1.** barbarisks, cietsirdīgs, zvērisks; **2.** rupjš, neaptēsts; **II** *m* barbars; mežonis

barbastela *f* sikspārnis (*lielausu*)

barbear *v* **1.** aizsniegt ar zodu līdz ...; sniegties līdz ...; **2.** pienākt klāt; tuvoties; **3.** pienākt pie krasta, piestāties (*par kuģi*)

barbería *f* (*vīriešu*) frizētava; mancebo de ~ – friziera palīgs
barbero *m* frizieris; bārddzinis
barbihecho *a* **1.** tikko (svaigi) noskūts; **2.** pieredzējis; tāds, kurš labi pārzina savu lietu
barbilampiño *a* bezbārdis;- ar retu bārdu
barbilindo, barbilucio *a* sievišķīgi glīts, ar sievišķīgu skaistumu (*par vīrieti*)
barbilla *f* **1.** zods, pazode; **2.** bārdiņa
barbiponiente, barbipungente I *a* ar pūciņām virs lūpas; **II** *m* pienapuika, iesācējs
barbón *m* **1.** bārdainis; cilvēks ar garu bārdu; **2.** āzis
barbotar *v* murmināt, purpināt
barbudo, barboso *a* bārdains
barbullar *v* buldurēt, bērt (*runāt ātri un neskaidri*)
barca *f* liellaiva, barka; ◇ ~ llana – prāmis; ◇ manejar bien la ~ – mācēt labi kārtot savas lietas
barcada *f* **1.** barkas krava; **2.** laivas brauciens (reiss)
barcalonga *f* zvejnieku laiva
barcaza *f* barkass; ~ de desembarco – desantkuģis
barco *m* **1.** kuģis; barka; ~ de vapor – tvaikonis; ~ de vela – buru kuģis; ~ de pesca – zvejas kuģis; ~ de un solo palo – vienmastnieks; ~ perdido – vraks; ~ mercante – tirdzniecības kuģis; ~ de pasaje – pasažieru kuģis; ~ rompehielos – ledlauzis; ~ frigorífico – refrižeratorkuģis
bardo *m* bards (*seno ķeltu dziesminieks*)
baritimia *f* melanholija
barítono *m mūz.* baritons
barjuleta *f* **1.** mugursoma; **2.** seglu soma
barloventear *v* **1.** *jūrn.* lavierēt; **2.** *sar.* klaiņot, staigāt [šurpu turpu]
barlovento *m jūrn.* vēja puse; costado de ~ – kuģa borts vēja pusē
barniz (*pl* barnices) *m* **1.** pernica; **2.** (*porcelāna, keramikas*) glazūra; **3.** lakojums; laka; **4.** kosmētika; **5.** *pārn.* ārējais spožums
barón *m* barons
barquear *v* **1.** pārcelt (pārvest) pār upi; **2.** pārbraukt pāri upei (*ar laivu*); **3.** *jūrn.* izsēsties krastā, aizbraukt līdz krastam (*ar laivu*)
barquero *m* laivinieks; kuģinieks
barquillero *m* **1.** vafeļu cepējs; vafeļu pārdevējs; **2.** vafeļu panna
barquillo *m* vafele
barquín *m* (*kalēja*) plēšas
barra *f* **1.** dzelzs sija; stienis; dzelzs sloksne; ~s de hierro – slokšņu dzelzs; ~ de cortina – aizkaru stienis; **2.** dzelzs svira; ~ de cambio de via *dzelzc.* – pārmija; **3.** lauznis; **4.** *fizk.*: ~ fija – stienis; ~s – paralēlas līdztekas; **5.** sēklis (*upes grīvā*); **6.** bāra lete; **7.**: ~ de jabón – ziepju gabals; ~ de carmín – lūpu zīmulis; ~ de chocolate –

šokolādes tāfelīte; ◇ sin pararse en ~s – ne ar ko nerēķinādamies, nesaudzīgi; estirar la ~ – veltīt visas pūles (*mērķa sasniegšanai*); tirar la ~ – pārdot par visaugstāko cenu; a ~s derechas – atklāti, nemelojot, bez mānīšanās; estar en ~s – gūt panākumus veikala lietās (darījumos); estitar la ~ *sar*. – līst no ādas laukā

barrabás *m* ļaundaris; nelietis; ser de la piel de ~ – būt nebēdnim, palaidnim (*par bērnu*)

barraca *f* **1.** baraka; **2.** zemnieka māja; **3.** (*am.*) noliktava

barragana *f* mīļākā, piegulētāja, konkubīne

barranco *m*, **barranca** *f* **1.** grava; aiza; **2.** šaurs kalnu ceļš, šaura kalnu taka; **3.** *pārn.* šķērslis, kavēklis; grūtības; salir del ~ – izkļūt no sarežģīta stāvokļa (no grūtībām); conseguir por trancas y ~ s *sar*. – kaut ko sasniegt ar milzīgu darbu

barrear *v* **1.** aizkraut, aizbarikādēt; **2.**: ~ lo escrito – izsvītrot; sasvītrot uzrakstīto

barredera *f* **1.** ielu slaukāmā mašīna; **2.**: red ~ – vads (*zvejai*)

barredura *f* **1.** slaucīšana; **2.** ~s *pl* saslaukas

barrena *f* **1.** urbis, svārpsts; **2.** *av.* grīste; entrar en ~ – grīstēt, iet grīstē

barrenar *v* **1.** urbt; izurbt; ieurbt; **2.** *av*. grīstēt; **3.** slepeni aizkavēt; kaitēt; izjaukt; **4.** pārkāpt likumu

barrendero *m* ielu slaucītājs; sētnieks

barreno *m* **1.** (*liels*) urbis; **2.** urbums; **3.** *mil*. fugass; **4.** godkāre, iedomība; **5.** (*am.*) mānija, iedoma; ◇ dar ~ *jūrn*. – nogremdēt kuģi; de ~ a ~ – no viena gala līdz otram, visā garumā

barreño *m* **1.** kubls, toveris; **2.** vanniņa; bļoda (*veļas, trauku mazgāšanai*)

barrer *v* slaucīt; mēzt; aizslaucīt; izslaucīt; atmest (*šaubas, domas*) ◇ ~ las costas – nodarboties ar pirātismu krasta tuvumā, aplaupīt krastmalu; ~ hacia dentro – visur gūt sev kādu labumu

barrera *f* **1.** barjera; ~ del sonido – skaņas barjera; nožogojums; aizsprostojums; **2.** *pārn*. šķērslis, kavēklis; ~ infranqueable – nepārvarams šķērslis; **3.** pirmā rinda skatītājiem (*vēršu cīņu arēnā*)

barrero *m* **1.** podnieks; **2.** dubļi, dubļu peļķe; staignājs

barretero *m* raktuvju strādnieks, kalnracis

barretina *f* kataloniešu cepurīte ar puškīti

barriada *f* pilsētas daļa, kvartāls

barrica *f* muca

barrido I *a* izslaucīts, izmēzts; II *m* **1.** slaucīšana, izslaucīšana; saslaucīšana; **2.** saslaukas, gruži

barriga f vēders; echar ~ – uzaudzēt vēderiņu; ◇ estar de ~ para el aire – sēdēt rokas klēpī salikušam

barrigón, barrigudo a resnvēderains, lielvēderains, vēderains

barril m **1.** muca; **2.** māta ūdenskrūze

barrilería f mucinieka darbnīca; mucu noliktava

barrilla f **1.** *bot.* kamieļzāle; **2.** kamieļzāles pelni (*no kā iegūst sodu*); **3.** soda

barrio m **1.** pilsētas daļa, kvartāls; iecirknis; ~ obrero – strādnieku kvartāls; ~ comercial – tirdzniecības kvartāls; **2.** priekšpilsēta; ◇ enviar (mandar) al otro ~ – aizraidīt uz viņpasauli

barrizal m staignājs, muklājs, slīkšņa; purvājs

barro m **1.** dubļi; **2.**: ~ mineral – dūņas; baños de ~ – dūņu vannas; curar con baños de ~ – ārstēt ar dūņām; **3.** māli; ~ blanco – podnieku māli; ~ de horno – krāšņu māli; ~ cocido – dedzinātie māli, terakota; ~ artificial para modelar – plastilīns; **4.** ~s *pl* podniecības izstrādājumi; **5.** ~s *pl med.* pūtītes, pinnes; ◇ ~ de la China – Ķīnas porcelāns; tener ~ a mano – būt naudai kā spaļiem

barroso a **1.** dubļains; **2.** mālains; māla-; māla krāsas-; **3.** piņņains, pūtītēm pārklāts

barrote m resns dzelzs stienis

barruntar v nojaust, paredzēt; manīt; ~ un peligro – nojaust nelaimi (briesmas)

barrunte m pazīme, simptoms

barrunto m nojauta, nojausma

bártulos m pl sar. mantas, lietas; iedzīve; krāmi; liar los ~ sar. – savākt mantiņas; prepacar los ~ – nodrošināties ar visu nepieciešamo

barullo m sar. mudžeklis; juceklis, jūklis; nekārtība; armar ~ – sacelt traci

basa f **1.** *arhit.* (*kolonnas*) pamatne; **2.** pamats; bāze; principi

basamento m *arhit.* cokols

basar v **1.** pamatot; bazēt; **2.** likt pamatu (*celtnei*); **~se** *rfl* balstīties uz, paļauties uz

basca f **1.** nelabums, slikta dūša; pretīgums; dar ~s – radīt sliktu dūšu, būt par iemeslu vemšanai; **2.** slikta oma; nospiestības sajūta; **3.** ~s *pl* bailes, nemiers

bascosidad, basura f **1.** riebums, pretīgums; **2.** netīrumi, atkritumi, mēsli

báscula f [balsta] svari; ~ decimal – decimālsvari; ~ automática – automātiskie svari; ~ electrónica – elektroniskie svari

base f **1.** (*ēkas*) pamats; **2.** *pārn.* pamats, bāze; sobre la ~ de ... – pamatojoties uz ...; dar una ~ sólida – izveidot drošu pamatu (zem kaut kā); ~ de operaciones *mil.* –

kara operāciju bāze; ~ naval, ~ marítima – jūras bāze; ~ de combustible – degvielu bāze; **3.** *mat.* pamatskaitlis; pamatlīnija; **4.** *ķīm.* bāze; ◇ ~ de partida – izejas stāvoklis (pozīcija); **5.** ~ de enchufe – elektrības rozete

básico *a* **1.** *ķīm.* bāzisks; **2.** pamata-; fundamentāls; būtisks

basílica *f* **1.** *arhit.* bazilika; **2.** pils

basilisco *m* **1.** *mit., zool.* bazilisks; **2.** *mil.* senlaicīgs lielgabals; ◇ estar hecho un ~ – spļaut uguni (zilas ugunis)

bastante I *a* **1.** pietiekams; **II** *adv* pietiekami, diezgan; ~ dihero, comida – pietiekami naudas, ēdiena; puslīdz; ~ bien – diezgan labi; apenas ~ – trūcīgi; tener ~ con algo – 1) pietikt ar kaut ko; 2) būt pietiekamā daudzumā; no tener nunca ~ – nekad nepietikt; tengo ~ s cosas que hacer – man ir daudz darāmā **bastar** *v* pietikt; būt pietiekami; ¡basta! – pietiek!, diezgan!; ¡ ~ de conversaciones! – pietiek runu!

bastardear *v* **1.** deģenerēties; izvirst; **2.** izveidoties citādi

bastardía *f* **1.** dzimšana ārlaulībā; **2.** nepiedienīga rīcība; nekrietnība; **3.** deģenerācija; izvirtība; zemiskums

bastardilla *f* **1.** kursīvie burti; **2.** *flautai līdzīgs mūzikas instruments*

bastard‖o I *a* **1.** ārlaulības-, ārlaulībā dzimis; **2.** deģenerējies; izvirtis; **3.** neīsts; especie ~a – paveids; **II** *m* **1.** ārlaulības bērns; **2.** jauktenis, krustojums; **3.** izdzimums

bastero *m* segliniex, seglu tirgotājs

basteza *f* rupjība, «neaptēstība»

bastidor *m* **1.** rāmis; aploda; **2.** *glezn.* ķīļrāmis, palogs; **3.** *foto* kasete; **4.** (*am.*) atsperu matracis; **5.** ~es *pl teātr.* kulises; entre ~es – 1) aiz kulisēm; 2) slepenībā, paklusām; **6.** *tehn.* šasija; statne

bastilla *f* apakšējā vīle (*apģērbam*); apmale

bastimento *m* **1.** proviants, pārtika; **2.** *jūrn.* kuģis

basto I *a* **1.** rupjš (*par vilnu*); **2.** neaptēsts, rupjš, neaudzināts; **II** *m* **1.** nastu [pārvadāšanas] segli; **2.** krusta dūzis (*spēļu kārts*)

bastón *m* **1.** spieķis, nūja, boze; ~ de montaña – kalnā kāpēju spieķis; **2.** zizlis; ~ de mariscal – maršala zizlis; **3.** *jūrn.* bomītis; **4.** stabs; statnis; ◇ meter el ~ – 1) iejaukties, stāties starpā; 2) samierināt; empuñar el ~ – uzņemties vadību

bastonero *m* **1.** spieķu taisītājs; **2.** deju vadītājs (*tautas deju svētkos*); **3.** (*am.*) ceremonijmeistars; **4.** cietuma priekšnieka palīgs

basura *f* **1.** saslaukas, gruži; atkritumi; cubo de ~ – atkritumu spainis; **2.** (*zirga*) mēsli

basurero *m* 1. atkritumu kaudze; 2. atkritumu vedējs; ielu tīrītājs

bata *f* rīta kleita, halāts; peņuārs; ~ acolchada – bezpiedurknis, silta veste; media ~ – darba blūze, darba krekls, jaka

batacazo *m* belziens, trieciens (*krītot*); pamatīgs kritiens; darse un ~ *pārn.* – izstiepties visā garumā

batalla *f* 1. kauja; cīņa; turnīrs; ~ a brazo partido, ~ cuerpo a cuerpo *mil.* – tuvcīņa; ~ naval – jūras kauja; ganar la ~ – uzvarēt kaujā; en ~ – izvērstā frontē; 2. sacīkstes, sacensības, turnīrs; 3. batālā (kaujas skatu) glezniecība; pintor de ~s – batālists; 4. strīds, ķilda

batallar *v* 1. cīnīties, karot; 2. strīdēties; ~ por pequeñeces – strīdēties par sīkumiem

batallón *m mil.* bataljons; ~ de tiradores – strēlnieku bataljons; ~ de ametralladoras – ložmetēju bataljons; ~ de castigo – soda bataljons; comandante de ~ – bataljona komandieris

batallóna *a*: cuestión ~ – strīda ābols; aktuāls jautājums

batán *m* 1. vadmalas veļamā mašīna; 2. (*vadmalas, tūbas, filca*) veltuve

batanar *v* velt (*vadmalu, filcu, tūbu*)

batanear *v sar.* savelēt, piekaut

batata *f* 1. *bot.* batāte, saldkartupelis; 2. (*am.*) biklums

batea *f* 1. paplāte; 2. [cepeš]bļoda; 3. dekoratīvs šķīvis; 4. abra, mulda; sile; 5. platdibene (*laiva*); 6. *sar.* atklāts preču vagons, platforma; ◇ hacer a uno cargar la ~ – atstāt ar garu degunu

batería *f* 1. *daž. noz.* baterija; ~ de acumuladores *tehn.* – akumulatoru baterija; ~ de localización por el sonido – fonometrijas baterija; 2.: ~ de cocina – virtuves piederumi (trauki); 3. (*apkures*) radiators; 4. *mūz.* sitamie instrumenti; 5. kautiņš; hacer ~ – sist, dauzīt

batida *f* 1. medības ar dzinējiem; uno ~ a las liebres – zaķu medības; 2. *mil.* sirojums; izlūkošana; 3. masveida kratīšana (*ielencot kādu rajonu, iecirkni*); 4. dar una ~ – izķemmēt apkārtni

batidero *m* 1. grumbuļains (nelīdzens) ceļš

batido I *a* 1. izsists, izlauzts (*caurums u. c.*); 2. iestaigāts, iemīts, iebraukts (*ceļš*); 3. lāsmojošs, zaigojošs; II *m* 1. sakulta mīkla; 2. [sa]kulšana; kratīšana

batidor *m* 1. dzinējs (*medībās*); 2. *mil.*, *vēst.* ziņnesis, raitnieks; 3. *mil.* izlūks; 4. sprigulis; 5. putojamā slotiņa (karote); mikseris

batiente *m* (*durvju, loga, vārtu*) viena puse

batir *v* 1. *daž. noz.* sist; dauzīt; plaukšķināt; ~ palmas – aplaudēt; ~ el tambor – sist bungas; ~ marcha – dot signālu sākumam; ~ el trigo – kult kviešus; **2.** kult, sakult, saputot (*olas, krējumu*); ~ la leche – kult sviestu; ~ el hierro – kalt dzelzi; **3.**: ~ el soto – dzīt pēdas zvēram (*medībās*); **4.** sist takti, ritmu; **5.** sasist, sakaut (*ienaidnieku*); ~**se** *rfl* cīnīties; kauties; krist kā akmenim (*par plēsīgu putnu*)

batista *f* batists

batuda *f* **1.** sliede, gramba; **2.** lēciens no tramplīna

baturrillo *m sar.* maisījums; mistrojums; juceklis, jūklis

baturro I *a* Aragonijas-, aragoniešu-; aragonisks; **II** *m* aragonietis

batuta *f* diriģenta zizlis; ◇ llevar la ~ – rīkot, komandēt

baúl *m* **1.** sainis; čemodāns; ~ mundo – liels čemodāns; **2.** *sar.* vēders; llenar el ~ – piebāzt vēderu, pieēsties

bautismal *a bazn.* kristību-; kristīšanas-; kristāmais-

bautismo *m* kristības; pievēršana kristīgajai ticībai; partida de ~ – kristāmzīme; ~ de fuego – ugunskristības; ◇ romper el ~ – sadauzīt galvu, ielauzt galvaskausu

bautista *m* **1.** garīdznieks, kurš izpilda kristību rituālu, **2.** *m, f* – baptists, -e

bautizar *v* **1.** *bazn.* kristīt; **2.** *sar.* nosaukt, nokristīt; **3.** atšķaidīt ar ūdeni (*vīnu* vai *pienu*)

baya *f* oga

bayo I *a* palss; ~ castaño – kastaņkrāsas-; ~ oscuro – brūns; **II** *m* (*am.*) *sar.* zārks (*nabagiem*)

bayoneta *f* durklis; calar la ~ – uzspraust durkli; carga a la ~ – durkļu cīņa

baza *f* stiķis (*kāršu spēlē*); soltar la ~ – izlaist savu trumpi no rokas; ◇ asentar bien su ~ – gūt sekmes (panākumus); tener bien sentada su ~ – būt lielā cieņā; meter ~ – iejaukties sarunā; no dejar meter ~ – nelaist pie vārda

bazar *m* **1.** universālveikals; ~ de ropas hechas – gatavu apģērbu veikals; **2.** tirgus (*Austrumu*)

bazo I *a* **1.** tumši brūns; pan ~ – rupjmaize; **2.** melnīgsnējs, tumšs; **II** *m anat.* liesa

bazofia *f* **1.** ēdienu atliekas; **2.** slikta barība; trūcīgs ēdiens; **3.** *sar.* nabaga maize

bazucar, *v* **bazuquear** *v* saskalot (*šķidrumu*)

beata *f* **1.** dievbijīga sieviete; **2.** mūķene (*kura pārtiek, vācot ziedojumus*); **3.** svētule

beatificar *v* **1.** *bazn.* pieskaitīt svēto pulkam, atzīt par svēto, kanonizēt; **2.** aplaimot, iepriecināt

beatitud *f* svētlaime, svētlaimība; lieglaime

beato I *a* **1.** dievbijīgs; **2.** atzīts par svēto; **3.** laimīgs, svētlaimīgs;

II *m* **1.** *rel.* svētais; **2.** dievticīgs cilvēks; **3.** svētulis

bebedero I *a* dzerams, derīgs dzeršanai; **II** *m* **1.** dzirdītava; **2.** (*krūzes*) snīpis; **3.** dzeramais trauciņš (*piem., putniem*)

bebedizo I *a* dzerams; agua ~a – dzeramais ūdens; **II** *m* **1.** ārstniecisks dzēriens; **2.** nāves zāles; **3.** burvju dzēriens, mīlestības dzira

beber I *v* **1.** dzert; dar de ~ – dzirdīt, dot dzert; ~ de bruces – dzert tieši no upes; ~ a la salud de alguien – dzert uz kāda veselību; **2.** *ķīm.* absorbēt, uzsūkt; ◊ ~ los vientos, ~ los aires – skriet kā vējam; ~ los pensamientos – nolasīt no acīm (*kaut ko*); **II** *m* **1.** dzeršana; **2.** dzēriens

beberrón *m* dzērājs, žūpa

bebida *f* dzēriens; ~s alcohólicas – alkoholiskie dzērieni; tener mala ~ *sar.* – skandalēties dzērumā

bebido I *a* iereibis, iedzēris; **II** *m* ārstniecisks dzēriens

beborrotear *v sar.* dzert maziem malkiem; mazliet nodzert

beca *f* **1.** plata lente, šalle (*ap vidukli vai pāri plecam*); **2.** stipendija

becada *f* sloka

becario, becado *m* stipendiāts

becerra *f* **1.** tele, jauna govs; **2.** *bot.* lauvmutīte

becerro *m* **1.** teļš, vērsēns (*jaunāks par gadu*); **2.**: ~ marino – ronis; **3.** teļāda (*izstrādāta*); ◊ ~ de oro – zelta teļš

befa *f* izsmiekls; zobošanās; ņirgāšanās

befo I *a* biezlūpains, ar biezām lūpām; ar atkārušos apakšlūpu; **II** *m* (*dzīvnieku*) lūpas

bejín *m* **1.** pūpēdis; **2.** raudulis, pinkšķis (*par bērnu*); **3.** īgņa, ņurdoņa

bejucal *m* liānu biezoknis

bejuco *m bot.* liāna

belén *m sar.* juceklis, jūklis; troksnis

beleño *m bot.* driģene

beleñoso *a* iemidzinošs, ar miega efektu

belga I *a* Beļģijas-; beļģu-; beļģisks; **II** *m, f* beļģietis, -e

bélico *a* kara-; kaujinieciisks, kareivīgs; ardor ~ – kareivīgs noskaņojums

belicoso *a* kareivīgs; agresīvs

beligerante I *a* karojošs; **II** *m* ~s *pl* karojošās valstis; parte ~ – karojošā puse

belitre *m sar.* plukata; nelietis

bellaco *a* **1.** neģēlīgs, nelietīgs; blēdīgs; **2.** (*am.*) ietiepīgs, niķīgs (*par zirgu*)

bellaquear *v* apmānīt, krāpties, piešmaukt

belleza *f* **1.** skaistums, daiļums; **2.** skaistule; ◊ decir ~s – jauki runāt

bell‖o, bellido *a* **1.** skaists, daiļš; jauks; las ~as letras – daiļliteratūra; ~ espíritu – estēts; el ~ sexo – skaistais (daiļais) dzimums; **2.** lielisks, teicams, ļoti labs

bellota *f* **1.** [ozol]zīle; monte de ~ – ozolu mežs; **2.**: ~ avellanada – meža rieksts, riekstiņš; **3.** neļķes pumpurs

bellotal *m* bērzu birzs

bencina *f* benzīns

bendecir *v* **1.** svētīt; **2.** iesvētīt svētnīcu, svētbildi, svinīgi atklāt; ~ un buque – dot vārdu kuģim; **3.** slavināt, teikt, cildināt; bagātīgi apdāvināt (*par likteni*)

bendición *f* **1.** [ie]svētīšana; svētības došana; svētība; echar la ~ – svētīt; ~es nupciales – laulāšana; **3.** slavināšana, cildināšana; ◇ echar la ~ a ... – atsacīties (atteikties) no ...; [vairs] neko negribēt zināt par ...; es una ~ – tas patiešām ir kaut kas lielisks!; es ~ de Dios – brīnums

bendit‖o **I** *part no* **bendecir**; **II** *a* **1.** svētīts, svēts; svētlaimīgs; agua ~a *bazn.* – svētītais ūdens; **2.** día ~ – laimīga diena; **3.** *sar.* labsirdīgs; vientiesīgs; **III** *m* **1.** *bazn.* svētīšana (*lūgšana*); **2.** vientiesis

benedictino *m* **1.** benediktietis (*mūks*); convento de ~s – benediktiešu klosteris; **2.** benediktīns (*liķieris*)

beneficencia *f* labdarība; ~ pública – labdarības biedrība

beneficiador *m* labdaris

beneficiar *v* **1.** darīt labu; **2.** gūt labumu; izmantot (*zemi, raktuves u. tml.*); **3.** padarīt cildenāku; uzlabot; ~se *rfl* iegūt sev labumu (izdevīgumu)

beneficio *m* **1.** labdarība; **2.** labums, peļņa; **3.** priekšrocība; **4.** (*raktuvju*) izmantošana, ekspluatēšana; (*zemes*) apstrādāšana; **5.** *teātr.* benefice; labdarības izrāde; ◇ ~ honrado – atbildīgs amats (darbs); a ~ de inventario – paturot tiesības...; desconocer el ~ – būt nepateicīgam

beneficioso *a* izdevīgs; ienesīgs; noderīgs

benéfico *a* labdarīgs; labvēlīgs

benemérito *a* nopelniem bagāts; ~ de ... – pelnījis (*ko*)

benevolencia *f* labvēlība; labvēlīgums, vēlīgums

benigno *a* **1.** lēnprātīgs, lēnīgs; iecietīgs; maigs; **2.** *pārn.* rāms, lēns (*par laiku*); **3.** *med.* labdabīgs; vieglas formas- (*slimība*)

benjamín *m* **1.** jaunākais dēls; **2.** memmesdēliņš

benqui *m* benzosveķi

beodo **I** *a* piedzēries; **II** *m* dzērājs

bérbero(s) *m* bārbele

berbiqui *m* *tehn.* svīķurbis; ~ de espiral *tehn.* – spala urbis

berenjena *f bot.* baklažāns

bergante *m* blēdis, krāpnieks

bergantín *m* *jūrn.* briga, divmastnieks, divmastu buru kuģis

berilo *m* berils; ~ verdemar – smaragds; ~ blanco (azul) – akvamarīns

berlina I *adv sar.* smieklīgi; estar en ~, quedar en ~ – kļūt smieklīgam, nokļūt smieklīgā stāvoklī; poner en ~ – nostādīt smieklīgā stāvoklī; II *m* 1. divvietīga kariete; 2. vagona nodalījums ar vienu sēdvietu rindu

bermejo *a* 1. sārts, gaišsarkans; sarkans; 2. sarkanmatains

bermejura *f* koši sarkans

bermellón *m* cinobrs

bernardinas *f pl sar.* lielīšanās, plātīšanās

bernardo *m* bernardīniešu mūks

berrear *v* 1. maut; baurot; blēt; īdēt; 2. brēkt; čīkstēt (*par bērnu*); 3. *sar.* bļaustīties, klaigāt

berrendo *a* lāsains, raibs (*par dzīvnieka spalvu*)

berro *m bot.* krese; enviar a uno a buscar ~ – pasūtīt pie velna

berrocal *m* klinšaina vieta

berroqueña *a:* piedra ~ – granītakmens

berza *f* kāposti; ~ lombarda – sarkanie kāposti; ~s fermentadas – skābētie kāposti

besalamano *m* 1. (*saīsināti B.L.M.*) pastkarte, atklātne (*ar tajā iespiestiem burtiem B.L.M.* – *skūpstu roku*); 2. ~s *pl* rokas skūpsts (*svinībās, pieņemšanā*); 2. gaisa skūpsts

besar *v* skūpstīt; ◇ llegar y ~ el santo (el banco) – ļoti ātri sasniegt (panākt) (*kaut ko*)

beso *m* skūpsts; comerse a ~s a uno – apbērt kādu ar skūpstiem; ◇ dar un ~ al jarro – pielikt pie lūpām (*krūzīti*); izdzert malku (*no krūzītes*); ~ de Judas – Jūdasa skūpsts

bestia *f* dzīvnieks, kustonis; lops; ~ de albarda, ~ de carga – nastu nesējs dzīvnieks; ~ de silla – jājamzirgs; ~ salvaja – savvaļas dzīvnieks; ~ de labor – darba lops; gran ~ – tapīrs

bestial I *a* 1. dzīvniecisks; kustonisks, lopisks; zvērisks; dzīvnieka-; zvēra-; 2. *sar.* milzīgs, briesmīgs; tengo un plan ~ – man ir satriecošs plāns

besucar *v,* **besuquear** *v* 1. *sar.* skūpstīt, bučot (*vairākas reizes*); 2. šmaukstināt (*skūpstot*)

betún *m* 1. *ģeol., ķīm.* bitumens; ~ de Judea – asfalts; 2. darva; deguts; 3. apavu krēms

bezo *m* 1. bieza lūpa; 2. uztūkums (*ap strutojošu ievainojumu*)

biberón *m* [zīžamā] pudelīte (*bērnam*)

biblia *f* Bībele

bibliomapa *m* ģeogrāfijas atlants

bibliopola *m* grāmatu tirgotājs

bicenal, biceno *a* divdesmitgadīgs

bicerra *zool.* kalnu kaza

bicicleta *f,* **biciclo** *m* divritenis, velosipēds; ir en ~ – braukt ar divriteni

bicimotor *m* mopēds
bicuentó, billón *m* biljons
bicoquete, *f* ausaine
bicha *sar.* čūska
bichero *m* ķeksis
bicho *m* **1.** rāpulis; **2.** tārps; **3.** (*cīņu*) vērsis; **4.** *sar.* riebeklis; **5.** ~s *pl* kukaiņi; kaitēkļi; ◇ cara de ~ – riebīga (pretīga) seja; ~ viviente – dzīvs radījums; mal ~ – odžu dzimums; riebīgs tips; ~ raro – savāds tips, savādnieks
bidón *m* kanna (*ar vāku*)
bielda *f* dakšas (*sienam, salmiem*)
bien I *m* **1.** labums; labklājība; la lucha del ~ y el mal – cīņa starp labo un ļauno; ~ público – sabiedrības īpašums (manta); **2.** *pārn.* dārgums, bagātība; mi ~ – mans dārgais, mans mīļais, mans labais; **3.** ~es *pl* mantība; īpašums; ~es de abolengo – dzimtīpašums; ~es dotales – pūrs (*sievas*); ~es inmuebles – nekustama manta, nekustams īpašums; ~es públicos, ~es del Estado – valsts manta (īpašums); ~es vinculados – neatsavināmā manta; majorāts; ◇ hombre de ~ – goda vīrs; **II** *adv* **1.** labi; muy ~ – ļoti labi; bastante ~ – diezgan labi; pietiekami; estar ~ – būt veselam, justies labi; ¡~! – labi!, lieliski!; **2.** pareizi; **3.** labprāt; pilnīgi; diezgan; **4.** ļoti; ~ temprano – ļoti agri; un café ~ caliente – ļoti karsta kafija; ¡~ venido sea(s)! – laipni lūdzam!; ~ ◇ más ~ – drīzāk, turpretim; ~ que mal – tā kā tā, tik un tā; no ~ – tikko; tiklīdz; ~ que, a ~ que, si ~ – lai gan; tener a ~ alguna cosa – būt apmierinātam ar kaut ko, piekrist kaut kam; ponerse a ~ con uno – izlīgt, salīgt mieru; ~ mirado – īstenībā, patiesībā; de ~ en mejor – aizvien labāk un labāk; más ~ – ātrāk
bienal *a* divgadīgs
bienamado *a* karsti mīlēts
bienandanza *f* laime; izdošanās, veiksme
bienaventurado *a* **1.** laimīgs; sekmīgs; **2.** svētlaimīgs; **3.** vientiesīgs, naivs
bienaventuranza *f* **1.** laime; **2.** svētlaime
bienestar *m* **1.** labklājība; pārticība; **2.** veselība, labsajūta; ◇ que produce ~ – tīkams, patīkams; omulīgs; ~ económico – materiālā labklājība
bienhablado *a* pieklājīgs, laipns
bienio *m* divu gadu starplaiks
bienmandado *a* paklausīgs, padevīgs
bienquerencia *f* labvēlība, vēlība
bienquisto *a* iemīļots, iecienīts
biensonancia *f* labskanība
bienvenida *f* **1.** laimīga ierašanās; **2.** apsveikšana (*sakarā ar ierašanos, atbraukšanu*); dar la ~ – apsveikt, sveikt

bienvenido I *a* vēlams; patīkams; **II** *m* mīļš (gaidīts) viesis
bifurcación *f* žuburojums; sazarojums
bígamo I *a* bigāmijas-; tāds, kas dzīvo divlaulībā; **II** *m* vīrs ar divām sievām
bigardear *v* 1. slaistīties, slinkot; 2. izlaidīgi (palaidnīgi) dzīvot
bigardo I *a* palaidnīgs; paklīdis, izvirtis; **II** *m* palaidnis; izvirtulis
bigarrado *a* raibs
bigornia *f* (*kalēja*) lakta
bigotes *m pl* ūsas; ◇ hombre de ~ – cilvēks ar raksturu; tener ~ – būt nosvērtam, nelokāmam (*lēmumos*); reírse de alguien en sus ~ – smieties kādam tieši sejā
bigotudo *a* ūsains, ar ūsām
bilateral *a* divpusīgs, abpusīgs; contrato ~ – abpusīgs līgums
biliar, biliario *a med.* žults-; vesícula biliar – žultspūslis; cálculos biliarios – žultsakmeņi
bilis *f* 1. *anat.* žults; 2. *pārn. sar.* žults; niknums; exaltársele a uno la ~ *sar.* – saskaisties (kļūt niknam) uz kādu
billar *m* biljards; biljarda galds; biljarda istaba
billete *m* 1. vēstulīte, zīmīte; ~ amoroso – mīlestības vēstulīte; 2. paziņojums (*naudas saņemšanai*); [naudas] pārvedums; 3. biļete; ~ de andén – peronbiļete; ~ de ida y vuelta – biļete turp un atpakaļ; medio ~ – bērna biļete; ~ de correspondencia – biļete brauciernam ar pārsēšanos; ~ de crédito – kredītbiļete; ~s de banco – banknotes, papīrnauda
billetera *f* (*am.*) kabatas portfelis
bimensual *a* divu nedēļu-; un periódico ~ ~ – laikraksts, kas iznāk divreiz mēnesī
bimestral *a* divu mēnešu-, una revista ~ ~ – žurnāls, kas iznāk ik pa diviem mēnešiem
biombo *m* aizslietnis; ◇ servir de ~ ~ – noderēt (*kādam*) par aizsegu
bípede, bípedo *a* divkājains
birimbao *m* birimbao (*mūzikas instruments*)
birla *f* ķeglis
birlar *v* 1. *sar.* nolaist no kājām (*nogalināt*); 2. *pārn. sar.* aizsteigties priekšā, pasteigties pirmajam
birlibirloque *m*: por arte de ~ ~ – kā uz burvja mājienu; kur radies, kur ne
birlonga *f* birlonga (*kāršu spēle*); ◇ a la ~ ~ – 1) nolaidīgi, kā pagadās; 2) aiz pārskatīšanās
birreta *f* kardināla cepurīte
birrete *m* 1. berete; 2. cepurīte (*ārsta, tiesneša, zinātnieka utt.*)
bisabuelo *m* 1. vecvectēvs; vectēva tēvs; vecāsmātes tēvs; 2. ~s *pl* senči, tēvutēvi
bisagra *f* eņģe, vira
bisar *v mūz.* atkārtot
bisecar *v* dalīt 2 vienādās daļās
bisel *m* slīpa mala; šļaupums, noslīpinājums

bisiesto *a*: año ~ – garais gads; ◇ nudar de ~ – pārdomāt [citādi]; mainīt toni, sākt runāt citu valodu

bisnieto *m* mazmazdēls; mazdēla dēls; mazmeitas dēls

bisojo, bizco *a* šķielējošs, [ar] greizām acīm

bisonte *m zool.* bizons

bisoñada *f* 1. neapdomīga rīcība (runāšana); 2. bērnišķība, bērnišķīga aušība

bisoño *m* 1. iesācējs; jaunatnācējs; 2. rekrūtis; jauniesauktais

bisté, bistec, bisteque *m* bifšteks

bisulco *a zool.* pārnagu-

bizantino I *a* Bizantijas-; bizantiešu-; bizantisks; **II** *m* bizantietis

bizarro *a* 1. drosmīgs; vīrišķīgs; 2. augstsirdīgs; bruņniecisks; 3. devīgs; 4. ekstravagants; 5. deja, kas līdzīga fandango

bizcar *v* 1. šķielēt; 2. mirkšķināt (blisināt) acis

bizcochada *f* piena zupa ar sausiņiem

bizcocho *m.* 1. sausiņš; 2. biskvīts; kēkss; 3.: ~ de porcelana – biskvītporcelāns

bizma *f* 1. ptāksteris; 2. sautējoša komprese

blanca *f* 1. sena monēta; 2. *mūz.* pusnots; 3. žagata; ◇ no tener ~, estar sin ~ – būt bez graša kabatā, būt pavisam tukšā

blanc‖**o I** *a* 1. balts; ~ como la nieve – sniegbalts; cabello ~ – sirmi mati; calentura ~a *med.* – bāluma kaite; cédula en ~ – veidlapa; ropa ~a – baltveļa; al ~ – līdz baltkvēlei; 2. tīrs; spodrs; gaišs; 3. *sar.* gļēvulīgs, bailīgs; ◇ arma ~a – aukstais ierocis; carta ~a – pilnvara; dar carta ~a – dot rīcības brīvību; dejar a alguien en ~ – pievilt kāda cerības; atstāt sēžam kādu; pasar la noche en ~ – pavadīt bezmiega nakti; estar (quedarse) en ~ – 1) nebūt lietas kursā; 2) palikt ar garu degunu; **II** *m* 1. baltais (*baltās rases cilvēks*); 2. baltgvards; 3. baltā krāsa; 4. baltums, zvaigznīte (*dzīviekam pierē*); 5. mērķis (*šaušanai*); dar en ~ – trāpīt mērķī; hacer ~ – trāpīt (*šaujot*); 6. *teātr.* intermēdija; 7.: ~ de los ojos – acu baltums; no distinguir lo ~ de lo negro – neatšķirt melnu no balta

blancura *f* baltums

blandear *v* 1. uzvest uz citām domām; pārliecināt (*grozīt savus uzskatus*); 2. padoties, pakļauties; piekāpties; 3. *sk.* blandir

blandir *v* vicināt, vēcināt (*zobenu*); žvadzināt (*ieročus*)

bland‖**o I** *a daž. noz.* mīksts; 2. maigs (*par balsi*), lēnīgs (*raksturs*); ~ de corazón – mīkstsirdīgs; con mano ~a – iecietīgi, pretimnākoši; 3. liegs; mērens, maigs (*klimats*); 4. nespēcīgs, vārgs; 5. *sar.* gļēvs, bailīgs; mīkstčaulīgs; 6. *mūz.* minora-; **II** *adv* mīksti; maigi, liegi

blandón *m* liela vaska svece, svečturis

blanducho, blandujo *a sar.* ļengans; vārgulīgs; glēvs

blandura *f* **1.** *daž. noz.* mīkstums; **2.** maigums; liegums; **3.** slābanība; ļenganums; **4.** atkusnis

blanquear *v* **1.** balsināt; **2.** balināt (*audeklu*); **3.** izmazgāt; **4.** baltot (*tālumā*); **5.** kļūt baltam; balot; **6.** nosirmot, kļūt sirmam

blanquecer *v* **1.** spodrināt; tīrīt, pulēt (*metālu*); **2.** kļūt baltam

blanquecino *a* baltgans, iebalts

blanqueo *m* **1.** balsināšana; **2.** balināšana

blanquete *m* baltais smiņķis; baltais grims

blasfemar *v* **1.** *rel.* zaimot Dievu; **2.** zākāt; paļāt, pelt

blasón *m* **1.** ģerbonis; heraldika; **2.** slava, gods; hacer ~ – slavināt

blata *f* tarakāns

bledo *m bot.* celozija; ◇ no valer (no importar) un ~ – nebūt ne plika graša vērtam; no me da un ~ – man nav nekādas daļas gar to

bledomora *f* spināti

blinda *f* **1.** *mil.* aizsprosts (*no nocirstiem kokiem*); **2.** *foto* diafragma; **3.** *tehn.* aizsargplātne

blindado *a* bruņots; bruņu-, aulomóvil ~ – bruņumašīna; tren ~ – bruņuvilciens

blindar *v* **1.** *mil.* celt blindāžas; **2.** bruņot, pārklāt ar bruņām

bloqueᵃ *m* **1.** bloks; akmens bluķis; **2.** [ēku] bloks; ◇ en ~ – vairumā; viss kopā; ~ de hormigón – betona bloks; *inf* ~ de memoria – atmiņas bloks

bloqueᵇ *m polit.* bloks, apvienība

bloquear *v* **1.** bloķēt, izdarīt blokādi; **2.** aplenkt; **3.** aizsprostot, slēgt

bloqueo *m* blokāde; ~ económico – ekonomiskā blokāde; declarar el ~ – pieteikt blokādi; romper el ~ – pārraut blokādi; levantar el ~ – atcelt blokādi

boato *m* greznums, krāšņums; pompa; ārējs spožums

bobada, bobería *f* **1.** muļķība, blēņas; aplamība, nejēdzība; **2.** muļķīgs izlēciens

bobear *v* muļķoties, darīt muļķības

bobillo *m* stikla krūze ar osu

bobinar *v* tīt, uztīt

bobo I *a* **1.** muļķīgs, vientiesīgs, aprobežots (*cilvēks*); **2.** muļķīgs, aplams (*par rīcību u. tml.*); **II** *m* muļķis; ◇ ~ de Coria – pēdējais muļķis

bobuno *a* muļķīgs (*atgadījums u. tml.*)

boca *f* **I.** mute; ~ – de oreja, a oreja – liela mute, mute līdz ausīm; ~ sumida – šaura mute, sakniebtas lūpas; **2.** (*zvēra*) mute; (*zvēra*) rīkle; **3.** ieeja; sprauga; ~ de un puerto – ieeja ostā; ~ de la colmena – skreja stropā; ~ de riego – ūdens krāns; **4.** *mil.* (*stobra*) caurums; ~ de fuego – šaujamais ierocis; **5.**: a ~ de invierno – ziemai sākoties, ziemas sākumā; a ~ de noche – mijkrēslī, tumsai iestājoties; ◇ ~ de escorpión – ļauna mēle; ~ de jarro – dzērājs, žūpa; ~ arriba – [guļot] uz muguras; ~ abajo – [guļot] uz mutes, uz vēdera; a pedir de ~ – pēc sirds vēlēšanās; duro de ~ – grūti vadāms (*zirgs*); buscar a uno la ~ – vilkt vārdus ar vilkšanu ārā; mentir con toda la ~ – melot bez sirdsapziņas pārmetumiem; hablar por ~ de ganso – atkārtot cita vārdus; runāt pakaļ; no decir esta ~ es mía – neteikt ne vārda, neatvērt muti; de mano a ~ – pēkšņi, negaidot; eso viene a pedir de ~ – tas nāk kā saukts; quitarse una cosa de la ~ para otro – upurēties cita labā, atraut sev; **6.** ~ de verdades – tiešs cilvēks

bocacalle *f* **1.** ielas sākums; ielas stūris; **2.** sāniela, šķērsiela

bocadear *v* grauzt, skrubināt; dalīt gabalos

bocadillo *m* **1.** gabaliņš, kumosiņš; **2.** sviestmaize ar uzgriežamajiem; uzkožamais; **3.** smalks audekls; **4.** lentīte (*apšuvei, apmalei u. tml.*)

bocado *m* **1.** kumoss; tomar un ~ – uzkost; comer en un ~ *sar.* – alkatīgi mesties pie ēdiena; **2.** kodums, kodiena brūce; **3.** laužņi (*zirgam*); **4.** ~s *pl* konservēti augļi; **5.** iemutis (*cigaretei*); ◇ caro ~ – dārgs kumoss, ~ de Adán – ādamābols; dārgs prieks; con el ~ en la boca – tulīt pēc ēšanas, ar kumosu mutē; darle a uno un ~ – iedot maizes kumosu, pabarot aiz žēlastības

bocal *m* **1.** krūze (*vīna pārliešanai*); **2.** (*šaura*) ieeja ostā; **3.** iemutnis (*pūšamiem instrumentiem*)

bocallave *m* atslēgas caurums

bocanada *f* **1.** malks; **2.** dūmu mutulis; [ie]vilciens (*smēķējot*); ◇ ~ de aire, ~ de viento – vēja brāzma (grūdiens); ~ de gente – drūzma, burzma; echar ~s – lielīties; echar ~s de sangre – spļaut asinis

bocatero *m* (*kub.*) lielībnieks, lielmutis, pļāpa

bocera *f* **1.** ēdiena (dzēriena) atliekas uz lūpām; **2.** izsitums, sasprēgājums (*mutes kaktiņos*)

boceto *m glezn.* uzmetums, skice

bocina *f* **1.** *mūz.* rags; taure; **2.** medību rags; gana rags; pasta taure; tocar la ~ – taurēt, pūst tauri; **3.** rupors, megafons; **4.** gramofona taure; **5.** automobiļa taure; **6.** klausule; **7.** *astr.* Mazie Greizie Rati

bocio *m med.* kākslis, palielināts vairogdziedzeris

bock *m* mazais kausiņš (glāze) alus

bocudo *a* ar lielu muti

bocha *f* (*ķegļu spēles*) bumba, spēle (*ķegļi*)

bochinche *m* troksnis, kņada; satraukums

bochorno *m* 1. (*vasaras*) tveice; spiedīgs gaiss; hace ~ – smacīgi; 2. *med.* asins pieplūdums (*galvā*); 3. kauna sārtums; 4. (*dusmu*) uzplūdums; aizvainojums

boda *f* arī *pl* ~s – precības; kāzas; ~ s de diamante – briljanta kāzas; ~ s de oro – zelta kāzas; ~ s de plata – sudrabkāzas; noche de ~s – kāzu nakts; ◇ ~ de hongos – nabadzīgas kāzas; ~ de negros – trokšņaina sabiedrība; perrito de todas las ~s – liekēdis

bodega *f* 1. [vīna] pagrabs; vīna veikals; 2. pieliekamais; 3. dzertuve, traktieris, krogs; 4. *jūrn.* kravas telpas; 5. noliktavas (*ostā*)

bodegón *m* 1. ēdnīca, traktieris; ~ de puntapié – bufete (uzkožamo pārdotava) zem klajām debesīm; 2. *glezn.* klusā daba (ar ēdienu); ◇ ¿en qué ~ hemos comido juntos? – neesam kopā cūkas ganījuši; echar el ~ por la ventana *sar.* – iztērēt kaudzi naudas

bodegonear *v* vazāties pa krogiem

bodijo *m* 1. nesaskanīgas laulības, nevienāda laulība; 2. nabadzīgas (vienkāršas) kāzas

bodrio *m* 1. strebjamais, vira; 2. slikts (nabadzīgs) ēdiens; 3. asinsdesa

bofe *m* biežāk *pl* (*kaujamo lopu*) plaušas; ◇ echar el ~ – nevarēt elpu atvilkt (*no darba, noguruma*); echar los ~s por ... – sisties vai nost (*kā*) dēļ

bofetada *f* pļauka, pliķis; dar una ~ – iecirst (iesist) pļauku; repartir ~s – izpliķēt, sapļaukāt

boga *f* airēšana; ◇ estar en ~ – būt modē; gūt panākumus; en ~ – iemīļots, iecienīts

bogar *v* airēt

bogavante *m* 1. *jūrn.* priekšairētājs, vadošais airētājs; 2. *zool.* jūras vēzis, omārs

bohemia *f* 1. bohēma; 2. čigāni

bohemio I *a* 1. čigānu-, čigānisks; 2. bohēmisks; II *m* 1. čigāns; 2. čigānu valoda; 3. bohēmietis

bohemo I *a* čehu-; Čehijas-; čehisks; II *m* čehs

bohío *m* (*am.*) būda (*no koka, zariem vai niedrēm*)

boina *f* berete, basku cepure

boira *f* migla

boj *m bot.* buksuss

bolᵃ *m* kauss, biķeris

bolᵇ *m* 1. mālzeme, mālaine; 2. liels zvejas tīkls

bola *f* 1. bumba (*biljarda, ķegļu u. tml.*); ~ del mundo – zemeslode; 2. bumbulis; kunkulis; puns; pika; ~ de nieve – sniega pika (bumba); 3. *pārn. sar.* (*avīžu*) pīle, blēdība; 4. (*am.*) papīra pūķis; ◇ a ~ vista – skaidri, acīm redzami; ¡dale ~! – vienmēr tā pati pasaciņa!; no dar pie con ~ – nekad netrāpīt; hacer ~s – kavēt skolu, aizmukt no stundām; escurrir la ~ *sar.* – aiztīties prom, satīt makšķeri

bolear *v* **1.** spēlēt biljardu; **2.** mest, sviest

boleroª *m* **1.** bolero (*deja*); **2.** bolero dejotājs

boleroᵇ *m* **1.** (*skolas*) mācības stundu kavētājs; **2.** krāpnieks, mānītājs

boleta *f* **1.** (*personas, darba*) apliecība; **2.** ieejas karte; caurlaide; **3.** orderis, čeks; **4.** (*am.*) vēlēšanu biļetens; **5.** loterijas biļete

boletín *m* **1.** *daž. noz.* biļetens; slimības lapa; ~ oficial – oficiāls biļetens; **2.** orderis; **3.** kvīts; ~ de equipajes – bagāžas kvīts; **4.** laika ziņas

boleto *m* (*am.*) biļete (*teātra, dzelzceļa u. tml.*)

bolicheª *m* **1.** zivis (*kas dzīvo krastu tuvumā*); **2.** boliče (*neliels zvejas tīkls zivju ķeršanai krasta tuvumā*)

bolicheᵇ *m* **1.** ķegļi, ķegļu bumba; **2.** boliče (*azartspēle*); **3.** ķegļu spēle; **4.** dzērienu pārdotava (*glāzēm, kausiem*), krogs, dzertuve; kantīne; **5.** (*am.*) vecu lietu tirgotava

bolicheo *m* sīktirdzniecība

bólido *m astr.* meteors, aerolīts; ◊ ir lanzado como un ~ – skriet kā apsvilušam

bolillo *m* **1.** maza bumbiņa; **2.** adata (*mežģīņu mešanai*); encaje de ~ – tamborēta (*šaura*) mežģīnīte; **3.** *anat.* vēzītis (*dzīvniekiem*)

bolina *f* **1.** *jūrn.* virve (*ar svinu galā*); **2.** pārmācīšana (pēršana) ar virvi (*uz kuģa*); **3.** *sar.* skandāls; ķilda; ◊ viento de ~ *jūrn.* ~ vējš no sāniem, sānvējš; ir de ~ *jūrn.* – braukt pa vējam; echar de ~ – lielīgi piedraudēt, uzvesties izaicinoši

bolívar *m* bolivārs (*sudraba monēta, naudas vienība Venecuēlā*)

boliviano I *a* Bolīvijas-; bolīviešu-, bolīvisks; **II** *m* bolīvietis

bolo *m* **1.** ķeglis (*bumbotavā*); **2.** (*vītņu kāpņu*) ass; **3.** *sar.* stulbenis; echar a rodar los ~s – sākt skandālu, sacelt traci; quedarse (volver) ~ – atgriezties tukšā (par mednieku)

bolsaª *f* **1.** maiss; kule; **2.** naudas maks; soma; ~ de viaje – ceļasoma; **3.** ieloks (*kleitā u. tml.*); ◊ ¡la ~ o la vida! – naudu vai dzīvību!

bolsaᵇ *m* birža; ~ de trabajo – darba birža; ~ de fondos públicos (de valores) – fondu birža; bajar (subir) la ~ – krist (celties) (*runājot par vērtspapīru cenu*); jugar a la ~ – spēlēt (spekulēt) biržā; ~ negra – melnā birža, melnais tirgus

bolsillo *m* **1.** [naudas] maks; somiņa; **2.** (*svārku, vestes, bikšu*) kabata; reloj de ~ – kabatas pulkstenis; ◊ no está al alcance de mi ~ – tas man nav pa kabatai; consular con el ~ – pārskaitīt (pārbaudīt) savus naudas līdzekļus

bolsín *m* melnā birža
bolsista *m* 1. biržas vīrs, biržas spekulants; 2. (*am.*) kabatas zaglis
bolsón *m* 1. liels maiss; liela soma; 2. (*am.*) skolēna soma
bollería *f* konditoreja
bollo *m* 1. smalkmaizīte; 2. puns; 3. iespiedums, ieliekums (*metāla priekšmetā*); ◇ perdonar el ~ por el coscorrón – atsacīties no savām priekšrocībām; no cocérsele a uno el ~ *sar.* – degt nepacietībā (nemierā)
bombaᵃ *f* bumba; ~ atómica – atombumba; arrojar (lanzar, tirar) ~s – mest bumbas; ~ de mano – rokasgranāta; ~ incendiaria – degbumba; ~ de gas – ķīmiskais lādiņš
bombaᵇ *f* 1. sūknis, pumpis; ~ de incendios – ugunsdzēšamais aparāts; 2. (*lampas*) kupols; 3. (*kub.*) cilindrs (*cepure*); ◇ ¡~! – uzmanību! (*pirms tosta uzsaukšanas*); caer como una ~ *sar.* – uzkrist kā sniegam uz galvas
bombarda *f* 1. *novec.* bombarda (*sens lielgabals*); arī divmastu kuģis; 2. *mūz.* ērģeļu zemais reģistrs, basa reģistrs
bombardear *v* 1. bombardēt, apšaudīt; 2. bombardēt, mest bumbas
bombardeo *m* bombardēšana, apšaudīšana; bumbu mešana; avión de ~ *av.* – bumbvedējs; aviación de ~ – bumbvedēju aviācija
bombear *v* 1. bombardēt, mest bumbas; 2. *sar.* izlielīt, izslavēt; 3. (*am.*) okšķerēt, spiegot
bomberoᵃ *m mil.* bumbmetējs
bomberoᵇ *m* ugunsdzēsējs
bombilla *f* 1. [elektriskā] spuldze; kvēlspuldze; 2. jūrnieku lukturis
bombín *m* katliņš (*cepure*)
bombo I *a* 1. pārsteidzošs, negaidīts; apstulbinošs; 2. (*kub.*) sājš; bez garšas-; **II** *m* 1. lielas bungas, timpāns; 2. liels kuģis; ◇ anunciar a ~ – y platillos – piekārt pie lielā zvana, skaļi izdaudzināt; dar ~ – pārmērīgi slavināt; tener la cabeza como un ~ – būt pilnai galvai
bombón *m* konfekte, karamele ar liķieri
bombona *f* balons, lielvēderaina pudele
bonachón I *a sar.* lāga-, labsirdīgs; **II** *m* lāga vīrs
bonancible *a* skaidrs, rāms (*par laiku, jūru*)
bonanza *f* 1. bezvēja laiks, bezvējš; 2. labklājība, uzplaukums; ◇ ir en ~ – 1) braukt pa vējam (ar ceļa vēju); 2) dzīvot labklājībā; [uz]plaukt, zelt; gūt sekmes
bonaso *m* bizons
bonazo *a sar.* ļoti labs; labsirdīgs
bondad *f* 1. labums, labsirdība; laipnība; 2. krietnums; godīgums; ◇ si tiene usted la ~ – ja jūs tā vēlaties, ja jums nekas nav pretim; tenga la ~ (de) – esiet tik laipni

bondadoso *a* ļoti labs, labsirdīgs; laipns

bonetada *f sar.* sveiciens (*paceļot cepuri*)

bonete *m* (*četrstūraina*) cepure (*garīdzniekiem, zinātniekiem*); ◇ bravo ~, gran ~ – gatavais muļķis; a tente ~ – cik jaudas; pārmērīgi; tirarse los ~s *sar.* – sparīgi strīdēties

bonetero *m* **1.** cepurnieks, cepuru tirgotājs; **2.** *bot.* segliņš

bongo *m* (*kub.*) bongo (*liela laiva pasažieru pārvadāšanai*)

bongó (*kub.*) nēģeru bungas

bonificación *f* **1.** uzlabošana; uzlabojums; **2.** *lauks.* mēslošana

bonito *a* jauks, [pie]mīlīgs; glīts; skaists

bono *m* čeks; orderis (*naudas saņemšanai*); (*valsts*) parādzīme; talons (*labdarības palīdzības saņemšanai*); ~ de correo – pasta orderis, [naudas] pārvedums

bonzo *m* bonza (*budista priesteris un mūks*)

boñiga *f* govs (zirga) mēsli

boqueada *f* mutes atvēršana; ◇ dar la última ~ – izlaist pēdējo elpas vilcienu

boquear *v* **1.** atvērt muti; **2.** izlaist garu, nomirt; **3.** izteikt (*vārdu*), izrunāt; iesaukties

boquera *f* **1.** novadkanāla izeja (mute); **2.** lūka (*kūtsaugšā, siena šķūnī*)

boquete *m* šaura eja; šaurs caurums; atvere, sprauga; abrir un ~ en la pared – izlauzt sienu

boquiabierto I *a* **1.** ar atvērtu muti; **2.** gluži mēms (*aiz pārsteiguma*); **II** *m* slampsts, slaists; tūļa

boquifresco *a* **1.** ar mitru (valgu) muti (*par zirgu*); **2.** *pārn.* ar vaļīgu (lielu) muti; nekaunīgs (*vārdos, runāšanā*), lielmutīgs

boquilla *f* **1.** iemutis (*cigaretēm*); piemutnis (*pūšamajiem instrumentiem*); **2.** *tehn.* sprausla; **3.** (*gāzes u. tml.*) krāns; aiztaisāmais; ◇ de ~ – bez naudas likmes (*spēlē*)

boquirroto *a* pļāpīgs

boquitorcido, boquituerto *a* ar greizu (šķību) muti

boquiverde *a* nekaunīgs

borbollón *m* burbuļošana; mutuļošana; ◇ a ~es – steidzīgi; pa kaklu pa galvu

borbotón *m sk.* **borbollón**; a ~es – burbuļodams; mutuļodams; ◇ hablar a ~es – runāt aizraudamies

borceguí *m* puszābaki; šņorzābaki

bordaª *f* būdiņa, mājiņa; (*salmu, zaru*) būda

bordaᵇ *f jūrn.* borts; tirar por la ~ – pārmest (izmest) pār bortu, galvenā bura (galerām)

bordado I *a* izšūts, izrakstīts; ~ a mano – izšūts ar roku; **II** *m* izšuvums, izšūšana; ~ de oro – izšuvums zeltā

bordadora *f* izšuvēja

bordar v 1. izšūt, izrakstīt; ~ en canamazo – izšūt uz kanvas; 2. [iz]darīt ļoti rūpīgi (nevainojami) (*kaut ko*)

bordeᵃ m 1. *sk.* **bordo**; 2. mala, apmale; 3. mala, krasts; al borde del mar – jūras krastā

bordeᵇ m ārlaulības bērns; *a* savvaļas (*par augiem*)

bordear v 1. iet gar malu (pa malu); 2. *jūrn.* lavierēt; 3. apmalot, apšūt; tuvoties; está bordeando los cinquenta – viņam tuvojas piecdesmit

bordo m 1. (*kuģa*) borts; a ~ – uz kuģa; libro de ~ – kuģa grāmata; 2. *jūrn.* halze; virar de ~ – pagriezties; dar ~s *jūrn.* – lavierēt; ◇ de alto ~ – 1) labs (lietpratīgs) jūrnieks; 2) ietekmīgs

bordón m 1. spieķis; zizlis; 2. *mūz.* basa stīga; 3. piedziedājums, refrēns; 4. iemīļots vārds (teikums) (*ko bieži atkārto*)

bordonear v 1. iet atspiedies uz spieķa; 2. klaiņot apkārt ubagojot, diedelēt; 3. trinkšķināt stīgas

bordonero m klaidonis

boreal *a astr.*, *ģeogr.* ziemeļu-; aurora ~ – ziemeļblāzma, kāvi

bóreas m ziemeļvējš

bórico *a ķīm.* bora-; ácido ~ – borskābe

borla f pušķis, pušķītis (*greznumam*); ◇ tomar la ~ – iegūt doktora grādu

borne *a* trausls, viegli lūstošs (*koks*)

borneadizo *a* lokans; elastīgs

bornear v izliekt; saliekt; atliek; ~se *rfl* samesties (*par dēli, koku*)

boro m *ķīm.* bors

borona f 1. prosa; 2. kukurūza; 3. kukurūzas maize

borrachera f 1. dzērums; reibums, skurbums; 2. iedzeršana, iemešana; tomar una ~ – piedzerties, noreibt; en estado de ~ – dzērumā

borrachero m *bot.* velnābols

borracho I *a* 1. piedzēries, sameties; 2. kopā ar vīnu gatavots (*par ēdienu*); bizcocho ~ – ruma kūka; 3. *pārn.* apreibis, apskurbis; **II** m dzērājs, žūpa

borrador m 1. uzmetums, melnraksts; 2. burtnīca melnrakstiem (piezīmēm); klade

borrajear v [uz]smērēt, [uz]ķēpāt; uzgrūst; uzskribelēt

borrar v 1. [iz]svītrot; nosvītrot; ~ de la memoria *pārn.* – izdzēst no atmiņas; 2. dzēst ārā; izdzēst (*ar gumiju*); goma de ~ – dzēšamgumija

borrasca f 1. vētra; negaiss; vēja brāzma; ~ de nieve – sniegputenis, sniega vētra; 2. risks, briesmas; 3. *sar.* orģija

borrasquero *a sar.* izlaidīgs

borrego m 1. jērs; jaunaita; 2. *sar.* vientiesis; muļķis; 3. (*kub.*) nepatiesas (melu) ziņas

borreguillos m pl mākoņu aitiņas

borrico *m* 1. ēzelis; 2. āži, steķi (*zāģēšanai*); ◇ caer de su ~ – atzīt savu vainu

borrilla *f* 1. jēru vilna; 2. pūciņas (*uz augļiem*)

borrón *m* 1. (*tintes, krāsu*) traips; 2. kauna traips; 3. defekts, trūkums, vaina; 4. uzmetums; skice; ~ y cuenta bueva *sar.* – kas bijis, tas pagājis

borros∥o *a* 1. neskaidrs, duļķains (*par šķidrumu*); 2. izplūdis (*par rakstu, zīmējumu*); letra ~a – netīrs, izplūdis raksts

boscaje *m* mežiņš

bosque *m* mežs; birzs; biezs krūmājs; ~ vedado – taupāmais (saudzējamais) mežs; ~ frondoso – lapu mežs; ~ virgen – mūžamežs; ~ maderable – būvkoki; ~ conífero (foliácco, mixto) – skujkoku, lapu koku, jauktais mežs

bosquejar *v* uzmest (*plānu, projektu u. tml.*), uzskicēt

bosquejo *m* 1. uzmetums, mets, skice; ~ del plan – plāna projekts; en ~ – melnrakstā; uzmetumā; 2. neskaidrs priekšstats

bostezar *v* žāvāties

bostezo *m* žāvas; žāvāšanās

bota *f* 1. ādas maiss (*vīna uzglabāšanai*); 2. muca (*šķidruma mērs – 516 l*); 3. zābaks; ~ alta, ~ de agua – ūdenszābaks; ~ de cordones – saišu zābaks; ~s de montar – zābaki jāšanai; con las ~s puestas – ar zābakiem, zābakos; ◇ ponerse las ~ – 1) iedzīvoties bagātībā; 2) laimēties; izmantot izdevīgu gadījumu; ~ s de siete lenguas – septiņjūdžu zābaki (*pasakās*)

botador *m* 1. (*laivinieka*) ķeksis; 2. knaibles, stangas (*naglu, zobu raušanai*)

botamen *m* 1. (*aptiekas*) bundža, burka; 2. muca (*ūdens, vīna glabāšanai uz kuģa*)

botana *f* 1. aizbāznis, spunde, tapa; 2. *sar.* tampons; 3. rēta

botanizar *v* veidot herbāriju

botar *v* 1. izgrūst [ārā]; 2. sviest; mest; svaidīt; mētāt; 3. *jūrn.* ielaist kuģi ūdenī; 4. lēkāt; 5. atlēkt (*atsperīgi*); atsisties; 6. ~ un ancla – izmest enkuru

botaratada *f sar.* trakulība, bezprātība, neprāts

bote[a] *m* 1. (*zirga*) lēciens; 2. atlēkšana, atsišanās

bote[b] *m* pudelīte, flakons; burciņa; kārba, bundža; ◇ de ~ en ~ – piepildīts līdz pēdējai iespējai

bote[c] *m* laiva; ~ de salvamento, ~ de salvavidas – glābšanas laiva; ~ automóvil – motorlaiva; ~ neumático – piepūšamā gumijas laiva

botella *f* pudele

botero *m* 1. laivinieks; 2. (*am.*) kurpnieks

botica *f* 1. aptieka; ~ portátil – ceļojuma aptieciņa; 2. ārstniecības līdzekļi

boticario *m* aptiekārs; farmaceits; ◇ venir como pedrado en ojo de ~ ~ – atnākt īstā laikā

botija *f* **1.** krūze ar īsu, šauru kakliņu; **2.** (*am.*) piena kanna; **3.** resnvēderis, resnītis; ◇ estar hecho una ~ – 1) būt resnam kā mucai; 2) būt brēkulim (*par bērnu*)

botillería *f* atspirdzinošu dzērienu (saldējuma) kiosks; stends

botin[a] *m* **1.** getra; **2.** (*sieviešu*) puszābaks, saišu zābaks

botín[b] *m* **1.** [kara] trofeja; **2.** laupījums

botina *f* (*sieviešu*) puszābaks

botinería *f* **1.** apavu darbnīca; **2.** apavu veikals

botiquín *m* **1.** ceļa aptieka; ~ de urgencia *mil.* – pirmās [medicīniskās] palīdzības punkts; **2.** pārsienamo materiālu kastīte; medikamentu kastīte; **3.** (*am.*) vīna pagrabiņš, dzertuve

boto *a* **1.** truls, neass; **2.** *pārn.* truls; stulbs

botón *m* **1.** *bot.* pumpurs; **2.** poga; ~ de camisa – spiedpoga; botones gemelos – aproččpogas; **3.** apaļš rokturis (*durvīm, skapim*); **4.** podziņa (*zvana, kontakta u. tml.*); **5.** *med.* izsitums; ◇ ~ de oro *bot.* – gundega, ugunspuķe; al ~ (*am.*) – velti, veltīgi; de botones adentro – sirds dziļumos

botonazo *m* cirtiens ar rapieri (zobenu)

botones *m* izsūtāmais; kurjers

bóveda *f* **1.** *arhit.* velve, spraislis; ~ ojival – gotiskā velve; **2.** telpa ar velvētiem griestiem; pagrabs; **3.** ~ esférica – kupols; **4.**: ~ del cráneo *anat.* – galvaskauss; ~ palatina *anat.* – aukslējas; ◇ ~ celeste, ~ azulada – debesu velve, debesjums

bovino *a* liellopu-; vērša-

boxeador *m* bokseris

boxeo *m* bokss; tablado de ~ – rings; campeonato de ~ – boksa čempionāts

boya *f* **1.** boja; **2.** pludiņš; ~ de salvamiento – glābšanas riņķis; ◇ quedar hecho una ~ – palikt bez masta (*par kuģi*)

boyada *f* vēršu ganāmpulks

boyante *a* **1.** laimīgs, labi izdevies; **2.** *jūrn.* sekli peldošs

boyar *v jūrn.* atbrīvoties (*no sēkļa*), sākt peldēt

boyera, boyeriza *f* vēršu kūts (aploks)

bozal **I** *a* **1.** mežonīgs, savvaļas-; neiebraukts, neapmācīts (*zirgs*); **2.** nepiedzīvojis, nepieredzējis; **II** *m* **1.** uzpurnis; **2.** iesācējs, jaunatnācējs

bozo *m* **1.** pūciņas (*uz zoda vai virslūpas*); **2.** apauši

bracear[a] *v* **1.** mētāties ar rokām; žestikulēt; **2.** pūlēties; veltīt pūles; **3.** spert (spārdīties) ar priekškājām (*par zirgu*); **4.** maisīt metālu (kausējot)

bracear[b] *v jūrn.* brasēt

bracero *m* algādzis; dienas strādnieks; ~ del campo – laukstrādnieks, kalps

bragado *a* **1.** ar citu spalvas krāsu zem vēdera (*par lopiem*); **2.** *sar.* ļaunprātīgs; viltīgs; **3.** *sar.* enerģisks; pārdrošs; bezbailīgs

bragas *f pl* īsas bikses (*līdz ceļiem*)

bragueta *f* bikšu ķīlis, bikšu priekša

braguetero I *a* baudkārs, miesaskārīgs; **II** *m sar.* izvirtulis

braguillas *m* knauķis, knēvelis

brama *f* meklēšanās (*dzīvniekiem*)

bramante *m* **1.** aukliņa, aukla; saite; **2.** lentīte (*piem., veļai*); **3.** linu audums (*viena no šķirnēm*)

bramar *v* **1.** rūkt, rēkt; maut, baurot; **2.** brēkt (*par bērnu*); **3.** šņākt, krākt (*par viļņiem, jūru*); aurot, kaukt (*par vētru, vēju*)

bramuras *f* naids, niknums

brandales *m pl jūrn.* virvju traps (kāpnes)

brandevín *m* vīnogu degvīns

branquias *f pl* žaunas

brasa *f* karstas (kvēlojošas) ogles; ogļu kvēle; ◇ estar en ~s – sēdēt kā uz karstām oglēm; estar hecho unas ~s – kvēlot, sarkt (*par seju*)

brasero *m* **1.** ogļu panna; **2.** ogļu krāsniņa; **3.** *sar.* ļoti karsta vieta

brasileño, brasilero I *a* Brazīlijas-, brazīliešu-; brazīlisks; **II** *m* brazīlietis

bravata *f* bravūra; bramanība; lielīga (plātīga) piedraudēšana; echar ~s – dižoties; obtenir con ~s – panākt ar spītību (*kaut ko*)

bravear *v sar.* dižoties, lielīties; uzvesties izaicinoši

braveza *f* **1.** niknums, trakums (*parasti par dzīvniekiem*); **2.** plosīšanās, trakošana (*par vētru, jūru*)

bravío *a* **1.** mežonīgs, nikns, traks, nevaldāms (*par dzīvnieku*); plēsīgs; **2.** vētrains (*par jūru*); nikns, brāzmains (*par vēju*); **3.** savvaļas-, meža- (*par augiem*)

brav∥o I *a* **1.** vīrišķīgs, drosmīgs; dūšīgs; **2.** mežonīgs, nevaldāms (*par dzīvnieku*); **3.** savvaļas-, meža- (*par augiem*); **4.** neapdzīvots (*apvidus*); **5.** kauslīgs; **6.** (*am.*) viltīgs, blēdīgs; **7.** skarbs (*par raksturu, klimatu*); **8.** (*kub.*) izaicinošs; lielīgs, plātīgs; hacerse el ~ – lielīties, plātīties; ◇ ¡ ~a cosa! – nieki!, muļķības!; ¡~! – bravo!; **II** *m* kauslis, dauzoņa; ķildnieks

bravucón *m sar.* lielībnieks, mutes bajārs

braza *f* **1.** jūras ass (*garuma mērs = 1,678 m*); **2.** brasa (*zemes mērs Filipīnu salās = 0,279 āri*); **3.** *jūrn.* brase

brazada *f* **1.** rokas vēziens, kustība ar roku; **2.** *attālums, ko peldētājs veic, izdarot vienu rokas vēzienu;* **3.** *jūrn.* brase

brazado *m* klēpis (*daudzums, ko var saņemt ar abām rokām*)

brazalete *m* rokassprādze, aproce

brazo *m* **1.** roka (*no delnas līdz plecam*); ~ izquierdo – kreisā roka; ~ derecho – labā roka; dar el ~ a alguien – padot roku kādam; tomar a alguien del ~ – paņemt zem rokas kādu; echarse en ~s de alguien – mesties kāda apkampienos; **2.** priekškāja, priekškepa (*dzīvniekiem*); **3.** *tehn.* (*sviras*) plecs; **4.** (*koka*) zars; **5.** (*upes*) atteka; ~ de mar – jūras šaurums; **6.** vara, spēks, varenība; ~ civil – civilie varas orgāni; ~ real (secular, seglar) – laicīgā vara; ~ eclesiástico – baznīcas vara; ~ del reino – kārta (*muižniecības u. tml.*); ◇ a ~ partido – 1) tuvcīņā; 2) ar spēku, no visa spēka; cruzarse de ~s – sēdēt, rokas salikušam; vivir por sus ~s – dzīvot no sava darba; no dar su ~ a torcer – nepiekāpties; ir (venir, andar, estar) hecho un ~ de mar – būt ļoti eleganti apģērbtam; dar los ~s – apkampt; tener en ~s – turēt rokās; se me hacen caer los ~s – man nolaižas rokas; recibir a uno con los ~s abiertos – sagaidīt kādu ar atplestām rokām

brazuelo *m anat.* lāpstiņa, plecs (*dzīvniekiem*)

brea *f* **1.** darva; deguts; piķis; ~ seca, ~ en panes – kolofonijs; **2.** brezents; iesaiņojamais materiāls

brebaje *m* **1.** dzēriens, dzira (*ar nepatīkamu garšu*); **2.** dzeramas zāles; **3.** dzira (*lopiem*)

brecha *f* **1.** caurums, robs (*mūrī*); batir en ~ – izsist caurumu; **2.** *pārn.* robs, iztrūkums; cerrar una ~ – aizpildīt robu; **3.** *mil.* pāreja; eja; abrir una ~ – izlauzties; iztaisīt eju; ◇ hacer ~ en alguien – atstāt iespaidu uz kādu; hacer ~ en el alma – atstāt pēdas dvēselē; estar siempre [en la] ~ – būt vienmēr gatavam aizstāvēt [kādu lietu]

brega *f* **1.** cīņa, cīkstēšanās (*parasti par vēršu cīņām*); **2.** strīds, ķilda; sadursme, saraušanās; **3.** joks, draiskulība, nedarbs; ◇ andar a la ~ – smagi strādāt, nomocīties; dar ~ – muļķot, āzēt

breña *f* krūmu biezoknis, brikšņi (*klinšainā vietā*)

bresca *f* bišu šūnas

brete *m* **1.** kāju dzelži (*važas*); **2.** nepatikšanas, grūtības; estar metido en un ~ – atrasties grūtā stāvoklī; poner en un ~ – iedzīt strupceļā; **3.** konflikts

breva *f* **1.** agrīnā vīģe; **2.** ātraudzīgā ozolzīle; **3.** plakans Havannas cigārs; **4.** (*kub.*) zelējamā tabaka; **5.** (*nejauši iegūts*) labums; negaidīts laimests; cūkas laime; ◇ chuparse [una] buena ~ – nosmelt krējumu; de higos a ~s – reti, ne visai bieži; ablanda ~s – nederīgs cilvēks; quedar más blando que una ~ – kļūt mīkstam kā vasks

breve I *a* īss; en ~ – drīz, īsā laikā; ser ~ – īsi izteikties; en ~s palabras – īsi sakot, īsumā; ~ resumen – īss izklāstījums; **II** *m* breve (*pāvesta vēstījums*)

brevemente *adv* īsi, īsumā; īsi sakot, vārdu sakot

breviario *m* **1.** *rel.* lūgšanu grāmata; **2.** konspekts, īss izklāstījums

brezal *m* viršu lauks, virsājs

brezo *m* virši

briba *f* dīkdienība; slaistīšanās; blandīšanās; andar a la ~ – slaistīties; dzīvot uz cita rēķina, parazitēt; echarse a la ~ – dzīvot dīkdienībā

bribón *m* **1.** dīkdienis, slaists; **2.** krāpnieks, blēdis

brida *f* **1.** pavada; groži; iemaukti; tener el caballo por la ~ – turēt zirgu [stingri] grožos; aflojar la ~ – atlaist grožus; **2.** *med.* saaugums (*zarnās*); ◇ a toda ~ – pilnos auļos; ser llevado de la ~ – iet (*kāda*) pavadā

bridón *m* **1.** laužņi, [mutes] dzelži (*zirgam*); **2.** *poēt.* ugunīgs zirgs

brigada *f* **1.** brigāde; jefe de ~ – brigadieris; **2.** *mil.*, *vēst.* vezumu rinda, pajūgu rinda, vezumi

brillante I *a* **1.** spīdošs, mirdzošs; spožs, starojošs, zaigojošs; **2.** *pārn.* spožs, spīdošs; lielisks; facultades ~s – izcilas spējas; éxito ~ – lieliski (spīdoši) panākumi; ◇ parte más ~ – kulminācijas punkts; tono ~ *mūz.* – augsts tonis, augsts skaņojums; **II** *m* briljants

brillantez *m* **1.** spožums, mirdzums; spīdums; **2.** *pārn.* spožums, greznība

brillar *v* **1.** laistīties; mirdzēt; zvīļot; dzirkstīt; **2.** *pārn.* spīdēt; mirdzēt; ~ por su belleza – izcelties ar skaistumu

brillo *m* **1.** spožums; mirdzums; spīdums; **2.** *pārn.* spožums, krāšņums; greznība; **3.** *sar.* diženība; sin ~ – neievērojams; neizskatīgs

brinc‖ar *v* **1.** lēkt pāri, pārlēkt (*pār ko, pāri kam*); **2.** lēkt; lēkāt; ~ del asiento – strauji piecelties, uzlēkt (*no sēdekļa*); **3.** *sar.* [ar nodomu] izlaist (*lasot, runājot*); **4.** *sar.* lēkt gaisā (*no dusmām*), saskaisties, aizsvilties; ◇ está que ~a – viņš sprāgst vai no ādas laukā aiz dusmām; **5.** apsteigt (*runājot par dienestu (karjeru)*)

brinco *m* **1.** lēciens; lēkāšana; dar ~s – 1) lēkt; 2) grūst; a ~s – ar lēcieniem; de un ~ – ar vienu lēcienu; **2.** grūdiens

brindar *v* **1.** piedāvāt (*pakalpojumu u. tml.*); likt priekšā, uzaicināt; ~ con – pacienāt (*ar kaut ko*); ~ con algo a alguien – dot kādam cerības uz kaut ko, solīt kādam kaut ko; **2.** uzsaukt tostu; dzert uz (*kāda*) veselību; **3.** kādam par godu nonāvēt vērsi (*vēršu cīņās*); **~se** *rfl* piedāvāties

brindis *m* tosts; pronunciar un ~ – uzsaukt tostu
brinete *m* brezents
brío *m* biežāk *pl* ~s spēks, stiprums; **2.** spars, neatlaidība, enerģija, dedzība; **3.** bravūra; bajar los ~s a uno – apvaldīt (pievaldīt) kādu, aplauzt kādam ragus
brisaᵃ *f* brīze
brisaᵇ *f* (*kub.*) apetīte
briscar *v* aust (izšūt) ar zelta (sudraba) diegu
britano I *a* Britānijas-; britu-; **II** *m* brits
briza *f* bieza migla
brizna *f* (*tievs*) diegs, pavediens
broca *f* **1.** spole; **2.** kurpnieka nagliņa; **3.** *tehn.* urbis; svārpsts
brocado *m* brokāts
brocal *m* **1.** akas grodi; **2.** *kalnr.* šahtas ieeja
brocha *f* ota; sarene; ~ de afeitar – bārdas skujamā ota; pintor de ~ gorda – 1) krāsotājs; 2) mālderis, pindzelētājs (*par sliktu mākslinieku*); *glezn.* obra de ~ gorda *sar.* – ķēpājums
brochado *a* ar zeltu (sudrabu) izšūts (*par zīda drēbi*)
broche *m* **1.** broša; sakta; sprādze; **2.** āķis un cilpiņa; **3.** (*am.*) (*kancelejas*) saspraude
broma *f* joks; zobgalība; ~ pesada – ļauns joks; en ~ ~ – pa jokam; por ~ ~ – joka pēc; ¡~s aparte! – bez jokiem!, jokus pie malas!; estar de ~ ~ – būt jautrā noskaņojumā, jokot; decir (gastar) ~s – jokot, bārstīt asprātības; fuera de ~, sin ~(s) – nopietni, bez jokiem
bromista *m, f* jokdaris, -e
bromo *m* *ķīm.* broms
bronca *f* **1.** rupjš joks; **2.** *sar.* ķildošanās, bāršanās; ķīviņš; ◇ armar ~ ~ – sacelt troksni; echar una ~ ~ – lasīt sprediķi (*kādam*)
bronce *m* **1.** bronza; edad de ~ – bronzas laikmets; **2.** bronzas statuja; ◇ ser de ~ ~ – būt stipram; būt kā no dzelzs; escribir en ~ ~ – paturēt atmiņā (sirdī)
broncería *f* bronzas izstrādājumi
broncíneo *a* bronzas-; bronzai līdzīgs
bronco *a* **1.** rupjš, neapstrādāts; **2.** trausls (*par metālu*); **3.** skarbs, ass (*par balsi*); **4.** nelaipns; **5.** mežonīgs (*par apvidu*)
broqueta *f* iesms
bronquial *a* bronhu-; bronhiāls; asma ~ ~ – bronhiālā astma
broquel *m* **1.** neliels vairogs; **2.** aizstāvība, aizsardzība, patvērums; **3.** (*am.*) margas; ◇ raja ~es – lielībnieks
brotar *v* **1.** uzdīgt, izdīgt; dzīt asnus; salapot (*par koku*); **2.** iztecēt, izlauzties, izvirst (*par avotu, ūdeni*); **3.** izsisties (*par izsitumiem*); parādīties, rasties
brote *m* **1.** pumpurs; atvase, dzinums; **2.** dīglis, asns; dar ~s – izdzīt pumpurus, atvases

broza f **1.** sausas (nokaltušas) lapas; žagari; **2.** brikšņi; krūmājs; **3.** atkritumi; **4.** nederīgas lietas, krāmi; servir de toda ~ – noderēt jebkuram gadījumam

bruces: de ~ – uz vēdera [guļot]; caer de ~ – nokrist uz deguna (mutes)

bruja f **1.** ragana, burve; **2.** pūce

brujería f burvestība; buršana

brújula f **1.** magnētadata; **2.** [kuģa] kompass; **3.** [šautenes] grauds; ◊ perder la ~ – pazaudēt līdzsvaru; mirar por ~ – ieskatīties svešās kārtīs

brujulear v izdibināt; atklāt; ◊ saber ~ – zināt visus stiķus un niķus; mācēt kulties caur dzīvi

bruma f migla (*uz jūras*)

bruno I a [tumši] brūns; **II** m melnā plūme

bruñido I a **1.** pulēts; spodrs, nospodrināts; [no]slīpēts; **2.** oksidēts (*par dzelzi, tēraudu*); **II** m politūra

brusco a **1.** ass; negaidīts, pēkšņs; movimiento ~ – asa kustība; **2.** ass, rupjš, skarbs; carácter ~ – smags raksturs; tono ~ – ass (izaicinošs) tonis; asalto ~ – negaidīts uzbrukums

brutal a **1.** brutāls; rupjš; **2.** dzīvniecisks, zvērīgs; **3.** dzīvnieku-; lopu-

bruto a: en ~ – neaptēsts; neapstrādāts, neizstrādāts; peso ~ – bruto svars; hierro en ~ – čuguns; valor ~ – tīrā vērtība; diamante en ~ – neslīpēts dimants

bruza f skrāpis (*zirgu tīrīšanai*)

bu, bu-bú m *sar.* bubulis; biedēklis; ķēms; harer el ~ – biedēt

búa f *med.* pūtīte

buba f *med.* strutu pūtīte

bubón m *med.* **1.** cirkšņu dziedzeru [uz]pampums; **2.** mēra augonis

bucal a *anat.* mutes-; cavidad ~ – mutes dobums

bucanero m pirāts, korsārs

búcaro m **1.** aromātiskie māli; **2.** vāze (*no aromātiskajiem māliem*)

bucear v **1.** nirt, ienirt; **2.** ienirstot izvilkt laukā (*kaut ko*); strādāt par ūdenslīdēju; **3.** *pārn.* iedziļināties (*kādā lietā, jautājumā*); pamatīgi izpētīt, izdibināt

bucéfalo m *sar.* lempis, tūļa; apdauzīts (padumjš) cilvēks

bucle m sproga, cirta; ~ – de cable – ieliekums; aizlūzums

buchada 1. guldziens; **2.** *sk.* **bocanada**

buche m **1.** guza (*putniem*); **2.** *sar.* kuņģis; vēders; **3.** malks; **4.** kroka, ieloce (*drēbē*); **5.** (*am.*) cilindrs (*cepure*); ◊ no le cupo en el ~ – viņš to nevarēja paturēt pie sevis (*par kādu noslēpumu*); sacar el ~ a alguien – izvilkt kādam dvēseli, izvilkt visu no kāda

budín m **1.** pudiņš; **2.** sacepums

buen a (*saīs. no* bueno, *lieto tikai vīr. dz. lietv. vsk. priekšā*) labs;

~ tiempo – labs laiks; ~ hombre – labs cilvēks; ~ mozo – lāga zēns; glīts puisis; ~ – sentido – vesels saprāts

buenamente *adv* **1.** viegli, ērti; **2.** labprāt

buenaventura *f* laime; decir la ~ – zīlēt pēc rokas [līnijām]; echar la ~ – zīlēt

buen∥o I *a dažnoz.* labs; krietns; pamatīgs; derīgs; patīkams; ērts; estar ~ – būt veselam, justies labi; ◇ ¡~s días! – labdien!; ¡~as noches! – 1) labvakar!; 2) ar labu nakti!; ~ como el pan – labsirdīgs; dar por ~ – atzīt par labu; piekrist; ¡en hora ~a! – laimīgi!; estar de ~as – būt labā omā; de ~as a primeras – 1) no pirmā acu uzmetiena, uzreiz; 2) negaidot, pēkšņi; una ~a razón – nopietns (attaisnojošs) iemesls; ~ para nada – nekam nederīgs; a lo ~ – godīgi, pēc labākās sirdsapziņas; a la ~a de Dios – uz labu laimi; por ~as o por malas – gribot negribot; ar labu vai ar ļaunu; **II** *adv* **1.** labi; ¡~ está! – labi!; ¡~ es esto! *iron.* – lieliski!, neko teikt!; **2.** pietiekami; **III** *interj* **1.** labi!; pareizi!; **2.** pietiek!, diezgan!

buey *m* vērsis; ~ de labor – darba vērsis; ◇ ~ de agua – stipra ūdens strūkla; a paso de ~ – ļoti lēni; ļoti uzmanīgi

búfalo *m* bifelis

bufanda *f* kaklauts, kakla lakats, šalle

bufar *v* **1.** šņākt, sprauslāt (*par dzīvniekiem*); **2.** *pārn.* šņākt, elst (*no dusmām*)

bufete *m* **1.** rakstāmgalds; **2.** kabinets, darba istaba; abrir su ~ – nodarboties ar advokatūru; advokāta klientūra

buffet, bufet *m dažnoz.* bufete

bufido *m* **1.** šņākšana, sprauslošana (*par dzīvniekiem*); **2.** uzkliegšana, uzbrēkšana; uzbrēciens

buf∥o I *a* komisks; jocīgs; ērmīgs; comedia ~a – bufa opera, komiskā opera; **II** *m* bufons, komiķis; jokdaris

bufón I *a* nerra-, āksta-; jokdara-; uzjautrinošs, jocīgs; **II** *m 1.* nerrs, āksts; **2.** jokdaris; balamute

buharda, buhardilla *f* **1.** lūka (*jumtā*), jumta lodziņš; **2.** jumta istabiņa, mansards

buho *m* ūpis; ◇ ser un ~ – dzīvot kā ūpim, mīlēt vientulību

buitre *m zool.* maitu ērglis; lija; ~ de cabeza blanca – kalnu lija; gran ~ de las Indias – kondors; ◇ comer como un ~ – ēst ar vilka apetīti, uzklupt ēdienam kā vilks

buitrón *m* murds

bujarrón *m sar.* homoseksuālists

buje *m tehn.* bukse

bujería *f arī pl* ~s **1.** sīkpreces; galantērijas preces; **2.** vizuļu izrotājums

bujía *f* **1.** svece; **2.** *tehn.* [iekšdedzes motora] svece; **3.** kabatas lukturītis

bula *f* bulla (*pāvesta*); ◇ tener ~s para todo – visu [sev] atļauties; echar las ~s a alguien – lasīt kādam morāli (spredīķi), uzspiest kādam kaut ko; tener ~s para todo – veikties visā

bulbo *m* (*puķu*) sīpols; gums; bumbulis; ~ fotoeléctrico – fotoelements

búlgaro I *a* Bulgārijas-; bulgāru-; **II** *m* **1.** bulgārs; **2.** bulgāru valoda

bulto *m* **1.** apjoms; apmērs; **2.** neskaidrs stāvs (tēls) (*tumsā, tālumā*); **3.** puns; **4.** krūšutēls, biste; **5.** pauna; paka; bagāža; sainis; **6.** spilvens (*bez spilvendrānas*); ~s de mano – rokas bagāža; ◇ a ~ – pavirši, pēc acumēra; de ~ – 1) skaidri, acīm redzami; 2) svarīgi; buscar el ~ a uno – līst (zagties) pakaļ kādam; escurrir (guardar, huir) el ~ – 1) aizšmaukt, aizlavīties; 2) izvairīties, izlocīties; hablar a ~ – runāt muļķības; ser de ~ una cosa – būt skaidram, acīm redzamam

bulla *f* troksnis, kņada; burzma; meter ~ – trokšņot, bļaut

bullebulle *m sar.* vējgrābslis

bullicioso *a* trokšņains; nemierīgs, kustīgs

bullir *v* **1.** vārīties; virt; **2.** burbuļot, virmot; mutuļot; **3.** čumēt, mudžēt, ņudzēt

buñolero *m* virtuļu pārdevējs, *sar.* haltūrists

buñuelo *m* **1.** virtulis; **2.** *sar.* nemākulīgs darbs; ◇ no es ~ – tas nav tik vienkārši

buque *m* **1.** *sk.* **cabida**; **2.** kuģis; ~ de guerra – kara kuģis; ~ mercante – tirdzniecības kuģis; ~ tanque – tankkuģis; ~ de vapor – tvaikonis; **3.** kuģa korpuss; ~ pesquero – zvejas kuģis; ~ de vela – burukuģis, burinieks; ~ insignia – flagmaņkuģis

burbuja *f* burbulis

burdégano *m* zirgēzelis

burdel I *a* miesaskārīgs; baudkārs; izvirtis; **II** *m* **1.** atklātais nams, priekamāja; **2.** *pārn.* juceklis, jezga; *sar.* trakomāja

burdeos *m* bordo (*vīna šķirne*)

burdo *a* **1.** rupjš, biezs (*par audumu, vilnu*); **2.** lempīgs

burgomaestre *m* burgomistrs; birģermeistars

burgués I *a* buržuāzijas-; buržuju-; revolución democrático- ~a – buržuāziski demokrātiskā revolūcija; **II** *m* **1.** birģelis, sīkpilsonis; **2.** buržujs

burguesía *f* **1.** buržuāzija; gran ~ – lielburžuāzija; pequeña ~ – sīkburžuāzija; **2.** pilsonība; sīkpilsoņi

buriel *a* **1.** sarkanbrūns; *m* **2.** audums, rupjš linu audums

buril *m* šķautnis (*vara grebēju durba rīks*), griezējkalts; dzelis

burilar *v* gravēt

burla *f* **1.** izsmiekls; zobošanās; [iz]nerrošana; hacer ~ – izsmiet; **2.** joks; de ~s – pa jokam; estar de ~s – jokoties; no saber (no entender) de ~s nesaprast jokus; ◊ ~ burlando – kā pa jokam, gluži nemanot; de ~ s y de veras – pa jokam un nopietni; tornar en ~ – pārvērst par joku; estar de ~s – būt jautrā noskaņojumā

burlar *v* **1.** zoboties; izsmiet; nerrot; **2.** jokoties; **3.** maldināt; mānīt

burlesco *a* **1.** jocīgs, uzjautrinošs, komisks; **2.** humoristisks, joku-

burlón *m* **1.** jokdaris, komiķis; zobgalis; **2.** *zool.* dzeltenais ķauķis

buró *m* **1.** rakstāmgalds; **2.** birojs, kantoris; **3.** birojs (*dažu vadošo orgānu nosaukums*); Buró de Información – informācijas birojs

burocracia *f* birokrātija

burócrata *m* birokrāts

burra *f* **1.** ēzelis (*mātīte*), ēzeļmāte; **2.** muļķe; ◊ írsele a alguien la ~ – kļūdīties, pārskatīties (*steigā*); caer de su ~ *sar.* – atzīt savu kļūdu; descargar la ~ *sar.* – uzvelt darbu otram

burrero *m* **1.** ēzeļu dzinējs; **2.** ēzeļu piena pārdevējs

burro *m* **1.** ēzelis; ~ de carga *pārn.* – darba lopiņš (*par cilvēku, kas daudz un smagi strādā*); **2.** steķi (*zāģēšanai*), āži; ◊ ~ cargado de letras – pseidozinātnieks; «mācīts ēzelis» ~ de reata – cilvēks, kas atkārto cita vārdus (kas visiem piekrīt)

bursátil *a* biržas-; operaciones ~es – biržas operācijas

burujo *m* paciņa, sainītis

burujón *m* **1.** liels sainis, paka; ķīpa; **2.** puns (*galvā*)

busca *f* meklēšana; perro de ~ – medību suns; medības ar dzinējiem; ir en ~ de – doties meklēt (*kaut ko*), apskatīties pēc (*kaut kā*)

buscador *m* meklētājs; ~ del oro – zelta meklētājs

buscaminas *m* mīnu meklētājs

buscapié *m sar.* **1.** izdibinātājs; izokšķerētājs, okšķeris; **2.** viltīgs paņēmiens, viltība, triks

buscapiés, buscapiques *m* (*uguņošanas, signalizēšanas*) raķete

buscar *v* meklēt; uzmeklēt; izmeklēt; ◊ ~ la boca – 1) censties izzināt noslēpumu; 2) meklēt iemeslu strīdam; ~ tres pies al gato – piesieties, meklēt strīdu; quien busca halla – kas meklē, tas atrod

buscarruidos *m, f* strīdnieks, -ce, kašķa meklētājs, -a

buscavidas *m, f sar.* **1.** okšķeris, -e; **2.** *sar.* līdējs, -a

buscón *m* garnadzis (*zaglis*), blēdis

buscona *f* prostitūta, ielasmeita

busilis *m sar.* svarīgākais (galvenais) punkts; galvenais šķērslis; ◊ ahí está el ~ – tādas ir tās lietas, tāda ir lietas būtība; redz, kur tas

suns aprakts; dar en el ~ – trāpīt tieši mērķī; trāpīt naglai uz galvas
busto *m* **1.** ķermeņa augšdaļa; **2.** biste, krūšutēls
butaca *f* **1.** atzveltnes krēsls; ~ de mimbre – kurvja krēsls (*jūrmalā*); **2.** *teātr*. vieta parterī
butifarra *f* cūkgaļas desa
buya *f* bebrs
buz (*pl* buces) *m* rokas skūpsts; pazemīga [pa]klanīšanās; ◇ hacer el ~ – 1) glaimot; parādīt uzmanību; 2) paklanīties (*kādam*)
buzamiento *m kalnr*. iebrukums
buzcorona *m* vecs joks
buzo *m* **1.** ūdenslīdējs; nirējs; **2.** *sar.* veikls zaglis
buzón *m* **1.** pasta kastīte, vēstuļu kastīte; echar al ~ – iemest (*vēstuli*); **2.** notekas (izplūdes) caurums; **3.** spunde; tapa

C

¡ca! *interj* nekādā ziņā!, nav ko domāt!
cabal I *a* **1.** pilnīgs; pareizs, īsts; **2.** pilns, pilnā skaitā esošs; cuenta ~ – pilns skaits; pareizs rēķins; tres meses ~es – trīs pilni mēneši; ¡justo y ~! – pilnīgi pareizi!; **II** *m* precizitāte; pareizība, pareizums; ◇ por sus ~es – kā pienākas; pareizi, nevainojami; **II** *m pl* saprāts, prāts; no estar en los ~es – nebūt pie pilna prāta
cábala *f* **1.** burvestība; buršana, zīlēšana; **2.** ~s *pl* intrigas; slepens nodoms, sazvērestība; no hagamos ~s – nezīlēsim
cabalgada *f* **1.** jātnieku nodaļa; **2.** jājiens; **3.** kavalkāde
cabalgadura *f* jājamzirgs; nastu nesējs dzīvnieks
cabalgar *v* **1.** jāt; jādelēt; **2.** aplēkt (*par dzīvniekiem*)
cabalístico *a* **1.** kabalistikas-; kabalistisks; **2.** *pārn. iron*. neizprotams, noslēpumains, mistisks; signos ~s – kabalistiskās zīmes
cabalmente *adv* **1.** pilnīgi, pavisam; **2.** pareizi; taisni, tieši
caballa *f zool*. makrele, skumbrija
caballada *f* **1.** zirgu ganāmpulks; **2.** (*am.*) dumjš joks; rupjš izlēciens
caballaje *m* **1.** (*zirgu vai ēzeļu*) aplecināšana; **2.** maksa par aplecināšanu
caballar *a* zirgu-; ganado ~ – zirgu [kop]skaits
caballejo *m* ādenis, kleperis
caballeresco *a* **1.** bruņniecisks; **2.** bruņinieka-; bruņinieku-

caballería *f* **1.** kavalērija; jātnieki; regimiento de ~ – jātnieku (kavalēristu) pulks; ~ ligera – vieglā kavalērija; **2.** dzīvnieks jāšanai; ~ mayor – zirgs, mūlis; ~ menor – ēzelis; libro de ~s – bruņinieku romāns; ◇ andarse en ~s – izplūst komplimentos

caballeriza *f* [zirgu] stallis

caballero I *a*: ~ en su opinión – stūrgalvīgs; **II** *m* **1.** jātnieks; ~ en plaza – torero uz zirga (*vēršu cīņās*); **2.** bruņinieks; armar ~ – iecelt bruņinieku kārtā; **3.** *rel.* ordeņa kavalieris; **4.** dižciltīgais; aristokrāts; ~ novel – jaunizcepts aristokrāts (muižnieks), iznirelis; ~ cubierto – spāņu grands; armar ~ – iecelt bruņinieku kārtā; **5.** kavalieris; se portó como un ~ – viņš izturējās kā džentlmenis; **6.** cienījamais kungs (*uzruna*); ◇ ~ de industria – avantūrists, dēkainis, af afērists; ~ de conquista – konkistadors, iekarotājs; poderoso ~ es don dinero – nauda var visu

caballeta *f* sienāzis

caballete *m* **1.** čukurs, jumta kore; **2.** *glezn.* molberts; **3.** steķis, āzis; ~ para aserrar – steķis zāģēšanai

caballista *m* **1.** zirgu mīļotājs; zirgu pazinējs; **2.** labs jātnieks

caballitero *m* (*kub.*) **1.** akrobāts; virves dejotājs; **2.** [zirgu] cirka īpašnieks

caballito *m* **1.** zirdziņš; ~ de palo – koka zirdziņš (*rotaļlieta*); **2.** ~s *pl* karuselis; ◇ ~ del diablo *zool.* – spāre

caballo *m* zirgs; ~ doble – smagais braucamais zirgs, vezuma zirgs; ~ de tiro – braucamais zirgs; ~ de mano – rezerves zirgs; ~ padre – vaislas ērzelis; ~ de pura raza – tīrasiņu zirgs; a ~ – jāšus; escuela de a ~ – jāšanas skola; poner a uno a ~ – apmācīt jāšanā; ~ de columpio – šūpuļzirgs; ~ marino – 1) nīlzirgs; 2) jūras zirdziņš; **3.** zirdziņš (*šaha spēle*); **4.** ~s *pl mil.* – kavalēristi; **5.**: ~s de fuerza *tehn.* – zirgspēks; ◇ ~ de batalla – 1) kaujas zirgs; 2) (*kāda*) stiprā puse; a mata ~ – pa kaklu pa galvu, lielā steigā; bolsa de los ~s – totalizators; a ~ presentado (regelado), no hay que mirar el diente – dāvinātam zirgam zobos neskatās

caballón *m* **1.** valnis, dobe (*starp divām vagām*); **2.** vāls (*sniega u. tml.*)

cabaña *f* **1.** būda; dueño de una ~ – būdinieks; **2.** aitu ganāmpulks

cabañal I *a*: camino ~ – ganu ceļš; **II** *m* [būdiņu] ciemats

cabañero I *a* ganu-; perro ~ – ganu suns; **II** *m* aitu gans; karavānas dzinējs

cabe *m* vienas bumbiņas piesitiens otrai, bumbiņu sagrūšanās, grūdiens (*spēlē*); ◇ dar un ~ – nodarīt zaudējumu; dar un ~ al bolsillo – izspiest naudu (*no kāda*); ~ de pala – 1) gadījums, izdevība; 2) laimīgs gājiens, trāpījums (*spēlē*)

cabecear *v* 1. kratīt (purināt) galvu; pamāt (pamest) ar galvu; noliekt (palocīt) galvu; 2. snaust; 3. *jūrn.* gareniski šūpoties (*par kuģi*); 4. pagarināt zeķi, pieadot klāt; pieadīt zeķi; 5. salaistīt, sajaukt (*dažādu šķirņu vīnus*)

cabecera *f* 1. galvgalis (*gultai u. c.*); 2. goda vieta (*pie galda*); 3. galvaspilsēta; 4. galvenā daļa; 5. uzraksts, virsraksts; vinjete; ◇ médico de ~ – mājas ārsts

cabecilla 1. *f* galviņa; 2. *m* barvedis; virsaitis; 3. gaisagrābslis, vējgrābslis

cabellera *f* 1. (*kupli, biezi*) mati; 2. parūka; 3. krēpes; ◇ ~ de cometa – komētas aste

cabello *m* 1. mats, matiņš; 2. mati; ~ merino – biezi, sprogaini mati; ◇ en ~ – ar [vaļā] atlaistiem matiem; en ~s – ar kailu (neapsegtu) galvu; estar pendiente de un ~ – karāties mata galā; asirse de un ~ – [pie]ķerties pie salmiņa; cortar un ~ en el aire – ātri aptvert, uzreiz saprast; tropezar en un ~ – paklupt uz līdzenas vietas

cabelludo *a* garmatains, ar gariem matiem; matains, pinkains; cuero ~ – galvas āda

cab‖er *v* 1. ietilpt; saiet [iekšā]; saturēt [sevī], uzņemt sevī; 2. būt iedomājamam; būt iespējamam; iederēties; 3. nākties; pienākties, tikt (*par kādu daļu no kaut kā*); ~ [en suerte] krist (*par laimestu u. tml.*); 4. nākties (*veikt kādu darbu u. tml.*); gadīties; ◇ ~ juntos – saderēt kopā; no ~ en sí de goza – nevarēt valdīties no prieka; todo ~e en él – viņš ir spējīgs uz visu, no viņa var visu ko sagaidīt; no me ~e en la cabeza – to es nevaru saprast, tas man nav aptverams; ¡no ~e más! – tas vairs nav izturams!, mērs ir pilns!; no ~ en sí, no ~ en el mundo – būt ļoti iedomīgam (pārmērīgi lepnam)

cabestrería *f* seglinieku darbnīca

cabestrillo *m* saite, cilpa (*slimai rokai*)

cabestro *m* 1. apauši; 2. vērsis – barvedis

cabeza *f* 1. *daž. noz.* galva; prāts, spējas; sacar la ~ – izbāzt galvu, parādīties; ~ rizada – sproggalvis; ~ de chorlito – tukšgalvis, vieglprātis; ~ de hierro – stūrgalvis; mala ~ – nesaprātīgs cilvēks; ~ redonda – trulprātiņš, āmurgalva; ~ torcida – liekulis, valšķis; ~ de la familia – ģimenes galva; 2. galvaskauss; 3. galva; prāts; 4. sākums (*kādai nodaļai grāmatā*); virsraksts; 5. smaile, galotne, virsotne; 6. priekšgals (*kuģim u. tml.*); 7. galvaspilsēta; ~ de partida –

provinces (apgabala) pilsēta; 8. izcelšanās, sākums; ~ de un camino – ceļa sākums; estación de ~ – gala stacija; flaco de cabeza – tukšpauris; llevar en la ~ – ciest neveiksmi; pārrēķināties; subirse a la ~ – «iesist» pa galvu (*par vīnu u. tml.*); ~ loca no quire toca – muļķiem likumi nav rakstīti; ◇ de ~ – pa kaklu pa galvu; tocado de la ~ – jucis, sajucis; andar de ~ – nokļūt strupceļā; se le fue la ~ – viņam noreibusi galva; sentar la ~ – pieņemties prātā; escarmentar en ~ ajena – mācīties no cita pieredzes; meterse algo en la ~ – ieņemt kaut ko galvā; pasar por la ~ – ienākt prātā; ~ de turco – grēkāzis; golpe en la ~ – pļauka, pliķis

cabezada *f* 1. atsišanās (uzgrūšanās) ar galvu; 2. galvas palocīšana; 3. (*zābaka*) galva; ◇ dar ~s – snaust; kūkot, krist uz deguna; darse de ~s – lauzīt galvu (*par kaut ko*)

cabezal *m* 1. dūnu spilventiņš; 2. komprese

cabezo *m* 1. kalna galotne; pakalns; 2. krekla apkaklīte (apšuve); 3. apaļš zemūdens akmens

cabezón I *a* 1. ar lielu (milzīgu) galvu; 2. spītīgs, stūrgalvīgs; II *m* 1. krekla (*augšējā*) apmale; (*kleitas*) kakla izgriezums; coger por los ~es – sagrābt aiz apkakles; 2. *sar.* stūrgalvis

cabezonada *f* stūrgalvība, spītība

cabezorro *m*, **cabezota** *f* 1. nesamērīgi liela galva, ūdensgalva; 2. *pārn. sar.* cilvēks ar lielu galvu, stūrgalvis

cabezudo *a* 1. ar lielu galvu; 2. *sar.* stūrgalvīgs, spītīgs; 3. stiprs (*par alkoholiskiem dzērieniem*)

cabezuela *f* 1. galviņa; 2. rožu pumpurs; 3. vīna nogulsnes

cabida *f* 1. tilpums, ietilpīgums; uzņemšanas spēja; la sala da ~ a mil personas – zāle ar 1000 vietām, zāle 1000 personām; 2. *mat.* laukuma lielums

cabildada *f* pārsteidzīgs spriedums, nepārdomāts lēmums; varas ļaunprātīga izmantošana

cabildeo *m* intriga; andar de ~s – vīt intrigas

cabildero *m* intrigants

cabildo *m* 1. kapituls (*baznīcas*); 2. pilsētas dome; 3. *rel.* draudzes padome; 4. pilsētas domes sēde; 5. sēžu zāle

cabillo *m* (*puķes, lapas*) kāts

cabina *f* kabīne, kajīte; ~ telefónica – telefona būdiņa (kabīne); ~ del ascensor – lifta kabīne

cabizbajo, cabizcaído *a* 1. ar noliektu (nokārtu) galvu; 2. nospiests, nomākts; izmisis

cable *m* 1. kabelis; vads; ~ submarino – zemūdens kabelis; ~ aéreo – gaisa vads; ~ de alta tensión – augstsprieguma vads; 2. tauva; ~ de alambre – trose; ~ de cadena *jūrn.* – enkurķēde; ~ de sirga *jūrn.* – velkamā tauva

cablecarril *m* trosu ceļš

cablegrafiar *v* telegrafēt (*pa kabeli*)

cablegrama *f* kablogramma, kabeļtelegramma

cabo *m* **1.** gals, beigas; llevar a ~, dar ~ – pabeigt, novest līdz galam; al ~ – beigās, kā pēdējais, dejar ~s sueltos – 1) nepabeigt, nenovest līdz galam; 2) atstāt pēdas; de ~ a rabo – no viena gala līdz otram, no sākuma līdz beigām; ~ suelto *sar.* – neparedzēts apstāklis; **3.** priekšgals; gals, galiņš (*desas, sveces, diega u. c.*); **4.** smaile; **5.** zemesrags; **6.** rokturis, kāts; **7.** *jūrn.* tauva, virve; **8.** *mil.* kaprālis; ~ de ronda – nakts patruļas komandieris; ~ de cuartel – rotas dežurants; **9.** ~s *pl* tualetes piederumi; ◇ al ~ de algún tiempo – pēc kāda laika; en mi (tu, su) solo ~ – vienatnē ar sevi, bez apkārtējo palīdzības; estar al ~ de ... – būt labi informētam par ...

cabotaje *m jūrn.* kabotāža, piekrastes kuģniecība; buque de ~ – kabotāžas kuģis

cabra *f* **1.** kaza; ~ montés – kalnu kaza; ~ de almizcle *zool.* – mošus briedis; **2.** krāpšana (*spēles laikā*), negodīga spēle; ordeñal la ~ – iegūt labumu, izspiest visu iespējamo

cabrahigo *m* savvaļas vīģes koks

cabreriza *f* kazu gana būdiņa

cabrera *f* kazu gane

cabrestante *m* **1.** *jūrn.* enkura vinda; **2.** *tehn.* trīsis, grieztuve

cabria *f tehn.* ceļamais mehānisms; tītuve, vinča

cabrillas *f pl* **1.** sīki [putu] vilnīši; **2.** *astr.* Plejādes, Sietiņš

cabrio *m* [jumta] spāre

cabrío 1 *a* kazu-; macho [de] ~ *sar.* – kazu buks, āzis; **II** *m sar.* āzis

cabriol[e]ar *v* **1.** mest kūleņus, kūleņot; **2.** lēkāt, lēkt

cabriolé *m* kabriolets

cabritilla *f* izstrādāta kazāda (aitāda), ševroāda; guante de ~ – glazē cimds

cabrón *m* **1.** āzis; **2.** *sar.* ragnesis (*piekrāpts vīrs*)

cabuyería *f* takelāža

cacahuete, cacahué *m* zemesrieksts

cacahuero *m* (*am.*) kakao plantācijas īpašnieks

cacao *m* kakao; kakao pupiņas; ◇ pedir ~ (*am.*) – lūgt žēlastību; no valer un ~ *sar.* – ne plika graša nav vērts

cacarear *v* **1.** kladzināt; **2.** izbazūnēt, izdaudzināt; **3.** izkladzināt, izpļāpāt (*kaut ko*)

cacatúa *f ornit.* kakadu

cacería *f* **1.** medības; **2.** medījums

cacerina *f* medību soma; patronsoma

cacerola *f* kastrolis

cacique *m* **1.** kasiks, varasvīrs (*Spā-*

nijā); iespaidīgs cilvēks; lielas zemes īpašnieks; **2.** despots, tirāns
caco *m sar.* **1.** garnadzis, veikls zaglis; **2.** memmesdēliņš, gļēvulis
cactáceo, cácteo *a* kaktusa-; kaktusu-
cacto *m* kaktuss
cacumen *m* prāta asums; ass prāts; vērīgums
cacha *f* **1.** saliecamā naža spals; **2.** *sar.* sēža; hasta las ~s – tālāk vairs nav kur, līdz kaklam
cachalote *m zool.* kašalots
cachano *m sar.* velns; ◇ llamar a ~ – veltīgi lūgt
cachar *v* **1.** salauzt; **2.** skaldīt; saskaldīt; pārskaldīt
cacharrazo *m* **1.** sitiens ar kādu priekšmetu; **2.** *sar.* liels malks (*vīna u. tml.*)
cacharrería *f* podniecības izstrādājumi; podniecības izstrādājumu veikals
cacharrero *m* podniecības izstrādājumu tirgotājs
cacharro *m* **1.** māla pods; māla trauks; ~ de barro – māla trauks; **2.** lauska, drumsla, suķe
cachaza *f sar.* lēnums, gausums; obrar con ~ – tūļāties; tener cachaza – būt flegmātiskam
cachazudo *a* **1.** flegmatisks; gauss; **2.** apdomīgs, piesardzīgs; aukstasinīgs
cacheo *m* [personu] kratīšana, kabatu pārmeklēšana (*meklējot ieročus*)

cachete *m* **1.** dūres sitiens sejā; pļauka, pliķis; **2.** *sar.* apaļš (tukls) vaigs; **3.** duncis (*lopu kaušanai*)
cachetero *m* **1.** duncis, kinžals; **2.** cilvēks, kas nobeidz vērsi ar dunča dūrienu sprandā (*vēršu cīņās*)
cachetudo, carrilludo *a* ar apaļiem (tukliem) vaigiem
cachicán *m* **1.** priekšstrādnieks (*fermā*); **2.** *sar.* viltnieks, gudrinieks
cachigordete, cachigordo *m* resnītis
cachimbo *m* **1.** (*kub.*) *sar.* (*neliela*) cukurfabrika; **2.** (*am.*) *iron.* policists, žandarms
cachipolla *f ent.* viendiene
cachiporra *f* runga; vāle, milna
cachivache *m* **1.** grabažas, krāmi; **2.** *sar.* gaudulis, vārgdienis; nožēlojams radījums
cacho *m* **1.** lauska, drumsla; hacer ~s – sasist, saplēst; sadrumstalot; **2.** gabals; šķēle; drupata; ~ de bananas – banānu saišķis; **3.** (*am.*) joks, joku stāsts; **4.** kačo (*kāršu spēle*)
cachorrillo *m* kabatas pistole
cachorro *m* **1.** kucēns; (*plēsīgu zvēru*) mazulis; **2.** *am. pārn. niev.* kucēns, pienapuika
cachucha *f* **1.** kačuča (*tautas deja un dziesma Andalūzijā*); **2.** cepure (*viens no veidiem*); **3.** neliela laiviņa
cachuchear *v sar.* glāstīt, lutināt
cachucho *m* **1.** adatu kastīte, adat-

nīca; **2.** neliels trauks; **3.** maza laiviņa
cachupín *m* **1.** Ziemeļamerikā iecelojis spānietis; **2.** iznirelis
cadaᵃ *m* paeglis, kadiķis
cadaᵇ *a* katrs, ikviens, ikkurš; ~ hora – katru stundu, ik stundu; ~ uno – katrs, ikviens, ikkurš; ~ vez – katru reizi, ik reizes; de ~ día – ikdienišķs, ikdienas-: ~ dos días – ik pēc divām dienām; ~ vez (día) peor – arvien sliktāk; ~ vez que ... katrreiz, kad ...; a ~ paso – ik uz soļa, vienmēr
cadalecho *m* no zariem pīta guļvieta
cadalso *m* ešafots; tribīne
cadañer‖o *a* viengadīgs; plantas ~ as – viengadīgie augi
cadáver *m* līķis; depósito de ~es – morgs, kapliča
cadavérico *a* **1.** līķa-, līķu-; **2.** bāls kā līķis (nāve), liķa bālumā
cadejo *m* **1.** matu šķipsna; **2.** diegu kamols
cadena *f* **1.** ķēde; ~ antideslizante – aizsargķēde (*automašīnai uz riteņiem*); ~ de reloj – pulksteņķēde; desintegración en ~ – ķēdes reakcija; ~ de acontecimientos – notikumu virkne; **2.** cietums; ~ perpetua – mūža cietums, ieslodzījums uz mūžu; **3.** ~s *pl arī pārn.* važas; verdzība; **4.** konveijers; en ~, a la ~ – konveijera-
cadencia *f* **1.** ritms; pantmērs; **2.** *mūz.* kadence

cadenciado, **cadencioso** *a* **1.** daiļskanīgs; **2.** ritmisks
cadente *a* **1.** pa pusei sagruvis (sabrucis); **2.** nīkulīgs; nevarīgs, vārgs, nespēcīgs; **3.** (*par dokumentiem, prasībām u. tml.*) spēku zaudējis, spēkā neesošs; **4.** [sa]brūkošs; **5.** mērens; harmonisks
cadera *f* gūža, gurns
cadetada *f* nebēdnība, nerātns joks
cadete *m* **1.** kadets; **2.** (*am.*) māceklis; hacer el ~ *sar.* – rīkoties vieglprātīgi
caducar *v* **1.** sabrukt, sagrūt; sakrist (*no vecuma*); **2.** zaudēt spēku (*par dokumentu, likumu u. tml.*); **3.** novecot, kļūt nederīgam; iziet no modes
caducidad *f* **1.** sabrukšana, sagrūšana; sakrišana; **2.** novecošana; **3.** *jur.* noilgums; spēka zaudēšana (*par dokumentu u. tml.*)
caduco *a* **I.** pussagruvis; vecs; **2.** nīkulīgs; nevarīgs, nespēcīgs; **3.** novecojis, nederīgs; spēku zaudējis, spēkā neesošs (*par dokumentiem u. tml.*)
caedizo *a* **1.** vaļīgs; nestabils, ļodzīgs; nenoturīgs; tāds, kas viegli var nokrist; **2.** nevarīgs, vārgs; **3.** bailīgs, bikls
caer *v* **1.** krist; gāzties; nokrist; ~ del tejado – nokrist no jumta; ~ de espaldas – nokrist uz muguras; ~ a los pies de uno – nokrist kādam pie kājām; **2.** izkrist (*par*

zobiem, matiem); **3.** krist, tikt (*par kādu daļu no kaut kā, par laimestu*); laimēt; **4.** atgadīties, notikt, iekrist; ~ en viernes – notikt (iekrist) piektdienā; iekrist lamatās; **5.** nobirt (*par lapām, ziediem*); bālēt (*par krāsām*); la tienda cae al final de la calle – veikals atrodas ielas galā; 6.: ~ bien – 1) pieklāties; 2) derēt, piestāvēt (*par apģērbu*); el vestido le cae bien a Ud. – kleita jums piestāv; ~ a – iziet uz ... (*par logu, durvīm*); la ventana cae a la calle – logs iziet uz ielas, logs ir ielas pusē; ~ lentamente – noslīgt, nolaisties (*par nakti u. tml.*); al ~ el día – dienas otrā pusē, dienas beigās; cae el viento – vējš aprimst; ~ enfermo – saslimt; ya caigo – tagad es saprotu; no caigo – es nesaprotu; ~ en la cuenta – saprast, aptvert, apjēgt; al ~ de la hoja – lapkritī; **~se** *rfl* nokrist, pakrist; nogāzties; ~se de sueño – krist [vai] no kājām aiz noguruma; ◇ ~se de risa – [vai] plīst no smiekliem; ~se en pedazos – sairt, sadrupt; caérsele a uno la cara de vergüenza – beigties [vai] nost aiz kauna; ~se de la mano – būt ļoti garlaicīgam (*par grāmatu*); no tener donde ~se – nebūt, kur piemesties; nebūt, kur nolikt galvu; cayendo y levantando *sar.* – ar mainīgu veiksmi; el que no cae, no levanta – nekļūdās tas, kurš neko nedara

café *m* **1.** kafijas koks; ~ cimarrón – savvaļas kafijas koks; **2.** kafija; ~ puro, ~ solo – melna kafija; ~ exprés – espreso; ~ substitudo – kafijas surogāts; **3.** kafejnīca; ~ cantante – kabarejs

cafeína *f ķīm.* kofeīns

cafetal *m* kafijas plantācija

cafetera *f* **1.** kafijas kanna; ~ eléctrica – elektriskā kafijas vārāmā kanna; **2.** kafijas pārdevēja; **3.** kafejnīcas īpašniece

cafetero I *a* kafijas-; **II** *m* **1.** kafejnīcas īpašnieks; **2.** kafijas tirgotājs; **3.** strādnieks kafijas plantācijā

cafetín *m* neliela (otrās šķiras) kafejnīca

cáfila *f sar.* **1.** pūlis, bars; **2.** kaudze (*mantu*); **3.** karavāna

cagada *f* **1.** mēslu čupa, izkārnījumi; ~ de mosca – mušu traipi; **2.** *sar.* draņķis

cagadero *m sar.* atejas vieta, ateja

cagafierro *m* izdedži, dzelzs sārņi

cagajón *m* zirga mēsli

cagalera *f sar.* caureja

cagalitroso *a sar.* netīrs, nosmērēts

cagar *v* **1.** izkārnīties; **2.** apsmulēt, aptašķīt; **3.** sabojāt, samaitāt

cagarruta *f* (*sīklopu*) mēsli

cagatinta *m sar.* rakstnieķelis, skribents, kancelejas žurka

caída *f* **1.** krišana; kritiens; romperse

el brazo en una ~ – krītot salauzt roku; gāšanās; krišanās; **2.** *pārn.* iekrišana; **3.**: a la ~ del sol – ar saules rietu; ~ de ojos – acu nolaišana (noduršana); **4.** ~s *pl* izlēcieni; savādas (dīvainas) iedomas; tener buena ~ – skaisti krist (*par audumiem*); **5.** ūdenskritums; **6.** ~ de la hoja – lapkritis; **7.** a la ~ de la tarde – iestājoties vakaram

caído I *a* **1.** [lejup]krītošs; **2.** tāds, kas nokarājas; nokāries; **3.** nežēlastībā kritis; ◇ ~ de ánimo – mazdūšīgs; dūšu zaudējis; nošļucis; ~ de color – bāls; **II** *m* **1.** kritušais (*karā*); **2.** ~s *pl* slīpas līnijas (*burtnīcā*); como caído del cielo – kā no debesīm nokritis

caimiento *m* **1.** krišana; kritiens; **2.** izmisums; **3.** bezspēcība; nevarība

caimán *m* **1.** kaimans; **2.** viltnieks; bestija

cairel *m* **1.** liekie mati, lieko matu iepinums; **2.** bārkstu apmale; **3.** stikla karuļi (lāstekas) (*pie lustras*); mudar ~ es *sar.* – mainīt viedokli, pārdomāt

caja *f* **1.** kaste; kārba, kastīte; (*ratu*) kulba; ~ de compases – rasetne; ~ de herramientas – instrumentu kaste; **2.** futrālis; (*pulksteņa*) vāki; (*zobena u. tml.*) maksts; **3.** kase; lombards; ~ de seguros contra enfermedad – slimokase; **4.**: ~ de caudales, ~ fuerte – naudas skapis, ugunsdrošais skapis; seifs; ~ de escalera – kāpņu telpa; ~ de guerra – bungas; ~ torácica *anat.* – krūškurvis; ~ de muerto – zārks; **5.** *tehn.* korpuss; kārba, ~ de velocidades – ātrumkārba; ◇ estar en ~ – 1) būt labā kārtībā; 2) būt veselam; echar a alguien con ~s destempladas – rupji (nelaipni) atraidīt kādu, izmest laukā kādu

cajero *m* kasieris; iekasētājs

cajetilla *f* **1.** cigarešu kārbiņa; **2.** tabakas paciņa

cajetín *m* atvilktne

cajetista *m, f poligr.* burtlicis, -ce

cajón *m* **1.** kaste; lāde; ~ de basuras – mēslu (atkritumu) kaste; **2.** grāmatskapja plaukts; ~ de mesa – atvilktne; **3.** (*am.*) sīktirgotava; ◇ ~ de sastre – mistrojums; es de ~ – pats par sevi saprotams

cajonería *f* atvilktnes; (*skapja*) plaukti

cal *f* kaļķi; ~ azogada, ~ muerta – veldzētie (dzēstie) kaļķi; ~ viva – neveldzētie (nedzēstie) kaļķi; cloruro de ~ – hlorkaļķis; horno de ~ – kaļķu ceplis; ◇ de ~ y canto – stiprs kā klints, nesatricināms; izturīgs, stiprs; ahogar la ~ – dzēst kaļķus

cala[a] *f* **1.** neliels līcis; **2.** *jūrn.* reids

cala[b] *f* **1.** zonde; **2.** caurule; **3.** aizgriezums; šķēle (*melones, apelsīna u. tml.*); **4.** izlauzts caurums, robs

calabacear *v sar.* **1.** izgāzt eksāmenā; **2.** atteikt līgavainim

calabacín *m* **1.** *bot.* kabacis; **2.** *sar.* aitasgalva, stulbenis

calabacino *m* ķirbja pudele (*no izdobta ķirbja*)

calabaza *f* **1.** ķirbis; **2.** *sar.* galva, pauris; **3.** *sar.* aitasgalva, muļķadesa; **4.** *sar.* slikts kuģis, kuģelis; **5.** ~s *pl* atraidīšana; dar ~s – 1) dot kurvīti, atraidīt (*precinieku*); 2) izgāzt eksāmenos; ◇ salir ~ – izrādīties pilnīgi nelietojamam (nederīgam); echar en ~ – gaidīt veltīgi, zaudēt laiku

calabazada *f* **1.** sitiens (grūdiens) ar galvu; **2.** sitiens pa galvu; ◇ darse de ~s – 1) lauzīt galvu (*par kaut ko*); 2) skriet ar galvu sienā

calabazano *m* students, kas izkritis eksāmenos

calabobos *m sar.* sīks, ilgstošs lietus; sijātājs

calabozoᵃ *m* zaru apgriežamās šķēres; dārznieka nazis

calabozoᵇ *m* cietoksnis (*viduslaiku*); cietums; viennīca (*kamera cietumā*)

calabriada *f* vīnu sajaukums (*parasti balto un sarkano*)

calabrote *m jūrn.* kabeļtauva

calada *f* **1.** saslapināšana; izmērcēšana, samērcēšana; **2.** iesūkšanās; **3.** stingrs rājiens; **4.** straujš (*putna*) lidojums

caladero *m* vieta zvejas tīklu mešanai

calado I *a* **1.** caurumots, ažūra-; **2.** izmircis; slapjš līdz ādai; **II** *m* **1.** ažūrdarbs, ažūra izšuvums; **2.** (*kuģa*) iegrime

calafate *m* drīvētājs

calafatear *v jūrn.* drīvēt, padarīt blīvu, noblīvēt

calamar *m* tintes zivs

calambre *m* krampji; ~ del estómago – spazmas (krampji) kuņģī

calamidad *f* **1.** posts; nelaime; liksta; **2.** katastrofa; **3.** nelaimes putns; neveiksminieks; ~ pública – stihiska nelaime

calamitos‖o *a* **1.** nelaimīgs; kļūmīgs; postošs; situación ~a – posts; nelaime; **2.** bēdīgs, skumīgs

cálamo *m* **1.** stabule; **2.** *poēt.* spalva (*rakstīšanai*); **3.** *bot.* kalme; ◇ ~ currente – spēja ātri un veikli rakstīt (sadzejot vārsmas); coger (empuñar) el ~ – ķerties pie spalvas

calamoco *m* [ledus] lāsteka

calamorra *f sar.* galva, pauris

calandrajo *m* **1.** stērbele, skranda; lupata; **2.** skrandainis, ubags; **3.** slaists

calandriaᵃ *f* cīrulis

calandriaᵇ *f* **1.** *tehn.* kalandrs, spodrināšanas prese (*spiedne*); **2.** velmētava; **3.** *sar.* simulants; slīmests, slaists

calañaᵃ *f* **1.** īpašība, daba, būtība; **2.** raksturs; ser de buena (mala)

~ – būt ar labu (sliktu) raksturu, būt labas (sliktas) dabas; **3.** suga, šķirne; **4.** paraugs; modelis

calaña[b] *f* (*vienkāršs, rupji izstrādāts*) vēdeklis

calar[a] *m* **1.** kaļķiem bagāta vieta, kaļķaina zeme; **2.** kaļķakmens lauztuve

calar[b] *v* **1.** izdurt cauri, pārdurt; caururbt; izgrūst cauri; **2.** samērcēt, izmērcēt; saslapināt; **3.** piesūcināt, piesātināt; **4.** izgriezt (*no koka*); ~ con sierra – izzāģēt; ~ con lima – izvīlēt; **5.** atgriezt, izgriezt (*gabalu no kaut kā*); ~ un melón – atgriezt gabalu no melones; **6.** ielaist ūdenī (*tīklus*); **7.** nolaist; ~ el puente – nolaist paceļamo tiltu; ~ las velas – nolaist buras; ◊ ~ la bayoneta *mil.* uzspraust durkli; ~ la intención a uno – redzēt cauri kam, noprast kāda nodomu; ~ en la conciencia – iespiesties (nogult) apziņā; **~se** *rfl* **1.** iezagties, ielavīties; ielīst; krist kā akmenim (*par plēsīgu putnu*); **2.** izmirkt [cauri], kļūt slapjam; ~se hasta los huesos – izmirkt līdz ādai; ◊ ~se las gafas – uzlikt brilles; ~se el sombrero – uzmaukt (uzvilkt) cepuri dziļi uz acīm; ~ el sentido del texto – saprast teksta saturu

calavera I *f* **1.** galvaskauss; **2.** miroņgalva; **II** *m sar.* **1.** tukšgalvis; vējgrābslis

calastodermia *f* dermatoze

calaverada *f* **1.** muļķīgs joks, muļķība; **2.** *sar.* mīlas dēka

calcañal, calcañar, calcaño *m* papēdis

calcar *v* **1.** pausēt, noņemt kopiju ar pauspapīru; **2.** atdarināt, imitēt, kopēt

calcáreo *a* **1.** kaļķiem bagāts; kaļķains; **2.** kaļķu- ...; tierras ~as – kaļķainas augsnes

calcedonia *f* halcedons (*minerāl*s)

calceta *f* **1.** zeķe (*līdz ceļiem*); hacer ~ – adīt zeķi; **2.** kāju dzelži, važas

calcetar *v* adīt zeķes

calcetería *f* **1.** zeķu darbnīca; **2.** zeķu veikals; **3.** zeķu izstrādājumi

calcetín *m* īsā zeķe; puszeķe

cálcico *a* *ķīm.* kalcija-, kalciju saturošs

calcina *f* betons

calcinación *f* kalcinēšana, kalcinācija; apdedzināšana (*ceplī*)

calcinar *v* **1.** apdedzināt (*ceplī*); **2.** *tehn.* koksēt; pakļaut termiskai apstrādei (*metālu*)

calcio *m* kalcijs

calco *m* kopija, pause; novilkums

calcógrafo *m* gravieris

calculación *f* aprēķins; aprēķināšana; kalkulācija

calcular *u* **1.** [ap]rēķināt; pārrēķināt; ~ la potencia de un motor – [ap]rēķināt motora jaudu; **2.** novērtēt, aprēķināt; **3.** apdomāt; apspriest; ◊ ~ mal – pārrēķināties; ¡usted calcule! – iedomājieties tikai!

calculista *m, f* kalkulētājs, -a; aprēķina cilvēks

cálculoᵃ *m* **1.** izkalkulēšana; izrēķināšana, aprēķināšana; **2.** rēķināšana; atrisināšana; **3.** *ek.* aprēķins; **4.** *mat.* aprēķini; rēķini; ~ integral – integrālrēķini; ~ diferencial – diferenciālrēķini; ~ de probabilidades – varbūtības teorija; ~ mental – rēķināšana galvā; **5.** ~s *pl* nodomi, plāni; nolūks, aprēķins; desbaratar los ~s del enemigo – izjaukt ienaidnieka nodomus (plānus); ◇ por ~ – labi pārdomāts (apsvērts); ~ a ojo, ~ a simple vista – acumērs

cálculoᵇ *m med.* sāļu nogulsnes organismā; ~ urinario – akmeņi urīnpūslī; ~ biliar – žultsakmeņi

calda *f* **1.** sildīšana; dar una ~ – uzsildīt; **2.** kurināšana; **3.** ~s *pl* karstie minerālavoti; **4.** ~s *pl* minerālvannas (peldes); dar (una) ~ *sar.* – mudināt kādu uz kaut ko

caldear *v* **1.** sasildīt; iesildīt; **2.** nokaitēt, sakaitēt, nokveldēt (*metālu*); **3.** dedzināt (*par sauli*)

caldeo *m tehn.* **1.** kurtuve; **2.** sasilums, sakarsums; superficie de ~ – sildvirsma

caldera *f* **1.** liels katls; ~ de vapor – tvaika katls; ~ tubular, ~ multitubular – ūdenscauruļu [tvaika] katls; ~ atómica – atomreaktors; cámara de ~s – katlu telpa; **2.** (*am.*) tējkanna; kafijkanna

caldero *m* **1.** katliņš (*ar stīpu, lociņu*); **2.** kubls, toveris

calderón *m* **1.** liels katls; **2.** *mūz.* fermāta

caldo *m* **1.** buljons; ~ de ave – vistas buljons; ~ esforzado – stiprs (barojošs) buljons; mērce; ~ de cultivo *biol.* – barotne; **2.** ~s *pl* šķidrumi (*vīns, eļļa u. tml.*)

calé *m* **1.** sena monēta; **2.** nauda; ◇ no tener un ~ – nebūt ne plikam grasim pie dvēseles

calecer *v* sasilt, kļūt siltam

calefacción *f* **1.** sildīšana, sasildīšana; uzsildīšana; karsēšana; **2.** kurināšana; apkure; ~ central – centrālapkure; ~ por vapor – tvaika apkure; **3.** kurtuve

calendario *m* kalendārs; ~ eclesiástico – baznīcas kalendārs; ~ de pared – sienas (noplēšamais) kalendārs; hacer ~s *sar.* – sapņot, fantazēt

calendas *f pl*: dejar para las ~s griegas – atlikt uz ilgu laiku; atstāt, kamēr pūcei aste ziedēs

calentador *m* **1.** termofors; sildītājs; **2.** kurinātājs; ūdens sildītājs; **3.** vannas krāsns; **4.** *sar.* liels kabatas pulkstenis

calentar *v* **1.** sildīt; uzsildīt; sasildīt; ~ al rojo – sakarsēt līdz baltkvēlei; **2.** kurināt, apkurināt; **3.** *pārn.* atdzīvināt; ◇ ~ el asiento – ilgi palikt (*kaut kur*), aizsēdēties; **~se** *rfl* **1.** sakarst; **2.** *pārn.* iekarst, iekaist; kļūt dedzīgam; ◊ ~se uno la cabeza – lauzīt galvu par kaut ko

calentura *f* drudzis, karstums; estar con ~ – būt paaugstinātai temperatūrai; ◊ ~ de pollo, ~ por tener gallina – slinkuma slimība

calenturient∥o, calenturoso *a* **1.** drudžains; drudža-; **2.** slims ar drudzi

calero I *a* kaļķakmens-; **II** *m* kaļķu dedzinātājs

caleta *f* neliels līcis

caletre *m sar.* **1.** spriešanas spēja, saprašana; **2.** *pārn.* smadzenes; galva; de ~ – gudrs, «ar galvu»

calibración *f tehn.* kalibrēšana

calibre *m tehn., mil.* kalibrs; ~ de un fusil – šautenes kalibrs; ~ grueso – liels kalibrs; de pequeño ~ – mazkalibra

calidad *f* **I 1.** kvalitāte, īpašība; raksturs; daba; brigada de trabajo de alta ~ – augstas darba kvalitātes brigāde; artículos de alta ~ – augstvērtīgas preces; **2.** rangs, šķira, kārta, klase; **3.** ~es *pl* gara dāvanas; talants; ◊ a ~ de que ... – ar noteikumu, ka ...; en ~ de – kā (*draugs, brālis u. tml.*); de primera ~ – pirmklasīgs, augstākās kvalitātes; **4.** noteikums (līgumā); **5.** autoritāte, prestižs

cálid∥o *a* **1.** silts; **2.** straujš, dedzīgs; karsts, kvēls; **3.** *glezn.* silts (*tonis, kolorīts*); viento ~ – silts vējš; una ~a acogida – silta uzņemšana; ~s aplausos – vētraini aplausi

calidad, II calidez *f* karstumi; augsta temperatūra

calidoscopio *m* kaleidoskops

calientapiés *m* kāju sildītājs, termofors kāju sildīšanai

caliente *a* **1.** *sk.* **cálid∥o**; **2.** (*am.*) nikns, bargs; ◊ en ~ – uz karstām pēdām, tūlīt

califa *m* kalifs

calificable *a* kvalificējams

calificado *a* **1.** kvalificēts; **2.** izmēģināts, pārbaudīts; atzīts; **3.** derīgs, piemērots; un maestro ~ ~ kvalificēts skolotājs (pasniedzējs)

calificar *v* **1.** kvalificēt; **2.** novērtēt, raksturot, likt atzīmi eksāmenā

calimbar *v* (*kub.*) tetovēt (*lopus*)

calina *f* miglas plīvurs, dūmaka (*virs jūras*)

cáliz (*pl* cálices) *m* **1.** kauss, biķeris; **2.** (*zieda*) kausiņš, kauss; ◊ ~ de amargura – rūgtais biķeris; sāpju biķeris

caliza *f* kaļķakmens

calizo *a* **1.** kaļķakmens-; **2.** kaļķiem bagāts; kaļķains

calma *f* **1.** miers; mierīgums; **2.** aukstasinība, nosvērtība; proceder con ~ – rīkoties ar apdomu (apdomīgi); **3.** *jūrn.* bezvēja laiks; mar en ~ – mierīga jūra; ~ chicha – 1) pilnīgs bezvējš; 2) tveice pirms pērkona negaisa; klusums pirms vētras; coger una ~ – nokļūt bezvēja joslā; **4.** flegma

calmante I *a* nomierinošs; mierinošs; remdinošs; **II** *m med.* sāpju remdinošs līdzeklis

calmar *v* **1.** mierināt; nomierināt; remdināt; ~ al niño – mierināt bērnu; **2.** (*par vēju, sāpēm*); rimties, mazināties; el viento ~a – vējš rimstas; ¡cálmate! – nomierinies!

calmuco *m* kalmiks

caló *m* zagļu (blēžu) žargons

calofriarse *v rfl* būt drudža lēkmei; kratīties drebuļos

calofrío *m* **1.** drudža lēkme; **2.** drebuļi, trīsas

calor *m* **1.** siltums; karstums; hace [mucho] ~ – ir [ļoti] karsts; tengo ~ – man ir silti (karsti); ~ solar – saules siltums; ~ de fusión – kušanas siltums; unidad de ~ – siltuma vienība; ~ especifico *fiz.* – siltumietilpība; siltuma kapacitāte; ~ natural – ķermeņa siltums; ~ canicular – vasaras tveice; el ~ febril – drudža karstums, drudzis; **2.** možums; dzīvums, rosīgums; dedzība; **3.** *pārn.* siltums; laipnība; ◊ entrar en ~ – sasilt; asarse de ~ – vai izkust no karstuma

caloría *f fiz.* kalorija; ~ grande – lielā kalorija, kilokalorija; ~ pequeña – mazā kalorija, gramkalorija

calórico *m fiz.* siltums

calorífero I *a* siltumvadītājs-; siltumu vadošs; **II** *m* **1.** *tehn.* kalorifers; radiators; **2.** termoss, sildītājs

calorífic‖o *a* siltuma-; termisks; emisión ~a *fiz.* – siltuma atdošana; conductibilidad ~a *fiz.* – siltuma vadīšana, siltuma vadāmība

calorífugo *a* **1.** *tehn.* termoizolācijas-; **2.** ugunsdrošs

calostro *m* jaunpiens, pirmpiens

calumnia *f* apmelojums; neslavas celšana

calumniador *m*, **calumnista** *m, f* apmelotājs, -a; neslavas cēlējs, -a; mēlnesis, -e

calumniar *v* apmelot; celt neslavu; nomelnot

caluroso *a* **1.** karsts; un día ~ – karsta diena; kvēls; **2.** dzīvs, rosīgs; **3.** *sar.* sirsnīgs, silts

calva *f* **1.** galvas plikums; pliks pauris; **2.** klaja vieta (*mežā*), [meža] klajums

calvario *m* **1.** *rel.* Golgāta; **2.** *pārn.* sāpju ceļš; ciešanas, mokas; **3.** *sar.* lieli parādi

calvatrueno *m sar.* **1.** plika galva (*bez matiem*); **2.** trakgalvis, nenosvērts cilvēks

calvero, calvijar *m* meža klajums, meža pļaviņa

calvez, calvicie *f sar.* plikgalvība

calvo I *a* **1.** plikgalvains, plikpaurains; **2.** nodilis, izvalkāts (*par drānu, audumu*); **3.** neauglīgs (*par augsni*); **II** *m* plikpauris

calza f **1.** *novec.* zeķe; medias ~s – pusgaras zeķes; **2.** ~s *pl* getras; **3.** ~s *pl* īsās bikses

calzada f **1.** šoseja; **2.** (ielas) bruģis

calzado I a **1.** apauts, apāvies; **2.** ar baltām kājām (*par zirgu*): **II** m apavi

calzar v **1.** apaut; **2.** uzvilkt (*zeķes, cimdus*); pielikt (*piešus*); ◊ ~ ancho – dzīvot plaši; šūt apavus; nēsāt tā vai cita izmēra apavus; ~ mucho – būt attapīgam (saprātīgam)

calzón m bikses; ~es de baño – peldbiksītes; ~es para montar – jājambikses; ◊ ponerse los ~es – turēt vīru zem tupeles; tener bien puestos los ~es *sar.* – būt enerģiskam; no poder con los calzones *sar.* – būt nevarīgam, bezspēcīgam (*par vecu cilvēku*)

calzonazos m. *sar.* zaķapastala

calzoncillos m *pl* apakšbikses (*vīriešu*)

callada f **1.** klusums; klusēšana; de ~ *sar.* – klusītiņām, slepeni; dar la ~ por respuesta *sar.* – neko neatbildēt, ciest klusu; **2.** aprimšana, nostāšanās (*par vēju, viļņiem*)

callado a **1.** kluss, apvaldīts; niño ~ – mierīgs bērns; **2.** mazrunīgs, nerunīgs, kluss

callandico, callandito, callando *adv* **1.** klusu, pusbalsī; **2.** klusi, slepeni, paslepus

callar v klusēt; noklusēt, neizpaust; ciest klusu, neatbildēt; ¡cállate la boca! – turi muti!; quien ~a, otorga – klusēšana – piekrišana

calle f **1.** iela; ~ mayor – galvenā iela; ~ de árboles – aleja; doblar la ~ – pagriezties ap stūri; azotar ~s – slaistīties pa ielām; **2.** diagonāle, vertikāle, horizontāle (*uz šaha vai dambretes dēlīša*); ◊ echar a la ~, plantar en la ~ – izmest (izlikt) uz ielas; echarse a la ~ – iziet uz ielas (*ar ieročiem rokās*), doties cīņā, sacelties

calleja f, **callejón** m ieliņa; sāniela; callejón sin salida – 1) akla iela; **2.** strupceļš; **3.** bezizejas stāvoklis

calleje‖ar v klīst pa ielām; blandīties apkārt; ◊ pasar el tiempo ~ando – nosist laiku, blandoties apkārt

callista m, f pedikīrs, -e

callo m **1.** tulzna; **2.** *med.* varžacs; criar (hacer, tener) ~s – norīvēt tulznas; **3.** sarepējusi (sacietējusi) āda; ◊ tener ~s en los oídos – 1) nebūt muzikālai dzirdei; 2) izlikties, it kā nedzirdētu (neklausītos)

cama f **1.** gulta; guļvieta; media ~, ~ de monja – vienguļamā gulta; ~ portátil – saliekamā gulta; ~ redonda – ļoti plata gulta; ~ de matrimonio – divguļamā gulta; metarse en la ~ – likties gultā; hacer la ~ – taisīt (klāt) gultu; ~ turca – tahta; ropa de ~ gultas veļa; **2.** miga, midzenis; **3.** pakaiši (*lopiem*); ~ de paja – 1) pakaiši; 2) salmu guļvieta; ◇ estar en ~, guardar ~ – atrasties gultā, būt slimam; caer en ~ – saslimt, kļūt slimam; échate en tu ~ y piensa en lo de tu casa – rīts gudrāks par vakaru; quien mala ~ hace, en ella se yace – kas otram bedri rok, pats iekrīt

camada *f* **1.** metiens, mazuļi (*dzīvniekiem*); ~ de loba – vilcēni; ~ de coneja – trusēni, truša mazuļi; **2.** zagļu banda

camafeo *m* kameja

camaleón *m* hameleons; ~ aéreo – paradīzes putns

camama *f sar.* krāpšana; [ap]mānīšana, šmaukšana

camándula *f* **1.** lūgšanu krelles, rožukronis (*viens no paveidiem*); **2.** viltība, viltīgums; tener muchas ~s – būt slīpētam, būt lielam viltniekam

camandulero *m* **1.** viltnieks; **2.** liekulis

cámara *f* **1.** istaba, telpa; ~ mortuoria – līķu kambaris; sēru zāle; ~ doblada – istaba ar alkovu; ~ de calderas – 1) *jūrn.* kurtuve; 2) *tehn.* katlu telpa; **2.** *pol.* palāta; Cámara Alta – augšpalāta; augšnams; Cámara de los Lores – lordu palāta; Cámara Baja, Cámara de los Comunes – apakšnams; ~ de comercio – tirdzniecības palāta; **3.** municipalitāte; **4.** galms (*monarha*); ayuda de ~ – sulainis; pintor de ~ – galma gleznotājs; **5.** *jūrn.* kajīte; ~ de oficiales – kopkajīte; **6.** labības noliktava; **7.** kamera; ~ fotográfica – fotokamera; **8.**: cantor de ~ – kamerdziedātājs; **9.** ~s *pl med.* caureja; tener ~s en la lengua *sar.* – pļāpāt, palaist muti

camarada *m, f* biedrs; -ene, -e; antiguos ~s – seni draugi

camaranchón *m* **1.** bēniņi; **2.** kambaris

camaradería *f* biedriskas attiecības, draudzība

camarera *f* **1.** oficiante; apkopēja; **2.** istabmeita, istabene; **3.** kambarmeita (*galmā*); ~ mayor – pirmā galma dāma

camarero *m* **1.** sulainis; **2.** oficiants, viesmīlis; ~ mayor – vecākais oficiants; **3.** kambarkungs (*galma ierēdnis*)

camarilla *f* **1.** kamarilja (*autoritatīvu galminieku grupa, galma partija*;) **2.** kliķe

camarín *m* **1.** altāra niša; **2.** garderobes istaba; ģērbtuve; **3.** privātbirojs

camarón *f* **1.** *zool.* garnele; krabis; **2.** (*am.*) dzeramnauda

camarote *m jūrn.* kajīte; kabīne

camastro *m* nabadzīga (nožēlojama) guļvieta

camastrón *m* divkosis; lišķis; līdējs

cambalache *m* **1.** maiņa, mainīšana;

maiņas tirdzniecība; **2.** veikalnieciska darījums; spekulēšana; **3.** vecu lietu veikals; **4.** tirgošanās ar vecām lietām

cambalachero *m* **1.** cilvēks, kas nodarbojas ar maiņas darījumiem (maiņas tirdzniecību); **2.** vecu lietu tirgotājs

cambiable *a* **1.** pārmaināms, apmaināms (*pret citu*); **2.** mainīgs, nepastāvīgs; **3.** pārstatāms, pārbīdāms

cambiante I *a* vizuļojošs, zaigojošs (*dažādās krāsās*); **II** *m* (*naudas*) mainītājs

cambiar *v* **1.** mainīt, apmainīt; ~ de tren – pārsēsties (*citā vilcienā*); ~ de domicilio – pārvākties, pāriet (*uz citu dzīvokli u. tml.*); ~ de traje – pārģērbties; ~ la (de) conversación – mainīt (pārmainīt) sarunas tēmu; ~ el horario – mainīt sarakstu; ~ saludos – apmainīties sveicieniem; **2.** [sa]mainīt (*naudu*); **3.** pārlikt, pārstatīt; ~ de lugar – pārvietot; ~ de velocidad – mainīt ātrumu (*par auto*); **4.** grozīties, mainīties (*par vēju, laiku*); el tiempo cambia cada dia – laiks mainās katru dienu; no ha cambiado nada – viņš nemaz nav mainījies; ◇ ~ la peseta – barot zivis, vemt; **~se** *rfl* **1.** mainīt savas domas (uzskatus); pārmainīties; **2.** [ap]mainīties, nomainīties (*ar kaut ko*)

cambio *m* **1.** maiņa, mainīšana; apmaiņa, apmainīšana; mija; ~ libre – brīvā tirdzniecība; **2.** (*naudas*) mainīšana; **3.** *ek.* kurss; ~ del día – dienas kurss (*biržā*); corredor de ~s – naudas mākleris; **4.** *el.* pārslēgšana; **5.** ~ de velocidades, ~ de marcha – ātrumkārba; **6.** sīknauda; **7.** pārgrozība; pārmaiņa; pārvērtība; **8.** *dzelzc.* pārmija; **9.**: a ~ de – pret, par; a ~ de eso – turpretim; en ~ – par to; [tai] vietā; bet; ◇ letra de ~ – vekselis; a las primeras de ~ – pie pirmās izdevības; pēkšņi; negaidīti

cambista *m* **1.** (*naudas*) mainītājs; **2.** biržas mākleris

camelar *v sar.* **1.** pieglaimoties, glaimot; lišķēt; luncināties; **2.** luncināt asti (*kādu ieraugot*); **3.** parādīt uzmanību (*sievietei*); ~ a las muchachas – lakstoties; **4.** pavedināt; savaldzināt, apburt

camelo *m sar.* **1.** glaimošana; lišķēšana; **2.** uzmanības parādīšana (*sievietei*); lakstošanās; **3.** ķircināšanās; **4.** *pārn.* (*avīžu*) pīle; ◇ hablar en ~ – 1) runāt neskaidri (nesaprotami); 2) runāt iepriekš nosacītā (norunātā) valodā; contar ~s – jokot, stāstīt neticamas lietas

camellero *m* **1.** kamieļu dzinējs; **2.** kamieļu tirgotājs

camello *m* kamielis; ~ del Perú – lama; ~ de río – pelikāns; ~ pardal – žirafe

camena *f poēt.* mūza

camero *m* plata gulta; colchón ~ – gultas matracis

camilla *f* **1.** kušete; dīvāns; **2.** (*slimnieka*) nestuves

camillero *m mil.* sanitārs

caminador *m* gājējs; ceļinieks

caminante *m* **1.** ceļinieks; **2.** ceļotājs

caminar *v* **1.** staigāt; ceļot kājām; klaiņot, klīst; iet; ~ a pie – iet kājām; ~ derecho – iet pa taisnāko ceļu (*arī pārn.*); **2.** *pārn.* iet; virzīties uz priekšu; ◊ ~ con pies de plomo – ķerties pie kādas lietas negribot

caminata *f* tāls pastaigas gājiens; pārgājiens

caminero *a* ceļa-; peón ~ – ceļa uzraugs

camino *m* ceļš; ~ carretero (carretil, real); lielceļš; šoseja; ~ de hierro – dzelzceļš; ~ trillado (asendereado) – iebraukts ceļš; ~ de herradura – ceļš nastu nesējiem dzīvniekiem (jājamzirgiem); ~ vecinal – zemes ceļš, lauku ceļš; ~ de flores – viegls dzīves ceļš, rozēm kaisīts; derecho (directo, recto) ~ – taisns ceļš; ~ de sirge (remolque) *jūrn.* – tauvas josla, strūdzinieku ceļš; indicador de ~ – ceļa rādītājs; ponerse en ~ – taisīties ceļā; doties ceļojumā; ~ ~ de Santiago – Piena Ceļš; ◊ por el ~ ~ – pa ceļam, garāmejot; echarse al ~ ~ – kļūt par lielceļa laupītāju; traer a uno al ~ ~ – uzvest kādu uz pareiza ceļa; hallar ~ ~ – atrast ceļu; partir el ~ ~ – savstarpēji piekāpties; abrir el ~ ~ – atbrīvot (dot) ceļu

camión *m* **1.** kravas rati, smagie ormaņa rati; **2.** smagais automobilis; ~ volquete – pašizkrāvējs; ~ todo terreno – visurgājējs

camioneta *f* **1.** vieglais kravas automobilis; **2.** dienesta mašīna; dežūrmašīna (*policijai*)

camisa *f* **1.** krekls; ~ de vestir – virskrekls; ~ de dormir – naktskrekls; **2.** *bot.* augļa apvalks; **3.** *tehn.* apvalks; **4.** apvāks; dokumentu mape; ◊ en mangas de ~ ~ – bez svārkiem, izmeties vienā kreklā; dejar sin ~ ~ – galīgi izputināt, atstāt bez krekla; no caber en la ~ ~ – būt vai septītajās debesīs

camisería *f* vīriešu veļas veikals

camiseta *f* apakškrekls; ~ de malla – tīkliņkrekls

camisola *f* virskrekls

camisón *m* garš krekls; naktskrekls

camomila *f bot.* kumelīte

camón *m* **1.** *arhit.* erkers; **2.** valdnieka sēdeklis (*baznīcā*); aizstiklots balkons

camorra *f* **1.** strīds, ķilda; buscar ~ – meklēt (uzsākt) strīdu; armar ~ – ķildoties, strīdēties; trokšņot; **2.** kautiņš, plūkšanās

campa *a* kokiem neapaudzis, derīgs apstrādāšanai (*par zemi*)

campal *a* lauka-; batalla ~ *mil.* – kauja klajā laukā

campamento *m mil.* **1.** apmešanās

nometnē; **2.** nometne; ◇ ~ gitano – čigānu nometne
campana *f* **1.** zvans; ~ de buzo – ūdenslīdēja zvans; ~ de rebato – trauksmes zvans; ~ de queda – vakara zvans; **2.** stikla kupols; **3.** baznīca; draudze; doblar las ~s – zvanīt zvanus par mirušajiem; no haber oído uno ~s *sar.* – neapjēgt visvienkāršākās lietas; ◇ ~ cascada, nunca sana – smelt ūdeni ar sietu
campanada *f* **1.** zvana sitiens; **2.** skandalozs jaunums; skandāls
campanario *m* zvanu tornis
campanear *v* ilgstoši (nepārtraukti) zvanīt (*ar zvanu*)
campanero *m* **1.** zvanu meistars (lējējs); **2.** zvaniķis, zvanītājs
campanilla *f* **1.** zvaniņš; zvārgulītis, pulkstenītis; **2.**: ~ blanca *bot.* – sniegpulkstenītis; ◇ ser persona de muchas ~s – būt ievērojamai personai
campante *a* **1.** lielisks, teicams; izcils; **2.** teicamas veselības-, ļoti veselīgs: **3.** pašapmierināts; ◇ tan ~ – ļoti jautrs
campanudamente *adv* ļoti skaļi; skaļā balsī; declarar ~ – paziņot, visiem dzirdot (skaļi un atklāti)
campanud∥o *a* **1.** zvanveidīgs; **2.** dunošs, dārdošs (*par balsi*); voz ~a – krūšu tonis, zema balss; **3.** parspīlēti svinīgs; patētisks; **4.** lielisks

campaña *f* **1.** lauks; **2.** sezona, periods-; ~ de la zafra – cukurniedru novākšanas sezona; **3.** kampaņa; ~ electoral – pirmsvēlēšanu kampaņa; hacer una ~ – izvērst kampaņu; **4.** karagājiens; servicio de ~ – karadienests; salir a (la) ~, entrar en ~ – doties uz fronti; **5.** *jūrn.* kreisēšana; **6.** lauki (*tikai daudzskaitlī*)
campar *v* **1.** *mil.* – apmesties nometnē; **2.** parādīt sevi, izcelties (*ar kaut ko*); ◇ ~ por sus respetos – rīkoties pēc savas patikas; saimniekot (*cita mājās*)
campeador *m* cīnītājs, karotājs; varonis (*karā*)
campear *v* **1.** iziet ganībās (*par mājlopiem*); **2.** zaļot, zelt (*par sējumiem*); **3.** *mil.* izlūkot, iet izlūkos; izvest karaspēku cīņas laukā; **4.** *pārn. sar.* valdīt; būt pirmajā vietā; dominēt
campechanamente *adv* vienkārši, bez ceremonijām, familiāri
campechano *a sar.* **1.** omulīgs; patīkams; nepiespiests, brīvs; **2.** joviāls, jautrs; **3.** devīgs; izšķērdīgs
campeón *m* **1.** cīnītājs, karotājs; celmlauzis; **2.** čempions; uzvarētājs; meistars (*sportā*)
campeonato *m* čempionāts; ~ mundial – pasaules meistarsacīkstes
campesinado *m* zemniecība; zemnieki
campesino I *a* **1.** lauku-, laucinie-

cisks; **2.** zemnieka-; zemnieku-; movimiento ~ – zemnieku kustība; **II** *m* zemnieks; laucinieks; ~ medio – vidējais zemnieks; ~ pobre – trūcīgais zemnieks; ~ individual – individuālais zemnieks, viensētnieks; ~ sin tierra – bezzemnieks

campiña *f* **1.** eža; **2.** apriņķis; **3.** aramzeme; neapsēts lauks, tīrums; cerrarse de ~ *sar.* – stingri pastāvēt pie sava

campo *m* **1.** *daž. noz.* lauks; tīrums; a ~ raso – uz klaja lauka; ~ visual – redzeslauks; ~ de aviación – lidlauks; ~ de batalla – kaujas lauks; ~ del honor – divkaujas vieta; **2.** lauki; hombre de ~ – laucinieks; casa de ~ – lauku māja; vasarnīca; **3.** laukums; ~ deportivo – sporta laukums; ~ de juego – rotaļlaukums; ~ de instrucción – mācību laukums; **4.** nometne; ~ de exterminio – nāves nometne; **5.** ~s *pl* lieli zemes gabali; latifundijas; ◇ ~ santo – kapsēta; en ~ abierto – atklātā cīņā; juntar ~ – savākt karaspēku; hacer ~ – atbrīvot vietu; ~s cerúleos (salados) *poēt.* – jūra; ~s Elíseos (Elisios) – Elizejas lauki

camuflaje *m mil.* maskēšana; maskēšanās

camuflar *v mil.* maskēt (*nokrāsojot*)

can *m* **1.** [vilku] suns; **2.** (*šautenes*) gailis; Can Luciente – Sīriusa zvaigznājs

cana[a] *f* sirmi mati; ◇ peinar ~s – būt vecam; teñir las ~s – censties padarīt sevi jaunāku; quitar mil ~s – sagādāt prieku

cana[b] *f* kana (*garuma mērs Katalonijā = apm. 1,5 m*)

canadiense I *a* Kanādas-; kanādiešu-; **II** *m* kanādietis

canal *m* **1.** kanāls; **2.** jūras šaurums; šaura un gara ieleja starp kalniem; **3.** notekcaurule, jumta noteka; correr las ~es – tecēt no jumta (*par ūdeni*); **4.** *anat.* barības vads; ◇ abrir en ~ – pārdalīt uz pusēm (*kautu lopu*); en ~ – no augšas līdz apakšai

canalete *m* īsais airis, smailītes airis

canalizar *v* **1.** kanalizēt, ierīkot kanalizāciju; **2.** regulēt upes straumi; ievirzīt pareizā gultnē

canalón *m* **1.** jumta noteka; **2.** ūdens noteka, rene

canalla I *f sar.* salašņas, plukatas, vazaņķi; **II** *m* **1.** blēdis; nelietis, neģēlis; **2.** *sar.* šķelmis, palaidnis

canario I *a* Kanāriju salu-; **II** *m* **1.** Kanāriju salu iedzīvotājs; **2.** kanārijputniņš; ◇ ¡~! – pie joda!

canasta *f* **1.** pīts grozs, grozs ar osām; **2.** *jūrn.* masta kurvis

canastilla *f* **1.** šūšanas piederumu groziņš; ~ de flores – puķu grozs; **2.** jaunpiedzimušā pūriņš; hacer la ~ – sagādāt jaunpiedzimušā pūriņu

canasto, canastro I *m* grozs, kurvis

(*uz muguras nesams*); **II** ¡~s! *pl interj* te tev nu bija!; pie joda!
cancamurra *f sar*. **1.** dziļdomība; **2.** grūtsirdība, melanholija; smagums galvā
cancamusa *f sar.* [pie]muļķošana; āzēšana; ◊ armarle a alguien una ~ – kaisīt kādam smiltis acīs
cáncano *m sar*. uts
cancel *m* **1.** *arhit*. tamburs; vējtveris (*piebūve ārdurvju priekšā*); **2.** (*am.*) žalūzijas, aizlaidnis; aizslietnis
cancela *f* režģis ārdurvju priekšā
cancelación *f* **1.** (*parāda*) deldēšana, dzēšana; **2.** anulēšana; ~ de una ley – likuma atcelšana
cancelar *v* **1.** [iz]svītrot, nosvītrot; **2.** anulēt; atsaukt (*pasūtījumu*); **3.** aizturēt (*čeku*); **4.** *pārn.* izsvītrot no atmiņas; nodot aizmirstībai
cancelaría *f rel*. pāvesta kanceleja
cancelario *m* universitātes rektors
cáncer *m* **1.** *med.* vēzis; **2.** *astr.* Vēža zvaigznājs
cancerado *a* **1.** *med.* vēža-; slims ar vēzi; **2.** *sar.* nelabvēlīgi noskaņots
cancerar *v sar.* **1.** mērdēt (*miesu*), šaustīt (*miesu*); mocīt; **2.** novārdzināt; **~se** *rfl* **1.** saslimt ar vēzi; **2.** kļūt ļaundabīgam (*par audzēju u. c.*)
cancerbero *m mit.* cerbers; **2.** bargs (nepielūdzams) sargs
canciller *m* kanclers, valsts kanclers; premjerministrs; ārlietu ministrs dažās Latīņamerikas zemēs
cancilleresco *a* kancelejas-; kancelejisks; estilo ~ *pārn.* – kancelejas stils; papel ~ – kancelejas papīrs
cancillería *f* (*valsts*) kanceleja; Cancillería apostólica – pāvesta kanceleja
canción *f* **1.** dziesma; dziedājums; ~ de cuna – šūpuļdziesma; ~ de moda – grāvējs; **2.** kupleja, mazs dzejolis; ◊ volver a la misma ~ – dziedāt veco dziesmu; ~ popular – tautasdziesma; ~ de gesta – varoņpoēma, eposs; ésa es otra ~ – tā ir pavisam cita lieta
cancro *m* **1.** *med.* vēzis; **2.** *bot.* koku vēzis
cancha *f* **1.** (*gaiļu cīņu*) arēna; spēļu laukums; **2.** (*am.*) skrejceļš; hipodroms; ◊ estar uno en su ~ – būt (justies) savā elementā; abrir (dar) ~ – atbrīvot ceļu
candado *m* **1.** piekaramā atslēga; ~ de combinación – slepenā atslēga; **2.** auskars (*gredzenveidīgs*)
candar *v* aizslēgt, noslēgt (*ar piekaramo atslēgu*)
cande *m* stiklene (*konfekte*); azúcar ~ – kandiscukurs
candeal *a* **1.** balts, tīrs (*par kviešiem*); pan ~ – baltmaize, ļoti laba kviešu maize; trigo ~ – ziemas kvieši; **2.** *sar.* vaļsirdīgs, atklāts
candela *f* **1.** svece; **2.** kastaņas zieds; ◊ arrimar ~ – piekaut; dar ~ – dot piesmēķēt
candelaria *f rel*. Sveču diena, Marijas šķīstīšanās diena (*katoļiem*)

candelero *m* 1. svečturis; 2. gaismeklis; eļļas lampiņa; ◊ estar en ~ – būt populāram; būt modē; poner en ~ – atnest slavu, atpazīstamību

candelilla *f* 1. svecīte; 2. *med.* katetrs; 3. malduguns; ◊ hacer a uno ~s los ojos – būt ieskurbušam

candente *a* nokarsēts (nokaitēts) līdz baltkvēlei; ◊ problema ~ – aktuāls jautājums; neatliekams jautājums

candidato *m* kandidāts; ~ a diputado – deputāta kandidāts; ~ a la presidencia – prezidenta kandidāts

candidatura *f* 1. kandidatūra; 2. kandidātu saraksts

candidez *f* 1. patiesīgums; vaļsirdība; 2. vientiesība; naivitāte; 3. godīgums, taisnīgums

cándido *a* 1. tāds, *kam nav aizdomu*; uzticības pilns; lētticīgs; vientiesīgs, naivs; 2. nemākslots, dabisks, vienkāršs; 3. *poēt.* balts, sniegbalts

candil *m* gaismeklis, eļļas lampiņa

candileja *f* 1. [eļļas] lampiņa; 2. eļļas rezervuārs (*lampai*); 3. ~s *pl teātr.* rampa

candiotera *f* vīna pagrabs

candonga *f sar.* 1. [pie]zobošana, āzēšana, muļķošana; joks, draisks nedarbs; dar ~ – izjokot; 2. glaimošana, lišķēšana; lišķība

candongo I *a* 1. glaimīgs, lišķīgs; 2. rūdīts, slīpēts; II *m* slīmests, slaists

candor *m* 1. zilbinošs baltums; 2. patiesīgums; vaļsirdība, atklātība; *sk.* *candidez*; 3. lētticība; vientiesība, naivitāte

caneca *f* 1. māla pudele (*liķierim*); 2. (*am.*) koka spainis; toveris, kubls

canela *f* kanēlis; ◊ ~ fina – kaut kas ļoti smalks, smalka lieta

canelo I *a* brūns; kanēļkrāsas-; II *m* kanēļkoks

canelón *m* 1. lāsteka; 2. iecukurota kanēļstandziņa; 3. *mil.* akselbante

canesú *m* bezpiedurkņu jaka, bezrocis

cangilón *m* 1. smeļamais spainis; smeļamais kauss; ķipis; 2. *tehn.* bagarspainis; 3. liela ūdenskrūze

cangrejo *m* vēzis (*upes*); ~ de mar – jūras vēzis, krabis

canguro *m* ķengurs

canicie *f* sirmums

canícula *f* vasaras brīvlaiks; vasaras karstākās dienas

canijo *a* vārgs, slimīgs

canilla *f* 1. *anat.* lielais liela kauls; 2. spārna kauls (*putniem*); 3. krāns; 4. kuģītis (*šujmašīnā*); 5. (*audēja*) spole; ◊ irse de ~ – 1) *med.* būt stiprai caurejai; 2) balamutēties, plātīties

canin‖o *a* suņa-; suņu-, sunisks; ◊ hambre ~a – vilka apetīte; dientes ~os – acu zobi; ilkņi

canje *m* (*naudas*) [iz]mainīšana; maiņa; apmainīšana (*pret kaut ko*); ~ de notas diplomáticas – apmaiņa ar diplomātiskajām notām; ~ de prisioneros – kara gūstekņu apmaiņa

canjear *v* [iz]mainīt (*naudu*); apmainīt

cano *a* **1.** sirms, balts; **2.** vecs, sens; no todos los ~s son viejos ni sabios – galva sirma, bet prāta nav

canoa *f* **1.** kanoe; ~ automóvil – motorlaiva; **2.** cilindrs (*cepure*)

canon *m* **1.** noteikums, likums; **2.** kanons, baznīcas statūts; **3.** ~es *pl* kanoniskās tiesības; **4.** muita, nodeva

canónico *a* kanonisks

canónigo *m* kanoniķis

canoro *a* daiļskanīgs; melodisks (*par putna dziedāšanu*)

canoso *a* sirms

cansado *a* **1.** piekusis, noguris; **2.** apnicīgs; garlaicīgs

cansancio *m* **1.** nogurums; gurdenums; ~ excesivo – pārgurums; caerse de ~ – krist no kājām aiz noguruma; **2.** garlaicība

cansar *v* **1.** nogurdināt; **2.** novārdzināt, nomocīt; **3.** apnikt (*kādam*); **~se** *rfl* **1.** nogurt, piekust; nomocīties; **2.** garlaikoties

cansera *f* **1.** uzmācība; **2.** gurdenums, nogurums; sagurums; **3.** (*am.*) laika izšķiešana (tērēšana); zaudēts laiks

cansino *a* nodzīts (*par lopu, cilvēku*); pārguris

cantable *a* dziedams; dziedāšanas-; dziedošs

cantador *m* [tautas] dziedātājs

cantadora *f* [tautas] dziedātāja

cantante *m* dziedātājs, dziedonis; ~ de ópera – operdziedātājs; ~ de feria – ielas dziedonis

cantar **I** *v* **1.** dziedāt; ~ a dos voces – dziedāt divbalsīgi; ~ a berridos – aurot; bļaustīties; ~ las claras *sar.* – teikt tieši acīs; **2.** čīkstēt (*par durvīm, riteņiem u. tml.*); **3.** apdziedāt, slavināt; rakstīt dzeju; **4.** lasīt (*deklamēt*) dzeju; ◇ ~ en la mano – būt rūdītam (slīpētam); ~ la palinodia – atsaukt, atcelt; **II** *m* dziesma; ~ popular – tautas dziesma; ~ de gesta – varoņeposs; «El Cantar de Mio Cid» – «Dziesma par Sidu»; ◇ ése es otro ~ – tā ir pavisam cita lieta

cántara *f* (*māla*) krūze; kanna

cantarela *f* pirmā stīga vijolei, ģitārai

cántaro *m* krūze, (*liels dzeramais*) kauss; ◇ alma de ~ – vientiesis, muļķis; a ~s – pārpilnībā, lielā daudzumā; llover a ~s – gāzt kā ar spaiņiem (*par lietu*)

cantata *f* **1.** *mūz.* kantāte; **2.** *sar.* garlaicīgs stāsts, garlaicīga lieta

cantatriz *f* dziedātāja

cante *m* dziedājums; melodija; ~ flamenco, ~ hondo (jondo) – Andalūzijas tautas dziesma

cantera *f* akmeņlauztuve
cantero *m* **1.** akmeņkalis; akmeņlauztuves strādnieks; **2.** [maizes] doniņa (galiņš)
cántico *m rel.* slavināšanas dziesma, korālis
cantidad *f* **1.** kvantitāte, daudzums; **2.** *mat.* lielums; **3.** (*naudas*) summa; ~ alzada – (*kādas tāmes vai iepriekšēja aprēķina*) kopsumma
cantilena *f* **1.** kantilēna, dziesma; **2.** *pārn.* viena un tā pati dziesma, vecā dziesma
cantimplora *f* **1.** sifons; **2.** blašķe
cantina *f* **1.** vīna pagrabs; **2.** kantīne; bufete; pagrabiņš, dzertuve; **3.** *mil.* ceļasoma
cantizal *m* akmeņaina apkārtne
canto[a] *m* **1.** dziedāšana; **2.** dziesma; melodija; dziedājums (*varoņeposa daļa*) ~ del cisne – gulbja dziesma; ~ de júbilo – gaviļu dziesma; ~ llano *bazn.* – korālis; ◇ en ~ llano – 1) vienkārši, skaidri; 2) vispārpieņemts, vispāratzīts; al ~ de gallo – gaismai austot, līdz ar gaiļiem
canto[b] *m* **1.** mala; sāns; šķautne; stūris; a ~ blakus, pie; de ~ – uz šķautnes, uz malas, sāniski; ~ de cuchilla – naža mugura; **2.** akmens; būvakmens; klints bluķis; ~s rodados – oļi; ~ de pan – maizes gabals; ◇ darse con un ~ en los dientes – lēkt gaisā no prieka

cantón *m* novads, apvidus; rajons
cantonera *f* **1.** (*metāla*) stūru apkalums (*grāmatai u. tml.*); **2.** prostitūta
cantonero *m* dīkdienis
cantor *m* **1.** dziedātājs, dziedonis; caballero ~ – trubadūrs, mīlas dziedonis (dziesminieks); **2.** kantors, priekšdziedātājs (*baznīcā*); **3.** ~es *pl* – dziedātājputni
cantoral *m* kora dziesmu grāmata
cantorral *m* akmeņains apvidus, akmeņaina vieta; *sk.* **cantizal**
cantoso *a* akmeņains
canturía *f* **1.** vienmuļīga dziedāšana; **2.** vokālie vingrinājumi
canturrear *v* **1.** dūkt; dungot; [pusbalsī] trallināt; **2.** vienmuļi nodziedāt
cánula *f med.* uzgalis; caurulīte
caña *f* **1.** niedre; ~ de azúcar, ~ criolla (dulce, miel) – cukurniedre; ~ brava – bambuks; **2.** cukurniedru degvīns; **3.** meldri; **4.** stublājs, stiebrs; ~ de pescar – makšķere; **5.** (*zābaka*) stulms; **6.** ~ [de manzanilla] – vīna glāze (*šaura un augsta*); **7.** ~ [de la pierna] *anat.* – lielais liela kauls; ~ de vaca *anat.* – smadzeņu kauls; ~ del pulmón – traheja; media ~ – šķautnis (*vara grebēju darba rīks*); ◇ las ~s se vuelven lanzas – joki bieži pārvēršas nopietnībā; toros y ~s – nikna (sīva) cīņa
cañada *f* **1.** šaurs ceļš; taka kalnos; **2.** lopu ceļš; olnīca; **3.** grava, aiza;

4.: ~ de los huesos – kaulu smadzenes

cañal *m* **1.** zivju aizsprosts; **2.** *sk.* cañaveral

cañamar *m* kaņepju lauks

cañamazo *m* **1.** rupjš kaņepāju audekls; **2.** kanva; izšuvums uz kanvas

cañameral *m* cukurniedru plantācija

cañamo *m* **1.** kaņepes; **2.** kaņepāju audekls; **3.** pakulas

cañaveral *m* niedrājs; cukurniedru plantācija

cañazo *m* **1.** sitiens ar niedri; **2.** (*am.*) cukurniedru degvīns; ◊ dar ~ – patraisīt mēmu; darse ~ (*kub.*) – vilties, pievilties

cañería *f* cauruļvadu sistēma; ~ de agua – ūdensvads; ~ de gas – gāzes vads

cañero[a] *m* ūdensvada licējs (labotājs)

cañero[b] **I** *a* cukurniedru-; **II** *m* **1.** makšķernieks; **2.** cukurniedru noliktava (*pie cukurfabrikas*); **3.** (*kub.*) cukurniedru pārdevējs; machete ~ – mačete cukurniedru ciršanai

caño *m* **1.** caurule (*kanalizācijas, drenu u. tml.*); **2.** (*ērģeļu*) stabule; **3.** *kalnr.* (*horizontāla*) eja, šahta; **4.** vīna pagrabs, pagrabtelpa

cañón *m* **1.** lielgabals; ~ antiaéreo – zenītlielgabals; ~ de gran alcance – tālšāvējs lielgabals; ~ antitanque – prettanku lielgabals; **2.** (*ieroča*) stobrs; ~ obús – haubice; **3.** (*putna*) spalvas kāts; **4.** *ģeogr.* kanjons, šaura aiza; **5.** *tehn.* sprausla; **6.:** ~ de chimenea – dūmvads, skurstenis

cañonazo *m* lielgabala šāviens (grāviens)

cañoneo *m* kanonāde; lielgabalu uguns; ~ de tambor *mil.* – viesuļuguns

cañonera *f* **1.** *mil.* šaujamlūka, ambrazūra; **2.:** lancha ~ *jūrn.* – lielgaballaiva

cañutero *m* adatnīca, adatu kārbiņa

cañutillo *m* **1.** (*stikla*) zīles; **2.** zelta (sudraba) diegs

caoba *f*, **caobo** *m* sarkankoks, mahagonijs

caos *m* haoss; juceklis, jūklis

capa *f* **1.** mētelis; apmetnis; pelerīne; ~ impermeable (aguadera) – impregnēts [lietus] mētelis; **2.** kārta, slānis; una ~ adiposa – tauku kārta; ~ aisladora – izolācijas kārta; ~ de pintura – krāsas slānis; ~ anual – gadskārta (*kokiem*); ~ de terreno – zemes slānis (kārta); por ~s – kārtām; slāņiem; **3.** apsegs; **4.** spalvas krāsa (*dzīvniekiem*); **5.** seglapa (*cigāram*); **6.** ~s *pl pārn.* slāņi (*sabiedrības*); **7.** iegansts; so ~ ~ – ar ieganstu; izliekoties ...; bajo ~, de so ~ – slepeni; dejar (soltar) la ~ al toro – izvēlēties mazāko no diviem ļaunumiem; echar (hacer) la ~ a uno – piesegt kādu

capacidad *f* **1.** spējas; spējīgums; ~ de trabajo – darba spējas; ~ de defensa – aizsardzības spējas; **2.** māka, prasme; **3.** tilpums; ietilpīgums; la ~ de una sala – zāles ietilpība; **4.** *tehn.* produktivitāte; ražīgums; spēja; ~ de carga – celtspēja; ~ de compra (adquisitiva) *ek.* – pirktspēja; **5.** *jur.* kompetence; **6.** *el.* kapacitāte

capacitación *f* kvalifikācijas celšana; cursos de ~ profesional – kvalifikācijas celšanas kursi

capacitado *a* spējīgs, sagatavots (*par darbinieku*)

capacho *m* augļu grozs; (*uz muguras nesams*) grozs

capador *m* kastrētājs; rūnītājs

capar *v* **1.** [iz]kastrēt; [iz]rūnīt; **2.** *pārn.* apgriezt, apcirpt; noplicināt

caparra *f* ērce

caparrosa *f* vitriols; ~ azul – vara vitriols

capataz (*pl* capataces) *m* **1.** vecākais strādnieks, priekšstrādnieks (*lauku īpašumā*); **2.** meistars (*fabrikā*); **3.** uzraugs; ~ de minas *kalnr.* – šteigers, uzraugs

capaz (*pl* capaces) *a* **1.** spējīgs, apdāvināts; talantīgs; **2.** ietilpīgs, plašs; un estadio ~ para ... – stadions, kurā ietilpst ...; **3.** veikls; **4.** spējīgs (*ko darīt*); ~ de defenderse – spējīgs aizstāvēties (aizsargāties); ~ de trabajar – darba spējīgs; ~ para decidir – spējīgs lemt; ar tiesībām lemt; hombre ~ de todo *sar.* – velna zellis, uz visu spējīgs cilvēks; ser ~ de – būt spējīgam, varēt

capcios‖o *a* āķīgs; kutelīgs; hacer preguntas ~as – uzdot āķīgus jautājumus; pregunta no ~a – nevainīgs jautājums

capear *v* **1.** vēršu cīņās – novērst vērša uzmanību ar sarkano apmetni; **2.** *sar.* aizbildināties (*ar kaut ko*); atrunāties; veikli apiet, pārvarēt (*šķēršļus, grūtības*); **3.** *jūrn.* likties dreifā

capelo *m* kardināla cepure

capellada *f* apava purngals

capellán *m* **1.** kapelāns; **2.** *bazn.* biktstēvs

capellina *f* **1.** (*zemnieku*) kapuce; **2.** *med.* galvas pārsējs

capero, cuelgacapas *m* [drēbju] pakaramais

caperuza *f* kapuce; mice; echar ~ a la tarasca – atmaksāt ar nepateicību

capigorrón, capigorra, capigorrista *m* dienaszaglis, slaists; liekēdis

capilar *a fiziol.* matu-, kapilāru-; vasos ~es – kapilāri

capilla *f* **1.** mūku kapuce; **2.** kapela, baznīciņa; ~ mayor – galvenais altāris; **3.** mūzikas kapela (*baznīcā*); maestro de ~ – baznīcas kora vadītājs; **4.** *tipogr.* novilkums; ◊ ~ ardiente – 1) katafalks; 2) dvēseles aizlūgums; estar en

~ – 1) gaidīt nāves soda izpildīšanu; 2) pārciest nāves bailes

capillero *m* garīdznieks (*kapelā*)

capillo *m* 1. bērna cepurīte; 2. micīte; 3. zīdtārpiņu kokons; 4. ziedpumpurs

capirotazo *m* knipis

capiscol *m* (*baznīcas*) korists

capitación *f vēst.* galvasnauda; personas nodoklis

capital I *a* 1. galvenais, svarīgākais; error ~ – galvenā kļūda; interés ~ – milzīga interese; letra ~ – iesākuma burts; 2. kapitāla-; 3. nāves-; pena ~ – nāves sods; pecado ~ – nāves grēks; **II** *m* 1. kapitāls; ~ en giro – ritošais kapitāls; ~ financiero – finanšu kapitāls; ~ fijo – pamatkapitāls; ~ liquido – tīrā peļņa; ~ circulante (móvil, de rotacíon) – apgrozības kapitāls; 2. bagātība, kapitāls; **III** *f* galvaspilsēta; ~ de partido – apriņķa pilsēta; gran ~ – lielpilsēta

capitalista I *a* kapitālistisks; régimen ~ – kapitālistiskā iekārta; **II** *m*, *f* kapitālists, -e

capitalmente *adv* 1. nāvīgi; 2. ārkārtīgi

capitán *m* **I.** *mil.* kapteinis; ~ de compañia – rotas komandieris; 2. *jūrn.* kapteinis; ~ de navío – [pirmā ranga] kapteinis; ~ de fragata – otrā ranga kapteinis; ~ de corbeta – trešā ranga kapteinis; ~ de alto bordo – tālbraucēju kapteinis; 3. priekšnieks, vadītājs, komandieris; ~ general – ģenerālpulkvedis; ~ general de la armada – flotes admirālis

capitana *f* 1. admirālkuģis; 2. *sar.* kapteiņa sieva

capitanear *v* vadīt, komandēt; būt priekšgalā

capitanía *f* 1. kapteiņa dienesta pakāpe; 2. ~ de puerto – ostas pārvalde

capitel *m arhit.* kapitelis; ~ corinto – korintiešu kapitelis

capitulación *f* kapitulācija, padošanās; ~ incondicional – bezierunu kapitulācija; ~es [matrimoniales] – laulības līgums

capitular *v* 1. kapitulēt, padoties; 2. noslēgt līgumu (paktu); 3. saukt pie atbildības; ~**se** *rfl* noslēgt (parakstīt) laulības kontraktu; 4. *m* kapitula loceklis, pilsētas padomes loceklis

capítulo *m* 1. *rel.* kapituls; 2. (*grāmatas*) nodaļa; ◇ ~ de culpas – grēku saraksts; llamar (traer) a ~ – saukt pie atbildības; ganar (perder) ~ *sar.* – vinnēt (zaudēt)

capón *m* 1. kastrāts; 2. kapauns (*izrūnīts gailis*); 3. *jūrn.* pietauvojamā trose; 4. pļauka, pliķis; belziens pa galvu

capona *f mil.* epolete, uzplecis

caponera *f* 1. kapaunu būris (*nobarošanai*); 2. *sar.* apmešanās vieta par brīvu; 3. *pārn. sar.* krātiņš; cietums

capote *m* **1.** lietusmētelis; **2.** šinelis; **3.** torēro apmetnis (*vēršu cīņās*); **4.** plats virssvārks; apmetnis; ◊ a mi ~, para mi ~ – manuprāt; dar ~ – uzņemt visus stiķus; nokaut; uzvarēt (*kāršu spēlē*); echarle a alguien un ~ – piepalīdzēt kādam; decir para su ~ – teikt pie sevis (*kaut ko*); a (para) mi ~ – pēc manām domām

capricho[a] *m* kaprīze, iedoma, untums; iegriba; a su ~ – savas iedomas pēc

capricho[b] *m mūz.* kapričo

caprino, cabruno *a* āža-

captación *f* iegūšana ar viltu; nelikumīga piesavināšanās; uzmanības piesaistīšana, labvēlības iegūšana

captador *m* ~ de polvo – putekļsūcējs; ~ capacitivo – raidītājs, uztvērējs

captar *v* **1.** iegūt ar viltu, izvilt; **2.** iegūt, iemantot; izpelnīties; **3.** [sa]valdzināt; aizgrābt; **4.** uztvert (*skaņu, elektromagnētiskās svārstības*)

captura *f* **1.** ķēriens; **2.** aizturēšana; saņemšana gūstā; arestēšana; apcietināšana; **3.** *jūrn.* (*kuģa*) kaperēšana

capturar *v* **1.** sagūstīt; saņemt gūstā; **2.** apcietināt, arestēt; **3.** *jūrn.* sagūstīt, kaperēt (*kuģi*)

capucha *f* kapuce; apmetnis ar kapuci

capuchina *f* **1.** kapuciņu mūķene; **2.** *bot.* kapucīņu krese; **3.** apcukurots biskvītu cepums

capuchino *m* **1.** kapucīns (*mūks*); **2.** kapucīņu pērtiķis; **3.** *pārn.* liekulis

capuchón *m* mētelis ar kapuci (*arī cietumnieku apģērbs*); ◊ ponerse el ~ – nonākt cietumā

capullo *m* **1.** zīdtauriņa kokons; **2.** ziedpumpurs; **3.** (*ozolzīles*) kausiņš

cara *f* **1.** seja; vaibsti; sejas izteiksme; grimase, fizionomija; ~ de gualda, ~ de acegla – slimīga, bāla seja; ~ de rallo – bakurētaina seja; ~ de pascua – labsirdīga seja; ~ de pocos amigos – saīgusi seja; ~ de viernes – skumīga seja; poner mala ~ – savilkt neapmierinātu seju; poner ~ de circunstancias – savilkt nopietnu seju; **2.** ārējais izskats, āriene; **3.** priekšpuse; fasāde; **4.** (*monētas*) puse ar attēlu; ◊ ~ a ~ – vaigu vaigā, aci pret aci; de ~ – pret; no priekšpuses; echar en ~ – pārmest (*kādam*); hacer ~ – 1) pretoties; stāties pretim; 2) (*laipni*) nākt pretim (*pretī*); 3) uzklausīt; dar la ~ – 1) spītēt briesmām; 2) galvot (*par kaut ko*); sacar la ~ por alguien – galvot par kādu, likt galvu ķīlā par kādu; no sacar la ~ – palikt malā; tener ~ de corcho *sar.* – būt nekaunīgam; no volver la ~ atrás – neskatīties atpakaļ, pārliecināti turpināt iesākto; de dos ~s – divkosīgs; ¡nos veremos las ~s! – mēs vēl tiksimies!; ~ con dos haces *sar.* – divkosīgs cilvēks; a ~ descubierta – atklāti, tieši

cárabe *m* dzintars

carabela *f jūrn.*, *vēst.* karavela

carabina *f* **1.** karabīne, šautene; **2.** *sar.* biedrene, laika kavētāja (*dižciltīgām dāmām*); ◊ ser [lo mismo que] la ~ de Ambrosio – nekur nederēt, būt nekur nederīgam

carabinero *m* **1.** karabinieris (*pierobežas sardzes kareivis Spānijā*); **2.** ~s *pl* pierobežas karaspēks; **3.** ~s *pl* muitas sardze – jātnieki

caracol *m* **1.** gliemezis; gliemežnīca; **2.** vītņu kāpnes; **3.** ~ [do pelo] – sproga uz pieres; ¡~es! – velns parāvis!; no importa (no vale) un ~ (dos ~es) – nav ne plika graša vērts

caracola *f* (*liela jūras*) gliemežnīca

caracolear *v* **1.** voltižēt (*par zirgu*); **2.** *sar.* dīdīties; dauzīties apkārt; delverēties

carácter *m* **1.** pazīme; iezīme; zīme; **2.** raksturs; sin ~ – bezrakstura-, ar vāju raksturu; ~ generoso – augstsirdīgs raksturs; **3.** enerģija; **4.** stāvoklis, kārta; tituls; **5.** īpatnība, savdabība; **6.** tetovējums (*lopiem*); **7.**: ~ [de letra] – rakstu zīme, burts; simbols, maģiska zīme; **8.** papel de ~ *teātr.* – raksturloma; ~ inofensivo – miermīlīgs raksturs; **9.** ~es *pl poligr.* burti; raksti; ~es cuneiformes *vēst.* – ķīļu raksti; ~es de escritura – rakstu zīme

característica *f* **1.** raksturojums; īpašības; **2.** *teātr.* raksturlomas tēlotāja

característico I *a* raksturīgs, zīmīgs; rasgo ~ – raksturīga iezīme, atšķirīga iezīme; **II** *m teātr.* raksturlomas tēlotājs

caracterizado *a* **1.** smalks; dižciltīgs; **2.** sevišķs; izcils, ievērojams; **3.** *teātr.* raksturots, zīmīgi nogrimēts

caracterizar *v* **1.** raksturot; aprakstīt; iztēlot, attēlot; **2.** *teātr.* patiesi (raksturīgi) tēlot

caracho *a* violets

carado *a*: bien ~ – glīta izskata-, ar skaistu seju; mal ~ – neglīts, ar neglītu seju; aizdomīgs, tāds, kurš nevieš uzticību

caramanchón *m* bēniņi

¡caramba! *interj* velns lai parauj!

carámbano *m* [ledus] lāsteka

carambola *f* **1.** karambols (*biljarda spēlē*); **2.** divējāds iznākums; **3.** laimīgs gadījums, veiksme; **4.** blēdība; krāpšana; por ~ – gadījuma pēc

caramelo *m* karamele; grauzdēts (brūnināts) cukurs

caramillo *m* **1.** gana stabule; **2.** *sar.* pļāpas, tenkas, strīds

caramilloso *a* 1. jūtīgs; vārīgs; 2. kutelīgs, delikāts

carantamaula *f sar.* 1. riebīga (neglīta) maska; 2. riebekle

carapacho *m* bruņurupuča bruņas

caraqueño I *a* Karakasas-; karakasiešu-; II *m* Karakasas iedzīvotājs, Karakasā dzimušais

carátula *f* 1. maska; 2. aktiera profesija; teātra pasaule; 3. (*am.*) titullapa

caravana *f* karavāna; čigānu tabors

¡caray! *interj sk.* **caramba**

carbinol *m* metilspirts, metanols

carbol *m* fenols

carbón *m* 1. ogle; ~ de piedra – akmeņogle; ~ pardo – brūnogle; ~ de coque – kokss; ~ vegetal – kokogle; 2. *bot.* melnplauka; ◊ ¡se acabó el ~! – pietiek!, diezgan!

carbonato *m ķīm.* karbonāts; ~ de sosa – nātrija karbonāts, oglskābais nātrijs

carboncillo *m* zīmēšanas ogle

carbonear *v* pārdedzināt oglē (*koku*), pāroglot

carbonero I *a* ogļu-; II *m* ogļu deģis

carbónico *a ķīm.* ogļskābes-; ogļskābais; ácido ~ – ogļskābe; óxido ~ – ogļekļa oksīds

carbonilla *f* 1. smalkas akmeņogles; 2. (*akmeņogļu*) izdedži

carbonizar *v tehn.* karbonizēt, apdedzināt, apoglot; [pār]dedzināt, [pār]cept ēdienu

carbono *m ķīm.* ogleklis

carbunc[l]o *m* 1. Sibīrijas mēris; 2. *med., min.* karbunkuls

carbúnculo *m min.* karbunkuls, sarkanais granāts; rubīns

carburador *m tehn.* karburators

carburo *m ķīm.* karbīds; ~ de hidrógeno – ogļūdeņradis

carcaj *m* 1. *vēst.* bultu maks; 2. (*am.*) ieroču maksts (*pie segliem*)

carcajada *f* skaļi smiekli; smieklu šalts; soltar la ~ – izplūst skaļos smieklos, skaļi smieties; reír a ~s – smieties pilnā rīklē

carcamal *m* nožēlojams večuks, vārgs vecītis

cárcel *f* 1. cietums; 2. *tehn.* spīles, skrūvspīles

carcelería *f* 1. internēšana; 2. arests; 3. drošības nauda (*par atsvabināšanu no aresta*); guardar ~ – atrasties ieslodzījumā

carcelero *m* cietuma sargs (uzraugs)

carcoma *f* 1. *zool.* kokurbējs, ķirmis; 2. tārpu (kāpuru) grauzums; 3. *sar.* krimstošas bēdas; 4. pūšana; puvums

carcomer *v* 1. [sa]grauzt, saēst (*par tārpiem*); 2. *pārn.* grauzt, krimst (*par bēdām u. tml.*)

carda *f* 1. (*kokvilnas, vilnas*) kāršana; 2. (*kokvilnas, vilnas*) sukājamā mašīna; ◊ dar una ~ – mazgāt galvu

cardenal[a] *m* 1. *bazn.* kardināls; 2. kardināls (*putna pasuga*)

cardenal[b] *m* sasitums, zilums

cardenalato *m bazn.* kardināla kārta (amats)

cardenillo *m ķīm.* [vara] apsūbējums; gaiši zaļgana vai zilgana krāsa

cárdeno *a* 1. violets; svina krāsas-: 2. melni balts (*par vēršu spalvas krāsu*)

cardíac∥o *a* 1. sirds-, lesión ~a *med.* – sirdskaite; 2. ar paplašinātu sirdi; enfermo ~ – sirds slimnieks

cardinal *a* galvenais, svarīgākais; kardināls; números ~es – pamatskaitļi; ◇ punto ~ – debespuse; puntos ~es – 1) četras [galvenās] debespuses; 2) galvenie punkti (*kādā jautājumā u. tml.*)

cardo *m* dzelksnis, dadzis

carear *v* 1. konfrontēt (*liecinieku u. tml.*); 2. *sar.* nostādīt (nolikt) vienu otram pretim; 3. salīdzināt; 4. pagriezties ar seju pretim; **~se** *rfl* sanākt kopā uz apspriedi, sapulcēties

carecer *v* trūkt; pietrūkt; ~ de recursos – būt bez līdzekļiem; būt trūcīgam; ~ de tiempo – trūkt laika

carencia *f*, **carecimiento** *m* trūkums, iztrūkums

careo *m* 1. konfrontācija: 2. nopratināšana [jautājumu] krustugunīs; 3. salīdzināšana

carestía *f* 1. dārdzība; pārāk augsta cena; 2. bada laiki, bads; año de ~ – bada gads, neražas gads

careta *f* 1. maska (arī paukošanā); pusmaska, bitenieka maska–tīkls; ~ antigás – gāzmaska; ~ protectora – aizsargmaska; quitarle a uno la ~ *pārn.* – noraut kādam masku, atmaskot kādu; 2. pīts drāšu sietiņš (tīkliņš) pret moskītiem (bitēm)

carey *m* 1. jūras bruņurupucis; 2. bruņurupuča ragviela

carga *f* 1. krava; nasta; navío de ~ – kravas kuģis; el movimiento de ~s – kravas apgrozījums; 2. slogs; slodze; ~ útil *tehn.* – derīgā slodze; 3. [kravas] iekraušana; 4. nodoklis, nodeva; ~ sobre la propiedad – īpašuma nodoklis; 5. *mil.* lādiņš; de ~ múltiple – daudzlādiņu-; 6. *mil.* uzbrukums; ~ de caballería – kavalērijas uzbrukums; ~ a la bayoneta – durkļu uzbrukums; 7. pienākumi, slodze; 8. *fiz.* uzlāde; ◇ echarse con la ~ *sar.* – mest bisi krūmos; a ~s – pārpilnībā; kaudzēm; 9. volver a la ~ – 1) pastāvēt (*uz ko*), neatkāpties (*no kā*); 2) sākt [atkal] visu no sākuma; echar las ~s a otro – uzvelt uz otra pleciem

cargadero *m* 1. iekraušanas (izkraušanas) vieta; izkrautuve; 2. [durvju] aploda

cargad∥o *a* 1. pārslogots; pilns; 2. spiedīgs, tveicīgs; 3. nokrauts (*ar ko*); 4. stiprs (*par dzērienu*); café ~ – stipra kafija; estar ~ *sar.* – būt pilnā, būt piedzērušam; ◇ ~ de años – labi gados, padzīvojis; ~ de espaldas – kuprains

cargador *m* 1. krāvējs, dokeris, kravas nosūtītājs, iekrāvējs; 2. *mil.* magazīna; (*patronu*) aptvere

cargante *a sar.* apgrūtinošs; apnicīgs; uzmācīgs

cargar *v* 1. kraut, iekraut; 2. pielādēt (*ieroci*; *akumulatoru*); 3. *pārn.* uzkraut; apkraut (*ar darbiem u. tml.*); uzlikt par pienākumu; ~ con – 1) apkrauties ar (*kaut ko*); uzņemties (*kaut ko*); 2) nest, aiznest, aizstiept (*kaut ko*); ~ con la culpa – uzņemties vainu; 4. apgrūtināt; apnikt (*kādam*); nogurdināt (*kādu*); būt par slogu; ~ con los impuestos – apgrūtināt ar nodokļiem; 5. apsūdzēt; 6. *mil.* uzbrukt; ◇ ~ la mano – pārsolīt; ~ el acento – uzsvērt; ~ sobre alguien – uzmākties (uzbāzties) kādam

cargareme *m* kvīts

cargazón *f* 1. (*kuģa*) krava; 2. *med.* spiediens (*pakrūtē*); smagums (*galvā*); 3. mākoņu sablīvējums

cargo *m* 1. iekraušana, [iz]kraušana; 2. *arī pārn.* smagums; slogs; 3. pienākums; amats, vieta; postenis; jurar el ~ – dot zvērestu, stājoties amatā; desempeñar un ~ – izpildīt amatu; cesar en un ~ – aiziet no kādas vietas (amata); hacerse ~ de – uzņemties (*kaut ko*); tener a su ~ una cosa – atbildēt par kaut ko; 4. apsūdzība; testigo de ~ – apsūdzības liecinieks; circunstancias de ~ – vainu pierādoši apstākļi; 5. pārmetums; ◇ tener algo a su ~ – rūpēties par kaut ko; ¡hazte ~! – iedomājies tikai!; ~ de conciencia – sirdsapziņas pārmetumi

cariacontecido *a sar.* 1. satraukts; samulsis, apjucis; 2. skumīgs, sērīgs, noskumis

cariado *a* caurs, izpuvis (*par zobu*)

caribe *m* 1. karībs; 2. karību valoda; 3. *sar.* nežēlīgs (cietsirdīgs) cilvēks

caricia *f* 1. glāsts; maigums; hacer ~s – glāstīt, apmīļot; 2. glaimi

caridad *f* 1. cilvēkmīlestība, žēlastība; hermana de la ~ – žēlsirdīgā māsa; 2. labdarība; 3. žēlastības dāvana; hacer la ~ – dot žēlastības dāvanu; casa de ~ – nabagmāja

caridelantero *a sar.* vīzdegunīgs; pārgudrs

carijusto *a* liekulīgs

carilindo *a* jauka izskata, ar skaistu seju

carilla *f* 1. lappuse (*grāmatā*); 2. *sk.* **careta**

carillo I *a* dārgs; II *m, f* 1. mīļākais, -ā; 2. mīļotais, -ā

carillón *m* zvanu skaņas, zvanīšana; kuranti

carinegro *a* melnīgsnējs

cariño *m* 1. simpātijas; labvēlību; mīlestība; maigums; hablar con ~ – mīļi sarunāties; 2. glāsts;

◇ ~ mio – mans dārgumiņ!; coger (tomar) ~ – pieķerties, iemīlēt kādu

cariñoso *a* maigs, mīlīgs, mīļš; mīlestības pilns

carioca *m* **1.** karioka – Riodežaneiro iedzīvotājs, brazīlietis; **2.** karioka – kubiešu un brazīliešu deja

cariparejo *a* **1.** ar sastingušu sejas izteiksmi; **2.** nesatricināms

carirraído *a sar.* nekaunīgs, bezkaunīgs

carirredondo *a sar.* ar apaļiem vaigiem, ar apaļu seju

caritativo *a* **1.** žēlsirdīgs; līdzjūtīgs; **2.** labdarīgs; izpalīdzīgs; **3.** gatavs uzupurēties (ziedoties)

cariz *m* **1.** izskats; ārpuse; āriene; ir tomando mal ~ – izskatīties apšaubāmi (šaubīgi); **2.**: ~ del tiempo *sar.* – laika apstākļi

carlanca *f* **1.** suņu kakla siksna ar asiem apkalumiem (dzeloņiem); **2.** viltīgums, blēdīgums

carmenᵃ *m* karmelītu mūku ordenis

carmenᵇ *m* dzejolis

carmenar *v* **1.** sukāt, tīrīt (*matus, vilnu, zīdu*); plucināt; vilkt, raut aiz matiem; **2.** *sar.* apkrāpt, atņemt naudu

carmesí I *a* spilgti sarkans; **II** *m* **1.** karmesīns (*sarkanā krāsa*); **2.** sarkans zīds

carnada *f* **1.** gaļas ēsma (*zivīm*); **2.** *pārn.* lamatas, slazds

carnadura *f* muskulatūra

carnal *a* **1.** gaļas-; **2.** miesas-; **3.** miesīgs, asinsradniecisks; **4.** juteklīgs; miesaskārīgs, baudkārs; acto ~ – kopošanās

carnalidad *f* jutekliskums; miesaskārība

carnaval *m* **1.** karnevāls; karnevāla laiks; **2.** vastlāvji, metenis

carnaza *f* **1.** maita; **2.** gaļas ēsma

carne *f* **1.** miesa; ~ viva – dzīvā miesas daļa (*pie ievainojuma*), veselie miesas audi; **2.** gaļa, gaļas ēdiens; ~ congelada – saldēta gaļa; ~ estofada – sutināta (sautēta) gaļa; ~ de vaca – liellopa gaļa; ~ de cerdo – cūkgaļa; ~ de carnero (de oveja) – jēra gaļa; ~ de ternera – teļa gaļa; **3.** (*augļa*) mīkstums; ◇ cobrar (echar) ~ – kļūt resnam, uzbaroties; poner toda la ~en el asador – laist visus līdzekļus darbā; ser uña y ~ – būt viena miesa un asinis; perder ~s – kļūt vājam; en ~s vivas – kails, pliks

carnear *v* **1.** (*am.*) [no]kaut (*lopu gaļai*); **2.** (*am.*) sadalīt (*kauta lopa gaļu*)

carnerada *f* aitu ganāmpulks (bars)

carnero *m* **1.** auns; teķis; **2.**: ~ marino – ronis; ◇ no hay tales ~s – tas nevar būt; tā nav taisnība; esos non otros ~ – tā ir cita lieta

carnestolendas *f pl* karnevāla dienas

carnet, carné *m* **1.** personas apliecība; ~ del partido – partijas biedra karte; ~ de los sindicatos – arodbiedrības biedra karte; **2.** piezīmju grāmatiņa

carnicería *f* **1.** gaļas veikals, skārnis; **2.** apkaušana, asinspirts, slaktiņš

carnicero I *a* **1.** gaļēdis-, plēsīgs (*piem., putns*); **2.** *pārn.* asinskārs, cietsirdīgs; **II** *m* **1.** miesnieks; **2.** ~s *pl zool.* plēsoņi, plēsīgie zvēri

carnicol *m* (*putna, dzīvnieka*) nags

carnívoro I *a* gaļēdis-; plēsīgs; **II** *m* plēsīgs zvērs, plēsonis

carnosidad *f* pārmērīgs tuklums (resnums)

carnoso *a* **1.** gaļīgs; **2.** resns, tukls

caro I *a* **1.** dārgs, vērtīgs; **2.** *sar.* mīļš, dārgs; **II** *adv* dārgi; ¡~ te ha de costar! – tas tev dārgi maksās!

carona *f* seglu paklājs

carótida *f* *anat.* miega artērija

carpa[a] *f* karpa; ~ dorada – spoguļkarpa

carpa[b] *f* vīnogu ķekars

carpanta *f* vilka apetīte

carpeta *f* **1.** aktu vāki; mape; **2.** galdauts

carpincho *m zool.* tapīrs

carpintería *f* **1.** galdnieka darbnīca; **2.** namdara amats

carpintero *m* galdnieks; namdaris; ~ de blanco – galdnieks; ~ de armar – namdaris; ◊ pájaro ~ – melnais dzenis

carpo *m anat.* plaukstas pamats

carraca[a] *f* klabeklis; klabata; tarkšķis

carraca[b] *f* **1.** *jūrn.* kalaša (*vecs, nolietojies kuģis*); **2.** grabaža; vecs grausts

carrasca *f bot.* akvifolija, akmeņozols

carraspear *v* būt aizsmakušam; krekstēt, krekšķināt

carraspera *f* **1.** aizsmakums; **2.** kairinājums, kasīšana kaklā (rīklē)

carrera *f* **1.** skrējiens; skriešana; a la ~ – skriešus; de ~ – steigšus, lielā steigā; ātri; tomar ~ – 1) ieskrieties; 2) sagatavoties; **2.** skriešanās; skriešanas sacīkstes; ~ de caballos – zirgu skriešanas sacīkstes; **3.** sacīkstes; sacensība; **4.** autostrāde, iela; **5.** *tehn.* gājiens; gaita; ~ de émbolo – virzuļa gājiens; **6.** *astr.* [zvaigžņu] ceļš; ~ del Sol – saules ceļš debesīs (pa dienu); **7.** karjera; darba lauks; profesija; hacer ~ – taisīt karjeru, tikt dzīvē uz priekšu; dar ~ a alguien – ļaut (likt) kādam studēt; tener una ~ – būt ar zinātnieka grādu; cambiar de ~ – mainīt nodarbošanos (fakultāti); **8.** noiris valdziņš (*zeķei*); **9.** celiņš (*matiem*); ◊ estar en ~ de ... *pārn.* – būt ceļā uz ...; būt uz pareizā ceļa, lai ... ; no poder hacer ~ de alguien – netikt galā ar kādu; darse ~ – steigties, strēbt karstu

carrerilla *f* ieskriešanās; ieskrējiens (*pirms lēciena*); ◊ de ~ – bez apdomāšanās

carrerista *m, f* **1.** rikšošanas sacīkšu cienītājs, -a; **2.** karjerists, -e

carrero *m* **1.** vedējs; kučieris; važonis, ormanis; **2.** ratiņu stūmējs

carreta *f* **1.** arba, darba rati; **2.** divriči; correr más que una ~ – tik tikko vilkties

carretada *f* darba ratu (arbas) krava; ◇ a ~s – pārpilnībā

carrete *m* spole; spolīte; ~ de inducción *el.* – indukcijas spole; ◇ darle ~ a uno – vazāt aiz deguna, barot ar solījumiem

carretear *v* **1.** vest (*arbā, darba ratos*); **2.** (*kub.*) bļaut (*par papagaili*)

carretela *f* vieglie rati; četrvietīga ekipāža

carretera *f* lielceļš; šoseja; braucamais ceļš; red de ~s – ielu tīkls; ~ montañosa – kalnu ceļš; ~ general, ~ real – galvenā iela; autostrāde, autoceļš; transporte por ~ – autotransports

carretería *f* **1.** ratu (kariešu) darbnīca; **2.** ratnieka amats; **3.** darba ratu novietne; ratnīca

carretero I *a* braucams; camino ~ – braucams ceļš; **II** *m* **1.** ormanis; **2.** ratiņstūmējs

carretilla *f* ķerra; rokas ratiņi; ◇ de ~ – pa paradumam, kā ierasts; saber de ~ – zināt no galvas

carretón *m* **1.** bērnu ratiņi; **2.** ķerra, riča; **3.** *tehn.* kamaniņas

carricoche *m* **1.** furgons, kravas rati; kulba; **2.** *sar.* mēslu rati

carril *m* **1.** (*dzelzceļa*) sliedes; **2.** (*ratu, kamanu*) vaga, sliedes; rinda transporta kustībā uz ceļa

carrillera *f* **1.** žoklis; **2.** zemzoda siksniņa, lente (*galvassegai*)

carrillo *m* vaigs; comer a dos ~s – 1) ēst pilnām mutēm; stumt vaigos; 2) *pārn.* šaut divus zaķus; malt uz diviem gaņģiem

carrilludo *a* ar apaļiem (tukliem) vaigiem; tukls

carrizo *m* grīslis; meldri

carro *m* **1.** rati; ~ sanitario *mil.* – sanitārie divriči; ~de mudanza – mēbeļu furgons; ~ de asalto – 1) kaujas rati (*senajā Romā*); 2) *mil.* tanks; ~ blindado – bruņumašīna; ~ de riego – ūdens cisterna (*ielu laistīšanai*); **2.** ķerra; **3.** *tehn.* ratiņi; *tehn.* kamaniņas; ◇ untar el ~ – iesmērēt, dot kukuli; cogerle a uno el ~ – kaut ko nepatīkamu uzzināt; aguantar ~s y carretas – pacietīgi panest likteņa triecienus; cogerle a uno un ~ – notriekt kādu (*ar auto*); *astr.* Carro Mayor – Lielais Lācis; Carro Menor – Mazais Lācis

carrocería *f* (*automobiļa*) karosērija, virsbūve

carrocha *f* (*kukaiņu*) oliņas

carromata *f* kabriolets

carroña *f* maita

carroza *f* parādes kariete

carruaje *m* **1.** kariete; rati; **2.** izbraukums karietē

carta *f* **1.** vēstule; ~ certificada – ierakstīta vēstule; ~ monitoria – atgādinājuma (brīdinājuma) vēstule; ~ abierta – atklāta vēstule (*redakcijai u. tml.*); ~ familiar – privāta vēstule; ~ de creencia – rekomendācijas vēstule; ~ de venta – paziņojums par pārdošanu; **2.** raksts (*dokuments*); ~ circular – apkārtraksts; ~ de cambio – vekselis; ~ de expedición – pavadraksts; ~ de pago – kvīts; ~ de porte – (*preču, kravas*) pavadzīme; ~ credencial – akreditēšanās raksts; ~ de seguro – caurlaide; **3.** valsts pamatlikums; konstitūcija; Carta de la ONU – ANO statūti; **4.** karte (*ģeogrāfijas, navigācijas*); ~ mural – sienas karte; **5.** (*spēļu*) kārts; echar las ~s – izlikt kārtis; echadora de ~s – kāršu licēja, zīlniece; poner las ~s sobre la mesa – atklāt kārtis; la última ~ *pārn.* – pēdējais trumpis; ◇ jugar a ~s vistas – spēlēt ar atklātām kārtīm; ~ blanca – neierobežotas pilnvaras; tiene ~ blanca – viņam ir brīvas rokas, viņam ir pilna vaļa; a ~ cabal – absolūti, pilnīgi; caur un cauri; ~ pécora – pergaments

cartabón *m tehn.* leņķmērs; stūrenis

cartapacio *m* **1.** burtnīca; **2.** skolas soma; mape

cartearse *v rfl* sarakstīties, apmainīties vēstulēm

cartel[a] *m* **1.** afiša, paziņojums; plakāts; se prohibe fijar ~es – aizliegts pielīmēt afišas (plakātus); **2.** uzsaukums; mācību tabula; pamflets (*uz sienas*); ◇ tener ~ – būt populāram, būt ar labu slavu

cartel[b] *m ek.* kartelis

cartela *f* **1.** piezīmju lapiņa; kārtīte; **2.** dēlītis; **3.** *arhit.* konsole; balstenis

cartelera *f* **1.** afišu stabs (dēlis); **2.** melnais dēlis

cartera *f* **1.** (kabatas) portfelis; soma; **2.** aktu vāki; (*rakstu, zīmējumu*) mape; **3.** ministra portfelis, ministra amats; ministro sin ~ – ministrs bez portfeļa; **4.** (*kabatas*) atloks

cartería *f* **1.** pasta nodaļa; **2.** pastnieka amats

carterista *m* kabatzaglis

cartero *m* pastnieks

cartilla *f* **1.** ābece; **2.** rokasgrāmata; **3.** piezīmju grāmatiņa; **4.**: ~ de identificación – (*personas, darba*) apliecība; ~ militar – karaklausības apliecība; ◇ leerle a uno la ~ – lasīt kādam morāli; no saber la ~ – būt nejēgam

cartomancia *f* zīlēšana ar kārtīm

cartón *m* **1.** kartons; pape; ~ embreado – jumta pape; ~ piedra – papjēmašē; **2.** kartona (papes) kastīte (kārba); **3.** (*papes, kartona*) vāki; **4.** *glezn.* mets, skice

cartonería *f* **1.** kartonāžas fabrika; **2.** kartona izstrādājumu veikals

cartuchera *f* patronsoma

cartucho *m* 1. *mil.* patrona; ~ sin bala, ~ de fogueo (salvas) – tukša patrona, salūtpatrona; ~ de guerra – kaujas patrona; ~ de señales – signālraķete; 2. *mil.* karteča; 3. papīra tīstoklis (rullis); 4. maiņas naudas (sīknaudas) rullītis; 5.: ~ filtrante – filtrējošā kārba (*gāzmaska*); ◊ quemar uno el último ~ – izspēlēt pēdējo trumpi; ~ de artificio – signālraķete

cartuja *f* 1. kartēziešu mūku ordenis; 2. kartēziešu klosteris

cartujo *m* 1. kartēziešu mūks; 2. vientuļnieks

cartulina *f* smalks, balts kartons (*vizītkartēm*)

casa *f* 1. māja; nams; ~ de campo – lauku māja; vasarnīca; ~ de pisos (de alquiler) – īres nams; mēbelētas istabas; 2. iestāde; ~ cuna – bērnu novietne; bērnu (bāreņu) nams (patversme); ~ de préstamos – lombards; ~ de fieras – zvērnīca; ~ de alienados (de locos, de orates) – psihiatriskā slimnīca, vājprātīgo nams; ~ de baños – sabiedriskā pirts; ~ de maternidad – dzemdību nams; Casa de la Moneda – naudas kaltuve; ~ de banca – banka; ~ del ayuntamiento, ~ Consistoria – rātsnams; ~ de corrección – labošanas iestāde; ~ pública, ~ de trato – atklātais nams; ~ de juego – spēļu nams; 3. mājas; mājoklis; ģimene, dzimta; ~ paterna – tēva mājas; cabeza de ~ – ģimenes galva; ~ solar (solariega) – sena dzimta; ir a ~ de uno – aiziet pie kāda; en ~ – mājās; en su ~ – savās mājās; de ~ – 1) no mājas (mājām); 2) mājas-; ama de ~ – namamāte; estar de ~ – būt apģērbies mājas drēbēs; regreso a ~ – atgriešanās mājās; ◊ echar la ~ por la ventana – 1) svaidīties ar naudu; 2) rīkot lielas svinības; ~ de socorro – pirmās medicīniskās palīdzības punkts; ~ de correos – pasts; ~ de modas – sieviešu apģērbu veikals

casaca *f* 1. jaka; dāmu žakete; 2. *mil.* mundieris; 3. *sar.* precības; ◊ volver la ~ – apgriezt kažoku uz otru pusi; mainīt savus uzskatus

casadero *a* nobriedis, pieaudzis; precību gados

casado *a* precējies; recién ~ – jaunlaulātais

casal *m* 1. lauku mājas; 2. pienotava; 3. (*am.*) pāritis (*baložu u. tml.*); 4. augsta cilts

casamentera *m* [sa]precinātāja

casamiento *m* precības; laulība

casarᵃ *m* 1. apdzīvota vieta; ciems; miests; sādža; 2. lauku sēta, viensēta

casarᵇ *v jur.* atcelt (*spriedumu*); pasludināt par nederīgu (neesošu)

casarᶜ *v* 1. izprecināt; appreciāt; 2. precēt, apprecēt; stāties laulībā, apprecēties; 3. *pārn.* savienot; salikt kopā; el que se casa, por todo pasa – laulībā visas nav laimīgās dienas

casca f 1. vīnogu izspaidas; drabiņas; 2. ozola miza (ādu miecēšanai)

cascabel m 1. zvārgulis, zvaniņš; 2. klabeklis; ◊ serpiente de ~ – klaburčūska; poner el ~ al gato – iedrošināties ķerties pie riskantas lietas; de ~ gordo – ar lētu efektu, tukšs (par literāru darbu)

cascabelear v 1. izzobot; izāzēt, izmuļķot; dot veltas cerības; darīt muļķības; 2. sar. ievilināt riskantā pasākumā; 3. žvadzināt ar zvārguļiem, zvanīt

cascada f ūdenskritums; kaskāde

cascado a 1. aizlauzts (par balsi); 2. nolietots; 3. nespēcīgs, vārgs (aiz vecuma)

cascajal, cascajar m grantaina vieta; grantsbedre

cascajo m 1. grants; oļi; 2. šķembas; 3. lauskas (trauku); 4. sar. grabaža, grausts (par kuģi); ◊ estar hecho un ~ – būt vārgam (sanīkušam), pārvērsties graustā

cascanueces, cascapiñones m riekstu (mandeļu) knaibles

cascar v 1. salauzt; 2. pārkost, pārspiest (riekstu u. tml.); sagrauzt; 3. sist, pērt; 4. sar. pļāpāt (par kaut ko); 5. pārn. [sa]graut (veselību)

cáscara f čaumala, čaula; miza, āda; pāksts; apvalks; ◊ ser de ~ amarga – būt strīdīgam (ķildīgam); meklēt ķildas; ¡~! – velns ar ārā!

cascarón m (tukšas olas) čaumala; salir del ~ – izlupināties no čaumalas, izšķilties no olas; ◊ ~ de nuez – ļoti maza laiviņa

cascarrón a 1. sar. rupjš; skarbs, nelaipns; īdzīgs; 2. ass (par vēju)

casco m 1. galvaskauss; 2. lauska, drumsla; 3. granātas šķemba; 4. kaska, bruņucepure, ķivere; 5. kuģa korpuss; 6. (vīna) muca; 7. nags (zirgam); 8. ~s pl galva, pauris; alegre de ~s – vieglprātīgs cilvēks; romperse los ~s – lauzīt galvu (par kaut ko); sentar los ~s sar. – nākt pie prāta; levantar de ~s sar. – jaukt galvu; ◊ ~ de población – pilsētas centrs

cascote m 1. gruži, gruveši; 2. grants un mālu maisījums

caseína f ķīm. kazeīns

cáseo m biezpiens

caseramente adv mājīgi; vienkārši, bez ceremonijām

casería f lauku mājas, lauku sēta; ferma

caserío m 1. ciems, miestiņš; 2. lauku mājas, lauku sēta

caserna f mil. 1. kazarma; 2. blindāža

caser‖o I a 1. mājas-; la educación ~a – mājas audzināšana; pan ~ – mājas maize; costumbres ~as – mājas paražas; 2. pašmāju-; 3. saimniecisks; taupīgs; ◊ hombre muy ~ – mājās tupētājs; **II** m mājas īpašnieks; mājas pārvaldnieks

caserón *m* liela, nemīlīga māja; šķūnis (*par māju*)

caseta *f* **1.** mājiņa; **2.** būdiņa; kabīne (*pludmalē*); ~ de baños – kabīne, peldbūdiņa; ~ de guardavía – dzelzceļa uzrauga būdiņa; ~ de perro – suņa būda; ~ del puente de mando *jūrn.* – komandtelpa; ~ de derrota *jūrn.* – karšu telpa

casi *adv* gandrīz, [tik] tikko, bezmaz; tikko ne; ~ tan solo – vai vienīgi ...; gandrīz vienīgi ...; ~ que parece de ayer – it kā tas būtu vakar noticis (bijis); la ~ totalidad – gandrīz visi

casilla *f* **1.** mājiņa; būda; **2.** sargbūda, sargmājiņa; **3.** lauciņš (*šahā*); **4.** atvilktne, nodalījums (*galdā u. tml.*); ◇ salir de sus ~s – vairs nevaldīt pār sevi; sacar a uno de sus ~s – izvest kādu no pacietības

casillero *m* skapis ar atvilktnēm; kumode

casimir *m*, **casimira** *f m* kašmirs

casino *m* kazino; klubs

casis *m* **1.** upenes (*krūms*); **2.** upeņu liķieris

caso *m* **1.** gadījums; notikums; atgadījums; ~ excepcional – izņēmuma gadījums; ~ particular – īpašs gadījums; se da el ~ – gadās, mēdz gadīties; **2.** gadījums, nejaušība; **3.** *med.* kāzuss; **4.** apstāklis, iemesls; ~ fortuito – nejaušs apstāklis; neparedzēts gadījums; **5.** lieta, jautājums; el ~ es que – lieta tā, ka ...; no hacer al ~ – nepiederēt pie lietas; **6.** *jur.* [tiesas] lieta; strīda jautājums; **7.** *gram.* locījums; ◇ en ~ que (de) – ja, ja vien; par cik; ... gadījumā; no es de ~ – par to nevar būt ne runas; ser ~ negado *sar.* – būt neiespējamam; dado ~ que – pieņemot, ka ...; estar en el ~ – būt lietas kursā; hacer ~ a alguien – kādu klausīt; hacer ~ de – 1) ņemt vērā (*ko*); 2) rūpēties par (*kaut ko*), interesēties par (*kaut ko*); hacer ~ omiso de – atstāt bez ievērības (*ko*); por el mismo ~ – tā paša iemesla dēļ; en todo ~ – katrā ziņā; ¡vamos al ~! – pie lietas!; hablar al ~ – runāt par lietu; el ~ es que – lieta tā, ka ...; galvenais, lai ...

casorio *m* pārsteidzīgas laulības; nelaimīgas (neizdevušās) laulības

caspa *f* blaugznas

caspera *f* smalka ķemme

casquijo *m* **1.** oļi; rupja grants; **2.** javas grants (smiltis)

casquillo *m* **1.** (*riteņa*) bukse, ieliktnis; **2.** *tehn.* ieliktnis, iemava; **3.** [tukša] patronas čaula

casquivano *a* vieglprātīgs, vējgrābslīgs

casta *f* **1.** *biol., zool.* ģints; **2.** šķirne; suga; perro de ~ – sugas (tīrasiņu) suns; **3.** dzimte; **4.** kasta; **5.** rase; venir de ~ – būt iedzimtam; ◇ de buena ~ – no labas ģimenes; de ~ le viene al galgo – ābols nekrīt tālu no ābeles

castaña f 1. kastanis (*auglis*); 2. matu mezgls; ◇ dar la ~ a alguien – apvest ap stūri kādu

castañera f kastaņu pārdevēja

castañeta f 1. kastaņete; 2. klikšķināšana ar pirkstiem; knipju sišana

castañetear v 1. klikšķināt (spēlēt) kastaņetes; ~ los dedos – klikšķināt ar pirkstiem; 2. klabināt zobus; 3. klukstēt (*par irbi*)

castaño I a kastaņkrāsas-; II m kastaņa; ◇ pasar de ~ obscuro – nokaitināt, aizdot dusmas

castañuela f kastaņete; ◇ estar como unas ~s – būt ļoti jautram

castellanoᵃ m pils īpašnieks

castellanoᵇ I a kastīliešu-; spāņu-; spānisks-; II m 1. kastīlietis; 2. kastīliešu (spāņu) valoda

casticidad f 1. valodas tīrība (pareizība); 2. rases tīrība

casticismo m 1. piekeršanās (uzticība) vecāku tradīcijām; 2. pūrisms

castidad f šķīstība, nevainība; tiklums; ~ conyugal – laulāto uzticība

castigador m sar. siržu lauzējs; meitu mednieks

castigar v 1. sodīt; pārmācīt; 2. mērdēt (*miesu*); 3. piemeklēt; 4. izlabot, apstrādāt (*rakstu*); 5. samazināt (*izdevumus*); 6. iekarot sirdi

castigo m 1. sods (*naudas, administratīvs u. c.*); parmācīšana; ~ corporal – miesassods; 2. izlabošana, korektūra

castillejo m 1. maza pils; 2. stalažas, sastatnes; 3. ratiņi, ar kuru palīdzību bērns mācās staigāt

castillo m 1. pils; cietoksnis; nocietināta pils; 2. (*šahā*) tornis; ◇ hacer (formar, fundir) ~s en el aire – celt gaisa pilis; ~ apercebido no es sorprendido – sargā sevi, un Dievs tevi sargās

castizo a 1. tīrasinīgs; šķirnes-; 2. tīrs, pareizs (*par valodu*); 3. pirmatnējs; dabisks

casto a šķīsts, nevainīgs; tīrs, neaptraipīts

castor m 1. bebrs; 2. bebrāda; bebrādas cepure

castoreño m 1. bebrādas cepure (*pikadoram*); 2. (*am.*): aceite de ~ – rīcineļļa

castra f 1. kastrēšana; 2. (*šūnu medus*) izgriešana; 3. (*koku*) apgriešana, apcirpšana

castrar v 1. kastrēt; 2. izgriezt (*šūnu medu*); 3. apgriezt, apcirpt (*kokus*); 4. iztīrīt (*ievainojumu*)

castrense a armijas-; pulka-; militārs; médico ~ – pulka (armijas) ārsts

casual a 1. nejaušs; por un ~ – nejauši; 2. nenoteikts; nedrošs, šaubīgs; nezināms

casualidad f gadījums, notikums

casuario m kazuārs; ~ de Nueva Holanda – emu

casulla f garīdznieka [amata] tērps

cata f 1. degustācija; 2. izmēģināšana; izmēģinājums; 3. *kalnr.* (iz-

rakteņu atradņu) izlūkošana; **4.**: darse ~ de ... – pamanīt, atrast

catacaldos *m, f sar.* **1.** vējgrābslis, -e; **2.** okšķeris, -e; cilvēks, kas visur bāž savu degunu

catacumbas *f pl* katakombas

catador *m* **1.** degustators; **2.** pazinējs; izsmalcināts vērtētājs

catalán I *a* Katalonijas-; katoloniešu-; **II** *m* **1.** katalonietis; **2.** kataloniešu valoda

catalejo *m* tālskatis; binoklis

catalogar *v* kataloģizēt

catálogo *m* katalogs

catapasmo *m* sausās smaržas

cataplasma *f* **1.** *med.* sautējoša kompreses; **2.** *sar.* garlaicīgs cilvēks

¡cataplúm! *interj* brīkš!; blaukš!

catar *v* **1.** degustēt; nogaršot; **2.** lūkoties, skatīties; apskatīt, aplūkot; ¡cata! – paskat [tik]!; **3.** apdomāt, apsvērt; izzināt, pārliecināties par; **4.** (*biškopībā*) izgriezt kāres

catarata *f* **1.** ūdenskritums; **2.** *med.* katarakta, pelēkais nags; ◊ tener ~s – būt kā apmātam (*no laimes u. c.*)

catarro *m med.* katars; ~ bronquial – bronhīts; ~ epidémico – gripa, saaukstēšanās

catástrofe *f* katastrofa, nelaimes gadījums

catecismo *m bazn.* katķisms

cátedra *f* **1.** katedra; profesūra; **2.** klausītava, auditorija; **3.** mācību priekšmets; tener ~ – lasīt lekciju; **4.**: ~ sagrada *bazn.* – kancele; ◊ de ~ – no augšienes; no augšas uz leju; **5.** ~ de San Pedro – pāvesta krēsls

catedral *m* katedrāle

catedrático *m* (*štata*) profesors; pasniedzējs augstskolā; ~ de instituto – ģimnāzijas skolotājs; capacitarse como ~ – iegūt tiesības lasīt lekcijas (*augstskolā*)

categoría *f* **1.** kategorija; **2.** stāvoklis; igualidad de ~ – koordinācija; ◊ persona de ~ – augstu stāvoša persona

categórico *a* kategorisks; noteikts

catequista *m, f* reliģiskās mācības pasniedzējs, -a

caterva *f* **1.** pūlis, bars; **2.** banda

cateto[a] *m mat.* katete

cateto[b] *m* lauķis, lempis (*par pilsētā nokļuvušu laucinieku*)

catite *m* konusveida cepure

cátodo *m fiz.* katods

catolicidad *f* katolisms, katoļi, katoliskā pasaule

católico I *a* **1.** katoļu-; **2.** īsts; patiess; **3.** *sar.* vesels; normāls; ◊ no estar muy ~ *sar.* – nejusties īsti labi; **II** *m* katolis

catón *m* **1.** lasāmgrāmata iesācējiem; **2.** *sar.* stingru principu cilvēks

catorce *num* četrpadsmit

catre *m* **1.** laža, lāva, nāra; **2.**: ~ [de tijera] – saliekama gulta; ~silla – saliekamais krēsls

caucáseo *a* Kaukāza-; kaukāziešu

caucasiano I *a* Kaukāza-, kaukāziešu-; II *m* kaukāzietis

caucásico *sk.* **caucáseo**

cauce *m* 1. upes gultne; 2. urga, urdziņa; 3. grāvis; 4. kanāls; 5. *pārn.* gultne, virziens

caución *f* 1. galvojums; 2. garantija; drošība; 3. piesardzība, uzmanība

caucionar *v* 1. galvot; 2. garantēt; nodrošināt

caucho *m* kaučuks; ~ vulcanizado – cietgumija, ebonīts

caudal *m* 1. manta, mantība; kapitāls; caja de ~es – naudas skapis; 2. liels (milzīgs) daudzums; echar ~ en una cosa – iztērēt veselu bagātību (*par kaut ko*)

caudaloso *a* 1. ar ūdeni (ūdeņiem) bagāts (*par upi*); 2. mantīgs, turīgs, pārticis

caudillo *m* vadonis; barvedis; galva

causa *f* 1. iemesls; cēlonis; pamats, pamatojums; a (por) ~ de – 1) dēļ, aiz; 2) tādēļ, tāpēc; por mi ~ – manis dēļ; por qué ~ – kāpēc, kālab; 2. lieta; ~ de la paz – miera lieta; 3. *jur.* lieta, process, prāva; ~ penal – krimināllieta; vista de la ~ – tiesa, tiesas process; dar la ~ por conclusa – izbeigt lietas izskatīšanu

causador *m* ierosinātājs; vaininieks

causal I *a* cēlonisks, kauzāls; nexos ~es – cēloņsakarība; II *f* cēlonis

causante *m sk.* **causador**

causar *v* 1. būt par iemeslu (cēloni); 2. radīt (*iespaidu u. tml.*); izraisīt (*sāpes*); nodarīt (*postu*); ~ quebranto – kaitēt (*kādai lietai*)

causón *m* drudža lēkme; lieli karstumi

cáustic‖o I *a* 1. kodīgs; sosa ~a ķīm. – kodīgais nātrijs; potasa ~a – kodīgais sārms; 2. *pārn.* dzēlīgs, ass; sátira ~a – dzēlīga satīra; II *m* ķīm. kodne, kodināšanas līdzeklis

cautamente *adv.* uzmanīgi, piesardzīgi

cautela *f* 1. piesardzība, uzmanība; 2. viltīgums, šķelmīgums; con ~ – piesardzīgi; veikli

cautelar *v* (*iepriekš*) novērst; darīt uzmanīgu; **~se** *rfl* piesargāties, būt uzmanīgam

cauterizar *v* 1. iededzināt (*zīmi*); 2. *med.* piededzināt; 3. izkodināt

cautivar *v* 1. saņemt gūstā; 2. savaldzināt, valdzināt; 3. nokļūt gūstā

cautiverio *m*, **cautividad** *f* gūsts

cautive I *a* sagūstīts, gūstā saņemts; II *m* 1. gūsteknis; 2. vergs

cauto *a* piesardzīgs, uzmanīgs

cavador *m* racējs; ~ de oro – zeltracis

cavar *v* 1. [iz]rakt; uzrakt; aprakt; 2. uzkaplēt, uzrušināt, aprušināt; 3. *sar.* prātot, gudrot, lauzīt galvu

caverna *f* 1. ala; dobums; hombre de las ~s – alu cilvēks; 2. *med.* kaverna

cavernícola I *a* alas-; alu-; II *m* alu cilvēks

cavernoso *a* 1. alai līdzīgs; 2. dobjš

(*par skaņu, balsi*); **3.** *med.* ar kavernām

cavial, caviar *m* kaviārs

cavidad *f* izdobums, [ie]dobums; padziļinājums; ~ axilar *anat.* – paduse; ~ torácica – krūšu dobums

cavilación *f* prātošana, gudrošana, galvas lauzīšana

cavilar *v* (en sobre) būt nogrimušam pārdomās; prātot, gudrot, lauzīt galvu

cavilosidad *f* **1.** neobjektivitāte; aizspriedumainība; **2.** šaubas; neuzticība; aizdomas

caviloso *a* **1.** ar noslieksmi uz pārdomām, domīgs; **2.** (*slimīgi, pārspīlēti*) neuzticīgs, aizdomu pilns

cayado *m* gana spieķis (nūja); kruķis

caz (*pl* caces) *m* **1.** notekgrāvis; **2.** apūdeņošanas kanāls; **3.** *tehn.* bjefs (*upes vai kanāla daļa starp diviem dambjiem*)

caza *f* **1.** medības; medniecība; ~ mayor (menor) – lielu (sīku) dzīvnieku medības; ~ en vedado, ~ furtiva – malu medniecība; **2.** medījums; medījuma gaļa; ~ de montería – brieži, stirnas (*kā medījums*); **3.** *av.*: avión de ~ – iznīcinātājs; de ~ *av.* – iznīcinātāju-; ◊ dar ~ *jūrn.* – dzīties pakaļ; andar a la ~ de ... – neatlaidīgi censties panākt (*kaut ko*); seguir la ~ *sar.* – meklēt, iet pa pēdām

cazaclavos *m* knaibles (*naglu izraušanai*)

cazadero I *a* medību-, **II** medību vieta

cazador *m* **1.** mednieks; ~ furtivo – malu mednieks; **2.** *mil.* strēlnieks

cazadora *f* (*vīriešu*) jaka; medību svārki

cazamoscas *f* mušpapīrs

cazar *v* **1.** medīt; samedīt, nomedīt; ~ en vedado – medīt aizliegtā zonā; **2.** *pārn.* sadzīt, iegūt, sadabūt (*ar pūlēm, ar viltu*)

cazcalear *v* pārmērīgi (lieki) rosīties; skraidīt šurp un turp bez kādas jēgas

cazo *m* **1.** panna ar kātu (rokturi); **2.** smeļamais kauss

cazuela *f* **1.** kastrolis; **2.** *tehn.* tīģelis; **3.** *teātr.* galerija

cazumbre *m* pakulas

cazurro *a* mazrunīgs, vārdos skops; noslēgts

ce *f* se (*burta* c *nosaukums*); ◊ ~ por be – visos sīkumos, sīki; por ~ o por be – tik un tā; šā vai tā; ¡~! – heil, šurp! (*izsauciens, lai pievērstu sev uzmanību*)

ceba *f* **1.** barošana; (*lopu*) nobarošana; **2.** barība (*nobarošanai*); **3.** (*lopu*) apkopšana

cebada *f* mieži; ~ perlada – grūbas

cebado *a* nobarots, trekns

cebar *v* **1.** barot, uzturēt; ēdināt; **2.** uzbarot (*lopus*); **3.** uzmaukt, uzdurt (*ēsmu*); **4.** apgādāt (*ar kurināmo*); uzturēt (*uguni*); **5.** uzbērt (*pulveri*); **6.** pielādēt (*ieroci*, *akumulatoru*); **7.**: ~ una pasión – [sa]just kaislību; **~se** *rfl* **1.** rijīgi ēst; rīt; **2.** (en) ļaut vaļu dusmām; izgāzt dusmas (*uz kādu*); **3.** tīksmināties, priecāties; ~se en el estudio – pilnībā nodoties mācībām

cebellina *f* **1.** [Sibīrijas] cauna, sabulis; **2.** caunāda, sabuļāda

cebo *m* **1.** barība (*nobarošanai*); **2.** ēsmas; **3.** *pārn.* lolojums

cebolla *f* sīpols

cebollino *m* **1.** maurloki; **2.** sēklu sīpols; ◊ escardar ~s – nodarboties ar niekiem; ¡ vaya Ud. a escardar ~s! – ejiet pie visiem velniem!

cebra *f* zebra

ceca *f* naudas kaltuve; ◊ ir de ~ en Meca – iet no Poncija līdz Pilātam

cecear *v* svepstēt

cecina *f* kūpināta (žāvēta) gaļa

ceder *v* **1.** piekāpties; atteikties, atdot, nodot; ~ de su derecho – piekāpties (*kādam*) savās tiesībās; ~ al destino – pakļauties liktenim; ~ a todo – būt gatavam uz visu; **2.** atkāpties; aiziet; ~ al paso a alguien – dot kādam ceļu; palaist kādu garām; **3.** būt vājākam (mazvērtīgākam); atpalikt (*kvalitātes ziņā*); **4.** atslābt, atlaisties (*par vēju, temperatūru*); ◊ ~ la mano – 1) dot priekšroku; 2) pasēt (*kāršu spēlē*)

cediz‖**o** *a* sasmacis, iesmacis; carne ~a – sasmakusi gaļa

cédride *f* ciedru rieksts

cedro *m bot.* ciedrs; ~ de la India (del Líbano) – Libānas ciedrs; ~ de las Antillas – sarkankoks

cédula *f* **1.** zīmīte; **2.** (*papīra*) zīme, etiķete; **3.** apliecība, ~ de vecindad – uzturēšanās zīme; ~ de identidad, ~ personal – personas apliecība; ~ de aplazamiento – uzaicinājums (*ierasties tiesā u. tml.*); **4.** skrejlapa, proklamācija; **5.** parādzīme

cefalalgia *f* galvassāpes

cefálico *a* **1.** galvas-; **2.** smadzeņu-; **3.** zāles pret galvassāpēm

céfiro *m* **1.** maigs vējiņš, zefīrs; rietumu vējš; **2.** zefīrs (*audums*)

cefalitis *f* encefalīts

cegajoso *a* ar asarojošām acīm

cegar *v* **1.** kļūt aklam; zaudēt acu gaismu; **2.** padarīt aklu, laupīt redzi; **3.** apžilbināt, žilbināt (*par gaismu*); **4.** aiztaisīt ciet; aizsist; aizmūrēt; aizbāzt; ~ con tierra una zanja – aizbērt ar zemēm bedri (grāvi); **5.** *pārn.* padarīt aklu; apmāt; apstulbot

cegato *a* tuvredzīgs

ceguedad, ceguera *f* **1.** aklums; **2.** apžilbums; **3.** *sar.* apmātība

ceja *f* **1.** uzacs; **2.** izcilnis; **3.** kalna smaile; **4.** (*kub.*) taciņa gar mežmalu; ◊ arquear las ~s – taisīt lielas acis, brīnīties; fruncir las ~s – savilkt uzacis; hasta las ~s – līdz galējībai; dar entre ~ y ~ – pateikt patiesību acīs; quemarse las ~s – neatlaidīgi mācīties; tener a uno entre ~s *sar.* – šķībi skatīties uz kādu

cejar *v* atkāpties; atiet sāņus; no ~ en su próposito – neatteikties no sava nodoma

cejijunto *a* ar kopā saaugušām uzacīm; ◇ mirar ~ a uno – skatīties caur pieri uz kādu

cejudo *a* ar biezām (platām) uzacīm

celada *f* 1. paslēptuve; slēpnis; 2. *pārn.* lamatas; caer en la ~ – iekrist lamatās

celador I *a* modrs, vērīgs; II *m* uzraugs; inspektors

celar[a] *v* 1. noslēpt, slēpt; 2. slēpt, noklusēt, notušēt

celar[b] *v* 1. novērot; uzmanīt; 2. būt greizsirdīgam; 3. izrādīt lielu centību, censties

celda *f* 1. (*mūku*) celle; 2. kamera; ~ de castigo – karceris; 3. [medus] kāre

celdilla *f* 1. (*medus*) šūniņa; 2. *bot.* sēklotne

celebración *f* 1. svinības; sarīkojums; 2. (*ceremoniju*) izpildīšana; 3. uzslava; cildināšana

celebr‖ar *v* 1. svinēt; ~ actos conmemorativos – svinīgi atzīmēt; 2. noturēt (*sēdi, sapulci*); ~ consejos – apspriesties; ~ un convenio – noslēgt vienošanos; 3. izdarīt, izpildīt (*ceremoniju*); 4. dot (*interviju*); 5. slavināt, cildināt; 6.: ~ misa *bazn.* – lasīt mesu; 7. noslēgt (*darījumu*); 8.: ~ un estreno – sniegt pirmizrādi; ◇ lo ~o – tas man sagādā prieku; **-se** *rfl* 1. notikt (*par svinībām, sapulci u. tml.*); tikt svinētam; 2. lielīties

célebre *a* slavens, ievērojams; tristemente ~ – bēdīgi slavens, jautrs, asprātīgs cilvēks

celebridad *f* 1. slava; 2. slavenība; atzinība; 3. svinīgums

celedón *a* gaiši zaļš

celeridad *f* ātrums

celerímetro *m* spidometrs, ātruma mērītājs

celeste *a* 1. debesu-; bóveda ~ – debesjums; cuerpo ~ – debess ķermenis; 2. debeszils

celestial *a* 1. debesu-; dievišķīgs, pārdabisks; 2. *pārn.* debešķīgs, dievišķīgs, brīnišķīgs

celestina *f* 1. celestīniešu mūķene; 2. savedēja

celibato *m* celibāts, bezlaulība

célibe I *a* neprecējies; II *m* neprecējies vīrietis, vecpuisis

celo *m* 1. centība, [uz]cītība; 2. dedzība, iedvesma, degsme; kaislība; en ~ – dedzīgi; kaislīgi; 3. meklēšanās (*par dzīvniekiem*); riests; estar en ~ – riestot; meklēties; 4. ~s *pl* greizsirdība; dar ~s – padarīt greizsirdīgu; tener ~s de alguien – būt greizsirdīgam uz kādu

celofán *m* celofāns; papel de ~ – celofāna papīrs

celosía *f* žalūzija

celoso *a* **1.** centīgs, cītīgs, uzcītīgs; **2.** (*slimīgi, pārspīlēti*) neuzticīgs, aizdomu pilns; **3.** greizsirdīgs

celotipia *f* greizsirdība

celsitud *f* **1.** cēlums; dižums, diženums; **2.** augstība

celta I *a* ķeltu-; **II** *m* **1.** ķelts; **2.** ķeltu valoda

célula *f* **1.** *biol.* šūna; **2.** *parn.* šūniņa; ◊ ~ fotoeléctrica – fotoelements

celular *a* šūnu-; šūnains; tejido ~ *anat.* – šūnaudi; cárcel ~ – viennīcu cietums

celuloide *m* celuloīds

cellisca *f* sniegputenis, putenis

cementerio *m* kapsēta, kapi

cemento *m* cements; ~ armado – dzelzsbetons

cena *f* **1.** vakariņas; **2.** *bazn.* Svētais Vakarēdiens

cenacho *m* tirgus (produktu) grozs

cenador *m* lapene

cenagal *m* **1.** muklājs, slīkšņa; **2.** peļķe; **3.** *pārn.* netīra lieta

cenar *v* ēst vakariņas, vakariņot; cena poco, come más, duerme en alto y vivirás – brokastis ēd pats, pusdienas dali ar draugiem, vakariņas atdod ienaidniekam

cenceño *a* slaids; vājš; ◊ pan ~ – neraudzēta maize

cencerrada *f* **1.** zvārguļa (zvaniņa) skandināšana, zvanīšana; **2.** *sar.* kaķu koncerts

cencerrear *v* **1.** skandināt ar zvārguļiem (*par lopiem*); **2.** čīkstēt (*par durvīm*); klabēt; žvadzēt; **3.** strinkšķināt; klabēt, grabēt (*par mašīnas daļām*)

cencerro *m* zvārgulis (*lopiem*); ◊ a ~s tapados – slepus, neuzkrītoši, klusi

cenefa *f* **1.** apmale (*lakatiņam u. tml.*); apšuvums; **2.** frīze, josla

cenicero *m* **1.** pelnu trauks; **2.** pelnu kaste

Cenicienta *f* Pelnruškīte

ceniciento *a* pelnu pelēks; pelnu krāsas-

cenit *m* zenīts; kulminācijas punkts

ceniza *f* **1.** pelni; convertir en (hacer, reducir a) ~s – nodedzināt līdz pamatiem, pārvērst pelnos; **2.** ~s *pl* pīšļi

cenizoso *a* pelnains, ar pelniem

cenobio *m* klosteris

censar *v* veikt iedzīvotāju skaitīšanu

censatario *m* tāds, kas pakļauts nodokļu maksai; nodokļu maksātājs (*par nekustamo īpašumu*)

censo *m* **1.** cenzs; statistika; **2.** ~ demográfico – tautas skaitīšana; **3.** nomas nauda; **4.** cargar ~ – aplikt ar nodokli

censor *m* cenzors; kritiķis; recenzents; ~ de cuentas – revidents

censura *f* **1.** cenzūra; **2.** kritika; **3.** recenzija

centaura *f bot.* augstiņi; ~ azul – rudzupuķe

centella *f* **1.** dzirkstele; dzirksts; **2.** zibens; blāzma, atblāzma; ◊ ser una ~ – būt ļoti kustīgam, rosīgam

centellear *v* dzirkstīt, mirdzēt; zvīļot; spīguļot

centena *f* simts, simtnieks; ~ de millar – simts tūkstoši

centenal *m* rudzu lauks

centenar *m* simts; a ~es – simtiem, lielā daudzumā

centeno *m* rudzi

centesimal *a* simtais (*par daļu, tiesu*); simtdaļīgs

centésimo *num* simtais

centi- (*priedēkļa nozīmē*) simt ...; centígrado – simtgrādīgs

centinela *m, f* postenis; sardze; estar de ~ – stāvēt postenī; stāvēt sardzē

central I *a* centrāls; **II** *f* centrāle; galvenā pārvalde

centrical, céntrico *a* **1.** centrāls; **2.** centra-

centro *m daž. noz.* centrs; vidus; ~ de gravedad – smaguma centrs; ~ minero – kalnrūpniecības centrs; ~s cerebrales – smadzeņu centri; ◊ ~ de enseñanza – mācību iestāde; ~ de investigación – zinātniskās pētniecības centrs (institūts); hallarse en su ~ – justies savā elementā; estar uno en su ~ – justies kā zivij ūdenī

centroamericano I *a* Centrālās Amerikas-; **II** *m* Centrālās Amerikas iedzīvotājs

centuplicar *v* pavairot (palielināt) simt reižu

centuria *f* gadsimts

cénzalo *m* ods

ceñido *a* **1.** šaurs, cieši; saspiests; **2.** taupīgs; pieticīgs; ◊ ~ y corto – īsi un skaidri

ceñidor *m* **1.** josta; **2.** *med.* vēderjosta

ceñir *v* **1.** apjozt, sajozt; **2.** pievienot; **3.** ierobežot, sašaurināt (*izdevumus*)

ceñudo, ceñoso *v* drūms (arī par laiku); ar sarauktu pieri; ar drūmu skatienu

cepa *f* **1.** saknenis, zemesstumbrs; **2.** (*vīnogulāju*) zars, stīga; ~ virgen – meža (savvaļas) vīnogas; **3.** pamats, sākums; de buena ~ – labas kvalitātes; ◊ de pura ~ – īsts, pamat- ...; dzimt- ...; nesamākslots

cepillar *v* **1.** sukāt, tīrīt (*ar suku*); **2.** ēvelēt

cepillo *m* **1.** [drēbju] suka; ~ de dientes – zobu suka; **2.** ēvele; ◊ ~ para limosnas – ziedojumu vākšanas trauks

cepo *m* **1.** zars; **2.** klucis, bluķis; **3.** neaptēsts (rupjš) cilvēks; **4.** lamatas (*plēsīgiem zvēriem*); ~s quedos *sar.* – sēdi mierā!; negrozies!

cera *f* **1.** vasks; ~ de abejas – bišu

vasks; **2.**: ~ de los oídos – ausu sērs; ~ vegetal – koku sveķi

cerámica *f* keramika

cerca^a *f* žogs; iežogojums; dzīvžogs; ~ de alambre – stiepļu žogs; ~ de listones – latu žogs

cerca^b **I** *adv* **1.** tuvu; netālu; de ~ – no tuvienes, tuvumā; **2.**: ~ de – aptuveni, apmēram; son ~ de las dos – [pulkstenis] ir apmēram divi; **II** *prep*: ~ de pie – blakus; tuvumā; ~ de mi casa – pie manas mājas; seguir a uno de ~ – sekot kādam pa pēdām

cercado I *a* **1.** iežogots; **2.** *mil.* aplenkts; **II** *m* **1.** iežogots gruntsgabals; **2.** žogs; iežogojums

cercanía *f* **1.** tuvums; tuvība; **2.** ~s *pl* apkārtne, apkaime

cercano *a* tuvs; tuvu stāvošs; pariente ~ – tuvs radinieks

cercar *v* **1.** ieskaut, ieslēgt; apņemt; iežogot; ielenkt, aplenkt, apstāt; **2.** iedziļināties (*jautājumā u. tml.*); **3.** *mil.* aplenkt

cercén *adv*: a ~ – līdz saknēm, pavisam; cortar a ~ – nogriezt līdz saknēm

cercenar *v* **1.** apgriezt, nogriezt; **2.** *pārn.* sašaurināt, samazināt; ierobežot (*līdzekļus*)

cerciorarse *v rfl* pārliecināties

cerco *m* **1.** riņķis, aplis; **2.** gredzens; (*mucas*) stīpa; **3.** loga rāmis; **4.** *mil.* aplenkums, ielenkums; romper el ~ – izrauties no aplenkuma

cerda *f* **1.** astri; sari; **2.** cūka, sivēnmāte

cerdo *m* **1.** cūka; vepris; baroklis; **2.** cūkas gaļa; ~ marino – jūrascūciņa

cereales *m pl* **1.** stiebrzāle, graudzāle; **2.** labība

cerebralidad *f* intelektuālās (prāta) spējas

cerebro *m* smadzenes; prāts, saprāts

ceremonia *f* **1.** ceremonija; **2.** formalitāte; ceremonēšanās; sin ~ – bez ceremonijām (formalitātēm); nekautrējoties; ◇ por ~ – [iz]skata pēc; guardar ~ – ievērot etiķeti

céreo *a* vaska-

cerero *m* **1.** svečturis; **2.** vaska pārdevējs

cereza *f* ķirsis (*oga*)

ceriflor *f* vaskapuķe

cerilla *f* **1.** sērkociņš; **2.** vaska svecīte

cerillera *f*, **cerillero** *m* sērkociņu kastīte

cerner *v* **1.** sijāt (*caur sietu*); **2.** bīdelēt (*miltus*); **3.** smidzināt (*par lietu*)

cernido *m* **1.** bīdelēšana; **2.** bīdelēti kviešu milti

cero *m* **1.** nulle; **2.** *mat., fiz.* nullpunkts; ◇ ser un ~ [a la izquierda] – galīgi nekur nederēt, būt nullei

cerquillo *m bazn.* tonzūra

cerquita *adv* pavisam tuvu; cieši klāt

cerradero *a* aizslēdzams

cerrad∥o I *a* **1.** aizslēgts; **2.** *pārn.* noslēgts (*raksturs*); **3.** biezs (*par* *matiem, bārdu*); barba ~a – pilnbārda; **4.** ciešs, saspiests (*par rokrakstu*); ◇ cielo ~ – apmākušās debesis; noche ~a – ļoti tumša (melna) nakts; neskaidrs, tumšs; olear a ~ – ost slikti; būt sasmakušam (smagam) gaisam; ~ de mollera – stulbs, truls

cerradura *f* **1.** aizslēgšana; **2.** (*durvju*) atslēga; ~ de seguridad – drošības atslēga

cerraja *f bot.* zaķkāposti

cerrajero *m* atslēdznieks

cerrar *v* **1.** aizslēgt; noslēgt (*durvis, pieeju*); norobežot; **2.** aiztaisīt; aizvērt (*durvis, acis, grāmatu u. c.*); aizkorķēt (*pudeli*); ~ con golpe – aizsist (*durvis*); ~ la mano – sažņaugt roku dūrē; ~ el pico – turēt muti; ~ en falso – neaizslēgt līdz galam, pilnīgi; **3.** noslēgt (*līgumu u. tml.*); **4.** aiztaisīties, aizvērties; **5.** tumst, krēslot; ◇ ~ contra uno – krietni sadot kādam, uzklupt kādam; en un abrir y ~ de ojos – vienā mirklī; **~se** *rfl* **1.** aizvilkties (*par brūci*); ~ se en falso – slikti dzīt; **2.** apmākties (*par debesīm*)

cerril *a* **1.** nelīdzens, pauguraina, kalnains; **2.** mežonīgs, nepieradināts; **3.** *pārn.* neaptēsts

cerro *m* **1.** paugurs, pakalns, uzkalns; **2.** skausts (*dzīvniekam*); ◇ en ~ – bez segliem; salir por los ~s de Úbeda – 1) runāt aplamības, muldēt; 2) netrāpīt, misēties

cerrojo *m* bulta, aizbīdnis; echar el ~ – aizbultēt; correr el ~ – atbultēt

certamen *m* konkurss; sacensība; sacīkste; skate; literārs vakars

certero *a* **1.** trāpīgs (*vārds u. tml.*); pareizs; piemērots; zīmīgs; **2.** labs (*par šāvēju*)

certeza, certidumbre *f* drošība, skaidrība; noteiktība, neapšaubāmība; saber con ~ – skaidri zināt

certificación *f* **1.** apliecība; apliecinājums; atestāts; **2.** (*paraksta*) apliecināšana; (*dokumenta*) apstiprināšana

certificado I *a* **1.** apliecināts; apstiprināts; **2.** ierakstīts (*par pasta sūtījumiem*); **II** *m* **1.** apliecinājums; pierādījums; **2.** apliecība; atestāts; ~ de [buena] conducta – raksturojums; **3.** ierakstīta vēstule

cerúleo *a* **1.** debeszils; **2.** tumši zils (*par jūru*)

cerusa *f* svina baltums

cerval *a* brieža-; briežu-; ◇ miedo ~ – paniskas bailes

cervecería *f* **1.** alus darītava; **2.** alus pārdotava; alus zāle

cerveza *f* alus; ~ blanca (clara, dorada, pálida) – gaišais alus; ~ de cebada – iesala alus; barril de ~ – alus muca; jarro de ~ – alus kauss

cervical *a* spranda-; pakauša-

cerviz *f* sprands; pakausis; ◇ bajar (doblar) la ~ – liekt muguru, [pa]zemoties; levantar la ~ – celt degunu gaisā; ser de dura ~ – būt nepakļāvīgam

cesación f **1.** izbeigšana; pārtraukšana; mitēšanās; **2.** atteikšanās (*no amata*); ~ del trabajo – darba izbeigšanās; dīkstāve

cesante **I** a bez darba, bez vietas; dejar ~ – atcelt, atbrīvot (*no amata*); **II** m no darba atbrīvots (atlaists) ierēdnis

cesar v **1.** izbeigt, pārtraukt; mitēties; sin ~ – nepārtraukti; nemitīgi; **2.** aiziet (*no darba*); ~ en su cargo – atkāpties no amata

César m vēst. Cēzars (*tituls*); o César, o nada – visu vai neko

cesáre‖o a ķeizarisks; ķeizara-; operación ~a med. – ķeizargriezums

cese m **1.** atzīme (*kādā maksājumu sarakstā*) par maksāšanas izbeigšanos; **2.** aiziešana (*no darba*); atkāpšanās (*no amata*); **3.** pavēle par atlaišanu (atbrīvošanu); atlaišana; atbrīvošana (*no darba*); **4.** (*veikala, uzņēmuma*) likvidēšana; (*kādas darbības, sēdes u. tml.*) nobeigums

cesión f aiziešana (*no darba*); atkāpšanās (*no amata*); atstāšana (*kāda ziņā, rīcībā*); ~ de bienes – cesija

césped, céspede m mauriņš, maurs; zālaine

cesta f (*pīts*) grozs

cestero m grozu pinējs

cesto m liels grozs; estar hecho un ~ sar. – neturēties kājās (*par piedzērušu, miegainu cilvēku*); ◇ al lavar de los ~s haremos la cuenta – cāļus skaita rudenī

cetáceo m valis, valzivs

cetrería f medības ar piekūniem

cetrino a **1.** citrondzeltens; **2.** grūtsirdīgs

cetro m scepteris; ◇ empuñar el ~ – sagrābt varu

cía f anat. ciskas kauls

cianea f lazurīts

cianuro m ķīm. ciānūdeņražskābes (zilskābes) sālis; ~ potásico – kālija cianīds, ciānkālijs

cibera f **1.** graudi (*malšanai*); **2.** lopbarības rauši; drabiņas

cibiaca f nestuves

cíbolo m bizons

cicatear v skopoties

cicatería f skopulība, sīkstulība

cicatriz (*pl* cicatrices) f **1.** rēta; con cicatrices – rētains; **2.** sāpīgas atmiņas

cicatrización f (*brūces*) aizdzīšana, sadzīšana

cíclico m ciklisks

ciclismo m riteņbraukšanas sports

ciclista m, f riteņbraucējs, -a

ciclo m cikls; periods, laika posms

cíclope m mit. ciklops

cidra f bot. citronkoks, cedrons

cieg‖o **I** a **1.** akls; quedarse ~ – kļūt aklam; **2.** pārn. akls; apmāts; a ~as (– 1) akli; 2) uz labu laimi; intestino ~ anat. – aklā zarna; **3.** aizsērējis (*par cauruļvadiem*);

aizaudzis (*par grāvi, dīķi*); **II** *m* aklais

cielo *m* **1.** debesis, debess; ~ raso – 1) skaidras debesis; 2) griesti; pintura de ~ raso – griestu gleznojums; a ~ abierto – zem klajas debess (klajām debesīm); **2.** gaiss; klimats; ~ benigno (saludable) – maigs (veselīgs) klimats; mudar de ~ – mainīt klimatu, pārcelties uz citurieni; **3.** paradīze; svētlaimība; ◇ ~ de la boca *anat.* – aukslējas; venirse el ~ abajo – 1) gāzt kā ar spaiņiem; 2) sacelt lielu traci; coger el ~ con las manos – piķis un zēvele!; bajado (caído, venido) del ~ – paspējis laikus, kā paša Dieva sūtīts

ciempiés *m* **1.** *zool.* simtkājis; **2.** ļoti paviršs (nemākulīgs) darbs

cien *num* (*saīs.* no ciento, *lieto lietv. priekšā*) simts; simt ...; ~ veces – simtreiz; ~ mil – simt tūkstoši

ciénaga *f* **1.** peļķe; **2.** staignājs, purvs; ~ desecada junto a un río – upes saliņa

ciencia *f* **1.** zinātne; **2.** zināšanas; ◇ gaya ~ – poēzija; a ~ cierta – droši, noteikti; a ~ y paciencia – ar iecietību

cieno *m* dubļi; dūņas

científico I *a* zinātnisks; zinātnes-; **II** *m* zinātnieks

ciento I *num* simts; ◇ el tanto por ~ – daudzums procentos; ~ *por* ~ – simts procentu; el trienta por ~ – 30 procentu; **II** *m* simts; simtnieks

cierne *m* plaukums, ziedu laiks; ziedēšana; en ~ – pašā ziedā (ziedēšanā, plauksmē); estar (coger) en ~ (s) – būt vēl tikai ziedā; atrasties sākuma stadijā

cierre *m* **1.** [aiz]slēgšana; aizvēršana, aiztaisīšana; **2.** aizslēgs; ~ de cremallera – rāvējslēdzējs, ātrslēdzis; **3.** *pārn.* slēgšana; día de ~ – noslēguma diena

ciertamente *adv* patiešām, neapšaubāmi

ciert‖o *a* **1.** drošs; una noticia ~a – droša ziņa; **2.** noteikts; skaidrs; īsts, pareizs; por ~ – droši vien; droši; bez šaubām; sí por ~ – droši vien jā; no por ~ – droši vien nē; **3.** zināms, noteikts; en ~ os círculos – zināmās aprindās; ◇ de ~a edad – brieduma gados; estar en lo ~ – būt pārliecinātam, noteikti zināt; en ~a ocasión – kādreiz, reiz

ciervo *m* briedis

cierzo *m* ziemeļvējš

cifra *f* **1.** cipars; **2.** šifrs; un mensaje en ~ – šifrēts sūtījums; slepenraksts; rādītājs, rezultāts; en ~ – 1) šifrēti; 2) slepenībā; noslēpumaini; 3) īsumā; **3.** monogramma

cifrado I *a* šifrēts; **II** *m* šifrs

cifrar *v* **1.** apzīmēt ar cipariem; numurēt; **2.** rakstīt slepenrakstā, šifrēt; **3.** saņemt (savilkt) kopā; sa-

īsināt; ◇ ~ la esperanza en algo – likt uz ko cerības, rēķināties ar ko
cigarra f *zool.* cikāde
cigarrera f **1.** etvija; **2.** strādniece tabakas fabrikā
cigarrillo m cigarete; papiross
cigarro m cigārs; ~ puro – cigārs; ~ habano – Havanas cigārs; ~ de estanco – vienkāršs (lēts) cigārs; ~ de papel – cigarete; papiross
cigüeña f **1.** stārķis; ~ negra f – melnais stārķis; **2.** *tehn.* kloķvārpsta
cilindrada f **1.** *tehn.* cilindra darba tilpums; **2.** (*auto*) litrāža; automóvil de pequeña ~ – mazlitrāžas automobilis
cima f **1.** galotne; virsotne; kalngals; por ~ – 1) augšā; 2) *pārn.* pavirši; por ~ de – virs, uz; **2.** čukurs; (*jumta*) kore; **3.** gals, nobeigums; dar ~ a – [laimīgi] novest līdz galam, pabeigt; mirar por ~ – pārskriet ar acīm, pavirši ar kaut ko iepazīties
cimarrón I a (*am.*) **1.** mežonīgs, kļuvis mežonīgs (*par lopiem*); **2.** izbēdzis; bēguļojošs; ◇ mate ~ – melna mates tēja bez cukura; **II** m (*am.*) mustangs
cimasa f enzīms
címbalo m **1.** *mūz.* cimbole; **2.** zvaniņš (*piekarināms*)
cimbel m putns pievilināšanai (*medībās*); ◇ dar ~ – aplidot (*sievieti*)
cimbra f *arhit.* ribojums
cimbrar v, **cimbrarear** v vēcināt, vicināt (*ar pātagu u. tml.*)
cimbreño a lokans; vijīgs; cuerpo ~ – vijīgs augums
cimentar v **1.** likt pamatus; **2.** pamatot; motivēt
cimiento m fundaments, pamats
cimitarra f līks zobens, jatagāns
cinabrio m cinobrs
cinc m *sk.* **zinc**
cincel m kalts; greblis; šķautnis (*vara grebēju darbarīks*)
cinco I *num* pieci; de ~ clases – piecējāds; ◇ ¡vengan esos ~! – sit saujā!; **II** m **1.** piecnieks; **2.** piektais datums; **3.** (*venecuēliešu*) piecstīgu ģitāra
cincuenta I *num* piecdesmit; **II** m piecdesmitnieks
cincha f seglu josta; a revienta ~s – auļos, lēkšos
cincho m **1.** josta; **2.** dzelzs stīpa
cine m kino, kinoteātris; ~ mudo – mēmā filma; ~ sonoro – skaņu filma
cineasta m, f kinodarbinieks, -ce
cinegética f medības
cinemáfono m skaņu kino
cinemateca f filmotēka
cinematografía f kinematogrāfija
cinematurgo m scenārists, scenārija autors
cinerario a pelnu-
cinesia f ārstnieciskā vingrošana
cínico I a cinisks; nekaunīgs, bezkaunīgs; **II** m ciniķis

cinismo *m* cinisms; nekaunība
cinta *f* **1.** lente; en forma de ~ – lentveidīgs; ~ métrica – metrmēra lente; sierra de ~ – lentes zāģis; ~ transportadora *tehn.* – slīdlente, konveijers; **2.** [kino]filma; ~ en color – krāsaina filma; ~ de largo metraje – pilnmetrāžas filma; **3.** panelis; ~ aislante – izolācijas lente; ◊ estar en ~ – būt stāvoklī
cintería *f* **1.** lentu austuve; **2.** lentu tirgotava
cintillo *m* **1.** lentīte, aukliņa (*cepurei*); **2.** gredzens ar dārgakmeni
cinto *m* **1.** josta; jostiņa; **2.** jostasvieta
cintura *f* **1.** *med.* josta, bandāža; **2.** gurni; jostasvieta; ◊ meter en ~ – iegrožot, apvaldīt
cipo *m* **1.** jūdzes stabs; **2.** kapakmens
ciprés *m* ciprese
circo *m* cirks; ~ taurino – vēršu cīņu arēna
circuir *v* **1.** apriņķot; iet apkārt; apmest līkumu; **2.** apžogot, iežogot; aptvert (*ar kaut ko*); aplenkt
circuito *m* **1.** apriņķis; iecirknis; **2.** riņķošana, kustība pa apli; **3.** *auto* apkārtbrauciens, brauciens; turneja; ~ de inspección – inspekcijas brauciens; **4.** *lit.* apraksts; **5.** *el.* elektriskā ķēde; corto ~ – īssavienojums
circulación *f* **1.** cirkulācija, riņķošana; ~ de la sangre – asinsrite; de gran ~ – ļoti izplatīts, populārs (*par laikrakstu u. c.*); poner en ~ – laist apgrozībā; retirar de la ~ – izņemt no apgrozības; **2.** ielu kustība; entorpecimiento de ~ – kustības traucējums; ~ del capital – kapitāla apgrozība
circularª **I** *a* riņķveida-, apļveida-; riņķa-, apļa-; **II** *m* cirkulārs, apkārtraksts
circularᵇ *v* **1.** cirkulēt, riņķot; **2.** uzturēt satiksmi (*ar vilcienu u. tml.*); **3.** apņemt, ietvert; apstāt; **4.** izsūtīt cirkulāru
círculo *m* **1.** riņķis, aplis; loks; ~ graduado *tehn.* – graduēts aplis; ~ polar – Polārais loks; **2.** apriņķis; rajons; **3.** biedrība; pulciņš; **4.** aprindas; sabiedrība; ◊ ~ vicioso – apburtais loks
circuncisión *f rel.* apgraizīšana
circundante *a* apkārtējs; apkārtnes-; apkaimes-
circundar *v* **1.** ietvert; apņemt, ieslēgt; **2.** apšūt (*ar apmali*)
circunferencia *f* **1.** apmērs, apkārtmērs; **2.** aploce, riņķa līnija
circunlocución *f* **1.** apraksts, aprakstoša izteikšanās; **2.** aplinki (*sarunā*)
circunnavegación *f* jūras ceļojums, kruīzs, ceļojums ar kuģi apkārt pasaulei (pa ūdeni)
circunloquio *m* **1.** daudzvārdība, liekvārdība; spriedelēšana; **2.** atruna; izruna; sin ~s – bez aplinkiem
circunscribir *v* **1.** ierobežot; noro-

bežot; **2.** *mat.* apvilkt (*kvadrātam apli u. tml.*); **~se** *rfl* aprobežoties

circunscripción *f* **1.** ierobežojums; norobežojums; **2.** *mat.* apvilkšana; **3.** rajons; (*vēlētāju*) iecirknis; administratīvs apgabals

circunspección *f* piesardzība, apdomība, uzmanība; nopietnība

circunstancia *f* **1.** apstāklis; ~ atenuante – mīkstinošs apstāklis; **2. ~s** *pl* apstākļi, stāvoklis; persona de ~s – cilvēks ar stāvokli [sabiedrībā], cienījama persona; ◇ **~s personales** – biogrāfiskie dati; acomodarse a las ~s *sar.* – piemēroties apstākļiem; ~s críticas – kritiska situācija

circunstanciado *a* sīki jo sīki izstrādāts; sīks, detalizēts

circunstancial *a* **1.** atkarīgs no apstākļiem; **2.** pagaidu-, provizorisks

circunstante *a* **1.** apkārtējs; **2.** klātesošs

circunvecino *a* **1.** kaimiņu-; tuvējs; **2.** apkārtējs; apkārtnes-; apkaimes-

circunvolución *f* **1.** [ap]griešanās; apgriezens; **2.** *anat.* krokas; ~ cerebral – smadzeņu krokas

cirio *m* liela vaska svece; altāra svece; ~ pascual – Lieldienu svece

cirro *m* **1.** *bot.* stīga; vija; **2. ~s** *pl* spalvu mākonīši

ciruela *f* plūme; ~ pasa – žāvēta melnplūme; ~ jengibre – ingvers

cirugía *f* ķirurģija

cirujano *m* ķirurgs

ciscar *v* nosmulēt, notraipīt; notašķīt

cisco *m* **1.** ogļu putekļi; **2.** strīds; armar ~ – uzsākt strīdu; ◇ hacer ~ – izpostīt; sagraut; estar hecho ~ – krist no kājām aiz noguruma

cisne *m* **1.** gulbis; ~ negro – melnais gulbis; **2.** *astr.* Gulbja zvaigznājs; ◇ canto de ~ – gulbja dziesma;

cisterna *f* **1.** cisterna; **2.** apakšzemes rezervuārs

cisura *f* **1.** griezums; **2.** šaura plaisa; plīsums; iesprāgums

cita *f* **1.** (*norunāta*) satikšanās; noruna; dar una ~ – norunāt satikšanos; punto de ~ – satikšanās (sapulcēšanās) vieta; **2.** citāts; ◇ casa de ~s – atklātais (prieka) nams

citación *f* **1.** uzaicinājums (*ierasties tiesā*); **2.** citāts; citējums

citar *v* **1.** uzaicināt ierasties (*tiesā u. tml.*); estar citado – būt termiņam; **2.** citēt; minēt (*piemēru*); el primer citado – iepriekš minētais **3.** (*vēršu cīņās*) kaitināt vērsi; ~se *rfl* norunāt satikties, norunāt satikšanos

cítara *f* *mūz.* cītara

citatoria *f* **citatorio** *m* tiesas pavēste

citerior *a* šīspuses-

cítrico *a* citrona-; ácido ~ – citronskābe

ciudad *f* pilsēta; ~ marítima – ostas pilsēta; ~ vieja – vecpilsēta; la ~ eterna – mūžīgā pilsēta, Roma; la ~ santa – svētā pilsēta, Jeruzāleme

ciudadanía *f* **1.** pilsētnieki; **2.** pilsoņi; sīkpilsoņi; **3.** pilsoņa tiesības

ciudadano I *a* **1.** pilsoņa-; **2.** pilsētas-; **II** *m* **1.** pilsonis; **2.** pilsētnieks

ciudadela *f* citadele

cívico *a* **1.** pilsonisks; pilsoņa-; deber ~ – pilsoņa pienākums; **2.** patriotisks; **3.** pašu zemes-; vietējs

civil I *a* pilsoņu-, guerra ~ – pilsoņu karš; **2.** civils; derecho ~ – civiltiesības; matrimonio ~ – civillaulības; **3.** pieklājīgs; pieņemams: **4.**: guardia ~ – (*spāņu*) žandarmērija; registro ~ – dzimtsarakstu birojs

civismo *m* patriotisms

civilización *f* civilizācija; ~ griega (romana) – grieķu (romiešu) civilizācija

civilizar *v* civilizēt; izglītot; apgaismot

clac *m* saliekams cilindrs (*cepure*)

clamar *v* kliegt, brēkt; vaimanāt; saukt palīgā; ~ (por) – neatlaidīgi prasīt (*pēc kā*)

clamor *m* **1.** kliegšana, bļaušana, bļaustīšanās; brēka, klaigas; **2.** vaimanas, gaudas; **3.** kapu zvans (*mirušo izvadot*); ◇ ~ popular – tautas balss

clamorear *v* **1.** vaimanāt; gausties; žēli (žēlabaini) lūgties; **2.** zvanīt kapa zvanu

clandestino *a* **1.** slepens, paslepens; neatļauts; **2.** *pol.* pagrīdes-

clara *f* **1.** klaja vieta; gaiša vieta; **2.** noskaidrošanās, mākoņu izklīšana; **3.** [olas] baltums

claramente *adv* skaidri, saprotami

clarear *v* **1.** aust, svīst (*par gaismu*); **2.** noskaidroties, kļūt gaišam (*par debesīm*); **3.** kļūt retam (plānam) (*par audumu u. tml.*); ~**se** *rfl* **1.** kļūt caurspīdīgam; **2.** *sar.* atklāt savus nodomus, atmaskot sevi

claridad, clareza *f* **1.** gaišums; spilgtums; dzidrums; **2.** gaisma; spīdums; mirdzums; **3.** caurredzamība; **4.** *pārn.* skaidrība; con ~ – skaidri; **5.** ~es *pl* skarba patiesība

clarificar *v* **1.** tīrīt, notīrīt; **2.** *ķīm.* dzidrināt, attīrīt (*cukuru u. tml.*)

clarín *m* **1.** *mūz.* trompete; [signāl]taure; rags; **2.** raga pūtējs; taurētājs; **3.** smalks audekls

clarinete *m mūz.* klarnete, klarnetists

clarión *m glezn.* **1.** krīts, krīta gabaliņš (*arī rakstīšanai*); **2.** gaisma starp tumšiem mākoņiem

clar‖o I *a* **1.** gaišs; **2.** dzidrs; tīrs; skaidrs; cielo ~ – skaidras debesis; **3.** rets (*par matiem*); vājš, nestiprs (*par dzērieniem*); **4.** skaidrs, saprotams; **5.** gaišs, bāls (*par krāsu*); azul ~ – gaiši zils; a las ~as – neslēpti, atklāti; poner en ~ – noskaidrot; izskaidrot; ◇ de ~ en ~ – no rīta līdz vakaram; **II** *m* **1.** gaišums, spilgtums; **2.** logs; lūka; iluminators; **3.** klaja vieta (*mežā*); **4.** izlaidums, tukša vieta (*tekstā*)

claroscuro *m glezn.* gaismēna

clase *f* **1.** veids, šķirne; suga; de todas ~s – dažadžāds, visāds; de las dos ~s – abējādi; de muchas ~s – dažāds, daudzējāds; **2.** šķira; kārta; klase; kategorija; ~ media – iedzīvotāju vidējie slāņi; sīkburžuāzija; ~s pasivas – pensionāri; **3.** klase; auditorija; **4.** mācību priekšmets; ~ de gramática – gramatikas stunda; mācības; nozare; ~ matinal – priekšpusdienas [mācības] stunda; ~ particular – privātstunda; dar ~ – pasniegt stundas, mācīt

clásico I *a* **1.** klasisks; antīks; **2.** priekšzīmīgs; **II** *m* klasiķis

clasificar *v* klasificēt, sistematizēt

claudicar *v* **1.** *arī pārn.* klibot; **2.** rīkoties divkosīgi; **3.** noslēgt kompromisu

claustral *a* klostera-, klosteru-

claustro *m* **1.** krusta eja (aile) (*klosteros*); **2.** mūku kārta; **3.**: ~ [de profesores] – 1) [profesoru] koleģija; 2) pasniedzēju sastāvs, pasniedzēju kolektīvs; ◇ ~ materno – mātes klēpis

cláusula *f* **1.** *daž. noz.* klauzula; **2.** *jur.* pants, punkts; ~ penal – līgumsods

clausular *v* pabeigt (*runu*)

clausura *f* **1.** *rel.* klauzūra, mūka solījums; **2.** klostera dzīve; **3.** (*sapulces, sesijas*) stēgšana

clausurar *v* slēgt (*sapulci, sesiju u. tml.*)

clava *f* vāle; milna

clavado *a* **1.** labi pieguļošs (*par apģērbu*); como ~ – 1) kā uzliets (*par apģērbu*); 2) kā pienaglots; **2.** punktuāls, precīzs; ◇ dejar a uno ~ – atstāt kādu ar vaļēju muti

clavar *v* **1.** iesist naglu; pienaglot; piesist (*ar naglu*); **2.** piestiprināt; **3.** sadurstīt, sabakstīt; **4.** ielikt ietvarā (*dārgakmeņus*); **5.** *sar.* apmānīt, piekrāpt; ◇ ~ los ojos – cieši uzlūkot, [ie]urbties ar acīm; ~se *rfl* **1.** iespiesties, iesprauktdies; **2.** sadurties; **3.** kļūdīties, maldīties

clave I *m* **1.** *mūz.* atslēga; ~ de fa ~ basa atslēga; **2.** (*šifra*) atslēga, kods; **3.** *pārn.* atslēga, atrisinājums; **II** *a* galvenais, pamata-; echar la ~ – pabeigt kaut ko, pielikt punktu

clavel *m* neļķe

clavícula *f anat.* atslēgas kauls

clavija *f* **1.** spraude; kniede; koka nagliņa; **2.** *tehn.* bulta, bultskrūve; tapa, pulka; ~ de contacto *el.* ~ kontaktdakša

clavo *m* **1.** nagla; ~ de herradura – pakavu nagla; ~ de rosa ~ skrūve; **2.**: ~ aromático – krustnagliņa (*garšviela*); **3.** *med.* (*augoņa*) serde; **4.** *sar.* smeldzošas sāpes; bēdas; ◇ dar en el ~ – trāpīt naglai uz galvas; remarchar el ~ – skriet ar galvu (pieri) sienā; arrimar el ~

a uno – piekrāpt, apvest ap stūri; como un ~ *sar.* – patiešām, pilnīgi noteikti

clemencia *f* žēlastība; labvēlība; laipnība

clemente *a* žēlīgs; labvēlīgs; laipns

clerical I *a* garīgs, garīdznieku-; klerikāls; **II** *m* klerikālis

clericato *m* garīdznieku kārta

clerigalla *f* garīdzniecība

clérigo *m* garīdznieks; (*katoļu*) mācītājs; mācīts cilvēks, sholasts (*viduslaikos*)

clero *m* garīdzniecība

clientela *f* 1. klientūra; 2. pastāvīgi apmeklētāji (pircēji)

clima *f* 1. klimats; ~ de altura – kalnu klimats; 2. klimatiskā josla

climatización *f* gaisa kondicionēšana

climatizador *m* kondicionieris, ierīce gaisa kondicionēšanai

clisar *v poligr.* noņemt klišeju

clisé *m* 1. *poligr.* klišeja; 2. fotonegatīvs

clocar *v*, **cloquear** *v* kladzināt, klukstēt

cloro *m ķīm.* hlors

clorosis *med.* hloroze, bāluma kaite

club (*pl* clubes, clubs) *m* klubs

clubista *m, f* kluba biedrs, -e

clueca *f* klukste, perētāja vista

coacción *f* 1. spaidi; vardarbība; 2. piespiešana

coactivo *a* spaidu-; piespiedu-; uzspiests; vardarbīgs

coacusado *m jur.* līdzatbildētājs

coadyuvar *v* [pie]palīdzēt; atbalstīt

coagular *v ķīm.* sarecināt; sabiezināt

cóagulo *m* receklis; sarecējums

coalicionista *m, f* koalīcijas loceklis, -e

coartación *f* ierobežošana; ierobežojums

coartada *f jur.* alibi; probar la ~ – pierādīt savu alibi

coautor *m* 1. līdzautors; līdzstrādnieks; 2. *jur.* līdzdalībnieks, līdzvainīgais (*noziegumā*)

cobarde 1 *a* 1. gļēvs, gļēvulīgs; bailīgs; 2. neģēlīgs, nekrietns; **II** *m* gļēvulis, zaķapastala

cobertera *f* 1. vāks; 2. *sar.* savedēja

cobertizo *m* nojume; ~ para aeronaves *av.* – angārs

cobertor *m* gultas sega

cobija *f* 1. dakstiņi, kārniņi; 2. (*am.*) gultas drēbes

cobijamiento *m* patvērums

cobrable, **cobradero** *a* ievācams, piedzenams, iekasējams (*par nodokli*)

cobrador *m* 1. (*nodokļu*) iekasētājs, ievācējs; inkasents; 2. (*tramvaju, autobusu*) kasieris, konduktors

cobrar *v* 1. iekasēt, ievākt (*nodokli*); saņemt (*naudu*); dabūt; atdabūt; ◊ ~ afición – iemīlēt; iemīļot; ~ á nimo – saņemt dūšu, sadūšoties; ~ la salud – atgūt veselību; uzkrāt spēkus; ~ miedo – nobīties; ~ fama (crédito) – iegūt slavu (uzticību)

cobre *m* **1.** varš; grabado en ~ – vara grebums; ~ amarillo – misiņš; ~ verde – malahīts; **2.** vara nauda; ◇ batirse el ~ – rīkoties enerģiski

coca[a] *f bot.* koka (*krūms un lapas, no kā iegūst kokaīnu*)

coca[b] *f* **1.** *sar.* galva, pauris; **2.** *sar.* belziens pa pakausi

coccinélidos *m* mārītes, dievgosniņas

coccíneo *a* purpurkrāsas-

cocción *f* **1.** ēdienu gatavošana; vārīšana, cepšana; **2.** [no]vārījums

cocear *v* **1.** spert, spārdīties (*par zirgu*); **2.** būt spītīgam (iecirtīgam); iecirsties

cocer *v* **1.** vārīt; sutināt, sautēt; cept; ~ demasiado – savārīt; a medio ~ – pusvārīts; puscepts; **2.** darīt, brūvēt (*alu*); **3.** mērcēt (*linus, kaņepes*); **4.** [ap]dedzināt (*ķieģeļus, keramikas izstrādājumus*); **5.** vārīties; **6.** rūgt (*par vīnu*)

cocido **I** *a* vārīts, izvārīts; **II** *m* kosīdo (*spāņu nacionālais ēdiens no gaļas un dārzeņiem*)

cociente *m mat.* **1.** dalījums; **2.** koeficients

cocimiento *m* **1.** [no]vārīšana; **2.** novārījums; **3.** *ķīm.* ekstrakts; uzlējums

cocina *f* **1.** virtuve; ~ rodada de campaña – lauka virtuve; batería de ~ – virtuves piederumi; **2.** plīts; ~ de gás – gāzes plīts; ~ económica – taupības plītiņa; **3.** kulinārija; kulinārijas māksla

cocinar *v* **1.** gatavot (*ēdienu*); **2.** *sar.* jaukties cita darīšanās

coco[a] *m* **1.** kokosrieksts, kokoss; **2.** kokosrieksta čaumala

coco[b] *m* bubulis; biedēklis; ķēms; hacerle a uno el ~ – baidīt kādu ar bubuli; parecer un ~ – izskatīties pēc ķēma; ◇ hacer ~s – 1) koķetēt; 2) vaibstīties, taisīt grimases

cocodrilo *m* krokodils; lágrimas de ~ – krokodila asaras

cocotero *m* kokospalma

cochambre *m sar.* cūcība; netīrumi; smirdoņa

coche *m* **1.** kariete; ekipāža; rati; ~ de repartir – preču [piegādājamie] rati; ~ de dos caballos – divjūgs; ~ fúnebre – līķu rati; **2.** vagons; ~ salón – salonvagons; ~ cama – guļamvagons; ~ correo – pasta vagons; **3.** auto; ~ de línea – reisa autobuss; ◇ ir en el ~ de San Fernando – iet kājām

cocher||o **I** *a*: puerta ~a – vārti, iebrauktuve; **II** *m* kučieris; ~de punto, ~ Simón – ormanis, važonis

cochevira *f* cūku tauki

cochina *f* cūka, sivēnmāte

cochinada, cochinería *f sar.* cūcība; rupjība, neķītrība

cochinillo *m* sivēns (*zīdāms*)

cochino **I** *a* **1.** cūkas-; **2.** *sar.* cūcīgs; netīrs; **II** *m* cūka, vepris

cochiquera *f*, **cochitril** *m* cūkkūts

codal **I** *a* **1.** kā elkonis; elkonim līdzīgs; **2.** saliekts; **II** *m* **1.** (*vīn-*

ogulāju) dzinums, vasa; **2.** *arhit.* spraislis, šķērsis

codear *v* grūst ar elkoni; **~se** *rfl* izturēties kā līdzīgam pret līdzīgu

codelincuente *m, f* nozieguma līdzdalībnieks, -ce

códice *m* sens rokraksts; [pergamenta] kodekss

codicia *f* **1.** alkatība; mantrausība, mantkārība; **2.** kārtība; miesaskāre; **3.** alkas, karsta vēlēšanās; ~ de saber – alkas pēc zināšanām

codiciable *a* vēlams; tīkams; iekārojams

codiciar *v* **1.** tīkot; iekārot, kārot; **2.** alkt, kaislīgi vēlēties

codicioso *a* **1.** mantkārīgs, mantrausīgs; alkatīgs; **2.** kārīgs; **3.** alkstošs

código *m* **1.** *jur.* kodekss, likumu krājums; ~ civil – civilkodekss; ~ penal – kriminālkodekss; ~ fundamental – pamatlikums, konstitūcija; **2.** uzvedības normas; **3.** kods; ~ de señales *jūrn.* – signālu kods; ~ de circulación – satiksmes noteikumi

codo *m* **1.** elkonis; **2.** izliekums; leņķis; **3.** *tehn.* leņķgabals; ◊ empinar el ~ – uzdzīvot, plītēt; hablar por los ~s – balamutēt

codorniz (*pl* codornices) *m* paipala

coeficiencia *f* savstarpēja iedarbība; mijiedarbība

coercer *v* **1.** [pie]spiest; **2.** pakļaut; **3.** pievaldīt, apvaldīt

coerción *f* piespiešana; spaidi

coetáneo I *a* **1.** tā paša laika-; vienlaicīgs; **2.** šolaiku-, mūsdienu-; tālaika-; **II** *m* laikabiedrs

coexistencia *f* koeksistence, līdzāspastāvēšana; ~ pacifica – mierīga līdzāspastāvēšana

cofa *f* *jūrn.* masta kurvis

cofia *f* **1.** matu tīkliņš; **2.** aube; **3.** *mil.* bruņucepures odere

cofradía *f* **1.** brālība (*mūku savienība*); **2.** korporācijas biedrs; **3.** *vēst.* cunfte; **3.** korporācija, biedrība

cofre *f* **1.** [pūra] lāde; **2.** koferis, čemodāns; **3.**: ~ fuerte – ugunsdrošs skapis

cogedor *m* (*ogļu u. tml.*) liekšķere

coger *v* **1.** satvert, sagrābt, saķert; **2.** ievākt, salasīt (*augļus u. tml.*); **3.** plūkt (*puķes*); **4.** ieņemt (*vietu*); **5.** saturēt, ietilpt; **6.** pārsteigt, pieķert (*noziegumā u. c.*); **7.** pārsteigt, panākt, uznākt; me cogió la noche en el camino – ceļā mani pārsteidza nakts; **8.**: ~ un constipado – saķert iesnas; ~ frío – saaukstēties; ~ miedo – nobīties; ~ un piso – noīrēt dzīvokli; ~ corriendo – panākt, iedzīt (*kādu*); ◊ aquí te cojo, aquí te mato – kalt dzelzi, kamēr (tā vēl) karsta

cogida *f* **1.** (*augļu*) novākšana; **2.** uzķeršana (uzduršana) uz ragiem (*par vērsi – vēršu cīņās*); ievainojums no vērša ragiem

cogido *m* (*piem.*, *priekškara*) ieloce, kroka

cogitabundo *a* domīgs, domās nogrimis; dziļdomīgs

cognado *m* radinieks no mātes puses

cognición *f* atziņa, izpratne (*filozofijā, psiholoģijā*)

cognomento *m* pievārds; iesauka

cogollo *m* 1. (*kāpostu, salātu*) serde; 2. atvase, dzinums

cogote *m* skausts; sprands; kumbrs; ◇ ser tieso de ~ – būt lepnam

cogulla *f* mūka virstērps

cohabitar *v* 1. piegulēt; 2. dzīvot kopā, sadzīvot; 3. piekopt laulības dzīvi

cohechador *m* kukuļu devējs, [pie]kukuļotājs

cohecharᵃ *v* piekukuļot, uzpirkt

cohecharᵇ *v* art, uzart

coheredero *m* līdzmantinieks

coherencia *f* 1. saites; saistīgums; 2. *fiz.* kohēzija

cohesión *f* 1. *fiz.* kohēzija; 2. *pārn.* saliedētība

cohete *m* 1. raķete; ~ de señales – signālraķete; ~ orbital – orbitālā raķete; ~ estratosférico – kosmiskā raķete

cohetero *m* pirotehniķis

cohibición *f*, **cohibimiento** *m* 1. ierobežošana; kavēšana, bremzēšana; 2. iebiedēšana

cohibido *a* ierobežots, nebrīvs; encontrarse ~ – justies neērti (nebrīvi)

cohombro *m* gurķis; ◇ quien hizo el ~ que lo lleve al hombro – kādu putru ievārījis, tāda jāizstrēbj; ~ de mar – jūras gurķis

cohonestar *v sar.* izskaistināt, izpušķot; notušēt, slēpt trūkumus

coimaᵃ *f* 1. mīļākā, piegulētāja; 2. prostitūta

coimaᵇ *f* 1. spēļu likme (*azartspēlēs*); 2. (*am.*) kukulis (*naudā*)

coincidencia 1. sagadīšanās; sakrišana; 2. vienlaicība, vienlaicīgums

coincidir *v* 1. saskanēt, sakrist; sagadīties; 2. atbilst; notikt vienlaicīgi (ar kaut ko)

coito *m* kopošanās, pārošanās; piegulēšana

cojear *v* 1. klibot; 2. ļodzīties (*piem., par krēsla kāju*); ◇ saber de qué pie cojea alguien – zināt kāda vājās vietas

cojera *f* klibums; klibošana

cojín *m* [dīvāna] spilvens; ~ de aire – gaisa spilvens

cojinete 1. (*adatu*) spilventiņš; 2. *tehn.* gultnis; ~ de bolas – lodīšu gultnis; ~ de rodillos – rullīšu gultnis

cojo I *a* 1. klibs; 2. ļodzīgs (*par mēbelēm*); II *m* klibais

col *f* kāposti; ~ fermentada – skābie kāposti; ~ marina – jūras kāposti

colaᵃ *f* līme; ~ de pescado – zivju līme, sindetikons; ~ de carpinteros – galdnieku līme

colaᵇ *f* 1. aste; lidmašīnas astes daļa; 2. šlepe, velce (*kleitai*); 2. *mil.*

arjergards; ◇ hacer ~ – stāvēt rindā (astē); a la ~ – beigās, rindas galā; traer ~ – būt sekām; apearse por la ~ – aizcirst garām, kļūdīties; misēties; ser arrimado a (de, hacia) la ~ – vilkties astē; tener (traer) ~ *sar.* – būt ar smagām sekām

colaboración *f* līdzdarbība; piedalīšanās, līdzdalība; sadarbība, sadarbošanās; ~ estrecha – cieša sadarbība

colaborar *v* sadarboties; strādāt kopā; darboties līdzi; publicēties presē

colacionar *v* **1.** izskatīt, skatīt cauri; salīdzināt (*tekstus u. tml.*); **2.** piešķirt (*doktora grādu u. tml.*)

cole||ar *v* vēdināt (vēcināt) ar asti; **2.** pavilkt atpakaļ vērsi aiz astes (*vēršu cīņās*); ◇ todavía ~a – tam vēl ir laiks, tas nav tik steidzami; vivito y ~ando – stiprs un veselīgs

coladera *f* kāstuve; sietiņš

coladero *m* **1.** *sk.* **coladera**; **2.** šaurs ceļš (šaura taka) kalnos; šaura eja

colado *a* atliets, izliets (*par metālu*); hierro ~ – čuguns; aire ~ – caurvējš

colador *m* **1.** veļas katls; **2.** kāstuve; sietiņš; caurlaižamais; ~de té – tējas sietiņš

coladora *f* **1.** veļas mazgātāja; **2.** veļas mazgājamā mašīna

colapso *m* **1.** kolapss; **2.** kritums, depresija (*ekonomikā*)

coladura *f* **1.** [iz]kāšana; [iz]filtrēšana; **2.** nokāsts (izfiltrēts) šķidrums; **3.** *sar.* pārskatīšanās; kļūdīšanās; kļūda

colar *v* **1.** [iz]kāst; [iz]filtrēt; **2.** *tehn.* liet, atliet (*metālu*); **3.** *sar.* iesmērēt, iegrūst (*piem.*, *sliktu preci*); **4.** *sar.* izsprauktiescies, iziet (*pa šauru eju*); **~se** *rfl* ielavīties, iezagties

colateral *a* sānu-; sānisks; línea ~ – sānlīnija, blakus līnija (*radniecībā*)

colcha *f* gultas sega; uzsedzams pēlis, virspēlis; vatēta sega

colchón *m* matracis; pēlis; ~ de muelles – atsperu matracis; ~ de tela metálica – stiepļu tīkla matracis; ~ de viento – piepūšamais matracis

colchoneta *f* mīksts sēdeklis; polsteris

colección *f* kolekcija; ~ de sellos – pastmarku kolekcija

coleccionar *v* kolekcionēt, krāt, vākt

coleccionista *m, f* kolekcionārs, -e, krājējs, -a

colectar *v* **1.** vākt ziedojumu; **2.** ievākt nodokļus

colectivamente *adv* **1.** kopā [ņemot]; visumā; **2.** kopīgi; kopā; kolektīvi

colectividad *f* **1.** kolektīvs; en ~ – kolektīvi

colectiv||o *a* kopējs, kopīgs; kolektīvs; hacienda ~a – kolektīva saimniecība, kopsaimniecība; nombre ~ *gram.* – sugas vārds

colegial I *a* **1.** koledžas-; skolas-; **2.** koleģiāls; **3.** *bazn.*: iglesia ~ – doma baznīca, doms; **II** *m* stipendiāts; skolnieks

colegiata *f* katedrāle, doms

colegiatura *f* stipendija

colegio *m* **1.** koledža; skola; ~ militar – karaskola; kadetu skola; ~ de internos – internāts; ~ de primera enseñanza – pamatskola; ir al ~ – iet skolā, apmeklēt skolu; **2.** koleģija; ~ de médicos (de abogados) – ārstu (advokātu) koleģija (arī korporācija); ◇ ~ electoral – 1) kūrija; 2) vēlētāju iecirknis; **3.** ~ mayor – universitātes kopmītne

colegir *v* secināt

coleóptero *m* **1.** *zool.* cietspārnis; **2.** helikopters

coleta *f* **1.** bize, matu pīne; bizīte (*toreadoram*); **2.** matu cekuls (*pakausī*); **3.** piezīme, papildinājums

coleto *m* ādas jaka; ◇ decir para su ~ – teikt (domāt) pie sevis; echarse al ~ – iemest (iedzert) glāzīti

colgadero I *a* piekarams, piekarināms; pakarināms; uzkarināms; **II** *m* sienas āķis, pakaramais

colgadizo I *a* piekaru-; piekārts; **II** *m* nojume; pajume

colgado *a* pievilts (savās cerībās), vīlies; dejar ~ a uno *sar.* – piešmaukt kādu, atstāt muļķa lomā

colgadura *f* **1.** sienas drapējums, sienas tepiķi; ~ de cama – gultas aizkars; **2.** ~s *pl* aizkari

colgante I *a*: puente ~ – piekārtais tilts; ferrocarril ~ – piekaru ceļš; **II** *m* **1.** vītne, vija; **2.** breloks, kareklis; **3.** *arhit.* modelēta (gleznota) vītne

colgar *v* **1.** [uz]kārt, piekārt; apkārt; nokārt; **2.** apdāvināt (*dzimšanas dienā*); **3.** karāties; ~ de – nokarāties, nokārties (*no kā*); ~ con inclinación – pārsvērties; **4.** būt atkarībā (*no kā*); ◇ ~ a uno una cosa – uzvelt kādam vainu

cólica *f*, **cólico** *m med.* kolikas, graizes; cólico miserere – zarnu samešanās

colicuar *v* **1.** kausēt, izkausēt; **2.** kust, izkust

coliflor *m* ziedu kāposti, puķu kāposti

coligarse *v rfl* sabiedroties; noslēgt savienību

colilla *f* [cigāra] gals, nosmēķēts (*cigāra*) galiņš

colina *f* paugurs; pakalns; uzkalns

colinabo *m bot.* kolrābis

colindante *a* robežu-; robežojošs

colindar *v* robežot[ies], saiet robežās; saskarties (*par robežām*)

colisión *f* **1.** *arī pārn.* sadursme; **2.** kolīzija; ~ de intereses – interešu sadursme, entrar en ~ – sadurties

colitigante *m, f jur.* līdzprasītājs, -a

colmar *v* **1.** piepildīt līdz malām; **2.** piekraut; nokraut; **3.** *pārn.* apkraut (*piem.*, *ar darbu*); **4.** *pārn.* apbērt (*ar pārmetumiem*; *ar dāvanām u. tml.*); **5.** pilnībā apmierināt (*kāda vēlēšanos*); ◇ ~ el vaso de la paciencia – izvest no pacietības

colmena *f* **1.** [bišu] strops; **2.** *sar.* cilindrs (*cepure*)

colmenar *m* [bišu] drava

colmillo *m* acuzobs; ilknis; ◇ escupir por el ~ *sar.* – lielīties ar savu spēku (varu); tener el ~ retorcido – neļaut apvest sevi ap stūri

colmo I *a* pārpildīts; pārpilns; **II** *m* **1.** pārpilnība; **2.** *pārn.* kalngali; augstākā pakāpe; **3.** (*vēlēšanu*) piepildījums; ◇ con ~ – ar kaudzi; ar uzviju; papilnam; ¡es el ~! – tas jau ir pāri par mēru!, tā ir nekaunība!

colocación *f* **1.** uzstādīšana; nostādīšana; novietošana; izvietošana; likšana; ievietošana; ~ de la primera piedra – pamatakmens likšana (*ēkai u. tml.*); **2.** novietojums, izvietojums; atrašanās vieta; **3.** iekārtošana darbā; **4.** (*kapitāla*) noguldīšana, noguldījums

colocar *v* **1.** uzstādīt; nostādīt; novietot; izvietot; [no]likt; uzlikt; ievietot; **2.** pierīkot, piestiprināt; **3.** apgādāt [darba] vietu, iekārtot darbā; **4.** ieguldīt (*naudu pasākumā u. tml.*); ~**se** *rfl* atrast darbu; iekārtoties darbā

colodrillo *m* pakausis

colofón *m* **1.** *poligr.* pasīte, dati par iespiedumu (*grāmatas beigās*); **2.** (*lugas*, *runas*) noslēgums; decir como ~ – noslēgumā teikt ...

coloide *m* *ķīm.* koloīds

colombiano I *a* Kolumbijas-; kolumbiešu-; **II** *m* kolumbietis

colon[a] *m* *anat.* loka zarna

colon[b] *m* *gram.* kols

Colonia *f* Ķelne; agua de ~ – Ķelnes ūdens, odekolons

colonia *f* **1.** kolonija; ~ penitenciaría – noziedznieku kolonija; **2.** ~s *pl* kolonijas, koloniālās zemes

colono *m* **1.** ieceļotājs; kolonists; **2.** nomnieks, rentnieks

coloquio *m* **1.** saruna; pārrunas; **2.** kolokvijs

color *m* **1.** krāsa; de ~ – krāsains; ~ de aguada – ūdenskrāsas; ~ al óleo – eļļas krāsas; ~ primitivo – pamatkrāsa; ~es chillones – košas (kliedzošas) krāsas; mudar de ~ – mainīties (*pārvērsties*) sejā (*nosarkt*, *nobālēt*); **2.** kolorīts, raksturs; ~ local – vietējais kolorīts; **3.** iegansts; aizbildināšanās; so ~ – ar ieganstu ... ◇ ~es nacionales – nacionālais karogs; ver de ~ de rosa *sar.* – redzēt rožainās krāsās; subido de ~ – pikants (*par anekdoti u. tml.*)

colorado *a* **1.** krāsains; **2.** spilgti (gaiši) sarkans; ponerse ~ – [aiz kauna] nosarkt; **3.** *sar.* nepieklājīgs, piedauzīgs

colorante *m ķīm.* krāsviela
colorar *v* krāsot
colorear *v* **1.** *arī pārn.* izpušķot; [iz]skaistināt; **2.** nosarkt; **3.** kļūt sārtam (*par augļiem*)
colorido *m* kolorīts; riqueza de ~ – krāsu bagātība
coloso *m* koloss
columbino *a* baložu-; balodim līdzīgs
columbrar *v* **1.** pamanīt, ieraudzīt tālumā; (*ar pūlēm*) saskatīt; **2.** nojēgt, nojaust, noskārst
columna *f* **1.** kolonna; stabs; **2.** sleja; aile, rubrika (*laikrakstā u. tml.*); **3.** *mil.* kolonna; ~ automóvil – autokolonna; ◇ ~ vertebral – mugurkaulājs; **4.** grēda; ~ de ladrillos – ķieģeļu grēda; **5.** ~ sonora, fonogramma
columpiarse *v rfl* **1.** šūpoties; **2.** staigāt gāzelēdamies; gorīties
columpio *m* šūpoles
collado *m* paugurs, pakalns
collar *m* **1.** kaklarota; **2.** kakla siksna (*sunim*); **3.** ordeņa lente (*ap kaklu*)
collera *f* sakas; važas
collón **I** *a sar.* gļēvs, gļēvulīgs; **II** *m sar.* gļēvulis, memmes dēliņš
comadre *f* **1.** bērnu saņēmēja, vecmāte; **2.** kūma
comadrear *v* tenkot
comadreja *f zool.* zebiekste
comadrería *f* tenkas, pļāpas
comadrón *m* akušieris
comandancia *f* **1.** *mil.* komandantūra; **2.** *mil.* komandantūrai pakļauts rajons; garnizons; ~ general – kara apgabals (*Spānijā*)
comandante *m mil.* **1.** komandants; garnizona priekšnieks; **2.** majors; **3.** komandieris; ~ de batallón – bataljona komandieris; ~ en jefe – virspavēlnieks; ~ de escuadra – admirālis
comandar *v* komandēt; dot pavēles
comanditar *v* kreditēt, finansēt, ieguldīt kapitālu (*bez saistībām*)
comarca *f* **1.** komarka (*administratīva iedalījuma vienība Spānijā*); **2.** rajons; apvidus; novads
comarcano *a* apkārtnes-, apkaimes-; blakus esošs; kaimiņu-
comba *f* **1.** līkums; izliekums; **2.** lecamaukla; jugar al ~ – lēkt ar lecamauklu
combate *m* cīņa; kauja; ~ aéreo – gaisa kauja; ~ naval – jūras kauja; ~ singular – divkauja; divcīņa; ~ cuerpo a cuerpo – tuvcīņa; poner fuera de ~ – izvest no ierindas; ~de pasiones – kaislību cīņa
combatiente *m* cīnītājs; karotājs, kaujinieks; ~ de la paz – miera cīnītājs
combatir *v* cīnīties; adquirir combatiendo – izcīnīt, iekarot; ~ por la justicia – cīnīties par taisnību; ~ al enemigo – uzbrukt ienaidniekam
combativo *a* cīņas-; kaujas-; kaujinieciskis; ánimo ~ – cīņas gars
combinación *f* **1.** *daž. noz.* kombinācija; ~ de colores – krāsu

kombinācija; **2.** savienojums; ~ química – ķīmisks savienojums; ◊ estropearle a uno la ~ – izjaukt kādam plānus

combinado *m* kombināts; ražošanas apvienība

combinador *m* **1.** kombinators, kombinētājs; **2.** *tehn.* kontrolieris

combo I *a* līks, saliekts; **II** *m* mucu statīvs (*vīna pagrabā*)

combustible I *a* **1.** dedzināms; **2.** viegli aizdedzināms, ugunsnedrošs; **II** *m* degviela; kurināmais [materiāls]; ~ de motores – motoru degviela; añadir ~ – pielikt kurināmo

combustión *f* degšana, sadegšana; ~ espontánea – pašaizdegšanās

comedero I *a* ēdams; **II** *m* **1.** ēdamistaba; **2.** barības galds; sile (*lopiem*); barības trauciņš (*putniem*)

comedia *f* komēdija; ~ de enredo – mīlestības komēdija, intrigu spēle; ~ de costumbres – sadzīves komēdija; hacer ~ – spēlēt komēdiju *arī pārn.*; luga, dramatisks sacerējums

comedido *a* **1.** pieklājīgs, uzmanīgs; **2.** vienkāršs, pieticīgs; **3.** mērens (*par cenu u. tml.*)

comedimiento *m* **1.** pieklājība, uzmanība; **2.** vienkāršība, pieticība; **3.** mērenība

comedirse *v rfl* **1.** apvaldīties, savaldīties; ieturēt mēru (*ēšanā u. tml.*); atturēties; **2.** gatavoties, taisīties, grasīties

comedor I *a* rijīgs, nesātīgs; ēdelīgs; **II** *m* **1.** nesātis; rīma; **2.** ēdamistaba, ēdamzāle; jefe de ~ – vecākais viesmīlis

comensal *m, f* galda biedrs, -e; līdzēdājs, -a

comentar *v* **1.** komentēt; **2.** apspriest; kritizēt

comentario *m* **1.** komentārs; izskaidrošana, iztulkošana; **2.** ~s *pl* piezīmes; **3.** ~s *pl* vēstures grāmata; ◊ dar lugar a ~s – dot vielu runām (pļāpām)

comento *m* izskaidrojums; izskaidrošana; paskaidrojums

comenzar *v* **1.** [ie]sākt; uzsākt; **2.** sākties, iesākties

comer *v* **1.** ēst; apēst; baroties; ser de buen ~ – 1) būt labam ēdājam; 2) būt garšīgam; **2.** pusdienot; **3.** pārtikt; tener que ~ – būt savai iztikai; **4.** *pārn.* aprīt; iznīcināt; **5.** saēst, izēst (*caurumu u. tml.*); ◊ con su pan se lo coma – tā ir viņa [personiskā] darīšana; perder el ~ – zaudēt apetīti; tener que ~ – būt nodrošinātam

comerciable *a* **1.** ejošs (*par preci*); **2.** laipns, pieklājīgs; sabiedrisks (*cilvēks*)

comerciante *m* veikalnieks; komersants; tirgotājs; ~ al por mayor – lieltirgotājs

comerciar *v* **1.** tirgoties; **2.** kaulēties; **3.**: ~ con ... – uzturēt attiecības ar ..., saieties ar ...

comestible I *a* ēdams; baudāms; II *m* ~s *pl* pārtika, pārtikas krājumi; ~s finos – delikateses; tienda de ~s – pārtikas veikals

cometa *f* 1. *astr.* komēta; 2. (*papīra*) pūķis

cometer *v* 1. uzdot (*kaut ko izpildīt*), uzticēt (*kādu darbu*); 2. izdarīt, pastrādāt (*kaut ko sliktu*)

cometido *m* uzdevums; pienākums

comezón *m* 1. nieze; kņudēšana; 2. *sar.* iekāre; dziņa, tieksme; 3. neapmierinātība, nemiers

comicastro *m* slikts aktieris (komiķis)

comida *f* 1. ēdiens; ~ casera – vienkāršs ēdiens, mājas ēdiens; 2. pusdienas; hacer la ~ – gatavot ēdienu

comidilla *f* 1. baumas, valodas, tenkas; 2. baumu (valodu) galvenais temats; 3. mīļākā (iemīļotā) nodarbošanās; jājamais zirdziņš

comienzo *m* sākums; iesākums

comilón I *a* rijīgs, badīgs; II *m* rīma, badakāsis

comillas *f pl gram.* pēdiņas; poner entre ~ – [ie]likt pēdiņās

cominero I *a* sīkumains; II *m* sīkumains cilvēks, sīkmanis; espíritu ~ – sīkmanība

comino *m* ķimenes; ◇ no valer un ~ – nebūt ne plika graša vērtam; no me importa un ~ – man par to nospļauties

comisaría *f*, **comisariato** *m* 1. komisariāts; 2. policijas iecirknis

comisión *f* 1. uzdevums; pasūtījums; buque de ~ *jūrn.* – speciāla uzdevuma kuģis; 2. komisija; komiteja; ~ de encuesta – izmeklēšanas komisija; ~ de vigilancia, ~ de inspección – kontroles komisija; vender en ~ *ek.* – pārdot komisijā; ~ de servicio – dienesta komandējums; cumplir la ~ – izpildīt uzdevumu

comisionar *v* uzdot (*kaut ko izdarīt*), uzticēt (*kādu darbu*)

comiso *m* apķīlāšana; konfiskācija

comistrajo *m sar., niev.* žurga, susla; slikts ēdiens

comité *m* komiteja; ~ local – vietējā komiteja; Comité Olímpico Internacional – Starptautiskā olimpiskā komiteja

comitente *m* 1. pasūtītājs; 2. *jur.* pilnvarotājs

comitiva *f* 1. svīta; pavadoņi; 2. gājiens, procesija; ~ fúnebre – bēru gājiens

como I *adv* kā; tāpat kā; tādā veidā; ~ quien dice – kā saka; tā sakot; II *conj* 1. kā; tāpat kā; it kā; así ~ – tāpat kā; ~ quiera que sea – lai kā arī būtu; ~ si; ~ que – it kā; 2. ja; 3. tādēļ ka; tā kā

cómo *adv interj* kā?; kādā veidā?; ¿~? – ko?; kas?; ¿ ~ pues?, ¿ ~ qué? – kā tā?; ¿ ~ que no? – kādēļ tad ne?; ¿ a ~ es el pan? – cik maksā maize?; ¿ ~ está Vd.? – kā Jums klājas?; ¡ ~ llueve! – kā līst!

cómoda *f* kumode
comodidad *f* **1.** ērtība; mājīgums; **2.** turība, pārticība; **3.** ~es *pl* komforts
cómodo *a* **1.** ērts; parocīgs; viegls; **2.** komfortabls; estar ~ – iekārtoties ērti; estoy ~ – man ir ērti
compadecer *v* nožēlot (*kādu*); just līdzi (*kādam*); **~se** *rfl* **1.** satikt, sadzīvot; **2.**: ~se de ... just līdzi (*kam*)
comoquiera *adv* jebkādā veidā, *conj.* tā kā, jo
compadre *m* **1.** kūms; **2.** draugs; **3.** kaimiņš
compaginar *v* **1.** *poligr.* aplauzt; **2.** numurēt lappuses; **3.** saderēt kopā (*pēc rakstura, gaumes u. tml.*)
companaje *m* aukstie uzgriežamie (*parasti no siera vai sīpoliem*)
compañero *m* **1.** biedrs; ~ de trabajo – darbabiedrs; ~ de viaje – ceļabiedrs; **2.** pavadonis; laika kavētājs; **3.** dalībnieks, kompanjons; **4.** (*amatnieka*) palīgs; zellis; ◊ ~ de fatigas – bēdubrālis
compañía *f* **1.** kompānija, sabiedrība; ~ anónima – akciju sabiedrība; ~ de seguros – apdrošināšanas sabiedrība; **2.** pavadonība, pavadība; dama de ~ – kompanjone, laika kavētāja; **3.** *teātr.* trupa; ~ de la legua – ceļojošo aktieru trupa; **4.** *mil.* rota; ◊ Compañía de Jesús – jezuītu ordenis; en amor y ~ – draudzībā un saticībā

compañón *m anat.* sēklinieks
comparable *a* salīdzināms
comparación *f* salīdzinājums; en ~ – salīdzinājumā ar ...; en ~ con ... – turpretī, turpretim
comparativo **I** *a* salīdzinošs; salīdzināms; precios ~s – salīdzināmās cenas; **II** *m gram.* komparatīvs, salīdzināmā pakāpe
comparecer *v* ierasties; parādīties; nodot sevi (*kādas iestādes*) rīcībā
comparendo *m* [tiesas] pavēste
comparsa **I** *f* **1.** *teātr.* statisti; pūlis; svīta; pavadoņi; **2.** masku grupa (*maskarādē*); **II** *m teātr.* statists
compartimiento *m* **1.** nodalījums; **2.** (*vagona*) kupeja; **3.** *mil.* sektors
compartir *v* **1.** sadalīt [līdzīgi]; iedalīt; **2.** (con) dalīties (*ar kādu – priekos, bēdās, domās*)
compás *m* **1.** cirkulis; ~ de vara – bīdmērs; estuche de compases – rasetne; **2.** *mūz.* takts; llevar el ~ – sist takti; a ~ – taktī, ritmiski; **3.** kompass; ◊ salirse del ~ – jaukt kārtību; perder el ~ – zaudēt savaldīšanos; rīkoties neapdomīgi; ~ de espera – atelpa; īsa atpūta
compasado *a* **I.** vienmērīgs, ritmisks; **2.** nosvērts; apvaldīts; atturīgs, rezervēts
compasar *v* **1.** izmērīt ar cirkuli; **2.** precīzi nomērīt; **3.** *mūz.* sadalīt taktī
compasión *f* līdzcietība, līdzjūtība; žēlsirdība; tener ~ – saprast, just

līdzi; sin ~ – nežēlīgi, nesaudzīgi; dar ~ – radīt līdzjūtību; ◊ ¡por ~! – Dieva dēļ!

compatible *a* **1.** savienojams; apvienojams; **2.** saticīgs

compatriota *m, f* novadnieks, -ce; tautietis, -e

compatrono, compatrón *m* līdzīpašnieks

compeler *v* piespiest, likt (*kaut ko darīt*)

compendio *m* **1.** izraksts; izvilkums; konspekts; en ~ – īsumā; **2.** rokasgrāmata

compenetración *f* iejūtība; izjūta; dziļa izpratne

compensar *v* **1.** kompensēt; atlīdzināt; **2.** *tehn.* izlīdzināt, līdzsvarot

competenciaᵃ *f* **1.** sacensība; konkurss; sacīkste; ~ de armamentos – bruņošanās sacensība; **2.** *ek.* konkurence

competenciaᵇ *f* **1.** piekritība; **2.** kompetence; **3.** pilnvara; tiesības; **4.** pienākumi

competente **I** *a* **1.** pietiekošs, pietiekams; atbilstošs, piemērots; edad ~ – piemērots (atbilstošs) vecums; **2.** kompetents; spējīgs spriest; **3.** piekritīgs; **II** *m* eksperts, speciālists

competer *v* pienākties, nākties; piekrist

competidor *m* konkurents; sāncensis

competir *v* būt par sāncensi; konkurēt; sacensties

compinche *m sar.* biedrs, kompanjons (*parasti negatīvā nozīmē*)

complacer *v* **1.** izdarīt pa prātam, iztapt, izdabāt; **2.** parādīt laipnību, izdarīt pakalpojumu; **3.** apmierināt; ~se *rfl* priecāties; ~se en ... – priecāties par ...; rast patiku (*kur*); darīt (*kaut ko*) ar patiku

complacido *a* apmierināts; priecīgs, līksms

complaciente *a* laipns, pretimnākošs; uzmanīgs

complejo **I** *a* **1.** salikts; **2.** sarežģīts, komplicēts; **3.**: número ~ *mat.* – nosaukts skaitlis; **II** *m* kopums; komplekss; ~ de inferioridad – nepilnvērtības komplekss

complementar *v* papildināt; **2.** pilnveidot

complemento *m* **1.** papildināšana; papildinājums; **2.** pilnveidojums; pilnība; **3.** *gram.* papildinātājs

completamente *adv* pilnībā, pilnīgi

completivo *a* **1.** papildu-; papildinošs; **2.** *gram.* papildinātāja-

completo **I** *a* **1.** pilnīgs (*miers u. tml.*); un ~ fracaso – pilnīga izgāšanās; **2.** pilns; pabeigts; **3.** aizņemts, pilns (*vagons u. tml.*); ◊ por ~ – pilnīgi, pavisam, gluži; **II** *m* komplektējums; komplekts

complexión *f* ķermeņa [uz]būve, komplekcija

complicar *v* **1.** komplicēt; sarežģīt;

2. *pārn.* iejaukt, iemaisīt; estar complicado – būt iejauktam (*kādā lietā*)

complice *m*, *f* līdzdalībnieks, -ce; līdzzinātājs, -a

complicidad *f* līdzvainīgums; līdzdalība

complot (*pl* complots) *m* sazvērestība; atentāts

componedor 1. sastādītājs; **2.** sacerētājs; **3.**: [amigable] ~ – šķīrējtiesnesis; starpnieks; arbitrs

componente *m* sastāvdaļa; komponents

componer *v* **1.** salikt kopā (*daļas*); sastādīt; **2.** savest kārtībā; salabot; **3.** salabināt, samierināt; **4.** sacerēt; sarakstīt; **5.** *mūz.* komponēt; **~se** *rfl* **1.** uzposties, sakārtoties; **2.** sastāvēt (*no kā*); ◇ componérselas – pašam tikt galā; zināt, kā izlīdzēties

comportable *a* ciešams, panesams, izturams

comportamiento *m* uzvešanās, izturēšanās; uzvedība

comportar *v* paciest, panest, izturēt; **~se** *rfl* uzvesties; izturēties

composición *f* **1.** salikšana [kopā], sastādīšana; **2.** *daž. noz.* kompozīcija; sastāvs-; ~ química – ķīmiskais sastāvs; **3.** domraksts, sacerējums; klases darbs; **4.** *jur.* (*strīdīga jautājuma*) nokārtošana; **5.** *poligr.* salikums; ~ fotográfica – fotomontāža; apunte de ~ – skice (*rasēšanā, zīmēšanā*); ◇ hacer su ~ de lugar – apsvērt visus apstākļus

compra *f* pirkšana; pirkums; ir de ~s – iet iepirkties; ~ al contado – pirkums skaidrā naudā

comprar *v* **1.** pirkt; ~ a plazos – pirkt uz nomaksu; **2.** uzpirkt, dot kukuli

comprender *v* **1.** saprast; aptvert; como puede ~se – saprotami, saprotamā veidā; ¡comprendido! – skaidrs!; **2.** saturēt, ietvert

compraventa *f* **1.** mārketings; plan de ~ – mārketinga plāns; estrategia de la ~ – mārketinga stratēģija; **2.** pirkšanas–pārdošanas darījums

comprensible *a* saprotams; aptverams

comprensión *f* **1.** uztveres (saprašanas) spēja; **2.** saprašana; izpratne; de difícil ~ – grūti saprotams

comprensivo *a* **1.** saprotošs; saprātīgs; **2.** ietverošs [sevī]

compresible *a* saspiežams [kopā]

compresión *f* **1.** saspiešana; saplacināšana; [sa]presēšana; **2.** *tehn.* spiede

comprimir *v* **1.** saspiest [kopā]; saplacināt; [sa]presēt; **2.** *pārn.* apspiest; apvaldīt (*asaras*); pārvarēt; noklusēt

comprobación *f* **1.** (*paraksta*) apliecināšana; (*dokumenta*) apstiprināšana; apliecinājums; apstiprinājums; **2.** pārbaudīšana; pārliecināšanās; kontrole; konstatēšana; **3.** (*rēķinu*) salīdzināšana

comprobante I *a* pārliecinošs; **II** *m* lietisks pierādījums; pierādījums (*citāta vai dokumenta veidā*)

comprometedor *a* kompromitējošs, saistošs

comprometerse *v rfl* **1.** parādīt savas vājās puses (vārīgās vietas); kompromitēties; **2.** (a) uzņemties (*kaut ko*); piedāvāties (*ko izdarīt u. tml.*); **3.** (*am.*) saderināties

compromisario *m* **1.** starpnieks, vidutājs; **2.** šķīrējtiesnesis; **3.** delegāts

compromiso *m* **1.** vienošanās (*par lietas nodošanu arbitrāžā*); **2.** saistības, solījums; contraer un ~ – uzņemties atbildību; **3.** vienošanās, kompromiss

compuerta *f* **1.** pusdurvis; vārtiņi; durtiņas (*pie veikala letes*); **2.** slūžu vārti

compuest∥o I *part no* **componer**; **II** *a* **1.** salikts; palabra ~a *gram.* – saliktenis; **2.** nosvērts; apdomīgs; solīds; **3.** labi (kārtīgi) apģērbies; **4.** *mat.* neīsts (*daļskaitlis*); **III** *m* **1.** savienojums; sajaukums; ~ químico – ķīmisks savienojums; ~ detergente – sintētisks mazgāšanas līdzeklis; **2.** *lauks.* komposts; **3.** ~s *pl bot.* kurvjzieži

compulsa *f jur.* apstiprināts noraksts

compulsión *f jur.* spaidu līdzekļi, piespiešana

compunción *f* **1.** *pārn.* trieciens, pārdzīvojums; **2.** (*grēku u. tml.*) nožēla

compungido *a* **1.** satriekts, sagrauzts; **2.** nožēlas pilns

compungirse *v rfl* **1.** *pārn.* būt satriektam (sagrauztam); **2.** dziļi nožēlot; just sirdsapziņas pārmetumus

computador *m*, **computadora** *f* kompjūters

computar *v* izrēķināt; aprēķināt; skaitļot

computista *m, f* programmētājs; -a

comulgar *v* **1.** *rel.* pieņemt pie Dievgalda (*kādu*); (*katoļiem*) pasniegt Komūniju; **2.** *rel.* iet pie Dievgalda, baudīt Svēto Vakarēdienu; (*katoļiem*) baudīt Komūniju; **3.** *pārn.* pievienoties (*kam*); ◇ ~ con ruedas de molino – būt lētticīgam

común I *a* **1.** kopējs, kopīgs; **2.** vispārīgs; vispārējs; **3.** parasts; bieži sastopams; precio ~ – parasta cena; poco ~ – neparasts; **4.**: delito ~ *jur.* – kriminālnoziegums; nombre ~ *gram.* – sugas vārds; ◇ por lo ~ – parasti, vispār; **II** *m* **1.**: ~ [de las gentes] – vairums; **2.** ateja; ◇ en ~ – kopīgi, kopā; kolektīvi

comunicable *a* **1.** [pa]ziņojams; **2.** savienojams; **3.** sabiedrisks; runīgs

comunicación *f* **1.** paziņojums; **2.** savienošana; saistīšana; **3.** *daž. noz.*

satiksme, sakari; (*vilcienu*) kustība; medios de ~ – sakaru līdzekļi; vías de ~ – satiksmes ceļi, komunikācija

comunicado *m* oficiāls paziņojums, komunikē

comunicar *v* **1.** [pa]ziņot, darīt zināmu; informēt; **2.** savienot; **3.** (*con*) – uzturēt satiksmi (*ar ko*)

comunidad *f* **1.** kopība; kopa; **2.** asociācija; apvienība; korporācija

comunión *f* **1.** *rel.* Komūnija, Svētais Vakarēdiens; **2.** ticības kopiena; **3.** politiska partija

con *prep* **1.** (*apzīmē darbības pavadoni*) ar; paseo ~ mi padre – es pastaigājos ar savu tēvu; **2.** (*norāda uz pazīmi, īpašību*); una casa ~ balcones – māja ar balkoniem; **3.** (*apzīmē attiecības starp ko*): España limita ~ Francia – Spānija robežojas ar Franciju; **4.** (*norāda uz darbības, rīcības veidu*): hablar ~ respeto – runāt ar cieņu; **5.** (*lieto, norādot uz notikuma, rīcības laiku*): ~ salir ~ el amanecer – doties ceļā rītausmā; **6.** (*lieto pieļāvuma nozīmē*): neraugoties uz; lai gan; ~ toda su ciencia – neraugoties uz visām viņa zināšanām; ~ todo [eso] – tomēr, neraugoties uz to; **7.** (*apzīmē rīku*) ar; cortar el papel ~ las tijeras – griezt papīru ar šķērēm; **8.** (*ar darbības vārdu infinitīvā*) var aizstāt nelokāmo divdabi: ~ sólo defenderse no se obtiene la victoria – tikai aizsargājoties vien, nevar uzvarēt

conato *m* **1.** mēģinājums; nodoms; **2.** piepūle, piespiešanās, pūles

concadenar *v* **1.** saķēdēt; **2.** *pārn.* sasaistīt

concausa *f* viens no iemesliem, blakus iemesls

cóncavo *a* ieliekts; iedobts

concebible *a* aptverams, saprotams, skaidrs, pieļaujams

concebir *v* **1.** aptvert, apjēgt; izprast, saprast; **2.** rasties (*piem., par aizdomām*); sajust-; ~ antipatía hacia uno – izjust nepatiku pret kādu; ~ esperanzas – cerēt; **3.** kļūt grūtai, ieņemt

conceder *v* **1.** piešķirt, ~ crédito – piešķirt kredītu; atvēlēt; dot (*vārdu*); **2.** atzīt (*par labu*); pieļaut

concejal *m* pilsētas pašvaldības loceklis, domnieks

concento *m* **1.** daudzbalsīga kora dziesma; **2.** koris

concentrado I *a* **1.** koncentrēts; sasprindzināts; **II** *m* koncentrāts

concentrar *v dažn. noz.* koncentrēt

concepción *f* **1.** uztveres (saprašanas) spēja; **2.** koncepcija; priekšstats; uzskats; ~es sociales – sabiedrības uzskati, sabiedriskā doma; ~ del mundo – pasaules uzskats; **3.** apaugļošanās

conceptear *v* censties būt asprātīgam, runāt asprātības

concepto *m* **1.** jēdziens, koncepcija;

2. ideja, doma; un ~ equivocado – maldīgs (kļūdains) priekšstats; **3.** domas; uzskats; spriedums; formar ~ de ... – spriest par ..., izteikt savas domas par ...; ◇ por todos ~s – visādā ziņā

conceptuar *v* **1.** izveidot [savus] uzskatus (*par ko*); **2.** atzīt, uzskatīt (*par*)

concernir *v* attiekties, zīmēties (*uz kaut ko*)

concertar *v* **1.** nokārtot (*kādu strīdīgu jautājumu*); **2.** norunāt (*kaut ko*); vienoties (*par kaut ko*); ~ amisticio – noslēgt pamieru; **3.** saskaņot (*ko*); ~ en género y número – saskaņot dzimtē un skaitlī; **4.** *mūz.* noskaņot, uzskaņot

concertista *m, f* koncertētājs, -a; koncertmeistars, -e

conciencia *f* **1.** sirdsapziņa; en ~ – pēc [labākās] sirdsapziņas; caso de ~ – sirdsapziņas lieta; acusar la ~ – just sirdsapziņas pārmetumus; **2.** apziņa; a ~ – apzinīgi; ~ libertad de ~ – apziņas brīvība; descargar la ~ – nomierināt savu sirdsapziņu

concierto *m* **1.** koncerts; **2.** saskaņa; vienošanās; de ~ – vienbalsīgi; vienprātīgi; **3.** kārtība; **4.** *mūz.* saskaņa, harmonija

conciliable *a* **1.** saskaņojams; **2.** samierināms

conciliábulo *m* slepena sanāksme

conciliación *f* **1.** samierināšanās; salabšana, izlīgšana; **2.** vienošanās; saskaņa: **3.** (*strīdīgu jautājumu*) nokārtošana, izšķiršana

conciliar[a] **I** *a bazn.* koncila-; **II** *m* **1.** koncila (sapulces) loceklis; **2.** kongresa loceklis

conciliar[b] *v* **1.** samierināt, salabināt; **2.** saskaņot; **3.** nomierināties, atgūt mieru; ◇ ~ el sueño – iemigt; **~se** *rfl* **1.** samierināties, salabt; izlīgt; **2.** *pārn.* iemantot, izpelnīties (*cieņu u. tml.*)

conciso *a* **1.** cietš, saspiests; **2.** koncentrēts, īss; lakonisks

concitar *v* [uz]kūdīt, [sa]musināt

conciudadano *m* līdzpilsonis; tautietis

conclu‖ir *v* **1.** pabeigt, nobeigt; ~ diciendo – teikt noslēgumā; **2.** izdarīt slēdzienu, secināt; **3.** noslēgt (*līgumu*); **4.** beigties

conclusión *f* **1.** noslēgums; nobeigums; pabeigšana, nobeigšana; en ~ – beidzot, galu galā; **2.** slēdziens, secinājums; llegar a la ~ – nonākt pie secinājuma, secināt; sentarse en la ~ – pastāvēt pie sava

concluyente *a* **1.** noslēguma-, nobeiguma-; gala-, galīgs; **2.** pārliecinošs; neapstrīdams, neapgāžams (*pierādījums*)

concomerse *v rfl* [pa]raustīt plecus

concomitancia *f* **1.** sadarbība; sadarbošanās; **2.** koeksistence, līdzāspastāvēšana; por ~ – pavadībā; kopā, nedalāmi

concordar *v* **1.** saskaņot; koordinēt;

2. *mūz.* noskaņot; **3.** saskanēt, atbilst; ~ con el original – atbilst oriģinālam (*par norakstu u. tml.*); **4.** vienoties; norunāt

concordia *f* **1.** vienprātība, saskaņa; saderība, saticība; vivir en ~ – dzīvot saticībā; **2.** *jur.* izlīgums

concreción *f* **1.** saaugšana [kopā]; **2.** *med.* saaugums; (*sāļu*) nogulsnēšanās; **3.** sacietējums; **4.** (*ģeol.*) konkrēcija

concreto I *a* **1.** konkrēts; en ~ – 1) runājot konkrēti; 2) vārdu sakot ...; **2.** *ķīm.* ciets; **3.**: número ~ *mat.* – nosaukts skaitlis; **II** *m* (*am.*) dzelzsbetons

concúbito *m* dzimumakts

conculcar *v arī pārn.* mīdīt ar kājām

concuñado *m* svaiņa brālis

concupiscente *a* **1.** baudkārs; **2.** alkatīgs

concurrencia *f*, **concurso** *m* **1.** (*ļaužu*) pieplūdums; **2.** apstākļu sagadīšanās, sakrišana; **3.** palīdzība; aizstāvis; **4.** apmeklētāji, publika; **5.** (*am.*) konkurence; sacensība

concurrido *a* labi apmeklēts, iecienīts (*par vietu, sarīkojumu u. tml.*); ļaužu pilns

concurrir *v* **1.** sanākt kopā, salasīties; saplūst; **2.** (a) piedalīties (*kur*); 2) apmeklēt (*ko*); 3) konkurēt; **3.** (en) sakrist, sagadīties; **4.** (a+*inf*) veicināt, atbalstīt; **5.** (con) būt vienis prātis (*ar ko*); saskanēt, sakrist (*ar ko*)

concursarᵃ *v jur.* izziņot par maksātnespējīgu

concursarᵇ *v* piedalīties konkursā

concusión *f* **1.** satricinājums; **2.** *jur.* izspiešana, šantāža

concha *f* **1.** gliemežnīca, gliemežvāks; gliemene; ~ de perla – pērlene; **2.** (*neliels*) jūras līcis (*pusapļa veidā*); **3.** auss gliemežnīca; ◊ tiene muchas ~s – viņam ir kaut kas aiz ādas

conchabarse *v rfl* sazvērēties (*pret kādu*)

condal *a* grāfa-, grāfu-; ◊ la ciudad ~ – Barselona

conde *m* grāfs

condecorar *v* apbalvot ar ordeni

condena *f* **1.** *jur.* spriedums; ~ condicional – spriedums ar nosacītu soda atlaišanu; **2.** soda mērs; sods; levantar a uno la ~ – amnestēt

condenable *a* **1.** peļams, nosodāms; **2.** sodāms; acciones ~s – sodāmas darbības

condenado I *a* **1.** sodīts; notiesāts; **2.** *bazn.* nolādēts, notiesāts; **3.** *sar.* nekrietns, neģēlīgs; **II** *m* **1.** notiesātais; **2.** *bazn.* nolādētais, nosodītais; pazudinātais

condenar *v* **1.** *jur.* notiesāt, piespriest sodu; sodīt; ~ en costas – piespriest samaksāt tiesas izdevumus; **2.** nosodīt, pelt; paļāt; **3.** *bazn.* nolādēt; **4.** aizmūrēt (*piem., durvis*); aizsprostot (*ar mēbelēm*)

condensador *m* **1.** *tehn.* kondensators; ~ de fuerzas – akumulators; **2.** ledusskapis

condensar *v* **1.** *fiz.* kondensēt; sabiezināt; **2.** sablīvēt (*piem., irdenu masu*); **3.** atdzesēt (*gaisu u. tml.*); **4.** rezumēt (*piem., kāda raksta saturu*)

condesa *f* grāfiene

condescendencia *f* **1.** augstprātīga laipnība (labvēlība); vižēlīgums; **2.** iecietība, iecietīgums; laipnība; pretimnākšana

condescender *v* **1.** (a) žēlīgi piekrist; būt ar mieru; **2.** (con) piekāpties, padoties (*kādam*); **3.** (en+*inf*) piekrist (*kaut ko darīt*)

condescendiente *a* **1.** augstprātīgi laipns (labvēlīgs); **2.** piekāpīgs; padevīgs; mostrarse ~ con ... – padoties (*kam*), samierināties (*ar ko*)

condición *f* **1.** noteikums, nosacījums; ~ necesaria – nepieciešams nosacījums; ~ suficiente – pietiekošs nosacījums; poner en condiciones una cosa – savest kārtībā (*kaut ko*); a ~ – ar noteikumu (nosacījumu); con la ~ de que ... – ar noteikumu, ka ...; fijar ~es – izvirzīt noteikumus; **2.** stāvoklis; apstākļi; ~ del terreno – apvidus apstākļi (stāvoklis); ~ social – sociālais stāvoklis; **3.** stāvoklis, rangs, kategorija; ◊ ser de malas ~es – būt saīgušam; enfermo de ~ – simulants; estar en ~es de ... – būt iespējai, varēt (*kaut ko darīt*)

condicional I *a* kondicionāls, nosacīts; **II** *m gram.* kondicionālis

condigno *a* atbilstošs; piemērots (*piem., sods*)

condimento *m* garšviela; virces

condolencia *f* līdzjūtība

condolerse *v rfl* (de) just līdzi (*kam*); izteikt līdzjūtību

condominio *m jur.* līdzīpašums, kondomināts

condonar *v* piedot; atlaist (*sodu, soda termiņu; maksājumu*)

conducción *f* **1.** aizgādāšana, nogādāšana (*noteiktā vietā*); [pār]vešana; transports; **2.** (*satiksmes līdzekļa*) vadīšana; **3.** (*iestādes u. tml.*) vadība; **4.** (*nomas*) noteikumi; **5.**: ~ de aguas – ūdensvads; **6.** *tehn.* instalācija

conducir *v* **1.** aizgādāt, aizvest, nogādāt (*noteiktā vietā*); [pār]vest; **2.** vadīt (*satiksmes līdzekli, kādu iestādi u. tml.*); **3.** vienoties (*par nosacījumiem, cenu utt.*); **4.** *fiz.* vadīt (*siltumu u. tml.*); **5.** *tehn.* [ie]vilkt (*elektrību*); ◊ eso no conduce a nada – no tā nekas neiznāks; ~**se** *rfl* uzvesties, izturēties

conducta *f* uzvešanās, uzvedība, izturēšanās

conductibilidad *f fiz.* vadītspēja; ~térmica – siltuma vadīšana, siltuma vadāmība; ~ eléctrica – elektrības vadītspēja

conductivo *a fiz.* tāds, kas vada (*siltumu, elektrību*)

conducto *m* **1.** kanāls; caurtece; ~ director – pievadītājs; ~ exterior lagrimal *anat.* – asaru kanāls; **2.** [cauruļu] vads; ~ de vapor – tvaika vads; ◊ por ~ de – ar (*kaut kā*) palīdzību

condueño *m* līdzīpašnieks

condumio *m sar.* barība, ēdamais

conectar *v tehn.* ieslēgt (*radio, elektrību*); ~ con ... – savienot ar ...; ~ a (con) [la] tierra (radio) – iezemēt

conejear *v* slēpties, baidīties

conejera *f* **1.** trušu miga; **2.** blēžu slēptuve (midzenis); **3.** zaņķis; **4.** šaura, gara ala

conejero *m* trušu audzētājs

conejillo *m zool.*: ~ de Indias – jūrascūciņa; ◊ ser ~ de Indias – būt par izmēģinājuma trusīti

conejo *m* trusis

conexión *f* **1.** sakars, sakarība; **2.** ~es *pl* (*interešu*) kopība; **3.** *tehn.* ieslēgšana; savienojums; ~ a (con) tierra (radio) – iezemējums; **4.** *pl* sakari, pazīšanās

conexo *a* vienots, saistīts; savienots

confabulación *f* **1.** slepens plāns (nodoms); sazvērestība; **2.** konfidenciālas pārrunas

confección *f* **1.** (*apģērbu*) izgatavošana, pagatavošana; **2.** gatavi apģērbi

confector *m* gladiators

confederación *f* **1.** savienība, konfederācija; **2.** federatīva valsts, federācija

conferencia *f* **1.** apspriede; sarunas; konference; ~ de prensa – preses konference; celebrar una ~ – noturēt konferenci; **2.** lekcija, priekšlasījums; referāts; dar una ~ – lasīt referātu; ◊ ~ telefónica – tālsaruna

conferenciar *v* apspriesties, vest sarunas; ~ con alguien – izrunāties, apspriesties, pārrunāt ar kādu

conferir *v* **1.** dot padomu; konsultēt; **2.** apspriest; **3.** piešķirt (*nosaukumu u. tml.*); **4.** salīdzināt

confesar *v* **1.** atzīt; ~ una falta – atzīt kļūdu; **2.** atzīties; ~ de plano – pilnīgi atzīties; **3.** sūdzēt grēkus

confesión *f* **1.** atzīšana; **2.** atzīšanās; **3.** *rel.* grēksūdze, bikts; **4.** *rel.* konfesija, ticība; ticības apliecinājums

confesonario *m bazn.* biktskrēsls

confesor *m rel.* biktstēvs

confiado *a* **1.** paļāvīgs; drošs, mierīgs; **2.** lētticīgs; **3.** pašpaļāvīgs

confianza *f* uzticēšanās; uzticība; paļāvība; de ~ – uzticams; hombre de ~ – uzticamības persona; ~ en sí mismo – pašpaļāvība; ◊ personas de ~ – labi paziņas

confiar *v* **1.** ticēt; paļauties; uzticēties; **2.** uzticēt (*kaut ko*), dot cerības

confidencia *f* **1.** uzticība; paļaušanās; **2.** ~s *pl* slepens ziņojums

confidencialidad *f* konfidencialitāte; guardar la ~ – ievērot konfidencialitāti

confidente I *a* uzticams, drošs; II *m* 1. uzticības persona; 2. sirdsdraugs

configurar *v* veidot, izveidot; darināt

confín *m poēt.* robeža; ◊ de todos los ~es del mundo – no visām pasaules malām

confinamiento *m* izsūtīšana (*trimdā*); izraidīšana no valsts teritorijas

confinar *v* 1. izsūtīt (*trimdā*); 2. robežot[ies]

confinidad *f* saskarsme; tuvums

confirmación *f* 1. apstiprināšana; apstiprinājums; apliecināšana; apliecinājums; 2. *rel.* iesvētīšana, konfirmācija

confirmatorio, confirmativo *a jur.* apstiprinošs, apliecinošs

confiscar *v* konfiscēt

confitar *v* 1. ievārīt ar cukuru (*augļus, ogas*); 2. apkaisīt ar cukuru, glazēt

confite *m* konfekte; dražeja; ~s *pl* saldumi

confitería *f* konditoreja

conflagración *f* 1. ugunsgrēks; 2. *pol.* apvērsums; ~ mundial (universal) – pasaules karš

conflicto *m* konflikts, sadursme; cīņa, konfliktsituācija

confluencia *f* satecēšana, saplūšana (*par upēm*); savienošanās (*par ceļiem*)

confluir *v* 1. [sa]plūst [kopā], satecēt (*par upēm*); savienoties (*par ceļiem*); 2. *pārn.* saplūst, plūst (*par cilvēkiem – kādā vietā*)

conformación *f* 1. veidošana, izveidošana; 2. veidojums; veids; uzbūve, struktūra; 3. noformējums; apdare

conformador *m* [koka] veidnis (*piem., cepurēm*); (*kurpju*) lieste

conformar *v* 1. formēt, izveidot; 2. piemērot, pielāgot; 3. saskaņot; ~ la teoría con la práctica – saskaņot teoriju ar praksi; ~se *rfl* (*con*) 1. piekrist (*kam*); 2. samierināties, apmierināties (*ar ko*); 3. padoties, pakļauties (*kam*)

conforme I *a* 1. saskaņots; saskanīgs; vienprātīgs; 2. padevīgs; ◊ ¡~! – labi!, lai notiek!; II *adv* atbilstoši (*kam*); saskaņā (*ar ko*); piemērojoties (*kam*); ◊ estar ~ – būt vienās domās; declararse ~ con ... – piekrist (*kādam uzskatam*); III *m* apstiprināšana; apliecināšana; vīza (*uz dokumentiem*)

conformidad *f* 1. saskaņa; vienošanās; de ~ con ... – 1) saskaņā ar ...; 2) kopā ar ...; 2. vienveidība, vienveidīgums; 3. piekrišana; atļauja; 4. padošanās, pakļaušanās

confort *m* komforts

confortación *f*, **confortamiento** *m* 1. stiprināšana, spēcināšana; stiprinājums; uzmundrinājums; 2. *med.* līdzeklis sirdsdarbības stiprināšanai

confortante *m* spēcinošs, tonizējošs līdzeklis

confraguar *v* izdomāt, uzsākt kaut ko

confraternidad *f* brālība; brālīga saskaņa, sadraudzība

confundir *v* **1.** samainīt, sajaukt; **2.** samaisīt, sajaukt; **3.** sataisīt jucekli; samudžināt; **4.** samulsināt; **5.** nokaunināt; **6.** izjaukt, kaitēt; ◇ ¡confundido se vea! – lai viņu velns parauj!; **~se** *rfl* **1.** nokaunēties; **2.** apjukt, apmulst

confusión *f* **1.** sajukums, jukas; **2.** samulsums, apmulsums; apjukums; **3.** apkaunojums

confutar *v* atspēkot, apgāzt

congelación *f* **1.** sasalšana; punto de ~ *fīz.* – sasalšanas punkts; ~ permanente – mūžīgais sasalums; **2.** sasaldēšana; **3.** *av.*, *jūrn.* apledošana; **4.** *ek.* (*kapitālu*) iesaldēšana

congelado *a* saldēts, iesaldēts

congelar *v* **1.** [sa]saldēt; **2.** *pārn.* iesaldēt (*piem.*, *valsts līdzekļus*, *kapitālu*), **3.** apledot

congénere *a* vienāds; viendabīgs, homogēns

congeniar *v* harmonēt (*raksturā u. tml.*); saderēt kopā

congénit‖o *a* iedzimts; cardiopatía ~a – iedzimta sirdskaite

congestión *f* **1.** *med.* hiperēmija, asins pieplūdums; ~ cerebral – asins izplūdums smadzenēs; **2.** *pārn.* pieplūdums; ~ de público – ļaužu pieplūdums

conglobar *v* saspiest; saņurcīt, saburzīt; saviļāt (*saujā*)

conglutinar *v* aizlipināt, aizlīmēt; aizķitēt

congoja *f* bēdas; skumjas; raizes, rūpes

congosto *m* aiza; grava

congraciarse *v rfl* (con) pielabināties, pieglaimoties

congratulación *f* laimes vēlējums, apsveikums

congregación *f rel.*, *vēst.* kongregācija; sanāksme; ~ de los fieles – katoliskā baznīca

congregar *v* **1.** sapulcināt, [sa]pulcēt; **2.** sanest; savākt

congreso *m* **1.** kongress; sanāksme; **2.** kongress (*likumdošanas orgāns*): Congreso de los Diputados – 1) parlaments; 2) deputātu palāta

congrio *m* jūras zutis

congruente, congruo *a* **1.** piemērots; saskaņots; **2.** mērķim atbilstošs, lietderīgs; **3.** *mat.* kongruents

cónic‖o *a* konusveidīgs, konusveida-; pirámide ~a – konuss

conífer‖o *a* **1.** skuju-; **2.** ~ as *f pl bot.* skujkoki

conjetura *f* pieņēmums, minējums; hacer ~s – nodoties minējumiem

conjugación *f gram.* (*darbības vārdu*) locīšana, konjugācija

conjugado *a mat.* saistīts

conjunción *f* **1.** savienošana; apvienošana; **2.** *gram.* saiklis, konjunkcija; **3.** *astr.* konjunkcija

conjuntamente *adv* kopā, kopīgi
conjuntivo I *a* **1.** savienojošs; tejido ~ *anat.* – saistaudi; **2.** *gram.* saikļa-; konjunkcijas-; saikļu-; konjunkciju-; **II** *m gram.* konjunktīvs
conjunto I *a* sakarīgs, apvienots; vienots; kopējs; **II** *m* **1.** apvienība; [sa]biedrība; ~ teatral – 1) teātra biedrība; 2) trupa; **2.** krājums; kolekcija; komplekts; **3.** kopspēle, saspēle; **4.** vienība, vienotība; kopība; **5.** ansamblis; ~ de canto y baile – dziesmu un deju ansamblis; ◊ el ~ – viss, vesels; en ~ – kopā [ņemot]; visumā
conjura, conjuractón *f* sazvērestība
conjurar *v* **1.** apzvērēt; apliecināt (apstiprināt) ar zvērestu; **2.** noburt, apburt; **3.** sirsnīgi (ļoti, lūgšus) lūgt; **3.** uzkūdīt uz sazvērestību
conjuro *m* **1.** apzvērēšana; apliecināšana (apstiprināšana) ar zvērestu; **2.** sirsnīga lūgšanās
conllevar *v* **1.** panest, [pa]ciest; **2.** atbalstīt, nākt palīgā
conmemoración *f* **1.** piemiņas (atceres) svinības; ~ de los difuntos – mirušo piemiņas diena; **2.** atmiņa, piemiņa; en ~ de – par piemiņu no ...
conmemorativo, conmemoratorio *a* **1.** piemiņas-; monumento ~ – piemineklis; **2.** neaizmirstams; piemiņas cienīgs
conmigo *pron pers* ar mani; pie manis; ve ~ – nāc ar mani, nāc [man] līdzi

conmilitón *m* cīņu biedrs; līdzgaitnieks
conminar *v* [pie]draudēt, brīdināt (*apsūdzēto*)
conmiseración *f* apžēlošanās; žēlastība; līdzcietība
conmiserar *v* just līdzi
conmoción *v* arī *pārn.* satricinājums; ~ cerebral – smadzeņu satricinājums
conmovedor *a* satricinošs, satriecošs, aizkustinošs
conmutación *f* **1.** maiņa, mainīšana, apmaiņa; **2.** pārvērtība; pārgrozība; **3.** *el.* komutācija; (*strāvas*) pārslēgšana; **4.** vārdu spēle, kalambūrs; ◊ ~ de pena – sprieduma maiņa (mīkstināšana)
conmutar *v* **1.** mainīt, apmainīt; **2.** *jur.* mīkstināt (*spriedumu*); **3.** *el.* pārslēgt (*strāvu*)
connatural *a* dabisks, iedzimts
connaturalizarse *a rfl* aklimatizēties, piemēroties
connivencia *f* **1.** (*nelikumīgas, neatļautas rīcības*) pieļaušana; saudzība, iecietība (*nevietā*); skatīšanās caur pirkstiem (*uz ko*); **2.** līdzvainīgums
connotación *f* **1.** sakaru (attiecību) nodibināšana; 2) attāla radniecība
cono *m* **1.** konuss; koniska virsma; ~ truncado – nošķelts konuss; **2.** čiekurs
conocedor *m* pazinējs, lietpratējs

conocer *v* **1.** (por) pazīt (*pēc kā*); **2.** iepazīt; uzzināt; **3.** būt pazīstamam (*ar kādu*); **4.** būt pazīstamam (*ar ko*), mācēt (*ko*); zināt (*ko*); ◇ se conoce que ... – tūlīt redzams, ka ...; atšķirt, pieļaut

conocerse *v rfl* pazīt sevi, būt pazīstamam, iepazīties

conocido I *a* pazīstams, ievērojams; **II** *m* paziņa

conocimiento *m* **1.** izpratne, atziņa; saprašana; **2.** apziņa; saprāts; sin ~ – bez apziņas; bez samaņas; recobrar el ~ – nākt pie samaņas; **3.** pazīšanās; **4.** paziņojums, ziņa; **5.** *ek.* konosaments; poner en ~ – darīt zināmu; sin nuestro ~ – bez mūsu ziņas, mums nezinot; ~s previos – priekšzināšanas; ◇ para su ~ – jūsu zināšanai (ievērībai); venir en ~ de una cosa – uzzināt (*kaut ko*)

conque *conj* tātad; tā ka; tādā veidā

conquista *f* konkista; iekarošana; iekarojums; guerra de ~ – iekarošanas karš; ~ del Antártico – Antarktīdas iekarošana; hacer ~s – iekarot sirdis

conquistador *m* **1.** konkistadors; iekarotājs; **2.** *pārn.* donžuāns

consabido *a* **1.** iepriekš (jau) minētais (nosauktais), minētais; **2.** zināms; pazīstams

consagrar *v* **1.** iesvētīt, iesvaidīt, iecelt dievu kārtā (*kā imperatorus Senajā Romā*); **2.** uzcelt piemiņekli

consagrarse *v rfl* (a) nodoties (*kaut kam*)

consanguinidad *f* asinsradniecība

consciente *a* apzinīgs; apzināts; ~ de su objeto – mērķtiecīgs

consecución *f* sasniegums; sasniegšana; de difícil ~ – grūti sasniedzams

consecuencia *f* **1.** sekas; rezultāts; **2.** secinājums; a ~ de – dēļ (*kā*), (*kā*) dēļ; como ~, (en ~, por ~) – tātad; **3.** secība

consecutiv‖o *a* secīgs, viens otram sekojošs; en los días ~s – nākamajās dienās

conseguido *adj* veiksmīgs, panākumus gūstošs

conseguir *v* sasniegt, iegūt, gūt; panākt; dabūt; yo consegui ver – man izdevās redzēt

conseja *f* **1.** pasaka; fabula; **2.** slepena sanāksme

consejero *m* **1.** padomdevējs; **2.** pilsētas domnieks; **3.** padomnieks; ~ privado – slepenpadomnieks; ~ de embajada – sūtniecības padomnieks

consejo *m* **1.** padoms; rekomendācija; norādījums; tomar ~ de – klausīt (*kā*) padomam; pedir ~ – lūgt padomu; **2.** apspriede; ~ de ministros – ministru apspriede; kabineta sēde; celebrar ~ – apspriesties; **3.** padome; Consejo de Seguridad – Drošības Padome; **4.** tiesa; ~ de guerra – kara tribunāls (*Spānijā*)

consentimiento *m* piekrišana, piebalsošana; atļauja

consentir *v* **1.** piekrist; atļaut; sankcionēt; **2.** pieļaut, pielaist; **3.** lutināt

conserje *m* šveicars; skolas (universitātes) apkalpotājs; durvju sargs

conservador I *a* **1.** konservatīvs; **2.** konservēšanas; konservējošs; **II** *m* **1.** uzglabātājs, saglabātājs; glabātājs (*muzejā*); uzraugs; **2.** *pol.* konservatīvais

conservadurismo *m* konservatīvisms

considerable *a* ievērojams, svarīgs; krietni liels, krietns

consideración *f* **1.** apskatīšana, aplūkošana; apspriešana; apsvēršana; someter una cuestión a ~ de – nodot jautājumu izskatīšanai; **2.** vērā ņemšana, ievērošana; digno de ~ – vērā ņemams; ievērības cienīgs; sin ~ – nerēķinoties ne ar ko; nesaudzīgi; tomar en ~ – ņemt vērā; cargar (fijar) la ~ – uzmanīgi apdomāt; en (por) ~ a – ņemot vērā (*ko*); sakarā ar; **3.** ievērošana; cienīšana; **4.** svarīgums, nozīmīgums; **5.** cieņa; de ~ – svarīgs; con toda ~ – ar dziļu cieņu; ◊ en ~ a él – viņa dēļ

considerando *m jur.* (*sprieduma*) motivācija

considerar *v* **1.** apsvērt, apdomāt; novērtēt; ~ en todos sus aspectos – apsvērt no visām pusēm; **2.** uzskatīt, atzīt (*par kaut ko*); ~ útil – uzskatīt par derīgu; **3.** ņemt vērā (*kaut ko*); rēķināties (*ar ko*); **4.** augsti cienīt (godāt); ievērot; ~ importante – uzskatīt par svarīgu

consigna *f* **1.** lozungs; **2.** *mil.* parole; **3.** rīkojums; norādījums; direktīva; **4.** bagāžas glabātuve

consignación *f* **1.** *ek.* konsignācija; **2.** (*naudas*) pārvedums; pilnvara, orderis (*naudas saņemšanai*); **3.** drošības nauda; **4.** deponēšana; nodošana glabāšanā; (*naudas*) noguldīšana; **5.** rakstisks izklāsts (*par notikumiem, uzskatiem u. tml.*)

consigo *pron pers* [sev] līdzi; ar sevi, pie sevis; llevar ~ – nesāt pie sevis (*naudu u. c.*)

consiguiente *a*: ~ a – (*no kā*) izrietošs; atbilstošs (*kam*); por ~ – tātad

consistente *a* **1.** ciets; stiprs, stingrs; izturīgs; **2.** (*par šķidrumiem*) biezs, biezi plūstošs; sastāvošs no

consistir *v* **1.** sastāvēt (*no*); **2.** dibināties, pamatoties (*uz ko*); izrietēt (*no kā*)

consocio *m* kompanjons, līdzīpašnieks; biedrs, kolēģis

consolación *f* mierinājums; mierināšana

consolidar *v* nostiprināt, nodrošināt

consonancia *f* **1.** saskaņa, harmonija; **2.** *mūz.* akords; **3.** saskaņotība; en ~ con – saskaņā ar

consonante I *a* **1.** saskanīgs; vienādi skanošs; **2.** atskaņots (*par vār-*

smām); **II** *m* **1.** saskaņa, harmonija; **2.** atskaņa; **III** *f* **1.** līdzskanis, konsonants; ~ *oclusiva gram.* – slēdzenis

consorcio *m* **1.** asociācija; savienība; **2.** *ek.* konsorcijs; **3.** koncerns

consorte *m*, *f* **1.** biedrs; biedr[en]e; **2.** laulāts draugs; laulāta draudzene; **3.** *pl* puses; **4.** *pl jur.* līdzzinātāji, līdzdalībnieki

conspicuo *a* izcils, ievērojams

conspirador, conspirado *m* sazvērnieks

constancia *f* **1.** nelokāmība; neatlaidība; **2.** pastāvība, nemainīgums; izturība

constante I *a* **1.** stingrs, nelokāms; neatlaidīgs; **2.** pastāvīgs, nemainīgs; izturīgs; **3.** drošs; noteikts; es ~ que ... – neapšaubāmi, ka ...; noteikti ...; **II** *m mat.* konstante, pastāvīgs lielums

constar *v* **1.** būt drošam (*par kaut ko*); būt [skaidri] redzamam; me consta – esmu pārliecināts, noteikti (droši) zinu; hacer ~ – konstatēt; **2.** sastāvēt (*no*); figurēt, būt fiksētam (*dokumentā*)

constelación *f astr.* zvaigznājs, zvaigžņu stāvoklis

consternación *f* apmulsums; apjukums; pārsteigums

constipado I *a* saaukstējies, apsaldējies; **II** *m* saaukstēšanās

constiparse *v rfl* saaukstēties, dabūt iesnas

constitución *f* **1.** miesas uzbūve, konstitūcija; **2.** struktūra, uzbūve; **3.** [vispārējais] stāvoklis; būtība; **4.** [no]dibināšana; ieviešana; **5.** Constitución – konstitūcija; pamatlikums; satversme; ◇ ~ de herederos – mantinieku iecelšana

constituir *v* [iz]veidot; sastādīt (*komisiju u. tml.*); organizēt; [no]dibināt; ierīkot; **~se** *rfl* **1.** izveidoties; rasties; nodibināties, organizēties; **2.** kļūt, tapt; ~ en dictador (en dueño, en tutor) – kļūt par diktatoru (saimnieku, aizbildni); ◇ ~se preso – brīvprātīgi stāties tiesas priekšā

constitutivo *a* **1.** būtisks; svarīgs; **2.** noteicošs; galvenais

constituyente I *a* pamata-; dibināšanas-; **II** ~*s f pl pol.* satversmes sapulce

constreñir *v* **1.** spiest, piespiest; ierobežot; **2.** *med.* sažņaugt, savilkt

constricción *f* savilkšanās

construcción *f* **1.** celšana, būvēšana; būve, izbūve; ~ naval – kuģu būve; ~ subterránea – dziļbūve; **2.** celtne, ēka; **3.** *tehn.* konstrukcija; **4.** *gram.* uzbūve, konstrukcija, struktūra

construir *v* **1.** būvēt, celt; uzcelt, uzstādīt; **2.** salikt kopā; sastādīt; konstruēt; ◇ ~ castillos en el aire – celt gaisa pilis

consuelo *m* **1.** mierinājums; iepriecinājums; remdinājums; palabras de ~ – mierinājuma vārdi; sin ~ – izmisīgi, bezcerīgi; **2.** svētlaime, lieglaime

consuetudinario, consuetudinal *a* ierasts; pierasts

consulado *m* konsulāts

consulta *f* **1.** padoms; rekomendācija; konsultācija; celebrar ~ con alguien – konsultēties pie kāda; obra de ~ – enciklopēdija; rokasgrāmata; leksikons; **2.** [horas de] ~ – runas stundas, pieņemšana (*pie ārsta u. tml.*); **3.** atzinums, atsauksme; **4.** konsilijs; ~ de médicos – ārstu konsilijs; **5.** aptauja; iztauja; ~ popular – tautas aptauja, referendums

consumación *f* **1.** pabeigšana, nobeigšana; **2.** izpildījums; iznākums; **3.** *jur.* izpildīšana; ◇ de los siglos – pasaules gals

consumado I *a* **1.** pilnīgs; pabeigts, nobeigts; hecho ~ – noticis fakts; **2.** pamatīgs; **3.** lietpratīgs; ar pieredzi; **II** *m kul.* stiprs buljons

consumar *v* **1.** pabeigt, nobeigt; paveikt; **2.** *jur.* izpildīt; **3.** izdarīt (*noziegumu*); **4.** nest (*upurus*)

consumido *a* **1.** novārdzis; novājējis, noliesējis; **2.** [bēdu] sagrauzts

consumidor I *a* novājinošs; **II** *m* noņēmējs, patērētājs; pircējs

consumir *v* **1.** apēst, notiesāt; patērēt; **2.** *pārn.* aprīt (*par uguni*); **3.** nomākt (*ilgas*); patērēt, izlietot (*spēkus*); **4.** *ek.* patērēt; ~se *rfl* **1.** izdilt,

sadilt, novārgt; **2.** tikt patērētam; **3.** izvārīties, iztvaikot; **4.** nezināt miera

consumo *m* **1.** patēriņš; patērēšana; artículos de ~ – patēriņa preces; **2.** *ek.* noiets: **3.** ~s *pl* nodoklis uz patēriņa precēm; ~ social – sabiedriskais patēriņš

consunción *f* **1.** novārgums, nespēks; **2.** dilonis

consuno: de ~ – visi kopā; vienprātīgi

contabilidad *f* **1.** rēķinvedība; **2.** grāmatvedība; ~ por partida doble – divkāršā grāmatvedība; cálculo de ~ – grāmatvedības uzskaite

contacto *m* kontakts *daž. noz.*; pieskaršanās, aiztikšana; pieskāriens; saskaršanās; saskare; ponerse en ~ – stāties sakaros; nodibināt kontaktu; punto de ~ – saskares punkts; ~ con tierra (*radio*) – savienojums ar zemi

contad‖**o** *a* **1.** rets, neparasts; **2.** noteikts, nolikts, norādīts; ◇ por de ~ – pats par sevi saprotams; por sus pasos ~os – soli pa solim; al ~ – par skaidru naudu (*pirkt*); tiene los dias ~os – viņa dienas ir skaitītas; ~as veces – reti; de ~ – tūlīt

contagiar *v* **1.** pielaist (*slimību*), aplipināt (*ar kādu slimību*), inficēt; **2.** *pārn.* aizraut (*ar idejām u. tml.*)

contagioso *a* **1.** infekcijas-; lipīgs (*par slimību*); **2.** *pārn.* aizraujošs

contaminación *f* **1.** pielaišana, aplipināšana (*ar ko*); inficēšana; **2.** (*ūdens, gaisa*) saindēšana, sabojāšana

contaminar *v* **1.** sabojāt (*ūdeni, gaisu; rakstu*); **2.** aptraipīt (*godu*)

contante *a*: pagar en dinero ~ – maksāt skaidrā naudā; ~ y sonante *sar.* – skanošais, skaidra nauda

contar *v* **1.** skaitīt; saskaitīt; noskaitīt; ~ con los dedos – saskaitīt uz pirkstiem; ~ sin ~ – neskaitot; **2.** aprēķināt; **3.** stāstīt; ~ con pelos y señales *sar.* – stāstīt sīki jo sīki; ¡cuenta como pasó! – pastāsti, kā tas notika!; **4.** (*con alg.*) rēķināties (*ar ko, ar kādu*); paļauties uz – puedes ~ conmigo – vari uz mani paļauties; ~ con esta posibilidad – rēķināties ar tādu iespēju; ņemt vērā; **5.** (*por*) noturēt (*piem., par paziņu*), uzskatīt, skaitīt (*par ko*); ◇ y para de ~ – un tas ir viss; a cuenta de ... – skaitot no ...; kopš; contado con – ieskaitot (*ko*)

contemplac‖ión *f* **1.** aplūkošana; vērošana; *filoz.* kontemplācija; **2.** rēķināšanās (*ar kādu*); uzmanība; laipnība; por ~ – aiz laipnības; no tener ~iones – būt nelaipnam; en ~ a ... – aiz laipnības pret ...

contemporáneo **I** *a* **1.** tā [paša] laika-; vienlaicīgs; **2.** šolaiku-; mūsdienu-; **II** *m* laikabiedrs

contemporizar *v* **1.** likt (ņemt) vērā; ievērot (*kāda vēlēšanos*); **2.** (*uz kādu laiku*) pieņemt (*kādu*); **3.** *pārn.* paciest (*kādu*); **4.** vilcināties; kavēties

contención *f* **1.** sasprindzinājums; **2.** piespiešanās; piepūle; **3.** *jur.* prāvošanās; prāva; **4.**: muro de ~ – balsta siena (mūris)

contencioso *a* **1.** apstrīdams; strīdīgs; strīda-; **2.** *jur.* tiesas-; tiesu-; prāvas-; prāvu-

contender *v* **1.** cīnīties; pretoties, turēties pretī; **2.** apstrīdēt; strīdēties, runāt pretī

contendiente *m* **1.** cīnītājs; **2.** ķildnieks, strīdnieks; **3.** *jur.* sūdzētājs; prasītājs; **4.** pretinieks

contener *v* **1.** saturēt (*piem., gaiss – skābeklis*); **2.** aizturēt (*piem., elpu*); **3.** saturēt (*grožos u. tml.*); ~se *rfl* saturēties

contenido **I** *m* saturs; **II** *a* savaldīgs, mierīgs

contentadizo *a* pieticīgs; bez pretenzijām

contentamiento *m* prieks; patika, apmierinājums; apmierinātība

contentar *v* apmierināt, sagādāt prieku, iepriecināt

contento **I** *a* **1.** apmierināts; **2.** priecīgs, jautrs, līksms; a ~ – cik sirds vēlas, pēc sirds patikas; cik vien tīk; **II** *m* **1.** apmierinātība; patikšana, patika; apmierinājums; **2.** prieks; no caber en si de ~, estar más ~ que unas Pascuas – no prieka būt kā apreibušam; **3.** ~s *pl* skaidra nauda

contera *f* uzgalis; ◊ por ~ – galu galā

contestable *a* apstrīdams, apšaubāms

contestación *f* **1.** atbilde; atbildēšana; **2.** strīds; **3.** *jur.* ~ a la demanda – iebildums

contestar *v* atbildēt; ~ una pregunta – atbildēt uz jautājumu

contextura *f* **1.** iekšējā uzbūve; (*literāra darba*) struktūra; **2.** konteksts; **3.** (*daļu*) savienojums; **4.** [ārējais] izskats, āriene

contienda *f* **1.** strīds, ķilda; **2.** *sar.* saķeršanās, sadursme, saraušanās; ~ electoral – vēlēšanu cīņas

contigo *pron pers* ar tevi; pie tevis

contiguo *a* blakus; blakus esošs

continencia *f* **1.** atturība; atturīgums; **2.** savaldība; apvaldīšanās; **3.** nevainība, šķīstība

continente[a] *a* atturīgs

continente[b] *m* kontinents

continente[c] *m* stāja

contingencia *f* **1.** sagadīšanās; gadījums; nejaušība; **2.** iespēja, iespējamība; varbūtība, risks

contingente I *a* **1.** nejaušs; **2.** iespējams; **II** *m* kontingents; kvota, norma

continuación *f* **1.** turpinājums; **2.** (*kādas darbības*) turpināšanās; ilgums; a ~ – pēc tam; turpmāk

continuar *v* **1.** turpināt; ~ leyendo – turpināt lasīšanu, lasīt tālāk; **2.** turpināties; nebeigties; ieilgt; se ~á – turpinājums sekos

continu‖**o** *a* **1.** neatlaidīgs; nemitīgs; nerimstošs; **2.** pastāvīgs; nepārtraukts; de ~ – pastāvīgi; **3.**: corriente ~a *el.* – līdzstrāva

contornear *v* **1.** iet apkārt; apmest līkumu; **2.** apriņķot; **3.** aplenkt; **4.** uzmest kontūras, skicēt

contorno *m* **1.** apkārtne; **2.** apveids, kontūras; uzmetums; en ~ – ap; visapkārt

contorsión *f* **1.** *med.* izmežģījums; spazma; **2.** vaibstīšanās, šķobīšanās

contra I *prep* **1.** pret; asegurarse ~ incendios – apdrošināties pret ugunsgrēku; **2.** pa; pret; apoyarse ~ la pared – atbalstīties pret sienu; **3.** pretēji (*kam*); par spīti (*kam*); pret (*ko*); un remedio ~ la tos – līdzeklis pret klepu; ~ todas mis esperanzas – pretēji visām manām cerībām; ~ viento y marea *sar.* – par spīti visiem šķēršļiem; opinión en ~ – pretējas domas; en ~ – turpretī; **II** *m* **1.** pretstats; el pro y el ~ – par un pret; en ~ de su voluntad – pretēji viņa gribai; **2.** pretējā puse, pretinieks (*piem., spēlē*); **III** *f* **1.** grūtības; grūtums; **2.** iebildums; iebilšana; llevar la ~ – iebilst; ◊ hacer (llevar) la ~ a uno – darboties pret, mest sprunguļus riteņos

contraalmirante *m jūrn.* kontradmirālis

contrabajo *m mūz.* **1.** kontrabass; **2.** kontrabasists

contrabalancear *v* atsvērt; līdzsvarot, kompensēt

contrabandista *m* kontrabandists

contracción *f* kontrakcija *daž. noz.*

contracorriente *f* **1.** pretstraume; **2.** *el.* pretstrāva

contracto *a* saīsināts

contractual *a* līguma-; kontrakta-

contradecir *v* runāt pretī, iebilst

contradic‖ción *f* **1.** pretruna; pretrunīgums; espíritu de ~ – pretestības gars; **2.** ieruna, iebildums; sin ~ – neapstrīdami

contradictor *m* **1.** oponents; **2.** pretinieks (*sportā*)

contradictorio *a* **1.** pretrunīgs; pretējs; **2.**: juicio ~ *jur.* – nopratināšana [jautājumu] krustugunīs

contraer *v* **1.** savilkt [kopā]; ~ la frente – saraukt pieri; **2.** saīsināt; **3.** dabūt (*kādu, slimību*); **4.** piesavināties (*ieražu, paradumu*); uzņemties (*kādu pienākumu*); **5.** sagādāt (*slavu u. tml.*); ~ méritos – iegūt nopelnus; ~ deudas – sataisīt parādus; **6.** noslēgt (*līgumu, draudzību u. tml.*); ~ matrimonio – stāties laulībā; **~se** *rfl* savilkties; (*konvulsīvi*) sarauties; sarauties (*par audumu*)

contrafuerte *m* **1.** *arhit.* kontrforss; **2.** ~s *pl* (*ǵeogr.*) priekškalni

contragolpe *m* atbildes sitiens, kontrsitiens (*boksā*)

contrahacer *v* **1.** atdarināt; darīt pakaļ; imitēt; falsificēt; **2.** simulēt

contrahaz *f* otrā puse, kreisā puse (*audumam*)

contraindicado *a med.* pretindicēts, kontrindicēts

contraluz *f* **1.** no pretējās puses krītoša gaisma; a ~ – pret gaismu; **2.** *foto* kontūrgaisma

contramaestre *m* **1.** darbu vadītājs; meistars; **2.** *jūrn.* bocmanis

contramandar *v* atteikt, atsaukt (*pasūtījumu, pavēli*)

contramarcha *f mil.* **1.** pretmaršs; **2.** atkāpšanās; **3.** kuǵa kursa izmaiņa; **4.** *tehn.* reverss

contraorden *f* **1.** pavēle, kas atceļ iepriekš doto pavēli; pavēles atsaukums; **2.** atteikšana; atsaukšana

contrapartida *f* **1.** dublikāts, kopija; **2.** līdzinieks; dubultnieks; **3.** kompensācija

contrapelo *m*: a ~ – pret spalvu *arī pārn.*

contrapeso *m* pretsvars; atsvars; līdzsvara stienis

contraponer *v* **1.** nostādīt pretī, likt pretī; **2.** salīdzināt

contraposición *f* **1.** nostādīšana (nostatīšana) pretī; pretstatījums; **2.** pretstats; kontrasts; **3.** pretišķība; pretruna; estar en ~ con ... – būt pretrunā ar ...; en ~ a ... – pretstatā ar ...; atšķirībā no ...

contraprestación f pretpakalpojums; atlīdzība

contraproducente a nolūkam neatbilstošs; kavējošs; pretēji ietekmējošs

contrapuntear v 1. *mūz.* dziedāt kontrapunktējot, kontrapunktēt; 2. *sar.* dzēlīgi piezobot

contrariar v 1. turēties pretī, pretoties; 2. iebilst; runāt pretī; būt pretrunā; 3. radīt īgnumu (nepatiku); būt pretīgam

contrari∥o I *a* 1. pretējs; pretrunīgs; sentimientos ~s – pretrunīgas jūtas; mano ~a – pretējā (otrā) puse; ser de opinión ~ a – būt pretējās domās; 2. pretīgs; 3. naidīgs; ienaidnieka-; 4. kaitīgs; **II** *m* 1. pretinieks, ienaidnieks; 2. sāncensis; 3. al ~, por el ~ – gluži (tieši) otrādi; pretēji (*kam*): en ~ – turpretī; de lo ~ – pretējā gadījumā, citādi; todo lo ~ – pavisam otrādi; ◊ llevar la ~a – runāt pretī; iebilst

contrarrestar v 1. darboties pretī; kavēt; aizturēt; 2. atsist (*bumbu*)

contrasentido m 1. neatbilstība saturam (būtībai); 2. bezjēdzība; nejēdzība; absurds; neloģiskums

contraseña f 1. *teātr.* kontramarka; 2. *mil.* parole; lozungs

contrastar v 1. turēties pretim, pretoties; 2. noteikt raudzi (*zeltam u. tml.*); 3. pārbaudīt un apzīmogot mērus un svarus; 4. (*con*) būt pretrunā (*ar*); kontrastēt; 5. pārbaudīt (uzticību)

contrata f 1. kontrakts; līgums; trabajo por ~ – akorddarbs; 2. angažements

contratación f 1. līguma noslēgšana, kontraktācija; 2. darījums; darījuma noslēgšana

contratiempo m 1. neizdošanās; neveiksme; 2. nepatīkams gadījums; ¡qué ~! – cik nepatīkami!; kāda neveiksme!

contratista I *a* ar kontraktu (līgumu) noteikts; **II** *m* 1. piegādātājs; 2. [būv]uzņēmējs

contrato m kontrakts; vienošanās; ~ de arrendamiento – īres līgums; ~ de compraventa (de compra y venta) – pirkšanas–pārdošanas līgums; ~ de seguro – līgums par apdrošināšanu

contravalla f otrais iežogojums (*vēršu cīņu arēnā*)

contravención f (*likuma u. tml.*) pārkāpšana; laušana; neievērošana

contraveneno m pretinde

contraventana f (*logu*) aizvirtnis, slēģis

contraventor m (*disciplīnas u. tml.*) pārkāpējs; (*kārtības*) traucētājs; (*līguma*) lauzējs

contrayentes *pl* laulības noslēdzēji, laulības noslēdzēju puses

contribución f 1) nodoklis; ~ territorial – zemes nodoklis; 2) ieguldījums

contribuir *v* **1.** ieguldīt (*savu tiesu*); iemaksāt, dot (*savu daļu*); **2.** samaksāt nodokļus; **3.** piegādāt; nodot; pārdot

contribuyente I *a* ar nodokļiem apliekams; tāds, kam jāmaksā nodokļi; **II** *m* nodokļu maksātājs

contrición *f* dziļa nožēla; dziļas skumjas

contrincante *m* **1.** sāncensis, konkurents (*kādā konkursā*); **2.** pretinieks, oponents (*disputā*)

contristar *v* skumdināt, apbēdināt

contrito *a* satriekts, sagrauzts

controversista *m, f* polemizētājs, -a, polemiķis, -e

controvertible *a* apstrīdams

contubernio *m* **1.** dzīvošana kopā, kopdzīve vienā mājoklī; kopīgs mājoklis; **2.** ārlaulības kopdzīve, mīlas sakars (*sievietes un vīrieša*) kopdzīve; **3.** nosodāma apvienošanās; nosodāma biedrošanās

contumaz *a* **1.** stūrgalvīgs, ietiepīgs; cietpaurains; **2.** *jur.* – tāds, kurš neierodas pēc tiesas pieprasījuma, nepakļaujas tiesas rīkojumam

contumelia *f* lamāšana; apkaunošana, kaunā likšana

contundente *a* **1.** graujošs; **2.** neapstrīdams; pārliecinošs; kategorisks; prueba ~ – neapstrīdams pierādījums; **3.** nomācošs (*pārspēks u. tml.*); izšķirošs; ◊ arma ~ – duramais ierocis

contundir *v* sadragāt, sagraut, satriekt

conturbar *v* radīt nemieru; uztraukt, satraukt

convalecencia *f* izveseļošanās, veselības atgūšana

convencer *v* **1.** pārliecināt; **2.** pieķert (*kādu*); pierādīt (*kāda vainu*); apvainot, vainot (*kādu kādā nodarījumā*)

convencimiento *m* **1.** pārliecināšana; pierunāšana; **2.** pārliecība

convención *f* **1.** vienošanās; nolīgums; konvencija; **2.** konvents

convencional I *a* **1.** līgumam atbilstošs; līguma-; **2.** parasts; pieņemts; tradicionāls; konvencionāls; **II** *m* konventa loceklis

convenible *a* **1.** piekāpīgs, pielaidīgs, pieļāvīgs; saticīgs; **2.** pieņemams, piemērots (*par cenu*)

conveniencia *f* **1.** piemērotība, atbilstība; **2.** saskaņa; vienošanās; **3.** ērtība; lietderība; labums, priekšrocība; matrimonio de ~ – aprēķina laulības; **4.** ~s *pl* **1.** ienākumi; **2.** mantība; īpašumi

conveniente *a* **1.** piemērots, atbilstošs; iederīgs; **2.** piedienīgs; pienācīgs; pieklājīgs; **3.** piekrītošs; apstiprinošs; **4.** pa prātam; pieņemams; **5.** [liet]derīgs, noderīgs

convenio *m* vienošanās, noruna; [no]līgums; ~ aduanero – muitas līgums

convenir *v* **1.** sanākt [kopā]; **2.** saskanēt, sakrist; **3.** (*de*) vienoties (*par kaut ko*); **4.** būt [no]derīgam;

būt pa prātam; **5.** [labi] piestāvēt; **6.** piekrist, būt mierā; ◊ **conviene** – 1) tā pieklājas, tā pienākas; 2) vajag; **conviene a saber** – proti; jo; **~se** *rfl* **1.** vienoties (*par kaut ko*); **2.** *sar.* piederēties, pieklāties

conventículo *m* slepena sanāksme

convento *m* klosteris

converger, convergir *v* **1.** *mat.* konverģēt; **2.** būt vienam (kopējam) mērķim; saskanēt, sakrist; **3.** sadarboties; apvienoties

conversación *f* **1.** saruna; **sacar la ~, trabar ~** – uzsākt sarunu; **tener mucha ~** – būt runīgam; **dejar caer una cosa en la ~** – garāmejot pieminēt kaut ko

conversión *f* **1.** pārvēršana; pārvēršanās; **2.** *ek.* konversija; **3.** *rel.* atgriešana, pievēršana (*kādai ticībai*)

converso *m rel.* jaunpievērstais (*kādai ticībai*)

convertir *v* **1.** pārvērst; **2.** *ek.* konvertēt; apmainīt (*naudu*); **3.** *rel.* pievērst (*kādai ticībai*), atgriezt (*pie kādas ticības*); **~ los sueños en realidad** – pārvērst sapņus īstenībā

convidada *f sar.* aicinājums kopīgi iedzert

convidar *v* **1.** ielūgt, ieaicināt; uzlūgt; **2.** iekairināt, iekārdināt; ierosināt

convincente *a* pārliecinošs; pamatots, dibināts; vērā ņemams

convite *m* **1.** ielūgums; **2.** mielasts, viesības, bankets

convivir *v* **1.** dzīvot kopā; **2.** sadzīvot

convocación, convocatoria *f* **1.** (*sapulces u. tml.*) sasaukšana; **2.** iesaukšana (*karadienestā*); iesaukums; **3.** uzaicinājums; paziņojums par uzņemšanu (*institūtā*); paziņojums (*par konkursu*)

conyugal *a* **1.** laulības; **2.** laulātā pāra-

cónyuge *m, f* **1.** laulātais draugs; laulātā draudzene; **2. ~s** *pl* laulāts pāris, laulātie draugi

cooperación *f* **1.** līdzdarbība; piedalīšanās, līdzdalība; **2.** kooperācija; kooperēšana; **3.** sadarbība; **la estrecha ~** – cieša sadarbība

coordenada *f* koordināte

copa *f* **1.** kauss, biķeris; vīna glāze; **beber una ~ de vino** – izdzert glāzi vīna; **2.** (*koka*) vainags, lapotne; **3.** cepures virsa (augšdaļa); **4.** *pl sar.* sirds (*kāršu spēlē*), **5.** kauss (balva); **6. ~ de Júpiter** – saulespuķe

copar *v* **1.** *mil.* ielenkt, aplenkt; **2.** spēlēt par visu banku (*kāršu spēlē*); **3.** iegūt visas vietas (vēlēšanās)

copear *v* **1.** pārdot dzērienus vaļēji (glāzēm); **2.** *sar.* iemest (iedzert) pa glāzītei

copete *m* **1.** matu cekuls [*uz pieres*]; (*putna*) cekuls; **2.** (*alus u. tml.*) putas; ◊ **persona de alto ~** – augstu stāvoša persona; **tener mucho ~** – būt ļoti iedomīgam

copetín *m* aperitīvs, kokteilis
copetuda *f* cīrulis
copia[a] *f* pārpilnība, bagātība; daudzums
copia[b] *f* **1.** kopija *daž. noz.*; **2.** kopēšana *daž. noz.*
copiador I *a* kopējamais; kopēšanas-; **II** *m tehn.* kopētājs
copiante, copisa *m, f* **1.** kopētājs, -a, pārrakstītājs, -a; **2.** *glezn.* kopiju izgatavotājs, -a
copiosidad *f* [satura] bagātība, bagātīgums; saturīgums
copla *f* **1.** strofa, pants; **2.** kupleja; īsa tautas dziesmiņa; **3.** pāris (*lietu, cilvēku*); ◇ ~s de ciego – slikta dzeja; ir (venir) con ~s – sadzejot, sastāstīt (*ko nepatiesu*)
coplista *m iron.* rīmju (pantu) kalējs
copo *m* **1.** sprēslenīca; **2.** (*vates, vilnas*) kušķītis, piciņa; **3.** (*sniega*) pārsla; **4.** (*puķu*) pušķis, buķete
copudo *a* lapots; kupls
cópula *f* **1.** saistījums; sasaistījums; **2.** kopošanās; pārošanās; **3.** *gram.* saitiņa
coque *m* kokss
coqueta *f* koķete
coquetón *a sar.* koķetīgs; patīkams, pievilcīgs, koķetīgs (*vairāk par vīriešiem*)
coracero *m* **1.** *vēst., mil.* kirasieris; **2.** (*ļoti stiprs un lēts*) cigārs
coraje *m* **1.** dūša, drosme; **2.** dusmas, niknums; lleno de ~ – dusmās iededzies

corajina *f* dusmu lēkme; ◇ tener ~ – brēkt, niķoties (*par bērnu*)
corajudo *a* viegli aizkaitināms
córal[a] **I** *a* kora-; entidad ~ – kora [dziedāšanas] biedrība; **II** *m* korālis
coral[b] *m* korallis; koraļļu kaklarota
coraza *f* **1.** *mil.* bruņas; **2.** *vēst.* krūšu bruņas
corazón *m* **1.** sirds; [muy] de ~ – no [visas] sirds; blando de ~ – mīkstsirdīgs; **2.** iekšiene; vidus; centrs; serde; **3.** drosme; dūša; ◇ con el ~ en la mano – vaļsirdīgi; me da el ~ – man šķiet; es nojaušu; el ~ no es traidor – sirds nepieviļ; buen ~ – labs cilvēks; abrir su ~ – izkratīt sirdi
corazonada *f* **1.** ātrs, drosmīgs lēmums; **2.** pēkšņa nojauta; dar (tener) una ~ – nojaust, just
corbata *f* kaklasaite, ordeņa lente
corbatín *m* gatava (sasieta) kaklasaite; tauriņš
corbeta *f* korvete
corbona *f* grozs
corcel *m* **1.** kaujas zirgs; **2.** sacīkšu zirgs
corcova *f* **1.** paugurs, uzkalns; **2.** kupris
corcovado *a* **1.** grubuļains; **2.** kuprains
corcovo *m* **1.** kazas (āža) lēciens; **2.** celšanās uz pakaļkājām (*par zirgu*); **3.** (*kaķa*) kūkums

corcusir *v* sadiegt; kaut kā sašūt; kaut kā salāpīt

corchea *f mūz.* astotdaļnots; doble ~ – sešpadsmitdaļnots

corchero *a* korķa-, korķu-

corchete *m* **1.** āķis (*ar cilpiņu*); **2.** *tehn.* skava

corcho *m* **1.** korķozola miza; **2.** korķis; aizbāznis; ◊ cabeza de ~ – aitasgalva

corchotaponero *a* korķu-

cordaje *m jūrn.* takelāža

cordal I *a*: muela ~ – gudrības zobs; **II** *m* stīgu turētājs (*mūzikas instrumentiem*)

cordel *m* (*tieva*) aukliņa; saite; a ~ – taisnā līnijā; [taisni] kā pa diedziņu; a hurta ~ – negaidīti, pa kluso; ◊ apretar los ~es a uno – piespiest pie sienas

cordero *m* **1.** jērs; **2.** *sar.* lēns (piekāpīgs) cilvēks; ◊ esa es la madre del ~ – tur tas suns ir apraksts

cordial I *a* **1.** sirds-; sirdi stiprinošs; **2.** sirsnīgs; tuvs; **3.** mājīgs, omulīgs

cordillera *f* kalnu grēda

cordobán *m* safjāns

cordobana: a la ~ – gluži kails

cordón *m* **1.** aukla; saite; siksna; **2.** valgs; virve; **3.** *mil.* kordons; **4.** (*policijas, kareivju*) ķēde; **5.**: ~ umbilical *anat.* – nabas saite

cordoncillo *m* **1.** aukliņa; saite; prievīte; **2.** (*auduma*) mala; **3.** (*monētas*) aprievis, [monētas] mala

cordura *f* **1.** gudrība; prāts; veselais saprāts; **2.** apdomība; nosvērtība

coriáceo *a* ādas-; ādai līdzīgs

corifeo *m* korifejs; ~ de la ciencia – zinātnes korifejs

corindón *m min.* korunds

corista *m, f* korists, -te, kora dziedātājs, -a

corladura *f* [ap]zeltījums

cornada *f* **1.** grūdiens (dūriens) ar ragiem; **2.** (*vēršu cīņās*) ievainojums no ragu dūriena

cornamenta *f* (*piem., brieža*) ragi

cornamusa *f mūz.* **1.** mežrags; **2.** dūdas

cornalina *f min.* serdoliks, serdolikonikss

córnea *f anat.* radzene

corneja *f* vārna

cornejo *m* kizila krūms

córneo *a* raga-, ragu-

corneta I *f mūz.* kornete; **II** *m mil., vēst.* kornets; ◊ ~ de órdenes – signalizētājs; ~ de monte – medību rags

cornete *m* **1.** *mūz.* rags; taure; **2.** *anat.* deguna gliemežnīca

cornijal *m* **1.** stūris; **2.** galiņš (*desas u. tml.*)

cornijón *m* mājas (ielas) stūris

cornisa *f arhit.* karnīzs, dzega

cornucopia *f sar.* pilnības rags

cornudo I *a* ragains; ar ragiem; **II** *m sar.* ragnesis (*piekrāpts vīrs*)

coro *m* **1.** koris; **2.** *mūz.* korālis; **3.** lukta (*baznīcā*)

corola *f bot.* vainags, vainadziņš

corona f 1. (*karaļa*) kronis; 2. vainags; ~ de laurel – lauru vainags; 3. (*zoba*) kronis; 4. galvvidus; 5. tonzūra; 6. krona (*monēta*); 7. nimbs, oreols; 8. *bazn.* rožukronis; ceñir (se) la ~ – kāpt tronī

coronación f kronēšana

coronel m pulkvedis; ~ de regimiento – pulka komandieris

coronilla f pauris, galvvidus; pakausis; ◇ estar hasta la ~ – būt līdz kaklam, būt apnikušam

corpanchón m (*putna, cilvēka*) rumpis

corpiño m ņieburs

corporal a 1. ķermeņa-; miesas-; miesīgs; 2. fizisks; trabajo ~ – fizisks darbs

corpúsculo m 1. *fiz.* korpuskula; 2. atoms; molekula

corral m 1. pagalms, sēta; 2. aploks; 3. izlaidums tekstā; ◇ hacer ~es – kavēt mācības

correa f 1. siksna; ~ sin fin – 1) konveijers; 2) dzensiksna; 2. stiepjamība; staipīgums; elastīgums; ◇ tener [mucha] ~ – 1) būt ar biezu ādu; 2) saprast jokus; besar la ~ – [pa]zemoties

correaje m 1. siksnas; 2. zirglietas

corrección f 1. [iz]labošana; labojums; 2. korektūra; 3. pieklājīga izturēšanās, laba uzvedība; 4. rājiens; nosodīšana; sods; ~ disciplinaria – disciplinārsods; 5. *mil.* koriģēšana; ~ del tiro – šaušanas koriģēšana

correccional I a labošanas-; II m labošanas iestāde; ~ de menores – labošanas darbu kolonija bērniem

correctivo I a 1. korektīvs; 2. remdējošs; atvieglinošs; II m 1. pretsāpju līdzeklis; 2. korektīva, labojums; 3. (*administratīvs*) sods

corredera f 1. manēža; 2. hipodroms; 3. gara un plata iela; plats ceļš; 4. *tehn.* aizbīdnis; aizšaujamais; 5. bīdāmas durvis, bīdāms logs

corredor I a ātrs, žigls; II m 1. skrējējs (*sacīkstēs*); 2. sacīkšu braucējs; 3. brokers; mākleris; ~ de seguros – apdrošināšanas aģents; ~ do comercio – tirdzniecības aģents; 4. koridors; gaitenis; galerija; ~ aéreo – gaisa koridors

correduría f 1. mākleru (starpnieku) darījumi; māklera (starpnieka) darbs; 2. *ek.* kurtāža

corregible a spējīgs laboties; [iz]labojums

corregidor m 1. korrehidors (*tiesnesis feodālās Spānijas pilsētās un provincēs*); ciema vecākais, administrators; 2. apgabala tiesnesis

corregir v 1. [iz]labot; pārlabot; koriģēt; 2. pelt; nosodīt; 3. remdināt; mīkstināt; 4. pārbaudīt (*mājas darbus*)

correligionario m 1. *rel.* pie vienas (vienādas) ticības piederīgais; 2. domubiedrs

correncia *f med.* caureja; kuņģa darbības traucējumi

correntío *a* **1.** skrejošs; tekošs; **2.** šķidrs, plūstošs; **3.** viegls, kustīgs; **4.** brīvs, nepiespiests

correo[a] *m* **1.** pastnieks; kurjers; ~ urgente – ziņnesis; ~ de malas nuevas – nelaimes vēstnesis; **2.** pasts; Correos – galvenais pasts; echar al ~ – nodot pastā; **3.** pasts, korespondence; ~ aéreo – gaisa pasts; ~ certificado – ierakstīts pasta sūtījums; coche ~ – pasta vagons; taquilla de ~s – pasta lodziņš; vēstuļu pieņemšana; a lista de ~s – uz pieprasījumu (*piem.*, *vēstule*); ~s *pl* pasta sūtījumi

correo[b] *m jur.* līdzdalībnieks, dalībnieks

correoso *a* **1.** sīksts; cīpslains (*par gaļu*); **2.** valkans

correr *v* **1.** skriet; ~ sin tino – skriet pa kaklu pa galvu; ~ por la ciudad – skriet pa pilsētu; ~ como un galgo – nesties kā viesulim; **2.** (*par laiku, terminu*) notecēt, paiet; izbeigties; **3.** steigties; traukties; drāzties; **4.** būt apgrozībā; **5.** tecēt; **6.** pūst (*par vēju*); **7.** (*con*) norēķināties, samaksāt (*algu*); **8.** segt (*izdevumus*); **9.** virzīties uz priekšu (*par darījumiem*); ~ con los gastos – ņemt uz sava rēķina; ~ por cuenta de ... – būt (iet) uz (*kā*) rēķina; **10.** aizvilkt (*priekškaru*); ◊ ~ la misma suerte – būt vienādam (kopējam) liktenim; ~se *rfl* **1.** pavirzīties; savirzīties; **2.** kaunēties; **3.** *sar.* pārspēt pašam sevi; par daudz apsolīt

correría *f* **1.** sirojums; **2.** laupītāju uzbrukums; **3.** izbraukums, ekskursija

correspondencia *f* **1.** korespondence; sarakstīšanās; **2.** atbilstība, piemērotība; **3.** (*vilcienu*) saskaņošana; **4.** atbildēšana (*mīlestībai u. tml.*); **5.** atzinība, pateicība

corresponder *v* **1.** atbildēt; attiekties (*uz*); **2.** atdarīt, atmaksāt; **3.** atbilst; **4.** pienākties; nākties; pieklāties; ~se *rfl* **1.** sarakstīties; **2.** saieties (*ar kādu*)

correspondiente *a* **1.** piemērots; atbilstošs; attiecīgs; **2.** piekrītīgs; kompetents; ángulo ~ *mat.* – pretleņķis; **3.**: académico ~ – akadēmijas korespondētājloceklis

corresponsal *m* korespondents

corretear *v* **1.** klejot apkārt; blandīties; **2.** draiskoties

correveidile *m, f sar.* mēlnesis, -e; tenkotājs, -a; ziņotājs, -a

correverás *m* uzvelkamā rotaļlieta

corrida *f* **1.** skrējiens; skriešana; **2.** vajāšana; pakaļdzīšanās; trenkšana; medīšana; **3.**: ~ de toros – korrida (*vēršu cīņa*); ◊ de [una] ~ – 1) steidzīgi, vienā paņēmienā; 2) (*kaut ko runāt, stāstīt*) vienā elpas vilcienā; ~ del tíempo – laika skrējiens

corrido *a* **1.** bagātīgs (*svars*); pārpilns; **2.** *pārn.*, *sar.* slīpēts, rūdīts; **3.** nokaunējies; kaunīgs; samulsis; ◇ leer de ~ – lasīt tekoši; ~ de la costa – tautasdziesma

corriente I *a* **1.** skrejošs; **2.** *daž. noz.* tekošs; **3.** parasts, ikdienišķs; **4.** braucams, kuģojams; **5.** veikls, viegls (*par stilu*); **6.** apgrozībā esošs; **7.** parasts; **II** *f* **1.** straume; plūsma; ~ marina – jūras straume; ~ del aire – caurvējš; **2.** strāva; ~ alterna *el.* – maiņstrāva; **3.** (*kāda darījuma*) gaita, norise; estar al ~ – būt lietas kursā; ◇ ¡~! – labi!; jā!; dejarse llevar de la ~ – peldēt pa straumei

corrimiento *m* **1.** tecēšana; plūšana; plūdums; **2.** (*zemes*) nobrukums; **3.** *med.* asins pieplūdums; **4.** samulsums

corro *m* **1.** (*piem.*, *skatītāju*) pulciņš; (*ģimenes*) loks; hacer ~, formar ~ – sastāties lokā (*ap ko*), apstāt (*ko*); sapulcēties, salasīties (*ap ko*); **2.** riņķa deja; rotaļa; jugar al ~ – dejot riņķa deju; iet rotaļās; hacer ~ aparte *sar.* – veidot citu komandu (partiju)

corroborante *m med.* spēcinošs (stiprinošs) līdzeklis

corroer *v* sagrauzt, saēst; grauzt (*par sirdsapziņu*)

corromper *v* **1.** sabojāt, samaitāt; **2.** izkropļot, izķēmot; **3.** *sar.* piekukuļot, uzpirkt; **4.** pavest; pavedināt

corrosión *f* korozija

corrupción *f* **1.** sabojāšana, samaitāšana; **2.** trūdēšana; pūšana; **3.** (*kāda raksta*) viltošana, falsificēšana; **4.** korupcija; piekukuļošana, uzpirkšana; **5.** pavešana; pavedināšana

corruptela *f* **1.** *sk.* **corrupción**; **2.** *jur.* ļaunprātīga izlietošana (izmantošana)

corruptibilidad *f* **1.** iznīcība; nicība; **2.** [uz]pērkamība

corsario I *a* pirātisks; pirātu-; korsāru-; **II** *m* korsārs, jūras laupītājs; buque ~ – korsāru kuģis

corsé (*pl* corsés) *m* **1.** korsete; **2.** ņieburs

corta *f* **1.** malkas ciršana; **2.** (*mežu*) izciršana

cortabolsas *m sar.* kabatu zaglis

cortacircuitos *m el.* aizsargs, drošinātājs

cortacorriente *m el.* izslēdzējs, slēdzis

cortadillo *m* [vīna] glāze, mērglāze

cortado *a* **1.** piegriezts (*par apģērbu*); **2.** sarūdzis (*piens*); **3.** lakonisks (*stils*); **4.** skopi iemērīts (nomērīts); estar (andar) ~ – būt bez naudas, bez graša kabatā; ◇ quedarse ~ – iestrēgt; netikt tālāk

cortador *m* **1.** miesnieks; **2.** piegriezējs (*par drēbnieku*)

cortadura *f* **1.** griezums; griezumi; iegriezums; **2.** griezta brūce; **3.** apcirpšana; **4.** ~s *pl* atgriezumi

cortalápices *m* zīmuļu asināmais
cortante I *a* ass; **II** *m* **1.** asmens; **2.** kapājamais nazis
cortapisa *f* **1.** traucēklis, kavēklis; sin ~s – netraucēti; poner ~s – radīt šķēršļus; **2.** asprātība, joks
cortaplumas *m* spalvu nazītis
cortar *v* **1.** griezt; nogriezt, apgriezt; sagriezt; piegriezt (*drānu*); **2.** salaistīt, sajaukt (*dažādu šķirņu vīnus*); **3.** šķelt (*gaisu, viļņus*); **4.** saīsināt (*tekstu*); **5.** pārtraukt (*sakarus; savienojumu*); **6.** gravēt; **7.** kavēt; aizturēt; apturēt; ~ los gases – izslēgt (apturēt) motoru (*auto*); **6.** pārcelt (*kārtis*); **~se** *rfl* **1.** iegriezt sev, sagriezties; **2.** saiet; sarūgt (*par pienu*); **3.** apjukt, samulst; **4.** iestrēgt; **5.** irt (*pa vīlēm*); **6.** sprēgāt (*par ādu*)
cortaviento *m* vējstikls
corte[a] *m* **1.** iegriezums; griezums, grieziens; **2.** asmens; **3.** (*apģērba*) piegriezums; piegrieztne; piegriešanas darbnīca; **4.** (*drānas*) atgriezums; **5.** pārcelšana (*kāršu spēlē*); **6.** pārtraukšana, izbeigšana; ~ de cuentas – maksājumu pārtraukšana; **7.** (*malkas*) ciršana
corte[b] *f* **1.** galms; galma štats; **2.** tiesas palāta; **3.** svīta, pavadoņi; **4.**: Cortes *pl* kortesi (*parlaments Spānijā*); ◊ hacer la ~ – parādīt uzmanību (*sievietei*)
cortedad *f* **1.** īsums; ~ de vista – tuvredzība *arī pārn.*; **2.** *pārn.* aprobežotība; **3.** kautrīgums; biklums
cortejador, cortejante *m* pielūdzējs, kavalieris
cortejo *m* **1.** (*sievietes*) aplidošana; **2.** svīta; pavadoņi; ~ funebre – bēru gājiens; **3.** *sar.* (*sievietes*) cienītājs, pielūdzējs
cortés *a* pieklājīgs; galants
cortesana *f* kurtizāne; pērkama sieviete
cortesanía *f* pieklājība, korektums
cortesano I *a* **1.** galma-; **2.** izglītots, smalks; **II** *m* **1.** galminieks; **2.** *pārn.* līdējs; lišķis
cortesía *f* **1.** pieklājība; uzmanība; laipnība; **2.** reveranss; hacer ~ – taisīt reveransu; palocīties; **3.** pieklājības forma (*vēstulē*); **4.** dāvana, dāvinājums; labvēlības pierādījums
corteza *f* **1.** miza; garoza; ~ cerebral – smadzeņu garoza; ~ terrestre – zemes garoza; **2.** krevele
cortijada *f* (*mazs*) ciems
cortijo *m* (*lielākas*) lauku mājas; ferma
cortina *f* **1.** aizkars; portjera; priekškars; ~ de humo – 1) dūmaka; ~ de agua – lietusgāze; 2) *mil.* dūmu aizsegs; ~ de seguridad *mil.* – aizsardzības līnija; **2.** baldahīns; ◊ a ~ corrida – paslepus, slepeni
cortinaje *m* **1.** [logu] aizkari; **2.** drapējums
corto *a* **1.** īss; īslaicīgs; mazs; **2.** dumjš;

aprobežots; ~ de alcances – garīgi aprobežots; **3.** trūcīgs, nepilnīgs; nepietiekams; ~ de vista – īsredzīgs; ~ de manos – bezpalīdzīgs, nevarīgs; **4.** bikls, kautrīgs; quedarse ~ – nemācēt izteikties

cortometraje *m* īsmetrāžas filma

corva *f anat.* paceles bedre

corvadura *f* [iz]liekums

corvato *m* vārnulēns

corvo *a* **1.** līks; izliekts; saliekts; **2.** ietiepīgs (*par zirgu*)

corzo *f* stirnu buks

cosa *f* lieta; priekšmets; ~ en sí *filoz.* – lieta sevī; ~ de comer – ēdamlieta; ~ de importancia – kaut kas vērtīgs (svarīgs); ~ de ver – kaut kas ievērības cienīgs; ~ de poca monta – kaut kas nenozīmīgs, nenozīmīga lieta; ¡~rara! – cik savādi!; ni ~ que lo valga – nekas tamlīdzīgs; no hay tal ~ – tas nav tā; poca ~ – maz; entre otras ~s – starp citu; ~ fuerte – nepatīkama (smaga) lieta; ~ perdida – nelabojams cilvēks; ~ rara – savāda lieta; cada ~ en su tiempo – visam savs laiks

coscón *a sar.* viltīgs; tāds, kas izliekas par muļķi

coscorrón *m* belziens pa galvu; kontūzija

cosecante *f mat.* kosekanss

cosecha *f* raža; ražas novākšana; fiesta de la ~ – ražas novākšanas svētki; ◇ eso es de su ~ – tas ir viņa fantāzijas auglis; tras poca ~, ruin trigo – nelaime nenāk viena

coseno *m mat.* kosinuss

coser *v* šūt; ~ a – piešūt; piestiprināt; ~ sobre ... – uzšūt; ~ a punto atrás – apšūt; máquina de ~ – šujmašīna; ◇ [cosa] de ~ y cantar – ļoti viegli; ~se la boca – turēt muti

cosicosa *f* mīkla (*atminēšanai*)

cósmico *a* kosmisks; rayos (cuerpos) ~s – kosmiskie stari (ķermeņi)

coso *m* **1.** arēna (*piem., vēršu cīņai*); **2.** galvenā iela (*Aragonā*)

cosquillas *f pl* kutināšana; hacer ~ – 1) kutināt; 2) *sar.* [ie]kairināt (*ziņkārību u. tml.*); buscarle a uno las ~ – kaitināt, izvest no pacietības

cosquilloso *a* **1.** kutelīgs; **2.** tāds, kurš ātri apvainojas

costa[a] *f* (*jūras*) krasts; piekraste; ~ firme – kontinenta piekraste; ~ brava – klinšaina piekraste; barajar la ~ – braukt gar piekrasti (*par burinieku u. tml.*); dar a la ~ – iznest (izmest) kuģi krastā

costa[b] *f* **1.** cena; **2.** izdevumi; a ~ de ... – 1) uz (*kā*) rēķina; 2) ar (*kā*) palīdzību; (*kādā*) ceļā (*aptaujas u. tml.*); **3.** ~s *pl jur.* tiesas izdevumi; ◇ a toda ~ – par katru cenu, katrā ziņā

costado *m* **1.** sāns, sāni; dolor de ~ – dūrēji sānos; **2.** *mil.* flangs; **3.** *jūrn.* borts; **4.** ~s *pl* senči; árbol de ~s – ciltskoks

costal[a] *a* ribu-

costal[b] *m* (*labības*) maiss; ◇ el ~ de mentiras – melis, melkulis; estar hecho un ~ de huesos – kļūt par kaulukambari; esa es harina de otro ~ – tā ir pavisam cita lieta; vaciar el ~ – izpļāpāt

costaneras *f pl* [jumta] spāres

costanero *a* 1. stāvs, kraujš; 2. piekrastes-, krasta-

costanilla *f* stāva (kraujā) iela

costar *v arī pārn.* maksāt, izmaksāt; ~ caro (barato) – dārgi (lēti) [iz]maksāt, dārgi (lēti) iznākt; ~ un ojo *sar.* – dārgi [iz]maksāt; ¿cuánto cuesta esto? – cik tas maksā?; cueste lo que cueste – lai tas maksā ko maksādams; par katru cenu

coste *m* 1. cena; maksa; izmaksa; 2. ~ de producción – pašizmaksa; tener de ~ – maksāt, izmaksāt

costear[a] *v* segt izdevumus; apmaksāt, samaksāt; ~ los estudios a alguien – segt kādam studiju izdevumus, samaksāt kādam studiju naudu; ~se *rfl* atmaksāties, ekonomiski sevi attaisnot

costear[b] *v jūrn.* braukt gar piekrasti

costeño, costero *a sk.* **costanero**; faro ~ – bāka

costilla *f* 1. riba; 2. *sar.* sieva, otrā puse; ◇ medirle a uno las ~s – sasist kādu zili melnu; pasearle a uno las ~s – pazemot kādu, mīdīt kājām

costillaje, costillar *m anat.* krūškurvis

costo *m* cena; el alto ~ de la vida – dzīves dārdzība

costoso *a* 1. dārgs, vērtīgs; 2. grūts, nogurdinošs

costra *f* 1. garoza; miza; 2. krevele

costumbre *f* 1. ieradums, paradums; paraža; tikums; mala ~ – netikums, slikts ieradums; según la ~ local – pēc vietējās paražas; 2. ~s *pl* dzīvesveids; ◇ de ~ – parasti; según ~ – kā parasti

costura *f* 1. šuve; vīle; 2. *tehn.* salaidums; savienojums; 3. šūšana; 4. šuveklis

costurera *f* šuvēja

costurería *f* šūšanas darbnīca, ateljē

cotarro *m* nakts patversme; ◇ andar de ~ en ~ – 1) staigāt pa ciemiem; 2) dauzīties, klaiņot [apkārt], slaistīties

cotejar *v* salīdzināt; pretstatīt

cotejo *m* salīdzināšana; salīdzinājums; ~ de letras *jur.* – dokumentu ekspertīze

cotidiano *a* ikdienas-; ikdieniškīgs; el pan ~ – dieniškā maize

cotización *f* 1. novērtējums; novērtēšana; 2. *ek.* kotācija; kotēšana; (*biržas*) kurss; ~ de la bolsa – kotēšana biržā; ~ directa – tieša kotēšana; de mandada ~ – naudas kurss

coto[a] *m* 1. iežogots gruntsgabals; 2. rezervāts, saudzējamā josla; 3. (*aploka*) pārvietojamā sēta (*pīta*); 4. robežlīnija; 5. robežzīme

coto[b] *m ek.* vienošanās par cenu; takse

cotón *m* katūns

cotorra *f* 1. mazs papagailis; 2. žagata

covacha *f* 1. neliela ala; 2. *sar.* nožēlojams kakts (caurums) (*par istabu*)

coxal *a* gūžu-; gurnu-

coy *m jūrn.* koja

coyote *m* koijots

coyunda *f* 1. [sa]jūga siksna; 2. *sar.* laulības jūgs

coyuntura *f* 1. locītava; 2. izdevīgs gadījums; aprovechar una ~ – izmantot gadījumu; hablar por las ~s *sar.* – pļāpāt bez mitas; 3. konjunktūra

coz (*pl* coces) *f* 1. speršanās, spārdīšanās; 2. spēriens (*ar kāju*); 3. atsitiens (*šaujot*); 4. *sar.* rupjība; soltar la ~ – kļūt rupjam; a coces – ar varu

crac *m* krahs, bankrots; izgāšanās; dar (hacer) un ~ – bankrotēt

cráneo *m anat.* galvaskauss

crápula *f* 1. izlaidība, izvirtība; 2. plītēšana, uzdzīvošana; entregarse a la ~ – nodoties izlaidīgam dzīvesveidam (uzdzīvei)

crasitud *f* resnums, tuklums, korpulence

craso *a* 1. tauks, trekns; resns; 2. lempīgs, neveikls

creable *a* iespējams, izdarāms

creación *f* 1. radīšana; 2. radība; 3. veidojums; darinājums; 4. visums, izplatījums; 5. izgudrojums; sasniegums; 6. mākslas darbs; hacer una ~ – radīt tēlu (*par aktieri*)

creador I *a* radošs; fuerza ~a – radošs spēks; ģenialitāte; **II** *m* radītājs; autors

crear *v* 1. radīt; 2. dibināt, nodibināt; 3. iekārtot; ierīkot

crecedero *a* augošs, lielāks, ar rezervi (*par apģērbu*)

crecer *v* 1. augt; palielināties; ~ alrededor – apaugt; ~ al través – [iz]augt cauri; 2. celties (*par ūdens līmeni*); 3. pieņemties; briest; pampt

creces *f pl* 1. pieaugums; apjoma palielināšanās; 2. procentu procenti, augļu augļi; ◇ con ~ – bagātīgi

crecida *f* augsts ūdens līmenis; pali

crecido *a* 1. pieaudzis; liels; 2. ievērojams, daudzskaitlīgs, prāvs (*piem., par naudas summu*)

creciente I *a* augošs; pieaugošs; **II** *f* 1. (*ūdens līmeņa*) celšanās; ~ del mar – paisums; 2. augošs mēness; mēness sirpis

crecimiento *m* 1. augšana; attīstība; 2. pieņemšanās; pieaugums

credencial I *a dipl.* akreditēšanās-; **II** ~es *m pl* akreditēšanās raksts

credibilidad *f* ticamība; varbūtība

crédito *m* 1. ticēšana; uzticēšanās; dar ~ a alguien – ticēt kādam; 2. cieņa; autoritāte; 3. reputācija; 4. kredīts; aktīvs; aizdevums; abrir un ~ – piešķirt kredītu, kreditēt; comprar a ~ – pirkt uz kredīta; carta de ~ – akreditīvs

credo *m* **1.** *rel.* kredo, ticības apliecinājums; **2.**: ~s políticos *pol.* – politiskie uzskati; ◊ en un ~ – vienā mirklī

crédulo *a* lēticīgs

creederas *f pl*: tener buenas ~ – būt ļoti lēticīgam

creencia *f* **1.** ticība; **2.** pārliecība; **3.** *rel.* ticība, konfesija

creer *v* **1.** ticēt; **2.** domāt; noturēt (*par kaut ko*); uzskatīt (*par kaut ko*); ~ conveniente – uzskatīt par ieteicamu; hacer ~ – iestāstīt, iegalvot; mēģināt pārliecināt; ~se *rfl* iedomāties (*sevi par kaut ko*); būt iedomīgam (*uz kaut ko*)

creíble *a* ticams; iespējams

cremaᵃ *f* **1.** krējums; ~ agria – skābais krējums; ~ batida – putukrējums; **2.** krēms; **3.** krēmkrāsa

cremaᵇ *f gram.* trēma

crencha *f* [matu] celiņš

crepitación *f* sprēgāšana; sprakšķēšana

crepúsculo *m* krēsla; mijkrēslis

creso *m* krēzs, miljonārs

crespo *a* **1.** sprogains, cirtains; **2.** dusmīgs, nikns; uzbudināts

crespón *m* kreps (*audums*); ~ de la China – krepdešīns

cresta *f* **1.** sekste; **2.** kalna kore, kalna mugura; **3.** viļņu krēpes; ◊ dar en la ~ – apvainot, aizvainot

creta *f* krīts

creyente *m, f* ticīgais, -ā

cría *f* **1.** audzināšana; **2.** audzēšana; ~ caballar – zirgu audzēšana, zirgkopība; **3.** (*par dzīvniekiem*) metiens; perējums; **4.** zīdainis; (*dzīvnieku*) mazulis; ama de ~ – zīdītāja

criada *f* kalpone

criadero I *a* auglīgs; **II** *m* **1.** audzētava (*dzīvnieku, koku u. c.*); **2.** inkubators; **3.** atradne, iegulas

criadilla *f anat.* sēklinieks; ◊ ~ de tierra – trifelis (*sēne*)

criado I *a* audzināts; bien (mal) ~ – labi (slikti) audzināts; **II** *m* kalps; apkalpotājs; sulainis

criador I *a* **1.** radošs; **2.** auglīgs; **II** *m* **1.** radītājs; autors; **2.** audzinātājs; **3.** (*lopu*) audzētājs; ~ de caballos – zirgaudzētājs

criar *v* **1.** *daž. noz.* radīt; **2.** gādāt; sagādāt; ~ fama – sagādāt slavu; **3.** zīdīt, barot (*bērnu*); **4.** audzināt (*bērnu*); audzēt (*lopus, kokus*); **5.** iekārtot; ierīkot; dibināt, nodibināt; **6.** būt par pamatu (*kaut kam*); **7.** estar criado *sar.* – stāvēt uz savām kājām; būt par iemeslu (*kaut kam*); ~se *rfl* uzaugt; attīstīties, augt (*par bērnu*)

criatura *f* **1.** radība; **2.** [nožēlojams] radījums; būtne; **3.** zīdainis, mazulis

criba *f* siets

cribar *v* sijāt, izsijāt

cric *m tehn.* domkrats

crimen *m* noziegums; ~ de alta traición – valsts nodevība; ~ de guerra – kara noziegums; ~ de lesa humanidad – noziegums pret cilvēci

crin *f* 1. zirga astri; sari; ~ vegetal – 1) koksnes spuras (mati); 2) jūras zāle; 2. ~es *pl* krēpes

crío *m sar.* zīdainis

criollo I *a* 1. kreola-; kreolu-; 2. (*am.*) vietējs; tautisks; II *m* kreols

crisálida *f zool.* kūniņa

crisis *f* krīze; lūzums; ~ ministerial – valdības krīze; atravesar (pasar por) una ~ – pārdzīvot krīzi

criminal I *a* noziedzīgs, krimināls; derecho ~ – krimināltiesības; pleito ~ – kriminālprocess; II *m* noziedznieks

crisma *m*, *f* 1. *bazn.* svaidāmā eļļa, mirres; 2. *sar.*: romperse la ~ – lauzt [sev] kaklu

crisol *m* 1. tīģelis; 2. *pārn. sar.* kalve; ugunis; pārbaude; el ~ de la guerra – kara ugunis

crisopeya *f* alķīmija

crispar *v* 1. savilkt; [sa]krokot; 2. savilkt, saraut (*par krampjiem*); ◇ ~ el puño – sažņaugt dūri, savilkt roku dūrē; ~ los nervios – uzbudināt; **~se** *rfl* sačokuroties; savilkties [kopā]; sacelties (*par matiem*)

cristal *m* 1. kristāls; ~ de roca – kalnu kristāls; 2. hilado – stikla šķiedra; 3. slīpēts stikls; 4. loga rūts; logs; hoja de ~ – stikla rūts (plāksne); 5. pulksteņa (aceņu) stikliņš; ~ de aumento – palielināmais stikls; 6. spogulis; 7. *poēt.* (*ūdens*) spogulis; 8. ~ de contacto – kontaktlēcas; ver con ~ de aumento – pārspīlēt

cristalino I *a* 1. kristāla-; 2. kristālisks; kristālskaidrs; II *m* (*acs*) lēca

cristianer *v rel.* kristīt

cristiano I *a* kristīgs; ◇ ¡hable Vd. en ~! – runājiet skaidri (saprotami)!; II *m* kristīgais, kristietis

cristo *m rel.* krucifikss; ◇ ni por un ~ – nekādā ziņā, ne par ko uz pasaules; sacar el ~ – ķerties pie pēdējiem (ārkārtējiem) līdzekļiem; ¡vota a ~! – nolādēts!, sasodīts!

cristus *m sar.* ābece

crítico I *a dažd. noz.* kritisks; estado ~ – kritisks stāvoklis; II *m* kritiķis; ~ de arte – mākslas kritiķis

criticón I *a* ar tieksmi nopelt; II *m* sīkumains kritizētājs; pēlējs

critiquizar *v* sīkumaini [no]kritizēt; pelt; piesieties

croar *v* kurkstēt

crocante *a* kraukšķīgs

croco *m* krokuss, safrāns

cromo *m ķīm.* hroms

crónica *f* hronika; ~ negra – policijas hronika (*laikrakstā*)

crónico *a* hronisks

cronicón *m* īsa hronika

cronista *m* 1. hronists, hronikas autors; 2. reportieris

croquis *m* skice; uzmetums; hacer un ~ – uzmest, skicēt

crótalo *m* 1. grabulis; tarkšķis; 2. klaburčūska

crotorar *v* parkšķināt (*par stārķi*)

cruce *m* 1. krustošana, sakrustošana; krustošanās; krustojums; 2. ielu krustojums; ~ de via – dzelzceļa pārbrauktuve; pāreja (*uz ielas*)

crucero *m* 1. kreiseris; ~ de combate – līnijkreiseris; 2. kruīzs, jūras ceļojums; 3. krustceļi, krustceles; 4. *rel.* krusta nesējs (*procesijā*); ◇ Crucero austral *astr.* – Dienvidu Krusts

cruceta *f* krustdūriens

crucial *a* krustveidīgs; krustveida-, ◇ momento ~ – kritisks brīdis

crucificar *v* 1. sist krustā; 2. *sar.* mocīt; spīdzināt

crucifixión *f* krustā sišana

crucigrama, cruciverbo *m* krustvārdu mīkla

crudamente *a* skarbi, stingri

crudeza *f* 1. nepilna gatavība; nepilns [no]briedums (*par augļiem u. tml.*); 2. rupjums; rupjība; 3. stingrība; bargums; 4. ~s *pl* grūti sagremojama barība; 5. ~s *pl* nekītri izteicieni, rupjības

crudo *a* 1. jēls; zaļš (*nevārīts*); 2. *tehn.* neapstrādāts; seda ~a – jēlzīds; petróleo ~ – jēlnafta; 3. rupjš, neaptēsts; brutāls; 4. bargs (*laiks*); 5. grūti sagremojams; 6. dzeltenīgs, krēmkrāsas

cruel *a* nežēlīgs, cietsirdīgs, necilvēcisks

crueldad *f* nežēlība, cietsirdība

cruent∥o *a* asiņains; batallas ~as – asiņainas kaujas

crujía *f* 1. koridors, gaitenis; 2. (*liela*) kopējā palāta (*slimnīcā*)

crujido *m* 1. brīkšķis; sprakšķis; 2. brīkšķēšana; sprakšķēšana; čirkstēšana; gurkstēšana

cruor *m* 1. asinsķermenītis; 2. *med.* sarecējušas asinis

crural *a anat.* gūžas-; gurna-; gūžu-; gurnu-

cruz (*pl* cruces) *f* 1. krusts; en ~ – krustām šķērsām; hacerse cruces – pārmest krustu; llevar una ~ a cuestas *pārn.* – nest savu krustu, ciest; 2. *anat.* krusti; ◇ de la ~ a la fecha – no sākuma līdz beigām; Cruz Roja – Sarkanais Krusts; de la ~ a la fecha – no sākuma līdz beigām, no alfas līdz omegai

cruzada *f vēst.* krusta karš, krusta gājiens

cruzado **I** *a* 1. *vēst.* krustnešu-; 2. krustots; 3. krustveidīgs; fuego ~ *mil.* – krustugunis; **II** *m* 1. *vēst.* krustnesis; 2. kreiceris (*monēta*); 3. cilvēks, apbalvots ar krustu

cruzar *v* 1. šķērsot (*ceļu, jūru u. tml.*); 2. [krusteniski] izsvītrot; 3. *pārn.* pārvilkt svītru (krustu); izjaukt (*kādu nodomu u. tml.*); 4. apbalvot ar krustu (*ordeni*); ◇ ~ la cara – dot pļauku; **~se** *rfl*;

~ de brazos – 1) sakrustot rokas; 2) sēdēt, rokas klēpī salikušam

cuaderno *m* 1. burtnīca; 2. piezīmju grāmatiņa; ◊ ~ de bitácora *jūrn.* – kuģa dienasgrāmata (žurnāls); 3. *sar.* kāršu kava

cuadra *f* 1. stallis; 2. (*liela*) guļamtelpa (*kazarmā u. tml.*); 3. (*am.*) [māju] kvartāls; kopēja palāta; kopēja kamera

cuadrado I *a* 1. četrstūrains; kvadrātveidīgs; 2. *mat.* kvadrāta-; otrās pakāpes-, kilómetro ~ – kvadrātkilometrs; ◊ de ~ – pilnīgi, pavisam; **II** *m* 1. četrstūris; kvadrāts; 2. kvadrātskaitlis; raíz ~ – kvadrātsakne

cuadragenario *a* četrdesmit gadus vecs

cuadragésimo *num* četrdesmitais

cuadrangular *a* četrstūrains

cuadrante *m* 1. *mat.* kvadrants; 2. saules pulkstenis

cuadrar *v* 1. izveidot četrstūrainu; pataisīt par kvadrātu; 2. *mat.* pacelt kvadrātā; 3. atbilst, būt piemērotam; saskanēt; ~**se** *rfl* 1. stāvēt mierā (pamatstājā); 2. *sar.* kļūt oficiālam

cuadrática *f mat.* kvadrātvienādojums

cuadrícula *f* 1. *poligr.* rastrs; 2. rūtiņpapīrs

cuadrienio *m* četrgade

cuadriga *f vēst.* kvadriga; četrjūgs

cuadril *m* gūžas kauls

cuadrilátero I *a* četrsānu-; **II** *m mat.* četrstūris

cuadrilongo I *a* taisnstūrains; taisnstūra-; **II** *m mat.* taisnstūris

cuadrilla *f* **I.** grupa; brigāde; komanda; 2. (*zagļu*) banda; 3. (*vēršu cīņā*) kvadrilja, vēršu cīņu komanda; 4. kadriļa (*deja*)

cuadro *m* 1. kvadrāts; taisnstūris; 2. tabula; ~ de marcha de trenes – vilcienu saraksts; ~ de claces, ~ de lecciones – stundu plāns; 3. glezna; 4. ietvars; 5. *teātr.* aina; *kino* kadrs; 6.: tablo, panelis, pults; ~ de distribución *el.* – slēgdēlis; ~ de mandos – vadības pults; 7.: ~s *pl* komandējošais sastāvs; 8. estar (quedarse) en ~ – palikt vientuļam, visu zaudēt

cuadrúpedo I *a* četrkājains; **II** *m zool.* četrkājis

cuádruple *a* čertkārtīgs; četrkāršs

cuajada *f* 1. rūgušpiens; 2. biezpiens

cuajado I *a* 1. sarūdzis (*par pienu*); 2. *sar.* sastindzis, stīvs (*no brīnumiem u. tml.*); 3. (de) pārpilns, pilns; kā nosēts (*ar dārgakmeņiem u. tml.*); **II** *m* kvahado (*pīrāgs ar maltu gaļu, dārzeņiem un olām*)

cuajar[a] *m* glumenieks (*kuņģa nodalījums atgremotājiem*)

cuajar[b] *v* 1. ļaut sarūgt; sabiezināt, sarecināt; 2. sarūgt (*par pienu*); sabiezēt, sarecēt; 3. kļūt cietam (stingram) (*par sniegu*); 4. patikt, būt pa prātam; **5.** izdoties; **6.**: ~ de – būt kā apkrautam (*ar dārglietām u. tml.*)

cual (*pl* cuales) **I** *pron rel* **1.** kāds; kāda; cada ~ – ikviens, kurš katrs; cada cual hace lo que puede – katrs dara to, ko var; **2.** (*ar noteikto artikulu*) kas, kurš, kura; recibí una carta de mi amigo la ~ me alegró mucho – es saņēmu no sava drauga vēstuli, kura mani ļoti iepriecināja; por lo ~ – kādēļ, kāpēc, kālab; **II** *adv* kā; it kā; tā kā; līdzīgi (*kam*); pasó ~ un rayo – aizjoņoja [tā] kā zibens; ◊ tal ~ – tā puslīdz; nekas; el dibujo estaba tal ~ – zīmējums bija tā nekas

cuál (*pl* cuáles) *pron interr* **1.** kas?; **2.** kurš?; kura?; kāds?; kāda?; ~ de los dos? – kurš no abiem?

cualidad *f* īpašība; kvalitāte

cualquier (*pl* cualesquier) *pron indef* (*saīs. no* cualquiera, *lieto pirms lietv.*) kurš katrs, kaut kurš, jebkurš; jebkāds; ~ otro hombre – jebkurš cits cilvēks; de ~ modo – jebkādā veidā

cualquiera (*pl* cualesquiera) *pron indef* katrs, ikviens, ikkatrs, ikkurš; kāds, kaut kāds; ~ de los dos – ikkurš no abiem; ~ que sea – lai kāds arī tas būtu

cuan *adv* cik [ļoti]; kā; cik daudz; tan ...., ~ ... – tāpat ..., kā ...; tikpat ..., cik ...; se mostró ~ inteligente es – viņš parādīja, cik gudrs ir

cuán *adv interr* cik

cuando I *adv* kad; puedes venir a mi casa ~ quieras – vari nākt pie manis, kad vēlies; **II** *conj* ja, kad; ~ lo dice él, es cierto – ja to saka viņš, tad tas ir pareizi (tad tā ir); ◊ de ~ en ~, de vez en ~ – laiku pa laikam; reizēm; ~ ..., ~ ... – te ..., te ....; reizēm ..., reizēm ...; vai ..., vai ...; ~ más, ~ mucho – [vis]augstākais, [vis]lielākais; ~ menos – mazākais, vismaz; ~ quiera – jebkurā laikā, [kurā] katrā laikā; aun ~ – kaut gan, kaut arī, lai gan

cuándo *adv interr* kad?; ¿desde ~? – no kura laika?; ¿hasta ~? – cik ilgi; līdz kuram laikam?; ¿de ~ acá? – no kura laika?

cuanta (*pl* cuantas) *pron rel.* (*lieto kopā ar lietvārdu*) cik

cuánta (*pl* cuántas) *pron interr* cik [daudz]?; ¡~ gente hay en la calle! – cik daudz ļaužu ir uz ielas! ¡ ~ alegría! – kāds prieks!

cuantía *f* **1.** kvantums; lielums, izmērs; **2.** summa; **3.** nozīme, nozīmīgums; svarīgums; de ~ – 1) svarīgs; nozīmīgs; 2) de mayor ~ – ievērojams; prāvs; de menor ~ – nenozīmīgs; nesvarīgs

cuantioso *a* **1.** ievērojams, krietni liels, krietns; **2.** bagātīgs; **3.** nozīmīgs, svarīgs

cuantitativo *a* kvantitatīvs; skaitlisks

cuanto *pron rel* **1.** cik; **2.** tik, cik;

viss, cik; viss kas; tiene todo ~ desea – viņam ir viss, kas viņam vajadzīgs; toma ~ quieras – ņem tik, cik gribi; te doy ~ tengo – es dodu tev visu, cik (kas) man ir; ◊ en ~ a ... – attiecībā uz ...; kas attiecas uz ...; ~ antes – cik iespējams drīzāk; un tanto ~ – mazliet, nedaudz; ~ más que ... – jo vairāk tāpēc, ka ...; ~ menos – jo mazāk; por ~ – tā kā; jo

cuánto I *adv interr* cik?; ¿~ cuesta? – cik maksā?; ¿~ vale este libro? – cik maksā šī grāmata?; ¡~ me alegro! – kā es priecājos!; ¡~ ha durado esta semana! – cik ilgi vilkās šī nedēļa!; ~ gente! – cik daudz cilvēku!; **II** (*pl* cuántos) *pron interr* cik [daudz]?; ?~s años tienes? – cik tev gadu?; ¿a ~s estamos? – kāds šodien datums?

cuarenta *num* četrdesmit

cuarentón četrdesmit gadus vecs

cuaresma *f bazn.* lielais gavēnis; gavēšana

cuarta *f* **1.** ceturtdaļa; ceturksnis; **2.** sprīdis; **3.** *mūz., fizk.* kvarta

cuartear *v* **1.** sadalīt četrās daļās; **2.** sadalīt; šķelt; [sa]skaldīt (*piem., malku*); **3.** būt par ceturto partneri (*kādā spēlē*); **4.** (*vēršu cīņās*) izdarīt ceturtdaļpagriezienu (*vairoties no vērša*); **5.** atkāpties; zaudēt dūšu; ~se *rfl* saplaisāt, sašķelties

cuartel *m* **1.** *mil.* kazarma; estar de ~ – būt kazarmas dežurantam; **2.** (*pilsētas*) kvartāls; **3.** *sar.* dzīvoklis, miteklis; **4.** dobe; **5.**: ~ general *mil.* – štāba mītne; pedir ~ *mil.* – padoties; ◊ no dar ~ – neapžēlot, nepiedot; sin ~ – nežēlīgs, nesaudzīgs

cuartelero I *a* kazarmas-, kazarmu-, **II** *m mil.* sargmatrozis

cuarteo *m* **1.** sadalīšana četrās daļās; **2.** plaisa, plīsums (*sienā, mūrī*); **3.** (*vēršu cīņās*) [iz]vairīšanās (*no vērša ragu dūriena*)

cuarterón *m* **1.** kvarterons (*metiss*); **2.** ceturtdaļmārciņa; **3.** durvju pildiņš; **4.** virsgaismas logs; virslogs, loga atgāžamā vērtne

cuarteta *f lit.* četrrinde, kvarta

cuarteto *m* **1.** *mūz.* kvartets; **2.** *sk.* **cuarteta**

cuartilla *f* **1.** ceturtdaļloksne; **2.** zīmīte; (*papīra*) lapiņa; **3.** (*zirga*) skrumslis

cuarto I *num* ceturtais; en ~ lugar – ceturtkārt; **II** *m* **1.** ceturtdaļa; ceturksnis; las dos y ~ – ceturksnis pāri diviem; ~ creciente – pirmā mēness fāze; ~ menguante – pēdējā mēness fāze; **2.** istaba; telpa; dzīvoklis; ~ de baño – vannas istaba; ~ oscuro – tumša telpa; ~ interior – sētas dzīvoklis; ~ contiguo – blakusistaba; **3.** ceturtdaļloksnes formāts; **4.** *sar.* ~s *pl* nauda; ◊ ser de tres al ~ – nebūt nekam vērtam, nebūt nekur derīgam; echar su ~ a espadas –

jaukties sarunā; dar un ~ al pregonero – izpļāpāt kaut ko; ~ delantero – priekškājas; ~ trasero – pakaļkājas

cuarzo *m min.* kvarcs; ~ hialino – kalnu kristāls; ~ ahumado – dūmakainais kvarcs

cuasicontrato *m jur.* darījums, vienošanās

cuasidelito *m jur.* pārkāpums bez iepriekšēja nodoma (nolūka)

cuaternario *a* **1.** četrkārtīgs; tāds, kas sastāv no četrām daļām (četriem elementiem, vienībām); **2.** *ģeol.* kvartārs

cuatrero *m* (*am.*) lopu zaglis, zirgu zaglis

cuatrillo *m* kvatriljo (*kāršu spēle*)

cuatrillón *m mat.* kvadriljons

cuatrimestre *m* viena trešdaļa no gada, četri mēneši; (*gada*) kvartāls

cuatro I *num* **1.** četri; ~ palabras – pāris vārdu; ~ letras – pāris rindiņu; más de ~ *sar.* – daudz; **2.** ceturtais; número ~ – ceturtais numurs; **II** *m* **1.** četrinieks; **2.** (*vokālais*) kvartets

cuatrocientos *num* **1.** četri simti; **2.** četrsimtais

cuatropear *v* staigāt četrrāpus, iet uz visām četrām

cuba *f* **1.** muca, kubls; **2.** *sar.* resnvēderis; ◇ estar hecho una ~ – piesūcies (piedzēries) kā mārks; **3.** *tehn.* horno de ~ – šahtas krāsns

cubano I *a* Kubas-; kubiešu-, **II** *m* kubietis

cubero *m* **1.** mucinieks; **2.** vīna pagraba pārzinis; ◇ a ojo de buen ~ – pēc acumēra

cubeta *f,* **cubeto** *m* **1.** muciņa, pusmuca; spainis; toveris; kubls; **2.** (*stikla*) kauss; **3.** stikla apvalks (*termometram u. tml.*); **4.** vīna dzesējamais trauks; **5.** *tehn.* kauss; **6.** *foto* [foto] vanniņa, kivete

cubicar *v* **1.** *mat.* kāpināt trešajā pakāpē; **2.** kraut (*malku*) pa asīm; **3.** aprēķināt kubatūru

cúbic‖o *a* kubisks; kubveidīgs; kuba-; raíz ~a *mat.* – kuba sakne

cubierta *f* **1.** *daž. noz.* sega, apsegs; ~ de tejado – jumta segums; **2.** vāki; apvāks (*grāmatai*); **3.** aploksne; **4.** *tehn.* apvalks; **5.** [kuģa] klājs; ~ alta – augšējais klājs; ~ de paseo – pastaigu klājs; ~ de proa – priekšklājs; ~ intermedia – starpklājs; **5.** *mil.* aizsegs

cubierto I *part no* **cubrir; II** *a* **1.** apklāts, apsegts; noklāts, nosegts; a ~ de ... – aizsargāts (*no kā*); **2.** mākoņains; apmācies; el día ~ mākoņaina diena; **3.** *ek.* segts; iemaksāts; **4.** ar apsegtu galvu, ar galvassegu; caballero ~ – spāņu grands; **III** *m* **1.** jumts; **2.** pajumte, patvērums; ponerse a ~ – paglābties (*no lietus u. c.*); **3.** ēdamgalda piederumi (*vienai personai*)

cubil *m* (*dzīvnieku*) miga, midzenis

cubilete *m* **1.** (*biskvītu u. tml.*) cepamā forma; **2.** kauss, biķeris; pokāls

cuboᵃ *m mat.* kubs

cuboᵇ *m* **1.** metamais kauliņš; **2.** spainis; kubls; ~ de basura – atkritumu spainis; **3.** rata rumba

cubrir *v* **1.** [ap]segt; [ap]klāt; ~ de besos – apbērt ar skūpstiem; **2.** apliecināt; **3.** sargāt, aizsargāt; aizstāvēt; **4.** noiet (*ceļa gabalu*); **5.** *sar.* maskēt, aizplīvurot; notušēt; **~se** *rfl* **1.** apsegties; **2.** uzlikt cepuri; **3.** apmākties; **4.** segt, nomaksāt (*parādu u. tml.*)

cucamonas *f pl sar.* koķetēšana; flirtēšana; lakstošanās

cucaña *f* **1.** rāpšanās kārts (*tautas svētkos, gadatirgos*); **2.** *sar.* gadījuma (nejaušs) ienākums

cucañero *m sar.* avantūrists; dēkainis

cucaracha *f* **1.** tarakāns, prusaks; **2.** tabaco ~ – šņaucamā tabaka

cucarda *f* kokarde

cuclillas: en ~ – tupus

cuclillo *m* dzeguze

cucoᵃ *m* **1.** dzeguze; **2.** blēdis, viltnieks

cucoᵇ *a sar.* viltīgs; ļaunprātīgs

cucúrbita *f* **1.** *ķīm.* retorte; destilācijas kolba; **2.** *bot.* ķirbis

cucurucho *m* tūta, papīra maisiņš

cuchara *f* **1.** karote; ~ de palo – koka karote; ~ de sopa (sopera) – zupas karote; **2.** *tehn.* smeltnis, kauss; ◊ meter su ~ – iejaukties (*sarunā u. tml.*)

cucharada *f* vienas karotes saturs, karote

cucharetear *v* **1.** maisīt ar karoti; **2.** *sar.* jaukties citu darīšanās

cucharón *m* smeļamais kauss; pavārnīca; despacharse con el ~ *sar.* – piešķirt sev lauvas tiesu

cuchichear *v* čukstēt, sačukstēties

cuchicheo *m* sačukstēšanās; andar en ~s – izturēties noslēpumaini

cuchilla *f* **1.** kapājamais nazis; liels nazis; asmens; **2.** (*miesnieka*) cirvis; **3.** grieznis; kalts; ~ de torno – virpošanas grieznis

cuchillo *m* **1.** nazis; ~ de mesa – galda nazis; ~ de monte – mednieku duncis; ~ de muelle – saliecamais nazis; **2.** ķīlis, ķīļveidīgs ielaidums (*piem., kleitā*); ◊ pasar a ~ – nonāvēt

cuchillos *m pl* lidspalvas (*putniem*)

cuchipanda *f sar.* dzīres

cuchufleta *f sar.* joks; blēņas

cuelga *f* **1.** saišķis (*vīnogu u. tml.* – *uzkāršanai*); **2.** (*dzimšanas dienas*) dāvana, velte

cuelgacapas, **cuelgarropas** *m* drēbju pakaramais; vadzis

cuello *m* **1.** kakls; **2.** (*pudeles*) kakliņš; **3.** apkakle; ~ alto – cietināta (stīvināta) apkaklīte; ~ duro – iestīvināta apkaklīte; ~ postizo – vaļēja apkakle; ◊ gritar a voz en

~ – brēkt pilnā kaklā; levantar el ~ *sar.* – atkopties pēc slimības; nostāties uz kājām

cuenca *f* **1.** dziļa ieleja; **2.** *ģeogr.* baseins; **3.**: ~ del ojo – acs dobums

cuenco *m* **1.** dziļa bļoda; **2.** veļas skalojamā vanniņa

cuenta I *f* **1.** rēķins; ~ corriente – norēķinu konts; abrir (armar) la ~ – atvērt rēķinu; cerrar la ~ – slēgt rēķinu; ~s pendientes – nesamaksāti rēķini; por su ~ – uz sava rēķina; dar la ~ – 1) pasniegt rēķinu; 2) atlaist (*no darba*); **2.** rēķināšana; skaitīšana; ~ de la vieja – rēķināšana (skaitīšana) uz pirkstiem; ~ de multiplicar – reizināšana; ~ de dividir – dalīšana; **3.** atskaite, norēķins; pārskats; dar ~ de ... dot pārskatu par ...; dar ~ de una cosa – atskaitīties; [relación de] ~s – pārskata ziņojums; atskaites ziņojums; norēķini; **4.** nozīme, nozīmīgums; svarīgums; de ~ – svarīgs; de poca ~ – mazsvarīgs, nenozīmīgs; persona de ~ – svarīga persona; augstas kārtas persona; ◊ caer en la ~ – pamanīt, ieraudzīt; echar ~ – pārdomāt; apsvērt; hacer mal las ~s – kļūdīties savos aprēķinos; darse ~ de ... – apzināties; saprast; tomar en ~ – ņemt vērā; tener en ~ – rēķināties (*ar kaut ko*); tomar por su ~ – ņemt uz savu atbildību; venir a ~s – nākt pie prāta; tener ~ – būt piemērotam (derīgam); a fin de ~s – beidzot, galu galā; en resumidas ~s – īsi sakot; vārdu sakot; ¡vamos a ~s! – ķersimies pie lietas!; eso es ~ mía – tā ir mana darīšana

cuentagotas *m* pipete; con ~ – skopi, pa pilienam

cuentarrevoluciones *m tehn.* tahometrs

cuentista *m f* **1.** stāstītājs, -a; fabulists, -e; **2.** *sar.* pļāpa, tenkotājs, -a

cuento[a] *m* **1.** stāsts; ~ largo – garš stāsts; **2.** pasaka; fabula; **3.** *pārn.* pasakas; nieki; baumas; **4.** skaits; sin ~ – bez skaita; ◊ a ~ – [īstajā] laikā; [īstajā] vietā; ~ del tío – muļķa ķeršana; ¡es mucho ~! – tas jau par daudz!; el ~ de la lechera – gaisa pils; estar en el ~ – būt lietas kursā

cuento[b] *m* **1.** uzgalis; dzelzs apkalums; **2.** balsta stabs, balsts

cuerda *f* **1.** dzīsla; cīpsla; ~s vocales – balss saites; **2.** virve; **3.** *mūz.* stīga; **4.** *mat.* horda; **5.** ķēde; atspere (*pulksteņa mehānismā*); dar ~ [al reloj] – uzvilkt [pulksteni]; tener ~ – būt uzvilktam (*par pulksteni*); ◊ andar en la ~ floja – svārstīties, būt neziņā; bajo ~, por debajo de ~ – slepeni, paslepus

cuerdo *a* gudrs, saprātīgs; estar en ~ – būt pie pilna prāta

cuerear *v* (*am.*) nodīrāt (novilkt) ādu

cuerna f **1.** brieža rags; **2.** raga trauks; **3.** gana pūšamais rags

cuerno m **1.** rags; **2.** medību rags; **3.** mēness sirpis; ◊ mandar a uno al ~ – sūtīt kādu pie velna; no valer un ~ – nebūt ne plika graša vērtam

cuero m **1.** āda; ~ cabelludo – galvas āda; **2.** (*miecēta*) āda; ◊ en ~s – kails; dejar en ~s a alguien – atstāt kailu kādu, visu atņemt kādam; estar hecho un ~ – būt galīgi piedzērušam

cuerpo m **1.** *dažļ. noz.* ķermenis; rumpis; retrato de medio ~ – krūšu attēls; en ~ entero – visā augumā; ~ extraño – svešķermenis; ~ simple – ķīmiskais elements; ~ químico – ķīmiska viela; ~ celeste – debesu ķermenis; **2.** korporācija, apvienība, ģilde; **3.** *dažļ. noz.* korpuss; ~ diplomático – diplomātiskais korpuss; ~ de Ejército – armijas korpuss; ~ municipal – municipalitāte; ~ de un buque – kuģa korpuss; ~ de bomberos – ugunsdzēsēji; **4.** (*auduma, grāmatas*) biezums; (*šķidruma*) blīvums; lielums; dar ~ – padarīt biezāku (blīvāku); tomar ~ – 1) pieņemties miesās, kļūt resnākam; 2) palielināties, pieaugt; ◊ ~ de guardia *mil.* – 1) sardzes nodaļa; **2.** sardzes mītne; virssardze; en ~ – pilnā sastāvā; de ~ entero – drosmīgs; a ~ gentil – viegli [ap]ģērbies; a ~ – bez mēteļa; ~ a ~ – vīrs pret vīru; hacer del ~ – iziet sevis pēc; estar de ~ presente – būt mirušam; ~ de leyes – likumu kodekss; en ~ y alma – ar miesu un dvēseli; vino de ~ – stiprs vīns

cuervo m krauklis

cuesco m kauliņš; kodols

cuesta f [kalna] nogāze; nokalne; slīpums; ~ abajo – no kalna lejā (lejup); ~ arriba – 1) kalnup, pret kalnu; 2) ar grūtībām; ◊ a ~s – uz muguras, uz pleciem; tener la ~ y las piedras – visas kārtis rokā

cuestación f **1.** labprātīga ziedošana, ziedojums trūcīgiem; **2.** ziedojumu vākšana trūcīgiem

cuestión f **1.** jautājums; problēma; ~ de gabinete – svarīgs jautājums; **2.** strīds; **3.** *mat.* uzdevums; ◊ en ~ – apšaubāms, apstrīdams; ~ de honor (de honra) – goda lieta; ~ de confianza – uzticības jautājums (*valdībai*); agitarse una ~ – karsti diskutēt; desatar la ~ – atrisināt jautājumu

cuestionable a apšaubāms, apstrīdams

cuestionar v **1.** apspriest, iztirzāt; **2.** diskutēt; **3.** apstrīdēt

cuestionario m aptaujas lapa; anketa

cueva f ala; grota; ◊ ~ de ladrones – zagļu midzenis; cae en la ~ el que a otro eleva a ella – neroc citam bedri, pats iekritīsi

cuévano m (*uz muguras nesams*) grozs

cuidado I *a* [ap]sargājams; pasargājams; **II** *m* **1.** rūpes; raizes; bažas; poco ~ – bezrūpība; sin ~ – bezrūpīgs; **2.** rūpība, rūpīgums; con ~ rūpīgi; uzmanīgi; estar con ~ – uztraukties, raizēties; **3.** uzmanība, piesardzība; **4.** ~s *pl* kopšana, rūpēšanās; **5.** ~s *pl* pūles; ◇ estar enfermo de ~ – būt smagi slimam; ser de ~ – būt bīstamam [cilvēkam]; ¡pierda Vd. ~! – esiet bez rūpēm!; eso me tiene con mucho ~ – tas man dara lielas rūpes; ¡~! – uzmanību!, sargieties!; nada de ~ – nekas nopietns

cuidadoso *a* rūpīgs; uzmanīgs; saudzīgs

cuidar *v* rūpēties; aprūpēt; kopt; apgādāt; ~ de ... – rūpēties par ...; uzmanīt, pieskatīt

cuita *f* **1.** rūpes; bēdas; raizes; **2.** likstas; nelaime; **3.** mokas

culata *f* **1.** pakaļējā daļa; **2.** (*zirga*) krusti; **3.** (*šautenes*) laide; ◇ salirle a uno el tiro por la ~ – pārrēķināties

culebra *f* čūska; ~ de cascabel – klaburčūska

culebrar *v* locīties; izlocīties, vīties

culebron *m* ziepju opera

culera *f sar.* ielāps uz bikšu dibena

culero I *a sar.* bezdarbīgs; gauss, lēns, tūļīgs; **II** *m* **1.** slaists, sliņķis; **2.** trīsstūrītis, (*zīdaiņa*) autiņš

culi *m* kūlijs

culminante *a* kulmināciijas-; punto ~ – kulminācijas punkts

culo *m sar.* pakaļa; dibens; ◇ ~ de vaso – neīsts (viltots) dārgakmens; ser ~ de mal asiento – nevarēt [ilgi] nosēdēt uz vietas; ~ de pollo – nevienāda šuve; paviŗši aizšūts caurums; ~ de saco – strupceļš

culpa *f* **1.** vaina; pārkāpums; noziegums; echar a uno la ~ – apvainot kādu; no es ~ mía – nav mana vaina, neesmu vainīgs; tener ~ – būt vainīgam; **2.** grēks; ~ jurídica – likumpārkāpums; absolver a ~ y pena – pilnībā attaisnot

culpable *a* **1.** vainīgs; hacerse ~ de algo – noziegties (nogrēkoties) ar kaut ko; **2.** sodāms; declarar ~ – atzīt par vainīgu

culpado I *a* **1.** vainīgs; **2.** *jur.* apvainots, apsūdzēts; **II** *m* **1.** vainīgais; **2.** *jur.* atbildētājs, apsūdzētais

culpar *v* apvainot, apsūdzēt

culposo *a* **1.** nolaidīgs; nevērīgs; **2.** nepiesardzīgs

culteranismo *m* pārspīlēti svinīgs (patētisks) stils

cultivador I *a* zemkopības-, **II** *m* **1.** zemkopis; lauksaimnieks; **2.** dārzkopis, dārznieks; **3.** *lauks.* kultivators

cultivar *v* **1.** *lauks.* audzēt, kultivēt; **2.** apstrādāt (*zemi*); **3.** izkopt (*talantu u. tml.*); ~ el espíritu – attīstīt prāta spējas

cultivo *m* **1.** audzēšana, kultivēšana; **2.** (*zemes*) apstrādāšana; **3.** *lauks.* kultūra; ~s industriales – tehniskās kultūras; ~ de bacterias – baktēriju kultūra

culto[a] *a* **1.** *lauks.* iestrādāts, apstrādāts; kultivēts; **2.** izglītots; kulturāls

culto[b] *m* kults; ~ de la personalidad – personības kults; rendir ~ a ... – 1) piekopt (*kādu*) kultu; 2) pielūgt (*ko*)

cultura *f* **1.** (*zemes*) apstrādāšana; **2.** kultūra; civilizācija; **3.** izglītība; ~ general – vispārējā izglītība; grado de ~ – izglītības pakāpe; **4.** (*stila*) smalkums

cumbre *f* **1.** kalna kore; kalna virsotne; **2.** *pārn.* virsotne, augstākā pakāpe; kalngals; en la ~ de su gloria – [savas] slavas kalngalā; conferencia ~ – sanāksme augstākajā līmenī

cúmplase I *a* atļauts; pieņemts (*atzīme uz dokamentiem, iesniegumiem*); **II** *m* piekrišanas (atļaujas) atzīme (*uz dokumentiem*)

cumpleaños *m* dzimšanas diena

cumplidero *a* **1.** lietderīgs, mērķim atbilstošs; **2.** notecējis, pagājis (*par termiņu*)

cumplido I *a* **1.** pilnīgs; pabeigts; tiene 40 años ~s – viņam ir pilni 40 gadi; **2.** pietiekošs, pietiekams; **3.** plats, ērts (*par apģērbu*); **4.** izglītots; [labi] audzināts; **5.** *mil.* izdienējis; **II** *m* **1.** pieklājība; por ~ – pieklājības pēc, aiz pieklājības; **2.** laimes vēlējums, apsveikums; **3.** kompliments; sin ~s – 1) bez komplimentiem; 2) bez ceremonijām; deshacerse en ~s – bārstīties ar komplimentiem

cumplimentar *v* **1.** apsveikt, vēlēt laimi; **2.** just līdzi; **3.** *jur.* izpildīt

cumplimentero I *a* pārspīlēti laipns; **II** *m* lišķis

cumplimiento *m* **1.** piepildījums; **2.** nokārtošana, pabeigšana; izpilde; **3.** *jur.* izpildīšana; **4.** kompliments; ◇ de ~, por ~ – pieklājības pēc, formas pēc

cumplir *u* **1.** izpildīt; izdarīt; [pa]veikt; realizēt; **2.** apmierināt (*ziņkāri, vajadzības*); **3.** beigt (*dienestu*), izdienēt; **4.** izciest (*sodu*); **5.** [iz]beigties, paiet (*par laiku*); **6.** (*con*) izpildīt (*pienākumu*); **7.** ~ as leyes – ievērot likumus; **8.** ~ su promesa – turēt solījumu; ~ con sus deberes – [iz]pildīt savus pienākumus; **9.** sasniegt noteiktu vecumu; ◇ ~ años – svinēt dzimšanas dienu; me cumple – man vajag, man ir pienākums

cúmulo *m* **1.** kaudze; guba; čupa; **2.** bars, pūlis; **3.** gubu mākonis

cuna *f* šūpulis; canción de ~ – šūpuļdziesma; ◇ casa ~ – mazbērnu novietne

cundir *v* **1.** izplesties; izplatīties; **2.** izplūst (*par traipu*); **3.** pacelties, kāpt uz augšu (*vāroties*)

cunear *v* šūpot, aijāt
cuneiforme *a* ķīlveidīgs, ķīļveida-; escritura ~ *vēst.* – ķīļu raksti
cuneta *f* ceļmalas grāvis; noteka
cuña *f* 1. ķīlis; 2. ~s *pl sar.* labi sakari
cuñada *f* svaine
cuñado *m* svainis
cuño *m* 1. attēls (*uz monētām*); 2. spiedogs, ciļņu spiednis; 3. *pārn.* pēdas; iezīme; ◊ de nuevo ~ – pēc visjaunākās modes
cuota *f* 1. daļa, tiesa; kvota; 2. biedru maksa (nauda); la ~ de ingreso – iestāšanās maksa (nauda); 3. nodeva
cupé *m* 1. divvietīga ekipāža; 2. *dzelzc.* kupeja
cupido *m sar.* sieviešu mīlulis
cupo *m* 1. aplikšana ar nodokli (nodokļiem); 2. *mil.* kontingents, sastāvs; ~ de filas – jauniesaucamo kontingents
cúprico, cuproso *a* vara-; no vara
cúpula *f* kupols
cura[a] *m* dvēseļu gans, garīdznieks; ~ párroco – (*draudzes*) mācītājs
cura[b] *f* ārstēšanās; ārstēšanās metode; dziedniecības kurss; ~ de aguas – ūdens dziedniecība; ~ de sol – helioterapija; la primera ~ – pirmā palīdzība; ~ de cama – gultas režīms; tener ~ – būt izdziedināmam; ◊ no tener ~ *sar.* – būt nelabojamam
curable *a* [iz]dziedināms, ārstējams

curaca *m* (*am.*) pavēlnieks, valdnieks
curación *f* 1. dziedināšana, ārstēšana; 2. izveseļošanās; 3. ārstniecības kurss
curado *a* [no]rūdīts; ◊ estar ~ de espantos – nebīties ne no kā
curador *m* 1. kopējs; 2. aizgādnis; 3. ārstējošais ārsts
curaduría *f* aizbildnība, aizbildniecība
curandero *m* pūšļotājs; vārdotājs
curar *v* 1. ārstēt; kopt (*slimnieku*); 2. [ie]sālīt; kūpināt (*gaļu, zivis*); 3. balināt (*audeklu*); 4. izārstēties; sadzīt (*par brūci*); 5. (de) rūpēties, gādāt (*par ko*); ~se *rfl* 1. izārstēties; 2. sargāties (*no kaut kā*); ◊ ~se en salud – laikus novērst
curativo *a* dziedinošs; ārstniecības-
curato *m* 1. mācītāja (garīdznieka) amats; 2. baznīcas draudze
curda I *f sar.* skurbulis; dzērums; II *m sar.* krogabrālis
cureña *f mil.* lafete; ◊ dormir a ~ rasa – gulēt zem klajām debesīm
curia *f* 1. kūrija; 2. tiesas palāta; gente de ~ – tiesneši
curial I *a* 1. tiesas-; 2. kancelejisks; II *m* tiesas ierēdnis
curiosear *v* 1. būt ziņkārīgam; 2. *sar.* okšķerēt; bāzt degunu citu darīšanās; 3. ziņkārīgi aplūkot
curiosidad *f* 1. ziņkārība, ziņkāre; estar muerto de ~ – mirt nost aiz ziņkārības; 2. zinātkāre; 3. ievē-

rības cienīga lieta; ievērības cienīga vieta; **4.** tīrība; kārtīgums

curioso I *a* **1.** ziņkārīgs; **2.** zinātkārs; **3.** apskatīšanas vērts, ievērojams, ievērības cienīgs; **4.** dīvains, savāds; **5.** tīrīgs, kārtīgs; **II** *m* ziņkārīgs skatītājs, ziņkārīgais

curro *a sar.* glīts; iznesīgs; švītīgi ģērbies

currutaco I *a sar.* švītīgs; **II** *m sar.* švīts, frants; modes āksts

cursado *a* lietpratīgs; ar pieredzi [bagāts]; piedzīvojis

cursar *v* **1.** bieži būt (*kur*), bieži apmeklēt (*ko*); **2.** apmeklēt lekcijas (nodarbības); studēt; ~ filosofía – studēt filozofiju; ~ estudios superiores – mācīties augstākajā mācību iestādē; **3.** pabeigt (*skolu, kursus*); **4.** iekustināt, virzīt tālāk (*piem., iesniegumu*); vadīt tālāk; **5.** nosūtīt, nogādāt (*pēc adreses*); ~ una nota – nosūtīt notu

cursi I *a* **1.** bezgaumīgs; pseidomāksliniecisks; **2.** aprobežots, mietpilsonisks; **3.** klīrīgs; ākstīgs; **II** *m pārn. sar.* mērkaķis

cursilería, cursería *f sar.* **1.** pseidomāksliniecisks darinājums; haltūra; **2.** dižošanās; **3.** mērkaķošanās; ākstīšanās

cursillo *m* **1.** īss [sagatavošanās] kurss (*universitātē*); ~s de idiomas extranjeros – svešvalodu kursi; **2.** lekciju sērija

cursiva *f* kursīvs, kursīvais raksts

curso *m* **1.** virziens, kurss; el ~ de los astros – debesu ķermeņu kustība; el ~ de un río – upes tecējums (virziens); cambiar de (el) ~ – 1) mainīt virzienu; 2) *jūrn.* mainīt kursu; **2.** gaita, ritums; norise; en el ~ de la discusión – pārrunu laikā; **3.** lekcijas; mācības; ~ de química – ķīmija (*mācību grāmata*); **4.** (*naudas*) kurss; **5.** ~s *pl* kursi; ◇ tener ~ – būt apgrozībā; seguir su ~ – iet savu gaitu

curtido I *a* **1.** miecēts; **2.** iededzis, vēja aprauts; **3.** rūdīts; piedzīvojis; estar ~ en ... – būt ar pieredzi (*kādā arodā u. tml.*); **II** *m* **1.** miecēšana; **2.** ~s *pl* miecētas ādas

curtiduría, curtiembre *f* **1.** miecēšana; **2.** miecētava

curtir *v* **1.** miecēt; **2.** *pārn.* norūdīt (*veselību*); ~**se** *rfl* **1.** iedegt (*saulē*), kļūt brūnam; **2.** *pārn.* [no]rūdīties, nocietināties

curuja *f zool.* ūpis

curva *f* **1.** līkne; ~ de temperatura – temperatūras līkne; ~ de nivel – horizontāle; **2.** ceļa pagrieziens; ~ cerrada – ass pagrieziens; coger (tomar) una ~ – izdarīt pagrienu

curvatura *f* līkums; [iz]liekums

curvilíneo *a* līkas līnijas-, liekts

curvo *a* līks; izliekts; saliekts

cuscurro *m* maizes garoza; maizes dona

cúspide *f* **1.** *mat.* virsotne; **2.** dzegulis, zobs (*mūrim*); **3.** *pārn.* augsts stāvoklis, augsts amats

custodia *f* **1.** uzglabāšana; **2.** aizsardzība; apsardzība; uzraudzība; **3.** sardze; **4.** *bazn.* sakramentu (Svētā Vakarēdiena) trauks

custodiar *v* glabāt; sargāt; apsargāt; uzraudzīt

custodio *m* sargs; glabātājs (*muzejā*); ◊ ángel ~ – sargeņģelis

cutáneo *a anat., med.* ādas-

cutícula *f* kutikula; plēve, [plāna] ādiņa; ārējais apvalks

cutis *m anat.* āda

cutre *a* skops, skopulis

cuya (*pl* cuyas) *pron rel* kuras-; por ~ causa – kādēļ, kāpēc; par ko

cuyo (*pl* cuyos) *pron rel* kā (*kam piederošs*); kura-; el héroe ~ nombre no olvidaremos – varonis, kura vārdu mēs neaizmirsīsim

cuz *interj:* ¡~, ~! – si, si!, šurp! (*uz suņiem*)

Ch

chabacanada, chabacanería *f* **1.** bezgaumība; bezgaršība; **2.** banalitāte, pliekanums

chabacan‖o *a* **1.** bezgaumīgs; bezgaršīgs; **2.** banāls, pliekans; sekls; literatura ~a – lubu literatūra

chacal *m* šakālis

chacerero *m* (*am.*) zemkopis

chacó *m mil.* (*augsta*) formas cepure

chacoletear *v* klabēt (*par vaļīgu pakavu*)

chacota *f* **1.** joku dzīšana; ķircināšanās; **2.** trokšņaina jautrība; troksnis, tracis; hacer ~ de ... – 1) uzjautrināties (*par ko*); 2) uzņemt kā joku (*kaut ko*); echar (tomar) a ~ *sar.* – neņemt kādu (*kaut ko*) nopietni

chacotear *v* **1.** trokšņaini līksmoties; **2.** jokot, draiskuļoties

chacotero *a* **1.** priecīgs, jautrs; līksms; **2.** jocīgs, smieklīgs; **3.** *pārn.* neprātīgs, negudrs

chacha *f sar.* [bērnu] aukle

cháchara *f* pļāpāšana, tukša runāšana; tukšu salmu kulšana

chacharear *v sar.* pļāpāt; mēļot; runāt niekus (blēņas)

chacharero *m* pļāpa; muldoņa

chacho *m* **1.** *sar.* zēns-; **2.** (*am.*) kalps; ◊ ¡~ mío – sirdsmīļotais!

chafaldita *f sar.* dzēlīga asprātība, dzēlība; apcelšana

chafallar *v sar.* **1.** savārstīt, paviršī salāpīt; **2.** slikti (paviršī) strādāt; **3.** [sa]bojāt; saķēpāt

chafandín, chisgarabís *m sar.* āksts; tukšs cilvēks

chafar *v* **1.** [sa]burzīt, [sa]gumzīt; [sa]ņurcīt; **2.** samīt, samīdīt;

◇ ~ a alguien – aizbāzt kādam muti, likt kādam apklust pusvārdā

chafarrinón *f* traips, ķēpājums (*par sliktu gleznu*)

chaflán *m* **1.** *tehn.* notēsta (slīpi nogriezta) mala; noslīpinājums; **2.** noapaļojums; apaļums; **3.** noapaļots ielas (mājas) stūris

chaira *f* **1.** kurpnieku nazis; **2.** galoda, strīķis

chal *m* šalle

chalado *a sar.* ieķēries, iemīlējies; ◇ estar ~ – nebūt pie pilna prāta

chalán I *a* rūdīts, slīpēts, blēdīgs (*par tirgotāju*); **II** *m* zirgu tirgotājs (mijējs)

chalana *f jūrn.* lihteris, liellaiva

chalanear *v* **1.** spekulēt; **2.** tirgoties ar vecām lietām

chalar *v* padarīt traku (*kādu*); iemīlināt; ~se *rfl* bezprātīgi iemīlēties, zaudēt prātu no mīlestības

chaleco *m* **1.** veste; ◇ ~ salvavidas – glābšanas josta; **2.** turku halāts

chalet *m* **1.** koka māja (*Šveices stilā*); **2.** tūristu bāze; viesnīca (*kalnos*); **3.** vasarnīca

chalina *f* **1.** (*smalka auduma*) kaklauts, kakla lakats; **2.** kaklasaite

chalona *f* (*am.*) žāvēta aitas (jēra) gaļa

chalupa *f jūrn.* kuģu laiva; barkass

chamarasca *f* **1.** žagari, žagaru čupa; **2.** liesma, versme

chamarra *f* (*rupja auduma*) apmetnis; gara virsjaka

chamba, chiripa *f* nepelnīta (negaidīta) laime, cūkas laime

chambelán *m* kambarkungs

chambergo *m:* sombrero ~ – platmale ar nokarenām malām

chambón *m* **1.** *sar.* neveikls (nemākulīgs) spēlētājs (*kam tomēr laimējas*); **2.** *sar.* laimes bērns, laimes luteklis

chamizo *m* **1.** nodegulis, gruzdoša (apdegusi) pagale; **2.** *sar.* spēļu elle; zaņķis; **3.** būda (*ar niedrēm klātu jumtu*)

chamorro I *a* **1.** skūts, ar skūtu galvu; **2.** *sar.* ar pliku galvu; plikgalvis-, **II** *m* plikgalvis, plikpauris

champaña *m* šampanietis

champú *m* šampūns

chamuscar *v* **1.** apsvilināt; piededzināt; **2.** apcept; grauzdēt; **3.** *sar.* sadusmot

chamusquina *f* **1.** svilināšana; apdedzināšana; **2.** svilšana; **3.** deguma (sviluma) smaka; **4.** *sar.* plēšanās; plosīšanās; ◇ huele a ~ – lieta šķiet šaubīga; oler a ~ – ož pēc nepatikšanām

chancear *v* jokot, jokoties

chancero I *a* jocīgs; **II** *m* jokdaris, jokupēteris; jokotājs; jautrs tērzētājs

chancla *f* **1.** vecs (noškiebies) apavs; **2.** *sar.* neveiklis, lamzaks

chancleta *f* tupele; rītakurpe

chanclo *m* galoša; bote

chancro *m med.* šankrs

chanchada *f (am.)* cūcība, netīrumi
canchería *f (am.)* desu tirgotava
chancho *m (am.)* cūka, veprs
chanchullero *m* krāpnieks, blēdis; afērists
chanchullo *m sar.* krāpšana, šmaukšana; spekulēšana
chanflón *a* 1. lempīgs, neveikls; 2. *pārn.* rupjš, neaptēsts
changador *m (am.)* 1. izsūtāmais; 2. gadījuma darbu strādnieks; dažādu pakalpojumu darītājs; 3. nesējs, ekspresis
chano, chano *adv sar.* lēni, soli pa solim
chantaje *m* šantāža, izspiešana
chantajista *m, f* šantāžists, -e; izspiedējs, -a
chanza *f* 1. joks; nerātnība; blēņošanās; 2. dzēlīgs vārds, dzēlība
chapa *f* 1. plāksne, plāksnīte, plātnīte *(koka vai metāla)*; ~ de identidad – pazīšanas zīme (žetons); 2. lokšņu (plātņu) metāls; 3. plīts virsa; ◇ de ~ – prātīgs, saprātīgs; jēdzīgs
chapado I *a* 1. apkalts, apsists *(ar metāla plāksnēm)*; 2. apsists, aplīmēts *(ar finieri)*; ◇ ~ a la antigua – 1) vecmodīgs; 2) vecā kaluma (rūdījuma); **II** *m* 1. metāla plāksnes *(apkalumam)*; 2. *(apdares)* finieris
chapalear *v* burbuļot, čalot; plunkšķēt, šļakstēt *(par ūdeni)*
chapar *v* 1. apkalt; apsist *(ar finieri u. c.)*; 2. *sar.* izmest *(vārdu)*

chaparrada *f* lietusgāze
chaparro *m* 1. pundurozols; 2. ozolu birzs; ◇ hombre ~ – plecīgs, drukns cilvēks
chapatal *m* peļķe
chapear *v* 1. apkalt *(ar metāla plāksnēm u. c.)*; 2. finierēt *(koku)*; apšūt, apsist *(ar koka plāksnītēm)*
cháp iro *m sar.:* ¡por vida del ~ [verde]!, ¡voto a ~! – velns parāvis!, velns ar ārā!
chapitel *m* 1. *arhit.* kapitelis; 2. torņa smaile
chapodar *v* 1. apgriezt *(kokus, krūmus)*; 2. izcirst, retināt *(mežu)*
chapotear *v* 1. samitrināt, apslapināt *(ar sūkli, lupatiņu)*; 2. plunčāties *(ūdenī)*; brist, bradāt
chapoteo *m* šļaksts, šļakstiens; šļakstoņa
chapucear *v* 1. slikti strādāt; nevīžīgi izturēties pret darbu; 2. samaitāt *(kādu darbu)*
chapucería *f* slikts (neprasmīgi veikts) darbs; haltūra
chapucero I *a* nemākulīgs; slikti nostrādāts; **II** *m* 1. nepraša, nemākulis; haltūrists; 2. dzelzs lūžņu tirgotājs; skārdnieks
chapuzar *v* 1. iebāzt ūdenī ar [visu] galvu, pabāzt galvu zem ūdens; 2. ienirt, palīst zem ūdens *(ar galvu pa priekšu)*
chaqueta *f* žakete; jaka
chaquetón *m (vīriešu)* jaka, svārki; vējjaka; ~ de cuero – ādas jaka

charada f šarāde, balsienu mīkla

charanga f **1.** fanfara; **2.** *mil.* kara orķestris; **3.** *sar.* slikts orķestris

charca f (*liela*) peļķe, palts

charco m peļķe, palts; ◇ pasar el ~ – pārbraukt pāri «lielajam dīķim» (okeānam)

charla f *sar.* **1.** pļāpāšana; **2.** tērzēšana; estar de ~ – tērzēt

charlar v *sar.* **1.** pļāpāt; izpļāpāt; **2.** tērzēt; ◇ ~ sin ton ni son – kult tukšus salmus

charlatán I *a* pļāpīgs; **II** *m* **1.** pļāpa; lielmutis, balamute; **2.** šarlatāns; pūšļotājs

charnela, charneta f šarnīrs, locīkla; durvju eņģe

charol m **1.** laka; **2.** lakāda; bota de ~ – lakādas kurpe (lakkurpe); ◇ darse ~ – pašam sevi slavēt

charolar v lakot

charpa f **1.** *mil.* portupeja; zobena siksna; **2.** *med.* rokas pārsējs (apsējs)

charrada f **1.** rupjība; rupjums; **2.** bezgaumība; **3.** čarāda (*kastīliešu zemnieku deja*)

charrán m **1.** blēdis, krāpnieks; nelietis; **2.** klaidonis, blandonis

charrería f bezgaumība, bezgaumīgums

charretera f **1.** epolete, uzplecis; **2.** prievīte; zeķturis

charro I *a* **1.** neveikls, lempīgs; **2.** lauciniecisks; zemnieka-; **3.** bezgaumīgs; kliedzošs (*par krāsu*); **II** *m* čarro (*zirgu kopējs, iejājējs Meksikā*)

chasca f **1.** žagari, sīks kurināmais; **2.** (*am.*) pinka; [matu] kušķis

chascar v **1.** sprēgāt, sprakšķēt (*par malku*); **2.** klakšķināt (*ar mēli*)

chascarillo m **1.** humoreska, joku stāsts; **2.** (*divdomīga*) anekdote

chascás m *mil.* ulānu cepure

chasco m **1.** (*rupjš*) joks, nerātnība; apcelšana, piezobošana, izāzēšana; **2.** *pārn. sar.* iekrišana; dar ~ – iznerrot, izāzēt; llevar ~ – [pie]vilties; pārrēķināties

chasis m **1.** *tehn.* šasija; **2.** (*foto*) kasete

chasquear v **1.** piezobot, āzēt; apmānīt; **2.** *sar.* iegāzt (*kādu*); vazāt aiz deguna; **3.** plikšķināt (*ar pātagu*); ~ la lengua – klakšķināt ar mēli

chasquido m **1.** pātagas plīkšķis; **2.** sprakšķēšana, sprēgāšana; tarkšķēšana; krakšķēšana; knakšķēšana

chatarra f dzelzs lūžņi; puesto de ~ – dzelzs lūžņu pārdotava

chato I *a* **1.** ar uzrautu (strupu) degunu; ar saspiestu (plakanu) degunu; **2.** plakans, lēzens; **II** *m* (*zema, lēzena*) vīna glāzīte; ◇ tomar un ~ – atļauties sev vienu [glāzīti]

¡chau! *interj* (*am.*) *sar.* ardievu!, uz redzēšanos!

chaval m *sar.* (*familiāri*) puisis, zellis

chavala f *sar.* (*familiāri*) meiča
chaveta f *tehn.* **1.** (*metāla*) tapa, šķelttapa; skrūvīte; **2.** spraude; **3.** *tehn.* šautra; ierievis; **4.** ķīlis, unión por ~ – nostiprināšana ar ķīli, saķīlēšana; ◊ perder la ~ – zaudēt prātu
¡che! *inferj* (*am.*) *sar.* hei!, [uz]klausies!
checo I *a* Čehijas-; čehu-; **II** *m* čehs
chelín *m* šiliņš (*angļu monēta*)
cheque *m* čeks; talonario de ~s – čeku grāmatiņa; ~ al portador – uzrādītāja čeks
chequeo *m* **1.** pārbaude, salīdzināšana; **2.** medicīniskā apskate
chic *m* šiks
chica f **1.** *sar.* mazā; [maza] meitene; **2.** sīknauda; no tener ni ~ *sar.* – nebūt ne grasim pie dvēseles
chico I *a* mazs; **II** *m* mazais; puika, zēns; es un buen ~ – viņš ir lāga zēns (puisis)
chicolear *v* teikt komplimentus, glaimot (*sievietei*); amizēties; lakstoties (*ap sievieti*)
chicote *m* **1.** brašs (labi noaudzis) puisis; **2.** (*lēts*) cigārs; **3.** (*am.*) pātaga
chichaᵃ f (*am.*) čiča (*kukurūzas, vīnogu, ābolu u. c. degvīns*); ◊ de ~ y nabo – mazvērtīgs, nepilnvērtīgs; no ser ni ~ ni limonada – nebūt ne šim, ne tam
chichaᵇ f gaļa (*bērnu valodā*); ◊ tener pocas ~s – būt vājam miesās
chichaᶜ f *jūrn.* bezvēja laiks, bezvējš; ◊ calma ~ – nāves klusums; pilnīgs bezvējš
chicharra f **1.** *ent.* cikāde; **2.** tarkšķis, klabeklis (*bērnu rotaļlieta*); **3.** *tehn.* tarkšķis; **4.** *pārn.* tarkšķētājs, pļāpa; ◊ cantar la ~ – kļūt ļoti karstam (tveicīgam); sākt cepināt
chicharrero *m sar.* ļoti karsta (spiedīgi karsta) vieta; cepeškrāsns *pārn.*
chicharrón *m* **1.** (*speķa*) skrandži, grības; **2.** pārgrauzdēta (par daudz sacepta) gaļa; **3.** *sar.* ļoti stipri iededzis cilvēks
chichería f (*am.*) [čičas] krodziņš; dzertuve, traktieris
chichón *m* puns
chifla f **1.** svilpiens; **2.** svilpe; estar de ~ – būt sliktā garastāvoklī
chiflado *a sar.* neprātīgs, traks, ne pie pilna prāta; está ~ – viņš nav pie pilna prāta, viņam nav visi mājās; estar ~ por uno – jukt prātā kāda dēļ
chifladura f **1.** svilp[o]šana; **2.** *sar.* dullums; mānija, kaislība; ~ de los sellos – pastmarku [krāšanas] mānija
chiflar *v* **1.** svilpt, svilpot; **2.** *sar.* izsvilpt; **3.** *sar.* iemest; labprāt dzert (*vīnu*); **~se** *rfl* **1.** *sar.* piesūkties (*vīnu u. tml.*); **2.** *sar.* zaudēt saprašanu, sajukt prātā
chilar *m* ar pipariem apsēts lauks, piparu lauks

chileno, chileño I *a* Čīles-; čīliešu-; **II** *m* čīlietis

chilindrina *f sar.* 1. blēņas, nieki; 2. aušošanās, ērmošanās; 3. joku stāsts, anekdote

chillaᵃ *f* pievilināšanas svilpe (*medībās*)

chillaᵇ *f* plāns dēlis; jumstiņš, šindelis; skaida; clavo de ~ – maza nagliņa; tabla de ~ – luba, lubiņa, skaida

chillado *m* šindeļu jumts

chillar *v* 1. spiegt; ķērkt; 2. čīkstēt (*par ratu riteni, durvīm u. tml.*)

chillería *f* 1. spiegšana; ķērkšana; 2. (*riteņu u. c.*) čīkstēšana

chillón I *a* 1. kliedzošs, brēcošs; 2. *pārn.* kliedzošs (*par krāsu u. tml.*); 3. sensacionāls; **II** *m* kliedzējs; bļauris

chimenea *f* 1. kamīns; 2. skurstenis; ~ de ventilación – ventilācijas caurule

chimpancé *m* šimpanze

china *f* 1. akmentiņš, olis; echar la ~ – lozēt ar akmentiņu (*aizvērtā plaukstā*); 2. Ķīnas porcelāns; 3. Ķīnas zīds, krepdešīns; poner ~s a uno *sar.* – likt kādam sprunguļus riteņos

chinche *f* 1. blakts; 2. piespraude, spraudīte (*papīram*); 3. *sar.* uzmācīgs (uzbāzīgs) cilvēks

chinchorrero *a* 1. uzbāzīgs, uzmācīgs; 2. mēlnesīgs, ar tieksmi uz tenkošanu

chinchorro *m* 1. vads (*zvejai*); 2. (*maza*) zvejnieku laiva

chinchoso *a sar.* uzbāzīgs

chinela *f* istabas kurpe (*bez kapes*), čība

chinero *m* skapis porcelānam, vitrīna (*dārgiem traukiem*)

chinesc‖o *a* Ķīnas-; ķīniešu-; sombras ~as – ķīniešu ēnu spēle

chinoᵃ **I** *a* Ķīnas-; ķīniešu-; **II** *m* 1. ķīnietis; 2. ķīniešu valoda

chinoᵇ *m* 1. (*am.*) metiss (*nēģera un indiānietes vai indiāņa un nēģerietes dēls*); 2. (*kub.*) nēģera un mulates vai mulata un nēģerietes dēls

chiquero *m* cūku (vēršu) aploks

chiquilicuatro *m sar.* švauksts, āksts

chiquillada *f* bērnišķība, bērnišķīga aušība; niekošanās

chiquillería *f sar.* bērnu bariņš

chiquillo 1. mazulis, mazs bērns; 2. *sar.* muļķītis; vientiesis

chiquito *a* maziņš, mazītiņš

chiribita *f* 1. dzirkstele, dzirksts; 2. margrietiņa, pīpene; 3. ~s *pl* (*acu priekšā ņirbošas*) dzirksteles; ◇ me hacen ~s los ojos – man metas raibs gar acīm; echar ~s *sar.* – spļaut piķi un zēveli

chiribitil *m* jumtistaba; maza (zema) istabiņa, kambarītis, bēniņi

chirigota *f sar.* joks; tomarlo a ~ – uzņemt kā joku (*kaut ko*); nepiešķirt nozīmi (*kam*)

chirimbolos *m pl sar.* grabažas, krāmi

chirimía *f* stabule

chiripa *f* laime (*biljarda spēlē*)
chirlar *v* kliegt, brēkt, bļaut
chirlata *f* spēļu nams
chirola *f sar.* cietums; estar en ~ – sēdēt aiz restēm
chirrido *m* 1. (*durvju, ratu u. tml.*) čirkstēšana, čīkstēšana; 2. (*sienāža, circeņa*) čirkstēšana, sisināšana; 3. (*putna*) čivināšana, čiepstēšana
¡chis! *interj* 1. tss!, klusāk!; 2. ei! (*uzsauciens*)
chisme *m* 1. mēlnesība; ļaunas valodas; traer ~s *sar.* – dzīt intrigas: ~s de vecindad – tukšas tenkas, pļāpas; 2. *sar.* grabaža; 3. ~s *pl sar.* mantība; krāmi
chismear *v* tenkot, izplatīt [ļaunas] valodas
chispa *f* 1. dzirkstele, dzirksts; ~ eléctrica – elektrības dzirkstele; 2. sīks dimantiņš; 3. *sar.* (*uzšļakstīts tintes, ūdens*) piliens; sīks lietutiņš; 4. *pārn.* uguntiņa, dzirksts; [gara] možums; 5. *sar.* viegls skurbums; ◇ echar ~s – 1) dusmās vārīties; 2) smidzināt, sijāt (*par lietu*); coger una ~ – reibt; ¡~s! – velns un elle!
chispear *v* 1. dzirkstīt, zviļot; 2. smidzināt, rasot (*par lietu*); 3. iezibēties; nozibsnīt
chispero I *a* (*am.*) izteiksmīgs, vērīgs, ass (*skatiens*); II *m* 1. kalējs; 2. uguņošanas rakete; 3. *vēst.* čispero, uzdzīvotājs (*Madridē*)

chispo I *a* (*viegli*) iereibis, ieskurbis; II *m* (*vīna*) malks
chistar *v* 1. iepīkstēties; 2. kurnēt, rūkt; no ~ *pārn.* – neiepīkstēties, nepapīkstēt; neteikt ne vārda
chiste *m* asprātība, joks; dzēlība; ◇ dar en el ~ – trāpīt naglai uz galvas; caer en el ~ – saprast, ap ko lieta grozās
chistoso *a* 1. asprātīgs, jautrs; 2. amizants, uzjautrinošs; jocīgs
chita *f* 1. *anat.* velteņkauls, virspapēža kauls; 2. kauliņu spēle; ◇ a la ~ callando – paslepeni; no importar (no valer) una ~ *sar.* – nav ne plika graša vērts; tirar a dos ~s *sar.* – dzīties pēc diviem zaķiem
chiticalla *f sar.* noslēgts cilvēks; pārāk kluss un lēns cilvēks
chiticallando *adv* pavisam klusi; nemanīti; paslepšus; ir (andar) a la ~ – piezagties
¡chito!, ¡chitón! *interj* tss!, klusu!
chivo *m* kazlēns
chocante *a* piedauzīgs, nepieklājīgs; tāds, kas rada sašutumu
choc‖ar *v* 1. piegrūst; 2. saskandināt (*glāzes*); 3. piegrūsties, uzgrūsties; 4. izraisīt sašutumu, būt piedauzīgam; šokēt; nonākt konfliktā; ◇ esto me ~a – tas man nepatīk
chocarrero I *a* nekītrs, jēls; rupjš (*joks*); II *m* vulgārs cilvēks
choclo *m* kukurūzas vālīte
chocolate *m* šokolāde (arī dzēriens), šokolādes krāsas-

chocolatero *m* šokolādes mīļotājs, šokolādes fabrikas (veikala) īpašnieks

chocolatín *m* neliela šokolādes tāfelīte

chocha, chochaperdiz *f* sloka

chochear *v* **1.** kļūt bērnišķīgam (*vecumā*); **2.** runāt muļķības; muldēt

chochez *f* **1.** vecuma plānprātība; **2.** melšana; muldēšana

chochoᵃ **I** *a* **1.** plānprātīgs, garā vājš; bērnišķīgs (*no vecuma*); **2.** *sar.* traks, ķerts; **II** *m* **1.** plānprātiņš; **2.** *sar.* pļāpa, melša, niekkalbis

chochoᵇ *m* **1.** *bol.* lupīna; **2.** iecukurota kanēļstandziņa; **3.** ~s *pl* saldumi (*bērniem*)

chófer *m* šoferis

cholo *m* (*am.*) **1.** civilizējies indiānis; **2.** metiss

cholla *f sar.* pauris, galva

chopo *m* **1.** papele; **2.** *sar.* šautene, šaujamais, ierocis

choque *m* **1.** *dažn. noz.* grūdiens, belziens, trieciens; **2.** sadursme; **3.** strīdiņš; ◇ obrero de ~ – trieciennieks

choquezuela *f anat.* ceļa kauliņš

choricero *m* desinieks; desu tirgotājs

chorizo *m* **1.** desa (*viena no šķirnēm – žāvēta, ar sarkanajiem pipariem*); **2.** (*virvju dejotāja*) balansieris; **3.** *sar.* kabatzaglis

chorlito *m ornit.* tilbīte; tārtiņš; ◇ cabeza de ~ ~ – vējgrābslis; auša

chorrear *v* **1.** tecēt, urdzēt; burbuļot; plūst straumēm; **2.** pilēt; sūkties pa pilienam

chorreo *m* **1.** straume; **2.** tecēšana, plūšana

chorrera *f* **1.** urga, urdziņa; strūkliņa; **2.** izliets ūdens; **3.** kruzulis (*apģērbam uz krūtīm*), žabo

chorrillo *m sar.* straume; plūdums; plūsma; irse por el ~ – 1) *pārn.* peldēt pa straumei; 2) rīkoties pa paradumam; tomar el ~ – pierast; aprast

chorro *m* [ūdens] strūkla, šalts; plūdums, plūsma; a ~s – straumēm, ar straumi; ◇ como los ~s del oro – kristāldzidrs; soltar el ~ ~ – smieties pilnā kaklā; hablar a ~s – runāt bez apstājas

chotacabras *f ornit.* lēlis, vakarlēpis

chotis *m* čotis (*viesību deja Madridē, līdzīga mazurkai*)

choto *m* **1.** (*mazs*) teliņš; **2.** kazlēns

chotuno *a* kazas-, kazu-; ◇ oler a ~ ~ – smirdēt

chova *f* kovārnis

chovinista *m, f* šovinists, -te

choza *f* **1.** (*salmu*) būda; **2.** koka mājiņa; dueño de una ~ ~ – būdeļnieks

chubasco *m* **1.** (*pēkšņa*) lietus gāze; krusas negaiss; **2.** *jūrn.* vēja brāzma; brāzmains vējš; īslaicīga vētra; **3.** neveiksmju rinda

chúcaro *a* (*am.*) mežonīgs, savvaļas-

chuchería *f* **1.** nieks; nieki; vizuļi; sīks (bezvērtīgs) greznuma priekšmets; **2.** kārumi; saldumi

chucho *sar.* **I** *m* suns; krancis; **II** *interj* ¡~! – prom!, se! (*sunim*)

chuecaª *f* **1.** čueka (*spēle*); **2.** *sar.* izsmiekls; jugar una buena ~ a algien – izspēlēt joku ar kādu

chuecaᵇ *f anat.* locītavas kauls

chueco *a* (*am.*) **1.** ar līkām kājām; **2.** kroplīgs, kropls

chufeta, chufleta *f sar.* joks; zobgalība; izsmiekls

chulada *f* jēlība, neķītrība; rupjība; neķītrs izteiciens (joks); neķītra anekdote

chulear *v* ķircināt; apcelt; zobot

chulería *f* **1.** atjautība, asprātība; **2.** nepiespiestība, dabiskums

chulesco *a* nekaunīgs, izaicinošs

chuleta *f* **1.** kotlete; **2.** šnicele; ~ a la parilla – karbonāde; **3.** (*skolēnu žargonā*) špikeris

chulo **I** *a* drošs; pārdrošs, vīzdegunīgs, nekautrīgs; **II** *m* **1.** (*Madridē*) čulo (*draiskulīgs puisis*); **2.** nekauņa; pārdrošnieks; **3.** torero palīgs (*vēršu cīņās*); **4.** miesnieka māceklis (puisis)

chumacera *f* **1.** *tehn.* gultnis; **2.** (*airu*) dullis

chumbo: higo ~ – kaktusa auglis (*līdzīgs vīģei*)

chunga *f sar.* ķircināšanās; apcelšana; joks; ◊ estar de ~ – būt labā omā; uzjautrināties, būt jautram; tomar a (en) ~ *sar.* – uztvert kā joku

chupa *f* vamzis, kamzolis; ◊ poner a alguien como ~ de dómine – izlamāt kādu

chupada *f* (*dūmu*) ievilkšana, ieraušana (*smēķējot*); (*dūmu*) vilciens (*smēķējot*); dar una ~ – ievilkt dūmu

chupado *a* **1.** novārdzis; **2.** (*am.*) *sar.* piesūcies, piedzēries

chupador *m* **1.** bērna (zīdaiņa) pudelīte; **2.** knupis, māneklis

chupar *v* **1.** zīst; sūkāt; **2.** ievilkt [dūmu] (*par smēķētāju*); **3.** uzsūkt, iesūkt; izsūkt; **4.** *pārn. sar.* izsūkt, aplaupīt (*kādu*)

chupatintas *m niev.* **1.** rakstnieķelis, skribents; **2.** kancelejas žurka

chupo *m* furunkuls, augonis

chupón *m* **1.** parazīts (*par augiem*); **2.** *pārn. sar.* izsūcējs, asinssūcējs; parazīts

churrasco *m* (*am.*) uz oglēm cepta gaļa

churre *m sar.* sviedri; netīrumi

churriento *a* **1.** sasvīdis; sviedrains; **2.** netīrs, nosmērējies; taukains, eļļains

churro *m* **1.** eļļā cepti kliņģerīši; **2.** paviršs darbs, haltūra; **3.** gadījuma veiksme (*spēlē*)

churrullero *a* pļāpīgs

churruscarse *v rfl* piedegt (*par ēdienu*)

churrusco *m* **1.** piedegusi maize; **2.** uz pannas grauzdēti maizes gabaliņi, grauzdiņi

churumbela *f* **1.** stabule; **2.** (*am.*)

stobriņš (caurulīte) mates tējas sūkšanai

chus: no decir ~ni mus – neteikt ne vārda, neatvērt muti

chuscada f joks, nedarbs, draiskulība

chusma f plukatas, diedelnieki; salašņas

chut m (*futbolā*) sitiens pa bumbu

chuzo m 1. šķēps; pīķis; 2. (*am.*-) jājampātaga; ◇ llover a ~s – līt aumaļām (kā ar spaiņiem); caer (llover, nevar) ~s – gāzt kā no spaiņa, sist (*par stipru krusu*); stipri snigt

chuzón a 1. viltīgs; 2. zobgalīgs

chuzonada f bufonāde

D

dactilógrafa f mašīnrakstītāja, stenogrāfiste

dádiva f dāvana, velte, dāvinājums

dadivosidad f devība; devīgums

dadivoso a devīgs

dadoᵃ m metamais kauliņš; ◇ correr el ~ – laimēties; dar (echar) ~ falso – apkrāpt, piekrāpt

dad‖oᵇ a 1. dots; esošs; attiecīgs; ~as las circunstancias – ievērojot apstākļus; ~ que – 1) ņemot vērā, ka; tā kā …; 2) ja; gadījumā, ja …; 2. nodevies (*kaut kam*)

dador m 1. devējs; 2. (*vēstules*) aiznesējs, nogādātājs, nodevējs; ~ de letras – vekseļa izrakstītājs

daga f duncis; llegar a las ~s – nonākt strupceļā (*par lietām*)

dallar v pļaut (*zāli*)

dalle m izkapts

dama f 1. dāma; 2. galma dāma; 3.: primera ~ teātr. – primadonna; galvenās lomas tēlotāja; 4. ~s pl dambrete

damajuana f appīts stikla balons, appīta pudele

damasco m 1. damasts (*audums*); 2. aprikoze (*viena no šķirnēm*)

damisela f dāmiņa; jaunkundze

damnificar v kaitēt; bojāt; nodarīt zaudējumus

danés I a Dānijas-; dāņu-; II m dānis

danza f 1. deja; ~ de espadas – zobenu deja; 2. *sar.* strīds, tracis; jandāliņš; armar una ~ – uzsākt strīdu; ◇ meterse en la ~ – iepīties (*kādā riskantā pasākumā*); ¡ande la ~! – droši uz priekšu!

danzante I a veikls, kustīgs; II m 1. dejotājs; 2. *sar.* vieglprātis, vējgrābslis; 3. *sar.* veikls zellis; intrigants

danzar v 1. dejot; 2. *sar.* iejaukties, jaukties svešās darīšanās

dañad‖o a 1. [sa]bojāts, slikts; 2. tārpu saēsts (*par augļiem*); ◇ de intención ~ – ļaunprātīgi

dañar *v* kaitēt; nodarīt zaudējumus; sabojāt, samaitāt

dañino *a* **1.** kaitīgs (*par dzīvnieku*); **2.** (*veselībai*) kaitīgs

daño *m* **1.** zaudējums; ļaunums; sufrir ~ – ciest [zaudējumu]; **2.** bojājums; ievainojums; hacerse ~ – 1) nodarīt sev ļaunumu; 2) sevi ievainot; hacer ~ – darīt sāpes

dañoso *a* kaitīgs

dar *v* **1.** *dažn. noz.* dot; iedot, nodot; ~ permiso – atļaut; ~ recuerdos para uno – nodot sveicienu; ~ un consejo – dot padomu; ~ intereses – dot procentus; **2.** dāvināt; **3.** izsniegt; ~ una medicina – izrakstīt zāles; **4.** radīt; ~ sed – radīt slāpes; ◇ (*ar prep.*) ~ a la calle – būt ielas pusē (*par logu, durvīm*); ~ a conocer – 1) ļaut saprast; 2) darīt zināmu; 3) ~ anímo – uzmundrināt; 4) ~ consuelo – dot mierinājumu; 5) ~ una bofetada – iecirst pļauku; 6) ~ un abrazo – apkampt; ~ a luz – 1) izdot (*grāmatu*); 2) laist pasaulē (*bērnu*); ~ con alguien – 1) uzgrūsties kādam; 2) satikt kādu; ~ sobre alguien – uzbrukt kādam; no ~ con el nombre – neatrast īsto vārdu; ~ en el cárcel – nonākt cietumā; ~ en la manía de (+ *inf*) – nākt uz muļķīgām domām (*ko darīt*); ~ por hecho – uzskatīt par pabeigtu (izdarītu); ~ inocente – uzskatīt par nevainīgu; **~se** *rfl* **1.** doties; ~ a la mar – doties jūrā; **2.** (a) nodoties (*kaut kam*); ~ al estudio – nodoties studijām; **3.** padoties; **4.** gadīties, notikt; se dió el caso que … – notika tā, ka …; ◇ ~ a la fuga, ~ a huir – laisties lapās, bēgt; ~ maña – pielikt pūles, pūlēties; ~ prisa – pasteigties; ~ cuenta – saprast; ~ por ofendido – justies sāpinātam; no ~ por entendido – nelikt neko manīt; se las da de poeta – viņš uzskata sevi par dzejnieku; nada se me da – man tas ir vienalga; a ~ que ~a dardo – aci pret aci, zobu pret zobu

dardo *m* **1.** metamais šķēps; **2.** *sar.* dzēlīga piezīme, dzēliens

dares y tomares *m pl* **1.** strīdēšanās, strīdi; andar en ~ – strīdēties; **2.** izdevumi un ieņēmumi (*grāmatvedībā*)

dársena *f* upes osta; doks

data *f* **1.** datums; de larga ~ – sens, sen pagājis; **2.** *ek.* kredīts

datar *v* **1.** datēt; **2.** *ek.* kreditēt; ieskaitīt aktīvā

dátil *m* **1.** datele; **2.** *sar.* pirksts

datilera *f*: [palmera] ~ – dateļpalma

dativo *m gram.* datīvs

dato *m* **1.** pierādījums (*citāta vai dokumenta veidā*); pamatojums; izteikums; **2.** ~s *pl* dati; ~s personales – biogrāfiskie dati

de *prep* **1.** no; soy ~ Madrid – esmu no Madrides; llegó ~ París – viņš atbrauca no Parīzes; un vaso ~

cristal – vāze no stikla, stikla vāze; casa ~ ladrillo – māja no ķieģeļiem; ~ miedo – no bailēm; ~ gozo – no laimes; **2.** ar; un vaso ~ agua – glāze ar ūdeni, glāze ūdens; la muchacha ~ ojos negros – meitene ar melnām acīm, melnacaina meitene; hombre ~ talento – talantīgs cilvēks; **3.** par; hablamos ~ la música – mēs runājam par mūziku; **4.** (*lieto, norādot uz laiku, vietu*): ~ día – dienā, dienas laikā ~ niño – bērnībā; ~ camino – ceļā; **5.** (*dažreiz aizstāj vārdu «si»*): ~ saberlo yo antes – ja es to būtu zinājis agrāk; ◊ ¡pobre ~ mí! – ak es nabadziņš!

deán *m* dekāns; vecākais garīdznieks

debajo I *adv* apakšā, lejā; quedar ~ – padoties; tikt uzvarētam; tikt pakļautam; **II** *prep.* ~ de – zem, apakš

debate *m* **1.** ķilda, strīds; polemika, diskusija; **2.** pārrunas; apspriešana; **3.** domu apmaiņa; **4.** ~s *pl* sarunas

debatir *v* **1.** apstrīdēt; **2.** pārrunāt; debatēt; iztirzāt; **3.** apspriesties

debe *m ek.* debets

deber I *m* pienākums; cumplir con su ~ – izpildīt savu pienākumu; **II** *v* **1.** būt parādā; **2.** būt (*kādam*) pateicību parādā; me debe la vida – viņam man jāpateicas par dzīvību; **3.** (*nepieciešamības vai morāla pienākuma izteikšanai*): vajadzēt; debe de haber llegado – viņam vajag būt atbraukušam, viņš droši vien ir atbraucis; no debo decirlo – man tas nav jāsaka; es to nevaru teikt; **~se** *rfl* **1.** pieklāties, piederēties; **2.** izrietēt (*no kā*); būt kā sekām (*kaut kam*); este error se debe a su negligencia – šī kļūda radusies viņa nevīžības dēļ

debido *a* **1.** pienācīgs, pelnīts; **2.** pieklājīgs, piederīgs; como es ~ – 1) pienācīgi; kā nākas; 2) kā pieklājas; ~ a ello – ievērojot to; saskaņā ar to; ~ a que ... – pateicoties tam, ka ...; ņemot vērā, ka ...; a su ~ tiempo – norādītajā laikā, laikus

débil *a* vājš, nespēcīgs; bezspēcīgs; gurdens; ~ mental – garā vājš

debilidad *f* **1.** vājums, nespēks; gurdenums; **2.** vājā vieta; trūkums; **3.** vājība (*uz kaut ko*); su ~ es el fútbol – viņa vājība ir futbols

debilitar *v* **1.** [no]vājināt; **2.** mazināt (*iespaidu u. tml.*)

débito *m* **1.** parāds; **2.** *ek.* debets; ◊ ~ conyugal – laulības pienākums

debut *m* debija

década *f* **1.** desmitnieks; **2.** dekāde, desmit gadi

decadencia *f* **1.** sabrukums; pagrimšana, panīkšana; **2.** dekadence

decadentista *m, f* dekadents, -e

decaer *v* **1.** sabrukt; sagrūt; sakrist;

2. izsīkt (*par spēkiem*); **3.** atslābt; atlaisties; **4.** panīkt; pagrimt

decaimiento *m* **1.** pagrimums; panīkums; sabrukums; **2.** depresija; **3.** glēvums, dūšas zaudēšana

decampar *v* atstāt nometni, nojaukt nometni

decantarᵃ *v* noliet, atliet (*šķidrumu*); filtrēt (*šķidrumu*)

decantarᵇ *v* apdziedāt; daudzināt, cildināt, slavināt

decapitar *v* nocirst galvu

decembrista *m, f vēst.* dekabrists, -e

decena *f* **1.** desmits; desmitnieks; **2.** *mūz.* decima

decenal *a* desmitgadīgs

decencia *f* pieklājība; laba uzvedība

decentar *v* **1.** iegriezt, aizgriezt; aizlauzt, ielauzt (*maizes klaipu u. tml.*); **2.** nelabvēlīgi (negatīvi) ietekmēt, kaitēt; traucēt; ~ la salud – zaudēt veselību; **~se** *rfl med.* izgulēt brūces, dabūt izgulējumus

decente *a* **1.** pieklājīgs; labi audzināts; **2.** piemērots, atbilstošs (*par cenu, par daudzumu*); **3.** pieticīgs

decepción *f* vilšanās

decible *a* vārdos izsakāms (izteicams); izskaidrojams; pasakāms; no es ~ – tas nav vārdos izsakāms

decidido *a* **1.** apņēmības pilns; apņēmīgs; noteikts, enerģisks; pārliecināts; **2.** izlemts, izšķirts

decidir *v* **1.** izšķirt, izlemt; **2.** nolemt; pieņemt lēmumu; ~ una cuestión – atrisināt jautājumu

decidor I *a* runīgs, valodīgs; **II** *m* pļāpa, mutes bajārs

décim‖**o I** *num* desmitais; en ~ lugar – desmitkārt (*uzskaitot*); ~a parte – desmitdaļa, desmitā daļa; **II** *m* **1.** desmitdaļa; **2.** loterijas biļete

decirᵃ *m* **1.** izteiciens, teiciens; es un ~ – 1) tas ir tāds teiciens; 2) tie ir tikai vārdi; tas nav tik ļauni domāts; **2.** ~es *pl* [ļaunas] valodas

decirᵇ *v* **1.** teikt, sacīt; **2.** *sar.* saukt; le dicen Antonio – viņu sauc Antonio; **3.** pateikt, pasacīt; runāt; ~ para sí – teikt pie sevis; dar que ~ a la gente – dot iemeslu ļaužu valodām; es ~ – tas ir; por mejor ~ – pareizāk sakot; ni que ~ tiene – tas ir pats par sevi saprotams; no hay más que ~ – nav ko teikt; a ~ verdad – patiesību sakot; por ~lo así – tā sakot; ya decía yo que ... – es jau teicu, ka ...; ¡diga! – jā, lūdzu!, runājiet! (*pie telefona*); está dicho – tā tas ir; ¡tú que tal dijiste! – ko tu neteiksi!; **4.** liecināt par; sus maneras dicen de su buena educación – viņa manieres liecina par labu audzināšanu; **5.** piestāvēt; atbilst; el sombrero dice bien con el traje – cepure labi piestāv apģērbam; **~se** *rfl* saukties; uzdoties (*par kaut ko*); uzskatīt sevi (*par kaut ko*); se decía conocedor de las antigüedades – viņš uzskatīja sevi par senlietu pazinēju; ~se de tú – uzrunāt vienam otru ar «tu»

decisión *f* izšķiršana; izšķiršanās; izlemšana; lēmums; spriedums; ~ soberana – gala vārds; izšķirošais vārds; adoptar (tomar) una ~ – pieņemt lēmumu

decisivo, decisorio *a* izšķirošs, izšķirējs-; noteicošs; autoritatīvs; vadošs

declamar *v* 1. deklamēt; recitēt, skandēt (*daiļdarbu, dzeju*); 2. cīnīties pret (*ko*)

declamatorio *a* 1. skanīgs (*par balsi*); 2. uzpūtīgs, nedabisks, mākslots (*par stilu*)

declaración *f* 1. izskaidrojums, paskaidrojums; 2. izsludināšana, pasludināšana, deklarēšana; deklarācija; ~ de guerra – kara pasludināšana; 3. *jur.* liecība; tomar ~ – nopratināt; ~ falsa – nepatiesa liecība; 4. ~ de expedición – bagāžas apraksts

declarado *a* 1. izsludināts, pasludināts; deklarēts; 2. atklāts; acīm redzams; enemigo ~ – atklāts ienaidnieks

declarante *m, f jur.* liecinieks, -ce

declarar *v* 1. izskaidrot, paskaidrot; 2. deklarēt; paziņot, izziņot; izsludināt; 3. *jur.* liecināt; ~se *rfl* 1. atklāties, parādīties; atklāti, demonstratīvi izrādīt; 2. izcelties (*par ugunsgrēku*), uzliesmot; 3. izsludināt sevi (*par kaut ko*); 4. atzīties mīlestībā

declinación *f* 1. *gram.* locīšana, deklinēšana; no saber las declinaciones *sar.* – būt pilnīgam nejēgam; 2. *astr.* novirzīšanās, novirze; 3. *pārn.* sabrukums

declinar *v* 1. atraidīt, noraidīt; novelt (*uz ko*); 2. *gram.* locīt, deklinēt; 3. nosvērties, noliekties; declina el día – diena virzās uz vakarpusi; 4. sabrukt; 5. pasliktināties (*par veselību*)

declinatoria *f jur.* paziņojums par lietas nodošanu augstākā instancē

declive *m*, **declividad** *f* krauja; nogāze; slīpne; slīpums; en ~ – stāvs, kraujš

decocción *f* 1. novārīšana; 2. novārījums

decolorar *v* 1. atkrāsot; izbalināt; 2. zaudēt krāsu

decomiso *m* konfiskācija; izņemšana no apgrozības

decorador *m* 1. dekorators; pintor ~ – mākslinieks dekorators; 2. tapsētājs

decorarᵃ *v* 1) dekorēt; izgreznot; 2) apbalvot (*ar ordeni, medaļu*)

decorarᵇ *v* 1. korī (*visiem kopā*) lasīt; 2. lasīt no galvas, skandēt

decoro *m* 1. pieklājība; laba uzvedība; pašcieņa; reglas de ~ – pieklājības likumi; 2. cienība, cieņa; gods; 3. godīgums

decoroso *a* 1. pieklājīgs; labi audzināts; cienījams; 2. [savai] kārtai atbilstošs

decrecer *v* [sa]mazināties; dilt; apsīkt (*par spēkiem*); kristies (*par ūdens līmeni*)

decrecim[i]ento *m* samazināšanās; izsīkšana; krišanās

decrépito *a* 1. pa pusei sagruvis (sabrucis); 2. nespēcīgs, vārgs (*aiz vecuma*); 3. panīcis

decretar *v* pavēlēt; [iz]dot rīkojumu (pavēli, dekrētu)

decumbente *m* guļošs slimnieks; *a* gultas režīmu ievērojošs

decurso *m* 1. laika ritums; 2. slimības attīstība

dechado *m* 1. paraugs, piemērs; ser un ~ de virtudes – būt tikumības paraugam; 2. priekšzīme

dedada *f* kripatiņa, šķipsniņa; mazumiņš; pilīte; ◇ ~ de miel – mazumiņš prieka

dedal *m* uzpirkstenis

dédalo *m* 1. labirints; 2. haoss

dedicar *v* 1. veltīt; ziedot (*laiku u. tml.*); ~ tiempo al estudio – veltīt laiku mācībām; 2. veltīt (*grāmatu u. tml.*); **~se** *rfl* nodoties (*kaut kam*); uzcītīgi nodarboties (*ar kaut ko*)

dedo *m* pirksts; ~ pulgar (gordo) – īkšķis; ~ indice – rādītājpirksts; ~ corazón – vidējais pirksts; ~ anular – gredzena (*ceturtais*) pirksts; ~ meñique – mazais pirkstiņš; ◇ estar a dos ~s de algo – būt mata galā no kaut kā; mamarse el ~ – būt lielam muļķim (vientiesim); ~ de la providencia – likteņa pirksts; morderse los ~s *sar.* – kost pirkstos

deducción *f* 1. secinājums; slēdziens; 2. dedukcija; 3. atvilkšana; atvilkums; (*cenas*) nolaišana

deducir *v* 1. secināt; izdarīt slēdzienu; 2. atvilkt; nolaist (*cenu*); ~ gastos – atskaitīt izdevumus

defecar *v* izkārnīties

defección *f* 1. atkrišana (*no kādas partijas, sabiedrotajiem*); 2. dezertēšana

defectivo *a* 1. defektīvs, nepilnīgs; 2. *gram.* defektīvs (*verbs*)

defender *v* 1. aizstāvēt; [aiz]sargāt; 2. (contra, de) pasargāt; **~se** *rfl* (de) aizstāvēties; aizsargāties

defensa *f* 1. aizstāvēšanās; 2. aizsardzība (arī sportā); ~ antiaérea – pretgaisa aiz-sardzība; 3. aizbildnība, aizstāvība; 4. advokāts, aizstāvis; 5. *jur.* aizstāvēšanās runa; 6. ~s *pl mil.* aizsardzības ierīces

defensor *m* aizstāvis, aizstāvētājs, advokāts

deferencia *f* 1. piekāpība; padevība; iztapība; izdabāšana; 2. godbijība; bijība

deferente *a* 1. piekāpīgs; padevīgs; iztapīgs; 2. godbijīgs; bijīgs

deferir *v* 1. piebalsot; pievienoties, piekrist; 2. atstāt (*kāda ziņā, rīcībā*)

deficiencia *f* 1. trūkums, defekts; 2. kļūdainība; neprecizitāte; 3.: ~ [en peso] – [svara] iztrūkums

definición *f* **1.** izskaidrojums; izskaidrošana; precīzs raksturojums; **2.** [jēdziena] definīcija; jēdziena definēšana

definir *v* definēt; izskaidrot; nosacīt, noteikt, raksturot; pabeigt gleznu, likt pēdējos otas triepienus

definitivi∥o *a* izšķirošs; galīgs; ◇ en ~a – galu galā; sacar en ~ – secināt, nonākt pie slēdziena

deflagración *f* **1.** uzliesmošana; uzliesmojums; **2.** ātra sadegšana

deformar *v* **1.** deformēt; **2.** sagrozīt; izkropļot

deformidad *f* **1.** kroplums; neglītums; **2.** sagrozījums; izkropļojums

defraudación *f* piesavināšanās, noblēdīšana; noslēpšana, nobēdzināšana

defraudador *m* **1.** kontrabandists; **2.** blēdis

defuera *adv* ārā, ārpusē; no ārienes, no ārpuses

defunción *f* nāve, nāves gadījums; anuncio de ~ – sludinājums (paziņojums) par nāves gadījumu

degenerar *v* **1.** izdzimt, deģenerēties, izvirst; **2.** pārveidoties; **3.** (*en*) izvērsties (*par kaut ko*); **4.** sarežģīties (*par slimību*)

deglutir *v* rīt, norīt

degollación *f* **1.** galvas nociršana; **2.** masu slepkavība

degolladero *m* **1.** rīkle, kakls; **2.** kautuve; **3.** ešafots

degolladura *f* **1.** brūce (ievainojums) uz kakla; **2.** dziļš [kakla] izgriezums (*apģērbam*), dekoltē

degollar *v* **1.** nocirst galvu; **2.** kaut (*lopus*); **3.** taisīt [kakla] izgriezumu (*apģērbam*)

degradar *v* **1.** degradēt; pazemināt (*dienesta pakāpē u. tml.*); **2.** pazemot, apkaunot

degüello *m* **1.** galvas nociršana; **2.** kautiņš; slaktiņš; **3.** nožņaugšana; ◇ tirar a ~ a alguien – 1) censties visādiem līdzekļiem kādu nogādāt pie malas; 2) censties sagādāt kādam nepatikšanas, censties kādu iegāzt

degustar *v* degustēt, nogaršot

dehesa *f* **1.** ganības; **2.** pļava; zālājs

deidad *f* dievība; dieve, dieviete; elks, dieveklis

deificar *v* dievināt; uzskatīt par dievību, pielūgt; pielīdzināt dievībai

dejación, dejada *f* **1.** atstāšana (*kāda ziņā, rīcībā*); atļauja (*piem., izvēlēties*); **2.** (*darba vietas u. tml.*) atstāšana; (*amata*) nodošana

dejadez *f* **1.** nolaidība; nevīžība; **2.** gurdenums

dejar *v* **1.** atstāt, pamest; ~ su familia – atstāt (pamest) ģimeni; ~ en paz – atstāt mierā; netraucēt; ¡deja! – prom!; **2.** (+ *inf*) ļaut, pieļaut; laist; ~ caer – ļaut krist, izlaist no rokām, nomest; ¡déjame trabajar! – ļauj man strādāt!; ~ pasar – palaist (ļaut paiet) garām; ~ ¡dejame pasar! – ļauj man paiet garām!; **3.** (por) iecelt, nozīmēt; ~ por sucesor – atstāt par mantinieku, iecelt par mantinieku; **4.** (de + *inf*) pārstāt, atmest; dejó de fumar – viņš ir atmetis smēķēšanu; no dejes de escribirme – neaizmirsti man rakstīt, raksti man; no dejo de extrañarme – nevaru [vien] beigt brīnīties, man patiešām jābrīnās; ◇ ¡deja, deja! – pagaidi [man] tikai!; como dejo dicho – kā es jau teicu; ~ a alguien fresco (en blanco, con un palmo de narices) – atstāt kādu ar garu degunu; **~se** *rfl* **1.** (+ *inf*) ļauties; ~se convencer – ļaut sevi pierunāt; ~se ver – parādīties, kļūt redzamam; ~se caer – nokrist; **2.** pārstāt, atmest; ~se de bromas – beigt jokoties; likt jokus pie malas; ~se de rodeos – runāt bez aplinkiem

dejo *m* **1.** piegarša; **2.** *pārn.* rūgtums, rūgtas mieles; nepatīkama (smaga) sajūta; **3.** ~s *pl* [ļaunas] sekas

delación *f* iesniegums, ziņojums, sūdzība; apsūdzība

delantal *m* priekšauts

delante *adv* pa priekšu, priekšā; priekšgalā; iepriekš, pirms tam; ir ~ – iet pa priekšu; poner ~ – aizlikt priekšā; likt priekšā; por ~ – no priekšas; priekšā; ~ de mi casa hay un teatro – pretī manai mājai atrodas teātris

delantera *f* **1.** priekšējā daļa; priekša; **2.** *teātr.* pirmā rinda; ◇ tomar la ~ – aizsteigties priekšā; apdzīt

delantero I *a* priekšējs; priekšējais; **II** *m* centra uzbrucējs (*futbolā*)

delatar *v* uzrādīt; paziņot; apsūdzēt

delator *m* **1.** nodevējs; denuncētājs; **2.** apsūdzētājs

delectación, deleitación *f*, **deleitamento** *m* **1.** laika kavēklis; bauda, baudījums; tīksme; **2.** svētlaime, lieglaime

delegar *v* deleģēt, nosūtīt, komandēt; norīkot

deleitar *v* sagādāt baudu, sniegt baudījumu; sagādāt prieku; ielīksmot

deleite *m* **1.** tīksme; bauda; **2.** saldkaisle; baudkāre; miesīga bauda

deleitoso *a* **1.** lielisks; brīnišķīgs; tāds, kas sagādā baudu; **2.** saldkaisls, miesaskārīgs; baudkārs

deletéreo *a* nāvējošs, nāvīgs; indīgs

deletrear *v* **1.** burtot; **2.** atšifrēt, izburtot

deleznable, deleznadero *a* **1.** trausls; viegli plīstošs; **2.** drupans; irdens; **3.** slidens, glums; **4.** nepastāvīgs; īslaicīgs; iznīcīgs

delgado *a* **1.** tievs; vājš; **2.** smalks; elegants; graciozs; **3.** mīksts (*par ūdeni*)

deliberación *f* **1.** pārdomāšana; apdomāšana; apsvēršana; **2.** apspriede; konsultācija; **3.** lēmuma pieņemšana

deliberadamente *adv* apzināti; ar nodomu

deliberar v **1.** apsvērt; apdomāt; **2.** apspriest; apspriesties; ~ con alguien – apspriesties ar kādu; retirarse a ~ – aiziet apspriesties (*par tiesnešiem*)

delicadeza f **1.** liegums; maigums; trauslums; gleznums; **2.** jūtība; smalkjūtība; takta sajūta; sin ~ – netaktisks

delicado a **1.** delikāts; facciones ~s – smalki sejas panti; **2.** smalkjūtīgs, smalks; **3.** smalks, ass (*par prātu*); **4.** vārgs, slimīgs; **5.** kutelīgs; sarežģīts; **6.** uzmanīgs, taktisks; **7.** grūti apmierināms; ◇ manjar ~ – gardums, gards kumoss

delicia f **1.** izprieca; patika; prieks, līksme; **2.** sajūsma, jūsma

delicioso a **1.** mīlīgs, piemīlīgs; patīkams; jauks; **2.** lielisks; brīnišķīgs

delincuencia f noziegums; [likuma] pārkāpums

delincuente m noziedznieks; likuma pārkāpējs; ~ menor – mazgadīgs noziedznieks; ~ reincidente – recidīvists

delineación f **1.** apveids, kontūras; **2.** uzmetums; skice; **3.** rasēšana

delineador, delineante m zīmētājs; rasētājs

delinear v uzmest kontūras; skicēt; rasēt

delinquir v noziegties; nogrēkoties; izdarīt noziegumu

delíquio m **1.** ģībonis, bezsamaņa; **2.** nogurums; pārgurums; bezspēks

delito m pārkāpums; noziegums; ~ común – kriminālnoziegums; en flagrante ~ – nozieguma vietā; ~ intencional – noziegums ar iepriekšēju nodomu; cuerpo del ~ – nozieguma sastāvs; cometer el ~ – izdarīt noziegumu

delusorio a mānīgs; māņu-

demacrarse v rfl noliesēt; novājēt

demanda f **1.** prasība; iesniegums; **2.** pieprasījums; ~ fuerte – liels pieprasījums (*pēc kādas preces*); **3.** apvaicāšanās, apjautāšanās; **4.** *jur.* prasība; ◇ ir en ~ – doties meklēt

demandadero m ziņnesis, kurjers, izsūtāmais

demandado m *jur.* atbildētājs; apsūdzētais

demandador, demandante m sūdzētājs; prasītājs

demarcación f robežu noteikšana (novilkšana); norobežošana; demarkācija; línea de ~ – demarkācijas līnija

demás a pārējais, atlikušais; cits; lo ~ – pārējais, atlikušais; los ~ – citi, pārējie; ◇ por ~ – 1) velti, veltīgi; 2) pāri mēram; por lo ~ – bez tam; starp citu; es por ~ cobarde – bez tam viņš ir arī glēvulis; estar por ~ – būt liekam, būt nevajadzīgam; y ~ – un tā tālāk, un tā joprojām

demasía f **1.** pārpilnība; en ~ –

pārpilnībā; pa pilnam; atliku likām; **2.** pārspīlējums; **3.** pārdrošs pasākums; izlēciens

demasiado I *a* pārmērīgs, pārliecīgs; **II** *adv* par daudz, pārlieku, pārmērīgi, pārāk; tiene ~ orgullo – viņš ir pārāk lepns

demencia *f* gara vājums; vājprātība; plānprātība

demente I *a* plānprātīgs; **II 1.** *m* plānprātiņš; vājprātīgais; **2.** *f* plānprāte; vājprātīgā

demérito *m* **1.** necienīga rīcība; **2.** vājā puse, trūkums

demócrata *m, f* demokrāts, -e

demoledor I *a* postošs; graujošs; **II** *m* postītajs, izpostītājs; ārdītājs; grāvējs; iznīcinātājs

demoler *v* **1.** nopostīt, izpostīt; iznīcināt; sagraut; **2.** noārdīt; nojaukt, noplēst

demolición *f* **1.** nopostīšana; izpostīšana; iznīcināšana; sagraušana; postījums; **2.** (*ēkas u. tml.*) nojaukšana, noplēšana; noārdīšana

demoníaco *a* dēmonisks; velnišķīgs

demonio *m* dēmons; velns, nelabais; ¡[qué] ~! – pie velna!; ¡que se lo lleve el ~! – lai velns viņu parauj!; ¡vete al ~! – ej pie velna!; ◇ ¡es el mismo ~! – tas ir īsts velna puika!; irse con mil ~s – lasīties pie visiem velniem

¡demontre! *interj* pie velna!, ka tevi nelabais!

demora *f* novilcināšana; novilcināšanās; kavēšanās; sin ~ – nekavējoties, bez kavēšanās

demorar *v* **1.** novilcināt; **2.** kavēties; uzkavēties; ~ la contestación – vilcināties ar atbildi

demostrable *a* **1.** pierādāms; **2.** uzrādāms

demostración *f* **1.** pierādījums; pierādīšana; **2.** izklāstījums, izklāsts; izskaidrojums; **3.** demonstrēšana; izrādīšana; **4.** demonstrācija, skate

demostrativo *a* **1.** neapstrīdams, neapgāžams, pārliecinošs; **2.** demonstratīvs; **3.** *gram.:* pronombre ~ – norādāmais vietniekvārds

demudar *v* **1.** mainīt krāsu; **2.** izķēmot, izkropļot; sagrozīt (*piem., kāda vārdus*); **~se** *rfl* **1.** pārvērsties (mainīties) sejā; **2.** zaudēt savaldīšanos

denegación *f* **1.** atteikšana; atraidīšana; **2.** noliegšana, liegšanās

dengoso *a* klīrīgs; gražīgs

dengue *m* **1.** gražošanās; gražība; klīrēšanās; klīrība; hacer ~s – 1) gražoties; klīrēties; 2) izlikties

denodado *a* drošs, drosmīgs, bezbailīgs

denominación *f* **1.** nosaukšana, dēvēšana; **2.** nosaukums; vārds

denominado *a mat.* nosaukts (*skaitlis*)

denominador *m mat.* saucējs; común ~ – kopējais saucējs

denominar *v* nosaukt, dot vārdu; dēvēt

denostar *v* [no]lamāt, nozākāt, nokengāt

denotación *f* **1.** apzīmēšana; apzīmējums; **2.** norādījums

denotar *v* **1.** nozīmēt (*kaut ko*); norādīt (*uz kaut ko*); **2.** apzīmēt; **3.** izteikt; izpaust

densidad *f* blīvums; biezums; ciešums; ~ de población – iedzīvotāju blīvums; ~ de fuego *mil.* – uguns blīvums

dens||o *a* **1.** blīvs; biezs; ciešs; **2.** *pārn.* neskaidrs; juceklīgs; ~a niebla – bieza migla

dentad||o *a* robains, robots; izrobots; zobains; rueda ~a – zobrats

dentadura *f* zobi; zobu rinda; ~ postiza – mākslīgie zobi; ~ de leche – piena zobi

dental, dentario *a* zoba-, zobu-

dentalgia *f* zobu sāpes

dentar *v* **1.** robot, taisīt robiņus; izrobot; **2.** nākt zobiem (*bērnam*)

dentellada *f* **1.** kodiens; **2.** kodums; a ~s – ar zobiem; partir de una ~ pārkost [pušu]; pārkost ar vienu kodienu

dentellar *v* klabināt zobus

dentellear *v* sakampt zobiem; iekost; iecirst zobus

dentera *f* zobu nomizojums; dar ~ – 1) radīt zobu nomizojumu (*no skābām ogām u. tml.*); 2) radīt skaudību

dentífric||o *a:* pasta ~a – zobu pasta; agua ~a – mutes skalojamais ūdens

dentista *m, f* zobārsts, -e

dentro I *adv* iekšā; iekšpusē; por ~ – iekšā, iekšpusē; allá ~ – tur iekšā; **II** *prep:* ~ de **1.** ... laikā; pēc; ~ de un año – gada laikā; pēc gada; **2.** (*kā*) robežās; ~ de la habitación – istabā; ◇ ~ de poco – drīz, īsā laikā; salir de ~ – nākt no sirds; estar ~ de lo posible – būt iespēju robežās

denuedo *m* drosme, drošsirdība, bezbailība

denuesto *m* nozākājums; lamas; lamuvārds

denunciar *v* **1.** uzrādīt; apsūdzēt; nodot; **2.** paziņot, pateikt; **3.** uzteikt (*līgumu*)

deparar *v* **1.** dāvāt, dāvināt; **2.** likt (celt) priekšā; pasniegt; piedāvāt

departamento *m* departaments; nodaļa, resors; pārvalde

departir *v* **1.** tērzēt; pārspriest; **2.** noteikt robežu; **3.** *jur.* šķirt dzīvesbiedrus

depauperar *v* **1.** padarīt nabagu, izputināt; **2.** atņemt (laupīt) spēku; padarīt nespēcīgu; novājināt

dependencia *f* **1.** atkarība; pakļautība; pakļaušana; **2.** (*kalpotāju*) personāls; **3.** *ek.* nodaļa, filiāle; **4.** ~s *pl* piederumi

depender *v* *pārn.* atkarāties; būt atkarīgam; depende de ... – atkarībā no ..., skatoties pēc ...

dependiente I *a* atkarīgs; **II** *m* kalpotājs; ~ de comercio – pārdevējs

deplorar *v* apraudāt; nožēlot
deponer *v* **1.** nolikt; ~ las armas *mil.* – nolikt ieročus; **2.** atcelt, atstādināt (*no amata*); **3.** *jur.* liecināt, dot liecību (*tiesā*)
deportación *f* izraidīšana, izsūtīšana [trimdā]
deporte *m* **1.** sports; ~ de invierno – ziemas sports; ~ náutico – ūdenssports; hacer (dedicarse al) ~ – nodarboties ar sportu; **2.** laika kavēklis, uzjautrinājums
deportista *m, f* sportists, -e
deposición *f* **1.** nolikšana; (*naudas*) noguldīšana, deponēšana; **2.** atcelšana (atstādināšana) no amata; **3.** *med.* izkārnīšanās, defekācija; **4.** *jur.* liecība (*tiesā*)
depositar *v* **1.** noguldīt, deponēt; noguldīt depozītā; nodot glabāšanā; **2.** novietot; ievietot; turēt, glabāt (*noliktavās preces*); **3.** apglabāt, apbedīt
depósito *m* **1.** depozīts; ieguldījums; ~ bancario – bankas depozīts; ~ acorto plazo – īstermiņa depozīts; **2.** rezervuārs, tvertne; cisterna; ~ de gasolina – benzīna cisterna; benzīna tanks; ~ elevador de agua – ūdenstornis; **3.** depo; **4.** noliktava; glabātava; ~ de equipajes *dzelzc.* – mantu glabātuve; **5.** *mil.* magazī-na
depravación *f* **1.** samaitātība; izvirtība; **2.** netikumība, netiklība
depravar *v* samaitāt; pavest

deprecar *v* **1.** nolūgties; pielūgties; **2.** izlūgt, izlūgties; ļoti lūgt
depreciación *f* **1.** vērtības pazemināšanās; vērtības pazemināšana; **2.** cenu krišana (pazemināšana)
depredación *f* **1.** laupīšana, aplaupīšana; izlaupīšana; **2.** piesavināšanās (*darba vietā*)
depresión *f* **1.** pazemināšana; pazeminājums; **2.** nospiestība, nomākts garastāvoklis; depresija; **3.** ieplaka, iedobe
deprimente, depresivo *a* pazemojošs; nomācošs; nepatīkams
deprimir *v* **1.** nomākt; nospiest; **2.** celt neslavu, nozākāt
depuración *f* **1.** tīrīšana, notīrīšana; iztīrīšana; attīrīšana; **2.** (*faktu*) noskaidrošana; (*kādas lietas*) nokārtošana, noregulēšana
derecha *f* **1.** labā puse; labā roka; a la ~ – pa labi; llevar la ~ – iet pa labi; **2.** labējā partija, labējais spārns (*parlamentā u. tml.*); ◇ a ~s – pienācīgi; krietni; kā nākas; no hacer nada a ~s – visu darīt ačgārni
derechera *f* taisns ceļš
derechista *m, f polit.* labējais, -ā
derech‖o I *a* **1.** labais; tāds, kas atrodas labajā pusē; a mano ~ – pa labi; **2.** taisns; **II** *m* **1.** tiesība; tiesības; ~ de voto – balsstiesības; ~ electoral – vēlēšanu tiesības; ~ al trabajo (al descanso) – tiesība uz darbu (uz atpūtu); ~ civil – pilsoņu

tiesības; ~ no escrito – nerakstītas tiesības; nerakstīts likums; de ~ – pēc likuma; Facultad de Derecho – juridiskā fakultāte; **2.** labā puse (*audumam*); **3.** ~os *pl* nodoklis; muita; nodevas; ~os de aduana – muitas nodevas; ~os reales – mantošanas nodoklis; ~s de autor – autoratlīdzība, autortiesības; estar a ~ – ierasties tiesā; perder de su ~ – piekāpties, iet uz kompromisu

derechura *f* pareizība; pareizums; ◇ en ~ – 1) tieši, taisnā ceļā; 2) tieši, bez aplinkiem

deriva *f* **1.** *jūrn.* dreifs; **2.** *av.* novirzīšanās; **3.** ir a la ~ *pārn.* – dreifēt, peldēt pa straumi

derivación *f* **1.** novadīšana (*ūdens u. tml.*); **2.** *el.* (*elektriskās strāvas*) noplūde; **3.** novadcaurule, notekcaurule; **4.** *gram.* atvasināšana

derivado *m* **1.** blakusprodukts; **2.** *gram.* atvasinājums

derivar *v* **1.** novadīt (*ūdeni u. tml.*); **2.** *gram.* atvasināt; **3.** (de) izrietēt; rasties; **4.** *jūrn.* aizdzīt sāņus; novirzīt

derogar *v* atcelt, atsaukt (*rīkojumu u. tml.*); likvidēt; anulēt

derrama *f* ārkārtējs nodoklis, aplikšana ar nodokļiem

derramamiento *m* **1.** izliešana; izlaistīšana; ~ de sangre – asinsizliešana; **2.** (*upes*) pārplūšana, iziešana no krastiem; **3.** izšķērdība; izšķērdēšana; izšķiešana

derramar *v* **1.** izliet, izlaistīt; ~ la sangre – izliet asinis; **2.** izšķiest; izšķērdēt; **3.** izbārstīt; izbērt; izkratīt; **4.** izplatīt (*kādas ziņas*)

derrame *m* **1.** *sk.* **derramamiento; 2.** *med.* izplūdums; ~ cerebral – asinsizplūdums smadzenēs; **3.** izteka; **4.** *arhit.* ambrazūra

derredor *m* **1.** apkārtne; loks; **2.** apmērs; al ~, en ~ – apkārt, ap; visapkārt

derrengar *v* **1.** saliekt; salocīt; **2.** izmežģīt; **3.**: ~ a palos – neatstāt veselu vietu (*kādam*)

derretimiento *m* **1.** kausēšana; kušana, izkušana; **2.** dedzība, dedzīgums; mīlestības degsme

derretir *v* **1.** kausēt, izkausēt; atkausēt; **2.** izšķiest; izsaimniekot, notriekt (*naudu, mantu*); **~se** *rfl* **1.** kust, izkust; atkust *arī pārn.*; **2.** (de) beigties vai nost (*no mīlestības*)

derribar *v* **1.** apgāzt, nogāzt; nojaukt, noplēst (*ēku, mūri*); **2.** izgāzt (*durvis*); **3.** nomest, nosviest (*no zirga*); **4.** notriekt; nogāzt

derribo *m* **1.** (*ēkas u. tml.*) sagraušana; noārdīšana, noplēšana, nojaukšana; **2.** demolēšana; **3.** ~s *pl* (*būves*) gruveši

derrocadero, despeñadero *m* **1.** krauja (stāva) nogāze; **2.** risks, briesmas

derrocar *v* **1.** nogāzties lejā; nomest (*bezdibenī*); **2.** nogāzt [lejā]; **3.** noplēst, noārdīt, nojaukt; **4.** nopostīt; izpostīt; sagraut

derrochar *v* izšķiest, izšķērdēt; noplītēt, notriekt

derroche *m* izšķērdība; izšķērdēšana; izšķiešana

derrota *f* **1.** *mil.* sakāve; sufrir la ~ ~ ciest sakāvi; **2.** *jūrn.* kurss; **3.** ceļš

derrotar *v* **1.** iznīcināt; izpostīt; izputināt; **2.** sagraut (*veselību*); **3.** *mil.* sakaut

derrubiar *v* izskalot, izgrauzt (*krastu*)

derrumbadero *m* **1.** bezdibenis; **2.** risks; briesmas

derrumbar *v* **1.** nogāzt [lejā]; nogāzties lejā; **2.** izpostīt; sagraut

derviche *m* dervišs

desabono[a] *m* diskreditācija; diskreditēšana

desabono[b] *m* (*laikrakstu u. tml.*) parakstīšanās (abonēšanas) izbeigšana

desaborido *a* **1.** negaršīgs, bezgaršas-; **2.** bezgaumīgs; bezsaturīgs; **3.** vienaldzīgs

desabotonar *v* atpogāt; nopogāt [nost]; izdzīt lapas, pumpurus (*par augiem*)

desabrido *a* **1.** sājš; bezgaršīgs; **2.** nepastāvīgs, mainīgs (*laiks*); skarbs (*raksturs*)

desabrigarse *v rfl* **1.** atģērbties; atsegties; **2.** apģērbties vieglākā apģērbā; apģērbties vasarīgi

desabrigo *m* **1.** viegls apģērbs; **2.** atsegšana; **3.** pamestība

desabrimiento *m* **1.** bezgaršība; **2.** bezgaumība; **3.** skarbums; **4.** neapmierinātība

desabrirse *v rfl* **1.** saīgt; **2.** sanaidoties, sanīsties (*ar kādu*)

desabrochar *v* **1.** atāķēt; atkabināt; ~**se** *rfl* izkratīt sirdi (*kādam*), vaļsirdīgi izrunāties (*ar kādu*)

desacatar *v* apieties necienīgi (*ar kādu*); neizturēties ar pienācīgu godbijību (*pret kādu*)

desacato *m* **1.** necienība, neciena; necienīšana, nerespektēšana; ~ a la autoridad – neciena pret varas iestādēm; **2.** neievērošana, nevērība

desacertado *a* **1.** kļūdains, maldīgs; **2.** neapdomāts, pārsteidzīgs

desacertar *v* **1.** maldīties, kļūdīties; pārskatīties; **2.** rīkoties neapdomīgi

desacierto *m* **1.** maldīšanās; pārpratums; **2.** kļūda; neapdomāta (pārsteidzīga) rīcība

desacobardar *v* uzmundrināt, iedvesmot

desacomodado *a* **1.** neērts, nepatīkams, apgrūtinošs; **2.** nenodarbināts, bez darba; **3.** trūcīgs, bez līdzekļiem

desacomodar *v* atlaist no darba (no amata); ~**se** *rfl* palikt bez darba

desaconsejado *a* neapdomīgs; neapdomāts, nepārdomāts, pārsteidzīgs

desaconsejar *v* atrunāt (*kādu no kaut kā*)

desacordarse *v rfl* [vairs] neatcerēties; būt aizmirsušam

desacorde *a* 1. *muz.* disharmonisks, nesaskanīgs; 2. nevienprātīgs

desacostumbrado *a* 1. neierasts, nepierasts; 2. neparasts; savāds

desacostumbrarse *v rfl* atradināties, atrast

desacuerdo *m* 1. domstarpības; nevienprātība; nesaskaņa, nesaprašanās; estar en ~ – būt pretrunā (*ar ko*); 2. atmiņas vājums; aizmāršība; 3. samaņas zudums

desadvertir *v* nepamanīt, neievērot; atstāt bez ievērības

desafecto I *a* nelabvēlīgi noskaņots, nelabvēlīgs, naidīgs (*pret kādu*); **II** *m* 1. antipātija, nepatika (*pret kādu*); 2. nelabvēlība; nenovēlība

desafiar *v* 1. izaicināt (*uz dueli u. tml.*); 2. izturēties izaicinoši; spītēt (*briesmām u. tml.*)

desafinación *f* 1. slikts noskaņojums; slikts garastāvoklis; saīgums; 2. *mūz.* noskaņošanās

desafinar *v* 1. *mūz.* netīri skanēt (*spēlējot vai dziedot*); noskaņoties; 2. *sar. pārn.* izkrist no lomas

desafío *m* 1. izaicinājums; izaicināšana; lanzar un ~ – mest izaicinājumu; 2. duelis; reñir en un ~ – duelēties; 3. sacensība; sacīkste

desaforado *a* 1. milzīgs, neparasti liels; varens; 2. varmācīgs; brutāls; 3. noziedzīgs; pretlikumīgs

desaforarse *v rfl*: ~ de todo – neievērot neko, neņemt neko vērā

desafortunadamente *adv* kā par nelaimi, nelaimīgā kārtā

desafuero *m* 1. pārkāpums; noziegšanās (*pret kaut ko*); 2. nepiedienība, nepieklājība; negodīga rīcība, nesaprātīga rīcība

desagraciado *a* 1. nepatīkams, netīkams; 2. nepiemīlīgs, nepievilcīgs

desagradable *a* nepatīkams; mokošs, neveikls (*klusums u. tml.*)

desagradar *v* nepatikt

desagradecimiento *m* nepateicība

desagrado *m* 1. nepatika; 2. nepatikšanas; nepatīkams gadījums; ◇ gesto de ~ – nelaipna seja

desagraviar *v* 1. dot gandarījumu; 2. atlīdzināt, kompensēt (*kādam kaut ko*); atlīdzināt zaudējumu; 3. reabilitēt

desagravio *m* 1. gandarījums; 2. (*vainas, grēka*) izpirkšana; zaudējumu atlīdzība

desaguadero *m* novadgrāvis (-kanāls)

desagüe *m* 1. (*upes*) izteka; 2. (*ūdens*) notecēšana, notece; tubo de ~ – notekcaurule

desaguisado I *a* 1. nelikumīgs; netaisnīgs; 2. neprātīgs; bezprātīgs; **II** *m* 1. netaisnība; pārestība; 2. neprātīga rīcība

desahogado *a* 1. ērts; plašs; 2. brīvs, nepiespiests; 3. nekaunīgs; izlaidīgs; 4. turīgs, pārticis

desahogar *v* remdināt; sagādāt atvieglojumu; ~ su pena llorando – atvieglot savas bēdas ar asarām; **~se** *rfl* **1.** atpūsties; atvilkt elpu; **2.** izkratīt [savu] sirdi, vaļsirdīgi izrunāties

desahogo *m* **1.** atvieglinājums; atbrīvošanās (*no kaut kā*); **2.** brīvība, nepiespiestība; dabiskums; **3.** pārdrošība, nekaunība; **4.** pārticība; vivir con ~ – būt pārtikušam; dzīvot pārticībā

desahuciar *v* **1.** atņemt [visas] cerības; **2.** atzīt par nedziedināmu; **3.** uzteikt, atteikt (*dzīvokli u. tml.*); **4.** izlikt no dzīvokļa; izlikt ārā

desahumado *a* novadējies (*par dzērieniem*)

desairado *a* **1.** lempīgs, neveikls, neizveicīgs; **2.** lempīgs, neizdevies, slikti piegulošs (*par apģērbu*); **3.** nedaiļš, neglīts

desairar *v* **1.** atstāt novārtā; ievērot mazāk nekā citus; **2.** apieties necienīgi (nievājoši); aizskart, aizvainot; **3.** *pārn.* iedot kurvīti

desajustar *v* **1.** sajaukt, izjaukt kārtību; **2.** *pārn.* izjaukt; sabojāt, samaitāt (*kādu pasākumu*)

desajuste *m* **1.** atkāpšanas (*no kādas norunas*); līguma neievērošana; **2.** nekārtība

desalado *a* **1.** bez spārniem; **2.** steidzīgs; **3.** ilgu pilns

desalar[a] *v* izmērcēt (*piem., sālītas zivis*)

desalar[b] *v* apgriezt spārnus; **~se** *rfl* **1.** ļoti steigties; ◇ ~ por ... – beigties vai nost (*aiz sāpēm, ziņkāres u. tml.*)

desalentar *v* **1.** apgrūtināt elpošanu; **2.** atņemt (laupīt) drosmi

desaliento *m* mazdūšība; pašpaļāvības trūkums

desaliñado *a* **1.** novārtā atstāts, nolaists; **2.** nolaidīgs (*darbs*); nekārtīgs, nevīžīgs

desaliño *m* nolaidība; nevīžība

desalmado *a* cietsirdīgs, nežēlīgs; nekrietns

desalojar *v* **1.** izlikt (*no dzīvokļa*); padzīt (*no darba u. tml.*); **2.** izvākties (*no dzīvokļa*); **3.** *mil.* atiet; **4.** *mil.* izsist (*no pozīcijām*)

desalquilarse *v rfl* atbrīvoties (*par dzīvokli*)

desalterar *v* apklusināt; nomierināt; remdēt; remdināt

desamor *m* **1.** antipātija; riebums; **2.** cietsirdība; **3.** nejūtīgums, bezjūtīgums

desamorrar *v* uzlabot garastāvokli, nomierināt

desamparado *a* **1.** bezpalīdzīgs, aizsargāties nespējīgs, nevarīgs; **2.** pamests; atklāts (*vējam, sliktiem laika apstākļiem u. tml.*)

desamparar *v* **1.** atstāt bez aizsardzības; atstāt likteņa varā; **2.** atstāt, pamest; **3.** *jur.* atteikties (*no tiesībām uz kaut ko*)

desamparo *m* **1.** bezpalīdzība; nevarība; nespēja aizsargāties; **2.** atstātība; pamestība; **3.** *jur.* atteikšanās no tiesībām (*uz kaut ko*)

desandar *v* iet atpakaļ, atiet atpakaļ; ~ el camino – atgriezties pa to pašu ceļu; ◊ ~ lo andado – atgriezties izejas punktā, sākt visu no gala

desangrarse *v rfl* noasiņot

desanimarse *v rfl* zaudēt dūšu; zaudēt drosmi

desánimo *m* dūšas zaudēšana; drosmes trūkums

desanudar *v* **1.** atsiet mezglu; **2.** *pārn.* atšķetināt; ◊ ~ la voz – atraisīt mēli

desapacible *a* nepatīkams; nemīlīgs (*laiks*); skarbs (*tonis*)

desaparecer *v* izzust; pazust; nozust; paslēpties; ~ rápidamente – izgaist; hacer ~ – paslēpt

desaparejar *v* **1.** noseglot, noņemt seglus; nojūgt, izjūgt; **2.** *jūrn.* notakelēt

desaparición *f* izzušana, nozušana

desapasionado *a* **1.** bezkaislīgs; auksts; mierīgs; aukstasinīgs; **2.** bezpartejisks

desapego *m* **1.** antipātija; **2.** atsvešināšanās, simpātijas jūtu zušana

desapercibido *a* **1.** nesagatavots, nesagatavojies; tāds, kas [nekā] nenojauš; coger ~ – uzbrukt (*negaidīti*); pārsteigt nesagatavotu; **2.** neuzmanīgs, nevērīgs

desaplicado *a* nolaidīgs, nevīžīgs; nevērīgs; laisks, kūtrs

desapoderado *a* **1.** pilnvaras (varu) zaudējis; **2.** neizmērojams; bezgalīgs; **3.** nesavaldīgs

desapoderamiento *m* ātra daba, straujums; nesavaldība

desapolillar *v* iztīrīt no kodēm; ~**se** *rfl pārn.* izvēdināties; iziet pastaigāties

desapoyar *v* atstāt bez atbalsta

desaprender *v* aizmirst (*to, ko kādreiz mācējis*)

desaprensivo *a* **1.** bez aizspriedumiem; brīvs no aizspriedumiem; **2.** nekaunīgs; netaktisks

desaprobación *f* **1.** [no]pelšana, [no]paļāšana; nosodīšana; **2.** *dipl.* atsaukšana

desapropiar *v* atsavināt (atņemt) īpašumu

desaprovechado *a* **1.** lieks; nevajadzīgs; veltīgs; **2.** nesekmīgs, atpalicis (*skolēns*)

desaprovechamiento *m* **1.** kavējums (*piem., darba, termiņa*); **2.** laika zaudējums; **3.** nolaidība; **4.** neizmantošana, neizlietošana

desaprovechar *v* **1.** atstāt neizmantotu, neizlietot; nokavēt, palaist garām; **2.** būt nesekmīgam; atpalikt; **3.** kavēt (*skolu u. tml.*)

desapuntar *v* atārdīt, izārdīt (*šuvi*)

desarmar *v* **1.** atbruņot; **2.** nomontēt; demontēt; **3.** *jūrn.* notakelēt; **4.** *mil.* demobilizēt

desarme *m* 1. atbruņošanās; ~ general – vispārēja atbruņošanās; 2. demobilizācija; 3. nomontēšana; demontēšana

desarreglar *v* sajaukt; izjaukt kārtību

desarreglo *m* 1. nekārtība; 2. (*motora*) defekts, bojājums; 3. traucējums; 4. izlaidība

desarrimar *v* 1. atbīdīt, atstumt, bīdīt nost; 2. atrunāt; ~ a uno de algo – atrunāt kādu (*no kaut kā*)

desarrimo *m* nevarība, bezpalīdzība

desarrollo *m* 1. atritināšana, attīšana; 2. attīstība; attīstīšanās; 3. (*notikuma*) norise, gaita; 4. *ģeom.* (*kuba*) izklājums

desarticular *v* sadalīt; izārdīt; izjaukt

desarzonar *v* izmest no segliem

desasentar *v* nepatikt, nebūt pa prātam; radīt nepatiku

desaseo *m* netīrība; netīrīgums; nolaidība, nevīžība

desasimiento *m* nesavtība; pašaizliedzība; atsacīšanās (*cita labā vai no kaut kā*)

desasir *v* atlaist; palaist vaļā (*piem., suni no ķēdes*); **~se** *rfl* atsacīties; atteikties; ~se de malas costumbres – atbrīvoties (atradināties) no sliktiem paradumiem

desasistir *v* 1. atstāt, pamest (*kādu*); 2. liegt atbalstu

desasnar *v sar. pārn.* noslīpēt

desasosegar *v* radīt nemieru, uztraukt, satraukt

desasosiego *m* nemiers, satraukums, uztraukums

desastrado *a* 1. nolaidīgs; nekārtīgi ģērbies; 2. nodriskāts, nodriskājies; noskrandis, skrandains; 3. nožēlojams

desastre *m* 1. liela nelaime; posts; katastrofa; 2. smaga neveiksme; liksta

desastroso *a* 1. nelaimīgs; kļūmīgs; 2. nožēlojams, bēdīgs; 3. postošs, katastrofāls; consecuencias ~as – postošas sekas

desat‖ar *v* 1. atsiet, atraisīt; 2. [iz]šķīdināt, izkausēt; 3. atklāt, noskaidrot (*kādu intrigu u. tml.*); 4. atraisīt mēli, ļaut vaļu jūtām; **~se** *rfl* 1. atsieties, atraisīties; 2. sākties; se ~ó una tormenta – uznāca negaiss; 3. *sar. pārn.* iekaist (*dusmās*); 4. atmaigt (*par cilvēku*)

desatascar *v arī pārn.* izvilkt no dubļiem

desatención *f* neuzmanība; nevērība; nepieklājība

desatender *v* 1. neievērot, nepievērst uzmanību; būt nepieklājīgam; nevērīgi izturēties; 2. atstāt novārtā, nolaist; ~ sus deberes – atstāt novārtā savus pienākumus

desatentado *a* 1. nepārdomāts, neapdomāts; 2. nesavaldīgs, neapvaldīts

desatentar *v* 1. samulsināt, apmulsināt; pārsteigt; 2. padarīt neuzmanīgu

desatento *a* neuzmanīgs; nepieklājīgs

desatiento *m* **1.** nemiers; satraukums; **2.** notirpums; **3.** nejutība, taustes sajūtas zaudēšana

desatinado *a* **1.** nejēdzīgs, bezjēdzīgs; **2.** neprātīgs; neapdomīgs

desatinar *v* **1.** izvest no pacietības; **2.** runāt aplamības; darīt aplamības; **3.** pataisīt par muļķi

desatino *m* **1.** bezjēdzība; nejēdzība; aplamība; blēņas; nieki; **2.** misēklis; kļūda, neveiksme

desatrancar *v* atbultēt, atšaut bultu

desavecindado *a* pamests; neapdzīvots

desavecindarse *v rfl* mainīt dzīves vietu, pārcelties

desavenencia *f* **1.** nevienprātība; nesaskaņas, nesaprašanās; **2.** konflikts, sadursme, strīds

desavenido *a* nevienprātīgs

desaventajado *a* **1.** neizdevīgs; neienesīgs; **2.** kvalitatīvi mazvērtīgāks

desavío *m* **1.** maldināšana; **2.** maldi

desavisar *v* atsaukt (*kādu ziņojumu, ziņu*)

desayunar *v*, **desayunarse** *rfl* **1.** brokastot, ēst brokastis; **2.** saņemt pirmās ziņas

desayuno *m* (pirmās) brokastis

desazón *f* **1.** bezgaumība; pliekanums; salkanums; **2.** saīgums, nepatika; **3.** nemiers

desazonar *v* **1.** darīt bezgaumīgu; darīt pliekanu; darīt salkanu; **2.** radīt īgnumu (nepatiku); [sa]kaitināt; **~se** *rfl* justies neveselam

desbancar *v* **1.** paņemt banku (*kāršu spēlē*); **2.** *pārn.* ieņemt cita vietu kāda sirdī

desbandada *f* paniska bēgšana; a la ~ – panikā

desbandarse *v rfl* **1.** spēji izklīst; mesties (bēgt) uz visām pusēm; **2.** *mil.* dezertēt; **3.** izvairīties no cilvēkiem

desbaratamiento *m* sabrukšana; sabrukums; sajukums; dezorganizācija

desbaratar *v* **1.** sajaukt, izjaukt kārtību; **2.** sagraut; **3.** izsaimniekot, notriekt (*īpašumu, mantu*); **4.** izjaukt (*plānu, nodomu*); **5.** runāt muļķības; darīt muļķības

desbarate, desbarato *m* nekārtība; sajukums; ◇ ~ de vientre – caureja, gremošanas traucējumi; al desbarate – lēti, gandrīz par velti

desbarbar *v* **1.** nodzīt (noskūt) bārdu; **2.** *lauks.* apgriezt sakņu spurgaliņas

desbarrar *v* **1.** paslīdēt; **2.** melst niekus; muldēt; **3.** darīt visu ačgārni

desbastar *v* aptēst

desbocado *a* nesavaldīgs, neapvaldīts; izlaidīgs, rupjš; lielmutīgs

desbocar *v* **1.** noņemt vāciņu (*traukam*); atsist kakliņu (*pudelei*); **2.** ietecēt, ieplūst (*par upi*); **~se** *rfl* **1.** sākt auļot (*par zirgu*); **2.** kļūt nesavaldīgam; palaist muti

desbordar v iziet no krastiem, pārplūst (*par upi u. tml.*)

desbravador m (*savvaļas zirgu*) iejājējs

desbravar v 1. savaldīt, iejāt (*zirgu*); 2. apmierināties, kļūt mierīgam (mierīgākam); ~se *rfl* 1. izplosīties, iztrakoties, beigt trakot; 2. novadēties (*par dzērienu*)

desbrozar v 1. iztīrīt; attīrīt (*no krūmiem, brikšņiem u. tml.*); 2. atlasīt šķirojot (*dārzeņus u. tml.*); ◊ ~ el camino – pašķirt ceļu (*kādam*)

descabellar v 1. sajaukt (*matus*); 2. (*vēršu cīņās*) nonāvēt vērsi ar sitienu pa pakausi

descabezar v 1. nocirst galvu; 2. apgriezt (*koku, krūmu*) galotnes; 3. pārvarēt pirmās grūtības; ~ un trabajo – iestrādāties; 4. lauzīt galvu; ◊ ~ un sueño – nosnausties

descaecer v izkristies [miesās], novājēt; kļūt nespēcīgam

descalabro m 1. nelaimes gadījums, negadījums; 2. nepatikšanas, likstas; 3. zaudējums; paspēle; 4. *mil.* neveiksme

descaldez *f* staigāšana basām kājām

descalificar v diskvalificēt

descalzarse v *rfl* noauties

descalzo a 1. [ar] basām kājām, baskājains, bass; 2. nabadzīgs

descamino m maldu ceļš; maldīšanās; novirzīšanās no pareizā ceļa

descampado I a atklāts, klajš (*lauks u. tml.*); **II** m klajums; klajš lauks; en ~ – uz klaja lauka, zem klajas debess

descansadero m atpūtas vieta

descansado a 1. ērts; mājīgs; omulīgs; 2. pilnīgi (pavisam) mierīgs

descansar v 1. atpūsties; 2. atdusēties, dusēt, gulēt; 3. būt bez rūpēm, būt mierīgam; izjust atvieglojumu; ◊ ¡que Vd. descanse! – saldu dusu!, ar labu nakti!

descanso m 1. atpūta; día de ~ – atpūtas diena; sin ~ – bez atpūtas; 2. pārtraukums (*darbā*); 3. miers, mierinājums

descañonar v 1. plūkt, plucināt; 2. tīri noskūt; 3. *pārn.* apzagt (*kādu*); izmānīt (*kādam*) visu naudu

descarado a nekaunīgs, bezkaunīgs; rupjš

descararse v *rfl* būt rupjam, runāt rupjības; nekaunīgi rīkoties

descarga *f* 1. izlādēšana; izlādēšanās; 2. izkraušana, izlādēšana; 3. *mil.* zalve; ~ atmosférica – zibens, zibens spēriens

descargador m izkrāvējs, krāvējs

descargar v 1. izkraut (*kuģi u. tml.*); 2. izlādēt; 3. sacelties (*par negaisu*); ◊ ~ la conciencia – atvieglot sirdi; nožēlot grēkus; ~se *rfl* (de) atraisīties, atsvabināties (*no kā*); ~se de todo el trabajo en alguien – uzvelt visu darbu citam

descargo *m* **1.** nastas noņemšana; atbrīvošana no smaguma; **2.** atslogošana; atslogojums; **3.** *jur.* nevainīguma pierādīšana; **4.** *ek.* norēķins; nota de ~ – 1) kvīts; 2) kredīta ieraksts; **5.** šāviens

descariño *m* **1.** nepatika; netīksme; **2.** cietsirdība, cietsirdīgums; atsalums (*runājot par jūtām*)

descaro *m* nekaunība, bezkaunība

descarriarse *v rfl* **1.** apmaldīties; **2.** *pārn.* noiet no pareizā ceļa, noklīst

descarrilar *v* noskriet no sliedēm

descarrío *m* **1.** maldināšana; **2.** maldi; maldīšanās

descasamiento *m* laulības šķiršana; šķiršanās

descascarar *v* nomizot; mizot; lobīt

descascarse *v* saplīst gabalos, sašķīst

descastar *v* iznīdēt (*insektus u. tml.*); ~se *rfl* **1.** [vairs] nemīlēt savus vecākus; atteikties no saviem vecākiem; **2.** izvirst, demoralizēties

descendencia *f* **1.** pēcnācēji; pēcteči; **2.** izcelšanās

descendente *a* lejupejošs; krītošs (*par līniju u. tml.*); ◊ tren ~ – (*Spānijā*) no zemes iekšienes (*parasti – no Madrides*) uz piekrasti ejošs vilciens

descender *v* **1.** nokāpt [lejā]; nokāpt zemē; izkāpt; **2.** nobraukt; **3.** izcelties (*no kaut kā*; *no kaut kurienes*); **4.** norietēt (*par sauli*); **5.** krist, pazemināties (*par temperatūru, cenām*)

descendiente *m, f* pēcnācējs, -a; pēctecis, -e

descenso *m* **1.** nokāpšana [lejā], nokāpšana zemē; **2.** *av.* nolaišanās, nosēšanās; **3.** krišana, pazemināšanās (*par cenām*)

descepar *v* izraut ar visām saknēm; izcelt, izlauzt (*celmus*)

descerrajar *v* uzlauzt (*skapi u. tml.*); ◊ ~ un tiro – izšaut

descifrar *v* **1.** šifrēt, atšifrēt; **2.** atminēt

desclavador *m* knaibles (*naglu raušanai*)

desclavar *v* izraut naglas

descocado *a* vīzdegunīgs; nekautrīgs; bezkaunīgs

descocar *v lauks.* atbrīvot (*koku*) no kaitēkļiem, noņemt (*no kokiem*) kāpurus

descoger *v* izlīdzināt (*piem., krokas*)

descogollar *v lauks.* apgriezt dzinumus

descolgar *v* **1.** noņemt (*piem., aizkarus*); **2.** [no]laist zemē; **3.** atāķēt [vaļā]; ~se *rfl* **1.** [no]karāties; **2.** nokāpt (*no kalna u. tml.*); nolaisties (*pa virvi*); **3.** atāķēties; **4.** negaidīti parādīties

descolorido *a* bezkrāsains, bāls; izbalējis

descollado *a* **1.** pārāks, stiprāks (*zināšanās u. tml.*); **2.** pašapzinīgs

descollar *v* izcelties; būt pārākam

descombrar *v* novākt (*gružus, gruvešus*)

descomedido *a* 1. pārmērīgs, pārliecīgs; 2. nepieklājīgs

descomedimiento *m* nepieklājība, rupjība

descomedirse *v rfl* nepieklājīgi (nepiedienīgi) uzvesties

descompasado *a* 1. pārmērīgs; 2. rupjš

descomponer *v* 1. sadalīt sastāvdaļās; sašķelt; 2. sabojāt; **~se** *rfl* 1. sadalīties sastāvdaļās, sašķelties; 2. [sa]pūt; [sa]trūdēt; [sa]bojāties; 3. saslimt, kļūt neveselam; 4. zaudēt savaldīšanos

descomposición *f* 1. sadalīšanās sastāvdaļās; sašķelšanās; 2. [sa]pūšana; [sa]trūdēšana; bojāšanās

descomunal *a* 1. milzīgs; ārkārtīgi (ļoti) liels; neparasts; 2. lempīgs

desconceptuación *f* diskreditācija, uzticības zaudēšana

desconcertar *v* 1. izmežģīt; 2. sakildot, sanaidot; 3. samulsināt; 4. traucēt; 5. izjaukt; ~ un proyecto – izjaukt kādu nodomu

desconcierto *m* 1. sajukums, jukas; 2. samulsums, apmulsums; apjukums; 3. nekārtība; 4. *med.* izmežģījums; 5. caureja, gremošanas traucējumi

desconcharse *v rfl* lobīties nost, lupt nost; nodrupt (*par sienu u. tml.*)

desconectar *v el.* atvienot, izslēgt

desconfianza *f* neuzticība, neuzticēšanās; šaubas, aizdomas

desconformarse *v rfl* 1. neatbilst; 2. nebūt vienis prātis, nepiekrist

desconocer *v* 1. nezināt; 2. nepazīt; 3. pārprast; 4. neatzīt; noliegt

desconocido I *a* 1. nepazīstams, nezināms, svešs; līdz nepazīšanai pārvērties; 2. nepateicīgs; **II** *m* nepazīstamais, svešinieks

desconocimiento *m* 1. nezināšana; neziņa; 2. nepateicība

desconsentir *v* nepiekrist; nebūt mierā; neatļaut

desconsiderado *a* nepārdomāts, neapdomāts; pārgalvīgs

desconsiderar *v* neizrādīt vajadzīgo cieņu

desconsolación *f,* **desconsuelo** *m* 1. izmisums; bezcerīgums; 2. dziļš apbēdinājums

descontado *a:* ¡~! – izslēgts!, nekādā ziņā!; por ~ – pats par sevi saprotams

descontar *v* 1. norakstīt; norēķināt (*no rēķina u. tml.*); 2. diskontēt

descontentadizo *a* 1. grūti apmierināms, kaprīzs; izvēlīgs; 2. īgns, saīdzis; neapmierināts

descontentar *v* radīt nepatiku; kaitināt; nepatikt

desconvenible *a* neatbilstīgs, nepiemērots

descorazonar *v* atņemt (laupīt) drosmi, cerību

descorchador *m* viļķis, korķu velkamais

descorrer *v* 1. atvilkt (*piem., aizka-*

rus); **2.** atbultēt; **3.** skriet atpakaļ; kāpties atpakaļ

descortés *a* nepieklājīgs, slikti audzināts, rupjš

descortezar *v* noņemt mizu (*piem., kokam*), nomizot

descoser *v* [at]ārdīt, izārdīt (*šuvi, vīli*); **~se** *rfl* **1.** atirt (*par vīli, šuvi*); **2.** izpļāpāties, izpļāpāt (*kaut ko*)

descostillarse *v rfl* **1.** lauzt [sev] ribas; **2.** sāpīgi sasisties (*krītot uz muguras*)

descoyuntamiento *m med.* **1.** izmežģījums; **2.** nogurums

descoyuntar *v* **1.** izmežģīt; **2.** mocīt; nomocīt

descrédito *m* **1.** diskreditācija; uzticības zaudēšana; **2.** neslava

descreído I *a* neticīgs, neuzticīgs; **II** *m* neticīgais

describir *v* aprakstīt; attēlot

descripción *f* **1.** aprakstīšana; **2.** apraksts

descuartizar *v sar.* sadalīt četrās daļās

descubierto I *part no* **descubrir; II** *a* **1.** neapsegts, neapklāts; **2.** ar neapsegtu (kailu) galvu; bez cepures; andar ~ – staigāt ar kailu galvu; **3.** neaizsargāts; **4.** vaļējs, atvērts; klajš; atklāts; al ~ – 1) ārā, laukā, zem klajām debesīm; 2) atklāti; **5.** *ek.* nenodrošināts; nesegts; nesamaksāts (*rēķins*); **III** *m* (*maksājumu, nodevu, nodokļu*) parāds; dejar en ~ – atstāt nesamaksātu (*nodevu, rēķinu u. tml.*)

descubridero *m* sargtornis; novērošanas tornis; skatu tornis

descubridor *m* **1.** (*jaunu zemju u. tml.*) atklājējs; **2.** izlūks

descubrir *v* atklāt (*noslēpumu; jaunu zemi u. tml.*); izdarīt atklājumu; **~se** *rfl* **1.** noņemt cepuri; **2.** atklāties; nākt gaismā; **3.** pateikt (uzticēt) noslēpumu

descuello *m* **1.** pārākums (*augumā; augstumā u. tml.*); **2.** pārākuma apziņa; augstprātība

descuento *m* **1.** novilkšana, atskaitīšana, atvilkšana; (*cenas*) nolaišana; parāda samazināšana; **2.** diskonts (*grāmatvedībā*)

descuidado *a* nevērīgs; nolaidīgs, nevīžīgs; nekārtīgs; ◊ coger ~ – pārsteigt [negaidot]

descuidar *v* **1.** atstāt novārtā; nevērīgi izturēties; nesaudzēt sevi; nerūpēties par sevi; **2.** būt bezrūpīgam; ¡descuide Vd.! – esiet bez rūpēm!

descuidero *m* kabatas zaglis

descuido *m* **1.** nevērība; nolaidība, nevīžība; **2.** nolaidība, nepiesardzība; **3.** kļūda; misēklis; neuzmanība; por ~ – aiz pārskatīšanās; aiz neuzmanības; al ~ – nevērīgi

desde *prep* kopš; sākot ar …; no; ~ … hasta …; – no … līdz …; ~ entonces – no tā laika; ~ hace tres días – kopš trim dienām; ¿~ cuándo? – kopš kura laika?; ~ ahora – no šī brīža; ~ niño – kopš (no) bērnības; ~ aquí – no šejienes; ◇ ~ luego – 1) tūlīt; 2) (*am.*) protams; pats par sevi saprotams; bez šaubām

desdecir *v* **1.** (de) atteikties, atsacīties (*no saviem vārdiem u. tml.*); **2.** būt pretrunā vienam ar otru, runāt pretī viens otram; **3.** nederēt viens otram, nesaderēt kopā

desdén *m* **1.** necienība, nicinājums; tratar con ~ – nicinoši izturēties; **2.** vienaldzība, vienaldzīgums

desdentado *a* bezzobains

desdeñable *a* nicināms

desdeñoso *a* nicinošs; nicīgs, nievājošs, nievīgs

desdicha *f* **1.** nelaime, posts; por ~ – kā par nelaimi; **2.** nabadzība; vivir en la ~ – dzīvot nabadzībā

desdichado **I** *a* nelaimīgs; ¡~ de mí! – ak es nelaimīgais!; **II** *m* nelaimes putns

desdoblamiento *m* **1.** sadalīšanās divās daļās; sašķelšanās; ~ de la personalidad – personības dalīšanās; **2.** *bot.* vairošanās daloties; **3.** *ķīm.* sadalīšanās (*divos elementos*)

desdoro *m* **1.** apzeltījuma noņemšana; **2.** kauna traips; negods

deseable *a* vēlams

desear *v* **1.** vēlēties; tiekties; tīkot; **2.** vēlēt (*veiksmi, panākumus*)

desecar *v* **1.** izžāvēt; izkaltēt; **2.** nosusināt (*purvu*); drenēt

desechar *v* **1.** nomest, sviest projām, aizmest (*kaut ko nederīgu*); **2.** atmest (*kā nevērtīgu; kā nederīgu*); brāķēt; **3.** atgrūst; atraidīt; noraidīt (*kā nederīgu*); **4.** nicināt; neievērot; **5.** izraidīt, izsūtīt

desecho *m* **1.** atkritumi; atliekas, paliekas; nederīga lieta; **2.** necienība; nicināšana; **3.** brāķis

desedificar *v* rādīt sliktu piemēru

desembalaje *m* izkraušana, izkravāšana

desembanastar *v* **1.** izņemt no groza; **2.** izvilkt no maksts (*zobenu u. tml.*); **3.** pļāpāt vienā pļāpāšanā; ~se *rfl* **1.** izsprukt (*par dzīvnieku – no krātiņa*); **2.** izkāpt no ekipāžas

desembarazado *a* **1.** brīvs, nepiespiests (*par sarunu u. tml.*); **2.** klajš, atklāts (*lauks*); **3.** brīvs, neaizņemts (*par vietu*)

desembarazar *v* atbrīvot (*no kāda smaguma*); **2.** novērst šķēršļus

desembarazo *m* nepiespiestība, dabiskums; con ~ – brīvi, nepiespiesti

desembarcadero *m* **1.** kuģu piestātne; **2.** stacija; **3.** iekraušanas (izkraušanas) vieta

desembarcar *v* **1.** izcelt malā, izsēdināt (*pasažierus*); izkraut (*kravu*); **2.** piestāt malā (krastā); izcelties malā

desembarco *m* **1.** (*kuģa pasažieru*) izcelšana (izcelšanās) malā; (*kuģa kravas*) izkraušana; **2.** desants; ~ aéreo – gaisa desants

desembargo *m* **1.** aizlieguma atcelšana; *(apķīlāta īpašuma)* atdošana; **2.** *ek.* embargo noņemšana

desembaular *v* **1.** izņemt, izkravāt *(piem., no čemodāna)*; **2.** *pārn.* izkratīt sirdi

desembelesarse *v rfl* vilties, atvadīties no sapņa, ilūzijas

desembocadura *f*, **desembocadero** *m* grīva, ieteka

desembocar *v* **1.** ietecēt, ieplūst *(par upi)*; **2.** iziet *(par ielu, ceļu)*

desembolso *m* **1.** maksāšana; maksājums; [algas] izmaksa; **2.** izdevumi; izdošana

desembotar *v* uzmundrināt; ~ el entendimiento – apgaismot prātu

desembozarse *v rfl* atklāt savu īsto seju

desembragar *v* izslēgt motoru

desembriagar *v* atskurbināt, aizdzīt reibumu (skurbumu)

desemejar *v* **1.** nebūt līdzīgam, nelīdzināties *(kādam)*; **2.** izķēmot; izkropļot

desempachar *v* atvieglināt kuņģi; ~**se** *rfl* atmest kautrību, kļūt drošākam; *(par cilvēku)* atmaigt

desempedrar *v* uzlauzt trotuāru; ◇ ~ calles – 1) ņemt kājas pār pleciem; 2) skraidelēt pa ielām

desempeñar *v* **1.** izpirkt *(vekseli, ķīlu)*; **2.** atbrīvot *(no parāda)*; **3.** izpildīt *(solījumu u. tml.)*; ◇ ~ un papel – tēlot lomu

desempeño *m* **1.** *(vekseļa, ķīlas)* izpirkšana; **2.** atbrīvošana *(no parāda)*; **3.** *(solījuma u. tml.)* [iz]pildīšana; ◇ ~ de un cargo – amata ieņemšana

desempleo *m* bezdarbs

desenamorarse *v rfl* (de) vairs nemīlēt

desencadenar *v* **1.** atbrīvot no važām (nebrīves, jūga); **2.** izraisīt *(karu u. tml.)*; ~**se** *rfl* **1.** saraut važas; **2.** norauties no ķēdes; **3.** sākties, uzliesmot *(par karu u. tml.)*; sacelties *(par vētru)*; **4.** zaudēt pašsavaldīšanos

desencajar *v* **1.** izņemt, izvilkt; **2.** izvest no pacietības; ~**se** *rfl* pārvērsties *(sejā)*

desencallar *v* dabūt nost no sēkļa

desencantar *v* **1.** atburt; atbrīvot no burvības; **2.** pievilt *(kāda cerības)*, likt vilties

desencantarar *v* izņemt no urnas *(vēlēšanu biļetenu u. tml.)*

desencapotar *v* **1.** noņemt (novilkt) mēteli; **2.** *pārn.* atsegt *(piem., trūkumus)*; atklāt *(piem., noslēpumu)*; ~**se** *rfl* noskaidroties *(par debesīm)*

desencaprichar *v* atrunāt

desencarcelar *v* atbrīvot, izlaist no cietuma

desencargar *v* anulēt pasūtījumu

desencoger *v* izstiept, izplest, iztaisnot; ~**se** *rfl* saņemties, kļūt drošākam

desencolarse *v rfl* atlīmēties

desencolerizar *v* nomierināt, mīkstināt dusmas (satraukumu)

desenconar *v* **1.** mazināt iekaisumu; **2.** nomierināt; remdēt, remdināt

desenfadado *a* **1.** nepiespiests, brīvs; netraucēts; **2.** jautrs, priecīgs (*par garastāvokli*); skaidrs (*par laiku*); **3.** plašs, liels, ietilpīgs, ērts

desenfadar *v* nomierināt; uzjautrināt

desenfado *m* **1.** nepiespiestība; dabiskums; con ~ – nekautrējoties, bez kautrēšanās, nepiespiesti; **2.** priecīgs prāts, jautrība; **3.** vaļsirdība, atklātība

desenfrenarse *v rfl* **1.** izlaidīgi dzīvot; **2.** kļūt nesavaldīgam; **3.** sākties, sacelties (*par negaisu, vētru*)

desenfreno *m* nesavaldība, izlaidība; ◇ ~ de vientre – caureja

desenganchar *v* **1.** atkabināt; atāķēt; **2.** nojūgt, izjūgt (*zirgu*)

desengañarse *v rfl* **1.** vilties, piedzīvot vilšanos; **2.** atzīt kļūdu

desengaño *m* **1.** vilšanās; **2.** kļūdas atzīšana, rūgta patiesība; **3.** ~s *pl* rūgta pieredze

desenlace *m* **1.** (*mezgla*) atraisīšana; **2.** *lit.* atrisinājums

desenlazar *v* **1.** atsiet [vaļā], atraisīt; **2.** *lit.* atrisināt; **3.** *pārn.* atšķetināt, atrisināt

desenmascarar *v* **1.** noņemt masku; **2.** atmaskot

desenojo *m* nomierināšana; mierinājums

desenredar *v* **1.** atmudžināt, atšķetināt; **2.** sasukāt (*matus*); ~se *rfl* izkļūt no sarežģīta stāvokļa

desensillar *v* noseglot, noņemt seglus

desentenderse *v rfl* **1.** ignorēt; neievērot; izlikties nesaprotam; **2.** atturēties, turēties atstatus; una tentativa de ~ – mēģinājums izvairīties (izlocīties)

desenterrar *v* **1.** izrakt, atrakt; **2.** izdarīt izrakumus; **3.** saukt atmiņā

desentonar *v* **1.** *pārn.* aplauzt ragus (*kādam*); **2.** *mūz.* detonēt, skanēt netīri; **3.** disharmonēt (*par krāsām*)

desenvainar *v* **1.** izvilkt no maksts (*zobenu u. c.*); **2.** izlaist (*nagus – par kaķi*); **3.** *sar.* celt [dienas] gaismā

desenvoltura *f* **1.** nepiespiestība; dabiskums; **2.** pārdrošība

desenvolver *v* **1.** attīt; atritināt; atplest; **2.** atrisināt; **3.** izvērst (*piem., intensīvu darbību*)

desenvolvimiento *m* **1.** attīstība; attīstīšanās; **2.** izvēršanās [plašumā]

desenvuelto I *part no* **desenvolver; II** *a* **1.** nepiespiests; dabisks; nemākslots; **2.** pārdrošs; draisks

deseo *m* **1.** [dedzīga] vēlēšanās; alkas; ~ íntimo – sirsnīga vēlēšanās; arder en ~s de una cosa – kaismīgi kaut ko vēlēties; venir en ~ de una cosa – vēlēties kaut ko; **2.** dziņa, tieksme

desequilibrado *a* **1.** nenosvērts, svārstīgs; **2.** nesaprātīgs, pustraks

desequilibrio *m* līdzsvara trūkums; ~ mental – gara vājums

deserción *f* dezertēšana; bēgšana; atkrišana

deservicio *m* **1.** slikta apkalpošana; **2.** slikta savu pienākumu izpildīšana

desesperación *f* **1.** izmisums; **2.** bezcerīgums

desesperado *a* **1.** izmisis; a lo ~ – izmisuma brīdī; ◊ correr como un ~ – skriet kā trakam; **2.** bezcerīgs

desestimar *v* **1.** nicināt; nonicināt; **2.** necienīt, zemu vērtēt; **3.** atraidīt; noraidīt (*lūgumu u. tml.*)

desfachatez *f* nekaunība, bezkaunība

desfalcar *v* piesavināties, noblēdīt (*naudu*)

desfallecer *v* **1.** [no]vājināt; mazināt (*iespaidu u. tml.*); **2.** ~ [de debilidad] – sabrukt, zaudēt spēkus; **3.** noģībt, zaudēt samaņu; me siento ~ – man ir nelabi; ~ de ánimo – zaudēt dūšu

desfavorable *a* nelabvēlīgs

desfavorecer *v* [vairs] nebūt labvēlīgam (*pret kādu*), [vairs] neatbalstīt (*kādu*)

desfigurar *v* izķēmot, izkropļot

desfiladero *m* šaura kalnu taka

desfilar *v* defilēt, soļot garām

desfile *m* gājiens, demonstrācija, defilēšana; ~ naval – flotes parāde; ~ de tropas – armijas parāde

desflorar *v* **1.** (*kādai lietai*) atņemt skaistumu; **2.** laupīt nevainību, deflorēt; ◊ ~ un asunto – paviršī pieiet kādai lietai

desflorecer *v* noziedēt

desfogar *v* **1.** *tehn.* mazināt uguni (*pie metāla kausēšanas*); **2.** *pārn.* iztrakoties (*par vētru, negaisu*); **3.** izgāzt (*dusmas u. tml.*); dot vaļu (*savām kaislībām*)

desfondar *v* **1.** izsist dibenu (*mucai u. tml.*); **2.** *jūrn.* dabūt sūci (*par kuģi*)

desgaire *m* nevērība; nevērīgs žests; al ~ – 1) nicīgi; nievājoši; 2) paviršī

desgajar *v* **1.** atraut, noraut ar spēku; atlauzt (*piem., kokam zaru*); **2.** atšķirt, atraut ar varu (*no draugiem, dzimtenes*)

desgalichado *a* neapkopies, nolaidies; slikti ģērbies (*par cilvēku*)

desgana *f* **1.** ēstgribas trūkums; **2.** nepatika; riebums; a ~ – nelabprāt, ar nepatiku; ar riebumu

desganarse *v rfl* **1.** zaudēt ēstgribu; **2.** zaudēt patiku; zaudēt interesi

desgañitarse *v rfl sar.* kliegt (bļaut) līdz aizsmakumam

desgarbado *a* **1.** neaptēsts, rupjš (*par cilvēku*); **2.** nolaidies; slikti ģērbies

desgarrado *a* **1.** rupjš, bezkaunīgs; **2.** saplēsts, saplosīts

desgarrador *a* satriecošs, sirdi plosošs

desgarrar *v* saplēst; saplosīt, saraut

gabalos; ~ el alma *pārn.* – plosīt sirdi; ◊ ~ el silencio – traucēt klusumu

desgarrón *m* **1.** plīsums, ieplīsums; caurums; **2.** ~es *pl* kankari, skrandas

desgastar *v* **1.** [iz]tērēt; izlietot; ~ jugando – nospēlēt (*naudu*); **2.** nolietot; nodeldēt (*piem., papēžus*); novalkāt (*drēbes*); ~ pisando – nomīdīt, izvalkāt caurus (*apavus*); **3.** nokausēt, nogurdināt

desgaste *m tehn.* nodilums; nonēsāšanās

desgobernar *v* **1.** sajaukt, izjaukt kārtību; **2.** izputināt; **3.** izmežģīt

desgobierno *m* **1.** nekārtība; **2.** slikta vadība; nepareiza saimniekošana

desgracia *f* nelaime, liksta, negadījums; neveiksme; ◊ caer en ~ – krist nežēlastībā; por ~ – kā par nelaimi, diemžēl; ~s personales – cilvēku upuri (*autokatastrofā u. tml.*); en la ~ se conoce a los amigos – draugus iepazīst nelaimē

desgraciado I *a* **1.** nelaimīgs; neveiksmīgs; nepievilcīgs; **2.** bezpalīdzīgs; neveikls; **II** *m* nelaimes putns

desgranar *v* **1.** vētīt (*labību*); **2.** izņemt kauliņus (*ogām, augļiem*); ◊ ~ las cuentas del rosario *rel.* – skaitīt rožukroni

desgravar *v* samazināt, pazemināt nodokli (muitas nodevu)

desgreñado *a* pinkains, savēlies, izspūris (*par matiem*)

deshabitado *a* **1.** neapdzīvots; pamests; **2.** tukšs, neaizņemts (*piem., dzīvoklis*)

deshabituarse *v rfl* atradināties (*no kaut kā*)

deshacer *v* **1.** izārdīt; izjaukt; demontēt; ~ la maleta – izkravāt čemodānu; **2.** sadalīt [gabalos]; **3.** atraisīt (*mezglu*); **4.** izšķīdināt; **5.** likvidēt; anulēt (*līgumu u. c.*); **6.** bojāt, kaitēt; ~ la vista – bojāt skatu; ~ una promesa de matrimonio – atsaukt saderināšanos; ◊ ~ a los enemigos – sakaut ienaidniekus; **~se** *rfl* **1.** izšķīst; izjukt; izbirt; sašķīst; sabrukt; **2.** sasisties, iet bojā; **3.** atbrīvoties, tikt vaļā (*no kaut kā nevēlama*); ~se en llanto – izplūst asarās; ~se en cumplidos – izplūst komplimentos; ~ se por ... – rauties vai pušu (*dēļ kaut kā*); pielikt visas pūles, lai ...

desharrapado *a* skrandās ģērbies, noplīsis, noskrandis

deshecha *f* **1.** pieklājīga atteikšana (noraidīšana); **2.** izlikšanās; liekuļošana; hacer la ~ – nelikt neko manīt; izlikties

deshech‖o I *part no* **deshacer; II** *a* vētrains; spēcīgs, stiprs; lluvia ~a – stiprs lietus; tempestad ~a – spēcīgs negaiss

desheredar *v* atņemt mantojumu

deshermanarse *v rfl* samaitāt brālīgās attiecības

desherrarse *v rfl* **1.** pazaudēt pakavus (*par zirgu*); **2.** atbrīvoties no važām

deshielo *m* **1.** kušana; **2.** atkusnis

deshilad‖o I *a mil.* nostādīti ierindā (*viens aiz otra*); a la ~a – 1) *mil.* viens aiz otra; 2) paslepus; neuzkrītoši; **II** *m* ažūrs

deshilar *v* **1.** izvilkt diegus; veidot bārkstis; **2.** izplūkāt (*audumu*)

deshilvanado *a* **1.** nesakarīgs; **2.** šķirts; atšķirts

deshilvanar *v* izvilkt sadiedzamos diegus; izārdīt

deshincharse *v rfl* **1.** mazināties (*par uzpampumu*); **2.** atmest augstprātību (uzpūtību); **3.** nomierināties

deshojarse *v rfl* **1.** nobirt (*par lapām*); **2.** zaudēt lapas (*par koku u. c.*)

deshollinador *m* skursteņslauķis

deshollinar *v* **1.** tīrīt skursteni; **2.** būt ziņkārīgam, censties (*kaut ko*) uzzināt

deshonest‖o *a* **1.** negodīgs; **2.** piedauzīgs, nepieklājīgs; ◊ partes ~as – dzimumorgāni

deshonor *m* **1.** negods; kauns; **2.** goda laupīšana

deshonra *f* negods, kauns

deshonroso *a* negodīgs, apkaunojošs (*par kādu rīcību, uzvešanos*)

deshora *f* nepiemērots laiks, nepiemērots brīdis; a ~ – nelaikā; pēkšņi, negaidot; llegar a ~ – atnākt nelaikā

desiderable, deseable *a* vēlams

desidia *f* **1.** nolaidība; nevērība; nevīžība; **2.** laiskums; kūtrība

desidioso *a* **1.** nolaidīgs; nevīžīgs; **2.** kūtrs, laisks; tūļīgs, slinks

desierto I *a* **1.** tukšnešains, neapdzīvots; tukšs; **2.** mazapmeklēts, slikti apmeklēts (*piem., teātris*); **II** *m* **1.** tuksnesis; **2.** mežonīgs apvidus; tuksnesīgs apvidus; predicar en ~ *sar.* – tērēt vārdus veltīgi; ◊ el rey del ~ – tuksneša karalis (lauva)

designar *v* **1.** apzīmēt; nosaukt (*kādu par ko*); **2.** norīkot

designio *m* nodoms; nolūks; plāns

desigual *a* **1.** nevienāds, nevienlīdzīgs; nevienmērīgs; dažāds; desarrollo ~ – nevienmērīga attīstība; **2.** nelīdzens (*ceļš u. c.*); **3.** svārstīgs, nenoteikts (*par laiku, garastāvokli*)

desilusión *f* vilšanās

desilusionarse *v rfl* piedzīvot vilšanos, vilties

desinencia *f gram.* (*vārda*) galotne

desintegración *f fiz.* sadalīšanās; sašķelšanās

desinteresado *a* **1.** nesavtīgs; pašaizliedzīgs; **2.** neieinteresēts

desistir *v* **1.** atteikties (*no kāda nodoma, plāna*); **2.** ņemt atpakaļ, atsaukt (*kādu sūdzību*); hacer ~ – atrunāt; novirzīt (*no kā*); *jur.* atteikties no tiesībām

desjuntar v šķirt; atšķirt; izšķirt
deslav[az]ado a **1.** noplucis (*no biežas mazgāšanas*); **2.** bezkrāsains, bāls; **3.** nekaunīgs, bezkaunīgs
desleal a **1.** neuzticīgs; **2.** negodīgs, nekrietns; **3.** nelojāls
desleír v **1.** izšķīdināt; sadalīt [sastāvdaļās]; **2.** gari un plaši runāt; **~se** *rfl* ķīm. izšķīst
deslenguado a nekaunīgs; balamutīgs
deslenguarse v *rfl pārn.* palaist muti, runāt nekaunības
desliar v, **desligar** v **1.** atsiet, atraisīt; **2.** atsvabināt, atbrīvot; **3.** atdalīt; **4.** *pārn.* atšķetināt
deslindar v novilkt (noteikt) robežas; norobežot
deslinde m **1.** robežu novilkšana (noteikšana); norobežošana; **2.** *pārn.* norobežošanās
desliz (*pl* deslices) m **1.** paslīdēšana, nokrišana uz slidenas vietas; **2.** *pārn.* kļūmīgs solis; kļūda
deslizadero m slīdkalniņš
deslizar v **1.** slīdēt, paslīdēt; **2.** *sar.* pieļaut aplamību, nošaut greizi
deslomar v **1.** lauzt mugurkaulu; **2.** piekaut
deslucido a **1.** nespodrs, nespīdīgs; blāvs; **2.** neizskatīgs; neievērojams; **3.** bez runas dāvanām; **4.** pelēks, neinteresants (*par cilvēku*)
deslumbrador, deslumbrante a žilbinošs, apžilbinošs; spožs

deslumbrar v **1.** žilbināt, apžilbināt; **2.** apstulbināt; maldināt; **3.** aizēnot (*ar slavu u. tml.*)
desmán m **1.** izlēciens; ekscess; **2.** [savas] varas nelietīga izmantošana; **3.** nelaime, posts; **4. ~es** *pl* nebūšanas, nekārtības
desmandado a nepaklausīgs; spītīgs, [ie]tiepīgs
desmandar v atsaukt pavēli; **~se** *rfl* **1.** nepiedienīgi (nepieklājīgi) uzvesties; izlaisties; **2.** sacelties, sadumpoties
desmanotado a neveikls, lempīgs
desmantelar v **1.** nojaukt nocietinājumus; **2.** aizvest mēbeles (*no mājām*); **3.** demontēt; **4.** izkravāties; **5.** *jūrn.* noņemt mastus
desmaña f neveiklība, neveiklums
desmayado a **1.** vārgs; gurdens, saguris; nevarīgs, bezspēcīgs; **2.** noģībis, paģībis; **3.** matēts, blāvs
desmayo m **1.** ģibonis, bezsamaņa; **2.** bezspēcība, nevarība; sagurums; vārgums
desmedido a **1.** nesamērīgs, neproporcionāls; **2.** pārmērīgs; milzīgs
desmedirse v *rfl* nezināt mēru, pārkāpt pieklājības robežas, aizmirsties
desmedro m **1.** regress; **2.** pagrimšana; panīkšana; panīkums; kritums
desmelenado a izspūris (*par matiem*)
desmemoriado a **1.** aizmāršīgs, ar

vāju atmiņu; **2.** *jur.* nespējīgs atbildēt par savu rīcību

desmentir *v* **1.** piekert melos (*kādu*); **2.** apstrīdēt, atspēkot, apgāzt; **3.** noliegt (*ko*); neatzīt; ~ de – būt pretrunā ar (*ko*); runāt pretim (*kam*)

desmenuzar *v* **1.** sasmalcināt, sadrupināt; **2.** pamatīgi izmeklēt; sīki izpētīt

desmerecer *v* **1.** nebūt (*ko*) pelnījušam; nebūt (*kā*) cienīgam; nebūt (*kā*) vērtam; **2.** ~ de ... – būt mazvērtīgākam

desmérito *m* necienīga rīcība

desmesura *f* **1.** pārmērīgums, pārmērība; galējība; **2.** mēra sajūtas zudums

desmesurarse *v rfl* nekaunīgi uzvesties; kļūt pārdrošam

desmigajar, desmigar *v* sadrupināt

desmirriado *a* kalsens, vājš; noliesējis, novājējis

desmontar *v* **1.** līst (*līdumu, mežu*); **2.** nolīdzināt (*zemes paugurus u. tml.*); **3.** nosviest, izmest no segliem (*jātnieku*); **4.** demontēt, izjaukt (*mašīnu*)

desmonte *m* **1.** (*līduma, meža*) līšana; **2.** (*zemes; apvidus*) nolīdzināšana

desmoralizar *v* demoralizēt

desmoronadizo *a* **1.** drupans; irdens; **2.** tāds, kas draud sagrūt; pussagruvis; vecs

desmoronarse *v rfl* **1.** sabrukt; sagrūt; sakrist; **2.** sairt

desnatadora *f* separators

desnatar *v* nokrejot; leche desnatada – vājpiens

desnaturalizad∥o I *a* **1.** deģenerējies; izvirtis; **2.** nedabisks; mākslots; **3.** denaturēts (*par spirtu*); ◇ madre ~a – nežēlīga māte

desnivel *m* **1.** nelīdzenums; **2.** nevienādība, nevienlīdzība

desnudar *v* **1.** izģērbt; atsegt (*kailu*); **2.** noraut (*lapas kokiem*)

desnudez *m* kailums

desnudo I *a* **1.** kails; izģērbts; **2.** nabags; salir ~ – izputēt; **3.** *pārn.* kails, acīm redzams (*par patiesību u. tml.*); poner al ~ – atklāt, atsegt; skaidri parādīt; **II** *m glezn.* akts

desobedecer *v* nepaklausīt (*kādam*); una orden – nepildīt pavēli

desobediente *a* nepaklausīgs; nepakļāvīgs

desobligar *v* atbrīvot no pienākuma

desocupado I *a* **1.** nenodarbināts; **2.** neaizņemts, brīvs (*par telpu u. tml.*); **3.** dīks; bezdarbīgs; **II** *m* bezdarbnieks

desocupar *v* **1.** atbrīvot (*dzīvokli, telpas*); **2.** iztukšot; izdzert; **3.** atbrīvot no darba

desoír *v* **1.** nesadzirdēt (*aiz neuzmanības*); izlikties nedzirdam; laist gar ausīm; **2.** neuzklausīt (*kādu lūgumu*)

desojarse *v rfl* **1.** piepūlēt redzi; **2.** *sar.* visas acis izskatīt

desolación *f* **1.** postaža; **2.** izmisums; bezcerīgums; posts, nelaime

desolarse *v rfl* [no]bēdāties; justies ļoti sāpinātam; krist izmisumā

desollar *v* **1.** dīrāt (*ādu*); **2.** *sar.* plēst deviņas ādas; nodarīt sāpes (*ļaunumu u. tml.*)

desorbitado *a* **1.** *sar.* izbolīts, izvalbīts (*par acīm*); **2.** pārmērīgs

desorden *m* **1.** nekārtība; **2.** traucējums; **3.** nolaidība

desovar *v* laist ikrus, nārstot

despabilado *a* **1.** spirgts, mundrs, možs; dzīvs, rosīgs; **2.** saprātīgs, attapīgs

despabilar *v* **1.** apgriezt degli (*svecei*); **2.** uzpurināt; uzmundrināt (*kādu*); **3.** nočiept; **~se** *rfl* kļūt mundrākam; nokratīt miegu

despacio I *adv* **1.** lēnām, mierīgi; pamazām; **2.** klusi, liegi; (*am.*) klusā balsī; ◇ **vísteme ~ que estoy de prisa** – lēnāk brauksi, tālāk tiksi; **II** *interj:* ¡~! – uzmanīgi!

despacito *adv* lēnītiņām, klusītiņām

despachaderas *f pl sar.* strupa atbilde; **tener muy buenas ~** – strupi atbildēt; ātri tikt galā (*ar kādu*)

despachar *v* **1.** apkalpot (*pircēju, apmeklētāju*); **2.** nosūtīt, aizsūtīt (*pastu*); **3.** diktēt, sastādīt (*dokumentu*); **4.** pieņemt (*apmeklētāju*); **5.** nokārtot, pabeigt (*kādu darbu*); **6.** *sar.* aizraidīt uz viņpasauli

despacho *m* **1.** (*pasta*) nosūtīšana, aizsūtīšana; (*izziņas*) izrakstīšana; (*pavēles*) uzrakstīšana; (*dokumenta*) noformēšana; ~ de equipajes – bagāžas izsniegšana; **2.** rīkojums; **3.** nokārtošana, pabeigšana; **4.** nota (*diplomātiska*); ~ oficial – oficiāls paziņojums; **5.** birojs, kanceleja; darba kabinets; ~ de médico – ārsta kabinets; ~ de aduana – muitnīca; ~ de billetes – biļešu kase; ~ de bebidas – dzērienu pārdošana (*glāzēm, kausiem u. tml.*); ◇ **tener buen ~** – būt izveicīgam (izdarīgam), būt veiklam zellim; **correr los ~s** – nosūtīt nekavējoties

despachurrar *v* **1.** *sar.* saspiest plakanu; **2.** aizbāzt muti

despampanar *v* **1.** apgriezt (*vīnogulāju*); **2.** *sar.* izvest no pacietības; **3.** izstāstīt visu, kas uz sirds; **~se** *rfl sar.* pamatīgi sadauzīties (*krītot*)

desparejo *a* nepāra-; nevienāds

desparpajo *m* **1.** runīgums; pļāpīgums; **2.** bramanība

desparramado *a* **1.** izmētāts; **2.** plašs; **3.** pārmērīgs

despartir *v* atdalīt, nodalīt

despavorido *a* pārbiedēts, izbijies, pārbijies līdz nāvei

despectivo *a* nicinošs; nicīgs, nievājošs

despechar[a], **destetar** *v* atņemt no krūts (*zīdaini*)

despechar[b] *v* sakaitināt, saniknot; sadusmot; radīt īgnumu

despecho *m* **1.** sarūgtinājums; īgnums; **2.** izmisums; ◇ a ~ de alguien – par spīti kādam

despedazar *v* saplēst [gabalos]; sagraut, iznīcināt (*sapņus, cerības*); ◇ ~ el alma – salauzt sirdi; ~ la honra – laupīt godu

despedida *f* **1.** atvadīšanās; **2.** atlaišana; atvaļināšana; ~ de soltera – meiteņu ballīte pirms kāzām

despedir *v* **1.** atlaist, atvaļināt; **2.** izvadīt (*piem., viesus*); **3.** raidīt (*šāvienu*); **4.** noraidīt (*lūdzēju*); **5.** izplatīt (*smaržu*); izstarot (*gaismu*); **~se** *rfl* atvadīties; zaudēt cerības (*uz kaut ko*)

despegado *a* skarbs

despegar *v* **1.** atdalīt; atšķirt; atlīmēt; **2.** *av.* pacelties gaisā, startēt; ◇ ~ los labios – atplest (atvērt) muti; **~se** *rfl* **1.** atrauties, novērsties (*no kāda*), zaudēt simpātijas (*pret kādu*); **2.** nepiestāvēt; nesaderēt kopā

despegue *m av.* starts

despejado *a* **1.** skaidrs; tiempo ~ – skaidrs laiks; **2.** skaidrs, gaišs (*par prātu*); **3.** plašs, liels; **4.** možs, mundrs

despejo *m* **1.** novākšana, aizvākšana; (*vietas u. tml.*) atbrīvošana; **2.** brīva izturēšanās; nepiespiestība, dabiskums; **3.** gaišš prāts

despellejar *v* **1.** [no]dīrāt (novilkt) ādu; **2.** nopaļāt (*kādu*), aprunāt (*kādu*)

despensa *f* pieliekamais [kambaris]

despeñadero *m* **1.** stāva nogāze, krauja; **2.** bīstams pasākums; risks

despeñarse *v rfl* **1.** nogāzties lejā; krist no liela augstuma; **2.** mesties bezdibenī

despeño *m* **1.** nogāšanās, nokrišana; [pēkšņs] kritiens no liela augstuma; **2.** lēciens bezdibenī

despepitarse *v rfl* **1.** sapņot, jūsmot (*par ko*); **2.** kliegt pilnā kaklā

desperdiciar *v* **1.** izšķiest; **2.** palaist garām (*gadījumu*); **3.** tērēt laiku veltīgi

desperdicio *m* **1.** (*laika; mantas u. tml.*) izšķiešana; **2.** atkritumi; utilizācijas izejvielas

desperezarse *v rfl* [iz]staipīties

desperfecto *m* neliels defekts; nepilnība

despernado *a* pārguris (*no staigāšanas, skriešanas*)

despertador *m* **1.** modinātājs [pulkstenis]; **2.** pamudinājums, stimuls

despertar *v* **1.** modināt; pamodināt; **2.** radīt (*izbrīnu u. tml.*); **3.** atgādināt, atsaukt atmiņā; **~se** *rfl* pamosties

despiadado *a* nežēlīgs, cietsirdīgs

despicar *v* salabināt, samierināt; **~se** *rfl* **1.** atlīdzināt zaudējumu; **2.** atriebt, atmaksāt

despierto **I** *part no* **despertar;**

II *a* **1.** nomodā esošs; pamodies; **2.** mundrs; možs; **3.** saprātīgs; attīstīts (*par bērnu*)

despilfarrado *a* **1.** nodriskāts, noplīsis; **2.** izšķērdīgs

despilfarro *m* **1.** izšķērdība; **2.** nepareiza saimniekošana; ◇ ~ del tiempo – laika tērēšana (izšķiešana)

despique *m* **1.** gandarījums (*par apvainojumu u. tml.*); **2.** atriebība, atmaksa

despistar *v* **1.** sajaukt pēdas; vest pa nepareizu ceļu; **2.** novērst uzmanību

desplacer I *v* nepatikt; radīt nepatiku; **II** *m* nepatika

desplante *m* **1.** nepareiza stāja (*piem., dejojot*); **2.** izlēciens

desplazamiento *m* **1.** pārvietošana; **2.** (*ūdens*) izspiešana; **3.** *jūrn.* tonnāža

desplegar *v* **1.** attīt; **2.** atklāt; **3.** *mil.* izvērst

desplomarse *v rfl* **1.** sabrukt; sagāzties; **2.** nosvērties uz sāniem (*par kuģi*)

desplome, desplomo *m* **1.** sabrukšana; sagāšanās; **2.** nosvēršanās uz sāniem

desplumar *v* **1.** plūkt, plucināt, noplūkt (*putnu*); **2.** *pārn.* aptīrīt, aplaupīt (*kādu*)

despoblado *m* neapdzīvota vieta

despojar *v* aplaupīt; nolaupīt; laupīt; ~se *rfl* **1.** atģērbties; **2.** atsacīties (*no kaut kā*)

despojo *m* **1.** aplaupīšana; **2.** laupījums; **3.** ~s *pl* mirstīgās atliekas; **4.** ~s *pl* paliekas, atliekas; **5.** ~s *pl* (*mājas u. tml.*) drupas

desposado I *a* saderināts; **II** *m* **1.** saderinātais, līgavainis; **2.** ~s *pl* saderinātie, līgava un līgavainis

desposarse *v rfl* **1.** saderināties; **2.** noslēgt laulības

desposeer *v* **1.** atsavināt; ekspropriēt; **2.** atbrīvot (*no amata*); ~se *rfl* (de) atteikties (*no kaut kā*); atbrīvoties (*no kaut kā*)

desposorios *m pl* **1.** saderināšanās; **2.** laulības noslēgšana

despotricar *v sar.* **1.** muldēt, melst niekus; **2.** (contra) lamāties (*ar kādu*)

despreciable *a* nicināms; nievājams; peļams, nosodāms

despreciar *v* **1.** nicināt; nievāt; noniecināt; **2.** neņemt vērā, atstāt bez uzmanības

desprender *v* **1.** attaisīt, taisīt vaļā; atraisīt; atsvabināt, atbrīvot; **2.** izdalīt (*siltumu, smaržu*); ~se *rfl* **1.** laisties (*no kalna*); **2.** atrauties, atdalīties; **3.** (de) atbrīvoties (*no kā*)

desprendido *a* nesavtīgs; devīgs

despreocupado *a* **1.** bez aizspriedumiem, brīvs no aizspriedumiem; **2.** vieglprātīgs; bezrūpīgs

desprestigio *m* prestiža (cieņas, autoritātes) zaudēšana

desprevenido *a* nesagatavots; nesagatavojies

desproporcionado *a* neproporcionāls, nesamērīgs

despropósito *m* muļķība, aplamība; a ~ – nevietā

desprovisto *a* **1.** atsegts, kails; **2.** (de) bez (*kaut kā*)

después **I** *adv* pēc tam, pēcāk, vēlāk; lo haré ~ – es to izdarīšu vēlāk; el año ~ – [vienu] gadu vēlāk; ~ que ... – kad ...; pēc tam kad ...; **II** *prep:* ~ de – pēc; ~ de mi salida – pēc manas aiziešanas; ◇ ¡hasta ~! – uz redzēšanos!

despuntar *v* **1.** nolīdzināt, noapaļot (*stūrus*); atgriezt (*nazi*); **2.** *jūrn.* apbraukt apkārt (*zemesragam*); **3.** izplaukt; uzziedēt; **4.** sākties (*par dienu*); al ~ el alba – dienai austot, rītausmā

desquiciar *v* **1.** izcelt no eņģēm (*durvis u. tml.*); **2.** *sar.* nogāzt, apgāzt; **3.** samulsināt

desquitar *v* **1.** atlīdzināt zaudējumu, atmaksāt, kompensēt; **2.** atriebt, atmaksāt; **~se** *rfl* atspēlēties; atriebties

desquite *m* **1.** zaudējuma atlīdzināšana; **2.** izrēķināšanās (*ar kādu*); **3.** atriebība; tomar el ~ – atriebties (*kādam*)

desrazonable *a sar.* nesaprātīgs

destacado *a* ievērojams; izcils

destacamento *m mil.* nodaļa; vienība; ~ de castigo – soda ekspedīcija

destacar *v* **1.** *glezn.* izcelt, uzsvērt; **2.** *mil.* izdalīt; nodalīt

destajar *v* **1.** precizēt (noskaidrot) (*kāda darba, pasūtījuma*) noteikumus; **2.** pārcelt kārtis (*kāršu spēlē*)

destajo *m* gabaldarbs; akorddarbs; ◇ habla a ~ – viņš runā, it kā kāds viņam par to maksātu

destapar *v* atkorķēt, attaisīt (*pudeli*); noņemt vāciņu (*kastrolim*)

destartalad||o *a* sagrabējis (*par mēbelēm*); pussagruvis; casa ~a – vecs grausts

destellar *v* mirdzēt; zaigot; dot gaismas signālus

destello *m* **1.** mirdzēšana; zaigošana; **2.** uzliesmojums; **3.** *pārn. (piem., slavas)* spožums

destemplar *v* **1.** traucēt; izjaukt kārtību; **2.** noskaņot (*mūzikas instrumentu*); **~se** *rfl* **1.** kļūt neritmiskam (*par pulsu*); **2.** sabojāties, samaitāties (*par mūzikas instrumentu*); **3.** zaudēt mēra sajūtu

destemple *m* **1.** neveselums; sagurums; slikta sajūta; slikta oma; **2.** noskaņošanās (*par mūzikas instrumentu*)

desteñirse *v rfl* zaudēt krāsu, izbalēt, noplukt

desternillarse *v rfl* plīst (sprāgt) pušu; salūzt; ◇ ~ de risa – plīst vai pušu no smiekliem

desterrar *v* **1.** izraidīt, izsūtīt [trimdā]; **2.** *pārn.* aizdzīt (*rūpes, miegu u. tml.*); **3.** atrakt, izrakt

destetar *v* **1.** atņemt no krūts (*zī-*

daini); **2.** dot patstāvību (*bērniem*)

destiempo *m:* a ~ – nelaikā; nevietā

destiento *m* satraukums, izbailes, šausmas

destierro *m* **1.** izsūtīšana (*trimdā*); **2.** trimda; **3.** (*pilsētas*) nomale, nostūris

destilar *v* **1.** destilēt; filtrēt; **2.** pilēt

destinación *f* **1.** norīkošana (*darbā*); iecelšana (*amatā*); **2.** gala mērķis, gala punkts

destinar *v* **1.** noteikt (*piem., sapulces dienu*); **2.** norīkot (*darbā*); iecelt (*amatā*); ◊ destinado a ... – kā radīts (*kaut kam*)

destinatario *m* (*pasta sūtījumu u. tml.*) saņēmējs, adresāts

destino *m* **1.** liktenis; **2.** apstākļu sakritība; regir sus propios ~s – būt pašam sava likteņa noteicējam; **3.** noteikums, nosacījums; **4.** gala mērķis; **5.** amats

destituir *v* atcelt (atstādināt) no amata; ~ a alguien de ... – atņemt kādam (*kaut ko*)

destornillado *a* neapdomīgs; neapdomāts, nepārdomāts, pārsteidzīgs

destornillador *m* skrūvgriezis

destornillar *v* atskrūvēt, noskrūvēt; ~se *rfl pārn.* zaudēt galvu; rīkoties kā bez galvas

destral *m* cirvītis

destrejar *v* darboties veikli (prasmīgi)

destreza *f* izveicība, izveicīgums; veiklība; izmanība, manīgums

destripar *v* **1.** izņemt iekšas; izķidāt; **2.** uzšķērst (*vēderu*); **3.** *sar. pārn.* izņemt (*kādam*) vārdu no mutes; aizsteigties priekšā (*piem., ar spriedumu*)

destripaterrones *m niev.* zemes tārps (*par lauktrādnieku, zemnieku*)

destroncar *v* **1.** nocirst (*koku*); **2.** sakropļot, izkropļot; **3.** kaitēt (*kāda interesēm*); **4.** (*am.*) nodzīt (*zirgu*)

destroyer *m jūrn.* eskadras mīnu kuģis

destrozo *m* **1.** saplēšana, saraušana; pārraušana; saplosīšana; **2.** iznīcināšana, izpostīšana; **3.** *mil.* sakāve, zaudējums; **4.** plīsums; ieplīsums

destrucción *f* **1.** nopostīšana; izpostīšana; iznīcināšana; sagraušana; **2.** bojāeja

destructivo *a* postošs; graujošs

destruir *v* **1.** nopostīt, izpostīt; iznīcināt; sagraut; **2.** *pārn.* sadragāt, sagraut (*cerības u. tml.*)

desuncir *v* izjūgt (*vēršus*)

desunir *v* **1.** šķirt; izšķirt; **2.** radīt nesaskaņas, šķelt

desusarse *v rfl* nebūt vairs lietojamam; novecoties

desvaído *a* **1.** kalsns, kalsnējs, vājš; **2.** bāls, blāvs (*par krāsu*)

desvainar *v* [iz]lobīt (*pupas, zirņus u. tml.*)

desvalido *a* **1.** nevarīgs, bezpalīdzīgs; **2.** novārtā atstāts, pamests, nolaists

desvalijar *v* izlaupīt; izzagt
desvalorizar *v ek.* devalvēt
desván *m* **1.** bēniņi; **2.** jumtistaba
desvanecer *v* **1.** izkliedēt; **2.** *pārn.* aizdzīt (*rūpes*); izkliedēt (*šaubas*); izjaukt (*plānus u. tml.*); **3.** sakāpt galvā (*par panākumiem*); **~se** *rfl* **1.** izgaist; **2.** izbirt; **3.** zaudēt samaņu
desvariado *a* **1.** murgojošs; **2.** murgu-; **3.** bezjēdzīgs; muļķīgs; aplams
desvarío *m* **1.** murgošana; ~s – (*slimnieka*) murgi; **2.** drausmīgums; baismīgums; **3.** ~s *pl* aplamības
desvelarse *v rfl* **1.** mocīties ar bezmiegu; **2.** *pārn.* būt nomodā, būt modram; **3.:** ~ por ... – būt norūpējies par ...
desvelo *m* **1.** bezmiegs; **2.** modrība; **3.** rūpes; rūpēšanās; **4.** ~s *pl* bezmiega naktis
desvendar *v* **1.** noņemt apsēju (*kādam*); **2.** *pārn.* atvērt acis (*kādam*)
desventaja *f* zaudējums; nelabvēlīgs rezultāts
desventura *f* nelaime, neveiksme; neizdošanās
desvergüenza *f* nekaunība; bezkaunība
desviación *f* **1.** novirzīšanās; novēršanās; novirzīšana; novēršana; **2.** *fiz.* novirze; deviācija; **3.** *pol.* novirziens; ~ de derecha (de izquierda) – labais (kreisais) novirziens; **4.** *med.* pārvietošanās (*piem., nieres*)

desvío *m* **1.** novirzīšanās, novirze; **2.** antipātija, nepatika; riebums; **3.** (*am.*) *dzelzc.* pārmija (*uz viensliežu dzelzceļa*)
desvivirse *v rfl* (por) alkt (*pēc kā*); tiekties (*pēc kā*)
deszumar *v* spiest sulu (*no augļiem*)
detalle *m* **1.** detaļa, sīkums; **2.** (*am.*) sīktirdzniecība; mazumtirdzniecība; dar ~s de una cosa – sniegt sīkākas ziņas (*par kaut ko*)
detención *f* **1.** aizturēšana, arests; ~ ilegal – brīvības laupīšana; **2.** apturēšana; ~ en ruta – apturēšana ceļā; **3.** aizkavēšanās; sin ~ – nekavējoties, bez kavēšanās; **4.** (*termiņa u. tml.*) pagarināšana
detener *v* **1.** arestēt, aizturēt; **2.** aizturēt, apturēt; ~ el avance enemigo – apturēt ienaidnieka uzbrukumu; **~se** *rfl* **1.** (en) uzkavēties, pakavēties (*pie kā*); uzturēties (*kaut kur*); **2.** rimties; pārstāt
detenimiento *m* **1.** *sk.* **detención**; **2.** detalizējums, detalizēšana; con ~ – sīki, detalizēti; pamatīgi
detentar *v jur.* nelikumīgi ieturēt
detergente *m* **1.** mazgājamais līdzeklis, veļas pulveris; **2.** dezinfekcijas līdzeklis
deteriorar *v* [sa]bojāt, [sa]maitāt
deterioro *m*, **deterioración** *f* **1.** bojāšana; maitāšana; **2.** bojājums; defekts; **3.** bojāšanās; cargas de fácil ~ – krava, kas ātri bojājas
determinación *f* **1.** noteikšana;

2. noteikums; priekšraksts; **3.** lēmums; apņemšanās, nodoms; tomar una ~ – pieņemt lēmumu

determinado *a* **1.** noteikts; **2.** apņēmīgs; nešaubīgs

determinante I *a* noteicošs; **II** *m mat.* determinants

determinar *v* **1.** noteikt; nosacīt; **2.** konstatēt; būt par iemeslu; **~se** *rfl* izšķirties, izlemt, pieņemt lēmumu

detersión *f med.* iztīrīšana; dezinficēšana

detestable *a* riebīgs, pretīgs, atbaidošs

detestar *v* **1.** nolādēt; **2.** just riebumu (*pret kādu*); neieredzēt

detonar *v* rībēt; blīkšķēt; detonēt

detorsión *f med.* **1.** sastiepums; **2.** izmežģījums

detractor *m* neslavas cēlājs, apmelotājs

detraer *v* **1.** novērst, novirzīt; **2.** atdalīt; **3.** celt neslavu, apmelot, nomelnot

detrás I *adv* **1.** beigās, aizmugurē; **2.** atpakaļ; ◊ hablar por ~ – runāt aiz muguras; aprunāt; **II** *prep:* ~ de – aiz; uno ~ de otro – viens pēc otra; cits pēc cita

detrimento *m* **1.** bojājums; **2.** zaudējums; ◊ en ~ de ... – par ļaunu (*kam*); pretēji (*piem., veselam saprātam*)

deudaᵃ *f* **1.** parāds; enjugar (liquidar) una ~ – dzēst parādu; **2.** vaina; **3.** pārkāpums, noziegums

deudaᵇ *f* radiniece

deudor *m* **1.** parādnieks; **2.** *ek.* debitors; **3.:** ~ de un contrato – kontrahents; līgumslēdzēja puse

devanadera *f* **1.** tītavas; **2.** *teātr.* grozāmā skatuve; hablar como una ~ – tarkšķēt bez apstājas

devanear *v* **1.** murgot; muldēt; **2.** darīt aplamības; aušoties

devaneo *m* **1.** murgošana; muldēšana; **2.** aušība; aplamība; **3.** veltīga laika tērēšana; **4.** flirts, aizraušanās

devastación *f* izpostīšana; nopostīšana; postījums

devengar *v* **1.** ienest (*peļņu*); ~ intereses – atnest labumu, dot peļņu; **2.** nopelnīt; iegūt; iemantot

devoción *f* **1.** *rel.* (*īss*) dievkalpojums; lūgšana; **2.** dievbijība; **3.** simpātijas; sevišķa patika (*uz kaut ko*); estar a la ~ de alguien – būt kāda padevīgam kalpam; paklausīt labprātīgi un bez ierunām kādam; ◊ no es santo de mi ~ – viņš man nav simpātisks; es ne sevišķi viņu cienu; fingir ~ – būt svētulīgam

devocionario *m* lūgšanu grāmata

devolución *f* atdošana [atpakaļ]; nosūtīšana [atpakaļ]

devolver *v* **1.** atdot; atlīdzināt, kompensēt; **2.** atdarīt; atmaksāt, atriebt; **3.** izteikt (*pateicību*); atbildēt (*uz sveicienu, apciemojumu u. tml.*); **4.** izvemt

devorar *v* **1.** aprīt (*arī par uguni, liesmām*); **2.** ātri izlasīt

devot∥o I *a* **1.** dievbijīgs; **2.** bijīgs; padevīgs; **II** *m* **1.** ticīgais; **2.** *pārn.* pielūdzējs; ◊ imagen ~a – svētbilde

día *m* diena; ~ de trabajo – darbdiena; ~ de festivo (colendo) – svinamā (svētku) diena; el otro ~ – nesen, šinīs dienās; pēdējā laikā; al otro ~ – nākamajā dienā; de ~ – dienā, pa dienu; ~s atrás – pirms nedaudz dienām; durante ~s enteros – dienām ilgi; caurām dienām; el ~ menos pensado, el mejor ~ – kādā jaukā dienā; de un ~ para otro – (atliekot) no dienas uz dienu; ~ del santo – vārdadiena; ~ lectivo – skolas diena; ~ de guardar, ~ de precepto *bazn.* – svinamā diena; ~ de Reyes *bazn.* – Trejkungu diena; ◊ en su ~ – noliktajā laikā; un ~ de esos – drīzā laikā, drīz; hoy [en] ~ – šodien; mūsu dienās; vivir al ~ – dzīvot vienai dienai; nebēdāt par rītdienu; ¡buenos ~s! – labdien!; ¡hasta otro ~! – uz drīzu redzēšanos!; al fin de sus ~s – sava mūža novakarē; mañana será otro ~ – rīts gudrāks par vakaru; a tantos ~s vista *ek.* – tik un tik dienu pēc čeka uzrādīšanas; ~ del campo – izbraukums zaļumos

diabetes *f med.* diabēts

diablo *m* velns, sātans, nelabais; ļaunais gars; ◊ ¡~! – pie velna!, velns ar ārā!; ¡qué ~! – tā tik vēl trūka!; tener el ~ en el cuerpo – būt velna apsēstam; no es tan feo el ~ como le pintan – velns nav tik melns, kā viņu mālē

diablura *f* velnišķība

diabólico *a* velnišķīgs; sātanisks

diáfano *a* caurredzams, caurspīdīgs

diagnosticar *v med.* uzstādīt diagnozi

diagonal I *a* diagonāls; slīps; **II** *m mat.* diagonāle

dialéctico I *a* dialektisks; **II** *m* dialektiķis

dialogar *v* **1.** rakstīt (*kaut ko*) dialoga formā; **2.** sarunāties

diamante *m* briljants; ~ bruto – dimants (*neslīpēts*); punta de ~ – stiklinieka dimants (*stikla griešanai*)

diamantista *m* **1.** juvelieris; **2.** dimanta slīpētājs

diana *f mil.* junda

diapasón *m* diapazons; ~ normal – kamertonis

diario I *a* ikdienas-; a ~ – katru dienu, diendienā; de ~ – ikdienas-; **II** *m* **1.** dienasgrāmata; žurnāls; ~ de bordo *jūrn.* – kuģa žurnāls; **2.** laikraksts; ~ de la mañana – rīta laikraksts; **3.** dienas izdevumi

dibujador, dibujante *m* **1.** zīmētājs; **2.** rasētājs

dibujo *m* **1.** rasējums; plāns; skice; **2.** zīmēšana; ~ lineal – rasēšana; **3.** zīmējums; ~ de carboncillo –

krīta zīmējums; ~ al carbón – ogles zīmējums; ~ a la aguada – akvarelis; ~ a lápiz – zīmējums ar zīmuli

dicción *f* dikcija; izruna; ~ correcta (viciosa) – pareiza (nepareiza) izruna

diccionario *m* vārdnīca

diciembre *m* decembris

dicolor *a* divkrāsains

dictado *m* **1.** diktāts; **2.** ~s *pl* iedvesma; inspirācija; **3.** tituls; pievārds; iesauka

dictador *m* diktators

dictamen *m* **1.** ieskats; uzskats; domas; tomar ~ de alguien – uzklausīt kādu; casarse con su ~ – pastāvēt pie sava; **2.** (*lietpratēja*) atzinums, atsauksme

dictaminar *v* izteikt savas domas (*par kaut ko*); ~ de – dot atsauksmi par (*kā speciālistam*)

dictar *v* **1.** *arī pārn.* diktēt; **2.** izdot pavēli; ◇ ~ la sentencia – pasludināt spriedumu

dicterio *m* **1.** paļas; ķengas; lamas; **2.** ķengāšana; lamāšana

dicha *f* laime; a ~, por ~ – 1) par laimi; laimīgā kārtā; 2) nejauši; nunca es tarde, cuando la ~ es buena – labāk vēlu nekā nekad

dicharacho *m sar.* rupjš (nepieklājīgs) joks (izteiciens)

dicho I *part no* decir; **II** *a* minētais; teiktais; lo ~ – 1) līdzšinējais; 2) minētais; ~ sea de paso – starp citu; **III** *m* **1.** izruna; **2.** izteiciens; domugrauds, aforisms; paruna; es un ~ – tā saka (runā); **3.** (*liecinieka*) liecība; ◇ ~ de las gentes – ļaužu runas, baumas; tomarse los ~s – saderināties; ~ y hecho – sacīts – darīts; del ~ al hecho hay un gran trecho – solīts makā nekrīt

dichoso *a* **1.** laimīgs; **2.** nogurdinošs

diecinueve *num* deviņpadsmit

dieciséis *num* sešpadsmit

diecisiete *num* septiņpadsmit

dieciocho *num* astoņpadsmit

diente *m* zobs; ~ canino – acuzobs; ~ de leche – pienazobs; ~ molar – dzeroklis; dar ~ con ~ – klabināt zobus; crujirle a uno los ~s – griezt zobus; ◇ estar a ~ – būt izsalkušam; a regaña ~s – ar riebumu (nepatiku); ~ de león *bot.* – pienene, cūkpiene; ~ de ajo – ķiploka šķēlīte

diesel I *a tehn.* dīzeļa-; **II** *m tehn.* dīzelis

diestra *f* labā roka

diestro I *a* **1.** labējais; tāds, kas atrodas pa labi; **2.** izveicīgs, veikls; manīgs; ◇ a ~ y siniestro – 1) pa labi un pa kreisi; 2) bezjēdzīgi, jucekļīgi; **II** *m* matadors (*vēršu cīņās*)

dietaᵃ *f* diēta; atturība ēšanā; estar a ~ – ieturēt diētu

dietaᵇ *f* seims; sapulce

dietaᶜ *f* komandējuma nauda

diez I *num* desmit; ~ veces – desmit

reizes; de ~ años – desmitgadīgs; **II** *m* desmits; desmitnieks

diezmo *m vēst.* desmitā tiesa (*nodoklis*)

difamar *v* celt neslavu, apmelot, nomelnot

diferencia *f* **1.** atšķirība; starpība; hacer ~ – atšķirt; izšķirt; a ~ – atšķirība (*no kā*); **2.** domstarpības; ◊ ¡~va! – tā ir pavisam cita lieta!; *mat.* atlikums

diferenciar *v* **1.** atšķirt; izšķirt; **2.** ~ [en] opiniones) – būt dažādās domās (*par ko*); **3.** diferencēt

diferente *a* **1.** atšķirīgs; **2.** dažāds

diferir *v* **1.** atlikt (*uz vēlāku laiku*); **2.** novilcināt; **3.** būt atšķirīgam

difícil *a* grūts, smags; grūti izdarāms; sarežģīts

dificultad *f* **1.** grūtums; **2.** ~es *pl* grūtības; con mucha[s] ~ [es] – ar lielām grūtībām

dificultar *v* apgrūtināt; padarīt grūtāku; traucēt, likt šķēršļus ceļā

difluir *v* izplūst (*uz visām pusēm*)

difundir *v* **1.** izliet (*piem., ūdeni*); **2.** izplatīt (*baumas*); **3.** propagandēt

difunto *m* **1.** nelaiķis, aizgājējs; **2.** līķis, mironis; día de ~s – mirušo piemiņas diena

difusión *f* **1.** izvēršana plašumā, paplašināšana; **2.** izplatīšanās; plešanās plašumā; **3.** *fiz.* difūzija

digerir *v* **1.** sagremot; **2.** pārciest, panest (*kādas bēdas, grūtības u. tml.*); ◊ no poder ~ a alguien – neciest kādu

digestión *f* gremošana, sagremošana

digital I *a* pirksta-, impresiones ~es – pirkstu nospiedumi; **II** *f bot.* uzpirkstīte

dígito *m mat.* vienzīmes skaitlis

dignación *f* augstprātīga laipnība

dignarse *v rfl* **1.** labpatikt[ies] (*kaut ko darīt*); **2.** pagodināt (*ar ko*); parādīt laipnību (*ar ko*)

dignidad *f* **1.** cienība; cieņa; pašcieņa; ~ humana – cilvēka cieņa; **2.** pieklājība, pieklājīga izturēšanās; **3.** tituls, kārta

digno *a* **1.** cienīgs; cienījams; ~ de mención – pieminēšanas cienīgs; **2.** piemērots, atbilstošs (*par cenu u. tml.*); recibir el ~ castigo – saņemt pelnīto sodu; ◊ ~ de fe – ticams

digresión *f* novirzīšanās (*no temata*)

dije *m* **1.** kareklis; **2.** medaljons; **3.** *sar. pārn.* pērle; ser un ~ *sar.* – būt cilvēkam ar zelta rokām

dilacerar *v* **1.** saplosīt, sadīrāt; **2.** laupīt godu

dilación *f* novilcināšana; sin ~ – nekavējoties, bez kavēšanās

dilapidar *v* izšķiest, izšķērdēt; ~ bebiendo – nodzert, nožūpot

dilatable *a* [iz]stiepjams; [iz]staipāms

dilatación *f* **1.** stiepšana; staipīšana; izstiepums; **2.** paplašināšana; paplašināšanās; paplašinājums; ~ de estómago *med.* – kuņģa paplašināšanās; **3.** *fiz.* izplešanās; **4.** dvēseles miers, sirdsmiers

dilatoria *f* **1.** atlikšana; (*termiņa*) pagarināšana; **2.** aizkavēšanās, novēlošanās

dilección *f* mīlestība; pieķeršanās

diligencia *f* **1.** čaklums, uzticība, centība; **2.** rosīgums, darbīgums; **3.** pasta rati, diližanss; **4.** darīšanas; veikala lietas; evacuar una ~ – noslēgt darījumu; hacer sus ~ – pieņemt visus mērus, laist darbā visus līdzekļus

diligenciar *v* censties; strādāt; izskatīt (lietu); vīzēt dokumentu

diligente *a* **1.** čakls; uzcītīgs, centīgs; **2.** ātrs; izveicīgs; **3.** rūpīgs

dilucidar *v* noskaidrot; izskaidrot

diluir *v* **1.** izšķīdināt; atšķaidīt ar ūdeni; **2.** izkausēt (*sviestu u. tml.*)

diluviar *v* gāzt (*par lietu*)

diluvio *m* **1.** *rel.* grēku plūdi; **2.** lietusgāze; **3.** *pārn.* straume; pārpilnība

dimanar *v* (de) celties (*no kaut kā*); izcelties, rasties

dimensión *f* **1.** izmērs; **2.** *mat.* dimensija, izmērījums; **3.** ~es *pl* apmērs, apjoms, gabarīts

dimes y diretes *m pl sar.* strīdēšanās, strīds; intrigas, tenkas; andar en ~ – strīdēties

diminuir *v sk.* **disminuir**

diminutivo I *a* pamazinošs, samazinošs; **II** *m* *gram.* pamazināmā forma, deminutīvs

diminuto *a* **1.** niecīgs, sīks; **2.** nepietiekams

dimisión *f* atkāpšanās; atteikšanās; demisija; presentar la ~ – iesniegt atlūgumu; atteikties no amata

din *m sar.* nauda

dinamarqués I *a* Dānijas-; dāņu-; dānisks; **II** *m* **1.** dānis; **2.** dāņu valoda

dinamita *f* dinamīts

dinerada *f*, **dineral** *m* prāva naudas summa

dinero *m* nauda; ~ suelto – sīknauda; ~ contante [y sonante], ~ efectivo – skaidra nauda; par skaidru naudu; acometer con ~ – dot kukuli; hacer uno ~ – krāt kapitālu; hombre de ~ – turīgs cilvēks; ~ llama ~ – nauda mīl naudu

dineroso *a* bagāts, turīgs

dingolondango *m sar.* **1.** glaimošana; pieglaimošanās; hacer ~s a alguien – pieglaimoties kādam; **2.** glāsts; maigums

dintel *m* [durvju] paloda

Dios *m rel.* Dievs; ¡a ~! – ardievu!; sveiki!; ~ delante – ar Dieva palīgu; ¡no quiera ~! – lai Dievs pasargā!; ¡válgame ~! – lai Dievs stāv man klāt!; ¡por ~! – Dieva vārds!; estaba de ~ – tam tā bija jānotiek; como hay ~ – patiešām; Dios mediante – ar Dieva palīdzību; Dios dirá – lai notiek, kas notikdams; amanecerá Dios, y medraremos – rīts gudrāks par vakaru

diosa *f* dieviete, dieve
diploma *m* diploms; apliecība; liecība; ~ de honor – goda raksts; atestāts
diplomacia *f* **1.** diplomātija; **2.** diplomātiskais dienests
diplomático I *a* **1.** diploma-; **2.** diplomātisks; cuerpo ~ – diplomātiskais korpuss; **3.** *sar.* veikls, izmanīgs; **II** *m* diplomāts
diptongo *m* diftongs, divskanis
diputación *f* **1.** delegācija; **2.** mandāta ilgums; **3.** priekšsēdētāju sanāksme; ~ provincial – provinces padome
diputado *m* deputāts; pārstāvis; delegāts; ~ provincial – rajona (apriņķa) deputāts
diputar *v* nosūtīt, deleģēt, komandēt; norīkot; ~ (para) – nozīmēt, iecelt; ~ (como *vai* por) – uzskatīt (*par*), atzīt (*par*)
dique *m* **1.** dambis, aizsargdambis; aizsprosts; **2.** doks; ~ flotante – peldošais doks; ~ de carena – sausais doks; entrar en ~ – ievietot dokā (*kuģi*); **3.** šķērslis, traucēklis
dirección *f* **1.** vadība; llevar la ~ – vadīt; **2.** valde, pārvalde; direkcija; ~ general – galvenā pārvalde; **3.** virziens; **4.** adrese
directiv‖o *a* **1.** vadošs; virzošs; **2.** direktīvs; instrucciones ~as – direktīvi norādījumi
directo *a* **1.** taisns; **2.** tiešs; en ~ – tiešraide (*radio, televīzijas*); ◊ tren ~ – ātrvilciens
director *m* vadītājs; direktors; ~ de orquestra – orķestra diriģents; kapelmeistars; ~ de escena – režisors; ~ espiritual – garīdznieks
dirigente I *a* **1.** virzošs; **2.** vadošs; círculos ~s – vadošās aprindas; **II** *m* vadītājs
dirigible I *a* vadāms; **II** *m* dirižablis
dirigir *v* **1.** vērst; virzīt; pagriezt, pavērst; **2.** vadīt; pārzināt; **3.** adresēt; ~se *rfl* **1.** griezties (*pie kā*); **2.** virzīties, doties
dirimir *v* **1.** nokārtot; **2.** anulēt; izkliedēt (*šaubas*); izšķirt (*strīdīgu jautājumu*); **2.** šķirt (*laulību*)
discantar *v* **1.** dziedāt; **2.** [no]skaitīt (*dzejoli*); **3.** sacerēt (rakstīt) mūziku
discernimiento *m* **1.** izšķiršana; atšķiršana; **2.** spriešanas spēja; **3.** pārdomāšana; apdomāšana; apsvēršana; sin ~ – nespējīgs atbildēt par savu rīcību; **4.** tiesību piešķiršana; aizbildniecības noteikšana
disciplinar *v* **1.** mācīt, apmācīt; **2.** disciplināri sodīt; **3.** disciplinēt
discípulo *m* **1.** skolnieks; **2.** *rel.* māceklis; **3.** piekritējs; sekotājs
disco *m* **1.** *daž. noz.* disks; **2.** skaņuplate; **3.** nodrāzts temats; cambiar de ~ *sar.* – mainīt sarunas tēmu; colocar un ~ *sar.* – skandināt vienu un to pašu

díscolo *a* spītīgs; ietiepīgs; iecirtīgs

disconforme *a* neapmierināts; estar ~ – 1) nebūt vienis prātis; 2) disharmonēt

disconformidad *f sk.* **desconformidad**

discontinuo *a* pārtraukts; nesakarīgs

discordancia *f* disonanse; nesaskaņa; neatbilstība

discordante *a* 1. nesaskanīgs; 2. nesaskaņots; 3. neatbilstošs

discordar *v* 1. nebūt vienis prātis, būt dažādās domās; 2. neatbilst; 3. *mūz.* disonēt

discorde *a* 1. nevienprātīgs; 2. *mūz.* noskaņojies; disonējošs

discordia *f* ķilda; naids; nesaticība; ◇ la manzana de la ~ – strīda ābols

discreción *f* 1. diskrētums; noslēgtība; atturība; 2. takts, taktiskums; smalkjūtība; 3. spriešanas spēja; prāta asums, ass prāts; 4. asprātība, joks; ◇ a ~ – pēc patikas; rendirse a ~ – padoties (kapitulēt) bez noteikumiem

discrepar *v* 1. atšķirties; būt atšķirīgam; 2. nebūt vienis prātis; būt dažādās domās (*par kaut ko*)

discretear *v* runāt asprātīgi

discreto *a* 1. diskrēts; noslēgts; atturīgs, rezervēts; 2. gudrs, saprātīgs; asprātīgs; 3. taktisks

discrimen *m* 1. risks; briesmas; 2. atšķirība, nesakritība

discriminar *v* 1. diskriminēt; 2. (*am.*) izšķirt, atšķirt; redzēt starpību

disculpa *f* 1. atvainošanās; aizbildināšanās; aizbildinājums; 2. attaisnošana; attaisnojums; no valen ~s, no hay ~ que valga – nav attaisnojams; nav piedodams

discurrir *v* 1. izskraidīt; apskraidīt; izbraukāt; 2. aiztecēt, paiet (*par laiku*); 3. tecēt (*par šķidrumu*); 4. (en) pārdomāt (*kaut ko*); 5. (sobre) izteikt savas domas (*par ko*); 6. domāt, nojaust; 7.: ~ con sutileza – izdomāt, izgudrot

discurso *m* 1. runa; runāšana; pronunciar un ~ – teikt runu; 2. apcerējums; 3. *gram.* teikums; 4. laika sprīdis; ◇ ir y venir con ~s – spriedelēt

discusión *f* diskusija; debates, pārrunas; strīds

disecar *v* 1. sagriezt; sadalīt; 2. *med.* izdarīt sekciju; 3. izbāzt (*dzīvnieku*); 4. kaltēt (*piem., ziedus herbārijam*)

diseminar *v* izbārstīt, izkaisīt; izsvaidīt

disensión *f* 1. nevienprātība; nevienotība; nesaskaņas; 2. strīds, ķilda; konflikts

disentería, disenteria *f med.* dizentērija

disentimiento *m* domstarpības; uzskatu dažādība

diseño *m* 1. uzmetums, skice; zīmējums; 2. rasējums; 3. dizains

disertar *v* 1. spriest, prātot; ~ acerca de ... – sīki iztirzāt, apspriest (*kaut ko*); 2. lasīt referātu

diserto *a* daiļrunīgs

disforme *a* **1.** sakropļots, izkropļots; izķēmots; **2.** lempīgs, neveikls

disfraz *m* **1.** pārģērbšanās; **2.** maska (*kostīms*); **3.** *mil.* maskēšanās; maskēšana; **4.** izlikšanās

disfrutar *v* **1.** baudīt, izbaudīt; **2.** priecāties; līksmoties; **3.** izmantot; ~ de licencia – izmantot atvaļinājumu, iet atvaļinājumā; **4.** ~ de salud – būt veselam

disgregar *v* **1.** saspridzināt; **2.** izklīdināt; izkliedēt; **3.** sadalīt sastāvdaļās

disgustar *v* **1.** kaitināt, bojāt garastāvokli; **2.** riebties, būt pretīgam; nepatikt

disgusto *m* **1.** nepatika; riebums; pretīgums; **2.** īgnums; sapīkums; **3.** nepatikšanas; ◇ a ~ – nelabprāt; buscarse un ~ – uzprasīties uz nepatikšanām

disgustoso *a* **1.** negaršīgs; **2.** bezgaumīgs; **3.** nepatīkams

disidencia *f* **1.** atkrišana (*no sabiedrotajiem*); (*sabiedroto*) pamešana; atteikšanās (*no pārliecības*); **2.** strīds, ķilda; konflikts

disidente *m* disidents; atkritējs; renegāts

disimetria *f* asimetrija

disimular *v* **1.** slēpt, turēt slepenībā; noslēpt (*patiesību u. tml.*); **2.** skatīties caur pirkstiem; izlikties neredzam; **3.** izlikties; simulēt

disipación *f* **1.** izkaisīšana; **2.** izšķērdēšana; (*laika*) izšķiešana; **3.** izlaidība; izlaidīgs dzīvesveids

dislate, disparate *m* bezjēdzība; aplamība; blēņas; nieki

dislocación *f* **1.** izmežģījums; **2.** *mil.* dislokācija

disminuir *v* **1.** [pa]mazināt, samazināt; **2.** [sa]mazināties; izsīkt; (*par ūdens līmeni*) kristies

dismnesia *f med.* atmiņas pavājināšanās

disnea *f* aizdusa; elpas trūkums

disociar *v* **1.** šķirt, nošķirt, atšķirt; izolēt; **2.** *ķīm.* sadalīt

disolución *f* **1.** atraisīšana; **2.** (*laulības*) šķiršana; **3.** *ķīm.* izšķīdināšana; **4.** izlaidība, izvirtība; **5.** (*laulības dzīves u. tml.*) sairšana, iziršana; **6.** *mil.* izformēšana; la ~ de las fuerzas armadas – bruņoto spēku izformēšana

disoluto *a* izlaidīgs, izvirtis

disolvente **I** *a* **1.** [iz]šķīdinošs; **2.** *pārn.* graujošs; **II** *m ķīm.* šķīdinātājs

disolver *v* **1.** atraisīt; **2.** [at]šķirt; atdalīt; **3.** izšķīdināt; **4.** atlaist (*parlamentu*); izformēt (*organizāciju u. c.*); **5.** izklīdināt (*demonstrāciju*); **6.** sagraut, iznīcināt

disonancia *f* **1.** *mūz.* disonanse; **2.** nesaticība; hacer ~ – neatbilst (*kaut kam*), griezt ausīs, disharmonēt

dispar *a* nevienāds, nevienlīdzīgs

disparada *f* (*am.*) [aiz]bēgšana; a la ~ – pa kaklu pa galvu, bēgšus;

tomar la ~ – mesties (laisties) bēgt; de una ~ – vienā mirklī

disparadero *m sk.* **disparador;** ◇ poner en el ~ – izvest no pacietības

disparador *m* **1.** (*šautenes*) mēlīte; **2.** pulksteņa atspere; **3.** šāvējs

disparar *v* **1.** sviest, mest; **2.** [iz]šaut; **3.** atlēkt; **4.** *foto* noknipsēt; **5.** runāt muļķības; **6.** rīkoties aplam, rīkoties kā bez galvas

disparatado *a* **1.** muļķīgs, aplams; bezjēdzīgs; neprātīgs; **2.** milzīgs, varens

disparatar *v* **1.** runāt muļķības; **2.** darīt aplamības; rīkoties neapdomīgi (neprātīgi)

disparate *m* muļķība; aplamība; neprāts

disparidad *f* nevienādība, nevienlīdzība

disparo *m* šāviens; zalve

dispendio *m* **1.** izšķērdība; **2.** patēriņš; **3.** ~s *pl* izdevumi

dispendioso *a* **1.** dārgs; **2.** izšķērdīgs

dispensa *f* **1.** privilēģija, atlaide; **2.** atbrīvošana (*no nodarbībām u. tml.*); (*nodokļu*) atlaišana; **3.** dokuments par atbrīvošanu (*no nodarbībām; no nodokļa u. tml.*)

dispensar *v* **1.** atbrīvot (*no kaut kā*); **2.** *rel.* atlaist (*grēkus*); **2.** atvainot, attaisnot; **3.** dot; piešķirt; ◇ ~ atención – pievērst uzmanību (*kādam*)

dispensario *m* **1.** dispansers; poliklīnika; **2.** farmakopeja; **3.** procedūru kabinets

dispersar *v* **1.** izkaisīt; izsvaidīt; **2.** *mil.* izklīdināt (*ienaidnieka karaspēku*); **3.** aizpūst (*par vēju*)

displicente *a* **1.** nelaipns; **2.** neapmierināts, īgns; **3.** nepatīkams

disponer *v* **1.** kārtot; sakārtot; izkārtot; sistematizēt; **2.** izrīkot; dot rīkojumu; **3.** (de) būt (*kā*) rīcībā; ~**se** *rfl* gatavoties; taisīties; ~ de sus bienes – rīkoties ar savu īpašumu

disponible *a* rīcībā esošs; capital ~ – brīvs kapitāls

disposición *f* **1.** rīkojums; última ~ – pirmsnāves novēlējums; ~ testamentaria – testaments, mantojuma novēlējums; **2.** *mil.* dislokācija, izvietojums; **3.** dispozīcija; **4.** spējas; dotības; talants; **5.** simpātija (*pret kādu*); labvēlība (*pret kādu*); patika (*uz ko*); **6.** veselības stāvoklis; **7.** garastāvoklis; ◇ estar en ~ – būt gatavībā; estoy a su ~ – es esmu jūsu rīcībā

dispositivo *m* **1.** ierīce, ietaise, mehānisms, aparāts; ~ de arranque *tehn.* – iedarbinātājs; **2.** sakārtojums, kārtība; ~ de marcha – gājiena kārtība; ~ militar – kaujas ierinda

dispuesto I *part no* **disponer;** II *a* **1.** labvēlīgs, vēlīgs (*pret kādu*); **2.** disponēts (*uz ko*); noskaņots (*kaut ko darīt; kaut kam*); favorablemente ~ – labvēlīgi noskaņots; bien ~ – 1) labi noskaņots, labā omā; 2) vesels, pie labas veselības; 3. mal dispuesto – sliktā omā, nevesels; 4. spējīgs, apdāvināts; veikls

disputar v 1. apstrīdēt; 2. diskutēt; 3. strīdēties

disquisición f rūpīga izpētīšana; pārbaude

disritmia f med. aritmija

distancia f 1. tālums, attālums, distance; a ~ – tālumā; pa gabalu; 2. atstarpe; 3. starpība; guardar la ~ – nepieļaut familiaritāti; ieturēt distanci

distanciar v 1. atlikt (*uz vēlāku laiku*); 2. iedalīt, sadalīt (*maksājumus*)

distar v atrasties tālu (*no kaut kā*); stāvēt nomaļus; 2. atšķirties; ◊ disto mucho de creerlo – esmu tālu no tā, lai tam ticētu; es nemaz neticu tam

distender v sastiept (*dzīslas*)

distensión f 1. med. (*dzīslu*) sastiepšana; sastiepums; 2. sasprindzinājuma atslābums

distinción f 1. izšķirība, atšķirība; starpība; a ~ de – atšķirībā no; 2. cēlums, cildenums; smalkums; dižciltīgums; persona de ~ – cilvēks ar stāvokli [sabiedrībā]; 3. priekšrocība, privilēģija; pagodinājums

distinguir v 1. izšķirt, atšķirt; 2. izcelt; dot priekšroku; uzskatīt par labāku; 3. godāt, augsti cienīt

distint‖o a 1. atšķirīgs; citāds; eso es muy ~ – tas ir pavisam kas cits; tā ir pavisam cita lieta; de ~as clases – dažnedažāds, dažāds; 2. skaidrs, saprotams

distracción f 1. neuzmanība, nepiesardzība; izklaidība; uzmanības novēršana; 2. izklaidēšanās; 3. pārskatīšanās; por ~ – aiz pārskatīšanās

distraer v 1. izklaidēt; novērst, novirzīt (*uzmanību*); 2. pakavēt laiku; uzjautrināt

distraído a 1. izklaidīgs; neuzmanīgs; 2. izlaidīgs; 3. (*am.*) noplīsis, netīrs

distribución f 1. sadalīšana; sadale; sadalījums; 2. izkārtošana; izkārtojums; 3. (*vēstuļu u. tml.*) izdalīšana, sadalīšana; iznēsāšana; 5. *teātr.* lomu sadalījums

distribuir v [sa]dalīt; izdalīt; iedalīt (*piem., laiku*)

distrito m 1. iecirknis; apriņķis; rajons; apgabals; 2.: ~ forestal – cirsma

disturbar v 1. traucēt; iztraucēt; 2. mulsināt; satraukt; 3. izraisīt nekārtības

disturbio m 1. traucēšana; traucējums (*runājot par sabiedrisko kārtību, mieru u. tml.*); ~s – traucējumi (*radiouztvērējā*); 2. apmulsums; satraukums; 3. nekārtība; 4. ķilda

disuadir *v* atrunāt (*kādu no kaut kā*); neieteikt (*kādam kaut ko darīt*)

disyunción *f* šķiršana, atšķiršana

disyuntiva *f* alternatīva

dita *f* **1.** galvojums; galvošana; ķīla; garantija; **2.** ķīlnieks; **3.** (*am.*) parāds

diurno *a* dienas-; ikdienas-

divagación *f* **1.** novirzīšanās (*no temata*); **2.** pļāpāšana, tukša runāšana; **3.** iešana bez mērķa

divergencia *f* **1.** diverģence; novirzīšanās, novirze; **2.** domstarpības

divergir *v* **1.** novirzīties; **2.** diverģēt; **3.** būt dažādās domās

diversidad *f* **1.** dažādība; atšķirība; **2.** daudzpusība

diversión *f* **1.** laika kavēklis; izklaidēšanās; uzjautrināšanās; izprieca; **2.** ~es *pl* izrāde (*gadatirgū u. tml.*); **3.** diversija

diverso *a* dažāds, atšķirīgs; citāds; daždažāds; ~s – dažādi; vairāki

divertido *a* jautrs; interesants, saistošs; el libro ~ – saistoša grāmata; poco ~ – maz iepriecinošs; individuo ~ – interesants sarunu biedrs

divertir *v* **1.** izklaidēt, pakavēt laiku; uzjautrināt; **2.** *jūrn.* novirzīt (*no kursa*)

dividir *v* **1.** *mat.* dalīt; **2.** atdalīt; šķirt, atšķirt

divieso *m med.* furunkuls; karbunkuls

divino *a* **1.** dievišķīgs; brīnišķīgs; **2.** pārdabisks

divisa *f* **1.** valūta; **2.** devīze; **3.** pazīme; (*dienesta pakāpes u. tml.*) atšķirības zīme; **4.** simbols; ~s extranjeras – ārzemju valūta; ~ única – vienota valūta; oscilación de la ~ – valūtas svārstības; precis de la ~ – valūtas cena; convertir la ~ – konvertēt valūtu; cambiar la ~ – mainīt valūtu

divisar *v* saskatīt (pamanīt) tālumā

divisibilidad *f mat.* dalāmība

división *f* **1.** *mat.* dalīšana; ~ celular – šūnas dalīšanās; **2.** [sa]dalīšana; izdalīšana; pārdalīšana; ~ del trabajo – darba dalīšana; **3.** nodalījums; **4.** *mil.* divīzija; ~ de infantería – strēlnieku divīzija, kājnieku divīzija; **5.** *gram.* defise (savienojuma zīme); **6.** strīds; konflikts

divisor *m mat.* dalītājs; máximo común ~ – lielākais kopējais dalītājs

divisori‖o *a* **1.** dalīšanas-; sadalīšanas-; dalījuma-; [sa]dalošs; **2.** robežas-; línea ~a – robežlīnija; [línea] ~a de aguas *ģeogr.* – ūdensšķirtne; punto ~ – robeža

divo I *a poēt.* dievišķīgs; burvīgs; **II** *m* slavens (populārs) aktieris

divorcio *m* laulības šķiršana; šķiršanās

divulgación *f* izplatīšana, popularizēšana; libros de ~ científica – populāri zinātniskās grāmatas

divulgar *v* **1.** popularizēt; **2.** izplatīt (*piem., baumas*); izpļāpāt (*kādu noslēpumu*)

do *adv poēt. saīs. no* **donde**

dobladillo *m* **1.** vīle; šuve; apmale; **2.** rupjš vilnas diegs

dobladura *f* **1.** liekums; **2.** ieloce; **3.** krunka; grumba

doblarᵃ *v* **1.** divkāršot, dubultot; **2.** [sa]liekt; noliekt; locīt (muguru); **3.** salocīt (*vēstuli u. tml.*); **4.** pierunāt, piedabūt; **5.** *jūrn.* apbraukt (*ar kuģi*); **6.** nogriezties; ~ la esquina – nogriezties ap stūri; ~ a (hacia) la derecha – pagriezties pa labi; **7.** dublēt

doblarᵇ *v* zvanīt (*par kapu zvaniem*)

doble I *a* **1.** divkāršs, divkārtīgs, dubults; **2.** divkosīgs; liekulīgs; ~ sentido – divdomība; **3.** pildīts (*par ziediem*); **II** *m* **1.** divkāršs daudzums; **2.** kroka; ieloce; **3.** kapu zvans; **III** *adv* divtik; divkārt; dubulti

doblegar *v* **1.** liekt, locīt; **2.** likt piekāpties; padarīt padevīgu

doblete *m* **1.** imitēts dārgakmens; **2.** duplets (*biljarda spēlē*)

doblez (*pl* dobleces) **I** *m* **1.** ieloce; kroka; **2.** grumba, krunka; **II** *f* nepatiesīgums; viltība, viltus; sin ~ – godīgi, bez viltības

doce *num* **1.** divpadsmit; ~ veces – divpadsmit reizes; de ~ años – divpadsmitgadīgs; las ~ y media – pusviens; **2.** divpadsmitais; dar las ~ – (*par pulksteni*) nosist pusdienu (pusnakti)

docena *f* ducis; a ~s – dučiem; daudz; ◊ la ~ del fraile – velna ducis

docente I *a* tāds, kas māca; medio ~ – mācību līdzeklis; cuerpo ~ – skolotāju kolektīvs; establecimiento ~, centro ~ – mācību iestāde; **II** *m* docents

dócil *a* **1.** vērīgs; saprātīgs; **2.** paklausīgs; padevīgs, pakļāvīgs; **3.** valkans (*metāls*)

docto *a* mācīts, izglītots, skolots

doctor *m* **1.** doktors (*zinātnisks grāds*); doctor en ciencias químicas – ķīmijas zinātņu doktors; **2.** ārsts

doctoral *a* **1.** doktora-; tesis ~ – doktora disertācija; **2.** zinātnisks

doctrina *f* **1.** doktrīna; **2.** reliģijas mācība; katķisms; derramar ~ – propagandēt (sludināt, izplatīt) mācību

doctrinal I *a* **1.** zinātnisks; zinātnes-; **2.** pamācošs; pamācīgs; **II** *m* **1.** mācību grāmata; **2.** katķisms

doctrino *m* bārenis, bērnu nama audzēknis; ◊ parecer un ~ – būt biklam

documento *m* dokuments; apstiprinājums, apliecinājums; raksts; ~ negociable – vērtspapīri; ~ justificativo *jur.* – pierādījums (*dokumenta veidā*); libro de ~s por orden de fechas – reģistrs

dogal *m* **1.** saite, valgs; **2.** cilpa; apretar el ~ – savilkt cilpu; estar con el ~ a la garganta – atrasties smagā (bezizejas) stāvoklī

dogo *m* **1.** dogs; **2.** buldogs

dólar *m* dolārs
dolar *v* [no]ēvelēt
dolencia *f* 1. slimība; kaite; 2. ciešanas, sāpes; mokas
doler *v* 1. sāpēt; me duele la cabeza – man sāp galva; me duele que ... – man ir sāpīgi (man žēl), ka ...; ◇ ¡ahí le duele! – lūk, kur tas suns aprakts!; no me duele el dinero – nauda man nav svarīga; 2. apbēdināt; me duele su conducta – mani apbēdina viņa uzvedība
dolo *m* 1. iepriekšējs nodoms (*noziegumā*); 2. ļaunprātība
dolor *m* sāpes; ~ de muelas – zobu sāpes; ~ agudo – asas sāpes; causar ~ – radīt sāpes; ~ de cabeza – galvassāpes; dar (producir, traer) un ~ de cabeza – sagādāt nepatikšanas
doloroso *a* 1. sāpīgs; 2. nožēlojams; bēdīgs
doloso *a* 1. tīšs; 2. viltīgs; blēdīgs
doma, domadura *f* 1. (*dzīvnieku*) pieradināšana; dīdīšana, dresēšana; 2. *pārn.* savaldīšana
domeñar *v poēt.* pakļaut; padarīt paklausīgu
domesticar *v* pieradināt (*par dzīvnieku*)
doméstico I *a* 1. mājas-; quehaceres ~s – mājas darbi; 2. pieradināts, mājas- (*par dzīvnieku*); **II** *m* kalps
domiciliado *a:* ~ en ... – 1) ar [pastāvīgu] dzīvesvietu (*kur*); 2) ar tiesībām dzīvot (*kur*); estar ~ – būt vietējam; būt šejienietim

domiciliar *v* 1. nometināt; 2. piešķirt pilsoņa tiesības
domicilio *m* 1. mājoklis; dzīvoklis; servir a ~ – piegādāt mājās (*kādu pasūtījumu u. tml.*); 2. dzīvesvieta
dominación *f* kundzība; vara; ~ extranjera – svešzemnieku virskundzība
dominar *v* 1. dominēt; 2. prast (*piem., kādu valodu*); 3. izcelties, būt pārākam; 4. pārsniegt (*augstuma ziņā*); 5. apspiest, apvaldīt; ~ sus pasiones – valdīt pār savām jūtām
dómine *m sar.* 1. skolmeistars, skolotājs; mājskolotājs; 2. sīkmanis, pedants; ◇ poner como chupa de ~ – nopaļāt (*kādu*); nokritizēt (*kādu*)
domingo *m* svētdiena
dominicano *m* dominikānis (*mūks*)
dominio *m* 1. vara; kundzība; virskundzība; hegemonija; 2. īpašums; 3. nozare; lauks; sfēra; en el ~ de la ciencia – zinātnes laukā; ◇ de ~ público – plaši pazīstams; ~ propio – pašsavaldīšanās
don[a] *m* 1. dotības; dāvanas, talants; ~ de la palabra – runas dāvanas; ~ de gentes – sabiedriskums; ~ de acierto – attapība, atjautība; 2. velte
don[b] *m* dons; kungs (*liekams tikai vīriešu vārda priekšā*); ~ Pedro – dons Pedro; ◇ ~ nadie – plikadīda
donación *f* 1. dāvinājums; dāvana; 2. ziedojums

donaire *m* **1.** piemīlīgums; pievilcīgums; grācija; **2.** asprātība; hacer ~ (de) – asprātīgi jokot

donante *m, f* **1.** ziedotājs, -a; dāvinātājs, -a; **2.** donors

donar *v* dāvināt, ziedot

donatario *m* apdāvinātais; apveltītais

doncel I *a* maigs (*piem., vīns*); salds; pimienta ~ – saldais pipars; **II** *m* **1.** pāžs; (*vēst.*) ieroču nesējs; **2.** jauneklis

doncella *f* **1.** jaunava; jumprava; **2.** istabene (*galmā*); **3.** istabmeita

doncellez *f* jaunavība; šķīstība

donde *adv* kur; a ~ – kurp, uz kurieni; de ~ – no kurienes; en ~ – kur; hacia ~, para ~ – uz kurieni

dondequiera *adv* [itin] visur

donoso *a* **1.** piemīlīgs; tīkams; graciozs; **2.** asprātīgs

donostiarra I *a* Sansebastjanas-; **II** *m* sansebastjanietis; Sansebastjanas iedzīvotājs

doña *f* donja, kundze (*tikai kopā ar vārdu*); doña Lola – donja Lola

doquier[a] *adv* poēt. [itin] visur; visur, visās malās

dorado I *a* zelta-; zeltains; zeltots; **II** *m* apzeltījums; zeltījums; [ap]zeltīšana; siglo ~ – zelta laikmets

dorífora *f* kolorado vabole

dormida *f* **1.** gulēšana; miegs; **2.** (*zīdtārpiņu*) sastinguma stāvoklis; **3.** midzenis

dormidero I *a* miega-; iemidzināšanas-; **II** *m* lopu nakts aploks

dormilona *f* **1.** miegamice; **2.** guļamkrēsls; izvelkamais dīvāns; **3.** auskari (*viens no paveidiem*); **4.** (*kub.*) mimoza

dormir *v* gulēt; echarse a ~ – likties gulēt; ~ como piedra en pozo – gulēt kā nosistam; ~ la mona (la zorra, el vino) – izgulēt dzērumu; **2.** *pārn.* nogulēt; nokavēt; **3.** iemidzināt

dormitar *v* snaust, snauduļot

dormitorio *m* **1.** guļamistaba; **2.** guļamistabas mēbeļu komplekts

dorsal *a* muguras-; espina ~ – mugurkauls

dorso *m* **1.** mugura; ~ de la mano – (*dzīvnieka*) skausts, kumbrs; **2.** (*auduma*) kreisā puse

dos *num* divi; ~ a ~, de ~ en ~ – pa diviem; pāriem; los ~ – abi; ◊ en un ~ por tres – vienā mirklī

doscientos *num* **1.** divi simti; **2.** divsimtais

dosel *m* **1.** baldahīns; pārjume; **2.** priekškars (*durvīm*), portjera

dosis *f* **1.** *med.* deva; ~ diaria – dienas deva; ~ letal (mortal) – nāvējoša deva; **2.** tiesa, daļa; una buena ~ *sar.* – lielākā tiesa, lielākā daļa

dotación *f* **1.** ziedojums, velte; **2.** dotācija; **3.** pūrs; **4.** *jūrn.* (*kuģa*) komanda; ekipāža; **5.** dotības, spējas

dotar *v* **1.** (de) apgādāt (*ar nepieciešamo inventāru u. tml.*) **2.** (de) dot pūru līdzi (*līgavai*); **3.** ziedot

dote *m, f* **1.** pūrs; **2.** kāviens, stiķis (*kāršu spēlē*); **3.** ~s *pl* dāvanas, talants

draga *f* bagars, bagarmašīna, zemessmēlējs

dragón *m* **1.** drakons; pūķis; **2.** *mil.* dragūns; **3.** boca de ~ – lauvmutīte

dragona *f* epolete, uzplecis

drenaje *m* drenāža

droga *f* **1.** drogu prece; armario para ~s – ārstniecības līdzekļu skapis; **2.** narkotika; **3.** (*kub.*) neejoša prece; **4.** blēdība; krāpšana

drogadicta *m* narkomāns

drupa *f bot.* kaulenis

dualidad *f* duālisms; divējādība; ◇ ~ de poderes – divvaldība

dubitativo *a* **1.** šaubīgs, apšaubāms; **2.** ar vairākām nozīmēm, dažādi iztulkojams

ducado *m* **1.** hercogiste; **2.** hercoga tituls; **3.** dukāts (*monēta*)

ductilidad *f* **1.** stiepjamība; **2.** kaļamība (*par metālu*); **3.** lokanība; lokanums; **4.** piekāpība, padevība

ducha *f* duša

ducho *a* pieredzējis, piedzīvojis; lietpratīgs; kompetents; ~ en su oficio – savas lietas pratējs

duda *f* **1.** šaubas; sin ~ – bez šaubām, neapšaubāmi; poner en ~ – apšaubīt; no admitir ~ – nebūt apšaubāmam; ¡la ~ ofende! – pats par sevi saprotams!, protams!; **2.** svārstīšanās; nenoteiktība

dudar *v* **1.** apšaubīt; šaubīties; **2.** neticēt, neuzticēties; lo dudo – es šaubos par to

duelista *m* duelants

duelo[a] *m* divkauja; ~ de estudiantes – menzūra

duelo[b] *m* **1.** sāpes; ciešanas; **2.** sēras; **3.** līdzcietības apliecinājums; **4.** bēru procesija; bērinieki; **5.** ~s *pl* bēdas; ◇ sin ~s – 1) bez žēlastības; 2) pārmērīgs, bezgalīgs

duende *m* **1.** mājas gariņš; **2.** parādība, rēgs; aparición de ~s – spokošanās, rēgu rādīšanās; andan ~s, hay ~s – spokojas

duendo *a* pieradināts, rāms (*par dzīvniekiem*)

dueño *m* īpašnieks, saimnieks, kungs; ser muy ~ – [iz]rīkoties pēc savas patikas; no ser ~ de sí – nevaldīt pār sevi; cual el ~, tal el perro – kāds saimnieks, tāds suns

duermevela *f sar.* nemierīgs miegs, pusmiegs

dulce I *a* **1.** salds; almendras ~s – saldās mandeles; **2.** mīlīgs; maigs; **II** *m* **1.** saldais [ēdiens]; deserts; **2.** ~s *pl* saldumi; ◇ lo que tiene de ~ tiene de amargo – koks ar diviem galiem

dulcedumbre *f* **1.** saldums; **2.** maigums; jaukums

dulcinea *f sar.* sirdsdāma, mīļotā

dulzarrón, dulzón *a* saldens; salkans, šķebīgs

duna *f* kāpa

dúo *m* duets

duodeno *m anat.* divpadsmitpirkstu zarna

duplicación *f* divkāršošana, dubultošana; dubultojums

duplicado I *a* dubults, divkāršs; divkāršots; **II** *m* dublikāts

duplicidad *f* divkosība

duplo *a* dubults, divkāršs

duración *f* **1.** ilgums; **2.** turpināšanās, tālākā pastāvēšana

duque *m* hercogs; gran ~ – lielhercogs

duquesa *f* hercogiene

durante *adv:* ~ este tiempo – pa to laiku; ~ la noche – pa nakti; cauru nakti; ~ el viaje – pa brauciena laiku, brauciena (ceļojuma) laikā

durar *v* **1.** ilgt; turpināties; **2.**: ~ mucho – labi valkāties (*par drānu*); ~ más que vivir – vilkt nožēlojamu eksistenci

durazno *m* persiks (*auglis*)

dureza *f* **1.** cietums (*vielas īpašība*); cietība; **2.** stingrība; bargums; **3.** sacietējums; **4.** cietsirdība

dur∥o I *a* **1.** ciets; izturīgs; carne ~a – cieta (slikti izvārīta) gaļa; pan ~ – cieta maize; **2.** cietsirdīgs; bargs; stingrs; **3.**: ~ de cascos – neapķērīgs; truls, stulbs; **4.** izturīgs, pacietīgs; ◇ a ~as penas – ar lielām grūtībām; **II** *adv* **1.** pamatīgi; **2.** smagi, grūti

E

e *conj* un (*lieto* y *vietā vārdu priekšā, kuri sākas ar* i *vai* hi)

¡ea! *interj* lai notiek!, nu!; ¡~ pues! – nu, lai tad [arī]!

ebanista *m* galdnieks, mēbeļgaldnieks

ébano *m* melnkoks

ebrio *a* **1.** piedzēries; **2.** *pārn.* apskurbis (*no laimes u. tml.*); aizrāvies, sajūsmināts; ~ de júbilo – no prieka apskurbis

ebullición *f* **1.** [uz]vārīšanās; punto de ~ *fiz.* – vārīšanās punkts; **2.** mutuļošana

ebúrneo *a poēt.* ziloņkaula

eclesiástic∥o I *a* baznīcas-; garīgs; história ~a – baznīcas vēsture; **II** *m* garīdznieks

eclipsar *v* **1.** aizēnot; aptumšot; **2.** *pārn.* aizēnot (*kādu*); **~se** *rfl* **1.** aptumšoties; **2.** pazust, aizlaisties lapās

eclipse *m* **1.** aptumšošanās; aptumsums; ~ de luna – mēness aptumsums; ~ solar – saules aptumsums; ~ total (parcial) – pilnīgs (daļējs) aptumsums; **2.** tumsa; **3.** pazušana

eco *m* **1.** atbalss; **2.** atskaņas; atbalsošanās; hacer ~ a alguien – 1) piebalsot kādam; 2) *pārn.* atgremot; tener ~ – gūt lielu piekrišanu

economía *f* **1.** ekonomika; ~ nacional – tautsaimniecība, nacionālā ekonomika; **2.** saimniecība; ~ privada – 1) privātsaimniecība; 2) zemes privātīpašums; **3.** taupība; taupīgums; ◇ ~ política – politekonomija

economista *m, f* ekonomists, -e

economizar *v* taupīt; taupīgi saimniekot; no ~ esfuerzos – nežēlot spēkus

ecuación *f mat.* vienādojums; ~ de primer grado – pirmās pakāpes vienādojums; ~ con una incógnita – vienādojums ar vienu nezināmo

ecuanimidad *f* **1.** savaldīšanās, aukstasinība; dvēseles miers; dvēseles līdzsvars; **2.** bezpartejiskums

ecuatoriano I *a* **1.** Ekvadoras-; **2.** ekvadoriešu-; **II** ekvadorietis; Ekvadoras iedzīvotājs

ecuestre *a* jātnieka-; bruņinieka-; estatua ~ – jātnieka statuja

echada *f* **1.** sviediens, metiens; **2.** sviešana, mešana; **3.** (*am.*) meli; [avīžu] pīle

echado *a* guļošs; nosviests (nolikts) zemē; ◇ ~ para adelante – vīzdegunīgs, nekaunīgs; ~ a perder – samaitājies, sabojājies

echar *v* **1.** [aiz]mest, [aiz]sviest; **2.** padzīt, atlaist (*no darba*); **3.** dzīt (*asnus*); plaukt; **4.** pagriezt (*atslēgu*); aizbīdīt (*bultu*); **5.** parādīties (*par pirmajiem zobiem*); **6.** izbāzt (*mēli*); **7.** izteikt (*draudus*); izgrūst (*lāstus*); **8.** uzlikt (*sodu, maksu u. tml.*); **9.** (a + *inf*) sākt, iesākt (*kaut ko*), ķerties klāt (*pie kaut kā*); ~ a correr – mesties skriet, sākt skriet; ~ a andar – sākt iet; **10.** demonstrēt (*filmu*); **11.** izdalīt (*kārtis, ēdienu u. tml.*); ieliet (*vīnu*); ◇ ~ de menos – 1) pamanīt, ka trūkst; 2) izjust (*kāda cilvēka*) trūkumu, ilgoties (*pēc kāda*); ~ barriga – kļūt resnākam; ~ por el suelo – 1) nomest (nosviest) zemē; 2) izputināt; ~ la culpa a uno – uzvelt vainu kādam; no ~ en saco roto – 1) nepalaist garām izdevību; 2) neko nepalaist garām (*no dzirdētā*); ~ a pasear a uno – pasūtīt kādu pie velna; ~**se** *rfl* **1.** atlaisties, izstiepties; atgulties; **2.** mesties; **3.** norimt, piestāt (*par vēju*); ◇ ~se de ... – izlikties par (*ko*), tēlot (*ko*); ~se atrás *sar.* – atteikties no saviem vārdiem; pārkāpt vienošanos

echarpe *m* šalle (*sieviešu*)

edad *f* **1.** vecums; menor de ~ – nepilngadīgs; mayor de ~ – pilngadīgs; de cierta ~ – pavecs, padzīvojis; ¿qué ~ tienes? – cik tev gadu?; entrar en ~ – **1.** kļūt pieaugušam; **2.** laikmets; laiki; Edad Media – viduslaiki; Edad Moderna – jaunie laiki; ~ contemporánea – mūsdienas; ~ de la luna – mēness fāze

edecán *m* adjutants

edema *m* tūska

edén *m* paradīze

edición *f* **1.** (*grāmatu*) izdošana; izdevums; ~ príncipe – pirmais izdevums; ~ extraordinaria – speciālizdevums; contrato de ~ – izdošanas līgums; ~ corregida y aumentada – labots un papildināts izdevums; **2.** metiens, tirāža

edicto *m* **1.** rīkojums; priekšraksts; dekrēts; **2.** *vēst.* edikts

edificación *f* **1.** [uz]celšana, [uz]būvēšana; **2.** *pārn.* celšana; **3.** celtne, ēka; būve

edificar *v* **1.** būvēt, celt; uzcelt, uzbūvēt; **2.** veidot (*nākotni*)

edificio *m* ēka, celtne; ~ escolar – skolas ēka; ~ muy alto – augstceltne; conjunto de ~s – māju kvartāls

editar *v* izdot, laist klajā (*kādu darbu*)

editor *m* (*grāmatu*) izdevējs; ~ responsable – **1.** atbildīgais redaktors; **2.** cilvēks, kurš svešus darbus uzdod par saviem

editorial **I** *a* izdevniecības-; **II** *f* izdevniecība; **III** *m* ievadraksts

edredón *m* **1.** gāgas dūnas; **2.** dūnu sega

educación *f* **1.** audzināšana; apmācība; ~ profesional – arodizglītība; **2.** kulturālums; laba audzināšana; labas manieres; no tener ~ – būt slikti audzinātam

educando *m* audzēknis; skolēns

educción *f* **1.** izvilkšana; izņemšana (*piem., lodes*); **2.** atvasināšana; **3.** (*strāvas*) noplūde

efectivo **I** *a* **1.** īsts; reāls; valor ~ – faktiskā vērtība; hacer ~ – izdarīt, izpildīt; **2.** štata- (*piem., vieta*); ◇ en ~ – skaidrā naudā; **II** *m* **1.** *mil.* personālsastāvs; **2.** *ek.* stāvoklis; aktīvs

efecto *m* **1.** efekts; iedarbība; iznākums, rezultāts; ~s segundarios – blaknes (*medicīnā*); surtir ~ – būt iedarbīgam; **2.** prece; **3.** ~s *pl* skaidra nauda; vērtspapīri; ◇ en ~ – tiešām, patiesi; llevar a ~ – izdarīt, realizēt; causar (hacer, producir) ~ – atstāt iespaidu

efectuar *v* **1.** sacelt; izsaukt; izraisīt; **2.** izdarīt; realizēt; paveikt

efemérides *f pl* **1.** gadadiena; **2.** dienasgrāmata; piezīmes

efervescente *a* **1.** bangojošs; mutuļojošs; putojošs; **2.** ātras dabas-; karstgalvīgs

eficacia *f* **1.** iedarbība, efektivitāte; **2.** spēks, enerģija; **3.**: ~ comprobada – apstiprinājums

eficaz (*pl* eficaces) *a* **1.** iedarbīgs, efektīvs; iespaidīgs; **2.** enerģisks, rosīgs, aktīvs; **3.** uzsvērts, akcentēts

eficiencia *f* **1.** iedarbīgums, efektivitāte; **2.** produktivitāte, ražīgums

eficiente *a* **1.** iedarbīgs, efektīvs; **2.** produktīvs, ražīgs

efígie *f* ģīmetne, portrets; attēls

efímero *a* pārejošs, īslaicīgs

efusión *f* **1.** izliešana; ~ de sangre – asinsizliešana; **2.** *pārn.* sirds izkratīšana

efusivo *a* **1.** atklāts, sirsnīgs, vaļsirdīgs; **2.** plūstošs pāri, pārplūstošs

egipciano, egipcio, egiptano I *a* **1.** Ēģiptes-; **2.** ēģiptiešu-; **II** *m* ēģiptietis

egoísta I *a* egoistisks; **II** *m, f* egoists, -e

egolatría *f* pašdievināšana

egregio *a* **1.** lielisks, krāšņs; brīnišķīgs; **2.** dižciltīgs; cēls, cildens

eje *m* **1.** ass; ~ terrestre – zemes ass; ~ de coordenadas – koordinātu ass; **2.** *tehn.* vārpsta; ~ cigüeñal – kloķvārpsta

ejecución *f* **1.** izpildīšana; **2.** *jur.* īpašuma pārdošana par parādiem; aizlieguma uzlikšana; **3.** nāves soda izpildīšana; **4.** izpildījums (*par mākslinieciskuķu priekšnesumu*)

ejecutante *m, f* **1.** (*māksliniecisksa priekšnesuma*) izpildītājs, -a; **2.** virtuozs, -e

ejecutar *v* **1.** izpildīt; **2.** *jur.* aprakstīt īpašumu; **3.** izpildīt nāves sodu; **4.** *teātr.* spēlēt, tēlot (*kādu lomu*)

ejecutivo *a* **1.** izpildu-; poder ~ – izpildvara; **2.** neatlaidīgs

ejecutor *m* **1.** izpildītājs; **2.** *jur.* tiesu izpildītājs; **3.** eksekutors; ~ de la justicia – bende

ejecutoria *f jur.* izpildraksts; sentencia ~ – galīgais lēmums, gala spriedums

ejecutorial *a* likumīgs

ejemplar I *a* priekšzīmīgs; parauga-; castigo ~ – sods citiem par biedinājumu; **II** *m* **1.** eksemplārs; **2.** paraugs; ◇ sin ~ – ne ar ko nesalīdzināms; neredzēts

ejemplo *m* piemērs, paraugs; ~ vivo – dzīvs (spožs) piemērs; sin ~ – ne ar ko nesalīdzināms; neredzēts; por ~ – piemēram, par piemēru

ejercer *v* **1.** [iz]pildīt (*piem., amatu, pienākumu*); ~ la medicina – strādāt par ārstu; ~ la mando – komandēt; **2.** izdarīt (*spiedienu*), lietot (*varu*); ietekmēt; **3.** piekopt; nodarboties (*ar kaut ko*)

ejercicio *m* **1.** vingrināšanās; praktizēšanās; **2.** vingrinājums; ~ de dedos – pirkstu vingrinājums; **3.** skolas uzdevums; ~ de escritura – rakstu darbs; **4.** fiziskā kultūra, vingrošana; **5.** *mil.* nodarbības; **6.** (*kāda amata*) pildīšana; ~ del mando *mil.* – armijas komandēšana; **7.** nodarbošanās; arods; **8.** saimniecības gads, budžeta gads; **9.** el ~ hace maestro – atkārtošana – zināšanu māte

ejercitar *v* **1.** piekopt (*ko*), nodarboties (*ar ko*), nodoties (*kam*);

2. pildīt (*kādu amatu*); **3.** trenēt, apmācīt

ejército *m* armija; karaspēks; ~ del aire – kara aviācijas spēki; ~ de tierra – sauszemes karaspēks

ejido *m* **1.** kopējās ganības; ciema ganības; **2.** (*am.*) zemnieku kopiena; zemnieku kopsaimniecība

el *art det* (*vsk. vīr. dz.; parasti netiek tulkots*): ~ que ... – tas, kurš ...

él *pron pers* (*vsk. 3. pers. vīr. dz.*) viņš; es ~ – tas ir viņš

elaborar *v* **1.** izstrādāt; pagatavot, izgatavot; **2.** apstrādāt

elástico **I** *a* elastīgs; staipīgs; **II** *m* **1.** trikotāža; **2.** (*am.*) bikšturi

elección *f* **1.** izvēle; a ~ – pēc izvēles; **2.** ~es *pl* vēlēšanas; ~es municipales – municipālās vēlēšanas

electo **I** *a* **1.** ievēlēts; **2.** izmeklēts; **II** *m* izredzētais

electoral *a* vēlēšanu-; derecho ~ – vēlēšanu tiesības; distrito ~ – vēlēšanu iecirknis

electricidad *f* elektrība

electricista *m* elektromontieris; elektrotehniķis

eléctric‖o *a* elektrisks; elektrības-; instalación ~ a, equipo ~ – elektroiekārta; circuito ~ – elektriskā ķēde

electrificar *v* elektrificēt

electrizar *v* **1.** elektrizēt; **2.** *pārn.* iejūsmināt; iedvesmot

electro *m* **1.** dzintars; **2.** sudraba un zelta sakausējums (*dzintara krāsā*); vara, niķeļa un cinka sakausējums

electrocución *f* nāves sods uz elektriskā krēsla

electrotecnia *f* elektrotehnika

electrotécnico **I** *a* elektrotehnikas-; elektrotehnisks; **II** *m* **1.** elektrotehniķis; **2.** elektromontieris

elefante *m* zilonis

elegante **I** *a* elegants; izsmalcināts; **II** *m* švīts

elegíaco *a* elēģisks; skumjš

elegido **I** *a* **1.** ievēlēts; **2.** izraudzīts; **II** *m* izraudzītais

elegir *v* **1.** ievēlēt; **2.** izraudzīt

elemental, elementar *a* **1.** elementārs; **2.** pamata-

elemento *m* **1.** elements; **2.** subjekts, tips; sastāvdaļa; ~ químico – ķīmisks elements; ~ principal – galvenā sastāvdaļa; **3.** ~s *pl* pamatjēdziens; ◇ estar en su ~ – būt savā elementā

elenco *m* **1.** katalogs; **2.** darbojošās personas (*uzvedumā*); trupa (*teātrī, cirkā*)

elevación *f* **1.** pacelšana; **2.** *pārn.* paaugstināšana; **3.** pacēlums; paaugstinājums; la ~ de los precios – cenu paaugstināšana; **4.** eksaltācija; ekstāze; **5.** augstprātība; lepnība; **6.** *mat.* kāpināšana; ◇ ~ de sentimientos – augstsirdība; ~ al trono – uzkāpšana tronī

elevado *a* **1.** pacelts; augsts; **2.** dižs; izcils; **3.** sajūsmināts

elidir *v* 1. izslēgt (*piem., strāvu*); 2. novērst, likvidēt

eliminar *v* 1. nošķirt; atšķirt; 2. izslēgt (*elektrību u. c.*); 3. izstumt (*no sabiedrības*)

eliminatorio I *a* 1. izslēdzošs; nošķirošs; 2. atlases-; **II** *m* priekšsacīkstes (*sportā*)

elocución *f* 1. runas (izteiksmes) veids; stils; 2. izpildījums, priekšnesuma veids

elocuente *a* 1. daiļrunīgs; 2. runīgs

elogiar *v* slavēt, slavināt; daudzināt, cildināt

elogio *m* uzslava; slavinājums; digno de ~ – slavējams, teicams

elucidar *v* noskaidrot; izskaidrot; informēt (*par kaut ko*)

eludir *v* apiet (*likumu u. tml.*); izvairīties (*no grūtībām u. tml.*); ~ la responsibilidad – izvairīties no atbildības

ella *pron pers* (*vsk. 3. pers. siev. dz.*) viņa; ◇ ¡ahora es ~! – nu tik ies vaļā!

ellas *pron pers* (*dsk. 3. pers. siev. dz.*) viņas

ello *pron pers* (*vsk. 3. pers. nek. dz.*) tas; ~ es que – lieta ir tā, ka ...

ellos *pron pers* (*dsk. 3. pers. vīr. dz.*) viņi

emanar *v* 1. iztecēt, izplūst; sākties (*par upi*); 2. [iz]plūst (*par smaržu*); izstarot; 3. izelpot; 4. būt izcēlies, būt radies

emancipación *f* atbrīvošana; emancipācija; ~ de la mujer – sieviešu emancipācija

emancipar *v* 1. atzīt par pilngadīgu; 2. atbrīvot; **~se** *rfl* emancipēties, kļūt līdztiesīgam; kļūt patstāvīgam

embadurnar *v* nosmērēt; notraipīt, notriept

embaidor *m* krāpnieks; viltnieks; blēdis

embajada *f* 1. sūtniecība, vēstniecība; diplomātiskā misija; 2. vēstījums; vēsts, ziņa

embajador *m* 1. vēstnieks, sūtnis; 2. emisārs

embalaje, embalamiento *m* iesaiņojums, iepakojums; tela de ~ – iesaiņojamais materiāls

embalar *v* iesaiņot, iepakot

embaldosado *m* 1. klons, kuls; 2. flīžu segums

embalsamar *v* 1. iebalzamēt; 2. iesmaržot, iesmaržināt

embalsarse *v rfl* pārpurvoties

embalse *m* ūdenskrātuve

embalumarse *v rfl* pārslogot sevi (*ar darbu*); pārvērtēt savus spēkus; pārpūlēties

embanastar *v* 1. ielikt grozā (*kaut ko*), pielikt grozu (*ar kaut ko*); 2. piedzīt, sadzīt (*daudz cilvēku šaurā telpā*)

embarazad‖o I *a* grūts, sarežģīts (*stāvoklis*); **II** *f*: **~a** – grūtniece

embarazar *v* 1. apgrūtināt, traucēt; 2. aizsprostot, nosprostot (*ieeju, eju u. tml.*); 3. apaugļot

embarazo *m* **1.** šķērslis, traucējums; kavēklis; **2.** grūtniecība; ~ extrauterino – ārpusdzemdes grūtniecība

embarazoso *a* **1.** nepadevīgs, nepakļāvīgs; nepiekāpīgs; **2.** grūts; nogurdinošs; apgrūtinošs; **3.** riskants

embarcación *f* **1.** kuģis; laiva; **2.** kuģošana; **3.** nosūtīšana pa ūdens ceļu; **4.** (*kravas*) iekraušana kuģī

embarcadero *m* **1.** iekraušanas (izkraušanas) vieta; **2.** piestātne (*kuģiem, laivām*)

embarcar *v* **1.** iekraut kuģī, nogādāt uz kuģa; **2.** *pārn.* iejaukt, ievilkt (*kādā lietā, strīdā u. tml.*)

embarco *m* (*pasažieru*) [uz]laišana uz kuģa

embargar *v* **1.** apķīlāt (*kaut ko*); uzlikt embargo (*precei u. tml.*); **2.** paņemt par ķīlu; **3.** *pārn.* atņemt, laupīt (*saprašanu*); dziļi aizskart (*jūtas*)

embargo *m* embargo, aizliegums; ◊ sin ~ – tomēr; neskatoties uz to

embarque *m* (*kravas*) iekraušana kuģī; nosūtīšana pa ūdens ceļu

embarrancar *v*, **embarrancarse** *rfl* **1.** *jūrn.* uzskriet uz sēkļa; **2.** iestrēgt, netikt tālāk

embarrar *v* **1.** apmētāt, nomētāt (*ar zemes pikām*), notašķīt (*ar dubļiem*); **2.** apmest (*sienas, māju*)

embarullar *v sar.* **1.** izmētāt; izsvaidīt; sasviest juku jukām; **2.** sajaukt, samudžināt; **3.** izdarīt pavirši (nemākulīgi)

embastar *v* **1.** sadiegt; piediegt; **2.** nošūt

embaste *m* **1.** sadiegšana; piediegšana; **2.** sadiegums; piediegums

embate *m* **1.** (*krasta*) bangas; **2.** spēcīga atsišanās (*pret kaut ko*), trieciens; **3.** spēcīgs uzbrukums; **4.** vēja brāzma (grūdiens)

embaucar *v* **1.** piemānīt; pārspēt viltībā; apvest ap stūri; **2.** ievilināt savos tīklos (*ar solījumiem*)

embaular *v* **1.** iesaiņot; **2.** noglabāt lādē; **3.** *sar.* piebāzt pilnu vēderu, saēsties

embazar *v* **1.** kavēt; aizturēt; novilcināt; **2.** radīt izbrīnu, pārsteigt; ~se *rfl* **1.** nokaut, paņemt ar stiķi (*kāršu spēlē*); **2.** izbaudīt pa pilnam

embebecer *v* valdzināt, apburt; ~se *rfl* sajūsmināties, būt sajūsmā; ◊ estar embebecido – vai prātu zaudējis (*aiz sajūsmas*)

embeber *v* **1.** iesūkt; **2.** piesūcināt; **3.** sarauties (*no mitruma – piem., drēbe*); **4.** ietvert sevī

embeleco *m* blēdība, krāpšana

embelesador *a* valdzinošs; apburošs, burvīgs

embelesar *v* valdzināt, apburt; sajūsmināt

embellecer *v* izdaiļot, [pa]darīt skaistāku

embestida *f* spēcīgs uzbrukums, trieciens

embestir v 1. uzbrukt, uzklupt, mesties virsū; 2. *sar.* plīties virsū, uzmākties; piesieties

embetunar v 1. darvot; 2. ieziest, iesmērēt (*apavus*)

emblandecerse v *rfl* kļūt mīkstākam

emblanquecer, emblanquear v balsināt; balināt

embobarse v *rfl* būt sajūsmā (*par kaut ko*)

embobecer v padarīt (pataisīt) par muļķi

embocadero m 1. caurums; atvere; 2. ieeja; ◇ estar al ~ – būt tuvu mērķim

embocadura f 1. atvere; ieeja; 2. (*upes*) izteka; 3. (*zirga*) laužņi; 4. (*pūšamā instrumenta*) iemutis; 5. (*vīna*) garša

embocar v 1. iebāzt mutē; pielikt pie mutes; 2. iespiesties (iesprauktiēs) iekšā; 3. *sar.* rīt; 4. *pārn. sar.* pūst miglu acīs

embodegar v novietot pagrabā (*saknes u. tml. – ziemai*)

embolado m 1. *teātr.* maza loma; 2. *sar.* blēdīgs triks; meter un ~ – samelot; 3. (*vēršu cīņās*) vērsis ar aizsargglodītēm uz ragiem

embolar v 1. (*vēršu cīņās*) uzmaukt aizsargglodītes vērsim uz ragiem; 2. spodrināt (*apavus*)

embolismar v 1. *sar.* sarīdīt; sakūdīt; 2. *sar.* saputrot, sajaukt

émbolo m 1. virzulis; vástago de ~ – virzuļkāts; 2. *med.* trombs

emboque m 1. iespiešanās, iesprauksanās [iekšā]; 2. *sar.* apmānīšana

emboquillados m *pl* cigaretes ar iemuti

emborracharse v *rfl* piedzerties

emborrar v 1. izbāzt (*dzīvnieku*); 2. polsterēt

emborrascar v saniknot, sadusmot; ~se *rfl* 1. kļūt vētrainam (*par laiku*); 2. (*am.*) ciest neveiksmi (*par kādu veikalu*)

emborronar v 1. uzšņāpt, uzskribelēt; 2. notašķīt; aptašķīt, aptraipīt

emboscada f 1. paslēptuve; slēpnis; 2. *pārn.* lamatas; caer en la ~ – iekļūt lamatās

emboscarse v *rfl* [pa]slēpties krūmos (*biezoknī, slēpnī*)

embosquecer v apaugt (apstādīt) ar mežu

embotarse v *rfl* kļūt trulam, kļūt neasam

embotellar v sapildīt pudelēs; iztecināt (*piem., vīnu no mucas – pudelēs*)

embozar v 1. aizklāt, aizsegt; apslēpt; 2. aizplīvurot; maskot; 3. uzlikt uzpurni

embozo m 1. plīvurs; apmetņa daļa, ar ko aizklāj seju; 2. (*gultas segas vai palaga*) atloks; 3. atturība, noslēgtība; 4. apslēpta doma (*sarunā*); sin ~ – atklāti, vaļsirdīgi; quitarse el ~ – atklāt savu nodomu, nomest masku

embrague *m* **1.** sajūgs; **2.** (*motora*) iedarbināšana, ieslēgšana

embravecer *v* saniknot

embrear *v* **1.** darvot; nodarvot (*laivu, jumtu u. tml.*); **2.** impregnēt; padarīt ūdensnecaurlaidīgu

embriaguez *f* **1.** dzeršana, žūpošana; piedzeršanās; **2.** reibums, skurbums; sajūsma, ekstāze

embridar *v* uzlikt iemauktus, ielikt mutē dzelžus (*zirgam*)

embrión *m* embrijs; dīglis

embrocarᵃ *v* pārliet (*citā traukā*)

embrocarᵇ *v* **1.** piesist ar naglām (*zoles*); **2.** uztīt diegus uz spoles

embrollón, embrollador *m* **1.** putrotājs; **2.** intrigants

embromar *v* izjokot

embrujar *v* noburt, apburt

embuchado 1. desa (*viena no šķirnēm*); **2.** apslēpts naids, apslēptas dusmas; **3.** mahinācija, triks

embuchar *v* **1.** taisīt (pildīt) desu; **2.** alkatīgi ēst

embudo *m* **1.** piltuve; **2.** blēdīšanās, mānīšanās; ◇ ley del ~ – 1) valdības patvaļa; 2) neatļauta (nelikumīga) rīcība

embullo *m* (*am.*) **1.** jautrība, līksmība; **2.** kņada, jezga; sajukums

embuste *m* **1.** krāpšana, piekrāpšana; piemānīšana; apmānīšana; **2.** *pl* nieciņi; sīkas greznuma lietiņas

embutir *v* **1.** inkrustēt; **2.** pildīt (*desu*); **3.** sabāzt (*vienu priekšmetu otrā*)

emergencia *f* **1.** izniršana, uzpeldēšana; **2.** *pārn.* parādīšanās, uzpeldēšana; **3.** [at]gadījums, notikums; ◇ estado de ~ – ārkārtējs stāvoklis; medidas de ~ – ārkārtēji līdzekļi (soļi)

emérito *a* **1.** nopelniem bagāts-; **2.** izdienējis, atvaļināts; pensionēts

emético *m* vemšanas līdzeklis

emigrante *m, f* emigrants, -e, izceļotājs, -a

eminencia *f* **1.** uzkalns; pakalne; **2.** pārākums; pārspēks; **3.** eminence; **4.** izcila personība

emisario *m* **1.** vēstnesis; sūtnis; emisārs; **2.** aģents; **3.** novadkanāls (*no dīķa vai ezera*)

emisión *f* **1.** *ek., fiz.* emisija; **2.** *fiziol.* izdalīšana; atdalīšana; ◇ ~ de radio – radiopārraide

emisora *f:* [estación] ~ – raidstacija, raidītājs; ~ de radio – radiostacija

emitir *v* **1.** *ek.* izlaist, laist apgrozībā (*vērtspapīrus*); **2.** izteikt; izpaust (*domas, jūtas*); **3.** nodot (*balsi – par ko*); **4.** *radio* raidīt, pārraidīt; **5.** *fiziol.* izdalīt; atdalīt; **6.** *fiz.* izstarot; emitēt

emocionante *a* emocionāls; aizkustinošs, aizgrābjošs

emolumento *m* **1.** ieguvums, peļņa; **2.** alga; **3.** ~s *pl* [blakus] ienākumi

emotivo, emocional *a* viegli aizkustināms; jūtelīgs; sentimentāls

empacar *v* iepakot, iesaiņot

empacarse *v rfl* (*am.*) **1.** niķoties (*par zirgu*); **2.** skaisties

empachado *a* **1.** lempīgs, neveikls, lācīgs; **2.** apjucis, samulsis; bikls

empacho *m* **1.:** ~ [de estómago] – kuņģa darbības traucējumi; **2.** apjukums, samulsums; biklums; ◇ no tener ~ de una cosa – būt bez kauna un goda, nezināt ne kaunu, ne godu; hablar sin ~ – runāt bez jebkādas kautrēšanās; runāt atklāti

empachoso *a* **1.** stulbs, truls; muļķīgs; **2.** šķebīgi salds; smags (*par ēdienu*); **3.** apnicīgs, uzmācīgs

empadronamiento *m:* [lista de] ~ – (*tautas skaitīšanas-; vēlēšanas-; nodevu-*) saraksts, reģistrs

empalagamiento *m* **1.** pārēšanās; riebums (*pret kādu ēdienu*); **2.** riebums, pretīgums

empalagoso *a* **1.** riebīgs, pretīgs; **2.** uzbāzīgs; **3.** šķebīgi salds; salkans

empalamiento *m vēst.* uzduršana (uzsēdināšana) uz mieta (*inkvizīcijas veids*)

empalizada *f* **1.** mietu žogs; **2.** sēta, iežogojums

empalmar *v* **1.** savienot galus; salaist, salaidināt; sametināt; **2.** *el.* pieslēgt, pievienot; **3.** saskaņot, sakrist; **4.** saiet kopā, savienoties (*par ceļiem u. tml.*)

empalme *m* **1.** savienojums; savienošana; salaidums; sametinājums; **2.** *el.* pieslēgums; **3.** dzelzceļa mezgls; mezgla stacija

empantanar *v* pārpurvot; ◇ estar empantanado – būt (atrasties) sastinguma stāvoklī; **~se** *rfl* iestrēgt

empañar *v* **1.** tīt (tīstīt, vīstīt) autiņos (*zīdaini*); **2.** padarīt neskaidru (blāvu); **3.** apsvīst, nosvīst (*piem., stikls*); **4.** *pārn.* aptumšot (*piem., slavu*); aptraipīt (*piem., godu*)

empapar *v* **1.** iemērkt, iegremdēt; mērcēt; apmērcēt; **2.** samērcēt; izmērcēt; **3.** peldināt, mazgāt

empapelado *m* tapetes

empapelar *v* **1.** tapsēt; **2.** ietīt papīrā; **3.** *sar.* iejaukt kādā netīrā lietā; **4.** *sar.* iesūdzēt tiesā

empaque *m* **1.** iesaiņojums; iesaiņošana, iepakošana; **2.** *sar.* āriene, ārējais izskats; **3.** apdare; iekārtojums; **4.** mākslots svinīgums, mākslota nopietnība; **5.** (*am.*) pārdrošība, nekaunība

emparchar *v* **1.** lāpīt (*riepu vai citu gumijas priekšmetu*); **2.** uzlikt plāksteri

emparedar *v* iesprostot, ieslodzīt; ieslēgt

emparejar *v* **1.** pārot, salikt pa pāriem; **2.** pielīdzināt; **3.** pielāgot (*logu, durvis*); **4.** (con) panākt (*kādu*); iedzīt (*kādu*); **5.** (con) būt pārim (*kam*)

emparentar *v* saradoties (*ar ko*)

emparrado *m* vīnogulāju lapene

emparrillado *m* [krāsns] restes

empastar *v* **1.** aizķitēt; aizlipināt, aizlīmēt; **2.** [aiz]plombēt (*zobu*); **3.** iesiet (*grāmatu*); **4.** *glezn.* gruntēt; noklāt ar pamatkrāsu

empatar *v* **1.** atstāt neizšķirtu (*kādu tiesas procesu*); **2.** beigties neizšķirti (*par kādu sporta spēli; par vēlēšanām*); **3.** aizkavēt, bremzēt (*kaut ko*)

empate *m* neizšķirts iznākums (*sporta spēlē*); vienāds (neizšķirts) balsu skaits (*vēlēšanās*)

empavesar *v jūrn.* karogot, greznot karogiem (*kuģi*)

empecatado *a* **1.** nelabojams; pazudis; **2.** neveiksmīgs; nelaimīgs (*par datumu*)

empecinado[a] *a* stūrgalvīgs; neatlaidīgs

empecinado[b] *m* darvdeģis, deģis

empecinar *v* darvot, piķot

empecinarse *v rfl* spītēties, tiepties

empedernido *a* **1.** pārakmeņojies, pārvērties akmenī; **2.** *pārn.* ciets kā krams; cietsirdīgs; nepielūdzams

empedernirse *v rfl* kļūt cietsirdīgam

empedrado **I** *a* plankumains; **II** *m* [akmens] bruģis

empedrar *v* bruģēt

empega *f* **1.** piķis; sveķi; **2.** zīme, zīmogs (*ar piķi*)

empeine *m* **1.** (*kājas*) pacēlums; **2.** apavu virsāda; apavu virsa; **3.** pavēdere; **4.** *med.* ēde

empelotarse *v rfl sar.* sajukt, samudžināties

empellar *v* grūst; stumt; dunkāt

empellón *m* grūdiens, belziens, dunka; ◇ a ~es – 1) grūdieniem; 2) rupji, ar varu; 3) apvainojoši

empeñar *v* **1.** ieķīlāt; ~ la palabra – dot savu vārdu; apsolīt; **2.** spiest, piespiest; **3.** izmantot kā starpnieku; **~se** *rfl* **1.** aizņemties; taisīt parādus; ~ hasta los ojos – iegrimt parādos, būt parādos līdz ausīm; **2.** aizbilst; iebilst labu vārdu; **3.** uzņemties; apņemties; izraisīties (*par strīdu u. tml.*); **4.** (en) pastāvēt uz savu; ieņemt galvā

empeño *m* **1.** ieķīlāšana; casa de ~s – lombards; **2.** uzņēmība; centība, neatlaidība; con ~ – neatlaidīgi; ar lielu neatlaidību; **3.** parāds, naudas saistības; **4.** labvēlis, aizstāvis; ◇ tener ~ en … – traks (*uz kaut ko*); kā uzburts (*uz kaut ko*)

empeorar *v* **1.** pasliktināt; padarīt sliktāku; **2.** pasliktināties, kļūt sliktākam

empequeñecer *v* pamazināt, samazināt

emperador *m* **1.** imperators; **2.** (*kub.*) zobenzivs

emperezar *v* **1.** aizturēt; novilcināt; aizkavēt; **2.** *sar.* palaisties slinkumā

empero *conj novec.* bet; tomēr; taču

emperrarse *v rfl sar.* iecirsties, ietiepties, kļūt stūrgalvīgam

empezar *v* **1.** sākt; iesākt; uzsākt; ~ por lo más difícil – sākt ar pašu grūtāko; ~ a relatar – sākt stāstīt;

~ por declarar – iesākt ar paskaidrojumu; **2.** sākties; iesākties

empinado *a* **1.** ļoti augsts; stāvs; **2.** *pārn.* augstu stāvošs (*par kādu personu*); **3.** augstprātīgs; uzpūtīgs, lepns

empinar *v* pacelt uz augšu; uzcelt; uzsliet; ◇ ~ el codo – cilāt glāzīti; žūpot; **~se** *rfl* **1.** pacelties uz pirkstgaliem (*lai labāk redzētu u. tml.*); **2.** saslieties uz pakaļkājām (*par zirgu*); **3.** izslieties, saslieties [stāvus]; **4.** būt neatlaidīgam; neatlaisties

empingorotado *a sar.* **1.** augstprātīgs, iedomīgs; **2.** (*am.*) augsts

empingorotarse *v rfl* **1.** uzrāpties, uzkāpt; **2.** pārcelties, pārstiepties; **3.** *sar.* būt uzpūtīgam (iedomīgam)

empíreo I *a* debesu-; **II** *m poēt.* debesis

empírico I *a* empīrisks; **II** *m* empīriķis

empitonar *v* (*vēršu cīņās*) pacelt uz ragiem torero

empizarrado *m* šīfera jumts

emplastar *v* **1.** uzlikt plāksteri (*brūcei u. tml.*); **2.** likt grimu, izkrāsot; **3.** *sar.* kavēt (*kāda darījuma noslēgšanu u. tml.*)

emplasto *m* **1.** plāksteris; **2.** vārgs (vārīgs, slimīgs) cilvēks

emplazamiento *m* **1.** uzstādīšana; izvietošana; izvietojums; **2.** *jur.* uzaicinājums, pavēste (*ierastīs tiesā*); **3.** termiņa noteikšana (noteikšana); **4.** *mil.* ugunspozīcija; ugunspunkts

empleado I *a* lietots; **II** *m* ierēdnis; kalpotājs; ~ del Estado – valsts ierēdnis

emplear *v* **1.** lietot; izlietot; **2.** nodarbināt; pieņemt darbā (*kādā iestādē*); **3.** ieguldīt (*naudu*); ◇ estar bien empleado – pašam izstrēbt savārīto putru; dar por bien empleado – nenožēlot

empleo *m* **1.** lietošana; izlietošana; **2.** vieta, postenis; suspender de ~ – atlaist no vietas, atcelt no amata; ~ redondo – silta vietiņa

emplomar *v* **1.** pārklāt ar svinu; salodēt ar svinu; **2.** uzlikt plombu (*piem., precei*); **3.** plombēt (*zobu*)

emplumar *v* izgreznot ar spalvām

emplumecer *v* apaugt ar spalvām, apspalvoties (*par putniem*)

empobrecer *v* **1.** pataisīt nabagu; izputināt; **2.** kļūt nabagam; nonākt trūkumā

empodrecer *v*, **empodrecerse** *rfl* sākt pūt; sākt trūdēt; ietrūdēt; ietrunēt; bojāties

empollar *v* **1.** perēt; izperēt; **2.** dēt oliņas (*par kukaiņiem*); **3.** *sar.* neatlaidīgi domāt (*par ko*); gudrot, prātot

empollón *m sar.* zubrītājs

emponzoñamiento *m* saindēšanās

emporcar *v* nosmulēt, notašķīt

emporio *m* **1.** liela tirdzniecības pilsēta; **2.** novietne, izkraušanas vieta (*ostā*); **3.** (*am.*) tirdzniecības nams

empotrar *v* **1.** iemūrēt, iebūvēt (*sienā, grīdā*); **2.** ieķīlēt

empozar *v* **1.** iemest akā; **2.** mērcēt, mērkt (*linus, kaņepājus*); **3.** kavēties, aizķerties (*par kādu darījumu*)

emprendedor I *a* uzņēmīgs; espíritu ~ – uzņēmība; **II** *m* uzņēmējs

emprender *v* uzsākt; uzņemties; ~ para un sitio – doties uz kādu vietu; ~ la retirada – doties (iet) atpakaļ; ◇ ~ a (*vai* con) alguien – sarauties ar kādu, saiet matos ar kādu

empreñar *v* apaugļot

empresa *f* **1.** uzņēmums; kompānija; organizācija; akciju sabiedrība; ~ privada – privātuzņēmums; ~s medias y pegueñas – vidējie un mazie uzņēmumi; **2.** (*teātra-, cirka-*) direkcija; **3.** pasākums; nodoms; ~ arriesgada – pārdrošs pasākums; **4.** devīze; libertad de ~ – uzņēmējdarbības brīvība

empresario *m* **1.** uzņēmējs; **2.** *teātr.* impresārijs

empréstito *m* aizņēmums; aizdevums

empujar *v* **1.** grūst; pagrūst; pastumt; atgrūst, atstumt; ~ hacia – piestumt, piebīdīt; ~ hacia adelante – stumt (bīdīt) uz priekšu; **2.** *pārn.* bikstīt, mudināt; **3.** *pārn.* padzīt (*no darba*)

empuje *m* **1.** grūdiens; **2.** spiediens; **3.** spars; spēks; ~ ascendente *fiz.* – cēlējspēks; **4.** stimuls, dzinulis

empuñadura *f* spals, rokturis

empuñar *v* saņemt, sagrābt, satvert

emulación *f* sacenšanās; sacensība

emular *v* sacensties; censties atdarināt (*kādu*); ņemt par priekšzīmi (*kādu*); sekot (*kāda paraugam, kādu priekšzīmei*)

émulo *m* **1.** sacensību dalībnieks; **2.** sāncensis; pretinieks

emulsión *f* emulsija

en *prep* 1) (*vietas nozīmē*): ~ clase – klasē; ~ la calle – uz ielas; vivimos ~ la capital – mēs dzīvojam galvaspilsētā; pongo los libros ~ la mesa – es lieku grāmatas uz galda; 2) (*laika nozīmē*): ~ mayo – maijā; ~ primavera – pavasarī; ~ el siglo pasado – pagājušā gadsimtā; 3) (*darbības veida nozīmē*): ~ español – spāniski; ~ broma – pa jokam; tomar ~ serio – uzņemt nopietni; ~ parte – daļēji; ◇ cambio – toties, turpretī; ~ vez (lugar) de ... – (kā) vietā; ~ cuanto a ... – kas attiecas uz ...; ~ cuanto – kad; tiklīdz; ~ general – vispār, vispār ņemot; ~ esto – šai (tai) laikā, pa to laiku; ~ diciendo esto ... – to teikdams ...

enagua *f*, **enaguas** *pl* (*sieviešu*) apakšsvārki

enaguachar, enaguar, enaguazar *v* **1.** atšķaidīt, padarīt ūdeņainu;

2. piepildīt ar ūdeni; **3.** applūdināt, pārplūdināt

enajenación *f,* **enajenamiento** *m* **1.** pārdošana; aizdošana projām; **2.** (*mantas*) atsavināšana; **3.** izklaidība; ◇ ~ mental – ārprāts

enalbardar *v* seglot (*nastu nesēju dzīvnieku*)

enaltecer *v* slavināt, cildināt

enamoradizo *a* tāds, kas ātri iemīlas

enamorado *a* iemīlējies; ~ de sí mismo – iemīlējies sevī

enamorarse *v rfl* **1.** iemīlēties; **2.** pieķerties (*kaut kam*)

enamori[s]carse *v rfl* mīlināties; lakstoties

enano I *a* pundurveidīgs; pundura-; punduru-; **II** *m* punduris; rūķītis (*pasakās*)

enarbolar *v* uzvilkt (*karogu*)

enardecer *v* **1.** aizdedzināt; iededzināt; iedegt; **2.** sajūsmināt, iejūsmināt; **3.** *pārn.* kurināt (*naidu*)

enarenar *v* apbērt ar smiltīm

encabezamiento *m* **1.** vadība (*piem., ekspedīcijas*); **2.** nodokļu maksātāju saraksts; **3.** nodokļu sadale; **4.** virsraksts, nosaukums

encabezar *v* **1.** vadīt; būt priekšgalā; **2.** aplikt ar nodokli; **3.** uzrakstīt virsrakstu; **4.** salaistīt, sajaukt (*dažādu šķirņu vīnus*)

encabritarse *v rfl* **1.** slieties uz pakaļkājām (*par zirgu*); **2.** tiepties

encachado *m* **1.** segums; klājs (*tiltam*); **2.** *dzelzc.* balasts; balastkārta

encadenar *v* **1.** pieķēdēt; saķēdēt; **2.** iekalt važās; **3.** *pārn.* saistīt; valdzināt

encajar *v* **1.** ievietot; ielikt; **2.** uzvilkt [pirkstā] (*gredzenu*); **3.** iespraust (*kādu vārdu sarunā*); **4.** pielāgot, pierīkot; **5.** iesist; **6.** uzspiest, uztiept; (*kādam kaut ko nepatiesu*) iestāstīt; **7.** *sar.* iesmērēt, iegrūst (*piem., viltotu naudu*); **8.** derēt; iederēties; ~se *rfl* **1.** iespiesties; **2.** uzplīties, uzbāzties; **3.** [ie]jaukties (*citu darīšanās*)

encaje *m* **1.** ielikšana; ievietošana; **2.** iegriezums; robs; **3.** *tehn.* gropē, rieva; ◇ ~ de la cara – sejas izteiksme

encajes *m pl* mežģīnes

encajonar *v* **1.** salikt kastē; iepakot kastēs; **2.** iespiest (*kādā šaurā vietā, spraugā*)

encalabrinar *v* **1.** apreibināt (*par vīnu*); **2.** uzbudināt, satraukt (*nervus*); ~se *rfl* ieņemties galvā

encalar *v* balsināt

encalmarse *v rfl* **1.** mazināties, rimties, nostāties (*par vēju*); **2.** sagurt (*par lopiem, piem., karstā laikā*)

encalvecer *v* kļūt plikgalvim, kļūt plikpaurim

encalladero *m* sēklis

encallar *v* **1.** uzskriet uz sēkļa; **2.** *pārn.* iekulties ķezā

encallecido *a* **1.** tulznains; **2.** truls, nejūtīgs; **3.** apradis (*ar kaut ko*)

encamarse *v rfl sar.* **1.** likties gultā

(*par slimnieku*); **2.** sakrist veldrē (*par labību*); **3.** noliekties uz guļu (*par meža zvēriem*)

encaminar *v* uzvest uz ceļa; parādīt ceļu; ◊ ir encaminando a ... – tēmēt uz (*ko*); ~ a uno – norādīt griezties (*pie kā*); **~se** *rfl* doties ceļā

encanastar *v* likt kurvī (grozā)

encandilar *v* **1.** žilbināt, apžilbināt; **2.** *pārn.* pūst (laist) miglu acīs; **~se** *rfl* kvēlot (*par acīm*)

encanecer *v* **1.** padarīt sirmu; **2.** novecot; nosirmot

encanijarse *v rfl* noliesēt, novājēt

encantador I *a* pievilcīgs; šarmants; apburošs; burvīgs; **II** *m* burvis; brīnumdaris

encantar *v* apburt; [sa]valdzināt

encantarar *v* **1.** [ie]liet krūzē (kannā); **2.** iemest vēlēšanu urnā

encante *m* **1.** ūtrupe, izsole, vairāksolīšana; **2.** sīkumtirgus

encanto *m* **1.** burvestība; **2.** piemīlīgums, pievilcība; šarms; ◊ como por ~ – kā uz burvja mājienu; vienā mirklī

encañado *m* **1.** cauruļu vads; ūdensvads; **2.** (*am.*) šaurs ceļš (šaura taka) kalnos

encañar *v* **1.** novadīt ūdeni pa caurulēm; **2.** drenēt (*pļavu u. tml.*); **3.** piesiet (*stādus – pie balsta mietiņiem*)

encapado *a* apmetnī satinies

encapotarse *v rfl* **1.** apsegties, apklāties (*ar mēteli u. tml.*); **2.** apmākties (*par debesīm; par seju*)

encapricharse *v rfl* niķoties

encarado *a:* bien ~ (mal ~) – glīts (neglīts) (*no sejas*)

encaramarse *v rfl* uzrāpties, uzlīst; ◊ ~ al poder – sagrābt varu

encarar *v* **1.** (*šaujot*) nomērķēt (*uz ko*); **2.** nostāties aci pret aci (*ar kādu*); **3.** stāties pretī (*grūtībām u. tml.*); neatkāpties (*briesmu priekšā*)

encaratularse *v rfl* uzlikt masku

encarcelar *v* ieslodzīt cietumā

encarecer *v* **1.** sadārdzināt; **2.** slavēt; ieteikt; reklamēt; **3.** pārsolīt; **4.** ļoti lūgt; **5.** kļūt dārgākam

encargado *m* **1.** pilnvarnieks, pilnvarotais; **2.** pārvaldnieks; **3.** aģents

encargar *v* **1.** uzdot (*kaut ko izpildīt*); uzticēt (*kādu darbu*); uzlikt par pienākumu; **2.** rekomendēt; **3.** piekodināt; **~se** *rfl* **1.** (de) uzņemties (*kaut ko*); **2.** nodarboties (*ar kaut ko*)

encargo *m* **1.** uzdevums; por ~ de – (*kā*) uzdevumā; **2.** pasūtījums; como (hecho) de ~ – kā pēc pasūtījuma

encariñarse *v rfl* **1.** (con) iemīlēt, iemīļot (*kādu*); **2.** (con) pierast, aprast (*ar kādām domām u. tml.*)

encarnación *f* **1.** iemiesojums; iemiesošanās; **2.** (*brūces*) sadzīšana

encarnadino *a* bāli rozā

encarnado I *a* spilgti sarkans, koši

sarkans; **II** *m* spilgti sarkana krāsa; ponerse ~ – nosarkt

encarnar *v* **1.** iemiesoties; **2.** sadzīt (*par brūci*); **3.** iekosties ar zobiem (*par suni*); **4.** iespiesties (*atmiņā*)

encarnecer *v* pieņemties miesās, kļūt resnākam

encarnizado *a* **1.** asinssarkans; **2.** asinīm pieplūdis; con ojos ~s – ar asinīm pieplūdušām acīm; **3.** asiņains (*par kauju*); **4.** *med.* iekaisis; **5.** nikns (*ienaidnieks*); sveloš (*naids*)

encarnizamiento *m* **1.** niknums, piktums; **2.** asinskāre

encarnizar *v* padarīt niknu, padarīt nežēlīgu (cietsirdīgu); ~se *rfl* kļūt nežēlīgam (*pret kādu*); izgāzt dusmas (*pret kādu*)

encaro *m* **1.** vērīgs (ciešs) skatiens; **2.** tēmēšana, mērķēšana; **3.** (*ieroča*) tēmeklis; **4.** īsstobra ierocis (*musketes veids*)

encarpetar *v* glabāt pie [citiem] dokumentiem; pievienot lietai (*par dokumentiem*)

encarrujado *a* **1.** krunkains (*piem., drāna*); grumbuļains, nelīdzens (*piem., ceļš*); **2.** sasprogots, sacirtots

encasquetar *v* **1.** uzmaukt (*cepuri*); **2.** iestāstīt, iegalvot

encastillado *a* **1.** ietiepīgs, iecirtīgs; ~ en ... – kā uzburts uz ...; **2.** augstprātīgs, uzpūtīgs

encastillarse *v rfl* **1.** ieslēgties cietoksnī; nocietināties; **2.** ietiepties, iecirsties; pastāvēt uz savu

encausar *v* apsūdzēt; iesūdzēt (*tiesā*)

encausto *m* iededzināšana kokā; pintar al ~ – iededzināt kokā

encauzar *v* **1.** ievadīt kanālā; **2.** aizdambēt; aizsprostot; **3.** *pārn.* uzvest uz [pareiza] ceļa

encéfalo *m* smadzenes

encelarse *v rfl* kļūt greizsirdīgam

encenagado *a* **1.** dubļains; **2.** netikumīgs, netikls; izvirtis

encenagarse *v rfl* **1.** vārtīties dubļos; **2.**: ~ [en los vicios] – nodoties (ļauties) netikumiem

encendedor *m* šķiltavas

encender *v* **1.** aizdedzināt; **2.** [ie]kurināt (*krāsni*); aizkurt (*uguni*); **3.** *pārn.* iekvēlināt

encendido *a* **1.** degošs; **2.** spilgti sarkans, koši sarkans

encendimiento *m* **1.** aizdegšanās, degšana, aizdedzināšana; **2.** uzliesmojums (*naida u. tml.*); **3.** karstums

encenizar *v* apklāt ar pelniem

encerado *m* **1.** vaskadrāna; **2.** vaska papīrs

encerador *m* grīdu vaskotājs

encerar *v* noziest ar vasku, vaskot (*grīdu u. tml.*); ~ las botas – spodrināt apavus

encerradero *m* **1.** (*lopu*) aploks; **2.** cietums; krātiņš

encerrar *v* **1.** ieslēgt; iesprostot; **2.** ieslodzīt; **3.** ietvert sevī, saturēt

encerrona *f* **1.** sprukas; **2.** [labprātīga] noslēgšanās, vientulība
encía *f* smaganas
encierro *m* **1.** ieslēgšana; iesprostošana; **2.** noslēgtība, vientulība; **3.** klauzūra; **4.** cietums
encima I *adv* **1.** augšā; virsū; no virsas; **2.** bez tam; turklāt; ◊ venir ~ – tuvoties; llevar ~ – nēsāt līdzi; por ~ – pavirši; **II** *prep:* ~ de – **1.** uz, virs, pār; **2.** aiz, viņpus; estar ~ del monte – atrasties aiz (viņpus) kalna; **III** *prep:* por ~ de – **1.** pāri; pāri par; virs; virspusē; **2.** neskatoties uz; por ~ del deseo de alguien – pret kāda gribu (vēlēšanos)
encimar *v* **1.** [uz]likt vienu virs (uz) otra; **2.** pārsolīt
encina *f* ozols (*viena no šķirnēm*)
encinta *a:* mujer ~ – grūtniece
encizañar *v* **1.** ļaut aizaugt ar nezālēm, aizaudzēt ar nezālēm; **2.** sēt naidu (*kā starpā*)
enclaustrar *v* **1.** ieslodzīt klosterī; **2.** paslēpt, noslēpt
enclavar *v* **1.** aiznaglot; sanaglot; pienaglot; **2.** ievietot; ieslēgt; **3.** aizbultēt; **4.** caururbt; **5.** piekrāpt (*kādu*)
enclítico *a gram.* enklītisks
enclocar, encloquecer *v* klukstēt
encobar *v* perēt
encocorar *v sar.* apgrūtināt; uzmākties, uzbāzties
encoger *v* **1.** pievilkt (*piem., grožus*); savilkt (*piem., stīgu*); **2.** saīsināt, padarīt īsāku; **3.** iebiedēt, atņemt drosmi; **4.** sarauties (*par drānu*); ~**se** *rfl* kļūt biklam; ◊ ~se de hombros – [nicīgi] paraustīt plecus
encogido *a* **1.** ar vāju raksturu; bezrakstura-; **2.** apmulsis, apjucis
encogimiento *m* **1.** saraušanās (*par drānu*); **2.** kautrība; kautrīgums; biklums
encolar *v* līmēt; salīmēt; pielīmēt; ~ sobre – uzlīmēt
encolerizar *v* sadusmot; sakaitināt; saniknot
encomendar *v* **1.** uzdot, uzticēt (*kādu darbu*); komandēt (*uz kaut kurieni*); **2.** ieteikt, iesacīt, rekomendēt
encomendero *m* **1.** pilnvarotais; **2.** (*kub.*) gaļas piegādātājs
encomiar *v* slavināt
encomiástico *a* slavas-; slavinājuma-
encomienda *f* **1.** uzdevums; **2.** ieteikums, ieteikšana; rekomendācija; **3.** bruņinieku ordeņa krusts (*izšūts uz drēbēm*); **4.** (*am.*): ~ [postal] – pasta sūtījums; **5.** ~s *pl* sveicieni
encomio *m* uzslava; slavinājums
enconar *v* **1.** [sa]kairināt (*brūci*); **2.** izaicināt, sakaitināt
encono *m* (*apslēpts*) naids; dusmas; piktums, sapīkums
encontradizo *a* pretimnākošs (*piem., vilciens*)
encontrado *a* pretējs

encontrar *v* **1.** sastapt, satikt; **2.** atrast, uziet; **3.** uzskatīt, atzīt; la encuentro guapa – uzskatu viņu par skaistu; **~se** *rfl* **1.** satikties, sastapties; **2.** atrasties; **3.** justies; ¿cómo se encuentra Vd.? – kā jums klājas?

encontrón, encontronazo *m* sagrūšanās; grūdiens

encopetado *a* iedomīgs; uzpūtīgs, augstprātīgs

encorar *v* aprepēt, pārklāties ar kreveli (*par brūci*)

encorchar *v* aizkorķēt

encordar *v* **1.** uzvilkt stīgas (*instrumentam*); **2.** apsiet (sasiet) ar virvi

encordelar *v* sasiet (apsiet) ar auklu (aukliņu)

encornado *a* ragains, ar ragiem (*par liellopiem*)

encorralar *v* **1.** sadzīt lopus aplokā; **2.** *pārn.* iespiest, saspiest (*daudz cilvēku šaurā telpā*)

encorvar *v* liekt; saliekt; locīt; salocīt

encostrarse *v rfl* pārklāties ar garozu (ar kreveli)

encovar *v* **1.** novietot pagrabā (*saknes u. tml. – ziemai*); **2.** [no]slēpt, paslēpt

encrespado *a* **1.** sprogains, cirtains; **2.** izspūris (*par matiem*)

encrespar *v* **1.** sprogot; cirtot; **2.** sadusmot; **~se** *rfl* **1.** sprogoties; cirtoties; **2.** sacelties stāvus (*par matiem*); sabozties (*par spalvām*); bangot (*par jūru*)

encrestarse *v rfl sar. pārn.* celt seksti gaisā

encrucijada *f* krustceles, krustceļi

encuadernación *f* **1.** (*grāmatu*) iesiešana; **2.** iesējums; **3.** [grāmatu] sietuve

encuadernador *m* grāmatsējējs

encuadernar *v* iesiet (*grāmatas*); ~ en rústica – brošēt

encuadrar *v* **1.** ierāmēt; **2.** ietvert; **~se** *rfl* iesaistīties, iekļauties (*piem., politiskos grupējumos*)

encubar *v* iepildīt mucās (*vīnu*)

encubierta *f* **1.** (*nozieguma; patiesības*) slēpšana; **2.** ļaunprātība, viltus

encubiertamente *adv* **1.** slepus, slepeni; **2.** nelikumīgi

encubridor *m* (*nozieguma*) slēpējs

encubrir *v* slēpt (*noziegumu; patiesību*)

encuentro *m* **1.** satikšanās, tikšanās, sastapšanās; **2.** saduršanās, sadursme; **3.** kauja, sadursme, cīņa; **4.** pretruna; ◊ salir al ~ – 1) iet pretī; 2) stāties pretī, turēties pretī

encuesta *f* **1.** *jur.* izmeklēšana; **2.** iztaujāšana, izdibināšana; **3.** anketa; **4.** aptauja; hacer una ~ – aptaujāt

encuitarse *v rfl* bēdāties, skumt; just sarūgtinājumu

encumbrado *a* **1.** *arī pārn.* augstu stāvošs; **2.** izcils, ievērojams

encumbramiento *m* **1.** paaugstinājums; pacēlums; **2.** augšupeja;

uzplaukums; **3.** cildinājums, uzslava

encumbrar *v* **1.** pacelt (*augšup*); **2.** uzkāpt (*kalnā*); **~se** *rfl* **1.** izcelties, pacelties (*pāri apkārtnei*); **2.** *pārn.* tikt uz augšu; sasniegt (*kaut ko*)

encunar *v* **1.** ielikt šūpulī (*bērnu*); **2.** (*vēršu cīņās*) uzdurt uz ragiem

encurtido *m* **1.** marinēšana; **2.** ~s *pl* marināde; marinēti augļi (*dārzeņi*)

enchapar *v* finierēt

enchufe *m* **1.** (*cauruļu*) savienošana, salaišana; salaidums; **2.** *el.* ieslēgšana; pieslēgšana; pieslēgums; **3.** *el.* kontaktligzda ar kontaktdakšu; **4.** *pārn.* silta vietiņa; *sar.* protekcija

ende *adv:* por ~ – tāpēc, tādēļ, tālab

endeble *a* **1.** vārgs; slimīgs; **2.** mazvērtīgs, nenozīmīgs

endecha *f* elēģija; sēru dziedājums

endechar *v* apraudāt

endemoniado **I** *a* **1.** velna apsēsts; traks; **2.** izvirtis, netikls, samaitāts; **II** *m* velna apsēstais; trakais

endentecer *v* nākt (*par zobiem*)

enderezado *a* derīgs, piemērots; parocīgs

enderezar *v* **1.** iztaisnot; **2.** savest kārtībā; **3.** aizrādīt; **4.** nodoties (*kam*); **5.** doties (*kurp*)

endeudarse *v rfl* iekrist parādos

endiablado *a* **1.** velnišķīgs; **2.** *sar.* ķēmīgs; atbaidošs

endiosamiento *m* **1.** pielūgšana; uzskatīšana par dievību; **2.** pašdievināšana; iedomība, uzpūtība

endiosarse *v rfl* **1.** kļūt iedomīgam (uzpūtīgam); **2.** aizklīst domās (*kaut kur*)

endomingado *a* svētdienīgi [ap]ģērbies

endoso, endorso, endosamiento *m ek.* indosaments, žiro (*uz vekseļa*)

endriago *m mit.* pūķis, drakons

endrino **I** *a* dzeloņplūmju krāsas-, tumši zils; **II** *m* dzeloņplūme

endulzar *v* **1.** *arī pārn.* saldināt; **2.** remdināt; mīkstināt

endurar *v* **1.** ciest, paciest, panest; **2.** skopoties (*ar kaut ko*); taupīgi rīkoties (*piem., ar laiku*); taupīt; **3.** atlikt (*uz vēlāku laiku*)

endurecer *v* norūdīt; nocietināt

ene *f* ene (*burta «n» nosaukums*); ◊ ser de ~ – būt nenovēršamam (neizbēgamam)

enebro *m* paeglis, kadiķis

eneldo *m* dilles

enema *f med.* klizma

enemiga *f* **1.** ienaids; naids; **2.** ienaidniece

enemigo **I** *a* naidīgs; ienaidnieka-; **II** *m* **1.** ienaidnieks; **2.** ļaunais gars; ganar ~s – iegūt ienaidniekus; ~ malo – sātans

enemistar *v* sanaidot, savest naidā

energía *f* enerģija; ~ atómica – atomenerģija; ~ calorífica – siltumenerģija; ~ eólica – vēja enerģija;

energúmeno

~ solar – saules enerģija; ~ hidráulica – hidroenerģija

energúmeno *a* **1.** ārprātīgs, prātā jucis; **2.** velna apsēsts

enero *m* janvāris

enervación *f,* **enervamiento** *m* **1.** nervu sistēmas vājināšanās; nervozitāte; **2.** nespēks, nogurums

enfadadizo *a* ātri aizkaitināms

enfado *m* īgnums, sapīkums; dusmas

enfadoso *a* **1.** sapīcis, īgns; dusmīgs; **2.** uzbāzīgs, uzmācīgs

enfangarse *v rfl* **1.** nosmērēties; **2.** *pārn.* nodarboties ar netīrām lietām; **3.** nodoties izvirtībai

enfebrecido *a* **1.** ar paaugstinātu temperatūru; **2.** drudža-

enfermedad *f* slimība; ~ larga – sirgšana, vārgšana; ~es de la piel – ādas slimības; ~ aguda – akūta slimība; ~ contagiosa – infekcijas slimība; ~ de ocupación – arodslimība

enfermera *f* [slimnieku] kopēja; medmāsa; sanitāre

enfermizo *a* slimīgs; neveselīgs; patoloģisks

enfermo I *a* slims; ~ de cuidado, ~ de gravedad – smagi slims; **II** *m* slimnieks, slimais; pacients

enfilar *v* **1.** uztvert; satvert; savirknēt; **2.** sarindot, nostādīt rindā; **3.** *mil.* tēmēt (šaut) no flanga

enflacar *v* (*am.*), **enflaquecer** *v* **1.** [no]vājināt; **2.** noliesēt, novājēt; **3.** nogurt, pagurt

enfocar *v* **1.** *foto* iestādīt, nostādīt fokusā; **2.** izvirzīt (*jautājumu u. tml.*)

enfoscar *v* ķitēt; aizsmērēt (*caurumu*); **~se** *rfl* apmākties

enfrascar *v* saliet pudelēs; **~se** *rfl* **1.** iegrimt (*grāmatā*); iedziļināties (*kādā lietā u. tml.*); **2.** ielīst (*piem., krūmos*)

enfrentarse *v rfl* stāties pretī (*ienaidniekam*); spītēt briesmām; iesaistīties konfliktā

enfrente *adv* **1.** pretim, pretī; iepretim, iepretī; estaba sentado ~ de mí – viņš sēdēja man iepretī; **2.** pretrunā (*ar kaut ko*)

enfriadero *m* ledus pagrabs; ledusskapis

enfriamiento *m* **1.** atdzesēšana; **2.** saaukstēšanās

enfriar *v* **1.** dzesināt, dzesēt, atdzesēt; atvēsināt; ~ bruscamente – ātri atdzesēt; **2.** *pārn.* atvēsināt; apvaldīt (*kaislību u. tml.*); **3.** saaukstēties

enfullar *v sar.* blēdīties (*spēlē*)

enfundar *v* **1.** ielikt futrālī; **2.** piepildīt, piebāzt

enfurecerse *v rfl* **1.** saskaisties; **2.** trakot, plosīties (*par negaisu, vēju*)

engaitar *v sar.* **1.** apvest ap stūri; piemuļķot; **2.** aprunāt

engalanarse *v rfl* uzposties

engalgar *v* bremzēt

engallarse *v rfl* dižoties

enganchador *m* **1.** piekabinātājs; **2.** vervētājs

enganchar *v* **1.** pakārt, uzkārt (*uz āķa*); **2.** sakabināt; piekabināt (*vagonu*); **3.** iejūgt, sajūgt (*zirgu*); **4.** *mil.* [sa]vervēt; **5.** uztiept (*kaut ko*); pierunāt (*uz kaut ko*); **6.** (*vēršu cīņās*) uzdurt uz ragiem

enganche *m* **1.** sakabināšana; sakabe; ~ automático – automātiskā sakabināšana; **2.** *mil.* vervēšana; **3.** *mil.* vervēšanas nauda

engañabobos *m, f sar.* blēdis, -e

engañadizo *a* lētticīgs

engañar *v* **1.** piekrāpt, piemānīt; **2.** vilt, pievilt; maldināt; ◊ ~ el tiempo – nosist laiku

engañifa *f* **1.** viltība, viltus; **2.** piekrāpšana; piemānīšana

engaño *m* **1.** krāpšana; mānīšana; es ~ – tie ir meli; **2.** maldi; maldināšana; maldīšanās

engarabitarse *v rfl* **1.** [uz]rāpties; **2.** sastingt, kļūt stīvam (*no aukstuma*)

engarce *m* **1.** uzvēršana; savēršana; **2.** ietvars; apmale

engarrafar *v sar.* stingri pieķerties (*pie kā*); sagrābt (*ko*)

engarzar *v* **1.** uzvērt, savērt; **2.** sprogot, cirtot (*matus*); **3.** ievērt (*pavedienu*); **4.** ielikt ietvarā (*dārgakmeni*)

engastar *v* ielikt ietvarā (*dārgakmeni*)

engaste *m* apkalums, ietvars

engendro *m* **1.** dīglis; **2.** izdzimums; ◊ mal ~ – 1) nelietis, izdzimtenis; 2) ļaunuma sakne; ļaunums

englobar *v* ietvert

engolfarse *v rfl* **1.** iziet [atklātā] jūrā; **2.** (en) iedziļināties (*kādā lietā*); nogrimt (*domās*); ielaisties (*piem., dēkās*); ~ en el juego – nodoties azartspēlei

engolillado *a* **1.** manierīgs, klīrīgs; stīvs; **2.** vecmodīgs

engolondrinarse *v rfl sar.* **1.** būt uzpūtīgam (*augstprātīgam*); augstprātīgi izturēties; **2.** iemīlēties

engolosinar *v* iekārdināt (*ar solījumiem*)

engomar *v* piesūcināt ar līmi

engordar *v* **1.** nobarot, uzbarot; **2.** kļūt resnākam; uzbaroties; **3.** *sar.* kļūt bagātam

engorrar *v* **1.** aizturēt, aizkavēt; novilcināt; **2.** (*am.*) apgrūtināt, uzmākties; **~se** *rfl* aizķerties; palikt karājoties

engranaje *m* **1.** *tehn.* zobratu pārvads; **2.** *tehn.* zobrats; **3.** (*apstākļu*) savirknējums

engrandecer *v* **1.** palielināt; **2.** paaugstināt; **3.** cildināt; slavināt; **4.** pārspīlēt

engrasar *v* ietaukot, ieeļļot

engrase *m* **1.** ietaukošana, ieeļļošana; **2.** ziede, smērs; smēreļļa

engreírse *v rfl* **1.** lepoties; lielīties; **2.** (*am.*) iemīlēt; pieķerties (*kādam*)

engriparse saslimt ar gripu
engrosar v 1. padarīt resnāku, paresnināt; 2. palielināt; 3. kļūt resnākam
engrudar v klīsterēt; lipināt; līmēt
engrudo m klīsteris; līme
enguantarse v rfl uzvilkt cimdus
enguedejado a 1. šķipsnains (*par matiem*); cirtains; 2. *sar.* uzcirties
enguijarrar v noklāt ar akmens šķembām (*bruģējot ceļus*)
engullir v aprīt, norīt; rīt (*nesakošļājot*)
enharinar v apkaisīt ar miltiem; panēt
enhastiar v būt par apgrūtinājumu, būt par nastu; apnikt
enhebrar v 1. ievērt (*pavedienu*); 2. uzvērt, savērt
enhestar v uzcelt; uzsliet; ~ las orejas – ausīties, sasliet ausis (*piem., par zirgu*)
enhilar v 1. ievērt (*pavedienu*); 2. sakārtot (*piem., domas*); 3. vadīt; pārzināt
enhorabuena f laimes vēlējums; apsveikums; dar la ~ – [no]vēlēt laimes; apsveikt; ◇ ¡~! – 1) laimīgi!; 2) labi!; lai notiek!
¡enhoramala! *interj* pie velna!, nolādēts!
enhornar v ielikt [cepeš]krāsnī
enigma m mīkla; adivinar un ~ – atminēt mīklu
enigmático a mīklains; neizprotams
enjabonar v 1. saziepēt, ieziepēt; 2. *pārn.* mazgāt galvu; bārt; 3. glaimot (*kādam*)
enjalbegar v balsināt; ~se *rfl* lietot kosmētiskos līdzekļus
enjalma f nastu nesēja dzīvnieka segli
enjambre m 1. bišu spiets; 2. pūlis
enjaretar v 1. izvilkt cauri (*auklu; ieveramo gumiju u. tml.*); 2. steigā darīt (*kaut ko*)
enjaular v 1. ielikt būrī; 2. ietupināt cietumā
enjuagar v [iz]skalot (*muti*); noskalot (*traukus*); skalot (*veļu*)
enjuague m 1. skalošana; 2. (*mutes, zobu*) skalojamais ūdens, skalošanas līdzeklis; 3. (*mutes, zobu*) skalojamais trauks; 4. intrigas
enjugamanos m (*am.*) dvielis
enjugar v 1. [no]slaucīt (*sviedrus*); 2. dzēst (*parādu*); ~se *rfl* izkalst, kļūt vājam
enjuiciamiento m *jur.* 1. lietas ierosināšana (*pret kādu*); 2. izmeklēšana; prāva; ~ civil – civillieta; ~ criminal – krimināllieta
enjundia f 1. [kausēti] tauki; 2. lietas būtība; 3. enerģiskums, uzņēmība
enjuto I a izkaltis; kalsns; ~ de carnes – vājš miesās; **II** m: ~s *pl* žagari, skali (*iekurināšanai*)
enlabiar v censties pierunāt (*ar skaistiem vārdiem, solījumiem*)
enlabio m tukši solījumi; māns
enlace m 1. sakari; 2. saites; ~ matrimonial – laulības saites; 3. dzelz-

ceļu krustojums; ceļu krustojums, krustceļš; **4.** *mil.* sakarnieks

enladrillado *m* **1.** ķieģeļu bruģis; **2.** flīžu grīda

enlazar *v* **1.** sasiet; aizsiet; **2.** saistīt; sasaistīt; **3.** (*am.*) noķert ar laso; **4.** pievienoties; **5.** *dzelzc.* (con) būt saskaņotam (*ar*); ~**se** *rfl* **1.** salaulāties; **2.** saradoties; **3.** nodibināt sakarus; saistīties

enloquecer *v* **1.** padarīt traku; **2.** zaudēt prātu; kļūt trakam

enlosado *m* flīžu grīda

enlucido I *a* [iz]balsināts; apmests; **II** *m* **1.** balsināšana ar ģipsi; **2.** ģipša apmetums

enlutar *v* **1.** ietērpt sēru drānās; **2.** *pārn.* aptumšot, padarīt drūmu

enmaderamiento *m* **1.** koka izstrādājumi; **2.** apšūšana ar paneli (ar dēļiem)

enmarañar *v* **1.** sajaukt; sarežģīt; **2.** samudžināt (*piem., matus*); ~**se** *rfl* **1.** sapīties; **2.** apmākties

enmaridar *v* iziet pie vīra; apprecēties (*par sievieti*)

enmascarar *v* **1.** uzlikt masku; **2.** *mil., pārn.* maskēt

enmasillar *v* ķitēt, aizķitēt

enmelar *v* **1.** vākt medu (*par bitēm*); **2.** *pārn.* saldināt; darīt patīkamāku

enmelenado *a* **1.** ar gariem matiem; **2.** cirtains

enmendar *v* **1.** izlabot (*kļūdu*); **2.** novērst nepilnības; **3.** izlīdzināt (*vainu*); **4.** atlīdzināt (*zaudējumu*); **5.** *jur.* kasācijas ceļā atcelt spriedumu

enmienda *f* **1.** (*kļūdas*) izlabošana; (*vainas*) izlīdzināšana; (*zaudējuma*) atlīdzināšana; **2.** labojums; **3.** atlīdzība; kompensācija; **4.** naudas sods

enmohecerse *v rfl* **1.** sapelēt; appelēt; **2.** [ie]rūsēt

enmudecer *v* **1.** aizbāzt muti, likt klusēt (*kādam*); **2.** apklust; klusēt

ennegrecer *v* **1.** [no]krāsot melnu; **2.** nomelnot; **3.** *pārn.* aptumšot, padarīt drūmu

enófilo *m* grādīgā cienītājs

enófobo *m* alkohola ienaidnieks, atturībnieks

enojadizo *a* [ātri, viegli] aizkaitināms

enojar *v* **1.** sadusmot; sakaitināt; sanikņot; **2.** sagādāt nepatikšanas; ~**se** *rfl* **1.** (de) skaisties, dusmoties (*par ko*); **2.** sākt trakot (*par vētru, jūru*)

enojoso *a* īgns, saīdzis; nelaipns

enorgullecerse *v rfl* kļūt lepnam, kļūt iedomīgam

enorme *a* **1.** milzīgs; **2.** drausmīgs, baismīgs; ◇ herida ~ – vaļēja rēta

enormidad *f* **1.** milzīgs apmērs; milzīgs izmērs; **2.** pārmērība, pārmērīgums; **3.** drausmīgums, baismīgums

enraizar *v* **1.** laist saknes; **2.** iesakņoties

enralecer *v* **1.** [iz]ravēt; izretināt (*mežu, krūmus*); **2.** apcirpt (*kokus*);

~se *rfl* kļūt retākam; kļūt klajākam

enramada *f* 1. lapene; 2. lapojums; lapotne

enranciarse *v rfl* kļūt rūgtam

enrarecerse *v rfl* kļūt retākam; kļūt plānākam

enrarecido *a* retināts (*gaiss*)

enredadera I *a* vīteņaugs; tīteņaugs; II *f bot.* tītenis

enredador *m* 1. intrigants; 2. musinātājs

enredar *v* 1. zvejot ar tīklu; izmest tīklus; 2. sarežģīt; 3. *pārn.* iepīt, iejaukt; ievilināt savos tīklos; 4. saķildot, sanaidot; 5. draiskoties

enredijo, enredo *m* 1. sarežģījums; sajukums; 2. kļūmīgs (sarežģīts) stāvoklis; 3. mīlas dēkas; 4. *teātr.* darbības sarežģījums (*drāmā*)

enrejado I *a* 1. aizrestots; 2. režģu-; režģots; II *m* 1. režģis; restes; treliņi; 2. žalūzijas

enrejar *v* 1. aizrestot; 2. nožogot ar treliņiem

enrevesado *a* 1. sarežģīts; grūti atšķetināms; 2. nesalasāms, grūti salasāms; 3. stūrgalvīgs, tiepīgs

enriquecer *v* 1. bagātināt, padarīt bagātāku; 2. kļūt bagātam

enriscado *a* klinšains; stāvs

enriscar *v* pacelt; **~se** *rfl* meklēt patvērumu kalnos (*par dzīvniekiem*)

enrocar *v* roķēt, izdarīt rokādi (*šahā*)

enrojecerse *v rfl* nosarkt

enrollar *v* [sa]ritināt

enronquecer *v* [pa]darīt aizsmakušu; **~se** *rfl* aizsmakt

enroscarse *v rfl* 1. saritināties; 2. vīties, locīties; ~ en algo – apvīties ap kaut ko

enrostrar *v* (*am.*) mest sejā (*pārmetumus*); pārmest

enrubiar *v* balināt, krāsot gaišā krāsā (*matus*)

ensacar *v* bērt maisā; bāzt maisā

ensalada *f* salāti; vinegrets

ensalivar *v* sasiekalot

ensalmador *m* pūšļotājs, vārdotājs

ensalmo *m* pūšļošana, apvārdošana; ◇ como por ~ – kā pēc burvja mājiena

ensalzar *v* slavēt, cildināt; daudzināt

ensamblar *v* [sa]montēt; pielāgot, pierīkot

ensanchar *v* paplašināt; izstiept, izstaipīt, izplest; **~se** *rfl* 1. iedomāties sevi (*par gudru u. tml.*); 2. likt sevi lūgties; 3. izstiepties, izplesties; kļūt platākam

ensanche *m* 1. paplašināšana; paplašināšanās; paplašinājums; 2. ielaidums (*tērpam*); 3. ārpilsēta, piepilsētas rajons

ensangrentar *v* 1. notašķīt ar asinīm; 2. izraisīt asinsizliešanu

ensañamiento *m* niknums, lielas dusmas; piktums

ensartar *v* 1. uzvērt (*pērles*), ievērt (*diegu adatā u. tml.*); 2. [sa]runāt muļķības

ensayar *v* 1. [pa]mēģināt; izmēģināt;

2. *teātr.* mēģināt (*lugu*); **3.** pārbaudīt (*derīgumu, labumu*); **~se** *rfl* vingrināties

ensayo *m* **1.** mēģinājums; izmēģinājums; **2.** *daž. noz.* mēģinājums; ~ general *teātr.* – ģenerālmēģinājums; **3.** apraksts; tēlojums; eseja; apcerējums

ensenada *f* neliels jūras līcis

enseña *f* **1.** karogs; **2.** *mil.* standarts

enseñado *a:* bien (mal) ~ – labi (slikti) audzināts

enseñanza *f* **1.** mācība; apmācība; apmācīšana; ~ por correspondencia – neklātienes mācības; **2.** izglītība; ~ primaria – pamatskolas izglītība; segunda ~ (~ secundaria) – vidējā izglītība; ~ superior – augstākā izglītība; **3.** *pārn.* mācība

enseñar *v* **1.** [ap]mācīt; pasniegt (*kādu priekšmetu*); **2.** [pa]rādīt, izrādīt; **~se** *rfl* pierast

enseñorearse *v rfl* **1.** būt kungam (*par savām jūtām*); savaldīties; **2.** uzmesties par kungu (*par saimnieku*) (*kam*)

enseres *m pl* **1.** [darba] rīki; instrumenti; **2.** lietas, mantas

ensillar *v* seglot; ◇ no dejarse ~ – neļaut kāpt sev uz galvas, neļaut sevi komandēt

ensimismarse *v rfl* nogrimt domās; **2.** (*am.*) kļūt iedomīgam

ensoberbecerse *v rfl* **1.** kļūt uzpūtīgam, kļūt vīzdegunīgam; **2.** stipri viļņoties, bangoties

ensolver *v* **1.** ietvert [sevī], saturēt; **2.** *med.* panākt uzsūkšanos; **3.** saīsināt (*rakstu u. tml.*)

ensombrecerse *v rfl* **1.** apmākties; samākties; **2.** kļūt drūmam, sadrūmt

ensordecedor *a* apdullinošs (*troksnis*)

ensordecer *v* **1.** apdullināt; **2.** apslāpēt; klusināt; **3.** nomākt; **4.** kļūt kurlam; **5.** klusēt; izlikties nedzirdam

ensortijar *v* **1.** [sa]sprogot, [sa]cirtot; **2.** ievērt degunriņķi (*mājlopam*)

ensuciarse *v* [no]smērēties; notašķīties

ensueño *m arī pārn.* sapnis

entablado *m* **1.** panelis; **2.** dēļu grīda; **3.** podijs, paaugstinājums

entablar *v* **1.** ielikt grīdu; **2.** noklāt ar dēļiem; apšūt ar paneli; **3.** uzsākt, ievadīt (*sarunu u. tml.*); ~ la lucha – uzsākt cīņu; **4.** *med.* ielikt šinās

entablillar *v med.* uzlikt šinas, iešinēt

entallado *a* pieguļošs jostasvietā (*par tērpu*)

entallador *m* **1.** gravētājs; grebējs; **2.** kokgriezējs; **3.** skulptors

entallar[a] *v* **1.** griezt, izgriezt (*kokā*); izcirst (*akmenī, marmorā*); **2.** gravēt; grebt

entallar[b] *v* **1.** piegulēt jostasvietā (*par tērpu*); **2.** izpušķot, appušķot (*seglus, iejūgu*)

entallecer v sadīgt; saasnot; dzīt asnus

entarascar v sar. pārmērīgi izrotāt

entarimado m parkets; parketa grīda

entarimar v 1. noklāt ar parketu; 2. apšūt ar dēļiem (ar paneli)

ente m būtne, radījums; ~ racional – saprātīga būtne

entecado, enteco a vārgulīgs, slimīgs

entelerido a 1. pārsalis; 2. (*nepatīkami*) pārsteigts; sarūgtināts

entena f jūrn. raja

entenada f pameita

entendederas f pl sar. saprāts, saprašana; ser corto de ~ – būt neattapīgam

entendedor I a saprotošs, saprātīgs; II m pazinējs, lietpratējs

entender v 1. saprast, aptvert; hacerse ~ – kļūt saprotamam; 2. prast, mācēt; ~ en ... – labi prast (*kaut ko, piem., amatu*); 3. domāt; uzskatīt; a mi ~ – pēc manām domām; 4. izprast, nomanīt; dar a ~ – likt manīt (saprast); ◇ ¿cómo se entiende? – ko tas nozīmē?, kā to lai saprot?; ~**se** rfl 1. saprasties; vienoties; 2. prasties; zināt, kas vajadzīgs (kas jādara); ◇ eso se entiende por sí mismo – tas ir pats par sevi saprotams; eso no se entiende conmigo – gar to man nav nekādas daļas

entendido I a 1. prātīgs; saprātīgs; 2. pieredzējis; lietpratīgs; muy ~ en ... – labs lietpratējs (*kādā lietā*); ◇ no darse por ~ – izlikties neko nesaprotam; II adv saprotami, skaidri

entendimiento m 1. uztveres spēja; 2. izpratne; saprašana; 3. atziņa, atzinums

enterado a tāds, kas ir lietas kursā; informēts; zinošs; estar ~ – būt lietas kursā; no darse por ~ – izlikties it kā neko nezinātu

enteramente adv pavisam; pilnīgi; absolūti

enterar v 1. informēt, darīt zināmu; 2. mācīt; apmācīt

entereza f 1. (*rakstura*) viengabalainība, noteiktība; 2. taisnīgums; 3. vīrišķība, spēks, enerģija; 4. stingrība, disciplinētība

enterizo a viengabala-; monolīts, viengabalains; vesels

enternecer v 1. padarīt mīkstu, mīkstināt; 2. aizkustināt; aizgrābt

entero I a 1. viss; vesels; el mundo ~ – visa pasaule; 2. vesels, stiprs; 3. ne[aiz]skarts; neaiztikts; 4. godīgs; taisnīgs; ◇ por ~ – pavisam; pilnīgi; II m vesels skaitlis

enterrador m 1. kapracis; 2. zool. vabole-kapracis; 3. matadora palīgs (*korridā*)

enterramiento m apbedīšana, apglabāšana

enterrar v 1. aprakt, ierakt zemē; 2. apbedīt, apglabāt

entibar v nostiprināt, balstīt

entibiar *v* 1. atdzesēt, atdzisināt; 2. *pārn.* atvēsināt; 3. apvaldīt (*jūtas u. tml.*)

entidad *f* 1. būtība; nozīmīgums; de ~ – būtisks; nozīmīgs; 2. biedrība; savienība; organizācija

entierro *m* 1. apbedīšana; bēres; 2. kaps

entonación *f* 1. intonācija; 2. *glezn.* ēnošana, niansēšana; 3. nekautrība; uzpūtība; iedomība

entonado *a* 1. lielīgs, plātīgs; uzpūtīgs; nekautrīgs; 2. harmonisks

entonar *v* 1. skaidri (tīri) dziedāt; noturēt toni; 2. uzsākt (*dziesmu*); 3. *mūz.* uzdot toni; 4. mīt plēšas; 5. *glezn.* niansēt, ēnot; 6. *med.* pacelt tonusu

entonces *adv* 1. toreiz, tai laikā; en aquel ~ – tais laikos; 2. tad, pēc tam; 3. tad, tādā gadījumā

entonelar *v* iepildīt (saliet) mucā

entontecer *v* 1. padarīt par muļķi; 2. kļūt muļķim

entorchado *m* zelta (sudraba) uzšuve (*formas tērpam*)

entornar *v* pievērt (*durvis; acis*)

entorpecer *v* 1. paralizēt; apgrūtināt, padarīt grūtāku; 2. padarīt trulu; 3. aptumšot prātu

entrada *f* 1. ieeja; ~ principal – galvenā ieeja; 2. ieejas biļete; 3. ienākums; ieņēmums (*teātrī*); 4. (*mēneša, gada*) sākums; 5. stāšanās amatā (*dienestā, darbā*); de primera ~ – uzreiz, vienā piegājienā

entrampar *v* 1. *arī pārn.* ievilināt slazdos (lamatās); 2. *pārn.* apvest ap stūri

entrante I *a* ienākošais; mes ~ – nākošais mēnesis; **II** *m mil.* dežūras pieņēmējs, dežuranta nomainītājs; ◇ ~s y salientes – pastāvīgie apmeklētāji, pārāk bieži viesi

entraña *f* 1. iekšējais orgāns; 2. ~s *pl* iekšas; iekšējie orgāni; 3. ~s *pl* zemes dzīles; ◇ tiene malas (buenas) ~s – viņš ir slikts (labs) cilvēks; hijo de mis ~ – mans lolojums

entrañable *a* 1. tuvs; dārgs; 2. sirsnīgs; patiess

entrañar *v* slēpt sevī; glabāt sevī; ~**se** *rfl* [sa]tuvināties; ~se con uno – iemīlēt (iemīļot) viens otru

entrar *v* 1. ieiet, ienākt; ~ a caballo – iejāt; 2. iebraukt (*par kuģi*); 3. ietecēt (*par upi*); 4. iestāties (*piem., partijā; organizācijā*); 5. *mil.* ieņemt (*ar spēku*); ~ en una fortaleza – ieņemt cietoksni; 6. (a + *inf*) sākt; ~ a servir – iestāties dienestā, sākt dienēt; ◇ ~ dentro de sí – nogrimt sevī; aizdomāties; ~ en casa de alguien – būt biežam viesim kādās mājās; ~ en razón – kļūt prātīgākam; ~ en años – novecot; esto no me entra – tas man nelien galvā; to es nesaprotu

entre *prep* starp; ~ la ventana y la puerta – starp logu un durvīm; ~ ellos hay una gran diferencia –

starp viņiem ir liela atšķirība; ◇ andar ~ lenguas – būt visiem uz mēles; ~ todos – visi kopā; ~ tú y yo – tu un es, mēs abi; ~ dos luces – mijkrēslī; ~ otras cosas – starp citu

entreabrir *v* pavērt (*durvis, logu*)

entreacto *m* starpbrīdis

entrecano *a* iesirms

entreclaro *a* pustumšs; krēslains

entrecoger *v* **1.** saķert; sagrābt, satvert; **2.** iespiest (*padusē*); **3.** iedzīt strupceļā, iedzīt sprukās (*kādu*)

entrecortar *v* iegriezt, aizgriezt

entrecruzar *v* sakrustot; salikt krustām

entrecubiertas *f pl jūrn.* starpklājs

entredicho *m* **1.** aizliegums; **2.** *bazn.* aizliegums; interdikts; estar en ~ – būt aizdomīgam, neiedvest uzticību

entredós *m* **1.** iešuve (*no mežģīnēm – veļā u. c.*); **2.** sienas skapītis (*starp diviem logiem*)

entrega *f* **1.** nodošana; **2.** piegāde; ~ a domicilio – piegāde mājās; **3.** atdeve; con ~ absoluta – ar pilnu atdevi

entregar *v* nodot; ~se *rfl* nodoties (*kaut kam*); ~se a la meditación – nodoties pārdomām

entrelazar *v* iepīt; ievīt

entrelucir *v* spīdēt cauri

entremedias *adv* pa to laiku

entremés[a] *m biežāk pl* ~es uzkožamie

entremés[b] *m teātr.* starpspēle; intermēdija

entremeter *v* **1.** likt iekšā; iebāzt; ielikt; **2.** iejaukt (*kādu kaut kur*); ~se *rfl* iejaukties

entremetido *a* uzbāzīgs; nekautrīgs

entremetimiento *m* **1.** uzbāzība; **2.** [nekautrīga] iejaukšanās cita lietās

entremezclar *v* jaukt kopā; sajaukt

entremorir *v* **1.** apdzist; **2.** *pārn.* izdzist

entrenador *m* treneris

entrenamiento *m* treniņš; trenēšanās

entrenar *v* trenēt; ~se *rfl* trenēties

entrenzar *v* sapīt [bizē]

entreoír *v* neskaidri [sa]dzirdēt

entrepuentes *m pl jūrn.* starpklājs

entrerrisa *f* aizturēti smiekli

entresacar *v* **1.** izmeklēt; atlasīt; **2.** retināt (*mežu*); **3.** izravēt (*nezāles*)

entretanto **I** *adv* pa to laiku; **II** *m* laika sprīdis

entretejer *v* **1.** ieaust; cauraust; **2.** iepīt; ievīt

entretener *v* **1.** uzjautrināt; kavēt laiku; izklaidēt; **2.** novērst uzmanību; **3.** atbalstīt; uzturēt (*kādu*); **4.** kavēt, bremzēt; ~se *rfl* izklaidēties

entretenimiento *m* **1.** izprieca; laika kavēklis; **2.** uzturs; iztika; **3.** atlikšana; [termiņa] pagarināšana; **4.** viegls muzikāls sacerējums, divertisments

entrever *v* 1. neskaidri saredzēt; 2. nojaust; dejar ~ – likt manīt (saprast)

entrevista *f* 1. satikšanās; sastapšanās; 2. sanāksme; 3. intervija; entrevistar – intervēt; conceder una ~ – sniegt interviju

entrevistar *v* iztaujāt; intervēt; **~se** *rfl* sastapties; satikties

entristecer *v* apbēdināt, skumdināt; **~se** *rfl* bēdāties; [no]skumt

entroncar *v* 1. pierādīt radniecību; 2. būt rados; **~se** *rfl* 1. saradoties; 2. (*am.*) krustoties (par sliedēm)

entronizar *v* 1. uzcelt tronī; 2. celt vai debesīs (*kādu*); **~se** *rfl* lepoties, dižoties

entubar *v* 1. likt caurules; 2. mainīt caurules tvaika katlā (*lokomotīvei*)

entuerto *m* 1. netaisnība; 2. apvainojums; 3. zaudējums; 4. **~s** *pl* pēcdzemdību sāpes

entumecer *v* kļūt stīvam; kļūt nejūtīgam (*par locekļiem*); **~se** *rfl* 1. stingt; tirpt; 2. zaudēt valodu; 4. pārplūst (*par jūru, upi*)

entupir *v* 1. aizsprostot eju; 2. [sa]spiest

enturbiar *v* 1. [sa]duļķot; 2. apmulsināt; **~se** *rfl* 1. saduļķoties; 2. *pārn.* sajukt

entusiasmar *v* sajūsmināt; **~se** *rfl* sajūsmināties

entusiasmo *m* sajūsma; entuziasms; con ~ – sajūsmināti

entusiasta **I** *a* sajūsmināts; **II** *m, f* entuziasts, -e

enumeración *f* 1. uzskaitījums; 2. sanumurēšana

enunciar *v* 1. paziņot; 2. izklāstīt

envalentonar *v* iedrosmināt; uzmundrināt; **~se** *rfl* kļūt mundrākam; sadūšoties

envanecer *v* 1. padarīt godkārīgu; 2. saslavēt; **~se** *rfl* 1. kļūt godkārīgam; 2. dižoties

envasador *m* 1. piltuve; 2. iepakotājs

envasar *v* 1. iepildīt (*mucās, pudelēs*); 2. iepakot; 3. žūpot; 4. izdurt cauri (*ar zobenu*)

envase *m* 1. iepildīšana; 2. iepakošana; 3. iepakojums; tara

envejecer *v* [pa]darīt vecu; [pa]darīt vecāku; **~se** *rfl* novecot

envejecido *a* 1. novecojis; 2. pierasts; ierasts; 3. pieredzējis

envejecimiento *m* vecums

envenenamiento *m* 1. saindēšana; 2. noindēšana; 3. saindēšanās; 4. noindēšanās

envenenar *v* 1. saindēt; 2. noindēt; **~se** *rfl* 1. saindēties; 2. noindēties

envés *m* 1. kreisā puse; otrā puse; 2. *sar.* mugura

enviado **I** *a* [no]sūtītais; aizsūtītais; **II** *m* sūtnis; ~ extraordinario – ārkārtējais sūtnis; ~ especial – speciālkorespondents

enviar *v* [no]sūtīt; aizsūtīt

enviciar *v* 1. samaitāt (*kādu*); 2. augt lapās; **~se** *rfl* 1. nodoties netikumiem; 2. pārlieku aizrauties

envidia *f* 1. skaudība; tener ~ –

skaust; comerse de ~ *sar.* – degt aiz skaudības; **2.** tieksme; vēlēšanās

envidiar *v* **1.** [ap]skaust; **2.** kārot

envidioso I *a* skaudīgs; **II** *m* skauģis

envilecer *v* pazemot; **~se** *rfl* pazemoties; zaudēt [savu] cieņu

envío *m* **1.** sūtījums; naudas pārvedums; **2.** *poēt.* veltījums

envión *m* grūdiens

envite *m* **1.** likme (*kāršu spēlē*); **2.** ielūgums; **3.** grūdiens; ◊ al primer ~ – no paša sākuma

enviudar *v* kļūt par atraitni

envoltorio *m* **1.** sainis; paka; **2.** iepakojums, iesaiņojums

envoltura *f* **1.** iepakojums, iesaiņojums; **2.** [bērnu] autiņi

envolver *v* **1.** ietīt; iesaiņot, iepakot; **2.** aptvert; **3.** *mil.* apiet; **~se** *rfl* **1.** ietīties, ievīstīties; **2.** ielaisties (*uz kaut ko*); iejaukties

envuelto *part no* **envolver**

enyesar *v* **1.** ģipsēt; **2.** *med.* ieģipsēt

enzarzar *v* **1.** apaudzēt ar dzeloņainiem krūmiem; **2.** sanaidot; **~se** *rfl* nonākt grūtībās

épica *f* **1.** epika; **2.** eposs

epicentro *m* epicentrs

epidemia *f* epidēmija

epidémico *a* epidēmisks

epígrafe *m* **1.** epigrāfs; **2.** virsraksts

epilepsia *f* krītamā kaite, epilepsija

epílogo *m* epilogs

episodio *m* epizode

epíteto *m* epitets

época *f* **1.** ēra, laikmets; **2.** laika posms; laiks; la ~ de la cosecha – ražas novākšanas laiks

epopeya *f* **1.** eposs; **2.** epopeja

equidad *f* **1.** līdzsvarotība; garīgs līdzsvars; **2.** mērenība; **3.** taisnīgums; con ~ – taisnīgi

equilátero *a mat.* vienādmalu-

equilibrio *m* līdzsvars; perder el ~ – zaudēt līdzsvaru; hacer ~(s) – nodarboties ar ekvilibristiku

equipaje *m* **1.** bagāža; **2.** *jūrn.* kuģa komanda; ekipāža; **3.** *mil.* ietērps; ◊ registro de ~s – muitas pārbaude

equipar *v* **1.** apgādāt (*ar visu vajadzīgo*); **2.** *mil.* apgādāt ar ietērpu; **3.** *jūrn.* ekipēt

equipo *m* **1.** apgāde, apgādāšana (*ar visu vajadzīgo*); **2.** *mil.* ietērps; **3.** komplekts; **4.** *tehn.* agregāts; ~ de lluvia artificial – mākslīgās laistīšanas ierīce; **5.** komanda; grupa; ~ de montaje – montāžas brigāde; ~ de fútbol – futbola komanda; ~ de novia – līgavas pūrs

equitación *f* **1.** jāšana; **2.** jāšanas sports

equitativo *a* taisnīgs

equivalente I *a* līdzvērtīgs; **II** *m* ekvivalents

equivaler *v* būt līdzvērtīgam

equivocación *f* kļūdīšanās, sajaukšana

equivocar *v* sajaukt, samainīt (*vienu ar otru*); **~se** *rfl* kļūdīties

equívoco I *a* **1.** divdomīgs; **2.** apšaubāms; **3.** maldīgs, kļūdains; **II** *m* **1.** divdomība; **2.** (*am.*) kļūdīšanās; maldīšanās

era[a] *f* ēra, laikmets; ~ atómica – atomlaikmets

era[b] *f* **1.** dobe; **2.** piedarbs

erario *m* **1.** valsts kase; **2.** valsts īpašums (manta)

erección *f* **1.** pacelšana; iztaisnošana; **2.** [uz]celšana; būvēšana; **3.** *med.* erekcija

ergio *m fīz.* ergs

erguir *v* **1.** pacelt; iztaisnot; **2.** uzstatīt; **~se** *rfl* **1.** slieties, pacelties (*pār kaut ko*); **2.** *pārn.* uzpūsties

erial I *a* neapstrādāts; aizlaists atmatā (*par zemi*); **II** *m* neapstrādāts lauks

erigir *v* **1.** uzcelt, uzbūvēt; **2.** iekārtot, ierīkot; **3.** dibināt; **~se** *rfl* pasludināt sevi (*par kaut ko*)

eritrocito *m fiziol.* eritrocīts

erizar *v* **1.** sabozt, sacelt (*spalvu, sarus*); **2.** likt šķēršļus; **~se** *rfl* sabozties, sacelties (*par spalvu, sariem*)

erizo *m* **1.** ezis; ~ de mar (marino) – jūras ezis; **2.** kastaņa čaula; **3.** dzeloņkrūms; **4.** kašķīgs cilvēks, kašķis; **5.** dzeloņdrātis; **6.** (*am.*) dzeloņkaktuss

erogar *v* **1.** izdalīt; izsniegt; **2.** (*am.*) ziedot [naudu]

erosión *f geol., med.* erozija

erótic‖o *a* erotisks, mīlas-; poesía ~a – mīlas dzeja

erotismo *m* **1.** kaisle; dedzīga mīla; **2.** erotisms

errabundo, errante *a* klaiņojošs, klejojošs, klīstošs

errado *a* kļūdains, kļūdīgs

errar *v* **1.** kļūdīties; **2.** maldīties; vilties; **3.** palaist garām, aizlaist garām (*izdevību, laimi u. tml.*); **4.** klīst, klejot [apkārt]; **~se** *rfl* kļūdīties

errata *f* drukas kļūda

error *m* **1.** kļūda; kļūdīšanās; corregir ~es – izlabot kļūdas; cometer un ~ – pieļaut kļūdu; **2.** maldi; maldīšanās; **3.** pārkāpums; **4.** vaina

erudición *f* [plašas] zināšanas, erudīcija

erudito I *a* mācīts; izglītots; **II** *m* zinātnieks; ◇ ~ a la violeta – cilvēks ar šķietamām zināšanām; diletants

erupción *f* **1.** [vulkāna] izvirdums; **2.** *med.* izsitumi

eruptivo *a* **1.** *med.* izsitumu-; **2.** vulkānisks

esa (*pl* esas) *pron dem* (*lieto kopā ar lietv.*) šī; tā

ésa (*pl* ésas) *pron dem* šī tā; esta revista es mía y ~ es la tuya – šis žurnāls ir mans, bet tas ir tavējais

esbeltez, esbelteza *f* smuidrums; staltums; slaidums

esbelto *a* smuidrs; stalts; slaids

esbirro *m* **1.** izspiegotājs, okšķeris; **2.** detektīvs, slepenpolicists

esbozar *v* uzmest, uzskicēt

esbozo *m* uzmetums; skice

escabechar *v* 1. marinēt; 2. *sar.* nogalināt, nonāvēt; 3. *sar.* izgāzt eksāmenā

escabel *m* ķeblītis

escabrosidad *f* 1. grumbuļainums; negludums; 2. skarbums; asums; 3. neķītrība, jēlība

escabroso *a* 1. grumbuļains; negluds; 2. skarbs; ass; 3. neķītrs

escafandra *f,* **escafandro** *m* skafandrs

escala *f* 1. pārnesamas kāpnes; ~ de viento – virvju kāpnes; 2. *jūrn.* traips; 3. *mūz.* gamma; 4. skala; ~ de termómetro – termometra skala; 5. mērogs; 6. *mil.* rangu tabula; 7. *jūrn.* piestātne; apstāšanās vieta; hacer ~ – piestāt; ~ franca – brīvosta; ◇ ~s paralelas *fizk.* – līdztekas

escalar *v* 1. [uz]kāpt; kāpt augšā; 2. *pārn.* kāpt uz augšu; 3. *tehn.* atvērt slūžas; 4. *mil.* ieņemt triecienā

escaldar *v* 1. noplaucēt, nobrucināt; 2. nokveldēt; **~se** *rfl* applaucēties

escalera *f* kāpnes; ~ mecánica – eskalators; ~ de escape – ugunsdzēsēju kāpnes; ~ de caracol – vītņu kāpnes; ~ del avión – lidmašīnas traps; ~ sueca – zviedru siena (*sportā*)

escalofrío *m* drudzis; drebuļi, šermuļi

escalón *m* 1. pakāpiens; 2. pakāpe; amats; 3. *mil.* ešelons; ~ de asalto – triecieneešelons

escalpelo *m* skalpelis

escama *f* 1. zvīņas; 2. aizdomas; ◇ tener ~s – būt izveicīgam

escamar *v* 1. notīrīt zvīņas; 2. radīt aizdomas; **~se** *rfl sar.* kļūt aizdomīgam

escamocho *m* ēdiena paliekas

escamondar *v* 1. apgriezt (*kokus*); 2. attīrīt (*no liekā*)

escamoso *a* zvīņains

escampar *v* 1. atbrīvot (*vietu kaut kam*); 2. pārstāt līt; 3. pārtraukt (*iesākto*); **~se** *rfl* (*am.*) paslēpties (*no lietus*)

escamujar *v* apgriezt olīvkokus

escandalizar *v* sacelt traci; **~se** *rfl* sašust; saskaisties

escándalo *m* 1. tracis; ķīviņš; armar un ~ – sacelt traci; 2. nekrietna rīcība

escandinavo I *a* 1. skandināvu-; 2. Skandināvijas-; países Escandinavos – Skandināvijas valstis; II *m* skandināvs

escandir *v poēt.* skandēt

escaño *m* sols ar atzveltni

escapar *v* 1. laist zirgu auļos; 2. izbēgt, izmukt; ~ de la cárcel – izbēgt no cietuma; ~ de la muerte – izbēgt no nāves; ~ de milagro – izglābties brīnumainā kārtā; 3. aizmanīties; **~se** *rfl* 1. izbēgt, izmukt; 2. palaist garām nepamanītu (*kaut ko*); 3. pasprukt (*par vārdu*)

escaparate *m* 1. vitrīna; 2. (*am.*) skapis

escapatoria *f* **1.** izbēgšana, izmukšana; **2.** iegansts, atruna

escape *m* **1.** steidzīga bēgšana; **2.** *tehn.* izplūde; **3.** *tehn.* sprūds; **4.** *tehn.* vārstulis, ventilis; ◊ a ~ – steidzīgi

escaque *m* **1.** šaha (dambretes) lauciņš; **2.** ~s *pl* šahs (*spēle*)

escarabajear *v* **1.** gāzelēties (*ejot*); **2.** rakstīt kā ar vistas kāju

escarabajo *m* **1.** mēslu vabole; **2.** vabole; ~ de la patata – kolorado vabole; **3.** *sar.* knauķis, knēvelis; **4.** ~s *pl sar.* ķeburi

escaramuza *f* **1.** *mil.* sadursme; **2.** saķeršanās; saskriešanās

escarapela *f* **1.** *mil.* dienesta pakāpes nozīme; **2.** plūkšanās, plēšanās

escarapelar *v* **1.** plūkties, plēsties; strīdēties; **2.** sabojāt; **~se** *rfl* **1.** saplēsties; **2.** (*am.*) šausmināties

escarbar *v* **1.** rakņāt; rušināt; kārpīt; **2.** uzpūst (*uguni*); pabikstīt (*ogles*); **3.** izbakstīt zobus; **4.** izdibināt patiesību

escarceo *m* **1.** ņirbu vilnīši; **2.** ~s *pl* dejojoša gaita (*zirgam*)

escarcha *f* sarma

escarchar *v* **1.** apsarmot; **2.** pārklāt ar glazūru; **3.** iecukurot; **4.** izšūt ar zeltu (sudrabu)

escarchilla *f* krusa

escardar *v* **1.** ravēt; kaplēt; **2.** *pārn.* izravēt ļaunumu

escardillo *m* **1.** kaplis; **2.** atspīdums

escarificador *m tehn.* rindstarpu rušinātājs

escarlata *f* **1.** spilgti sarkana krāsa; **2.** spilgti sarkans audums; **3.** *med.* šarlaks, skarlatīna

escarmentar *v* stingri sodīt; ◊ ~ en cabeza ajena – mācīties no cita pieredzes

escarmiento *m* **1.** rūgta mācība; **2.** sods; hacer un ~ – pārmācīt, sodīt

escarnecer *v* izsmiet

escaro *a* līkkājains

escarpado *a* stāvs, kraujš

escarpia *f* **1.** kāsis; **2.** kāšveida nagla

escarpín *m* viegla kurpīte

escasamente *adv* **1.** trūcīgi, nabadzīgi; **2.** tik tikko

escasear *v* **1.** skopoties; **2.** nepietikt, trūkt

escasez *f* **1.** trūkums; nepietiekamība; **2.** trūcīgums

escaso *a* **1.** nepietiekams; trūcīgs; **2.** nepilns; dos metros ~s – nepilni divi metri; **3.** skops; ◊ ~ de luces – garīgi aprobežots

escatimar *v* skopoties; no ~ elogios – neskopoties ar glaimiem; sin ~ fuerzas – nežēlojot spēkus

escena *f* **1.** skats; aina; **2.** skatuve; **3.** dramaturģija; **4.** runas māksla; **5.** scēna; tracis; ◊ hacer ~ – sacelt traci; desaparecer de ~ – noiet no skatuves; aiziet no dzīves

escenario *m* **1.** skatuve; **2.** skatuves iekārtojums; **3.** uzvedums, inscenējums; ◊ ser el ~ – būt par notikuma vietu

escenarista *m, f* **1.** režisors, -e; **2.** scenārists, -e
escenografía *f* skatuves glezniecība; dekorācijas
escepticismo *m* skepticisms
escéptico I *a* skeptisks; **II** *m* skeptiķis
escindir *v* radīt šķelšanos, sašķelt
escisión *f* **1.** šķelšanās; **2.** sašķelšana; saskaldīšana; **3.** *fiz.* skaldīšana; ~ nuclear – atomskaldīšana
esclarecer *v* **1.** noskaidrot; apgaismot (*jautājumu u. tml.*); **2.** cildināt, slavināt; **4.** aust (*par dienu, gaismu*)
esclarecido *a* **1.** cildens; **2.** izcils; slavens; **3.** noskaidrots; skaidrs; **4.** noskaidrojies; skaidrs; cielo ~ – skaidra debess
esclarecimiento *m* **1.** noskaidrošana; apgaismošana (*kāda jautājuma u. tml.*); **2.** dzidrums; gaišums
esclava *f* **1.** verdzene; **2.** aproce
esclavitud *f* **1.** verdzība; **2.** nebrīve; jūgs
esclavizar *v* paverdzināt, likt vergot
esclavo I *a* verdzisks; **II** *m* vergs
esclerosis *f med.* skleroze
esclusa *f* slūžas
escoba *f* slota
escobar *v* slaucīt (*ar slotu*)
escocer *v* **1.** dedzināt (*par pipariem u. tml.*); **2.** smelgt; **3.** sāpināt; apbēdināt; ~se *rfl* **1.** iekaist (*par ādu*); **2.** bēdāties, skumt
escocés I *a* **1.** skotu-; **2.** Skotijas-; **II** *m* **1.** skots; **2.** Skotijas rūtainais audums
escoda *f* akmeņkaļa āmurs
escogedor *a* izvēlīgs
escoger *v* izmeklēt; izvēlēties
escogid‖o *a* izmeklēts, izlasīts; obras ~as – rakstu izlase; sociedad ~a – izmeklēta sabiedrība
escogimiento *m* izlase
escolar I *a* **1.** skolas-; **2.** mācību-, año ~ – mācību gads; edad ~ – skolas vecums; **II** *m* skolēns
escolástica *f,* **escolasticismo** *m* sholastika
escoliar *v* komentēt, skaidrot (*tekstu*)
escolio *m* komentārs
escolta *f* eskorts, svīta; konvojs
escollera *f* viļņlauzis
escollo *m* **1.** zemūdens akmens; rifs; **2.** risks
escombro[a] *m* **1.** gruveši; **2.** gruži; netīrumi; **3.** sīkas rozīnes
escombro[b] *m iht.* makrele
esconder *v* **1.** slēpt; noslēpt; paslēpt; **2.** slēpt sevi; ~se *rfl* [pa]slēpties
escondidas: a ~ – [pa]slepus; [pa]slepeni
escondite *m* **1.** slēptuve; **2.** paslēpes (*rotaļa*)
escopeta *f* šautene
escopetazo *m* šautenes šāviens; šauta brūce
escopetear *v* apšaudīt; ~se *rfl* **1.** apmainīties ar laipnībām; **2.** salamāties
escopeteo *m* **1.** [ap]šaudīšanās;

2. šaušana; ~ de cortesías – apmaiņīšanās ar laipnībām
escopetero *m* **1.** strēlnieks; **2.** ieroču meistars
escoplo *m* kalts
escorbuto *m med.* skorbuts, cinga
escoria *f* **1.** izdedži; **2.** lava; **3.** grabažas
escorpión *m* **1.** skorpions; **2.** *astr.* Skorpiona zvaigznājs
escorzo *m glezn.* rakurss
escotado I *a* izgriezts, dekoltēts; **II** *m* **1.** izgriezums, dekoltējums; **2.** *teātr.* gremdētava
escotilla *f jūrn.* lūka
escozor *m* **1.** dedzinošas sāpes; **2.** ciešanas
escribanía *f* **1.** kanceleja; **2.** rakstāmpiederumi
escribir *v* **1.** rakstīt; **2.** sacerēt, sarakstīt; **~se** *rfl* **1.** ierakstīties (*par biedru*); **2.** sarakstīties, apmainīties ar vēstulēm
escrito I *part no* **escribir; II** *a* **1.** uzrakstīts; **2.** rakstisks; por ~ – rakstiski; **III** *m* **1.** rakstu darbs; **2.** dokuments; **3.** rokraksts, manuskripts; **4.** *jur.* apelācija
escritor *m* **1.** rakstītājs; **2.** rakstnieks
escritorio *m* **1.** rakstāmgalds; **2.** birojs, kantoris
escritura *f* **1.** rakstīšana; **2.** raksts; **3.** rokraksts (*rakstīšanas veids*); **4.** rakstu zīme; **5.** notariāls akts; **6.** raksti; Sagrada Escritura – Svētie Raksti

escrófula *f med.* skrofuloze
escrúpulo *m* **1.** šaubas, bažas; sirdsapziņas pārmetumi; **2.** godprātīgums, godprātība; ◊ ~s de monja – vientiesība
escrupuloso *a* **1.** apzinīgs; rūpīgs; **2.** sīkumains; pedantisks
escrutador I *a* pētījošs; caururbjošs (*skats*); **II** *m* balsu skaitītājs (*vēlēšanās*)
escrutar *v* **1.** skaitīt balsis (*vēlēšanās*); **2.** [iz]pētīt
escrutiñador *m* **1.** pētītājs; **2.** statistiķis; **3.** cenzors
escuadra *f* **1.** leņķmērs; **2.** stūrenis; **3.** *jūrn.* eskadra; **4.** *mil.* vads; [lielgabala] apkalpe; karavīru grupa; ~ de fusil ametrallador – ložmetēja apkalpe; ~ de fusileros granaderos – strēlnieku vads
escuadrilla *f* **1.** kuģu eskadra; **2.** *av.* eskadriļa; ~ de caza – iznīcinātāju eskadriļa
escuálido *a* **1.** netīrs; pretīgs; atbaidošs; **2.** izdēdējis; izģindis
escuchar *v* **1.** klausīties; **2.** uzklausīt; **~se** *rfl* aizrautīgi deklamēt
escudar *v* **1.** aizsegt ar vairogu; **2.** aizsargāt; pasargāt; **~se** *rfl* aizstāvēt sevi, aizstāvēties
escudilla *f* **1.** bļoda; **2.** (*am.*) liela tase
escudo *m* **1.** vairogs; **2.** ģerbonis; **3.** eskudo (*sena spāņu zelta monēta*); **4.** (*am.*) eskudo (*dažādas vērtības monēta*); **5.** ekijs (*sena*

escudriñador

franču monēta); **6.** sargs; pavadonis

escudriñador I *a* [ziņkārīgi] pētījošs; **II** *m* pētnieks, pētītājs

escudriñamiento *m* **1.** pētīšana; **2.** pētījums

escuela *f* **1.** skola; mācību iestāde; ~ primaria – pamatskola; ~ superior – augstskola; Escuela Superior del Ejército – kara akadēmija; **2.** skola; virziens (*literatūrā, mākslā u. tml.*); ~ de la vida – dzīves skola; **3.** mācības; mācīšanās

esculpir *v* veidot; izcirst; izgrebt; izgriezt; gravēt

escultor *m* tēlnieks, skulptors

escultura *f* skulptūra

escupidera *f* **1.** spļaujamtrauks; **2.** (*am.*) naktspods

escupidura *f* **1.** spļaudeklis; **2.** siekalas

escupir *v* **1.** [iz]spļaut; **2.** aizmest prom; **3.** *pārn.* uzspļaut

escurridizo *a* glums; gluds

escurrir *v* **1.** izliet (iztecināt) sausu; **2.** izgriezt sausu (*veļu*); **3.** izslīdēt; ~**se** *rfl* **1.** slīdēt; **2.** aizslīdēt

eseᵃ *f* **1.** ese (burta «s» nosaukums); **2.** *tehn.* s veida ķēdes posms; ◇ echar a una ~ y un clavo – iegūt kādu draugu; hacer ~s – streipuļot

eseᵇ (*pl* esos) *pron dem* (*lieto kopā ar lietv.*) šis; tas

ése (*pl* ésos) *pron dem* šis; tas; este libro no es como ~ – šī grāmata nav tāda kā tā

esencia *f* **1.** būtība; en ~ – pēc būtības; **2.** esence; **3.** *ķīm.* ēteriskā eļļa; ~ de espliego – lavandas eļļa; ~ de rosa – rožu eļļa; **4.** *meh.* degviela; ◇ quinta ~ – kvintesence; ser de ~ – būt nepieciešamam

esencial *a* galvenais, svarīgākais; būtiskais; lo ~ – pats galvenais

esfera *f* **1.** *dažb. noz.* sfēra; ~ de actividad – darbības sfēra; **2.** *mat.* lode; **3.** ciparnīca; **4.** *poēt.* debesis

esfinge *f* **1.** sfinksa; **2.** noslēpumaina personība

esforzado *a* drosmīgs; drošs, bezbailīgs

esforzar *v* **1.** stiprināt, spēcināt; **2.** iedrosmināt; ~**se** *rfl* censties; pūlēties

esfuerzo *m* **1.** piepūle; pūles; piespiešanās; **2.** spēks

esgrima *f* paukošana

esgrimir *v* **1.** paukoties; **2.** veikli atspēkot (*ar vārdiem*)

esguazar *v* pārbrist

esguazo *m* brasls

eslabón *m* **1.** ķēdes loceklis; **2.** galoda, strīķis

eslavo I *a* slāvu-; **II** *m* **1.** slāvs; **2.** slāvu valodas

eslovaco I *a* slovaku-; **II** *m* slovaks

esmaltar *v* **1.** emaljēt; **2.** pārklāt ar glazūru; **3.** izrotāt, izgreznot

esmalte *m* **1.** emalja; **2.** zobu emalja; **3.** glazūra; **4.** izrotājums, izgreznojums

esmerado *a* **1.** rūpīgs; **2.** rūpīgi darīnāts

esmeralda *f* **1.** smaragds; **2.** (*am.*) zutis; **3.** (*am.*) kolibrijs (*viena no pasugām*)

esmerar *v* nogludināt; nopulēt; noslīpēt; **~se** *rfl* izrādīt centību; būt rūpīgam darbā

esmeril[a] *m* smirģelis; papel ~ – smilšpapīrs

esmeril[b] *m* lielgabals (*senlaicīgs*)

esmero *m* rūpīgums; vestido con ~ – eleganti apģērbies

esnobismo *m* snobisms

eso *pron dem* šis; tas; ~ está bien – tas ir labi; ~ mismo – tas pats; por ~ – tāpēc

esófago *m anat.* barības vads

espacial *a* telpisks

espaciar *v* **1.** attālināt (*vienu no otra*); **2.** paplašināt; **3.** izretināt (*mežu*); **4.** izplatīt (*ziņas u. tml.*); **5.** *poligr.* starpināt; **~se** *rfl* **1.** izplesties; izvērsties; **2.** plaši izklāstīt; **3.** izklaidēties; **4.** notikt ar atstarpēm

espacio *m* **1.** telpa; izplatījums; ~ aéreo – gaisa telpa; ~ vital – dzīves telpa; **2.** platība; un ~ de terreno – zemes platība; **3.** laika posms; en el ~ de dos años – 2 gadu laikā; **4.** attālums; **5.** vilcināšanās; **6.** *mūz.* pauze; **7.** izklaidēšanās; ◇ ~s imaginarios – fantāzijas pasaule

espacioso *a* **1.** plašs; **2.** lēns; mierīgs

espada *f* **1.** zobens; šķēps; **2.** cilvēks, kas veikli rīkojas ar zobenu; **3.** toreadors; **4.**: pez ~ – zobenzivs; **5.** ~s *pl* pīķis (*kāršu spēlē*); ◇ entre la ~ y la pared – starp divām ugunīm; quedarse a ~s – palikt bez graša; ~ de dos filos – koks ar diviem galiem

espadar *v* mīstīt linus, kaņepes

espalda *f* **1.** mugura; **2.** *mil.* aizmugure; **3.** mugurpuse; muguras daļa; **4.** ~s *pl* kreisā (otra) puse; ◇ a las ~s – aizmuguriski; guardar ~s – aizsargāties; echarse a las ~s – 1) aizmirst; 2) atteikties (*no kaut kā*); relucir la ~ – būt bagātam; hablar por las ~ – sačukstēties aiz muguras; vivír de ~s a la realidad – rīkoties pretēji veselajam saprātam

espaldar *m* **1.** muguras bruņas; **2.** atzveltne; **3.** režģis (*vīteņaugiem*)

espaldudo *a* plecīgs

espantadizo *a* bikls; bailīgs

espantajo, espantapájaros *m arī pārn.* putnu biedēklis

espantar *v* **1.** biedēt; radīt bailes; **2.** sabaidīt; **~se** *rfl* **1.** izbīties; **2.** izbrīnīties

espanto *m* **1.** bailes; šausmas; **2.** izbrīns; **3.** spoks, rēgs; estar curado de ~ *sar.* – būt aukstasinīgam

espantoso *a* briesmīgs, drausmīgs, šaušalīgs

español I *a* **1.** spāņu-; spānisks; **2.** Spānijas-; **II** *m* **1.** spānietis; **2.** spāņu valoda

esparcir *v* **1.** izkaisīt; izsēt; **2.** izplatīt

espárrago

(*ziņas u. tml.*); **3.** izklaidēt (*kādu*); **~se** *rfl* **1.** izklaidēties; **2.** izplatīties

espárrago *m* **1.** sparģeļi; **2.** kārts (*teltij*)

espartano I *a* **1.** Spartas-; **2.** spartisks; **II** *m* spartietis

espasmo *m* spazma; krampji

espato *m min.* špats

espátula *f* lāpstiņa; špaktele

especia *f* garšviela; nuez de ~ – muskatrieksts

especial *a* speciāls, īpašs; sevišķs

especialidad *f* **1.** specialitāte; **2.** īpatnība; savdabība

especialista *m, f* speciālists, -e

especialización *f* specializācija; specializēšanās

especie *f* **1.** šķirne; veids; **2.** *biol.* suga; **3.** gadījums, notikums; ◊ pagar en ~ – maksāt graudā

especificación *f* precizēšana; noteikšana

especificar *v* precizēt; noteikt

especifico I *a* specifisks; īpašs; īpatnējs; caso ~ – īpašs gadījums; peso ~ – īpatsvars; **II** *m med.* specifisks līdzeklis

espécimen *m* paraugs, etalons

espectáculo *m* **1.** izrāde; uzvedums; **2.** skandāls, tracis; dar un ~ – sarīkot skandālu

espectador I *a* **1.** vērojošs; novērojošs; **2.** aculiecinieka-; **II** *m* **1.** skatītājs; **2.** aculiecinieks

espectro *m* **1.** *fiz.* spektrs; ~ solar – saules spektrs; **2.** spoks, rēgs

espectroscopio *m* spektroskops

especulación *f* spekulācija

especulador *m* **1.** vērotājs; apcerētājs; **2.** spekulants

especular I *v* **1.** apcerēt; vērot; **2.** spekulēt; **II** *a* caurspīdīgs

espéculo *m* spogulis (*ķirurģiskais*)

espejear *v* **1.** mirdzēt; mirgot; **2.** atspoguļot; **3.** atspoguļoties; atspīdēt

espejismo *m* mirāža; ilūzija

espejo *m* spogulis

espejuelos *m pl* **1.** briļļu stikli; **2.** brilles, acenes

espelunca *f* ala, grota

espeluzno *m* trīsas, drebuļi

espera *f* **1.** gaidīšana; sala de ~ – uzgaidāmā zāle; estar en ~ – nogaidīt izdevību; **2.** termiņš; **3.** pacietība; **4.** slēpnis (*medībās*); **5.** novilcināšana; vilcināšanās

esperanza *f* cerība; alimentar la ~ – cerēt; llenar la ~ – attaisnot cerības

esperar *v* **1.** cerēt; **2.** [sa]gaidīt; **~se** *rfl* paciesties

esperma *m, f fiziol.* sperma

espesar I *m* biezoknis; **II** *v* **1.** sabiezināt; **2.** saaust ciešāk; **~se** *rfl* **1.** sabiezēt; **2.** saaugt cieši kopā (*par augiem*)

espeso *a* biezs

espesura *f* **1.** biezums; **2.** biezoknis

espetar *v* **1.** uzdurt uz iesma; **2.** izdurt cauri; **3.** *pārn.* iedzelt; **~se** *rfl* **1.** izlikties nopietnam; **2.** *pārn.* piesmērēties (*kādam*)

espetón *m* **1.** iesms; **2.** saspraužamā adata (*liela*); **3.** krāsns kruķis

espía *m, f* spiegs, -dze; slepenais aģents

espiar *v* [iz]spiegot

espichar *v* **1.** durt; durstīt; **2.** *sar.* izlaist garu; **~se** *rfl* (*am.*) **1.** novājēt; **2.** nokaunēties

espiga *f* **1.** vārpa; **2.** asmens; **3.** koka tapa; **4.** *tehn.* tapa; rēdze

espigado *a* **1.** nobriedis (*par augiem*); **2.** stalts; slaids

espigar *v* **1.** lasīt vārpas; **2.** spundēt dēļus; **3.** sameklēt; izraudzīt (*citātus*); **~se** *rfl* strauji augt

espigón *m* **1.** dzelonis; **2.** smaile; **3.** kukurūzas vālīte; **4.** kalna smaile; **5.** (*vārpu*) akots; **6.** mols

espín *m:* puerco ~ – dzeloņcūka

espina *f* **1.** dzelonis; ērkšķis; **2.** skabarga; **3.** asaka; **4.:** ~ dorsal – mugurkauls; **5.** neuzticība; šaubas; aizdomas

espinaca *f* spināti

espinal *a* mugurkaula-

espinar I *m* **1.** ērkšķājs; **2.** kavēklis, šķērslis; traucējums; **II** *v* **1.** savainot (sadurt) ar ērkšķiem; **2.** *pārn.* ievainot

espinazo *m* mugurkauls; ◇ sin enderezar el ~ – muguru neatliecis, muguru neatliekdams; doblar el ~ – liekt (locīt) muguru (*kāda priekšā*); romperse el ~ – lauzt kaklu

espinilla *f* **1.** liels, apakšstilbs; **2.** pūte

espinoso *a* ērkšķains; dzeloņains; alambre ~ – dzeloņstieple

espionaje *m* spiegošana; hacer ~ – spiegot

espira *f* spirāle

espiración *f* **1.** elpošana; **2.** izelpošana; **3.** (*smakas, smaržas*) izplatīšana

espiral I *a* spirāles-; escalera ~ – vītņu kāpnes; **II** *f* spirāle; **III** *m* pulksteņa atspere

espirar *v* **1.** elpot; **2.** izelpot; **3.** izplatīt (*smaku, smaržu*); **4.** iedvesmot; **5.** *poēt.* vēsmot

espiritismo *m* spiritisms

espiritoso *a* **1.** spirgts, žirgts; možs; **2.** spirtots; **3.** apgarots

espíritu *m* **1.** gars; dvēsele; morālais spēks; **2.** dzīvīgums; možums; **3.** spirts; alkohols; ◇ ~ malo – ļaunais gars; Espíritu Santo – Svētais Gars; ~ de la contradicción – pretošanās gars

espiritual *a* garīgs; vida ~ – garīgā dzīve

espiritualizar *v* **1.** apgarot; **2.** atzīt par baznīcas īpašumu

esplendidez *f* **1.** spožums; greznums; krāšņums; **2.** devīgums

espléndido *a* **1.** spožs; grezns; krāšņs; **2.** devīgs; **3.** *poēt.* mirdzošs

esplendor *m* **1.** mirdzums; **2.** slavenība

esplín *m* grūtsirdība

espolear *v* **1.** piecirst (piespiest) piešus (*zirgam*); **2.** steidzināt, skubināt

espolón *m* **1.** piesis (*gailim*); **2.** tilta balsts; **3.** mols; **4.** kalna atzarojums; **5.** kuģa priekšgals; ◇ tener ~es – būt pieredzējušam, būt ar lielu pieredzi

espolvorear *v* saberzt pulverī

esponja *f* **1.** sūklis; **2.** poraina viela; **3.** *pārn.* izsūcējs, parazīts

esponjar *v* padarīt porainu; **~se** *rfl* **1.** uzpūsties; piepūsties (*par kādu*); **2.** uzrūgt (*par mīklu*); **3.** *pārn.* dzīvot labas dienas (*par kādu*)

esponjoso *a* porains

espontáneamente *adv* spontāni, stihiski, pēkšņi

espontáneo *a* **1.** spontāns, stihisks; pēkšņs; **2.** brīvprātīgs; **3.** sirsnīgs; **4.** *bot.* savvaļas-

espora *f bot.* spora

esposa *f* **1.** sieva, dzīvesbiedre; **2.** (*am.*) bīskapa gredzens; **3.** ~s *pl* roku dzelži

esposo *m* vīrs, dzīvesbiedrs

espuela *f* **1.** piesis; **2.** pamudinājums, stimuls

espuma *f* **1.** putas; **2.** plēvīte; ◇ ~ de mar – jūras putas; crecer como la ~ – augt acīm redzot; ~ plástica – putuplasts

espumajoso *a* putains, putās sakults

espumar *v* **1.** noņemt putas; **2.** putot; **3.** strauji vairoties, augt

espuri‖o I *a* **1.** ārlaulības-; **2.** viltots, neīsts; ◇ penumbra ~a – puskrēsla; **II** *m* ārlaulības bērns

esputar, expectorar *v* [iz]spļaut

esputo *m* **1.** spļāviens; **2.** spļaudeklis

esquelético *a* **1.** skeleta-; **2.** kaulains; vājš, tievs

esqueleto *m* **1.** skelets; **2.** karkass; **3.** kaulkambaris

esquema *m* shēma

esquí (*pl* esquís, esquíes) *m* slēpe; ~ náutico (acuático) – ūdensslēpes

esquiar *v* slēpot

esquicio *m* skice; mets; uzmetums

esquilaᵃ *f* **1.** zvaniņš, zvārgulītis; **2.** neliels zvans (*piem., kloslerī*)

esquilaᵇ *f zool.* **1.** garnele; **2.** ūdensvabole

esquilaᶜ *f* aitu cirpšana

esquilar *v* cirpt aitas

esquilmo *m* **1.** raža; **2.** dzīvais pieaugums (*lopiem*)

esquimal I *a* eskimosa-, eskimosu-; **II** *m* eskimoss

esquina *f* stūris; doblar la ~ – 1) pagriezties ap stūri; 2) (*am.*) nomirt; ◇ estar en ~ – strīdēties

esquinado *a* **1.** stūrains; ar daudziem stūriem; **2.** skarbs, nelaipns

esquinar *v* **1.** veidot stūri; **2.** (*am.*) ielikt kaktā (*kādu*); **~se** *rfl* pukoties, dusmoties

esquisto *m min.* šīferis, slāneklis; los ~s bituminosos – degakmens

esquivar *v* izvairīties; ~ el golpe – izvairīties no sitiena; apiet; **~se** *rfl* izvairīties

esquivez *f* **1.** necieņa; nievas; **2.** nebiedriskums

esquizofrenía *f med.* šizofrēnija

esta (*pl* estas) *pron dem* (*lieto kopā ar lietv.*) šī; tā

ésta (*pl* éstas) *pron dem* šī; tā; esta casa es más grande que ~ – šī māja ir lielāka nekā tā

estabilidad *f* noturība; pastāvība; stabilitāte

estabilizador *m* stabilizators

estabilizar *v* stabilizēt

estable *a* noturīgs; pastāvīgs; stabils

establecer *v* **1.** nodibināt; ieviest; ievest; **2.** noteikt, nosacīt; **3.** atvērt (*veikalu, rēķinu u. tml.*); **4.** uzstādīt (*rekordu*); **~se** *rfl* apmesties; iekārtoties uz dzīvi; iekārtoties darbā

establecimiento *m* **1.** nodibināšana; ieviešana; ievešana; **2.** rīkojums; priekšraksts; **3.** iestāde; **4.** veikals; tirdzniecības uzņēmums

establo *m* **1.** kūts; **2.** stallis

estaca *f* **1.** miets; pālis; **2.** spraudenis; **3.** gara nagla; **4.** (*am.*) raktuvju koncesija; **5.** (*am.*) mājiens; ◊ arrancar la ~ – izrādīt karstu vēlēšanos

estacada *f* **1.** mietu (pāļu) žogs; **2.** nožogota vieta; ◊ dejar en la ~ – atstāt nelaimē; quedar en la ~ – 1) palikt zaudētājam; 2) krist kaujas laukā

estacar *v* **1.** piesiet pie mieta (*piem., govi*); **2.** nospraust ceļu; **~se** *rfl* **1.** apstulbt; **2.** (*am.*) sadurties (*ar ko*)

estación *f* **1.** stāvoklis; novietojums; **2.** gadalaiks; periods, sezona; ~ de las lluvias – lietus sezona; **3.** pietura; stacija; **4.** stacija; punkts; ~ espacial (interplanetaria) – kosmiskā (starpplanētu) stacija; ~ de radio – radiostacija; ◊ ~ de clasificación *dzelzc.* – šķirotava; ~ de servicio – benzīna tanks; ~ termal – karsto avotu peldvieta; ~ veraniega – vasaras atpūtas vieta

estacionamiento *m* **1.** apstāšanās vieta; **2.** automašīnu stāvvieta

estacionar *v* novietot, nolikt; **~se** *rfl* palikt uz vietas; apstāties uz vietas

estada *f* uzturēšanās (*kādā vietā*)

estadio *m* **1.** stadions; **2.** stadija

estadista *m* **1.** valstsvīrs; **2.** statistiķis

estadística *f* statistika

estado[a] *m* stāvoklis; ~ de ánino – noskaņojums; ~ de salud – veselības stāvoklis; ~ de alarma – trauksmes stāvoklis; declarar el ~ de guerra – pasludināt kara stāvokli; ◊ tomar ~ – precēties

estado[b] *m* **1.** valsts; los Estados Unidos [de América] – Amerikas Savienotās Valstis; golpe de Estado – valsts apvērsums; **2.** valdīšana; valdība; **3.** štats; apgabals; **4.** *mil.* rangs, pakāpe; **5.** saraksts; tabula; ◊ ~ mayor *mil.* – ģenerālštābs

estafa[a] *f* **1.** blēdība, krāpšana; **2.** izkrāpšana; izspiešana

estafa[b] *f* kāpslis (*segliem*)

estafador *m* **1.** krāpnieks, blēdis; **2.** izkrāpējs; izspiedējs

estafar *v* **1.** krāpties, blēdīties; **2.** izkrāpt; izspiest

estalactita *f min.* stalaktīts

estalagmita *f min.* stalagmīts

estallar *v* **1.** sprāgt, eksplodēt; **2.** izcelties (*par karu, ķildu*); **3.** pliukšķēt; **4.** *pārn.* eksplodēt

estallido, estallo *m* **1.** sprādziens, eksplozija; **2.** dārdi, rīboņa

estambre *m* **1.** [vilnas] dzija; **2.** *bot.* putekšņlapa; ◇ ~ de la vida – dzīves pavediens

estampa *f* **1.** gravīra, estamps; **2.** *tehn.* štance; **3.** zīmogs; spiedogs; **4.** *pārn.* zīmogs, pēdas; **5.** izskats; āriene

estampador *m* **1.** iespiedējs; **2.** *tehn.* štancētājs

estampar *v* **1.** iespiest; **2.** *tehn.* štancēt; **3.** atstāt nospiedumus; ◇ ~ una bofetada – iecirst pļiķi

estampido *m* rībiens; brīkšķis

estampilla *f* **1.** zīmogs, spiedogs; **2.** (*am.*) pastmarka

estampillar *v* apzīmogot, uzspiest zīmogu

estancación *f* apstāšanās; stagnācija

estancar *v* **1.** apturēt, apstādināt; **2.** monopolizēt (*tirdzniecībā*); **~se** *rfl* sastāvēties (*par ūdeni*)

estancia *f* **1.** mājoklis, miteklis; **2.** diennakts maksa (*slimnīcā*); **3.** *lit.* strofa; **4.** (*am.*) ferma

estandarte *m* karogs; standarts

estanque *m* **1.** ūdenskrātuve; **2.** dīķis

estantería *f* etažere; (grāmatu) plaukti

estañar *v* **1.** alvot; **2.** lodēt ar alvu

estaño *m* alva; hojas de ~ – staniols

estaquillador *m* īlens

estar *v* būt; atrasties; ~ ocupado – būt aizņemtam; ~ de vacaciones – būt atvaļinājumā; ~ bueno, ~ bien – būt veselam; ~ alegre – būt priecīgam; ~ triste – būt skumjam; ~ en casa – atrasties (būt) mājās; el traje le está bien – apģērbs viņam piestāv; ~ de luto – staigāt sērās; nēsāt sēras; ~ de paso – iegriezties caurbraucot; ◇ ~ a la que salta *sar.* – nelaist garām izdevību; ~ bien (mal) con uno – būt labās (sliktās) attiecībās ar kādu; ¿cómo está Vd.? – kā jums klājas?; ¿estamos? – skaidrs? **~se** *rfl* būt; ~ de más – 1) būt bezdarbīgam; 2) būt liekam

estatal *a* valsts-

estática *f fiz.* statika

estatua *f* statuja

estatuario I *a* skulpturāls; **II** *m* skulptors, tēlnieks

estatuir *v* **1.** noteikt; **2.** nodibināt

estatura *f* augums

estatuto *m* **1.** statūti; **2.** lēmums

este[a] *m* **1.** austrumi; **2.** austrumu vējš

este[b] (*pl* estos) *pron dem* (*lieto kopā ar lietv.*) šis; tas

éste (*pl* éstos) *pron dem* šis; tas; este problema es difícil, ~ es fácil – šī problēma ir grūta, tā ir viegla

estearina *f* stearīns

estela[a] *f jūrn.* 1. ķīļūdens; 2. uguns sliede debesīs
estela[b] *f* piemineklis
estenografía *f* stenogrāfija
estenógrafo *m* stenogrāfs
estepa *f* 1. stepe; 2. *bot.* līga
estercolar *v* mēslot, dot mēslojumu
estéreo *m* sters
estereometría *f mat.* stereometrija
estereoscopio *m* stereoskops
estereotipia *f poligr.* 1. stereotipija; 2. stereotips
estéril *a* 1. neauglīgs; 2. sterils
esterilidad *f* 1. neauglība; neauglīgums; 2. *med.* sterilitāte
esterilizar *v* 1. padarīt neauglīgu; 2. sterilizēt
estero, estuario *m* 1. upes grīva; 2. (*am.*) aizaudzis purvs; 3. (*am.*) peļķe; 4. (*am.*) izsusējusi gultne; 5. strautiņš; upīte; ◇ estar en ~ – būt grūtībās
estérula *f* ampula
estética *f* estētika
estetoscopio *m med.* stetoskops
estiércol *m* mēsli; dabiskais mēslojums
estigma *m* 1. rēta; 2. iededzināta zīme; 3. *pārn.* kauna traips; 4. *bot.* drīksna; 5. *zool.* snuķītis; smeceris
estilar *v* 1. būt parastam; būt pierastam; 2. lietot; 3. būt lietošanā; 4. destilēt; 5. stilizēt
estilo *m* 1. *daž. noz.* stils; ~ nuevo – jaunais stils (*kalendārā*); ~ gótico – gotiskais stils; 2. paradums; ◇ ~ recitativo – rečitatīvs; ~ directo – tiešā runa; al ~ moderno – pēc modes; por ~ de – tādā pašā veidā kā
estima *f* 1. cieņa; tener en mucha ~ – augstu vērtēt; 2. *jūrn.* navigācijas aprēķins
estimable *a* cienījams; pelnījis cieņu
estimación *f* 1. cieņa; cienīšana; 2. atzinība; 3. [no]vērtējums
estimar *v* 1. cienīt; 2. atzīt; atzinīgi vērtēt; 3. novērtēt (*kādu*)
estimulante **I** *a* 1. stimulējošs, ierosinošs; 2. uzbudinošs; **II** *m* 1. stimuls, ierosme; 2. uzbudinošs līdzeklis
estimular *v* 1. stimulēt, ierosināt; 2. uzbudināt
estímulo *m* stimuls; pamudinājums; ierosinājums
estipendiar *v* 1. maksāt stipendiju; 2. maksāt algu
estipendio *m* 1. stipendija; 2. alga
estipulación *f* 1. noruna; vienošanās; 2. *jur.* klauzula
estirado *a* 1. švītīgs; 2. uzpūtīgs; 3. sīkumains
estiramiento *m* 1. izstiepšana; pastiepšana; 2. *tehn.* vilkšana, stiepšana; 3. uzpūtība
estirar *v* 1. izstiept; pastiept; 2. *tehn.* vilkt, stiept; 3. *pārn.* vilkt garumā; 4. (*am.*) apkrāpt; 5. (*am.*) nogalināt; **~se** *rfl* izstiepties
estirpe *f* izcelšanās

esto *pron dem* šis; tas; ¿qué es ~? – kas tas ir?; ~ es – tā tas ir; en ~ – tai brīdī

estocada *f* 1. zobena dūriens; 2. šķēpa dūriens; 3. (*zobena, šķēpa*) dūriena rēta

estoicismo *m* stoicisms

estólido I *a* stulbs; aprobežots; II *m* stulbenis

estomacal *a* kuņģa-

estómago *m* kuņģis; ◊ ~ de avestruz – rijīgs cilvēks, rīma; tener mucho ~ – ne no kā nebaidīties

estoniano I *a* Igaunijas-; igauņu-, igaunisks; II *m* 1. igaunis; 2. igauņu valoda

estopor *m jūrn.* aizturis

estoque *m* 1. šķēps; rapieris; 2. *bot.* īriss, skalbe

estoqueador *m* toreadors

estorbar *v* traucēt; kavēt

estorbo *m* traucējums; kavēklis

estornino *m* strazds

estornudar *v* šķaudīt

estornudo *m* šķavas

estrabismo *m* šķielēšana

estrada *f* ceļš

estragar *v* sabojāt, samaitāt

estrago *m* postījums; ~s de la guerra – kara postījumi

estrangulación *f* 1. [no]žņaugšana; 2. *med.* žņauga uzlikšana

estrangular *v* 1. [no]žņaugt; 2. *med.* uzlikt žņaugu

estrategia *f* 1. stratēģija; 2. veiklība; izveicība

estrato *m ģeol.* slānis, kārta

estratosfera *f* stratosfēra; ascensión a la ~ – pacelšanās stratosfērā

estrechamiento *m* 1. sašaurināšana; 2. sašaurinājums

estrechar *v* 1. sašaurināt; ~ un vestido – iešūt kleitu šaurāku; 2. piespiest; ~ contra pecho – piespiest pie krūtīm; ~ a levantarse – piespiest (likt) piecelties; 3. spiest (*roku*); 4. ierobežot; ~se *rfl* 1. sažņaugt vidukli; 2. ierobežot, sašaurināt (*izdevumus u. tml.*); 3. cieši sadraudzēties

estrechez, estrechura *f* 1. šaurums; šaurība; 2. trūcīgi apstākļi; 3. sirsnība, tuvība

estrecho I *a* 1. šaurs; 2. tuvs; sirsnīgs; 3. trūcīgs; 4. nopietns; stingrs; II *m* 1. *ģeogr.* šaurums; 2. šaura eja; 3. trūkums, nabadzība; 4. (*am.*) ieliņa

estregar *v* berzt

estrella *f* 1. zvaigzne; ~ polar – Polārzvaigzne; ~ fugaz – krītoša zvaigzne; ~ de rabo – komēta; ~ de Venus – Venēra; ~ de cine – kinozvaigzne; nacer con ~ – piedzimt laimes krekliņā; nacer con ~ ~ – piedzimt zem laimīgas zvaigznes; 2. balts laukums pierē (*dzīvniekam*); ◊ vio las ~s – viņam dzirksteles vien gar acīm noškīda

estrellamar *f zool.* jūras zvaigzne

estrellar I *a* zvaigžņu-; II *v sar.*

sasist drumslās; ~se *rfl* 1. sašķīst drumslās; 2. *pārn.* plēsties

estrellería *f* astroloģija

estremecer *v* 1. satricināt; 2. satriekt; satraukt, uzbudināt; ~se *rfl* nodrebēt

estremecimiento, estremezo 1. satricinājums; ~ cerebral – smadzeņu satricinājums; 2. satraukums; uzbudinājums; 3. drebuļi

estrenar *v* 1. pirmo reizi lietot, sākt lietot; 2. *teātr.* pirmo reizi uzvest; ~se *rfl* 1. sākt strādāt (*kādā amatā*); 2. *teātr.* debitēt

estreno *m* 1. jauns apģērbs; jauna lieta; 2. [ie]sākums (*kaut kam*); 3. *teātr.* pirmizrāde

estreñir *v med.* 1. aizcietēt; 2. radīt aizcietējumu

estrépito *m* dārdi, dārdoņa

estrepitoso *a* dārdošs; skaļš

estribar *v* 1. [at]balstīties; 2. *pārn.* balstīties (*uz ko*); 3. atsaukties (*uz kāda vārdiem u. tml.*)

estribillo *m* 1. piedziedājums; 2. iemīļots vārds (izteiciens)

estribo *m* 1. kāpslis (*segliem, ekipāžai*); 2. balsts; 3. atbalsts; atspaids; 4. kalnu atzarojums; ◇ perder los ~s – zaudēt pacietību; tener el pie en el ~ – būt ceļa jūtīs

estricnina *f farm.* strihnīns

estricto *a* 1. stingrs; noteikts; 2. neatliekams

estridente *a* spalgs, griezīgs

estro *m* iedvesma

estrofa *f lit.* strofa

estropear *v* 1. savainot; 2. sakropļot; 3. sabojāt

estructura *f* 1. uzbūve, struktūra; 2. konstrukcija; cálculo de ~s – konstrukcijas aprēķins; 3. *lit.* kompozīcija

estruendo *m* 1. rīboņa, dārdoņa; 2. apmulsums, apjukums; 3. spožums; greznība

estrujar *v* 1. *arī pārn.* izspiest; ~ un limón – izspiest citronu; ~ todo lo posible de alguien *pārn.* – izspiest pēdējo sulu no kāda; 2. saspiest; ~se *rfl* spiesties

estuco *m* apmetums; ◇ ser un ~ – būt nepieejamam

estuche *m* 1. futrālis; 2. kārbiņa; kastīte; 3. nesesers

estudiante *m, f* students, -e

estudiantil *a* studenta-; studentu-

estudiar *v* 1. studēt; 2. mācīties; 3. [iz]pētīt

estudio *m* 1. studijas; studēšana; 2. mācības; hacer ~s – mācīties; 3. pētīšana; zinātniskais darbs, disertācija; 4. *dažn. noz.* studija; ~ de cine – kinostudija; 5. centība, uzcītība; 6. ~s *pl* zināšanas

estudioso *a* 1. centīgs, cītīgs; 2. zinātkārs

estufa *f* 1. krāsns; ~ de azulejos – podiņkrāsns; ~ eléctrica – elektriskā krāsns; 2. siltumnīca; 3. tvaika pirts; 4. žāvētava; 5. kariete

estulticia *f* muļķība; stulbums; trulums

estupefacción f milzīgs pārsteigums
estupefaciente I a narkotisks; apdullinošs; II m narkotiķis
estupendo a pārsteidzošs; neparasts
estupidez f muļķība, stulbums
estúpido a 1. muļķīgs, stulbs; 2. muļķa-
esturión m iht. store
etapa f 1. etaps; periods, laika posms; 2. mil. pārnakšņošanas vieta (pārgājienā)
éter m 1. ēters; 2. poēt. debesu dzīles; 3. ķīm. ēteris
etéreo a daž. noz. ēterisks
eterizar v 1. med. anestezēt ar ēteri; 2. ķīm. savienot ar ēteri
eternidad f mūžība; mūžīgums
eternizar v iemūžināt
eterno a mūžīgs
ética f ētika, morāle
éticoᵃ a 1. ētisks; 2. tikumīgs
éticoᵇ a 1. diloņa-; 2. diloņslims; 3. vārgulīgs
etilo m ķīm. etils
etimología f etimoloģija
etiología f med. etioloģija
etiqueta f etiķete; visita de ~ – pieklājības vizīte
etiquetero a 1. ceremoniāls; 2. pārspīlēti laipns
étnico a etnisks
etnografía f etnogrāfija
etnógrafo m etnogrāfs
etnología f etnoloģija
eucalipto m bot. eikalipts
eunuco m einuhs

europeizar v eiropizēt
europeo I a eiropeisks; Eiropas-; II m eiropietis
éuscaro, eusquero I a basku-; II m basku valoda
evacuación f evakuācija
evadir v izvairīties; izsargāties; ~se rfl izbēgt; aizbēgt
evangelio m rel. evaņģēlijs
evaporar v iztvaicēt; ~se rfl 1. iztvaikot, pārvērsties tvaikā; 2. izgaist, izzust
evasión f 1. bēgšana; 2. aizbildināšanās, atrunāšanās
evasiva f aizbildināšanās
evasivo a izvairīgs
evento m notikums, gadījums; ◇ a todo ~ – katrā ziņā
eventual a 1. eventuāls, iespējams; 2. gadījuma-
eventualidad f 1. iespējamība, varbūtība; 2. nejaušība
evidencia f acīmredzamība, evidence; poner en ~ – 1) padarīt acīm redzamu; 2) nostādīt neērtā stāvoklī (kādu)
evidente a acīm redzams; skaidrs; nepārprotams
evitar v izvairīties, izsargāties; ~ un peligro – izvairīties no briesmām
evocar v 1. izsaukt; izraisīt; ~ una enfermedad – izraisīt slimību; 2. izsaukt (garus); 3. atsaukt atmiņā
evolución f 1. evolūcija, attīstība; 2. mil., jūrn. manevrs

exacerbar v 1. nokaitināt; sakaitināt; 2. kļūt akūtākam (*par slimību*)

exactitud f precizitāte; pareizība, pareizums

exacto a precīzs; pareizs; eksakts

exageración f pārspīlējums; pārspīlēšana

exagerar v pārspīlēt

exaltación f 1. eksaltācija; uzbudinājums; 2. pacilātība; 3. slavinājums, cildinājums

exaltar v 1. sajūsmināt; 2. pacilāt (*prātu, jūtas*); 3. cildināt, slavināt; 4. uzbudināt; **~se** rfl 1. sajūsmināties; 2. uzbudināties

examen m 1. izpētīšana; izmeklēšana; ~ médico – medicīniskā apskate; 2. eksāmens; aprobar un ~ – izturēt eksāmenu; pasar el ~ de ... – likt eksāmenu (*kādā priekšmetā*); pārbaudījums; pārbaude; ~es de reválida – gala pārbaudījumi; ◇ ~ de testigos *jur.* – liecinieku nopratināšana

examinador m eksaminētājs

examinar v 1. izpētīt; apmeklēt; 2. eksaminēt; pārbaudīt; 3. *jur.* nopratināt; **~se** rfl 1. eksaminēties; 2. pārbaudīties (*sakarā ar kādu slimību*)

exánime a bez dzīvības, nedzīvs

exasperación f 1. izmisums; 2. pastiprināšanās (*par sāpēm*)

exasperar v 1. novest līdz izmisumam; 2. pastiprināties (*par sāpēm*); **~se** rfl saskaisties; iedegties dusmās

excavación f 1. [iz]rakšana; trabajos de ~ – zemes darbi; 2. izrakumi; 3. bedre

excavador m, **excavadora** f 1. ekskavators; ~ andante – ekskavators; 2. bagarmašīna, zemessmēlējs; cargadora excavadora – buldozers

excavar v [iz]rakt

excedente I a 1. lieks, nevajadzīgs; 2. virsplāna-; II m pārpalikums

exceder v 1. pārsniegt (*skaita ziņā u. tml.*); 2. būt liekam; **~se** rfl pārkāpt atļautās robežas

excelencia f 1. pārākums; 2. ekselence; ◇ por ~ – pa lielākajai daļai, galvenokārt

excelente a lielisks; teicams; izcils

excelso a 1. dižs, dižens; cildens; 2. m *rel.* Visaugstākais

excéntrico I a ekscentrisks; II m 1. *tehn.* ekscentrs; 2. *teātr.* ekscentriķis

excepción f 1. izņēmums; 2. *jur.* iebildums; 3. izņemšana (*no apgrozības*)

excesivo a pārmērīgs; pārspīlēts

exceso m 1. pārpilnība; en ~ – ar uzviju; con ~ – pārmērīgi daudz; por ~ – pārspīlēti; pecar por ~ – pārcensties; ~ de exposición *foto* – pārgaismošana; 2. ekscess; 3. noziegums, pārkāpums

excitación f 1. uzbudinājums; 2. kairinājums

excitar v 1. uzbudināt; 2. kairināt; 3. paskubināt; uzmudināt; ~se *rfl* uzbudināties

exclamación f izsauciens; izsaukšanās; signo de ~ – izsaukuma zīme

exclamar v izsaukties

excluir v izslēgt; padzīt; ~ de reunión – aizraidīt no sapulces; ~se *rfl* būt nesavienojamam

exclusive *adv* 1. izņemot; 2. neieskaitot, neierēķinot

exclusivismo m 1. izņēmuma stāvoklis; izņēmuma gadījums; 2. vienpusība

excremento m izkārnījumi

exculpar v 1. attaisnot; 2. piedot

excursión f ekskursija

excusa f 1. atvainošanās; 2. atrunāšanās, aizbildināšanās

excusado I *a* 1. neaplikts ar nodokļiem; 2. nevajadzīgs, lieks; pensar en lo ~ – sapņot par neiespējamo; 3. rezervēts; II *m* ateja

excusar v 1. piedot; 2. attaisnot; atvainot; 3. izsargāties (*no kaut kā*); ~se *rfl* atteikties (*no kaut kā*)

exento *a* brīvs (*no kaut kā*); ~ de preocupaciones – bezrūpīgs

exequias f *pl* bēres, apbedīšanas ceremonija

exhalación f 1. izgarošana, iztvaikošana; 2. rūsa (*pie debesīm*); 3. dvaša, elpa; 4. dzirkstele, dzirksts

exhibición f izstāde

exhibir v 1. izstādīt, eksponēt; 2. [iz]rādīt; 3. uzrādīt (*dokumentus*); 4. (*am.*) izmaksāt (*naudu*); ~se *rfl* izrādīt sevi

exhortar v 1. pierunāt, pārliecināt; 2. pamudināt

exigencia f 1. prasība; 2. prasīgums; 3. vajadzība

exigir v 1. [pie]prasīt; 2. piedzīt (*piem., parādu*)

exilar, exil[i]ar v izsūtīt, izraidīt (*trimdā*)

exilio m trimda

eximio *a* lielisks

eximir v atbrīvot (*no pienākuma, nodokļiem u. tml.*)

existencia f 1. eksistēšana; esamība; 2. dzīve; dzīvošana; ~ feliz – laimīga dzīve; 3. ~s *pl* [uz]krājums

existir v 1. eksistēt, būt; 2. dzīvot

éxito m 1. iznākums, rezultāts; 2. panākums; tener buen ~ – gūt panākumus (sekmes); mal ~ – neveiksme

exorar v lūgt; prasīt

exornar v 1. izgreznot, izpušķot; 2. *pārn.* izdaiļot

exótico *a* eksotisks

exotismo m, **exotiquez** f eksotika

expandir v 1. paplašināt; 2. izplatīt

expansión f 1. paplašināšana; 2. izplatīšana; 3. ekspansija; ~ imperialista – imperiālistiskā ekspansija

expansivo *a* 1. izplešams; 2. vaļsirdīgs, atklāts; 3. ekspansīvs

expatriación f 1. izraidīšana (*no*

valsts teritorijas); **2.** izceļošana, emigrēšana

expatriarse *v rfl* izceļot, emigrēt

expectante *a* nogaidošs

expectativa *f* [no]gaidīšana; gaidas; estar (quedar) a la ~ – ieņemt nogaidošu pozīciju

expedición *f* **1.** nosūtīšana, nogādāšana; **2.** ekspedīcija; **3.** karagājiens; **4.** izdarīgums

expedicionario I *a* ekspedīcijas-; **II** *m* ekspedīcijas dalībnieks

expediente *m* **1.** *jur.* izmeklēšana; **2.** *jur.* process, prāva; **3.** akti; dokumenti; lieta; ~ personal – personīgā lieta; **4.** veids; paņēmiens; līdzeklis; **5.** izeja (*no kāda stāvokļa*); **6.** izdarīgums; dar ~ a una cosa – 1) ātri noformēt (*lietu*); 2) ātri tikt galā (*ar lietu*); ◇ instruir ~ – iesniegt lūgumrakstu

expedir *v* **1.** nosūtīt, nogādāt; **2.** izsniegt (*dokumentus u. tml.*); **3.** ātri izlemt

expeditivo *a* **1.** straujš; veikls; **2.** izdarīgs

expeler *v* **1.** izstumt; izraidīt; padzīt; **2.** izšļākt

expender *v* **1.** [iz]tērēt, izdot (*naudu*); **2.** pārdot mazumā; **3.** realizēt viltotu naudu (*zagtas mantas*)

expendio *m* **1.** (*naudas*) [iz]tērēšana; izdošana; **2.** izdevumi; **3.** mazumtirdzniecība; **4.** (*am.*) veikaliņš, bodīte

expensas *f pl* izdevumi; tiesas izdevumi; ◇ vivir a ~ de uno – dzīvot uz cita rēķina

experiencia *f* pieredze

experimentación *f,* **experimento** *m* izmēģinājums, eksperiments

experimentado *a* pieredzējis, pieredzes bagāts

experimental *a* eksperimentāls, izmēģinājuma-

experimentar *v* **1.** izmēģināt, izdarīt izmēģinājumus; eksperimentēt; **2.** just, izjust; sajust; **3.** ciest; ~ dolor – ciest sāpes

experimento *m* [iz]mēģinājums, eksperiments

experto I *a* pieredzējis; lietpratīgs; **II** *m* lietpratējs, eksperts

expiar *v* izpirkt (*vainu u. tml.*)

expiración *f* **1.** gals; nāve; **2.** termiņa beigas

expirar *v* **1.** nomirt; **2.** [iz]beigties (*par termiņu*)

explanación *f* **1.** planēšana, zemes nolīdzināšana; **2.** būvlaukums; **3.** paskaidrojums; izskaidrojums

explanar *v* **1.** planēt, nolīdzināt zemi; **2.** paskaidrot; izskaidrot

explayar *v* izplest; paplašināt; **~se** *rfl* **1.** izplesties; paplašināties; **2.** runāt gari un plaši; **3.** būt vaļsirdīgam

explicable *a* izskaidrojams

explicación *f* izskaidrojums, paskaidrojums

explicar *v* izskaidrot, paskaidrot; izklāstīt

exploración *f* **1.** pētīšana; izzināšana; ~ espacial (del espacio cósmico) – kosmiskās telpas izpēte; **2.** *mil.* izlūkošana; **3.** *med.* izmeklēšana

explorador **I** *a* pētījošs; **II** *m* **1.** pētnieks, pētītājs; **2.** *mil.* izlūks

explorar *v* **1.** pētīt; izzināt; **2.** *mil.* izlūkot; **3.** *med.* izmeklēt

explosible *a* sprāgstošs, eksplozīvs

explosión *f* sprādziens, eksplozija

explosivo **I** *a* sprāgstošs, eksplozīvs; **II** *m* sprāgstviela, spridzeklis

explotación *f* ekspluatācija

explotar *v* **1.** izmantot; ekspluatēt; **2.** sprāgt

exponer *v* **1.** *dažnoz.* eksponēt; **2.** izskaidrot; iztulkot; **3.** apdraudēt; pakļaut briesmām; **4.** pamest (nolikt) bērnu (*pie svešām durvīm*); ~**se** *rfl* riskēt ar dzīvību

exportación *f* izvedums, eksports; ~ de capitales – kapitāla eksports

exportar *v* izvest, eksportēt

exposición *f* **1.** izstāde; **2.** ekspozīcija; **3.** izskaidrojums; iztulkojums; **4.** paskaidrojuma raksts

expósito *m* atradenis

expositor *m* eksponents

expresado *a* minētais, teiktais

expresar *v* izteikt; paust (*jūtas u. tml.*); ~**se** *rfl* izteikties

expresión[a] *f* **1.** izteiksmes veids; **2.** izpausme; **3.** sejas izteiksme; **4.** *mat.* formula; **5.** ~es *pl* memuāri

expresión[b] *f* **1.** (*sulas*) izspiešana; **2.** izspiesta sula

expresivo *a* izteiksmīgs

expreso **I** *a* skaidrs, noteikts; **II** *m* **1.** ekspresis, ātrvilciens; **2.** diplomātiskais kurjers

exprimir *v* **1.** izspiest (*sulu*); **2.** izteikt; paust; ◇ ~ sangre y sudor – izspiest pēdējo sulu

expropiar *v* ekspropriēt

expugnar *v* ieņemt, iekarot

expulsar *v* izraidīt; izslēgt (*piem., no kādas organizācijas*)

expurgar *v* **1.** attīrīt; **2.** izsvītrot (*cenzūrā*)

exquisito *a* **1.** izcils, lielisks; **2.** smalks, izsmalcināts

éxtasis *m* **1.** sajūsma; **2.** ekstāze

extender *v* **1.** palielināt; paplašināt; **2.** izklāt; **3.** izplest (*spārnus*); izstiept (*roku, kaklu*); **4.** noformēt (*dokumentu*); ~**se** *rfl* **1.** izplesties; **2.** izplatīties; **3.** ilgt

extensión *f* **1.** izplešanās; **2.** izplatīšanās; **3.** platība; **4.** ilgums

extenso *a* plašs; ◇ por ~ – sīki jo sīki

extenuar *v* novārdzināt; novājināt; ~**se** *rfl* novārgt; novājēt; zaudēt spēkus

exterior **I** *a* **1.** ārējs; comercio ~ – ārējā tirdzniecība; **2.** ārienes-; **II** *m* **1.** āriene; **2.** ārpuse; **3.** ārzemes; correspondencia ~ – ārzemju korespondence; **4.** eksterjers

exterminar *v* iznīcināt, iznīdēt

exterminio *m* **1.** iznīcināšana, iznīdēšana; **2.** nopostīšana

externo I *a* ārējs, ārīgs; para uso ~ *farm.* – ārīgi; II *m* eksterns

extinción *f* 1. apdzēšana; 2. izzušana

extinguir *v* 1. apdzēst, nodzēst; 2. iznīdēt; ~**se** *rfl* 1. apdzist; 2. izzust

extirpación *f* 1. iznīdēšana; iznīcināšana; 2. *med.* ekstirpācija

extirpar *v* 1. izraut ar saknēm; 2. iznīdēt; iznīcināt; 3. *med.* ekstirpēt

extorsión *f* 1. izspiešana; šantāža; 2. posts, ļaunums

extra I *adv* bez tam, turklāt; II *a* sevišķs, speciāls; ekstrā; III *prep:* ~ de – ārpus-; IV *m* pielikums, piemaksa (*pie algas*)

extracción *f* 1. izvilkšana; izņemšana; 2. ieguve; ~ de hulla – akmeņogļu ieguve; 3. izcelsme; 4. *mat.* (*saknes*) izvilkšana

extracto *m* 1. ekstrakts; 2. izraksts; ekscerpts; 3. īss kopsavilkums, rezumējums

extraer *v* 1. izvilkt; izņemt; 2. izraut; 3. iegūt (*rūdu u. tml.*); 4. ekscerpēt; 5. *mat.* izvilkt (*sakni*)

extralimitarse *v* pārkāpt pieklājības robežas

extranjero I *a* 1. ārzemju-; 2. svešs, ārzemniecisks; II *m* 1. ārzemes; 2. ārzemnieks

extrañamiento *m* izbrīns, pārsteigums

extrañar *v* 1. būt pārsteigtam (*par kaut ko*); 2. izsūtīt trimdā; 3. atsvešināt; 4. (*am.*) skumt; ~**se** *rfl* 1. izbrīnīties, būt patīkami pārsteigtam; 2. liegties, atteikties (*kaut ko darīt*)

extrañeza *f* 1. dīvainība; 2. pārsteigums; izbrīns; 3. atsvešināšanās; ◊ sembrar ~ – saistīt uzmanību

extraño I *a* 1. svešs; 2. neparasts, dīvains; rets; 3. ekstravagants, uzkrītošs; II *m* svešinieks

extraordinario I *a* 1. ārkārtējs; 2. neparasts; sevišķs; II *m* 1. ārkārtējs sūtnis; 2. speciālizdevums, ekstrā izdevums

extrasocial *a* antisociāls

extravagancia *f* ekstravagance

extravasación *f* 1. izlīšana, iztecēšana; 2. *med.* asinsizplūdums

extraviado *a* pazudis, noklīdis

extraviar *v* 1. vest pa nepareizu ceļu; 2. maldināt; 3. nozaudēt; ~**se** *rfl* 1. nomaldīties; apmaldīties; 2. pazust; 3. *pārn.* noklīst no ceļa

extremado *a* galējs

extremar *v* novest līdz galējībai; pārspīlēt; ~**se** *rfl* pārcensties

extremidad *f* 1. galējība; 2. gals; robeža; 3. ~es *pl anat.* ekstremitātes

extremo I *a* 1. galējs; 2. ārkārtējs; ārkārtīgs; caso ~ – ārkārtējs gadījums; 3. pārlieku-, pārliecīgs; II *m* 1. galējā robeža; 2. pārliecīgums, pārmērīgums; 3. galējība; ◊ de ~ a ~ – no sākuma līdz beigām; pasar de un ~ a otro – mesties no vienas galējības otrā; los ~s se tocan – pretējie poli pievelkas

extrínseco *a* ārīgs; ◇ valor ~ ek. – nominālā vērtība

exuberancia *f* 1. pārpilnība; 2. krāšņums; 3. korpulence

exuberante *a* bagātīgs; krāšņs; vegetación ~ – krāšņa augu valsts

exudación *f* 1. svīšana; 2. *med.* eksudāts

exudar *v* 1. svīst; 2. sūkties

exultación *f* gavilēšana, līksmošana

exultar *v* gavilēt, līksmot

eyacular *v* izšļākt

F

fabada *f* fabada (*astūriešu ēdiens no pupiņām un asinsdesas*)

fábrica *f* rūpnīca; fabrika; ~ de aviación – aviorūpnīca; ~ de gas – gāzes fabrika; ~ de paños – vadmalas fabrika; ~ de papel – papīrfabrika; ~ de productos químicos – ķīmiskā rūpnīca; ~ militar – kara rūpnīca

fabricación *f* ražošana, izgatavošana; ~ en serie – sērijveida ražošana

fabricante *m* fabrikants; ražotājs

fabricar *v* 1. ražot; 2. celt; 3. izdomāt, sagudrot; ~ enredos – apmelot

fabril *a* fabrikas-; rūpnīcas-; escuela ~ – fabrikas skola

fábula *f* 1. fabula; sižets; intriga; 2. pasaka; mīts; leģenda; 3. *pārn.* pasaka; izdomājums

fabulador *m*, **fabulista** *m, f* 1. fabulists; 2. speciālists mitoloģijā

fabuloso *a* pasakains, neredzēts

faca *f* 1. līks nazis; 2. faka (*liels savāžams nazis*)

facción *f* 1. ~es *pl* vaibsti, sejas panti; 2. dumpis; sazvērestība

faccioso *a* 1. dumpīgs; 2. *pārn.* vētrains; nemierīgs

fácil *a* 1. viegls; ~ de digerir – viegli sagremojams; 2. iespējams

facilidad *f* 1. vieglums; dar ~es – atvieglot; 2. nenopietna pieeja

facilitación *f* atvieglināšana; atbalsts; palīdzība

facilitar *v* 1. atvieglot; 2. palīdzēt, veicināt; 3. ļaut, atļaut (*ko darīt*)

factible *a* izpildāms

facticio *a* 1. mākslīgs; 2. fiktīvs

factor *m* 1. faktors; ~ determinante – noteicošais faktors; 2. koeficients; ~ de utilización – izmantošanas koeficients

factura *f* 1. pavadzīme (*grāmatvedībā*); 2. *glezn.* faktūra; 3. piegriezums (*kleitai, kostīmam*)

facturar *v* **1.** izrakstīt pavadzīmi; **2.** *dzelzc.* nodot bagāžā

facultad *f* **1.** spējas; ~es mentales – prāta spējas; **2.** tiesības; pilnvara; **3.** fakultāte; ~ de letras – filoloģijas fakultāte

facultar *v* pilnvarot

facundia *f* runīgums, valodīgums

facundo *a* runīgs, valodīgs

facha *f* [ārējais] izskats; ◇ ~ a ~ – aci pret aci

fachada *f* fasāde

faena *f* darbs, uzdevums; ~s del campo – lauku darbi; ~s de casa – mājas darbi

fagot, fagote *m* fagots

fagote *m* malkas klēpis

faisán *m* fazāns

faja *f* **1.** josta; korsete; **2.** (*zemes u. tml.*) josla

fajar *v* [ie]tīt; [ie]vīstīt

fajo *m* **1.** (*zāles, malkas u. tml.*) nasta; **2.** zīdaiņa drēbītes

fajol *m* griķi

falacia *f* **1.** krāpšana; meli; **2.** liekulība

falange *f* falanga

falaz (*pl* falaces) *a* melīgs; promesas falaces – melīgi solījumi

falce *f* **1.** sirpis; **2.** līks nazis

falda *f* **1.** (*sieviešu*) svārki; **2.** kalna pakāje

faldamenta *f*, **faldamento** *m* (*sieviešu*) svārki, brunči

faldellín *m* īsi apakšsvārki

faldero *m* klēpja sunītis

falible *a* **1.** kļūdains; maldīgs; **2.** spējīgs kļūdīties

falsario *a* **1.** neīsts; liekulīgs; **2.** melīgs

falsear *v* **1.** viltot, falsificēt; **2.** zaudēt stingrību (noteiktību)

falsedad *f* **1.** meli; melīgums; alegar mil ~es contra otro – izvirzīt melīgus apvainojumus pret otru; **2.** *jur.* nepatiesa liecība

falsete *m* **1.** *mūz.* falsets; **2.** korķis, aizbāznis

falsía *f* **1.** melīgums; meli; **2.** divkosība, liekulība

falsificación *f* viltojums; falsifikācija

falsificador *m* viltotājs; falsificētājs

falsificar *v* viltot; falsificēt

falso *a* **1.** maldīgs; nepareizs, aplams; de ~, en ~ – nepatiesi; **2.** viltots, neīsts; carácter ~ – melīgs raksturs; **3.** liekulīgs, divkosīgs

falta *f* **1.** kļūda; ~ de ortografía – ortogrāfijas kļūda; **2.** trūkums; la ~ de todo – vajadzība pēc visa kā; ◇ hacer ~ – vajadzēt; sin ~ – noteikti, katrā ziņā; **3.** ~ de ganas – nevēlēšanās; **4.** neierašanās

faltar *v* trūkt; nepietikt; poco falta para ... – drusku [pie]trūkst, lai ...; ◇ ~ a su palabra – neturēt vārdu; ¡no faltaba más! – tā tik vēl trūka!

falto *a* nepietiekošs, nepietiekams

faltriquera *f* [iekšēja] kabata; reloj de ~ – kabatas pulkstenis

falla *f* **1.** plaisa (*zemes virskārtā*); **2.** brāķis (*audumā*)

fallarᵃ *v jur.* notiesāt

fallarᵇ *v* 1. ciest neveiksmi (*par plāniem u. tml.*); 2. sabojāties; nedarboties vairāk; ◇ me fallaron las fuerzas – mani spēki ir galā; ~ el tiro – nošaut garām, netrāpīt mērķī

falleba *f* bulta, aizbīdnis (*logiem, durvīm*)

fallecer *v* 1. mirt; 2. izbeigties

fallecimiento *m* nāve, nomiršana

fallido *a* 1. neveiksmīgs, neizdevies; 2. kredītnespējīgs

fallo *m* galīgais spriedums; galīgais lēmums; pronunciar el ~ – 1) *jur.* notiesāt; 2) atzīt slimnieku par neārstējamu; tener ~ en una cosa – ciest fiasko (*kādā lietā*)

fama *f* 1. slava; reputācija; cobrar ~ – iekarot slavu; pintor de ~ – slavens gleznotājs; tener (echar) ~ de – kļūt slavenam; 2. sabiedrības domas; 3. valodas, baumas; es ~ – klīst valodas

famélico *a* izsalcis

familia *f* 1. ģimene; 2. radi, radinieki; 3. dzimta; 4. brālība

familiar **I** *a* 1. ģimenes-; 2. (*garīgi*) tuvs; 3. vienkāršs (*par cilvēku*); **II** *m* ~es *pl* ģimenes locekļi, tuvinieki

familiaridad *f* atklātība, vaļsirdība; vienkāršība

familiarizar *v* pieradināt; ~se *rfl* pierast

famoso *a* slavens, ievērojams, plaši pazīstams

famulato, famulicio *m* apkalpotāji

fámulo *m* kalps, sulainis

fanal *m* 1. bākas uguns; 2. stikla kupols

fanático **I** *a* fanātisks; **II** *m* fanātiķis

fanatismo *m* fanātisms

fanatizar *v* novest līdz trakumam

fandango *m* fandango (*spāņu deja*)

fandanguero *m* 1. fandango dejotājs; 2. izpriecu mīļotājs

fanfarrón *m* lielībnieks; melis

fanfarronada *f* lielīšanās; pašslavināšana

fanfarronear *v* lielīties; melot

fangal, fangar *m* purvs

fango *m* dubļi

fangoso *a* 1. purvains; 2. dubļains

fantaseador *m* fantazētājs, sapņotājs

fantasear *v* 1. fantazēt, sapņot; 2. izdomāt

fantasía *f* fantāzija

fantasma *m* 1. māņu tēls; rēgs; spoks; 2. putnu biedēklis, ērms

fantástico *a* 1. fantastisks; 2. iedomāts; cuentos ~s – brīnumpasakas

fantoche *m* marionete

faquín *m* nesējs; krāvējs

fardar *v* apgādāt (*ar apģērbu*)

fardo *m* sainis; ķīpa

faringe *f anat.* rīkle

farmacéutico **I** *a* farmācijas-; farmaceitisks; **II** *m* farmaceits

farmacia *f* 1. farmakopeja; 2. aptieka

faro *m* bāka; ~ giratorio – rotējošā bāka; ~ flotante – peldošā bāka

farol *m* (*ielas*) laterna

farola *f* **1.** liels lukturis; **2.** *jūrn.* pazīšanas signāls (gaisma) (*uz kuģiem*)

farolear *v sar.* būt godkārīgam

farolería *f* **1.** lukturu veikals; **2.** lukturu darbnīca; **3.** *sar.* godkāre

farolero *m* **1.** laternu uzraudzītājs (iededzinātājs); **2.** *sar.* lielībnieks, vīzdegunis; ◇ meterse a ~ *sar.* – bāzt degunu svešās darīšanās

farota *f* nekaunīga sieviete

farotón *a* nekaunīgs, bezkaunīgs

fárrago *m* grabažu kaudze

farragoso *a* pielūžņots, piekrauts

farsa *f* **1.** farss, joku luga; **2.** komediantu trupa

farsante *m* **1.** komediants; **2.** šarlatāns

fascículo *m* **1.** brošūra; **2.** iespiedloksne

fascinación *f* **1.** noskaušana; **2.** burvība, burvīgums

fascinar *v* **1.** noskaust; **2.** apburt, savaldzināt

fascismo *m* fašisms

fascista **I** *a* fašistisks; **II** *m, f* fašists, -e

fase *f* fāze

fastidiar *v* **1.** izsaukt riebumu (*pret ēdienu*); **2.** apnikt (*kādam*); nogurdināt (*kādu*); **~se** *rfl* garlaikoties

fastidio *m* **1.** riebums; nepatika; dar ~ ~ izsaukt riebumu; **2.** apnikums

fastidioso *a* **1.** pretīgs; **2.** apnicīgs; nogurdinošs

fastigio *m* **1.** virsotne ar smailu galu; **2.** *med.* krīze

fasto *a* neaizmirstams; laimīgs, veiksmīgs

fastos *m pl* hronika

fatal *a* **1.** liktenīgs; **2.** nelaimīgs, kļūmīgs

fatalidad *f* **1.** [ļauns] liktenis; neizbēgamība; **2.** nelaime

fatalismo *m* fatālisms

fatiga *f* nogurums

fatigar *v* nogurdināt; apgrūtināt, traucēt

fatigoso *a* smags, grūts; nogurdinošs

fauces *f pl* rīkles gals

fautor *m* līdzzinātājs; līdzvaininieks

favor *m* **1.** pakalpojums; laipnība; hacer el ~ – izdarīt pakalpojumu; haga el ~ de ayudarme – esiet tik laipni un palīdziet man; por ~ – esiet tik laipni!, lūdzu!; **2.** palīdzība; aizgādība; ◇ a ~ de – (*kāda*) labā; al ~ de – (*kāda*) aizgādībā; ¡~! – palīgā!

favorable *a* **1.** labvēlīgs; viento ~ – ceļavējš; izdevīgs; **2.** vēlīgs; mirada ~ ~ vēlīgs skatiens; ~ acogida – laipna uzņemšana

favorecedor *m* aizbildnis, aizstāvis

favorecer *v* **1.** būt labvēlīgam; veicināt, sekmēt; **2.** būt vēlīgam (*pret kādu*); ņemt savā aizgādībā (*kādu*)

favorito **I** *a* iemīļots, iecienīts; [vis]mīļākais; **II** *m* favorīts

fayenza *f* fajanss

faz (*pl* faces) *f* seja; ~ a ~ ~ – vaigu

vaigā; ◇ borrar de la ~ de la tierra – noslaucīt no zemes virsas; mostrar la verdadera ~ – parādīt īsto seju

fe f **1.** ticība; **2.** uzticība; **3.** solījums; zvērests; **4.** apliecinājums; liecība; dar ~ – apliecināt; hacer ~ de – pierādīt

fealdad f **1.** nejaukums, neglītums; **2.** negodīgums; apkaunojoša rīcība

febrero m februāris

febrífugo m līdzeklis pret drudzi

febril a drudžains

fécula f ciete, stērķele

feculento a cieti (stērķeli) saturošs

fecundación f apaugļošana

fecundar v **1.** padarīt auglīgu; **2.** apaugļot

fecundidad f **1.** auglīgums; auglība; **2.** ražīgums

fecundo a **1.** auglīgs; **2.** ražīgs

fecha f datums; hasta la ~ – līdz šai dienai, līdz pat šodienai; a esa ~ – toreiz

fechar v datēt

fechoría, fechuría f noziegums; ļaundarība

fedatario m notārs

federación f federācija, savienība

federativo a federatīvs; estado ~ – federatīva valsts

felicidad f **1.** svētlaime; laime; **2.** laime, veiksme

felicitación f apsveikums, laimes vēlējums

felicitar v apsveikt, vēlēt laimi

feliz (pl felices) a laimīgs; día ~ – laimīga diena; ◇ una expresión ~ – trāpīgs izteiciens

felpa f **1.** plīšs; samts; toalla de ~ – frotē dvielis; **2.** sar. brāziens, suta

felposo, felpudo a **1.** pūkains; **2.** samtains; samtam līdzīgs

femenil a sievišķīgs

femenino I a **1.** sievietes-; sieviešu-; **2.** gram. sieviešu dzimtes-; **II** m gram. sieviešu dzimte

fénico a ķīm. karbola-; ácido ~ – karbolskābe

fenol m ķīm. fenols, karbolskābe

fenomenal a fenomenāls

fenómeno m fenomens

feo a **1.** neglīts; nejauks; ķēmīgs; **2.** nepatīkams (par rīcību u. tml.)

feracidad, fertilidad f (augsnes) auglība

feraz (pl feraces) a auglīgs (par augsni)

féretro m zārks

feria f **1.** atpūtas diena; svētki; **2.** gadatirgus; ~ internacional – starptautiskais gadatirgus; participar en una ~ – piedalīties gadatirgū

ferin‖o a dzīvnieka-; dzīvnieku-; ◇ tos ~a – garais klepus

fermentación f rūgšana; raudzēšana

fermentar v **1.** rūgt; celties (par mīklu); **2.** raudzēt

fermento m **1.** ieraugs; **2.** fiziol. ferments

ferocidad f **1.** nežēlība, cietsirdība;

2. niknums; mežonīgums; zvērīgums

feroz (*pl* feroces) *a* **1.** nežēlīgs; cietsirdīgs; **2.** nikns; mežonīgs; zvērīgs

ferrar *v* apkalt ar dzelzi

férreo *a* dzelzs-

ferrería *f* metāllietuve

ferretear *v* **1.** iededzināt zīmi (*ar dzelzi*); **2.** apkalt ar dzelzi

ferretería *f* **1.** metāllietuve; **2.** tirgošanās ar dzelzs izstrādājumiem

ferrocarril *m* dzelzceļš; ~ funicular – trosu dzelzceļš; ~ metropolitano – metropolitēns; ~ de vía única – vienssliežu dzelzceļš; ~ de vía doble – divsliežu dzelzceļš; ~ de vía estrecha – šaursliežu dzelzceļš

ferrocarrilero (*am.*), **ferrovial, ferroviario** I *a* dzelzceļa-; II *m* dzelzceļnieks

ferruginoso *a* dzelzs-; dzelzi saturošs; preparados ~s – dzelzs preparāti

fértil *a* **1.** auglīgs; **2.** (*par izdomu u. tml.*) bagāts

fertilidad *f* auglība

fertilizante *m* mēslojums; mēsli

fertilizar *v* padarīt auglīgu (*augsni*)

férvido *a* **1.** karsts; **2.** dedzīgs

ferviente *a* **1.** ļoti karsts; **2.** straujš, ātrs; dedzīgs; ◊ ~ ruego – sirsnīgs lūgums

fervor *m* **1.** karstums; **2.** degsme; dedzība

fervoroso *a* kvēls, dedzīgs; deseo ~ – karsta vēlēšanās

festejar *v* **1.** svinīgi uzņemt; pacienāt; **2.** svinēt, atzīmēt

festival *m* festivāls

festividad *f* **1.** svētki; svinības; **2.** svētku diena; **3.** asprātība

festivo *a* **1.** jautrs, priecīgs; **2.** asprātīgs

feto *m anat.* dīglis, embrijs; auglis

feudal *a* feodāls; régimen ~ – feodālā iekārta

feudalismo *m* feodālisms

fiable *a* uzticams, drošs

fiador *m* galvotājs

fiambre *m* aukstie uzkožamie; ternera ~ – auksta teļa gaļa

fianza *f* **1.** galvošana (*par kādu personu*); **2.** ķīla; garantija

fiar *v* **1.** galvot; **2.** pārdot uz kredīta; **3.** ticēt, cerēt; **~se** *rfl* paļauties (*uz kādu*)

fiasco *m* neveiksme; hacer ~ – ciest neveiksmi

fibra *f anat.* šķiedra

fibrina *f fiziol.* fibrīns

fibroso *a anat.* fibrozs

ficción *f* izdoma; izdomājums; fikcija

ficticio *a* izdomāts, sagudrots; fiktīvs

ficha *f* **1.** spēļu marka; spēļu kauliņš; **2.** (*kaloga*) kartīte

fichero *m* kartotēka

fidedigno *a* uzticības cienīgs; drošs, neapšaubāms; hechos ~s – neapšaubāmi fakti; de fuente ~ a – no drošiem avotiem

fidelidad *f* **1.** uzticība; **2.** precizitāte, punktualitāte

fideos *m pl* nūdeles

fiebre *f* **1.** drudzis; ~ palúdica – purva drudzis, malārija; ~ amarilla – dzeltenais drudzis; **2.** drudžainums, uztraukums; declinar (remitir) la ~ – nokrist (*par temperatūru*)

fiel *a* uzticīgs; ~ a (con; para; para con) sus amigos – uzticīgs saviem draugiem; ~ a su palabra – uzticīgs savam vārdam

fieltro *m* **1.** tūba; **2.** filcs; sombrero de ~ – filca cepure; botas de ~ – velteņi

fiera *f* **1.** plēsīgs zvērs; **2.** nežēlīgs (cietsirdīgs) cilvēks

fiesta *f* **1.** svētki; **2.** līksmība, jautrība; cara de ~ – priecīga seja; día de ~ – svētku diena

figura **I** *f* **1.** figūra; **2.** seja; **3.** attēls; **II** *m* figūra, svarīga persona

figurable *a* iedomājams

figuración *f* **1.** iedomāšanās, iztēlošanās; **2.** attēlošana; **3.** figurēšana

figurar *v* **1.** attēlot; **2.** iedomāties, iztēloties; **3.** figurēt; ~se *rfl* iedomāties, iztēloties

figurativo *a* tēlains

fijación *f* **1.** nostiprināšana, fiksēšana; **2.** koncentrēšanās; **3.** *foto* fiksēšana

fijador *m* **1.** *foto* fiksāža; **2.** *glezn.* fiksatīvs

fijamente *adv* **1.** noteikti, precīzi; **2.** vērīgi; cieši

fijar *v* **1.** nostiprināt; piestiprināt; piesist; ~ carteles – izlīmēt afišas; **2.** noteikt; precizēt; ~ la fecha de una reunión – noteikt sapulces dienu; **3.** saspindzināt; ~ la atención – saspindzināt uzmanību; ~ la mirada – pievērst skatienu; ~se *rfl* **1.** aizkavēties; **2.** pievērst (*uzmanību, domas*)

fij‖o *a* **1.** stingrs; nekustīgs; **2.** noteikts; stabils; sueldo ~ – noteikta alga; ◇ idea ~a – uzmācīga doma

fila *f* rinda; virkne; en ~ india – zosu gājienā

filantropía *f* filantropija

filantrópico *a* filantropijas-; filantropisks

filatelía *f* filatēlija

filatelista *m, f* filatēlists, -e

filautero *a* egoistisks

filete *m* **1.** *arhit.* dzega, karnīzs; **2.** *kul.* fileja

filiación **1.** izcelšanās, izcelsme; **2.** dokumenti par izcelšanos, raduraksti; sociālā piederība

filial *a* dēla-, dēlu-, amor ~ – dēla mīlestība; **2.** filiāle, meitas uzņēmums

filiar *v* **1.** adoptēt; **2.** atzīmēt, ierakstīt (*pasē u. tml.*); ~se *rfl* tikt iesauktam armijā

filipino **I** *a* Filipīnu-; **II** *m* filipīnietis

film, filme *m* filma; ~ sonoro – skaņu filma; ~ de dibujos animados – multiplikācijas filma; ~ en colores – krāsaina filma; ~ de

divulgación científica – zinātniski populāra filma; ~ mudo – mēmā filma
filmación *f* filmēšana
filmar *v* filmēt; uzņemt filmu
filmoteca *f* filmotēka
filo *m* asmens; dar un ~ – uzasināt asmeni
filología *f* filoloģija
filológico *a* filoloģijas-; filoloģisks
filólogo *m* filologs
filoseda *f* pusvilnas (puszīda) audums
filosofar *v* 1. prātot, filozofēt; 2. *sar.* domāt, gudrot
filosofía *f* filozofija
filosófico *a* filozofijas-; filozofisks
filósofo *m* filozofs
filtración *f* filtrēšana
filtrador *m* filtrs
filtrar *v* [iz]filtrēt, [iz]kāst; ~ se *rfl* 1. iesūkties; sūkties cauri, izsūkties; 2. izkūpēt (*par naudu*)
filtro *m* filtrs; papel ~ – filtrpapīrs
fin *m* 1. beigas; a ~ es del mes – mēneša beigās; dar ~ – izbeigt, pielikt punktu; 2. robeža; sin ~ – neizmērojams; 3. mērķis; nodoms, apņemšanās; a ~ de – lai; 4. nāve; ◇ al ~ del mundo – viņā pasaules malā (galā); al (en, por) ~ – beidzot; al ~ y al cabo, al ~ y a la postre – beidzot, beigu beigās; ~ de fiesta – programmas noslēguma numurs (*teātrī*); al ~ se canta la gloria – cāļus skaita rudenī

final I *a* gala-, beigu-; pēdējais; galīgais; II *m* 1. beigas, gals; noslēgums, nobeigums; ~ de alarma *mil.* – beigu signāls, atsaukšanas signāls; 2. fināls
finalidad *f* 1. mērķis; 2. pamudinājums, stimuls
finalizar *v* I. beigt; pabeigt, nobeigt; izbeigt; 2. beigties
finalmente *adv* beidzot
finamente *adv* 1. smalki; 2. delikāti, smalkjūtīgi
financiar *v* finansēt
financiero I *a* finanšu-; finansiāls; II *m* finansists; capital ~ – finanšu kapitāls
finanzas *f pl* finanses
finca *f* nekustamais īpašums; ~ rústica – viensēta; lauku mājas
finés *sk.* **finlandés**
fineza *f* 1. laba kvalitāte; 2. smalkums; 3. delikātums, smalkjūtīgums
fingido *a* viltus-, neīsts; mākslots
fingimiento *m* 1. izlikšanās; 2. izdomājums
fingir *v* 1. izlikties; simulēt; ~ una enfermedad – simulēt slimību; 2. izdomāt; ~se *rfl* izlikties
finlandés I *a* somu-; II *m* 1. soms; 2. somu valoda
fino *a* 1. labs, labas kvalitātes; 2. smalks; 3. delikāts, pieklājīgs
firma *f* 1. paraksts; recogida de ~s – parakstu vākšana; refrendar con su ~ – apstiprināt ar savu parakstu;

2. firma; ◇ buena ~ – labs pasākums

firmamento *m* debess velve, debesjums

firmar *v* parakstīt; ◇ ~ en blanco – dot rīcības brīvību

firme *a* **1.** stingrs, nelokāms; **2.** vesels, viengabalains; **3.** izturīgs; stingrs; stabils; ◇ ¡ ~ s! *mil.* – mierā!

firmeza *f* **1.** izturība, stabilitāte; **2.** stingrība, netokāmība

fiscal *m* **1.** prokurors; **2.** nosūdzētājs

fiscalía *f* **1.** prokuratūra; **2.** prokurora amats

fiscalización *f jur.* apsūdzēšana; apsūdzība

fiscalizar *v jur.* apsūdzēt

fisco *m* valsts kase, fisks

fisgonería *f* neveselīga ziņkāre

física *f* fizika

físico **I** *a* fizikas-; fizikāls; **II** *m* fiziķis

fisiología *f* fizioloģija

fisiológico *a* fizioloģijas-; fizioloģisks

fisiólogo *m* fiziologs

fisionomía *f* fizionomija

fisioterapéutico *a* fizioterapeitisks; tratamiento ~ – fizioterapeitiskā ārstēšana

fisura *f* plaisa

fitología *f* botānika

flaco *a* **1.** vājš, tievs; **2.** nespēcīgs

flacura *f* **I.** vājums, tievums; **2.** vājums, nespēks

flamante *a* **1.** mirdzošs; **2.** jauns

flamear *v* **1.** kvēlot, liesmot; **2.** plīvot, plandīties (*par karogu*); piepūsties (*par burām*)

flamenco I *a* **1.** flāmu-; **2.** čigānisks; **II** *m* **1.** flāmu valoda; **2.** *ornit.* flamings

flámula *f* vimpelis

flanco *m* **1.** sāns; puse; **2.** *mil.* flangs; fuego de ~ – flanga ugunis; **3.** *jūrn.* borts

flanquear *v mil.* segt flangu

flanqueo *m mil.* flangu nodrošināšana (segšana)

flaquear *v* **1.** kļūt vājākam, zaudēt spēkus; **2.** bēdāties; zaudēt dūšu

flaqueza *f* **1.** vājums, kalsnums; **2.** vājums, nespēks

flauta *f* flauta

flauteado *a* maigs (*par skaņu*)

flautero *m* flautu meistars

flautista *m, f* flautists, -e

fleco *m* bārksts

flecha *f* (*loka*) bulta

flechador *m* strēlnieks, loka šāvējs

flechar *v* **2.** savilkt loku; **2.** ievainot (nogalināt) ar bultu

flechazo *m* **1.** bultas izšaušana; **2.** bultas ievainojums; **3.** *sar.* pēkšņa mīlestība

flechero *m* loka šāvējs

flegmasía *f* iekaisuma process

fleje *m* stīpa

flema *f* **I.** siekalas; **2.** aukstasinība; flegmatisms; gastar ~ – būt flegmatiskam, saglabāt aukstasinību

flemático *a* aukstasinīgs; flegmatisks
flemón *m med.* flegmona
flequillo *m* (*īsi apgriezti*) mati uz pieres; matu šķipsna
fletador *m jūrn.* (*kuģa*) kravas vedējs
fletamento *m jūrn.* 1. (*kuģa*) krava; 2. frakts, veduma maksa
fletar *v jūrn.* fraktēt
flete *m jūrn.* frakts, veduma maksa
flexibilidad *f* lokanums; elastīgums
flexible *a* 1. lokans, elastīgs; 2. pakļāvīgs; piekāpīgs; ◊ sombrero ~ – mīksta cepure
flexión *m* 1. saliekšana; pārliekšana; 2. saliekums; liekuma vieta; 3. līkums; izliekums; 4. *gram.* fleksija
flojear *v* 1. kļūt vājam, zaudēt spēkus; 2. nevīžīgi strādāt
flojedad *f* 1. *sar.* vājums, nespēks; 2. slinkums, nevīžība
flojo *a* 1. vājš, nespēcīgs; 2. slinks, nevīžīgs
flor *f* 1. puķe; ~ es artificiales (de mano) – mākslīgie ziedi; ~ campestre – lauku puķe; ~ de nieve – ēdelveiss; 2. pelējums; ◊ a ~ de agua – ūdens virspusē; echar ~es – teikt komplimentus
flora *f* flora, augu valsts
floración *f* ziedēšana
floral *a* zieda-; ziedu-
florear *v* 1. izrotāt ar ziediem; 2. *pārn.* aplidot (*sievieti*); teikt komplimentus
florecer *v* 1. ziedēt; 2. plaukt

florecimiento *m* 1. ziedēšana; 2. uzplaukums; plaukšana
florería, floristería *f* puķu veikals
florero *m* 1. puķu vāze; 2. puķu pārdevējs
florescencia *f bot.* ziedēšana; ziedēšanas periods
floricultor *m* puķkopis
floricultura *f* puķkopība
flota *f* flote; ~ aérea – gaisa flote; ~ mercante – tirdzniecības flote; ~ pesquera – zvejas flote
flotabilidad *f* peldspēja
flotable *a* 1. peldošs; 2. plostojams (*par upi*)
flotación *f* 1. kuģošana; 2. pludināšana; ~ de maderas – koku pludināšana; ◊ línea de ~ *jūrn.* – ūdenslīnija
flotador *m* pludiņš
flotante *a* peldošs
flotar *v* peldēt
flote *m* peldēšana
flotilla *f* flotile
floxia *f* flokši
fluidez *f* šķidrs stāvoklis, plūstamība
fluidificar *v* pārvērst par šķidrumu
fluido **I** *a* 1. šķidrs, tekošs; 2. gāzveidīgs; 3. gluds (*par stilu*); **II** *m* fluīds; ◊ ~ eléctrico – elektriskā strāva
fluir *v* tecēt; iztecēt
flujo *m* 1. straume; 2. iztecēšana; izplūšana; ~ de sangre – asins izplūšana, asiņošana; ~ blanco *med.* – baltie ziedi; 3. paisums; ◊ ~ de

palabras – vārdu birums; ~ de vientre – caureja
fluvial *a* upes-, upju-
foca *f* ronis
focáceo *a* roņa-; roņu-
foco *m* **1.** *fiz.* fokuss; **2.** centrs; ~ luminoso – gaismas avots; ~ de infección – infekcijas perēklis
fofo *a* porains
fogarada, fogata *f* **1.** spožs uzliesmojums; **2.** *mil.* fugass
fogón *m* **1.** pavards, virtuves plīts; **2.** *mil.* deglis
fogonero *m* kurinātājs, krāsnkuris
fogosidad *f* straujums; trauksmainums
fogoso *a* **1.** kvēls, dedzīgs; **2.** straujš; trauksmains
foguear *v mil.* **1.** piešaut (*ieroci*); **2.** apmācīt šaušanā
folklore *m* folklora
folklórico *a* folkloras-
folklorista *m, f* folklorists, -e
follaje *m* lapojums, lapotne
folleto *m* **1.** brošūra; **2.** skrejlapa
fomentar *v* **1.** sasildīt; **2.** pamudināt; **3.** veicināt, stimulēt
fomento *m* **1.** sasildīšana; **2.** pamudināšana; **3.** veicināšana, stimulēšana; attīstība
fonda *f* iebraucamā vieta; viesnīca
fondeadero *m* enkurvieta
fondear *v jūrn.* **1.** izmest enkuru, noenkuroties; **2.** izmērīt dziļumu
fondeo *m jūrn.* **1.** enkura izmešana; **2.** dziļuma izmērīšana

fondo *m* **1.** dibens; echar a ~ – gremdēt; irse a ~ – grimt; slīkt; **2.** dziļums; **3.** fons; **4.** kapitāls, fonds; **5.** ~s *pl* fondi; ~s públicos – valsts fondi; ~s fijos – pamatfondi; **6.** saturs, būtība; ◇ a ~ – sīki, pamatīgi; dar ~ *jūrn.* – izmest enkuru
fonética *f* fonētika
fonético *a* fonētisks
fónico *a* skaņas-, skaņu-
fonograma *m* fonogramma
fonolocalizador *m mil.* skaņu uztvērējs (*aparāts*)
fontanal, fontanar **I** *a* avota-; **II** *m* avots
fontanería *f* **1.** ūdensvads; **2.** strūklaku (kanālu) iekārta
fontanero **I** *a* strūklakas-; strūklaku-; **II** *m* ūdensvadu licējs; ūdensvadu labotājs
foráneo *a* svešs, svešzemju-; ārzemju-
forastero **I** *a* svešs, svešzemju-; ārzemju-; **II** *m* svešzemnieks, ārzemnieks
forcej[e]ar *v* **1.** sasprindzināt spēkus; pūlēties; **2.** pretoties
forcej[e]o *m* **1.** pūlēšanās; **2.** pretošanās
forcejudo *a* spēcīgs
forestal *a* meža-, mežu-; mežains
forja *f* **1.** smēde, kalve; **2.** kalšana
forjador *m* kalējs
forjar *v* **1.** kalt; **2.** stiprināt, nostiprināt

forma *f* **1.** forma; arējais izskats; dar ~ – piešķirt formu (izskatu); **2.** forma, veidne; ◇ de ~ que – tā kā; de esta ~ – tādējādi; en debida ~ – kā [pie]nākas, pienācīgi; pro ~ – izskata pēc; de todas ~s – lai tur vai kas

formación *f* **1.** formēšana, veidošana; **2.** formācija, iekārta; ~ económico-social – sabiedriski ekonomiskā formācija; **3.** *mil.* ierinda; ~ cerrada – slēgta ierinda; ~ en fila – nostādīšana vienā rindā

formal *a* **1.** formāls; **2.** ārējs; **3.** precīzs, akurāts; **4.** nopietns

formalidad *f* **1.** formalitāte; **2.** precizitāte, akurātība; **3.** nopietnība

formalismo *m* formālisms

formalista *m, f* formālists, -e

formar *v* **1.** piešķirt formu; veidot; **2.** saformēt; ~ un tren – saformēt vilcienu; **3.** *mil.* kārtoties [ierindā]; ¡~! – stāties! (*komanda*); ~se *rfl* augt, attīstīties; veidoties

formícidos *m pl* skudras

formidable *a* **1.** milzīgs; **2.** šausmīgs, briesmīgs

formón *m* kalts

fórmula *f* **1.** formula; ~ estructural ķīm. – struktūras formula; **2.** recepte

formulación *f* formulēšana

formular *v* **1.** formulēt; **2.** izrakstīt recepti

formulario *m* **1.** formulārs; **2.** recepšu grāmata; **3.** anketa

fornicar *v* nodoties netiklībai

fornido *a* plecīgs; spēcīgs

forraje *m* zaļbarība; ~ mezclado – kombinētā lopbarība

forrar *v* ielikt oderi

forro *m* **1.** odere; **2.** pārvalks; **3.** (*grāmatas*) vāks; **4.** *jūrn.* [kuģa] apšuvums

fortalecer *v* nostiprināt; ~ la salud – nostiprināt veselību

fortaleza *f* **1.** spēks, vīrišķība; **2.** *mil.* cietoksnis

fortificación *f* **1.** nostiprināšana; **2.** *mil.* nocietināšana; nocietinājums

fortificar *v* **1.** nostiprināt; **2.** *mil.* nocietināt

fortín *m mil.* ugunspunkts; ~ exterior – priekšējais nocietinājums

fortuna *f* **1.** liktenis; **2.** laimīgs gadījums; laime, veiksme; por ~ – par laimi; probar ~ *sar.* – izmēģināt laimi; **3.** manta, īpašums

forzad‖o I *a* **1.** piespiedu-; trabajo ~ – piespiedu darbs; **2.** piespiests; risa ~a – piespiesti smiekli; **II** *m* katordznieks

forzador *m* varmāka

forzamiento *m* **1.** piespiešana; **2.** varmācība

forzar *v* **1.** iegūt ar spēku (varu); **2.** piespiest

forzosa *f* nepieciešamība, vajadzība

forzosamente *adv* aiz nepieciešamības, nepieciešamības spiests

forzoso *a* neizbēgams, ◇ paro ~ – bezdarbs

fosa *f* **1.** kaps; **2.** *anat.* dobums; ~s nasales – deguna dobums
fosar *v* apjozt ar grāvi
fósforo *m* **1.** fosfors; **2.** sērkociņš
fósil *m* fosilija, izraktenis
fosilización *f* pārakmeņošanās
fosilizarse *v r/l* pārakmeņoties
foso *m* grāvis; ~ del castillo – grāvis pils priekšā; ◊ ~ de la orquestra – orķestra vieta skatuves priekšā
fotoeléctric‖o *a fiz.* fotoelektrisks; célula ~a – fotoelements, fotošūna
fotografía *f* fotografēšana; ~ aérea – fotografēšana no gaisa
fotografiar *v* fotografēt
fotográfico *a* fotogrāfisks; reconocimiento ~ – fotoizlūkošana; aparato ~, cámara ~a – fotoaparāts; papel ~ – fotopapīrs
fracasar *v* **1.** iet bojā (*par kuģi*); **2.** ciest neveiksmi; bankrotēt; hacer ~ – izjaukt (*kādu pasākumu*); **3.** *sar.* izkrist eksāmenā
fracaso *m* **1.** dārdoņa; rībona; brīkšķēšana; **2.** neveiksme; izgāšanās; **3.** krahs; bankrots
fracción *f* **1.** sadalīšana; sasmalcināšana; **2.** daļa; **3.** frakcija; **4.** *mat.* daļskaitlis; ~ decimal – decimāldaļskaitlis
fraccionable *a* viegli lūstošs; viegli plīstošs; trausls
fraccionar *v* **1.** sadalīt pa daļām; sasmalcināt; **2.** *ķīm.* frakcionēt
fractura *f* **1.** salaušana; **2.** *med.* lūzums; **3.** uzlaušana; robo con ~ – ielaušanās zādzība
fracturar *v* **1.** lauzt, salauzt; **2.** uzlauzt
fragancia *f* **1.** smarža, aromāts; **2.** laba slava
fragante *a* smaržīgs, aromātisks
frágil *a* **1.** viegli lūstošs; trausls; **2.** *pārn.* svārstīgs; nepastāvīgs; persona ~ – bezrakstura cilvēks; explicación ~ – nepārliecinošs paskaidrojums; **3.** īslaicīgs
fragilidad 1. trauslums; **2.** *pārn.* svārstīgums; nepastāvība
fragmentación *f* sadalīšana pa daļām
fragmentar *v* sadalīt pa daļām
fragmento *m* fragments; daļa
fragor *m* liels troksnis; dunoņa; dārdoņa
fragua *f* **1.** ēze; **2.** kalve, smēde
fraguar *v* **1.** kalt; **2.** izgudrot; sadomāt
fraile *m* mūks
frambuesa *f* avene
frambueso *m* aveņu krūms
francamente *adv* godīgi, atklāti; dicho ~ – patiesību sakot
francés I *a* franču-; **II** *m* **1.** francūzis; **2.** franču valoda
franco *a* **1.** brīvs; **2.** patiess; sirsnīgs; vaļsirdīgs; ◊ puerto ~ – brīvosta
frangente *m* nelaimes gadījums
frangir *v* sadalīt; sasmalcināt
franja *f* **1.** bārksts; **2.** josla; ~ forestal – lauku aizsardzības meža josla
franj[e]ar *v* apšūt ar bārkstīm

frasco *m* [maza] pudelīte, flakons
frase *f* frāze; ~s altisonantes – skaļas frāzes; ~ proverbial – sakāmvārds
fraternal *a* brālīgs
fraternidad *f* brālība
fraternizar *v* brāļoties; simpatizēt (*kādam*)
frecuencia *f* **1.** bieža atkārtošanās; daudzkārtīgums; con ~ – bieži; **2.** *fiz.* frekvence
frecuentación *f* bieža apmeklēšana
frecuentador *m* pastāvīgs apmeklētājs
frecuentar *v* **1.** bieži atkārtot; **2.** bieži apmeklēt
frecuente *a* biežs; paātrināts (*par pulsu*)
fregar *v* mazgāt; slaucīt; tīrīt
fregona *f* trauku mazgātāja; apkopēja
freir *v* **1.** cept; **2.** plīties virsū, nelikt mieru, mocīt
fréjol *m* pupiņas
frenar *v* **1.** uzlikt iemauktus (*zirgam*); **2.** iegrožot, savaldīt
frenesí *m* neprāts; trakums
frenético *a sar.* neprātīgs, traks
freno *m* **1.** iemaukti; **2.** bremze; ~ de mano – rokas bremze; ◇ sin ~ – neapturami; nevaldāmi
frente I *f* **1.** piere; ~ calzada – zema piere; **2.** labā puse; priekšpuse; fasāde; ◇ al ~ – priekšā; ~ a ~ – 1) vaigu vaigā; 2) priekšgalā; hacer ~ – pretoties; nepadoties; en ~, ~ a – pretī, pretējā pusē; ~ por ~ – tieši pretī; **II** *m mil.* fronte; ~ popular – tautas fronte
fresaᵃ *f* zemene
tresaᵇ *f tehn.* frēze
fresadora *f* frēzmašīna
fresco I *a* **1.** svaigs; noticis ~as – svaigas ziņas; **2.** dzīvespriecīgs; **3.** nepiespiests; brīvs; **II** *m* **1.** vēsums, dzestrums; svaigs gaiss; al ~ – zem klajas debess; beber ~ – uzspļaut (uzšķaudīt) visam; **2.** *m glezn.* freska
fresquera *f* ledusskapis
frialdad *f* **1.** aukstums; **2.** vienaldzība
fricación *f* berzēšana, braucīšana, masāža
fricar *v* berzēt, braucīt, masēt
frigorífico I *a* saldēšanas-; atdzesējošs; atvēsinošs; **II** *m* ledusskapis
fríjol *m* **1.** (*am.*) pupiņas; **2.** (*am.*) ~es *pl* ēdiens; pārtika, uzturs
frío I *a* **1.** auksts; **2.** vienaldzīgs; **II** *m* aukstums; hace ~ – salst, ir auksts; ◇ coger ~ – saaukstēties
friolento, friolero *a* salīgs
fritada *f* sacepums
frito I *a* [sa]cepts; **II** *m* cepetis
frivolidad *f* vieglprātība
frívolo *a* vieglprātīgs, gaisīgs
frontal *a* frontāls
frontera *f* **1.** (*valsts*) robeža; violar la ~ – pārkāpt robežu; **2.** fasāde
fronteriz‖o *a* **1.** pierobežas-; zona ~a – pierobežas josla, robežjosla; **2.** pretimstāvošs, pretī esošs

frotación, frotadura f, **frotamiento** m berzēšanās; berze

frotar v berzt, berzēt; **~se** rfl berzties, berzēties, rīvēties

fructífer‖o a auglīgs; colaboración ~a – auglīga sadarbība

fructificar v 1. nest augļus; 2. dot labumu

fructuario a ienesīgs

fructuoso a 1. auglīgs; 2. ienesīgs; 3. derīgs

frugal a trūcīgs (*par uzturu*); comida ~ – vieglas pusdienas

frugalidad f atturīgums

frustrar v 1. atņemt cerību; pievilt cerības; 2. *pārn.* izjaukt; ~ el intento – izjaukt nodomu; **~se** rfl ciest neveiksmi

fruta f auglis; ~s escarchadas – sacukuroti augļi

frutal I a augļu-; **II** m augļu koks

frutar v nest augļus

frutería f augļu veikals

frutero m augļu pārdevējs

fruto m 1. auglis; 2. labums; ieguvums; 3. rezultāts, sekas

fuego I m 1. uguns; a ~ lento – uz lēnas uguns; 2. ugunsgrēks; 3. šaušana; apšaudīšana; ¡~! – uguni! (*komanda*); hacer ~ – šaut; apšaudīt; romper el ~ – atklāt uguni; ~ rápido – skrejuguns; ~ de detención – sprostuguns; apagar los ~s – piespiest klusēt (apklusināt) ienaidnieka artilēriju; 4. dedzīgums, kvēlums; ◊ ~s artificiales – ugunošana; a sangre y ~ – ar uguni un zobenu; estar entre dos ~s – būt starp divām ugunīm; echar leña al ~ – liet eļļu ugunī; jugar con el ~ – rotaļāties ar uguni, riskēt bez vajadzības; levantar ~ – iesākt strīdu; donde ~ se hace, humo sale – nav dūmu bez uguns

fuelle m plēšas

fuente f 1. avots; ~s minerales – minerālavoti; ~s termales – siltie avoti; ~ ascendente – artēziskā aka; 2. strūklaka; 3. (*liels*) šķīvis, trauks; 4. *pārn.* avots; ~s fidedignas – droši avoti

fuera adv 1. ārpus, aiz; por ~ – no ārpuses; ~ de – ārpus; ¡~! – ārā!, laukā!; 2. bez tam, turklāt; ~ de eso – bez tam; ◊ estar ~ – būt (atrasties) projām (izbraukumā); ~ de tiempo – nelaikā

fuerista m, f likumu zinātājs, -a

fuero m 1. likumu sakopojums; 2. jurisdikcija; 3. privilēģija

fuerte a 1. stiprs; spēcīgs; vino ~ – stiprs vīns; tabaco ~ – stipra tabaka; 2. drošsirdīgs, vīrišķīgs

fuerza f 1. *daž. noz.* spēks; ~ de ley – likuma spēks; ~ de costumbre – ieraduma spēks; ~ de voluntad – gribasspēks; ~s productivas – ražošanas spēki; ~ centrífuga *fiz.* – centrbēdzes spēks; 2. ~s pl bruņotie spēki; karaspēks; ~s armadas – bruņotie spēki

fuga f bēgšana (*no gūsta u. tml.*); darse a la ~ – aizbēgt

fugacidad *f* acumirklīgums; īslaicīgums

fugarse *v rfl* slēpties, bēguļot

fugaz *a* acumirklīgs; īslaicīgs

fugitivo **I** *a* bēgošs; **II** *m* bēglis

fulgor *m* mirdzums, spožums

fulguración *f* 1. mirdzēšana, spīdēšana; 2. rūsa (*pie debesīm*); 3. zibens spēriens

fulgurante *a* mirdzošs

fulgurar *v* mirdzēt, spīdēt

fulminación *f* uzliesmojums

fulminante *a* 1. zibeņātrs, zibenīgs; 2. sprāgstošs, eksplozīvs; ◇ muerte ~ – pēkšņa nāve

fulminar *v* 1. zibeņot; 2. mirdzēt; 3. mest bumbas

fumada *f* (*vienreizēja*) dūmu ievilkšana (*smēķējot*)

fumadero *m* smēķējamā istaba

fumador **I** *a* smēķējošs; **II** *m* smēķētājs

fumar *v* 1. smēķēt; 2. kūpēt

fumoso *a* dūmu pilns, dūmains

funámbolo *m* ekvilibrists, virves dejotājs

función *f* 1. *daž. noz.* funkcija; 2. (*teātra*) izrāde

funcionario *m* 1. kalpotājs; darbinieks; ~s públicos – valsts darbinieki; 2. ierēdnis

funda *f* 1. pārklājs; pārvalks; 2. spilvendrāna

fundación *f* 1. dibināšana; 2. pamatu likšana (*mājai*)

fundador *m* dibinātājs, pamatlicējs

fundamental *a* pamata-; galvenais; ley ~ – pamatlikums (*konstitūcijā*)

fundamentar *v* 1. likt pamatus (*mājai*); 2. pamatot; motivēt; 3. nostiprināt

fundamento *m* 1. (*mājas*) pamats; ~ de hormigón – betona pamats; 2. pamatojums; pamats; motivējums

fundar *v* 1. dibināt; 2. celt; 3. pamatot, motivēt; **~se** *rfl* (en) balstīties, pamatoties

fundición *f* 1. (*metālu*) kausēšana; 2. lietuve; 3. lējumi

fundidor *m* metāllējējs; ~ de acero – tēraudlējējs

fundir *v* kausēt (*metālus*); **~se** *rfl* 1. kust (*par metāliem*); 2. saplūst, savienoties; 3. *el.* pārdegt

fúnebre *a* 1. sēru-; bēru-; 2. drūms

funeral **I** *a* sēru-; bēru-; **II** *m* bēres

funeraria *f* apbedīšanas birojs

fungosidad *f* porainums

fungoso *a* porains

furgón *m* 1. *dzelzc.* bagāžas vagons; 2. furgons, kravas rati; kulba

furia *f* 1. *mit.*, *pārn.* fūrija; 2. niknums, trakums; 3. steiga; a toda ~ – ar steigu, steidzīgi

furioso *a* 1. nikns; 2. cietsirdīgs

furor *m* trakošana; nevaldāms niknums

fuselaje *m av.* fizelāža

fusil *m* šautene; ~ ametrallador – rokas ložmetējs; ~ antitanque – prettanku šautene

fusilamiento *m* nošaušana; apšaušana
fusilar *v* nošaut; apšaut
fusilero *m mil.* strēlnieks
fusión 1. (*metālu*) kausēšana; 2. sakušana; apvienošanās; ~ nuclear – kodolsintēze
fusionar *v* 1. sakausēt; 2. apvienot

fusta *f* žagars; pātaga
fustigar *v* 1. pērt; 2. apzīmogot ar kauna zīmi
fútbol *m* futbols
futbolista *m* futbolists
futuro I *a* nākošais, turpmākais; II *m* 1. nākotne; ~ contingente – nezināmā nākotne; 2. *gram.* nākotne

G

gabán *m* mētelis
gabarra *f* 1. buru laiva (*viens no veidiem*); 2. liellaiva
gabinete *m* 1. kabinets; ~ de lectura – lasītava; 2. tualetes istaba; 3. ministru kabinets
gaceta *f* laikraksts, avīze (*noteikta virziena*); ~ literaria – literatūras avīze
gaditano I *a* Kadisas-; kadisiešu-; II *m* Kadisas iedzīvotājs, kadisietis
gafas *f pl* brilles
gala *f* 1. svētku tērps; de ~ – parādes formā, svētdienīgi ģērbies; 2. grācija; skaistums
galáctico *a astr.* galaktikas-; galaktisks
galán I *a* 1. stalts; brašs; 2. galants; II *m* kavalieris, pielūdzējs
galantear *v* aplidot (*sievieti*); pievērst uzmanību (*sievietei*)
galanteo *m* uzmanības parādīšana (*sievietei*)

galantería *f* 1. pieklājīgums; galantums; 2. pievilcība; 3. augstsirdība
galardón *m* atlīdzība
galaxia *f astr.* galaktika
galbana *f* slinkums, kūtrums
galería *f* 1. *daž. noz.* galerija; 2. gleznu galerija
galgo *a*: perro ~ – kurts
galón *m* 1. trese; nošuve; 2. lente
galopada *f* aulekšošana
galopar *v* aulekšot, auļot
galope *m* galops, auļi, aulekši; a ~ – auļiem, aulekšiem
gallardía *f* 1. staltums; brašums; 2. greznums; elegance; 3. vīrišķība
gallardo *a* 1. vīrišķīgs; 2. elegants; grezns
gallear *v* 1. dusmoties, skaisties; 2. izcelties (*starp pārējiem*)
gallego I *a* Galisijas-; galisiešu-; II *m* 1. galisietis; 2. galisiešu valoda

galletaᵃ *f* galete (cepums)
galletaᵇ *f* **1.** pļauka; **2.** rājiens
gallina *f* **1.** vista; ~ armada – speķots vistas cepetis; **2.** vāja rakstura (ģļēvs) cilvēks, ģļēvulis; ◇ ~ ciega – vistiņas (*spēle*); acostarse con las ~s *sar.* – agri iet gulēt (līdz ar vistām); matar la ~ de los huevos de oro – zāģēt zaru, uz kura pats sēdi
gallinero *m* **1.** vistkopis; **2.** vistu kūts; **3.** *teātr.* galerija
gallo *m* **1.** gailis; **2.** jumta kore, čukurs; **3.** *sar.* netīra skaņa (*dziedot*); ◇ escaparse un ~ – palaist gailīti; al primer ~ – pusnaktī
gamaᵃ *f* dambriedis (*mātīte*)
gamaᵇ *f* **1.** gamma; **2.** diapazons
gamberra *f* ielasmeita
gamberro *m* izvirtulis
gambito *m* gambīts (*šahā*)
gamo *m* dambriedis (*tēviņš*)
gamuza *f* **1.** kalnu kaza; **2.** zamšāda, ziemišķāda
gana *f* **1.** vēlēšanās, griba; de buena ~ – labprāt; de mala ~ – negribīgi; tengo mucha ~, me da ~ – man gribas; **2.** iegriba
ganadería *f* **1.** lopkopība; **2.** ganāmpulks
ganadero **I** *a* lopkopības-, lopkopju-; **II** *m* **1.** lopkopis; **2.** lopu tirgotājs
ganado *m* **1.** lopi; ~ mayor – liellopi; ~ menor – sīklopi; ~ caballar – zirgi; ~ mular – mūļi; ~ menudo – jaunlopi; **2.** ganāmpulks; **3.** (*bišu*) spiets
ganancia *f* **1.** pelnīšana; **2.** izpeļņa, peļņa; **3.** ienākums; ieņēmums; **4.** laimests, vinnests; ~ líquida – tīrā peļņa
ganancial *a* izdevīgs, ienesīgs
ganancioso *a* ienesīgs
ganar *v* **1.** izpelnīt, pelnīt; **2.** iegūt; dabūt; ~ tiempo – iegūt laiku; **3.** laimēt, vinnēt; **4.** ieņemt (*pilsētu, cietoksni*); **5.** *pārn.* iekarot (*uzmanību, mīlestību u. tml.*); **6.** sasniegt (*krastu*); ~ un puerto – ienākt ostā; ◇ ~ el mar abierto – iziet atklātā jūrā
ganchillo *m* **1.** tamboradata; **2.** tamborēšana; hacer ~ – tamborēt
gancho *m* **1.** āķis; **2.** zars, zariņš; **3.** ceļa spieķis
gandaya *f* dīka dzīve; ganar la ~ – atrast siltu vietiņu, labi iekārtoties
gandul *m sar.* sliņķis, slaists; klaidonis
gandulear *v* slinkot, slaistīties; klaiņot
gandulería bezdarbība, dīkdienība, slaistīšanās
gangrena *f med.* gangrēna
ganso *m* **1.** zostēviņš; ~ bravo – meža zoss; **2.** sliņķis, slaists
ganzúa *f* **1.** mūķīzers; **2.** veikls zaglis
ganzuar *v* **1.** atmūķēt; **2.** izzināt, izdibināt (*noslēpumu*)
garabatear *v* **1.** aizkrampēt; **2.** rakstīt kā ar vistas kāju, skribelēt

garabato *m* **1.** [dzelzs] āķis; **2.** ķeburs

garaje *m* garāža

garante *m* galvinieks, galvotājs

garantía *f* **1.** garantija; **2.** galvojums; **3.** ķīla

garantir, garantizar *v* **1.** garantēt; nodrošināt; **2.** galvot

garbanzo *m* turku pupas

garbera *f* (*siena*) kaudze

garbillar *v* **1.** vētīt; **2.** sijāt caur rupju sietu

garbillo *m* **1.** vētījamā mašīna; **2.** rupjš siets

garbo *m* **1.** staltums, brašums; **2.** graciozums

garboso *a* **1.** vīrišķīgs; stalts, brašs; **2.** graciozs

gargajear *v* kraukāt; spļaut

gargajo *m* spļaudekļi; gļotas; krēpas

garganta *f* **1.** rīkle; **2.** (*putna*) balss; **3.** potīte; **4.** šaura pāreja; [kalnu] aiza; **5.** (*pudeles u. tml.*) kakls

gargantilla *f* kaklarota, krelles

gárgara *f* kakla skalošana

garita *f* sarga būda

garlopa *f* gropēvele

garra *f* **1.** ķetna, ķepa; **2.** (*putna, zvēra*) nags; **3.** harpūnas āķis

garrafa *f* karafe

garrafón *m* **1.** liela krūze; karafe; **2.** ar salmiem appīts stikla balons

garrapata *f* ērce

garrote *m* **1.** milna; **2.** garote

garrucha *f tehn.* bloks, trīsis

garujo *m* betons

garza *f* pelēkais gārnis

gas *m* gāze; ~ carbónico – ogļskābā gāze; ~ de alumbrado – deggāze; ~ detonante – sprāgstoša gāze; ~ lacrimógeno – asaru gāze; ~ hilarante – smieklu gāze; ~ de mostaza – iprīts

gasa *f* **1.** gāze (*audums*); **2.** marle

gasear *v* gāzēt, piesātināt ar gāzi

gaseiforme *a* gāzveida-; gāzveidīgs

gaseosa *f* gāzēts dzēriens

gaseoso *a* **1.** gāzes-; gāzu-; recambio ~ *biol.* – gāzu maiņa; **2.** gāzveidīgs

gasificación *f* **1.** gazifikācija; **2.** pārvēršana gāzveida stāvoklī

gasificar *v* gazificēt

gasoducto *m* gāzes vads

gasógeno *m* gāzģenerators

gasolina *f* **1.** gazolīns; **2.** degviela

gasómetro *m* **1.** gazometrs; **2.** gāzes tvertne, gāzes rezervuārs

gastado *a* **1.** novājināts; noguris; **2.** nonēsāts, novalkāts; **3.** iztērēts; izšķiests

gastador **I** *a* izšķērdīgs; **II** *m* izšķiedējs, izšķērdētājs

gastar *v* **1.** tērēt (*naudu*); ~ palabras en vano – veltīgi tērēt vārdus; **2.** izsaimniekot; nodzīvot, notriekt; **3.** novalkāt; **4.** bojāt

gasto *m* **1.** izdevumi; hacer ~s – tērēt; cubrir los ~s – segt izdevumus; **2.** nodilšana; nodilums

gastoso *a* izšķērdīgs

gástrico *a* kuņģa-; jugo ~ – kuņģa sula

gastritis *f med.* gastrīts, kuņģa katars
gastronomía *f* gastronomija
gata *f* kaķe, kaķene
gatillo *m* 1. zobu knaibles; 2. *mil.* (*šautenes*) gailis; apretar el ~ – nospiest gaili; montar el ~ – uzvilkt gaili
gato *m* 1. kaķis; 2. domkrats; ◇ aquí hay ~ encerrado – šeit kaut kas slēpjas; de noche todos los ~s son pardos – tumsā visi kaķi pelēki
gatuno *a* kaķa-; kaķu-
gaucho *m* 1. gaučo; 2. labs jātnieks; 3. salmu cepure platām malām
gavanza *f* mežrozītes zieds
gavanzo *m* mežrozīte
gaveta *f* (*rakstāmgalda*) atvilktne
gavia *f* 1. eža, ežmala; 2. *jūrn.* marsbura
gavilán *m* 1. vanags; 2. jūrn. abordāžas kāsis
gaviota *f* kaija
gayola *f* 1. būris, krātiņš; 2. *sar.* cietums
gazpacho *m* zupa (*no maizes, tomātiem, etiķa, eļļas, ūdens, sīpoliem, ķiplokiem*)
geiser *m* geizers
gelatina *f* 1. želatīns; 2. medūza
gelatinoso *a* recekļains
gemelo I *a* dubults, divkāršs; II *m* 1. dvīnis; 2. ~ s *pl* tālskatis; 3. ~ s *pl* manšetu podziņas
gemido *m* 1. vaids; nopūta; 2. vaidēšana, žēlošanās
Géminis *m astr.* Dvīņu zvaigznājs

gemir *v* 1. vaidēt, vaimanāt, žēloties; 2. kaukt, gaudot (*par dzīvniekiem*)
gendarme *m* žandarms
gendarmería *f* žandarmu korpuss; žandarmērija
genealogía *f* ģenealoģija, radu raksti
genealógico *a* ģenealoģisks; árbol ~ – ciltskoks
generación *f* 1. paaudze; pēcteči; 2. dzimšana; ~ espontánea *biol.* – pašizcelšanās
generador I *a* topošs; dzimstošs; II *m* 1. vaislinieks; 2. ģenerators; ~ de gas – gāzģenerators; ~ de vapor – tvaika katls, tvaika ģenerators
general[a] *a* 1. vispārējs; kopējs; huelga ~ – vispārējs streiks; 2. ģenerālais; ģenerāl-; secretario ~ – ģenerālsekretārs; ◇ en ~, por lo ~ – vispār
general[b] *m* 1. ģenerālis; ~ de ejército – armijas ģenerālis; ~ mayor – ģenerālmajors; capitán ~ – ģenerālkapteinis; coronel ~ – ģenerālpulkvedis; 2. karavadonis; ~ en jefe – virspavēlnieks
generala *f* 1. ģenerāļa sieva; 2. trauksme (*signāls*)
generalato *m* ģenerāļa pakāpe
generalidad *f* 1. kopība; 2. vairākums; 3. vispārējas frāzes (*lekcijā u. tml.*)
generalización *f* vispārināšana
generalizar *v* 1. vispārināt; 2. padarīt par kopēju īpašumu

generalmente *adv* parasti; vispār

generar *v* **1.** dzemdēt, laist pasaulē; **2.** ģenerēt

genérico *a* **1.** ģints-; dzimts-; **2.** *gram.* el nombre ~ – sugas vārds

género *m* **1.** suga; šķirne; veids; de todo ~ – visāda veida; **2.**: ~ humano – cilvēku dzimums; **3.** *gram.* dzimte; **4.** prece; ~s de estación – sezonas preces; izstrādājums; ~ de seda – zīda audums; ~ s de punto – trikotāžas izstrādājumi; **5.** žanrs

generosidad *f* **1.** cēlums, cildenums; augstsirdība; **2.** devība

generoso *a* **1.** cēls, cildens; augstsirdīgs; **2.** devīgs; **3.** lielisks; vino ~ – lielisks (nostāvējies) vīns

génesis *f* **1.** izcelšanās; rašanās; **2.** sākums, pirmcēlonis

genética *f biol.* ģenētika

genial *a* **1.** iedzimts; **2.** ģeniāls

genialidad *f* **1.** no dabas dotas (*rakstura*) īpašības; **2.** ģenialitāte

genio *m* **1.** raksturs; mal (buen) ~ – slikts (labs) raksturs; **2.** tieksme, sliecība (*uz kaut ko*); **3.** dedzīgums; straujums; ◇ tener mucho ~ – būt ātras dabas

genital **I** *a biol.* dzimuma-; seksuāls; **II** *m* ~ es *pl* dzimumorgāni

genitivo **I** *a* spējīgs vairoties; **II** *m gram.* ģenitīvs

genotipo *m biol.* genotips

gente *f* ļaudis, cilvēki; ~ de bien – labi (kārtīgi, godīgi) cilvēki; ~ de toda broza – cilvēki bez noteiktas nodarbošanās; ~ del bronce – jautri (enerģiski) ļaudis

gentecilla *f* lautiņi (*nicinoši*)

gentil **I** *a* **1.** jautrs, patīkams; pievilcīgs; **2.** skaists; smalks; elegants; **3.** pagāna-; pagānu-; pagānisks; **II** *m* pagāns

gentío *m* pūlis; drūzma; ļaudis

genuino *a* **1.** īsts, patiess; **2.** tīrs (*par valodu u. tml.*)

geocéntrico *a astr.* ģeocentrisks

geocentrismo *m astr.* ģeocentrisms

geodesia *f* ģeodēzija

geofísica *f* ģeofizika

geografía *f* ģeogrāfija

geográfico *a* ģeogrāfijas-; ģeogrāfisks

geógrafo *m* ģeogrāfs; ģeogrāfijas skolotājs

geología *f* ģeoloģija

geológico *a* ģeoloģijas-; ģeoloģisks

geólogo *m* ģeologs

geometría *f* ģeometrija; ~ plana – planimetrija; ~ del espacio – stereometrija; ~ descriptiva – tēlojošā ģeometrija

georgiano **I** *a* gruzīnu-; **II** *m* **1.** gruzīns; **2.** gruzīnu valoda

gerencia *f* **1.** (*uzņēmuma*) vadīšana, pārvaldīšana; **2.** vadītāja amats

gerente *m* (*uzņēmuma*) vadītājs, direktors

germen *m* **1.** auglis, embrijs, dīglis; **2.** asns; **3.** sākums, izcelšanās

germinar *v* izdīgt, sadīgt

germinativ∥o *a* dīgtspējīgs; capacidad ~a – dīgtspēja
gerundio *m gram.* ģerundijs
gestación *f* grūtniecības periods
gestear *v* taisīt grimases, vaibstīties
gesticulación *f* 1. žestikulācija; 2. sejas izteiksme
gesticular *v* žestikulēt
gestión *f* 1. valdīšana, pārvaldīšana; 2. darbība; rūpes
gestionar *v* rūpēties
gesto *m* 1. sejas izteiksme; 2. grimase; fruncir el ~ – saraukt uzacis
gestor *m* 1. (*uzņēmuma*) vadītājs; 2. galvenais kompanjons
giba *f* kupris
gibado, giboso *a* kuprains
gibar *v* mest kūkumu
gigante *m* 1. gigants, milzis, milzenis; 2. ģēnijs, titāns
gigante, gigantesco *a* gigantisks, milzīgs
gimnasia *f* vingrošana; ~ médica – ārstnieciskā vingrošana; hacer ~ – vingrot
gimnasio *m* 1. ģimnāzija; 2. vingrotava
gimnasta *m, f* vingrotājs, -a
gimnástico *a* vingrošanas-
ginebra *f* paegļogu (kadiķogu) degvīns, džins
ginecología *f* ginekoloģija
ginecólogo *m* ginekologs
gira *f* brauciens; pastaiga; ~ campestre – izpriecas brauciens; ~ artística – viesizrādes

girar *v* 1. griezties (*ap kaut ko*); 2. izdarīt pagriezienu, nogriezties (*par ielu u. tml.*)
girasol *m* saulespuķe
giratorio *a* 1. griešanās-, rotācijas-; 2. rotējošs; escenario ~ – grozāmā skatuve
giro *m* 1. aplis; apļveida kustība; 2. (*īpašumu u. tml.*) apbraukāšana; 3. pagrieziens; tomar otro ~ – ņemt citu virzienu; 4. izteiciens, teiciens; ~ idiomático – idiomātisks izteiciens; 5. (*naudas, pasta u. tml.*) pārvedums
giroscopio *m tehn.* žiroskops
gitanería *f* 1. čigāni; 2. čigānisms; čigānu stils
gitano I *a* čigāna-; čigānu-; čigānisks; II *m* 1. čigāns; 2. viltnieks, blēdis
glacial *a* ledains, auksts
glaciar *m* šļūdonis, ledājs
glaciario *a* šļūdoņa-, ledāja-; šļūdoņu-, ledāju-; período ~ – ledus laikmets
glándula *f anat.* 1. dziedzeris; ~s endocrinas – endokrīnie dziedzeri; 2. mandele
glandular *a anat.* dziedzera-; dziedzeru-
glasé *f* tafts (*audums*)
global *a* kopējs; kop-; suma ~ – kopsumma
globo *m* 1. lode, bumba; ~ terráqueo (terrestre) – zemeslode; 2. globuss; 3. gaisa balons; ~ dirigible –

dirižablis; ~ aerostático – aerostats; ◊ en ~ – 1) vairākumā; 2) visā visumā, kopumā

glóbulo *m* lodīte, bumbiņa; ~s rojos (blancos) *fiziol.* – sarkanie (baltie) asinsķermenīši

gloria *f* 1. slava; gods; 2. *pārn.* paradīze; 3. greznība, krāšņums; ◊ estar en sus ~s – labprāt darīt (*kaut ko*); hacer ~ de algo – lielīties (*ar kaut ko*)

gloriarse *v rfl* 1. lielīties; 2. priecāties

glorificación *f* slavināšana, cildināšana

glorificar *v* slavēt, cildināt

glorioso *a* 1. slavens; 2. patmīlīgs; godkārīgs; ◊ echar uno de la ~a – pūst miglu acīs

glotón I *a* rijīgs; ēdelīgs; II *m* izēdājs, negausis; rīma

glucosa *f* glikoze

gobernación *f* 1. valdīšana; pārvaldīšana; 2. gubernatora amats; ◊ Ministerio de la Gobernación – Iekšlietu ministrija (*Spānijā*)

gobernador *m* 1. pārvaldītājs; valdītājs; valdnieks; 2. gubernators

gobernante l *a* 1. valdošs; 2. vadošs; II *m* valdītājs; valdnieks

gobernar *v* 1. valdīt; pārvaldīt; 2. vadīt; ~ el barco – vadīt kuģi

gobierno *m* valdība; ~ pelele – marionešu valdība

golfería *f* klaidoņi; bezpajumtnieki

golfo[a] *m* līcis

golfo[b] *m* klaidonis; bezpajumtnieki

golondrina *f* bezdelīga; ◊ una ~ no hace verano – viena bezdelīga pavasari nenes

golosina *f* 1. gardums, kārums; 2. vēlēšanās, tieksme

golosin[e]ar *v* mieloties

goloso *a* kārs

golpe *m* 1. sitiens; trieciens; belziens; ~ mortal – nāvīgs trieciens; ~ en vago *pārn.* – neveiksme, izgāšanās; 2. sadursme; ◊ ~ de tos – klepus lēkme; ~ de mar – banga, liels vilnis; ~ de Estado – valsts apvērsums; ~ de fortuna – negaidīta veiksme, likteņa trieciens; a ~ seguro – noteikti, droši, visādā ziņā; de un ~ – vienā rāvienā; de ~ y porrazo – pārsteidzīgi, neapdomīgi

golpear *v* 1. sist; iesist; 2. klauvēt

golpetear *v* klauvēt, klaudzināt

goma *f* 1. sveķi; ~ elástica – gumija, kaučuks; ~ arábica – gumiarābiks; ~ ceresina – ķiršķoku sveķi; 2.: ~ de borrar – dzēšamgumija

gordo I *a* 1. resns; 2. biezs (*par papīru u. tml.*); ◊ premio ~ – lielākais laimests; II *m* (*dzīvnieku*) tauki

gorgoteo *m* klunkšķēšana

gorra *f* cepure; cepure ar nagu; žokejcepure; ~ de plato – formas cepure; ~ de visera – žokejcepure; ◊ vivir (comer) de ~ – dzīvot uz citu rēķina

gorrear *v* dzīvot uz citu rēķina

gorrería f **1.** cepuru darbnīca; **2.** cepuru veikals

gorrión m zvirbulis

gorro m **1.** cepure; ~ de cuartel, ~ cuartelero – laiviņa (*cepure*); ~ de piel – kažokādas cepure; **2.** bērnu kapuce; **3.** (*augsta*) cepure; mice

gorullo m maza piciņa; gabals; gabaliņš

gota f lāse, piliens; ◇ ~ a ~ – lāsi pa lāsei, pamazām; no ver ~ ~ – tik tumšs, ka vai acī durams; sudar la ~ gorda *sar.* – strādāt vaiga sviedros

gotear v pilēt

goteo m pilēšana

gotera f palāses (*no jumta*)

gótico I a gotu-; gotisks; **II** m gotu valoda

gozar v **1.** izmantot; **2.** būt apveltītam (*ar ko*); ~ de buena salud – būt apveltītam ar labu veselību; **3.** baudīt; **~se** *rfl* baudīt; priecāties

gozo m prieks, patika; bauda; dar ~ – iepriecināt, sagādāt prieku

gozoso a iepriecināts; priecīgs, jautrs

grabación f **1.** gravēšana; **2.** ieskaņošana; ieraksts (*magnetofona lentē*)

grabado m **1.** gravēšana; grebšana; **2.** gravīra; ~ al agua fuerte – asējums, oforts

grabador m gravieris, gravētājs

grabar v **1.** gravēt; grebt; ~ en hueco – gravēt metālā; **2.** ieskaņot; ierakstīt

gracia f **1.** grācija, daiļums; **2.** laipnība; **3.** draudzība; aizgādnība; **4.** apžēlošana; el derecho de ~ – apžēlošanas tiesības; **5.** asprātība; él tiene mucha ~ – viņš ir ļoti asprātīgs; ◇ ¡~s! – paldies!, pateicos!; dar las ~s – pateikties; ~s a – pateicoties (*kam*); de ~ – bez maksas; ¡~s a Dios! – paldies Dievam!

graciosidad f graciozums; daiļums

gracioso a graciozs, daiļš

gradaᵃ f pakāpiens; iedobums (*mūrī, klintī*)

gradaᵇ f *lauks.* šļūce

gradación f pakāpenība, pakāpeniskums

gradoᵃ m **1.** pakāpiens; **2.** pakāpe; quemadura de primer ~ – pirmās pakāpes apdegums; en sumo ~ – augstākā mērā; hasta cierto ~ – zināmā mērā; **3.** *mat.*, *gram.* pakāpe; ~s de comparación – salīdzināmās pakāpes; **4.** *daž. noz.* grāds; diez ~s bajo cero (de frío) – desmit grādu auksts; ~ de doctor – doktora grāds; **5.** klase (*skolā*); ◇ de ~ en ~ – pakāpeniski

gradoᵇ m vēlēšanās, griba; de buen (mal) ~ – labprāt (nelabprāt); de ~ o por fuerza – gribot negribot

graduación f gradācija

gradual a **1.** pakāpenisks; **2.** pakāpjveidīgs

graduar v **1.** graduēt; **2.** piešķirt zinātnisku grādu; piešķirt dienesta pakāpi; piešķirt nosaukumu; **~se** *rfl* iegūt zinātnisku grādu

gráfica *f* grafiks; diagramma; grafisks attēlojums

gráfic‖o *a* **1.** grafisks; arte ~ – grafiskā māksla, grafika; **2.** uzskatāms; revista ~a – ilustratīvs žurnāls; reportero ~ – fotokorespondents; **3.** dzīvs, tēlains (*par valodu, stilu*)

gramática *f* gramatika; ◊ ~ parda – prasme kārtot savas lietas

gramático I *a* gramatisks; **II** *m* valodnieks

gramo *m* grams

gran *a* saīs. *no* **grande**, *lieto tikai lietv. vsk. priekšā*

grana *f* **1.** graudu nobriešanas periods; **2.** graudiņš; sēkliņa; ~ de Paraíso – kardamons

granada *f* **1.** granātābols; **2.** *mil.* granāta; ~ de mano, ~ arrojadiza – rokas granāta; ~ antitanque – pretinieku granāta; **3.** šāviņš

grande I *a* **1.** liels; **2.** ievērojams; izcils; ◊ ~s masas – plašas masas; vivir en ~ – plaši dzīvot; **II** *m* **1.** cilvēks no dižciltīgas ģimenes; grands; **2.** augstmanis

grandemente *adv* **1.** ļoti; augstākā mērā; **2.** lieliski

grandeza *f* **1.** lielums; **2.** dižums; cēlums; majestātiskums; varenība; **3.** granda tituls

grandifloro *a* lielziedu-

grandiosidad *f* grandiozums

grandioso *a* grandiozs

graneado *a* **1.** graudains; **2.**: fuego ~ *mil.* – skrejuguns

granear *v* **1.** sēt (*graudus*); **2.** granulēt (*šaujamo pulveri*)

granero *m* labības klēts

granizada *f* **1.** stipra krusa; **2.** liels daudzums

granizar *v* nākt, birt (*par krusu*)

granizo *m* **1.** krusa; **2.** liels daudzums, pārpilnība

granja *f* ferma; ~ avícola – putnu ferma

granjear *v* **1.** gūt ienākumus (*no tirgošanas*); **-se** *rfl* iekarot, iegūt (*labvēlību u. tml.*)

grano *m* **1.** grauds, sēkla; **2.** kripata, graudiņš; ◊ ~ de arena – artava; ¡vamos al ~! – pie lietas!

granoso *a* graudains

granuja *f* **1.** vīnogas; **2.** (*augļa*) kauliņš; **3.** *sar.* klaidonis; bezpajumtnieks

granulación *f* granulācija

grasa *f* tauki; ~ animal – dzīvnieku tauki; ~ vegetal – augu tauki

grasería *f* sveču fabrika

grasiento *a* taukains; nosmērēts ar taukiem

graso *a* trekns, taukains

grasoso *a* taukains, piesūcināts ar taukiem

gratificación *f* atlīdzība; apbalvojums

gratificar *v* **1.** atlīdzināt, atalgot; apbalvot; **2.** sagādāt prieku

gratis *adv* par velti, bez maksas

gratitud *f* pateicība

grat‖o *a* patīkams; ~a impresión – labs iespaids; ~a nueva – patīkama ziņa

gratuito *a* **1.** bezmaksas-; **2.** nepamatots

gratulación *f* **1.** apsveikums; **2.** sveiciens; **3.** gavilēšana, līksmošana

gratular *v* apsveikt; **~se** *rfl* gavilēt; priecāties

gratulatorio *a* apsveikuma-; discurso ~ – apsveikuma runa

grave *a* **1.** smags; grūts (*par slimību*); **2.** nopietns; svarīgs; **3.** ļoti grūts; falta ~ – rupja kļūda

gravedad *f* **1.** *fiz.* gravitācija; pievilkšanas spēks; centro de ~ – smaguma centrs; **2.** nopietnība; svarīgums

gravidez *f* grūtniecība

gravitación *f fiz.* gravitācija, pievilkšana; ley de la ~ universal – vispasaules gravitācijas likums

gravitar *v* **1.** *fiz.* pievilkt; **2.** mākt, nospiest; ◇ ~ sobre alguien – dzīvot uz kāda rēķina

griego **I** *a* grieķu-; grieķisks; **II** *m* **1.** grieķis; **2.** grieķu valoda

grieta *f* plaisa; sprauga

grietado *a* plaisains; spraugains

grietarse *v rfl* plaisāt

grifo **I** *a* cirtains, sprogains (*par matiem*); **II** *m* **1.** *mit.* grifs; **2.** krāns

grifón *m* krāns; ventilis

grima *f* nepatika; īgnums; neapmierinātība; dar ~ a uno – radīt neapmierinātību, krist uz nerviem

gripe *f med.* gripa

gris *a* **1.** pelēks; ~ perla – gaiši pelēks; **2.** apmācies, nomācies; **3.** bezkrāsains; neinteresants

griseo *a* pelēcīgs

grita *f* kliedzieni; klaigas

gritar *v* **1.** kliegt; **2.** skaļi saukt

grito *m* kliedziens; poner el ~ en el cielo – vaimanāt; gausties; gritar a ~ pelado – kliegt pilnā kaklā (rīklē); el último ~ de la moda – pēdējais modes kliedziens

grosería *f* **1.** rupjība; nepieklājība; **2.** prasts nostrādājums

grosero *a* **1.** rupjš; nepieklājīgs; **2.** prasti nostrādāts, prasts

grosor *m* biezums

groto *m* pelikāns

grúa *f* grieztuve, vinča; ceļamkrāns

grues‖o **I** *a* **1.** resns; korpulents; **2.** biezs; capa ~a – bieza kārta; **3.** liels; manzana ~a – liels ābols; escribir en ~os carácteres – rakstīt lieliem burtiem; de ~ calibre – lielkalibra-; **4.** rupjš; arena ~a – rupjas smiltis; voz ~a – rupja balss; ◇ mar ~ – vētraina jūra; **II** *m* **1.** resnums; **2.** biezums; **3.** rupjums; ◇ en ~ – vairumā

gruñir *v* **1.** urkšķēt, rukšķēt; **2.** rūkt (*par suni*); **3.** rūkt, murdēt (*par cilvēku*)

grupo *m* **1.** grupa; retrato en ~ – grupas portrets; ~ sanguíneo – asins grupa; **2.** *mil.* grupa, apakšvienība; ~ de artillería – artilērijas divizions

gruta *f* **1.** ala; **2.** ~ s *pl* katakombas

guadaña *f* izkapts

guadañadora *f* pļaujmašīna

guadañero *m* pļāvējs

guantada *f*, **guantazo** *m* pļauka, pliķis

guante *m* cimds; calzar(se) (descalzarse) los ~s – uzvilkt (novilkt) cimdus; ◊ arrojar el ~ – nomest cimdu, izaicināt; poner a uno como un ~ – padarīt kādu paklausīgu (rāmu)

guantería *f* **1.** cimdu darbnīca; **2.** cimdu veikals

guantero *m* **1.** cimdu meistars; **2.** cimdu pārdevējs

guapear *v* **1.** būt uzpūtīgam (vīzdegunīgam); **2.** dižoties; švītīgi ģērbties

guapeza *f* **1.** drosme; pārgalvība; **2.** dižošanās; švītīgums

guapo *a* **1.** drošsirdīgs; pārgalvīgs; **2.** skaists; elegants (*par cilvēku*)

guarapo *m* **1.** cukurniedru sula; **2.** cukurniedru vīns

guarda I *m, f* sargs; sargātājs, -a; **II** *f* **1.** sardze; **2.** sargāšana; **3.** (*likuma*) ievērošana; **4.** priekšlapa (*poligrāfijā*)

guardabanderas *m jūrn.* signalizētājs

guardabarrera *m, f dzelzc.* sargs

guardabosque *m* mežsargs

guardacostas *m* sardzes kuģis; krasta apsardze

guardador *a* **1.** taupīgs; **2.** skops

guardagujas *m dzelzc.* pārmijnieks

guardalmacén *m* veikala sargs

guardamalleta *f* lambrekens

guardamuebles *m* mēbeļu noliktava

guardapolvo *m* **1.** pārvalks, pārklājs (*pret putekļiem*); **2.** putekļu mētelis

guardar *v* **1.** glabāt, saudzēt; **2.** apsargāt; **3.** ievērot; ◊ ~ cama – būt slimam; ~ silencio – klusēt; ~**se** *rfl* sargāties; piesargāties

guardarropa I *f* ģērbtuve; garderobe; **II** *m* **1.** garderobists; **2.** *teātr.* kostīmu pārzinis; **3.** drēbju skapis

guardarropía *f teātr.* kostīmu (rekvizītu) glabātava

guardavía *m dzelzc.* ceļu sargs

guardería *f* **1.** sarga amats; **2.** ~ infantil – bērnunams

guardia *f* **1.** apsardze; ~ personal – personīgā apsardze; **2.** sardze; dežūra; estar de ~ – dežurēt, stāvēt sardzē; oficial de ~ – dežurējošais virsnieks; montar la ~ – dežurēt; entrar en ~ – nomainīt sargu; ~ de honor – godasardze; ◊ estar (ponerse) en ~ – būt modram, turēt acis vaļā

guardián *m* **1.** sargs; glabātājs; **2.** (*klostera*) priekšnieks

guardilla *f* jumta lodziņš

guardillón *m* bēniņi

guardoso *a* **1.** taupīgs; **2.** skops

guarecer *v* **1.** aizsargāt, apsargāt; pasargāt; **2.** ārstēt

guarida *f* **1.** midzenis, ala (*zvēriem*); **2.** paslēptuve; **3.** zaņķis, perēklis

guarnecer v **1.** nostādīt garnizonu; **2.** izrotāt, izgreznot
guarnición f **1.** garnizons; **2.** (*tērpa*) rotājums; **3.** ietvars (*dārgakmenim*)
guarnicionar v izvietot garnizonu
guasa f *sar.* **1.** dzēlīgs joks; **2.** muļķīgums
guasearse v *rfl sar.* izjokot; izsmiet
guasón m jokdaris; smējējs, zobgalis
guata f neapstrādāta kokvilna
guatemalteco I a Gvatemalas-; gvatemaliešu-; **II** m Gvatemalas iedzīvotājs
gubernamental, gubernativo a valdības-
guerra f **1.** karš; ~ fría – aukstais karš; ~ civil – pilsoņu karš; ~ mundial – pasaules karš; ~ de liberación – atbrīvošanās karš; **2.** cīņa; **3.** ienaids
guerrear v karot; cīnīties
guerrera f (*karavīra*) formas blūze; mundieris
guerrero I a **1.** kareivīgs; **2.** kara-; **II** m kareivis
guerrilla f **1.** partizāņu nodaļa; **2.** partizāņu karš
guía I m ceļvedis, pavadonis; gids; **II** f **1.** (*ceļa*) rādītājs; **2.** vadonis, ceļvedis (*rokasgrāmata*); **3.** stūre; **4.** ~ s *pl* groži, pavadas
guiador m **1.** ceļvedis, pavadonis; **2.** vadītājs
guiar v **1.** vest, rādīt ceļu; **2.** vadīt; ~**se** *rfl* vadīties (*pēc kaut kā*)
guija f olis

guijarro m laukakmens; bruģakmens
guijo m grants
guijoso a akmeņains; grantains
guillame m ēvele
guillotina f giljotīna
guinda f ķirsis (*auglis*)
guindal, guindo m ķiršu koks, ķirsis
guindalera f ķiršu plantācija
guindilla f (*smalki*) pipari
guíndola f **1.** glābšanas riņķis; **2.** (*maza*) boja
guineo m **1.** Gvinejas iedzīvotājs; **2.** nēģeru deja
guiñada, guiñadura f **1.** [pa]mirkšķināšana ar aci; **2.** *jūrn.* novirzīšanās no kursa
guiñar v **1.** [pa]mirkšķināt ar aci; **2.** *jūrn.* novirzīties no kursa; ~**se** *rfl* samirkšķināties
guión m **1.** baznīcas karogs; **2.** *gram.* domuzīme; **3.** kinoscenārijs
guirlache m griljāža
guirlanda, guirnalda f vītne, vija
guisado m cepetis; sutināta gaļa (*ar mērci*)
guisador, guisandero m pavārs
guisantal m zirņu lauks
guisante m zirņi; ~ de olor – puķzirnīši; ~ chino – soja
guisar v gatavot ēdienu
guiso m ēdiens
guitarra f ģitāra; ◇ estar mal (bien) templada la ~ – būt sliktā (labā) garastāvoklī
guitarrear v spēlēt ģitāru
guitarrería f **1.** ģitāras spēle; **2.** ģitā-

ru darbnīca; **3.** mūzikas instrumentu veikals

guitarrista *m, f* ģitārists, -e

gusanear *v* čumēt, mudžēt

gusanera *f* **1.** vieta, kur audzē tārpus (*putnu barošanai*); **2.** stipra kaislība

gusaniento, gusanoso *a* tārpains

gusano *m* **1.** tārps; ~ de seda – zīdtārpiņš; ~ de luz – jāņtārpiņš; **2.** pazemots (apspiests) cilvēks; ◊ ~ de la conciencia – sirdsapziņas pārmetumi

gustación, gustadura *f* nogaršošana; degustācija

gustar *v* **1.** garšot; **2.** patikt

gustillo *m* piegarša

gusto *m* **1.** garša; **2.** prieks, patika; con mucho ~ – ar prieku, labprāt; da ~ ver – prieks redzēt; **3.** vēlēšanās, griba; tener ~ para algo – tiekties pēc kaut kā

gustoso *a* **1.** garšīgs; **2.** apmierināts; ◊ lo haré ~ – es to izdarīšu labprāt (ar prieku)

H

¡ha! *interj* ai!

haba *f* pupa

habanera *f* habanera (*deja*)

habanero *m* Havanas iedzīvotājs

habano I *a* Havanas-; **II** *m* Havanas iedzīvotājs

haberᵃ *v* **1.** (*palīga darb. v.* – *lietojams salikto laiku darināšanai*): he leído este libro – esmu izlasījis šo grāmatu; **2.** *impers* būt; hay mucha gente en la calle – uz ielas ir daudz cilvēku; hubo un incendio – bija (izcēlās) ugunsgrēks; mañana habrá fiesta – rīt būs svētki; **3.** *impers* (*izsaka vajadzību*; *ar* que + *inf*): hay que trabajar mucho – ir daudz jāstrādā; **4.** (*izsaka vajadzību*; *ar* de + *inf*): he de ayudarles – man viņiem ir jāpalīdz; **5.** (*laika nozīmē*): cinco años ha – pirms pieciem gadiem; **6.** *novec.* būt (*piederības nozīme*), piederēt

haberᵇ *m* **1.** īpašums; manta; **2.** kredīts; **3.** ~es *pl* nopelni

habichuela *f* pupiņas

hábil *a* **1.** veikls, izveicīgs; prasmīgs; **2.** spējīgs; **3.** *jur.* tiesīgs

habilidad *f* **1.** veiklums, izveicīgums; prasme; **2.** spējas

habilitado I *a* pilnvarots; **II** *m* **1.** mantzinis; **2.** pilnvarotais

habilitar *v* **1.** *jur.* pilnvarot; dot tiesības; **2.** apgādāt (*ar līdzekļiem*)

habitable *a* apdzīvojams

habitación *f* **1.** dzīvoklis; **2.** istaba

habitante *m* iedzīvotājs

habitar *v* dzīvot, uzturēties; mājot

hábito *m* **1.** paraža, paradums; iemaņa; ~s de trabajo – darba iemaņas; **2.** mūka apģērbs, sutana

habituación *f* ieradums

habitual *a* parasts

habituar *v* pieradināt; **~se** *rfl* pierast

habla *f* **1.** runas spējas; perder el ~ – zaudēt runas spējas; **2.** runāšana; **3.** valoda; países de ~ española – valstis, kur runā spāņu valodā

hablado *a* teikts; bien (mal) ~ – labi (slikti) teikts

hablador I *a* runīgs, pļāpīgs; **II** *m* pļāpa

habladuría *f pārn.* pasakas, tenkas

habl‖ar *v* runāt, sarunāties; yo ~o español – es runāju spāniski; ~ mal de uno – slikti atsaukties par kādu; dar que ~ – dot iemeslu tenkām

hablista *m*, *f* labs runātājs; laba runātāja

hacedero *a* viegli izdarāms

hacendado *m* **1.** zemes īpašnieks, muižnieks; **2.** bagāts, pārticis cilvēks

hacendar *v* nodot īpašumu (zemi) *kāda cita īpašumā* (*sakarā ar mantojumu, pārdošanu u. tml.*); **~se** *rfl* iegādāties īpašumu

hacendero *a* saimniecisks; lietpratīgs

hacer *v* **1.** darīt; ~ punto – adīt; **2.** ražot, izgatavot; **3.** radīt; ~ versos – dzejot; **4.** [pa]gatavot; ~ la comida – pagatavot ēdienu; ~ una ensalada – gatavot salātus; **5.** izlikties; hace como que no ve – viņš izliekas, ka neredz; **6.** *impers* (*par laiku, dabas parādībām*): hace viento – ir vējains; hace sol – spīd saule; ~ calor – ir karsts; **7.** *impers* (*norādot laiku*): hace tiempo – sen; hace tres días – pirms trim dienām; **8.** (+ *inf*) piespiest, likt (*kaut ko darīt*); ◇ ~ caso – vērst uzmanību; ~ burla – izsmiet; izzobot; ~ el gracioso – censties būt asprātīgam; ~ bueno – izpildīt solīto; **-se** *rfl* tapt, kļūt; se ha hecho rico (famoso) – viņš ir kļuvis bagāts (slavens); ◇ ~se a un lado – atiet malā; ~se el tonto – izlikties par muļķi; ~se el sordo – izlikties par kurlu

hacia *prep* **1.** (*norāda virzienu*) uz; ~ el suroeste – uz dienvidrietumiem; vamos ~ Madrid – mēs braucam uz Madrides pusi; ¿~ dónde? – uz kurieni?; ~ atrás – atpakaļ; ~ adelante – uz priekšu; ~ abajo – lejup; ~ arriba – augšup; **2.** ap, apmēram; ~ las once – ap pulksten vienpadsmitiem; ~ allí – apmēram ap to vietu

hacienda *f* **1.** viensēta; [lauku] mājas; **2.** īpašums; manta; ~ Pública – nacionālais (valsts) īpašums; **3.** finanses; ministro de Hacienda – finanšu ministrs

hacina *f* **1.** (*siena*) kaudze; **2.** kaudze

hacinar v 1. likt (kraut) kaudzē (*sienu*); 2. sagāzt kaudzē

hacha f cirvis; ◇ servir de ~ y machete – būt meistaram visās lietās

hachear v 1. cirst (*ar cirvi*); 2. aptēst

hachero m 1. malkas cirtējs; 2. *mil.* sapieris

hada f feja, burve; cuentos de ~s – brīnumpasakas

hadar v 1. paregot likteni; 2. apburt, noburt

hado m liktenis

halagar v 1. lielīt, slavēt; 2. glaimot; lišķēt

halcón m vanags

hálito m 1. elpa; 2. izgarojumi; tvaiks

hallar v 1. atrast; ~ la salida, ~ la solución *pārn.* – atrast izeju; 2. satikt; 3. izgudrot; atklāt; **~se** *rfl* 1. atrasties; 2. būt (*kādā noteiktā stāvoklī*); ~se enfermo – būt slimam

hallazgo m 1. atrašana; 2. atradums; 3. atklājums

hamaca f šūpuļtīkls

hamacar v šūpot (*šūpuļtīklā, šūpulī*)

hambre f 1. bads; ~ canina – vilka apetīte; 2. trūkums, vajadzība; 3. dedzīga vēlēšanās

hambrear v 1. mērdēt badā; 2. ciest badu

hambriento a izsalcis

hampa f 1. klaidoņu (zagļu) dzīvesveids; 2. salašņas

hampón m lielībnieks; ķildnieks; kauslis

hámster m *biol.* kāmis

haragán m slinķis

haraganear v slinkot

haraganería f slinkums; slinkošana

harapiento, haraposo a noskrandis, skrandains

harapo m *biežāk pl* ~s skrandas

harina f milti; ~ amarilla – kukurūzas milti

harinero I a miltu-; II m 1. miltu tirgotājs; 2. miltu klēts

harinoso a miltains

hartar v 1. apmierināt (*ēstgribu, vēlēšanos*); 2. nogurdināt; izsaukt nepatiku; **~se** *rfl* 1. apmierināt (*ēstgribu, vēlēšanos*); 2. papilnam izbaudīt

hartazgo, hartazón m pārsātinājums; darse un hartazgo – pārēsties (*līdz nelabumam*)

harto I a 1. paēdis; 2. pārsātināts; II *adv* pietiekoši, pietiekami

hartura f 1. apmierinājums; 3. pārpilnība

hasta I *prep* līdz; iremos ~ el río – mēs aiziesim līdz upei; ¡~ luego!, ¡~ la vista!, ¡~ otro día! – uz redzēšanos!; ¡~ pronto! – uz drīzu redzēšanos!; ~ ahora – līdz šim, līdz šodienai; ~ el fin – līdz galam; II *part* pat; ~ ahora – pat tagad

hatajar v dalīt lopus nelielos ganāmpulkos

hatajo m 1. neliels ganāmpulks; 2. bars, pulks

hato m ganāmpulks

hay *tag. vsk. 3. pers. no* **haber**[a]
haz[a] (*pl* haces) *m* (*labības*) kūlis; (*zāļu, malkas*) nasta; ◇ ~ de luces – staru kūlis
haz[b] (*pl* haces) *m* **1.** seja; tener dos haces – būt divkosīgam; **2.** labā puse (*audumam*)
haza *f* tīrums, uzarts lauks
hazaña, hazañería *f* varoņdarbs
hebilla *f* sprādze
hebra *f* **1.** diegs; **2.** šķiedra; ◇ pegar la ~ – uzsākt sarunu
hebraico, hebreo I *a* ebreju-; II *m* **1.** ebrejs; **2.** ebreju valoda
hebroso *a* šķiedrains
hectárea *f* hektārs
hechicería **1.** burvestība; **2.** burvība, valdzinājums
hechicero I *a* **1.** burvja-; burvju-; **2.** burvīgs, valdzinošs; II *m* burvis
hechizar *v* **1.** noburt; **2.** savaldzināt, apburt
hechizo I *a* mākslīgs; II *m* burvestība
hecho I *part no* **hacer**; II *a* **1.** izdarīts, izpildīts; dicho y ~ – sacīts – darīts; ¡~! – gatavs!; **2.** norūdzis (*par vīnu*); nobriedis (*par cilvēku*); bien (mal) ~ – labi (slikti) noaudzis; **3.** fakts; ~ probado – pārbaudīts fakts; de ~ y de derecho – formāli un pēc būtības
hechura *f* **1.** (*apģērba*) piegriezums; **2.** pagatavošana, izgatavošana; eso es ~ tuya – tas ir tavu roku darbs; **3.** forma; ārējais izskats

hegemonía *f* hegemonija
helada *f* **1.** sals; ~ blanca – sarma; **2.** sasalšana
heladizo *adv* ātri (viegli) aizsalstošs
helado I *a* **1.** nosalis; sastindzis; **2.** ledains, ledusauksts; stindzinošs; un viento ~ – stindzinošs vējš; II *m* **1.** saldējums; **2.** auksts dzēriens; šerbets
heladora *f* saldējuma mašīna
heladura *f*, **helamiento** *m* sasaldēšana
helar *v* **1.** [sa]saldēt; **2.** sasalt; nosalt, salt nost (*par augiem*); hoy hiela – šodien salst; **~se** *rfl* salt;: sasalt; se me hielan las manos – man salst rokas; ◇ se le hiela la sangre en las venas – viņam asins stingst dzīslās
helecho *m* paparde
helénic||o *a* sengrieķu-; helēņu-; lengua ~a – sengrieķu valoda
helero *m* šļūdonis; ledājs (*kalnos*)
hélice *f* **1.** spirāle; **2.** *jūrn.* dzenskrūve; **3.** *av.* propelleris
hembra *f* **1.** mātīte (*dzīvniekiem*); tigre ~ – tīģeru mātīte; liebre ~ – zaķu māte, zaķene; **2.** *tehn.* liešanas veidne (forma); matrice; **3.** āķīša cilpiņa
hembrilla *f* uzgrieznis
hemicránea *f* migrēna
hemisferio *m* puslode; ~ austral – dienvidu puslode; ~ boreal – ziemeļu puslode; ~s cerebrales *anat.* – galvas smadzeņu puslodes

hemoptisis *f* asiņu spļaušana
hemorragia *f* asiņošana; ~ interna – asinsizplūdums
hemostático *m* asinis apturošs līdzeklis
henaje *m* siena kaltēšana
henal, henar *m* siena šķūnis
heno *m* siens
heptágono *m mat.* septiņstūris
herbáceo *a* zāles-, zālains
herbajar, herbajear *v* 1. ganīt; 2. ganīties
herbaje *m* ganības
herbario *m* 1. herbārijs; 2. ūdensaugi (*dīķī, upē*)
herbazal *m* maurs, mauriņš
herbecer *v* 1. dīgt (*par zāli*); 2. apaugt ar zāli
herbívoro *a* zālēdājs-
herborizar *v* vākt herbāriju
herboso *a* apaudzis ar biezu zāli
heredad *f* muiža; īpašums laukos
heredar *v* 1. mantot; 2. atstāt mantojumā
heredero I *a* mantojams; mantots; II *m* mantinieks
hereditario *a* mantošanas-; mantojams; mantots
hereje *m* ķeceris
herencia *f* 1. mantojums; 2. mantojuma tiesības
heretical, herético *a* ķecerisks; ķecerīgs
herida *f* ievainojums, brūce; ~ penetrante – dziļa brūce; ~ contusa – kontūzija; ~ grave – smags ievainojums; ~ leve – viegls ievainojums
herido I *a* ievainots; mal ~ – smagi ievainots; II *m* ievainotais; sentirse ~ – justies aizskartam
herir *v* 1. ievainot; ~ de muerte – nāvīgi ievainot; 2. aizvainot, apvainot; ~ el amor propio – aizskart patmīlību
hermana *f* māsa
hermanado *a* līdzīgs
hermanar *v* 1. savienot; apvienot; 2. brāļoties
hermanastro *m* pusbrālis
hermandad *f* brālība
hermano *m* brālis; ~ carnal – īstais brālis; ~ primo – brālēns; ~ político – svainis, sievasbrālis
hermosear *v* izdaiļot
hermoso *a* skaists
hermosura *f* 1. skaistums; 2. skaistule
hernia *f* bruka, trūce
héroe *m* varonis
heroicidad *f* varonība
heroico *a* varonīgs
heroína *f* varone
heroísmo *m* varonība
herrador *m* kalējs
herradura *f* pakavs
herramienta *f* darbarīks, instruments
herrar *v* apkalt (*zirgu*)
herrería *f* 1. smēde, kalve; 2. kalēja amats
herrero *m* kalējs

herrín *m*, **herrumbre** *f* 1. rūsa; 2. dzelzs piegarša
herrumbroso *a* sarūsējis
hervidero *m* 1. vārīšanās; 2. mutuļošana, burbuļošana; 3. gārgšana; 4. *sar.* (*ļaužu*) drūzma
hervir *v* 1. vārīt; agua hirviendo – vārošs ūdens; 2. vārīties; 3. mutuļot, burbuļot; 4. plosīties (*par kaislībām*)
hervor *m* 1. vārīšanās; 2. mutuļošana, burbuļošana; 3. dedzība, kvēle
hesitación *f* vilcināšanās, šaubas
heterogeneidad *f* neviendabīgums
heterogéneo *a* neviendabīgs
hético *m* diloņslimnieks
hexágono *m mat.* sešstūris
hibridación *f* hibridizēšana, sugu krustošana
hibridar *v* krustot (*augus, dzīvniekus*)
híbrido I *a* hibrīda-; hibrīdu-; II *m* hibrīds
hidalgo I *a* 1. muižnieku kārtas-; dižciltīgs; 2. augstsirdīgs; cēls; II *m* idalgo (*spāņu muižnieks*)
hidratar *v ķīm.* savienot ar ūdeni
hidrato *m ķīm.* hidrāts; ~ de carbono – ogļhidrāts
hidráulica *f* hidraulika
hidráulic∥o *a* hidraulisks; prensa ~a – hidrauliskā spiede
hidrocarburo *m* ogļūdeņradis
hidroeléctric∥o *a* hidroelektrisks; central ~a – hidroelektrostacija
hidrofobia *f med.* trakumsērga
hidrófobo *a* traks; perro ~ – traks suns
hidrófugo *a* ūdensizturīgs; ūdensnecaurlaidīgs
hidrógeno *m ķīm.* ūdeņradis; ~ bicarbonato – deggāze; ~ sulfurado – sērūdeņradis
hidrografía *f* hidrogrāfija
hidrógrafo *m* hidrogrāfs
hidropesía *f med.* tūska
hiedra *f bot.* efeja
hiel *f* žults
hielo *m* ledus
hierba *f* zāle
hierbabuena *f* piparmētra
hierro *m* dzelzs; ~ colado, ~ fundido – čuguns; cuando el ~ está encendido, entonces ha de ser batido – kal dzelzi, kamēr tā karsta
hígado *m* aknas; ◇ hasta los ~s – līdz sirds dziļumiem; tener malos ~s – būt samaitātam
higiene *f* higiēna
higiénico *a* higiēnisks
higo *m* vīģe; no dar un ~ por una cosa – nedot ne pliku grasi (*par kaut ko*)
higuera *f* vīģes koks
hija *f* meita
hijastra *f* pameita
hijastro *m* padēls
hijo *m* 1. dēls; ~ político – 1) padēls; 2) znots; ~ adoptivo – adoptēts dēls; ~ bastardo – nelikumīgs dēls; ~ de la calle – ielas puika; 2. ~s *pl* bērni (*dēli un meitas*)

hila *f* **1.** diegs; pavediens; **2.** šķiedra; **3.** šarpija (*pārsienamais materiāls*)

hilado *m* dzija; diedziņi

hilador *m* vērpējs

hilar *v* vērpt; **2.** *tehn.* vilkt (*stiepli*)

hilera *f* **1.** rinda; līnija; **2.** *mil.* ierinda

hilo *m* **1.** diegs; pavediens; perder el ~ de la conversación – zaudēt sarunas pavedienu; **2.** šķiedra; **3.** tieva stieple; ◇ estar pendiente de un ~ – karāties mata galā

hilván *m* sadiegšana, sametināšana

hilvanar *v* **1.** sadiegt, sametināt; **2.** darīt (*kaut ko*) steigā; **3.** paredzēt

himno *m* himna; himno nacional – valsts himna; nacionālā himna

hincar *v* [ie]dzīt (*naglas*); ◇ ~ el diente – trīt mēli; **~se** *rfl*: ~se de rodillas – mesties ceļos

hinco *m* zemē ierakts stabs (miets)

hinchado *a* **1.** pietūcis; uzpampis; **2.** augstprātīgs, uzpūtīgs

hinchar *v* piepūst; uzpūst; **~se** *rfl* **1.** pietūkt; uzpampt; **2.** *pārn.* piepūsties, uzpūsties; ◇ ~se las narices – sadusmoties

hinchazón *m* **1.** pietūkums; uzpampums; **2.** iedomīgums; augstprātīgums

hinojoᵃ *m* dilles

hinojoᵇ *m* celis; ponerse de ~s – nomesties uz ceļiem

hipar *v* **1.** žagoties; **2.** pūst un elst; **3.** žēloties, činkstēt

hipertensión *f med.* hipertonija

hipo *m* žagas

hipocresía *f* liekulība

hipócrita **I** *a* liekulīgs; **II** *m, f* liekulis, -e

hipoteca *f* hipotēka; ◇ ¡buena ~!, ¡vaya una ~! – kas par niekiem!

hirviente *a* verdošs

hispánico, hispano *a* spāņu-; spānisks

hispanoamericano **I** *a* Latīņamerikas-; latīņamerikāņu; **II** *m* Latīņamerikas iedzīvotājs, latīņamerikānis

historia *f* 1) vēsture; ~ antigua – seno laiku vēsture; ~ natural – dabas zinātnes; ~ clínica – slimības vēsture; 2) stāsts, vēstījums, glezna ar vēsturisku sižetu

histórico *a* vēstures-; vēsturisks

historieta *f* fabula; īss stāsts; ~ gráfica – komikss

hobachón *m* sliņķis

hobachonería *f* slinkums

hocicar *v* izrakņāt zemi (*ar snuķi*)

hocico *m* snuķis; purns; ◇ estar de ~ – būt neapmierinātam; meter el ~ en todo – visur bāzt savu degunu

hogar *m* **1.** pavards; plīts; **2.** *pārn.* ģimenes pavards; ~ paterno – tēva mājas

hoguera *f* ugunskurs

hoja *f* **1.** *bot.* lapa; **2.** ziedlapiņa; **3.** (*papīra*) lapa; loksne; ~ volante (*am.*) – skrejlapa; **4.** (*metāla*) loksne; ~ de lata – skārds; **5.** (*piem., naža*) asmens; **6.** *sar.* laikraksts,

avīze; **7.** dokuments; ~ de ruta – ceļazīme
hojalata *f* skārds
hojalatería *f* **1.** skārdnieka darbnīca; **2.** skārdnieka amats
hojalatero *m* skārdnieks
hojear *v* [pār]šķirstīt (*grāmatu*)
¡hola! *interj* (*satiekoties vai izsakot pārsteigumu*) hei!
holandés I *a* Holandes-; holandiešu-; **II** *m* **1.** holandietis; **2.** holandiešu valoda
holgachón *a* slinks; bezrūpīgs
holgado *a* **1.** slinks; bezrūpīgs; **2.** plašs
holganza *f* **1.** atpūta; **2.** bezdarbība, slinkošana
holgar *v* **1.** atpūsties; **2.** slinkot; **~se** *rfl* **1.** (de) priecāties (*par ko*); **2.** izklaidēties
holgazán *m* sliņķis, dīkdienis
holgazanear *v* slinkot
holgazanería *f* slinkums
holgueta, holgura *f* **1.** jautrība, līksmība; **2.** plašums; **3.** izklaidēšanās
holocausto *m* **1.** upurēšana, ziedošana; **2.** upuris; ◊ ofrecerse en ~ – ziedot (upurēt) sevi
hollado *a* **1.** samīdīts, sabradāts; **2.** pazemots
hollar *v* **1.** samīdīt, sabradāt; **2.** pazemot
hollín *m* kvēpi
hombracho *m* vīrs kā ozols, spēkavīrs

hombradía *f* vīrišķība
hombre *m* **1.** vīrietis; **2.** vīrs; ~ de Estado – valstsvīrs; ~ público – sabiedrisks darbinieks; ~ de ciencia – zinātnieks; ~ de letras – rakstnieks; ~ de negocios – komersants; **3.** cilvēks; ~ de bien – godīgs (kārtīgs) cilvēks; ~ de cabeza – spējīgs (apdāvināts) cilvēks; ¡~ a la mar! – cilvēks aiz borta!
hombrear *v* atdarināt (tēlot) pieaugušu (*par pusaudzi*)
hombrecillo *m* **1.** cilvēciņš; **2.** mazulis
hombro *m* plecs; ◊ ~ con ~ – plecu pie pleca; encoger(se) de ~s – paraustīt plecus; mirar por encima del ~ – raudzīties (*uz kādu*) no augšas (ar nicinājumu)
homenaje *m* **1.** uzticības zvērests (*feodālisma laikmetā*); **2.** cieņa; **3.** godināšana, sumināšana; svētki (*kādam par godu*); rendir ~ – godināt; sumināt
homicida I *a* iznīcinošs; **II** *m* slepkava
homicidio *m* nogalināšana; noslepkavošana; nonāvēšana; slepkavība
homogeneidad *f* **1.** viendabīgums; **2.** līdzība
homogéneo *a* **1.** homogēns; viendabīgs; **2.** līdzīgs
hondear *v* **1.** *jūrn.* [iz]mērīt dziļumu; **2.** izkraut (*no kuģa*)
hondo I *a* dziļš; **II** *m* dziļums

hondonada *f* zemiene; ieplaka
hondura *f* dziļums
hondureño I *a* Hondurasas-; II *m* Hondurasas iedzīvotājs
honestidad *f* 1. godīgums; 2. pieklājīgums; 3. nevainība, šķīstums
honesto *a* 1. godīgs; 2. pieklājīgs; vender a precios ~s – pārdot par mērenām cenām
hongo *m* sēne
honor *m* 1. gods; hombre de ~ – goda cilvēks; en ~ de – par godu; ocupar un lugar de ~ – ieņemt goda vietu; 2. slava, laba reputācija; ◊ palabra de ~ – goda vārds
honorable *a* godājams
honorario I *a* goda-; miembro ~ – goda biedrs; II *m pl* ~s *pl* honorārs; atalgojums
honra *f* 1. gods, laba slava; 2. nevainība, šķīstums
honradez *f* godīgums
honrado *a* godīgs
honramiento *m* cieņa; gods
honrar *v* 1. cienīt, godāt; 2. parādīt godu
honrilla *f* uzpūtība, iedomība
honroso *a* goda-; godīgs; kārtīgs; un hombre ~ y decente – godīgs un kārtīgs cilvēks
hora *f* 1. stunda; ¿qué ~ es? – cik ir pulkstenis?; ¿a qué ~? – cikos?; dar la ~ – nosist (*par pulksteni*); 2. laiks; llegó la ~ – pienāca laiks; es ~ de acostarnos – ir laiks iet gulēt; a la ~ dada – noteiktajā laikā; a la ~ – precīzi, tieši, laikā; ◊ ~ suprema, ~ última – nāves (pēdējā) stunda; ~s muertas – zaudēts laiks
horario I *a* stundas-, stundu-; II *m* pulksteņa rādītājs
horca *f* 1. karātavas; 2. balsts (*augļu kokiem*)
horcajadas, horcajadillas: a ~ – jāšus; jāteniski
horizontal I *a* horizontāls; II *f* horizontāle
horizonte *m* 1. horizonts; 2. redzesloks
horma *f* forma, veidne
hormiga *f* skudra; ~ blanca – termīts; ~ león – skudru lauva (*kukainis*)
hormigón *m* betons; ~ armado – dzelzsbetons; ~ moldeado – lietais betons
hormigonar *v* betonēt
hormigoso *a* 1. skudru-; 2. skudru pilns; 3. skudru saēsts
hormiguear *v* 1. kņudēt, kniest; 2. mudžēt, ņudzēt
hormigueo *m* 1. kņudēšana, kniešana; 2. tirpas, drebuļi
hormiguero *m* skudru pūznis
hornada *f* (*viens*) maizes cepiens
horneria *f* 1. maizes ceptuve; 2. maiznieka amats
hornero *m* maiznieks, maizes cepējs
hornija *f* aizkuri; skali
hornilla *f* velkmes caurums; pelnu kaste

hornillo *m* pārvietojamā krāsns; prīmuss; ~ eléctrico – elektriskā krāsns

horno *m* krāsns; plīts, cepešplīts; alto ~ – domnas krāsns; ~ Martén, ~ Martín – martenkrāsns; ◊ no estar el ~ para bollos – būt sliktā garastāvoklī

hórreo *m* klēts; graudu glabātava

horrible *a* šausmīgs, briesmīgs, baismīgs

horripilación *f* drebuļi, trīsas

horripilar *v* likt nodrebēt (*aiz šausmām*), iedvest šausmas

horror *m* 1. šausmas; los ~es de la guerra – kara šausmas; 2. riebums, pretīgums

horrorizar *v* iedvest šausmas

horroroso *a* 1. šausmīgs; 2. riebīgs, pretīgs

hortaliza *f* biežāk *pl* ~s dārzeņi; zaļumi

hortelano I *a* dārza-; II *m* darznieks; ◊ como el perro del ~ – kā suns uz siena kaudzes

horticultor *m* dārznieks; sakņkopis

horticultura *f* dārzkopība; sakņkopība

hosco *a* 1. melnīgsnējs, tumšādains; 2. drūms, saīdzis

hoscoso *a* ciets; grumbuļains, raupjš

hospedaje, hospedamiento *m* 1. iebraucamā vieta; tūristu mītne; 2. naktsmājas; pajumte

hospedar *v* 1. dot pajumti (patvērumu); 2. uzņemt viesus

hospital *m* slimnīca; hospitālis; meter en el ~ – ievietot slimnīcā; ~ de sangre – kara hospitālis; ~ de campaña – lauka lazarete

hospitalario *a* 1. viesmīlīgs; 2. slimnīcas-

hospitalero *m* 1. viesmīlīgs cilvēks; 2. slimnīcas (hospitāļa) vadītājs; 3. *cilvēks, kas strādā slimnīcā* (*hospitālī*)

hospitalidad *f* 1. viesmīlība; 2. hospitalizācija

hospitalizar *v* ievietot slimnīcā (hospitālī)

hostil *a* naidīgs

hostilidad *f* 1. naidīgums; naids; 2. karadarbība; romper las ~es – uzsākt karu; cesar las ~es – pārtraukt karadarbību

hostilizar *v* 1. nodarīt zaudējumus (*ienaidniekam*); 2. *mil.* apšaudīt

hotel *m* 1. viesnīca; 2. savrupmāja

hotelero *m* viesnīcas īpašnieks

hoy *adv* 1. šodien; ~ mismo – šodien pat; de ~ en adelante – sākot ar šodienu; 2. tagad; ~ día (~ en día) – patlaban, tagad; ◊ de ~ a mañana – kuru katru brīdi

hoya *f*, **hoyo** *m* 1. bedre; 2. kaps; ◊ tener un pie en la hoya – būt ar vienu kāju kapā

hoz (*pl* hoces) *f* sirpis

hucha *f* 1. liela lāde; 2. krājkasīte

huchear *v* kliegt, skaļi saukt

hueco I *a* dobs, ar tukšu vidu; ~ del árbol – koka dobums; II *m* 1. starpa, atstarpe; šķirba, sprauga;

2. starplaiks; laika sprīdis; **3.** caurums; **4.** tukšums; tukša vieta

huelga *f* streiks; ~ de hambre – bada streiks; estar en ~ – streikot; declararse en ~ – pieteikt streiku

huelgo *m* elpa; tomar ~ – atvilkt elpu

huelguista *m, f* streikotājs, -a

huelguístico *a* streika-; movimiento ~ – streiku kustība

huella *f* (*pēdas, pirksta*) nospiedums; ~s *pl* pēdas; ◇ seguir las huellas – iet (*kāda*) pēdās

huérfano **I** *a* vientuļš, atstāts, pamests; **II** *m* bārenis; asilo de ~s – bāreņu nams; ~ de padre y madre – apaļš bārenis

huerta *f*, **huerto** *m* (*sakņu vai augļu*) dārzs

huesa *f* kaps

hueso *m* **1.** *anat*. kauls; **2.** kauliņš (*augļiem*)

huésped *m* viesis

hueva *f* ikri (*zivīm*)

huevera *f* **1.** tirgošanās ar olām; **2.** olu biķerītis

huevero *m* olu pārdevējs

huevo *m* ola; ~ pasado por agua – mīksta ola; ~ duro – cieta ola; ~ estrellado – vēršacs

huída *f* bēgšana; izbēgšana

huir *v* bēgt; ~ a la desbandada – nekārtībā atkāpties

hule *m* **1.** gumija; **2.** vaskadrāna

hulla *f* akmeņogles

huller‖o **I** *a* akmeņogļu-; ogļu-; la industria ~a – ogļrūpniecība; **II** *m* ogļracis

humanidad *f* **1.** humānisms, cilvēcība; **2.** cilvēce; **3.** cilvēka daba; **4.** tuklums, resnums; **5.** ~es *pl* humanitārās zinātnes

humanitario *a* **1.** humāns, cilvēcīgs; **2.** žēlsirdīgs

humanitarismo *m* humanitāte, cilvēcīgums

humano *a* cilvēcīgs; ser ~ – cilvēks, cilvēcīga būtne

humareda *f* dūmu mākonis; dūmu stabs

humear *v* kūpēt

humectar *v* saslapināt, samitrināt

humedad *f* mitrums; drēgnums

humedal *m* valga (mitra) augsne

húmedo *a* mitrs; drēgns

humildad *f* **1.** vienkāršība; **2.** pazemība; paklausība

humilde *a* **1.** vienkāršs; de familia ~ – no vienkāršas (nabadzīgas) ģimenes; **2.** pazemīgs; paklausīgs

humillación *f* **1.** pazemināšana; **2.** pazemošanās; pazemojums

humillante *a* pazemojošs

humillar *v* pazemot; kaunināt; **~se** *rfl* pazemoties

humo *m* dūmi; tvaiki; ◇ tener (muchos) ~s – pūst miglu acīs

humor *m* **1.** garastāvoklis; estar de buen (mal) ~ – būt labā (sliktā) garastāvoklī; **2.** humors; sentido del ~ – humora izjūta

humorada *f* jautrs joks

humorado *a*: bien (mal) ~ – labā (sliktā) omā
humoso *a* dūmains
hundid‖o *a* iekritis; iegrimis; mejillas ~as – iekrituši vaigi
hundimiento *m* 1. [ie]gremdēšanās; 2. iznīcināšana
hundir *v* 1. gremdēt; 2. iznīcināt; 3. ietriekt, iegrūst (*piem.*, *dunci*); ~se *rfl* 1. grimt; 2. [pa]zust; nozust
húngaro I *a* ungāru-; II *m* 1. ungārs; 2. ungāru valoda
huracán *m* viesuļvētra
huracanarse *v rfl* sacelties; sākties (*par vētru*, *negaisu*)
hurtadillas: *a* ~ – slepus, klusītiņām

hurtador *m* zaglis
hurtar *v* zagt; ~se *rfl* slēpties
hurto *m* 1. zādzība; 2. zagta manta; coger con el ~ en las manos – pieķert nozieguma vietā; ◇ a ~ – zagšus, slepus
husma *f* oža; ◇ andar a la ~ – iet izlūkos
husmear *v* 1. izsekot (*kādu*); sekot (*kādam*) pa pēdām; 2. uzokšķerēt, uzzināt; 3. bojāties (*par gaļu*)
husmo *m* smirdoņa; puvuma smaka; ◇ estar al ~ – nogaidīt īsto brīdi
huso *m* vārpstiņa; ◇ ser más derecho que un ~ – būt slaidam (slaikam)

I

ibérico, **iber[i]o** *a* Ibērijas-, ibēru-; península Ibérica – Ibērijas pussala
icnografía *f* rasējums; plāns
icor *m med.* strutas, pūžņi
ictericia *f med.* dzeltenā kaite
ida *f* iešana; staigāšana; ~s y venidas – staigāšana uz priekšu un atpakaļ; ◇ billete de ~ y vuelta – biļete turp un atpakaļ; en dos ~s y venidas – vienā mirklī, acumirklī
idea *f* 1. ideja, doma; ~ acertada – veiksmīga doma; (*māksliznieciska darba*) iecere; le vino a la cabeza una ~ – viņam ienāca prātā doma; 2. priekšstats; no tengo ~ de esto – man nav nekāda priekšstata par to; descartar una ~ – atmest domu
ideal I *a* ideāls; II *m* ideāls
idealismo *m* ideālisms
idealista I *a* ideālistisks; II *m*, *f* ideālists, -e; sapņotājs
idealizar *v* idealizēt
idear *v* 1. izdomāt, izgudrot; 2. iedomāties
idéntico *a* identisks
identidad *f* identitāte; ◇ cartilla (carta, chapa) de ~ – personības apliecība
identificar *v* identificēt

ideología *f* ideoloģija
ideológico *a* ideoloģisks
ideólogo *m* ideologs
idilio *m* idille
idioma *m* valoda
idiomático *a* idiomātisks
idolatrar *v* 1. pielūgt elkus; 2. dievināt
ídolo *m* elks; elka dievs; dieveklis
iglesia *f* baznīca: cumplir con la ~ – iet baznīcā; ~ latina – Romas katoļu baznīca
ignominia *f* 1. kauns, negods; 2. zemiskums; neģēlība
ignominioso *a* apkaunojošs; nekrietns
ignorancia *f* nezināšana; zināšanu trūkums; gara tumsība; ~ de derecho *jur.* – likuma nezināšana
ignorante **I** *a* neizglītots; **II** *m* nejēga, nepraša
ignorar *v* 1. nezināt; 2. ignorēt
ignoto *a* nezināms
igual **I** *a* 1. vienāds, tāds pats; es ~ que su padre – viņš ir tāds pats kā tēvs; no he visto cosa ~ – kaut ko tādu es neesmu redzējis; 2. līdzens; terreno ~ – līdzena vieta; 3. vienaldzīgs; ◊ me es ~ – man vienalga; sin ~ – vienreizīgs; nepārspējams; **II** *m mat.* vienlīdzības zīme
iguala *f* 1. izlīdzināšana; nolīdzināšana; 2. vienošanās; līgums
igualar *v* 1. izlīdzināt; nolīdzināt; 2. panākt vienošanos; 3. būt vienādam (*ar kaut ko*)

igualdad *f* 1. vienlīdzība; ~ de derechos – tiesību vienlīdzība; 2. *mat.* identitāte; 3. *mat.* vienādojums
igualmente *adv* tāpat, tādā pašā veidā
ilegal *a* 1. nelikumīgs; 2. nelegāls
ilegalidad *f* 1. nelikumība; 2. nelegālums; en la ~ – pagrīdē
ilegítimo *a* nelikumīgs, pretlikumīgs
ileso *a* neskarts; vesels
iletrado *a* nekulturāls; neizglītots
ilícito *a* nepieļaujams
ilimitado *a* neierobežots; neaprobežots
iluminación *f* 1. apgaismojums; apgaismošana; 2. ilumināta
iluminar *v* 1. *arī pārn.* apgaismot; 2. iluminēt
ilusión *f* 1. ilūzija; 2. mirāža; 3. sapnis; es su ~ – tas ir viņa sapnis
ilusionarse *v rfl* apmānīt sevi, radīt ilūzijas
iluso **I** *a* piemānīts; pievilts; **II** *m* sapņotājs
ilustración *f* ilustrācija; ◊ época de la ~ – apgaismības laikmets
ilustrado *a* 1. izglītots; 2. ilustrēts
ilustrador *m* ilustrētājs
ilustrar *v* 1. izglītot; 2. ilustrēt
ilustrativo *a* 1. izglītojošs; 2. ilustratīvs
ilustre *a* slavens
imagen *f* attēls, tēls; ~ especular – spoguļattēls
imaginable *a* iedomājams

imaginación *f* iztēle, fantāzija
imaginar *v* iztēlot[ies], iedomāties
imán *m* magnēts; polos del ~ – magnēta poli; ~ natural – magnētiskā dzelzsrūda; ◇ de ~ – pievilcīgs
imbécil I *a* dumjš; **II** *m* muļķis
imborrable *a* neizdzēšams; neaizmirstams
imitación *f* imitācija, atdarinājums; de ~ – mākslīgs
imitar *v* imitēt, atdarināt
impaciencia *f* nepacietība
impacientar *v* izvest no pacietības; sakaitināt, sadusmot; ~se *rfl* zaudēt pacietību
impaciente *a* nepacietīgs
imparcial *a* objektīvs
imparcialidad *f* objektivitāte
impasible *a* 1. mierīgs, bezkaislīgs; 2. nejūtīgs, bezjūtīgs
impedido *m* paralītiķis
impedimento *m* šķērslis, kavēklis; poner ~s – likt sķēršļus
impedir *v* kavēt, traucēt, likt šķēršļus
impenetrabilidad *f* necaurlaidīgums
impenetrable *a* 1. necaurlaidīgs; 2. nesasniedzams, nepieejams; 3. neizprotams
impensado *a* 1. neapdomāts; nepārdomāts; 2. neparedzēts, negaidīts
imperante *a* uzstājīgs, neatlaidīgs; valdonīgs, valdošais; la dinastía ~ – valdošā dinastija
imperar *v* 1. valdīt; 2. pavēlēt

imperativo I *a* pavēlošs; valdonīgs; en tono ~ – pavēlošā tonī; **II** *m gram.* pavēles izteiksme
imperceptible *a* nemanāms; tikko manāms
imperdonable *a* nepiedodams
imperfección *f* nepilnība, defekts
imperfecto I *a* 1. nepilnīgs; 2. nepabeigts; **II** *m gram.* nepabeigtais pagātnes laiks
imperio *m* 1. impērija-; ķeizarvalsts; ķeizariste; 2. valdīšana; kundzība; estilo ~ – ampīra stils
imperiosidad *f* valdonīgums
imperios‖o *a* 1. valdonīgs; pavēlošs; 2. neatliekams, steidzams; necesidad ~a – neatliekama vajadzība
impermeabilidad *f* ūdensnecaurlaidība
impersonal *a gram.* bezpersonas-; verbo ~ – bezpersonas darbības vārds
impertinente I *a* nepiemērots; nevietā pateikts; nevietā darīts; **II** *m* lornete
ímpetu *m* 1. [spēcīgs] grūdiens; 2. (*jūtu*) uzplūdums; en un ~ de alegría – aiz liela prieka
impetuosidad *f* brāzmainums; trauksmainums; straujums
impetuoso *a* brāzmains; trauksmains; straujš
implacabilidad *f* nelokāmība, nepiekāpība; nežēlība
implacable *a* nelokāms, nepiekāpīgs; nežēlīgs

implantación f ieviešana; *med.* implantācija

implantar v ieviest

imploración f lūgšana; lūgšanās

implorar v [ļoti] lūgt; lūgties; ~ el apoyo – saukt pēc palīdzības

imponer v **1.** iedvest (*cieņu, bailes*); **2.** uzlikt (*naudas sodu*); **3.** ieguldīt (*naudu*); **4.** uzspiest (*kaut ko*); piespiest (*ko darīt*); ~ silencio – piespiest klusēt; **5.** uzlikt (*par pienākumu*); ~ una multa – uzlikt sodu; **~se** *rfl* **1.** uzspiest savu gribu; **2.** būt vajadzīgam

importación f ievešana; imports; ievedums

importancia f svarīgums, nozīmīgums; dar ~ – piešķirt nozīmi; esto no tiene ~ – tas nav svarīgi

importante *a* svarīgs, nozīmīgs

import‖ar v **1.** importēt, ievest; **2.** maksāt, būt vērtam; **3.** būt svarīgam; no ~a – nav svarīgi, vienalga; **4.** atteikties; esto no me ~a – tas uz mani neattiecas

imposibilidad f neiespējamība; ◇ de toda ~ – pilnīgi neiespējami

imposibilitar v padarīt [par] neiespējamu

imposible *a* neiespējams; hacer las ~s – izdarīt visu iespējamo un neiespējamo; pedir ~s – prasīt neiespējamo

impotencia f **1.** nespēks; nespēcīgums; nevarīgums; **2.** *med.* dzimuma nespēks, impotence

imposición f **1.** aplikšana (*ar nodokli*); (*naudas soda*) uzlikšana; **2.** (*gribas, uzskatu*) uzspiešana

impotente *a* nespēcīgs, bezspēcīgs; nevarīgs

imprecar v nolādēt

imprecaución f tālredzības trūkums

impregnar v piesūcināt

imprenta f **1.** (*grāmatu*) iespiešana; **2.** tipogrāfija; ~ clandestina – pagrīdes tipogrāfija; libertad de ~ – preses brīvība

imprescindible *a* nepieciešams

impresión f **1.** nospiedums; **2.** iespiešana; **3.** iespaids; dar la ~ – atstāt iespaidu

impresionabilidad f jūtīgums

impresionable *a* jūtīgs

impresionar v atstāt iespaidu

impreso I *part no* **imprimir**; **II** *a* iespiests (*par grāmatu u. tml.*); **III** *m* iespiests darbs

impresor *m* grāmatu iespiedējs

imprevisión f neapdomība; tālredzības trūkums

imprevisto *a* neparedzēts, negaidīts

imprimir v **1.** iespiest (*grāmatu*); **2.** apdrukāt (*audumu*); **3.** *poligr.* novilkt

improbable *a* neticams; neiespējams

improbar v **1.** nopelt; nosodīt; **2.** neatbalstīt; nepiekrist

improductibilidad f neražīgums; neproduktivitāte

improductivo *a* neražīgs, neproduktīvs; un esluerzo ~ – bezcerīgi centieni

impropiedad *f* nepiemērotība; nederīgums

impropio *a* nepiemērots; nederīgs

impróspero *a* 1. neveiksmīgs; 2. nelabvēlīgs

improviso *a* neparedzēts; ◊ al ~, de ~ ~ – negaidot, pēkšņi

imprudencia *f* neapdomība

imprudente *a* neapdomīgs

impúber, impúbero *a* nenobriedis

impudencia *f* bezkaunība, nekaunība

impudente, impúdico *a* bezkaunīgs, nekaunīgs

impudicia *f* bezkaunība

impuesto I *part* no **imponer**; II *a* 1. ieguldīts (*par naudu, kapitālu*); 2. uzspiests; piespiests; III *m* nodoklis

impugnación *f* apstrīdēšana; atspēkošana

impugnador *m* oponents

impugnar *v* apstrīdēt; atspēkot; pretoties

impulsar *v* [pa]mudināt, skubināt

impulsivo *a* impulsīvs

impureza *f* netīrība; netīrīgums

impurificar *v* pataisīt netīru; notraipīt; nosmērēt

impuro *a* netīrs

inabarcable *a* neaptverams; neizmērojami plašs

inacabable *a* nebeidzams

inaccesible, inacceso *a* nepieejams; neaizsniedzams

inaceptable *a* nepieņemams

inactivo a bezdarbīgs; pasīvs

inadmisible *a* nepieļaujams

inadvertencia *f* 1. neuzmanība; 2. kļūda (*neuzmanības dēļ*); por ~ ~ pavirsības (neuzmanības) dēļ

inadvertido *a* neuzmanīgs, izklaidīgs

inagotable *a* neizsmeļams; una fuente ~ ~ neizsmeļams avots; una paciencia ~ ~ bezgalīga pacietība

inaguantable *a* nepanesams, neizturams; neciešams

inalterable *a* 1. pastāvīgs; nemainīgs; 2. nemaināms

inaplazable *a* neatliekams, steidzams

inapreciable *a* nenovērtējams

inaudito *a* nedzirdēts

inauguración *f* atklāšana, sākums

inaugural *a* ievada-; discurso ~ ~ ievadruna

inaugurar *v* atklāt (*izstādi u. tml.*); ~ la temporada – atklāt sezonu

incalculable *a* neskaitāms

incansable a nenogurstošs, nenogurdināms

incapacidad *f* 1. nespēja; 2. aprobežotība, stulbums; neattapība; 3. *jur*. netiesīgums

incapacitar *v jur*. paziņot par netiesīgu

incapaz [*pl* incapaces) *a* 1. nespējīgs; 2. *jur*. netiesīgs

incautación *f* 1. konfiskācija; 2. iekīlāšana; 3. piesavināšanās

incautarse *v rfl* 1. (de) konfiscēt; 2. ņemt ķīlā; 3. piesavināties
incauto *a* neapdomīgs, neuzmanīgs
incendiar *v* aizdedzināt, pielaist uguni
incendio *m* 1. ugunsgrēks; 2. *pārn.* uzliesmojums
incertidumbre *f* pārliecības trūkums; nedrošība; šaubas
incesable, incesante *a* nepārtraukts; nemitīgs; ~s peticiones – nemitīgi lūgumi
incierto *a* 1. nepareizs; 2. nedrošs; 3. apšaubāms
inclemencia *f* 1. nežēlība, cietsirdība; 2. (*ziemas*) bargums; ◇ a la ~ – zem klajas debess, bez pajumtes
inclemente *a* nežēlīgs, cietsirdīgs; bargs (*par klimatu*)
inclinación *f* 1. noliekšana; pieliekšana; 2. tieksme; nosliece; 3. palocīšanās, paklanīšanās
inclinar *v* 1. noliekt; pieliekt; 2. pierunāt; ~**se** *rfl* 1. noliekties; pieliekties; ~se sobre algo – noliekties pār kaut ko; 2. piekrist, pievienoties (*piem., kāda domām*)
incluir *v* ietvert, saturēt
inclusión *f* uzņemšana (*piem., sarakstos*); ieskaitīšana (*piem., štatos*)
inclusivamente, inclusive *adv* ieskaitot
incluso **I** *part. no* **incluir**; **II** *a* uzņemts (*piem., sarakstos*); ieskaitīts (*piem., štatos*); **III** *adv* 1. ieskaitot; 2. pat

incoación *f jur.* (*lietas*) ierosināšana
incógnita *f* 1. *mat.* nezināms lielums; 2. slepens iemesls
incógnito **I** *a* nepazīstams; nezināms; **II** *m* inkognito; viajar de ~ – ceļot inkognito
incoloro *a* bezkrāsains; bāls
incombustible *a* nedegošs; ugunsdrošs
incomestible, incomible *a* neēdams
incomodar *v* radīt neērtības; traucēt; apgrūtināt; ~**se** *rfl* pukoties, skaisties
incomodidad *f* neērtība
incómodo **I** *a* 1. neērts; 2. nemājīgs; **II** *m* 1. neērtība; 2. nepatika; īgnums
incomparable, incomparado *a* 1. nepārspējams; 2. nesalīdzināms
incompatibilidad *f* nesavienojamība
incompatible *a* nesavienojams
incompleto *a* nepilns; nepilnīgs
incomportable *a* nepanesams, neizturams, neciešams
incomprensibilidad *f* nesaprotamība; neizprotamība
incomprensible *a* nesaprotams; neizprotams
incomunicación *f* (*noziedznieka*) izolēšana; ievietošana vieninieku kamerā
incomunicar *v* izolēt (*noziedznieku*); ievietot vieninieku kamerā; ~**se** *rfl* nošķirties (*no ļaudīm*), zaudēt sakarus (*ar ļaudīm*)
incondicional *a* pilnīgs, absolūts;

bezierunu-; capitulación ~ – bezierunu kapitulācija
inconquistable *a* 1. neiekarojams; 2. nepielūdzams
inconquistado *a* neiekarots
inconsciencia *f* nesamaņa, bezsamaņas stāvoklis
inconsciente I *a* 1. bezsamaņas-, nesamaņas-; 2. neapzinīgs; II *m* 1. zemapziņa
inconsolable *a* neremdināms
inconstante *a* nepastāvīgs, mainīgs
incontable *a* neskaitāms
incontrolable *a* nekontrolējams
inconveniencia *f* neērtība; traucēklis
inconveniente I *a* neērts, nepiemērots; II *m* 1. neērtība; 2. šķērslis, kavēklis; no tener ~ – neiebilst; 3. zaudējums
incorporación *f* pievienošana; iekļaušana
incorporar *v* 1. pievienot; iekļaut; 2. piecelt sēdus (*guļošu*); **~se** *rfl* 1. pievienoties; ~ a filas – iestāties armijā; 2. piecelties (*par guļošu*)
incorrección *f* 1. neprecizitāte; nepareizums; 2. nekorektums
incorrecto *a* 1. neprecīzs; nepareizs; 2. nekorekts
incorregible *a* nelabojams
incredulidad *f* neuzticība; neuzticēšanās
incrédulo *a* neuzticīgs; neticīgs
increíble *a* neiedomājams; neticams
increpación *f* 1. nosodījums; stingrs rājiens; 2. apvainojums
increpar *v* bārt; rāt; nopelt; nosodīt, apvainot
inculpabilidad *f* nevainīgums
inculpable *a* nevainīgs
incultivable *a* apstrādāšanai nederīgs
inculto *a* 1. neapstrādāts; 2. nekulturāls; neizglītots
incumplimiento *m* neizpildīšana
incurable *a* nedziedināms, neārstējams
incurrir *v* kļūdīties, maldīties
incursión *f mil.* uzlidojums; (*pēkšņs*) uzbrukums
indagación *f* izmeklēšana
indagar *v* izmeklēt
indagatorio *a* izmeklēšanas-
indecencia *f* nepieklājība; piedauzība
indecente *a* nepieklājīgs; piedauzīgs
indecible *a* neizsakāms; neaprakstāms
indecisión *f* nenoteiktība, nedrošība; svārstīgums, šaubīšanās
indeciso *a* nenoteikts, nedrošs; svārstīgs
indefenso *a* neaizsargāts
indefinible *a* nenosakāms; nedefinējams
indefinido *a* 1. nenoteikts; 2. neierobežots
indemnización *f* kompensācija, zaudējumu (izdevumu) atlīdzināšana
independencia *f* neatkarība; patstāvība
independiente I *a* neatkarīgs; patstāvīgs; II *adv* neatkarīgi

independizar *v* atbrīvot, padarīt neatkarīgu; **~se** *rfl* atbrīvoties, iegūt neatkarību

indescriptible *a* neaprakstāms

indestructible *a* nesatricināms; nesagraujams

indeterminable *a* 1. nenosakāms; 2. nebeidzams, bezgalīgs

indeterminación *f* 1. nenoteiktība; 2. svārstīgums

indeterminado *a* 1. nenoteikts; 2. svārstīgs

indiana *f* katūns

indiano I *a* 1. indiāņu-; 2. Indijas-; indiešu-; II *m* indiānis

indicación *f* 1. norādījums; 2. paziņojums

indicado *a* 1. norādīts; 2. piemērots

indicador *m* 1. rādītājs; parādīt; ~ el camino – parādīt ceļu; 2. *tehn.* indikators

indicar *v* 1. norādīt; parādīt; ~ el camino – parādīt ceļu; 2. pamācīt

indicativo I *a* norādošs; II *m* īstenības izteiksme, indikatīvs

índice *m* 1. rādītāja pirksts; 2. indekss, rādītājs; 3. katalogs

indiferencia *f* vienaldzība

indiferente *a* vienaldzīgs

indígena I *a* iezemiešu-; iedzimto-; el pueblo ~ – vietējie iedzīvotāji; II *m* iezemietis, iedzimtais; vietējais

indignación *f* sašutums

indignante *a* sašutumu radošs

indignar *v* radīt sašutumu (*kādā*); **~se** *rfl* sašust

indignidad *f* apkaunojoša uzvešanās; apkaunojoša rīcība; zemiskums

indigno *a* 1. necienīgs; 2. zemisks

indio I *a* 1. Indijas-; indiešu-; 2. indiāņu-; 3. gaiši zils (*par krāsu*); II *m* 1. indietis; 2. indiānis; 3. indiešu valoda

indirecta *f* mājiens; esto fué una ~ astuta – tas bija smalks mājiens; hablar con ~s – runāt aplinkiem

indirecto *a* 1. netiešs; complemento ~ *gram.* – netiešais papildinātājs; 2. aplinkus; conocer alguna cosa por ~ – uzzināt kaut ko aplinkus

indisciplina *f* nedisciplinētība

indiscreción *f* netaktiskums; nesmalkjūtība

indiscret‖o *a* netaktisks; nesmalkjūtīgs; una pregunta ~a – netaktisks jautājums

indisculpable *a* nepiedodams

indiscutible *a* neapstrīdams; neapšaubāms

indispensable *a* 1. nepieciešams; 2. neizbēgams; nenovēršams

indisputable *a* neapstrīdams; neapšaubāms; neapgāžams

indivisibilidad *f* nedalāmība

indivisible *a* nedalāms

indivisio *a* nedalīts

índole *f* raksturs; daba; persona de buena ~ – laba rakstura cilvēks; ◊ es asunto de otra ~ – tā ir pavisam cita lieta

indolencia *f* **1.** slinkums, laiskums, kūtrums; **2.** vienaldzība; apātija

indolente *a* **1.** slinks, laisks, kūtrs; **2.** vienaldzīgs; apātisks

indoloro *a* bezsāpju-; nesāpīgs

indudable *a* neapšaubāms

industria *f* **1.** rūpniecība; ~ pesada – smagā rūpniecība; ~ ligera – vieglā rūpniecība; **2.** meistarība; prasme; ◊ vivir de ~ – dzīvot uz cita rēķina; de ~ – tīšām

industrial I *a* industriāls, rūpniecības-; centro ~ – rūpniecības centrs; **II** *m* rūpnieks; fabrikants

industrialización *f* industrializācija

industrializar *v* industrializēt

inerme *a* neaizsargāts; neapbruņots

inesperado *a* negaidīts

inestabilidad *f* nestabilitāte

inestable *a* nestabils

inevitable *a* nenovēršams

inexperiencia *f* pieredzes trūkums

inexperto *a* nepieredzējis; nepiedzīvojis

inexpresable *a* neizsakāms

inextinguible *a* **1.** [nekad] nedziestošs; **2.** mūžīgs

infamación *f* **1.** apkaunošana; **2.** negods

infamador *m* apvainotājs

infamar *v* laupīt godu; apkaunot

infamativo, **infamatorio** *a* kauna-, kaunpilns; apkaunojošs

infame *a* kaunpilns, apkaunojošs; neģēlīgs, nelietīgs

infamia *f* negods; kauns; neģēlība, nelietība

infancia *f* bērnība

infantil *a* **1.** bērna-, bērnu-; jardin ~ – bērnudārzs; **2.** naivs

infatigable *a* nenogurdināms

infecundidad *f* neauglība; neauglīgums

infecundo *a* neauglīgs

infelicidad *f* nelaime

infeliz (*pl* infelices) *a* nelaimīgs; neveiksmīgs

inferior I *a* **1.** apakšējs; **2.** pakļauts, padots; **II** *m* pakļautais, padotais, apakšnieks

inferir *v* secināt

infernal *a* **1.** elles-; ellišķīgs; ruido ~ – elles troksnis; **2.** kaitīgs

infestación *f* **1.** inficēšana; **2.** izpostīšana, nopostīšana

infestar *v* **1.** inficēt; **2.** izpostīt, nopostīt

infidelidad *f* **1.** neuzticība (*mīlestībā, draudzībā*); **2.** neticība

infiel *a* **1.** neuzticīgs; **2.** neticīgs (*ateists*)

infierno *m* elle, pekle; ◊ en el quinto ~ – pašā pasaules malā

infinidad *f* **1.** bezgalība; **2.** milzīgs daudzums

infinitivo *m gram.* nenoteiksme, infinitīvs

infinito I *a* **1.** bezgalīgs; **2.** neskaitāms; **II** *m mat.* bezgalības zīme; **III** *adv* bezgalīgi, bezgala

inflación *f* **1.** piepūšana; **2.** pietūkšana, piepampšana; **3.** augstprātība, iedomība; **4.** inflācija

inflamable *a* ātri uzliesmojošs; viegli aizdedzināms

inflamación *f* **1.** aizdegšanās; uzliesmošana; **2.** *med.* iekaisums

inflamar *v* **1.** aizdedzināt; **2.** radīt iekaisumu; **3.** *pārn.* iekveldēt, iekvēlināt

inflamatorio, inflamativo *a* iekaisuma-

inflar *v* **1.** piepūst (*ar gaisu*); ~ los carrillos – piepūst vaigus; **2.** padarīt lepnu (uzpūtīgu); **3.** pārspīlēt

influencia *f* ietekme; iedarbība; hombre de ~ – ietekmīgs cilvēks

influente, influyente *a* ietekmīgs

influir *v* (en) ietekmēt

influjo *m* **1.** ietekme; iedarbība; **2.** paisums

información *f* **1.** paziņošana; informācija; boletín de ~ – informācijas biļetens; **2.** izlūkošana; servicio de ~ – izlūkošanas dienests; **3.** ~es *pl* dati, ziņas

informante I *a* informējošs; **II** *m* **1.** informators, ziņotājs; **2.** referents

informar *v* **1.** paziņot; informēt; **2.** *jur.* izmeklēt

informe[a] *a* **1.** bezveidīgs; izplūdis; **2.** neskaidrs; nenoteikts

informe[b] *m* referāts; ziņojums

infortunio *m* **1.** nelaime; bēdas; **2.** nelaimes gadījums; neveiksme

infrangible *a* neplīstošs

infranqueable *a* nepārejams; necaurejams; neizbrienams

infrarrojo *a* infrasarkans

infrecuente *a* rets, ne visai biežs

infundible, infunible *a* nekūstošs, ugunsizturīgs

infundir *v* iedvest (*bailes u. tml.*)

ingeniar *v* izdomāt; izgudrot

ingeniería *f* inženiera profesija

ingeniero *m* inženieris; ~ mecánico – inženieris mehāniķis; ~ de minas – kalnu inženieris

ingenio *m* **1.** ģēnijs; **2.** talants; dotības; **3.** izgudrošanas spējas; **4.** meistarība, prasme

ingeniosidad *f* **1.** apdāvinātība; talantīgums; **2.** izgudrošanas spējas

ingenioso *a* **1.** apdāvināts; talantīgs; **2.** izdomas bagāts, atjautīgs; **3.** prasmīgs

ingenuidad *f* **1.** naivitāte, naivums; **2.** atklātība, vaļsirdība; labsirdība

ingenuo *a* **1.** naivs; **2.** atklāts, vaļsirdīgs; labsirdīgs

inglés I *a* angļu-; **II** *m* **1.** anglis; **2.** angļu valoda

ingobernable *a* nepaklausīgs; nepadevīgs; nepakļāvīgs; carácter ~ – nepakļāvīgs raksturs

ingratitud *f* nepateicība

ingrato *a* **1.** nepateicīgs; **2.** nepatīkams

ingravidez *f* bezsvara stāvoklis

ingresar *v* iestāties (*kādā organizācijā, mācību iestādē u. tml.*); **2.** ~ en el hospital – nokļūt slimnīcā

ingreso *m* **1.** iestāšanās (*kādā organizācijā, mācību iestādē u. tml.*); **2.** ieņēmums, ienākums

inhábil *a* **1.** neveikls; nemākulīgs,

neprasmīgs; **2.** nederīgs; nepiemērots (*piem.*, *darbam*)
inhabilidad *f* **1.** neveiklums; neprasme, nemācēšana; **2.** nederīgums; nepiemērotība (*piem.*, *darbam*)
inhabitable *a* neapdzīvojams; dzīvošanai nederīgs
inhabitado *a* neapdzīvots
inhumanidad *f* necilvēcība; cietsirdība
inhumanitario *a* necilvēcīgs
inhumano *a* **1.** necilvēcīgs; cietsirdīgs; **2.** nepanesams (*par sāpēm, ciešanām*)
iniciación *f* sākums; sākšana
iniciador *m* iniciators, ierosinātājs
inicial I *a* sākuma-; sākotnējs; **II** *m* iniciālis
iniciar *v* sākt; ~ los negaciaciones – sākt sarunas; ~ los contactos – nodibināt kontaktus
iniciativa *f* **1.** ierosme, iniciatīva; **2.** priekšlikums; ierosinājums; ieteikums
inimaginable *a* neiedomājams
ininterrumpido *a* nepārtraukts; pastāvīgs
injusticia *f* netaisnība
injustificable *a* neattaisnojams
injustificado *a* neattaisnots
injusto *a* netaisns, netaisnīgs
injuria *f* **1.** lamuvārds; decir ~s – lamāties; **2.** apvainojums, aizvainojums; **3.** ļaunums, kaitīgums
inmanejable *a* **1.** nepakļāvīgs; **2.** nepaklausīgs; stūrgalvīgs; ietiepīgs

inmediatamente *adv* tūlīt pat, nekavējoties
inmediato *a* **1.** kaimiņu-; blakus-; **2.** tiešs; **3.** tūlītējs; neatliekams; steidzams
inmemorable, **inmemorial** *a* sensens; desde tiempos inmemorables – no (kopš) senseniem laikiem
inmensidad *f* neaptveramība
inmenso *a* neaptverams
inmergir *v* gremdēt; iegremdēt
inmersión *f* gremdēšana; iegremdēšana
inmoral *a* amorāls
inmoralidad *f* **1.** amorālums; **2.** amorāla rīcība
inmortal *a* nemirstīgs
inmortalidad *f* nemirstība
inmortalizar *v* padarīt nemirstīgu
inmovible, **inmóvil** *a* nekustīgs
inmovilidad *f* nekustīgums
inmovilizar *v* padarīt nekustīgu (stīvu)
inmudable, **inmutable** *a* nemainīgs
inmutar *v* **1.** mainīt, grozīt; pārveidot; **2.** satraukt, uztraukt; ~se *rfl* **1.** pārvērsties, mainīties (*sejā*); **2.** uztraukties, raizēties
innovación *f* jauninājums, jaunievedums
innovar *v* ieviest kaut ko jaunu; modernizēt
innumerable, **innúmero** *a* neskaitāms
inocencia *f* **1.** nevainīgums; **2.** naivums

inocente *a* 1. nevainīgs; una broma ~ – nevainīgs joks; 2. naivs
inofensivo *a* nekaitīgs
inolvidable *a* neaizmirstams
inquebrantable *a* 1. neplīstošs; 2. nesagraujams; nesalaužams; nelokāms; voluntad ~ – nelokāma griba
inquietar *v* traucēt, apgrūtināt, nedot mieru
inquieto *a* nemierīgs, nemiera pilns
inquietud *f* 1. nemiers; 2. ~es *pl* intereses; vajadzības; prasības
inquilinato *m* īres maksa (*par dzīvokli*)
inquilino *m* īrnieks, iemītnieks
inquirir *v* [iz]pētīt; izstudēt; izzināt
inquisición *f* 1. izpētīšana; izstudēšana; 2. inkvizīcija
insaciabilidad *f* negausība
insaciable *a* negausīgs
insalubre *a* neveselīgs (*par klimatu u. tml.*)
inscribir *v* 1. pierakstīt; ierakstīt (*sarakstā u. tml.*); 2. gravēt; iekalt (*metālā, akmenī*)
inscripción *f* 1. pierakstīšana; ierakstīšana; 2. uzraksts, gravējums (*metālā, akmenī*)
insectívor‖o *a* kukaiņēdājs-; planta ~a – kukaiņēdāju augs
insecto *m* kukainis
inseguridad *f* nedrošība
inseguro *a* nedrošs
insensibilidad *f* 1. nejūtīgums; 2. cietsirdība; cietsirdīgums

insensibilizar *v* padarīt nejūtīgu; atsāpināt
insensible *a* 1. nejūtīgs; 2. cietsirdīgs
inseparable *a* 1. nedalāms; 2. nešķirams
inservible *a* nederīgs, nelietojams
insigne *a* 1. teicams, lielisks; 2. ievērojams, slavens
insignia *f* 1. atšķirības zīme; 2. godazīme; 3. (*krūšu*) nozīme
insignificancia *f* nenozīmīgums; mazsvarīgums
insignificante *a* nenozīmīgs; niecīgs; cantidad ~ – niecīgs daudzums
insinuación *f* mājiens
insípido *a* 1. negaršīgs; 2. bezgaumīgs; 3. neinteresants
insistencia *f* neatlaidība; stūrgalvība
insistente *a* neatlaidīgs; stūrgalvīgs
insistir *v* (en) uzstāt; pastāvēt (*uz kaut ko*)
insociabilidad *f* nesabiedriskums
insociable, insocial *a* nesabiedrisks
insolación *f* saules dūriens, karstuma dūriens; coger (pillar) una ~ – pārkarst saulē
insolencia *f* bezkaunība, nekaunība
insolente *a* bezkaunīgs, nekaunīgs
insomne *a* bezmiega-; noche ~ – bezmiega nakts
insomnio *m* bezmiegs
insondable *a* 1. bezgalīgs, neizmērojams; 2. neizprotams, neizdibināms
insoportable *a* nepanesams, neciešams

inspección *f* **1.** uzraudzība; uzraudzīšana, uzmanīšana; **2.** pārbaude; izmeklēšana; **3.** inspekcija

inspiración *f* **1.** ieelpošana; **2.** iedvesma; **3.** ietekme

inspirador I *a* iedvesmojošs; **II** *m* iedvesmotājs

inspirar *v* **1.** ieelpot; **2.** iedvesmot

instalación *f* **1.** iekārtošana; **2.** iekārta, aparatūra

instalar *v* iekārtot; **~se** *rfl* iekārtoties

instantáneo *a* acumirklīgs; pēkšņs

instante *m* acumirklis; mirklis; moments; en un ~ – vienā mirklī, acumirklī; ◊ a cada ~ – katru brīdi, nepārtraukti; al ~ – tūlīt, uz vietas

instauración *f* atjaunošana

instaurar *v* atjaunot, ieviest; ~ una disciplina férrea – ieviest dzelzs disciplīnu

instintivo *a* instinktīvs

instinto *m* instinkts; por ~ – instinktīvi; ~ de conservación – pašsaglabāšanās instinkts

institución *f* **1.** (*mācību, valsts*) iestāde; **2.** uzbūve; struktūra; **3.** likums; **4.** ~es *pl* likumu krājums; **5.** ~es *pl* (*zinātnes, mākslas*) pamati; ◊ ~ de heredero – mantinieka iecelšana (*testamentā*)

instituir *v* ierīkot; uzstādīt; nodibināt

instituto *m* **1.** institūts; ~ de investigación científica – zinātniski pētnieciskais institūts; **2.** iestāde

instrucción *f* **1.** mācīšana; apmācība; ~ militar – militārā apmācība; **2.** izglītība; hombre de vasta ~ – vispusīgi izglītots cilvēks; **3.** instrukcija, norādījums

instructivo *a* pamācošs

instructor *m* **1.** skolotājs; audzinātājs; **2.** instruktors

instruído *a* **1.** izglītots, mācīts; **2.** apmācīts

instruir *v* **1.** mācīt; apmācīt; **2.** pamācīt; **3.** instruēt; **4.** *jur.* izmeklēt

instrumentista *m* **1.** mūziķis; muzikants; **2.** mūzikas instrumentu meistars

instrumento *m* **1.** instruments, darbarīks; **2.** mūzikas instruments; ~ de viento – pūšamais instruments; ~ de percusión – sitamais instruments; ~ de cuerda – stīgu instruments; **3.** juridisks dokuments, akts

insuficiencia *f* **1.** nepietiekamība; trūcīgums; **2.** *med.* nepietiekamība; ~ cardiaca – sirds nepietiekamība

insuficiente *a* nepietiekams, nepietiekošs; trūcīgs

insultación *f* apvainojums; pārestība

insultador *m* apvainotājs; pāridarītājs

insultar *v* apvainot; nodarīt pāri

insuperable *a* nepārspējams

insurgente I *a* sacēlies; **II** *m* nemiernieks; sacelšanās dalībnieks

insurrección *f* sacelšanās; ~ armada – bruņota sacelšanās

insurreccionar *v* sacelties; organizēt sacelšanos

insurrecto *m* sacelšanās dalībnieks
insustituíble *a* neaizstājams
intacto *a* neaizskarts, neskarts; neaiztikts; vesels
intangible *a* nemanāms
integrante *a* 1. ietilpstošs; 2. neatņemams; parte ~ – neatņemama daļa; 3. vissīkākais (*par atomu, daļiņu u. tml.*)
integrar *v* sastādīt, veidot; delegación integrada por siete personas – delegācija septiņu cilvēku sastāvā; **~se** *rfl* iesaistīties, iekļauties
íntegro *a* 1. viengabalains; carácter ~ – viengabalains raksturs; 2. taisnīgs; godīgs; krietns; nesavtīgs
intelectivo *a* saprotošs
intelecto *m* prāts; saprāts, intelekts
intelectual I *a* garīgs; trabajo ~ – garīgs darbs; gara-; intelektuāls; II *m* ~es *pl* inteliģence
inteligencia *f* 1. prāts; 2. saprašana; buena ~ – saskaņa, savstarpēja saprašanās; mala ~ – nesaprašanās
inteligente *a* 1. gudrs; izglītots; 2. saprātīgs; atjautīgs
intención *f* 1. nodoms; mērķis; 2. daba, raksturs (*dzīvniekiem*); ◊ primera ~ – patiesīgums, godīgums; segunda ~ – liekulība; curar de primera ~ – sniegt pirmo palīdzību (*ievainotam*)
intencionado *a* tīšs; apzināts; ar zemtekstu; mal ~ – ļaunprātīgs
intensidad *f* 1. spēks, intensitāte; 2. *fiz.* spriegums

intensificar *v* pastiprināt, intensificēt
intensivo, intenso *a* 1. stiprs, spēcīgs, intensīvs; 2. sasprindzināts; saspīlēts; spraigs; 3. košs (*par krāsu*)
intentar *v* 1. mēģināt; 2. nodomāt (*kaut ko darīt*)
intento *m* 1. mēģinājums; desistir de su ~ – atteikties no mēģinājuma; 2. nodoms; ◊ de ~ – tīšām
interacción *f* savstarpēja iedarbība; mijiedarbība
intercalar *v* likt iekšā; ielikt; ~ una palabra – iemest kādu vārdu starpā
intercambio *m* apmaiņa; ~ de mercancías – preču apmaiņa; ~ de opiniones – domu apmaiņa
intercontinental *a* starpkontinentāls
interdicción *f* aizliegums, tiesību atņemšana
interés *m* 1. interese; 2. ieinteresētība; 3. labums, peļņa; 4. procenti
interesado I *a* 1. ieinteresēts; 2. savtīgs; mantkārīgs; II *m* kompanjons, līdzdalībnieks
interesante *a* interesants
interesar *v* 1. interesēt; 2. ieinteresēt; **~se** *rfl* 1. interesēties; 2. ieinteresēties
interino *a* pagaidu-; trabajo ~ – pagaidu darbs
interior *a* iekšējs; en su ~ – sirds dziļumos; ◊ ropa ~ – apakšveļa
interjección *f gram.* izsauksmes vārds

interlocución *f* saruna; pārrunas
interlocutor *m* sarunu biedrs
interlocutorio *m jur.* iepriekšējs lēmums
intermediar *v* būt par starpnieku
intermediario *m* starpnieks
interminable *a* nebeidzams, bezgalīgs
internacional *a* starptautisks; internacionāls; situación ~ – starptautiskais stāvoklis
internado *m* internāts
internar *v* **1.** internēt; **2.** iekļūt; **~se** *rfl* iekļūt
interno I *a* iekšējs; ◊ en su fuero ~ – sirds dziļumos; **II** *m* internāta audzēknis
interplanetario *a* starpplanētu-; vuelo ~ – starpplanētu lidojums
interponer *v* **1.** iespraust (*piem., tekstā*); **2.** izvirzīt par starpnieku; **3.** iesniegt (*sūdzību u. tml.*); **4.** vērsties (*ar lūgumu, sūdzību*); ~ un recurso – iesniegt apelāciju; **~se** *rfl* būt par starpnieku
interpretación *f* **1.** izskaidrošana; iztulkošana; interpretācija; **2.** pārtulkošana
interpretar *v* **1.** izskaidrot; iztulkot; interpretēt; **2.** pārtulkot; **3.** tēlot (*lomu teātrī*)
interpretativo *a* izskaidrojošs
intérprete *m, f* **1.** izskaidrotājs, -a; iztulkotājs, -a; interpretētājs, -a; **2.** tulks
interpuesto *part no* **interponer**

interrogación *f* **1.** jautājums; **2.** *gram.* jautājuma zīme
interrogar *v* **1.** jautāt, vaicāt; **2.** nopratināt
interrogativ‖o *a* jautājuma-; jautājošs; mirada ~-a – jautājošs (vaicājošs) skatiens; pronombre ~ *gram.* – jautājamais vietniekvārds
interrumpir *v* **1.** pārtraukt; **2.** traucēt, apgrūtināt
interrupción *f* **1.** pārtraukšana; **2.** pārtraukums
interruptor *m el.* izslēdzējs, slēdzis
interurbano *a* starppilsētu-
intervención *f* **1.** iejaukšanās; intervencija; ~ armada – bruņota iejaukšanās; no ~ – neiejaukšanās; **2.** uzstāšanās, runa
intervenir *v* **1.** [ie]jaukties; piedalīties; ~ en los asuntos interiores – jaukties iekšējās lietās; **2.** būt par starpnieku; **3.** piedalīties; **4.** uzstāties; izteikties; paziņot
interventor *m* **1.** kontrolieris; **2.** starpnieks; **3.** intervents
íntimamente *adv* intīmi; ~ ligados – cieši saistīti
intimidar *v* iebaidīt
íntimo *a* **1.** intīms; tuvs; amigo ~ – tuvs draugs, sirdsdraugs; relaciones ~-as – intīmas attiecības; **2.** iekšējs
intolerable *a* nepanesams; neciešams
intolerante *a* neciešams
intoxicación *f med.* intoksikācija

intoxicar *v* saindēt

intranquilidad *f* nemiers; satraukums

intranquilizar *v* uztraukt

intranquilo *a* nemierīgs; uztraukts

intransigencia *f* nepiekāpība; nelokāmība

intransigente *a* nepiekāpīgs; nelokāms

intransitable *a* nepārejams; neizbrienams

intrepidez *f* bezbailība, drošsirdība

intrépido *a* bezbailīgs, drošsirdīgs

introducción *f* 1. ievads; 2. *mūz.* introdukcija

introducir *v* 1. ievest (*kādu kaut kur*); 2. radīt, izraisīt; ~ la discordia – izraisīt nesaskaņas; 3. ieviest, ievest; ~ una palabra nueva – ieviest jaunu vārdu; ~ una moda – ieviest jaunu modi; **~se** *rfl* 1. ieviesties; 2. iejaukties

intromisión *f* iejaukšanās

inundación *f* 1. plūdi; 2. liels daudzums; pārpilnība

inundar *v* pārplūdināt

inútil *a* nederīgs

invadir *v* iebrukt (*svešā teritorijā*)

invalidar *v* 1. padarīt nederīgu; 2. anulēt

invalidez *f* invaliditāte, darba nespēja

inválido **I** *a* 1. darba nespējīgs; 2. nederīgs; 3. sakropļots; **II** *m* invalīds

invalorable *a* nenovērtējams

invariabilidad *f* pastāvīgums; nemainīgums

invariable *a* pastāvīgs; nemainīgs

invasión *f* (*ienaidnieka*) iebrukums

invencibilidad *f* neuzvaramība

invencible *a* neuzvarams; nepārvarams: un obstáculo ~ – nepārvarams šķērslis

invención *f* 1. izgudrošana; 2. izgudrojums; privilegio de ~ – izgudrojuma patents

invencionero *m* izdomātājs; melis

invendible *a* nepārdodams

inventador *m* izgudrotājs

inventar *v* 1. izgudrot (*kaut ko jaunu*); 2. izdomāt, izgudrot; 3. iecerēt (*kādu darbu*)

inventiva *f* izgudrošanas spējas; izdomas spējas

inventivo *a* izdomas bagāts, atjautīgs

invento *m* izgudrojums

inventor *m* 1. izgudrotājs; 2. izdomātājs, melis

invernáculo *m* siltumnīca, oranžērija

invernal *a* ziemas-, sueño ~ – (*dzīvnieku*) ziemas guļa

invernar *v* pārziemot; pārlaist (pavadīt) ziemu

inversamente *adv* gluži otrādi

inversión *f* 1. pārvietošana; 2. *gram.* inversija; 3. (*kapitāla*) ieguldīšana; ◊ llave de ~ *el.* – pārslēdzējs

invers‖o *a* 1. pretējs; 2. *mat.* apgriezti proporcionāls; ◊ a (por) la ~a – otrādi

invertebrado *a zool*. bezmugurkaula-; bezmugurkaulains

invertir *v* **1.** pārvietot; pārlikt; pārstatīt; **2.** ieguldīt (*naudu*); **3.** šķiest (*laiku*)

investigación *f* **1.** pētīšana; pētījums; pētījumi; ~ científica – zinātnisks pētījums; instituto de ~ científica – zinātniskās pētniecības institūts; **2.** *jur*. izmeklēšana

investigador *m* **1.** pētītājs; pētnieks; **2.** *jur*. izmeklētājs

investigar *v* **1.** pētīt; izpētīt; **2.** izzināt, izdibināt; **3.** *jur*. izmeklēt

invierno *m* **1.** ziema; **2.** lietussezona tropos

inviolabilidad *f* neaizskaramība; ~ personal – personas neaizskaramība

inviolable *a* neaizskarams

inviolado *a* neskarts, tīrs

invisible *a* neredzams

invitación *f* uzaicinājums, ielūgums

invitar *v* **1.** uzaicināt, ielūgt; **2.** aicināt, saukt

invocar *v* saukt (*kādu palīgā*); ~ el auxilio – saukt pēc palīdzības

involuntario *a* piespiests

inyección, **inyectación** *f* iešļircināšana, injicēšana

inyectar *v* iešļircināt

ir *v* **1.** iet; staigāt; ~ a pie – iet kājām; ~ y venir – staigāt šurpu turpu; ~ por algo – iet (*pēc kaut kā*); ¿quién va? – kas nāk?; **2.** iet regulāri, apmeklēt; ~ a la escuela – iet uz skolu; **3.** braukt; ceļot; ~ en tren – braukt ar vilcienu; ~ por mar – braukt pa jūru; **4.** klāties, iet; ¿cómo te va? – kā tev iet?, kā tev klājas?; **5.** (*ar ģerundiju apzīmē nepārtrauktu darbību*): va amaneciendo – aust gaisma (rīts); él va mejorando – viņa veselības stāvoklis uzlabojas; **6.** (a + *inf*) taisīties, gatavoties; voy a comer – es taisos ēst; es taisos pusdienot; voy a decírselo – es tūlīt jums to pateikšu; **7.** piestāvēt; esa corbata no va con esa camisa – šī kaklasaite nepiestāv pie šī krekla; te va mal el color azul – tev nepiestāv zila krāsa; ◊ ~ con cuidado – būt uzmanīgam; ~ con miedo – baidīties; ¡vamos! – ejam!; ¡vaya una situación! – tā tik ir situācija!; **~se** *rfl* **1.** aiziet; aizbraukt; irse al extranjero – aizbraukt uz ārzemēm; pazust; **2.** nomirt; **3.** bojāties; **4.** nonēsāties, novalkāties; **5.** tecēt; iztecēt; esta taza se va – šis trauks tek; el agua se va – ūdens tek laukā (*no trauka*); **6.** slīdēt; se me van los pies – man slīd kājas; ◊ ~ a pique – 1) slīkt, iet dibenā; 2) nomirt; ~ de la memoria – aizmirst; ~ de la mano – 1) dot rokām vaļu; 2) izkrist no rokām; ~ de la lengua – izpļāpāt

ira *f* **1.** dusmas; niknums; **2.** sašutums

iracundia *f* ātras dusmas

iracundo *a* nikns; dusmīgs
irradiación *f* izstarošana; radiācija
irradiar *v* izstarot; ~ felicidad – starot aiz laimes
irrazonable *a* neprātīgs, bezprātīgs
irreal *a* ireāls
irrealidad *f* irealitāte
irrealizable *a* nerealizējams; neizpildāms
irrebatible *a* neapstrīdams; neapšaubāms
irreconciliable *a* nesamierināms
irrecuperable *a* neatgriežams; neatgūstams
irreducible *a* 1. *mat.* nesaīsināms; 2. *ķīm.* nedalāms
irreflexión *f* neapdomība
irreflexivo *a* neapdomāts, nepārdomāts
irregular *a* 1. neregulārs; verbo ~ *gram.* – nekārtns darbības vārds; 2. nelīdzens
irremediable *a* 1. nelabojams; 2. neizārstējams
irreparable *a* nelabojams

irresistible *a* nepanesams, neciešams
irrevocable *a* 1. *jur.* galīgs (*par spriedumu*); 2. negrozāms; 3. neatsaucams (*akreditīvs*)
irrigación *f* apūdeņošana, irigācija; obras de ~ – apūdeņošanas darbi
irrigar *v* apūdeņot
irritable *a* ātri sakaitināms
irritar *v* sakaitināt
irrumpir *v* iebrukt; ielauzties
irrupción *f* iebrukums; ielaušanās
isla *f* sala; ◇ en ~ – atsevišķi, izolēti
isleño I *a* salas-; II *m* salinieks, salas iedzīvotājs
istmo *m* zemes šaurums
italiano I *a* itāliešu; II *m* 1. itālietis; 2. itāliešu valoda
iteración *f* atkārtošana
iterar *v* atkārtot
iterativo *a* atkārtojams
izar *v* pacelt (*buras, karogu*)
izquierda *f* 1. kreisā roka; 2. kreisā puse; a la ~, por, la ~ – pa kreisi
izquierdo *a* 1. kreisais; el lado ~ – kreisā puse; 2. līks, greizs

J

jabalí (*pl* jabalíes) *m* meža cūka; meža kuilis
jabalinaᵃ *f* meža cūka (*mātīte*)
jabalinaᵇ *f* šķēps; lanzamiento de la ~ – šķēpa mešana; pīķis (*medībām, sportam*)

jabón *m* ziepes; ~ de olor – tualetes ziepes; ~ líquido – šķidrās ziepes
jabonadura *f* 1. ieziepēšana; 2. ziepjūdens; ziepju putas
jabonar *v* 1. ieziepēt (*seju pirms skūšanās*); 2. mazgāt ar ziepēm

(*veļu*); **3.** *sar.* sadot sutu; mazgāt galvu

jabonera *f* **1.** ziepju pārdevēja; **2.** ziepju trauks

jacal *m (am.)* būda, būdiņa, mājele (*ar palmu lapu vai salmu jumtu*)

jacinto *m* hiacinte

jactancia *f* lielīšanās

jactancioso *a* lielīgs

jactarse *v rfl* lielīties

jadear *v* aizelsties

jadeo *m* aizdusa

jaleo *m* **1.** haleo (*andalūziešu deja*); **2.** troksnis; kņada

jamás *adv* nekad; ◇ por siempre ~ – uz visiem laikiem; !nunca ~! – nekad [ar ne]!

jamón *m* šķiņķis

japonés I *a* japāņu-; **II** *m* **1.** japānis; **2.** japāņu valoda

jarabe *m* **1.** sīrups; **2.** mikstūra

jardín *m* dārzs; ~ botánico – botāniskais dārzs; ~ zoológico – zooloģiskais dārzs; ~ de niños (~ de la infancia) – bērnudārzs

jardinera *f* **1.** dārzniece; **2.** dārznieka sieva; **3.** (*viegli*, *vaļēji*) rati

jardinería *f* dārzniecība

jardinero *m* dārznieks

jardinista *m, f* dārzkopis, -e

jarra *f* māla krūze (*ar divām osām*); ◇ de ~s, en ~s – ar sānos iespiestām rokām

jarrear *v* **1.** smelt ūdeni ar krūzi; **2.** dzert (*vīnu*) lieliem malkiem

jarrero *m* **1.** podnieks; **2.** krūžu pārdevējs

jaspe *m min.* jašma

Jauja *f* pasaku valstība; vivir en ~ *sar.* – dzīvot kā pasakā (paradīzē)

jaula *f* **1.** krātiņš; būris; **2.** celtnis (*šahtās*)

jefe *m* **1.** priekšnieks; ~ de estación – stacijas priekšnieks; ~ del gobierno – valdības galva; ~ superior de administración – ģenerāldirektors; ingeniero en ~ – vecākais inženieris; **2.** *mil.* komandieris; ~ Supremo de las Fuerzas Armadas – bruņoto spēku virspavēlnieks; general en ~ – virspavēlnieks

jerarquía *f* **1.** hierarhija; **2.** sociālais stāvoklis; dienesta pakāpe; amats

jeringa *f med.* šļirce; ◇ ¡qué ~! – kāda garlaicība!

jeringar *v* **1.** *med.* skalot; **2.** apgrūtināt; traucēt

jersey *m* svīteris

jinete *m* **1.** jātnieks; **2.** kavalērists

jorguín *m* burvis

jornada *f* **1.** [darba] diena; la ~ de ayer – vakardiena; a lo largo de la ~ – dienas laikā; **3.** militārs pārgājiens; ◇ a grandes (largas) ~s – paātrinātā tempā; caminar por sus ~s – rīkoties apdomīgi (bez steigas)

jornal *m* (*strādnieka*) dienas alga

jornalero *m* dienas strādnieks

joroba *f* kupris

jorobado I *a* kuprains; **II** *m* kuprītis

jorobar *v* mākties virsū; apgrūtināt; traucēt

jota *f* hota (*spāņu deja*)

jouba *f* anšovs

joven **I** *a* jauns; **II** *m, f* jauneklis; jauniete

joya *f* 1. dārglieta; 2. rotaslieta

joyería *f* 1. juvelieru veikals; 2. juvelieru darbnīca; 3. juvelierumāksla

joyero *m* 1. juvelieris; 2. lādīte (*dārglietu glabāšanai*)

jubilación *f* 1. aiziešana pensijā; 2. pensija

jubilado *m* pensionārs

jubileo *m* jubileja; ◊ por ~ – ļoti reti, reiz pa simt gadiem

júbilo *m* jautrība; gaviles

jubiloso *a* jautrs; priecīgs

judía *f* pupiņas

judío **I** *a* ebreju-; **II** *m* ebrejs

judo *m* džudo

juego *m* 1. spēle; spēlēšana; ~ de naipes – kāršu spēle; ~ de palabras – vārdu spēle; ~ de billar – biljards; ~ de damas – dambrete; ~ de manos, ~ de pasa – burvju triks; ~ de Bolsa – biržas spēle; 2. ~s *pl* spēles (*piem., olimpiskās*); sacensības; 3. izklaidēšanās; 4. joks; por ~ – pa jokam; 5. komplekts; ~ de mesa – galda servīze; ~ de muebles – mēbeļu garnitūra; 6. piedalīšanās; no estar en ~, no entrar en ~ – nepiedalīties; estar en ~ – būt iejauktam (*kaut kur*); mostrar el ~ – atklāt savus nodomus, atklāt kārtis

jueves *m* ceturtdiena; ◊ cosa del otro ~ – reta (neparasta) lieta

juez (*pl* jueces) *m* tiesnesis; ~ árbitro – šķīrējtiesnesis; ~ de instrucción – tiesas izmeklētājs; ◊ no ser ~ en la materia – nebūt kompetentam

jugada *f* 1. (*kādas spēles*) spēlēšana; 2. gājiens (*spēlē*)

jugador *m* spēlmanis; ◊ ~ de manos – triku taisītājs; ~ de ventaja – blēdis (*kāršu spēlē*)

jugar *v* 1. spēlēt; ~ a la pelota – spēlēt bumbu; ~ al fútbol – spēlēt futbolu; ~ a las damas – spēlēt dambreti; 2. paspēlēt; 3. izklaidēties; 4. izdarīt gājienu (*spēlē*); 5. riskēt; ~ su vida – riskēt ar dzīvību; ◊ ~ a cartas vistas – spēlēt ar atklātām kārtīm; ~ a la bolsa – spekulēt biržā; ~ una mala pasada – izspēlēt sliktu joku; ~**se** *rfl sar.* riskēt, likt visu uz kārts; ~se el todo por el todo – likt visu uz kārts, riskēt ar visu; ~ limpio – spēlēt godīgi; ~ sucio – spēlēt negodīgi

jugarreta *f* 1. slikti nospēlēta partija; 2. ļauns joks

jugo *m* sula; ~ de frutas – augļu sula; ~ gástrico – kuņģa sula; ◊ sacar el ~ – izsūkt līdz pēdējam (*kādu*)

jugosidad *f* sulīgums

jugoso *a* sulīgs

juguete *m* rotaļlieta; ◊ ser el ~ de alguien – būt rotaļlietai kāda rokās

juguetear *v* **1.** jokot; **2.** trokšņot, draiskuļoties

juguetería *f* rotaļlietu veikals; rotaļlietu ražošana, tirdzniecība

juicio *m* **1.** uzskats; spriedums; **2.** saprāts; prāts; claridad de ~ – prāta skaidrība; estar en su sano ~ – būt pie vesela saprāta; estar fuera de ~, perder el ~ – zaudēt prātu; con ~ – saprātīgi; **3.** tiesa; convenir a ~, pedir en ~ – vērsties tiesā; comparecer en ~ – stāties tiesas priekšā; formar ~ – tiesāt; **4.** [tiesas] spriedums

juicioso *a* saprātīgs; prātīgs

julio *m* jūlijs

juncar *m* meldrājs

junco *m* meldri

junio *m* jūnijs

junta *f* **1.** sanāksme; ~ de médicos – ārstu konsilijs; **2.** padome; hunta; ◇ ~ de gobierno – pagaidu valdība

juntamente *adv* kopīgi, kopā

juntar *v* **1.** savienot; apvienot; **2.** sakrāt (*naudu*); **3.** aizcirst (*durvis, logus*); ~**se** *rfl* **1.** savienoties; apvienoties; **2.** salasīties; sapulcēties; **3.** pievienoties

junto *adv* kopā; en ~ – kopumā, visumā; por ~ – 1) apmēram; 2) vairumā; ~ a – blakus; tuvumā; ~ a la ventana – pie loga

jura *f* zvērests

jurado *m* **1.** zvērināto tiesa; **2.** zvērinātais; **3.** žūrijas komisija (*konkursā u. tml.*)

juramentar *v* nozvērināt; ~**se** *rfl* zvērēt, dot zvērestu

juramento *m* **1.** zvērests; ~ de fidelidad – uzticības zvērests; prestar ~ – nodot zvērestu; **2.** lāsts

jurar *v* **1.** zvērēt; **2.** nolādēt; ~**se** *rfl* savstarpēji zvērēt

jurídico *a* **1.** tiesas-; **2.** juridisks

jurisconsulto *m* juriskonsults

jurisdicción *f* jurisdikcija

jurisprudencia *f* jurisprudence, tiesību zinātne

jurista *m, f* jurists, -e

justamente *adv* **1.** precīzi, akurāti; **2.** tieši

justicia *f* justīcija; administrar ~ – tiesāt

justiciero *a* taisnīgs

justificación *f* **1.** *jur.* attaisnošana; **2.** attaisnojums, aizbildinājums

justificado *a* **1.** *jur.* attaisnots; **2.** taisnīgs

justificante *a jur.* attaisnojošs

justificar *v* **1.** *jur.* attaisnot; **2.** *jur.* pierādīt; **3.** vērst par labu

justificativo *a jur.* attaisnojošs; documento ~ – attaisnojošs dokuments

justo *a* **1.** pareizs; ¡justo! – pareizi!; **2.** taisnīgs; sentencia ~a – taisnīgs spriedums

juvenal, juvenil *a* jauneklīgs, jauns

juventud *f* **1.** jaunība; **2.** jaunatne

juzgado *m* tiesa

juzgador **I** *a* tiesājošs; **II** *m* tiesnesis

juzgar *v* **1.** tiesāt; pasludināt spriedumu; **2.** spriest; novērtēt; ~ la situación – novērtēt situāciju

K

kaki I *a* haki (*krāsa*); II *m* haki (*audums*)
kanguro *m zool.* ķengurs
kazajo I *a* kazahu-; II *m* kazahs
kartismo *m* kartings
kartista *m* kartingists

kéfir *m* kefīrs
kilo, kilogramo *m* kilograms
kilómetro *m* kilometrs; ~ cuadrado – kvadrātkilometrs
kiosco *sk.* **quiosco**

L

la I *art det* (*vak. siev. dz.*; *parasti netiek tulkots*): ~ que ... – tā, kura ...; II *pron pers* (*vsk. 3. pers. siev dz. ak.*) viņu; to; ~ ví que se acercaba – redzēju viņu tuvojamies
laberinto *m* 1. labirints; 2. juceklis, sajukums
labial *a val.* labiāls
lábil *a* 1. trausls; vārgs; 2. labils
labio *m* 1. lūpa; tener un ~ elocuente – būt daiļrunīgam; 2. mala (*piem., rēta*)
labor *f* 1. darbs; 2. rokdarbs; hacer ~ – izšūt; ◇ tierra de ~ – tīrums; aramzeme
laborable *a* apstrādājams (*par zemi*); ◇ día ~ – darbdiena
laborar *v* 1. strādāt; 2. apstrādāt (*zemi, koku u. tml.*)
laboratorio *m* laboratorija
laboratorista *m, f* laborants, -e
laboriosidad *f* strādīgums; čaklums
laborioso *a* 1. strādīgs, čakls; 2. darbietilpīgs

laborista *pol.* I *a* leiboristu-; partido ~ – leiboristu partija; II *m, f* leiborists, -e
labra *f* (*koka, akmens*) apstrāde
labrador I *a* strādājošs; II *m* 1. zemkopis; arājs; 2. zemnieks
labradora *f* zemniece
labranza *f* 1. zemkopība; 2. lauku darbi; 3. lauku saimniecība
labrar *v* 1. strādāt; 2. apstrādāt; ~ madera – apstrādāt koku; ~ plata – kalt sudrabu; 3. art
labriego *m* 1. zemnieks; zemkopis; 2. arājs
laca *f* laka
lacayo *m* sulainis
lacerar *v* 1. plēst; 2. ievainot; savainot; 3. bojāt
lacerta *f* ķirzaka
lacio *a* 1. apvītis; novītis, savītis; 2. glēvs; ◇ cabellos ~s – taisni mati
lacónico *a* lakonisks
lacra *f* 1. slimības pēdas; 2. defekts, trūkums; 3. (*am.*) vāts; čūla

lacre I *m* zīmoglaka; **II** *a* sarkans
lacrimoso *a* **1.** asarains; **2.** žēlabains, žēls
lactancia *f* **1.** zīdīšana; **2.** zīdīšanas periods
lactante *m* zīdainis
lactar *v* zīdīt
lácteo *a* **1.** pienīgs; **2.** piena-; Vía Láctea *astr.* – Piena Ceļš
lacustre *a* ezera-; ezeru-; ◇ construcciones ~s – pāļu būves
ladear *v* **1.** noliekt (*uz vienu pusi*); **2.** kāpt (*kalnā*); **3.** nogriezties (*no ceļa*); **~se** *rfl* **1.** noliekties (*uz vienu pusi*); **2.** būt līdzīgam, līdzināties (*kaut kam*)
ladera *f* **1.** nogāze, nokalne; **2.** (*am.*) [upes] krasts
lado *m* **1.** sāns; en el ~ izquierdo – kreisajā sānā; dormir de ~ – gulēt uz sāna; **2.** puse; otro ~ de una medalla – medaļas otrā puse; del ~ paterno – no tēva puses; **3.** vieta; apvidus; mala; por todos ~s – no visām malām; **4.** aspekts, viedoklis; **5.** protekcija; ◇ al – de – blakus; él vive al – de sus padres – viņš dzīvo pie saviem vecākiem; comerle un ~ a alguien – dzīvot uz kāda rēķina; dar de ~ a alguien – pamest kādu; de ~ todo es más claro – no malas labāk redzams
ladra *f* riešana
ladrar *v* **1.** riet; **2.** *sar.* lamāties
ladrido *m* rejas
ladrillal *m* ķieģeļu rūpnīca; ķieģeļu dedzinātava
ladrillo *m* ķieģelis; ◇ ~ de chocolate – šokolādes tāfele
ladrón *m* zaglis
lagarto *m* **1.** ķirzaka; ~ de Indias (*am.*) – kaimans; **2.** *anat.* bicepss; **3.** *sar.* viltnieks, blēdis
lago *m* ezers; ~ artificial – ūdenskrātuve; mākslīgais ezers
lágrima *f* **1.** asara; deshacerse en ~s – izplūst asarās; llorar a ~ viva – liet rūgtas asaras; **2.** pile; lāse; ~s de cocodrilo – krokodila asaras
lagrimal I *a* **1.** asarains; **2.** asaru-; glándula ~ – asaru dziedzeris; **II** *m* acs iekšējais kaktiņš
lagrimear *v* **1.** pinkšķēt; **2.** asarot
laguna *f* **1.** lagūna; **2.** dīķis; **3.** izlaidums; tukša vieta (*tekstā*)
lagunoso *a* purvains
lamaᵃ *f* gļotas
lamaᵇ *f* brokāts
lambrijo *a* vājš; kalsns
lamedal *m* dūksnājs, muklājs
lamentable *a* **1.** nožēlojams; **2.** bēdīgs, skumjš
lamentar *v* **1.** vaimanāt; **2.** skumt: bēdāties; **~se** *rfl* **3.** apraudāt, sūroties, gausties
lamento *m* raudas; žēlabas
lamer *v* [ap]laizīt; nolaizīt
lámina *f* **1.** metāla plāksne; **2.** *poligr.* klišeja; **3.** *poligr.* ielikuma lapa; **4.** gravīra
laminar I *a* plākšņains; **II** *v* **1.** *tehn.* velmēt; **2.** noklāt ar plāksnēm
lámpara *f* **1.** lampa; ~ de destellos

electrónica – elektronu zibspuldze; **2.** *sar.* eļļas (tauku) traips (*uz drānām*)
lamparilla *f* naktslampiņa
lampazoᵃ *m* dadzis
lampazoᵇ *m* (*zāļu, virvju u. tml.*) slota
lampiño *a* **1.** bezbārdains; **2.** bezmatains
lamprea *f* nēģis
lanaᵃ *f* vilna; ~ artificial – mākslīgā vilna; tejidos de ~ – vilnas audumi; ~ de vidrio – stikla vate; perro de ~s – pūdelis
lanaᵇ *m* (*am.*) klaidonis
lanar *a* vilnas-
lance *m* **1.** mešana; **2.** notikums; gadījums; ~ de fortuna – laimes gadījums; **3.** bīstams stāvoklis; **4.** gājiens (*spēlē*); **5.** sadursme, kautiņš; ~ de honor – divkauja; ◊ librería de ~ – antikvariāts
lanceta *f* lancete
lancha *f* **1.** gluds, plakans akmens; **2.** laiva; ~ de servicio de patrulla – sardzes kuteris; ~ de auxilio – glābšanas laiva; **3.** (*am.*) migla
lanchar **I** *m* akmeņlauztuve; **II** *v* (*am.*) apmākties
lanchero *n* laivinieks
lanero **I** *a* vilnas-, vilnains; **II** *m* vilnas izstrādājumu tirgotājs
langosta *f* **1.** sisenis; **2.** langusts, omārs
languidecer *v* **1.** nīkt; nīkuļot; **2.** zaudēt dūšu, sašļukt

lánguido *a* **1.** vārgs; gurdens; **2.** sašļucis, nošļucis (*par kādu*)
lanilla *f* **1.** uzkārsums; **2.** smalks vilnas audums
lanudo *a* **1.** vilnains; **2.** *pārn.* neaptēsts
lanza *f* **1.** šķēps; **2.** dīsele; **3.** metāla uzgalis (*šļūtenei*); ◊ ser una ~ – būt izveicīgam; romper ~s – lauzt šķēpus
lanzar *v* **1.** mest; ~ el disco *fizk.* – mest disku; **2.** *jūrn.* nolaist ūdenī (*kuģi*); **3.** *jur.* atsavināt; **4.** laist tirgū, laist pārdošanā; **~se** *rfl* mesties; ~ al ataque – doties uzbrukumā
lanzatorpedos *m* **1.** torpēdu laiva; **2.**: tubo ~ – torpēdu aparāts
laña *f tehn.* skava
lápida *f* piemiņas plāksne
lapidar *v* nomētāt akmeņiem
lapidario **I** *a* dārgakmeņu-; **II** *m* dārgakmeņu slīpētājs
lapislázuli *m min.* lazurīts
lápiz (*pl* lápices) *m* zīmulis; ~ plomo – grafīts; ~ de pizarra – grifele
lapón **I** *a* lapu-, Lapzemes-; **II** *m* laps
lapso *m* laika sprīdis
laquear *v* lakot, pārklāt ar laku
lardo *m* cūkas taukums; speķis
largamente *adv* **1.** plaši; **2.** ilgi; ilgstoši
larg‖ar *v* palaist vaļīgāk; atlaist vaļīgāk; **~se** *rfl* **1.** doties projām; **2.** (*am.*) mesties (*kaut ko darīt*); sākt (*kaut*

ko darīt); se ~ó a correr – viņš metās skriet

larg‖o I *a* **1.** garš; **2.** plašs; **3.** ilgs; ilgstošs; **4.** *sar.* devīgs; ◇ a la ~a – pēc kāda laika; a lo ~ – 1) garumā; gareniski; 2) tālumā; ¡~ de aquí! – vācies prom!; de ~a vista – tālredzīgs; **II** *m* **1.** garums; **2.** *mūz.* largo

laringe *f anat.* balsene

larva *f* **1.** kāpurs; **2.** kurkulēns

las I *art det* (*dsk. siev. dz.*; *parasti netiek tulkots*): ~ que ... – tās, kuras ...; **II** *pron pers* (*dsk.* **3.** *pers. siev. dz. ak.*) viņas; tās

lasamiento *m* nogurums, pagurums, pārpūle

lasca *f* akmens šķemba

lasitud *f* nogurums; gurdenums

laso *a* **1.** noguris; gurdens; **2.** nešķeterēts

lástima *f* **1.** līdzjūtība, līdzcietība; dar ~ – radīt līdzjūtību; sentir ~ – izjust žēlumu; **2.** *sar.* gaudas; žēlabas; llorar ~s – sūdzēties, žēloties; ¡qué ~! – cik žēl!; es ~ que ... – žēl, ka ...

lastimar *v* **1.** ievainot; savainot; **2.** apvainot; **~se** *rfl* **1.** ievainot sevi; savainot sevi; **2.** sūdzēties, žēloties; **3.** just līdzi (*kādam*)

lastimoso *a* žēls; žēlabains

lastre *m* **1.** balasts; **2.** *ģeol.* nederīgie ieži; **3.** *sar.* prāts

lata *f* **1.** skārds; **2.** skārda bundža; carne en ~ – gaļas konservi

latamente *adv* plaši

latente *a* latents; calor ~ *fiz.* – latentais (apslēptais) siltums

lateral *a* sānu-; sānisks

latido *m* **1.** pulsēšana; **2.** ~s *pl* (*sirds*) sitieni, puksti; **3.** rejas, riešana

latifundio *m* muiža; lielsaimniecība; latifundija

latifundista *m* lielais zemes īpašnieks, latifundists

latigazo *m* **1.** pātagas cirtiens; **2.** stingrs rājiens

látigo *m* **1.** pātaga; **2.** siksna; **3.** (*am.*) pātagas cirtiens

latiguear *v* **1.** plīkšķināt pātagu; **2.** (*am.*) pātagot

latiguillo *m* **1.** *bot.* stīga; vīte; **2.** pletne

latín *m* latīņu valoda

latino I *a* latīņu-; **II** *m* **1.** latīņu valoda; **2.** ~s *pl* latīņi

latinoamericano I *a* Latīņamerikas-; latīņamerikāņu-; **II** *m* Latīņamerikas iedzīvotājs, latīņamerikānis

latir *v* **1.** pukstēt (*par sirdi*); **2.** (*am.*) apgrūtināt; **3.** riet

latitud *f ģeogr.* platums; platuma grāds; ~ norte – ziemeļu platuma grāds; ~ sur – dienvidu platuma grāds

lato *a* **1.** plats; **2.** plašs

latón *m* **1.** misiņš; **2.** (*am.*) zobens

laudable *a* slavas-, slavinājuma-; uzslavas-

laude *f* piemiņas plāksne (*kapos*)

laudo *m jur.* šķīrējtiesas (šķīrējtiesneša) lēmums

laureando *m* 1. disertants; 2. doktorands

laurear *v* 1. uzlikt lauru vainagu; 2. apbalvot; prēmēt

laurel *m* laurs; ~ rosa – oleandrs; hoja de ~ – lauru lapa; ◊ dormirse en los ~es – atdusēties (dusēt) uz lauriem

laureóla *f* 1. lauru vainags; 2. oreols

lavaᵃ *f* lava

lavaᵇ *f kalnr*. rūdas skalošana

lavable *a* mazgājams

lavadero *m* 1. veļas mazgātava; 2. *kalnr*. rūdas skalošanas vieta

lavado *m* 1. mazgāšana; 2. veļas mazgāšana; 3. *glezn*. akvareļa (guašas) tehnika; ◊ ~ de estómago – kuņģa skalošana

lavadora *f* veļas mazgājamā mašīna

lavamiento *m* mazgāšana

lavándula *f bot*. lavanda

lavar *v* 1. mazgāt; 2. gleznot akvareļa (guašas) tehnikā; ◊ ~ una injuria – nomazgāt kauna traipu; **~se** *rfl* mazgāties; ◊ ~se las manos – mazgāt rokas nevainībā

lavativa *f* 1. *med*. klizma; 2. uzmācība, uzbāzība

laxante **I** *a* caureju veicinošs-; **II** *m* caurejas līdzeklis

layaᵃ *f* 1. lāpsta; 2. kaplis

layaᵇ *f* īpašība; kvalitāte; ◊ de mala ~ – zemisks; de la misma ~ – no tās pašas sugas

lazar *v* ķert ar laso

lazareto *m* lazarete

lazo *m* 1. laso; 2. *daž. noz*. cilpa; 3. (*pušķī sasieta*) lente; 4. ~s *pl pārn*. saites; los ~s de la sangre – asinsradniecības saites; fortalecer los ~s de amistad – stiprināt draudzības saites

le *pron pers* 1. (*vsk. 3. pers. vīr. un siev. dz. dat*.) viņam; viņai; Jums; 2. (*vsk. 3. pers. vīr. dz. ak*.) viņu; Jūs

leal *a* 1. uzticams, uzticīgs; 2. lojāls

lealtad *f* 1. uzticība; 2. lojalitāte

lección *f* 1. (*mācību*) stunda; 2. *pārn*. mācība; ◊ ~es por correspondencia – neklātienes mācības

lector *m* lasītājs; lektors

lectura *f* 1. lasīšana; sala de ~ – lasītava; 2. lasāmviela; ~ en voz alta – lasīšana skaļā balsī

lecha *f* pieņi

lechar **I** *a* 1. dzirdīts (*piem., teļš*); **II** *v* 1. zīdīt; 2. (*am*.) slaukt; 3. (*am*.) balsināt

leche *f* 1. piens; crema de ~ – krējums; ~ de almendras – mandeļu piens; ~ entera – pilnpiens; 2. *bot*. piena sula; ◊ ~ virginal – sejas ūdens; mamar en la ~ – iezīst ar mātes pienu; tiene la ~ en los labios – viņam vēl mātes piens aiz lūpas

lecho *m* 1. gulta; guļamvieta; 2. gultne; 3. pamats, fundaments; 4. *ģeol*. slānis; ◊ estar como en un ~ de rosas – dzīvot kā dieva ausī

lechoso **I** *a* pienam līdzīgs; **II** *m* meloņkoks

lechuga *f bot.* salāti; ~ de mar – jūras kāposti

lechuza *f* pūce

leer *v* **1.** lasīt (*grāmatu*); **2.** lasīt priekšā; ◇ ~ el pensamiento – lasīt domas

legación *f* misija (*diplomātiskā u. tml.*)

legado *m* **1.** novēlējums; **2.** legāts; ~ del papa – pāvesta legāts

legal *a* likumīgs; legāls; matrimonio ~ – likumīga laulība

legalidad *f* likumība; legalitāte

legalizar *v* **1.** padarīt likumīgu; legalizēt; **2.** apliecināt (*piem., parakstu*)

légamo *m* **1.** [lipīgi] dubļi; **2.** dūņas

legaña *f* pūžņi

legar *v* **1.** novēlēt; atstāt mantojumā; **2.** pilnvarot

legendario *a* leģendārs; teiksmains; héroe ~ – leģendārs varonis

legible *a* salasāms; viegli lasāms

legión *f* leģions; ~ extranjera – ārzemnieku leģions

legislación *f* **1.** likumdošana; ~ de trabajo – darba likumdošana; **2.** jurisprudence

legislar *v* izdot likumus

legislativo *a* **1.** likumdošanas-; likumdevējs-; poder ~ – likumdošanas vara; **2.** ar likumu atļauts

legitimación *f* leģitimācija

legitimar *v* leģitimēt; atzīt par likumīgu; **~se** *rfl* uzrādīt [personas] dokumentus

legítimo *a* **1.** likumīgs; **2.** īsts; documento ~ – īsts (neviltots) dokuments

legua *f* spāņu jūdze (*5572 m*); ~ marina, ~ marítima – jūras jūdze (*5555 m*); ◇ a la ~ – iztālēm; no tālienes

legumbres *f pl* saknes, dārzeņi

lejanía *f* tālums; en la ~ – tālumā

lejano *a* tāls; Lejano Oriente – Tālie Austrumi

lejos **I** *adv* tālu; a lo ~ – 1) tālumā; 2) iztālēm; no tālienes; ir demasiado ~ – aiziet pārāk tālu; estoy ~ de pensar – man nenāk ne prātā; es nepavisam nedomāju; **II** *m* **1.** tālums; **2.** fons; dibenplāns

lema *m* **1.** devīze; **2.** *mat.* lemma

lencería *f* **1.** baltveļa; **2.** linu auduma izstrādājumi; **3.** baltveļas veikals

lene *a* maigs; viegls

lengua *f* **1.** mēle; **2.** valoda; ~ materna – dzimtā (mātes) valoda; ~ extranjera – svešvaloda; ~ hablada – sarunvaloda; ◇ media ~ – stostītājs; largo de ~ – pļāpa; traer en ~s – nomelnot (*kādu*); buscar a uno la ~ – izaicināt kādu uz strīdu; írsele a uno la ~ – izpļāpāt noslēpumu kādam; tener la ~ quieta *sar.* – turēt mēli aiz zobiem

lenguado *m* plekste, bute

lenguaje *m* valoda, runa; ~ articulado – artikulēta valoda; ~ de los manos – žestu valoda

lenguaraz (*pl* lenguaraces) **I** *m*

lengüeta

1. tulks; 2. pļāpa; **II** *a* valodu pratējs

lengüeta *f* 1. *anat.* ūka; 2. (*svaru; pūšamo instrumentu*) mēlīte; 4. papīrnazis; 5. (*am.*) šarlatāns

lenidad *f* 1. gribasspēka trūkums; 2. maigums

lenificar *v* 1. mīkstināt; 2. atmiekšķēt

lente *m* 1. lēca; ~ de aumento – lupa; 2. ~s *pl* brilles; pensnejs

lenteja *f bot.* lēcas; ~ de agua – ūdens lēcas

lentejuelas *f pl* vizuļi (*apģērba izgreznojums*)

lentitud *f* gausums, nesteidzība; lēnums

lento *a* 1. gauss, nesteidzīgs; lēns; a paso ~ – nesteidzīgā solī; 2. gurdens, vārgs; 3. valkans

leña *f* 1. malka ~ muerta – žagari; 2. pēriens; ◇ echar ~ al fuego – liet eļļu ugunī

leñador *m* malkas cirtējs

leñar *v* cirst malku

leño *m* 1. [malkas] šķila; pagale; 2. klucis, bluķis; 3. *poēt.* airu laiva; ◇ ser un ~ ~ – būt stulbenim

leñoso *a* kokveida-, kokam līdzīgs

león *m* 1. lauva; ~ marino – jūras lauva; 2. (*am.*) puma; ◇ no es tan fiero el ~ como le pintan – velns nav tik briesmīgs, kā viņu mālē; pelear como un ~ – cīnīties kā lauvam

leona *f* lauvu mātīte, lauvene

leonado *a* 1. palss; 2. iesarkans

leonera *f* 1. lauvu midzenis; 2. *sar.* spēļu elle; 3. krāmu kambaris; 4. (*am.*) kopējā kamera

leopardo *m* leopards

lépero *m* (*am.*) 1. neaudzināts cilvēks; 2. *sar.* viltnieks

leporino *a* zaķa-; labio ~ ~ – zaķa lūpa

lepra *f med.* lepra, spitālība

leproso I *a* spitālīgs; **II** *m* lepras slimnieks, spitālīgais

lerdo *a* 1. smags, smagnējs; 2. stulbs

les *pron pers* 1. (*dsk. 3. pers. vīr. un siev. dz. dat.*) viņiem; viņām; jums; 2. (*dsk. 3. pers. vīr. dz. ak.*) viņus; jūs

lesión *f* trauma; ievainojums; bojājums; ~ del corazón – sirdskaite

lesionar *v* 1. ievainot; 2. radīt zaudējumu

letal *a* nāvīgs, nāvējošs

letanía *f* 1. *bazn.* litānija; 2. saraksts; reģistrs

letargo *m* 1. letarģija; 2. sastingums; pamirums

letificar *v* uzjautrināt; iepriecināt

letón I *a* Latvijas-; latviešu-; latvisks; **II** *m* 1. latvietis; 2. latviešu valoda

letra *f* 1. burts; 2. *poligr.* burtstabiņš, litera; ~ de molde – drukas darbs; 3. rokraksts; él tiene buena (mala) ~ ~ – viņam ir labs (slikts) rokraksts; 4. (*skaņdarba*) teksts; ◇ bellas ~s – daiļliteratūra; ~s humanas – humanitārās zinātnes; primeras ~s – pamatzināšanas; seguir las

~s – studēt; ~ de cambio – vekselis; a la ~ – burtiski
letrado I *a* izglītots; mācīts; **II** *m* jurists; advokāts; ◇ hombre ~ – grāmatu tārps
letrero *m* **1.** uzraksts; **2.** izkārtne
letrilla *f lit.* pants
letrina *f* **1.** ateja; **2.** *pārn.* mēslu bedre
leucocito *m fiziol.* leikocīts
leudar *v* raudzēt mīklu; **~se** *rfl* uzrūgt (*par mīklu*)
leva *f* **1.** *jūrn.* enkura pacelšana; **2.** *mil.* iesaukums; ◇ irse a ~ y monte – laisties lapās; salir de ~ – sasmīdināt; mar de ~ – sabangota jūra
levadizo *a* paceļams; puente ~ – paceļams tilts
levadura *f* raugs; ieraugs
levantamiento *m* **1.** pacelšana; **2.** paaugstinājums; pacēlums; **3.** sacelšanās, dumpis; ◇ ~ de minas – atminēšana; ~ del terreno – apvidus [topogrāfiskā] uzņemšana
levantar *v* **1.** pacelt; **2.** sacelt; ~ polvo – sacelt putekļus; **3.** paaugstināt; **4.** [uz]celt, [uz]būvēt; **5.** iesaukt armijā; **6.** kaitināt; **7.** būt par cēloni; **8.** atstāt; **9.** vākt projām; novākt; aizvākt; ~ los manteles – nokopt galdu; **10.** atcelt; atsaukt; ~ la multa – atcelt sodu; ◇ ~ acta – sastādīt protokolu; ~ falso testimonio – nodot nepatiesu liecību; **~se** *rfl* **1.** pacelties; **2.** piecelties; **3.** sacelties

levante *m* **1.** austrumi; **2.** rītenis, austrumu vējš; **3.** (*am.*) *sar.* apmelojums; **4.** (*am.*) sacelšanās
leve *a* **1.** viegls; **2.** niecīgs
léxico *m* **1.** vārdnīca; leksikons; **2.** vārdu krājums
lexicografía *f* leksikogrāfija
lexicógrafo *m* leksikogrāfs
lexicología *f* leksikoloģija
ley *f* **1.** likums; ~ es del mercado – tirgus likumi; en nombre de la ~ – likuma vārdā; respetar la ~ – ievērot likumu; ~ fundamental – konstitūcija; **2.** likumdošana; **3.** ~es *pl* tiesības (*zinātne*); **4.** *rel.* bauslis; **5.** raudze; de buena ~ – tīrraudze; ◇ a toda ~ – stingri pēc likuma; a ~ de caballero – uz goda vārda; ~ marcial – kara stāvoklis
leyenda *f* **1.** leģenda; teiksma; **2.** *rel.* svēto dzīves apraksti; **3.** uzraksts (*uz medaļas u. tml.*)
lezna *f* īlens
liana *f* (*am.*) liāna
liar *v* **1.** sasiet; **2.** ievīstīt; iesaiņot; **~se** *rfl sar.* sapīties (*ar kādu*)
libar *v* **1.** [uz]sūkt; **2.** pielikt pie lūpām; nogaršot; **3.** *rel.* upurēt
libelo *m* **1.** pamflets, paskvila; **2.** *jur.* iesniegums; lūgumraksts
libélula *f ent.* spāre
liberación *f* **1.** atbrīvošana; **2.** kvīts; kvitējums; **3.** (*am.*) dzemdības
liberador I *a* atbrīvošanās-; **II** *m* atbrīvotājs
liberal I *a* **1.** devīgs; **2.** brīvdo-

mīgs; **3.** liberāls; **II** *m pol.* liberālis

liberar *v* atbrīvot

libertad *f* **1.** brīvība; ~ de imprenta, ~ de prensa – preses brīvība; ~ de palabra – vārda brīvība; poner en ~ – palaist brīvībā (*kādu*); **2.** atbrīvošana

libertador I *a* atbrīvošanās-; **II** *m* atbrīvotājs

libertar *v* **1.** atbrīvot; **2.** pasargāt (*kādu*)

libertario *pol.* **I** *a* anarhistisks; anarhistu-; **II** *m* anarhists

libertinaje *m* izlaidība

libertino I *a* izlaists; izlaidīgs; izvirtis; **II** *m* izvirtulis

libra *f* mārciņa; ~ esterlina – sterliņu mārciņa; una ~ de azúcar – viena mārciņa cukura

Libra *f astr.* Svari

librar *v* **1.** atbrīvot; **2.** pasargāt (*no briesmām*); **3.** izdot (*čeku*; *vekseli*; *dekrētu*); **4.** uzticēties (*kādam*); **5.** (*am.*) dzemdēt; ◇ ~ una batalla – iet (doties) uzbrukumā; **~se** *rfl* **1.** atbrīvoties; **2.** sargāties (*no briesmām*); **3.** dzemdēt; ◇ a mal ~ – ļaunākajā gadījumā

libre *a* **1.** *daž. noz.* brīvs; neatkarīgs; país ~ – brīva valsts; **2.** bezkaunīgs, rupjš, izlaists; ◇ al aire ~ – ārā, svaigā gaisā

librea *f* **1.** livreja; **2.** kalpotājs; sulainis

librería *f* **1.** grāmatnīca; **2.** grāmatu plaukts; grāmatu skapis

librero *m* **1.** grāmatu pārdevējs; **2.** (*am.*) grāmatu plaukts; grāmatu skapis; ◇ ~ editor – grāmatu izdevējs; ~ de lance – antikvārs

libretaᵃ *f* mārciņu smaga maize

libretaᵇ *f* grāmatiņa; ~ de notas – piezīmju grāmatiņa

libreto *m* librets

libro *m* grāmata; ~ de texto – mācību grāmata; ~ diario – 1) dienasgrāmata; 2) ieņēmumu un izdevumu grāmata; tenedor de ~s – grāmatvedis; ◇ ~ de mano – manuskripts; ~ de caballerías – bruņinieku romāns; hacer ~ nuevo – sākt jaunu dzīvi

licencia *f* **1.** licence, atļauja; ~ de exportación (de importación) – eksporta (importa) licence; **2.** patvaļa; **3.** demobilizācija; **4.** licenciāta grāds; ◇ ~ absoluta *mil.* – baltā biļete; estar con ~ – būt atvaļinājumā

licenciado I *a* atbrīvots (*no karadienesta*); **II** *m* **1.** *mil.* atvaļinājumā esošais; demobilizētais; **2.** licenciāts; **3.** (*am.*) advokāts

licenciar *v* **1.** dot atļauju (licenci); **2.** demobilizēt; **3.** piešķirt licenciāta grādu; **~se** *rfl* **1.** iegūt licenciāta grādu; **2.** demobilizēties

liceo *m* **1.** licejs; **2.** (*am.*) vidusskola

licitación *f ek.* tenders; oferta de ~ – *ek.* tendera piedāvājums

lícito *a* **1.** atļauts; **2.** likumīgs

licor *m* **1.** šķidrums; **2.** liķieris

licuar *v* kausēt

lid *f* **1.** cīņa; **2.** disputs, strīds; ◊ en buena ~ – pieklājīgi

lidia *f* **1.** cīņa, cīnīšanās; **2.** vēršu cīņa

lidiar *v* **1.** cīnīties; **2.** strīdēties; ielaisties disputā; **3.** cīnīties ar vērsi

liebre *f* zaķis

liendre *f* gnīda

lienzo *m* **1.** audekls; linu audums; ~ crudo – nebalināts audekls; **2.** *glezn.* eļļas glezna; **3.** ēkas fasāde

liga *f* **1.** zeķturis; **2.** bandāža; **3.** *tehn.* sakausējums; ligatūra; **4.** līga, apvienība

ligadura *f* **1.** sasiešana; **2.** pārsiešana; **3.** apsējs; pārsējs; **4.** *pārn.* važas

ligar *v* **1.** [sa]siet; **2.** pārsiet; **3.** apvienot; **4.** *tehn.* sakausēt; **5.** piespiest (*kādu*); **6.** *poligr.* iesiet; brošēt; **7.** (*am.*) pārdot ražu pirms novākšanas; noslēgt kontraktu uz ražu; ~**se** *rfl* apvienoties

ligereza *f* **1.** *daž. noz.* vieglums; **2.** kustīgums; ātrums; **3.** vieglprātība

liger‖o *a* **1.** *daž. noz.* viegls; una maleta ~a – viegls čemodāns; **2.** kustīgs; ātrs: **3.** vieglprātīgs; ◊ ~ de cascos – paviegls (*par cilvēku*); a la ~a – 1) viegli; 2) ātri; uz ātru roku; de ~ – viegli

lignina *f* lignīns

lignito *m* brūnogle

lija *f* **1.** haizivs pasuga; **2.** haizivs āda; ◊ papel de ~ – smilšpapīrs

lijar *v* **1.** berzt ar smilšpapīru; **2.** ievainot, savainot

lila[a] **I** *a* ceriņkrāsas-; **II** *f* ceriņi

lila[b] *m* vientiesis

lilo *m* ceriņu krūms

lima[a] *f* **1.** laims (*koks*); **2.** laims (*auglis*)

lima[b] *f tehn.* vīle; ◊ comer más que una ~ – ēst par pieciem

lima[c] *f* šķērsbaļķis

limar *v* **1.** apvīlēt; novīlēt (*ar vīli*); **2.** *pārn.* noslīpēt; nogludināt

limitación *f* **1.** ierobežošana, limitēšana; **2.** robežu nospraušana

limitar *v* **1.** ierobežot, limitēt; **2.** nospraust robežu; **3.** ierobežot; ieskaut; ~**se** *rfl* ierobežoties

límite *m* **1.** robeža; **2.** limits; transponer el ~ – pārkāpt visas robežas, nezināt mēru; ~ admisible – pieļaujamā robeža; **3.** *mat.* robeža

limón *m* **1.** citrons; **2.** citronkoks

limonada *f* limonāde

limonero I *a* citronu-; **II** *m* **1.** citronkoks; **2.** citronu pārdevējs

limosidad *f* **1.** dūņas; dubļi; **2.** zobakmens

limosna *f* žēlastības (ubaga) dāvana

limpia *f* **1.** [no]tīrīšana; [no]spodrināšana; **2.** izcirtums; **3.** malks vīna

limpiabarros *m* kājslauķis (*no metāla*)

limpiabotas *m* zābaku spodrinātājs

limpiachimeneas *m* skursteņslaucītājs

limpiador *m* tīrītājs; spodrinātājs
limpiar *v* **1.** [no]tīrīt; ~ los dientes – tīrīt zobus; [no]spodrināt; **2.** *pārn.* nomazgāt apvainojumu; **3.** *sar.* aptīrīt; **4.** *sar.* apspēlēt (*azarta spēlēs*); **5.** (*am.*) nogalināt; ◇ ¡límpiate! – 1) tā tev vajag; 2) nav ko domāt; **~se** *rfl* notīrīties
limpidez *f* **1.** tīrība; spodrums; **2.** dzidrums; skaidrums; ~ de lago – ezera dzidrums
limpieza *f* **1.** tīrība; spodrība; **2.** tīrīšana; spodrināšana; ~ pública – ielu tīrīšana; hacer la ~ – uzkopt dzīvokli; **3.** šķīstība, nevainība; **4.** godīgums; **5.** meistarīgums; ◇ ~ de corazón – sirdsskaidrība; ~ de bolsa – naudas trūkums
limpio *a* **1.** tīrs; spodrs; **2.** tīrs (*bez piejaukumiem*); **3.** šķīsts, nevainīgs; **4.** godīgs; ◇ en ~ – neto, tīrsvarā; poner en ~ – uzrakstīt tīrrakstā; quedarse ~ – palikt bez grašas; sacar en ~ – tikt skaidrībā
linaje *m* izcelšanās
linar *m* linu lauks
linaza *f* linsēkla
lince **I** *m* **1.** lūsis; **2.** viltnieks, gudrinieks; **II** *a pārn.* tālredzīgs
linchar *v* linčot
lindamente *adv* skaisti, jauki; gaumīgi
lindar *v* robežot
linde *m* robeža
lindera *f* robeža; mala
lindero **I** *a* robežas-; robežojošs; **II** *m* **1.** robeža; mala; **2.** robežas zīme

lindeza *f* **1.** skaistums; jaukums; **2.** ~s *pl sar.* rupjības; lamas
lindo **I** *a* **1.** skaists; jauks; **2.** lielisks; **II** *m* lielībnieks
línea *f* **1.** *daž. noz.* līnija; ~ recta – taisna līnija; ~ aérea – aviācijas līnija; ~ telegráfica – telegrāfa līnija; ~ de flotación *jūrn.* – ūdenslīnija; buque de ~ – līnijkuģis; **2.** rinda; rindiņa; **3.** ekvators
lineal *a* līnijas-; līniju-; lineārs; ◇ dibujo ~ – rasējums
lineamiento *m* kontūra
linear *v* **1.** vilkt līnijas; **2.** uzmest skici
linfa *f fiziol.* limfa
lingote *m* metāla stienis
lingual *m* mēles-
lingüista *m, f* valodnieks, -ce, lingvists, -e
lingüistica *f* valodniecība, lingvistika
lingüístico *a* valodniecības-; lingvistisks
lino *m* **1.** lini; **2.** linu audekls; **3.** (*am.*) linsēkla; **4.** *poēt.* bura
linóleo *m* linolejs
linotipia *f poligr.* linotips
linterna *f* **1.** laterna; lukturis; ~ de bolsillo – kabatas lukturītis; ~ mágica – burvju lukturis; **2.** *jūrn.* bāka; ◇ ~ de papel – lampions
lío *m* **1.** sainis; **2.** *sar.* juceklis; **3.** *sar.* intriga
liquen *m* **1.** *bot.* ķērpis; **2.** *med.* ēde
liquidación *f* **1.** pārvēršana šķid-

rumā; **2.** likvidācija; **3.** izpārdošana

liquidar *v* **1.** pārvērst šķidrumā; **2.** likvidēt; **3.** izpārdot; **~se** *rfl* pārvērsties šķidrumā

liquidez *f* šķidrs stāvoklis

líquido I *a* **1.** šķidrs; plūstošs; **2.** (*am.*) tīrs, bez piemaisījumiem; ◇ beneficios ~s – tīrā peļņa; **II** *m* šķidrums

lira *f* **1.** *mūz.* lira; **2.** lira (*naudas vienība*)

lírica *f* lirika

lírico I *a* lirisks; **II** *m* liriķis

lirio *m* **1.** īriss; **2.** lilija; ◇ ~ de los valles – maijpuķīte

lirismo *m* **1.** lirisms; **2.** (*am.*) ilūzija

lisamente *adv* gludi; ◇ lisa y llanamente – tieši, bez aplinkiem

lisiado I *a* sakropļots; **II** *m* invalīds; ~ de guerra – kara invalīds

lisiar *v* sakropļot; ievainot

liso *a* **1.** gluds; **2.** (*am.*) nekrietns; ◇ ~ y llano – viegls

lisonja *f* glaimi

lisonjear *v* **1.** glaimot; **2.** valdzināt (*dzirdi, redzi*); **~se** *rfl* mierināt sevi (*ar cerībām u. tml.*)

lista *f* **1.** sloksne; strēmele; **2.** svītra (*audumā u. tml.*); **3.** saraksts; por ~ – pēc saraksta; insertar en ~ – iekļaut sarakstā; **4.** katalogs; apraksts; **5.** pārbaude; ~ de retreta *mil.* – vakara pārbaude; ◇ ~ de correos – pasta nodaļa, kur izsniedz sūtījumus uz pieprasījumu; ~ de platos – ēdienkarte

listado I *a* svītrots, svītrains; **II** *m* (*am.*) svītrains audums

listo *a* **1.** apķērīgs; izveicīgs; **2.** gatavs (*kam, uz ko*)

lisura *f* **1.** gludums; **2.** atklātība; sirsnība; **3.** vienkāršība; **4.** (*am.*) nekrietnība

literal *a* burtisks

literario *a* **1.** literārs; **2.** literatūras-

literato *m* rakstnieks; literāts

literatura *f* literatūra, rakstniecība

litografía *f* litogrāfija

litoral I *a* piekrastes-; piejūras-; jūrmalas-; **II** *m* jūrmala; jūras krasts

litro *m* litrs

lituano I *a* Lietuvas-; lietuviešu-; lietuvisks; **II** *m* **1.** lietuvietis; **2.** lietuviešu (leišu) valoda

liviandad *f* **1.** vieglums (*svara ziņā*); **2.** vieglprātība; neapdomība; obrar con ~ – rīkoties vieglprātīgi

liviano I *a* **1.** viegls (*svara ziņā*); **2.** vieglprātīgs; neapdomīgs; **3.** miesaskārīgs; **II** *m* ~s *pl* plaušas (*dzīvniekiem*)

lividez *f* nāves bālums

lixiviar *v* izšķīdināt sārmu ūdenī

liza *f* **1.** arēna; **2.** cīņa

lo I *art det* (*vsk. nek. dz.*; *parasti netiek tulkots*): todo ~ bueno – viss labais; **II** *pron pers* (*vsk. 3. pers. vīr. un nek. dz. ak.*) viņu; to; ~ veo – 1) es to redzu; 2) (*am.*) es viņu redzu

loa f 1. uzslava; slavinājums; 2. *teātr.* prologs
loar v slavēt; slavināt
loba[a] f vilcene, vilku māte
loba[b] f aparta vaga
loba[c] f sutana
lobato m vilcēns
lobero I a vilka-; vilku-, II m vilku mednieks
lobo m 1. vilks; ~ marino – ronis; ~ cerval – lūsis; ~ tigre – gepards; 2. (*am.*) lapsa; ◇ ~ de mar – jūras vilks; meter el ~ en el redil – iecelt āzi par dārznieku; muda el ~ los dientes, mas no las mientes – suns (vilks) spalvu met, bet ne tikumu; ver las orejas al ~ – būt lielās briesmās; un ~ a otro no se muerden – vārna vārnai acī neknābj
lóbrego a 1. tumšs; drūms; 2. bēdīgs, skumjš
lóbulo m 1. *anat.* daiva; 2. auss ļipiņa
locación f 1. rente; 2. izrentēšana
local I a vietējs; lokāls; hora ~ – vietējais laiks; tren ~ – piepilsētas vilciens; comité ~ de sindicato – arodbiedrības vietējā komiteja; II m 1. slēgta telpa; 2. naktslokāls
localidad f 1. apvidus; 2. apdzīvota vieta; 3. vieta (*teātrī*)
localizar v 1. lokalizēt; 2. noteikt, konstatēt
locamente *adv* neprātīgi
loc‖o I a 1. traks; vājprātīgs; volverse ~ ~ – sajukt prātā; 2. neprātīgs; pārdrošs; 3. sevišķs; ārkārtīgs; tiene una suerte ~a – viņam ir sevišķa laime; II m vājprātīgais
locomotora f lokomotīve
locuacidad f pļāpība
locución f runas veids; izteiksme
locuelo m muļķītis
locura f 1. trakums, vājprāts; ~ depresiva – melanholija; ~ vanidosa – lielummānija; 2. neprāts, muļķība
locutor m diktors
lodo m dubļi
logaritmo m logaritms
lógica f loģika
lógico a loģisks
lograr v 1. sasniegt; panākt; 2. (+ *inf*) izdoties; logró terminar el trabajo a tiempo – viņam izdevās laikā pabeigt darbu; **~se** *rfl* izdoties
logro m 1. sasniegums; 2. ienākums; peļņa; ◇ dar a ~ – aizdot uz procentiem
loma, lomada f 1. nogāze; 2. pakalns
lombardo m lombards
lombriz (*pl* lombrices) f slieka; ~ intestinal – cērme; ~ solitaria – lentenis
lomo m 1. mugurkauls (*dzīvniekiem*); 2. [grāmatas] mugura; 3. naža mugura; ◇ tracción a ~ – transports ar nastu nesējiem dzīvniekiem
lona f buru audekls; brezents
longaniza f cūkgaļas desa
longevidad f ilgs (garš) mūžs
longitud f 1. garums; ~ de onda *fiz.* –

viļņa garums; **2.** ģeogrāfiskais garums

lonja[a] *f* šķēle

lonja[b] *f* **1.** tirdzniecības birža; **2.** sīku preču tirgotava; **3.** priekštelpa

loquear *v* trakot

loro I *m* **1.** papagailis; **2.** pļāpa; **3.** izspiegotājs; **II** *a* melnīgsnējs

los I *art det* (*dsk. vīr. dz.*; *parasti netiek tulkots*); **II** *pron pers* (*dsk. 3. pers. vīr. dz. ak.*) viņus; tos

losa *f* **1.** akmens plāksne; **2.** slazds; ◇ ~ funeraria – kapakmens

lote *m* **1.** daļa, tiesa; **2.** (*am.*) (*preču*) partija; **3.** (*am.*) zemes gabals; **4.** (*am.*) stulbenis

lotería *f* loterija; ~ primitiva – loto

loto *m* lotoss

loza *f* **1.** fajanss; **2.** fajansa trauki

lozanía *f* **1.** kuplums (*par augiem*); **2.** ziedošs izskats (*par cilvēku*); **3.** dzīvesprieks, mundrums; **4.** uzpūtība

lubricación *f* ieeļļošana; ietaukošana

lubricar *v* ieeļļot; ietaukot

lúbrico *a* **1.** slidens; glums; **2.** saldkaisls

lucero *m* **1.** spoža zvaigzne; **2.** *astr*. Venera; **3.** zvaigznīte uz pieres (*dzīvniekiem*); **4.** spožums

lúcido *a* **1.** spožs; mirdzošs; **2.** gaišs (*par prātu*)

lucido *a* **1.** graciozs; **2.** spožs; pompozs

luciérnaga *f* jāņtārpiņš

lucífero I *a poēt*. spožs; žilbinošs; **II** *m* **1.** rīta zvaigzne; **2.** (*am.*) sērkociņš

lucimiento *m* spožums; mirdzums

lucio I *a* **1.** spožs; mirdzošs; **2.** gaišs (*par prātu*); **II** *m* līdaka

lucir *v* **1.** spīdēt; mirdzēt; laistīties; vizuļot; dzirkstīt; **2.** balsināt; ~**se** *rfl* grezni ģērbties

lucro *m* peļņa; ienākums

lucha *f* **1.** cīņa; ~ por la paz – cīņa par mieru; **2.** sadursme; kauja

luchador *m* cīnītājs

luchar *v* cīnīties

ludibrio *m* izsmiekls, apsmiekls

luego 1. tūdaļ; tūlīt; **2.** pēc tam; vēlāk; **3.** (*am.*) laiku pa laikam; **4.** (*am.*) tuvu, netālu; ◇ desde ~ – tik tiešām; hasta ~ – uz redzēšanos; **II** *conj* tātad

luengo *a* garš

lugar *m* **1.** vieta; ~ de nacimiento – dzimšanas vieta; ~ seguro – droša vieta; **2.** apdzīvota vieta; **3.** teksta izvilkums; **4.** motīvs; iemesls; no hay ~ – nav iemesla; **5.** gadījums; ◇ en primer ~ – pirmkārt; estar en su ~ – iederēties; estar fuera de ~ – neiederēties; tener ~ – notikt; ~es comunes – nodrāztas frāzes

lugareño I *a* **1.** vietējs; **2.** lauku-; **II** *m* **1.** vietējais iedzīvotājs; **2.** laucinieks

lugarteniente *m* aizstājējs; aizvietotājs (*par kādu*)

lúgubre *a* skumjš; drūms; grūtsirdīgs

lujo *m* greznums; greznība; luksuss; ◇ con gran ~ de detalles – sīki jo sīki; objetos de ~ – greznuma priekšmeti

lujoso *a* grezns

lujuria *f* 1. saldkaisle; 2. pārmērība

lumbre *f* 1. liesma; uguns; al amor de la ~ – pie kamīna; 2. gaismas strēle; 3. spīdums; 4. *mil.* deglis; 5. (*am.*) slieksnis; ◇ ~ del agua – ūdens spogulis; a ~ de pajas – īslaicīgs; ni por ~ – neparko, nekādā gadījumā

lumbrera *f* 1. mirdzošs ķermenis; 2. jumta lūka; 3. *jūrn.* iluminators; 4. slavenība; 5. (*am.*) balkons; loža (*vēršu cīņu laukumā*)

luminiscencia *f* luminiscence

luminoso *a* 1. mirdzošs; spožs; 2. gaismas-; rayo ~ – gaismas stars; 3. gaišs (*par prātu*); idea ~a – spoža doma

luna *f* 1. mēness; ~ llena – pilns mēness; ~ nueva – jauns mēness; ~ media – pusmēness; 2. spogulis; 3. kaprīze; 4. *mil.* lunets; ◇ ~ de miel – medus mēnesis; claro de ~ – mēnesnīca; estar en la ~ – dzīvot kā pa mākoņiem; pedir la ~ *sar.* – prasīt neiespējamo, prasīt mēnesi no debesīm

lunación *f astr.* mēness fāze

lunar I *a* mēness-; luz ~ – mēness gaisma; **II** *m* dzimumzīme; ◇ tela de ~es – punktains audums

lunático *a* 1. mēnessērdzīgs; 2. ķerts; pusjucis

lunes *m* pirmdiena

luneta *f* 1. briļļu stikls; 2. *mil.* lunets; 3. vieta (*partera pirmajās rindās*); 4. *celtn.* spriešlis

lupa *f* lupa

lupina I *a* vilka-; vilku-; **II** *m bot.* lupīna

lúpulo *m* apinis

lustrar *v* [no]spodrināt

lustre *m* 1. spožums; mirdzums; 2. skaistums, daiļums; 3. glazūra

lustro[a] *m* pieci gadi (*laika posms*)

lustro[b] *m* lustra

luterano *rel.* **I** *a* luterāņu-; **II** *m* luterānis

luto *m* 1. sēras; 2. sēru tērps; ◇ ~ rigoroso – dziļas sēras

luz (*pl* luces) *f* 1. gaisma; 2. dienas gaisma; dar a ~ – dzemdēt; laist pasaulē; salir a la ~ – nākt klajā (*par grāmatu, noslēpumu u. tml.*); apagar la ~ – nodzēst (izslēgt) gaismu; 3. apgaismojums; 4. luces *pl* zināšanas; kultūra; ◇ de pocas luces – 1) aprobežots cilvēks; 2) neizglītots cilvēks; a las primeras luces – rītausmā; a todas luces – katrā ziņā; entre dos luces – 1) rītausmā; 2) krēslā

Ll

llaga *f* 1. čūlojoša brūce; 2. ciešanas
llagar *v* 1. pārklāties ar vātīm; 2. radīt ciešanas
llamaᵃ *f* liesma; uguns
llamaᵇ *f zool.* lama
llamada *f* 1. sauciens; ~ de auxilio – palīgā sauciens; 2. zvans; izsaukums; 3. *mil.* signāls «pulcēties»; ◊ ~ a filas – iesaukums armijā; billete de ~ – bezmaksas biļete emigrantam
llamador *m* 1. kalps; 2. elektriskais zvans
llamamiento *m* 1. uzsaukums; [uz]-aicinājums
llamar *v* 1. saukt; ~ un taxi – izsaukt taksometru; ~ al médico – izsaukt ārstu; 2. pasaukt; 3. sasaukt; 4. nosaukt; 5. piesaistīt (uzmanību u. tml.); 6. piezvanīt; ~ por teléfono – piezvanīt pa telefonu; 7. *jur.* iecelt mantiniekus; ◊ ~ a filas – iesaukt armijā; ~ las cosas por sus nombres – saukt lietas īstajos vārdos; **~se** *rfl* saukties
llamarada *f* 1. strauja liesma; 2. kauna sārtums; 3. pēkšņa garastāvokļa maiņa
llamativo *a* 1. spilgts; uzkrītošs; 2. slāpes radoš-
llanaᵃ *f* mūrnieka ķelle
llanaᵇ *f* līdzenums
llanamente *adv* vienkārši; bez ceremonijām
llanero *m* (*am.*) līdzenuma iedzīvotājs
llan‖o I *a* 1. līdzens; gluds; superficie ~a – līdzena virsma; campo ~ – līdzens lauks; 2. vienkāršs (*par cilvēku*); 3. skaidrs, saprotams; vienkāršs (*piem., par stilu*); 4.: palabra ~a – vārds ar akcentu uz priekšpēdējās zilbes; **II** *m* līdzenums
llantén *m* ceļmallapa
llanto *m* 1. raudas; 2. (*am.*) skumja tautas dziesma
llanura *f* līdzenums
llave *f* 1. *daž. noz.* atslēga; ~ inglesa *tehn.* – uzgriežņa atslēga: ~ de sol *mūz.* – vijoles atslēga; figūriekavas; echar la ~ – aizslēgt; 2. krāns; ventilis; ◊ coger las ~s – aiziet pēdējam
llegada *f* ierašanās
lleg‖ar *v* 1. ierasties; ~ a tiempo – atnākt laikā; ~ por la tarde – atnākt vakarā; 2. sasniegt (*kaut ko*); ~ a ser doctor – iegūt doktora grādu; ~ hasta la vejez – sasniegt vecumu; 3. notikt; no ~ó lo que esperaba – nenotika tas, ko gaidīja; 4. savākt kopā; ◊ ~ al alma – iet pie sirds; ~ a oír – sadzirdēt; ~ a ver – ieraudzīt; ~ a las manos – nonākt līdz kautiņam; ha llegado la hora – 1) pienākusi pēdējā stunda; 2) pienācis laiks; ~ a comprender –

aptvert, saprast; ~ a saber – uzzināt; **~se** *rfl* **1.** tuvināties; **2.** sanākt kopā, salasīties

llena *f* uzplūdi

llenar *v* **1.** piepildīt; **2.** pildīt (*solījumu u. tml.*); **3.** apmierināt; ~ las condiciones – atbilst noteikumiem; **4.** *astr.* sasniegt pilna mēness fāzi; **~se** *rfl* **1.** piepildīties; **2.** pieēsties; **3.** saskaisties; **4.** aptraipīties; nosmērēties

lleno I *a* **1.** piepildīts; pilns; **2.** pilns, pārpilns; ~ de resolución – apņēmības pilns; **II** *m* **1.** *sar.* pārpilnība; **2.** izpārdota izrāde; ◇ de ~ – pilnīgi

llevadero *a* paciešams, izturams

llev‖ar *v* **1.** nest; **2.** pārnest; pārvest; **3.** nēsāt; valkāt (*drēbes, apavus – arī*); ~ en los brazos – nēsāt uz rokām; ~ gafas – nēsāt brilles; **4.** noraut; el viento le ~ó el sombrero – vējš norāva viņam cepuri; **5.** pavadīt (*laiku*); **6.** pārspēt; ~ lo mejor – ņemt virsroku; **7.** būt vecākam; te ~o tres años – esmu trīs gadus vecāks par tevi; **8.** paciest; izturēt; **9.** *daž. noz.* vest; ~ de la mano – vest pie rokas; ¿a dónde ~a este camino? – uz kurieni ved šis ceļš?; **10.** novest (*līdz kādam stāvoklim*); **11.** savaldīt (*zirgu*); **12.** paturēt prātā (*kādu skaitli – rēķinot*); ◇ ~ algún tiempo – kopš kāda laika; ~ el compás – sist takti; ~ a cabo – pabeigt; ~ adelante – turpināt; ~ prisa – steigties; ~ dentro de sí – saturēt [sevī]; ~ detrás – atstāt aiz sevis; ~ retraso – nokavēties; **~se** *rfl* **1.** ņemt sev līdzi; **2.** pavadīt laiku; ◇ ~ bien – saprasties

lloradera *f* pinkšķēšana

llorador *a* raudošs

llorar *v* **1.** raudāt; **2.** ritēt (*par asarām*); **3.** apraudāt

llorón I *a* raudulīgs; ◇ sauce ~ – sēru vītols; **II** *m* **1.** pinkšķis, brēkulis; **2.** spalvu pušķis (*pie cepures*)

lloroso *a* **1.** saraudāts; **2.** raudulīgs; **3.** skumjš, bēdīgs

llovediz‖o *a* lietuscaurlaidīgs; ◇ agua ~a – lietus ūdens

llover *v* līt; ◇ como llovido del cielo – negaidīti; pēkšņi

llovizna *f* smalks lietutiņš

lloviznar *v* līņāt, smidzināt

lluvia *f* **1.** lietus; lietusgāze; nube de ~ – lietus mākonis; **2.** (*am.*) duša; ◇ ~ de oro – bagātība; pārpilnība

lluvioso *a* lietains

M

maca *f* **1.** plankums (*uz augļiem*); **2.** krāpšana

macabr‖o *a* **1.** apbedīšanas-; bēru-; **2.** šausmīgs; elliškīgs; ◊ danza ~a – nāves deja

macarse *v* bojāties (*par augļiem*)

macerar *v* **1.** [iz]mērcēt; [at]miekšķēt; **2.** mērdēt (*miesu*)

macicez *f* **1.** masīvums; **2.** stiprums; izturība

macilento *a* **1.** bezkrāsains, bāls; **2.** bēdīgs, skumjš

macizar *v* pieblīvēt

macizo I *a* **1.** masīvs; **2.** stiprs; izturīgs; **3.** pamatīgs; **4.** pieblīvēts; **II** *m* (*kalnu, mežu*) masīvs

macolla *f* asns

macollar *v* dzīt asnus

macroeconomía *f* makroekonomika

macuto *m* maišelis, kule

machaca *f* **1.** piestala; **2.** uzbāzīgs (apnicīgs) cilvēks; ◊ ¡dale, ~! – ir gan stūrgalvis!

machacar *v* **1.** [sa]smalcināt, [sa]drumstalot; **2.** nelikt mieru (*kādam*)

machado *m* cirvis (*malkai*)

machete *m* **1.** (*īss*) zobens; **2.** mačete (*liels, smags nazis*)

machetear *v* cirst (*ar mačeti, zobenu*)

machetero *m* mačetero (*cukurniedru cirtējs*)

machina *f tehn.* pāļdzinis

macho I *a* stiprs, spēcīgs; **II** *m* **1.** tēviņš (*dzīvniekiem*); ~ cabrío – āzis; **2.** mūlis

machucar *v* **1.** sasist, sadauzīt (*kādu ķermeņa daļu*); **2.** sakapāt (*gaļu*)

madeja *f* **1.** (*dzijas*) šķetere; **2.** (*matu*) kušķis, šķipsna; **3.** vārgs (nevarīgs) cilvēks; ◊ ~ sin cuenta – sajukums, nekārtība

madera *f* **1.** koksne; ~ de construcción – būvkoki; de ~ – koka-; **2.** zāģmateriāli

maderable *a* būv-, noderīgs celtniecībai

maderada *f* pludināmie koki

maderaje *f*, **maderamen** *m* **1.** guļbūve; **2.** koka konstrukcija

maderería *f* kokmateriālu noliktava

maderero *m* **1.** kokmateriālu tirgotājs; **2.** plostnieks; **3.** galdnieks

madero *m* baļķis

maderuelo *m* bluķis, klucis

mador *m* (*ādas*) valgums, miklums

madoroso *a* valgs, mikls (*par ādu*)

madrastra *f* pamāte

madre *f* **1.** māte; ~ política – vīramāte; sievasmāte; ~ de leche – zīdītāja; **2.** mātīte (*dzīvniekiem*)

madreña *f* koka tupele

madreperla *f* **1.** (*pērlenes*) gliemežnīca; **2.** perlamutrs

madreselva *f bot.* sausserdis

madrigada *a* otrreiz precējusies

madrigado *a sar.* pieredzējis, piedzīvojis

madriguera *f* 1. (*zvēra*) midzenis; ala; 2. (*noziedznieku, blēžu*) perēklis, midzenis

madrina *f* krustmāte

madroncillo *m* (*dārza*) zemenes

madrugada *f* [rīt]ausma; de ~, a la ~ – gaismai austot; a las cinco de la ~ – piecos no rīta

madrugar *v* 1. celties ar mazu gaismiņu; celties mazā gaismiņā; 2. iegūt laiku; aizsteigties priekšā (*kādam*)

maduración *f* nogatavošanās; nobriešana

madurar *v* 1. ļaut nogatavoties (nobriest); 2. nogatavoties, nobriest

madurez *f* briedums

madur‖o *a* 1. nogatavojies, ienācies; 2. nobriedis, pieaudzis; de edad ~a – pieaugušais

maestra *f* skolotāja; ◇ la abeja ~ – bišu māte

maestría *f* 1. meistarība; 2. meistara (skolotāja) amats

maestro I *a* meistarisks; parauga-; **II** *m* 1. meistars; skolotājs; ~ de la nave – stūrmanis; ~ de obras – būvdarbu vadītājs; 2. komponists; muzikants; ~ concertador – koncertmeistars

maganto *a* izdēdējis; vārgs

mágica *f* 1. maģija; 2. burve

mágico I *a* maģisks, burvju-; **II** *m* burvis; la varita ~a – burvju nūjiņa

magistral *a* 1. maģistrāles-; maģistrāls; 2. pasniedzēju-; la habitación ~ – pasniedzēju istaba; 3. pedantisks

magnanimidad *f* 1. augstsirdība; cēlsirdība; 2. devība

magnánimo *a* 1. augstsirdīgs; cēlsirdīgs; 2. devīgs

magnétic‖o magnēta-; magnētisks; campo ~ *fiz.* – magnētiskais lauks; declinación ~a *fiz.* – magnētiskā deklinācija

magnificar *v* 1. palielināt (*ar lēcu u. tml.*); 2. slavēt, cildināt

magnífico *a* 1. lielisks; izcils; 2. spožs; grezns

magnitud *f* 1. lielums, izmērs; 2. svarīgums, nozīmīgums

magno *a* liels (*kā epitets*)

mago *m* burvis

magra *f* šķiņķa šķēle; ◇ tener muchas ~s – būt tuklam (dūšīgam)

magrear *v* 1. [iz]rotāt ar ziediem; 2. apēst (*kaut kā*) garšīgāko daļu

magro *a* 1. vājš, kalsns; 2. trūcīgs, nabadzīgs; 3. liess (*par gaļu*)

magulladura *f* trieciens, belziens; sasitums; kontūzija

magullar *v* sasist, sadauzīt; kontuzēt

mahometano I *a* muhamedāņu-; musulmaņu-; **II** *m* muhamedānis, musulmanis

mahonesa *f* majonēze

maicena *f* kukurūzas milti

maicero I *a* kukurūzas-; **II** *m* kukurūzas tirgotājs

mainel *m* (*kāpņu*) margas

maíz *m* kukurūza; maiss

maizal *m* kukurūzas lauks

majadería *f* **1.** *sar.* muļķība; decir ~s – runāt muļķības; **2.** uzmācība, uzbāzība

majal *m* zivju bars

majencar *v* apkaplēt vīnogulājus

majestad *f* **1.** majestātiskums; **2.** majestāte (*tituls*)

majestuoso *a* majestātisks

majeza *f* švītīgums

majo I *a* švītīgs; **II** *m* švīts

mal I *a* (*saīs. no* malo, *lieto tikai vīr. dz. lietv. vsk. priekšā*) slikts; ~ día – slikta diena; ~ humor – slikts garastāvoklis; ~ tiempo – slikts laiks; **II** *m* **1.** ļaunums; hacer ~ – 1) kaitēt; 2) darīt sāpes, sāpināt; **2.** aizvainojums, apvainojums; llevar (tomar) a ~ – ņemt ļaunā; **3.** bēdas, nelaime; **4.** slimība; ~ caduco – epilepsija; ◇ ~ de la tierra – ilgas pēc dzimtenes; ~ de madre – histēriskums; ~ de ojo – ļauna acs; decir ~ – izplatīt ļaunas valodas, tenkot (*par kādu*); ~ que bien – gribot negribot; ~ a ~, por ~ ~ – ar varu; no hay ~ que sin bien no venga – nav ļaunuma bez labuma; parar en ~ – slikti beigties; **III** *adv* slikti

malacostumbrado *a* **1.** ar sliktiem ieradumiem; **2.** izlutināts

malacostumbrar *v* ieaudzināt sliktus ieradumus

malacuenda *f* **1.** maisaudums; maisu drēbe; **2.** kodaļa, ērkulis

malandante *a* nelaimīgs, neveiksmīgs

malandanza *f* nelaime, neveiksme

malandrín *m* blēdis, krāpnieks, afērists

malatería *f* leprozorija

malatía *f* lepra, spitālība

malato *a* spitālīgs, leprozs

malavenido *a* **1.** neapmierināts; **2.** īdzīgs

malaventura *f* nelaime; liksta

malaventurado *a* nelaimīgs

malbaratar *v* **1.** (*lēti*) izpārdot; **2.** [iz]šķiest (*naudu, mantu*)

malbaratillo *m* lēta manta

malbarato *m* izšķērdība

malcarado *a* atbaidošs, pretīgs

maldad *f* **1.** niknums; dusmas; **2.** slikta īpašība

maldadoso *a* ļauns; nikns

maldecir *v* **1.** nolādēt; **2.** izplatīt ļaunas valodas (tenkas)

maldición *f* **1.** lāsts; **2.** ļaunas valodas; mēlnesība

maldispuesto *a* **1.** nevesels; **2.** īgns, sapīcis

maldit‖o I *part no* **maldecir; II** *a* **1.** nolādēts; **2.** ļauns; slikts; ◇ no sabe ~a la cosa de esta cuestión – viņš neko par to nezina

maleante I *a* **1.** ļauns; **2.** noziedzīgs; **II** *m* ļaundaris; noziedznieks

malear *v* samaitāt

malecón *m* mols; dambis

malestar *m* vārgums; nespēks; slikta pašsajūta

maleta *f* čemodāns; ◊ hacer la ~ – posties ceļā
maletín *m* čemodāniņš
malevolencia *f* ļaunprātība
malévolo *a* ļaunprātīgs
maleza; *f* 1. nezāle; 2. brikšņi; krūmājs
malgastar *v* šķiest, šķērdēt
malhablado *a* bezkaunīgs, nekaunīgs
malhecho *a* neglīts, slikti noaudzis
malhechor I *a* noziedzīgs; II *m* ļaundaris, noziedznieks
malherir *v* smagi ievainot
malhumorado *a* īgns, saīdzis, sapīcis
malhumorarse *v rfl* saīgt, sapīkt
malicia *f* ļaunprātība
maliciar *v* turēt aizdomās
malicioso *a* 1. ļauns; 2. dzēlīgs, izsmējīgs
malignante *a* kaitīgs
malignar *v* kaitēt; [sa]bojāt, [sa]maitāt; ~se *rfl* bojāties, maitāties
malignidad *f* 1. ļaunums; 2. ļaunprātīgums; 3. *med.* ļaundabīgums
maligno *a* 1. ļauns; 2. ļaunprātīgs; 3. *med.* ļaundabīgs; tumor ~ – ļaundabīgs audzējs
malitencionado *a* ļaunprātīgs
malmirado *a* 1. naidīgi noskaņots; 2. neieredzēts; 3. rupjš, nepieklājīgs
mal‖o *a* 1. slikts; 2. kaitīgs (*veselībai*); 3. nepareizs; 4. slims, vārgs; 5. nelikumīgs, pretlikumīgs; ◊ lo ~ es que ... – nelaime tā, ka ...; por ~as o por buenas – gribot negribot; lo ~ es que ... – nelaime tā, ka ...; más vale ~ conocido que bueno por conocer – labāk zīle rokā nekā mednis kokā
malograr *v* neizmantot, palaist garām (*izdevību*); ~se *rfl* ciest neveiksmi
malogro *m* neveiksme
maloliente *a* smirdošs
malparado *a* 1. cietis neveiksmi; prestigio ~ – iedragāta autoritāte; 2. nevesels
malparir *v* dzemdēt nelaikā
malparto *m* aborts
malquerencia *f* antipātija
malquerer *v* just antipātiju; nepatikt
malrotar *v* šķiest, šķērdēt; tērēt
malsano *a* 1. kaitīgs veselībai; 2. vārgs, slimīgs
malsonante *a* nedaiļskanīgs, nelabskanīgs
malsufrido *a* 1. nepacietīgs; 2. nepanesams, neizturams, neciešams
malta *m* iesals; café ~ – miežu kafija
maltrabaja *m* slaists, sliņķis
maltratamiento *m* slikta apiešanās
maltratar *v* slikti apieties (*ar kādu*); darīt pāri (*kādam*)
maltrecho *a* 1. cietis neveiksmi; 2. *mil.* sakauts
malvado I *a* ļaundara-; ļaundaru-, noziedzīgs; II *m* ļaundaris
malvender *v* lēti pārdot; izsaimniekot
malversar *v* iztērēt, izšķērdēt (*valsts vai cita naudu*)

malvivir *v* slikti dzīvot
mama *f* **1.** *sar.* māte, māmiņa; **2.** krūts (*sievietei*); **3.** tesmenis
mamá *sar.* māte, mamma
mamar *v* **1.** zīst krūti; **2.** *sar.* aprīt; **3.** *sar.* sasniegt, panākt (*kaut ko*)
mamarrachada *f* **1.** muļķība, nejēdzība; **2.** smērējums (*par gleznu*)
mamarrachar *v* (*kub.*) piedalīties karnevāla gājienā
mamarracho *m sar.* kroplis, izdzimums
mamífero *m zool.* zīdītājs
mamila *f* (*krūts vai tesmeņa*) pups
mampostería *f* akmens mūris
mampostero *m* mūrnieks
mamut *m zool.* mamuts
manada *f* **1.** bars; **2.** ganāmpulks; **3.** kušķis (*siena, salmu u. tml.*)
manaderoᵃ *m* gans
manaderoᵇ **I** *a* tekošs; **II** *m* avots
manantial I *a* avota-; **II** *m* **1.** avots; **2.** pirmavots
manantío *a* tekošs
manar *v* **1.** tecēt, plūst; **2.** izšļākt[ies]; **3.** būt bagātam (*ar kaut ko*)
mancarrón *m* **1.** (*am.*) kroplis, invalīds; **2.** (*am.*) kleperis
manceba *f* **1.** miļākā, piegulētāja; **2.** jauna meitene
mancebía *f* prieka māja
mancebo *m* **1.** neprecējies vīrietis, vecpuisis; **2.** palīgs, māceklis, zellis
mancilla *f* **1.** kauna traips, negods; sin ~ – neaptraipīts; **2.** līdzjūtība

mancillar *v* aptraipīt (*godu u. tml.*)
manco *a* **1.** vienrocis; **2.** bojāts, ar defektiem; ◇ no ser ~ – būt veiklam (izveicīgam); no es ~ – viņš nav muļķis
mancomún: de ~ – kopīgi, kopā
mancomunar *v* apvienot; saliedēt
mancha *f* **1.** traips; **2.** negods
manchadizo *a* tāds, kas ātri kļūst netīrs
manchar *v* **1.** notraipīt, nosmērēt; **2.** aptraipīt (*kāda godu*)
mandadero *m* **1.** komisionārs; **2.** izsūtāmais, kurjers
mandado *m* **1.** rīkojums, pavēle; **2.** uzdevums; ◇ ser bien (mal) ~ – būt paklausīgam (nepaklausīgam)
mandamiento *m* **1.** rīkojums, pavēle; **2.** bauslis; **3.** tiesas lēmums; ◇ comer con los cinco ~s – ēst par trim
mandar *v* **1.** dot rīkojumu, pavēlēt; komandēt; **2.** sūtīt
mandatario *m* **1.** pilnvarotais; **2.** *jur.* pilnvarnieks; **3.** (*am.*) varas pārstāvis; primer ~ – (*am.*) – prezidents
mandato *m* **1.** mandāts; pilnvara; ~ electoral – vēlēšanu mandāts; **2.** pavēle; **3.** uzdevums
mandíbula *f anat.* žoklis
mandil *m* **1.** priekšauts; **2.** vilnas lupata (*zirgu tīrīšanai*)
mando *m* **1.** vara; **2.** *mil.* pavēlniecība; vadība; alto ~, ~ supremo –

virspavēlniecība; ~ a mano – rokas vadība
mandón *a* valdonīgs; varaskārs
mandracho *m* spēļu nams
manecilla *f* 1. aizšaujamais, bulta; 2. rokturis; kāts; 3. (*pulksteņa*) rādītājs
manejar *v* 1. vadīt; pārvaldīt; ~ a su antojo – rīkoties pēc saviem ieskatiem; 2. apieties, rīkoties (*ar mašīnu u. tml.*); 3. manipulēt
manejo *m* 1. vadīšana, pārvaldīšana; 2. apiešanās (*ar kaut ko*); andar con ~s poco limpios – nodarboties ar netīrām lietām (intrigām)
manera *f* veids, paņēmiens; ~ de hablar – runas veids; de mala ~ – rupji; de esa ~ – tāda veidā (kārtā), tādējādi; de ~ que – tā ka; ◇ en gran ~ – visai, ļoti; visaugstākā mērā
manga *f* 1. piedurkne; en ~s de camisa – kreklā (kreklos) izmeties; 2. *tehn.* šļūtene; 3. (*zvejas*) tīkls; ◇ andar ~ por hombro – būt lielā nekārtībā (*par māju u. tml.*); tener ~ ancha, ser de ~ ancha – skatīties (*uz kaut ko*) caur pirkstiem; hacer ~s y capirotes – rīkoties patvaļīgi
manganeso *m* ķīm. mangāns
mango *m* rokturis; kāts
mangonear *v* 1. klīst, klaiņot; 2. jaukties citu darīšanās
mangoneo *m* jaukšanās citu darīšanās

manguita *f* pārvalks, apvalks
manguitería *f* kažokādu veikals
manguitero *m* kažokādu tirgotājs
manguito *m* (*kažokādas*) uzrocis
manía *f* mānija; ~ de grandezas – lieluma mānija
maniático I *a* maniakāls, nenormāls; II *m* maniaks
manicomio *m* vājprātīgo nams
manida *f* 1. patvērums; 2. (*zvēra*) midzenis
manifestación *f* 1. demonstrācija, manifestācija; 2. (*piem., jūtu*) atklāta izrādīšana, demonstrēšana
manifestante *m, f* demonstrants, -e
manifestar *v* 1. piedalīties demonstrācijā; 2. atklāti izrādīt, demonstrēt; 3. paziņot; **~se** *rfl* izpausties
manifiesto I *m* manifests; II *a* acīm redzams, skaidrs
manilargo I *a* devīgs; II *m* zaglis
manilla *f* 1. aproce; rokassprādze; 2. roku važas
maniobra *f* 1. roku darbs; 2. *mil.* manevrs
maniobrabilidad *f* manevrēšanas spēja
maniobrar *v* 1. veikt darbu ar rokām; 2. *mil., jūrn.* manevrēt
manipulación *f* 1. manipulācija; 2. mahinācija
manipular *v* 1. manipulēt; 2. vadīt
maniquí *m* 1. manekens; 2. vājas gribas (glēvs) cilvēks
manjar *m* ēdiens
mano *f* roka; ~ derecha, ~ diestra –

labā roka; ~ izquierda (siniestra, zoca, zurda) – kreisā roka; a ~ derecha (izquierda) – no labās (kreisās) puses; a la ~, a ~ – pie rokas, tuvumā; a ~ ~ – ar rokām (*bez mašīnu palīdzības*); de ~ a (en) ~, de una ~ a otra – no rokas rokā; ¡~ s arriba! – rokas augšā!; tender una ~ de ayuda – pasniegt palīdzīgu roku

manosear *v* 1. taustīt; 2. maidzīt; 3. nonēsāt

manotada *f*, **manotazo** *m* sitiens ar roku; dar ~s en el hombro – uzsist uz pleca

manotear *v* 1. [pa]plikšķināt ar roku; 2. žestikulēt

manoteo *m* žestikulācija

mansalva: a ~ – drošībā

mansedumbre *f* 1. lēnīgums, rāmums; 2. labsirdība

mansejón *a* paklausīgs (*par dzīvniekiem*)

mansión *f* 1. īslaicīga apstāšanās (apmešanās); hacer ~ – apmesties (*kaut kur, pie kaut kā*); 2. dzīvoklis

mansito *adv* klusi, bez trokšņa

manso *a* lēns, lēnīgs, rāms

manta *f* 1. sega; 2. šalle

manteca *f* tauki (*pienā*); dzīvnieku tauki

mantecos‖o *a* taukains; trekns; leche ~a – trekns piens

mantel *m* galdauts

mantener *v* 1. *daž. noz.* atbalstīt; 2. uzturēt (*ģimeni u. tml.*); 3. uzturēt spēkā (*likumu*); ~se *rfl* 1. pārtikt; 2. pastāvēt uz savu; 3. turēties (*par karaspēku u. tml.*)

mantenimiento *m* 1. atbalsts; 2. (*ģimenes u. tml.*) uzturēšana

mantequero *m* sviesta gatavotājs, sviesta tirgotājs

mantequilla *f* sviests; pan con ~ – maize ar sviestu

mantilla *f* 1. mantiļa; 2. (*bērnu*) flaneļa sega

manto *m* 1. apmetnis; 2. mantija; 3. *pārn.* sega; ~ de nieve – sniega sega

manuable *a* portatīvs

manual I *a* 1. rokas-; roku-; 2. viegls, nesarežģīts; **II** *m* mācību grāmata

manumisión *f* atbrīvošana (*no verdzības*)

manumiso *a* atbrīvots (*no verdzības*)

manumitir *v* atlaist brīvībā, atbrīvot (*vergu*)

manuscribir *v* rakstīt ar roku

manuscrito I *a* ar roku rakstīts; **II** *m* rokraksts, manuskripts

manutención *f* 1. materiāls atbalsts; 2. atbalstīšana

manzana *f* ābols; ◇ ~ de la discordia – strīda ābols

manzanal *m* 1. ābele; 2. ābeļdārzs

manzanar *m* ābeļdārzs

manzanera *f* mežābele

manzanilla *f bot.* kumelīte

manzano *m* ābele

maña f 1. veiklība, izveicība; 2. viltība; 3. slikts paradums

mañana I f rīts; de ~ – no rīta; II adv rīt; pasado ~ – parīt; ~ por la ~ – rīt no rīta; por la ~ empiezan las buenas obras – rīts gudrāks par vakaru

mañanear v agri celties

mañanero a 1. rīta-; 2. tāds, kas agri ceļas

mañear v veikli tikt galā (ar kaut ko)

mañoso a 1. veikls, izveicīgs; 2. viltīgs

mapa m ģeogrāfiskā karte; ◇ no estar en el ~ – būt nelietojamam

mapamundi m pusložu karte

maque m laka; politūra

maquear v lakot; pulēt

maqueta f makets

máquina f mašīna; aparāts; ~ de vapor – tvaikmašīna; ~ dinamoeléctrica – dinamomašīna; ~ de coser – šujmašīna; ~ fotográfica – fotoaparāts; ~ taladradora – urbjmašīna; – de afilar – tecīla

maquinación f mahinācijas; intrigas

maquinal a 1. mašīnas-; 2. mehānisks; automātisks

maquinar v dzīt intrigas

maquinaria f 1. mašīnas; ~ agrícola – lauksaimniecības mašīnas; 2. mašīntelpa; 3. mašīnbūvniecība

maquinista m, f mašīnists, -e

mar m, f jūra; ~ bonanza, ~ en calma – mierīga jūra, ~ de leva, ~ de fondo – bangojoša jūra; alta ~ – atklāta jūra; hacerse a la ~ – iziet jūrā

maraña f 1. brikšņi, krūmājs; 2. savēlušies mati, krēpes; 3. juceklis; 4. intrigas

marañero m krāpnieks, blēdis

marasmo m 1. marasms; 2. apātija

maravilla f 1. brīnums; 2. sajūsma; las siete ~s del mundo – septiņi pasaules brīnumi; ◇ a las mil ~s – lieliski, ļoti labi

maravillar v 1. pārsteigt, radīt izbrīnu; 2. sajūsmināt

maravilloso a brīnišķīgs, burvīgs, apbrīnojams

marbete m 1. etiķete (precēm); 2. krasts; mala

marca f 1. zīme; ~ de fábrica – fabrikas zīme (marka); 2. šķira, marka; de ~ – augstākā labuma; 3. zīmols

marcación f jūrn. peilējums; tomar ~es – peilēt

marcar v marķēt (preces)

marcial a 1. kara-, ley ~ – karastāvoklis; 2. kareivīgs; 3. atklāts, vaļsirdīgs

marcialidad f kareiviska stāja; kareivisks izskats

marciano m marsietis, Marsa iedzīvotājs

marco m 1. rāmis; ietvars; 2. apmale, mala; 3. marka (naudas vienība); 4. marka (zelta un sudraba svara vienība = 230 g)

marcha f 1. gaita; gājiens; ~ atrás –

atpakaļgājiens; **2.** pārgājiens; **3.** *mūz.* maršs; **4.** aizbraukšana, aizceļošana

marchar *v* **1.** iet, soļot; maršēt; **2.** iet, darboties (*par mehānismu*); **~se** *rfl* aizbraukt, aizceļot

marchitamiento *m* [no]vīšana; vītums

marchitar *v* **1.** [iz]žāvēt; [iz]kaltēt; **2.** novājināt, novārdzināt; **~se** *rfl* [no]vīst; kalst

marea *f* paisums un bēgums; ~ alta – paisums; ~ baja – bēgums

mareaje *m* kuģniecība, navigācija

marear *v* **1.** vadīt kuģi; **2.** apnikt (*kādam*); nogurdināt (*kādu*); **~se** *rfl* slimot ar jūras slimību

mareo *m* **1.** jūras slimība; **2.** galvas reibšana, reibonis; **3.** uzbudinājums, nogurums (*no trokšņa u. tml.*)

marero *m jūrn.* brīze

marfil *m* **1.** ziloņkauls; **2.** izstrādājumi no ziloņkaula

marfileño *a* **1.** ziloņkaula-; **2.** ziloņkaula krāsas-

margen *m, f* **1.** krasts, mala; **2.** (*burtnīcas*) mala, malas; cuaderno con ~ – burtnīca ar malām; **3.** piezīme[s] (*grāmatas, burtnīcas*) malās

marginar *v* atzīmēt, piezīmēt (*grāmatas, burtnīcas u. tml.*) malās

marica *f* **1.** žagata; **2.** *sar.* luteklītis; mīkstčaulis

marido *m* vīrs, dzīvesbiedrs

marina *f* **1.** flote; Marina de Guerra – Jūras kara flote; ~ mercante – tirdzniecības flote; **2.** jūras krasts, piekraste; **3.** jūras peizāža

marinar *v* **1.** marinēt; **2.** salīgt kuģa komandu

marinear *v jūrn.* dienēt flotē

marinera *f* matrožu blūze

marinerazo *m* jūras vilks, rūdīts jūrnieks

marinería *f* **1.** jūrnieka profesija; **2.** ekipāža, kuģa apkalpe

marinero *m* jūrnieks; ~ de agua dulce – nepieredzējis jūrnieks

marino I *a* jūras-; el animal ~ – jūras dzīvnieks; **II** *m* jūrnieks

marión *m* store

mariposa *f* **1.** tauriņš; **2.** naktslampa; svētbildes lampiņa

mariscal *m* maršals

mariscar *v* lasīt gliemežvākus

marisco *m* jūras gliemežvāks; los ~s – jūras veltes

marítimo *a* jūras-; piejūras; el clima ~ – piejūras klimats

marmita *f* katliņš

mármol *m* marmors

marmolejo *m* (*neliela*) marmora kolonna

marmolería *f* **1.** marmora izstrādājumu darbnīca; **2.** marmora ieguves vieta

marmóreo *a* marmora-

marón *sk.* **marión**

marqués *m* marķīzs

marquetería *f* inkrustācija; inkrustējums

marrana *f* **1.** cūka; **2.** nevīža

marranada *f sar.* cūcība

marrar *v* 1. kļūdīties; 2. *pārn.* noiet no ceļa

marrón *a* brūns, kastaņbrūns

marta *f* 1. cauna; ~ cebellina – sabulis; 2. caunāda

Marte *m astr.* Marss

martellina *f* (*mūrnieka*) atskaldāmais āmurs

martes *m* otrdiena

martillero *m* izūtrupētājs

martillo *m* 1. āmurs; ~ pilón – tvaikāmurs; 2. ūtrupe, izsole; 3. *anat.* āmuriņš

martinete *m tehn.* 1. tvaikāmurs; 2. pāļdzinis

mártir *m* moceklis

martirio *m* mokas; mocības

martirizar *v* mocīt

más I *adv* 1. vairāk; ~ y ~, cada vez ~ ~ – arvien vairāk un vairāk; de ~ – pārāk, pārmērīgi; 2. vēl; una vez ~ – vēlreiz; 3. bez tam; a ~ de – bez tam; 4. labāk; ◊ ~ que – 1) vairāk nekā; 2) tikai; ~ allá – tālāk; aiz; a ~ y mejor – daudz, pastiprināti; ni ~ ni menos – ne vairāk, ne mazāk; a ~ correr – skriet, cik jaudas (ko kājas nes); 5. ~ tarde – vēlāk; ~ temprano – agrāk; ~ lejos – tālāk; **II** *m* 1. vislielākais, pats lielākais; los ~ – lielais vairākums; 2. *mat.* plus

mas *conj* bet

masa *f* 1. *fiz.* masa; 2. ~s *pl* masas; de ~s – masu-; masveidīgs; grandes ~s populares – plašas tautas masas; 3. mīkla; poner la ~ – iejaukt mīklu

masada *f* ferma

masadero *m* fermeris

masaje *m* masāža

masajista *m, f* masieris, -e

masar *v* masēt

máscara *f* maska; ~ antigás – gāzmaska; quitar a uno la ~ *pārn.* – noraut masku, atmaskot

mascota *f* amulets; talismans

masculinizar *v* 1. *gram.* lietot vīriešu dzimtē; 2. ģērbties vīriešu drēbēs (*par sievieti*)

masculino I *a* 1. vīrieša-; vīriešu-; 2. vīrišķīgs, drošsirdīgs; **II** *m gram.* vīriešu dzimte

masilla *f* ķite, tepe

mastelero *m jūrn.* rāja

masticar *v* gremot; košļāt

mástil *m* 1. masts; 2. (*ģitāras, vijoles u. tml.*) grifs

mastín *m* sargsuns

mastitis *f med.* mastīts, krūšu dziedzeru iekaisums

mata *f* 1. krūms; 2. krūmājs; 3. dzinums; stiebrs; stublājs; 4.: ~ de pelo – matu šķipsna

matador I *m* matadors; **II** *a* 1. nāvējošs; 2. graujošs, postošs; 3. nogurdinošs

matalobos *m bot.* kurpītes

matanza *f* 1. slepkavība; noslepkavošana, nogalināšana; 2. (*lopu*) kaušana

matapalo[s] *m* kaučuka koks (*Dienvidamerikā*)
matar *v* **1.** nosist, nonāvēt; **2.** dzēst (*uguni, kaļķus*); **3.** izpostīt (*pilsētu u. tml.*); **4.** nogurdināt; ◇ ~ el tiempo – nosist laiku; estar a ~ con alguien – būt naidā ar kādu; un mátalas callando – zutis (*par cilvēku*)
matarife *m* miesnieks
matasellos *m* spiedogs marku dzēšanai, pasta spiedogs
mate I *a* matēts, blāvs; **II** *m* mats (*šahā*); ◇ dar ~ a alguien – ņirgāties par kādu
matemáticas *f pl* matemātika; ~ superiores – augstākā matemātika
matemático I *a* matemātisks; matemātikas-; **II** *m* matemātiķis
materia *f* **1.** *fiz., filoz.* matērija; **2.** viela; ~ colorante – krāsviela; ~ prima, primeras ~s – izejviela[s]
material I *a* materiāls; mundo ~ *filoz.* – materiālā pasaule; **II** *m* inventārs; iekārta
materialista I *a* materiālistisks; **II** *m, f* materiālists, -e
materializar *v* realizēt; īstenot; **~se** *rfl* realizēties; īstenoties
maternal *a* mātes-; mātišķ[īg]s; cariño ~ – mātes mīlestība
maternidad *f* dzemdību nams
materno *a* **1.** mātes-; **2.** dzimtais (*par valodu, zemi u. tml.*)
matinal *a* rīta-; el rocío ~ – rīta rasa
matiz (*pl* matices) *f* (*skaņas, krāsas u. tml.*) nokrāsa, nianse

matizar *v glezn.* ēnot
matón *m* **1.** algots slepkava; **2.** *sar.* kauslis
matraz (*pl* matraces) *m ķīm.* stikla kolba
matrícula *f* **1.** saraksts, reģistrs; **2.** pieraksts
matricular *v* ievest sarakstos; **~se** *rfl* pierakstīties, iestāties (*piem., skolā*)
matrimonial *a* laulības-; lazos ~es – laulības saites
matrimoniar *v* apprecināt; izdot pie vīra
matrimonio *m* **1.** laulība; **2.** laulāts pāris; **3.** [sa]laulāšana
matriz (*pl* matrices) **I** *f* **1.** *anat.* dzemde; **2.** *poligr.* matrice; **3.** *tehn.* uzgrieznis; **II** *a* galvenais
matrona *f* **1.** matrona; **2.** *sar.* vecmāte
matute *m* **1.** kontrabanda **2.** (*noziedznieku, blēžu*) perēklis, midzenis
matutear *v* pārvadāt kontrabandu
matutinal, matutino *a* **1.** rīta-; **2.** *a* agrs
maula *f* **1.** nieks; niecīņš; **2.** viltus, krāpšana; **3.** viltnieks, krāpnieks; **4.** draiskulis, trakulis
maullar *v* ņaudēt
mausoleo *m* mauzolejs
maxilar I *a* žokļa-; **II** *m* žoklis
máxime *adv* vispirms
máximo I *a* maksimāls; **II** *a* maksimums

mayaᵃ *f* **1.** mārpuķīte; **2.** margrietiņa

mayaᵇ **I** *a* maiju-; **II** *m* **1.** *biežāk pl* ~s maiji (*indiāņu ciltis*); **2.** maiju valoda

mayo *m* **1.** maijs; **2.** ~s *pl* serenāde

mayonesa *f* majonēze

mayor I *a* **1.** lielākais; **2.** vecākais; **3.** galvenais; ◇ ~ de edad – pilngadīgs; **II** *m* vadītājs, priekšnieks; **2.** *mil.* majors; **3.** ~es *pl* senči; ◇ al por ~ – vairumā, vairākumā; Osa Mayor *astr.* – Lielais Lācis

mayoría *f* **1.** lielais vairums; ~ de votos – balsu vairākums; **2.** pārsvars; pārspēks

mayormente *adv* galvenokārt

mayúscula *f* lielais burts

mayúscul‖o *a* milzīgs; letra ~a – lielais burts

mazmorra *f* apakšzemes cietums; moku kambaris

mazo *m* **1.** koka āmurs; **2.** (*piem., kokvilnas*) sauja; šķipsna

mazorca *f* kukurūzas vālīte

me *pron pers* (*vsk. 1. pers. dat. un ak.*) man; mani

meados *m pl* urīns, mīzali

mear *v* nolaist urīnu

meato *m anat.* kanāls; ~ urinario – mīzalu kanāls

mecánica *f* **1.** mehānika; ~ teórica – teorētiskā mehānika; **2.** mehānisms

mecánico I *m* mehāniķis; ~ de aviación – aviomehāniķis; ~ de motores – motorists; ~ de radio – radiomehāniķis; **II** *a* mehānisks

mecanismo *m* **1.** mehānisms; **2.** iekārta; ierīce

mecanización *f* mehanizācija

mecanizar *v* mehanizēt

mecanógrafa *f* mašīnrakstītāja

mecanografía *f* mašīnrakstīšana

mecanografiar *v* rakstīt ar rakstāmmašīnu

mecedero, mecedor *m* šūpoles

mecedora *f* šūpuļkrēsls

mecer *v* **1.** šūpot; **2.** maisīt (*kādu šķidrumu*)

mecha *f* **1.** (*lampas, sveces*) dakts, deglis; **2.** (*piem., kokvilnas*) sauja; šķipsna; **3.** *med.* tampons; **4.** speķis

mechar *v* speķot

medalla *f* medaļa; ~ de oro (de plata, de bronce) – zelta (sudraba, bronzas) medaļa

medallón *m* medaljons

médano *m* kāpa

media *f* zeķe

mediación *f* starpniecība

mediado *a* līdz pusei piepildīts; ◇ a ~s – (*gadsimta, mēneša u. tml.*) vidū

mediador *m* starpnieks

medianoche *f* pusnakts

mediante *adv* ar (*kā*) palīdzību; ~ de conversaciones, ~ negociaciones – sarunu ceļā

mediar *v* **1.** sasniegt vidu; **2.** būt par starpnieku

mediato *a* viduvējs
médica *f* **1.** ārste; **2.** ārsta sieva
medicable *a* ārstējams
medicación *f* ārstēšana
medicamento *m* zāles, medikaments
medicina *f* **1.** medicīna; ~ legal – tiesu medicīna; ~ mental – psihiatrija; ~ preventiva – higiēna; **2.** zāles; recetar ~s – izrakstīt zāles
medicinal *a* ārstniecības-; ārstniecisks; cultura física ~ – ārstnieciskā fizkultūra
medicinar *v* dot zāles
medición *f* mērīšana
médico I *a* medicīnas-; medicīnisks; **II** *m* ārsts; ~ de guardia – dežūrārsts; ~ cirujano – ķirurgs
medida *f* **1.** mērs; tomar las ~s – [no]ņemt mēru; **2.** mērīšana; **3.** piesardzības līdzeklis; tomar ~s – darīt visu iespējamo, izlietot visus iespējamos līdzekļus; **4.** pantmērs; ◇ a ~ que – par tik, par cik ...; jo ..., jo ...; en gran ~ – lielā mērā
medidor *m tehn.* mērītājs; ~ de á ngulos – leņķmērs
medieval *a* viduslaiku-
medi‖o I *a* **1.** vidēj[ai]s; término ~ – vidējs lielums; velocidad ~a – vidējais ātrums; **2.** pus-; ~ kilo – puskilograms; ~a luna – pusmēness; **II** *m* **1.** vidus; **2.** mērenība, atturība; **3.** līdzeklis; ~s de producción – ražošanas līdzekļi; ~s de comunicación – sakaru līdzekļi; **4.** ~s *pl* aprindas; en ciertos ~s – noteiktās aprindās; **5.** *biol.* vide; ◇ en ~ de – tomēr, neskatoties uz to; estar de por ~ – būt par starpnieku; equivocarse de ~ a ~ – galīgi pārrēķināties
mediocre *a* **1.** viduvējs; apmierinošs; **2.** aprobežots (*par cilvēku*)
mediodía *f* pusdiena; dienvidus
medir *v* **1.** [iz]mērīt; **2.** aprēķināt; apsvērt; ~ sus palabras – apsvērt savus vārdus; ◇ ~ sus fuerzas – 1) mēroties spēkiem; 2) līdzsvarot spēkus
meditación *f* meditācija, pārdomas
meditar *v* iegrimt (nogrimt) domās (pārdomās)
meditativo *a* domīgs; domās nogrimis
mediterráneo I *a* iekšējs; **II** *m*: mar Mediterráneo – Vidusjūra
medrar *v* **1.** augt, palielināties; **2.** attīstīties
medroso *a* bailīgs
médula *f* **1.** smadzenes; ~ espinal – mugurkaula smadzenes; **2.** būtība; ◇ hasta la ~ – pilnīgi
medular *a* smadzeņu-; membrana ~ – smadzeņu apvalks
megalomanía *f* lieluma mānija
mejicano I *a* Meksikas-; meksikāņu-; **II** *m* meksikānis
mejilla *f* vaigs
mejillón *m* mīdija
mejor I *a* labāk[ai]s; el ~ – vislabākais; **II** *adv* **1.** labāk; ~ que ~ –

daudz labāk; estar ~, ir ~ – justies labāk, atveseļoties
mejora *f* uzlabošanās, progress
mejoramiento *m* uzlabošana; uzlabošanās; ~ de tierra – meliorācija
mejorar *v* 1. uzlabot; 2. atveseļoties, atžirgt
melancolía *f* melanholija; skumjas
melancólico *a* melanholisks
melancolizar *v* skumdināt, apbēdināt
melena *f* krēpes
melificación *f* medus savākšana (*par bitēm*)
melificar *v* savākt medu (*par bitēm*)
melocotón *m* persiks (*auglis un koks*)
melocotonar *m* persiku dārzs
melocotonero *m* persiks (*koks*)
melodía *f* melodija
melódico *a* melodisks
melodioso *a* melodisks
melón *m* melone; ◇ ~ de agua – arbūzs
melonar *m* meloņu (arbūzu) lauks
mellizo I *a* 1. divkāršs, dubults; 2. vienāds; līdzīgs; II *m* dvīnis
membrana *f* 1. *anat.* plēve; membrāna; ~ pelmeada – peldplēve; ~ mucosa – gļotāda; 2. *tehn.* membrāna
membrete *m* 1. atzīme; piezīme; 2. (*aploksnes, veidlapas*) tituls; stūra zīmogs
memorable, memorando *a* neaizmirstams
memorándum *m* 1. memorands; 2. piezīmju grāmatiņa

memorar *v* atcerēties
memoratísimo *a* neaizmirstams
memoria *f* 1. atmiņa; de ~ – no galvas; flaco de ~ – aizmāršīgs; borrarse de la ~ – izgaist (pagaist) no atmiņas; refrescar la ~ – atsvaidzināt atmiņā; 2. atmiņas; 3. ~s *pl* memuāri; 4. *sar.* sveiciens; dar ~s – nodot sveicienus
memorial *m* 1. memoriāls; 2. (rakstisks) ziņojums; memorands; 3. piezīmju grāmatiņa
memorión *m* cilvēks ar labu atmiņu
memorioso *a* ar labu atmiņu
mención *f* 1. pieminēšana; 2. atsauksme; [no]vērtējums; ◇ con ~ honorífica – ar izcilību
mencionar *v* [pie]minēt
mendicidad *f* ubagošana
mendigar *v* ubagot
mendigo *m* ubags
mendrugo *m* 1. sakaltušas maizes gabals; 2. ubaga (žēlastības) dāvana
menear *v* kustināt (*uz priekšu un atpakaļ*); šūpot; **~se** *rfl sar.* steigties
meneo *m* kustināšana; šūpošana
menester *m* vajadzība, nepieciešamība; ser ~ – būt nepieciešamam
menor *a* 1. mazāk[ai]s; el ~ – vismazākais; 2. jaunāk[ai]s; ◇ ~ de edad – nepilngadīgs; no recibir la ~ noticia – nesaņemt nekādas ziņas
menoría *f* pakļautība, padotība; atkarība

menos I *adv* **1.** mazāk; en ~, ~ de – mazāk, mazāk nekā; lo ~ posible – pēc iespējas mazāk; mucho ~ – daudz mazāk; no ~ – ne mazāk; ni más ni ~ – ne vairāk, ne mazāk; nada ~ que – ne mazāk kā; **2.** apmēram, aptuveni; poco más o ~ – apmēram; **3.** izņemot; ◊ ir (venir) a ~ – 1) samazināties; 2) pasliktināties; lo ~ – vismaz; a lo ~, por lo ~ – vismaz, kaut vai; cosa de ~ – mazvērtīga lieta; echar de ~ – skumt (*pēc kaut kā*); **II** *m* **1.** *mat.* mīnuss; **2.** *poligr.* domuzīme; **III** *prep* bez

menoscabar *v* pamazināt, samazināt; ~ los derechos – ierobežot tiesības; **2.** sabojāt, samaitāt; **3.** diskreditēt; pazemot

menoscabo *m* **1.** pamazināšana, samazināšana; **2.** bojājums; **3.** diskreditēšana; pazemojums

menospreciable *a* nicināms

menospreciar *v* **1.** nicināt; **2.** pienācīgi nenovērtēt, par zemu novērtēt

menosprecio *m* nicinājums; necieņa

mensaje *m* **1.** vēstījums; **2.** uzdevums

mensajería *f* **1.** pasažieru un kravas pārvadāšana; **2.** prece; krava

mensajer‖o *m* ziņnesis vēstnesis; ◊ paloma ~a – pasta balodis

mensual *a* **1.** mēneša-; mēnesi ilgs; **2.** ikmēneša-; revista ~ – mēnešraksts

mensualidad *f* mēneša izpeļņa

menta *f* mētra; piparmētra

mentado *a* **1.** minētais; **2.** slavens, ievērojams

mental *a* **1.** domu-; iedomu-; iedomāts; cálculo ~ – galvas rēķini, rēķināšana galvā; **2.** domāšanas-; ◊ enajenamiento ~ – trakums, trakošana

mentalidad *f* **1.** mentalitāte; **2.** garaspējas, gara dāvanas; intelekts

mentalmente *adv* domās

mentar *v* pieminēt

mente *f* **1.** prāts, saprāts; **2.** vēlēšanās; nodoms, nolūks

mentido *a* **1.** melīgs; **2.** mānīgs

mentir *v* melot

mentira *f* **1.** meli; **2.** māņi, ilūzija; ◊ la ~ no tiene pies – meliem īsas kājas

mentiroso *a* **1.** melīgs; **2.** mānīgs

mentón *m* zods

menudencia *f* **1.** sīkumainība; **2.** sīkums; nenozīmīgums

menudo I *a* **1.** mazs, sīks; **2.** nenozīmīgs; niecīgs; ◊ a ~ – bieži; por ~ – sīki, sīki jo sīki; **II** *m* **1.** iekšas; **2.** sīknauda

meñique I *a* mazs, maziņš; **II** *m* **1.** mazais pirkstiņš; **2.** mazulis

meollo *m* **1.** smadzenes; **2.** prāts; saprāts; **3.** saturs; būtība

meramente *adv* tikai, vienīgi

mercadear *v* tirgot

mercader *m* tirgotājs; pārdevējs

mercado *m* tirgus; ~ de valores – fondu birža; ~ mundial – pasaules tirgus; estudio del ~ – tirgus izpēte

mercancía f 1. prece; producción de ~s – preču ražošana; vagón de ~s – preču vagons; 2. tirdzniecība; surtido de ~s – preču sortiments

mercante a tirdzniecības-, marina ~ – tirdzniecības flote

mercantil a 1. tirdzniecības-; tirdzniecisks; 2. preču-; economía ~ – preču saimniecība; producción ~ – preču ražošana

mercenario I a algots; II m 1. dienas strādnieks; 2. algādzis; 3. algotnis

mercurio m dzīvsudrabs

merecer v 1. būt (*kaut kā*) vērtam; būt (*kaut kā*) cienīgam; būt pelnījušam (*kaut ko*); 2. sasniegt, panākt (ko)

merecidamente adv pelnīti, pēc nopelniem

merecido I a pelnīts; II m pelnīts sods; llevar su ~ – saņemt pēc nopelniem

merecimiento m nopelns

merendar v iekost, uzkost

merendero m traktieris; bufete (*ar uzkožamiem*)

merengar v [sa]putot krējumu

meridian‖o I a 1. pusdienas-; dienvidus-, a la ~a – pusdienas laikā; 2. meridionāls;

II m astr., ǵeogr. meridiāns; primer ~ – nulles meridiāns

meridional a dienvidu-

merienda f launags, palaunadzis; ~ campestre – pikniks

mérito m 1. nopelns; 2. cieņa; de ~ – cienīgs; hombre de ~ – cienījams cilvēks

meritorio a (*uzslavas, apbalvojuma u. tml.*) cienīgs

merluza f 1. reibums, skurbums; 2. dzeršana, žūpošana

merma f 1. samazināšanās; krišanās; 2. zaudējums, zaudējumi

mermar v 1. samazināties; nokristies; 2. pamazināt; samazināt; pazemināt

mermelada f ievārījums

mer‖o a 1. tīrs, bez piemaisījumiem; īsts, patiess; ◇ por ~a curiosidad – aiz tīras ziņkāres

mes m mēnesis

mesa f galds; ~ de escribir – rakstāmgalds; sentarse a la ~ – sēsties pie galda; cubrir (poner) la ~ – klāt galdu; levantar (quitar) la ~ – novākt galdu

meseta f 1. kāpņu telpa; 2. ǵeogr. plato, plakankalne

mesón m iebraucamā vieta

mestizar v krustot (*dzīvniekus*)

mestizo m metiss

mesura f 1. nopietnība; svarīgums; 2. takts, mēra izjūta; pieklājība; 3. cieņa; cienība

mesurado a 1. mērens; atturīgs; 2. uzmanīgs; piesardzīgs

mesurar v 1. mērīt; 2. pieskaņot, saskaņot; 3. ierobežot, apvaldīt; ~se rfl 1. atturēties (*no kaut kā*); 2. būt pieklājīgam

meta *f* **1.** mērķis; **2.** finišs; **3.** (*futbola*) vārti
metafísica *f* metafizika
melafísico I *a* metafizisks; **II** *m* metafiziķis
metal *m* metāls; ~es preciosos – cēlmetāli; ~es de color – krāsainie metāli; ~es ferrosos – melnie metāli
metálic‖o *a* metāla-; construcciones ~as – metāla konstrukcijas
metalizar *v* piešķirt metālisku spīdumu; pārklāt ar metāla kārtu
metalurgia *f* metalurģija
metalúrgico I *a* metalurģisks; metalurģijas-; **II** *m* metalurgs
metamorfosis *f* metamorfoze
metano *m* ķīm. metāns
meteoro *m* **1.** meteors; **2.** atmosfēras parādības (*lietus, pērkons, krusa u. tml.*)
meteorología *f* meteoroloģija
meteorológico *a* meteoroloģijas-; meteoroloģisks; parte ~ – laika ziņas
meter *v* **1.** likt; novietot; **2.** ielikt; iebāzt; **3.** ievest; ielaist; **4.** nodarīt; **5.** izraisīt; ~ miedo – iedvest bailes; **~se** *rfl* iejaukties; ~se en todo – visur bāzt savu degunu; ~se uno donde no le llaman, ~ se en lo que no le va ni le viene, ~ se en camisa de once varas – jaukties citu darīšanās
metileno *m* ķīm. metilēns
metílico *a* ķīm. metila-
metilo *m* ķīm. metils
metódico *a* metodisks, plānveidīgs
metodizar *v* sistematizēt
método *m* metode; ~ dialéctico – dialektiskā metode
metodología *f* metodika
metodólogo *m* metodiķis
metro[a] *m* metrs; ~ cuadrado – kvadrātmetrs; ~ cúbico – kubikmetrs
metro[b] *m* metro
metropolitano I *a* pilsētas-, galvaspilsētas-; **II** *m* metropolitēns, metro
mexicano *sk.* **mejicano**
mezcla *f* **1.** samaisīšana, sajaukšana; **2.** sajaukums; maisījums
mezclador *m* tehn. maisītājs
mezclar *v* **1.** sajaukt, samaisīt; ~ dos líquidos – sajaukt divus šķidrumus; **2.** krustot (*dzīvniekus*); **~se** *rfl* **1.** sajaukties; ~ entre la multitud – iejukt pūlī; **2.** (en) iejaukties, iemaisīties
mezquita *f* mošeja
mi (*pl* mis) *pron pos* [*saīs. no* mía, mío (mías, míos); *vsk. 1. pers. vīr. un siev. dz.; lieto tikai pirms lietv.*] mans; mana
mí *pron pers* (*vsk. 1. pers. ģen., dat., ak., lieto tikai ar prievārdiem*) manis; man; mani; manī
mía (*pl* mías) *pron pos* (*vsk. 1. pers. siev. dz.*) **1.** mana; **2.** manējā
mica *f* min. vizla
microbiano, micróbico *a* mikrobu-; bakterioloģisks; guerra microbiana – bakterioloģisks karš

microbio *m* mikrobs
micrófono *m* mikrofons
microscopio *m* mikroskops
miedo *m* bailes; no conocer la cara al ~ – būt vīrišķīgam (bezbailīgam); coger ~ – nobīties; meter ~ – iedvest bailes
miedoso *a* bailīgs
miel *f* medus; ~ de caña, ~ de primas – sīrups; ◊ no hay ~ sin hiel – nav rozes bez ērkšķiem; suave como la ~ – mīksts kā vasks
miembro *m* 1. (*ķermeņa*) loceklis; 2. (*organizācijas*) biedrs; ~ de sindicato – arodbiedrības biedrs; ~ honorífico – goda biedrs; de ~ – biedra-; biedru-; carnet de ~ – biedra karte; cuota de ~ – biedru nauda
mientras *adv* kamēr; ~ tanto – pa to laiku; ~ que – pa to laiku, kamēr ...; ◊ ~ más uno tiene, más desea – apetīte rodas ēdot
miércoles *m* trešdiena
miga *f* 1. daļiņa; (*maizes*) drupata; 2. (*maizes*) mīkstums; ◊ de mucha ~ – nozīmīgs; hacer buenas ~s – draudzēties, būt labās attiecībās
migaja *f* 1. (*maizes*) druska, drupata; 2. drusciņa; kripata
migar *v* drupināt maizi
migraña *f* migrēna
migratori‖**o** *a* migrācijas-; ◊ aves ~as – gājputni
mijo *m* prosa

mil *num* tūkstotis; tūkstoš; ~ millones – miljards; ◊ ¡a las ~ maravillas! – lieliski!, brīnišķīgi!
milagrear *v* darīt brīnumus
milagro *m* brīnums; de ~ – brīnumainā kārtā, kā par brīnumu
milagroso *a* brīnišķīgs
milano *m* klija
milenario I *a* tūkstoš gadu-; tūkstošais; II *m* gadu tūkstotis
milésimo I *num* tūkstošais; II *m* tūkstošdaļa
milicia *f* 1. milicija; 2. zemessardze
miliciano I *a* 1. milicijas-; 2. zemessardzes-; zemessargu-; II *m* 1. milicis; 2. zemessargs
militar[a] I *a* kara-; militārs; II *m* karavīrs, militārpersona
militar[b] *v* 1. dienēt; 2. (en) aktīvi darboties (*kādā organizācijā*)
militarismo *m* militārisms
milla *f* jūdze; ~ marina – jūras jūdze
millada *f*: a ~s – tūkstošiem
millar *m* tūkstotis
millón *m* miljons
millonario *m* miljonārs
mimar *v* 1. glāstīt, apmīļot; 2. lolot; lutināt
mimo *m* 1. glāsts; glāsti; 2. lutināšana
mimoso *a* izlutis; izlutināts
mina *f* 1. šahta; raktuve; ~ de carbón – ogļu raktuves; 2. apakšzemes eja; 3. *mil.* mīna
minador *m* 1. kalnracis; 2. *mil.* mīnētājs

minar *v* **1.** rakt apakšzemes eju; **2.** mīnēt

mineral I *a* minerālu-; minerāl-; **II** *m* **1.** minerāls; **2.** rūda; ~ de hierro – dzelzsrūda

minería *f* kalnrūpniecība

minero I *a* kalnrūpniecības-; **II** *m* kalnracis

minificar *v* pamazināt; samazināt; pazemināt

mínimo I *a* **1.** minimāls; **II** *m* minimālais daudzums; minimums

mínimum *m* minimums

ministerial *a* ministra-; ministru-; cargo ~ – ministra postenis

ministerio *m* ministrija; ministru kabinets; Ministerio de Negocios Extranjeros (Ministerio de Estado (*Spānijā*)) – Ārlietu ministrija; Ministerio del Interior – Iekšlietu ministrija; Ministerio de Instrucción Pública – Izglītības ministrija; Ministerio de Comunicaciones – Sakaru ministrija; Ministerio de Agricultura – Lauksaimniecības ministrija; Ministerio de Hacienda – Finanšu ministrija

ministrador *m* **1.** administrators; pārvaldnieks; **2.** piegādātājs

ministrar *v* **1.** pārvaldīt; **2.** apgādāt; piegādāt

ministro *m* ministrs; primer ~ – premjerministrs; ~ sin cartera – ministrs bez portfeļa

minoración *f* pazemināšana; samazināšana

minorar *v* pazemināt; samazināt

minoría *f* **1.** mazākums; **2.** nepilngadība

minucia *f* sīkums, nieks

minuciosidad *f* pedantiska rūpība

minucioso *a* pedantiski rūpīgs; trabajo ~ – darbs, kas prasa daudz pūļu un pacietības

minuendo *m* mat. mazināmais

minúscula *f* mazais burts

minúscul‖o *a* mazs, sīks; letra ~a – mazais burts

minutero *m* minūšu rādītājs (*pulkstenim*)

minuto *m* minūte

mío (*pl* míos) *pron pos* (*vsk. 1. pers. vīr. dz.*) **1.** mans; **2.** manējais

miocarditis *f med.* miokardīts

miope *a* tuvredzīgs, īsredzīgs

miopía *f* tuvredzība, īsredzība

mira *f* tēmēklis; punto de ~ – (*šautenes*) grauds; ángulo de ~ – tēmēšanas leņķis; línea de ~ – tēmējuma līnija

mirada *f* skatiens; echar una ~ – pamest skatienu, paskatīties; medir con la ~ – nomērīt ar skatienu

miradero *m* **1.** novērošanas punkts; **2.** uzmanības objekts

mirado *a* uzmanīgs, piesardzīgs; ◇ estar bien (mal) ~ – būt labi (slikti) ieredzētam

mirador I *a* vērojošs; **II** *m* **1.** novērotājs; vērotājs; **2.** stiklots balkons

miramiento *m* **1.** cieņa; uzmanība; **2.** piesardzība, uzmanība, apdomība

miranda f paaugstinājums

mirar v skatīties, lūkoties; ~ a la cara – skatīties tieši acīs; ~ de reojo – 1) šķielēt; 2) *pārn.* greizi skatīties; ~ por encima – uzmest paviršu skatienu; sin ~ nada – bez lielas domāšanas, daudz negudrojot; ¡mira! – 1) paklau!; 2) uzmanies!

mirasol m saulespuķe

miríada f miriādes

mirífico a apbrīnojams; lielisks

mirilla f lodziņš, actiņa (*durvīs, vārtos u. tml.*)

mirlo m strazds

mirón a ziņkārīgs

mirtilo; mirtillo m mellene; mellenājs

misa f liturģija, mesa

miserable I a 1. nožēlojams; nelaimīgs; 2. nabadzīgs; 3. nicināms; zemisks, nelietīgs; II m nelietis

miseración f līdzjūtība

miserear v skopoties; izlikties par nabadzīgu

miseria f 1. nelaime, posts; 2. nabadzība; ~ espiritual – gara nabadzība; 3. skopums

misericordia f žēlsirdība; līdzjūtība

misericordioso a žēlsirdīgs; līdzjūtīgs

mísero a nožēlojams; nelaimīgs

misión f 1. misija; ~ de buena voluntad – labas gribas misija; 2. uzdevums; 3. pilnvarojums; pilnvara

mismamente adv [tieši] tāpat, tādā pašā veidā

mismo a tas pats, tāds pats; así ~ – tāpat; lo ~ que – tāpat kā; del ~ modo – tādā pašā veidā; ahora ~ – tūlīt pat; al ~ tiempo, en el ~ tiempo – vienā un tajā pašā laikā; lo ~ da – 1) tas ir tas pats; 2) man ir vienalga

mistar v čukstēt; sin ~ – bez skaņas

misterio m 1. noslēpums; 2. noslēpumainība

misterioso a noslēpumains; mīklains

mitad f puse; vidus; dividir por la ~ – sadalīt uz pusēm; ~ y ~ – uz pusēm; ◊ mi cara ~ – dzīvesbiedrs, dzīvesbiedre

mitigación f remdēšana

mitigador, mitigante a remdējošs

mitigar v remdēt; ~ la sed – remdēt slāpes; remdināt

mitin m mītiņš

mito m mīts

mitología f mitoloģija

mitológico a mitoloģisks, mitoloģijas-

mixtificación f mistifikācija

mixtificar v mistificēt

mixtión f 1. sajaukums; maisījums; 2. sajaukšana; samaisīšana

mixto I a jaukts; maisīts; mistrots; II m sērkociņš

mixtura f 1. maisījums; mistrojums; 2. *farm.* mikstūra

mixturar v sajaukt, samaisīt

mobiliario I a kustamais īpašums; II m mēbeles; dzīvokļa iekārta

moblaje m mēbeles; dzīvokļa iekārta

moblar *v* mēbelēt
mocear *v* **1.** justies jaunam; **2.** draiskoties
mocedad *f* **1.** jaunība; **2.** možums; kustīgums, dzīvums
mocil *a* jauneklīgs
moción *f* **1.** kustība; impulss; **2.** iedvesma; **3.** priekšlikums, ierosinājums
mocito I *a* jauneklīgs; **II** *m* jauneklis
mocoso I *a* puņķains, nopuņķojies; **II** *m* smurgulis, pienapuika
mochila *f* mantu maiss, mugursoma
moda *f* mode; estar de ~ – būt modē; ir a la ~ – moderni ģērbties; pasar de ~ – iziet no modes
modal I *a* modāls; **II** *m*: ~es *pl* manieres
modelado *m* modelēšana
modelarse *v rfl* atdarināt, imitēt
modelear *v* modelēt
modelo I *a* parauga-; **II** *m* modelis, paraugs
moderación *f* **1.** mērenība; **2.** savaldība
moderado *a* **1.** mērens; **2.** savaldīgs
moderador, moderante *m tehn., mūz.* moderators
moderar *v* apvaldīt, savaldīt; **~se** *rfl* apvaldīties, savaldīties
modernamente *adv* **1.** pēc jaunās modes; **2.** nesen
modernizar *v* modernizēt
moderno *a* **1.** mūsdienu-; **2.** moderns
modestia *f* **1.** vienkāršība; pieticība; **2.** kautrība

modesto *a* **1.** vienkāršs; pieticīgs; **2.** kautrīga, kautrs
modificación *f* pārveidošana; modificēšana
modificar *v* pārveidot; modificēt
modista *f* šuvēja; modiste
modo *m* veids; en cierto ~ – zināmā mērā; del mismo ~ – tādā pašā veidā, tāpat; a ~ de – tāpat kā, līdzīgi; de un ~ o de otro – vienādi vai otrādi; ◇ de todos ~s – katram gadījumam; a mi ~ – pēc manām domām; ~ de vida – dzīvesveids
modulación *f* modulācija
modular *v* modulēt
moduloso *a* harmonisks; labskanīgs, daiļskanīgs
mofar *v*, **mofarse** *rfl* (de) ņirgāties; apsmiet, izsmiet
mogote *m* pakalniņš; pauguriņš
mohatra *f* izspiešana; šantāža
mohatrar *v* izspiest; šantažēt
mohecer *v* pelēt
mohina *f* **1.** skumjas, bēdas; **2.** īgnums; nepatika; neapmierinātība
mohino I *a* **1.** skumjš; bēdīgs; **2.** īgns; neapmierināts; **II** *m* mūlis
moho *m* **1.** pelējums; **2.** rūsa
mohoso *a* **1.** appelējis; **2.** sarūsējis
mojado *a* **1.** saslapināts; **2.** iemērkts, samērkts
mojadura *f* **1.** saslapināšana; **2.** iemērkšana, samērkšana
mojar *v* **1.** saslapināt; **2.** iemērkt, samērkt; **~se** *rfl* izmirkt, samirkt

mojona *f* zemes mērīšana; (*zemes gabalu*) robežu nospraušana
mojonar *v* mērīt zemi; nospraust robežas (*zemes gabaliem*)
moldar *v* veidot; formēt
moldavo I *a* moldāvu-; **II** *m* **1.** moldāvs; **2.** moldāvu valoda
molde *m* **1.** veidne; forma; **2.** *poligr.* iespiedforma; ◇ de ~ – 1) starp citu; 2) kā uzliets (*par apģērbu*)
moldeador *m* formētājs; veidotājs
molécula *f* molekula
molecular *a* molekulas-; molekulārs; peso ~ – molekulsvars
molestar *v* traucēt, apgrūtināt
molestia *f* [miera] traucējums; neērtība
molicie *f* mīkstums; ļenganums
molificación *f* atmiekšķēšana
molificar *v* padarīt mīkstu, mīkstināt; atmiekšķēt
molificativo *a* mīkstinošs
molinería *f* miltu ražošana
molinero *m* dzirnavnieks
molinete *m* ventilators
molinillo *m* rokas dzirnavas
molino *m* dzirnavas; ~ de agua – ūdens dzirnavas; ~ de viento – vējdzirnavas; ◇ luchar contra los ~s de viento – cīnīties ar vējdzirnavām
mollera *f* galvvidus, pauris
momentáneo *a* acumirklīgs, momentāns
momento *m* acumirklis, moments; al ~, en el ~ – vienā acumirklī, momentā; a cada ~ – katru brīdi, nemitīgi; en el ~ preciso – vajadzīgā brīdī
momia *f* mūmija
momificar *v* mumificēt
mona *f* pērtiķis (*mātīte*); ◇ hecho una ~, corrido como una ~ – apkaunots
monarca *m* monarhs
monarquía *f* monarhija
monárquico I *a* monarhistisks; **II** *m* monarhists
monarquista *m, f* monarhists, -e
monasterial *a* klostera-; klosteru-
monasterio *m* klosteris
monda *f* **1.** (*koku*) apgriešana; apcirpšana; **2.** (*augļu*) nomizošana
mondadientes *m* zobu bakstāmais
mondado *a* **1.** nomizots (par augļiem); **2.** iztīrīts
mondar *v* **1.** apgriezt, apcirpt (*kokus*); **2.** nomizot (*augļus*); **3.** [iz]tīrīt
mondongo *m* **1.** iekšas; **2.** vēders
monear *v* mērkaķoties; ķēmoties pakaļ
moneda *f* **1.** monēta; **2.** nauda; ~ suelta, ~ menuda – sīknauda; ~ fiduciaria – papīra nauda
monedero *m* naudas kalējs
monetario I *a* **1.** monētas-; monētu-; naudas-; **2.** valūtas-; **II** *m* numismātiska kolekcija
mongol I *a* mongoļu-; **II** *m* mongolis
monigote *m* **1.** klostera kalpotājs; **2.** ķēms; biedēklis; **3.** lupatu lelle; ~ de nieve – sniegavīrs

monja *m* mūķene
monje *m* mūks
monjil *a* mūku-; mūka-; traje ~ – mūku tērps
mono[a] *a* glīts
mono[b] *m* pērtiķis
mono[c] *m* kombinezons; darba tērps; ~ de vuelo – lidotāja kombinezons
monóculo I *a* vienacains; **II** *m* monoklis
monofásico *a* el. vienfāzes-
monoplaza *a* vienvietīgs
monopolio *m* monopols
monopolizar *v* monopolizēt
monosílabo *a* gram. vienzilbīgs
monovalente *a* ķīm. vienvērtīgs
monstruo *m* **1.** nezvērs; briesmonis; necilvēks; **2.** ķēms
monstruosidad *f* **1.** drausmīgums; necilvēciskums; **2.** neglītums, ķēmīgums
monstruoso *a* **1.** drausmīgs; necilvēcīgs; **2.** neglīts, ķēmīgs
montacargas *m* kravas celtnis
montador[a] *m* jātnieks
montador[b] *m* montētājs
montaje *m* [sa]montēšana
montan‖o *a* kalna-; kalnu-; cabra ~a – kalnu kaza
montante *m* **1.** pālis; **2.** statnis; statne
montaña *f* **1.** kalns; **2.** kalnains apvidus
montañés I *a* kalnu-; río ~ – kalnu upe; **II** *m* kalnietis, kalnu iedzīvotājs
montañoso *a* kalnu-; kalnains
montar[a] *v* jāt
montar[b] *v* montēt
monte *m* **1.** kalns; **2.** mežs; ~ alto – mastu koki; ~ bajo – brikšņi; ~ blanco – izcirtums
montés *a* **1.** kalna-; kalnu-; cabra ~ – kalnu kaza; **2.** meža-; savvaļas- (*par putniem, dzīvniekiem*); gato ~ – meža kaķis
montícola *a* kalnu- (*par augiem*)
montículo *m* uzkalniņš, paugurs
montón *m* **1.** kaudze, čupa; **2.** *sar.* milzums, lērums; a ~es – bezgala daudz
monumental *a* **1.** monumentāls; **2.** milzīgs
monumento *m* piemineklis
moño *m* **1.** (*matu*) kušķis; **2.** (*matu*) lente (*pušķī sasieta*); **3.** (*putna*) cekuls
moquear *v* šņaukt degunu
moqueo *m* iesnas
moquero *m* kabatlakatiņš
mora *f* **1.** zīdkoka oga; **2.** kazene (*oga*)
morado *a* violets
moral[a] **I** *a* morālisks; morāls; tikumisks; **II** *f* tikumība; morāle; predicar ~ – lasīt morāli
moral[b] *m* zīdkoks
moraleja *f* (*fabulas, stāsta u. tml.*) morāle
moralista *m, f* moralizētājs, -a
moralizar *v* moralizēt, lasīt morāli
morbo *m* **1.** slimība, kaite; ~ comicial –

epilepsija; ~ gálico – sifiliss; ~ regio – dzeltenā kaite; **2.** sāpes

morboso *a* **1.** slims, neveselis; **2.** sāpīgs; un clima ~ – neveselīgs klimats

morcilla *f* asinsdesa

morcillero *m* desinieks

mordacidad *f* kodīgums; sīvums

mordaz *a* kodīgs; sīvs

mordaza *f* sprūds, poner una ~ *sar.* – aizbāzt muti

mordedura *f* kodiens; dzēliens

morder *v* **1.** kost; dzelt; **2.** iekosties; iezīsties; **3.** kritizēt; pelt; ◇ ~se los puños – kost pirkstā (pirkstos)

mordicar *v* kost (*par blusām, odiem u. tml.*)

mordiscar *v* kodīt (*lūpas*)

mordisco *m* kodiens; dar un ~ – 1) nokost; 2) iekost

moreno **I** *a* **1.** tumšmatains; **2.** melnīgsnējs; iededzis; **II** *m* tumšmatis

morenote *a* **1.** melnmatains; **2.** melnīgsnējs; stipri iededzis

morera *f* zīdkoks

moreral *m* zīdkoku birzs

morfina *f* morfijs

mortinómano *m* morfinists

morgue *f* morgs

moribundo **I** *a* mirstošs; **II** *m* mirējs

morir *v* **1.** mirt; **2.** (de) *pārn.* mirt (*no bada, karstuma, aukstuma u. tml.*); **3.** apklust, aprimt; ~se *rfl* **1.** mirt, būt pie miršanas; **2.** dzist; izdzist; **3.** [no]tirpt (*par kāju, roku*)

moro **I** *a* mauru-; **II** *m* **1.** maurs; **2.** muhamedānis, musulmanis; ◇ hay ~s en la costa – vajag būt modram

morón *m* uzbērums; paugurs

morondo *a* ar apgrieztiem (apcirptiem) matiem

morosidad *f* **1.** gausums, lēnums; **2.** kavēšanās; novilcināšana; **3.** (*maksājuma termiņa*) nokavēšana

moroso *a* **1.** gauss, lēns; **2.** nokavējies, novēlojies

morra *f* galvvidus, pauris

morrudo *a* **1.** ieapaļš, apaļīgs; **2.** ar biezām lūpām, biezlūpains

morsa *f* valzirgs

mortal **I** *a* **1.** mirstīgs; **2.** nāvīgs; nāvējošs; odio ~ – nāvīgs ienaids; enemigo ~ – nāvīgs ienaidnieks; **II** *m* mirstīgais

mortalidad *f* mirstība

mortecino *a* **1.** nobeidzies (*par lopu*); **2.** mirstošs; **3.** bezspēcīgs

mortero *m* **1.** piesta; miezeris; **2.** *mil.* mīnmetējs; granada de ~ – mīnmetēja mīna

mortífer‖**o** *a* nāvējošs; arma ~a – nāvējošs ierocis

mortificación *f* miesas mērdēšana

mortificante *a* **1.** miesu mērdējošs; **2.** pazemojošs

mortificar *v* **1.** mērdēt miesu; **2.** pazemot, aizvainot

mortuori‖**o** **I** *a* bēru-; sēru-; **II** *m* bēres; esquela ~a – bēru paziņojums

moruno a mauru-

mosáico I *a* mozaīkas-; **II** *m* mozaīka

mosca *f* muša; ~ de burro – dundurs; ◇ ser una ~ blanca *sar.* – būt baltajam zvirbulim

moscarda *f,* **moscardón, moscarrón** *m* **1.** dundurs; **2.** *sar.* uzmācīgs (uzbāzīgs) cilvēks

moscatel *m* muskats (*vīnogu, vīna šķirne*)

mosco *m* ods

moscón *m* **1.** mēslu muša; **2.** *sar.* uzbāzīgs cilvēks

mosconear *v* būt uzbāzīgam

moscovita I *a* Maskavas-; maskaviešu-; **II** *m, f* maskavietis, -e

mosquear *v* atgaiņāt mušas; **~se** *rfl* **1.** atgaiņāties no mušām; **2.** likvidēt šķēršļus

mosquero *m* mušu ķeramais

mosquita *f* **1.** čunčiņš (putns); **2.** maza mušiņa; ◇ ~ muerta – lēnprātīgs cilvēks

mosquito *m* ods; ~ del paludismo – malārijas ods

mostaza *f* sinepes; ◇ subírsele a uno la ~ a las narices – sadusmoties, saniknoties

mostela *f* kūlis

mostrador *m* **1.** lete; **2.** rādītājs; dedo ~ – rādītājpirksts

mostrar *v* **1.** rādīt; ~ el camino – rādīt, parādīt ceļu; norādīt; **2.** pierādīt; ◇ ~ los dientes – 1) atņirgt zobus; 2) izrādīt nepaklausību; **~se**

rfl **1.** parādīties; atklāties; **2.** parādīt sevi (*darbā*)

mote *m* **1.** izteiciens; aforisms; **2.** devīze; **3.** pievārds, iesauka; por ~ – ar iesauku

motín *m* dumpis

motivar *v* **1.** motivēt, pamatot; **2.** būt par cēloni, pamudināt

motivo I *a* pamudinošs; **II** *m* motīvs, iemesls, pamats; de mi propio ~ – labprātīgi

motocicleta *f* motocikls

motociclista *m, f* motociklists, -e

motonave *f* motorkuģis

motor I *a* **1.** virzošs; dzinēj...; **2.** motora-, motoru-; **II** *m* dzinējs, motors; ~ de combustión interna, ~ de explosión – iekšdedzes dzinējs; ~ eléctrico – elektrodzinējs; ~ de retropropulsión – reaktīvais dzinējs

motora *f* motorkuteris

motorista *m* motorists

motriz *a* virzošs; dzinēj...; fuerza ~ – dzinējspēks; rueda ~ – dzinējrats

movedizo *a* **1.** kustīgs; **2.** ceļojošs (*par smiltīm*); **3.** nepastāvīgs

mover *v* **1.** darbināt; kustināt; **2.** (a) pamudināt; pierunāt; **3.** modināt, radīt (*žēlumu, līdzcietību u. tml.*); **~se** *rfl* kustēties

movible *a* **1.** kustīgs; **2.** nepastāvīgs, mainīgs

movilidad *f* kustīgums

movilización *f* mobilizācija; ~ general – vispārēja mobilizācija

movilizar *v* mobilizēt

movimiento *m* kustība; ~ de resistencia – pretošanās kustība; ~ de liberación nacional – nacionālās atbrīvošanās kustība; ~ de rotación – rotācijas kustība; ~ perpetuo – perpetuum mobile

moza *f* kalpone; ~ de cámara – istabene

mozo **I** *a* jauns; **II** *m* jauneklis

mucosidad *f* gļotas

mucos‖o *a* gļotains; membrana ~a – gļotāda

muchacha *f* **1.** meitene; meitenīte; **2.** jauniete; **3.** kalpone

muchachada *f* puiciskums

muchachear *v* draiskoties

muchacho *m* **1.** zēns; pusaudzis; **2.** jaunietis; **3.** kalps

muchedumbre *f* **1.** liels daudzums; **2.** ļaužu pūlis

much‖o **I** *a* **1.** ļoti liels (*skaita ziņā*); **2.** bagāts, bagātīgs; **3.** ~os *pl* daudzi; ~as veces – bieži, daudzreiz; **II** *adv* **1.** daudz; hablar ~ – daudz runāt; quien ~ abarca poco aprieta – kas daudz grib, tam maz tiek; **2.** ļoti; deseo ~ – es ļoti vēlos; **3.** ilgi; **4.** daudz; ~ antes – daudz agrāk; **5.** pārāk, par daudz; será ~ – tas būs par daudz; ◇ ni con ~, ni ~ menos – ne tuvu, nepavisam; tener en ~ – augstu vērtēt

muda *f* **1.** pārmaiņa, izmaiņa; **2.** (*sardzes*) maiņa; **3.** (*veļas, drēbju*) maiņa, kārta

mudable *a* mainīgs

mudadizo *a* nepastāvīgs uzskatos

mudanza *f* **1.** pārcelšanās (*uz jaunu dzīvokli*); **2.** nepastāvīgums

mudar *v* **1.** mainīt; izmainīt; pārveidot (*dabu*); ~ de conversación – mainīt sarunas tēmu; **2.** nomainīt (*sardzi*); **3.** [pār]mainīt (*veļu, drēbes*); **4.** pārcelties (*uz jaunu dzīvokli*); **5.** lūzt (*par balsi*); ◇ ~ la mesa – 1) pārbīdīt galdu; 2) novākt galdu; **~se** *rfl* **1.** [pār]mainīties; **2.** pārcelties; **3.** pārģērbties

mudez *f* mēmums

mudo *a* mēms

mueble **I** *a* kustams; bienes ~s – kustams īpašums; **II** *m* mēbeles

mueblería *f* **1.** mēbeļu veikals; **2.** mēbeļu fabrika; mēbeļu darbnīca

muela *f* **1.** dzirnakmens; **2.**: ~ de afilar – galoda; **3.** dzeroklis; ~ cordal, ~ del juicio – gudrības zobs

muelle[a] **I** *a* **1.** mīksts; **2.** savītis, novītis; **II** *m* **1.** atspere; colchón de ~s – atsperu matracis; **2.** ~s *pl* lielas knaibles

muelle[b] *m* **1.** mols; **2.** (*kuģu*) piestātne; **3.** krastmala

muerte *f* **1.** nāve; ~ violenta – pēkšņa nāve; **2.** slepkavība; ◇ ~ civil – civilpilsoņu tiesību atņemšana; ~ chiquita – konvulsija, krampji; a ~ – uz dzīvību un nāvi; de ~ – nāvīgi; pena de ~ – nāvessods; herido de ~ – nāvīgi ievainots

muerto I *part no* **morir**; **II** *a* [no]miris; **III** *m* mirušais
muestra *f* **1.** (*veikala u. tml.*) izkārtne; **2.** paraugs; modelis; exhibir las ~s de la producción – izstādīt produkcijas paraugus (*tirgū, izstādē*); ◇ dar ~, hacer ~ – parādīt, izrādīt
muestrario *m* paraugu kolekcija
mufla *f tehn.* mufelis
mugido *m* maurošana; baurošana
mugir *v* maut, maurot; baurot
mugre *f* tauku traips (*uz apģērba u. tml.*)
mugriento *a* notraipīts (nosmērēts) ar taukiem (eļļu); netīrs
muguete *m* kreimene, maijpuķīte
mujer *f* **1.** sieviete; **2.** sieva, dzīvesbiedre; tomar ~ – apņemt sievu, apprecēties; ◇ ~ de su casa – laba saimniece
mujeriego *m* **1.** meitu mīlētājs; **2.** sieviešu pūlis
mujeril *a* sieviešu-; vestimenta ~ – sieviešu apģērbs
mujerío *m* sieviešu bars (pūlis)
mulata *f* mulate
mulatería *f* mulatu [apdzīvots] rajons
mulato I *a* **1.** mulatu-; **2.** melnīgsnējs; **II** *m* mulats
muleta *f* kruķis
mulo *m* mūlis
multa *f* naudas sods
multar *v* uzlikt naudas sodu
multicelular *a biol.* daudzšūnu-; planta ~ – daudzšūnu augs

multicolor *a* daudzkrāsains
multilateral, multilátero *a* daudzmalu-, daudzšķautņu-
múltiple *a* **1.** salikts; **2.** dažāds, nevienveidīgs
multiplicación *f* **1.** *mat.* reizināšana; **2.** pavairošana; **3.** multiplikācija
multiplicador *m mat.* reizinātājs
multiplicando *m mat.* reizināmais
multiplicar *v* **1.** *mat.* reizināt; **2.** pavairot; **~se** *rfl* tikt pavairotam
multiplicidad *f* **1.** daudzējādība; **2.** liels daudzums
multitud *f* **1.** liels daudzums, milzum daudz; **2.** pūlis
mulla *f* **1.** atmiekšķēšana; mīkstināšana; **2.** [uz]irdināšana
mullido *a* **1.** atmiekšķēts; mīksts; **2.** uzirdināts
mullir *v* **1.** atmiekšķēt; mīkstināt; **2.** uzirdināt
mundial *a* pasaules-; guerra ~ – pasaules karš
mundo *m* **1.** pasaule; venir al ~ – nākt pasaulē, piedzimt; todo el ~, el ~ entero – visa pasaule; visi; **2.** sabiedrība, ļaudis; ◇ ver ~ – ceļot; vivir en el fin del ~ – dzīvot viņā pasaules galā (malā); viaje alrededor del ~ – ceļojums apkārt pasaulei
munición *f mil.* munīcija
municionar *v* apgādāt (*ar pārtiku u. tml.*); nodrošināt (*ar munīciju*)
municipal I *a* municipāls, pilsētas-; **II** *m* municipālās gvardes kareivis

municipalidad *f* municipalitāte; pilsētas pašpārvalde
municipalizar *v* municipalizēt
municipio *m* pilsētas padome
munificencia *f* 1. devība; 2. augstsirdība
munificente, munífico *a* 1. devīgs; 2. augstsirdīgs
muñeca *f* 1. *anat.* plaukstas pamats; 2. lelle; 3. manekens
mural I *a* sienas-, periódico – sienas avīze; II *m* freska, sienas gleznojums
muralla *f* pilsētas valnis
murciélago *m* sikspārnis
murga *f* ceļojoša muzikantu grupa; ◇ dar la ~ – uzmākties, traucēt
murmullo *m* 1. čalošana, burbuļošana; 2. čuksti
murmuración *f* ļaunas valodas; tenkas
murmurar *v* 1. čalot, burbuļot; 2. čukstēt; murmināt; 3. aprunāt, tenkot
muro *m* siena; mūris; ~ exterior – ārējā siena; ~ intermedio – iekšējā siena; ~ de sostenimiento – atbalsta mūris
murria *f* 1. skumjas; 2. melanholija; nospiestība, nomāktība
murrio *a* 1. skumjš, bēdīgs; 2. melanholisks; nospiests, nomākts
murtilla, murtina *f* mellene; mellenājs

musco *a* tumši brūns
músculo *m* muskulis
musculoso *a* muskuļains
museo *m* muzejs
musgo *m* sūnas
musgoso *a* apsūnojis, sūnām apaudzis
música *f* mūzika; ~ de cámara – kamermūzika; ~ instrumental – instrumentālā mūzika
músico I *a* mūzikas-; muzikāls; II *m* mūziķis; muzikants
musitación *f* murmināšana; čukstēšana
musitar *v* murmināt; čukstēt
musulmán I *a* musulmaņu-; II *m* musulmanis
mutabilidad *f* nepastāvīgums, mainīgums
mutable *a* nepastāvīgs, mainīgs
mutación *f biol.* mutācija
mutilación *f* 1. sakropļošana; 2. sagrozīšana, izkropļošana
mutilar *v* 1. sakropļot; 2. sagrozīt, izkropļot
mútilo *a* 1. sakropļots; 2. sagrozīts, izkropļots
mutismo *m* 1. mēmums; 2. klusēšana
mutualidad *f* savstarpēja palīdzība
mutuo *a* savstarpējs
muy *adv* ļoti

N, Ñ

nabo *m* **1.** rācenis; **2.** sakņaugs
nácar *m* perlamutrs
nacarado, nacarino *a* perlamutra-; botón ~ – perlamutra poga
nacer *v* **1.** piedzimt, nākt pasaulē; ~ en hora buena – piedzimt zem laimīgas zvaigznes; ~ en malvas – nākt no nabadzīgas ģimenes; **2.** dīgt (*par sēklām*); uzdīgt (*par sējumu*); dzīt asnus; **3.** izcelties, rasties
nacido *a* piedzimis; recién ~ – jaunpiedzimis
naciente *a* dzimstošs; el sol ~ – lecoša saule
nacimiento *m* dzimšana; de ~ – no dzimšanas
nación *f* nācija, tauta
nacional *a* nacionāls; fiesta ~ – nacionālie svētki; problema ~, cuestión ~ – nacionālais jautājums
nacionalidad *f* **1.** tautība; **2.** pavalstniecība, pilsonība
nacionalista **I** *a* nacionālistisks; **II** *m, f* nacionālists, -e
nacionalización *f* nacionalizācija; ~ de la tierra – zemes nacionalizācija
nacionalizar *v* nacionalizēt
nada **I** *pron indef* nekas; ~ de lá grimas – nevienas asaras, ne asaras; un hombre de ~ – mazvērtīgs cilvēks, nulle; ~ de eso – nekas tamlīdzīgs; ~ más – vairāk neko; ~ menos – 1) ne mazāk; 2) nekas cits; ◊ de ~ – nav par ko; **II** *f*: reducir a la ~ – likvidēt, galīgi iznīcināt; **III** *adv*: un mocetón ~ bueno – pavisam slikts zēns; por ~ – 1) neparko; 2) nieka dēļ
nadadera *f* korķa josta peldēšanai
nadadero *m* peldbaseins
nadador *m* peldētājs
nadar *v* peldēt; ◊ ~ entre dos aguas – būt divkosim
nadie *pron indef* neviens
nado: a ~ – peldus; salir a ~ – 1) glābties peldus; 2) *pārn*. izķepuroties
nafta *f* **1.** nafta; **2.** benzīns
naftalina *f* naftalīns
nalga *f* gūža
nalgada *f* **1.** šķiņķis; **2.** pļauka
nalgar *a* gūžas-; músculo ~ – gūžas muskulis
nansa *f* igvāts zivju pavairošanai
napalm *m* mil. napalms
naranja *f* apelsīns; ~ agria – greipfrūts
naranjada *f* apelsīnu sula
naranjado *a* oranžs (*krāsa*)
naranjal *m* apelsīnkoku plantācija
naranjero *m* apelsīnu pardevējs
naranjo *m* apelsīnu koks
narciso *m* **1.** *bot*. narcise; **2.** *sar*. švīts
narcosis *f* narkoze
narcótico **I** *a* narkotisks; **II** *m* narkotiķis

narcotizar *v* narkotizēt
narigón, narigudo *a* ar lielu degunu
nari∥z (*pl* narices) *f* deguns; ~ aquileña – ērgļa deguns; ~ chata – uzrauts deguns; ◊ no ver más allá de sus narices – neredzēt tālāk par savu degungalu
narración *f* stāstījums, stāsts
narrador *m* stāstītājs
narrar *v* stāstīt
narrativa *f* stāstījums, stāsts
nasal *a* **1.** deguna-; cavidad ~ – deguna dobums; **2.** nazāls; sonido ~ – nazāla skaņa
nasalizar *v* nazalizēt
nasofaringe *f anat.* aizdegune
nata *f* **1.** plēve, plēvīte (*uz atdzisuša piena, ķīseļa*); **2.** saldais krējums; ~ batida – putukrējums; ◊ flor y ~ – (*sabiedrības*) zieds, krējums
natación *f* peldēšanas māksla
natal *a* dzimtais; país ~ – dzimtā zeme; dzimtene
natalicio *m* dzimšanas diena
natalidad *f* dzimstība
natatori∥o *a* peld-; vejiga ~a – peldpūslis (*zivīm*)
nativo **I** *a* **1.** dabīgs; dabisks; metal ~ – tīrradņu metāls; **2.** dzimtais; **II** *m* iezemietis
nat∥o *a* **1.** dzimis; **2.** mūža-; pensión ~a – mūža pensija
natural *a* **1.** dabisks; dabīgs; seda ~ – dabīgs zīds; al ~ – dabiskā veidā; **2.** dzimis, īsts; artista ~ – dzimis mākslinieks

naturaleza *f* **1.** daba; **2.** būtība; ◊ ~ muerta *glezn.* – klusā daba
naturalidad *f* **1.** dabiskums; **2.** iedzimtība; **3.** vienkāršība, nepiespiestība
naturalismo *m* **1.** dabiskums; **2.** *lit.* naturālisms
naturalista **I** *a* naturālistisks; **II** *m, f* naturālists, -e
naturalización *f* naturalizācija, pavalstniecības piešķiršana
naturalizar *v* **1.** naturalizēt, dot pavalstniecību (*ārzemniekam*); **2.** aklimatizēt (*augus, dzīvniekus*); **~se** *rfl*; iegūt pilsoņa tiesības (*ārzemniekam*)
naturalmente *adv* **1.** dabiski; **2.** viegli, vienkārši; ◊ ¡~! – protams
naufragar *v* **1.** ciest avāriju (*par kuģi*); **2.** ciest neveiksmi
naufragio *m* (*kuģa*) avārija; bojā eja
náusea *f* **1.** nelaba dūša, nelabums; tengo ~s – man slikta dūša; **2.** ~s *pl* riebums
nauseabundo *a* riebīgs; pretīgs
nausear *v* kļūt nelabi, būt slikti [ap dūšu]
nauta *m* jūrnieks
náutica *f* navigācija
náutico **I** *a* **1.** jūras-; **2.** navigācijas-; arte ~ – navigācijas māksla; **II** *m* jūrnieks
navaja *f* **1.** navaha (*spāņu savāžamais nazis*); **2.** kabatas nazis; **3.**: ~ de afeitar – bārdas nazis

navajear *v* **1.** kauties (*ar navahu*); **2.** ievainot, sadurt (*ar navahu*)

naval *a* **1.** jūras-; combate ~ – jūras kauja; **2.** jūras kara-; fuerzas ~es – jūras kara spēki; escuela ~ – jūrskola

nave *f* kuģis; ~ de guerra – kara kuģis; de carga ~ – kravas kuģis

navegabilidad *f jūrn.* kuģojamība

navegable *a* kuģojams

navegación *f* **1.** kuģniecība; ~ maritima y fluvial – jūras un upju kuģniecība; **2.** navigācija; ~ aérea – aeronavigācija

navegar *v* **1.** braukt ar kuģi; **2.** lidot ar lidmašīnu

Navidad *f* Ziemassvētki

naviero *m* kuģa īpašnieks

navío *m* kuģis; ~ de guerra – kara kuģis; – de línea – līnijkuģis; ~ mercantil, ~ mercante – tirdzniecības kuģis; capitán de ~ – pirmā ranga kapteinis

nazismo *m* nacisms

nazista *m, f* nacists, -e

nebulosa *f astr.* miglājs

nebulosidad *f* miglainība

nebuloso *a* miglains

necear *v* muļķoties, aušoties

necedad *f* mulķība, aušība

necesariamente *adv* noteikti, obligāti

necesario *a* nepieciešams

necesidad *f* **1.** nepieciešamība, vajadzība; artículos de primera ~ – pirmās nepieciešamības priekš-meti; de ~ – nepieciešams; por ~ – nepieciešamības spiests; **2.** trūkums; nabadzība

necesitar *v* vajadzēt (*kaut ko*); **~se** *rfl* būt vajadzīgam

necio *a* **1.** neizglītots; **2.** stūrgalvīgs; nekaunīgs; **3.** nelga

necrología *f* **1.** nekrologs; **2.** mirušo saraksts

néctar *m* nektārs

nefasto *a* nelaimīgs; liktenīgs

nefelio, nefelión *m med.* katarakta

nefritico *a anat.* nieru-

nefritis *f med.* nefrīts

negación *f* **1.** noliegums; **2.** *gram.* nolieguma partikula

negado **I** *a* nekam nederīgs; **II** *m* [nekam] nederīgs cilvēks

negador *a* noliedzošs

negar *v* **1.** noliegt; **2.** liegt (*kaut ko*); **~se** *rfl* **1.** atteikties, atsacīties; **2.** liegt sev (*kaut ko*)

negativa *f* **1.** noliegums; **2.** atteikums; **3.** foto negatīvs

negligencia *f* nevīžība, nolaidība

negligente *a* nevīžīgs, nolaidīgs

negociación *f* **1.** darījums; **2.** ~es *pl* sarunas; ~ es de paz – miera sarunas

negociante *m* **1.** tirgotājs; **2.** komersants

negociar *v* **1.** (con, en) tirgot[ies]; **2.** noslēgt darījumu; **3.** vest sarunas

negocio *m* **1.** komercija; tirdzniecība; **2.** nodarbošanās; darbs; ~ redon-

do – izdevīga nodarbošanās; evacuar un ~ – pabeigt darbu; **3.** darījums; ~ beneficioso – izdevīgs darījums; relaciones de ~ – darījumu sakari; hombre de ~s – darījumu cilvēks; **4.** ienākums; peļņa
negrecer *v* kļūt melnam
negrillo *m* vīksna
negro *a* **1.** melns; tumšs; **2.** melnīgsnējs
negror *m*, **negrura** *f* melnums
nena *f* meitēns
nene *m* puišelis
neonatal *a* jaunpiedzimis
neoplastia *f* plastiskā ķirurģija
nepotismo *m* draugu būšana
nequicia *f* ļaunums; niknums
nervadura *f* dzīslojums (*lapām*)
nérveo *a* nervozs
nervio *m* **1.** nervs; **2.** cīpsla; **3.** dzīsla; svēdra (*kokā, metālā u. tml.*)
nervioso *a* **1.** *anat.* nervu-; sistema ~ – nervu sistēma; **2.** ātri uzbudināms, nervozs
nervosidad *f* nervozitāte
nervudo *a* **1.** ar stipriem nerviem; **2.** dzīslains; muskuļains
nesciencia *f* nezināšana; zināšanu trūkums
nesciente *a* neizglītots
neto *a* tīrs, bez piejaukuma; peso en ~ – tīrsvars, neto; beneficio ~ – tīrais ienākums
neumática *f fiz.* pneimatika
neumátic‖o *a* pneimatisks-; máquina ~a – pneimatiskais (gaisa) sūknis

neumonía *f med.* pneimonija
neurisma *f med.* aneirisma
neuritis *f med.* nervu iekaisums
neurosis *f med.* neiroze
neutral *a* **1.** neitrāls; estado ~ – neitrāla valsts; **2.** objektīvs, taisnīgs
neutralidad *f* **1.** neitralitāte, neiejaukšanās; **2.** objektivitāte; taisnīgums
neutralización *f* neitralizācija
neutralizar *v* **1.** neitralizēt; **2.** padarīt nekaitīgu
neutro *a* **1.** *gram.* nekatras dzimtes-; género ~ – nekatra dzimte; **2.** *ķīm.* neitrāls
neutrón *m fiz.* neitrons
nevada *f* snigšana
nevado *a* apsnidzis
nevar *v* **1.** snigt; **2.** izbalināt
nevasca *f* sniegputenis
nevazo *m* stipra snigšana
nevera *f* **1.** ledusskapis; **2.** ledus pārdevējs
nevero *m* **1.** šļūdonis, glečers; **2.** ledusskapis
ni *conj* ne; pat ne; ne – ne; ~ uno ~ otro – 1) ne viens, ne otrs; 2) ne šis, ne tas
niara *f* siena kaudze
nido *m* **1.** ligzda; **2.** ala; ◇ ~ de ladrones – laupītāju bedre; ~ de ametralladoras – ložmetēja ligzda; parece que se ha caído de un ~ – izskatās kā no mēness nokritis (*par naivu cilvēku*)

niebla *f* migla
nieta *f* mazmeita
nieto *m* mazdēls
nieve *f* sniegs
nimbo *m* oreols
ningún *pron indef* (*saīs. no* ninguno, *lieto pirms vīr. dz. lietv. vsk.*) nekāds, neviens
ninguna (*pl* ningunas) *pron indef* nekāda, neviena; de ~ manera – nekādā ziņā, neparko
ninguno (*pl* ningunos) *pron indef* nekāds, neviens; ~ de ellos – neviens no viņiem; no lo sabe ~ – to neviens nezina
niña *f* meitene
niñada *f* bērnišķība
niñear *v* bērnišķīgi uzvesties
niñera *f* aukle
niñería *f* bērnišķība
niñero *a* **1.** bērnišķīgs; **2.** bērnus mīlošs-
niñez *f* bērnība
niño I *a* **1.** jauns; **2.** bērnišķīgs; **II** *m* **1.** bērns; ~ de pecho, ~ de teta – zīdainis; casa de ~s – bērnunams; jardín de ~s – bērnudārzs; desde ~ – kopš (no) bērnības; **2.** zēns
níquel *m* niķelis
nitidez *f* tīrība
nítido *a* tīrs, spodrs
nítrico *a* slāpekļskābes-; ácido ~ – slāpekļskābe
nitro *m* salpetris
nitrógeno *m* slāpeklis
nivel *m* līmenis; la altura sobre el ~ del mar – augstums virs jūras līmeņa; ~ de agua – ūdens līmenis; a ~ – horizontāli; ~ cultural – kultūras līmenis; ~ de vida – dzīves līmenis; **2.**: paso a ~ – (*dzelzceļa*) pārbrauktuve
nivelación *f* nivelēšana
nivelador *m* nivelētājs
nivelar *v* nivelēt
no *adv* ne; ~ bien – vēl ne; ~ ha mucho – nesen; ~ más – tikai, tik vien; ~ ... sino – ne tikai ..., bet arī ...;
◇ por si o por ~ – katram gadījumam; sí por sí o ~ por ~ – atklāti, bez aplinkiem
noble *a* **1.** ievērojams, izcils; **2.** cēls, cildens; metal ~ – cēlmetāls
nobleza *f* **1.** aristokrātija; muižniecība; **2.** cēlums; cildenums; cēlsirdība
noblote *a* augstsirdīgs
noción *f* **1.** jēga; priekšstats; **2.** jēdziens; ~ vaga – stiepjams jēdziens
nocividad *f* kaitīgums
nocivo *v* kaitīgs
noctambulismo *m* mēnessērdzība
noctámbulo *m* mēnessērdzīgais
nocturnal *a* nakts-; vakara-; ave ~ – naktsputns
nocturn∥o I *a* **1.** nakts-; tanda ~ a – nakts maiņa (*rūpnīcā*); **2.** skumjš; noslēgts; **II** *m mūz.* noktirne
noche *f* **1.** nakts; de ~, por la ~ – 1) naktī; 2) vakarā; ~ cerrada – dziļa nakts; media ~ – pusnakts; **2.** vakars; esta ~ – šovakar; bien entra-

da la ~ – vēlu vakarā; hacerse de ~ – – krēslot, satumst; ¡buenas ~s! – 1) labvakar!; 2) ar labu nakti!; ◊ de ~ todos los gatos son pardos – naktī visi kaķi pelēki

nodriza f zīdītāja

nogal m riekstkoks

noguera f riekstkoks

nómada, nómade I a ceļojošs; klejotāju-; tríbus ~s – klejotāju ciltis; **II** m klejotājs, staigulis

nombradía f slava, reputācija; de ~ – slavens, ievērojams

nombramiento m **1.** saukšana vārdā; **2.** iecelšana (*amatā*)

nombrar v **1.** saukt vārdā; **2.** iecelt (*amatā*)

nombre m **1.** vārds; poner ~ – nosaukt, dot vārdu; **2.** iesauka, palama; mal ~ – palama; **3.** slava, reputācija; conservar su buen ~ – saglabāt savu labo vārdu; **4.** *gram.* vārds; ~ sustantivo – lietvārds; ~ adjetivo – īpašības vārds; ~ apelativo, ~ común – sugas vārds; ~ propio – īpašvārds; **5.** parde; ◊ en ~ de – (*kā*) vārdā; hablar en ~ de colectivo – runāt kolektīva vārdā

nomeolvides f neaizmirstulīte

nono *num* devītais

nordestal a ziemeļaustrumu-

nordestazo m (*ļoti spēcīgs*) ziemeļaustrumu vējš

nordeste m **1.** ziemeļaustrumi; **2.** ziemeļaustrumu vējš

norma f **1.** norma; ~ de alimentación – pārtikas norma (deva); **2.** paraugs (*uzvedībā*)

normal I a **1.** normāls; **2.** priekšzīmīgs, paraug-; **II** f *mat.* normāle

normalidad f normalitāte; normālstāvoklis

noroeste m **1.** ziemeļrietumi; **2.** ziemeļrietumu vējš

nortarrón m [ļoti] spēcīgs ziemeļu vējš

norte m **1.** ziemeļi; polo ~ – Ziemeļpols; **2.** ziemeļu vējš

norteamericano I a [Ziemeļ]amerikas-; **II** m amerikānis

noruego I a Norvēģijas-; norvēģu-; **II** m **1.** norvēģis; **2.** norvēģu valoda

nos *pron pers* (*dsk. 1. pers. vīr. un siev. dz. dat. un ak.*) mums; mūs

nosotras *pron pers* (*dsk. 1. pers. siev. dz.*) mēs

nota f **1.** piezīme, atzīme; **2.** atzīme (vērtējums); **3.** nota; **4.** *mūz.* nots; de mala ~ – bēdīgi slavens; digno de ~ – uzmanības vērts

notabilidad f **1.** ievērojamība; svarīgums; **2.** dižciltīgums; **3.** slavenība

notable a **1.** ievērojams; **2.** dižciltīgs; **3.** slavens

notación f anotācija

notar v **1.** piezīmēt, atzīmēt; **2.** ņemt vērā, ievērot; **3.** anotēt

notaría f **1.** notariāta kantoris; **2.** notāra profesija

notariado *m* notariāts
notarial *a* notariāls; oficina ~ – notariāta kantoris
notario *m* notārs
noticia *f* ziņa, vēsts; ~s fidedignas – drošas ziņas; ~s de última hora – pēdējās ziņas; ~ bonubas – satriecoša ziņa, sensācija
noticiar *v* [pa]ziņot
noticiario *m* (*kino u. tml.*) hronika
noticiero *m* 1. avīžu reportieris; 2. ziņu iznēsātājs (izplatītājs)
notición *m* sensacionāla ziņa
notificación *f* 1. oficiāls paziņojums; 2. notifikācija
notificar *v* oficiāli paziņot
notorio *a* vispāratzīts; slavens
novador *m* novators
novar *v* atjaunot (*kontraktu u. tml.*)
novatada *f* jaunatnācēja izzobošana (*skolā*); pagar (sufrir) la ~ sar. – izzobot (apsmiet) jaunatnācēju
novato I *a* nepieredzējis; II *m* jaunatnācējs (*skolā*)
novecientos *num* 1. deviņi simti; 2. deviņsimtais
novedad *f* 1. jaunums; 2. jaunievedums; jauninājums
novela *f* romāns; ~ corta – novele; ~ de aventuras – piedzīvojumu romāns; ~ policíaca – detektīvromāns
novelista *m, f* romānu rakstnieks, -ce
novelón *m sar.* garš (stiepts) romāns
noveno I *num* devītais; II *m* devītdaļa
noventa *num* deviņdesmit
novia *f* 1. līgava; pedir la ~ – lūgt roku, bildināt; 2. jaunlaulātā; jaunā sieva
novialdeca *f* lieciniece (*pie laulības reģistrācijas*)
novialdeco *m* liecinieks (*pie laulības reģistrācijas*)
noviazgo *m* saderināšanās laiks
noviembre *m* novembris
novio *m* 1. līgavainis; 2. jaunais vīrs (*tikko apprecējies*); viaje de ~s – kāzu ceļojums
nubada, nubarrada *f* lietusgāze
nubarrón *m* melns mākonis
nube *f* mākonis; ~ de polvo – putekļu mākonis; ◇ levantar hasta las ~s, poner sobre (en) las ~s – slavēt, celt [vai] debesīs; vivir en las ~s – lidināties pa mākoņiem; como caído de las ~s – kā no debesīm nokritis, kā sniegs uz galvas
nubécula *f med.* katarakta
nubilidad *f* dzimumbriedums
nublado I *a* mākoņains; II *m* 1. negaiss mākonis; 2. briesmas
nubloso, nuboso *a* mākoņains
nuca *f* pakausis
nuclear *a biol., fīz.* kodola-
núcleo *m* 1. kauliņš (*augļiem*); 2. *fīz.* kodols; ~ atómico – atoma kodols; 3. būtība
nudez *f* kailums, plikums
nudo *m* mezgls; ~ gordiano – Gordija mezgls; ~ ferroviario – dzelzceļa mezgls

nuera *f* vedekla
nuestra (*pl* nuestras) *pron pos* (*dsk. 1. pers. siev. dz.*) **1.** mūsu-; **2.** mūsējā
nuestro (*pl* nuestros) *pron pos* (*dsk. 1. pers. vīr. dz.*) **1.** mūsu-; **2.** mūsējais
nueva *f* ziņa; vēsts; ◇ hacerse de ~s – rādīt izbrīnījušos seju
nueve *num* **1.** deviņi; son las ~ – ir deviņi (*par pulksteni*); **2.** devītais
nuevo *a* jauns; Año Nuevo – Jaunais gads; ◇ ¿qué hay de ~? – kas jauns?; de ~ – atkal; no jauna
nuez (*pl* nueces) *f* **1.** rieksts; ~ moscada, ~ de especia – muskatrieksts; ~ de coco – kokosrieksts; **2.** *anat.* ādamābols; ◇ mucho ruido y pocas nueces – liela brēka, maza vilna
nulidad *f* **1.** neiedarbīgums; **2.** nederīgums
nulificar *v* anulēt, iznīcināt
nulo *a* **1.** neiedarbīgs; **2.** nederīgs
numeración *f* numerācija
numerador *m* **1.** *mat.* skaitītājs; **2.** numerators
numeral I *a* skaitļa-; skaitlisks; II *m* skaitļa vārds
numerar *v* **1.** skaitīt; **2.** numurēt
numerario I *a* skaitlisks; II *m* skaidra nauda
numéric‖o *a* skaitlisks; superioridad ~a – skaitlisks pārsvars

número *m* **1.** skaits; daudzums; **2.** skaitlis; cipars; ~ entero – vesels skaitlis; ~ fraccionario, ~ quebrado – daļskaitlis; ~ redondo – apaļš skaitlis; **3.** *gram.* skaitlis; ~ singular – vienskaitlis; ~ plural – daudzskaitlis; **4.** *daž. noz.* numurs; ~ de la revista – žurnāla numurs
numeroso *a* [ļoti] liels (*skaita ziņā*)
nunca *adv* nekad; ~ jamás – nekad
nupcial *a* kāzu-
nupcialidad *f* laulību skaits (*pēc statistikas datiem*)
nupcias *f pl* kāzas; laulības
nutricio *a* barojošs
nutrición *f* barošana, ēdināšana
nutrido *a* **1.** piesātināts; **2.** nobarots; nobarojies
nutrir *v* **1.** barot; **2.** stiprināt; spēcināt
ñaco *m* (*am.*) kukurūzas biezputra
ñame *m bot.* jamss
ñandú *m* nandu, Amerikas strauss
ñaque *m* vecas grabažas, krāmi
ñatas *f pl* (*am.*) nāsis
ñato *a* ar uzrautu degunu; strupdegunis
ñiquiñaque *m sar.* **1.** nicināms cilvēks; **2.** nieks; sīkums
ñecle *a* šķībacains
ñoñería, ñoñez *f* aplamība; muļķība
ñoño *a* **1.** nespēcīgs, vārgs; **2.** plānprātīgs, garā vājš

O

o *conj* vai
¡o! *interj* ak!
oasis *m* **1.** oāze; **2.** atpūta
obcecación *f* **1.** apžilbināšana; **2.** redzes zaudēšana
obcecar, obcegar *v* **1.** apžilbināt; **2.** padarīt aklu
obedecer *v* paklausīt; padoties; pakļauties; ~ las leyes – pakļauties likumam
obediencia *f* paklausība; pakļaušanās; ~ ciega – akla paklausība
obediente *a* paklausīgs; pakļāvīgs
obelisco *m* obelisks
obenque *m jūrn.* vantis
obertura *f* uvertīra
obesidad *f* **1.** resnums, tuklums; **2.** aptaukošanās
obeso *a* resns, tukls
obispo *m* bīskaps; ◇ trabajar para el ~ – strādāt par velti
óbito *m* nāve; gals
objeción *f* iebildums
objetar *v* iebilst
objetividad *f* objektivitāte
objetivo I *a* objektīvs; realidad ~a – objektīvā realitāte; **II** *m* **1.** mērķis; nolūks; **2.** objektīvs
objeto *m* **1.** priekšmets, lieta; ~s de escritorio – kancelejas piederumi; **2.** objekts; **3.** mērķis; nolūks
oblea *f* oblāta
oblicuo *a* **1.** šķības, greizs; **2.** slīps
obligación *f* **1.** pienākums; **2.** saistība; **3.** obligācija; ◇ ~ del servicio militar – obligātais karadienests
obligar *v* **1.** uzlikt par pienākumu; **2.** būt saistītam (*ar pienākumu*); būt spiestam; ~**se** *rfl* uzņemties (*pienākumu u. tml.*), apņemties (*kaut ko darīt*)
obligatorio *a* obligāts
oboe *m mūz.* oboja
obra *f* **1.** darbs; ~ maestra – meistardarbs; ~ del arte – mākslas darbs; ~s completas – kopoti raksti; ~s escogidas – [rakstu] izlase; **2.** darinājums, veidojums; **3.** būve; ~ grande de fortificación *mil.* – dots; **4.** celtniecība; ~ del tiempo – laika jautājums; ~ de caridad – labdarība; a media ~ – pusgatavs; alzar la ~ – streikot; ~ viva *jūrn.* – kuģa zemūdens daļa
obrar *v* **1.** darīt; **2.** strādāt; **3.** būvēt, celt; **4.** būt, atrasties; rīkoties
obrepción *f jur.* faktu sagrozīšana
obrera *f* strādniece
obrero I *a* **1.** strādnieka-; strādnicku-; darba-; **II** *m* **1.** strādnieks; **2.** amatnieks
obrizo *a* tīrs (*par zeltu*)
obsecuente *a* paklausīgs; piekāpīgs
obsequiar *v* **1.** dāvināt; **2.** pacienāt; **3.** izdabāt, iztapt
obsequio *m* **1.** dāvana; **2.** laipnība; izpatikšana

obsequioso *a* 1. pakalpīgs; 2. laipns; pieklājīgs

observación *f* 1. ievērošana; respektēšana; ~ de las costumbres – paražu ievērošana (respektēšana); 2. novērošana; 3. piezīme; norādījums

observar *v* ievērot; ~ la disciplina – ievērot disciplīnu; respektēt; 2. novērot; 3. izsekot

observatorio *m* observatorija

obseso *a* apsēsts; (*jūtu, kaislību*) pārņemts

obstáculo *m* šķērslis, kavēklis; ~ invencible – nepārvarams šķērslis; superar (vencer) ~s – pārvarēt šķēršļus

obstar *v* 1. kavēt; 2. likt šķēršļus; 3. būt pretrunā (*ar kaut ko*)

obstetricia *f* dzemdniecība

obstinación *f* 1. spītība, spīts; 2. neatlaidība

obstinarse *v rfl* 1. iespītēties; 2. būt neatlaidīgam

obstrucción *f* 1. aizsprostošana; 2. šķērslis, kavēklis; 3. *med.* aizsprostojums; aizsprostošanās; 4. *pol.* obstrukcija

obstruir *v* aizsprostot; aizšķērsot; ~se *rfl* 1. aizsprostoties; 2. sastrēgt

obtener *v* 1. sasniegt (*mērķi u. tml.*); 2. panākt (*savu*); dabūt; iegūt

obviar *v* aizkavēt; atturēt; novērst (*nelaimi u. tml.*); ~se *rfl* būt par kavēkli (traucēkli)

obvio *a* skaidrs; acīm redzams; ◊ ser ~ – būt kā uz delnas

oca *f* zoss

ocasión *f* 1. gadījums; 2. izdevība; 3. iemesls, motīvs; 4. apstākļi; ◊ con ~ de ... – sakarā ar ...; librería de ~ – antikvariāts; en cierta ~ – kādreiz

ocasional *a* gadījuma-

ocasionar *v* izsaukt; radīt; būt par iemeslu

ocaso *m* 1. riets; 2. rietumi, vakari; 3. *pārn.* noriets

occidental *a* rietumu-

occidente *m* rietumi

océano *m* 1. okeāns; 2. milzīgs daudzums

ociar *v* slinkot, slaistīties

ocio *m* 1. vaļas brīdis; 2. bezdarbība; 3. nodarbošanās vaļas brīžos

ocioso *a* 1. vaļīgs, bezdarbīgs; 2. nevajadzīgs, nederīgs

octágono *m* astoņstūris

octava *f mūz., lit.* oktāva

octavo I *num* astotais; II *m* 1. astotdaļa; 2. *poligr.* astotdaļloksne

octogenario *a* astoņdesmitgadīgs

octogésimo I *num* astoņdesmitais; II *m* astoņdesmitā daļa

octubre *m* oktobris

ocular I *a* acu-; ◊ testigo ~ – aculiecinieks; II *m* 1. okulārs; 2. brilles

oculista *m, f* acu ārsts; acu ārste

ocultación *f* 1. apslēpšana, nobēdzināšana; 2. noslēgtība; 3. maskēšanās

ocultamente *adv* slepus, slepeni
ocultar *v* **1.** apslēpt, nobēdzināt; **2.** noklusēt
oculto *a* **1.** apslēpts, nobēdzināts; **2.** slepens; en ~ – slepeni; ◇ de ~ – inkognito
ocupación *f* **1.** okupācija; **2.** nodarbošanās; **3.** ieņemamais amats
ocupar *v* **1.** okupēt; **2.** nodarbināt; **3.** ieņemt amatu; **4.** traucēt; ~se *rfl* nodarboties (*ar kaut ko*)
ocurrencia *f* **1.** gadījums; notikums; **2.** pēkšņa iedoma; **3.** asprātība
ocurrir *v* **1.** notikt, atgadīties; **2.** ienākt (iešauties) prātā; **3.** griezties (*pie tiesas u. tml.*); **4.** paredzēt, nojaust
ochenta *num* astoņdesmit
ocho I *num* **1.** astoņi; **2.** astotais; II *m* astotnieks
ochocientos *num* **1.** astoņi simti; **2.** astoņsimtais
oda *f lit.* oda
odiar *v* [ie]nīst; ~se *rfl* nīsties, naidoties
odio *m* [ie]naids
odioso *a* **1.** ienīsts; nīstams; **2.** (*am.*) apnicīgs
odre *m* ādas maiss (*vīnam, eļļai u. tml.*)
oeste *m* **1.** rietumi; **2.** rietumu (vakara) vējš
ofender *v* apvainot, aizvainot; **2.** darīt pāri (*kādam*); **3.** kļūt par apgrūtinājumu; ~se *rfl* apvainoties
ofensa *f* apvainojums, aizvainojums
ofensiva *f* uzbrukums
ofensivo *a* **1.** apvainojošs, aizskarošs; **2.** uzbrūkošs
ofensor *m* apvainotājs
oferta *f* **1.** piedāvājums; **2.** dāvana, velte
oficial I *a* **1.** dienesta-; **2.** oficiāls; II *m* **1.** amatnieks; **2.** virsnieks; **3.** sīks ierēdnis; **4.** tieslietu ministrs
oficialmente *adv* oficiāli
oficina *f* kantoris, birojs; ◇ ~ de correos – pasts; ~ pública – valsts iestāde
oficinista *m, f* ierēdnis, -e
oficio *m* **1.** amats; nodarbošanās; poner a ~ – iet mācīties amatu; **2.** specialitāte; **3.** rakstisks paziņojums; **4.** kantoris, birojs; **5.** dievkalpojums; ◇ Santo Oficio – inkvizīcija; de ~ – dienesta lietā
oficioso *a* **1.** uzcītīgs; strādīgs; **2.** pakalpīgs; **3.** uzmācīgs, uzbāzīgs; **4.** pusoficiāls
ofrec‖er *v* **1.** piedāvāt; ~ su ayuda – piedāvāt savu palīdzību; **2.** [pa]sniegt; **3.** apsolīt; **4.** izstādīt (izlikt) apskatei; **5.** pavērties skatienam; **6.** veltīt; ◇ ~ un banquete – sarīkot banketu; ¿qué se le ~e? – ko jūs vēlaties?; ~erse *rfl* **1.** piesolīties, piedāvāties (*palīgā kādam*); **2.** notikt; atgadīties; **3.** ienākt prātā
ofrecimiento *m* piedāvājums
ofrenda *f* ziedojums
ofuscar *v* **1.** aptumšoties (*acu gais-*

mai vai prātam); **2.** apžilbināt acis

¡oh! *interj* ak!; ai!

ohmio *m fiz.* oms

oibilidad *f* dzirdamība

oído *m* **1.** dzirde; **2.** auss; ◇ duro de ~ – pakurls; dar ~s – 1) ticēt (*kādam*); **2.** uzklausīt; aplicar el ~ – uzmanīgi (ar interesi) klausīties

oir *v* **1.** dzirdēt; **2.** klausīties; **3.** uzklausīt; ◇ como quien oye llover – neliktie ne zinis; ~ en justicia *jur.* – nopratināt

ojal *m* pogcaurums

¡ojalá! **I** *interj sar.* kaut taču!; **II** *conj* kaut arī

ojeada *f* skats, skatiens; echar una ~ ~ – uzmest skatienu

ojeador *m* dzinējs (*medībās*)

ojearᵃ *v* uzlūkot; uzmest skatienu

ojearᵇ *v* trenkt, vajāt (*zvēru – medībās*)

ojiva *f arhit.* smailarka

ojival *a arhit.* smailarkas-; ◇ estilo ~ ~ – gotiskais stils

ojo *m* **1.** acs; **2.** adatas acs; **3.** caurums; ~ de la cerradura – atslēgas caurums; **4.** jumta logs; **5.** tilta arka; **6.** *poligr.* treknie burti; **7.** avots; **8.** pieskatīšana; **9.** veļas ieziepēšana; **10.** ~s *pl* valdziņi; ◇ ~ de buey *jūrn.* – iluminators; ~ de gato – ahāts; ~ de gallo – varžacs; ser el ~ derecho de alguien – būt kāda labajai rokai; tener sangre en el ~ – būt drosmīgam; cuatro ~s – ar brillēm, briļļains; a ~s vistas – atklāti; cerrar los ~s – 1) aizvērt (aizdarīt) acis; 2) aizmigt uz mūžu; a ~ ~ – apmēram; ¡~ a la margen! – uzmanību!

¡ojo! *f interj* (*am.*) uzmanību!

ola *f* vilnis

oleada *f* **1.** liels vilnis; **2.** viļņošanās

óleo *m* eļļa

oleoducto *m* naftas vads

oleoso *a* eļļains

oler *v* **1.** ostīt; **2.** saost; **3.** smaržot, ost (*pēc kaut kā*)

olfatear *v* **1.** [ap]ostīt; **2.** saost

olfato *m* oža; ◇ buen ~ – labs deguns

oliente *a* smaržojošs; mal ~ – smirdošs

olimpiada *f* olimpiāde

olímpico *a* olimpisks; Juegos Olímpicos – olimpiskās spēles

oliva *f* **1.** olīvkoks; **2.** olīva

olivo *m* olīvkoks; ◇ ~ y aceituno es todo uno – cik garš, tik plats

olmo *m* vīksna; goba

olor *m* **1.** smarža; mal ~ – smaka; **2.** oža; **3.** nojauta; **4.** reputācija

oloroso *a* smaržojošs; smaržīgs

olvidadizo *a* aizmāršīgs

olvidado *a* aizmirsts

olvidar *v* **1.** aizmirst; **2.** atstāt; ~se *rfl* aizmirsties

olvido *m* **1.** aizmāršība; **2.** aizmirstība; **3.** ~ de sí mismo – altruisms; **4.** no tener en ~ – atcerēties, glabāt atmiņā

olla *f* **1.** katls; pods; **2.** sautēta gaļa ar saknēm; **3.** atvars; **4.**: ~ ciega – krājkasīte; ◇ ~ de grillos – nekārtība; ~ de cohetes – briesmas; recordar las ~s de Egipto – atcerēties vecos labos laikus

ombligo *m* **1.** naba; **2.** centrs

omisión *f* **1.** izlaidums, tukša vieta (*tekstā*); **2.** neuzmanība; aizmāršība

omitir *v* **1.** izlaist (*piem.*, *vārdu teikumā*); atstāt tukšu vietu (*tekstā*); **2.** noklusēt

omnipotencia *f* visuvarenība

omóplato *m anat.* lāpstiņa

once *num* **1.** vienpadsmit; **2.** vienpadsmitais; ◇ tomar las ~s – ēst otrās brokastis

onceno *num* vienpadsmitais

onda *f* **1.** *daž. noz.* vilnis; ~ explosiva *fiz.* – detonācijas vilnis; **2.** viļņošanās (*par ūdeni*)

ondear *v* **1.** viļņoties; mest vilni; **2.** plīvot; **~se** *rfl* šūpoties

ondulación *f* **1.** viļņošanās; **2.** matu cirtojums

ondular *v* **1.** viļņot; **2.** plandīties; **3.** locīties (*par čūsku*); **4.** [sa]cirtot (*matus*)

oneroso *a* **1.** apgrūtinošs; **2.** neizdevīgs

ónice *m min.* onikss

onzavo I *num* vienpadsmitais; **II** *m* vienpadsmitā daļa

opacar *v* kļūt necaurredzamam; **~se** *rfl* apmākties

opaco *a* **1.** necaurredzams; necaurspīdīgs; blāvs; **2.** *foto* gaismas necaurlaidīgs

ópalo *m min.* opāls

opción *f* izvēle; a ~ – pēc izvēles; hacer una ~ – izdarīt izvēli

ópera *f* opera

operación *f* **1.** *med.* operācija; operēšana; **2.** *mil.* operācija; ~ bancaria – bankas operācija; ~ mercantil – tirdzniecības operācija; **3.** darījums (*komerciāls*); **4.** darbība

operar *v* **1.** izraisīt; **2.** *daž. noz.* operēt; **3.** darboties (*biržā*); **~se** *rfl* norisināties; notikt

opereta *f* operete

opiado *a* **1.** opiju saturošs-; **2.** narkotisks

opinar *v* **1.** šķist; likties; **2.** domāt; uzskatīt; **3.** apspriest; **~se** *rfl* iegūt cieņu

opinión *f* **1.** uzskats; spriedums; doma; la ~ pública – sabiedriskā doma; **2.** reputācija; ◇ casarse con su ~ – palikt pie saviem uzskatiem

opio *m* opijs

oponer *v* **1.** pretstatīt; **2.** iebilst; **3.** likt sķēršļus; **~se** *rfl* **1.** pretoties; **2.** pretendēt, kandidēt

oportunidad *f* **1.** savlaicīgums; **2.** izdevība

oportuno *a* **1.** savlaicīgs; **2.** izdevīgs; piemērots; momento ~ – izdevīgs brīdis

oposición *f* **1.** pretstatījums; **2.** pretruna; **3.** *pol.*, *astr.* opozīcija; **4.** konkurss

opresión *f* **1.** apspiešana; **2.** apspiestība; jūgs; **3.**: ~ en el pecho – elpas trūkums

opresor I *a* nomācošs; **II** *m* apspiedējs; tirāns

oprimir *v* **1.** apspiest; tiranizēt; **2.** piespiest (*kādu*)

optar *v* **1.** izvēlēties; izšķirties (*par kaut ko*); **2.** pretendēt (*uz*)

óptica *f* optika

óptico I *v* **1.** redzes-; **2.** optisks; **II** *m* optiķis

optimismo *m* optimisms

óptimo *a* **1.** optimāls; **2.** [vis]labākais

opuest‖o I *part no* **oponer**; **II** *a* pretējs; en direcciones ~as – pretējos virzienos

opugnar *v* **1.** turēties pretī; **2.** uzbrukt

opulencia *f* pārticība; pārpilnība

ora *conj* (*saīs. no* **ahora**): ~ ... ~ – te ..., te ...; ~ canta, ~ llora – te dzied, te raud

oración *f* **1.** runa; **2.** lūgšana; **3.** *gram.* teikums; **4.** ~es *pl* vakara zvani

orador *m* orators; runātājs

oralᵃ *a* mutisks, mutvārdu-

oralᵇ *a* (*am.*) bagāts ar zeltu (*par zemi*)

orar *v* **1.** uzstāties ar runu; **2.** lūgt dievu

orbe *m* pasaule; visums; ~ de la tierra – zemeslode

órbita *f* **1.** orbīta; entrar en ~ – iziet orbītā; **2.** acs dobums

orca *f zool.* zobenvalis

orden I *m* **1.** kārtība; ~ severo – stingra kārtība; poner en ~ – sakārtot; **2.** kārtība, kārta; según ~ determinado – noteiktā kārtībā; ~ de marcha *mil.* – gājiena kārtība; ~ del día – dienas (darba) kārtība; **3.** *vēst.* ordenis; ~ de caballería – bruņinieku ordenis; **4.** *arhit.* orderis; **5.** ordenis; **II** *f* pavēle; rīkojums; ~ de pago – maksājuma uzdevums; ¡a la ~! – esmu jūsu rīcībā; ◊ en ~ de ... – attiecībā uz ...

ordenación *f* **1.** kārtība; izkārtojums; **2.** pavēle, rīkojums

ordenanza I *f* **1.** kārtība, izkārtojums; **2.** *mil.* reglaments; **II** *m* kurjers

ordenar *v* **1.** sakārtot, savest kārtībā; **2.** pavēlēt; **3.** iecelt garīdznieku kārtā

ordeñadora *f* **1.** slaucēja; **2.**: má quina ~ – slaucamais aparāts

ordeñar *v* **1.** slaukt; **2.** plūkt olīvas

ordinariamente *adv* **1.** parasti; bieži; **2.** rupji

ordinario I *a* **1.** parasts; bieži sastopams; ikdienišķs; **2.** kārtējs; **3.** rupjš; ◊ precio ~ – veikala cena; juzgado ~ – tiesas zemākā instance; **II** *m* **1.** dienas izdevumi; **2.** kurjers

orear *v* **1.** izvēdināt; **2.** kaltēt, žāvēt; ~**se** *rfl* iziet paelpot svaigu gaisu

oreja f auss; pabellón de la ~ – auss gliemežnīca; ◇ bajar las ~s – padoties; piekāpties; ver las ~s – atrasties lielās briesmās; mojar a uno la ~ – pieveikt kādu; ~ de oso *bot.* – deviņvīru spēks

orejear v 1. kustināt ausis (*par dzīvniekiem*); 2. darīt kaut ko ar nepatiku

orejudo a ar garām ausīm

orfanato m bāreņu patversme

orfebre m juvelieris

orgánico a 1. organisks; 2. organisma-

organismo m 1. organisms; 2. organizācija

organista m, f ērģelnieks, -ce

organización f 1. organizācija; ~ sindical – arodbiedrības organizācija; ~ clandestina – pagrīdes organizācija; 2. organizēšana; 3. organisms; 4. pavēle, rīkojums; 5. iedalījums, sadalījums

organizador I v organizācijas-; II m organizators

organizar v organizēt; **~se** *rfl* kļūt bagātam

órgano m 1. ērģeles; 2. *anat.* orgāns; ~s del sentido – maņu orgāni; 3. (*preses*) orgāns; ~ oficioso – oficiozs

orgía f orģija

orgullo m 1. lepnums; 2. augstprātība, iedomība

orgulloso a 1. lepns; 2. augstprātīgs, iedomīgs

orientación f orientācija; ◇ ~ profesional – profesionālā (speciālā) izglītība

oriental a 1. austrumu-; 2. austrumnieciski, orientāls

orientar v orientēt; **~se** *rfl* orientēties; ~ por las estrellas – orientēties pēc zvaigznēm

oriente m 1. austrumi; 2. pērles mirdzums

orificio m caurums; atvere

origen m 1. izcelšanās; ~ social – sociālā izcelšanās; de ~ desconocido – nezināmas izcelsmes; país del ~ – dzimtene; 2. pirmcēlonis

original I a 1. oriģināls; 2. sākotnējs; pirmatnējs; II m 1. oriģināls; conforme con el ~ – ar oriģinālu saskan; 2. savādnieks, īpatnis

originar v būt par iemeslu (cēloni); izraisīt; **~se** *rfl* izcelties, rasties

orillaᵃ f 1. *dažn. noz.* mala; 2. krasts; 3. ietve; ◇ a la ~ – tuvu, blakus; de ~ (*am.*) – mazvērtīgs

orillaᵇ f dzestrs (spirgts) vējš

orillar v 1. nobeigt, pabeigt; 2. [iz]kārtot; 3. apvīlēt (*drānu*)

orín m rūsa; tomarse de ~ – rūsēt

orina f urīns

oriza m rīsi

ornamentación f 1. izdaiļošana, izgreznošana; 2. ornamentēšana

ornamentar v 1. izdaiļot, izgreznot; 2. ornamentēt

ornamento m 1. izdaiļojums, iz-

greznojums; **2.** ornaments, raksts; **3.** ~s *pl bazn.* ornāts
ornitología *f* ornitoloģija
oro *m* zelts; ~ en polvo – zelta smiltis; ~ de ley – tīrs (skaidrs) zelts; ◊ ofrecer el ~ y el moro – sasolīt zelta kalnus; poner a uno de ~ y azul – izlamāt kādu; no es ~ todo lo que reluce – ne viss ir zelts, kas spīd
orquesta *f* orķestris
orquestación *f* orķestrācija, instrumentācija
orquídeas *f pl* orhidejas
ortega *f* meža irbe
ortiga *f* **1.** nātre; **2.** *med.* nātrene
orto *m* lēkts
ortografía *f* pareizrakstība
oruga *f* **1.** kāpurs; **2.** kāpurķēde
orzuelo[a] *m* miežgrauds (*acī*)
orzuelo[b] *m* lamatas, slazds
os *pron pers* (*dsk.* 2. *pers. vīr. un siev. dz. dat. un ak.*) jums; jūs
osa *f* lācene, lāču māte; ◊ Osa Mayor (Menor) *astr.* – Lielais (Mazais) Lācis
osadía *f* pārdrošība; pārgalvība
osado *a* pārdrošs; pārgalvīgs
osamenta *f* skelets, ģindenis
osar *v* uzdrīkstēties, iedrošināties
oscilación *f* svārstīšanās; ~ de precios – cenu svārstīšanās
oscilar *v* svārstīties
oscilógrafo *m* oscilogrāfs
oscurecer *v* **1.** *daž. noz.* aptumšot; **2.** satumst; **3.** apmākties; **~se** *rfl* **1.** apmākties; **2.** satumst (*par redzi*)
oscuridad *f* **1.** tumsa; **2.** *pārn.* tumsība
oscuro I *a* tumšs; **II** *m glezn.* ēnojums
óseo *a* kaula-; kaulu-
osera *f* lāča midzenis
osezno *m* lācēns
osificarse *v rfl* pārkauloties
oso *m* lācis; ~ blanco – baltais lācis; ~ lavador – jenots
ostentar *v* plātīties
ostentoso *a* krāšņs, grezns
ostra *f* austere
osudo *a* kaulains
osuno *a* lāča-
otear *v* **1.** [no]vērot no augšas; **2.** izspiegot
otero *m* pakalns
otomano *a* turku-
otoñal *a* rudens-
otoño *m* rudens
otorgar *v* **1.** pieļaut, atļaut; **2.** piešķirt; **3.** apbalvot
otra (*pl* otras) *pron indef* cita; otra; ◊ ~ vez – vēlreiz; en ~ parte – citur; por ~ parte – bez tam vēl; ¡ésa es ~! – tā tikai vēl trūka!
otro (*pl* otros) *pron indef* cits; otrs; ser muy ~ – būt gluži citādam (*par kādu*); ◊ el ~ día – todien; al ~ día – 1) citreiz; 2) rītdien; ~ tal – tas pats; ~ tanto – tikpat daudz
ovación *f* ovācijas
oval *a* ieapaļš, ovāls
oveja *f* aita, avs; ◊ cada ~ tiene su pareja – tāds ar tādu saderas

ovejero *m* aitu (avju) gans
ovejuno *a* aitu-, avju-
overo *a* **1.** palss (*par dzīvniekiem*); **2.** (*am.*) lāsains; ābolains
ovillar *v* satīt (*kamolā*); **~se** *rfl* saritināties kamolā
ovillo *m* kamols; ◊ hacerse un ~ – saritināties kamolā
óvulo *m* olšūna
oxhidrilo *m* ķīm. hidroksils
oxidación *f* oksidēšana; oksidēšanās; **2.** rūsēšana
oxidante *m* oksidētājs
oxidar *v* oksidēt; **~se** *rfl* **1.** oksidēties; **2.** [sa]rūsēt
óxido *m* **1.** oksīds; ~ carbónico – tvana gāze; **2.** rūsa
oxígeno *m* skābeklis
¡oxte! *interj* ārā!; ◊ sin decir ~ ni moxte – nesakot ne vārda
oyente *m* klausītājs
ozonar *v* ozonizēt
ozono *m* ozons

P

pabellón *m* **1.** telts; **2.** lapene; **3.** izstādes paviljons; **4.** nacionālais karogs; ◊ ~ de la oreja – auss gliemežnīca
paca *f* sainis; ķīpa
pacato *a* **1.** miermīlīgs; **2.** labsirdīgs
pacedero *m*, **pacedura** *f* ganības
pacer *v* **1.** ganīt; **2.** ganīties; **3.** ēst
paciencia *f* **1.** pacietība; consumir a otro la ~ – izvest kādu no pacietības; probar la ~ a uno – pārbaudīt pacietību; **2.** mierīgums, gausums; **3.** iecietība
paciente I *a* pacietīgs; **II** *m, f* **1.** pacients, -e; **2.** cietējs, -a
pacificación *f* **1.** nomierināšanās; **2.** miera salīgšana; miers
pacificar *v* **1.** nomierināt; **2.** samierināt; **~se** *rfl* norimt (*par vētru, vēju*)
pacífico *a* **1.** miermīlīgs; **2.** kluss, mierīgs
pactar *v* vienoties, panākt vienošanos
pacto *m* pakts; līgums; vienošanās; ~ de no agresión – neuzbrukšanas pakts
pachorra *f* gausums, lēnums
padecer *v* ciest; paciest; ~ engaño – 1) tikt apmānītam; 2) kļūdīties; 3) ciest zaudējumus
padecimiento *m* **1.** ciešanas; **2.** slimība
padilla *f* **1.** panna; **2.** krāsns (*maizes cepšanai*)
padrastro *m* **1.** patēvs; **2.** cietsirdīgs tēvs; **3.** ienadzis
padre *m* **1.** tēvs; ~ de pila – krusttēvs; Padre Santo – Romas pāvests; **2.** pirmcēlonis

padres *m pl* 1. vecāki; 2. senči
padrino *m* krusttēvs
padrón *m* 1. iedzīvotāju saraksts; ~ electoral – vēlētāju saraksts; 2. modelis, paraugs
paella *f* paelja (*spāņu nacionālais ēdiens, kas pagatavots no rīsiem, gaļas, zivīm, saknēm u. c.*)
paga *f* 1. [sa]maksāšana; 2. izmaksāšana; 3. darba alga; 4. atlīdzība
pagador *m* 1. maksātājs; 2. kasieris
pagamiento *m* izmaksāšana
pagar *v* 1. maksāt; samaksāt; ~ al contado – maksāt skaidrā naudā; ~ una deuda – samaksāt parādu; 2. izmaksāt (*piem., algu*); 3. izpirkt vainu; 4. *pārn.* atmaksāt; ~ en la misma moneda – atmaksāt ar to pašu
pagaré *m* parādzīme, vekselis
página *f* lappuse
pago *m* 1. maksājums; iemaksa; 2. izmaksa; 3. atlīdzība; atalgojums; ◇ buen ~ – pateicība; mal ~ – nepateicība
pagote *m sar.* grēkāzis
pairo *m jūrn.* bezvēja laiks, bezvējš
país *m* zeme; valsts
paisaje *m* peizāža, skats
paisajista *m, f* peizāžists, -e
paisanaje *m* 1. tautieši; novadnieki; 2. zemnieki
paisano *m* 1. tautietis; novadnieks; 2. zemnieks; 3. civilpersona
paja *f* 1. salmi; 2. salmiņš; 3. *sar.* tukšu salmu kulšana; ◇ a humo de ~s – nieku dēļ, par niekiem
pajar *m* šķūnis (*sienam, salmiem*)
pajarería *f* putnu bars
pájaro *m* 1. putns; ~ niño – pingvīns; ~ de canto – dziedātājputns; ~ del Sol – paradīzes putns; ~ pasajero – gājputns; 2. viltnieks; ◇ ~ gordo – svarīga persona; a vista de ~ – no putna lidojuma; más vale ~ en mano que ciento volando – labāk zīle rokā nekā mednis kokā
pajarota, pajarotada *f sar.* meli, izdomājums
paje *m* pāžs; ~ de armas, ~ de lanza – ieroču nesējs
pajil *a* pāža-, pāžu-
pajizo *a* 1. salmu-; 2. salmu krāsā
pala *f* 1. lāpsta; 2. *fizk.* vālīte; 3. lāpstiņa (*skrūves, aira*); ◇ meter la ~ – apvest ap stūri
palabra *f* vārds; juego de ~s – vārdu spēle; pedir la ~ – lūgt vārdu; conceder la ~ – dot vārdu; don de ~ – runas dāvanas; ~ de honor, ¡~! – goda vārds!; de ~ – 1) mutiski, mutvārdos; 2) uz vārda (*ticēt*); cumplir la ~, estar a su ~ – turēt doto vārdu; interrumpir a mitad de la ~ – pārtraukt pusvārdā; ◇ ~ pesada – apvainojums, rupjība; ahorrar ~s – nezaudēt veltīgi laiku; ~ y piedra suelta no tienen vuelta – pateiktu vārdu atpakaļ neatsauksi
palabreo *m* tenkas, pļāpas

palabrón I *a* pļāpīgs; **II** *m* izkropļots vārds
palabrota *f* rupjība
palaciano, palaciego I *a* **1.** pils-; **2.** galma-; **II** *m* **1.** galminieks; **2.** glaimotājs
palacio *m* **1.** pils; **2.** galms
paladar *m* **1.** aukslējas; **2.** garša; **3.** gaume
paladear *v* **1.** nogaršot; **2.** ēst ar baudu; radīt apetīti
paladino *a* acīm redzams, pilnīgi skaidrs
palamenta *f* airi
palanca *f* **1.** svira; **2.** lauznis
palangre *m* āķu jeda
palanquera *f* (*mietu*) žogs
palco *m* **1.** loža (*teātrī*); **2.** tribīne
palescencia *f* bālums
palestra *f* arēna
paleta *f* **1.** *tehn.*, *anat.* lāpstiņa; **2.** kruķis; **3.** palete; ◇ de ~ – pie rokas; en dos ~s – ātri, zibenīgi
paleto *m* **1.** alnis; **2.** rupjš cilvēks
paliadamente *adv* **1.** liekulīgi; **2.** slepus
paliar *v* **1.** apslēpt; maskēt; **2.** izpušķot (*stāstījumu*); **3.** piedot; **4.** mīkstināt; remdināt
palidecer *v* likt nobālēt
palidez *f* bālums
pálido *a* **1.** bāls; ponerse ~ – kļūt bālam; nobālēt; **2.** *pārn.* bāls, neizteiksmīgs
palillo *m* **1.** kociņš; ~s de tambor – bungu vālītes; **2.** zobu bakstāmais; **3.** adāmadata

palma *f* **1.** palma; **2.** plauksta; batir ~s – sist plaukstas; aplaudēt; **3.** slava, triumfs; ◇ llevarse la ~ – gūt virsroku
palmada *f* **1.**: dar ~s en el hombro – paplikšķināt pa plecu; **2.** ~s *pl* aplausi
palmar I *a* **1.** palmu-; **2.** skaidrs, acīm redzams; **II** *m* palmu birzs
palmario *a* skaidrs, acīm redzams
palmear *v* aplaudēt
palmera *f* palma
palmilla *f* starpzole
palmo *m* sprīdis; ~ de tierra – zemes gabaliņš; ◇ dejar a uno con un ~ de narices – atstāt kādu ar garu degunu; tener medido a ~s – zināt kā savus piecus pirkstus
palmotear *v* aplaudēt
palmoteo *m* aplausi
palo *m* **1.** nūja, koks; dar ~s – sist ar koku; **2.** koksne; de ~ – koka-; **3.** baļķis; **4.** stumbrs; **5.** masts; ◇ (*am.*) a ~ entero – piedzēries
paloma *f* balodis
palomar *m* baložu būda
palomilla *f* tauriņš
palor *m* bālums
palpable *a* **1.** taustes-; **2.** *sar.* taustāms, redzams
palpar *v* **1.** aptaustīt; **2.** just; sajust; **3.** taustīties uz priekšu
pálpebra *f* plakstiņš
palpitación *f* **1.** sirds puksti; **2.** trīsas; drebuļi

palpitante *a* trīcošs; drebošs; ◇ cuestión ~ – aktuāls jautājums
palpitar *v* 1. pukstēt (*par sirdi*); 2. drebēt; trīcēt
paludismo *m* malārija
paludoso *a* purva-
palurdo *a* rupjš; neaptēsts
palustre *a* 1. purva-; 2. purvains
pampa *f* pampa
pampear *v* klejot pa pampu
pampero *m* pampas iedzīvotājs
pamposado *a* 1. apātisks; 2. kūtrs
pan *m* 1. maize; ~ moreno – rupjmaize; ~ blanco – baltmaize; 2. ~es *pl* labība
pana *f* velvets
panadería *f* 1. maizes ceptuve; 2. maiznīca, maizes veikals
panadero *m* maiznieks
panal *m* bišu šūnas
panameño I *a* Panamas-; II *m* Panamas iedzīvotājs
pancarta *f* plakāts
pancista *m* 1. patmīlis, egoists; 2. *polit.* cilvēks, kas pielāgojas; hameleons
páncreas *m anat.* aizkuņģa dziedzeris
pandear *v* ieliekties
pandeo *m* ieliekums
pandera *f* 1. tamburīns; 2. *sar.* niekkalbis
panderada *f sar.* aprobežotība
pandereta *f* tamburīns
pandilla *f* 1. līga, savienība; 2. banda, bars; 3. jautra kompānija

pando *a* 1. lokans; 2. lēns, gauss
panecillo *m* maizīte, smalkmaizīte
panera *f* 1. labības klēts; 2. maizes grozs
pánfilo *a* 1. apātisks; 2. kūtrs
pánico I *a* panisks; II *m* panika
panícula *f bot.* ziedkopa
panificar *v* 1. cept maizi; 2. apstrādāt zemi labības sējai
panizo *m* 1. prosa; 2. kukurūza
panocha, panoja *f* 1. vālīte (*kukurūzas*); 2. skara (*prosas*); 3. savērtu sīku zivtiņu virtene
panoplia *f* 1. apbruņojums; bruņas; 2. ieroču kolekcija
panorama *m* panorāma; ◇ ~ internacional – starptautiskais apskats
panoso *a* miltains
pantalón *m* bikses
pantalla *f* 1. abažūrs; 2. ekrāns; ◇ servir de ~ – noderēt par aizsegu
pantano *m* 1. purvs; muklājs; 2. kavēklis, šķērslis
pantanoso *a* purvains
pantorrilla *f* ikri (*kāju*)
panza *f* [liels] vēders
pañal *m* 1. autiņš; 2. ~es *pl* bērnība; ◇ estar aún en ~ – maz zināt
pañería *f* tirgošanās ar vadmalu
paño *m* 1. vadmala; 2. audums; 3. paklājs; 4. ~s *pl* apģērbs; ~s menores – apakšveļa; ◇ al ~ – aiz kulisēm
pañolón *m* šalle
pañoso *a* noplīsis, skrandains

pañuelo *m* lakats; lakatiņš; ~ de bolsillo – kabatlakats
papa *f* (*am.*) kartupelis
papá *m sar.* tētis, papus; Papá Noel – Ziemassvētku vecītis
papada *f* 1. vairogdziedzeris; 2. dubultzods
papafigo *m* vālodze
papagayo *m* papagailis
papar *v* strēbt; ◇ ~ moscas *sar.* – skaitīt zvirbuļus; stāvēt muti atplētis
paparote *m, f sar.* gatavais muļķis; gatavā mulķe
papel *m* 1. papīrs; ~ carbónico – koppapīrs; ~ cuadriculado – rūtiņu papīrs; ~es pintados – tapetes; ~ de música – nošu papīrs; ~ sellado – zīmogpapīrs; 2. dokuments; 3. loma; representar un ~ – tēlot lomu
papelería *f* rakstāmlietu veikals
papeler∥o *a* 1. tukšs, bezsaturīgs; 2. papīra-, industria ~a – papīrrūpniecība
papeleta *f* 1. zīmīte; 2. biļete; 3. (vēlēšanu) biļetens
papelillo *m* 1. papīra gabaliņš; 2. papiross
papelonear *v sar.* lielīties; būt uzpūtīgam; celt degunu gaisā
papera *f* kākslis
papilla *f* 1. putra; 2. viltība; dar ~ a uno – piemānīt kādu; ◇ hacer ~ – piekaut (*kādu*)
papiro *m* papiruss

papirote *m* 1. knipis; 2. *sar.* stulbenis, aitasgalva
papo *m* guza
paquete *m* paka, sainis; ~ postal – pasta paka
paquetería *f* 1. sīkpreces; 2. tirgošanās ar sīkprecēm
par I *a* 1. pārskaitļa-; 2. pāra-; 3. vienāds; 4. līdzīgs; a ~ – 1) līdzīgi (*kam*); 2) apmēram; ◇ sin ~ – izcils, lielisks; a la ~ – 1) vienādi; 2) vienlaicīgi; **II** *m* pāris; un ~ de calcetines – zeķu pāris; a ~ es – pa pāriem
para *prep* 1. *norāda uz priekšmeta piederību*: estas flores son ~ tí – šie ziedi ir tev; útil ~ la salud – veselīgs; 2. lai (*norāda nolūku*); me doy prisa ~ no llegar tarde – es steidzos, lai nenokavētu; 3. uz (*norāda virzienu*); partir ~ Madrid – aizbraukt uz Madridi; 4. līdz; uz (*apzīmē laiku*); dejar ~ mañana – atstāt līdz rītdienai; atstāt uz rītdienu; ~ fin del año – uz gada beigām; 5. *kopā ar «estar» apzīmē gatavību kaut ko darīt*: estar ~ marcharse – būt gatavam doties ceļā; ◇ ~ siempre – uz visiem laikiem; ¿~ eso? – tādu sīkumu dēļ?
parabién *m* apsveikums; laimes novēlējums; dar el ~ – apsveikt; novēlēt laimi
parábola *f* alegorija
parabólico *v* alegorisks

paracaídas *m* izpietnis; arrojarse en ~ – lēkt ar izpletni

paracaidista *m, f* **1.** izpletņlēcējs, -a; **2.** desantnieks (*armijā*)

parada *f* **1.** pietura; **2.** apstāšanās; hacer una ~ – atpūsties; **3.** parāde; ~ aérea – aviācijas parāde

paradero *m* **1.** gals; beigas; **2.** apstāšanās vieta

paradigma *m* paraugs, modelis

paradisíaco *a* paradīzes-

parado I *a* **1.** slinks, kūtrs; **2.** bez darba-; estar ~ – būt bez darba-; **II** *m* bezdarbnieks; ◇ bien ~ – labā stāvoklī; estoy bien ~ – esmu labi iekārtojies

paradoja *f* paradokss

paradójico, paradojo *a* paradoksāls

parafrasear *v* **1.** pārfrazēt; **2.** interpretēt

paraguas *m* lietussargs

paraíso *m* **1.** paradīze; **2.** galerijas (*teātrī*)

paraje *m* vieta; apvidus

paralelo I *a* **1.** paralēls; **2.** atbilstošs; **II** *m* daž. noz. paralēle

parálisis *f* paralīze

paralítico I *a* paralītisks; **II** *m* paralītiķis

páramo *m* **1.** kaila stepe; **2.** neapdzīvota vieta

parangón *m* salīdzināšana; sin ~ en la historia – vēsturē neredzēts

parangonar *v* salīdzināt

parapetarse *v* rfl **1.** mil. ierakties; **2.** aizbarikādēties; **3.** aizstāvēties

parapoco *m sar.* stulbenis, muļķadesa

parar *v* **1.** apstāties; sin ~ – bez apstājas, nepārtraukti; **2.** sasniegt mērķi; **3.** novest (*pie kaut kā*); ¿adónde va a ~? – pie kā tas novedīs?; **4.** dzīvot; **5.** apstādināt (*piem., darbmašīnu*); ~ el trabajo – pamest darbu; **6.** atsist; ~ el golpe – atsist triecienu; **~se** rfl **1.** apstāties; **2.** svārstīties; **3.** riskēt

pararrayo, pararrayos *m* zibeņnovedējs

parasol *m* saulessargs

parcela *f* **1.** daļiņa; **2.** neliels zemes gabals

parcelación *f* parcelācija

parcelar *v* parcelēt

parcial I *a* **1.** daļējs; **2.** neobjektīvs; **3.** sabiedrisks; **II** *m* piekritējs

parcialidad *f* neobjektivitāte

parco *a* **1.** taupīgs; **2.** mērens (*ēšanā, dzeršanā*); **3.** skops, sīksts; ~en palabras – skops vārdos

parchar *v* labot; lāpīt

¡pardiez! *interj* velns parāvis!

pardo[a] *m* leopards

pardo[b] *a* **1.** tumši brūns; **2.** tumšs (*par mākoņiem*); cielo ~ – apmākušās debesis; **3.** aizsmacis

pardusco *a* brūns

parear *v* salikt (sakārtot) pa pāriem

parecer I *m* **1.** spriedums; domas; a mi ~ – pēc manām domām; **2.** izskats; **II** *v* **1.** parādīties; **2.** domāt, uzskatīt; **3.** likties; me parece –

man liekas; ◇ al ~ – 1) pēc izskata; 2) kā redzams; **~se** *rfl* būt līdzīgam; se parece a su madre – viņš ir līdzīgs savai mātei

parecido I *a* līdzīgs; ◇ bien ~ – skaists; mal ~ – neglīts; algo ~ – kaut kas līdzīgs; II *m* līdzība

pared *f* siena; ~ maestra – ārsiena; ◇ ~ en (por) medio – blakustelpā; blakusmājā; entre cuatro ~es – četrās sienās; las ~es oyen – sienām ir ausis

pareja *f* 1. pāris (*par cilvēkiem*); 2. (*deju*) partneris

parejo *a* 1. vienāds; līdzīgs; 2. gluds, līdzens

parentela *f* radi

parentesco *m* radniecība; contraer ~ – saradoties

paréntesis *m* iekavas; entre ~ , por ~ – 1) iekavās; 2) starp citu

parida *f* dzemdētāja

pariente I *a* 1. radniecisks; 2. miesīgs; II *m*, *f* radinieks, -ce

parir *v* 1. dzemdēt; 2. radīt

parlamental *a* parlamenta-

parlamentario I *a* parlamenta-; parlamentārs; II *m* 1. parlamenta loceklis; 2. parlamentāris

parlamento *m* parlaments

parlanchín I *a* pļāpīgs; II *m* pļāpa, niekkalbis

parlar *v* 1. pļāpāt; 2. čivināt (*par putniem*)

paro[a] *m* zīlīte (*putns*)

paro[b] *m sar.* streiks; ◇ ~ forzoso – bezdarbs; ~ encubierto – slēptais bezdarbs

parque *m dažʼ. noz.* parks; ~ zoológico – zooloģiskais dārzs

parra *f* 1. vīnogulāja stīgas; 2. ar vīnogulāju apaugusi lapene

párrafo *m* paragrāfs; ◇ echar ~s – spriedelēt

parrar *v* sazarot

parriza *f* savvaļas vīnogas

parroquia *f* 1. draudze; 2. draudzes locekļi; 3. (*am.*) vēlēšanu apgabals

parsimonia *f* 1. taupība; 2. piesardzība, uzmanība

parsimonioso *a* 1. taupīgs; 2. piesardzīgs, uzmanīgs

parte I *f* 1. daļa; por ~s – pa daļām; en ~ – daļēji; la ~ del león – lauvas tiesa; 2. dalībnieks; 3. puse; por mi ~ – no manas puses; en todas ~s – visur; 4. nodaļa, nodalījums; 5. grupa; ◇ por otra ~ – bet, tomēr; por la mayor ~ – parasti; echar a buena (mala) ~ – izskaidrot labā (ļaunā) nozīmē; tener ~ , ser ~ – būt tiesībām (*uz kaut ko*); de ~ a ~ – caur un cauri; II *m* paziņojums; raports; dar ~ – raportēt

partera *f* vecmāte

parterre *m dažʼ. noz.* parters

partible *a* dalāms

partición *f* sadalīšana

participación *f* 1. piedalīšanās; 2. paziņojums

participante I *a* tāds, kas piedalās (*kaut kur*); II *m* dalībnieks
participar *v* 1. paziņot; 2. piedalīties
partícula *f* 1. daļiņa; 2. *gram.* partikula
particular I *a* 1. īpašs; en ~ – [it] sevišķi; it īpaši; 2. savdabīgs, īpatnējs; 3. privāts; II *m* privātpersona
particularidad *f* 1. īpatnība, savdabība; 2. kaislība, aizraušanās
particularismo *m* individuālisms
particularizar *v* 1. sīki stāstīt (*par kaut ko*); 2. raksturot; ~se *rfl* izcelties; atšķirties
particularmente *adv* 1. [it] sevišķi; 2. daļēji
partida *f* 1. aizbraukšana; ~ de campo – izbraukums ārpus pilsētas; estar de ~ – gatavoties aizbraukt (aiziet); 2. grupa; vienība; 3. partija (*spēlē*); 4. rīcība; ~ serrana – negodīga rīcība; ~ doble – dubultgrāmatvedība
partido[a] *m* partija
partido[b] *m* 1. aizbildnība; 2. līgums; 3. līdzeklis; 4. apgabals, rajons
partidor *m* sadalītājs
partim[i]ento *m* sadalīšana
partir *v* 1. sadalīt; dalīt; 2. skaldīt; saskaldīt; 3. uzbrukt (*kaujā*); 4. aizbraukt; doties; 5. pamatoties, balstīties (*uz ko*); ~ de un principio – pamatoties uz kādu principu; ◇ ~ la diferencia – piekāpties; samierināties; a ~ de – sākot ar; ~se *rfl* 1. aizbraukt; 2. atšķirties (*spriedumos*)
parto *m* dzemdības; estar de ~ – dzemdēt; ~ prematuro – priekšlaicīgas dzemdības
parvedad *f* mazums, kripatiņa
parvo *a* mazs
párvulo I *a* 1. mazs; 2. naivs; 3. bērnišķīgs; 4. vienkāršs; II *m* 1. bērns; escuela de ~s – pamatskola; 2. pirmklasnieks
pasa *f* rozīne
pasada *f* 1. tranzīts, caurbraukšana; 2. eksistences līdzekļi; ◇ de ~ – 1) pa ceļam; 2) steigšus; 3) garām ejot, starp citu; jugar una mala ~ – izspēlēt ļaunu joku; dar ~ – 1) atļaut; 2) paciest
pasadera *f* laipa; tiltiņš
pasadero I *a* 1. pārejams; izbraucams; 2. ciešams; II *m* laipa; tiltiņš
pasado I *a* 1. pagājušais; el mes ~ – pagājušajā mēnesī; lo ~, ~ está – kas bijis – bijis; 2. pārgatavojies; nesvaigs (*par produktiem*); II *m* 1. pagātne; 2. *gram.* pagātne
pasador *m* 1. garāmgājējs; 2. pārcēlājs; 3. bulta (*durvju*)
pasaje *m* 1. caurbraukšana; 2. pāreja; eja; 3. [jūras] šaurums; 4. braukšanas maksa
pasajero I *a* 1. ļaužu pilns; 2. pārejošs; II *m* 1. ceļotājs; 2. pasažieris; tren de ~s – pasažieru vilciens

pasante *m* **1.** praktikants; **2.** palīgs; **3.** repetitors

pasaporte *m* pase; ◇ dar el ~ a uno – aizsūtīt kādu uz viņpasauli

pasarᵃ *m* rocība; mal ~ – nabadzība, trūkums; buen ~ – turība, labklājība

pasarᵇ *v* **1.** pārvest; pārnest; **2.** pārbraukt; pāriet; ~ un río – pārbraukt pāri upei; **3.** padot; ~ aviso – paziņot; **4.** paiet garām; pabraukt garām; **5.** noklusēt; **6.** paciest; ~ hambre – ciest badu; **7.** pavadīt (*laiku*); **8.** [iz]sijāt; **9.** [iz]kāst; **10.** izvērt; **11.** izmainīties; pārvērsties; **12.** būt apgrozībā; **13.** gadīties; ◇ ¿cómo lo pasa usted? – kā jums klājas?; pase lo que pase – jebkurā gadījumā; **~se** *rfl* **1.** *sar.* pāriet pretējā pusē; mainīt pārliecību; **2.** izgaist no atmiņas; **3.** bojāties; **4.** pazust

pasarela *f* tiltiņš

pasatiempo *m* laika pavadīšana; izklaidēšanās

pasavolante I *a* **1.** nepastāvīgs, mainīgs; **2.** īslaicīgs; **II** *m* nepārdomāta rīcība

Pascua *f* Lieldienas; ◇ ~ de Navidad – Ziemassvētki

pascual *a* **1.** Lieldienu-; **2.** Ziemassvētku-

pase *m* **1.** atļauja; **2.** caurlaide; **3.** pase

pasear *v* **1.** staigāt, pastaigāties; **2.** vest pastaigāties; **~se** *rfl* **1.** staigāt, pastaigāties; **2.** slaistīties; **3.** pavirši spriest (*par kaut ko*)

paseo *m* **1.** pastaiga, pastaigāšanās; dar un ~, ir de ~ – iet pastaigāties; **2.** pastaigas vieta; ◇ mandar a ~ – izdzīt laukā (ārā)

pasibilidad *f* jutīgums

pasible *a* jutīgs

pasillo *m* koridors, gaitenis

pasión *f* **1.** ciešanas, sāpes; **2.** kaislība

pasional *a* kaislīgs

pasito *adv* uzmanīgi, klusi

pasivamente *adv* pasīvi; bezdarbīgi

pasividad *f* pasivitāte; bezdarbīgums

pasiv‖**o** *a* **1.** pasīvs; bezdarbīgs; **2.**: voz ~a *gram.* – ciešamā kārta

pasmar *v* **1.** salt; stingt (*no aukstuma*); **2.** pārsteigt

pasmo *m* **1.** *med.* stinguma krampji; **2.** *sar.* apstulbums

pasmoso *a* apbrīnojams

paso I *m* **1.** solis; al ~ – soļiem; soļos; ~ a ~ – soli pa solim; a ~ lento – lēnām; a ~ ligero – ātri; alargar (apretar, avivar) el ~ – paātrināt soli; **2.** pēdas (*piem., sniegā*); **3.** pārbraukšana; pāriešana; pārcelšanās; **4.** taciņa; **5.** caurlaide; atļauja; **6.** pārcelšana (*no klases uz klasi*); ◇ de ~ – 1) garām ejot; 2) steigā; a dos ~s, a pocos ~s – netālu, pāris soļu attālumā; a ese ~ – tādā veidā; a cada ~ – ik uz soļa; dar ~, ceder el ~ – dot ceļu, palaist garām; salir del ~ – izkļūt no situācijas; salir al ~ – dot pretsparu; hacerse ~ – izsprauktiesa cauri (*piem.*, *pūlim*); **II** *adv* **1.** viegli; **2.** klusi; čukstus; **III** *interj* **1.** stāt!; **2.** uzmanīgāk!

pasparse *v rfl* (*am.*) lobīties (*par ādu*)

pasquín *m* **1.** skrejlapa; **2.** karikatūra; **3.** pamflets

pasquinada *f* publisks apsmiekls

pasquinar *v* publiski apsmiet

pasta *f* **1.** mīkla (*maizes*); **2.** pasta; ~ dentífrica – zobu pasta; **3.** ~s *pl* sīkmakaroni; ~s alimenticias – miltu izstrādājumi

pastadero *m* ganības

pastar *v* **1.** ganīt; **2.** ganīties

pastel *m* **1.** kūka; pīrāgs; **2.** mahinācijas; ļaunprātības; descubrir el ~ – atklāt ļaunprātības

pastelear *v sar*. pieglaimoties

pastelería *f* **1.** konditoreja; **2.** konditorejas izstrādājumi

pastelero *m* **1.** konditors; **2.** *sar*. pieglaimīgs cilvēks

pastelón *m* pīrāgs

pastilla *f* **1.** tāfelīte; ~ de jabón – ziepju gabals; **2.** tablete; ~s para la tos – pretklepus tabletes

pastizal *m* ganības

pasto *m* **1.** ganīšana; **2.** ganības; **3.** lopbarība; ◊ a ~ – papilnam

pastor *m* gans

pastoral **I** *a* **1.** ganu-; **2.** pastorāls; **II** *f* pastorāle

pastorear *v* ganīt

pastoso *a* **1.** stīgrs; **2.** trekns; **3.** dobjš (*par balsi*)

pastura *f* **1.** lopbarība; **2.** ganības

pata *f* **1.** ķepa; **2.** kāja (*krēslam*, *galdam*); ~ de gallo – vārnu kājiņas (*krunciņas pie acīm*); ◊ a cuatro ~s – četrrāpus; a la ~ llana – 1) vienkārši; 2) mierīgi; meter la ~ – jaukties (*kaut kur*)

patalear *v* **1.** tirināt kājas; **2.** dauzīt kājas

pataleo *m* dipoņa

patán *m sar*. **1.** zemnieks; **2.** rupjš cilvēks

patanal *a* **1.** zemnieka-; zemnieku-; **2.** rupjš

patarata *f* **1.** muļķība; **2.** izdomājums, meli

pataratero *m* melis

patata *f* kartupelis

patear *v sar*. **1.** [no]mīdīt; **2.** dauzīt kājas; **3.** spārdīties; **4.** rupji izturēties (*pret kādu*); **5.** rosīties, darboties

patena *f* liels medaljons

patente **I** *a* acīm redzams; **II** *f* patents; ~ de invención – patents uz izgudrojumu

paternal *a* tēva-

paterno *a* tēva-

patiabierto *a sar*. līkkājains

patibulario *a* pretīgs, atbaidošs

patíbulo *m* karātavas; ešafots

paticojo *a sar*. klibs

patillas *f pl* **1.** vaigubārda; **2.** *sar*. velns

patín *m* **1.** slida; **2.** skrituļslida
patinadero *m* slidotava
patinador *m* slidotājs
patinar *v* slidot; pista de ~ – slidotava
patio *m* **1.** iekšējais pagalms; **2.**: ~ de butacas *teātr.* – parters
patitieso *a* pārsteigts, izbrīnījies; apmulsis
pato *m* pīle
patochada *f* muļķība
patraña *f* meli, izdomājums
patria *f* dzimtene
patrimonial *a* dzimts-
patrimonio *m* **1.** dzimtmuiža; dzimtīpašums; **2.** īpašums
patrio *a* **1.** dzimtenes-; tēvijas-; amor ~ – dzimtenes mīlestība; **2.** tēvišķīgs
patriota *m, f* patriots, -e
patrocinador *m* aizbildnis; aizstāvis
patrocinar *v* ņemt aizbildnībā; aizstāvēt
patrocinio *m* aizbildniecība; aizstāvēšana
patrón *m* **1.** aizbildnis; aizstāvis; **2.** saimnieks, īpašnieks; **3.** etalons, paraugs
patronal *a* saimnieka-
patronato, patronazgo *m* **1.** aizbildniecība; **2.** šefība
patronímico *m* tēvvārds
patrono *m* **1.** saimnieks; **2.** šefs
patrulla *f* patruļa
patrullar *v* patrulēt

patullar *v* **1.** mīdīt; nomīdīt; **2.** rūpēties; **3.** *sar.* pļāpāt, tērzēt
paularᵃ *m* purvs, muklājs
paularᵇ *v* pļāpāt, tērzēt
paulatinamente *adv* pamazām
paulatino *a* **1.** gauss; **2.** pakāpenisks
pauperismo *m* pauperisms
pauperización *f* pauperizācija
paupérrimo *a* nabadzīgs, trūcīgs
pausa *f* **1.** pauze; **2.** miers; nosvērtība
pausado *a* **1.** mierīgs; nosvērts; **2.** vienmērīgs
pausar *v* **1.** izdarīt pauzi, apstāties; **2.** atpūsties
pauta *f* **1.** lineāls; **2.** paraugs, piemērs; dar ~ – rādīt piemēru
pautado *a* līnijots, līniju-; ◇ papel ~ – nošu papīrs
pautar *v* **1.** līnijot; **2.** pamācīt (*kādu*)
pavés *m* vairogs
pavesa *f* **1.** dzirkstele; **2.** ~s *pl* pelni; **3.** šķemba; **4.** piekāpīgs cilvēks
pavidez *f* bailes, izbīlis
pávido *a poēt.* bailīgs, kautrs
pavimentar *v* **1.** likt grīdu; **2.** bruģēt ielu
pavimento *m* **1.** segums; **2.** [ielas] bruģis; **3.** bruģēšana
pavo *m* **1.** tītars; ~ real – pāvs; **2.** *sar.* stulbenis
pavón *m* pāvs
pavonada *f* **1.** izpriecas pastaiga; darse una ~ – izklaidēties; **2.** krāšņums, pompozums
pavonear *v*, **pavonearse** *rfl* lepoties, dižoties

pavoneo *m* lepošanās, dižošanās
pavor *m* bailes
pavorido *a* izbiedēts
pavoroso *a* briesmīgs, šausmīgs
paz (*pl* paces) *f* **1.** miers; ~ duradera – stabils miers; partidarios de la ~ – miera piekritēji; hacer las paces – salīgt mieru; vivir en ~ – dzīvot saticīgi; **2.** klusums, miers; dejar en ~ – likt mierā (*kādu*); ◊ ¡en ~! – viss kartībā!
peana, peaña *f* **1.** pjedestāls; **2.** soliņš
peatón *m* gājējs
peca *f* vasarraibums
pecable *a* grēcīgs
pecado *m* **1.** grēks; **2.** kļūdīšanās; conocer su ~ – izsūdzēt grēkus; ◊ pagar su ~ – maksāt par saviem grēkiem
pecador **I** *a* grēcīgs; **II** *m* grēcinieks
pecar *v* **1.** grēkot; **2.** kļūdīties; **3.** aizrauties; krist galējībās; ◊ ~ por exceso – pārkāpt robežas
pecera *f* akvārijs
pecina *f* dūņas
pecoso *a* ar vasarraibumiem
peculado *m* izšķērdēšana
peculiar *m* savdabīgs, īpatnējs
peculiaridad *f* savdabīgums, īpatnība
peculiarmente *adv* sevišķi
pecunia *f sar.* nauda
pechicatería *f* skopums, skopulība
pechicato *a* skops
pechisacado *a* iedomīgs

pecho *m* **1.** krūts; **2.** dvēsele, sirds; tomar a ~s – ņemt pie sirds; **3.** varonība; hombre de ~ – drosmīgs cilvēks; ◊ a ~ descubierto – neaizsargāts
pedagógico *a* pedagoģisks
pedagogo *m* pedagogs
pedazo *m* **1.** gabals; ~ de azúcar – cukura grauds; a ~s, en ~s – pa daļām; hacer ~s – 1) sasist smalkās druskās; 2) saplēst drisku driskās (gabalu gabalos); **2.** šķemba
pedernal *m* **1.** krams; **2.** cietība, cietums
pedernalino *a* **1.** krama-; **2.** ciets kā krams
pedestre *a* kājāmgājēju-
pedido *m* **1.** nodeva, mesli; **2.** pasūtījums; hacer un ~ – pasūtīt; **3.** lūgums
pedidor **I** *a* ar augstām prasībām; **II** *m* lūdzējs
pedir *v* **1.** lūgt; **2.** prasīt; pieprasīt; ◊ ~ justicia – meklēt taisnību
pedrea *f* kaušanās (*ar akmeņiem*)
pedregoso *a* akmeņains
pedrería *f* dārgakmeņi
pedrero *m* **1.** mūrnieks; **2.** juvelieris
pegaᵃ *f* **1.** pielīmēšana; **2.** laka; **3.** *sar.* grūts (āķīgs) jautājums (*eksāmenā*); ◊ de ~ – nepareizi
pegaᵇ *f* žagata
pegajoso *a* **1.** lipīgs; **2.** staigns; **3.** maigs; **4.** pieglaimīgs
pegar *v* **1.** pielīmēt; **2.** sastiprināt, savienot; **3.** piestiprināt, piešūt;

~ un botón – piešūt pogu; **4.** inficēt; **5.** ieaugt (*par augu*); **6.** saskarties; **7.** uzliesmot (*par uguni*); **8.** strīdēties; ◇ no ~ los ojos – ne acu neaizvērt; ~ mangas – jaukties citu darīšanās; **~se** *rfl* **1.** pielīmēties; **2.** piedegt; **3.** iegūt uzticību; ◇ ~ algo – gūt labumu (*no kaut kā*)

peinado I *a* sasukāts; **II** *m* matu sakārtojums

peinador *m* frizieris

peinar *v* sukāt (matus); **~se** *rfl* sasukāties

peine *m* ķemme, suka; ◇ a sobre ~ – pavirši

pela *f* miza

pelado *a* **1.** plikgalvains; **2.** *pārn.* kails; campo ~ – kails lauks

pelagismo *m* jūras slimība

pelar *v* **1.** apgriezt matus; **2.** notīrīt mizu; **3.** noplūkt (*putnu*); **~se** *rfl* **1.** plukt; **2.** mest spalvu (*par dzīvniekiem*)

peldaño *m* pakāpiens

pelea *f* **1.** kauja; cīņa; ~ de gallos – gaiļu cīņa; **2.** strīds; **3.** piepūle

pelear *v* **1.** cīnīties; kauties; **2.** censties; **~se** *rfl* **1.** cīnīties; kauties; **2.** naidoties

peletería *f* **1.** kažokādu izstrādāšana; **2.** kažokādu veikals (*neliels*); **3.** kažokādas

peletero *m* kažokādu izstrādātājs

pelgar *m sar.* **1.** sliņķis, slaists; **2.** skrandainis

peliagud∥o *a* **1.** matains; pinkains; **2.** kutelīgs, delikāts; cuestión ~a – kutelīgs jautājums

pelicano *a* sirms

película *f* **1.** plēve; plēvīte; kārtiņa; **2.** lente, filma; **3.** kinofilma; ~ en colores – krāsaina filma; ~ de dibujos animados – multiplikācijas filma; proyectar la ~, echar la ~ – demonstrēt filmu

peligrar *v* būt briesmās

peligro *m* briesmas; de ~ – bīstami; correr ~ , estar en ~ – būt pakļautam briesmām

peligroso *a* bīstams

pelillo *m* **1.** matiņš; **2.** *sar.* strīda iemesls; **3.** *sar.* blēņas; ◇ reparar en ~s, pararse en ~s – piesieties pie niekiem; echar ~s a la mar – salabt

pelilloso *a* **1.** sīkumains; kašķīgs; **2.** delikāts

pelinegro *a* melnmatains

pelirrojo *a* sarkanmatains

pelirrubio *a* gaišmatains

pelmacería *f sar.* vilcināšanās

pelo *m* **1.** mats, matiņš; **2.** mati; **3.** vilna, spalva (*dzīvniekiem*); **4.** pūkas, dūnas; **5.** spalva, spalvas krāsa; ◇ al ~ , a ~ – 1) precīzi; 2) nekavējoties; agarrarse a un ~ – ķerties pie salmiņa

pelón I *a* **1.** plikgalvains; **2.** *sar.* nabaga-; **II** *m* **1.** plikgalvis; **2.** *sar.* nabags

peloso *a* matains; pinkains

pelota

pelota *f* bumba; bumbiņa; ~ de tenis – tenisa bumbiņa; ~ de viento – piepūšamā bumba; ~ base – beisbols; ◇ jugar a la ~ con uno *sar.* – vazāt kādu aiz deguna; en ~ – kails; dejar en ~ – apzagt
pelotear *v* 1. spēlēt bumbu; 2. strīdēties; 3. izsvaidīt; 4. salīdzināt
pelotera *f* strīds
pelotón *m* 1. kamols; 2. *mil.* vienība, nodaļa
peluca *f* parūka
pelúcido *a* caurspīdīgs
peludo I *a* matains; pinkains; II *m* maša; lūku pinums
peluquería *f* frizētava
peluquero *m* frizieris
pelvis *f anat.* gurni
pellico *m* aitāda
pelliza *f* aitādas kažoks
pellizcar *v* 1. kniebt; 2. saskrāpēt; ~se *rfl* kaisli vēlēties
pellizco *m* 1. kniebšana; 2. kniebiens
pena *f* 1. sods; ~ aflictiva – miesassods; ~ pecuniaria – naudas sods; ~ capital, de la vida – nāvessods; 2. sāpes, ciešanas; 3. rūpes; 4. grūtības; a duras ~s – ar lielām grūtībām; ◇ a ~s – tikko; no vale la ~ – nav vērts; dar ~ – iedvest žēlumu
penable *a* sodāms
penado I *a* 1. sodīts; 2. grūts; II *m* ieslodzītais
penal I *a* 1. krimināls; código ~ – kriminālkodekss; derecho ~ – krimināltiesības; 2. cietuma-; II *m* cietums
penalidad *f* 1. smags darbs; 2. sodāmība
penalista *m* kriminālists
penante *a* 1. sodīts; 2. notiesāts
penar *v* 1. uzlikt sodu; 2. ciest; ~ por una cosa – kaislīgi kaut ko vēlēties; ~se *rfl* bēdāties
pendencia *f* 1. strīds; ķiviņš; 2. kautiņš
pendenciar *v* 1. strīdēties; ķīvēties; 2. kauties
pendenciero *a* 1. strīdīgs, ķildīgs; 2. kauslīgs
pender *v* 1. (de) karāties (*pie kaut kā*); 2. būt atkarīgam; 3. būt nepabeigtam (*par darbu*)
pendiente I *a* tāds, kas karājas; II *m* 1. auskars; 2. nogāze, slīpums
pendil *m* sieviešu lietusmētelis; ◇ tomar el ~ – aiziet, attālināties
péndola *f* 1. svārsts; 2. pulkstenis ar svārstu
pendón *m* 1. karogs; 2. vimpelis; 3. paklīdis cilvēks; ◇ a ~ herido – no visa spēka, ar visu spēku
péndulo *m* svārsts
peneque *a*: estar (ir, ponerse) ~ – būt piedzērušam
penetrable *a* 1. caurlaidīgs; 2. aptverams
penetración *f* 1. iekļūšana, iespiešanās; 2. saprātīgums; 3. vērīgums; tālredzība
penetrador *a* vērtīgs; tālredzīgs

penetrar *v* **1.** iekļūt, iespiesties; **2.** sprauktiesiekšā; **3.** aptvert; **~se** *rfl* (de) pārliecināties (*par kaut ko*)

península *f* pussala

peninsular *a* **1.** pussalas-; **2.** tēvijas- (*lietojams tikai Spānijas iedzīvotājiem*); **3.** spāniešu- (*lietojams tikai Latīņamerikas iedzīvotājiem*)

penique *m* **1.** penss; **2.** feniņš

penitencia *f* grēku nožēlošana

penitenciario I *a* labošanas-; **II** *m* biktstēvs

penoso *a* **1.** smags, grūts; **2.** tāds, kas cieš (*sāpes, pārestību*); **3.** *sar.* švītīgs

pensado *a* iepriekš nodomāts; tīšs; ◇ de ~ – tīši

pensador I *a* domājošs; **II** *m* domātājs

pensamiento *m* **1.** doma; ni ~ he tenido de ello – tas man nenāca ne prātā; **2.** domāšana; **3.** nodoms; **4.** aizdomas; **5.** *bot.* atraitnīte; ◇ en un ~, como el ~ – vienā mirklī; acudir (venir) al ~ – ienākt prātā

pensar *v* **1.** domāt; **2.** pārdomāt; **3.** uzskatīt; atzīt; **4.** iedomāties; **5.** nodomāt (*ko darīt*); ◇ ni ~lo – nekādā gadījumā

pensativo *a* sapņains

pensil I *a* piekārts; tāds, kas karājas; **II** *m* dārzs; puķu dārzs

pensión *f* **1.** pensija; **2.** pansionāts; ~ de (por) vejez – vecuma pensija; jubilarse con una ~ – aiziet pensijā; percibir ~ – saņemt pensiju

pensionado *m* **1.** pensionārs; **2.** pansionāts (*mācību iestāde*)

pensionar *v* **1.** dot pensiju; **2.** uzlikt par pienākumu

pensionista *m, f* **1.** pensionārs, -e; **2.** pansionāta audzēknis, -e

pentágono I *a* piecstūrains; **II** *m* piecstūris

penúltimo *a* priekšpēdējais

penumbra *f* pusēna

penuria *f* **1.** (*kaut kā*) trūkums; **2.** nabadzība, trūkums

peña[a] *f* klints; ◇ durar por ~s – ilgt veselu mūžību

peña[b] *f* draudzīga kompānija

peñasco *m* klints

peñascoso *a* klinšains

peón *m* **1.** gājējs; **2.** *mil.* kājnieks; **3.** melnstrādnieks; **4.** bandinieks (*šahā*); **5.** dambretes kauliņš; **6.** *tehn.* ass; **7.** (*am.*) kalps; **8.** *pārn.* marionete; ◇ a ~ – kājām

peonía *f* peonija

peonza *f* **1.** vilciņš (*rotaļlieta*); **2.** dīdeklis

peor I *a* sliktākais; de mal en ~ – arvien sliktāk un sliktāk; lo ~ – visbēdīgākais; **II** *adv* sliktāk; ~ que ~ – vēl sliktāk; tanto ~ – jo sliktāk; ◇ ~ es nada – varēja būt sliktāk

peoría *f* pasliktināšanās

pepino *m* gurķis

pepita *f* **1.** kauliņš (*augļu, ogu*); **2.** zelta graudiņš

pequeñez *f* **1.** mazumiņš; **2.** nieks; sīkums; **3.** bērnība

pequeño *a* 1. mazs; 2. niecīgs; ~ propietario – sīkīpašnieks; en ~ – sīkumos; 3. mazgadīgs; 4. bailīgs

pera *f* 1. bumbieris; 2. ķīļbārdiņa; 3. rente; ◇ pedir ~s al olmo – prasīt neiespējamo

peral *m* bumbiere

peralto *m* augstums

perca *f* asaris

percance *m* 1. piepeļņa; 2. neveiksme; nedienas

percatar *v* pārdomāt; **~se** *rfl* iedomāties

percepción *f* 1. uztvere; 2. priekšstats

percibir *v* 1. uztvert; 2. saņemt, iekasēt (*naudu*)

percudir *v* postīt; iznīcināt

percusión *f* 1. sitiens; 2. *med.* perkutēšana

percutir *v* 1. sist; 2. *med.* perkutēt

percha *f* 1. pakaramais; 2. *tehn.* bloks; 3. kārts

perder *v* 1. zaudēt; 2. sabojāt; echarse a ~ – sākt pūt; 3. paspēlēt; 4. plukt; **~se** *rfl* 1. pazust; 2. apmaldīties; 3. aiziet bojā; 4. tikt apdraudētam; 5. ciest zaudējumu; ◇ no tiene nada que ~ – viņam nav ko zaudēt

perdición *f* 1. bojājums; 2. bojāeja

pérdida *f* 1. zaudējums; 2. ļaunums

perdidizo *a* paslēpts; hacerse ~ – slēpties

perdido *a* 1. pazaudēts; 2. apmaldījies; andar ~ – apmaldīties; 3. veltīgs; 4. gājis bojā; ◇ estar ~ por – zaudēt galvu

perdigón *m sar.* izšķērdētājs

perdiguero *a*: perro ~ – putnu suns

perdiz [*pl* perdices] *f* irbe

perdón *m* 1. atvainošanās; 2. apžēlošana; ◇ con ~ – ar jūsu atļauju

perdonable *a* piedodams

perdonar *v* 1. piedot; 2. saudzēt; ~ la vida a alguien – apžēlot kādu; 3. atbrīvot (*no pienākumiem*); ◇ no ~ ocasión – nepalaist garām izdevību

perdulario *a* nekārtīgs

perdurable *a* izturīgs

perdurar *v* ieilgt

perecedero I *a* nīcīgs, iznīcīgs; II *m* nabadzība

perecer *v* 1. aiziet bojā; 2. ciest; 3. mirt badā; **~se** *rfl* 1. kaislīgi vēlēties; 2. (por) just līdzi (*kādam*)

peregrinación *f* svētceļošana

peregrinar *v* doties svētceļojumā

perendengue *m* 1. auskars; 2. nieciņš

perenne, perennal *a* 1. mūžīgs; 2. daudzgadīgs (*par augiem*); 3. nepārtraukts

perennidad *f* 1. mūžība; 2. nepārtrauktība

perentoriedad *f* steidzamība

perentorio *a* steidzams

pereza *f* 1. slinkums; 2. gausums; 3. miegainība; 4. nevēlēšanās

perezoso I *a* 1. slinks; 2. gauss; 3. miegains; II *m* sliņķis

perfección *f* **1.** pilnveidošana; **2.** pilnība; a la ~ – perfekti; **3.** skaistums
perfeccionar *v* pilnveidot
perfectamente **I** *adv* nekļūdīgi; **II** *interj* lieliski!, teicami!
perfecto **I** *a* perfekts; **II** *m gram.* pabeigtais laiks
perfidia *f* nodevība
pérfido **I** *a* nodevīgs; **II** *m* nodevējs
perfil *m* **1.** profils; **2.** apveids, kontūra; **3.** ~es *pl* vinjete
perforación *f* **1.** perforācija; **2.** caurums
perforadora *f* **1.** urbjmašīna; **2.** perforators
perforar *v* **1.** perforēt; **2.** urbt
perfumado *a* iesmaržināts
perfumador *m* smaržu pulverizators
perfumar *v* **1.** iesmaržināt; **2.** smaržot
perfume *m* **1.** smarža, aromāts; **2.** smaržas
perfumería *f* **1.** parfīmērija; **2.** parfīmērijas veikals
pergamino *m* pergaments
pergeño *m* ārējais izskats; stāja
pericia *f* **1.** pieredze; **2.** spēja
pericial *a* kompetents; autoritatīvs
periferia *f* perifērija
perifonear *v* pārraidīt pa radio
perifonía *f* radiopārraide
perilla *f* **1.** ķīļbārdiņa; **2.**: ~ de la oreja – auss ļipiņa; ◇ de ~, de ~s – īstajā brīdī
perillán *m* blēdis

perínclito *a* **1.** liels, varens; **2.** varonīgs
perinola *f* vilciņš (*rotaļlieta*)
periódico **I** *a* periodisks; **II** *m* avīze; ~ mural – sienasavīze
periodismo *m* **1.** prese; **2.** žurnālistika; **3.** žurnālista profesija
periodista *m, f* žurnālists, -e
período *m* periods
peripecia *f* [negaidīts] sarežģījums; [pēkšņa] pārmaiņa
peripuesto *a sar.* uzcirties
periquete *m* mirklis; en un ~ *sar.* – vienā mirklī
periscopio *m* periskops
peritaje *m* ekspertīze
perito **I** *a* **1.** pieredzējis; kompetents; **2.** praktisks; **II** *m* **1.** eksperts; **2.** tehniķis; ~ mecánico – mehāniķis
peritoneo *m anat.* vēderplēve
perjudicar *v* kaitēt; ~ la salud – kaitēt veselībai
perjudicial *a* kaitīgs
perjuicio *m* kaitīgums
perjurar *v* dot nepatiesu zvērestu; ~se *rfl* lauzt zvērestu
perjurio *m* zvēresta laušana
perjuro *m* zvēresta lauzējs
perla *f* **1.** pērle; **2.** perlamutrs; ◇ de ~s – lieliski
permanecer *v* palikt bez pārmaiņām; palikt, kā bijis; ◇ ~ de pie – stāvēt
permanencia *f* **1.** nemainīgums, pastāvīgums; **2.** atrašanās

permanente I *a* nemainīgs, pastāvīgs; II *f* ilgviļņi
permeable *a* caurlaidīgs
permisible *a* atļaujams, pieļaujams
permisión *f* atļaušana
permiso *m* atļauja; con ~ – ar atļauju; ~ de conducción – vadītāja apliecība
permitir *v* 1. atļaut; 2. ciest, pieciest; ~se *rfl* atļauties
permuta *f* apmaiņa
permutable *a* tāds, kas der apmaiņai
permutación *f* 1. apmainīšana; 2. *mat.* permutācija
permutar *v* 1. mainīt; 2. pārvietot
pernear *v* 1. rosīties; 2. zaudēt pašsavaldīšanos
pernera *f* bikšu stara
pernicioso *a* 1. kaitīgs; 2. ļaundabīgs
pernicorto *a* īskājains
pernil *m* 1. gurns, ciska; 2. cūkas šķiņķis
pernio *m* eņģe
perno *m tehn.* bulta
pero I *conj* bet; tikai; tomēr; II *m* 1. defekts; 2. grūtības
perogrullada *f sar.* visiem zināma patiesība
peroración *f sar.* spriedelēšana
perorar *v* 1. runāt (*sapulcē*), referēt; 2. spriedelēt; 3. lūgt
perpetrador *m* noziedznieks
perpetrar *v* izdarīt noziegumu
perpetuación *f* iemūžināšana; saglabāšana mūžos
perpetuar *v* saglabāt mūžos, iemūžināt; ~se *rfl* 1. ilgt mūžīgi; 2. padarīt sevi nemirstīgu
perpetuidad *f* mūžība; a ~ – uz mūžu
perpetuo *a* 1. mūžīgs; 2. pastāvīgs
perplejidad *f* 1. apmulsums; 2. nedrošums
perplejo *a* 1. apmulsis; 2. nedrošs
perquirir *v* meklēt
perra *f* 1. kuce; 2. bērna niķi; kaprīze
perrada *f* suņu bars
perramente *adv sar.* ļoti slikti
perrera *f* suņu būda
perrillo *m* mēlīte (*šautenei*)
perro *m* 1. suns; ~ de muestra – putnu suns; ~ de presa – dogs; ~ zarcero – spaniels; ~ chino – pekinietis; 2. ļaundaris; 3. spītnieks; ◇ ponerse como un ~, hecho un ~ – saskaisties; dar ~ a uno *sar.* – vazāt kādu aiz deguna; como ~s y gatos – kā suns ar kaķi
persa I *a* persiešu-; II *m* 1. persietis; 2. persiešu valoda
persecución *f* vajāšana
perseguidor *m* vajātājs
perseguir *v* 1. vajāt; 2. apnikt (*kādam*); 3. uzmākties, uzplīties
perseverancia *f* 1. neatlaidība; 2. pastāvība
perseverante *a* 1. neatlaidīgs; 2. pastāvīgs
perseverar *v* 1. būt neatlaidīgam; 2. ilgi vilkties
persiana *f* žalūzija

pérsico I *a* persiešu-; **II** *m* **1.** persietis; **2.** persiks
persignar *v* parakstīt
persistencia *f* **1.** neatlaidība; **2.** pastāvība
persistente *a* **1.** neatlaidīgs; **2.** pastāvīgs
persistir *v* **1.** būt neatlaidīgam; **2.** ieilgt
persona *f* persona; en ~ , por su ~ – personiski
personaje *m* **1.** ievērojama persona; **2.** personāžs
personal I *a* personisks; **II** *m* personāls; instruir al ~ – apmācīt personālu; ~ calificado – kvalificēts personāls
personalidad *f* **1.** personība; **2.** individualitāte
personalizar *v* saukt vārdos
personalmente *adv* personiski
personificación *f* personifikācija
personificar *v* personificēt
perspectiva *f* perspektīva
perspicacia, perspicacidad *f* vērīgums; tālredzība
perspicaz *a* vērīgs; tālredzīgs
perspicuo *a* skaidrs, saprotams
persuadir *v* pārliecināt, pierunāt
persuasible *a* pārliecinošs, ticams
persuasión *f* **1.** pārliecības spēks; **2.** pārliecība; **3.** hipnoze
persuasivo *a* pārliecinošs
pertenecer *v* piederēt
pertenencia *f* **1.** piederība; **2.** īpašums; **3.** īpašuma tiesības; **4.** saimnieciski izmantojami objekti
pértiga *f* kārts
pértigo *m* dīsele
pertinacia *f* spītība; neatlaidība
pertinaz *a* spītīgs; neatlaidīgs
pertinencia *f* atbilstība
pertinente *a* **1.** piederošs; **2.** attiecīgs, atbilstošs; medidas ~s – attiecīgi līdzekļi
pertrechar *v* **1.** apgādāt; **2.** *arī pārn.* apbruņot; **3.** *jūrn.* aptakelēt
pertrechos *m pl* **1.** *mil.* munīcija; **2.** iekārta, ierīces
perturbación *f* **1.** nemieri, jukas; nekārtības; **2.** satraukums
perturbar *v* **1.** iztraucēt; pārtraukt; **2.** satraukt
peruano I *a* peruāņu; **II** *m* peruānis
perversidad *f* samaitātība; izvirtība
perversión *f* **1.** izvirtība; **2.** samaitāšana, demoralizēšana
perverso *a* **1.** izvirtis; **2.** dusmīgs
pervertir *v* **1.** traucēt kārtību; **2.** pavedināt; ~se *rfl* izvirst
pesa *f* atsvars
pesadez *f* **1.** smagums; **2.** *sar.* tuklums
pesadilla *f* murgi
pesado *a* **1.** *arī pārn.* smags; **2.** tukls; **3.** dziļš (*par miegu*); **4.** gauss; **5.** apnicīgs; uzmācīgs
pesadumbre *f* **1.** *arī pārn.* smagums; **2.** apvainojums; **3.** strīds
pésame *m* līdzjūtības izteikšana; dar el ~ – izteikt līdzjūtību
pesantez *f* zemes pievilkšanas spēks
pesar[a] *m* **1.** nožēlošana; nožēla;

2. nelaime; ◇ a ~ de – 1) neskatoties uz; 2) gribot negribot; a ~ de todo – neskatoties ne uz ko
pesarᵇ *v* **1.** svērt; **2.** būt nozīmīgam; **3.** nožēlot; **4.** apsvērt
pesaroso *a* **1.** apbēdināts; satraukts; **2.** pilns nožēlas
pesca *f* **1.** zveja; zvejniecība; makšķerēšana; barco de ~ – zvejas kuģis; **2.** loms
pescada *f* **1.** menca; **2.** kaltēta zivs
pescado *m* zivju ēdiens
pescador *m* zvejnieks
pescar *v* zvejot; makšķerēt; caña de ~ – makšķere
pescuezo *m* **1.** skausts; **2.** kakls; **3.** augstprātība; ◇ torcer uno el ~ – lauzt kaklu (sprandu)
pesebre *m* redeles; sile
peseta *f* peseta (*naudas vienība*)
pesiar *v* lamāties
pesimismo *m* pesimisms
pesimista *m, f* pesimists, -e
pésimo *a* vissliktākais
peso *m* **1.** svars, smagums; al ~ – pēc svara; **2.** atsvars; **3.** svari; **4.** peso (*naudas vienība*); ◇ de ~ – svarīgs; de su ~ – pats par sevi saprotams
pespuntar *v* stepēt, nošūt
pesquería *f* zveja; zvejniecība
pesquero **I** *a* zvejas- (*par kuģi*); **II** *m* zvejas kuģis
pesquisa **1.** izmeklēšana; **2.** meklēšana; ◇ ~ domiciliaria – kratīšana
pesquisar *v* **1.** izmeklēt; **2.** meklēt
pestaña *f* **1.** skropsta; **2.** bārkstis; **3.** maliņa; apmale
pestañear *v* mirkšķināt
pestañeo *m* mirkšķināšana
peste *f* **1.** mēris; **2.** sērga; infekcija; **3.** smirdoņa; **4.** draudi; **5.** ~s *pl* lamas; echar ~s – lamāties
pestífero *a* **1.** mēra-; **2.** infekcijas-; **3.** smirdošs
pestilente *a* **1.** inficēts; **2.** samaitājošs
pestillo *m* bulta, aizšaujamais
pestiño *m* pankūka (*bieza*)
pestorejo *m* pakausis
petaca *f* **1.** lāde; čemodāns; **2.** etvija; tabakdoze
pétalo *m bot.* ziedlapiņa
petardista *m, f* krāpnieks; -ce
petate *m* **1.** maša; **2.** gulta; **3.** krāpnieks; ◇ liar el ~ – savākt mantas
petición *f* **1.** petīcija; **2.** pieprasījums; **3.** *jur.* prasība
peticionario *m* **1.** lūdzējs; **2.** *jur.* prasītājs
pétreo *a* akmens-
petrificación *f* pārakmeņošanās
petrificar *v* **1.** pārvērst akmenī; **2.** iedvest šausmas; ~se *rfl* pārakmeņoties
petróleo *m* nafta; ~ crudo (virgen) – jēlnafta; ~ combustible – naftas kurināmais; yacimientos de ~ – naftas atradnes
petrolero **I** *a* naftas-; **II** *m* **1.** naftinieks; **2.** tankkuģis naftas pārvadāšanai

petrolífer∥o *a* naftu saturošs-; cuenca ~a – naftas baseins
petulancia *f* **1.** spriganums; **2.** godkāre
petulante *a* **1.** sprigans; brašs; **2.** godkārīgs
pezª (*pl* peces) *m* **1.** zivs; ~ espada – zobenzivs; ~ zorro – haizivs; **2.** labums; ◇ estar uno como el ~ en el agua – justies kā zivij ūdenī
pezᵇ *f* darva; ◇ ~ con ~ – tukšs
pezón *m* **1.** krūtsgals; **2.** kātiņš; **3.** zemesrags
piada *f* pīkstēšana; čiepstēšana
piadoso *a* **1.** lēnīgs; **2.** žēlsirdīgs; **3.** dievbijīgs
pian *adv* **1.** klusi; **2.** lēni
pianista *m, f* pianists, -e
pianoª *m* pianīns; ~ de cola – klavieres, flīģelis
pianoᵇ *sk.* **pian**
piar *v* **1.** pīkstēt; čiepstēt; **2.** piesaukt
pica *f* pīķis; šķēps
picacho *m* kalna smaile, kalna galotne
picada *f* **1.** kodiens (*kukaiņa*); **2.** dūriena brūce
picadero *m* manēža; jāšanas skola
picadoª *a* dusmīgs
picadoᵇ *m av.* pikēšana
picador *m* **1.** jātnieks; **2.** pikadors (*vēršu cīņās*)
picajón, picajoso I *a* viegli aizvainojams; **II** *m sar.* memmesdēliņš
picamaderos *m* dzenis

picante I *a* **1.** pikants, vircots; **2.** ass, dzēlīgs; **II** *m* asprātība
picaño *m* blēdis
picapedrero *m* akmeņkalis
picaporte *m* bulta, aizšaujamais
picar *v* **1.** durt (*piem., ar adatu*); **2.** kapāt (*gaļu, kāpostus*); **3.** knābāt; **4.** kosties (*par zivīm*); **5.** kost, dzelt (*par kukaiņiem*); **6.** kost, dedzināt; **7.** karsēt (*par sauli*); **8.** uztraukt; uzbudināt; **9.** niezēt; **10.** *av.* pikēt; ◇ ~ en – tuvoties; ~ muy alto – kļūt augstprātīgam; ~ al caballo – piecirst piešus zirgam; **~se** *rfl* **1.** būt kožu saēstam; **2.** saskābt (*par vīnu, pienu*); **3.** dusmoties; **4.** lielīties
picardear *v* **1.** līksmot; **2.** draiskoties
picardía *f* **1.** blēdība; blēdīšanās; **2.** nedarbs
picaresc∥o *a* **1.** blēdīgs; novela ~a – blēžu romāns; **2.** uzjautrinošs
pícaro I *a* **1.** bezkaunīgs; **2.** viltīgs; blēdīgs; **3.** kaitīgs; **4.** sevī noslēdzies, noslēgts; **II** *m* **1.** blēdis; **2.** blēžu romāna varonis
picatostes *m pl* grauzdiņi
picaza *f* žagata; ~ marina – flamingo
picazón *f* nieze
pico *m* **1.** knābis; **2.** smaile, galotne; **3.** cērte; **4.** pārpalikums; ◇ ~ de oro – daiļrunīgs cilvēks; tener mucho ~ – palaist mēli; de ~ – vārdos
picón *m* **1.** smalkas kokogles; **2.** zobgalība

picota *f* kauna stabs; poner en la ~ – likt pie kauna staba

picotear *v* 1. knābt; 2. pļāpāt; tenkot; **~se** *rfl* ķildoties (*par sievietēm*)

picotería *f sar.* pļāpāšana; pļāpāšanas kāre

picotero I *a sar.* pļāpīgs; II *m sar.* pļāpa

pictórico *a* gleznains

picudo *a* 1. ar asu galu; 2. pļāpīgs

pichel *m* krūze

pichón *m* 1. jauns balodis; 2. *sar.* draudziņš

pie *m* 1. kāja; 2. pakāje; 3. pamatne; 4. kāts (*zieda, lapas*); 5. pēda (*mērvienība*); ◇ a ~ – kājām; a ~ juntillo – ietiepīgi; a ~ firme – a) nekustīgi; b) droši, pārliecināti; c) pastāvīgi; a ~ quedo – a) nekustīgi; b) bez pūlēm; al ~ ~ – a) tuvumā; b) apakšā; al ~ de la letra – burtiski; ~ con ~ – ļoti tuvu; por ~s – skriešus; de ~s a cabeza – no galvas līdz kājām; en ~ – a) stāvot; b) neatlaidīgi; en un dar con el ~ – vienā acumirklī; estar en ~ de guerra – būt kaujas gatavībā; dar ~ – dot iemeslu; tomar ~ de una cosa – izmantot gadījumu; no caber de ~ en un sitio – ābolam nav kur nokrist

piedad *f* 1. dievbijība; 2. pietāte; 3. līdzjūtība; žēlums; ◇ monte de ~ – lombards

piedra *f* 1. akmens; ~ de chispa – krams; ~ preciosa – dārgakmens; ~ pómez – pumeks; ~ imán – magnēts; ~ jaspe – jašma; ~ oniquina – onikss; 2. rupji krusas graudi; ◇ ~ de escándalo – piedauzības akmens; no dejar ~ sobre ~ – neatstāt akmeni uz akmens

piel *f* 1. āda; 2. kažokāda

piélago *m* atklāta jūra

pienso *m* sausa lopbarība; furāža

pierna *f* 1. kāja; 2. gurns, ciska; ◇ estirar las ~s – pastaigāties; dormir a ~ suelta (tendida) – mierīgi gulēt

pieza *f* 1. daļa; detaļa; ~s de repuesto (de recambio) – rezerves daļas; ~ por ~ – pa daļām; 2. gabals; 3. istaba; 4. monēta; 5. šaha figūra; 6. luga; 7. mākslas darbs; 8. laika sprīdis; 9. *mil.* lielgabals; ◇ quedarse de una ~ – sastingt aiz brīnumiem

pífano *m* flauta

pifia *f* kļūda

pigmeo I *a* 1. pundur-; 2. nenozīmīgs; II *m* punduris

pignoración *f* ieķīlāšana

pignorar *v* ieķīlāt

pigre *a* 1. slinks; 2. nevarīgs

pigricia *f* 1. slinkums; 2. nevērība

pijotero *a sar.* 1. sīkumains; 2. nožēlojams; nicināms

pila *f* 1. izlietne; baseins, rezervuārs; 2. kaudze

pilar *m* 1. stabs; 2. ceļa stabs; 3. balsts (*tilta*); 4. baseins

píldora *f* pilula, zāļu graudiņš; tablete

pilón *m* 1. ūdenstvertne; baseins; 2. cukurgalva; 3. piesta
pilonero *m* tenkotājs
piloso *a* matains
pilotajeᵃ *m* 1. loča amats; 2. *av.* pilotāža; ~ alto – augstākā pilotāža
pilotajeᵇ *m* pāļi
pilotar *v* vadīt (*kuģi, lidmašīnu*)
pilote *m* pālis
piloto *m* 1. locis; 2. pilots, lidotājs; ~ de caza – lidotājs iznīcinātājs
pillada *f* 1. blēdība; 2. palaidnība
pillaje *m* 1. kara laupījums; 2. laupīšana, banditisms
pillar *v* laupīt
pillastre *m* 1. laupītājs; 2. blēdis
pillear *v sar.* blēdīties
pillería *f sar.* 1. banda; 2. blēdība
pillo I *a* viltīgs; II *m* blēdis
pimentada *f* ēdiens no pipariem
pimentón *m* sarkanie pipari (*malti*)
pimienta *f* pipari (*auglis*); ~ negra – melnie pipari
pimiento *m* piparkrūms
pimpollear *v*, **pimpollecer** *v* augt, dzīt asnus
pimpollo *m* 1. asns; 2. rozes pumpurs
pina *f* ceļa stabs
pinabete *m* egle
pináculo *m* 1. ēkas smaile; 2. (*zināšanu*) kalngali; en ~ de la gloria – slavas zenītā
pinal, pinar *m* priežu mežs
pinariego *a* priežu–
pincel *m* ota
pincelada *f* [otas] triepiens

pinchar *v* durt
pinchazo *m* dūriens
pincho *m* dzelonis (*rozes*)
pinchoso *a* 1. ass, dzeloņains; 2. *pārn.* dzēlīgs
pinedaᵃ *f* priežu mežs
pinedaᵇ *f* 1. lente; 2. zeķturis
pingajo *m sar.* skrandas
pingajoso *a* apskrandis
pinganitos: en ~ *sar.* – slavas augstumos
pingo *m sar.* 1. lupata; 2. (*am.*) zirgs
pingüe *a* 1. auglīgs; 2. bagāts; 3. trekns
pingüino *m* pingvīns
pinguosidad *f* tauku kārta
piniforme *a* konusveidīgs
pinina *f* priežu sveķi
pinitos *m pl arī pārn.* pirmie soļi
pinoᵃ *m* priede; ~ negral – priede; ~ albar – dižegle
pinoᵇ I *a* ļoti taisns; en ~ – taisni; II *m* pirmais solis; hacer ~s – spert pirmos soļus (*par bērnu*)
pinocha *f* skujas
pinoso *a* priežu–
pinta *f* 1. traips; 2. baku rēta
pintada *f* pērļu vista
pintado *a* daudzkrāsains, raibs; ◊ viene como ~ – nākt kā sauktam; el más ~ – visspējīgākais
pintar *v* 1. gleznot; 2. krāsot; 3. aprakstīt, attēlot; 4. iztēloties; 5. parādīt sevi; 6.: no pinta nada – tam nav nozīmes; ~se *rfl* krāsoties
pintarrajar, pintarrajear *v sar.* smērēt (*par sliktu gleznotāju*)

pintarrajo *m sar.* smērējums (*par sliktu gleznu*)

pintiparado *a* 1. ļoti līdzīgs; 2. tāds, kas piestāv

pintiparar *v* salīdzināt

pintor *m* gleznotājs; ~ de brocha gorda – 1) (*audumu*) krāsotājs; 2) *sar.* mālderis, pindzelmanis

pintoresco *a* gleznains

pintura *f* 1. glezna; ~ a la acuarela – akvarelis; ~ al temple – tempera; ~ tejida – gobelēns; ~ al pastel – pastelis; 2. gleznošana; glezniecība; 3. krāsa; ~ al óleo – eļļas krāsa

pinzas *f pl* 1. pincete; 2. knaibles

pinzón *m* žubīte

piña *f* 1. priežu čiekurs; 2. ananass

piñal *m* (*am.*) ananasu plantācija

piñata *f* pods (*virtuves*)

píoᵃ *m* čiepstēšana

píoᵇ *a* 1. dievbijīgs; 2. līdzjūtīgs

piojento *a sk.* **piojoso**

piojo *m* uts; ◊ ~ resucitado – izlēcējs; como ~(s) en costura – kā siļķes mucā

piojoso *a* 1. utains; 2. nožēlojams

pipa *f* 1. muciņa; 2. pīpe; 3. stabule

pipar *v* pīpēt

pipeta *f* pipete

pipiar *v* čiepstēt

pipote *m* muciņa

pique *m* naids; dusmas; ◊ está a ~ de (*caer*) – gandrīz (*pakrita*); echar a ~ – 1) slīcināt; 2) grūst postā; irse a ~ – 1) slīkt; 2) iet bojā

piqueta *f* cērte

piqueteᵃ *m* pikets; ~ de huelga – streikotāju pikets

piqueteᵇ *m* 1. dūriens; 2. kodiens (*kukaiņu*); 3. caurums (*audumā*)

pira *f* ugunskurs

pirámide *f* piramīda

pirarse *v rfl sar.* nozust, aiziet

pirata *m* pirāts, jūras laupītājs

piratear *v* laupīt uz jūras

pirenaico *a* pirenejiešu-; Pireneju-

piriforme *a* bumbierveidīgs

pirineo *a sk.* **pirenaico**

pirita *f* pirīts

piropear *v* glaimot

pirosis *f* grēmas

pirotécnico I *a* pirotehnisks; II *m* pirotehniķis

pirrarse *v rfl sar.* alkt (*kā*), tiekties (*pēc kā*)

pirroniano, pirrónico – skeptisks

pirueta *f* piruete

pisada *f* 1. solis; 2. ~s *pl* pēdas

pisar *v* 1. iet, staigāt; 2. iestaigāt, iemīt; 3. mīdīt

pisaverde *m sar.* švīts

piscina *f* baseins

piso *m* 1. grīda; 2. dibens (*trauka*); 3. stāvs; ~ bajo – apakšstāvs; ~ principal – pirmais stāvs; 4. dzīvoklis; 5. *teātr.* balkons

pisonear *v* noblietēt

pisotear *v* 1. mīdīt; samīdīt; 2. *pārn.* mīdīt kājām

pista *f* 1. pēdas; 2. gramba; 3. skrejceliņš; ~ de hielo – slidotava; 4. autostrāde, ceļš

pistacho *m* pistācijas rieksts
pistadero *m* 1. stampiņa (*piestai*); 2. bliete
pistola *f* pistole
pistolera *f* (*revolvera*) maksts
pistoletazo *m* 1. pistoles šāviens; 2. pistoles šāviena rēta
pistraje *m sar.* šķidrums
pita[a] *f* amerikāņu agave
pita[b] *f* vista
pita[c] *f sar.* svilpiens
pitar *v* svilpt
pitillera *f* etvija
pitillo *m* papiross; cigarete
pito *m* svilpe
pitoflero *m sar.* blēdis; šarlatāns
pitorreo *m* izsmiekls
pitorrearse *v rfl* izsmiet
pitorro *m* snīpis
pituita *f* krēpas; gļotas
pizarra *f* 1. šīferis; 2. tāfele (*rakstīšanai*)
pizmiento *a* 1. iededzis; 2. melnīgsnējs
placa *f* 1. plāksne; 2. dēlis
placentero *a* 1. patīkams; 2. jautrs
placer[a] *m* 1. labpatika; a ~ – 1) sev par prieku; 2) ērti; 2. atļauja, piekrišana
placer[b] *v* patikt; a mí me place – man tas patīk
placer[c] *m* 1. rifs; 2. piekrastes sēklis
placible *a* 1. patīkams; 2. priecīgs
placidez *f* rāmums; mierīgums
plácido *a* rāms; mierīgs
plaga *f* 1. nelaime; 2. slimība; 3. sarūgtinājums

plagiar *v* plaģiēt
plagio *m* plaģiāts
plan *m* 1. plāns; 2. rasējums; 3. projekts
plancha *f* 1. dēlis; 2. plāksne; 3. gludeklis
planchada *f* piestātne
planchado *m* gludināšana
planchar *v* gludināt
planear *v* 1. projektēt; 2. plānot
planetario I *a* planētu-; sistema ~ – planētu sistēma; **II** *m* planetārijs
planicie *f* līdzenums
planificar *v* plānot
plano I *a* 1. līdzens; 2. plakans; **II** *m* 1. plakne; ~ de nivel – jūras līmenis; 2. rasējums; projekts; ◇ de ~ – atklāti (*runāt*)
planta *f* 1. augs; ~ anual – viengadīgs augs; ~ medicinal (oficinal) – ārstniecības augs; ~ de adorno – dekoratīvs augs; ~ voluble – vīteņaugs; ~ vivaz – daudzgadīgs augs; 2. zole; 3. pēda, pēdas apakša; 4. stāvs; ◇ buena ~ – impozants izskats
plantación *f* 1. stādīšana; 2. plantācija
plantar *v* 1. stādīt (*augus*); 2. cirst (*pļiķi*); 3. ieviest
plantear *v* izvirzīt (*problēmu*); ierosināt (*jautājumu*)
plantilla *f* 1. starpzole; 2. *tehn.* šablons; lekāls
plañidera *f* 1. apraudātāja (*bērēs*); 2. pinkšķe

plañidero *a* žēls
plañido *m* vaimanas
plañir *v* vaimanāt
plaqué *m* apzeltījums
plasmo *m* šablons; modelis
plaste *m* ķite
plastecer, plastear *v* ķitēt
plastecido *m* ķitēšana
plástico *a* plastisks
plata *f* 1. sudrabs; de ~ – sudraba-; 2. nauda; ◇ hablar en ~ – runāt skaidri
plataforma *f* 1. *arī pārn.* platforma; 2. *dzelzc.* tamburs
plátano *m* 1. banānkoks; 2. banāns
platea *f teātr.* parters
plateado *a* sudrabains; sudrabots
platear *v* apsudrabot
platería *f* juvelierveikals
platero *m* juvelieris
plática *f* saruna
platicar *v* sarunāties
platillo *m* 1. apakštasīte; 2. šķīvītis; 3. ļaunas valodas; hacer ~ – izplatīt ļaunas valodas
platino *m* platīns
plato *m* 1. šķīvis; ~ sopero – dziļais šķīvis; ~ liso – lēzens šķīvis; 2. ēdiens; ◇ nada entre dos ~s – liela brēka, maza vilna
platónico *a* platonisks
plausible *a* slavējams
playa *f* pludmale
playero *a* pludmales-
plaza *f* 1. laukums; 2. tirgus; 3.: ~ fuerte – cietoksnis; ~ militar – garnizons; 4. arēna
plazo *m* termiņš; a ~s – uz nomaksu
plebe *f* vienkāršā tauta
plegable *a* 1. saliekams; 2. lunkans
plegado *m tehn.* locīšana
plegar *v* 1. salocīt; ~ la navaja – aizvāzt nazi; 2. saraukt; 3. *tehn.* locīt; **~se** *rfl* locīties
plegaria *f* lūgums; lūgšana
pleitear *v* tiesāties, prāvoties
pleito *m* prāva; ~ civil – civillieta; ~ criminal – krimināllieta
plenari∥o *a* 1. pilns; 2. plenār-; sesión ~a – plenārsēde
plenilunio *m* pilns mēness
plenipotencia *f* pilnvara
plenipotenciario *a* pilnvarots
pleno I *a* pilns; II *m* plēnums
plétora *f* 1. pilnasinība; 2. pārpilnība
pliego *m* loksne; ~ de prensa – iespiedloksne
pliegue *m* 1. ieloce; 2. grumba
plomar *v* plombēt
plomizo *v* 1. svina-; 2. svina krāsā
plomo *m* svins
pluma *f* spalva (*putna vai rakstāmā*)
plumado *a* spalvains
plumaje *m* apspalvojums
plúmbeo, plúmbico *a* svina-
plumear *v* svītrot
plumero *m* penālis
plumión, plumón *m* 1. dūnas; 2. pēlis
plumoso *a* spalvains
plural *m gram.* daudzskaitlis
pluralidad *f* 1. liels daudzums;

2. vairākums; a ~ de votos – ar balsu vairākumu
plusvalía *f* virsvērtība
plúteo *m* grāmatplaukts
pluvial *a* lietus-; agua ~ – lietusūdens
pobeda *f* apšu birzs
población *f* **1.** iedzīvotāji; **2.** apdzīvota vieta
poblado *m* ciemats
poblador *m* iecejotājs
poblar *v* **1.**: ~ un territorio – nometināt iedzīvotājus (*kādā*) teritorijā, padarīt (*kādu*) teritoriju apdzīvotu; **2.** stādīt; **~se** *rfl* salapot
pobo *m* apse
pobre **I** *a* **1.** nabadzīgs; **2.** nožēlojams; **3.** nelaimīgs; **II** *m*, *f* nabags, nabadzīgs (trūcīgs) cilvēks; ubags, -dze
pobretear *v* ubagot
pobretería *f* skopulība
pobreza *f* nabadzība
pocilga *f* cūkkūts
poco **I** *a* neliels; al ~ rato – pēc kāda laika; **II** *m* **1.** mazumiņš; **2.** ~s *pl* nedaudzi; **III** *adv* nedaudz; maz; bien ~ diezgan maz; ◇ a ~ – 1) drīzumā; 2) tikko; ~ más o menos – apmēram; ~ a ~ – mazpamazām; hace ~ – nesen; ¡qué ~¡; – nebūt ne!; de ~ tiempo acá – kopš neilga laika
pocho *v* **1.** bāls; **2.** izbalējis; **3.** bojāts (*par augļiem*)
podadera *f* dārza šķēres
podar *v* apgriezt (*kokus*)

poder[a] *m* **1.** spēks; varenība; **2.** ~ legislativo – likumdošanas vara; ~ ejecutivo – izpildvara; ~ absoluto – despotisms; ◇~ cuarto – «ceturtā vara», prese; a todo ~ – no visa spēka
poder[b] **1.** varēt; **2.** būt nozīmīgam (svarīgam); ◇ puede ser – varbūt
poderhabiente *m*, *f* pilnvarotais, -ā
poderío *m* **1.** varenība; **2.** vara; ietekme; **3.** bagātība
poderoso *a* **1.** varens; **2.** ietekmīgs; **3.** bagāts
podoscafo *m* smailīte (*laiva*)
podre *f* strutas
podrecer *v*, **podrecerse** *rfl* pūt, bojāties
podrecimiento *m*, **podredumbre**, **podredura** *f* **1.** puvekļi; **2.** pūšana
podrir *v* pūdēt
poema *m* **1.** dzejolis; **2.** poēma
poesía *f* dzeja
poeta *m* dzejnieks
poético *a* dzejisks
poetisa *f* dzejniece
poetizar *v* dzejot
polaco **I** *a* Polijas-; poļu-; **II** *m* **1.** polis; **2.** poļu valoda
polar *a* polārs
polea *f tehn.* skriemelis
polémica *f* polemika
polemizar *v* polemizēt
policía[a] *f* **1.** *f* policija; ~ de tráfico – ceļu policija; **2.** *m* policists
policía[b] *f* **1.** pieklājība; **2.** tīrība, kārtība

policíaco I *a* policejisks; **II** *m* (*am.*) policists
policromo *a* daudzkrāsains
poliedro *m* daudzskaldnis
poligloto I *a* daudzvalodu-; **II** *m* poliglots
poligonal *a* daudzstūrains
polígono *m* 1. daudzstūris; 2. šautuve
polilla *f* 1. kode; 2. apnicīgs cilvēks; ◇ no tener ~ en la lengua *sar.* – nav uz mutes kritis
polimatía *f* erudīcija
polimérico *a* polimēru-
politécnico I *a* politehnisks; **II** *m* 1. politehniķis; 2. politehniskais institūts
política *f* 1. politika; ~ de no intervención – neiejaukšanās politika; 2. pieklājība
politicismo *m* divkosība
político *a* 1. politisks; 2. pieklājīgs; ◇ padre ~ – vīra tēvs; sievas tēvs; hijo ~ – znots
póliza *f* 1. čeks; 2. kvīts
polizón *m* klaidonis
polo *m* pols; ~ Artico, ~ Boreal – Ziemeļpols; ~ Antártico, ~ Austral – Dienvidpols; ◇ de ~ a ~ – no sākuma līdz galam
polonés *a* poļu-
poltrón I *a* 1. slinks; 2. kautrīgs; bikls; **II** *m* sliņķis
poltronería *f* slinkums
poltronizarse *v rfl* slinkot
poluto *a* nosmērēts

polvera *f* pūdernīca
polvo *m* 1. putekļi; 2. pulveris; 3. pūderis; ◇ hacer ~ a alguien – samalt kādu miltos
pólvora *f* 1. [šaujamais] pulveris; 2. straujums, dzīvums; ser una ~ – būt ļoti straujam
polvorear *v* 1. apkaisīt; 2. pūderēt
polvoriento *a* putekļains; pārvērsts putekļos, putekļveidīgs
polvorín *m* pulverpagrabs
pollada *f* perējums, cāļu saime
pollera *f* putnkope
pollo *m* 1. cālis; 2. putnēns
pomar *m* ābeļdārzs
pómez *f* pumeks
pomo *m* 1. auglis; 2. flakons
pompa *f* 1. greznība; 2. sūknis
pompear *v* lielīties
pomposo *a* krāšņs
pómulo *m* vaiga kauls
pomuloso *a* [ar] lieliem vaigu kauliem
ponche *m* punšs
poncho *m* apmetnis
ponderación *f* 1. apsvēršana; 2. pārspīlēšana
ponderar *v* 1. apsvērt; apdomāt; 2. slavēt, daudzināt; 3. pārspīlēt
ponderativo *a* 1. cildinošs; 2. pārspīlēts
ponencia *f* ziņojums; raports; referāts
ponente *m* referents
poner *v* 1. likt; nolikt; ~ al sol – izlikt saulē; 2. uzlikt; ~ el sello – uzlikt

(uzspiest) zīmogu; **3.** uzdot (*mīklu*); **4.** [uz]klāt (*galdu*); **5.** [ie]likt (*vārdu*); nosaukt; **6.** saderēt, noslēgt derības; **7.** uzvilkt (*piem.*, *mēteli*); **8.**: ~ en marcha – iedarbināt; palaist (*piem.*, *kosmisko raķeti*); ~ en duda – apšaubīt; ~ en claro – noskaidrot; ~ en escena *teātr.* – uzvest; ~ en circuito *el.* – ieslēgt; ~ cuidado en algo – rūpēties par kaut ko; ~ miedo – iedvest bailes; **~se** *rfl* **1.** pretoties; **2.** [no]rietēt; al ~se el sol – saulei rietot; **3.** notašķīties, nosmērēties; ~se de tinta – notašķīties ar tinti; **4.**: ~se (+ *adj*) kļūt; ~se furioso – kļūt niknam, saskaisties; ~se colorado – nosarkt; ~ pálido – nobālēt; ~ enfermo – saslimt; **5.**: ~se (a + *inf*) – sākt (*kaut ko*) darīt; ~se a escribir – sākt rakstīt, ķerties pie rakstīšanas; ◊ ~se en razón – nākt pie prāta; ~se al corriente – a) sākt orientēties kādā lietā; uzzināt ko; b) nomaksāt parādus
poniente *m* **1.** rietumi; **2.** rietumu vējš
pontazgo *m* nodeva par tilta pāriešanu, tilta nodeva
pontificado *m* pāvesta vara
pontifical I *a* **1.** pāvesta-; **2.** bīskapa-; bīskapu-; **II** *m* bīskapa tērps
pontífice *m* **1.** bīskaps; **2.** arhibīskaps; sumo ~ – (*Romas*) pāvests
pontón *m* **1.** pontons; puente de ~ –

pontontilts; ~ flotante – a) prāmis; b) steķis; **2.** barža, liellaiva
ponzoña *f* **1.** inde; **2.** kaitīga mācība (teorija)
ponzoñoso *a* **1.** indīgs; **2.** kaitīgs, samaitājošs
popa *f jūrn.* (*kuģa*, *laivas*) pakaļgals; ◊ viento de ~ – a) ceļavējš; b) veiksme, laime
popar *v* **1.** pliķēt (*piem.*, *zirgam kaklu*); glaudīt; **2.** *sar.* apcelt, nerrot, ķircināt
población *f* iedzīvotāji
populachería *f* viegli iegūta popularitāte; pūļa labvēlība
populachero I *a* **1.** rupjš, vulgārs; **2.** pūļa-; vienkāršo ļaužu-; **II** *m* demagogs
populacho *m niev.* pūlis; vienkāršā tauta
popular *a* **1.** tautas-; tautisks; frente ~ – tautas fronte; canción ~ – tautasdziesma; **2.** populārs
popularidad *f* **1.** tautiskums; **2.** popularitāte
popularizarse *v rfl* kļūt populāram
populoso *a* biezi (blīvi) apdzīvots
popurrí *m* **1.** *mūz.* popurijs; **2.** *sar.* sajaukums, mistrojums
poquito *a*: un ~ – mazlietiņ, [maz]druscin; tikko manāmi; a ~, ~ a ~ – mazpamazām
por *prep* **1.** par; lucha ~ la paz – cīņa par mieru; tomar ~ esposa – ņemt par sievu; tener ~ ... – uzskatīt par ...; **2.** pa; caur; pasar ~ – un puente –

pāriet pār tiltu, pāriet tiltam pāri; pasar ~ un bosque – iziet caur mežu; **3.** pēc; ir ~ pan – iet pēc maizes; **4.** ar; ~ fuerza – ar spēku (varu); ~ docenas – dučiem; **5.** dēļ; ~ mí – manis dēļ; ~ (causa de) ellos – to dēļ; kuru dēļ; **6.** no; ~ la mañana – no rīta; **7.** aiz; ~ obstinación – aiz spītības; **8.** uz; ~ persona – uz cilvēka; **9.** lai; ~ no caer en manos de los enemigos – lai nekristu ienaidnieka rokās; **10.** *mat.* reizināts, reiz; tres ~ dos – trīsreiz divi; **11.** *lieto dažādos izteicienos, vārdu savienojumos;* ~ donde – kālab, kādēļ, par ko; ~ fin – beidzot; ~ grande que sea – lai arī cik liels tas būtu; ~ lo demás – bez tam; starp citu; ~ (lo) tanto – tātad; tādējādi; – más que – lai gan, kaut gan, kaut arī; ~ poco – tikko ne; gandrīz; ¿~ qué? – kādēļ?, kāpēc?

porcallón I *a sar.* cūcīgs; II *m sar.* liela cūka

porcelana *f* porcelāns; porcelāna izstrādājumi

porcentaje *m* procentu likme

porcino I *a* cūkas-; II *m* sivēns

porción *f* porcija

porcipelo *m sar.* sari

pordiosear *v* **1.** ubagot; **2.** izlūgties, izdiedelēt

pordiosero *m* ubags

porfía *f* **1.** ietiepība, stūrgalvība; **2.** uzbāzība, uzmācība; **3.** strīds; strīdēšanās; ◇ a ~ – cits caur citu; aizgūdamies

porfiado *a* stūrgalvīgs, ietiepīgs

porfolio *m* albums (*fotogrāfijām*)

pormenor *m* detaļa; ~es – sīkumi; ◇ vender al ~ – pārdot mazumā

pormenorizar *v* sīki jo sīki aprakstīt; sīki jo sīki uzskaitīt; izstāstīt visos sīkumos

poro *m* pora

poroso *a* porains; šūnains

porque *conj* jo; tā kā; tāpēc ka

porqué *m* **1.** iemesls; **2.** *sar.* noteikts daudzums; daļa

porquería *f sar.* cūcība

porqueriza *f* cūkkūts

porquerizo, porquero *m* cūkgans

porqueta *f zool.* mitrene

porra *f* **1.** vāle; milna; boze; **2.** gumijas nūja; **3.** (*liels*) kalēja āmurs; **4.** uzmācīgs cilvēks; ◇ ¡vete a la ~! – ej pie velna!; guardia de la ~ – ielu satiksmes regulētājs

porrada *f* **1.** sitiens ar bozi (milnu; vāli); **2.** sitiens ar gumijas nūju; **3.** aušība; ģēķība; rupjība; **4.** liels daudzums, masa; ◇ una ~ de dinero – kaudze naudas

porrear *v sar.* uzmākties; apgrūtināt

porreta *f* (*sīpola, ķiploka u. tml.*) loks; ◇ en ~ – gluži kails; kā no mātes miesām nācis

porrillo *m sar.*: a ~ – tiku tikām, atliku likām, papilnam

porro *m sar.* lempis

porrón I *a sar.* **1.** stūrgalvīgs, ietiepīgs; **2.** lempīgs, neveikls; **II** *m* **1.** *stikla vai māla dzeramā krūze ar snīpi*; **2.** *sar.* lempis

portaaviones *m av.*, *jūrn.* lidmašīnu bāzes kuģis

portacartas *m* pastnieka soma

portada *f* **1.** portāls; **2.** titullapa

portado *a*: bien (mal) ~ – 1) labi (slikti) ģērbies; 2) pieklājīgs (nepieklājīgs); ar labām (sliktām) manierēm

portador *m* **1.** nesējs; ~ de gérmener *med.* – baciļu nēsātājs; **2.** uzrādītājs; ~ de un cheque – čeka uzrādītājs

portaestandarte *m* karognesējs

portafusil *m* šautenes siksna

portal *m* **1.** portāls; vestibils; **2.** vārtu telpa; **3.** pilsētas vārti; **4.** ~es *pl* kolonāde; slēgta galerija

portamantas *m* siksnas (*ceļa somām, čemodāniem u. tml.*)

portamonedas *m* naudas maciņš

portante *m* pase (*zirgam*); ◇ tomar el ~ – aizlaisties lapās

portaplumas *m* **1.** spalvaskāts; **2.** penālis

portar *v* **1.** *novec.* nest; **2.** piepūsties vējā (*par burām*); **~se** *rfl* uzvesties; ~ se bien (mal) – uzvesties labi (slikti)

portátil *a* portatīvs; kabatas-

portavoz *m* **1.** rupors; **2.** megafons; **3.** oficiālais (valdības) pārstāvis

portazgo *m* ceļa nodoklis (*par ceļa lietošanu*)

portazo *m*: dar un ~ – aizsist (aizcirst) durvis; marcharse dando un ~ – aiziet, aizcērtot durvis

porte *m* (*pasta*) nodeva; maksa par kravas pārvadāšanu; ~ a domicilio – maksa par piegādi; **2.** izturēšanās; stāja

portear *v* **1.** aizvest, aizgādāt; aiznest, aizstiept; **2.** aizsist (aizcirst) durvis

portento *a* neredzēts brīnums

portentoso *a* **1.** apbrīnojams; **2.** milzīgs; varens

portería *f fizk.* vārti

portero *m fizk.* vārtsargs

portezuela *f* (*automobiļa, karietes*) durtiņas; **2.** (*kupejas*) durvis

pórtico *m* portiks; galerija ar kolonnām (*iekšējā pagalmā*)

portilla *f* **1.** vārtiņi; **2.** iluminators

portillo *m* **1.** caurums; robs; plaisa (*piem., mūrī*); **2.** durtiņas (*vārtos*); **3.** šaura taka starp kalniem; **4.** izlūzis robs (*traukiem*)

portuario *a* ostas-; obrero ~ – ostas strādnieks

portuense *m* ostas pilsētas iedzīvotājs

porvenir *m* nākotne; ~ asegurado – nodrošināta nākotne; en lo ~ – turpmāk, uz priekšu

pos *adv*: en ~ – pakaļ, nopakaļ; ir en ~ – iet no muguras

posa *f* **1.** kapa zvani; **2.** miers

posada *f* **1.** iebraucamā vieta; lauku viesnīca; tomar ~ – apmesties

(*kādā viesnīcā*, *kādā pilsētā*); **2.** nesesers
posaderas *f pl* sēžamvieta, dibens
posadero *m* viesnīcnieks; iebraucamās vietas īpašnieks
posamiento *m* nolaišanās; ~ suave – lēnā nosēšanās (*piem*., *uz Mēness*)
posar *v* **1.** apmesties (*kādā viesnīcā*, *pilsētā u. c.*); **2.** uzmesties, uzsēsties (*par putnu*); **3.** pozēt; ◇ ~ los ojos en ... – pievērst skatienu (*kam*); ~**se** *rfl* **1.** nostāties (*par šķidrumu*); **2.** nolaisties, nosēsties (*piem*., *uz Mēness*)
poscafé *m* liķieris, ko pasniedz ar kafiju
posdata *f* postskripts
poseedor *m* īpašnieks
poseer *v* **1.** piederēt; **2.** pārvaldīt, labi prast (*piem*., *valodu*); ~**se** *rfl* valdīt par sevi, valdīties
poseído *a* kā apsēsts; (*jūtu, kaislību*) pārņemts; ~ de horror – šausmu pārņemts
posesión *f* **1.** īpašums; tomar ~ de ... – a) sagrābt (*kaut ko*) savās rokās; b) kļūt (*kā*) īpašniekam; **2.** muiža, īpašums; posesiones de ultramar – aizjūras īpašumi; **3.** apsēstība
posesivo *a gram.* piederības-
poseso I *a* (*kā*) pārņemts, (*kā*) apsēsts; **II** *m* apsēstais
posesorio *a* īpašuma-
posfecha *f* ar iepriekšēju datumu
posibilidad *f* **1.** iespēja, iespējamība; **2.** ~es *pl* līdzekļi, nauda
posible I *a* iespējams; hacer todo lo ~ – darīt visu iespējamo; si es ~ – varbūt, iespējams; en lo ~ – pēc iespējas; cik [vien] iespējams; **II** *m* ~s *pl* līdzekļi
posición *f daž. noz.* pozīcija; tomar ~ *mil.* – stāvēt mierā (*pamatstājā*); ~ social – sabiedriskais stāvoklis; ◇ persona de ~ – augsti stāvoša persona; tener buena ~ – būt materiāli nodrošinātam
positivamente *adv* bez šaubām; noteikti
positivo I *a daž. noz.* pozitīvs; ◇ hombre ~ – prāta cilvēks; de ~ – bez šaubām, noteikti; **II** *m* **1.** *gram.* pamata pakāpe; **2.** *foto* pozitīvs
posma I *m, f sar.* tūļa; **II** *f* tūļošanās
poso *m* **1.** nogulsnes; padibenes; **2.** atpūta, miers
posponer *v* **1.** ievērot mazāk nekā citus; atstāt novārtā; apiet; **2.** atlikt uz vēlāku laiku
pospuesto *part no* **posponer**
posta *f* **1.** pasta stacija; silla de ~ – pasta rati; **2.** posms, ceļa gabals (*starp divām pasta stacijām*); **3.** likme (azartspēlē); **4.** ~s *pl* postenis; **5.** ~s *pl* skrotis; ◇ a ~ – ar nodomu, tīšām; por la ~ – steidzīgi, lielā steigā
postal I *a* pasta-; tarjeta ~ – pastkarte, atklātne; giro ~ – pasta pārvedums; **II** *f* (*am.*) atklātne
poste *m* stabs; ~ fronterizo – robežstabs; ~ de alumbrado – laternas

stabs; ~ indicator – ceļa rādītājs; ◇ oler el ~ – nojaust briesmas

postema *f* 1. augonis; 2. *sar.* apnicīgs cilvēks

postergar *v* neievērot; ignorēt; atstāt novārtā; apiet

posteridad *f* pēcnācēji

posterior *a* sekojošais; turpmākais

posterioridad *f* nākamā paaudze; ◇ con ~ – ar iepriekšēju datumu

postguerra *f*: (la época de) la ~ – pēckara periods

postigo *m* 1. sētas durvis; 2. vārtiņi; 3. slēģis

postilla *f* krevele, kreve

postín *m sar.* lielība; plātīšanās; iedomība; darse (mucho) ~ – būt iedomīgam; plātīties; de ~ – a) lielīgs, plātīgs; b) *sar.* pirmklasīgs; smalks

postizas *f pl* kastaņetes

postiz‖o **I** *a* neīsts, viltots; mākslīgs; dentadura ~a – mākslīgie zobi; **II** *m* lieki mati, parūka; ◇ nombre ~ – iesauka

postmeridiano *a* pēcpusdienas-

postor *m* solītājs; mayor ~ – vairāksolītājs

postrar *v* satriekt pīšļos, pazemot; ~se *rfl* 1. nomesties ceļos; 2. sabrukt, saļimt

postre I *a sk.* postrero; a la ~ – [pašās] beigās; **II** *m* saldais ēdiens; deserts

postremo, postrero *a* pēdējais

postrimerías *f pl* mūža vakars; ◇ en las ~ del año – gada beigās, gada pēdējās dienās

postulado *m* postulāts; aksioma

postular *v* prasīt, pieprasīt

póstumo *a* pēcnāves-

postura *f* 1. stāvoklis; 2. stāja; 3. apstākļi; 4. (*koku*) dēstīšana, stādīšana; 5. solītā cena (*piem.*, *vairāksolīšanā*); 6. dēšana; ◇ ~ académica *glezn.* – akts

potable *a* dzerams, derīgs dzeršanai

potasa *f* potaša

pote *m* 1. māla pods; 2. puķu pods; ◇ a ~ – tiku tikām, atliku likām

potencia *f* 1. spēks; 2. potence; 3. spēja; ~ calorífera – siltumspēja; 4. valsts; grande ~ – lielvalsts; 5. autoritāte; vara; 6. *el.* lādiņš; 7. *mat.* pakāpe; segunda ~ – otrā pakāpe, kvadrāts; elevar a ~ – kāpināt

potencial I *a* 1. mantīgs, turīgs, pārticis; 2. iespējams; **II** *m* potenciāls

potente *a* 1. spēcīgs, varens; 2. dzimumdzīves spējīgs

potestad *f* vara

potomanía *f* alkoholisms

potra *f med.* bruka, trūce; ◇ tiene ~ – viņam laimējas (veicas)

potro *m* 1. kumeļš; 2. *vēst.* moku sols; 3. *fizk.* buks

poyo *m* akmenssols (*mājas priekšā*)

poza *f* 1. peļķe; 2. linu, kaņepju mārks

pozo *m* **1.** aka; **2.** *kalnr.* šahta; **3.** urbums; ◇ ~ de nieve – ledus pagrabs; ~ negro – atkritumu bedre

práctica *f* **1.** vingrināšanās; **2.** prakse; poner en ~ – lietot praksē; ◇ ~s judiciales – tiesas sēdes

practicante *m* **1.** praktikants; **2.** feldšeris; **3.** aptiekāra palīgs

practicar *v* **1.** praktizēt; **2.** lietot; **3.** būt paradumam (*ko darīt*); **4.** nodarboties (*ar sportu*); **5.** *jūrn.* ievest ostā (*kuģi*)

práctico I *a* **1.** praktisks; **2.** derīgs, lietojams; **3.** parocīgs, ērti lietojams; **4.** lietpratīgs; kompetents; **II** *m jūrn.* locis

pradera *f* **1.** pļava; **2.** mauriņš; zāliens

prado *m* **1.** ganības; pļava; **2.** pastaigas vieta

pravo *a* **1.** nekrietns; **2.** samaitāts

preámbulo *m* **1.** *dipl.* preambula; **2.** ievads; ◇ sin ~s – bez gariem ievadiem, bez liekiem vārdiem

precario *a* nedrošs; nestabils

precaución *f* piesardzība; uzmanība; tomar ~es – spert piesardzības soļus

precaver *v* novērst (*nelaimi u. tml.*); **~se** *rfl* izsargāties

precedencia *f* **1.** pārākums; **2.** prioritāte

precedente I *a* iepriekšējs; **II** *m* precedents; ◇ sin ~ – neredzēts, nedzirdēts

preceder *v* **1.** notikt (*pirms kā*); **2.** ieņemt goda vietu; ~ a – stāvēt augstāk (*par kādu*)

preceptista *m, f* **1.** audzinātājs, -a; skolotājs, -a; **2.** teorētiķis, -e

precepto *m* priekšraksts; rīkojums; pavēle

preceptuar *v* pamācīt

preces *f pl* **1.** lūgšana, lūgsna; **2.** aizlūgums; dievkalpojums; **3.** *sar.* lūgums

preciar *v* **1.** vērtēt, novērtēt; **2.** cienīt, godāt; **~se** *rfl* lielīties, plātīties; ~se de valiente – tēlot drosmīgo

precintar *v* **1.** apsiet (pārsiet) ar aukliņu; **2.** aizzīmogot; aizplombēt

precinto *m* muitas plomba

precio *m* **1.** cena; ~ de mercado – tirgus cena; ~ de compra – iepirkšanas cena; lista de ~s – cenu rādītājs; ~ de coste (de costo) – pašizmaksa; ~ prohibitivo – fantastiska (pasakaina) cena; a cualquier ~ – par katru cenu; **2.** vērtība; tener en mucho ~ – augsti cienīt, augsti vērtēt

preciosidad *f* **1.** vērtība; **2.** jaukums; burvīgums

precios‖**o** *a* **1.** dārgs; vērtīgs; piedra ~a – dārgakmens; **2.** jauks; burvīgs

precipicio *m* bezdibenis

precipitación *f* **1.** pārsteidzība; pārsteigšanās; **2.** *ķīm.* nogulsnēšanās

precipitado I *a* pārsteidzīgs; **II** *m ķīm.* nogulsnes

precipitar *v* 1. gāzt zemē, nogāzt; 2. paātrināt; pasteidzināt; 3. ķīm. nogulsnēt; ~se *rfl* 1. pārsteigties; 2. steigties; 3. gāzties; mesties

precisamente *adv* taisni, tieši; por eso ~ – tieši tādēļ

precisar *v* 1. spiest, piespiest; 2. skubināt, mudināt; 3. precizēt

precisión *f* 1. nepieciešamība; 2. pareizība, pareizums; 3. skaidrība; 4. precizitāte; ◊ instrumentos de ~ – precīzijas aparāti

preciso *a* 1. vajadzīgs, nepieciešams; 2. precīzs; 3. skaidrs

precitado *a* iepriekš minēts

preclaro *a* slavens, ievērojams

precocidad *f* 1. ātraudzība; agrīnums; 2. pāragra attīstība

preconcebir *v* iepriekš sastādīt rīcības plānu

preconizar *v* 1. slavināt, cildināt; ieteikt; 2. *bazn.* paaugstināt amatā

precoz *a* 1. agri ienācies, agrīns; 2. pāragri attīstījies, pāragri nobriedis

precursor *m* 1. priekšvēstnesis; 2. priekšgājējs; celmlauzis

predecesor *m* priekšgājējs, priekštecis

predecir *v* paregot, paredzēt

predestinar *v* predestinēt

prédica *f* sprediķis

predicado *m gram.* izteicējs

predicador *m* 1. sprediķotājs; 2. apustulis

predicar *v* 1. *arī pārn.* sprediķot; 2. *sar.* izbazūnēt; lasīt morāli

predicción *f* pareģošana; pareģojums

predilección *f* sevišķa patika (*uz kaut ko*)

predilecto I *a* iemīļots, iecienīts; [vis]mīļākais; II *m* mīlulis, favorīts

predio *m* gruntsgabals, zemes gabals; ~ rústico – muiža

predisposición *f* dispozīcija; predispozīcija

predominación, predominancia *f* 1. pārsvars; 2. virskundzība; hegemonija

predominar *v* 1. būt pārsvarā; dominēt; 2. gūt pārsvaru; gūt virsroku; 3. izcelties, būt pārākam

predominio *m* pārsvars

preeminente *a* 1. teicams, izcils; lielisks; 2. ievērojams

prefacio *m*, **prefación** *f* ievads; ievadvārdi

prefecto *m* prefekts

preferencia *f* 1. priekšroka; priekšrocība; 2. sevišķa patika (*uz kaut ko*); vājība; 3. *teātr.* rezervēta vieta; ◊ entrada de ~ – biļete parterā (*kinoteātrī*); de ~ – vislabāk

preferente *a* 1. priviļeģēts; 2. teicams, lielisks

preferible *a* uzskatāms par labāku; priviļeģējams

preferir *v* dot priekšroku; uzskatīt par labāku

prefijar *v* iepriekš nolemt; noteikt

prefijo I *a* iepriekš nolemts; II *m gram.* priedēklis

pregón *m* **1.** pasludināšana; **2.** (*ielas tirgotāja*) kliedziens, sauciens; **3.** *bazn.* uzsaukšana

pregonar *v* **1.** pasludināt; **2.** (*skaļi*) kliegt, saukt (*par ielas tirgotāju*); **3.** *bazn.* uzsaukt; ◇ ~ a tambor batiente – izbazūnēt

pregunta *f* jautājums; ◇ andar (estar, quedar) a la cuarta ~ – būt bez naudas; estrechar a ~s a uno – apbērt kādu ar jautājumiem

preguntar *v* jautāt, vaicāt, prasīt; ~ por uno – jautāt (apjautāties) pēc kāda

prehistórico *a* aizvēsturisks

prejudicio, prejuicio *m* aizspriedums

prejuzgar *v* pārsteidzīgi spriest

prelado *m* prelāts

preliminar I *a* **1.** iepriekšējs; **2.** *dipl.* preliminārs; paz ~ – preliminārs miers; **II** *m* **1.** iepriekšēja piezīme; dar instrucción ~ – sagatavot (*kaut kam*); **2.** *dipl.* preliminārās sarunas; preliminārie noteikumi

preludiar *v* **1.** spēlēt prelūdiju; uzskaņot instrumentu, izmēģināt balsi; **2.** *pārn.* ievadīt

prematuro *a* priekšlaicīgs, pāragrs; parto ~ – priekšlaicīgas dzemdības

premeditación *f* iepriekšējs nodoms

premiar *v* **1.** prēmēt, piešķirt prēmiju; godalgot; **2.** atalgot, atlīdzināt

premio *m* **1.** balva, godalga; prēmija; **2.** [loterijas] laimests; ~ grande (gordo) – galvenais laimests

premioso *a* **1.** grūti iekustināms; lēns; tūļīgs; smagnējs; **2.** stingrs, nepielūdzams; **3.** neveikls (*par valodu, stilu*); **4.** saspīlēts (*par attiecībām*)

premisa *f* **1.** premisa (*loģikā*); **2.** priekšnoteikums, priekšnosacījums

premiso *a jur.* iepriekšējs

premura *f* **1.** neatliekamība; steidzamība; con ~ – ar steigu; steidzami; **2.** spaidi; spaidīgi apstākļi

prenda *f* **1.** ķīla; en ~ – ķīlā, par ķīlu; **2.** apģērba gabals; ~s de cama – gultas veļa; ~s interiores – apakšveļa; **3.** *sar. pārn.* dārgums, dārgumiņš; ◇ hombre de ~s – apdāvināts cilvēks

prendar *v* **1.** ieķīlāt; **2.** paņemt par ķīlu; **3.** iemantot simpātijas; **~se** *rfl* (de) **1.** iemīlēties; **2.** pieķerties (*kādam*)

prendedero *m* **1.** sprādze; **2.** āķis un cilpiņa; **3.** matu lente; saite

prender *v* **1.** aizturēt, apcietināt; **2.** piespraust (*piem., pie kleitas*); iespraust (*piem., matos*); **3.** iesakņoties (*par stādiem*); **4.** aizdegties (*par uguni*); ~ fuego – pielikt uguni; **~se** *rfl* uzposties

prendería *f* vecu lietu (krāmu) pārdotava

prendero *m* vecu lietu (krāmu) tirgotājs

prendimiento *m* arests; aizturēšana

prensa *f* **1.** spiede, prese; **2.** iespiedmašīna; dar a la ~ – a) iespiest; b) nodot iespiešanai; **3.** prese; **4.** žurnālistika

prensar *v* **1.** presēt; **2.** satinēt (*audumu*)

preñada I *a* **1.** grūta (*par sievieti*); **2.** grūsna; **II** *f* grūta sieviete; ◇ nube ~ de agua – smags lietus mākonis

preñez *f* **1.** grūtniecība; **2.** grūsnība

preocupación *f* **1.** aizspriedumainība; neobjektivitāte; **2.** samulsums; apjukums; nedrošums; biklums; **3.** rūpes; bažas

preocup‖ar *v* **1.** darīt rūpes; satraukt; **2.** noskaņot (*kādu*); **~se** *rfl* **1.** noņemties (*ar kaut ko*); nokauties (*piem.*, *ar smagām domām*); **2.** norūpēties; ¡no se ~e usted! – nerūpējieties!; esiet bez rūpēm!

preparación *f* **1.** preparēšana; **2.** sagatavošana; sagatavošanās; **3.** pagatavošana

preparar *v* **1.** preparēt; **2.** sagatavot; **3.** pagatavot; ~ la medicina – pagatavot zāles; **4.** ierīkot (*ceļu*); **5.** nodarīt (*postu*)

preponderancia *f* pārsvars

preponderar *v* būt pārsvarā; dominēt

preposición *f* *gram.* prievārds

preposterar *v* **1.** sajaukt kārtību; **2.** darīt (*kaut ko*) ačgārni

prepotencia *f* **1.** virskundzība; **2.** pārākums

prepotente *a* **1.** dominējošs; **2.** (*am.*) uzpūtīgs, iedomīgs

prerrogativa *f* **1.** priekšrocība; privilēģija; **2.** prerogatīva

presa *f* **1.** satveršana; sagrābšana; **2.** ieguvums; laupījums; **3.** aizsprosts; **4.** *jūrn.* prīze; **5.** ~s *pl* (*plēsīga zvēra*) ilkņi; (*plēsīga putna*) nagi; animal de ~ – plēsīgs zvērs, plēsoņa

presagiar *v* paredzēt, pareģot

presagio *m* zīme (*kas par ko liecina*)

presbicia, presbiopia *f med.* tālredzība

présbita, présbite *a med.* tālredzīgs

presbitero *m* priesteris

presc[i]encia *f* nojauta

prescind‖ir *v* atstāt bez ievērības; neievērot; ~ de ... – atteikties no ...; no poder ~ de ... – būt atkarīgam no ...; ~iendo de ... – neskatoties uz ...

prescribir *v* **1.** rakstīt priekšā; **2.** dot rīkojumu (*rakstisku*); **3.** *jur.* noilgt

prescripción *f* **1.** priekšraksts; rīkojums (*rakstisks*); **2.** recepte; ~ médico – ārsta priekšraksts; **3.** *jur.* noilgums

prescrito *part no* **prescribir**

presea *f* **1.** dārgakmens; **2.** dārglie- ta

presencia *f* **1.** klātbūtne; klātiene; en ~ de ... – (*kā*) klātbūtnē; hacer acto de ~ – ierasties personiski; **2.** izskats, āriene; ◇ ~ de ánimo – pašsavaldīšanās, savaldība; ~ de espiritu – aukstasinība

presencial *a* personisks; testigo ~ – aculiecinieks

presenciar *v* **1.** būt klāt; piedalīties; **2.** būt aculieciniekam

presentable *a* tīri pieņemams; tīri pieklājīgs

presentación *f* **1.** priekšā stādīšana; iepazīstināšana; **2.** (*darba*) piedāvāšana; **3.** *teātr.* debija; **4.** (*am.*) iesniegums; lūgums

presentar *v* **1.** stādīt priekšā; iepazīstināt; **2.** likt priekšā; ierosināt; **3.** uzrādīt (*biļeti u. tml.*); **4.** iesniegt (*lūgumrakstu*); piedāvāt (*darbu*); **6.** pasniegt (*dāvanu*); **7.** celt (*iebildumus*); ◇ ~ armas *mil.* – godam sveikt; **~se** *rfl* **1.** stādīties priekšā (*priekšniecībai*); **2.** parādīties; **3.** ierasties; ~se al trabajo – ierasties darbā; ◇ ~ se a la vista – durties acīs, uzkrist

presente I *a* **1.** tagadēja; pašreizējs; šolaiku-; **2.** klātesošs; ◇ hacer ~ – atsaukt atmiņā; likt atcerēties; tener ~ – skaidri atcerēties; al ~ – tagad; pašreiz; **II** *m* **1.** klātbūtne; **2.** tagadne; **3.** *gram.* tagadne; **4.** dāvana; balva

presentimiento *m* nojauta

presentir *v* nojaust, noskārst, noģist

preservación *f* **1.** saglabāšana; **2.** pasargāšana; nosargāšana; **3.** aizsargāšana

preservar *v* **1.** saglabāt; **2.** pasargāt; nosargāt; **3.** aizsargāt

preservativo I *a* aizsardzības-; aizsargāšanas-; **II** *m* **1.** aizsardzība; aizsargāšanās; **2.** prezervatīvs

presidencia *f* **1.** (*sēdes, sapulces*) vadība; **2.** priekšsēdētāja amats; **3.** prezidijs; **4.** prezidentūra; **5.** prezidenta kanceleja; **6.** prezidenta rezidence

presidente *m* **1.** priekšsēdētājs; **2.** prezidents

presidiario *m* katordznieks

presidir *v* **1.** vadīt; **2.** prezidēt, vadīt (*sapulci*); **3.** *sar.* būt pārsvarā, dominēt

presilla *f* **1.** pīta lente (*tērpa rotājumam*); **2.** cilpa

presión *f* **1.** spiediens; ~ atmosférica – gaisa spiediens; ~ de la sangre *med.* – asinsspiediens; **2.** (*strāvas*) spriegums

preso *m* ieslodzītais; darse ~ – padoties

prestación *f* **1.** (*obligāts*) maksājums; ~ personal *vēst.* – klaušas; **2.** aizdevums

prestado *a* aizdots; de ~ – aizdevuma veidā; tomar ~ – aizņemties

prestador *m* kreditors

prestamente a žigli, ātri

prestamista *m* **1.** aizdevējs; **2.** augļotājs

préstamo *m* **1.** aizdevums; **2.** aizņēmums; tomar a ~ – aizņemties

prestar *v* **1.** aizdot; **2.** stiepties (*par audumu*); ◇ ~ atención – veltīt uzmanību; ~ ayuda – palīdzēt; ~ juramento – zvērēt; **~se** *rfl* **1.** ļaut

sevi izmantot (*kādā sliktā pasākumā*); **2.** piedāvāties, piesolīties
preste *m* priesteris
presteza *f* **1.** ātrums; izveicība; **2.** steiga
prestidigitador *m* burvju mākslinieks; triku taisītājs
prestigio *m* **1.** prestižs; autoritāte; **2.** māņi, ilūzija; mistifikācija
prestigioso *a* ietekmīgs; autoritatīvs
presto I *a* **1.** ātrs; žigls; **2.** gatavs (*kaut ko darīt*); II *adv* tūliņ, tūlīt
presumible *a* iespējams, varbūtējs
presumido *a* iedomīgs
presum∥ir *v* **1.** nojaust; ~o – man šķiet; **2.** (de) izlikties, tēlot; ~ de rico – lielīties, dižoties
presunción *f* **1.** pieņēmums; minējums; **2.** iedomība; uzpūtība; **3.** *jur.* prezumpcija
presuntivo, presunto *a* iespējams, varbūtējs
presuntuosidad *f* iedomība; uzpūtība
presuntuoso *a* **1.** iedomīgs; uzpūtīgs; **2.** pretenciozs
presuponer *v* paredzēt
presupuesto I *part* no **presuponer**; II *m* **1.** (*loģikā*) premisa; **2.** priekšnoteikums, priekšnosacījums; **3.** pieņēmums; **4.** tāme; **5.** valsts budžets
presura *f* **1.** steiga; nemiers, trauksme; **2.** centība, cītība
pretender *v* **1.** pretendēt; **2.** apgalvot (*arī kaut ko nepatiesu*)
pretendiente *m* pretendents

pretensión *f* **1.** pretenzija; con ~es – ar pretenzijām, pretenciozs; sin ~es – bez pretenzijām, nepretenciozs; tener muchas ~es – izvirzīt augstas prasības; **2.** lūgums, iesniegums
preterición *f* neievērošana; ignorēšana
pretérito I *a* pagājis; II *m gram.* pagātne
pretextar *v* aizbildināties, atrunāties (*ar kaut ko*)
pretexto *m* iegansts; izruna; aizbildināšanās
pretil *m* margas; treliņi
pretina *f* josta, ādas siksna; ◊ meter en ~ – piespiest (*ko darīt*)
prevalecer *v* **1.** prevalēt; **2.** [labi] padoties, zelt, plaukt (*par stādiem*); ◊ ~ sobre – uzvarēt (*ko*); gūt uzvaru (*pār ko*); ~se *rfl* **1.** (de) izmantot; **2.** paļauties
prevaricación *f* dienesta stāvokļa ļaunprātīga izmantošana
prevaricar *v* **1.** ļaunprātīgi izmantot dienesta stāvokli; **2.** *sar.* runāt aplamības, muldēt; **3.** *sar.* kļūdīties; **4.** *sar.* nepaklausīt
prevención *f* **1.** novēršana; ~ de la guerra – kara novēršana; **2.** brīdinājums; **3.** aizspriedums; **4.** aresta telpas; ◊ ~ social – sociālā apgāde; como medida de ~ – aiz piesardzības; de ~ , a ~ – katram gadījumam
prevenido *a* **1.** sagatavots; **2.** labi

apgādāts; **3.** piesardzīgs, uzmanīgs

prevenir *v* **1.** sagatavot; **2.** brīdināt; darīt uzmanīgu; **3.** pārsteigt; **~se** *rfl* sagatavoties; ◇ se me previene – man nāk prātā

prever *v* paredzēt

previamente *adv* laikus

previo *a* **1.** iepriekšējs; savlaicīgs; sin ~ aviso – bez [iepriekšēja] brīdinājuma; **2.** pagaidu-

previsión *f* **1.** paredzēšana; **2.** piesardzība, uzmanība; ~ del tiempo – laika prognoze

previsto *part no* **prever**

prez *f* gods; slava; reputācija

prieto *a* **1.** šaurs; **2.** sīksts, skops; **3.** melngans; melnīgsnējs

prima *f* **1.** māsīca; **2.** *mūz.* vissmalkākā stīga; **3.** *ek.* prēmija

primacía *f* prioritāte; primāts

primada *f sar.* **1.** maldināšana; **2.** naivitāte; vientiesība

primari‖o *a* **1.** primārs; **2.** pirmais; sākotnējs; instrucción ~a – pirmmācība

primavera *f* **1.** pavasaris; en la ~ de la juventud – jaunības plaukumā; **2.** *bot.* prīmula; **3.** zīda audums (*ar puķu zīmējumu*)

primaveral *a* pavasara-

primer *num* (*saīs. no* primero, *lieto pirms vīr. dz. lietv.*) pirmais

primerizo **I** *a* pirmais pēc ranga; **II** *m* **1.** iesācējs; **2.** pirmdzimtais

primer‖o **I** *num* pirmais; Primero de Mayo – Pirmais Maijs; de ~a [clase] – pirmšķirīgs, pirmklasīgs; de ~ – vispirms; el ~ de todos – pats pirmais, visupirmais; por ~a vez – pirmo reizi; **II** *adv* **1.** vispirms; **2.** labāk; ~ que ... – labāk nekā ...; ◇ a las ~as – uzreiz; de buenas a ~as – ne no šā, ne no tā

primicia *f* **1.** pirmais (agrīnais) auglis; **2.** ~s *pl* pirmie rezultāti; iesācēja mēģinājums

primitiv‖o *a* **1.** sākotnējs; pirmatnējs; acumulación ~a *ek.* – pirmatnējā akumulācija; sociedad ~a *vēst.* – pirmatnējā sabiedrība; texto ~ – pirmteksts; **2.** primitīvs; **3.** pamat ...; voz ~a *gram.* – pamatvārds

prim‖o **I** *a* **1.** pirmais; **2.** lielisks, izcils; ◇ ~a noche – mijkrēslis, sirmā stunda; a ~as – vispirms, sākumā; **II** *m* **1.** brālēns; ~ segundo – otrās pakāpes brālēns; **2.** *sar.* vientiesis, muļķis; **III** *adv* pirmkārt

primor *m* **1.** meistarība; **2.** pilnība; ¡es un ~! – tas ir kas lielisks (vienreizīgs)!

primordial *a* **1.** sākotnējs; pirmatnējs; **2.** elementārs

primoroso *a* **1.** lielisks; gaumīgs; **2.** prasmīgs; veikls

princesa *f* **1.** kņaziene; **2.** princese

principado *m* **1.** kņaziste; **2.** kņaza tituls

principal **I** *a* **1.** galvenais; administración ~ – galvenā pārvalde; **2.** teicams; lielisks; ◊ edición ~ – pirmizdevums; **II** *m* **1.** principāls, šefs, priekšnieks; **2.** pirmais stāvs; **3.** pamatkapitāls; **4.** lietas būtība; galvenais

principalidad *f* **1.** pirmais rangs; **2.** augstākais labums

príncipe I *a* pirmais; edición ~ – pirmizdevums; **II** *m* **1.** kņazs; firsts; **2.** princis; ~ heredero – kroņprincis; ~ encantado – pasaku princis

principio *m* **1.** princips; **2.** sākums; al ~ , a los ~s – sākumā; a ~s de la semana – nedēļas sākumā; dar ~ – iesākt; del ~ al fin – no sākuma līdz beigām; **3.** pamats; izejas punkts; **4.** otrais ēdiens; **5.** ~s *pl* pamatlikumi

pringada *f* grauzdiņš

pringar *v* **1.** mērcēt taukos; apsmērēt ar taukiem; **2.** *sar.* piekaut līdz asinīm; **3.** *sar.* aptraipīt godu; **4.** *sar.* piedalīties (*kādā pasākumā*); ~se *rfl* nodarboties ar mahinācijām

pringón I *a sar.* netīrs; **II** *m sar.* tauku traips

pringoso *a* taukains

pringue *f* **1.** tauki; **2.** netīrumi

prior *m bazn.* priors; klostera priekšnieks

prisa *f* **1.** steiga; de ~ – steidzīgi; darse ~ – steigties; meter ~ – steidzināt, skubināt; a toda ~ – lielā steigā; pa kaklu pa galvu; ◊ vísteme despacio, qee estoy de ~ – lēnāk brauksi, tālāk tiksi; **2.** *mil.* tuvcīņa

prisión *f* **1.** ieslodzījums; ~ preventiva – iepriekšējais ieslodzījums; **2.** cietums; **3.** ~es *pl arī pārn.* važas

prisionero *m* **1.** gūsteknis; ~ de guerra – kara gūsteknis; **2.** cietumnieks

prisma *f* prizma

prismático *m* lauka binoklis

prístino *a* **1.** sākotnējs, pirmatnējs; **2.** bijušais, agrākais; sens

privación *f* **1.** atņemšana; laupīšana; **2.** (*kaut kā*) trūkums; **3.** atcelšana, atstādināšana (*no amata*)

privada *f* ateja

privad‖o I *a* **1.** privāts; propiedad ~a – privātīpašums; **2.** draudzīgs; tuvs; sirsnīgs; **II** *m* **1.** mīlulis; favorīts; **2.** uzticības persona; ◊ estar ~ de ... – pieciest, iztikt bez (*kaut kā*)

privanza *f* **1.** draudzīgi sakari, pazīšanās (*ar kādu iespaidīgu personu*); **2.** personīgā dzīve

privar *v* **1.** atņemt; laupīt; ~ de la libertad – atņemt (laupīt) brīvību; ~ de la posibilidad – laupīt iespēju; **2.** aizliegt; **3.** atcelt, atstādināt (*no amata*); **4.** (con) baudīt (*kāda*) labvēlību; būt draudzīgās attiecībās (*ar kādu*); ~se *rfl* (de) atturēties (*no kā*); atsacīties, atteikties (*no kā*)

privativo *a* **1.** savs; paša-; **2.** tipisks, raksturīgs

privilegiar *v* privileģēt

privilegio *m* privilēģija; priekšrocība; ◊ ~ de invención – izgudrojuma patents

pro *m, f* labums; en ~ – (*kā*) labā; (*kam*) par labu; ◊ hombre de ~ – īsts vīrs; īsts vīrietis; buena ~ – uz veselību; el ~ y el contra – par un pret

proa *f* (*kuģa*) priekšgals

probabilidad *f* varbūtība; iespēja; cálculo de ~es *mat*. – varbūtības teorija; con toda ~ – iespējams; droši vien

probable *a* varbūtējs; iespējams

probanza *f* pierādījums

probar *v* **1.** izmēģināt; pārbaudīt; **2.** eksaminēt; **3.** nogaršot; **4.** pierādīt; ~ la coartada – pierādīt savu alibi; **5.** pielaikot (*kleitu*); **6.** (a + *inf*) mēģināt, lūkot; ◊ ~ bien – a) iet labumā; b) derēt

probatorio *a* **1.** pārbaudes-; kontroles-; **2.** pierādījuma-; medio ~ – arguments, pierādījums

probeta *f* **1.** mēģene, stobriņš; **2.** *foto* vanniņa

probidad *f* **1.** godīgums, taisnīgums; krietnums; falta de ~ – negodīgums; **2.** lojalitāte

problemático *a* problemātisks; apšaubāms

probo *a* taisnīgs, godīgs; krietns

procaz *a* nekaunīgs, bezkaunīgs

procedencia *f* **1.** izcelšanās; sākums; pirmsākums; **2.** izejas punkts

proceder[a] *v* **1.** (de) celties, izcelties; rasties; **2.** (a) stāties, ķerties (*pie kā*); **3.** (*contra*) *jur*. – ierosināt tiesas prāvu (*pret kādu*); **4.** (a + *inf*) sākt (*ko*); **5.** apieties, izturēties

proceder[b] *m* **1.** izturēšanās; uzvešanās; rīcība; **2.** paņēmiens, metode

procedimiento *m* **1.** process; gaita, norise; **2.** notikums, [at]gadījums; **3.** rīcība; **4.** *jur*. process; prāva; ~ criminal *jur*. – krimināllieta; ~ ejecutivo (judicial) – parādu piedzīšana caur tiesu

proceloso *a* vētrains

prócer *m* **1.** augsti stāvoša persona; magnāts; **2.** (*am*.) varonis, cīnītājs par brīvību

procesado I *a jur*. prāvas-, **II** *m* apsūdzētais

procesar *v jur*. **1.** ierosināt tiesas prāvu; **2.** vadīt prāvu; **3.** uzrādīt apsūdzību

procesión *f* gājiens; procesija

proceso *m* **1.** process, gaita, norise; ~ de producción – ražošanas process; **2.** *jur*. prāva; ◊ fulminar el ~ – pasludināt spriedumu

proclama *f* uzsaukums

proclamación *f* **1.** pasludināšana, proklamēšana; **2.** *bazn*. uzsaukšana; **3.** kandidāta izvirzīšana (*vēlēšanām*)

proclamar *v* **1.** pasludināt, proklamēt; **2.** *bazn.* uzsaukt; **3.** izvirzīt (*vēlēšanu*) kandidātu

procreación *f* **1.** vairošanās; **2.** pēcnācēji

procrear *v* laist pasaulē, dzemdēt; radīt

procura, procuración *f* prokūra, pilnvara

procurador *m* **1.** prokurators; **2.** prokurors; ~ general – ģenerālprokurors

procurar *v* **1.** rūpēties, gādāt (*par kaut ko*); **2.** veicināt; paātrināt; **3.** būt par iemeslu (*kam*); izraisīt; **4.** pielikt pūles, pūlēties; censties; **5.** *jur.* vadīt (*prāvu*)

prodigalidad *f* izšķērdība

prodigar *v* **1.** [iz]šķiest, [iz]šķērdēt; **2.** *pārn.* neskopoties; ~ alabanzas – neskopoties ar uzslavām; ~ promesas – mētāties ar solījumiem

prodigio *m* brīnums

prodigioso *a* apbrīnojams; brīnišķīgs

pródigo I *a* izšķērdīgs; dāsns; **II** *m* izšķiedējs, izšķērdētājs

pródromo *m* nepatīkama (nelaba) sajūta (*pirms kādas slimības*)

producción *f* **1.** ražošana; ~ en serie – sērijveida ražošana; herramientas de ~ – ražošanas rīki; relaciones de ~ – ražošanas attiecības; ~ excesiva *ek.* – pārprodukcija; **2.** ražojums; produkts; **3.** produkcija; ~ global – bruto produkcija

producir *v* **1.** radīt; laist pasaulē; **2.** ražot; **3.** radīt, izraisīt; **4.** nest, dot (*augļus, labumu*); **5.** izdot; ~**se** *rfl* **1.** izpausties; **2.** rasties; **3.** sākties (*piem., par atkusni*); **4.** [at]gadīties

producto *m* **1.** produkts; ražojums; ~s textiles – tekstilražojumi; **2.** peļņa, ienākums; ~ total – bruto ienākums

proemio *m* priekšvārds, prologs, ievads

proeza *f* **1.** varoņdarbs; cēls (dižs) darbs; **2.** sasniegums, panākums

profanar *v* profanēt

profano I *a* nekompetents; **II** *m* profāns

profecía *f* pareģojums, pravietojums

proferir *v* **1.** izrunāt; teikt, izteikt; **2.** *pārn.* izgrūst, izkliegt (*lāstus*)

profesar *v* **1.** izpildīt (*kādu amatu*); nodarboties (*ar kādu profesiju*); **2.** lasīt (*lekciju*); mācīt; **3.** izteikt (*apbrīnu*); ~ amistad a alguien – just simpātijas pret kādu; ~ odio – just naidu

profesión *f* **1.** amats; arods; profesija; **2.** ticība, konfesija; **3.** *bazn.* solījums

profesor *f* pasniedzējs; skolotājs; ~ universitario – universitātes profesors; ~ especial – speciāla priekšmeta pasniedzējs

profesorado *m* **1.** profesūra; **2.** pedagoģiskais personāls

profeta *m* pravietis

profilaxis *f* profilakse
prófugo I *a* bēgošs; **II** *m* **1.** bēglis; **2.** dezertieris
profundidad *f* **1.** dziļums; dzīle; **2.** ~ de pensamiento – dziļdomība; **3.** pamatīgums
profundizar *v* **1.** padziļināt; **2.** *pārn.* iedziļināties (*kādā lietā*)
profundo *a* **1.** arī *pārn.* dziļš; **2.** drūms, tumšs
profuso *a* **1.** izšķērdīgs; **2.** bagātīgs
progenie *f* **1.** cilvēku dzimums; **2.** ģints, dzimta
progenitor *m* **1.** sencis, priekštecis; **2.** tēvs; ~es *pl* vecāki
progenitura *f* **1.** pēcnācēji; pēcteči; **2.** pirmdzimtība
progresión *f* **1.** progresēšana; veiksmīga attīstība; **2.** *mat.* progresija
progreso *m* **1.** progress; **2.** panākumi; hacer ~ – gūt panākumus (sekmes)
prohibición *f* aizliegums; levantar la ~ – noņemt aizliegumu
prohib‖ir *v* aizliegt; se ~e fumar – smēķēt aizliegts
prohijar *v* **1.** adoptēt; **2.** pieņemt svešas idejas
prójimo *m* tuvākais (*cilvēks*)
prole *f* **1.** pēcnācēji; pēcteči; madre de ~ numeroso – daudzbērnu māte; **2.** paaudze
proletariado *m* proletariāts
prolífico *a* auglīgs; ražīgs
prolijo *a* plašs, garš, stiepts (*piem.*, referāts)

prologuista *m*, *f* prologa autors, -e
prolongación *f* pagarināšana
prolongar *v* pagarināt
promediar *v* **1.** vienādi sadalīt; pārdalīt uz pusēm; **2.** būt par starpnieku (vidutāju); **3.**: antes de ~ el mes – mēneša pirmajā pusē; al ~ del siglo – gadsimta vidū
promedio *m* **1.** vidus; **2.** vidējs lielums; en un ~ – caurmērā; vidēji
promesa *f* solījums; *jur.* zvērests
prometer *v* solīt; solīties; ~se *rfl* **1.** cerēt; **2.** saderināties
prominente *a* prominents
promiscuar *v* **1.** gavēņa laikā ēst aizliegtu ēdienu; **2.** būt neizvēlīgam
promiscuo *a* **1.** sajaukts juku jukām; **2.** divdomīgs
promisión *f* solījums; ◇ tierra de ~ – Apsolītā zeme
promoción *f* **1.** (*kādas lietas*) paātrināšana; **2.** paaugstināšana, paaugstinājums (*amatā*); **3.** (*skolas*) izlaidums; **4.** zinātniska grāda piešķiršana, promocija
promontorio *m* **1.** priekškalne; **2.** zemesrags; **3.** kavēklis; šķērslis; traucējums
promotor, promovedor *m* kūdītājs, musinātājs; ◇ promotor fiscal – prokurors
promover *v* **1.** paātrināt; **2.** paaugstināt (*amatā*); **3.** būt par iemeslu

(cēloni); izraisīt; **4.** piešķirt zinātnisku grādu

promulgar *v* publiski izziņot; izsludināt, pasludināt

pronombre *m gram.* vietniekvārds

pronosticar *v* **1.** paredzēt; **2.** noteikt diagnozi

prontitud *f* ātrums; kustīgums, rosīgums

pronto I *a* **1.** ātrs; dzīvs, kustīgs, rosīgs; **2.** gatavs; ◇ por lo ~ – pagaidām; lo más ~ posible – pēc iespējas drīz; **II** *adv* drīz; de ~ – pēkšņi; **III** *m* **1.** pēkšņa iegriba; pēkšņas iedomas; le dió un ~ – a) viņš pēkšņi iedomājās; b) viņam pēkšņi iegribējās; **2.** dusmu lēkme; ◇ al ~ – pirmajā brīdī

prontuario *m* **1.** konspekts; **2.** rokasgrāmata; **3.** piezīmju grāmatiņa

pronunciación *f* **1.** izruna; **2.** *jur.* (*sprieduma*) pasludināšana

pronunciamiento *m* **1.** (*armijā – kādas militāristu grupas*) bruņota sacelšanās, pučs; **2.** *jur.* (*sprieduma*) pasludināšana

pronunciar *v* **1.** izrunāt; **2.** *jur.* pasludināt (*spriedumu*); **3.** teikt (*runu*); **~se** *rfl* sacelties (*par militāristu grupu*)

propagación *f* izplatīšana; izplatīšanās

propagador *m* izplatītājs; ~ de patrañas – baumu izplatītājs

propaganda *f* **1.** propaganda; aģitācija; hacer ~ – propagandēt; **2.** reklamēšana, reklāma

propagandista *m*, *f* **1.** propagandists, -e; **2.** reklamētājs, -a

propagar *v* **1.** izplatīt; **2.** propagandēt

propalar *v* **1.** celt [dienas] gaismā, atklāt; **2.** izbazūnēt

propasarse *v rfl* aiziet par tālu; atzmirsties

propender *v* būt tieksmei (sliecībai) (*uz ko*)

propensión *f* tieksme; sliecība

propicio *a* **1.** žēlīgs; labvēlīgi noskaņots; **2.** labvēlīgs; izdevīgs; ērts; caso ~ – izdevīgs (labvēlīgs) gadījums

propiedad *f* **1.** īpašums; ~ privada – privātīpašums; ~ intelectual – autortiesības; **2.** īpašība; ◇ tener mucha ~ – skanēt dabiski (*par dziedātāja balsi*); izskatīties tieši tā kā dabā (*par gleznu*)

propietario *m* (*zemes-*; *lauku mājas*) īpašnieks

propina *f* dzeramnauda

propinar *v* dot dzert, dzirdīt; ◇ ~ una paliza – piekaut

propincuo *adv* tuvu

propio I *a* **1.** savs; paša-; **2.** dabisks; tāds kā dabā; **3.** īsts, patiess; raksturīgs, tipisks; ◇ ~ para – kā radīts (*kam*); al ~ – gluži; tieši; lo ~ – tas pats; ¡que ~! – kāda līdzība!; nombre ~ *gram.* – īpašvārds; **II** *m* **1.** ziņnesis; kurjers;

carta por ~ – steidzama vēstule; **2.** ~s *pl* – a) kopienas īpašums; b) dzimtīpašums

propóleos *m* propoliss, bišu līme

proponer *v* **1.** likt priekšā; ierosināt; **2.** izteikt (uzstādīt) prasības; **3.** iesniegt (*priekšlikumu*); **4.** izvirzīt (*kandidatūru*); ◇ ~ un brindis – uzsaukt tostu; ~**se** *rfl* **1.** apņemties; **2.** būt padomā

proporción *f* **1.** samērība, samērs; attiecība; proporcija; **2.** izdevīgs gadījums; izdevība; ◇ regla de ~ que ... – skatoties pēc tā, kā ...; gran ~ – laba (izdevīga) partija

proporcionado *a* **1.** piemērots, atbilstošs; **2.** proporcionāls; bien ~ – proporcionāls (*augums, figūra*); **3.** pienācīgs

proporcional *a* **1.** proporcionāls, samērīgs; **2.** *mat.* tāds, kas dalās bez atlikuma

proposición *f* **1.** ierosinājums, priekšlikums; proponējums; ~ de ley – likuma projekts; **2.** *loģ.* spriedums; **3.** oferte, piedāvājums; barajar una ~ – noraidīt piedāvājumu; **4.** *mat.* teorēma

propósito *m* nodoms; de ~ – tīši, tīšu prātu, ar iepriekšēju nodomu; ◇ a ~ – a) īstā laikā; b) starp citu; fuera de ~ – nelaikā

propuesta *f* **1.** priekšlikums; ierosinājums; a ~ de – saskaņā ar priekšlikumu; **2.** konsultācija (*kādā jautājumā*)

propuesto *part no* **proponer**

propugnar *v* aizstāvēt (*piem., kādu uzskatu*); cīnīties (*piem., par savām tiesībām*)

propulsor *m* (*kuģa*) skrūve; (*lidmašīnas*) propelleris

prorrata *f* attiecīga daļa; tiesa; a ~ – proporcionāli; samērīgi

prórroga *f* **1.** (*termiņa*) pagarināšana; **2.** atlikšana (*uz vēlāku laiku*)

prorrogar *v* **1.** pagarināt (*termiņu*); **2.** atlikt (*uz vēlāku laiku*)

prorrumpir *v* **1.** izlauzties uz āru; **2.** izplūst (*asarās, lāstos u. tml.*)

prosa *f* **1.** proza; **2.** tukša pļāpāšana

prosaico *a* prozaisks

proscribir *v* **1.** izsludināt ārpus likuma; **2.** izsūtīt trimdā; **3.** izraidīt (*no valsts*)

proscripción *f* **1.** izsludināšana ārpus likuma; **2.** izsūtīšana trimdā; **3.** izraidīšana (*no valsts*)

proscrito *part no* **proscribir**

proseguir *v* **1.** turpināt; **2.** vajāt, nedot miera; **3.** *pārn.* spraust sev par mērķi

prosista *m, f* prozaiķis, -e

prospecto *m* **1.** rakstisks paziņojums; **2.** prospekts (*iespiests*)

prosperar *v* **1.** padoties, izdoties; **2.** zelt, plaukt; **3.** veicināt, sekmēt

próspero *a* laimīgs; veiksmīgs; sekmīgs; ¡Próspero Año Nuevo! – Laimīgu Jauno gadu!

prostíbulo *m* atklātais nams, priekamāja

prostitución *f* **1.** prostitūcija; **2.** izvarošana, piesmiešana
protagonista *m, f* varonis, -e; galvenā persona; galvenais tēls
protección *f* **1.** aizsardzība; ~ del trabajo – darba aizsardzība; franja forestal de ~ – lauku aizsardzības meža josla; **2.** protekcija; **3.** *mil.* aizsegs
proteccionista *m, f ek.* protekcionists, -e
protector I *a* **1.** *ek.* protekcionistisks; protekcionisma-; **2.** aizsargāšanās-; aizstāvēšanās-; aizsardzības-; **II** *m* **1.** aizstāvis; **2.** protektors; **3.** aizsargmehānisms (*ierīce*)
protectorado *m* **1.** protektorāts; **2.** aizstāvēšana; aizsargāšana; aizsardzība; **3.** protekcija
proteger *v* **1.** aizsargāt; aizstāvēt; **2.** protežēt
protegido *m* protežē
protervo *a* nekrietns; spītīgs
prótesis *f* protēze
protesta *f* **1.** protests; **2.** *ek.* vekseļa protestēšana
protestación *f* **1.** protests; iebildums; **2.**: ~ de la fe – (*atklāts*) ticības apliecinājums
protestante *m, f rel.* protestants, -e
protestar *v* **1.** protestēt; iebilst; **2.** apzvērēt; ~ de su inocencia – apzvērēt savu nevainību; **3.** atklāti apliecināt (*ticību*); **4.** apstrīdēt; ~ una letra – protestēt vekseli

protesto *m ek.* (*vekseļa*) protests; protestēšana
protocolo *m* protokols
protuberancia *f* **1.** izaugums (*uz kaula*); **2.** puns; pumpa; bumbulis; **3.** *astr.* protuberance
provect‖**o** *a* **1.** vecs; en edad ~a – pusmūža gados; **2.** pieredzējis; kompetents
provecho *m* **1.** labums; profīts; sacar ~ – gūt labumu; ser de ~ – būt noderīgam; hombre de ~ – derīgs cilvēks; en ~ de uno – kāda labā, kāda interesēs; **2.** ~s *pl* blakusienākumi; ◇ nada de ~ – nekas prātīgs (labs); ¡buen ~! – uz veselību!, labu apetīti!
provechoso *a* **1.** derīgs, noderīgs; **2.** ienesīgs
proveedor *m* **1.** piegādātājs; **2.** *mil.* (*munīcijas*) pienesējs
proveer *v* **1.** (de) apgādāt (*ar ko*); **2.** (a) rūpēties, gādāt (*par ko*); **3.** iecelt, nozīmēt (*kādā amatā*); **4.**: ~ en justicia *jur.* – dot rīkojumu
provenir *v* celties, izcelties, rasties
provenzal I *a* Provansas-; **II** *m* Provansas valoda
proverbial *a* **1.** proverbiāls; **2.** vispārzināms
proverbio *m* **1.** sakāmvārds; paruna; **2.** *teātr.* neliela ludziņa (*dramatizēti sakāmvārdi*)
providencia *f* **1.** providence; **2.** tālredzība; uzmanība, apdomība, piesardzība; **3.** *jur.* (*iepriekšējs*) lē-

mums, spriedums; ◇ tomar (una) ~ – pieņemt lēmumu

providencial *a* tālredzīgs; uzmanīgs, apdomīgs, piesardzīgs; ◇ caso ~ – liktenis; liktenīgs gadījums

providente *a* tālredzīgs; uzmanīgs, apdomīgs, piesardzīgs

próvido *a* tālredzīgs; gādīgs, rūpīgs

provincia *f* province; apgabals

provincial I *a* 1. provinciāls; 2. provinces-; apgabala-; II *m bazn.* kādas provinces (*kāda apgabala*) klosteru vecākais

provinciano I *a* 1. provinces-; 2. provinciāls; II *m* provincietis

provisión *f* 1. pārtikas krājumi; provīzija; 2. rīkojums; izrīkošana, norīkošana; 3. (*kāda amata*) ieņemšana

provisional *a* pagaidu-; provizorisks; gobierno ~ pagaidu valdība; *jur.* libertad ~ – atbrīvošana pret galvojumu

proviso: al ~ – nekavējoties, tūlīt

provisor *m* 1. piegādātājs; 2. *bazn.* vikārs

provocar *v* 1. [iz]provocēt; 2. izsaukt; radīt; izraisīt; ~ a lástima – modināt līdzjūtību; ◇ tengo ganas de ~ – man ir nelabi, man nāk vēmiens

próximamente *adv* 1. tuvākajā laikā; 2. aptuveni, apmēram

proximidad *f* tuvums; tuvība

próximo *a* 1. tuvs; 2. gaidāmais; nākamais; el mes ~ – nākamais mēnesis; estar ~ – stāvēt (būt) priekšā; ◇ estar ~ a – grasīties; būt gatavam (*kaut ko darīt*)

proyección *f* 1. nomešana, nosviešana; 2. projekcija, projicēšana (*uz ekrāna*); (*filmas*) demonstrēšana

proyectar *v* 1. sviest, mest; 2. projicēt (*uz ekrāna*); demonstrēt (*filmu*); 3. projektēt; plānot; 4. mest (*ēnu*)

proyectil *m* šāviņš; ~ explosivo – fugasa šāviņš

proyectista *m, f* 1. projektētājs, -a, 2. konstruktors, -e

proyecto *m* projekts; plāns; shēma; ~ de ley – likumprojekts

proyector *m* prožektors, starmetis

prudencia *f* 1. gudrība; 2. [sa]prāts; [sa]prātīgums; apdomība; falto de ~ – neapdomība; neprāts

prudencial *a* saprātīgs, piesardzīgs, apdomīgs

prudente *a* 1. gudrs; 2. [sa]prātīgs, apdomīgs

prueba *f* 1. pierādījums; 2. pārbaude, mēģinājums; izmēģinājums; poner a ~ – izmēģināt, pārbaudīt; de ~ – izmēģinājuma-; 3. paraugs; 4. (*metāla*) raudze; 5. (*apģērba*) uzlaikošana; ◇ ~ negativa – *foto* negatīvs; a ~ de agua – ūdensnecaurlaidīgs; hecha a ~ – tieši, taisni; a ~ de bomba – pamatīgs

pruna *f* plūme

psicología *f* psiholoģija

psiquiatra *m*, *f* psihiatrs, -e

psíquico *a* psihisks

púa *f* **1.** dzelonis; ērkšķis; adata (*ezim*); **2.** (*ķemmes*) zars; **3.** *bot.* potzars; **4.** *sar.* viltnieks, gudrinieks; ◇ saber cuantas ~s tiene el peine – pazīt kā savus piecus pirkstus; sacar la ~ al trompo – aizrakties līdz lietas būtībai

púber, púbero *a* nobriedis; pieaudzis

pubertad, pubescencia *f biol.* dzimumgatavība

publicación *f* **1.** publicēšana; publikācija; **2.** (*grāmatas*) izdošana

publicar *v* **1.** publicēt; **2.** izdot (*grāmatu*)

publicidad *f* **1.** atklātība; publiskums; en ~ – – publiski; **2.** reklāma; ~ en los periódicos – reklāma avīzēs; ~ en la prensa – reklāma presē; ~ televisada – televīzijas reklāma; ~ pegajosa – uzbāzīga reklāma; hacer ~ – reklamēt

publicista *m*, *f* publicists, -e

públic‖o I *a* **1.** publisks; biblioteca ~a – publiska bibliotēka; **2.** valsts-; derecho ~ *jur.* – valsts tiesības; hombre ~ – valstsvīrs, politiķis; **3.** vispārzināms; ◇ hacer ~ – publicēt; en ~ – – visu acu priekšā; visiem redzot; vía ~a – iela; **II** *m* publika; skatītāji; klausītāji; el ~ – ļaudis; ◇ de ~ – publiski

puchero *m* **1.** vārāmais katls; **2.** vira; **3.** vēlēšanu urna; volcar el ~ – viltot vēlēšanu rezultātus; ◇ hacer ~s – savilkt seju uz raudāšanu

pucho *m* **1.** (*izsmēķēta*) cigāra gals; **2.** (*am.*) atliekas, paliekas; a ~s – pa pilītei; pa drusciņai

pudibundo, púdico *a* kaunīgs

pudicicia *f* **1.** kaunīgums; **2.** nevainība, šķīstība

pudiente *a* turīgs, pārticis

pudor *m* **1.** kauns; kaunīgums; **2.** tiklums, tiklība, krietnums

pudridero *m* mēslu bedre; atkritumu kaste

pudrimiento *m* pūšana; trūdēšana

pudrir *v* **1.** pūdēt; sapūdēt; **2.** *pārn.* samaitāt; **3.** *sar.* apnikt līdz nāvei; **~se** *rfl* **1.** sapūt; satrūdēt; satrunēt; **2.** *pārn.* beigties vai nost aiz bēdām

pueblo *m* **1.** tauta; **2.** iedzīvotāji; **3.** apdzīvota vieta; ciems; miests; sādža

puente *m* **1.** tilts; ~ de pontones – pontontilts; ~ de mando – komandtiltiņš; ~ levadizo – paceļamais tilts; **2.** *jūrn.* (*kuģa*) klājs; **3.** steķītis (*vijolei*); ◇ por la ~ , que está seco – lēnāk brauksi, tālāk tiksi

puerco I *a* netīrs; **II** *m* cūka; ~ de espín – dzeloņcūka; ◇ ~ marino – delfīns

puericia *f* pusaudža gadi

puerilidad *f* bērnišķīgums, puiciskums

puerro *m* puravs

puerta *f* **1.** durvis; vārti; ~ triunfal – triumfa arka; a ~ cerrada – aiz slēgtām durvīm; ~ trasera – 1) virtuves durvis; sētas durvis; 2) *anat.* tūplis; **2.** pilsētas muita; ◇ tomar la ~ – aiziet; iziet; dar con la ~ en las narices – aizsist durvis (*kādam*) deguna priekšā; coger (tomar) la ~ – aiziet, aizcērtot durvis

puerto *m* **1.** osta; ~ de mar – jūras osta; ~ comercial – tirdzniecības osta; ~ franco – brīvosta; tomar ~ – a) iebraukt ostā; b) atrast patvērumu, patverties no vajāšanas; **2.** (*kalnu*) pāreja; **3.** patvērums, paspārne

pues *conj* **1.** tāpēc ka; jo; **2.** tātad; ¡ahora ~! – nu labi!; ◇ ¿~ cómo? – kā tā?; ~ sí – jā gan; ¿y ~? – tiešām?; ¿~ y que? – nu un kas tur pavisam?

puesta *f* **1.** (*azarta spēles*) likme; **2.** riets; a la ~ del sol – saulei rietot; ◇ ~ en marcha – 1) iedarbināšana; 2) iedarbināšanas mehānisms

puesto **I** *part no* **poner**; **II** *a* nolikts; novietots; ◇ bien (mal) ~ – labi (slikti) ģērbies; ~ que – ņemot vērā, ka; tā kā; jo; **III** *m* **1.** vieta; ~ de honor – goda vieta; **2.** kiosks; novietne; ~ de refrescos – atspirdzinošu dzērienu kiosks; **3.** postenis, amats; **4.** postenis; punkts; ~ de socorro – pirmās palīdzības punkts; ~ de observación *mil.* – novērošanas punkts; novērošanas postenis; ~ de mando *mil.* – komandpunkts

púgil *m* bokseris

pugilato *m* dūru cīņa; bokss

pugna *f* **1.** cīkstēšanās; cīniņš; **2.** konflikts; sadursme; strīds; estar en ~ con ... – turēties pretim (*kam*); pretoties

pugnacidad *f* **1.** ķildīgums; **2.** cietsirdība, nežēlība

pugnar *v* **1.** cīkstēties; **2.** ķildoties; kauties; ◇ ~ por – izmisīgi mēģināt (*ko*); pielikt visas pūles, lai ...

pugnaz *a* kareivisks, kareivīgs

puja[a] *f* **1.** grūdiens; **2.** piepūle, piespiešanās; ◇ sacar de la ~ – palīdzēt izkļūt no grūtībām

puja[b] *f* solīšana; venta a la ~ – ūtrupe, izsole, vairāksolīšana

pujante *a* spēcīgs, stiprs

pujanza *f* spēks

pujar[a] *v* **1.** grūst; izgrūst; (*kam cauri*); stumt cauri (*kam*); dzīt uz priekšu; **2.** (*ar varu, ar draudiem*) spiest (*ko darīt*); piespiest; **3.** svārstīties, vilcināties; **4.** *sar.* savilkt seju uz raudāšanu

pujar[b] *v* pārsolīt; solīt vairāk

pulcritud *f* tīrība; kārtīgums

pulcro *a* tīrs; kārtīgs

pulga *f* **1.** blusa; **2.** vilciņš (*rotaļlieta*); ◇ tener malas ~s – būt ļoti jūtīgam; nesaprast jokus; hacer de una a ~ un camello (un elefante) – taisīt no mušas ziloni

pulgar *m* īkšķis; del grueso del ~ – īkšķa resnumā; ◊ por sus ~es – pats savām rokām

pulgarada *f* šķipsna, šķipsniņa (*sāls u. tml.*); (*tabakas*) šņauciens

pulgón *m* laputs

pulgoso *a* blusains, blusu pilns

pulido I *a* 1. glīts; piemīlīgs; jauks; 2. pulēts; 3. slīpēts; II *m* 1. pulējums: 2. slīpējums

pulidor *m* 1. pulēšanas instruments; 2. pulētājs; 3. slīpētājs

pulimentar *v* pulēt

pulir *v* 1. pulēt; 2. *arī pārn.* slīpēt

pulmón *m* plauša; ◊ ~ marino – medūza

pulmonar *a* plaušu-; tuberculosis ~ – plaušu tuberkuloze

pulpa *f* 1. *anat.* pulpa; 2. (*augļa*) mīkstums; (*koka*) serde

pulpejo *m* mīkstums; ~ de los dedos – pirkstu gali; ~ de la oreja – auss ļipiņa

pulpería *f* (*am.*) 1. sīktirgotava; 2. bufete (*ar uzkožamajiem*)

púlpito *m* *bazn.* kancele

pulpo *m* *zool.* astoņkājis

pulposo *a* gaļīgs

pulsa *f* (*am.*) aproce, rokassprādze

pulsación, pulsada *f* 1. pulsācija; 2. (*pirkstu*) piesitiens

pulsar *v* 1. skaitīt (lūkot) pulsu; 2. piesist (*piem., klavieru taustiņu*); aizskart (*stīgas*); 3. pulsēt

pulsátil, pulsativo *a* pulsējošs

pulsera *f* 1. aproce, rokassprādze; 2. apliekamais, komprese; 3. matu cirtas virs deniņiem

pulso *m* 1. pulss; tomar el ~ – 1) lūkot pulsu; 2) pētīt apstākļus; 2. piesardzība; uzmanība; de ~ – piesardzīgi, uzmanīgi; ◊ sacar a ~ – panākt (*kaut ko*), neskatoties uz grūtībām; quedarse sin ~ – bailēs zaudēt valodu

pulular *v* čumēt, mudžēt, ņudzēt

pulverizador *m* pulverizators; smidzinātājs

pulverizar *v* 1. saberzt; sasmalcināt; 2. izsmidzināt

pulverulento *a* putekļains; noputējis, apputējis

pullaᵃ *f* 1. jēlība, neķītrība; divdomība; 2. dzēlīga piezīme

pullaᵇ *f* (*am.*) šaurs nazis, duncis

pumita *f* pumeks

puna *f* (*am.*) 1. puna (*Andu priekškalne*); 2. tuksnesīgs apgabals; 3. puna (*kalnu slimība*)

punción *f* 1. dūriens; 2. *med.* injekcija; punkcija

pundonor *m* 1. goda lieta; 2. goda jūtas, goda sajūta

pungir *v* 1. durt; 2. *sar.* iekairināt

punible *a* 1. sodāms; 2. krimināls

punición *f* sods; sodīšana

punitivo *a* soda-; destacamento ~ – soda bataljons

punta *f* 1. smaile; 2. *ģeogr.* zemes mēle; 3. (*izsmēķēta*) cigāra gals; 4. (*vērša*) rags; 5. skāba garša (*pārrūgušam vīnam*); 6. (*kub.*)

augstākās šķirnes tabakas lapa; **7.** (*am.*) skaits, daudzums; ◇ de ~s – uz pirkstgaliem; armado de ~ en blanco – būt apbruņotam līdz zobiem; tener una ~ de loco – sajukt prātā; de ~ a cabo – no sākuma līdz galam; estar de ~ – būt uz nažiem (*ar kādu*)

puntada *f* adatas dūriens; ◇ tirar ~s – runāt dzēlības

puntal *m* **1.** balsts, atbalsts, stute; balsta stabs; **2.** *pārn.* atspaids, atbalsts

puntapié *m* spēriens ar kāju; ◇ mandar a ~s – turēt zem savas tupeles

puntear *v* **1.** punktēt; **2.** strinkšķināt

puntera *f* (*apava*) purns

puntería *f* **1.** tēmēšana, mērķēšana; notēmēšana; tēmējums; ~ directa – tiešs tēmējums; **2.** trāpīgums; tener ~ – būt labam šāvējam

puntero *m* **1.** labs šāvējs; **2.** (*am.*) *fizk.* pirmās vietas ieguvējs; **3.** rādāmais kociņš; irbulis

puntiagudo *a* ass

puntilla *f* **1.** mežģīnes; **2.** (*īss*) duncis; **3.** (*kub.*) nagliņa; ◇ dar ~ – 1) nodurt vērsi (*ar dunci*); 2) dot pēdējo triecienu; de ~s – uz pirkstgaliem

puntillero *m* puntiljero (*toreadora palīgs, kurš ievainotam vērsim dod pēdējo triecienu ar dunci*)

puntizón *m* ūdenszīme (*papīrā*)

punto *m* **1.** punkts; ~ musical – nots (*mūzikā*); ~ de apoyo – atbalsta punkts; ~ final – punkts teikuma beigās; ~ y coma – semikols; ~s suspensivos – daudzpunkte; ~ interrogante – jautājuma zīme; ~ de apoyo – atbalsta punkts; **2.** acumirklis; moments; al ~ – tūliņ, nekavējoties; a ~ – laikā, laikus; son las siete en ~ – tieši septiņi (*par laiku*); **3.** tēmeklis; ~ de mira – (*šautenes*) grauds; **4.** (*taksometru*) stāvvieta; **5.** valdziņš (*adīklim*); hacer ~ – adīt; articulo de ~ – trikotāžas izstrādājums; **6.** dūriens (*šujot*); de cruz – krustdūrienu izšuvums; **7.** acs (*spēlē*); **8.** viltnieks; gudrinieks; ◇ no perder ~ – rīkoties piesardzīgi (uzmanīgi); estar a ~ de – būt gatavībā; por ~s – kuru katru brīdi; a ~ largo – nevīžīgi; ~ menos – apmēram; ap; ¡~ en boca! – klusu!; de todo ~ – galīgi; pilnīgi; ◇ por ~ general – kā likums; ~ de vista – uzskats, viedoklis

puntoso *a* **1.** dzeloņains; **2.** *pārn.* dzēlīgs, ass

puntuación *f* **1.** *gram.* interpunkcija; **2.** *fizk.* novērtēšana pēc punktiem

puntual *a* **1.** punktuāls; **2.** pareizs

puntualizar *v* **1.** labi iegaumēt; **2.** aprakstīt (izstāstīt) visos sīkumos; **3.** veikt apdari

puntuar *v gram.* likt pieturzīmes

puntura *f* dūriens

punzada *f* **1.** dūriens; **2.** asas sāpes;

dūrējs; **3.** sarūgtinājums, apbēdinājums

punzar *v* **1.** durt; **2.** kniebt; knaibīt; **3.** sarūgtināt, apbēdināt

punzó *m* koši sarkans

punzón *m* **1.** īlens; **2.** dzelis; **3.** spiedogs; **4.** jauns rags

puñada *f* dūres sitiens

puñado *m* **1.** riekšava; sauja; a ~s – riekšavām; **2.** mazumiņš; krikums

puñal *m* duncis

puñalada *f* dunča dūriens

puñetazo *m* dūres sitiens

puño *m* **1.** dūre; a ~ cerrado – 1) ar savilktām dūrēm; 2) no visa spēka; como un ~ – dūres lielumā; **2.** riekšava; **3.** mañšete, aproce; **4.** rokturis; kāts; ~ de espada – zobena rokturis; **5.** tvēriens; ◇ meter en un ~ – iebaidīt; de propio ~ – ar paša rokām; ser como un ~ – būt ļoti sīkumainam; hombre de ~s – stiprinieks; comerse los ~s – kārt zobus vadzī; apretar los ~s – censties, līst no ādas laukā

pupa *f sar.* pūtīte; ◇ hacer ~ a uno – 1) likt just kādam; 2) nodarīt ļaunumu kādam

pupila *f* **1.** redzoklis, acu zīlīte; **2.** aizbilstamā; **3.** netikle (*atklātā namā*)

pupilaje *m* **1.** mazgadība; **2.** aizbildnība; **3.** pansija; estar en ~ – 1) būt pansionāram (*par skolnieku*); 2) būt atkarīgam (*no kāda*)

pupilero *m* pansijas saimnieks

pupilo *m* **1.** aizbilstamais; **2.** audzēknis; **3.** pansionārs; estar a ~ – būt pansijā, būt (*kāda*) maizē

pupitre *m* **1.** [rakstām]pults; **2.** [skolas]sols

puramente *adv* **1.** tikai; vienīgi; **2.** šķīsti, tikli

puré *m* biezenis

pureza *f* **1.** tīrība; **2.** nevainība; šķīstība

purgar *v* **1.** attīrīt; iztīrīt; **2.** izpirkt (*vainu*); **3.** izciest sodu (*apcietinājumā*)

purgatorio *m* **1.** *rel.* šķīstītava, purgatorijs; **2.** *sar.* ciešanas

puridad *f* **1.** tīrība; **2.** noslēpums; hablar en ~ – 1) pateikt kā noslēpumu; 2) runāt skaidri un gaiši

purificación *f* **1.** attīrīšana; iztīrīšana; **2.** *bazn.* Marijas šķīstīšanās diena

purismo *m* pūrisms

puritano I *a* puritānisks; puritāņu-; **II** *m* puritānis

pur‖o I *a* **1.** tīrs; por ~a costumbre – aiz paraduma; eso son ~as mentiras – tie ir tīrie meli; esta es la ~a verdad – tā ir tīra patiesība; **2.** nevainīgs; šķīsts; **3.** svaigs, tīrs (*gaiss*); **III** *m* Havanas cigārs

púrpura *f* purpurs

purpurado *m* kardināls

purpúreo, **purpurino** *a* purpursarkans, purpursārts; purpurkrāsas-

purrela *f* vīnogu izspaidu vīns
purriela *f sar.* draņķis
purulento *a* strutojošs; strutains, pūžņains
pus *m* strutas, pūžņi
pusilánime *a* mazdūšīgs
pustuloso *a* 1. strutains; 2. pārklāts ar pūtītēm; čūlains
puta *f* netikle, ielasmeita
putañero *m* izvirtulis; netiklis
putrefacción *f* trūdēšana; pūšana; en ~ trūdošs; pūstošs
putrefacto *a* satrūdējis
pútrido *a* aizpuvis, iepuvis
puya *f* 1. dzelonis; ērkšķis; adata (*ezim*); 2. (*pikadora*) šķēpa smaile; 3. dzēlība, dzēlīga piezīme; echar ~ s – iedzelt
puzzle *m* 1. liekamattēls, (sa)liekamattēls; 2. lauzīši (puzlis)

Q

que I *pron rel* kurš; kas; el chico ~ ves – zēns, kuru tu redzi; la casa en ~ vivo – māja, kurā es dzīvoju; el ~ viene – tas, kurš nāk; ◇ nada ~ comer – nav ko ēst; tener ~ hacer – ir ko darīt; II *conj* 1. ka; veo ~ todos están conforme – redzu, ka visi ir apmierināti; 2. lai; quiero ~ lo hagas – vēlos, lai tu to darītu; 3. bet; la culpa es tuya ~ no mía – tā ir tava, bet ne mana vaina; 4. jo, tāpēc ka; 5. nekā; más ~ nunca – vairāk nekā jebkad; 6. kaut; ¡~ vuelvan pronto! – kaut viņi ātrāk atgrieztos!; 7. *lieto darb. v. vai īpašības v. pastiprināšanai*; corre ~ corre – skrien kā vējš; 8. vai; tarde ~ temprano – agri vai vēlu; ◇ con tal ~ – ja vien; a menos ~ – ja tikai ne; como ~ – it kā; luego ~ – līdzko, tikko; lo mismo ~ ayer – tāpat kā vakar

qué I *pron interr* 1. kāds?; ¿de ~ color? – kādas krāsas?; 2. kas?, ko?; ¿~ es esto? – kas tas ir?; ¿~ dices? – ko tu saki?; 3. cik? – ¿~ dinero me diste? – cik naudas tu man iedevi?; ◇ ¿y ~? – nu un?; ¿por ~ ? – kāpēc?; ¿~tal? – kā klājas?; II *pron exclam* kāds!, cik!; ¡~ bella vista! – kāds skaists skats!; ¡~ de gente! – cik daudz ļaužu!; ¡qué casa tan alta! – cik augsta celtne!; ◇ ¡~ cosa! (*am.*) – neticami!
quebrada *f* 1. grava; aiza; 2. (*am.*) strauts
quebradizo *a* 1. plīstošs; 2. trausls; 3. vājš (*par veselību*); 4. drebošs (*par balsi*)
quebrado I *a* 1. salauzts; saplēsts; 2. vājš, bezspēcīgs; 3. slims ar bruku; 4. bankrotējis; 5. grumbuļains (*par zemi*); 6. lauzts (*par līniju*); II *m* 1. *mat.* daļskaitlis, daļa

quebradura *f* 1. plaisa; 2. *med.* bruka

quebrajar *v* plaisāt

quebrantar *v* 1. plēst; lauzt; 2. sasmalcināt; 3. sastampāt, samīcīt; 4. pārkāpt (*likumu*); 5. lauzt (*solījumu*); 6. padarīt maigāku (*krāsu u. tml.*); 7. zaudēt spēkus, pagurt; 8. apgrūtināt; 9. modināt līdzjūtību; 10. *jur.* anulēt testamentu; **~se** *rfl* 1. kļūt vārgam, nespēcīgam; 2. salūzt; saplīst

quebranto *m* 1. plēšana; laušana; 2. vārgums, nespēks; 3. zaudējums; 4. bēdas, skumjas

quebrar *v* 1. plēst; lauzt; 2. traucēt, apgrūtināt; 3. padarīt maigāku (*krāsu u. tml.*); 4. pārkāpt (*likumu*); 5. pārtraukt (*klusumu*); 6. lauzt (*solījumu*); 7. izbeigt draudzību; 8. nonākt līdz bankrotam

quedada *f* atrašanās; uzturēšanās

qued‖ar *v* 1. palikt; él ~ó en casa – viņš palika mājās; ~ fuera – palikt uz ielas; 2. atlikt, palikt; me ~ an dos días – man atlikušas divas dienas; 3. palikt; kļūt; ~ huérfano – kļūt par bāreni; 4. vienoties (*par kaut ko*); ◇ ~ sin pulso – nobīties līdz nāvei; eso ~a por mí – tas man vēl jānokārto; **~se** *rfl* 1. palikt (*kaut kur*); 2. (con) piesavināties; 3. norimt (*par vēju*); ◇ ~ con uno – piekrāpt kādu; ~ frío – kļūt mēmam aiz pārsteiguma

quedo I *a* mierīgs, rāms; **II** *adv* klusi, čukstus; con pasos ~s – klusiem soļiem; ◇ a ~ – pamazām

quehaceres *m pl* darīšanas

queja *f* 1. vaids, kunkstiens; 2. sūdzība; 3. *jur.* apsūdzība

quejar *v* apbēdināt, sāpināt; **~se** *rfl* 1. vaidēt, kunkstēt; ~se por el dolor – vaidēt no sāpēm; 2. sūdzēties; 3. apvainoties; 4. *jur.* iesniegt sūdzību

quejoso *a* 1. apsūdzošs; 2. neapmierināts; 3. īgns, sapīcis

quema *f* 1. sadedzināšana; kremācija; 2. ugunsgrēks; ◇ huir de la ~ – izbēgt briesmām

quemada *f* 1. izdedzis mežs; izdega; 2. (*am.*) ugunsgrēks

quemado *a* 1. sadedzis; 2. apsvilis; apdedzis; huele a ~ – ož pēc sviluma

quemadura *f* 1. sadegšana; 2. apdegums

quemar *v* 1. sadegt; 2. [ap]dedzināt; [ap]svilināt; 3. izdegt; 4. izšķiest, izšķērdēt; 5. *sar.* sakaitināt; **~se** *rfl* 1. sadegt; 2. apdedzināties; 3. piedegt

quemazón *f* 1. dedzināšana; 2. pārkarsēšana; 3. nieze; 4. *sar.* piparots vārds; 5. (*am.*) mirāža (*pampās*)

querella *f* 1. sūdzība; 2. strīds; nesaskaņas

querellarse *v rfl* 1. sūdzēties; 2. strīdēties; 3. sūdzēt (iesūdzēt) tiesā

querencia *f* **1.** pieķeršanās; mīlestība; **2.** iemīļota (ierasta) vieta

querer I *v* **1.** gribēt; vēlēties; **2.** mīlēt; **3.** iemīļot; **4.** tiekties; ◇ ~ decir – nozīmēt; sin ~ – netīšām; venga lo que quiera – lai nāk kas nākdams; como quiera – pēc vēlēšanās; **II** *m* **1.** mīlestība; piekeršanās; **2.** vēlēšanās

querido I *a* mīļš; dārgs; ~ amigo – dārgais draugs; **II** *m* mīļotais

querosene *f* petroleja

quesería *f* **1.** siernīca; **2.** siera tirgotava

queso *m* siers; ◇ dar el ~ – iesmērēt, iegrūst (*kaut ko nederīgu*)

quid *m* būtība; el ~ de la cuestión – jautājuma būtība

quiebra *f* **1.** plaisa; **2.** grava; **3.** bankrots; krahs; **4.** zaudējums

quien (*pl* quienes) *pron rel* **1.** kas; kurš; kura; **2.** kāds; kāda

quién (*pl* quiénes) *pron interr* kas?; ¿~ viene? – kas tur nāk?

quienquiera (*pl* quienesquiera) *pron indet* jebkurš; jebkāds

quietación *f* **1.** savaldīšana; **2.** nomierināšana

quietar *v* **1.** savaldīt; **2.** nomierināt

quieto *a* mierīgs; nekustīgs; el mar está ~ – jūra ir mierīga; ¡estate ~! – sēdi mierīgs!, negrozies!

quietud *f* **1.** mierīgums; nekustīgums; **2.** miers; klusums

quijada *f* žoklis

quijotada *f* donkihotisms

quijote *m* donkihots

quilate *m* **1.** raudze (*cēlmetālam*); **2.** karāts

quiloᵃ *m* pienskābe

quiloᵇ *m* kilograms

quillotrar *v* **1.** uzbudināt; **2.** savaldzināt; apburt; **~se** *rfl* **1.** uzbudināties; **2.** iemīlēties; **3.** uzposties; uzcirsties; **4.** sūdzēties; žēloties

química *f* ķīmija; ~ biológica – bioķīmija; ~ industrial – ķīmiskā tehnoloģija

químic||**o I** *a* ķīmisks; composición ~a – ķīmiskais sastāvs; productos ~os – ķīmikālijas; **II** *m* ķīmiķis

quincalla *f* dzelzs izstrādājumi

quince *num* **1.** piecpadsmit; **2.** piecpadsmitais

quincuagenario I *a* piecdesmitgadīgs; **II** *m* piecdesmitgadnieks

quincuagésimo *num* piecdesmitais

quinientos *num* **1.** pieci simti; **2.** piecsimtais

quinina *f* hinīns

quinteto *m mūz.* kvintets

quinto I *num* piektais; **II** *m* **1.** piektā daļa; **2.** *mil.* jauniesauktais

quirófano *m* operācijas zāle

quirúrgico *a* ķirurģisks

quiste *m med.* cista

quitamanchas *m* **1.** traipu tīrīšanas līdzeklis; **2.** ķīmiskā tīrītava

quitanieves *m* sniega tīrītājs

quitanza *f* kvīts

quit||**ar** *v* **1.** noņemt; **2.** novākt; ~ la mesa – novākt (nokopt) galdu;

3. atņemt; ~ algo por fuerza – atņemt kaut ko ar varu; ~ de (entre) les manos – izraut no rokām; **4.** kavēt; traucēt; **5.** atcelt, anulēt (*likumu; spriedumu*); ◊ ~ las ganas – sabojāt katru patiku; ~ ojo de ... – novērst acis no ...; ¿quién lo ~a? – kas to apšauba?; **~se** *rfl* **1.** atvirzīties; **2.** attālināties; **3.** atradināties; ◊ ¡quítate de ahí! – vācies prom!

quitasol *m* saulessargs
quizá[s] *adv* varbūt; iespējams
quórum *m* vairākums

R

rabanillo *m* **1.** redīss; **2.** nicinājums; **3.** iekāre
rábano *m* **1.** rutks; **2.** redīss; ◊ cuando pasan ~s, comprarlos – kal dzelzi, kamēr karsta
rabear *v* **1.** luncināt asti; **2.** *pārn.* luncināties (*ap kādu*)
rabel *m* ravels (*nacionāls mūzikas instruments*)
rabia *f* **1.** *med.* trakumsērga; **2.** trakums; niknums; ārkārtīgas dusmas; dar ~ – satracināt; tomar ~ – sākt trakot; ◊ Uneve con ~ – lietus gāž kā no spaiņa
rabiar *v* trakot, plosīties
rabiazorras *m sar.* austrumu vējš, rītenis
rábico *a* traks; nikns; dusmīgs
rabillo *m* **1.** kātiņš (*lapas, augļa*); **2.** *lauks.* melnplauka
rabión *m* (*mutuļojoša*) straume
rabisalsera *a sar.* nekauņa (*par sievieti*)
rabizorra *f jūrn.* dienvidu vējš

rabo *m* aste; ◊ irse con el ~ entre piernas – aizvilkties ar nolaistu asti; ~ del ojo – acu kaktiņš; volver de ~ – mainīties, pārvērsties
rabón *a* strups; apcirpts (*par asti*)
rabonero *m* darba kavētājs
rabosear *v* **1.** melst; muldēt; **2.** nomelnot
rabotada *f* rupjība; nekaunība
rábula *m* kaktu advokāts
racimal *a* kupls; žuburots
racimo *m* vīnogu ķekars; ◊ ~ de perlas – pērļu virtene
raciocinar *v* spriest
raciocinio *m* **1.** spriešana; **2.** saprāts, spēja spriest; **3.** arguments, pierādījums
ración *f* **1.** deva; ~ de reserva – neaizskaramā rezerve; **2.** dienas deva
racional *a* **1.** saprātīgs; saprāta-; **2.** *mat.* racionāls
racionalismo *m* racionālisms

racionalización f racionalizācija
racionalizar v racionalizēt
racismo m rasisms
racista I m, f rasists, -e; II a rasistisks, rasisma-
racha f vēja brāzma; īslaicīga vētra (*uz jūras*)
racoma f jēlums, ādas nobrāzums
rada f 1. *jūrn.* reids; 2. līcis
radar m radars
radiación f 1. izstarošana, radiācija; 2. *med.* apstarošana
radiactividad f radioaktivitāte
radiactivo a radioaktīvs
radiador m radiators
radiante a starojošs; ~ de cara – starojošu seju
radiarᵃ v [iz]starot
radiarᵇ v [pār]raidīt (*pa radio*)
radicación f 1. iesakņošanās; 2. izvietojums; atrašanās vieta
radical I a radikāls; II m 1. *daž. noz.* radikālis; 2. *gram.* vārda sakne
radicar v sakņoties; **~se** *rfl* 1. iesakņoties, laist saknes; 2. (*am.*) apmesties
radioᵃ m 1. rādiuss; 2. (*riteņa*) spieķis; ~ de acción – darbības rādiuss
radioᵇ m rādijs
radioᶜ f 1. radio, radiofons; emisora de ~ – radioraidītājs; transmitir por la ~ – pārraidīt pa radio; 2. radiouztvērējs; 3. radiostacija
radioactividad f radioaktivitāte
radioescucha m, f radioklausītājs, -a

radioexperimentador m radioamatieris
radiografía f 1. radiogrāfija; rentgenogrāfija; 2. rentgena uzņēmums
radiografiar v izdarīt rentgena uzņēmumu; izdarīt rentgena caurskati
radiología f rentgenoloģija
radiólogo m rentgenologs
radioplaca f rentgena uzņēmums
radioso a 1. starojošs; mirdzošs; spožs; 2. starveidīgs; radiāls
radioyente m, f radioklausītājs, -a
raer v nokasīt, noberzt
ráfaga f 1. vēja brāzma; 2. uzliesmojums (*gaismas*); 3. šāvienu kārta
raicear v (*am.*) laist saknes, iesakņoties
raíz (*pl* raíces) f *daž. noz.* sakne; echar raíces – laist saknes, iesakņoties; ~ cuadrada – kvadrātsakne
raja f 1. plaisa; 2. šķila; 3. šķēle; ◊ sacar ~ – gūt labumu; hacerse ~s – izjukt, saplīst
rajuñar v skrāpēt
ralea f 1. rase; 2. kārta; persona de baja ~ – zemas kārtas cilvēks; 3. kvalitāte, īpašība
ralo a rets, šķidrs, izdilis (*par audumu*)
rallado a rīvēts
rallar v 1. rīvēt; 2. *pārn.* plīties virsū, nedot mieru
rallo m 1. rīve; 2. *tehn.* rašvīle, skrāpjvīle; 3. *sar.* pļāpa, melša; ◊ cara de ~ – bakurētaina seja
rama f 1. zars; 2. atzarojums; noza-

rojums; **3.** nozare; ◊ en ~ – jēlmateriāls; andarse por las ~s – aiz kokiem neredzēt mežu
ramada f **1.** lapotne; **2.** (*am.*) nojume
ramal *m* **1.** virves gals; **2.** apauši; **3.** (*dzelzceļa vai kalnu*) atzarojums
ramalazo *m* **1.** cirtiens ar virvi; **2.** asas sāpes; **3.** nepatika, antipātija
rambla f **1.** lielceļš; aleja, bulvāris (*Katalonijā*); **2.** (*am.*) liedags
ramblazo, ramblizo *m* grava
ramera f prostituētā, ielasmeita
ramería f **1.** prostitūcija; **2.** atklātais nams, priekamāja
ramial *m* ramijas (Indijas kaņepju) plantācija
ramificarse *v rfl* sazaroties
ramillete *m* **1.** grezns puķu pušķis; **2.** dekoratīvs šķīvis ar augļiem (*viesību galdam*)
ramina f tekstilšķiedra (*no Indijas kaņepēm*)
ramiza f **1.** zaru kaudze; žagaru nasta; **2.** slota (*no zariem*)
ramo *m* **1.** zars; **2.** (*puķu*) pušķis; saišķis; **3.** nozare; ◊ vender al ~ – pārdot pa daļām
ramoso *a* zarots, žuburots
rampa f **1.** nogāze, slīpums; **2.** slīpne; **3.** *teātr.* rampa
ramplón I *a* **1.** rupji nostrādāts, prasts (*piem., apavi*); **2.** rupjš; vulgārs; II *m* pakava radze
rampollo *m* spraudenis, potzars
rana f varde; ~ de zarzal – krupis; ◊ no ser ~ ~ – nebūt muļķim; būt izveicīgam
rancajo *m* skabarga
ranciar *v* raudzēt (*vīnu*)
ranc‖io I *a* **1.** sasmacis, rūgtens (*piem., sviests*); **2.** vecs; sens; ~ias costumbres – senas paražas; II *m* taukains traips (*uz auduma*)
ranchería f **1.** ciemats; **2.** apmetne
rancho *m* **1.** (*am.*) rančo (*lauku mājas, ferma*); **2.** pārtikas deva (*armijā*); **3.** kopējais katls (*armijā*)
rango *m* **1.** dienesta pakāpe, rangs; **2.** sabiedriskais stāvoklis
ranura f renīte; grope; rieva
raña f dzelzs āķis (*astoņkāju zvejai*)
rapa f olīvkoka zieds
rapabarbas *m sar.* bārddzinis
rapadura f **1.** skūšana; **2.** saldumi (*no cukurniedru medus un piena*)
rapar *v* **1.** skūt; **2.** īsi apgriezt matus; **3.** *sar.* zagt
rapaz (*pl* rapaces) I *a* **1.** zaglīgs; **2.** mantkārīgs; **3.** plēsīgs (*par putniem*); II *m* puišelis, puika
rapazada f puiciskums, puiciska rīcība
rapidez f **1.** ātrums; straujums; **2.** *foto* filmas jutība
rápido I *a* ātrs; straujš; II *m* ātrvilciens
rapiego *a* plēsīgs (*par putniem*)
rapiña f laupīšana; guerra de ~ – laupīšanas (aneksionistisks) karš; ave de ~ – plēsīgs putns

repiñar *v* laupīt
rapo *m* rācenis
raposa *f* **1.** lapsa; **2.** viltnieks; ◊ cada ~ guarde su cola – katram savs krekls tuvāks
raposera *f* lapsas ala
raptar *v* (*am.*) nolaupīt; nozagt; aizvest (*cilvēku*)
rapto *m* **1.** (*cilvēka*) nolaupīšana; nozagšana; aizvešana; **2.** sajūsma; aizrautība
raquero I *a* pirātu-, jūras laupītāju-; **II** *m* **1.** pirāts, jūras laupītājs; **2.** ostas zaglis
raqueta *f* **1.** rakete; **2.** mārrutks
raquis *m* mugurkauls
raquítico *a* **1.** rahītisks; **2.** nožēlojams; vārgulīgs; nīkulīgs
raquitis *f* rahīts
rareza, raridad *f* **1.** retums; **2.** dīvainība, savādība; **3.** kaprīze
raro *a* **1.** rets; **2.** neparasts; izcils; **3.** dīvains, savāds; ¡qué ~! – cik savādi!
ras *m* līmenis; con ~, ~ en ~ – vienā līmenī
rasa *f* **1.** izcirtums; **2.** izdilums (*drēbē*)
rasante *a* līdzens; lēzens; ◊ fuego ~, firo ~ *mil.* – klājugnis; vuelo ~ – pļaujošs lidojums
rasar *v* **1.** nolīdzināt; izlīdzināt; **2.** (*viegli*) aizskart; pieskarties; **3.** noskaidroties (*par debesīm*)
rasca *f* (*am.*) [ie]dzeršana
rascado *a* (*am.*) **1.** piedzēries; **2.** īgns, sapīcis

rascacielos *m* **1.** debesskrāpis; **2.** stabs (*piem., elektrolīnijas*)
rascanubes *m* buras
rascar *v* **1.** skrāpēt; **2.** kasīt; **3.** skrubināt; **4.** (*am.*) dzert (*reibinošus dzērienus*); **~se** *rfl* **1.** kasīties; **2.** (*am.*) piedzerties
rascón I *a* ass; **II** *m* grieze
rasero *m* mērkoks; ◊ medir por el mismo ~ – mērīt ar vienu olekti
rasg‖ado *a* **1.** saplēsts, sarauts; **2.** plaši atplests; plaši atvērts; ojos ~ados – ieplestas acis, lielas acis; boca ~ada – mute līdz ausīm
rasgo *m* **1.** svītra; līnija; **2.** iezīme; īpašības; ~ heroico – varonība; **3.** ~s *pl* sejas izteiksme; ◊ ~ de magnanimidad – cildena rīcība; a grandes ~s – vispārīgos vilcienos
rasguñar *v* **1.** [sa]skrāpēt; **2.** *glezn.* uzskicēt
rasgar *v* raut; plēst; saraut; saplēst
raso I *a* gluds, līdzens; ◊ cielo ~ – skaidra debess; soldado ~ – ierindas kareivis; asiento ~ – ķeblis, taburete; al ~ – zem klajas debess; **II** *m* atlase
raspa *f* **1.** asaka; **2.** (*vārpas*) akots; **3.** (*ogas*) kāts; **4.** (*am.*) *pārn.* asums; dzēlīgums; **5.** (*am.*) rājiens, brāziens; ◊ ir a la ~ – zagt; čiept; tender la ~ – likties gulēt
raspar *v* **1.** kasīt; izkasīt; **2.** (*am.*) zagt; **3.** (*am.*) uzkliegt, uzbrēkt; ◊ ~ coco – mazgāt galvu
raspilla *f* neaizmirstulīte

raspín *m* (*skulptora*) kalts
rastel *m* margas, treliņi
rastra *f* **1.** pēdas; **2.** kaplis (*ar zariem*); **3.** ecēšas; **4.** grābeklis; **5.** *jūrn.* tralis; ◇ a la ~ – tupus rāpus; a ~s – vilkšus
rastrillo *m* **1.** grābeklis; **2.** suseklis (*šķiedrai*); **3.** *mil.* deglis
rastrillar *v* **1.** grābt (*ar grābekli*); **2.** sukāt (*linus; kaņepes*); **3.** (*am.*) šaut; **4.** (*am.*) uzraut (*sērkociņu*); **5.** *pārn.* izsukāt (*mežu*)
rastro *m* pēdas
rastrojera *f* rugājs, rugaine
rasura *f* (*bārdas*) dzīšana, skūšana
rata I *f* žurka; ~ almizclada – ondatra; ~ de agua – ūdensžurka; ◇ pueblo de ~ s – nabagu ciemats; **II** *m sar.* kabatzaglis; ◇ más pobre que las ~s (que una ~) – pliks kā baznīcas žurka
ratafía *f* ķiršu liķieris
rataplán *m* tra-ta-tā (*bungu rīboņas imitācija*)
ratearᵃ *v* dalīt proporcionāli
ratearᵇ *v* zagt
ratearᵉ *v* līst uz vēdera
ratero I *a* **1.** zems; **2.** sīks (*par zagli, blēdi*); **3.** zemisks, nelietīgs; **II** *m* kabatzaglis
ratificación *f* ratifikācija; carta de ~ – ratifikācijas raksts
ratigar *v* piesiet (nostiprināt) kravu
rátigo *m* nasta; krava
ratita *f* saules zaķītis
rato *m* [acu]mirklis, brīdis; a cada ~ – ik brīdi; a ~s – laiku pa laikam; šad tad; buen ~ – ilgāku laiku; pasar el ~ *sar.* – 1) veltīgi tērēt laiku; 2) izklaidēties, jautri pavadīt laiku
ratón *m* pele
ratonar *v* skrubināt, grauzt (*par pelēm, žurkām*)
ratonera *f* **1.** peļu slazds; **2.** peļu caurums; **3.** peļu midzenis; **4.** (*am.*) būda; ◇ caer en la ~ – iekrist slazdos
raudal *m* **1.** trakojoša straume; **2.** lietusgāze; llover a ~es – gāzt kā ar spaiņiem; **3.** kalnu strauts
raudo *a* **1.** straujš; nesavaldīgs; **2.** pēkšņs; negaidīts
rayaᵃ *f* **1.** svītra; corbata a ~s – svītraina kaklasaite; līnija; švīka; **2.** robeža; **3.** josla; **4.** (*matu*) šķirtne; ◇ tener a ~ – turēties robežās; hacer ~ – izcelties, izvirzīties (*par kādu*)
rayaᵇ *f* raija (*zivs*)
rayado I *a* svītrains; ar svītrām; ar līnijām; **II** *m* **1.** svītras; līnijas (*audumā; uz papīra*); **2.** līmējums
rayar *v* **1.** vilkt svītras; līnijot; **2.** izsvītrot; **3.** pasvītrot; **4.** robežot[ies]; **5.** izcelties (*ar ko*); **6.** aust (*par dienu, gaismu*); uzlēkt (*par sauli*); al ~ el alba – rītausmā
rayo *m* **1.** stars; **2.** zibens; **3.** spieķis (*ritenim; lietussargam*); **4.** pēkšņa nelaime, trieciens; ◇ ¡~s! – velns

parāvis!; echar ~s y centillas – spert vai zemes gaisā, ārdīties

rayón *m* mākslīgais zīds, viskoze

raza *f* rase

rázago *m* **1.** maisa audums; **2.** buru audekls

razón *f* **1.** prāts; saprāts; poner en ~ – vest pie prāta; perder la ~ – sajukt prātā; **2.** arguments; **3.** pamats; iemesls; sin ~ – ne bez pamata (iemesla); ¿con qué ~? – uz kāda pamata?; **4.** taisnība; taisnīgums; **5.** *mat.* attiecība; proporcija; ~ trigonométrica – trigonometriskā funkcija; **6.** ~es *pl* apsvērumi; ◇ ~ de Estado – valsts intereses; dar la ~ – atzīt, piekrist; dar ~ – informēt; tienes ~ – tev taisnība

razonable *a* **1.** [sa]prātīgs; pamatots; **2.** taisnīgs; **3.** lēts (*par cenu*)

razonado *a* **1.** [sa]prātīgs; **2.** pārdomāts; apdomāts

razonador *m* **1.** domātājs; **2.** rezonieris

razonar *v* **1.** spriest; **2.** diskutēt; pārrunāt; **3.** pamatot, argumentēt; **4.** pierādīt; **5.** pārdomāt; apdomāt

reacción *f* reakcija; turbina de ~ – reaktīvā turbīna; motor de ~ – reaktīvais dzinējs; ~ en cadena – ķēdes reakcija; ~ nuclear – kodolreakcija

reaccionario *m* reakcionārs

reacio *a* stūrgalvīgs; spītīgs; neatlaidīgs

reactivo **I** *a* reaktīvs; avión ~ – reaktīvā lidmašīna; **II** *m* reaktīvs

reactor *m* reaktors

readmitir *v* **1.** par jaunu pieņemt (*darbā*); **2.** no jauna pielaist (*pie eksāmeniem*)

realᵃ *a* reāls

realᵇ **I** *a* **1.** karalisks, ķēnišķīgs; **2.** lielisks; ļoti skaists; **3.** ļoti labs; **II** *m* **1.** *mil.* nometne; štābs; **2.** *vēst.* reāls (*spāņu naudas vienība*); ◇ sin un ~ – bez graša kabatā

realce *m* **1.** reljefs; **2.** krāšņums; spožums; **3.** cieņa; slava

realidad *f* **1.** realitāte, īstenība; en ~ – īstenībā; patiesībā; **2.** taisnīgums; godīgums; en ~ de verdad – pēc taisnības, pēc patiesības

realismoᵃ *m* reālisms

realismoᵇ *m* rojālisms, monarhisms

realistaᵃ **I** *a* reālistisks; **II** *m, f lit.* reālists, -e

realistaᵇ **I** *a* rojālistisks, monarhistisks; **II** *m, f* rojālists, -e, monarhists, -e

realización *f* realizācija, realizēšana

realizar *v* realizēt; ~ una promesa – izpildīt solījumu

realzar *v* izcelt (*kādu*); cildināt; slavināt

reanimar *v* **1.** atdzīvināt; **2.** iedvesmot

reanudar *v* atjaunot; ~ las relaciones diplomáticas – atjaunot diplomātiskas attiecības; ~ la conversación – turpināt sarunu

reaparecer *v* parādīties no jauna
rearmar *v* modernizēt apbruņojumu
reasumir *v* **1.** no jauna uzņemties (*pienākumus*, *darbu*); **2.** pārņemt (*cita darbu*, *pienākumus*); **3.** rezumēt
reasunto *a* atgūts, atdabūts
reavivar *v* atdzīvināt; **~se** *rfl* atdzīvoties
rebaja *f* **1.** pazemināšana, pazeminājums (*par cenām*); sezonas izpārdošana; **2.** atlaide
rebajar *v* **1.** pazemināt; **2.** atlaist, nolaist (*cenu*); **3.** noēvelēt; noslīpēt; nogludināt; **4.** aizvainot; pazemot; ◇ ~ los humos, ~ la vanidad – aplauzt ragus (*kādam*); **~se** *rfl* **1.** pazemoties; **2.** pazemināties
rebalaje *m* ūdens virpulis, ūdens vērpete; atvars
rebalsa *f* **1.** aizsprosts; dambis; **2.** ūdenskrātuve; **3.** *med.* asins sastrēgums
rebalsar *v* **1.** aizdambēt (*ūdeni*); **2.** aizkavēt; **~se** *rfl* **1.** sakrāties, uzkrāties (*par ūdeni*); **2.** iestrēgt
rebanada *f* rieciens, rika; šķēle
rebanar *v* griezt (sadalīt) gabalos
rebaño *m* **1.** ganāmpulks; **2.** draudze
rebate *m* sadursme; strīds
rebatible *a* apstrīdams; atspēkojams
rebatir *v* **1.** atvairīt; atsist (*uzbrukumu u. tml.*); **2.** atraidīt, noraidīt; ~ una proposición – noraidīt priekšlikumu; **3.** apstrīdēt; atspēkot; **4.** pazemināt (cenu)
rebato *m* **1.** trauksme; tocar a ~ – sacelt trauksmi; **2.** *mil.* pēkšņs uzbrukums; **3.** pēkšņs satraukums; ◇ de ~ – negaidīti, pēkšņi
rebelarse *v* *rfl* **1.** sacelties, sadumpoties; **2.** pretoties; **3.** [sa]strīdēties
rebelde **I** *a* **1.** dumpīgs; **2.** nepadevīgs; stūrgalvīgs, iecirtīgs; enfermedad ~ – grūti uzveicama slimība; **II** *m* dumpinieks, nemiernieks
rebeldía *f* **1.** dumpis, nemieri; **2.** nepadevība; stūrgalvība, iecirtība; **3.** *jur.* izvairīšanās (*no ierašanās tiesā*)
rebelión *f* **1.** dumpis; dumpošanās, sacelšanās; **2.** pretošanās
rebelón *a* niķīgs (*par zirgu*)
reblandecer *v* atmiekšķēt; izmiekšķēt
reblandecimiento *m* atmiekšķēšana; izmiekšķēšana; ~ cerebral *med.* – smadzeņu atmiekšķēšanās; ~ óseo – kaulu atmiekšķēšanās
rebolludo *a* **1.** plecīgs, drukns; **2.** apaļīgs; **3.** [pa]prāvs
reborde *m* apmale
rebordear *v* apmalot
rebosar *v* **1.** [pār]plūst pāri malām; **2.** *pārn.* svaidīties, šķiesties; ~ en dinero – svaidīties (šķiesties) ar naudu; ◇ ~ de salud – vai [pušu] plīst aiz veselības

rebotar *v* **1.** atlēkt; **2.** nolauzt (*galu*); **3.** saliekt (*galu*); ~ un clavo – saliekt naglu; **4.** sadusmot, sakaitināt, nokaitināt; **~se** *rfl* noskaisties, saskaisties, sadusmoties

rebozar *v* **1.** aizsegt seju (*ar drānu*); **2.** *kul.* apviļāt, apvārtīt, panēt

rebozo *m* **1.** sejas aizsegšana (*ar drānu*); **2.** mantiļa; **3.** *pārn.* iegansts, atruna; **4.** izlikšanās; ◊ de ~ – slepus; sin ~ – atklāti

rebufe *m* **1.** maurošana, baurošana; **2.** sprauslāšana; **3.** niknums; trakums

rebujado *a* juceklīgs

rebullicio *m* troksnis; tracis; jandāliņš

rebusca *f* **1.** meklēšana; **2.** (*uz lauka palikušo*) vārpu savākšana; **3.** ražas paliekas (*uz lauka*)

rebuscado *a* izsmalcināts (*par stilu*)

rebuscar *v* **1.** vākt kopā, savākt (*uz lauka palikušās*) vārpas; **2.** rūpīgi [pār]meklēt

rebuznar *v* zviegt (*par ēzeli*)

recabar *v* **1.** censties iegūt (dabūt); **2.** iegūt, dabūt; sasniegt

recadero, recadista *m* izsūtāmais, kurjers

recado *m* **1.** uzdevums; en ~ de un jefe – komandiera uzdevumā; **2.** pasūtījums; **3.** paziņojums; **4.** kvīts; **5.** dāvana

recaer *v* **1.** no jauna saslimt; **2.** no jauna noziegties; **3.** pāriet (*par mantojumu*)

recaída *f med.* recidīvs

recalcarᵃ *v* **1.** [sa]spiest (*kopā*); **2.** piepildīt; **3.** uzsvērt (*vārdu*); **~se** *rfl* **1.** savainot (*sevi*); ~ el pie – savainot kāju; **2.** atkārtoties

recalcarᵇ *v* sasvērties (*par kuģi*)

recalentar *v* **1.** sakarsēt; sasildīt; **2.** pārkarsēt; pārkaitēt; **~se** *rfl* **1.** pārkarst; **2.** pārgatavoties; sažūt (*kokā – par augļiem, ogām*); sačokuroties

recalmón *m jūrn.* bezvējš; rāms laiks

recalvastro *a* plikgalvains

recalzar *v* **1.** aprušināt, apraust; **2.** nostiprināt (*pamatu*); **3.** izkrāsot (*zīmējumu*)

recalzo *m* **1.** aprušināšana; **2.** (*pamata*) nostiprināšana

recámara *f* **1.** ģērbtuve; **2.** *mil.* pulvera kamera; **3.** *mil.* mīnu kamera; **4.** piesardzība; uzmanība; tener mucha ~ – būt ļoti piesardzīgam

recambiar *v* no jauna pārmainīt; apmainīt

recambio *m* maiņa, apmaiņa; piezas de ~ – rezerves daļas

recantón *m* akmens stabs (*ceļa malā*)

recapacitar *v* atcerēties; atsaukt atmiņā

recapitular *v* rezumēt

recargar *v* **1.** palielināt slodzi; no jauna noslogot; **2.** pārslogot; **3.** palielināt (*sodu, nodokļus*); **~se** *rfl* tikt pārslogotam

recargo *m* **1.** pārslodze; **2.** (*soda, nodokļu*) palielināšana; **3.** *med.* temperatūras paaugstināšanās

recatado *a* **1.** sevī noslēdzies, noslēgts; **2.** piesardzīgs, apdomīgs; **3.** vienkāršs; kautrs; **4.** pieklājīgs

recatar *v* **1.** [no]slēpt; **2.** svārstīties, būt nenoteiktam; **~se** *rfl* **1.** noslēgties sevī; **2.** piesargāties; būt piesardzīgam; **3.** baiļoties

recato *m* **1.** noslēgtība; **2.** piesardzība; apdomība; **3.** vienkāršība; kautrība; **4.** pieklājība; sin ~ – atklāti

recaudación *f* **1.** nodokļu piedzīšana; **2.** iestāde, kas pieņem nodokļu maksājumus

recaudador *m* nodokļu piedzinējs

recaudar *v* **1.** piedzīt nodokļus; **2.** glabāt drošā vietā

recebar *v* nograntēt

recebo *m* grants

recelar *v* **1.** baidīties; piesargāties; **2.** turēt aizdomās; neuzticēties

recelo *m* **1.** baiļošanās; **2.** aizdomas; neuzticība

receloso *a* **1.** bailīgs; bikls; **2.** neuzticīgs; aizdomu pilns

recentar *v* [ie]raudzēt; **~se** *rfl* atjaunoties

recepción *f* **1.** pieņemšana; horas de ~ – pieņemšanas stundas; una ~ fría – vēsa uzņemšana; **2.** saņemšana; la ~ de una carta – vēstules saņemšana; **3.** *jur*. liecinieku pratināšana

receptar *v* **1.** pieņemt; **2.** [no]slēpt; paslēpt

receptor *m* **1.** uztvērējs; **2.** telefona klausule; **3.** kasieris; inkasents

receso *m* **1.** atstādināšana; **2.** (*am.*) parlamenta brīvdienas

receta *f* **1.** recepte; **2.** priekšraksts; **3.** *jur*. saraksts

recetar *v* **1.** parakstīt (*zāles*); **2.** lūgt, prasīt; ~ largo – prasīt pārāk daudz

recetario *m* **1.** recepšu krājums; **2.** farmakopeja; **3.** ~ de cocina – pavārgrāmata

reciamente *adv* spēcīgi, ar lielu spēku

recibidor I *a* tāds, kas saņem; **II** *m* **1.** saņēmējs; **2.** viesistaba; **3.** biļešu kontrolieris (*teātrī u. tml.*)

recibimiento *m* **1.** saņemšana; dabūšana; **2.** (*viesu*) uzņemšana; **3.** vestibils, uzgaidāmā zāle

recibir *v* **1.** saņemt; dabūt; ~ un regalo – saņemt dāvanu; **2.** uzņemt (*viesus*); **3.** ciest (*zaudējumu*); **4.** iet pretī; **5.** apstiprināt, aprobēt; **6.** sagaidīt, sveicināt (*viesi*); **~se** *rfl* iegūt nosaukumu (grādu); ~ el diploma de médico – iegūt ārsta tiesības

recibo *m* **1.** saņemšana; dabūšana; **2.** (*viesu*) uzņemšana; **3.** kvīts, kvitējums; ◇ ser de ~ – būt pieņemamam

reciedumbre *f* **1.** spēks, stiprums; **2.** nelokāmība; stingrība

recién *adv* tikko, nesen, nupat; ~ nacido – jaunpiedzimušais
reciente *a* 1. nesens; 2. jauns; svaigs
recientemente *adv* nesen, tikko
recinto *m* 1. apvidus, rajons; 2. norobežota platība; laukums; el ~ de un monumento – pieminekļa laukums; 2. *pārn.* sfēra, lauks
recipiente *m* trauks, tvertne
recio *a* 1. stiprs, spēcīgs; 2. drukns, plecīgs; 3. bargs, skarbs (*par raksturu, klimatu*); 4. straujš; spējš
recíproco *a* abpusējs; savstarpējs; ◊ teorema ~ *mat.* – apgrieztā teorēma
recitado *m mūz.* rečitatīvs
recital *m* solokoncerts; literārs koncerts
recitar *v* deklamēt, lasīt (*daiļdarbu, dzeju*)
reciura *f* 1. stiprums, spēks; 2. druknums, plecīgums; 3. bargums, skarbums (*par klimatu*)
reclamador I *a* protestējošs; II *m jur.* prasītājs
reclamar *v* 1. prasīt atpakaļ; 2. prasīt; lūgt; 3. aizstāvēt (*savas tiesības*); 4. *jur.* celt prasību; 5. protestēt, iebilst; 6. *poēt.* skanēt; 7. pievilināt (*putnu, dzīvnieku*); 8. reklamēt
reclamo *m* 1. reklāma; 2. pievilināšanas līdzeklis medībās; 3. *jur.* prasība; 4. vilinājums, kārdinājums; 5. reklamācija
reclinar *v* 1. pieliekt, noliekt; 2. piesliet, atsliet, atbalstīt; ~**se** *rfl* 1. sasvērties; 2. atbalstīties, atslieties
recluir *v* ieslodzīt
reclusión *f* ieslodzījums; ~ perpetua – mūža ieslodzījums; casa de ~ – cietums
recluso I *a* ieslodzīts; II *m* arestants, ieslodzītais
reclutaᵃ *f* iesaukšana armijā
reclutaᵇ *m* jauniesauktais, jaunkareivis
reclutamiento *m* iesaukšana armijā
reclutar *v* [sa]vervēt; iesaukt armijā
recobrar *v* 1. atdabūt, dabūt atpakaļ; piedzīt (*parādus*); 2. uzlabot (*veselību*); atgūt (*spēkus*); ~ sus fuerzas – atgūt spēkus; ~**se** *rfl* nākt pie samaņas
recobro *m* 1. atdabūšana, dabūšana atpakaļ; 2. (*veselības*) uzlabošana; (*spēku*) atgūšana
recocer *v* 1. pārvārīt; 2. *tehn.* pakļaut termiskai apstrādei; ~**se** *rfl* uztraukties
recodarᵃ *v* mest līkumu (*par upi u. tml.*)
recodarᵇ *v* atspiest, atbalstīt (*elkoni*); ~**se** *rfl* atspiesties, atbalstīties (*ar elkoni*)
recodo *m* līkums; un ~ del río – upes līkums
recogedor *m* savācējs; ~ de la aceituna – olīvu savācējs
recoger *v* 1. pacelt; uzlasīt; 2. [sa]vākt kopā; ~ firmas (dinero) – vākt parakstus (naudu); 3. novākt

(*ražu*); ~ patatas – rakt kartupeļus; **4.** izņemt no apgrozības; **5.** saglabāt; **6.** dot pajumti; **7.** *jur.* apturēt (*sūdzību*); **~se** *rfl* **1.** sarauties čokurā, saritināties kamolā; **2.** ierobežoties; **3.** aiziet mājā; ◇ ~ a bien vivir – uzlabot dzīves apstākļus; ~se en sí mismo – ierauties sevī; ieiet sevī

recogida *f* **1.** savākšana; **2.** (*ražas*) novākšana; **3.** *jur.* (*sūdzības*) apturēšana

recogido I *a* **1.** savākts; **2.** vientulīgs; **II** *m* vientuļnieks

recolecciónᵃ *f* klosteris

recolecciónᵇ *f* **1.** savākšana; **2.** (*ražas*) novākšana; **3.** meditācija

recolectar *v* **1.** savākt; **2.** novākt (*ražu*)

recolector *m* nodokļu piedzinējs

recomendable *a* ieteicams; rekomendējams

recomendación *f* **1.** ieteikums; rekomendācija; **2.** padoms; pamācība; **3.** svarīgums, nozīmīgums; **4.** uzdevums

recomendante *a* ieteicējs

recomendar *v* **1.** ieteikt; rekomendēt; **2.** pamācīt; **3.** uzdot

recomenzar *v* sākt no gala, atsākt

recompensa *f* **1.** atlīdzība, atlīdzinājums; la ~ de una pérdida – zaudējuma atlīdzināšana; **2.** balva, prēmija

recompensar *v* **1.** atlīdzināt; **2.** apbalvot, piešķirt prēmiju (*kā atlīdzību par paveikto darbu*)

recomponer *v* **1.** salabot; **2.** pārtaisīt

recomposición *f* **1.** salabošana; **2.** pārtaisīšana

reconcentración *f* **1.** sakopošana, koncentrēšana; **2.** (*jūtu*) apvaldīšana; ~ de ira – naida apvaldīšana

reconcentrar *v* **1.** sakopot, koncentrēt; **2.** apvaldīt (*jūtas*); **~se** *rfl* **1.** iegremdēties sevī; **2.** abstrahēties

reconciliación *f* samierināšana; grēksūdze, grēku nožēlošana

reconciliar *v* **1.** samierināt; **2.** uzņemt sakarus; **~se** *rfl* **1.** salabt, salīgt mieru; **2.** *bazn.* iet pie bikts

reconditez (*pl* reconditeces) *f* noslēpums

recóndito *a* **1.** noslēpumains; **2.** slepens; apslēpts; **3.** nobēdzināts, noslēpts

reconducción *f jur.* īres līguma pagarināšana

reconfortar *v* **1.** radīt ērtības; **2.** uzmundrināt

reconocer *v* **1.** pazīt; atšķirt; ~ a uno por la voz – pazīt (atšķirt) kādu pēc balss; **2.** atzīt; ~ su falta – atzīt savu kļūdu; **3.** izpētīt; **~se** *rfl* **1.** atzīties; **2.** orientēties

reconocido *a* **1.** atzīts; **2.** pateicīgs

reconocimiento *m* **1.** pazīšana; **2.** atzīšana; **3.** atzīšanās (*vainā u. tml.*); **4.** izpētīšana; ~ aéreo – izlūkošana no gaisa; **5.** pateicība, atzinība; en ~ de ... – kā pateicību par ...; ~ médico – medicīniskā apskate

reconquista *f vēst.* rekonkista (*Spānijas atbrīvošanas karš ar mauriem VIII–XV gs.*)

reconquistar *v* atkarot; atgūt

reconstitución *f* atjaunošana, rekonstrukcija

reconstituir *v* 1. atjaunot, rekonstruēt; 2. atjaunot (*spēkus*)

reconstrucción *f* rekonstrukcija; pārbūve

reconvención *f* 1. vainas pierādīšana; atmaskošana; 2. *jur.* pretprasība

reconvenir *v* 1. pierādīt vainu; atmaskot; 2. *jur.* iesniegt pretprasību

recopilación *f* 1. kopojums, sakopojums; krājums; ~ de las leyes – likumu krājums; 2. īss kopsavilkums

recopilar *v* sakopot, sakārtot

record *m* rekords; batir el ~ – pārspēt rekordu

recordar *v* 1. atcerēties; 2. atgādināt; 3. (*am.*) pamodināt; ~se *rfl* 1. atcerēties; 2. atmosties, pamosties; si mal no recuerdo – ja mani atmiņa neviļ

recordativo *m* atgādinājums; paziņojums

recordatorio *m* 1. paziņojums; 2. ieliekamā zīme (*grāmatā*)

recorrer *v* 1. izstaigāt; izbraukāt; ~ todo el país – apceļot visu zemi; 2. pārskatīt; pāršķirstīt; ~ un escrito – pārskatīt (pārskriet ar acīm) uzrakstīto

recorrido *m* 1. skrējiens; ieskrējiens; 2. ceļš, maršruts

recortar *v* 1. apgriezt; nogriezt; ~ el pelo – līdzināt matus; 2. izgriezt; 3. piegriezt

recorte *m* 1. apgriešana; nogriešana; 2. izgriezums; 3. piegriešana; 4. ~s *pl* atgriezumi

recorvar *v* 1. saliekt; 2. salocīt; pārlocīt

recoser *v* 1. pāršūt; 2. lāpīt; aizšūt

recosido *m* 1. pāršūšana; 2. lāpīšana; aizšūšana

recostar *v* 1. noliekt; 2. atsliet, piesliet; atbalstīt; ~se *rfl* 1. noliekties; 2. atslieties, pieslieties; atbalstīties; 3. *jūrn.* sasvērties (*uz sāniem*)

recrear *v* pakavēt laiku (*kam*); ~se *rfl* 1. izklaidēties; 2. atpūsties

recreativo *a* patīkams (*laika kavēklis*)

recrecer *v* 1. pieaugt, palielināties; 2. uzkrāt enerģiju, kļūt stiprākam (spēcīgākam); ~se *rfl* 1. palielināties; 2. atkopties; atpūsties

recrecimiento *m* pieaugums; palielināšanās

recreo *m* 1. atpūta, izklaidēšanās; 2. starpbrīdis (*skolā*); 3. atpūtas vieta

recrudecer *v* 1. saasināties (*par slimību*); 2. kļūt skarbākam (*par klimatu*)

recrudecimiento *m,* **recrudescencia** *f* saasināšanās; pasliktināšanās (*par veselību*)
recta *f mat.* taisne
rectangular *a* taisnstūra-
rectángulo **I** *a* taisnstūra-; **II** *m* taisnstūris
rectificación *f* 1. izlabošana; 2. iztaisnošana; 3. *ķīm.* rektifikācija
rectificar *v* 1. izlabot; 2. iztaisnot; 3. *ķīm.* rektificēt
rectitud *f* 1. taisnums; 2. taisnīgums
rect‖o *a* 1. taisns; 2. tiešs; imaginación ~a – tieša uztvere; 3. taisnīgs
rector **I** *a* vadošs; **II** *m* rektors
recuadrar *v* 1. ierāmēt; likt ietvarā; 2. sagrafēt rūtiņās
recuadro *m* 1. ietvars; 2. kvadrāts; rūtiņa; 3. *mat.* paralelograms
recudir *v* 1. apmaksāt; samaksāt; 2. saiet (*par ceļiem, ielām*)
recuerdo *m* 1. atmiņas; 2. piemiņas lieta; 3. ~s *pl* pasveicināšana; sveiciens; dar ~s de parte de uno – nodot no kāda sveicienus
recuperación *f* 1. atjaunošana; 2. atdabūšana, atgūšana atpakaļ
recuperar *v* dabūt atpakaļ, atgūt; **~se** *rfl* uzlaboties (*par veselību, materiālo stāvokli*)
recurrente *a* atkārtots; la serie ~ de sellos postales – atkārtota pastmarku sērija
recurrir *v* 1. griezties (*pie kā*); ~ al médico – griezties pie ārsta; 2. glābties, tverties

recursoᵃ *m* 1. resurss; ~s humanos – cilvēku resursi; 2. ~s *pl* līdzekļi; no vivir con arreglo a sus ~s – dzīvot pāri saviem līdzekļiem; estar sin ~s – palikt bez iztikas līdzekļiem; 3. patvērums; 4. *jur.* apelācija; ~ de casación (de revisión) – kasācijas sūdzība; ◇ no me queda otro ~ – man nav citas izejas
recursoᵇ *m* rakurss
recusable *a* 1. apstrīdams; 2. *jur.* noraidāms
recusar *v* 1. apstrīdēt; ~ un testimonio – apstrīdēt testamentu; 2. *jur.* noraidīt (*tiesas sastāvu; liecinieku*)
rechazar *v* 1. atteikt; noraidīt; 2. atvairīt (*uzbrukumu*); ◇ ~ la tentación – pārvarēt kārdinājumu
rechazamiento *m* 1. atteikums; atteikšana; noraidījums; noraidīšana; 2. atvairīšana
rechazo *m* atgrūšanās; de ~ – ar rikošetu
rechifla *f* 1. izsvilpšana; 2. izsmiešana
rechiflar *v* 1. izsvilpt; 2. izsmiet
rechistar *v* murmināt, purpināt
red *f* 1. *daž. noz.* tīkls; una ~ muy apretada – smalks tīkls; ~ telefónica – telefona tīkls; ~ de araña – zirnekļa tīkls; 2. stiepļu pinums, režģis; 3. *pārn.* slazds
redacción *f* 1. redakcija; 2. rediģēšana; 3. redkolēģija

redactar v 1. rediģēt; 2. rakstīt, sacerēt

redactor m 1. redaktors; 2. redakcijas darbinieks; ~ responsable – atbildīgais redaktors

redada f 1. loms; nozveja; 2. *pārn.* ielenkums, aplenkums; ◊ coger una ~ de ladrones – noķert zagļu bandu

redamación f pretmīlestība; savstarpēja mīlestība

redamar v mīlēt vienam otru; atbildēt ar pretmīlestību

redaño m *anat.* tauku plēve

redecir v atkārtot teikto

rededor m apkaime, apkārtne; ◊ al ~ – [vis]apkārt

redención f 1. izpirkšana; 2. patvērums; 3. izeja (*no kāda stāvokļa*)

redero I *a* tīklots; II *m* 1. tīklu darinātājs; 2. putnu ķērājs

redicho I *part no* **redecir**

redimir v izpirkt; ~ esclavos – izpirkt vergus

rédito m 1. rente; 2. procenti

redoblado *a* 1. divkāršots, dubultots; 2. paātrināts; paso ~ – steidzīgs solis; 3. drukns

redoblar v 1. divkāršot, dubultot; 2. atliekt (*naglai galu*); 3. rībināt bungas

redoble m 1. divkāršošana, dubultošana; 2. bungu rīboņa

redolor m smeldze

redoma f kolba

redomado *a* 1. apķērīgs; 2. blēdīgs

redonda f 1. apkārtne, apkaime; 2. ganības; ◊ a la ~ – [vis]apkārt

redondear v noapaļot; **~se** *rfl* 1. kļūt apaļam; noapaļoties; 2. atbrīvoties no parādiem; 3. palaimēties

redondel m 1. aplis, riņķis; 2. vēršu cīņas arēna

redondo I *a* 1. apaļš; noapaļots; ◊ número ~ – vesels skaitlis; 2. atklāts (*par kādu*); ◊ en ~ – [vis]apkārt; un negocio ~ – izdevīgs darījums; negarse en ~ – kategoriski atteikties; II *m* *sar.* monēta, naudas gabals

redopelo m 1. glaudīšana pret spalvu; 2. *sar.* ķilda, kautiņš (*bērnu vidū*)

reducción f 1. *daž. noz.* reducēšana; redukcija; 2. samazināšana; ~ de impuestos – nodokļu samazināšana; 3. pakļaušana; ◊ regla de ~ – mēroga lineāls

reducido *a* 1. reducēts; 2. samazināts; sueldo ~ – neliela alga; precio ~ – pazemināta cena

reducir v 1. *daž. noz.* reducēt; 2. samazināt; ~ el personal – samazināt štatus; 3. pakļaut; **~se** *rfl* 1. reducēties; 2. samazināties; ~se en los gastos – samazināt izdevumus; 3. izšķirties (*par kaut ko*)

reducto m 1. *mil.*, *vēst.* redute; 2. *pārn.* atbalsts

reductor m *ķīm.*, *tehn.* reduktors

redundancia f 1. pārpalikums; 2. pārmērs; 3. liekvārdība

redundante *a* 1. pārmērīgs; 2. liekvārdīgs

redund∥ar *v* 1. iet pāri malām; 2. atnest labumu (*kādam*); būt noderīgam (*kādam*); 3. nākt par labu (par ļaunu); su mala acción ~ó en perjuicio suyo – viņa ļaunprātīgā rīcība kaitēja viņam pašam

reedificar *v* pārbūvēt; uzcelt no jauna

reelección *f* pārvēlēšanas

reelecto *a* pārvēlēts

reelegir *v* pārvēlēt

reembolsar *v*, **reembolsarse** *rfl* atmaksāt parādu; atlīdzināt (*izdevumus*)

reembolso *m* parāda atmaksāšana; ◇ envío contra ~ – sūtīšana ar pēcmaksu

reemplazar *v* aizstāt; aizvietot

reemplazo *m* 1. aizstājējs; 2. aizstāšana; 3. *mil.* kārtējais iesaukums

reencuentro *m* sadursme

reensayo *m* 1. *teātr.* atkārtots mēģinājums; 2. *tehn.* (*mašīnas, aparāta*) pārbaude, izmēģinājums

reestreno *m teātr.* atjaunots iestudējums

refalsado *a* neīsts, viltots

referencia *f* 1. referāts; raports, ziņojums; 2. ieteikums; 3. atsaukšanās (*uz grāmatu*); ◇ agencia de ~s – ziņu birojs; punto de ~ – pieturas punkts

referendum *m* referendums

referente *m* referents

referir *v* 1. referēt; 2. stāstīt, pastāstīt; ~**se** *rfl* 1. attiekties (*uz ko*); 2. atsaukties (*uz ko*)

refilón: de ~ – 1) šķībi, greizi; 2) iepretī

refinación *f* 1. attīrīšana, rafinēšana; 2. izsmalcinātība, smalkums

refinado *a* 1. attīrīts, rafinēts; 2. izsmalcināts, smalks; un estilo ~ – izsmalcināts stils

refinamiento *m* izsmalcinātība, smalkums

refinar *v* 1. attīrīt, rafinēt; 2. pārstrādāt (*naftu, spirtu, eļļu u. tml.*); 3. padarīt izsmalcinātāku

refinería *f* pārstrādāšanas rūpnīca (*naftas, spirta, cukura, eļļas u. tml.*)

refino I *a* 1. izsmalcināts; 2. daiļš, skaists, glezns; **II** *m* 1. attīrīšana, rafinēšana; 2. izsmalcinātība, smalkums

reflectar *v* atstarot

reflector I *a* atstarojošs; **II** *m* 1. reflektors; 2. prožektors

reflejar *v* 1. atstarot; 2. atspoguļot; ~**se** *rfl* atspoguļoties

reflexionar *v* apsvērt; apdomāt; pārdomāt

reflexivo *a* 1. atstarojošs; 2. atspoguļojošs; 3. nosvērts, prātīgs; niño ~ – prātīgs bērns; 4. *gram.* refleksīvs, atgriezenisks

refluir *v* atplūst (*atpakaļ*)

reflujo *m* 1. bēgums; atplūdi; 2. atkāpšanās, atvirzīšanās (*par pūli*)

refocilar *v* izklaidēt, uzjautrināt; ~**se** *rfl* izklaidēties, uzjautrināties

refocilo *m* laika kavēklis; izprieca
reforma *f* **1.** reforma; ~ monetaria – naudas reforma; **2.** *rel.* reformācija
reformación *f* reformēšana
reformar *v* **1.** reformēt; **2.** atlaist no darba; **~se** *rfl* pārveidoties, pārkārtoties, uzlaboties
reformista I *a* reformistisks; **II** *m, f* reformists, -e
reforz‖ado *a* **1.** nostiprināts; **2.** pastiprināts; alimentación ~ada – pastiprināta barošana
reforzador I *a* pastiprinošs; **II** *m tehn.* pastiprinātājs
reforzar *v* **1.** nostiprināt; **2.** pastiprināt; **3.** *pārn.* uzsvērt; **~se** *rfl* **1.** pastiprināties; **2.** atveseļoties, atlabt
refracción *f fīz.* refrakcija
refractario *a* **1.** spītīgs, ietiepīgs, iecirtīgs; **2.** *tehn.* ugunsizturīgs
refrán *m* paruna; sakāmvārds
refranero I *a* tāds, kas bieži lieto sakāmvārdus; **II** *m* sakāmvārdu (parunu) krājums
refrangibilidad *f* trauslums, lūstamība
refrangible *a* trausls, lūstošs
refregar *v* **1.** berzt, tīrīt; **2.** apvainot
refregón *m sar.* beršana; **2.** rājiens, brāziens
refrenable *a* apvaldāms, savaldāms
refrenamiento *m* **1.** apvaldīšana, savaldīšana; **2.** savaldība
refrenar *v* apvaldīt, savaldīt
refrescador *a* atsvaidzinošs

refrescadura *f* **1.** atsvaidzināšana; **2.** *pārn.* atcerēšanās
refrescar *v* **1.** atsvaidzināt; **2.** *pārn.* atcerēties; **3.** atdzesēt, atdzisināt; **4.** kļūt vēsākam (*par laiku*); **~se** *rfl* atsvaidzināties
refresco *m* **1.** atspirdzinošs dzēriens; **2.** uzkoda; ◇ tropas de ~ *mil.* – karaspēka papildinājums
refriega *f mil.* neliela apšaudīšanās, maza sadursme
refrigeración *f* atdzesēšana, atdzisināšana
refrigerador *m* refrižerators
refrigerante I *a* atvēsinošs; **II** *m* **1.** refrižerators; **2.** ledusskapis; **3.** līdzeklis temperatūras pazemināšanai
refrigerar *v* atdzesēt, atdzisināt
refrigerio *m* **1.** atdzesēšana, atdzisināšana; **2.** remdināšana; **3.** uzkoda
refuerzo *m* **1.** pastiprinājums; **2.** atbalsts; **3.** (*am.*) vieglas brokastis
refugiado I *a* emigrējošs; **II** *m* emigrants
refugiar *v* dot patvērumu; **~se** *rfl* **1.** patverties; meklēt patvērumu; **2.** emigrēt
refugio *m* **1.** patvērums, paspārne; pajumte; **2.** sargbūda; **3.** drošības saliņa (*ielās*); ~ antiaéreo – bumbu patvertne
refulgencia *f* **1.** mirdzums, spožums; **2.** mirgošana
refulgente *a* mirdzošs, spožs; zaigojošs

refulgir *v* mirdzēt, spīdēt; zaigot; laistīties
refunfuñar *v* purpināt, murmināt
refutable *a* atspēkojams, apgāžams
refutación *f* atspēkošana; atspēkojums
refutar *v* atspēkot, apgāzt
regadera *f* 1. lejkanna; 2. mašīna ielu laistīšanai; 3. smidzinātājs
regadío I *a* 1. aplaistīts; 2. apūdeņots; II *m* 1. apūdeņots apgabals; 2. apūdeņošana
regajo *m* peļķe, palts
regalado *a* jauks; patīkams
regalador *a* devīgs; dāsns
regalamiento *m* dāvinājums; dāvana; velte
regalar *v* 1. dāvināt; 2. glāstīt; 3. cienīt; 4. glaimot; 5. iepriecināt; ~**se** *rfl* baudīt dzīvi
regalo *m* 1. dāvana; 2. pārtikusi dzīve; 3. dzīres; ◊ ~ de Dios – ārlaulības bērns
regañar *v* 1. izbārt, izrāt; 2. ņirgt zobus (*par suni*); 3. lamāt, zākāt
regaño *m* 1. saīgusi seja; 2. rājiens, bāriens; 3. rāšanās, bāršanās
regañón I *a* saīdzis, īgns; II *m* rūcējs
regarᵃ *v* 1. [ap]liet, [ap]laistīt; 2. apūdeņot
regarᵇ *m* rene, noteka
regataᵃ *f* apūdeņošanas kanāls
regataᵇ *f* regate, burāšanas sacensības
regate *m* 1. strauja ķermeņa kustība; 2. izvairīšanās; iegansts

regatearᵃ *v* 1. strauji kustēties; 2. piedalīties regatē
regatearᵇ *v* 1. kaulēties; no ~ dinero – nežēlot naudu; 2. žēlot, taupīt; ~ esfuerzo – nežēlot spēkus
regateoᵃ *m* kaulēšanās
regateoᵇ *m* 1. strauja kustība; 2. piedalīšanās regatē
regatónᵃ *m* sīktirgotājs
regatónᵇ *m* 1. smaile (*šķēpam, zobenam*); 2. dzelzs uzgalis spieķim
regencia *f* 1. pārvaldīšana; vadīšana; 2. vadošs amats
regeneración *f* atjaunošana, restaurēšana
regenerar *v* 1. atjaunot, restaurēt; 2. uzlādēt (*akumulatoru*)
regentar *v* 1. pārvaldīt; vadīt; 2. izrīkot, komandēt
regente *m* reģents; pavaldonis
regidor I *a* vadošs; II *m* 1. rātskungs, pilsētas padomnieks; 2. suflieris
régimen *m* 1. iekārta; ~ social – sabiedriskā iekārta; 2. režīms; 3. diēta; 4. *gram.* rekcija
regimiento *m* 1. virspavēlniecība; 2. pulks; 3. novads, apgabals
regio *a* 1. karalisks; 2. lielisks, krāšņs
región *f* 1. apgabals; rajons; 2. debespuse
regir *v* 1. valdīt; pārvaldīt; vadīt; 2. būt spēkā
registrador I *a* reģistrējošs; II *m* 1. reģistrators; 2. muitas uzraugs; 3. kontrolieris; inspektors; 4. arhivārs

registrar v **1.** reģistrēt; **2.** pārmeklēt; izkratīt; **~se** *rfl* pierakstīties, reģistrēties

registro m **1.** saraksts; **2.** *mūz.* reģistrs; **3.** reģistrācija, ieraksts aktu grāmatā; ◇ ~ civil – dzimtsarakstu nodaļa; dzimtsaraksti; ~ domiciliario – dzīvokļa kratīšana

regla f **1.** lineāls; **2.** likums; noteikums; **3.** kārtība, secība; **4.** *mat.* kārtula; ◇ estar en ~ – piekrist; salir de ~ – pāršaut pār strīpu; tomar por ~ – ņemt par paraugu; no hay ~ sin excepción – nav likuma bez izņēmuma

reglamentación f **1.** reglamentēšana; **2.** nokārtošana, noregulēšana

reglamentar v **1.** reglamentēt; **2.** nokārtot, noregulēt

reglamento m statūti; nolikums; reglaments

reglar v **1.** vilkt līnijas; **2.** regulēt; nokārtot; noregulēt; **~se** *rfl* **1.** nokārtoties; noregulēties; **2.** vadīties (*pēc kā*)

regocijado a **1.** jautrs; apmierināts; **2.** uzjautrinošs

regocijar v uzjautrināt; **~se** *rfl* uzjautrināties

regocijo m **1.** prieks, līksme; **2.** ~s *pl* tautas svētki

regoldo m *bot.* savvaļas kastaņa

regordete a *sar.* apaļš, brangs, tukls

regresar v atgriezties; pārnākt

regresión f regress

regreso m atgriešanās; pārnākšana

regrosar v palielināt; pavairot

reguero m **1.** apūdeņošanas kanāls; **2.** urdziņa; strūkliņa; **3.** peļķe, palts

regulación f regulēšana; nokārtošana, noregulēšana

regulador I a regulējošs; **II** m regulētājs

regular a **1.** regulārs, kārtīgs; **2.** parasts; vidējs; de tamaño ~ – vidēja izmēra; **3.** viduvējs; **4.** *gram.* kārtns

regularidad f regularitāte

regularizar v regulēt

rehabilitar v reabilitēt

rehacer v pārtaisīt; **~se** *rfl* atkopties

rehecho I *part no* **rehacer**; **II** a **1.** pārtaisīts; **2.** plecīgs, drukns

rehén m **1.** ķīlnieks; **2.** ķīla

rehervir v **1.** uzvārīt no jauna; **2.** degt kaislē; **~se** *rfl* bojāties (*par konserviem*)

rehoya f, **rehoyo** m **1.** grava; **2.** bedre

rehuída f **1.** izvairīšanās, izlocīšanās; **2.** riebums, pretīgums

rehuir v **1.** izvairīties; **2.** noliegt; **~se** *rfl* **1.** izvairīties; **2.** liegties; **3.** bēgt, glābties bēgot

rehundir v **1.** [ie]gremdēt; **2.** padziļināt; **3.** izšķiest, izšķērdēt

rehusar v **1.** noraidīt, atraidīt; **2.** nonicināt; **3.** liegties; ~ el derecho a una cosa – atteikties no tiesībām uz kaut ko

reimpresión f **1.** pārdrukāšana; **2.** atkārtots iespiedums (izdevums)

reimprimir v 1. pārdrukāt; 2. atkārtoti iespiest (izdot)
reina f 1. karaliene; 2. dāma (*šahā*); ◇ ~ de los bosques – maijpuķīte
reinado m 1. valdīšanas laiks; 2. valdīšana
reinar v valdīt
reincidencia f recidīvs
reino m karaļvalsts; ~ animal (vegetal) – dzīvnieku (augu) pasaule
reintegración f 1. iecelšana atpakaļ amatā; 2. zaudējumu atlīdzināšana, kompensācija
reintegrar v 1. iecelt atpakaļ amatā; 2. atlīdzināt zaudējumus
reír v 1. smiet; 2. izsmiet; ~se *rfl* 1. smieties; 2. pasmieties, pazoboties; 3. irt, plīst (*par audumu*)
reiterativo a atkārtots
reja f 1. lemesis; 2. aršana; dar una ~ – uzart; 3. (*loga*) restes, režģi; estar entre ~s – sēdēt aiz restēm (cietumā)
rejilla f 1. restītes; 2. bagāžas tīkliņš (*vagonā, autobusā*); 3. sēdekļa pinums (*krēslam*)
rejo m 1. dzelonis; ērkšķis, adata (*ezim*); 2. spēks, stiprums
rejuvenecer v 1. atjaunot; padarīt jaunāku; 2. kļūt jaunākam
relación f 1. attieksme; attiecības; ~ consanguínea – asinsradniecība; estar en buena ~ – būt labās attiecībās (*ar kādu*); 2. atbilstība; 3. stāstījums; vēstījums
relacionar v 1. nodibināt sakarus; 2. saskaņot; 3. pastāstīt; ziņot; ~se *rfl* būt saistītam (*ar ko*)
relajación f 1. atslābums; nogurums; 2. *med.* bruka
relajar v 1. atslābināt; 2. atslābt; 3. novērst uzmanību, izklaidēt; ~se *rfl* 1. atslābt; 2. *pārn.* izlaisties
relámpago m zibens; guerra ~ – zibenskarš
relampaguear v 1. zibeņot; 2. *pārn.* mest zibeņus (*par acīm*)
relanzar v 1. [at]sviest [atpakaļ]; [at]mest [atpakaļ]; 2. atvairīt (atsist) (*ienaidnieku*)
relatador l a stāstošs; II m stāstītājs
relatar v 1. stāstīt; 2. ziņot
relativo a 1. attiecīgs; 2. *gram.* attieksmes-; pronombre ~ – attieksmes vietniekvārds
relato m 1. stāstījums; 2. stāsts (*literatūrā*); 3. ziņojums
relator m 1. stāstītājs; 2. referents
releer v pārlasīt
releje m 1. ratu grambas (sliede); 2. zobakmens
relente m 1. rasa; 2. nekautrība, bezkaunība
relevante a 1. izvirzīts, reljefs; 2. izcils; ~ hombre de ciencia – izcils zinātnieks
relevar v 1. padarīt reljefu; 2. atbrīvot (*no saistībām*); 3. palīdzēt; 4. *mil.* nomainīt; 5. aizstāt, aizvietot
relieve m 1. reljefs; alto ~ – augstcilnis; bajo ~ – zemcilnis, barel-

jefs; **2.** ~s *pl* ēdiena paliekas; ◇ poner de ~ – nākt gaismā

religión *f* reliģija; ticība; entrar en la ~ – kļūt par mūku (mūķeni)

religioso I *a* reliģiozs; **II** *m* mūks

reliquia *f* relikvija

relój *m* pulkstenis; ~ de agua (de arena) – ūdens (smilšu) pulkstenis; ~ de pulsera – rokas pulkstenis; ~ de sobremesa – galda pulkstenis; ~ despertador – modinātājs

relojería *f* **1.** pulksteņu veikals; **2.** pulksteņu darbnīca

reluciente *a* mirdzošs, zaigojošs

relucir *v* **1.** mirdzēt, zaigot; **2.** nākt klajā (*ar kaut ko*)

rellenar *v* **1.** piepildīt; piebāzt; **2.** *kul.* pildīt; **3.** *sar.* bāzt (*ar varu dot ēst*)

relleno I *a* piepildīts, piebāzts; **II** *m* **1.** *kul.* pildījums; **2.** pildīšana; piebāšana

remallar *v* **1.** uzņemt valdziņus (*zeķēm*); **2.** lāpīt tīklu

remamiento *m*, **remadura** *f* airēšana

remansarse *v rfl* sakrāties, uzkrāties (*par ūdeni*)

remanso *m* **1.** stāvošs ūdens; **2.** gurdenība, gausums

remar *v* **1.** airēt; **2.** *sar.* cīnīties ar grūtībām

remarcable *a* ievērojams, izcils

rematado *a* **1.** bezcerīgs; nelabojams, neārstējams; un loco ~ – galīgi traks; **2.** *jur.* notiesāts bez apelācijas tiesībām

rematar *v* **1.** pabeigt (*kādu darbu*); **2.** nobeigt, nogalināt

remate *m* **1.** beigas, gals; **2.** pabeigšana; ◇ de ~ – pilnīgi; por ~ – visbeidzot

remedar *v* **1.** atdarināt; sekot (*kāda*) paraugam; kopēt; **2.** līdzināties, būt līdzīgam

remediable *a* [iz]labojams

remediar *v* **1.** [iz]labot; **2.** palīdzēt; izlīdzēt; **3.** aizkavēt; no pudo ~ lo que pasó – es nevarēju aizkavēt notikušo

remedio *m* **1.** (*ārstniecības*) līdzeklis; zāles; **2.** labojums; **3.** [iz]palīdzība; **4.** *jur.* tiesas sprieduma pārsūdzēšana; ◇ sin ~ – bezcerīgi

rememorar *v* atcerēties

remendado *a* **1.** salāpīts; **2.** plankumains (*par dzīvniekiem*)

remendar *v* **1.** [sa]lāpīt; **2.** izlabot

remero *m* airētājs

remesa *f* sūtījums (*pa pastu*)

remesar[a] *v* sūtīt, nosūtīt

remesar[b] *v* raut, plēst (*matus, bārdu*)

remezón *m* (*am.*) zemestrīce, pazemes grūdiens

remilgado *a* klīrīgs; manierīgs

remilgo *m* **1.** klīrība; manierīgums; **2.** grimase

remirar *v* rūpīgi pārskatīt; **~se** *rfl* **1.** rīkoties piesardzīgi; **2.** jūsmot; tīksmināties

remisible *a* piedodams

remisión *f* **1.** nosūtīšana; pārsūtīšana;

2. piedošana; 3. piezīme (*grāmatā*)
remiso *a* 1. vaļīgs, izlaidīgs; 2. nenosvērts; 3. vārgs; gurdens
remitente **I** *m* nosūtītājs; **II** *a*: fiebre ~ *med.* – intermitējošais drudzis
remitido *m* sludinājums avīzē
remitir *v* 1. sūtīt; pārsūtīt; 2. piedot; 3. atstāt (*kāda ziņā*); ~ a la responsabilidad de padre – atstāt tēva ziņā; **~se** *rfl* 1. atsaukties (*uz kādu*); 2. uzticēties, paļauties (*uz kādu*)
remo *m* 1. airis, irklis; 2. (*pārmērīgi*) smags darbs; 3. ~s *pl* rokas; 4. ~s *pl* kājas; ◊ a ~ y sin sueldo – veltīgi
remojar *v* 1. saslapināt; 2. izmērcēt; 3. samērkt, iemērkt; apslacīt (*veiksmi, pirkumu*); 4. (*am.*) dot dzeramnaudu
remojo *m* 1. saslapināšana; 2. izmērcēšana; 3. samērkšana, iemērkšana; 4. (*am.*) dāvana; 5. (*am.*) (*pirkuma*) apslacīšana
remolacha *f* biete; ~ azucarera – cukurbiete
remolcador **I** *a* velkoņa-; velkoņu-; **II** *m* velkonis
remolcar *v* vilkt tauvā
remoler *v* smalki samalt
remolinar *v* 1. virpuļot; 2. *sar.* drūzmēties
remolino *m* 1. virpulis; 2. atvars; 3. drūzma; 4. nemierīgs cilvēks
remonta *f* apavu (apģērba) labošana

remorder *v* 1. kost, kodīt; 2. radīt sirdsapziņas pārmetumus; **~se** *rfl* ciest mokas, mocīties (*aiz sirdsapziņas pārmetumiem*)
remordimiento *m* sirdsapziņas pārmetumi
remoto *a* 1. tāls; sens; en tiempos ~s – senos laikos; 2. neticams
remover *v* 1. pārvietot; novākt (*šķēršļus*); 2. uztraukt; **~se** *rfl* uztraukties
rempujo *m* 1. grūšana; 2. *sar.* grūdiens
remuda *f* maiņa, apmaiņa
remudar *v* mainīt, apmainīt
remuneración *f* 1. atalgojums; samaksa; 2. darba alga
remunerar *v* atalgot; samaksāt
remusgar *v* nojaust; paredzēt
remusgo *m* 1. nojauta; 2. vēsma
renacer *v* 1. atdzimt; 2. atgūt spēkus, atlabt, atspirgt; 3. kristīties, pieņemt kristīgo ticību
renacimiento *m* 1. atdzimšana; atjaunošanās; 2. renesanse
renal *a* nieru-; arteria ~ – nieru artērija
rencor *m* dusmas; naids
rencoroso *a* naidīgs
rendición *f* 1. *mil.* padošanās, kapitulācija; 2. ienākums
rendido *a* 1. padevīgs, pazemīgs; 2. uzvarēts; 3. noguris, piekusis
rendija *f* 1. sprauga; šķirba; 2. plaisa
rendimiento *m* 1. nogurums, pagurums; 2. padevība, pazemība; 3. jauda; 4. ieguvums

rendir v 1. pārvarēt; uzveikt; 2. pakļaut; turēt savā varā; 3. dot ienākumu; 4. nogurt, pagurt; 5. *mil.* nodot apsargājamo objektu; 6. *mil.* padoties, nolikt ieročus; ~ consejos – dot padomus; ◊ ~ el alma – nomirt; ~ homenaje – godināt, sumināt; ~ acogida a alguien – pieņemt kādu; **~se** *rfl* 1. padoties; 2. nogurt

renegado I *a* 1. atkritis; kļuvis neuzticīgs; 2. skarbs; **II** *m* atkritējs, renegāts

renegar v 1. noliegt; atteikties; 2. atkrist no kristīgās ticības; 3. darīt ļaunu; 4. ienīst; nolādēt

reniego *m* 1. noliegšana; atteikšanās; 2. Dieva zaimošana; 3. lamāšanās

renitencia *f* 1. pretīgums, nepatika; 2. gludums, vingrums (*par ādu*)

renitente *a* 1. pretīgs; 2. gluds, vingrs (*par ādu*)

reno *m* ziemeļbriedis

renombrado *a* ievērojams, slavens

renombre *m* 1. uzvārds; 2. iesauka, palama; 3. slava, popularitāte

renovación *f* 1. atjaunošana; 2. atkārtošana; atkārtošanās; 3. pārveidošana

renovador I *a* atjaunojošs; **II** *m* atjaunotājs

renoval *m* jaunaudze

renovar v 1. atjaunot; 2. atkārtot; 3. pārveidot

renta *f* 1. rente, gada ienākums; ~ del Estado – valsts ienākums; ~ vitalicia – mūža rente; 2. nodokļi; impuesto sobre la ~ – ienākuma nodoklis

rentar v nest peļņu, dot ienākumu

rentero *m* 1. rentnieks; 2. rantjē

renuncia, renunciación *f* atteikšanās; atkāpšanās (*no amata*)

renunciar v 1. atteikties; 2. nepieņemt

reñido *a* sastrīdējies; ◊ combate ~ – sīva cīņa

reñidor *m* ķildnieks; kauslis

reñir v 1. ķildoties, strīdēties; 2. bārties; 3. kauties; plēsties

reo I *a* vainīgs; **II** *m* 1. vainīgais; 2. *jur.* apsūdzētais

reojo *adv*: mirar de ~ – zagšus (slepus) skatīties

reorganización *f* pārkārtošana, reorganizācija

repanchigarse, repantigarse v *rfl* ērti atlaisties

reparación *f* 1. [iz]labošana; 2. remonts; 3. gandarījums

reparar v *m* 1. [iz]labot; 2. gandarīt; 3. atvairīt (*sitienu*); 4. atjaunot (*spēkus*); 5. apstāties; 6. uzmanīgi aplūkot; **~se** *rfl* apvaldīties

reparo *m* 1. [iz]labošana; 2. ēkas remonts; 3. nopelšana; kritika; 4. pamācība; 5. šaubas; 6. grūtības; šķēršļi; 7. aizsargs, aizsegs

repartición *f* sadalīšana

repartidor I *a* sadalītājs-; **II** *m* iznēsātājs

repartir v dalīt; sadalīt

reparto *m* **1.** dalīšana; **2.** sadalījums
repasador *m* (*am.*) trauku dvielis
repasar *v* **1.** pāriet; **2.** pārskatīt, pāršķirstīt; **3.** pārlasīt; **4.** atkārtot (*uzdoto*); **5.** pārbaudīt; **6.** salāpīt (*veļu*); **7.** pāršūt; **8.** amalgamēt (*dārgmetālu*)
repaso *m* **1.** pārskatīšana, pāršķirstīšana; **2.** pārlasīšana; **3.** (*stundas*) atkārtojums; **4.** pārmetums
repatriación *f* repatriācija
repeler *v* **1.** atsist (*uzbrukumu*); **2.** noraidīt; **3.** aizmest; izmest
repensar *v* pārdomāt
repentino *a* **1.** pēkšņs, negaidīts; **2.** nepārdomāts
repentizar *v mūz.* spēlēt no lapas
repercutir *v* **1.** atlēkt; **2.** remdināt (*sāpes*); **3.** skanēt; **~se** *rfl* atbalsoties
repertorio *m* **1.** reģistrs, saraksts; katalogs; **2.** repertuārs
repetición *f* **1.** atkārtošana; **2.** mēģinājums
repetir *v* **1.** atkārtot; **2.** *jur.* pieprasīt pēc likuma; **3.** *teātr.* mēģināt
repique *m* **1.** zvanu skaņas; zvanīšana; **2.** nesaskaņas; ķilda
repiquetear *v* **1.** zvanīt (*par baznīcu zvaniem*); **2.** lamāties; bārties
replantar *v* **1.** pārstādīt; **2.** iestādīt (*no jauna*)
replantear *v* pārplānot
repleción *f* **1.** korpulence; **2.** kuņģa pārslogošana
repleto *a* **1.** pilns līdz malām; **2.** korpulents; **3.** pārēdies

réplica *f* **1.** replika; **2.** iebildums; **3.** atbilde; **4.** kopija (*mākslā*)
replicar *v* **1.** iebilst; **2.** atbildēt
replicón **I** *a* iebilstošs; **II** *m sar.* protesta gars
repollo *m* kāpostgalva
reponer *v* **1.** atlikt atpakaļ; **2.** apmainīt pret jaunu, likt jaunu (*piem., kādu detaļu mašīnā*); ~ el cristal – ielikt jaunu stiklu; **3.** atkārtoti uzvest izrādi, atkārtoti demonstrēt filmu, **4.** *jur.* atlikt (*lietu*); **~se** *rfl* atveseļoties
reportación *f* atturība; atturīgums
reportaje *m* **1.** reportāža; **2.** dokumentāla filma
reportar *v* **1.** savaldīt, apvaldīt; **2.** sasniegt, panākt; **3.** nest (*peļņu*); **~se** *rfl* **1.** savaldīties, apvaldīties; **2.** atturēties
reportero *m* reportieris
reposado *a* **1.** atpūties; **2.** mierīgs, nosvērts
reposar *v* **1.** atpūsties; **2.** gulēt; **3.** atdusēties kapā; **~se** *rfl* nostāties (*par šķidrumu*)
reposo *m* **1.** miers; ~ absoluto – pilnīgs miers (*slimniekam*); **2.** atpūta; hacer ~ – atpūsties; **3.** nostāšanās (*par šķidrumu*)
repostería *f* **1.** konditoreja; **2.** konditorejas izstrādājumi; **3.** bufete
repostero *m* konditors
reprender *v* **1.** pārmest; **2.** aizrādīt
reprensión *f* **1.** pārmetums; **2.** aizrādījums

represa f 1. aizsprostojums; 2. sastrēgums, sablīvējums

represalia f biežāk pl ~s represijas

represar v 1. aizsprostot; 2. aizturēt; 3. atkarot no ienaidnieka (*piem.*, *kuģi*)

representación f 1. *teātr.* izrāde; 2. reprezentācija, reprezentēšana, pārstāvēšana; 3. attēlošana, attēlojums; 4. prestižs, autoritāte, ietekme; hombre de ~ – ietekmīgs cilvēks

representante I *a* reprezentējošs; II *m* pārstāvis; deputāts, parlamenta loceklis

representar v 1. reprezentēt, pārstāvēt; 2. *teātr.* izrādīt; 3. iepazīstināt; 4. attēlot; 5. šķist

representativo *a* 1. raksturīgs, tipisks; iezīmīgs; 2. attēlojošs; 3. pārstāvniecisks; gobierno ~ – pārstāvniecisks valdīšanas veids

represión f 1. apspiešana; 2. apkarošana

reprimenda f stingrs rājiens; *sar.* brāziens

reprimir v 1. apspiest; 2. apvaldīt

reprobar v 1. nosodīt, pelt; 2. nepiekrist (*kaut kam*)

reprochar v 1. pelt; 2. atraidīt, noraidīt (*ierosinājumu*)

reproche *m* pārmetums

reproducción f 1. reprodukcija; 2. *ek.* atražošana; 3. *biol.* vairošanās

reproducir v 1. reprodūcēt; 2. *ek.* atražot; ~se *rfl biol.* vairoties

reptar v rāpot, lodāt

reptil *m* rāpulis

repudrir v 1. pūdēt; 2. *sar.* nelikt mieru; ~se *rfl* sērot, skumt

repuesto I *part no* **reponer**; II *a* atlikts rezervē; noglabāts; III *m* 1. rezerve; 2. bufete

repugnancia f 1. pretruna, nesaderība; 2. pretīgums, riebums

repugnante *a* 1. pretrunīgs, nesaderīgs; 2. pretīgs, riebīgs

repugnar v 1. apstrīdēt; 2. darīt (*kaut ko*) ar riebumu; 3. riebties

repujado I *a* izkalts, kaldināts; II *m* kaldināšana

repulido *a* 1. nopulēts; gluds; 2. švītīgs

repulir v pārpulēt

repulsar v noraidīt

repulsión f 1. atgrūšana; 2. noraidīšana; antipātija; 3. pretīgums

repunte *m* 1. paisuma (bēguma) sākums; 2. (*am.*) ūdens celšanās upē

reputación f reputācija; slava

reputar v 1. vērtēt; spriest; 2. atzīt (*par ko*)

requemar v 1. piededzināt; 2. grauzdēt; 3. žāvēt, kaltēt; 4. satraukt, iekvēlināt; ~se *rfl* 1. piedegt; 2. pārdegt; 3. pārkalst; 4. dilt (*aiz sirdēstiem*)

requerimiento *m* 1. pieprasījums; 2. uzaicinājums (*ierasties tiesā*); 3. *sar.* lakstošanās

requerir v 1. pieprasīt; 2. *jur.* uzaicināt (*ierasties tiesā*); **3.** izmeklēt; pārbaudīt; **4.** prasīt (*izdevumus, laiku u. c.*); eso requiere tiempo – tas prasa laiku; **5.** *sar.* lakstoties

requesón *m* biezpiens

requisa *f* **1.** inspekcija; apgaita (*cietumā*); **2.** rekvizīts

requisito *m* priekšnoteikums, priekšnosacījums

res *f* **1.** lops; **2.** *arī pl* ~es liellopi

resabio *m* **1.** slikts ieradums; **2.** nepatīkama garša

resalado *a* **1.** pārsālīts; **2.** *sar.* asprātīgs; **3.** *sar.* pievilcīgs

resaltar *v* **1.** izvirzīties uz āru; **2.** *pārn.* durties acīs

resalto *m* izvirzījums; izcilnis; ◊ de ~ – uzkrītošs

resarcimiento *m* atlīdzība, kompensācija

resarcir *v* atlīdzināt, kompensēt; ~ de los gastos – atlīdzināt izdevumus

resbaladero I *a* slidens; II *m* **1.** slīdkalniņš; **2.** slidena vieta

resbalar *v* slīdēt; paslīdēt; ~se *rfl* izslīdēt; ~ de las manos – izslīdēt no rokām

rescatar *v* izpirkt (*kādu*); ~ su culpa *pārn.* – izpirkt savu vainu

rescate *m* **1.** izpirkšana, izpirkums; **2.** izpirkšanas (izpirkuma) nauda

rescindir *v* atcelt; anulēt

rescoldo *m* **1.** sprikstis; **2.** sirdsapziņas pārmetumi; ◊ avivar el ~ – uzkurināt padzisušās kaislības, pieliet eļļu ugunī

resecar[a] *v* nosusināt

resecar[b] *v med.* izdarīt rezekciju

resección *f med.* rezekcija

reseco I *a* **1.** izkaltis; **2.** *sar.* kalsnējs, kalsns; izdilis; II *m* sausa vieta

resentimiento *m* īgnums, sapīkums

resentirse *v rfl* saīgt; sapīkt

reseña *f* **1.** (*karaspēka*) skate; **2.** (*kādas personas*) sīks apraksts; **3.** apcerējums; **4.** recenzija

reseñar *v* **1.** apstaigāt ierindu (*karaspēka skates laikā*); **2.** sīki aprakstīt (*kādu*); **3.** recenzēt

reserva *f* **1.** rezerve; oficial de ~ – rezerves virsnieks; **2.** atturība; **3.** piesardzība, apdomība; ◊ a ~ – slepeni; con la ~ de – ar noteikumu, ka; sin ~ – atklāti

reservad‖o I *a* **1.** rezervēts (*piem., vieta*); **2.** rezervēts, atturīgs; conversación ~a – konfidenciāla saruna; **3.** piesardzīgs, apdomīgs; II *m* rezervāts

reservar *v* **1.** rezervēt; **2.** uzkrāt; glabāt (*kādai vajadzībai*); **3.** noklusēt, noslēpt; ~se *rfl* **1.** atturēties; **2.** nodrošināties

resfriado I *a* saaukstējies; II *m* **1.** saaukstēšanās; **2.** iesnas

resfriar *v* **1.** atdzesēt; **2.** kļūt aukstākam (*par laiku*); **3.** atdzist; ~se *rfl* **1.** saaukstēties; **2.** *sar.* atvēst (*par jūtām*)

resguardar *v* **1.** aizsargāt; nodrošināt (*pret ko*); **2.** nosargāt; ~se *rfl* sargāties; izsargāties

resguardo *m* **1.** aizsardzība; apsardzība; **2.** sardze; apsardze; **3.** robežsargi; **4.** kvitējums (paraksts) par saņemšanu

residencia *f* **1.** dzīvesvieta; apmešanās vieta; ~ de estudiantes – studentu kopmītne; **2.** rezidence

residir *v* dzīvot; atrasties

residuo *m* **1.** atliekas, paliekas; **2.** atlikums

resignación *f* **1.** atsacīšanās, atteikšanās; **2.** padevība; lēnprātība, pazemība

resignar *v* atsacīties, atteikties; **~se** *rfl* **1.** pakļauties, padoties; **2.** samierināties; ~se con su suerte – samierināties ar savu likteni

resina *f* sveķi

resinar *v* tecināt sveķus

resinoso *a* sveķains

resistencia *f* **1.** pretestība; pretošanās; **2.** izturība; **3.** pretspars

resistente *a* **1.** spējīgs pretoties; **2.** izturīgs, stiprs

resistir *v* **1.** pretoties; **2.** izturēt; paciest; **3.** aizstāvēties, aizsargāties; **4.** apspiest (*jūtas*); **~se** *rfl* **1.** pretoties; aizstāvēties; **2.** liegties

resol *m* atspīdums, atspulgs

resolvente *a* **1.** izšķirošs; **2.** izšķīdināms

resolución *f* **1.** lēmums; rezolūcija; tomar una ~ – pieņemt lēmumu; **2.** atrisinājums; **3.** noteiktība; enerģiskums; **4.** *ķīm.* izšķīdināšana; ◊ en ~ – galu galā

resolvente *a* **1.** izšķirošs; **2.** izšķīdinošs

resolver *v* **1.** izlemt; izšķirties; **2.** atrisināt; **3.** pārvarēt grūtības; **4.** izkliedēt šaubas; **5.** *ķīm.* izšķīdināt; **~se** *rfl* **1.** izšķirties; **2.** *ķīm.* izšķīst; **3.** *med.* uzsūkties

resonación *f* rezonanse

resonar *v* rezonēt

resorber *v* **1.** uzsūkt; absorbēt; **2.** *med.* uzsūkt

resorte *m* **1.** atspere; **2.** elastīgums; **3.** līdzeklis (*mērķa sasniegšanai*); ◊ tocar todos los ~s – laist darbā visus līdzekļus

respaldar[a] *m* **1.** atzveltne; **2.** mugurpuse

respaldar[b] *v* **1.** atzīmēt (rakstīt) otrā pusē; **2.** (*am.*) sargāt aizmuguri; **3.** (*am.*) atbalstīt, palīdzēt; **~se** *rfl* atspiesties, atbalstīties; atzvelties

respaldo *m* **1.** atzveltne; **2.** mugurpuse

respectivo *a* atbilstošs

respecto *m* attiecības, attieksme; al ~ de – attiecībā uz; bajo ese ~ – no šī viedokļa; a ese ~ – šajā ziņā; con ~ a eso – šinī sakarā; con ~ de – ņemot vērā

respetabilidad *f* respektabilitāte; cienīgums

respetable *a* respektabls; cienījams

respetar *v* **1.** respektēt; cienīt; **2.** rūpēties (*par kādu*)

respeto *m* **1.** cieņa; cienība; con ~ –

ar cieņu; un señor de ~ – cienījams senjors; **2.** uzmanība

respingado *a* uzrauts (*par degunu*)

respingar *v* **1.** spārdīties, spert (*par dzīvniekiem*); **2.** uzcelt; uzraut; **3.** *pārn.* turēties pretī

respiración *f* **1.** elpa; **2.** elpošana

respiradero *m* **1.** ventilācijas caurums; **2.** atelpa; atpūta; **3.** elpošanas ceļi

respirar *v* **1.** elpot; **2.** ieelpot; izelpot; **3.** atelpot; atpūsties; ◊ sin ~ – nepārtraukti

respiro *m* **1.** elpošana; **2.** elpas vilciens; **3.** atelpa, atpūta

resplandecer *v* mirdzēt; spīdēt; starot

resplandor *m* **1.** mirdzums; spīdums; starojums; **2.** (*am.*) diadēma

responder *v* **1.** atbildēt; **2.** iebilst; **3.** atsaukties; **4.** būt atbildīgam (*par kaut ko*); **5.** atbilst; ~ a las necesidades – atbilst vajadzībām

responsabilidad *f* atbildība

responsable *a* atbildīgs

respuesta *f* **1.** atbilde; **2.** atbildība

resquebradura *f* plaisa; sprauga; šķirba

resquebrar *v* saplaisāt

resta *f* **1.** *mat.* atņemšana; **2.** *mat.* atlikums

restablecer *v* atjaunot; **~se** *rfl* izveseļoties

restablecimiento *m* **1.** atjaunošana; **2.** izveseļošanās

restante *m* atlikums

restar *v* **1.** samazināt; atņemt; ~ energías – atņemt spēkus; **2.** *mat.* atskaitīt; **3.** palikt pāri

restauración *f* restaurēšana, restaurācija

restaurante *m* restorāns

restaurar *v* restaurēt; **~se** *rfl* atkopties, atspirgt

restitución *f* **1.** atdošana; **2.** (*piem., teksta*) atjaunošana; **3.** klajā laišana, izdošana

restituir *v* **1.** atdot; **2.** atjaunot (*piem., tekstu*); **~se** *rfl* atgriezties

resto *m* **1.** atlikums; **2.** ~s *pl* paliekas, atliekas; **3.** ~s *pl* mirstīgas atliekas

restrictivo *a* ierobežojošs

restringir *v* ierobežot; sašaurināt

resucitación *f* **1.** atdzimšana, atjaunošana; **2.** reanimācija

resuelto I *part no* **resolver**; **II** *a* **1.** nosvērts; **2.** drosmīgs; **3.** izdarīgs

resulta *f* iznākums, rezultāts; de ~s – rezultātā

result‖ar *v* izrietēt (*no kā*); ◊ eso no me ~a – tas man nav pa prātam; ~a que – tātad

resumen *m* kopsavilkums; rezumējums

resumir *v* rezumēt

resurrección *f* **1.** augšāmcelšanās; **2.** *bazn.* Lieldienas; **3.** reanimācija

retallecer *v* dzīt asnus

retallo *m* asns; dzinums

retar *v* mest izaicinājumu; izaicināt

retardación *f* 1. aizkavēšana; 2. atpalikšana

retardar *v* 1. aizkavēt; 2. atlikt (*uz vēlāku laiku*); **~se** *rfl* nokavēties

retazo *m* 1. atgriezums; 2. fragments

retemblar *v* nodrebēt, notrīcēt

retén *m* 1. krājums; 2. *mil.* rezerves vienības

retención *f* 1. aizturēšana; 2. (*naudas*) ieturēšana

retener *v* 1. aizturēt; 2. ieturēt (*naudu*); 3. paturēt (*prātā*); 4. saglabāt; ~ el calor – saglabāt siltumu

reticencia *f* 1. noklusēšana; 2. izvairīšanās

retina *f anat.* tīklene

retinto *a* tumši brūns

retiración *f* atsaukums

retirada *f* 1. atkāpšanās; 2. aiziešana

retirar *v* 1. atsaukt; 2. aizvākt; **~se** *rfl* 1. noslēgties, nošķirties; 2. šķirties; 3. *mil.* atkāpties

retiro *m* 1. nošķirtība, vientulība; 2. patvērums

reto *m* 1. izaicinājums uz divkauju; 2. drauds

retocador *m* retušētājs

retocar *v* 1. retušēt; 2. atjaunot, restaurēt (*mākslas darbu*)

retórica *f* 1. retorika; 2. pļāpība; pļāpīgums

retórico *a* retorisks

retornar *v* atdot, dot atpakaļ; **~se** *rfl* nākt atpakaļ; atgriezties

retorno *m* 1. atdošana; 2. atgriešanās; 3. apmaiņa; 4. samaksa; kompensācija

retostado *a* 1. piededzis; 2. pārgrauzdēts; 3. iededzis

retostar *v* 1. piededzināt; 2. pārgrauzdēt

retozador *a* 1. lēkājošs; 2. draisks; pārgalvīgs

retozar *v* 1. lēkāt; 2. draiskoties; 3. *pārn.* bangot (*par jūtām*); ◇ ~ de risa – vai plīst aiz smiekliem

retozo *m* 1. lēkāšana; 2. draiskulība ◇ ~ de risa – smieklu lēkme

retracción *f med.* kontrakcija

retraer *v* 1. atnest atpakaļ; 2. atpirkt; izpirkt; 3. atrunāt; **~se** *rfl* 1. nobēgt; patverties, paslēpties; 2. atkāpties

retrasar *v* 1. kavēt, aizkavēt; 2. atlikt (*uz vēlāku laiku*); **~se** *rfl* 1. atpalikt; 2. nokavēties

retraso *m* 1. nokavēšanās, aizkavēšanās; 2. atpalikšana; 3. atpalicība; ~ económico – ekonomiskā atpalicība; ◇ ~ mental – garīgā atpalicība

retratar *v* 1. gleznot portretu; 2. fotografēt; 3. aprakstīt (*kādu personu*)

retratista *m, f* portretists, -e

retrato *m* 1. portrets; attēls; 2. fotogrāfija; ◇ ser uno el ~ vivo de otro – līdzināties kādam kā divas ūdens piles

retreparse *v rfl* atliekties

retribución *f* atalgojums

retribuir *v* atalgot
retroceder *v* atkāpties; kāpties atpakaļ
retroceso *m* 1. atkāpšanās; kāpšanās atpakaļ; 2. *med.* slimības saasināšanās; recidīvs
retumbante *a* 1. skanīgs; 2. lielisks, grandiozs
retumbar *v* 1. atskanēt; 2. dārdēt
reuma *m* reimatisms
reumático I *a* reimatisks; II *m* reimatiķis
reunión *f* 1. sanāksme; 2. apvienība, savienība
reunir *v* 1. apvienot; savienot; 2. savākt; **~se** *rfl* 1. apvienoties; 2. satikties; sanākt kopā; sapulcēties
reválida *f* apstiprināšana, atzīšana, aprobēšana
revalidar *v* apstiprināt, atzīt, aprobēt; **~se** *rfl* beigt mācību iestādi
revancha *f* revanšs
revejecer *v* pāragri novecot
revelación *f* 1. atmaskošana; 2. atklāsme; 3. *foto* attīstīšana
revelador I *a* 1. pamācošs; 2. uzskatāms; II *m foto* attīstītājs
revelar *v* 1. atmaskot; 2. atklāt; 3. *fot.* attīstīt
revenirse *v rfl* 1. sarauties, sarukt; 2. saskābt (*par vīnu*); 3. vilgt; 4. piekāpties
reventar *v* 1. saplīst; salūzt; 2. sašķīst (*par viļņiem*); 3. sprāgt; 4. nobeigties; 5. [sa]skaisties; 6. nodzīt, nokausēt; nogurdināt; **~se** *rfl* plīst, sprāgt

reverberación *f* 1. atstarošana; 2. atspīdums, atspulgs
reverencia *f* 1. godbijība; bijība; 2. palocīšanās; reveranss
reverendo *a* godājams, cienījams
reverente *a* godbijīgs; bijīgs
reversibilidad *f* 1. *fiz.* apgriežamība, reversibilitāte; 2. *ķīm.* apgriezeniskums
reversible *a* 1. *fiz.* apgriežams, reversibls; 2. *ķīm.* apgriezenisks
reversión *f* atgriešanās (*iepriekšējā stāvoklī*)
reverso I *a* apgriezts; otrāds; II *m* otra puse
revés *m* 1. otra puse; 2. neveiksme; sufrir ~es – ciest neveiksmi
revestimiento *m* apdare
revestir *v* 1. uzģērbt vienu tērpu virs otra; 2. apdarināt; 3. *pārn.* maskēt, aizplīvurot; **~se** *rfl* 1. aizrauties; 2. *pārn.* uzpūsties, kļūt iedomīgam
reviejo I *a* ļoti vecs; II *m* sauss zars
revisar *v* pārbaudīt, revidēt
revisión *f* pārbaude, revīzija
revisionismo *m* revizionisms
revisor *m* 1. revidents; 2. kontrolieris
revista *f* 1. pārbaude, revīzija; 2. žurnāls; 3. *jur.* (*lietas*) pārskatīšana
revistar *v* 1. inspicēt; 2. *jur.* pārskatīt (*lietu*)
revivir *v* 1. aidzīvināt; 2. atdzīvoties; 3. atdzimt
reviviscencia *f* 1. *biol.* spēja atdzīvoties; 2. atdzimšana; atjaunošanās

revocación f atcelšana; anulēšana
revocador I a anulējošs; **II** m apmetējs
revoc‖ar v 1. atcelt; anulēt; 2. atrunāt; 3. krāsot, balsināt; 4. *celtn.* apmest; 5. izkliedēt; el viento ~a el humo – vējš izkliedē dūmus
revolcar v 1. apgāzt; nogāzt; gāzt zemē; 2. vāļāt pa zemi; **~se** *rfl* 1. uzgāzties; 2. vāļāties pa zemi
revoltear v laidelēties; lidināties
revoltoso I a 1. dumpīgs, nepaklāvīgs; 2. nepaklausīgs, palaidnīgs; **II** m dumpinieks, nemiernieks
revoluciónᵃ f 1. revolūcija; apvērsums; 2. satricinājums
revoluciónᵇ f 1. apgriešanās; 2. apgriezienz; mil ~es por minuto – tūkstoš apgriezienu minūtē; 3. rotācija
revólver m revolveris
revolver v 1. apgriezt; apgrozīt; ~ toda la casa – mājās visu apgriezt otrādi; apgrozīt; 2. ietīt, ievīstīt; 3. satraukt (*kādu*), jaukt prātus (*kādam*); 4. saduļķot; 5. izjaukt kārtību; **~se** *rfl* 1. kustēties (*šurp un turp*); 2. mainīties (*par laiku*)
revuelta f 1. sacelšanās, nemieri; 2. pagrieziens; pagrieziena punkts; 3. aplinku ceļš; 4. satraukums
revuelto I *part no* **revolver**; **II** a 1. sajaukts; samainīts vietām; 2. nemierīgs, satraukts; 3. saduļķots; 4. nepaklausīgs, palaidnīgs

rey m karalis; cars; valdnieks
reyerta f 1. kautiņš; 2. strīds
rezar v 1. lūgt [Dievu]; 2. *bazn.* noturēt mesu; 3. *pārn.* rūkt; būt neapmierinātam
rezo m 1. lūgšana; 2. lūgšana, lūgsna
rezumadero m caurums; sūce
rezumarse v *rfl* sūkties
ría f upes grīva
riachuelo m upīte; strauts
ribazo m nogāze; nokalne
ribera f 1. krasts; 2. liedags
rico a 1. bagāts; bagātīgs; 2. ienesīgs; 3. lielisks; 4. garšīgs; 5. dižciltīgas izcelšanās-
ridiculez f smieklīgums
ridiculizar v padarīt smieklīgu
ridículo I a smieklīgs; **II** m smieklīgums
riego m 1. apūdeņošana, irigācija; 2. apliešana, [ap]laistīšana
riel m 1. metāla stienis; 2. sliede
rielera f *tehn.* veidkaste
rienda f 1. groži; 2. ~s *pl pārn.* vadības groži; ◊ aflojar las ~s – palaist grožus; tirar la ~ – turēt [stingri] grožus; a ~ suelta – pilnā sparā; dar ~ suelta – dot vaļu
riesgo m risks; ◊ a todo ~ – uz labu laimi
riesgoso a (*am.*) riskants; pārdrošs
rifa f 1. mantu loterija; 2. strīds; ķilda
rifar v 1. izlozēt; 2. strīdēties; **~se** *rfl* strīdēties
rifle m šautene

rigidez *f* **1.** stingrums; **2.** stīvums; sastingums; **3.** *pārn.* nelokāmība

rígido *a* **1.** stingrs; **2.** stīvs; sastindzis; **3.** *pārn.* nelokāms

rigor *m* **1.** stingrība; bardzība; **2.** precizitāte; **3.** *med.* sastingums; **4.** drebuļi; ◊ ser de ~ – būt nepieciešamam; ser el ~ de las desdichas – būt ļoti nelaimīgam; en ~ – īstenībā

rigoroso, riguroso *a* bargs; stingrs

rimaᵃ *f* **1.** atskaņa; ~ asonante, media ~ – asonanse; **2.** dzejas rindas

rimaᵇ *f* **1.** grēda; **2.** kaudze; čupa

rimador *m* rīmju kalējs

rimar *v* **1.** dzejot; **2.** atskaņoties

rincón *m* stūris, kakts

rinconada *f* stūris

ringla, ringlera *f sar.* rinda

rinoceronte *m* degunradzis

riña *f* **1.** strīds, ķilda; **2.** kaušanās; ◊ ~ de gallos – gaiļu cīņa

riñón *m* **1.** niere; **2.** zemes (valsts) vidiene; ◊ tener el ~ bien cubierto – dzīvot kā nierei taukos

río *f* **1.** upe; **2.** straume; ◊ a ~ revuelto – nekārtīgi; cuando el ~ suena, agua lleva – nav dūmu bez uguns

riqueza *f* **1.** bagātība; **2.** pārpilnība; **3.** zemes auglība; ◊ ~ alcohólica – alkohola saturs (*kādā dzērienā*)

risa *f* **1.** smaids; **2.** smiekli; smiešanās; reventar la ~ – iesmieties; contener la ~ – valdīt smieklus; ~ de conejo – smiekli caur asarām;

tomar a ~ – neņemt par pilnu; **3.** smīns

risco *m* **1.** klints; **2.** medus rausis ar augļiem

riscoso *a* klinšains

riso *m poēt.* smaids

risotada *f* skaļi smiekli

risotear *v* skaļi smieties

rispo *a* rupjš, nelaipns

ristra *f* **1.** sīpolu (ķiploku) virtene; **2.** *sar.* ķēde; virkne

risueño *a* **1.** smaidošs; **2.** smejošs; **3.** patīkams; **4.** veiksmīgs

rítmica *f* ritmika

rítmico *a* ritmisks

ritmo *m* ritms

rito *m* rituāls, ceremonija

ritual *a* rituāla-

rival *m* sāncensis

rivalidad *f* sacensība

rivalizar *v* sacensties

rivera *f* upīte; strautiņš

rizado I *a* **1.** cirtains; **2.** kruzuļots; **II** *m* **1.** cirtojums; **2.** kruzuļojums; plisējums, gofrējums

rizar *v* **1.** cirtot; **2.** ņirbināt (*ūdeni*); **3.** plisēt; gofrēt; **~se** *rfl* cirtoties

rizo I *a* cirtains; **II** *m* **1.** cirta; **2.** *jūrn.* rifs, rēve; tomar ~s – rēvēt; ◊ rizar el ~ *av.* – mest nāves cilpu

robar *v* **1.** zagt; laupīt; **2.** izskalot krastu, aizskalot zemi

robín *m* rūsa

roble *m* ozols

robleda *f,* **robled** *m* ozolu mežs; ozolājs

roblizo *a* stiprs, spēcīgs; drukns
roblón *m* kniede
robo *m* zagšana; zādzība
roborar *v* 1. stiprināt; spēcināt; 2. *pārn.* pastiprināt
robustecer *v* stiprināt; spēcināt
robustez *f* 1. spēks; 2. spirgtums
robusto *a* 1. spēcīgs; stiprs; 2. spirgts
roca *f* 1. klints; 2. iezis
roce *m* 1. berze; berzēšanās; 2. saiešanās; bieža tikšanās
rociada *f* 1. aprasināšana, apsmidzināšana; 2. rasa; 3. lietusgāze; 4. brāziens, bāriens; ◇ una ~ de balas – ložu krusa; una ~ de palabras – vārdu straume
rociadura *f* aprasinājums; apsmidzinājums; aprasināšana; apsmidzināšana
rociar *v* aprasināt; apsmidzināt
rocín *m* darba zirgs
rocinante *m* kleperis
rocío *m* 1. rasa; 2. sīks lietutiņš
rocoso *a* klinšains
rodaballo *m* 1. *iht.* āte; 2. *sar.* viltnieks, gudrinieks
rodada *f* (*riteņa*) sliede
rodado *a* 1. ābolains (*par zirgu*); 2. gluds (*par akmeni*); 3. plūstošs (*par stilu, valodu*)
rodadura *f* ripošana
rodaje *m* 1. mehānisms (*ko veido riteņi, ritentiņi*); ~ de reloj – pulksteņa mehānisms; 2. filmas uzņemšana
rodar *v* 1. ripot; velties; 2. griezties; 3. uzņemt filmu; 4. klaiņot; 5. *pārn.* aizritēt (*par gadiem, dienām*)
rodear *v* 1. iet ar līkumu, iet apkārt; 2. likt apkārt; aplikt; 3. (*am.*) savākt kopā ganāmpulku (*apjājot tam apkārt*); 4. runāt aplinkus; **~se** *rfl* 1. noņemties (*ar kādu*); 2. uztraukties
rodeo *m* 1. apkārtceļš; 2. ganāmpulka savākšana (*apjājot tam apkārt*); 3. vairīšanās; aplinkus runāšana; ◇ hablar sin ~s – runāt skaidru valodu
rodezno *m* dzirnavu rats
rodillaᵃ *f* celis; ◇ a media ~ – nomesties uz (viena) ceļa; de ~s – uz ceļiem
rodillaᵇ *f* grīdas lupata
rodillada *f* nomešanās uz ceļiem
rodillo *m* 1. vārpstiņa; 2. rullis, veltnis
rododendro *m* rododendrs
roedor *m* grauzējs
roedura *f* graušana
roer *v* 1. grauzt; apgrauzt; 2. *pārn.* krimst
rogación *f* 1. lūgums; lūgšana; 2. ~es *pl rel.* lūgšanas
rogador I *a* lūdzošs; II *m* lūdzējs
rogar *v* lūgt; lūgties
rojez *f* sarkanums
rojizo *a* iesarkans, sarkanīgs
rojo I *a* sarkans; ponerse ~ – nosarkt (*no kauna*)
rol *m* saraksts; katalogs
rollar *v* saritināt; satīt

rollizo I *a* **1.** apaļīgs; **2.** dūšīgs, spēcīgs; **II** *m* baļķis
rollo *m* **1.** rullis; veltnis; **2.** tīstoklis; **3.** spole, spolīte; **4.** baļķis
romana *f* bezmēns
romance I *a val.* romāņu-; **II** *m* **1.** kastīliešu (spāņu) valoda; escribir en ~ – rakstīt spāņu valodā; **2.** *lit.* romance; bruņinieku romāns
romancero *m* **1.** romanču dziedonis; **2.** romanču krājums
romanesco *a* romiešu-; romāņu-
románico *a arhit.* romāņu-
romanista *m, f* **1.** romiešu tiesību pasniedzējs, -a; **2.** romāņu filologs, -ģe
romano I *a* romiešu-; Romas-; **II** *m* romietis
romanticismo *m* romantisms
romanza *f mūz.* romance
rombo *m* rombs
rompehielos *m* ledlauzis
rompehuelga *m, f* streiklauzis, -e
rompeolas *m jūrn.* viļņlauzis
romper *v* **1.** [pār]lauzt; salauzt; **2.** saplēst; saraut; **3.** plēst plēsumu; līst līdumu; **4.** *mil.* sagraut (*ar šāviņiem*); **5.** šķelt (*ūdeni*); **6.** pašķirt (*pūli, zarus*); **7.** pārtraukt (*sarunu, klusumu*); ~el silencio – pārtraukt klusumu; **8.** izplaukt; **9.** aust (*par gaismu, dienu*); ◊ ~ el fuego *mil.* – atklāt uguni; ~ a llorar – izplūst asarās; **~se** *rfl* **1.** saplīst; **2.** salūzt
rompimiento *m* **1.** [sa]plēšana; **2.** [sa]laušana; **3.** lūzums; **4.** *glezn.* fons; **5.** [sa]plēšanās
ron *m* rums
roncador I *a* krācošs; **II** *m* krācējs
roncar *v* **1.** krākt (*miegā*); **2.** brēkt (*par dambriedi*); **3.** kaukt (*par vēju*); krākt (*par jūru*); **4.** draudēt
roncear *v* **1.** [aiz]kavēt; **2.** tūļāties; **3.** *jūrn.* braukt lēnā gaitā; **4.** *sar.* lišķēt; **5.** (*am.*) zvalstīties
ronco *a* aizsmacis, rupjš
ronda *f* **1.** nakts apgaita; **2.** pacienāšana; **3.** riņķa rotaļa
rondar *v* **1.** iet nakts apgaitā; **2.** klīst apkārt
ropa *f* apģērbs; ~ blanca – veļa; ~ interior – apakšveļa; ~ de cama – gultas veļa; ~ hecha – gatavi apģērbi; ◊ a quema ~ – negaidīti; de poca ~ – nabadzīgs; palpar la ~ – gulēt uz nāves gultas
ropaje *m* **1.** svinību tērps; **2.** amata tērps
ropería *f* **1.** gatavu apģērbu veikals; **2.** ģērbtuve
ropero *m* **1.** gatavu apģērbu tirgotājs; **2.** garderobists; **3.** drēbju skapis
roque *m* tornis (*šahā*)
roqueda *f* klinšaina vieta
rosa *f* **1.** roze; ~ de China – Ķīnas roze; ~ de té – tējas roze; color de ~ – rožu krāsa; ◊ no hay ~ sin espinas – nav rozes bez ērkšķiem; **2.** *med.* roze; **3.** *arh.* rozete

rosáceo *a* rožains, iesārts

rosado *a* rožains, sārts; aceite ~ – rožu eļļa

rosal *m* rožu krūms

rosario *m* **1.** *bazn.* rožu kronis; **2.** ūdens sūknis

rosarse *v rfl* **1.** sārtoties; **2.** [no]sarkt

rosca *f* **1.** skrūve; **2.** spirālveida vītne; **3.** kliņģeris; ◊ hacerse [una] ~ – likties uz auss; tirarse una ~ – izkrist (eksāmenos)

roséola *f* masalas

roseta *f* **1.** rozīte; **2.** *arh.* rozete; **3.** ~s *pl* grauzdēta kukurūza

rosquilla *f* **1.** kliņģeris; **2.** pīta smalkmaizīte

rostro *m* **1.** seja; **2.** knābis; **3.** kuģa priekšgals; ◊ a ~ firme – drosmīgi; hacer ~ – spītēt briesmām; echar en ~ – pārmest; robarse el ~ – pārvērsties sejā

rota[a] *f* sakāve; sagrāve

rota[b] *f* Indijas palma

rotación *f* **1.** griešanās, rotācija; **2.** *lauks.* secība; ~ de cultivos – augu seka

rotativa *f* rotācijas mašīna

roto I *part. no* **romper**; **II** *a* **1.** saplēsts; **2.** salauzts; **3.** noplīsis, skrandains; **III** *m* **1.** skrandainis; ◊ es peor lo ~ que lo descosido – no diviem ļaunumiem izvēlas mazāko

rótula *f* **1.** *anat.* ceļa skriemelis; **2.** *tehn.* šarnīrs; **3.** *farm.* zāļu graudiņš, pilula

rótulo *m* **1.** etiķete; **2.** paziņojums; sludinājums; afiša

rotundo *a* **1.** apaļš; **2.** pilnskanīgs; **3.** kategorisks; ◊ fracaso ~ – pilnīga izgāšanās

roturar *v* līst līdumu; plēst plēsumu

rozagante *a* **1.** elegants; **2.** pašapmierināts; iedomīgs

rozamiento *m* **1.** pieskāriens; **2.** *tehn.* berze

rozar *v* **1.** līst līdumu; **2.** plūkt zāli (*par dzīvnieku*); **3.** nokasīt; **4.** (*viegli*) pieskarties; **~se** *rfl* **1.** klupt; **2.** būt tuvu pazīstamiem; **3.** pārteikties

rubefacción *f*, **rubedo** *m* ādas iekaisums

rubí (*pl* rubíes) *m* rubīns

rubia *f* **1.** *bot.* rubija; **2.** plaudis

rubicundo *a* **1.** sārts; **2.** sarkanmatains

rubio I *a* gaišmatains; **II** *m* gaišmatis

rubor *m* **1.** koši sarkana krāsa; **2.** piesarkums; sārtums; **3.** kauns; apmulsums

ruborizarse *v rfl* nosarkt no kauna

rúbrica *f* **1.** pasvītrojums ar sarkanu; **2.** rubrika; **3.** virsraksts; **4.** *rel.* rituāls

rubricar *v* **1.** pasvītrot ar sarkanu; **2.** apstiprināt ar parakstu un zīmogu

rucio *a* iepelēks; ~ rodado – ābolainis (*par zirgu*)

rudeza *f* **1.** raupjums; **2.** neveiklība

rudimento *m* **1.** [pirm]sākums; **2.** ~s *pl* pamati

rudo *a* **1.** raupjš; rupjš; **2.** neveikls, neaptēsts

rueda *f* **1.** ritenis, rats; ~ del timón – stūres rats; ~ libre – brīvgājiens (*ritenim*); **2.** *daž. noz.* riņķis; dar en ~ – pasniegt apkārt; **3.**: ~ de molino – dzirnakmens; relación de ~s *tehn.* – pārnesums; ◇ comulgar con ~s de molino – būt pārāk lēticīgam; clavar la ~ de la fortuna – stingri nodrošināt savu labklājību

ruedo *m* **1.** griešanās; apgrieziens; **2.** apaļš pīts paklājs; **3.** bērnu rotaļa; **4.** *sar.* vēršu cīņas arēna; ◇ a todo ~ – katram gadījumam

ruego *m* **1.** lūgums; **2.** lūgšana; a ~ de uno – pēc kāda lūguma

rufo *a* **1.** sarkans; **2.** sarkanmatains; **3.** cirtains; **4.** patīkams; **5.** stiprs, spēcīgs

ruga *f* krunka, grumba

rugido *m* rūkoņa; (*lauvas*) rēciens

rugir *v* **1.** rūkt; rēkt (*par lauvu*); **2.** kaukt, aurot (*par vētru*)

rugosidad *f* **1.** krunkainums; **2.** krunkas, grumbas

rugoso *a* **1.** krunkains; grumbains; **2.** nelīdzens; grumbuļains; raupjš

ruibarbo *m* rabarbers

ruido *m* **1.** troksnis; **2.** *pārn.* atbalss, atskaņas

ruidoso *a* **1.** trokšņains; **2.** sensacionāls

ruin *a* **1.** zemisks, nekrietns; **2.** ļauns; nenovīdīgs

ruina *f* **1.** sabrukums; **2.** ~s *pl* drupas; **3.** krahs, bankrots; quedarse en la ~ – izputēt; ◇ estar hecho una ~ – 1) būt slimam (nogurušam); 2) būt galīgi sabrukušam

ruindad *f* **1.** zemiskums; nelietība; **2.** nenovīdība, ļaunums

ruiseñor *m* lakstīgala

rumano I *a* Rumānijas-; rumāņu-; **II** *m* **1.** rumānis; **2.** rumāņu valoda

rumbo *m* **1.** *jūrn.* kurss; **2.** virziens; dar otro ~ – mainīt virzienu; **3.** *sar.* spožums, greznums

rumia *f* atgremošana

rumiante I *a* atgremojošs; **II** *m* ~s *pl zool.* atgremotāji

rumor *m* **1.** čala, čaloņa; **2.** baumas, valodas

rumorarse *v rfl* paklīst (*par baumām, valodām*)

runfla *f* **1.** *sar.* virkne; **2.** (*am.*) pūlis, drūzma

rupestre *a* klinšains

ruptura *f* **1.** (*attiecību u. tml.*) pārtraukšana; **2.** *med.* lūzums

rural *a* **1.** lauku-; **2.** lauciniecisks; laucinieku-

rusiente *a* kvēlojošs

ruso I *a* krievisks; krievu-; **II** *m* **1.** krievs; **2.** krievu valoda

rusticar *v* dzīvot uz laukiem

ruta *f* **1.** ceļš; **2.** virziens; maršruts

rutilante *a* mirdzošs

rutinario *a* **1.** rutinēts; **2.** ikdienišķs

S

sábado *m* sestdiena
sábana *f* palags; ◊ **pegárse a uno las ~s** – ilgi gulēt, gulšņāt
sabana *f* (*am.*) savanna, stepe; ◊ **ponerse en la ~** – kļūt bagātam
sabanero I *a* (*am.*) savannas-, stepes-; **II** *m* (*am.*) savannas (stepes) iedzīvotājs
sabanilla *f* **1.** (galvas, kabatas) lakatiņš; **2.** dvielis; **3.** salvete
sabañón *m* apsaldējums; ◊ **comer como un ~** – ēst par diviem
saber I *v* **1.** zināt; pazīt; **sin ~lo** – nezinot; **2.** prast; **3.** būt vērīgam; **4.** uzzināt, dabūt zināt; **5.** garšot (*pēc kaut kā*); ◊ **está por ~ si ...** – tas ir jautājums, vai ...; **por lo que sé** – pēc manām domām, manuprāt; **¡quién sabe!** – kas to lai zina!; **II** *m* **1.** zināšanas; **2.** prasme
sabido *a* **1.** zinošs; **2.** zināms, pazīstams
sabiduría *f* **1.** saprātīgums; gudrība; **~ popular** – tautas gudrība; **2.** zināšanas
sabiendas *adv*: **a ~** – ar gudru ziņu; ar nodomu
sabio I *a* **1.** gudrs; zinošs; **2.** mācīts, izglītots; **II** *m* **1.** vecs gudrs vīrs; **2.** zinātnieks
sable *m* zobens
sablón *m* rupja smilts
sabor *m* **1.** garša; piegarša; **2.** gaume; **3. ~es** *pl* laužņi

saborear *v* **1.** piešķirt garšu; **2.** garšot; **~se** *rfl* ēst ar baudu
saboreo, saboreamiento *m* [no]garšošana
sabotaje *m* sabotāža
sabroso *a* **1.** garšīgs; **2.** patīkams
sabueso *m* **1.** pēdu dzinējs (*suns*); **2.** okšķeris
sabuloso *a* smilšains
saburrar *v jūrn.* iekraut balastu (*kuģī*)
saca[a] *f* **1.** izņemšana; izvilkšana; **2.** atņemšana; **3.** eksports; **4.** *jur.* notāra izgatavotā dokumenta pirmā kopija
saca[b] *f* liels maiss
sacabuche *m* **1.** trombons; **2.** sūknis; **3.** vīrelis
sacamanchas *m ķīm.* traipu tīrītājs
sacamuelas *m sar.* **1.** zobu dakteris; **2.** šarlatāns
sacar *v* **1.** izņemt, ņemt ārā; izvilkt; **2.** atņemt; **3.** iegūt; dabūt; **~ azúcar de la remolacha** – iegūt cukuru no bietēm; **~ mala nota** – dabūt sliktu atzīmi; **4.** uzzināt; **5.** laimēt; **6.** *fizk.* atsist bumbu no tīkla; ◊ **~ el total** – rezumēt; **~ copia** – izgatavot norakstu; **~ a paseo** – vest pastaigāties; **~ a bailar** – uzlūgt uz deju; **~ de quicio** – sakaitināt; **~ en claro** – noskaidrot; **~ a la vergüenza** – atmaskot; **~ rascando** – izkasīt, izskrāpēt; **~ la lengua** – parādīt mēli

sacarorrea *f med.* cukura diabēts
sacarosa *f ķīm.* saharoze
sacaroso *a* cukurots
sacerdotal *a* priestera-; garīdznieka-
sacerdote *m* priesteris; garīdznieks
saciar *v* apmierināt izsalkumu
saco *m* **1.** maiss; ~ de viaje, ~ de noche – ceļasoma; ~ de dormir – guļammaiss; **2.** rupjas vilnas apmetnis; **3.** (*kub.*) žakete; **4.** laupīšana; ◊ no caer en ~ roto – krist auglīgā zemē
sacramento *m rel.* sakraments
sacre *m zool.* medību piekūns
sacrificadero *m* upurēšanas vieta
sacrificar *v* upurēt, ziedot; **~se** *rfl* uzupurēties, ziedoties
sacrificio *m* **1.** upuris; **2.** uzupurēšanās
sacrílego I *a* Dievu zaimojošs; **II** *m* Dieva zaimotājs
sacro *a* svēts
sacudida *f* satricinājums; ~ eléctrica – elektriskās strāvas sitiens
sacudido *a* **1.** spītīgs, ietiepīgs, iecirtīgs; **2.** drošsirdīgs, drosmīgs
sacudir *v* **1.** kratīt, purināt; ~ el rabo – luncināt asti; **2.** sist; ◊ ~ un golpe – dot triecienu; **~se** *rfl* atstumt, atgrūst
sachar *v* ravēt
sacho *m* kaplis (*ravēšanai*)
saeta *f* **1.** bulta; **2.** (*pulksteņa*) rādītājs; (*kompasa*) adata; echar ~s – šķilt zibeņus un pērkonus
sagaᵃ *f* burve, ragana

sagaᵇ *f lit.* sāga
sagacidad *f* **1.** prāta asums; **2.** tālredzība, apdomība
sagaz *a* **1.** vērīgs, ar asu prātu; **2.** tālredzīgs, apdomīgs
sagena *f* **1.** karceris; **2.** cietums
sagrado I *a* svēts; neaizskarams; **II** *m* patvērums
sagrario *m* altāris
sahumar *v* kvēpināt
sahumerio *m* **1.** [iz]kvēpināšana; **2.** vīraks
saiga *m* saiga, stepju antilope
saín *m* **1.** dzīvnieku tauki; **2.** sardīņu eļļa
sainar *v* nobarot
sainete *m* **1.** tauki; **2.** aizdars; **3.** maiga (patīkama) garša; **4.** *pārn.* gards kumoss
sajadura *f* iegriezums; iegriešana
sajar *v* **1.** griezt; pārgriezt; **2.** *med.* nolaist asinis
sal *f* sāls; ~ de cocina – galda sāls; ~ de Higuera *farm.* angļu sāls; ~ amoníaca *ķīm.* – salmiaks; ◊ estar hecho de ~ – būt labā omā; con su ~ y pimienta – dzēlīgi; poner ~ en la mollera – vest pie prāta
sala *f* **1.** zāle; viesistaba; ~ de fiestas – banketu zāle; **2.** sēžu zāle; **3.** tiesas zāle
saladar *m* **1.** sālsezers; **2.** *ģeol.* solončaks
saladillo I *a* viegli sālīts, mazsālīts (*par speķi*); **II** *m* sālīts speķis
salado *a* **1.** sālīts, sāļš; **2.** *pārn.*

pievilcīgs, piemīlīgs; **3.** *pārn.* asprātīgs; **4.** (*am.*) nelaimīgs
saladura *f* [ie]salīšana
salamandra *f zool.* salamandra; ~ acuática – tritons
salar I *v* **1.** [ie]sālīt; **2.** (*am.*) dot sāli (*dzīvniekiem*); **3.** (*am.*) apbēdināt, [pa]darīt nelaimīgu; **II** *m* sāls ieguves vieta
salario *m* alga, izpeļņa; ~ mínimo – iztikas minimums
salaz *a* miesaskārīgs
salce *m* vītols; kārkls
salcocho *m* (*am.*) salkočo (*sālsūdenī vārīts ēdiens*)
salchicha *f* **1.** desa; **2.** cīsiņš
salchichería *f* **1.** desu tirgotava; **2.** desu fabrika
salchichero *m* desinieks
salchichón *m* žāvēta cūkgaļas desa
saldar *v* **1.** dzēst parādu; **2.** izpārdot
saldista *m, f* nocenoto preču pārdevējs, -a
saldo *m* **1.** *ek.* saldo; **2.** norēķins; galīgais aprēķins; **3.** izpārdošana
salero *m* **1.** sālstrauks; **2.** sāls noliktava; **3.** pievilcība; **4.** asprātība, atjautība
salgar *v* dot sāli (*dzīvniekiem*)
salida *f* **1.** *daž. noz.* izeja; ~ de socorro – papildizeja; **2.** aizziešana; aizbraukšana; atiešana (*par vilcienu u. tml.*); **3.** izcilnis; **4.** *ek.* noiets; **5.** *fizk.* starts; **6.** *fizk.* pirmais sitiens (*futbola spēlē*); **7.** izvairīšanās, izlocīšanās; **8.** izdevī-

gums; ◊ ~ de capitales – kapitāla aizplūšana uz ārzemēm; ~ del sol – saullēkts; ~ de tono – rupja izturēšanās; ~ primera *teātr.* – pirmā uzstāšanās
saliente *m* **1.** izcilnis; **2.** austrumi
salinero *m* **1.** sālsraktuvju strādnieks; **2.** sāls tirgotājs
salino *a* sālīts, sāļš; sāli saturošs
salir *v* **1.** iziet; **2.** aiziet; aizbraukt; atiet (*par vilcienu u. tml.*); **3.** dīgt; uzdīgt; **4.** uzlēkt (*par sauli un zvaigznēm*); **5.** *daž. noz.* iznākt; **6.** izvirzīt (*kaut ko*); **7.** izdoties, padoties, veikties; **8.** *teātr.* uzstāties; **9.** *fizk.* startēt; **10.** uzsākt pirmajam (*piem., spēli*); ◊ ~ a la madre – mātē atsisties; ~ a luz – nākt pasaulē, ieraudzīt dienas gaismu; ~ con suyo – panākt savu; ~ de la duda – nodrošināties; ~ por uno – aizstāvēt kādu; **-se** *rfl* **1.** pārplūst; līt pāri malām; **2.** tecēt (*par trauku*); ◊ ~se con la suya – gūt virsroku; salga lo que saliere – lai notiek, kas notikdams
salitre *m ķīm.* salpetris
saliva *f* siekalas; ◊ tragar ~ – norīt apvainojumu; gastar ~ en balde – velti runāt
salivación *f* siekalošanās
salivajo *m* **1.** spļaudekļi; **2.** spļāviens
salivar *v* **1.** izdalīt siekalas; **2.** spļaut
salmón *m* lasis
salmonera *f* tīkls lašu zvejai
salmorejo *m* asa mērce

salmuera *f* sālījums
salobre *a* sāļš, sālīts
salón *m* zāle; salons; ~ de actos – sēžu zāle
salpicadura *f* 1. apšļakstīšana; 2. šļakatas
salpicar *v* apšļākt; 2. (*am.*) brāzties; šļākties; 3. iet juku jukām
salpicón *m* 1. bifšteks tatāru gaumē; 2. (*am.*) augļu saldējums; 3. šļakatas
salpimienta *f* piparu un sāls maisījums
salpullido *m* 1. izsitumi; 2. pūte
salpullir *v* izsisties; **~se** *rfl* pārklāties ar izsitumiem
salsa *f* mērce; ◇ ~ de San Bernardo – zvērisks izsalkums; estar en su propia ~ – justies kā zivij ūdenī
salsera *f* mērces trauks
saltación *f* 1. lēkāšana; lēkšana; 2. lēciens; 3. *med.* Vita deja
saltadero *m* 1. lēkšanas laukums; 2. tramplīns; 3. strūklaka
saltadizo *a* saspringts, gatavs lēcienam
saltador I *a* lecošs; lēkājošs; II *m* 1. lēcējs; 2. virves dejotājs
saltamontes *m* sienāzis
saltante *a* (*am.*) ievērojams, izcils
saltar *v* 1. lēkt; lēkāt; 2. atlēkt; 3. izšļākties; 4. pārsprāgt (*par traukú*); 5. pārlēkt; 6. runāt juceklīgi; ◇ ~ a los ojos – durties acīs
saltarín I *a* 1. dejojošs; 2. lēkājošs; II *m* 1. dejotājs; 2. delveris

saltear *v* [ap]laupīt
salteo *m* [ap]laupīšana
salto *m* 1. lēciens; ~ mortal – saltomortāle; dar ~s – palēkties; lēkāt; 2. ūdenskritums; 3. aiza; 4. juceklīgums; 5. izlaidums (*tekstā*); ◇ de ~ – pēkšņi; ~ de mata – bēgšana; en un ~ – vienā mirklī, tūlīt
saltón I *a* 1. lēkājošs; 2. (*am.*) kustīgs; ◇ ojos ~es – izvalbītas acis; II *m* sienāzis
salubre *a* veselīgs
salud *f* 1. veselība; 2. veselīgums; ◇ casa de ~ – ārstniecības iestāde; en plena ~ – vesels kā rutks; ¡a su ~! – uz jūsu veselību!; ¡~! – sveiks!
saludable *a* veselīgs
saludar *v* 1. sveicināt; sasveicināties; 2. salutēt; sveikt; 3. apriebt, apvārdot (*slimnieku*)
saludo *m* 1. sveiciens; 2. apsveikums; 3. salūts; 4. uzruna (*vēstulēs*)
salutación *f* 1. apsveikums; 2. salūts
salva *f* 1. salūts; 2. zvērests; 3. atkārtoti aplausi
salvación *f* 1. glābiņš; 2. izglābšana; paglābšana; 3. atpestīšana; atbrīvošana, atsvabināšana
salvado *m* klijas
salvador I *a* glabējs-, glābjošs; II *m* 1. glābējs; 2. *rel.* pestītājs
salvaguardar *v* aizsargāt; apsargāt
salvajada *f* zvēriskums
salvaje I *a* zvērisks; mežonīgs; II *m* mežonis
salvajez *f* mežonīgums

salvamento *m* 1. glābšana; 2. glābiņš; patvērums

salvar *v* 1. glābt; izglābt; paglābt; 2. izglābties (*no briesmām*); 3. pārvarēt (*attālumu*); 4. apstiprināt (*dokumentu*); **~se** *rfl* izglābties; paglābties; ◊ sálvese quien pueda! – glābjas, kas var!

salvavidas I *a* glābšanas-; II *m* glābšanas riņķis; glābšanas josta

salvo I *a* 1. izglābts; 2. sveiks, vesels; sano y ~ – sveiks un vesels; 3. izņēmuma-; II *adv* izņemot; ◊ dejar a ~ – izņemot; poner a ~ – slēpt drošā vietā

salvoconducto *m* 1. caurlaide; 2. drošība

sampsuco *m bot.* majorāns

sanable *a* 1. izārstējams; izdziedināms; 2. dziedinošs

sanador I *a* ārstējošs, dziedinošs; II *m* ārstētājs, dziedinātājs

sanalotodo *m* 1. plāksteris; 2. panaceja, brīnumzāles

sanar *v* izārstēt, izdziedināt; **~se** *rfl* atveseļoties, izveseļoties

sanatorio *m* sanatorija

sanción *f* sankcija

sancocho *m* 1. sankočo (*ēdiens, kuru pagatavo no jukas, gaļas, banāniem utt.*); 2. (*kub.*) slikti pagatavots ēdiens

sandalia *f* sandale

sándalo *m* sandalkoks

sandez *f sar.* vientiesība, muļķība, stulbums

sandía *f* arbūzs

sandial, sandiar *m* arbūzu lauks

sandunga *f* 1. piemīlīgums; 2. atjautība, asprātība; 3. (*am.*) trokšņaini svētki; 4. sandunga (*meksikāņu deja*)

sandunguero *a* piemīlīgs, pievilcīgs; graciozs

sanear *v* 1. garantēt; galvot (*par ko*); 2. izlabot; 3. uzlabot; padarīt veselīgāku

sangradera *f med.* lancete

sangradura *f* 1. elkoņa locītava; 2. asins nolaišana; 3. (*piem., upes*) novadkanāls

sangrante *a* asiņojošs; asiņains

sangrar *v* 1. nolaist asinis; 2. novadīt (*ūdeni*); 3. asiņot; 4. *poligr.* ievilkt

sangre *f* asinis; ◊ a ~ fría – aukstasinīgi; tener ~ en el ojo – būt bezbailīgam; hospital de ~ – kara slimnīca; ◊ a ~ y fuego – ar uguni un zobenu, vardarbīgi; hacer ~ – aizskart, apvainot; dar la ~ de nes venas – uzupurēties (*kāda dēļ*)

sangría *f* 1. asins nolaišana; 2. asiņošana; 3. *tehn.* kausēta metāla strūkla; 4. vīna šķirne (*pasniedz ar ledu un augļiem*)

sangriento *a* 1. asiņains; asiņojošs; 2. asinskārs

sangüesa *f* avene

sanguífero *a* asinis saturošs-

sanguijuela *f* 1. dēle; 2. *pārn.* izsūcējs

sanguinario *a* asinskārs
sanguíneo *a* **1.** asins-; vasos ~s – asinsvadi; **2.** pilnasinīgs; **3.** asins krāsā; grupo ~ – asinsgrupa
sanidad *f* **1.** veselība; **2.** veselības aizsardzība
sanitario **I** *a* sanitārs; higiēnisks; **II** *m* sanitārs
sano *a daž. noz.* vesels; ~ y salvo – sveiks un vesels; ◇ cortar por lo ~ – izraut ar visām saknēm
santamente *adv* **1.** svēti; **2.** tikumīgi
santería *f* liekulība; svētulīgums
santiamén *m* mirklis, brīdis; en un ~ *sar.* – vienā mirklī
santidad *f* **1.** svētums; **2.** *bazn.* Svētais Tēvs (*pāvests*)
santificar *v* **1.** svētīt; **2.** slavināt
santiguar *v rel.* **1.** svētīt (*pārmetot krustu*); **2.** iepļaukāt; **~se** *rfl* pārkrustīties
santo **I** *a* svēts; el Padre Santo – pāvests; ◇ todo el ~ día – visu cauru dienu; ~ y seña – parole un atbilde; **II** *m* **1.** svētais; Todas los Santos – Visu Svēto diena; **2.** svētbilde; **3.** vārdadiena; ◇ ¿a qué ~? – uz kāda pamata?; tener el ~ de espaldas – neveikties; desnudar a un ~ para vestir a otro – atņemt vienam, lai dotu otram; ¡anda con mil ~s! – vācies pie velna!
santuario *m* svētnīca
saña *f* **1.** niknums; descargar su ~ contra alguien – izgāzt uz kādu savu niknumu; **2.** trakošana, plosīšanās
sañoso *a* saniknots; satracināts
sápido *a* garšīgs, gards
sapino *m* dižegle, baltegle
sapo *m* krupis; ◇ echar ~s y culebras – spļaut zili melnu
saponificar *v* pārstrādāt ziepēs
saque *m fizk.* servēšana; piespēle; ~ de esquina – stūra sitiens; ~ libre – brīvsitiens; ~ de castigo – soda sitiens (*futbolā*)
saqueador *m* [iz]laupītājs
saquear *v* [iz]laupīt
saqueo *m* [iz]laupīšana
saquería *f* maisu izgatavošanas darbnīca
saquero *m* maisu pārdevējs
sarampión *m* masalas
sarao *m* vakara viesības
sarape *m* (*am.*) sarape (*košs vilnas vai kokvilnas pleds*)
sarcasmo *m* sarkasms
sardana *f* sardana (*kataloniešu tautas deja*)
sardina *f* sardīne; ~ ahumada – šprote; ◇ como ~s en banasta – kā siļķes mucā
sardinero **I** *a* sardīņu; **II** *m* sardīņu pārdevējs
sardineta *f* trese (*uz mundiera*)
sardónice *f min.* ahāts; halcedons
sarga[a] *f* **1.** saržs (*audums*); **2.** apgleznots dekoratīvs audums
sarga[b] *f* kārkls
sargento *m* seržants

sarmiento *m* vīnstīga
sarna *f med.* kašķis
sarnoso *a med.* kašķains; kašķa-
sarracina *f* 1. kautiņš; 2. strīds
sarrillo *m* gārgšana
sarro *m* 1. nogulsnes; 2. zobakmens; 3. *med.* aplikums (*uz mēles*); 4. melnplauka (*labības slimība*)
sarros∥o *a* 1. ar nogulsnēm-; 2.: lengua ~a *med.* – aplikta mēle; 3. melnplaukains
sarta *f* 1. krelles; 2. rinda, virkne
sartén *f* panna; ◇ tener la ~ por el mango – ķerties vērsim pie ragiem; salta de la ~ y da en las brasas – no vilka bēg, uz lāci krīt
sastra *f* 1. šuvēja; 2. drēbnieka sieva
sastre *m* drēbnieks; ◇ entre ~s no se paga hechuras – roka roku mazgā – abas baltas
sastrería *f* 1. drēbnieka amats; 2. šūšanas darbnīca
satán, satanás *m* sātans, velns
satánico *a* 1. sātanisks, velnišķīgs; 2. sātana-, velna-
satélite *m* 1. satelīts; ~ artificial – mākslīgais pavadonis; 2. spiegs, aģents; 3. padotais, pakļautais
satisdación *f jur.* garantija, galvojums
satinado *a* spīdīgs (*par audumu*)
sátira *f* satīra
satírico I *a* satīrisks; II *m* satīriķis
satirizar *v* 1. rakstīt satīras; 2. izsmiet
sátiro *m* 1. *mit.* satīrs; 2. ciniķis
satisfacción *f* 1. apmierinājums; gandarījums; 2. labpatika; 3. pašapmierinātība; ◇ tomar ~ de una cosa – atriebties (*kādam*)
satisfacer *v* apmierināt (*savas prasības*); atrisināt (*problēmas*), novērst (*grūtības*); ~**se** *rfl* 1. rast gandarījumu; 2. gandarīt; 3. sagādāt labpatiku; 4. atmaksāt (*parādu*)
satisfactorio *a* apmierinošs; pietiekošs
satisfecho I *part no* **satisfacer**; II *a* 1. apmierināts; 2. pašapmierināts; iedomīgs
saturación *f* 1. *ķīm.* piesātināšana; 2. *pārn.* pārsātināšana
saturar *v* 1. *ķīm.* piesātināt; 2. *pārn.* pārsātināt
saturnino *a* 1. svina-; 2. skumjš, drūms; melanholisks
saturnismo *m* saindēšanās ar svinu
saturno *m* svins
sauce *m* vītols; ~ blanco – sudraba vītols; ~ llorón – sēru vītols
saucedal *f* vītolājs
saúco *m* plūškoks
savia *f* (*auga*) sula
saxífraga *f bot.* akmeņlauzīte
saxófono *m* saksofons
sayal *m* rupjš vilnas audums; no es todo el ~ alforjas – nav likuma bez izņēmuma
sayón *m* 1. bende; 2. necilvēks, nezvērs, briesmonis
sazón *f* 1. briedums; 2. laiks; brīdis, moments; a ~ – īstajā laikā; a la ~ –

toreiz, tad; antes de ~ – pirms laika

sazonado *a* **1.** gatavs, nobriedis; **2.** garšīgi pagatavots

sazonar *v* **1.** pielikt ēdienam garšvielas; **2.** novest līdz pilnībai; **3.** nobriest; ienākties

se *pron rfl* (*vsk. un dsk. 3. pers. siev. un vīr. dz. dat. un ak.*) sev; sevi

sebo *m* dzīvnieku tauki

seboso *a* taukains; tauks

seca *f* **1.** sausums; **2.** *med.* kreveļu lobīšanās periods; **3.** sēklis

secadero I *a* žāvēts (*par augļiem, saknēm*); **II** *m* žāvētava

secador *m* **1.** *foto* žāvētājs; **2.** (*am.*) trauku dvielis

secadora *f* veļas žāvējamā mašīna

secamiento *m* žāvēšana

secano *m* **1.** sēklis; **2.** bezjūtīgums

secante[a] **I** *a* **1.** žāvējošs; papel ~ – susināmais papīrs, dzēšlapa; **II** *m* **1.** *ķīm.* sikatīvs; **2.** susināmais papīrs, dzēšlapa

secante[b] *f mat.* **1.** sekante; **2.** sekanss

secar *v* **1.** žāvēt; kaltēt; **2.** noslaucīt (*piem., traukus*); **3.** apnikt; **~se** *rfl* **1.** iztvaikot; izžūt; **2.** izsīkt (*par ūdeni*); **3.** sakalst (*par augiem*); **4.** noliesēt (*par cilvēku, dzīvnieku*)

sección *f* **1.** sekcija; **2.** nodaļa; **3.** *mil.* vads; ~ de tanques – tanku vads

seccionar *v* [sa]dalīt

sec‖o *a* **1.** sauss, izžuvis; **2.** izkaltis; sakaltis; **3.** *pārn.* bargs, cietsirdīgs; **4.** sauss (*par vīnu*); **5.** dobjš (*par skaņu*); **6.** *pārn.* sauss, nelaipns; ◇ en ~ – 1) sausumā; 2) pēkšņi, negaidot; dejar a uno ~ – nosist kādu uz vietas; verdad ~a – tīra (skaidra) patiesība

secreción *f fiziol.* sekrēcija

secreta *f* **1.** noslēpums; **2.** slepenpolicija

secretamente *adv* slepeni

secretar *v fiziol.* izdalīt, atdalīt

secretaria *f* sekretāre

secretaría *f* sekretariāts; kanceleja

secretario *m* sekretārs; ~ de Estado – valsts sekretārs; ārlietu ministrs (*dažās valstīs*)

secreto I *a* **1.** slepens; **2.** noslēgts (*par cilvēku*); **II** *m* **1.** noslēpums; **2.** [pa]slēptuve; ◇ de ~ – slepeni

sectario I *a* sektantisks; **II** *m* sektants

sector *m daž. noz.* sektors

secuela *f* sekas

secuestrar *v* **1.** *jur.* sekvestrēt; **2.** atņemt brīvību; ieslodzīt; **3.** nolaupīt, aizvest ar varu

secular *a* simtgadējs

secundar *v* palīdzēt, atbalstīt

secundar‖io *a* mazsvarīgs, nenozīmīgs; otrās šķiras-; ◇ escuela ~ia – vidusskola

sed *f* **1.** *arī pārn.* slāpes; **2.**: ~ falsa *med.* – grēmas

seda *f* **1.** zīds; ~ artificial – mākslīgais zīds; ~ cruda – jēlzīds; **2.** zīda audums; **3.** sari (*dzīvniekam*); ◇ como una ~ – 1) lokans, vijīgs; 2) maigs

sedal *m* **1.** makšķeres aukla; **2.** *med.* drenāža

sedante I *a* sāpju remdēšanas-; **II** *m* sāpju remdēšanas līdzeklis

sede *f* **1.** sēdeklis; **2.** tronis; Santa Sede – Svētais Krēsls, Vatikāns; **3.** atrašanās vieta, rezidence

sedentario *a* sēdošs, mazkustīgs (*par dzīves, darba veidu*)

sedente *a* sēdošs

sedeño *a* **1.** zīda-; **2.** zīdains

sedería *f* **1.** zīda tirdzniecība; **2.** zīda audumi; zīda izstrādājumi

sedición *f* sacelšanās, dumpis

sediento *a* **1.** izslāpis; **2.** izsusējis, izžuvis, izkaltis (*par zemi*); **3.** alkatīgs; kārs

sedimentación *f* nogulsnēšanās; ~ de los eritrocitos *med.* – asins grimšana

sedimentar *v* radīt nogulsnes; ~**se** *rfl* nogulsnēties

sedimento *m* nogulsnes

seducción *f* **1.** pavedināšana; **2.** kārdināšana; **3.** valdzināšana

seducir *v* **1.** pavest; **2.** kārdināt; **3.** valdzināt

seductor I *a* **1.** pavedinošs; **2.** kārdinošs; **3.** valdzinošs; **II** *m* pavedējs

segable *a* pļaujams

segadera *f* sirpis

segador *m* pļāvējs

segadora *f* labības pļaujamā mašīna; ~ agavilladora – kūlīšu sējējs (*mašīna*); ~ trilladora, ~ combinada – labības kombains

segar *v* pļaut

seglar *a* laicīgs, pasaulīgs

segregación *f* segregācija

segregar *v* atdalīt, nodalīt; atšķirt

seguida *f* rinda; secība, kārtība; ◇ en ~ – 1) tūlīt; 2) cits aiz cita; de ~ – 1) nepārtraukti; 2) (*am.*) tūlīt

seguido *a* **1.** nepārtraukts; **2.** sekojošs; **3.** tiešs; taisns; camino ~ – taisns ceļš; ◇ de ~ – 1) nepārtraukti; 2) (*am.*) tūlīt

seguidor I *a* sekojošs; **II** *m* **1.** sekotājs; **2.** piekritējs

seguir *v* **1.** *daž. noz.* sekot; **2.** turpināt (*iesākto*); ~ comiendo – turpināt ēst; ~**se** *rfl* **1.** izrietēt; **2.** turpināties; ◇ ~á – turpinājums sekos

según I *prep* pēc, saskaņā ar; ~ la ley – saskaņā ar likumu; ~ comunican – kā ziņo; ~ el horario – pēc saraksta; ~ yo – manuprāt; **II** *adv* skatoties pēc tā, kā ...; kā to ņem; ◇ todo queda ~ estaba – viss paliek pa vecam

segunda *f* **1.** otrs atslēgas pagrieziens; **2.** *sar.* slepena doma; **3.** otrās klases biļete

segundero I *a* otrs; otrreizējs; **II** *m* sekunžu rādītājs

segund‖o I *num* **1.** otrs; **2.**: en ~ lugar – otrkārt; ~a enseñanza – vidējā izglītība; ~a intención – slepena doma; ~a potencia *mat.* – kvadrāts; **II** *adv* otrkārt; **III** *m* **1.** sekunde; **2.**: ~ de a bordo *jūrn.* –

vecākais kapteiņa palīgs; **3.** sekundants

seguridad *f* drošība; Consejo de Seguridad – Drošības Padome (*ANO*); agente de ~ – drošības policijas aģents; Seguridad Nacional – drošības policija

seguro I *a* drošs; pārliecināts; ~ de sí mismo – pārliecināts par sevi; ◇ sobre ~ – bez riska; **II** *m* **1.** drošība; **2.** apdrošināšana; ~ de vida – dzīvības apdrošināšana; **3.** nodrošināšana; ~ social – sociālā nodrošināšana; **4.** *mil.*, *meh.* drošinātājs; **5.** caurlaide; atļauja

seis I *num.* **1.** seši; **2.** sestais; **II** *m* sešnieks (*spēļu kārtīs*)

seisavo I *num* sestais; **II** *m* **1.** sestā daļa, sestdaļa; **2.** sešstūris

seiscientos *num* **1.** seši simti; **2.** sešsimtais

seje *m* (*am.*) kokospalma (*viena no pusugām*)

selección *f* **1.** izlase, atlase; ~ natural – dabiskā izlase; **2.** šķirošana; **3.** *lauks.* selekcija; **4.** *fizk.* izlases komanda

seleccionar *v* **1.** izlasīt, atlasīt; **2.** šķirot

select‖o *a* izlasīts, atlasīts; poesías ~as – dzejas izlase

selva *f* selva, tropu mežs; ~ virgen – mūžamežs

selvático *a* **1.** selvas-; **2.** mežains; **3.** *pārn.* mežonīgs; **4.** *pārn.* neaptēsts; rupjš (*par kādu*)

sellado *a* **1.** apzīmogots; **2.** aizzīmogots; **3.** zīmoga-; papel ~ – zīmogpapīrs

sellar *v* **1.** apzīmogot; **2.** aizzīmogot; **3.** pabeigt, nobeigt; ◇ ~ moneda – kalt naudu

sello *m* **1.** *dažnoz.* zīmogs; **2.** marka; ~ [de correos] – pastmarka; ~ fiscal – zīmogmarka; **3.** *farm.* oblāta

semana *f* **1.** nedēļa; entre ~ – nedēļas laikā; **2.** nedēļas alga

semanal *a* [ik]nedēļas-; revista ~ – nedēļas žurnāls

semanario I *a* nedēļas-; **II** *m* nedēļas žurnāls; nedēļas laikraksts

semblante *m* **1.** seja; **2.** sejas izteiksme; **3.** āriene; izskats; ◇ hacer ~ de ... – izlikties, ka ...

semblantear *v* (*am.*) cieši uzlūkot (*kādu*)

sembradera *f* sējmašīna

sembrado I *a* apsēts; **II** *m* sējums

sembrador *m* sējējs

sembradora *f sk.* **sembradera**

sembrar *v* **1.** sēt; ◇ el que siembra vientos, recoge tempestades *sakāmv.* – kas vēju sēj, tas vētru pļauj; **2.** *pārn.* izsaukt, izraisīt; radīt; **3.** *pārn.* [iz]kaisīt; ◇ ~ en la arena – dibināt uz smiltīm

semejante I *a* līdzīgs; tāds kā; **II** *m* **1.** līdzība; **2.** tuvākais; los ~s – tuvākie

semejanza *f* *dažnoz.* līdzība

semejar *v* līdzināties; būt līdzīgam

semen *m* sēkla
semental I *a* **1.** sēklas-; sēklu-; **2.** vaislas-; **II** *m* **1.** sēklinieks; **2.** vaislas dzīvnieks, vaislinieks
semestral *a* **1.** pusgada-; **2.** semestra-
semestre *m* **1.** pusgads; **2.** semestris
semicaballo *m* kentaurs
semicírculo *m* pusloks
semidesierto *a* pustukšs
semiconsciencia *f* zemapziņa
semidesnudo *a* puspliks, puskails
semielaborados *m pl* pusfabrikāti
semilunio *m* pusmēness
semilla *f* **1.** sēkla; **2.** grauds
semillero *m* **1.** stādu audzētava; kokaudzētava; **2.** labības klēts
seminario *m* **1.** stādu audzētava; **2.** *daž. noz.* seminārs; ~ conciliar – garīgais seminārs
semínima *f mūz.* ceturtdaļnots
sémola *f* manna
sempiterno *a* mūžīgs; pastāvīgs
senado *m* senāts
sencillez *f* **1.** vienkāršība; vienkāršums; **2.** vientiesība, naivitāte; **3.** godīgums
sencillo *a* **1.** vienkāršs; **2.** vientiesīgs, naivs; **3.** godīgs
senda *f* **1.** taka; taciņa; **2.** *pārn.* ceļš; no abandonar la ~ de la virtud – nenoklīst no ceļa
sendero *m* taka
senior *m* vecākais, seniors
seno *m* **1.** izliekums, liekums; **2.** (*sievietes*) krūts; **3.** azote; **4.** *mat.* sinuss

sensación *f* **1.** sajūta; **2.** iespaids; **3.** sensācija
sensatez *f* [sa]prātīgums; apdomīgums; apdomība
sensato *a* [sa]prātīgs; apdomīgs
sensibilidad *f* **1.** jūtīgums; **2.** jutīgums
sensible *a* **1.** jūtīgs; **2.** sajūtams, izjūtams; **3.** jutīgs; **4.** *foto* gaismjutīgs
sensitiva *f* mimoza
sensual *a* juteklisks
sensualidad *f* jutekliba
sentada *f* **1.**: de una ~ – vienā paņēmienā; **2.** sēdošs streiks
sentado *a* **1.** sēdošs; estar ~ – sēdēt; quedarse ~ – palikt sēdot; **2.** [sa]prātīgs
sentar *v* **1.** [ap]sēdināt; **2.** novietot, likt; **3.** stādīt; **4.** asimilēt (*barību*); ~ bien – iet labumā (*par ēdienu*); ~ mal – nenākt par labu (*par ēdienu*); **5.** piestāvēt (*par apģērbu*); **6.** patikt; ~se *rfl* sēdēt; ◇ estar bien sentado – būt nodrošinātam
sentencia *f* **1.** prātula, sentence; **2.** [tiesas] spriedums; ~ de muerte – nāves spriedums; fulminar (pronunciar) la ~ – paludināt spriedumu; ejecutar la ~ – izpildīt spriedumu
sentenciar *v* notiesāt
sentido I *a* **1.** [sa]jūtams; **2.** jūtīgs; **3.** jutīgs; **4.** sarūgtināts; **II** *m* **1.** jūtas; **2.** jūtīgums; **3.** jutīgums;

4. jēga, nozīme; **5.** virziens; puse; en todos los ~s – visos virzienos; **6.** (*am.*) deniņi; ◊ perder el ~ – zaudēt samaņu; recobrar el ~ – nākt pie samaņas; ~ común – veselais saprāts; abundar en el ~ – pievienoties (*kāda*) uzskatam; costar un ~ – dārgi maksāt; en este ~ – šinī ziņā

sentimental *a* jūtīgs; sentimentāls

sentimentalismo *m* **1.** *lit.* sentimentālisms; **2.** jūtīgums; sentimentalitāte

sentimiento *m* **1.** sajūta; izjūta; **2.** apziņa; **3.** nožēla; nožēlošana

sentir I *m* **1.** izjūta; sajūta; **2.** uzskats; domas; **II** *v* **1.** just, izjust, sajust; ~ miedo – just bailes; **2.** uztvert; **3.** sarūgtināt; **4.** nožēlot; just līdzi; lo siento mucho – man ļoti žēl; **~se** *rfl* **1.** justies; **2.** (*am.*) skaisties, dusmoties; **3.** nosēsties (*par celtnēm*)

seña *f* **1.** zīme; pazīme; ~s personales – īpašas pazīmes; **2.** žests; hablar por ~s – runāt (sazināties) ar žestiem; **3.** *mil.* parole; **4.** *jūrn.* signāls; **5.** ~s *pl* adrese, dzīvesvieta; ◊ por las ~s – pēc visām pazīmēm spriežot

señal *f* **1.** *daž. noz.* zīme; en ~ de amistad – draudzības vārdā; ni ~ – ne mazākās pazīmes; **2.** signāls; ~ óptica – gaismas signāls; **3.** rēta; ~es de viruelas – baku rētas; **4.** rokasnauda

señalado *a* izcils, ievērojams

señalar *v* **1.** apzīmēt; **2.** norādīt; **3.** noteikt, norunāt (*vietu, laiku u. tml.*); **4.** ievainot (*atstājot rētu*); **5.** dot zīmi, signalizēt; **~se** *rfl* izcelties (*ar kaut ko*)

señor I *a* **1.** dižciltīgs; **2.** piederīgs, piederošs; **II** *m* **1.** kungs, senjors (*uzruna*); Dievs; Nuestro Señor – Jēzus Kristus; **2.** saimnieks, īpašnieks; ~ [feudal] *vēst.* – lēņu kungs, feodālis; ◊ hacer el ~ – izlikties par kungu

señora *f* **1.** kundze, senjora (*uzrunā*); galma dāma; **2.** saimniece, īpašniece; Nuestra Señora – Jaunava Marija

señorear *v* **1.** valdīt; pārvaldīt; **2.** pakļaut; **~se** *rfl* sagrābt savā varā

señorial *a* kundzisks; kungu-

señorita *f* jaunkundze, senjorita (*uzrunā*)

señorito *m* kundzēns; jaunskungs

sépalo *m bot.* kauslapa

separable *a* atdalāms, sadalāms

separación *f* **1.** atdalīšana; sadalīšana; **2.** šķiršanās; atšķirtība; ◊ ~ del servicio *mil.* – aiziešana no dienesta

separado *a* atdalīts; sadalīts; paz por ~ – separāts miers; por ~ – šķirti, atsevišķi

separar *v* **1.** atdalīt; sadalīt; **2.** atlaist no darba; **~se** *rfl* **1.** atšķirties, nošķirties; **2.** izšķirties

sepelio *m* bēres, apbedīšana

sepia *f* 1. tintes zivs; 2. *glezn.* sēpija (*krāsa*)

septenio *m* septiņgade

septentrión *m* 1. *astr.* Lielais Lācis, Greizie Rati; 2. ziemeļi

septentrional *a* ziemeļu-

septicemia *f* asinssaindēšanās

septiembre *m* septembris

séptimo I *num* septītais; II *m* septītdaļa

septuagenario *m* septiņdesmitgadnieks

septuagésimo I *num* septiņdesmitais; II *m* septiņdesmitā daļa

sepulcro *m* 1. kapa piemineklis; 2. kaps

sepultar *v* 1. apbedīt; 2. paslēpt

sepultura *f* 1. apbedīšana; bēres; 2. kapa vieta

sepulturero *m* kapracis

sequedad *f daž. noz.* sausums; ◇ con ~ – asi, strupi

sequeral *m* sauss apvidus

sequía *f* 1. sausums (*par klimatu*); 2. (*am.*) slāpes

ser I *v* 1. būt; soy yo – tas esmu es; él es médico – viņš ir ārsts; 2. kļūt; voy a ~ ... – es kļūšu ...; 3. piederēt; ◇ ¿a cómo es? – cik tas maksā?; a no ~ así ... – ja tas tā nebūtu ...; sea lo que sea – lai būtu kā būdams; ¡esto es! – protams!; ~ muy otro – ļoti mainīties; II *m* 1. esamība, eksistence; ~ vivo – dzīva būtne, organisms; 2. radījums; 3. vērtība

seráfic||o *a* 1. eņģeļa-; 2. *pārn.* nabadzīgs; pazemots; ◇ orden ~a – franciskāņu ordenis; hacer la ~a – izlikties žēlsirdīgai

serbal, **serbo** *m* pīlādžu krūms; pīlādzis

serena *f* 1. nakts serenāde; 2. nakts miklums; ◇ dormir a la ~ – pārnakšņot zem klajas debess

serenar *v* 1. [no]mierināt; 2. dzidrināt (*liķierus, vīnus u. c.*); **~se** *rfl* 1. nomierināties, apmierināties; 2. noskaidroties (*par laiku*)

serenata *f* serenāde

serenidad *f* 1. miers; klusums; 2. (*debess*) dzidrums; 3. iekšējs miers, aukstasinība

sereno I *a* 1. mierīgs; kluss; 2. skaidrs (*par laiku*); 3. mierīgs, aukstasinīgs; II *m* 1. nakts miklums; 2. naktssargs

sericultura *f* zīdkopība

sérico *a* zīda-

série *f daž. noz.* sērija; en ~ – sērijveida-

seriedad *f* 1. nopietnība; 2. godīgums

serio *a* 1. nopietns; 2. godīgs, uzticams; 3. stingrs; prasīgs; poco ~ – nenopietns; tomaren ~ – ņemt nopietni

sermón *m arī pārn.* sprediķis

serondo *a* vēlīns (*par augļiem*)

serosidad *f med.* serums

serpentear *v* izlocīties (*par upi, ceļu*)

serpentín *m* 1. *daž. noz.* serpentīns; 2. *tehn.* spirālveida caurule

serpiente *f* čūska; ~ de cascabel – klaburčūska
serpollar *v* dzīt asnus
serpollo *m* asns, dzinums
serrado *a* robots
serranía *f* kalnains apvidus
serrano **I** *a* kalnu-; kalnaina apvidus-; **II** *m* kalnietis, kalnu iedzīvotājs
serrar *v* zāģēt
serrín *m* zāģu skaidas
serrucho *m* vienrocis (*zāģis*); ◊ al ~ (*am.*) – uz pusēm
servible *a* [no]derīgs
servicial *a* pakalpīgs
servicio *m* **1.** dienēšana, kalpošana; dežūra; **2.** dienests; ~ militar – karadienests; ~ de comunicaciones – sakaru dienests; **3.** pakalpojums; **4.** servīze; **5.** naktstrauks; ◊ mujer de ~ – apkopēja, apkalpotāja
servidor *m* **1.** kalps; apkalpotājs; **2.** klozeta pods
servidumbre *f* **1.** saime; **2.** kalpošana; el régimen de ~ de la gleba – dzimtbūšana
servil *a* **1.** kalpa-, kalpu-; **2.** iztapīgs; lišķīgs; **3.** verdzisks; padevīgs
servilleta *f* salvete; ◊ doblar la ~ – mirt
servir *v* **1.** dienēt, kalpot; **2.** pakalpot; **3.** apkalpot; **4.** (para) derēt, noderēt (*kam*); no ~ para nada – nekam nederēt; ~se *rfl* **1.** labpatikt[ies]; sírvase firmar – lūdzu parakstīt; **2.** izmantot, izlietot (*savā labā*); **3.** apkalpot sevi (*pie galda*)
sésamo *m bot.* sezams
sesenta *num* sešdesmit
sesera *f* **1.** (*dzīvnieka*) galvaskauss; **2.** *sar.* pauris
sesgar *v* slīpi griezt
sesgo **I** *a* **1.** šķībs, greizs; **2.** slīps; **II** *m* **1.** šķībums, greizums; **2.** sašķiebums; nošķiebums; **3.** *pārn.* viduceļš; **4.** (*am.*) virziens, ceļš
sesión *f* **1.** sesija; **2.** sēde; sanāksme; abrir la ~ – atklāt sanāksmi; levantar la ~ – slēgt sanāksmi
seso[a] *m* **1.** smadzenes; **2.** [sa]prāts; ◊ calentarse los ~s – lauzīt galvu; perder el ~ – zaudēt galvu
seso[b] *m* pavarda akmens
sestear *v* gulēt dienvidu
sesudo *a* **1.** [sa]prātīgs; **2.** (*am.*) spītīgs
seta[a] *f* sari
seta[b] *f* **1.** sēne; **2.** dakts ogle (*svecei*)
setecientos *num* septiņi simti
setenta *num* septiņdesmit
seto *m* sēta, žogs; ~ vivo – dzīvžogs
seudónimo *m* pseidonīms
severidad *f* **1.** stingrība; prasīgums; **2.** precizitāte; **3.** stāvokļa nopietnība
severo *a* **1.** stingrs, prasīgs; **2.** precīzs; **3.** nopietns
sevicia *f* necilvēciskums; nežēlība; cietsirdība
sexagenario **I** *a* sešdesmitgadīgs; **II** *m* sešdesmitgadnieks

sexagésimo I *num* sešdesmitais;
II *m* sešdesmitā daļa

sexángulo I *a* sešstūra-; sešstūrains;
II *m* sešstūris

sexenal *a* sešgadīgs

sexo *m biol.* dzimums

sextante *m astr.* sekstants

sexto I *num* sestais; II *m* sestdaļa

sexual *a* seksuāls; dzimuma-

si[a] *m mūz.* si (*nots*)

si[b] *conj* ja; ~ no – ja ne; pretējā gadījumā; como ~ – it kā

sí[a] I *adv* jā; protams; labi; eso ~ que no – to nu gan ne; dar el ~ – piekrist; decir que ~ – apstiprināt; ◇ no decir (no responder) un sí ni un no – neteikt ne jā, ne nē;
II *m* jāvārds; ◇ por ~ o por no – katram gadījumam

sí[b] *pron rfl* (*3. pers., lieto ar priekšvārdiem*); a ~ – sev; de ~ – pats par sevi, pats no sevis; para ~ – pie sevis; sev; de por ~ – atsevišķi, par sevi; en ~ – sevī

sicario *m* algots slepkava

sicofante *m* 1. apmelotājs; mēlnesis;
2. nodevējs

sicología *f* psiholoģija

sideral *a* zvaigžņu-

siderurgia *f* melnā metalurģija

siderúrgico *a* metalurģisks; metalurģijas-

sidra *f* ābolu vīns

siega *f* pļauja; ~ del heno – siena pļauja

siembra *f* 1. sēja; 2. sējums

siempre *adv* vienmēr; ◇ por ~ – uz visiem laikiem; ~ que – ja vien

siempreviva *f bot.* kaķpēdiņas

sien *f* deniņi

sierra *f* 1. zāģis; ~ alternativa – gateris; ~ sin bastidor – šķērszāģis; ~ sin fin – lenteszāģis; ~ de marquetería – finierzāģītis; 2. kalnu grēda

siervo *m* 1. vergs; ~ de la gleba – dzimtcilvēks; 2. kalps

siesta *f* 1. dienvidus, dienas vidus;
2. diendusa; dormir la ~ – gulēt dienvidu

siete I *num* 1. septiņi; 2. septītais;
II *m* septiņnieks

sieteñal *a* septiņgadīgs

sigilar *v* 1. aizzīmogot; 2. [no]slēpt

sigilo *m* 1. zīmogs; 2. noslēpums;
~ profesional – dienesta noslēpums; ~ sacramental – grēksūdzes noslēpums; 3. klusuciešana, diskrēcija

sigiloso *a* 1. diskrēts; 2. noslēpumains

siglo *m* 1. gadsimts, gadu simtenis;
2. laikmets; ◇ dejar el ~ – dzīvot noslēgti

signar *v* 1. parakstīt; 2. apzīmogot;
~se *rfl* [pār]krustīties

signatura *f* signatūra

significación *f* jēga, nozīme

significante *a* [no]zīmīgs; raksturīgs

significar *v* 1. apzīmēt; 2. nozīmēt;
3. darīt zināmu; **~se** *rfl* izcelties (*par kādu*)

signo *m* 1. *daž. noz.* zīme; simbols;

~ menos – mīnuss; ~ más – pluss; **2.** pazīme; *med.* simptoms

siguiente *a* nākamais, nākošais; sekojošais

sílaba *f* zilbe; ~ aguda – uzsvērta zilbe

silabar *v* izrunāt pa zilbēm

silabario *m* ābece

sílabo *m* rādītājs, katalogs

silbar *v* **1.** svilpot; **2.** svilpt; **3.** *pārn.* izsvilpt

silbato *m* svilpe

silbido *m* **1.** svilpošana; **2.** svilpšana; svilpiens; **3.** šņākoņa; **4.** šalkas; šalkšana (*par vēju*)

silenciador *m tehn.* trokšņa slāpētājs

silenciar *v* **1.** apklusināt; **2.** noklusēt

silencio *m* **1.** klusums; miers; **2.** klusēšana; klusuciešana; **3.** *mūz.* pauze; entregar al ~ – nodot aizmirstībai; inponer ~ – piespiest klusēt, apspiest kaislības

silencioso *a* klusējošs; kluss

sílex *m* **1.** krams; **2.** oļi

silicato *m* silikāts

silíceo *a* kramains

silicua *f* pāksts

silo *m* **1.** bedre sakņu (augļu) uzglabāšanai; **2.** skābbarība; **3.** ala

silueta *f* siluets

siluro *m* sams

silvestre a **1.** meža-; džungļu-; lauka-; savvaļas-; **2.** mežonīgs; rupjš

silvicultura *f* mežkopība

silla *f* **1.** krēsls; sēdeklis; ~ de tijera – saliekamais krēsls; ~ hamaca – šūpuļkrēsls; **2.** segli; ◇ ~ volante – divriči; de ~ a ~ – zem četrām acīm; ser hombre a todas ~s – būt izveicīgam visās lietās

sillería *f* **1.** krēslu garnitūra; **2.** krēslu darbnīca; **3.** segliniekā darbnīca

sillín *m* **1.** izgreznoti dāmu segli; **2.** velosipēda segli; velosipēda sēdeklis

sima *f* bezdibenis

simbólico *a* simbolisks

simbolismo *m* simbolisms

simbolizar *v* **1.** simbolizēt; **2.** simboliski attēlot

símbolo *m daž. noz.* simbols

simetría *f* samērīgums; simetrija

simiente *f* sēkla

símil I *a* līdzīgs; atbilstošs; **II** *m* **1.** līdzība; atbilstība; **2.** salīdzinājums

similar *a* līdzīgs; atbilstošs

similitud *f* līdzība; atbilstība

simio *m* pērtiķis

simón *m* važonis

simpatía *f* simpātija

simple I *a* **1.** *daž. noz.* vienkāršs; **2.** vientiesīgs, padumjš; **II** *m* **1.** vientiesis; **2.** ~s *pl* ārstniecības augi

simplicidad *f* **1.** vienkāršība; **2.** vientiesība

simplificar *v* **1.** vienkāršot; **2.** *mat.* [sa]īsināt

simulación *f* izlikšanās; simulācija

simulacro *m* parādība, rēgs; ◇ ~ de combate *mil.* – manevri

simular *v* izlikties
simultáneo *a* vienlaicīgs
sin *prep* bez; ~ ganas – negribīgi; ~ duda – bez šaubām; ~ embargo – tomēr; ~ más ni más – ne man, ne tev
sinapismo *m* **1.** *farm.* sinepju plāksteris; **2.** *sar.* uzmācīgs cilvēks
sincerar *v* attaisnot; aizbildināt; **~se** *rfl* [at]taisnoties; aizbildināties
sinceridad *f* **1.** atklātība; **2.** sirsnība; sirsnīgums; **3.** taisnīgums
sincero *a* **1.** atklāts; **2.** sirsnīgs; **3.** taisnīgs
síncope *m* bezsamaņa, ģībonis
sincronismo *m* sinhronisms
sindéresis *f* saprāts; spriešanas spēja
sindical *a* arodbiedrības-; movimiento ~ – arodbiedrību kustība; organización ~ – arodorganizācija
sindicar[a] *v* **1.** apvainot; apsūdzēt; **2.** atmaskot
sindicar[b] *v* apvienot arodbiedrībā; iesaistīt arodbiedrībā; **~se** *rfl* apvienoties arodbiedrībā; iestāties arodbiedrībā
sindicato *m* **1.** sindikāts; **2.** arodbiedrība; miembro de ~ – arodbiedrības biedrs
sinfín *m*, **sinfinidad** *f* **1.** bezgalība; **2.** milzīgs daudzums
sinfonía *f* simfonija; harmonija (*krāsu, skaņu*)
sinfónic‖**o** *a* simfonisks; orquesta ~a – simfoniskais orķestris
singular I *a* **1.** vienīgais; **2.** īpatnējs; savdabīgs; neparasts; **II** *m* gr*am.* vienskaitlis
singularidad *f* savdabība; savdabīgums
singularizar *v* izcelt (*kādu*); **~se** *rfl* izcelties; izcelt sevi
siniestra *f* kreisā roka
siniestro I *a* **1.** kreisais; lado ~ – kreisais sāns; **2.** ļaunprātīgs; **3.** liktenīgs; postošs; **II** *m* **1.** neveiksme; nelaimes gadījums; **2.** ~s *pl* ļauni paradumi, netikums
sinnúmero *m* *sar.* milzums; ~ de gente – milzums ļaužu
sino I *m* liktenis; **II** *conj* (*lieto aiz nolieguma*) bet, bet gan; **III** *adv* tikai; izņemot; nadie lo sabe, ~ tú – to nezina neviens, izņemot tevi
sinónimo *m* sinonīms
sinrazón *f* **1.** netaisnība; netaisnīgums; **2.** neprātīgums; neprāts; neapdomība
sinsabor *m* **1.** bezgaumība; **2.** sarūgtinājums
sintáctico *a* *gram.* sintakses-; sintaktisks
sintaxis *f* *gram.* sintakse
síntesis *f* sintēze; ◇ en ~ – kopā ņemot; visumā
sintético *a* sintētisks; mākslīgs
síntoma *m* simptoms; ~s de enfermedad – slimības simptomi; ◇ ~ accesorio – blakus parādība
sinuosidad *f* **1.** līkums; izliekums; **2.** līkumainība
sinuoso *a* līkumains; izliekts

sinventura *f* nelaime
sinvergüenza I *a* nekaunīgs, bezkaunīgs; **II** *m* bezkauņa, nekauņa
siquiera I *adv* vismaz; ni ~ – nemaz; **II** *conj* ja ne; kaut arī; kaut gan
sirena *f daž. noz.* sirēna
sirgar *v jūrn.* vilkt tauvā
siringa *f* **1.** kaučuka koks; **2.** *mit.* Pāna stabule
sirte *f* sēklis
sirvienta *f* kalpone, mājkalpotāja
sirviente *m* kalps
sisaᵃ *f* **1.** pircēja apkrāpšana (*ar mēru un svaru*); **2.** izgriezums (*pie kakla, rokām*); piegriezums
sisaᵇ *f* metāla kodināšana (*pirms apzeltīšanas*)
sísmico *a* seismisks
sismógrafo *m* seismogrāfs
sistema *m* sistēma
sistemático *a* sistemātisks
sistematizar *v* sistematizēt
sitiar *v mil.* aplenkt, ielenkt
sitioᵃ *m* vieta; apdzīvota vieta; ◇ dejar en el ~ – nosist uz vietas
sitioᵇ *m mil.* aplenkums
situación *f* **1.** stāvoklis, situācija; **2.** izvietojums; novietojums
situado I *a* izvietots; novietots; **II** *m* rente
situar *v* **1.** [no]likt; izvietot; novietot; **2.** noteikt zināmu summu izdevumiem; **~se** *rfl* **1.** atrasties; **2.** izvietoties; novietoties
so I *prep*: ~ nombre ajeno – ar svešu vārdu; ~ pena de muerte – 1) piedraudot ar nāvi; 2) baidoties no nāves; ~ palabra de honor – uz goda vārda; **II** *m sar.* tāds (*lieto ar daž. adj. nicinošā nozīmē*); **III** *interj* **1.** tprū!; **2.** tiš!
sobaco *m* paduse
sobarcar *v* nest padusē
soberanía *f* **1.** virskundzība; **2.** suverenitāte
soberano I *a* **1.** [vis]augstākais; **2.** suverēns; **3.** kolosāls; **II** *m* **1.** valdnieks; pavēlnieks; **2.** sovrins (*angļu monēta*)
soberbia *f* **1.** augstprātība; uzpūtība; **2.** lieliskums; krāšņums; greznums; **3.** dusmas; niknums
soberbio *a* **1.** augstprātīgs; uzpūtīgs; **2.** lielisks; krāšņs; grezns; **3.** nikns; dusmīgs
sobornar *v* piekukuļot; uzpirkt
soborno *m* **1.** uzpirkšana; kukuļošana; **2.** *pārn.* kukulis; **3.** (*am.*) papildslodze
sobra *f* **1.** pārpalikums; de ~ – 1) papilnam; 2) par daudz; **2.** ~s *pl* ēdiena paliekas
sobrado I *a* **1.** lieks; **2.** pārmērīgs; ◇ ~ de recursos – ļoti turīgs; **II** *m* **1.** bēniņi; **2.** (*am.*) trauku plaukts; **III** *adv* par daudz
sobrante I *a* lieks; **II** *m* liekais; pārpalikušais; pārpalikums
sobrar *v* **1.** pārsniegt; pārspēt; **2.** palikt pāri
sobre I *m* **1.** aploksne; **2.** adrese

(*piem., uz aploksnes*); **II** *prep* **1.** uz, virs; ~ la mesa – uz galda; volar ~ la cuidad – lidot virs pilsētas; ~ la cabeza – virs galvas; **2.** par; hablar ~ el arte – runāt par mākslu; **3.** ap, apmēram; ~ las doce – ap divpadsmitiem; **4.** pēc; ~ comida – pēc ēšanas; ◇ ~ eso – bez tam; ~ esto – par to; ~ todo – it sevišķi; tener ~ sí – uzņemties atbildību; estar ~ sí – būt modram; ~ ser bueno, es barato – lēti un labi

sobrecama *f* gultas pārklājs

sobrecarga *f* **1.** pārslogojums; pārslodze; **2.** papildslodze; **3.** virve kravas nostiprināšanai

sobrecargar *v* pārslogot; **~se** *rfl* pārēsties

sobrecena *f* saldais ēdiens, deserts

sobreceño *m* grumba pierē

sobrecoger *v* **1.** pārsteigt (*pēkšņi*); **~se** *rfl* satrūkties; izbīties

sobredicho *a* iepriekš minētais

sobredorar *v* **1.** apzeltīt, nozeltīt; **2.** *pārn.* izpušķot

sobrefaz (*pl* **sobrefaces**) *f* virsma; virsa; virspuse

sobrehueso *m* **1.** *vet.* velnakauls; **2.** traucējums; traucēklis; **3.** apgrūtinājums

sobrehumano *a* pārcilvēcisks

sobrellave *f* divkārša (otra) atslēga

sobrellenar *v* pārpildīt

sobrellevar *v* **1.** palīdzēt nest (*kaut ko*); **2.** atbalstīt; palīdzēt; **3.** paciest; panest (*grūtības*); ◇ ~ la culpa – uzņemties vainu

sobremesa I *f* **1.** galdauts; **2.** atpūtas brīdis (*ko pavada pie galda pēc ēšanas*); **3.** saldais ēdiens, deserts; ◇ de ~ – 1) uz galda esošais; 2) galda-; **II** *adv* tūlīt pēc ēšanas; nepieceļoties no galda

sobrenatural *a* pārdabisks

sobrenombre *m* palama, iesauka

sobrepaga *f* algas pielikums; piemaksa

sobrepasar *v* pārsniegt; ◇ ~ el límite – pārkāpt robežas

sobreponer *v* likt vienu uz otra; **~se** *rfl* **1.** pārvarēt; **2.** uzkundzēties

sobreprecio *m* uzcenojums

sobreproducción *f* pārprodukcija; la crisis de la ~ – pārprodukcijas krīze

sobrepuesto *part no* **sobreponer**

sobresaliente I *a* izcils; teicams; lielisks; **II** *m* **1.** teicama atzīme; **2.** teicamnieks; **3.** aizstājējs (*teātrī; vēršu cīņās*)

sobresalir *v* izcelties; ~ entre sus amigos – izcelties starp saviem draugiem

sobresaltar *v* **1.** pēkšņi uzbrukt; mesties virsū; **2.** sabaidīt, izbiedēt; **3.** izvirzīties (*uz priekšu, uz āru*); **4.** uzkrist, durties acīs; **~se** *rfl* izbīties, sabīties; satrūkties

sobresalto *m* satrūkšanās; izbailes; causar ~ – izbiedēt, sabaidīt; ◇ de ~ – pēkšņi, negaidīti

sobrescrito *m* **1.** uzraksts; **2.** adrese (*piem., uz aploksnes*)
sobresello *m* divkāršs zīmogs
sobresolar *v* pazolēt
sobresueldo *m* **1.** algas pielikums; **2.** blakusienākumi
sobretodo *m* lietus (putekļu) mētelis
sobrevenida *f* negaidīta ierašanās
sobrevenir *v* **1.** atgadīties; **2.** ierasties negaidīti
sobrevivir *v daž. noz.* **1.** pārdzīvot; **2.** izdzīvot, palikt dzīvam
sobriedad *f* **1.** mērenība; sātība; sāts; **2.** pieticība; **3.** atturība
sobrina *f* māsasmeita; māsīcas meita; brāļameita; brālēna meita
sobrino *m* brāļadēls; brālēna dēls; māsasdēls; māsīcas dēls
sobrio *a* **1.** atturīgs; **2.** pieticīgs
socaliña *f* **1.** [ap]krāpšana; **2.** *pārn.* izspiešana (*naudas, mantas*)
socaliñar *v* **1.** [ap]krāpt; **2.** *pārn.* izspiest (*naudu, mantu*)
socapa *f* iegansts; atruna; ◇ a ~ – liekulīgi
socavación *f* **1.** ejas izciršana (*kalnraktuvēs*); **2.** eja raktuvēs
socavar *v* [iz]cirst (*ejas raktuvēs*); izskalot (*par gruntsūdeņiem*)
socavón *m* (*horizontāla*) eja raktuvēs
social *a* **1.** sociāls; régimen ~ – sociālā iekārta; situación ~ – sociālais stāvoklis; seguro ~ – sociālā apdrošināšana; **2.** sabiedrisks
socializar *v* sabiedriskot; nacionalizēt

sociedad *f daž. noz.* sabiedrība; ~ anónima (por acciones) – akciju sabiedrība
socio *m* biedrs, līdzdalībnieks; kompanjons
socorrer *v* **1.** palīdzēt; doties palīgā; **2.** atbalstīt (*grūtībās u. tml.*)
socorro *m* **1.** palīdzība, atbalsts; ¡~! – palīgā!; **2.** *mil.* papildspēki
soda *f* **1.** soda; **2.** gāzētais ūdens; **3.** sodas ūdens
sódico *a ķīm.* nātrija-
sodio *m ķīm.* nātrijs
soez *a* zemisks, nekrietns; rupjš
sofisticar *v* **1.** viltot, falsificēt; **2.** nodarboties ar sofistiku
soflama *f* **1.** liesmas atblāzma (atspīdums); **2.** sārtums sejā; nosarkums; **3.** blēdība; krāpšana
soflamar *v* **1.** [ap]krāpt; **2.** likt nosarkt aiz kauna; ~se *rfl* **1.** apcepties; **2.** nosarkt aiz kauna
sofocación *f* **1.** noslāpšana; nosmakšana; **2.** elpas trūkums; **3.** sarūgtinājums; aizvainojums
sofocar *v* **1.** smacēt; **2.** apspiest, apslāpēt; **3.** apkaunot; **4.** aizvainot; ~se *rfl* **1.** smakt nost; ~se de cólera – slāpt vai nost aiz dusmām; **2.** aizvainoties
soga *f* **1.** virve; **2.** (*am.*) jēlādas siksna; **3.** viltnieks; ◇ dar ~ – skatīties caur pirkstiem; hacer ~ – atpalikt; echar la ~ tras el caldero – mest plinti krūmos; traer la ~ arrastrando – vilkt dzīvību

soguero I *m* 1. virvju vijējs; 2. virvju pārdevējs; II *a* (*am.*) pieradināts; rāms

sojuzgar *v* paverdzināt; pakļaut

solᵃ *m* 1. saule; 2. saules gaisma, saules siltums; tomar el ~ – sauļoties; ◊ de ~ a ~ – no saules līdz saulei; ~ de las Indias – saulespuķe; no dejar ni a ~ ni a sombra – uzmākties, nelikt mieru (*kādam*); arrimarse al ~ que más calienta – iztapt priekšniecībai

solᵇ *m mūz.* sol (*nots*); clave de ~ – vijoles atslēga

solado *m* 1. grīdas ielikšana; 2. grīdas segums

solamente *adv* tikai, vienīgi

solanera *f* 1. saulesdūriens; 2. saules cepināšana

solano *m* austrumu vējš, austrenis

solar I *a* saules-; II *m* 1. būvlaukums; 2. dzimtā vieta; 3. iekšējais pagalms; III *v* 1. izlikt grīdu ar ķieģeļiem (akmens plāksnēm); 2. pazolēt

solaz *m* prieks; iepriecinājums; a ~ – 1) ar prieku, patiku; 2) pēc patikas

soldadesco *a* karavīra-; karavīru-

soldado *m* karavīrs, kareivis; ~ cumplido – rezervists; ~ bisoño – jauniesauktais; ~ voluntario – brīvprātīgais; ~ raso – ierindas kareivis; ◊ ~ de plomo – alvas zaldātiņš

soldador *m* 1. lodētājs; 2. lodāmurs; 3. metinātājs

soldadura *f* 1. lodēšana; 2. metināšana; ~ autógena – autogēnā metināšana; 3. metinājuma šuve; 4. izlabojums; izlabošana

soldar *v* 1. lodēt; 2. metināt; 3. savienot; **~se** *rfl* saaugt (*par kauliem*)

solear *v* apsauļot; turēt saulē

soledad *f* 1. vientulība; 2. tuksnesīgs apvidus; 3. ~es *pl* soledades (*skumju spāņu tautas melodiju virkne*)

solemne *a* svinīgs

solemnidad *f* 1. svinīgums; 2. svinības; baznīcas svētki; ◊ pobre de ~ – gluži nabags

solemnizar *v* svinīgi atzīmēt; svinēt

soler *v* mēgt; būt paradušam

solevantado, soliviantado *a* nemierīgs; satraukts

solfa *f* 1. *mūz.* solfedžo; 2. mūzika; ◊ poner en ~ – padarīt smieklīgu; dar una ~ a alguien – kādu izpērt; en ~ – pēc visiem mākslas likumiem

solfeo *m* 1. *mūz.* solfedžo; 2. pēriens

solicitación *f* lūgums

solicitador I *a* lūdzošs; prasošs; II *m* lūdzējs; prasītājs

solicitar *v* lūgt; prasīt

solícito *a* 1. rūpīgs; gādīgs; 2. uzmanīgs, centīgs

solicitud *f* 1. rūpes; gādība; centība; 2. lūgumraksts, iesniegums; cursar ~ de ingreso – uzrakstīt iesniegumu par pieņemšanu (*darbā u. tml.*)

solidar *v* **1.** apvienot, konsolidēt; **2.** apstiprināt (*faktus*)

solidaridad *f* **1.** vienotība, solidaritāte; **2.** interešu kopība (vienotība)

solidario *a* vienots, solidārs

solidarizar *v* apvienot; solidarizēt; **~se** *rfl* apvienoties; solidarizēties

solidez *f* **1.** izturīgums; izturība; **2.** pamatīgums

solidificación *f* **1.** sacietēšana; **2.** sasalšana; punto de ~ *fīz.* – sasalšanas punkts

solidificar *v* pārvērst cietā stāvoklī; **~se** *rfl* kļūt cietam

sólido I *a* **1.** ciets; **2.** stiprs; izturīgs; **3.** pamatīgs; solīds; **II** *m* **1.** *fīz.* ciets ķermenis; **2.** *mat.* ģeometrisks ķermenis

soliloquio *m* monologs

solípedo I *a* viennadža-; viennadžu-; **II** *m* ~s *pl* viennadži

solista *m, f* solists, -e

solitaria *f med.* lentenis, lentes tārps

solitario I *a* **1.** vientuļš; **2.** tuksnesīgs; **3.** nošķirts; **II** *m* **1.** vientuļnieks, eremīts; **2.** solitārs (*briljants*); **3.** pasjanss

sólito *a* pierasts, parasts

soliviantar *v* uztraukt, satraukt, uzbudināt; **~se** *rfl* sacelties, sadumpoties

soliviar *v* **1.** pacelt; piecelt; celt augšā; **2.** (*am.*) čiept, zagt; **~se** *rfl* [mazliet] piecelties

sol‖o I *a* viens; vienīgais; **II** *m mūz.* solo, solo partija; ◇ de a ~ – zem četrām acīm; por sí ~ – pats no sevis; a ~as – 1) vienatnē; 2) viens pats

sólo *adv sk.* **solamente**

solomo, solomillo *m kul.* fileja

soltar *v* **1.** atsiet; siet vaļā; **2.** atbrīvot, palaist brīvībā; ~ de la cárcel – izlaist no cietuma; **3.** izskaidrot, noskaidrot; atrisināt (*jautājumu*); **4.** *sar.*: ~ una carcajada – sākt skaļi smieties; **5.** ~ un suspiro – nopūsties; **6.** ~ un estornudo – nošķaudīties; **~se** *rfl* **1.** atbrīvoties; atraisīties; **2.** *pārn.* izlaisties (*par kādu*); **3.** sākt; ~ a hablar – sākt runāt

soltería *f* neprecēta vīrieša stāvoklis; neprecētas sievietes stāvoklis

soltero *a* neprecējies

solterón *m* vecpuisis

soltura *f* **1.** atsiešana; **2.** atbrīvošana; **3.** veiklība, veiklums; **4.** nekautrība, izlaidība

soluble *a* **1.** šķīstošs; **2.** atrisināms

solución *f* **1.** [iz]šķīdināšana; **2.** šķīdums, šķīdinājums; ~ saturada – piesātināts šķīdums; **3.** atrisinājums; iznākums

solucionar *v* atrisināt

solvencia *f* **1.** maksātspēja; **2.** atrisinājums

solvente I *a* **1.** maksātspējīgs; **2.** brīvs no parādiem; **II** *m ķīm.* šķīdinātājs

sollado *m* matrožu kajīte, kubriks

sollo *m iht.* store
sollozar *v* elsot, šņukstēt
sollozo *m* elsas, šņuksti
sombra *f* **1.** tumsa; **2.** ēna; dar (hacer) ~ – mest ēnu; **3.** paēna, pavēnis; **4.** spoks; rēgs; parādība; **5.** šķietamība, šķitums; **6.** prāta aptumšošanās; **7.** nemiers, neskaidras priekšnojautas; **8.** aizbildnība, aizgādība; **9.** *glezn.* ēnojums; **10.** (*am.*) transparents; **11.** (*am.*) saulessargs; **12.** ēnas puse (*stadionā*, *koridā*); ◇ mirarse a la ~ – būt nekautram; poner a la ~ – ielikt cietumā; tener buena ~ – 1) būt simpātiskam; 2) veikties; tener mala ~ – 1) būt nesimpātiskam; 2) neveikties; ni por ~ – nekādā ziņā; andar a ~ de tejados – slēpties; ◇ ~s chines-cas – ēnu teātris
sombrero *m* **1.** cepure, platmale; ~ de copa – cilindrs; ~ hongo – katliņš; ~ de tres picos – trīsstūrene; **2.** (*sēnes*) cepurīte; **3.** *bazn.* kanceles jumts
sombrilla *f* saulessargs
sombrío *a* **1.** ēnains, apēnots; **2.** skumjš, grūtsirdīgs
someter *v* **1.** pakļaut; paverdzināt; **2.** atstāt (*kaut ko kāda*) ziņā; **~se** *rfl* pakļauties
somnambulismo *m* mēnessērdzība
somnámbulo **I** *a* mēnessērdzīgs; **II** *m* mēnessērdzīgais
somnífero **I** *a* iemidzinošs; **II** *m* miega zāles

somnolencia *f* **1.** snaudiens; snauda; **2.** miegainība; gurdenība; **3.** laiskums
somorgujo *m* nira, nirējpīle
son *m* **1.** skaņa; **2.** skanējums; **3.** valodas, baumas; **4.** iegansts; iemesls; ¿a qué ~? – uz kāda pamata?; **5.** veids; paņēmiens; **6.** (*kub.*) sons; ◇ en ~ de – it kā; sin ton ni ~ – uz labu laimi; bailar a cualquier ~ – svārstīties, būt nenoteiktam; sin ~ – ne no šā, ne no tā; bailar al ~ que le tocan – dancot pēc kāda stabules
sonadera *f* nošņaukšanās, deguna izšņaukšana
sonadero *m* kabatlakatiņš, mutautiņš
sonaja *f* tamburīns
sonajero *m* **1.** grabulis; **2.** zvārgulis, zvaniņš
sonante *a* skanošs; skanīgs; ◇ dinero ~ – skaidra nauda
sonar *v* **1.** skanēt; **2.** spēlēt (*mūzikas instrumentu*); **3.** izšņaukt degunu; **4.** sist, zvanīt (*par pulksteni*); **5.** teikt, sacīt; nosaukt, minēt; no quiero que suene mi nombre – negribu, ka min manu vārdu; **~se** *rfl* nošņaukties; ◇ ni suena ni truena – ne čiku, ne grabu
sonata *f mūz.* sonāte
sonda *f* **1.** zonde; **2.** *jūrn.* lote; **3.** *tehn.* zemes urbis
sond[e]ar *v* **1.** [iz]mērīt (*dziļumu*); zondēt; **2.** izzināt, izpētīt

sonido *m* skaņa; tonis; técnico del ~ – toņmeistars
sonochada *f* nakts sākums
sonoridad *f* [piln]skanīgums
sonoro, sonoroso *a* skanošs; [piln]skanīgs; cine ~ – skaņu kino
sonreír *v* **sonreírse** *rfl* [pa]smaidīt
sonriente *a* smaidošs
sonrisa *f* smaids; ~ amarga (triste) – skumīgs smaids
sonrojar *v* likt nosarkt aiz kauna; **~se** *rfl* – nosarkt aiz kauna
sonrojo *m* **1.** kauna sārtums; **2.** lamas; jēlības, neķītrības
soñación *f*: ni por ~ – ne sapņos nav rādījies
soñador I *a* sapņains; **II** *m* sapņotājs; fantazētājs
soñar *v* arī *pārn.* sapņot; izdomāt, fantazēt
soñoliento *a* **1.** samiegojies; miegains; **2.** sapņains
sopa *f* zupa; vira, virums; ◇ estar como una ~ – 1) būt izmirkušam līdz kauliem; 2) būt piedzērušam; a la ~ boba – uz cita rēķina
sopear *v* mīdīt, mīt ar kājām
sopera *f* zupas bļoda
soplada *f* vēja brāzma
soplado I *a* **1.** kārtīgs, spodrs; **2.** uzpūtīgs, iedomīgs; **II** *m* **1.** izpūšana; **2.** dziļa plaisa zemē
soplador I *a* uzbudinošs; **II** *m* **1.** *(am.)* suflieris; **2.** musinātājs
soplar *v* **1.** pūst; **2.** izpūst; **3.** aizpūst; **4.** zagt; **5.** iedvesmot; **6.** teikt priekšā; suflēt; **7.** norīt, aprīt; **8.** noņemt kauliņu *(dambretē)*; **~se** *rfl sar.* pārēsties; pārdzerties
soplete *m* **1.** *tehn.* loddeglis; **2.** *(am.)* priekšāteicējs *(skolā)*
soplo *m* **1.** elpa; **2.** vēsma; **3.** mirklis; en un ~ – vienā mirklī; **4.** slepens ziņojums; denunciācija; **5.** denunciants
sopor *m* miegainība
soporoso *a* **1.** miega-; **2.** miegains
soportable *a* ciešams
soportar *v* **1.** [at]balstīt; [no]turēt; **2.** izturēt; pārciest
soporte *m* [at]balsts
soprano *m* *mūz.* soprāns
sor *f* mūķene; māsa *(uzrunājot mūķeni)*
sorber *v* **1.** strēbt; **2.** uzsūkt; **~se** *rfl* izsīkt, apsīkt
sorbo *m* **1.** strēbšana; **2.** uzsūkšanās; **3.** malks
sorda *f* *ornit.* tilbīte
sordera *f* **1.** kurlums; **2.** vāja dzirde
sórdido *a* **1.** pretīgi netīrs; **2.** skops
sord‖o *a* **1.** kurls; **2.** klusināts; **3.** kluss; ◇ a la ~a – paklusām
sordomudez *f* kurlmēmums
sordomudo I *a* kurlmēms; **II** *m* kurlmēmais
sorna *f* **1.** gausums; **2.** izlikšanās
soroche *m* *(am.)* **1.** kalnu slimība; **2.** nosarkšana
sorprendente *a* **1.** pārsteidzošs; uzkrītošs; **2.** neparasts; savāds, dīvains

sorprender v 1. pieķert (*nozieguma vietā*); 2. pārsteigt

sorpresa f 1. izbrīns; 2. pārsteigums

sorra f grants (*balastam*)

sortear v 1. lozēt; 2. izvairīties (*no grūtībām u. tml.*); ~se rfl vilkt lozi

sorteo m 1. lozēšana; 2. izloze; ~ de lotería – loterijas izloze

sortija f 1. gredzens; 2. matu cirta

sortilegio m 1. buršana; zīlēšana; pareģošana; 2. burvju līdzeklis

sortílego I a burvju-; II m burvis; zīlnieks; pareģis

sosa f 1. soda; 2. ķīm. nātrijs

sosegado a mierīgs, kluss

sosegar v 1. nomierināt, apklusināt; 2. atpūsties; ~se rfl nomierināties, apmierināties

sosera, sosería f – 1. gaumes trūkums, bezgaumība; 2. banalitāte

sosiego m miers; klusums

soslayo a šķībs, greizs; ◊ mirar de ~ – pašķielēt; hablar de ~ – runāt, neskatoties acīs

sospecha f 1. aizdomas; 2. neuzticība

sospechar v 1. turēt aizdomās; 2. neuzticēties

sospechoso I a 1. aizdomīgs; 2. neuzticīgs; II m sar. aizdomīgs cilvēks (tips)

sostén m 1. arī pārn. [at]balsts; atbalstīšana; 2. krūšturis

sostener v 1. arī pārn. atbalstīt; 2. aizstāvēt (*uzskatu u. tml.*); 3. izturēt; paciest; ~se rfl turēties

sostenido mūz. I a paaugstināts (*par skaņu*); II m diēzs

sostenimiento m 1. arī pārn. atbalsts; atbalstīšana; 2. uzturēšana

sota f 1. kalps (*kāršu spēlē*); 2. sar. ielasmeita

sotanaᵃ f sutana

sotanaᵇ f iepēršana; pēriens

sótano m pagrabs

sotavento m jūrn. aizvēja puse

soto m mežs; birzs; krūmājs

su (*pl* sus) *pron pos* [*saīs.* no suya, suyo (suyas, suyos); *vsk.* 3. *pers. vīr. un siev. dz.*; lieto tikai pirms lietv.] viņa-, viņas-; Jūsu-

suave a 1. maigs; patīkams; 2. padevīgs, pakļāvīgs; 3. kluss, mierīgs; 4. vājš (*par vīnu, tabaku, kafiju u. tml.*)

suavidad f 1. maigums; 2. lēnīgums; rāmums

suavizar v 1. mīkstināt, padarīt mīkstu; 2. remdināt, atvieglināt (*sāpes*)

suba f (*am.*) cenu celšanās

subalterno I a pakļauts, padots; ◊ escuela de mandos ~s – virsnieku skola; II m padotais (*darbā*); apakšnieks

subasta f 1. izsole; 2. konkurss par valsts pasūtījumu

subconsciencia f zemapziņa

subcutáneo a zemādas-

súbdito I a padotais, pakļautais; II m 1. pavalstnieks; 2. apakšnieks

subdivisión *f* apakšnodaļa
subida *f* **1.** pacelšanās; uzkāpšana; **2.** kāpums; pacēlums; **3.** *(cenu)* celšanās; **4.** ceļš kalnup; ◇ ~ del agua – plūdi
subidero I *a* paceļams; **II** *m* pakāpiens
subido *a* **1.** ass *(par smaržu)*; spilgts *(par krāsu)*; **2.** paaugstināts; augsts *(par cenām)*; ◇ verde ~ – indīgi zaļš; ~ de color – divdomīgs
subir *v* **1.** [uz]kāpt; ~ la escalera – kāpt pa kāpnēm; **2.** pacelt augšā; uzcelt; **3.** uznest augšā; **4.** celties *(par ūdeni, cenām)*; **5.** tikt paaugstinātam *(amatā)*; ◇ ~ al poder – nākt pie varas; ~ el estilo – atdzīvināt stilu; **~se** *rfl* uzkāpt
súbito *a* pēkšņs, negaidīts
subjetivo *a* subjektīvs
subjuntivo *m* *gram.* konjunktīvs
sublevación *f* sacelšanās, dumpis
sublevar *v* **1.** sadumpot; **2.** izraisīt neapmierinātību; **~se** *rfl* sacelties, sadumpoties
sublimar *v* **1.** palielināt; paplašināt; **2.** *ķīm.* sublimēt
sublime *a* **1.** cēls; **2.** lielisks
submarino I *a* zemūdens-; **II** *m* zemūdene; ~ atómico – atomzemūdene
subordinado *a* pakļauts; subordinēts
subordinar *v* pakļaut; subordinēt
subproducto *m* subprodukts
subrayar *v* pasvītrot
subrogar *v* aizstāt

subscribir *v* **1.** parakstīt; **2.** pasūtīt, abonēt; **~se** *rfl* parakstīties *(uz kaut ko)*; abonēt *(kaut ko)*
subscripción *f* **1.** paraksts; **2.** parakstīšanās; abonēšana
subscrito *part no* **subscribir**
subsecuente, subsiguiente *a* sekojošais; nākamais
subseguir *v* sekot *(cits aiz cita)*
subsidiario *a* palīga-
subsidio *m* **1.** subsīdija; ~ al paro – bezdarba pabalsts; **2.** ārkārtējs nodoklis
subsistencia *f* **1.** esamība, eksistence; **2.** iztika; medios de ~ – eksistences līdzekļi
subsistir *v* **1.** pastāvēt, eksistēt; **2.** būt spēkā *(par likumu)*
substancia *f* **1.** substance; **2.** būtība; ◇ de ~ – būtiski; en ~ – būtībā, patiesībā; convertirlo todo en ~ – no visa izvilkt labumu
substancial *a* **1.** būtisks; **2.** saturīgs; **3.** barojošs
substantivo I *a* patstāvīgs; **II** *m* lietvārds, substantīvs
substitución *f* **1.** samainīšana, apmainīšana; **2.** aizstāšana
substituir *v* **1.** samainīt, apmainīt; **2.** aizstāt
substrucción *f* pamats, fundaments
subterráneo I *a* pazemes-; apakšzemes-; ferrocarril ~ – apakšzemes dzelzceļš; **II** *m* **1.** apakšzeme; pazeme; **2.** apakšzemes eja; **3.** apakšzemes dzelzceļš, metro

suburbio *m* priekšpilsēta

subvenir *v* palīdzēt, atbalstīt (*materiāli*); ◇ ~ a los gastos – segt izdevumus

subversión *f* 1. graujoša darbība; 2. *pol.* apvērsums

subvertir *v* graut

subyugar *v* paverdzināt

succión *f* zīšana

suceder *v* 1. sekot; 2. mantot; 3. notikt; gadīties; **~se** *rfl* atgadīties

sucesión *f* 1. secība; kārtība; 2. mantošanas kārtība; 3. mantojums; 4. mantinieki; matrimonio sin ~ – bezbērnu laulība

sucesivo *a* 1. secīgs; 2. nepārtraukts; 3. pakāpenisks; tāds, kas seko viens aiz otra; ◇ en lo ~ – turpmāk; tres días ~s – trīs dienas pēc kārtas

suceso *m* 1. atgadījums, notikums; 2. notikumu gaita; 3. iznākums; sasniegums

sucesor *m* 1. pēctecis; 2. mantinieks

suciedad *f* 1. netīrība; 2. gānīšanās, lamāšanās

sucinto *a* īss, lakonisks

sucio *a* 1. netīrs; 2. pliekans; vulgārs; ◇ cielo ~ – pelēkas debesis; andar ~ (*am.*) – būt naidā (*ar kādu*)

suculencia *f* sulīgums

suculento *a* 1. sulots, sulīgs; 2. garšīgs; 3. barojošs

sucumbir *v* 1. pagurt; zaudēt spēkus; 2. padoties (*pārspēkam*); 3. nomirt

sucursal *f* nodaļa, filiāle

sud *m* (*am.*) dienvidi

sudación *f* svīšana

sudar *v* 1. svīst; 2. izdalīt sulu (*par augiem*); 3. *sar.* smagi strādāt; ~ la gota gorda – strādāt vaiga sviedros

sudeste *m* 1. dienvidaustrumi; 2. dienvidaustrumu vējš

sudoeste *m* 1. dienvidrietumi; 2. dienvidrietumu vējš

sudor *m* 1. sviedri; 2. (*augu*) sula; ◇ con el ~ de su frente – vaiga sviedros

sudoriento *a* nosvīdis, sasvīdis

sudoroso *a* 1. svīstošs; 2. sviedriem klāts; sviedrains

sueco I *a* Zviedrijas-; zviedru; **II** *m* 1. zviedrs; 2. zviedru valoda

suegra *f* 1. sievasmāte; vīramāte; 2. maizes garoza

suegro *m* sievastēvs; vīratēvs

sueldo *m* alga, atalgojums

sueño *m* 1. miegs; enfermedad del ~ – miega slimība; conciliar el ~ – aizmigt; dormir a ~ suelto – gulēt mierīgi; 2. sapnis; 3. miegainība; 4. ~ hipnótico (magnético) – hipnoze

suela *f* 1. [pa]zole; poner media ~ – pazolēt; 2. zoļāda; 3. plekste; ◇ de siete ~s – izturīgs, stiprs; un pícaro de siete ~s – slīpēts zellis

suelo *m* 1. augsne; zeme; 2. pamats; dibens; 3. grīda; 4. pakavs; 5. (*ēkas*) stāvs; ~ alto – bēniņi;

6. zeme, pasaule; ◇ el ~ natal – dzimtene; irse por el ~ – noiet greizi; poner por los ~s – apliet ar samazgām (nozākāt) (*kādu*); estar por los ~s – būt lētam

suelta *f* **1.** atbrīvošana (*no cietuma u. tml.*); dar ~ a uno – 1) dot (ļaut) vaļu; 2) atbrīvot; dar rienda ~ a las lágrimas – ļaut vaļu asarām; **2.** pinekļi (*zirgiem*)

suelto I *part no* **soltar**; **II** *a* **1.** brīvs; atbrīvots; **2.** nepiespiests; **3.** veikls, izdarīgs; **4.** atsevišķs; número ~ del periódico – atsevišķs laikraksta numurs; **5.** plūstošs; ◇ dinero ~ – sīknauda; **III** *m* īss raksts (*periodikā*); vender ~ – pārdot uz svara

suero *m* **1.** sūkalas; ~ de manteca – paniņas; **2.** serums

suerte *f* **1.** liktenis; desafiar a la ~ – mest izaicinājumu liktenim; **2.** veiksme; laime; desear mucha ~ – vēlēt laimi; **3.** laimests; caerle la ~ – laimēt; probar ~ – izmēģināt laimi; dar ~ – atnest laimi; **4.** veids; paņēmiens; de tal ~ – šādā veidā; **5.** zemes gabals; ◇ por ~ – nejauši; laimīgā kārtā

suficiencia *f* **1.** pietiekamība; **2.** atbilstība, piemērotība; **3.** pašapmierinātība

suficiente *a* **1.** pietiekams; **2.** atbilstošs, piemērots (*pēc spējām*); **3.** pašapmierināts

sufijo *m gram.* piedēklis, sufikss

sufragar *v* **1.** atbalstīt, palīdzēt; **2.** apmaksāt izdevumus; **3.** (*am.*) balsot

sufragio *m* **1.** balsstiesības; vēlēšanu tiesības; ~ universal – vispārējās vēlēšanas; **2.** balss (*vēlēšanās*); **3.** atbalsts; palīdzība

sufrido *a* pacietīgs, panesīgs

sufrimiento *m* **1.** ciešanas; **2.** pacietība, panesība

sufrir *v* **1.** [pa]ciest, panest; izturēt; **2.** pieļaut, pielaist; ◇ no ~ ancas – neļaut ar sevi jokoties

sugerir *v* pamudināt (*uz kaut ko*)

sugestión *f* suģestija

sugestionar *v* suģestēt

sugestivo *a* **1.** saistošs; aizraujošs; cuento ~ – aizraujošs stāsts; **2.** suģestējošs

suicida I *a* pašnāvnieka-; **II** *m, f* pašnāvnieks, -ce

suicidarse *v rfl* izdarīt pašnāvību

suicidio *m* pašnāvība

sujeción *f* **1.** pakļaušana; **2.** atkarība, pakļautība; ◇ con ~ a – saskaņā ar; atbilstoši (*kam*)

sujetar *v* **1.** nostiprināt; piestiprināt; **2.** uzturēt spēkā (*teikto*); **3.** pakļaut; **~se** *rfl* pakļauties

sujeto I *a* pakļauts; atkarīgs; **II** *m* **1.** persona, indivīds; **2.** priekšmets, lieta; subjekts; **3.** sižets; tēma; **4.** *gram.* teikuma priekšmets

sulfurar *v* **1.** *ķīm.* savienot ar sēru; **2.** kvēpināt sēru; **3.** *sar.* nokaitināt; **~se** *rfl* saskaisties

sulfúreo, sulfúrico *a* sēra-; baños sulfúreos – sēra vannas
sulfuroso *a* sēra-; sērpaskābes-
suma *f* **1.** summa; kopsavilkums; en ~ – kopā; **2.** saskaitīšana, summēšana; **3.** pamati; la ~ científica – zinātnes pamati
sumador *m mat.* saskaitāmais
sumar *v* **1.** saskaitīt, summēt; **2.** rezumēt; **~se** *rfl* pievienoties
sumaria *f* **1.** protokols; akts; **2.** *jur.* iepriekšējā izmeklēšana
sumario I *a* **1.** summārs; **2.** īss; koncentrēts; **II** *m* **1.** sakopojums; **2.** satura rādītājs; **3.** *jur.* iepriekšējā izmeklēšana
sumergible *m* zemūdene
sumergir *v* **1.** [no]gremdēt; **2.** iegremdēt; **~se** *rfl* iegremdēties; iegrimt
sumersión *f* iegremdēšanās; iegrimšana
sumidad *f* virsotne; smaile
suministrar *v* apgādāt; piegādāt
suministro *m* **1.** apgāde; piegāde; ~ de agua – 1) ūdensapgāde; 2) apūdeņošana; escasez de ~ – apgādes trūkums; **2.** ~s *pl* karaspēka apgāde (*ar pārtiku*; *apģērbu*; *munīciju*)
sumisión *f* **1.** paklausība; padevība; **2.** [god]bijība
sumiso *a* **1.** paklausīgs; padevīgs; **2.** pazemīgs
sumo *a* **1.** augstākais; **2.** lielisks; **3.** ļoti liels, milzīgs; ◊ a lo ~ augstākais; lielākais; ilgākais; a lo ~ de dos meses – ilgākais (lielākais) divus mēnešus; de ~ – pilnīgi
suntuosidad *f* greznība; krāšņums
suntuoso *a* grezns; krāšņs
superabundancia *f* pārpilnība
superar *v* **1.** pārsniegt; **2.** pārspēt
superficial *a* **1.** virspusējs; **2.** pavirš
superficie *f* **1.** virsma, virsa; virspuse; ārpuse; **2.** *mat.* laukums
superfluidad *f* **1.** veltīgums; nevajadzīgums; **2.** pārmērība
superfluo *a* lieks, nevajadzīgs
superior I *a* **1.** augstākais; **2.** labākais; pārākais; **II** *m* priekšnieks; vadītājs
superioridad *f* **1.** pārākums; **2.** augstākā vara; **3.** priekšniecība
superproducción *f* pārprodukcija
superstición *f* māņticība
supersticioso *a* māņticīgs
suplantar *v* **1.** nobīdīt pie malas (*kādu*); **2.** viltot (*dokumentu*)
suplemento *m* **1.** pielikums; **2.** papildinājums; **3.** piemaksa; pēcmaksa; **4.** *mat.* papildleņķis
suplente I *a* aizstājošs, aizvietojošs; **II** *m* aizstājējs, aizvietotājs
súplica *f* **1.** lūgšanās; **2.** lūgumraksts
suplicación *f* **1.** lūgums; **2.** *jur.* apelācija
suplicante I *a* lūdzošs; **II** *m* lūdzējs
suplicar *v* **1.** lūgt[ies]; **2.** *jur.* apelēt
suplicio *m* **1.** sods; último ~ – nāves sods; **2.** spīdzināšana; **3.** mocības; ciešanas

suplir *v* **1.** papildināt; **2.** aizstāt, aizvietot

suponer *v* **1.** pieņemt; es de ~ – jāpieņem, ka ...; **2.** tikt cienītam; baudīt autoritāti

suposición *f* **1.** pieņēmums; **2.** izdoma; **3.** cieņa; autoritāte

supremacía *f* **1.** pārākums; **2.** virskundzība, hegemonija

supremo *a* **1.** augstākais; **2.** pārākais; **3.** pēdējais; galīgais

supresión *f* **1.** atcelšana; atsaukšana; **2.** noklusēšana

suprimir *v* **1.** atcelt; atsaukt; **2.** noklusēt

supuesto **I** *part no* **suponer**; **II** *a* **1.** pieņemts; **2.** izdomāts; ◊ por ~ – protams; ~ que – pieņemot, ka; **III** *m* **1.** pieņēmums; **2.** [priekš]noteikums

supuración *f* strutošana; sastrutojums

supurar *v* [sa]strutot

sur *m* **1.** dienvidi; **2.** dienvidu vējš

surcar *v* **1.** vagot; **2.** šķērsot (*okeānus, jūras*)

surco *m* **1.** vaga; **2.** grumba; **3.** pēdas; nospiedums; ◊ echarse en el ~ – atstāt darbu pusdarītu

surgir *v* **1.** iztecēt; izplūst; iztauzt sev ceļu (*par ūdeni*); **2.** parādīties; rasties; **3.** izmest enkuru

surtido **I** *a* atlasīts; **II** *m* **1.** atlase; sortiments; **2.** izvēle; **3.** krājums; ◊ de ~ – ikdienas vajadzībām

surtir *v* **1.** apgādāt; piegādāt; **2.** izvēlēties; **3.** izmest enkuru; ◊ ~ efecto – radīt iespaidu; **~se** *rfl* apgādāties

¡sus! *interj* lai iet!, lai notiek!

suscribir *v sk.* **subscribir**

suscripción *f sk.* **subscripción**

suscrito *part no* **suscribir**

suspender *v* **1.** pakārt, uzkārt; **2.** apturēt; atlikt; pārtraukt (*uz laiku*); ~ las hostalidades – pārtraukt karadarbību; **3.** izgāzt (*eksāmenā*); **4.** pārsteigt (*ar kaut ko*); **5.** atstādināt, atcelt no amata (*uz laiku*)

suspensión *f* **1.** pakāršana, uzkāršana; **2.** apturēšana, atlikšana; pārtraukšana, pārtraukums (*uz laiku*); ~ de hostilidades – karadarbības pārtraukums; ~ de armas – pamiers; **3.** pārsteigums; **4.** *ķīm.* suspensija

suspensivo *a*: puntos ~s *gram.* – daudzpunkte

suspenso **I** *a* **1.** pakārts, uzkārts; **2.** apturēts; atlikts; pārtraukts (*uz laiku*); **3.** izkritis (*eksāmenā*); **4.** pārsteigts; **II** *m* izkrišana (*eksāmenā*); ◊ en ~ – neizlemts; nenokārtots

suspirar *v* **1.** nopūsties; **2.** ilgoties

suspiro *m* **1.** nopūta; **2.** bezē kūka; **3.** vēja šalkšana; **4.** stikla svilpe; **5.** *mūz.* ceturtdaļpauze; **6.** *bot.* atraitnīte

sustantivo *m sk.* **substantivo II**

sustentación *f* **1.** uzturēšana; **2.** atbalsts; atbalstīšana

sustentar v **1.** uzturēt; **2.** atbalstīt; **~se** *rfl* iztikt (*ar ko*)

sustitución f sk. **substitución**

sustituir v sk. **substituir**

susto m bailes, izbīlis; dar un ~ a alguien – nobiedēt kādu; pasar un ~ – nobīties

susurrar v **1.** čukstēt; dvest; **2.** šalkt; **3.** čaukstēt

susurro m **1.** čaukstēšana; dvešana; dvesma; **2.** šalkšana; **3.** čaukstēšana

sutil a **1.** smalks; **2.** vērīgs; **3.** izmanīgs, attapīgs

sutileza, sutilidad f **1.** smalkums; **2.** vērīgums; **3.** izmanība, attapība; ◊ ~ de manos – roku veiklība

sutilizar v **1.** padarīt smalkāku; **2.** novest līdz pilnībai; uzlabot; **3.** gudrot, prātot

sutura f med. šuve

suya (*pl* suyas) *pron pos* (*vsk. 3. pers. siev. dz.*) **1.** sava; savējā; **2.** Jūsu-; jūsējā; mi casa es más linda que la ~ – mana māja ir skaistāka par jūsējo; ◊ hacer de las ~s – āk-stīties, māžoties; no llegar a la ~ – paspēlēt

suyo (*pl* suyos) *pron pos* (*vsk. 3. pers. vīr. dz.*) **1.** savs; savējais; **2.** Jūsu-; jūsējais; ◊ de ~ – pats par sevi saprotams

T

taba f **1.** spēļu kauliņš; kauliņu spēle; **2.** pļāpāšana; tenkas; ◊ menear las ~s – skriet, ko kājas nes; tomar la ~ – ņemt vārdu, sākt runāt

tabacal m tabakas plantācija

tabacalera f **1.** tabakas fabrika; **2.** tabakas veikals

tabacalero m **1.** tabakas pārdevējs; **2.** tabakas audzētājs

tabaco m **1.** tabaka; ~ rapé – šņaucamā tabaka; ~ de humo, ~ de hoja – smēķējamā tabaka; ~ de regalía – augstākās kvalitātes tabaka; **2.** cigārs

tabahunda f kņada, burzma; drūzma; jezga; sajukums

tabalada f **1.** pļauka, pliķis; **2.** sasitums (*krītot*)

tabalear v **1.** šūpot; kustināt (*šurpu turpu*); **2.** bungot (*ar pirkstiem*)

tabanco m pārtikas kiosks

tábano m aklais dundurs

tabanque m podnieka ripa

tabaque m groziņš (*rokdarbiem*)

tabaquera f tabakas doze

tabaquería f tabakas veikals

tabaquer‖o I a tabakas-; bolsa ~a – tabakmaks; **II** m **1.** tabakas pārdevējs; **2.** tabakas fabrikas strādnieks

tabarra f uzmācība, uzbāzība

taberna f taverna, krogs; traktieris

tabernario *a* **1.** tavernas-, kroga-; niño ~ – kroga izsūtāmais zēns; **2.** zemisks, nelietīgs; rupjš
tabernero *m* krodzinieks
tabicar *v* atdalīt ar starpsienu
tabique *m* starpsiena, šķērssiena
tabla *f* **1.** dēlis; plāksne (*finiera*); **2.** galds; ~ de planchar – gludināmais dēlis; **3.** ~s *pl* sastatņu plaukti; **4.** ~s *pl* skatuve; **5.** tabula; ~ de logaritmos – logaritmu tabula; ~ de multiplicar – reizināšanas tabula; **6.** saraksts; **7.** dobe
tablacho *m* slūžu vārti
tablado *m* **1.** skatuve; estrāde; **2.** paaugstinājums; **3.** (*gultas*) dēļi
tablaje *m* **1.** dēļi; **2.** spēļu nams
tablajero *m* **1.** namdaris; **2.** kāršu spēlmanis
tablazón *m* **1.** *jūrn.* klāja segums; **2.** apšuvums (*koka kuģiem*)
tablear *v* sazāģēt dēļos
tablero *m* **1.** dēlis; ~ de dibujo – rasējamais dēlis; **2.** sastatņu plaukts; **3.** klases tāfele; **4.** lete; **5.** *jūrn.* (*ūdens necaurlaidīga*) starpsiena
tablestaca *f tehn.* rieva, grope
tableta *f* tablete
tabloncillo *m* amfiteātris (balkons) arēnas priekšā (*vēršu cīņu novērošanai*)
tabloza *f glezn.* palete
tabuco *m* istabiņa, kambaris
taburete *m* taburete, soliņš
taca[a] *f* plankums; traips
taca[b] *f* sienas skapītis
tacañear *v* **1.** skopoties; **2.** blēdīties; mānīties
tacañería *f* **1.** skopums; sīkstulība; **2.** viltus, viltība
tacaño *a* **1.** skops; sīksts; **2.** viltīgs; blēdīgs
tacar *v* iezīmēt (*veļu, kokus*)
tácito *a* **1.** kluss, nerunīgs; **2.** vientuļš, vientulīgs; **3.** iedomājams
taciturnidad *f* **1.** nerunīgums; **2.** skumjas; grūtsirdība
taciturno *a* **1.** nerunīgs, noslēgts; **2.** skumjš; grūtsirdīgs
taco *m* **1.** bluķis, klucis; sprungulis; **2.** malks; **3.** uzkodas; viegls ēdiens; **4.** biljarda kija; **5.** koka āmurītis kroketā
tacómetro *m tehn.* tahometrs
tacón *m* papēdis
taconear *v* klaudzināt ar papēžiem
taconeo *m* papēžu klaudzieni
táctico **I** *a* taktisks; **II** *m* taktiķis
táctil *a* taustāms, jūtams
tactivo *a* **1.** tauste-; **2.** *pārn.* taustāms, jūtams; éxitos ~s – jūtami rezultāti
tacto *m* **1.** tauste; **2.** takts, taktiskums
tacha *f* trūkums, defekts
tachadura *f* **1.** izsvītrošana; izdzēšana; **2.** svītrojums; labojums
tachar *v* **1.** izsvītrot; izdzēst; **2.** notraipīt, nosmērēt
tachón *m* **1.** svītrojums, labojums (*tekstā*); **2.** trese
tachonado *a pārn.* kā nosēts

tachonar *v* (*de*, *con*) nošūt, izrotāt (*ar tresēm*)

tachoso *a* kļūdains, maldīgs, nepareizs, aplams

tafetán *m* 1. tafts; 2. svētku tērps

tafilete *m* safjāns

tafiletear *v* izrotāt ar safjānu

tagarotear *v* ātri un skaisti rakstīt

taheño *a* rūsgans, ruds

tahur *m* kāršu spēlmanis, pastāvīgs spēļu nama apmeklētājs

tahurería *f* 1. spēļu nams; 2. blēdīšanās (*kāršu spēlē*)

taja *f* 1. griezums; grieziens; šķēlums; griešana; 2. ierobījums, robs; 3. rēta, skramba

tajada *f* šķēle; rika; gabals; hacer ~s – griezt gabalos; ◇ sacar ~ – gūt labumu

tajadera *f* 1. kapājamais nazis; 2. cirtnis

tajamar *m jūrn.* priekšvadnis

tajante I *a* 1. ass; 2. *pārn.* ass, skarbs; II *m* lopu kāvējs

tajar *v* [sa]griezt, [sa]dalīt (*gabalos*)

tajo *m* 1. griezums; šķēlums; 2. (*lopu*) kaušana; 3. krauja

tal I *a* tāds; II *adv* tā, tādā veidā; ~ por cual – lielākā vai mazākā mērā; de ~ manera, de ~ modo – tādā veidā

taladradora *f tehn.* urbjmašīna

taladrar *v* 1. [iz]urbt; 2. izdurt (*cauri*); 3. iedziļināties (*jautājumā*)

taladro *m* 1. urbšana; 2. svārpsts, urbis; 3. izurbtais caurums

talanquera *f* žogs, sēta

talante *m* 1. garastāvoklis; estar de mal ~ – būt sliktā garastāvoklī; 2. (*cilvēka*) īpašība; 3. stils, maniere; 4. āriene, ārējais izskats

talar *v* 1. izcirst (*mežu*); 2. nolīdzināt ar zemi, izpostīt, nopostīt

talco *m* talks

talega *f* 1. (*maisveidīga*) soma; 2. ~s *pl* manta; īpašums; 3. (*bērnu*) autiņš; paklājs (*gulēšanai*)

talego *m* šaurs (garš) maiss; ◇ tener ~ – būt naudai

talento *m* dotības; talants; spējas; hombre de ~ – talantīgs (apdāvināts) cilvēks

talentoso *a* apdāvināts, talantīgs, spējīgs

talio *m ķīm.* tallijs

talión *f* atmaksa; atriebība

talmente *adv* tā, tādā veidā

talón[a] *m* 1. papēdis; 2. (*apavu*) kape; 3. talons; ◇ a ~ – kājām (*iet*); apretar (levantar) los ~es – laist ļekas vaļā; ~ de Aquiles – Ahilleja papēdis

talón[b] *m* šablons (*monētu izgatavošanai*)

talud *m* nogāze, slīpums

talla *f* 1. augums; 2. statnis (*auguma mērīšanai*); 3. grebums; ◇ a media ~ – neuzmanīgi

tallado *m* grebums; ~ en madera – kokgriezums

tallador *m* 1. kokgriezējs; 2. akmeņ-

kalis; **3.** frēze; ~ de vidrio – dimants stikla griešanai
talladura *f* **1.** tēlniecība; skulptūra; **2.** kalums
tallar *v* **1.** izmērīt augumu; **2.** veidot, izcirst (*tēlu*); **3.** slīpēt (*dārgakmeņus*); **4.** [no]vērtēt; **5.** turēt banku (*azartspēlēs*)
tallarín *m* nūdeles
tallecer *v* dzīt asnus, dīgt
taller *m* **1.** darbnīca; **2.** cehs; **3.** ateljē
tallista *m, f* kokgriezējs, -a
tallo *m* stiebrs; kāts; stublājs; dzinums; echar ~ – augt, dzīt asnus
talludo *a* **1.** ar garu kātu; **2.** liels, garš
tamaño **I** *m* **1.** izmērs, lielums; **2.** mazulis, bērniņš; **II** *a* līdzīgs, tamlīdzīgs, tāds pats
támara *f* **1.** dateļpalma; **2.** ~s *pl* dateļu ķekars
tamarrizquito, tamarrusquito *a* maziņš, mazītiņš
tambalear *v,* **tambalearse** *rfl* šūpoties; līgoties (*par cilvēku*)
tambaleo *m* **1.** šūpošanās; **2.** ļodzīga gaita
tambor *m* **1.** bungas; tocar el ~ – sist bungas; a ~ batiente – bungām rībot; **2.** *tehn.* trumulis
tamiz (*pl* tamices) *m* siets
tamizar *v* [iz]sijāt caur sietu; atsijāt
tamo *m* **1.** (*linu*) šķiedra; **2.** pelavas
tampoco *adv* arī ne
tan *adv* tā; tik; tāpat; tikpat; ◊ ~ siquiera – kaut vai, vismaz

tanda *f* **1.** rinda; virkne; kārta; sērija; por ~ – rindas kārtībā; **2.** slānis; kārta; **3.** (*strādnieku*) maiņa; brigāde
tanganillas: en ~ – šūpodamies; ļodzīdamies
tanganillo *m* balsts; paliktnis
tangencia *f* pieskaršanās, pieskare; punto de ~ *ģeom.* – pieskaršanās punkts
tangente *f ģeom.* **1.** pieskare, tangente; **2.** tangenss
tangibilidad *f* jūtamība, taustāmība
tangible *a* jūtams, taustāms
tanino *m* tanīns
tanque *m* **1.** tanks; **2.** *jūrn.* tankkuģis; **3.** rezervuārs, tvertne (*šķidrumam*); cisterna; **4.** *jūrn.* tvertne saldūdens glabāšanai
tanqueta *f mil.* tankete
tanteador *m* **1.** marķieris (*biljarda spēlē*); **2.** totalizators
tantear *v* **1.** salīdzināt; nostādīt līdzās; **2.** skaitīt acis (*kāršu spēlē*); **3.** skaitīt punktus; **4.** apsvērt, pārdomāt; **5.** *glezn.* uzmest, skicēt
tanto **I** *a* **1.** tāds; ser uno de ~s – būt vienam no daudziem; **2.** tik liels, tik milzīgs; **3.** (*lieto kā norādāmo vietn.*) tas; a ~ obliga la necesidad – uz to pamudina nepieciešamību; **II** *m* **1.** summa; daudzums; ~ por ciento – procenti; **2.** acs (*kāršu spēlē*); **3.** *fizk.* punkts; **III** *adv* **1.** tik; ~ ... cuanto – tik ..., cik; ~ como – tikpat; **2.** tik daudz; no debes tra-

bajar ~ – tev nevajag tik daudz strādāt; ◇ un ~, algún ~, ~ cuanto – nedaudz; en ~, entre ~ – pa to laiku; por lo ~ – līdz ar to; ~ por ~ – tikpat, vienādi; al ~, por el ~ – par to pašu maksu (cenu); ~ más (menos) – jo vairāk (mazāk); ~ mejor (peor) – jo labāk (sliktāk); en su ~ – proporcionāli; ~ de ellos – pārpilnībā, bez ierobežojumiem

tanza f makšķeres aukla (*ar āķi*)

tapa f **1.** vāks; **2.** (*grāmatu, žurnālu*) iesējums, vāki; ◇ ~ de los sesos – galvaskauss

tapaboca f (*biežāk pl*) **1.** sitiens pa zobiem; **2.** šalle; **3.** pārliecinošs

tapacete m (*kub.*) aizsargjums, saules nojume

tapaculo m mežrozīšu auglis

tapadera f vāks

tapadero m **1.** aizbāznis; spunde; korķis; **2.** vāks

tapar v **1.** aizklāt; pārklāt; ietīt; **2.** slēpt (*vainu*)

taparrabo m **1.** gurnu apsējs; **2.** trīsstūrītis, peldbiksītes

taperujarse v rfl sar. ietīties, ievīstīties (*kažokā, lakatā*)

tapete m **1.** mazs paklājiņš; **2.** galdauts; salvete; ◇ estar una cosa sobre ~ – būt atkarīgam no (*kāda*) sprieduma

tapia f nožogojums, sēta; akmeņu sēta

tapiar v norobežot ar sienu (sētu); iežogot

tapicería f **1.** paklāju veikals; paklāju darbnīca; **2.** paklāju audums

tapicero m paklāju audējs

tapiz (*pl* tapices) m paklājs

tapizar v **1.** izrotāt dzīvokli ar paklājiem; **2.** apvilkt, apsist (*ar audumu, paklājiem*)

tapón m **1.** korķis, aizbāznis; **2.** *med.* tampons

taponar v **1.** aizbāzt; **2.** *med.* tamponēt

taponazo m blīkšķis, plaukšķis (*korķa sprādziena radītais troksnis*)

tapujarse v rfl aizklāt (*seju*)

tapujo m **1.** maska; **2.** (*patiesības*) slēpšana; sin ~ – atklāti

taquigrafía m stenogrāfija

taquígrafo m stenogrāfs

taquilla f **1.** (*īpaša veida*) rakstāmgalds; **2.** biļešu kase

taquillero m biļešu kasieris

tara[a] f **1.** tara; **2.** birka

tara[b] **1.** trūkums; defekts; **2.** *med.* Sibīrijas mēris

taracea f **1.** mozaīka; inkrustācija; **2.** tetovēšana; tetovējums

taracear v **1.** inkrustēt; **2.** *glezn.* ēnot

tarado a bojāts, ar defektiem

tarando m ziemeļbriedis

tarangana f asinsdesa

tarantela f tarantella (*deja*); ◇ dar ~ – šaudīties šurpu turpu

tarantulado a sar. traks

tararear v dungot

tarareo m dungošana

tarasca f **1.** drakons; pūķis; **2.** ragana (*par ļaunu sievieti*)

tarascada *f sar.* rupja atbilde

tarascar *v* kost; dzelt

tarazar *v* **1.** sakost; sadzelt; **2.** būt apnicīgam (uzbāzīgam); sadusmot, nokaitināt

tarazón *m* (*gaļas, zivs*) gabals

tardanza *f* nokavēšanās, aizkavēšanās

tardar *v* nokavēties; noseboties; vilcināties; ~ a venir – kavēties ar atbraukšanu, a más ~ – ne vēlāk kā; pats vēlākais

tarde I *f* **1.** pēcpusdiena; **2.** vakars; ¡buenas ~s! – labvakar!; **II** *adv* vēlu; ~ o temprano – agri vai vēlu; ◊ más vale ~ que nunca – labāk vēlāk nekā nekad; días más ~ – dažas dienas vēlāk; de ~ en ~ – laiku pa laikam; haber nacido ~ – būt nepieredzējušam; para luego es ~ – nekavējoties

tardecer *v* krēslot

tardo *a* **1.** gauss, lēns; tūļīgs; **2.** nokavējies, nosebojies; **3.** truls, stulbs

tardón *m* **1.** cilvēks ar lēnu domāšanu; stulbenis; **2.** *sar.* cilvēks, kas mēdz nokavēt

tarea *f* **1.** darbs; pienākums; **2.** uzdevums; **3.** piepūle (*darbā*)

tarifa *f* tarifs

tarina *f* vidēja lieluma bļoda

tarja *f* **1.** birka; **2.** *teātr.* kontramarka; **3.** liels vairogs; **4.** sitiens; trieciens; **5.** (*am.*) kartīte; atklātne

tarjar *v* iegriezt zīmi birkā

tarjeta *f* **1.** kartīte; ~ postal – pastkarte, atklātne; ~ de visita – vizītkarte; **2.** apliecība; ~ de identidad – personas apliecība

tarjetearse *v rfl* apmainīties ar vizītkartēm

tarquín *m* dūņas; ūdens gļotas

tárraga *f* tarraga (*sena spāņu deja*)

tarro *m* māla pods

tarso *m anat.* plezna (*pēdas apakšdaļa*)

tarta *f* **1.** liela torte; salds pīrāgs; **2.** veidne tortes cepšanai

tartajear *v* **1.** stostīties, stomīties; **2.** *sar.* svepstēt

tartana *f* **1.** zvejas laiva; **2.** slēgti divriči

tartárico *a*: ácido ~ ķīm. – vīnakmensskābe

tártaro[a] **I** *a* tatāru-; **II** *m* **1.** tatārs; **2.** tatāru valoda

tártaro[b] *m* **1.** ķīm. vīnakmens; **2.** zobakmens

tartaroso *a* vīnakmeni saturošs

tartera *f* **1.** veidne tortes cepšanai; **2.** menāža

tarugo *m* **1.** lieste; **2.** mietiņš; **3.** muļķis

tasa *f* **1.** novērtējums; nocenojums; **2.** takse; **3.** (*slimnieka*) režīms; ◊ sin ~ ni medida – bez gala

tasación *f* novērtējums; nocenojums; novērtēšana; nocenošana; notaksēšana

tasadamente *adv* trūcīgi, nabadzīgi

tasador *m* novērtētājs; nocenotājs, taksators

tasar *v* **1.** novērtēt; nocenot, notaksēt; **2.** dozēt; normēt; **3.** ierobežot; reglamentēt

tasca *f* **1.** taverna, krogs; **2.** *sar.* spēļu nams; **3.** strīds, ķilda

tascar *v* **1.** kulstīt (*linus*, *kaņepes*); **2.** plūkt zāli (*par dzīvniekiem*)

tasquera *f sar.* strīds, ķilda; kautiņš

tasto *m* (*pelējuma*) garša; smaka

tatarabuelo *m* vectēva vectēvs; vecmāmiņas vectēvs

tataranieto *m* mazdēla mazdēls; mazmeitas mazdēls

¡tate! *interj* uzmanīgi!

tatuaje *m* tetovējums; tetovēšana

tatuar *v* tetovēt

tautología *f lit.* tautoloģija

taxativo *a* **1.** ierobežojošs; **2.** kategorisks, noteikts

taxi *m* taksometrs

taxímetro *m* **1.** skaitītājs (*taksometrā*); **2.** taksometrs

taza *f* tase

tazón *m* piala

tazarse *v rfl* novalkāties (*par apģērbu*)

te *pron pers* (*vsk.* **2.** *pers. dat. un ak.*) tev; tevi

té *m* tēja; ~ negro – melnā tēja; ~ verde – zaļā tēja; tomar el ~ – dzert tēju

teatinería *f* liekulība; svētulība

teatral *a* teatrāls

teatro *m* **1.** teātris; Teatro de Arte – Dailes teātris; **2.** dramaturģija; ◇ ~ de la guerra, ~ de operaciones – kara [operāciju] lauks (teritorija)

tecla *f* taustiņš; ◇ dar en la ~ – l) pastāvēt uz savu; 2) atrast laimīgu izeju

teclado *m* klaviatūra

técnica *f* tehnika; tehnoloģija

técnico **I** *a* tehnikas-; tehnisks; lenguaje ~ – speciālā terminoloģija; personal ~ – tehniskais personāls; **II** *m* tehniķis

tecnología *f* tehnoloģija

tecnológico *a* tehnoloģisks; tehnoloģijas-

tecnólogo *m* tehnologs; tehniskais vadītājs

techado *m* jumts; jumta segums

techador *m* jumiķis

techar *v* [ap]jumt

techo *m* **1.** jumts; jumta segums; **2.** griesti; **3.** (*starpstāvu*) pārsegums; **4.** *pārn.* pajumte; māja

tediar *v* just riebumu

tedio *m* **1.** garlaicība; **2.** riebums, pretīgums

tedioso *a* **1.** riebīgs, pretīgs; **2.** uzbāzīgs; apnicīgs

teja *f* dakstiņi, kārniņi; ◇ a toca ~ – par skaidru naudu; de ~s abajo – dabiski, pats par sevi saprotams; de ~s arriba – brīnumainā kārtā, kā par brīnumu

tejado *m* **1.** jumts; **2.** dakstiņu jumts

tejedera *f* **1.** audēja; **2.** adītāja

tejedor *m* audējs

tejedura *f* **1.** aušana; **2.** audums

tejeduría *f* **1.** aušana; **2.** austuve

tejemaneje *m* **1.** veiklums, izveicība; **2.** ~s *pl* intrigas; ◇ tras largo ~ – pēc lielas vilcināšanās

tejer *v* **1.** aust (*audumu*); **2.** adīt; ◇ ~ una intriga – nodarboties ar intrigām, intriģēt

tejera, tejería *f* **1.** ķieģeļu fabrika; **2.** dakstiņu (kārniņu) darbnīca

tejuelo *m* uzraksts (*uz grāmatas muguras*)

tela *f* **1.** audums, drāna; **2.** plēve; **3.** *glezn.* audekls; **4.** *anat.* audi; **5.** pelējums; **6.** *med.* katarakta (*acu slimība*); **7.** lamatas; slazdi; ◇ ~ metálica – drāšu tīkls; ~ de araña – zirnekļa tīkls; ~ de juicio *jur.* – tiesāšanas kārtība; poner en ~ de juicio – apšaubīt; llegar a las ~s del corazón – aizskart, aizvainot

telar *m* (*aužamās*) stelles

telaraña *f* zirnekļa tīkls

telefonear *v* zvanīt pa telefonu; telefonēt

teléfono *m* telefons; llamar por ~ – zvanīt pa telefonu

telegrafiar *v* telegrafēt

telégrafo *m* telegrāfs; ~ sin hilos, ~ inalámbrico – bezdrāts telegrāfs

telegrama *m* telegramma

telémetro *m* *ģeod.* tālmērs, telemetrs

telera *f* **1.** konveijera lente; **2.** vilkme; **3.** spraislis, spriešļis; šķērsis, šķērskoks

telescópico *a* teleskopisks

telescopio *m* teleskops

televisión *f* televīzija; ~ alámbrica – kabeļtelevīzija

televisor *m* televizors

telilla *f* **1.** smalks vilnas audums; **2.** pelējums

telón *m* *teātr.* galvenais priekškars; ~ de boca – otrais priekškars

telonio *m* *novec.* muitnīca; ◇ a manera de ~ – nevīžīgi; uz ātru roku; kaut kā

telliz (*pl* tellices) *m* zirgu sega

telliza *f* sega

tema *m* temats; tēma; ◇ cada loco con su ~ – katrs trako, kā kurš prot; seguir su ~ – cīnīties par sava mērķa piepildīšanu

temático *a* **1.** tematisks; **2.** stūrgalvīgs, ietiepīgs

tembladal *m* purvs; muklājs

tembladera *f* **1.** vāze; kauss (*stikla vai metāla*); **2.** spalvu pušķis (*pie cepures*); **3.** elektriskā raija (*zivs*)

temblar *v* trīcēt, drebēt

temblequear, tembletear *v* trīcēt pie visām miesām

temblón *a* trīcošs, drebošs; ◇ á lamo ~ – apse

temblor *m* drebuļi; trīsas; ~ de tierra – zemestrīce

temblo[ro]so *a* trīcošs, drebošs

temedero *a* briesmīgs

temer *v* **1.** baidīties; hacerse ~ – iedvest bailes; **2.** turēt aizdomās; **3.** nojaust (*nelaimi u. tml.*); **4.** trīcēt (*no bailēm*)

temerario *a* **1.** drosmīgs, drošsir-

dīgs; **2.** neapdomīgs; neprātīgs; pārdrošs
temeridad *f* **1.** drošsirdība, drosme; **2.** neapdomība; pārdrošība
temerón *m* lielībnieks
temeroso *a* **1.** briesmīgs, šausmīgs; **2.** bailīgs; neapņēmīgs, svārstīgs
temible *a* briesmīgs
temor *m* **1.** bailes; **2.** bažas; aizdomas; **3.** (*nelaimes u. tml.*) [priekš]nojauta
temperamento *m* temperaments; raksturs, daba
temperar *v* **1.** apvaldīt; **2.** *med.* nomierināt; remdināt (*sāpes*)
tempestad *f* **1.** vētra, auka; ~ de nieve – sniegavētra; ~ de arena – smilšu vētra; **2.** dusmu izvirdums; **3.** uzbudinājums, uztraukums
templado *a* **1.** atturīgs; **2.** mērens, maigs (*par klimatu*); **3.** *arī pārn.* rūdīts
templanza *f* **1.** atturība; atturīgums; **2.** (*klimata*) mērenība, maigums; **3.** (*metāla*) rūdīšana
templar *v* **1.** apvaldīt; savaldīt; **2.** atvieglot, remdināt (*sāpes*); **3.** rūdīt (*metālu*); **~se** *rfl* apvaldīties; savaldīties
templo *m* templis; dievnams
temporada *f* **1.** laika periods; a ~s – laiku pa laikam; por ~s – 1) uz laiku; 2) bieži; **2.** gadalaiks
temporal[I] *a* **1.** pagaidu-; pārejošs; **2.** laicīgs; poder ~ – laicīgā vara; **II** *m* **1.** laiks; **2.** vētra; lietains laiks; lietus periods; ~ marítimo – auka
temporal[b] *a anat.* deniņu-
temporáneo, temporario, temporero **I** *a* pagaidu-; pārejošs; **II** *m* pagaidu strādnieks
tempranal *a* agrīns
tempranamente *adv* agri
temprano **I** *a* [pār]agrs; priekšlaicīgs; **II** *adv* agri; muy ~ – ļoti agri, priekšlaicīgi
tenar **I** *a anat.* plaukstas-; **II** *m* **1.** plauksta, delna; **2.** (*kājas*) pēda
tenaz *a* **1.** lipīgs; **2.** neatlaidīgs
tenazas *f pl* knaibles
tenca *f* līnis
tendal *m* **1.** buru audekla nojume; **2.** žāvētava
tendedero *m* **1.** veļas aukla; **2.** žāvētava
tendencia *f* tieksme, tendence
tendencioso *a* tendenciozs
tender *v* **1.** izstaipīt; izplest; **2.** izžaut (*veļu*); **3.** būvēt (*ceļu, dzelzceļu*); ~ un puente – celt tiltu; **4.** apmest (*sienu*); **5.** tiekties (*pēc kā*); **~se** *rfl* izstiepties, apgulties
ténder *m* tenderis
tendero *m* sīktirgotājs
tenebrosidad *f* tumsa
tenebroso *a* **1.** tumšs; drūms; **2.** neizdibināms
tener *v* **1.** būt; tengo tres libros – man ir trīs grāmatas; tengo treinta años – man ir trīsdesmit gadu; un metro tiene cien centímetros –

vienā metrā ir simt centimetru; tengo mucha familia – man ir liela ģimene; tenemos reunión a las siete – plkst. septiņos mums ir sapulce; **2.** turēt; ¡téngalo! – turiet!; **3.** (por) uzskatīt (*par kaut ko*); **4.** (*savienojumā ar lietv. vai apstākļa vārdu izsaka stāvokli vai sajūtu*): ~ hambre (sed) – būt izsalkušam (izslāpušam); ~ sueño – gribēt gulēt; ~ miedo – baidīties; ~ lástima – nožēlot; ~ prisa – steigties; ~ la seguridad – būt drošam; ~ ingenio (talento) – būt apdāvinātam, talantīgam; ~ el presentimiento – nojaust, noģist; ~ en poco – ignorēt, neievērot; nevērīgi (necienīgi) izturēties; ~ en mucho – cienīt; **5.** (que + *inf*) vajadzēt; tengo que trabajar mucho – man ir daudz jāstrādā; no tiene nada que perder – viņam nav ko zaudēt; **~se** *rfl* **1.** pieķerties; turēties; **2.** nepiekāpties; tenérselas tiesas – palikt pie sava

tenia *f* lentenis

teniente I *a* **1.** zaļš, nenogatavojies (*par augļiem*); **2.** [pa]skops; **3.** *sar*. pakurls; **II** *m* **1.** aizstājējs, aizvietotājs; **2.** *mil.* vecākais leitnants

tenor *m* tenors

tenorio *m sar*. neatlaidīgs pielūdzējs

tensión *f* **1.** sasprindzinājums; ~ arterial – asinsspiediens; **2.** elastīgums, atsperīgums; **3.** *tehn*. saspriegums; spriegums; alta ~ – augstspriegums; **4.** (*stāvokļa, attiecību*) saspīlējums

tenso *a* **1.** sasprindzināts; **2.** elastīgs, atsperīgs; **3.** saspīlēts (*stāvoklis, attiecības*)

tentación *f* kārdinājums, vilinājums; ◇ caer en ~ – krist kārdinājumā

tentáculo *m* tausteklis

tentador I *a* kārdinošs, vilinošs; **II** *m* kārdinātājs

tentalear *v* aptaustīt; noteikt ar taustes palīdzību

tent‖ar *v* **1.** [ap]taustīt; caminar ~ando – iet taustīdamies; **2.** kārdināt, vilināt; **3.** mudināt; pierunāt; kūdīt, musināt; **4.** mēģināt; ~ todos los medios – izmēģināt visus līdzekļus

tentativa *f* mēģinājums

teñidura *f* **1.** krāsošana; **2.** *pārn*. izskaistināšana; izpušķošana

teñir *v* (con, en, de) [no]krāsot

teología *f* teoloģija

teorema *m* teorēma

teoría *f* teorija; ~ de la probabilidad – varbūtības teorija

teórico I *a* teorētisks; **II** *m* teorētiķis

tequila *f* tekila

terapeuta *m* terapeits

terapéutica *f* terapija

terapéutico *a* terapeitisks, ārstniecības-

tercer *num* (*saīs. no* tercero, *lieto pirms vīr. dz. lietv.*) trešais

tercero I *num* trešais; **II** *m* trešā persona; starpnieks

terceto *m* **1.** *mūz.* trio, tercets; **2.** *lit.* tercīna

terciopelado *a* samta-; samtains

terciopelo *m* samts; velvets, plīšs

terco *a* stūrgalvīgs, ietiepīgs

terebrante *a* smeldzošs (*par sāpēm*)

terebrar *v* **1.** urbt; **2.** *med.* perforēt; trepanēt

tergiversar *v* sagrozīt (*vārdus, faktus u. tml.*); **2.** *pārn.* izvairīties, izlocīties

teriaca *f* pretinde

térmico *a* siltuma-; termisks; tratamiento ~ – termiskā apstrādāšana

terminación *f* **1.** beigšana; beigas; nobeigums; **2.** *gram.* galotne; **3.** *med.* izveseļošanās

término *m* **1.** beigas; nobeigums; beigšana; poner ~ a algo – darīt galu kaut kam; **2.** galapunkts; **3.** robeža; **4.** termiņš; ~ fatal, ~ perentorio *jur.* – pēdējais termiņš; **5.** rajons, apvidus; **6.** robežas zīme; **7.** mērķis; **8.** termins; **9.** *med.* krīze; **10.** *mat.* loceklis (*polinomos, progresijās u. tml.*); ~ medio – vidējais aritmētiskais; **11.** *mūz.* tonis; nots; **12.** *glezn., teātr.* plāns; primer ~ – priekšplāns, avanscēna; ◇ en ~s propios, en propios ~s – burtiski; en buenos ~s – saudzīgi izsakoties; estar en buenos ~s – būt labās attiecībās; en primer ~ – vispirms, pirmām kārtām

termómetro *m* termometrs

termonuclear *a fiz.* kodoltermisks

termos *m* termoss

ternera *f* **1.** tele; **2.** teļa gaļa; ~ guisada – sautēta teļa gaļa

ternero *m* vērsēns, teļš; ~ lechal – piena teļš; carne de ~ – teļa gaļa

ternilla *f* skrimslis

terquear *v* būt neatlaidīgam; stūrgalvīgi pretoties; tiepties

terquedad, terquería *f* neatlaidība; stūrgalvība

terraja *f* **1.** šablons; **2.** *tehn.* vītņurbis

terral *m* krasta vējš

terraplén *m* uzbērums; zemes valnis

terráqueo *a*: globo ~ – zemeslode

terrateniente *m* muižnieks; zemes īpašnieks

terremoto *m* zemestrīce

terreno I *a* zemes-; **II** *m* **1.** apvidus; vieta; ~ despejado – klaja vieta; ~ accidentado – šķēršļots apvidus; reconocimiento del ~ – apvidus izlūkošana; **2.** zemes gabals; **3.** augsne; grunts; **4.** *pārn.* nozare, lauks, sfēra

terrero I *a* **1.** zemes-; **2.** zems (*par putnu lidojumu*); **3.** zemisks; nelietīgs, nekrietns; **II** *m* **1.** zemes kaudze; **2.** mērķis (*šaušanā*); **3.** (*izsmiekla*) objekts

terrestre *a* **1.** zemes-; globo ~ – zemeslode; **2.** sauszemes-; fuerzas ~s *mil.* – sauszemes karaspēks

terrible *a* **1.** briesmīgs, šausmīgs; baigs; **2.** spēcīgs, varens; **3.** draudīgs; bargs

territorial *a* teritoriāls; aguas ~es – teritoriālie ūdeņi

territorio *m* teritorija

terrón *m* 1. pika; pinkulis; 2. zemes gabals; 3. ~es *pl* derīgā zeme

terror *m* 1. bailes; šausmas; 2. terors

terrorismo *m* terors

terrorista I *a* terora-; teroristisks; II *m, f* teroristi, -e

tersar *v* pulēt

terso *a* 1. gluds; pulēts; 2. spodrs; spožs; 3. pareizs, nevainojams (*par izrunu, valodu*)

tersura *f* 1. gludums; pulējums; 2. *arī pārn.* spožums; 3. (*izrunas, valodas*) pareizums, nevainojamība

tertulia *f* 1. kompānija; pulciņš; 2. mājas ballīte; saviesīgs vakars

tesis *f* 1. tēze; 2. disertācija

tesorería *f* dārgumu glabātava; bagātību krātuve

tesoro *m* 1. dārgums; manta; dārglietas; 2. dārgumu (bagātību) krātuve; 3. *pārn.* dārgums, acuraugs

testículo *m anat., bot.* sēklinieks

testificación *f* 1. *jur.* liecinieka liecība; 2. apstiprinājums; apliecinājums

testificar *v* 1. liecināt, dot liecību; 2. apstiprināt

testigo *m, f* liecinieks, -ce; hacer ~s – uzrādīt lieciniekus; ~ falso – viltus liecinieks; ~ de vista, ~ ocular – aculiecinieks; sin ~s – aci pret aci, bez lieciniekiem

testimoniar *v* liecināt, dot liecību

testimonio *m* 1. liecība; falso ~ – nepatiesa liecība; 2. apliecība; ~ de casamiento – laulības apliecība; 3. apstiprināta dokumenta kopija; 4. pierādījums, apliecinājums; dar ~ – [ap]liecināt; en ~ de lo cual..., en cuyo ~ ... – par pierādījumu ...

tesura *f* cietums, cietība

teta *f* 1. krūts; 2. tesmenis; 3. pups (*dzīvniekiem*); ◇ dar la ~ – zīdīt, barot ar krūti; quitar la ~ – atņemt no krūts; niño de ~ – zīdainis

tetánico *a* stinguma krampju-

tetilla *f* 1. *anat.* krūts zirnītis, krūtsgals; 2. pups (*dzīvniekiem*)

tetraedro *m mat.* četrskaldnis, tetraedrs

tetrápodo *a* četrkājains, ar četrām kājām

texto *m* teksts; ◇ libro de ~ – mācību grāmata

textual *a* burtisks

textura *f* 1. aušana; 2. uzbūve, struktūra; 3. *ģeol.* tekstūra

tez *f* 1. sejas krāsa; 2. sejas āda

tezado *a* iededzis; melnīgsnējs

ti *pron pers* (*vsk. 2. pers. ģen., dat., ak., lok.; lieto tikai ar prievārdiem*) tevis; tev; tevi; tevī

tía *f* krustmāte, tante; ◇ ¡no hay tu ~! – nemaz nedomā!; ◇ quedar una para ~ – palikt meitās

tibio *a* 1. silts, remdens; 2. slābans, kusls, nestiprs

tiburón *m* haizivs

tiempo *m* 1. laiks; pasar bien el ~ –

labi pavadīt laiku, izklaidēties; a
~ – laikā; con ~ – laikus; de ~ en
~ – laiku pa laikam; a ~s –reizēm,
dažkārt; šad tad; fuera de ~, sin ~ –
nelaikā; hace ~ – sen, kopš seniem
laikiem; a largo ~ – sen; es ~ – ir
laiks, ir pienācis laiks; todavía no
es ~ – vēl nav īstais laiks; hacer
~ – nogaidīt izdevīgu brīdi; ganar
~ – iegūt laiku; **2.** laiks (*meteoro-
loģiskais*); ~ de lluvias – lietains
laiks; abrir el ~ – [no]skaidroties;
3. *jūrn.* vētra, auka; correr un ~ –
iekļūt vētrā; **4.** *gram.* laiks; ~ pre-
sente – tagadne; ~ pretérito – pa-
gātne; ~ futuro – nākotne; ~ com-
puesto – salikts laiks; ~ simple –
vienkāršs laiks; ◇ andar con el
~ – neatpalikt no dzīves; hacer a
mal ~ buena cara – slēpt savu
nepatiku (dusmas); ◇ quien ~
tiene y ~ atiende, ~ viene que se
arrepiente – ko vari padarīt šodien,
neatliec uz rītu

tienda *f* **1.** telts; hacer ~ – uzcelt telti;
2. saules nojume; **3.** veikals, pār-
dotava

tienta *f* **1.** viltīgums; vērīgums; ◇ a
~s – 1) taustīdamies; 2) nedroši

Tierra *f* Zeme (*planēta*)

tierra *f* **1.** zeme; sauszeme; ~ firme –
sauszeme, kontinents; **2.** augsne;
~ negra – melnzeme; **3.** zeme;
dzimtene; **4.** teritorija; ◇ dar en
~ – pakrist; besar la ~ – krist pie
zemes; descubrir ~ – atklāt
(*zemi*); por debajo de ~ – lielā
slepenībā; saltar en ~ – izcelties
krastā

tieso *a* **1.** ciets; **2.** saspringts; sasprin-
dzināts; **3.** stiprs, spēcīgs; **4.** drošs,
drosmīgs; apņēmīgs; **5.** nelokāms

tifón *m* taifūns

tifus *m med.* tīfs; ~ abdominal –
vēdertīfs; ~ exantemático – izsi-
tumu tīfs; ~ icterodes – dzeltenais
drudzis

tigre *m* **1.** tīģeris; ~ colorado – puma;
2. cietsirdīgs cilvēks; **3.** (*am.*) ja-
guārs

tijera *f* **1.** *biežāk pl* ~s šķēres; dzir-
kles; **2.** *tehn.* spraislis; spriesslis;
šķērsis; ◇ silla de ~ – saliekams
krēsls

tijereta *f* mazās šķērītes

tila *f* **1.** liepu zieds; **2.** liepu ziedu tēja

tilmo *m* spazma

tilo *m* liepa

tiloma *f* tulzna; varžacs

tillado *m* **1.** parketa (dēļu) grīda;
2. dēļu jumts

timbrar *v* zīmogot

timbrófilo I *a* filatēlijas-; filatēlistu-;
II *m* filatēlists

timidez *f* kautrība; biklums; bailīgums

tímido *a* kautrīgs; bikls; bailīgs

timón *m* **1.** *arī pārn.* stūre; un golpe
de ~ – stūres pagrieziens; estar al
~ – stāvēt pie stūres, vadīt

timonear *v* vadīt stūri, stūrēt

timonel *m* stūrmanis

tinea *f* kode

tinge *m* ūpis
tingle *m* (*metāla*) līste, lata
tingo *m* divu upju satece
tinieblas *f* pl **1.** tumsa; **2.** *pārn.* gara tumsība
tino *m* **1.** takts, taktiskums; **2.** saprātība; saprāts; ◇ perder el ~ – zaudēt galvu; sacar de ~ – pārsteigt, apstulbot; sin ~ – bez kādas jēgas
tinta *f* **1.** krāsa; ~ china – tuša; ~ de imprenta – tipogrāfijas krāsa; **2.** tinte; **3.** ~s *pl glezn.* krāsas; toņi; kolorīts; ◇ medias ~s – mājieni, aplinkus runāšana; de buena ~ – ticams, neapšaubāms, drošs
tintar *v* (de) krāsot
tinte *m* **1.** krāsošana; **2.** krāsviela
tinto I 1. *a* krāsots, nokrāsots; **2.** tumši sarkans (*par vīnu*); **II** *m* **1.** sarkanvīns; **2.** melnās vīnogas
tintura *f* **1.** krāsa, krāsviela; **2.** tinktūra; ~ de yodo – joda tinktūra; **3.** paviršas zināšanas
tiña *f* **1.** *med.* ēde; ~ mucosa – ekzēma, ēde
tío *m* tēvocis; ◇ ~ vivo – karuselis
típico *a* tipisks; simbolisks, alegorisks
tiple *f* **1.** soprāns; **2.** (*maza*) ģitāra
tipo *m* **1.** tips; modelis, kategorija; **2.** *fiz.* etalons
tipografía *f* **1.** grāmatu iespiešana; poligrāfija; **2.** tipogrāfija
tipógrafo *m* **1.** tipogrāfs; grāmatu iespiedējs; **2.** burtlicis

tirabuzón *m* **1.** [korķu] viļķis; **2.** (*matu*) sproga, cirta
tirada *f* **1.** metiens (*par disku, šķēpu, lodi*); **2.** šāviens, šaušana; **3.** attālums, atstatums; atstarpe; **4.** *poligr.* tirāža, metiens; **5.** *poligr.* [grāmatu] iespiešana; ◇ de (en) una ~ – uzreiz
tirador *m* **1.** šāvējs; strēlnieks; **2.** (*lādes, skapja*) rokturis
tiranía *f* **1.** *vēst.* tirānija; **2.** cietsirdība; nežēlība
tiranizar *v* tiranizēt; mocīt
tirano I *a* tirānisks; **II** *m* **1.** *vēst.* tirāns; **2.** varmāka; necilvēks; despots
tirante I *a* saspīlēts (*par attiecībām*); **II** *m* **1.** atsaite; **2.** šķērskoks
tirantez *f* saspīlējums (*par attiecībām*)
tirar *v* **1.** mest, sviest; grūst (*lodi*); **2.** šaut; **3.** vilkt; stiept; **4.** *tehn.* vilkt (*stiepli*); **5.** svaidīties (*ar naudu*), šķiest (naudu); ~ su fortuna – notriekt īpašumu; ◇ a todo ~ – lielākais; andar tirado – būt bagātam (*ar ko*); ~ de largo (por largo) – 1) tērēt bez apdoma; 2) pārspīlēt; piepušķot; **~se** *rfl* **1.** mesties (ūdenī); ~ al río – mesties upē; **2.** svaidīties (*ar akmeņiem*); **3.** atlaisties (*krēslā, gultā*); **4.** ~ en paracaídas – lēkt ar izpletni
tiritar *v* trīcēt, drebēt (*no aukstuma, bailēm*)

tiritón I *a* trīcošs, drebošs; II *m* drebuļi; trīsas

tiro *m* 1. metiens; 2. šāviens; 3. šaušana; ~ curvo *mil.* – stāvuguns; 4. (*šāviena, metiena*) attālums; a ~ de fusil – šāviena attālumā; 5. šautuve; ◊ de un ~ – vienā rāvienā; uzreiz; a ~ hecho – 1) droši; nekļūdīgi; 2) tīšu prātu, tīšām; ◊ *pārn.* nošaut greizi, nošaut buku; acertar (lograr) el ~ – trāpīt mērķī; de un ~ dos palomas – nošaut divus zaķus uzreiz

tiroides *m anat.* vairogdziedzeris

tirón *m* 1. metiens; grūdiens, rāviens, asa kustība; 2. raustīšana; vilkšana; dar un ~ de orejas – saplucināt (saplūkāt) aiz ausīm; ◊ de un ~ – ar vienu rāvienu, vienā ravienā; ni a dos ~es – nekādā gadījumā

tironear *v* 1. raustīt; vilkt; 2. nedot mieru, tirdīt

titán *m* titāns; milzis

titánico *a* titānisks; milzīgs, milzu-

títere I *a* marionešu-; II *m arī pārn.* marionete

titilación *f* 1. mirgošana; mirdzēšana; 2. pulsācija

titilante *a* mirgojošs; mirdzošs

titilar *v* 1. mirgot; mirdzēt; 2. pulsēt

titiritero *m* virves dejotājs, ekvilibrists, akrobāts

titubear *v* 1. stostīties, stomīties; 2. *pārn.* svārstīties; šaubīties

titular I *a* 1. titulēts; ar titulu; 2. štata-; štatu-; ◊ letra ~ – lielais burts, sākuma burts; II *m* lielais burts, sākuma burts

título *m* 1. (*grāmatas, nodaļas*) virsraksts; nosaukums; 2. tituls; nosaukums; 3. iemesls; iegansts; a ~ de – 1) aizbildinoties (*ar ko*), motivējot (*ar ko*); 2) kā (*tādu vai tādu*); le invitamos a ~ de especialista – mēs viņu ataicinājām kā speciālistu; 4. *jur.* dokuments (*kas apliecina tiesības u. tml.*); 5. uzraksts, titrs; ◊ con justo ~ – ar pilnām tiesībām

tiza *f* krīts

tizón *m* 1. gruzdoša (apdegusi) pagale; 2. melnplauka (*labības augu slimība*); 3. *pārn.* kauna traips

toalla *f* 1. dvielis; 2. spilvena pārklājs

toba *f* 1. *min.* tufs; 2. zobakmens; 3. apsūbējums

tobera *f tehn.* sprausla

tobillo *m* potīte

tocado *m* 1. galvasrota; galvassega; 2. frizūra

tocador *m* muzikants; ~ de guitarra – ģitārists

tocar *v* 1. [aiz]skart, pieskarties (*ar roku*); 2. spēlēt (*mūzikas instrumentu*); ~ el tambor – sist bungas; 3. zvanīt; 4. pārbaudīt pēc skaņas (*traukus u. tml.*); 5. zināt no pieredzes; 6. aizgrābt, aizkustināt

tocayo *m* vārdabrālis

tocino *m* 1. cūku tauki; speķis

tocólogo *m* akušieris

tocón *m* celms

toconal *m* 1. cirsma; 2. izciršana

tochedad *f* 1. rupjība; [labas] audzināšanas trūkums; 2. izglītības trūkums; gara tumsība; 3. muļķība

tocho I *a* 1. rupjš, neaudzināts; 2. neizglītots; 3. muļķīgs, dumjš

todavía *adv* 1. vēl, arvien vēl; joprojām; līdz šim laikam; 2. tomēr

toda (*pl* todas) *pron indef* visa; ~ la vida – visa dzīve; ◊ a ~ prisa – lielā steigā

todo I (*pl* todos) *pron indef* viss; ~ el día – visa diena; ~ hombre – katrs (jebkurš) cilvēks; en ~ caso – katrā gadījumā; ◊ a ~ trapo – pilnās burās; a ~ correr – cik jaudas, ko kājas nes; II *adv*: ante ~ – vispirms; con ~, con ~ eso – neraugoties uz to, tomēr; sobre ~ – it sevišķi, it īpaši; del (de; en) ~, en ~ y por ~ – bez izņēmuma; ~ o nada – visu vai neko; ~ lo que quieras – viss, ko vēlies

todopoderoso *a* visvarens, visspēcīgs

tofo *m* uztūkums, uzpampums; puns

tolda *f* buru audekls, brezents

toldadura *f* (*buru audekla*) nojume, aizsargjums

tole *m* troksnis; ◊ tomar el ~ – mukt, bēgt projām

tolerable *a* [pa]ciešams

tolerancia *f* 1. iecietība, tolerance; 2. pacietība; 3. *tehn.* pielaide, tolerance

tolerante *a* iecietīgs

tolerar *v* ciest, paciest; pieļaut; no lo ~ é – es to necietīšu

tolmo *m* klints

tomar *v* 1. ņemt; ~ con las manos – ņemt ar rokām; ~ agua de la fuente – smelt ūdeni no avota; 2. uzkrāt (*spēkus*); 3. pieņemt darbā; 4. īrēt, noīrēt; nomāt (*telpas*); 5. ieņemt (*pilsētu, cietoksni*); 6. ēst; dzert; 7. pārņemt (*manieres, uzskatus*); 8. saprast, uztvert; ~ a broma – uzņemt kā joku; 9. noturēt (*par kādu*); 10. pārņemt (*par miegu, nogurumu u. tml.*); 11. ķerties (*pie darba*); ◊ ¡toma! – pag!, pagaidi!; ~ la con alguien – saķerties ar kādu; ~ la tierra – 1) *av.* nolaisties; 2) *jūrn.* piestāt pie krasta; ~ a pecho – ņemt pie sirds; ~ el trote – bēgt (mukt) projām; ~ el portante (pipa, soleta) – ņemt kājas pār pleciem; más vale un toma que dos daré – labāk zīle rokā nekā mednis kokā; **~se** *rfl* 1. ķerties (*pie darba*); ~ sobre sí – uzņemties atbildību; 2. pelēt

tomate *m* 1. tomāts (*auglis*); 2. *sar.* caurums (*zeķē, cimdā*)

tomatera *f* tomāts (*stāds*)

tomentoso *a* spilvains, spilvots (*par augiem*)

tomillo *m* timiāns

tomo *m* 1. sējums (*par grāmatu*); 2. apjoms; lielums; 3. svarīgums, nozīmīgums; ◊ de ~ y lomo –

1) liela apjoma-; plašs; 2) svarīgs, nozīmīgs

ton *m*: sin ~ ni son *sar.* – ne no šā, ne no tā

tonada *f* dziesma; melodija, motīvs

tonel *m* muca, muciņa

tonelada *f* **1.** mucas tilpums; **2.** tonna

tonicidad *f med.* tonuss

tónico I *a* **1.** *lit.* tonisks; **2.** *med.* tonizējošs; **3.** *gram.* uzsvērts (*par zilbi*); **II** *m* **1.** *med.* tonizējošs līdzeklis; **2.** *mūz.* tonika; **3.** *gram.* uzsvērtā zilbe

tonina *f* **1.** tunzivs; **2.** delfīns

tono *m* **1.** *daž. noz.* tonis; ~ agudo (grave) – augsts (zems) balss tembrs; **2.** maniere; veids; **3.** spēks; enerģija; ◇ salir de ~ – 1) pacelt balsi; 2) lielīgi (uzpūtīgi) izturēties; 3) plaši dzīvot; bajar de ~ – pazemināt balsi (*sākot runāt mierīgākā tonī*)

tontada *f* muļķība

tontear *v* muļķoties, runāt muļķības

tont‖**o I** *a* muļķīgs; **II** *m* muļķis; ~ de capirote – gatavais muļķis; muļķadesa; ◇ a ~as y a locas – šķības greizi; ◇ como ~ en vísperas – kā no mēness nokritis

topacio *m min.* topāzs

topar *v* **1.** sagrūst kopā; **2.** (*nejauši*) uziet, atrast; **3.** satikties, sastapties; **4.** badīties; **5.** atsisties ar galvu; **6.** *pārn.* sadurties, sastapties

tope *m* **1.** gals; **2.** smaile; **3.** galotne; virsotne; **4.** sadursme; **5.** šķērslis, kavēklis; **6.** strīds, ķilda; ◇ hasta el ~ – līdz malām; līdz pašai augšai; estar hasta los ~s – būt paēdušam līdz kaklam

tópico I *a* vietējs; lokāls; **II** *m* zāles ārīgai lietošanai

topo *m* **1.** kurmis; **2.** *sar.* tuvredzīgs cilvēks

topografía *f* topogrāfija

topográfico *a* topogrāfisks

topógrafo *m* topogrāfs

toque *m* **1.** saskaršanās; saskare, saskarsme; **2.** (*metāla*) raudze; **3.** pārbaude; **4.** (*dažādu mūzikas instrumentu, zvana*) skaņa, skanēšana; **5.** (*bungu*) rībona

toquilla *f* **1.** galvas lakats; **2.** šķidrauts, plīvurs

torácico *a anat.* krūts-; krūšu-

torada *f* vēršu bars

tórax *m anat.* krūtis; krūškurvis

torbellino *m* **1.** viesulis; **2.** *sar.* nemierīgs (kustīgs) cilvēks; **3.** (*notikumu*) virpulis; **4.** (*ļaužu*) pieplūdums

torca *f* ieplaka (*kalnos*)

torcedero *a* **1.** šķeterēts; **2.** līks, greizs; **3.** negodīgs; **4.** sagrozīts; izkropļots

torcer *v* **1.** šķeterēt; **2.** saliekt; liekt; **3.** sagrozīt, izkropļot (*faktus u. tml.*); **4.** nogriezties, pagriezties (*par ceļu*); **5.** *pārn.* noiet no pareizā ceļa; ◇ ~ la boca, ~ el rostro – viebt seju; ~ las narices – griezt degunu projām; neskatīties ne virsū; no dar su mano a ~ – neļaut sev pāri darīt; **~se** *rfl* saskābt (*par vīnu*)

torcijón *m* **1.** (*zarnu*) samešanās; **2.** vēdergraizes

toreador *m* toreadors

torear *v* **1.** piedalīties vēršu cīņā; **2.** kaitināt vērsi; **3.** ķircināt; kaitināt; **4.** mānīt; vazāt aiz deguna

toreo *m* vēršu cīņa, korrida

torero *m* vēršu cīņas dalībnieks, torero

torete *m* vērsēns

tormenta *f* **1.** vētra; viesuļvētra; **2.** nelaime; posts; **3.** nežēlastība

tormento *m* **1.** spīdzināšana; **2.** mokas; **3.** skumjas, bēdas

tormentoso *a* vētrains; negaisa-

tornar *v* **1.** atdot [atpakaļ]; **2.** atgriezties; **3.** (a + *inf*) atkārtot; sākt no jauna; **~se** *rfl* kļūt

tornasol *m* **1.** saulespuķe; **2.** (*krāsu*) laistīšanās; **3.** *ķīm*. lakmuss

tornavoz (*pl* tornavoces) *m* rezonators

torneado *a* virpots

torneador *m* virpotājs

torneadura *f* metāla skaida

tornear *v* **1.** izvirpot, apstrādāt uz virpas; **2.** piedalīties (*turnīrā, sacensībās u. tml.*); **3.** fantazēt, sapņot

torneo *m* turnīrs; ~ de fútbol – futbola turnīrs

tornero *m* virpotājs

tornillero *m sar*. dezertieris

tornillo *m* **1.** skrūve; bulta; **2.** *tehn*. gliemezis; gliemeža pārvads; **3.**: ~ de banco – spīles, skrūvspīles; **4.** *sar*. dezertēšana

torno *m* virpa

toro *m* vērsis; ~ mejicano – bizons; corrida de ~s – vēršu cīņa; plaza de ~s – korridas arēna

toroso *a* vesels; veselīgs; spēcīgs, stiprs

torpe *a* **1.** neveikls, lempīgs; **2.** neattīstīts; stulbs

torpedear *v* **1.** *mil*. torpedēt; **2.** *pārn*. sabotēt

torpedo *m* **1.** torpēda; **2.** *iht*. elektriskā raija

torre *f* **1.** tornis; ~ extractora – naftas tornis; ~ de faro – bāka; **2.** vasarnīca, villa; **3.** muiža; **4.** tornis (*šaha spēlē*); ◇ ~ de viento – veltas cerības, gaisa pilis

torrencial *a* stiprs (*lietus*)

torrente *m* **1.** straume; strauja vieta (*upē*); ◇ llueve a ~s – lietus gāž kā no spaiņa; **2.** *pārn*. straume (*par vārdiem, ļaudīm*); ◇ ~ de voz – skaļa (varena) balss

torso *m* rumpis, torss

torta *f* **1.** torte; **2.** apaļš pīrāgs; **3.** (*am.*) plācenis; **4.** *sar*. pļauka

tortera *f* veidne (*tortei*)

tortilla *f* **1.** omlete; ~ de jamón – omlete ar šķiņķi; **2.** (*am.*) kukurūzas (maīsa) miltu plācenis, tortilja

tortuga *f* bruņurupucis; va a paso de ~ – velkas kā gliemezis
tortuoso *a* 1. mokošs; mokpilns; 2. līkumains, līkumots
tortura *f* 1. spīdzināšana, mocīšana; 2. saliekumi, izliekumi
torturador *m* spīdzinātājs, mocītājs
torturar *v* spīdzināt, mocīt
torvo *a* 1. draudīgs, nelaimi vēstošs-; 2. saniknots, satracināts
tos *f* klepus; ~ convulsiva, ~ ferina – garais klepus; golpe de ~ – klepus lēkme
tosejar *v* stipri klepot
toser *v* klepot; atklepoties
tósigo *m* inde
tostada *f* grauzdiņš; ◇ pegar (dar) a uno la ~ – pazoboties par kādu
tostado I *a* 1. grauzdēts; 2. melnīgsnējs; iededzis; II *m* grauzdēšana
tostar *v* 1. grauzdēt; 2. pārkarsēt
total I *a* 1. totāls; 2. kopēj[ai]s; II *m* kopsumma; en ~ – 1) pilnā mērā; 2) kopumā, visumā
totalidad *f* kopums; kopsumma; la ~ de la población – visi iedzīvotāji
totalizar *v* 1. saskaitīt; sarēķināt; 2. rezumēt, izdarīt kopsavilkumu
totalmente *adv* 1. pilnā mērā; 2. pilnīgi
toxicante *a* indīgs
toxicar *v* saindēt
toxicidad *f med.* toksiskums
tóxico *a med.* toksisks
toxicofidia *f* čūsku inde
toxina *f med.* toksīns

tozudez *f* neatlaidība; stūrgalvība, ietiepība
tozudo *a* neatlaidīgs; stūrgalvīgs, ietiepīgs
trabado *a* stiprs, spēcīgs; norūdīts
trabajado *a* noguris (*no darba*)
trabajador I *a* strādīgs; II *m* 1. darbinieks, strādnieks; ~ intelectual – garīga darba darītājs; 2. darba cilvēks; darbarūķis
trabajar *v* 1. strādāt; 2. darboties; 3. apstrādāt; 4. izstrādāt, izgatavot
trabajo *m* 1. darbs; ~ intelectual – garīgs darbs; ~ manual – fizisks darbs; ~ asalariado – algots darbs; disciplina del ~ – darba disciplīna; jornada de ~ – darbdiena; protección del ~ – darba aizsardzība; 2. (*literārs, zinātnisks*) darbs; 3. darbība; 4. grūtības, šķēršļi; 5. ~s *pl* mokas, ciešanas
trabajos||**o** *a* 1. darbietilpīgs; nogurdinošs, grūts; operaciones ~as y pesadas – ietilpīgi un smagi darbi; 2. uzcītīgs, cītīgs, čakls
trabalenguas *m* 1. ātrruna, ātra runāšana; 2. grūti izrunājams vārds
tracoma *f med.* trahoma
tradición *f* tradīcija
tradicional *a* tradicionāls; sensens, no laika gala pastāvošs
tradicionalismo *m* uzticība (piekeršanās) tradīcijām
traducción *f* 1. tulkošana; 2. tulkojums; 3. izskaidrojums; inter-

pretējums; izskaidrošana; interpretēšana
traducir *v* **1.** tulkot; **2.** izskaidrot; interpretēt
traedizo *a* pārnēsājams; pārvietojams
traedor *m* pienesējs
traer *v* **1.** atnest; **2.** radīt; sagādāt; izraisīt (*rūpes, grūtības*); **3.** pievilkt, saistīt; **4.** nēsāt, valkāt (*kleitu u. tml.*); ◇ ~ en bocas, ~ en lenguas – tenkot; ~ a la memoria – atcerēties; ~ a mal ~ slikti (rupji) izturēties (*pret kādu*); **~se** *rfl*: ~ bien (mal) – labi (slikti) ģērbties; labi (slikti) izskatīties
traficar *v* **1.** tirgoties; **2.** spekulēt
tráfico *m* **1.** tirdzniecība; tirgošanās; **2.** ielu satiksme; ~ de tranvías – tramvaju kustība; ~ unidireccional – vienvirziena kustība
tragadero *m* **1.** rīkle; **2.** novadcaurule; kanāls; **3.** *sar.* rīma
tragahombres *m* lielībnieks
tragaluz (*pl* tragaluces) *m* jumta lodziņš
tragar *v* **1.** rīt; aprīt; norīt; **2.** *pārn.* aprīt (*par jūru, zemi*)
tragedia *f* traģēdija; ◇ acabar en ~ – ņemt nelabu galu
trágico I *a* traģisks; **II** *m* **1.** traģiķis; **2.** traģēdijas autors
trago *m* **1.** malks; apurar de un ~ – izdzert vienā malkā (vienā paņēmienā); **2.** sarūgtinājums, apbēdinājums; ◇ ~ amargo – rūgtais biķeris

tragón I *a* rijīgs, ēdelīgs; **II** *m sar.* rīma, negausis
traición *f* nodevība; alta ~ – valsts nodevība
traicionar *v* nodot; kļūt neuzticīgam
traidor I *a* nodevīgs; **II** *m* nodevējs
trainera *f* traleris (*zvejas kuģis*)
traje *m* apģērbs; tērps; ~ de gala – svētku (parādes) tērps; ~ de ceremonia, ~ de etiqueta – 1) parādes (formas) tērps; 2) fraka; ~ de baño – peldkostīms; ~ de luces – torero tērps
trajear *v* [ap]ģērbt; uzpost
trajinar *v* **1.** vest, pārvadāt (*preces*); **2.** braukāt (*darīšanās*)
tralla *f* **1.** virve; **2.** (*sapīts*) pātagas gals; **3.** pātaga
trámite *m* instance; ~ superior – augstākā instance
tramo *m* **1.** (*zemes*) gabals; **2.** (*tilta, kāpņu*) posms; **3.** (*literāra darba*) fragments
tramontana *f* **1.** ziemeļi; **2.** godkāre; augstprātība, uzpūtība; ◇ perder la ~ – zaudēt galvu
tramontar *v* **1.** pāriet (*kalnus*); **2.** aizgrimt aiz kalniem (*par sauli*)
tramonte *m* **1.** (*kalnu*) pāreja; **2.** saules aizgrimšana (*aiz kalniem*)
trampa *f* **1.** *arī pārn.* slazds, lamatas; caer en la ~ – iekļūt lamatās; **2.** paceļams (*pagraba, letes*) vāks; **3.** viltība; **4.** parāds; vivir de ~ s, vivir ~ adelante – dzīvot uz parā-

diem; ◇ estar lleno de ~s – būt līdz ausīm parādos
trampantojo *m* krāpšana; viltība
trancar *v* aizbultēt, aizšaut (*aizšaujamo*)
trance *m* **1.** izšķirošs (kritisks) moments; **2.** briesmas; ◇ a todo ~ – noteikti, enerģiski; último ~ – nāvesstunda
tranquera *f* žogs
tranquilidad *f* miers; klusums; ~ de ánimo – dvēseles miers
tranquilizar *v* mierināt; nomierināt; ~se *rfl* nomierināties; apklust; aprimt
tranquilo *a* mierīgs; kluss
transatlántico **I** *a* **1.** transatlantisks; **II** *m* **1.** transatlantiskais tvaikonis
transbordar *v* **1.** pārkraut (*preces*); **2.** pārsēsties (*citā vilcienā u. tml.*)
transbordo *m* **1.** (*preču*) pārkraušana; **2.** (*pasažieru*) pārsēšanās
transcontinental *a* transkontinentāls
transcribir *v* **1.** pārrakstīt; **2.** *mūz.* aranžēt; **3.** *val.* transkribēt
transcripción *f* **1.** pārrakstīšana; **2.** *mūz.* aranžēšana; **3.** *val.* transkripcija
transcurrir *v* paiet (*par laiku*)
transcurso *m*: en el ~ de – ... laikā; en el ~ de un año – gada laikā
transeúnte **I** *a* pagaidu-; pārejošs; **II** *m* garāmgājējs
transferencia *f* **1.** pārvietošana; pārcelšana; **2.** (*varas, tiesību u. tml.*) nodošana (citam); **3.** izskaidrojums; interpretācija; izskaidrošana; interpretēšana; **4.** *med.* metastāze; **5.** *fin.* pārskaitījums
transferir *v* **1.** pārvietot; pārcelt; **2.** nodot citam (*varu, tiesības u. tml.*); **3.** paplašināt (*vārda nozīmi, jēgu*); **4.** izskaidrot; interpretēt
transfigurar *v* pārveidot; variēt; ~se *rfl* pārveidoties; variēties
transformación *f* **1.** pārkārtošana; reorganizēšana; **2.** pārstrādāšana; **3.** transformācija
transformador *tehn.* **I** *a* transformatora-; transformatoru-; **II** *m* transformators
transformar *v* **1.** pārkārtot; reorganizēt; **2.** pārstrādāt; **3.** *tehn.* transformēt
transfretar *v* **1.** šķērsot (*jūru*); **2.** [aiz]stiepties; [iz]plesties (*par teritoriju*)
transfundir *v* **1.** pārliet (*šķidrumu*); **2.** paziņot, izplatīt (*kaut ko*)
transfusión *f* pārliešana; ~ de sangre *med.* – asins pārliešana
transgredir *v* pārkāpt (*likumu*)
transgresión *f* (*likuma*) pārkāpšana
transgresor *m* (*likuma*) pārkāpējs
transición *f* pāreja (*no viena stāvokļa otrā*); período de ~ – pārejas periods
transido *a* (de) (*apzīmē kāda grūta stāvokļa augstāko pakāpi*): ~ de frío – nosalis stīvs; ~ de dolor – bēdu sagrauzts; ~ de hambre – bada novārdzināts

transigente *a* piekāpīgs

transigir *v* piekāpties; samierināties

transitable *a* pārejams; izbraucams

transitar *v* **1.** iet, staigāt; **2.** ceļot

transitivo *a* **1.** *jur.* mantojams; **2.** *gram.* pārejošs; verbo ~ – pārejošs darbības vārds

tránsito *m* **1.** tranzīts; **2.** pāreja (*no viena stāvokļa otrā*); **3.** apstāšanās ceļā; hacer ~s – apstāties, lai atpūstos (*ceļojuma laikā*)

transitorio *a* pagaidu-; pārejošs;

translimitación *f* **1.** robežas pāriešana; **2.** robežas pārkāpšana

transmarino *a* aizjūras-

transmisible *a* **1.** pārraidāms pa radio; **2.** *med.* lipīgs, infekcijas-

transmisión *f* **1.** pārnešana; **2.** raidījums, pārraide; **3.** *tehn.* transmisija

transmitir *v* **1.** nodot (*sveicienu u. tml.*); **2.** pārvietot; pārnest; pārcelt; **3.** pārraidīt

transmontar *v* **1.** pāriet kalnus; **2.** aiziet aiz kalniem (*par sauli*)

transmutable *a* pārvēršams; pārveidojams

transmutar *v* pārvērst; pārveidot

transparencia *f* caurspīdīgums

transparentarse *v rfl* būt (kļūt) caurspīdīgam; spīdēt cauri

transparente I *a* caurspīdīgs; **II** *m* štora, aizkars

transpiración *f* **1.** izgarošana, iztvaikošana; **2.** svīšana

transpirar *v* (por) **1.** izgarot, iztvaikot; **2.** svīst

transponer *v* **1.** pārvietot; pārnest; pārcelt; **2.** pārstādīt (*augus*); **~se** *rfl* **1.** izgaist, izzust; **2.** norietēt (*par sauli*); **3.** laisties snaudā

transportable *a* ērti pārnēsājams, portatīvs

transportación *f* pārvešana; pārvadāšana; transportēšana

transportador *m* **1.** transportētājs; **2.** *tehn.* transportieris

transportar *v* **1.** pārvietot; pārnest; **2.** pārvest, pārvadāt; transportēt; **3.** *mūz.* transponēt

transporte *m* **1.** pārvietošana; pārnešana; **2.** pārvešana, pārvadāšana, transportēšana; **3.** transports; ~ aéreo – gaisa transports; ~ automóvil, ~ por carretera – automobiļu transports; ~ ferroviario – dzelzceļa transports; ~ fluvial – upju transports

transposición *f* **1.** pārstatīšana; **2.** *gram.* inversija

transversal *a* šķērss; línea ~ – šķērslīnija

tranvía *m* tramvajs

tranzar *v* **1.** griezt, sagriezt; nogriezt; **2.** atcirst; nocirst

trapecio *m* trapece

trapezoide *m mat.* dažādmalu četrstūris

trapo *m* **1.** lupata; **2.** buras; a todo ~ *arī pārn.* – pilnās burās; ◇ soltar el ~ – 1) izplūst asarās; 2) sākt nevaldāmi (skaļi) smieties

traque *m* brīkšķis; brākšķis; ◊ a ~ barraque – nepārtraukti

tráquea *f anat.* traheja

traquetear *v* **1.** brīkšķēt; brakšķēt; **2.** kratīt

traquita *f* (*vulkāniskas izcelšanās*) klints

tras *prep* **1.** (*apzīmē vietu*) aiz; ~ una esquina – aiz stūra; ~ la puerta – aiz durvīm; ~ de mí – aiz manis; uno ~ otro – cits aiz (pēc) cita; **2.** (*apzīmē laiku*) pēc; ~ de llover se despejó el cielo – pēc lietus debesis noskaidrojās; ~ la primavera viene el verano – pēc pavasara nāk vasara

trascendencia *f* **1.** *filoz.* transcendence; **2.** (*garīgs, morāls*) pārākums; **3.** svarīgums, nozīmīgums

trascendental *a* **1.** *filoz.* transcendentāls; **2.** svarīgs, nozīmīgs; de importancia ~ – ļoti svarīgs

trascender *v* **1.** stipri smaržot; **2.** izplatīties (*par ziņām u. tml.*)

trascordarse *v rfl* aizmirst; piemirst

trasero **I** *a* pakaļējs; **II** *m* dibens, sēžamvieta

trasgo *m* mājas gars

trashojar *v* pāršķirstīt, pārlapot

traslación *f* **1.** pārvietošana; pārcelšana (*uz citu vietu*); **2.** pārtulkošana; **3.** *gram.* laiku (izteiksmju) maiņa; **4.** metafora

trasladar *v* **1.** pārvietot; pārcelt (*uz citu vietu*); **2.** pārtulkot; **3.** norakstīt; pārrakstīt

traslado *m* **1.** dublikāts, kopija; **2.** pārcelšana (*uz citu vietu*); **4.** *av.* pārlidojums

traslaticio *a* metaforisks, figurāls

trasmañana *adv* parīt

trasminar *v* **1.** [pa]rakties; rakt (*apakšzemes eju*); **2.** izsūkties cauri (*par šķidrumu*); **3.** piesūkties (*par smaku*)

trasnochado *a* **1.** neizgulējies; **2.** nakti nostāvējis (*par ēdienu*); **3.** nomocījies, izvārdzis; **4.** sen zināms

trasnochar *v* **1.** pavadīt bezmiega nakti; **2.** pārnakšņot

trasoír *v* pārklausīties

trasojado *a* ar iekritušām acīm; ar lokiem zem acīm

traspapelarse *v rfl* pazust (iejukt) papīros (*par dokumentu*)

traspared *f* slepena vieta

traspasar *v* **1.** pārcelt, pārvest (*pāri upei, kalnam u. tml.*); **2.** pārcelties (*pāri upei, robežai u. tml.*); **3.** nodot (*kādam savas tiesības, īpašumu*)

traspaso *m* **1.** pārcelšana, pārvešana; **2.** (*tiesību, īpašuma*) nodošana (*kādam citam*)

traspeinar *v* pieglaust (saglaust) matus

traspié *m* **1.** klupšana; **2.** *pārn.* kļūmīgs solis; ◊ dar (hacer) ~s – 1) klupt, paklupt; 2) kļūdīties, spert kļūmīgu soli

trasplante *m* 1. (*augu*) pārstādīšana; 2. *med.* transplantācija; 3. pārcelšanās (*uz jaunu dzīvesvietu*)

traspuesta *f* pārvietošana

trastabillar *v* šūpoties; ļodzīties, grīļoties

trastada *f* 1. muļķīgs joks; 2. nekārtīgums; paviršība; nolaidība

trastazo *m sar.* sitiens

trastejar *v* 1. labot jumtu; 2. aplūkot, apskatīt (*kādu labošanai domātu priekšmetu*)

trastrocamiento *m* 1. (*radikāla*) pārmaiņa; 2. (*kārtības*) mainīšana

trastrocar *v* 1. (*radikāli*) izmainīt; 2. mainīt (*kārtību*)

trastulado *a* smieklīgs, jocīgs, komisks

trastulo *m* izprieca; laika kavēklis

trasuntar *v* 1. pārrakstīt; norakstīt; 2. izklāstīt īsumā

trasunto *m* kopija; dublikāts

trasver *v* 1. redzēt cauri (*kaut kam*); 2. slikti redzēt

trasverter *v* plūst pāri malām, izlīt (*par šķidrumu*)

trasvolar *v* pārlidot (*pāri kaut kam*); lidot (*virs kaut kā*)

tratable *a* laipns; pieklājīgs

tratado *m* 1. līgums; vienošanās; ~ de paz – miera līgums; 2. traktāts

tratamiento *m* 1. apiešanās; izturēšanās; 2. paņēmiens, metode; 3. ārstēšana; ~ curativo – ārstēšanas kurss; ~ físico – fizioterapija

tratante *m* (en) tirgotājs

tratar *v* 1. apieties; izturēties; 2. būt labās attiecībās; 3. (con) sarunāties, tērzēt; 4. ārstēt; 5. (de) censties; tiekties; 6. (en) tirgoties; 7. (de, sobre, acerca de) spriedelēt; strīdēties; diskutēt; **~se** *rfl* uzvesties; ◇ se trata de ... – runa ir par ...

trato *m* 1. apiešanās; izturēšanās; 2. tirdzniecība; komercija; ◇ ~ doble – divkosība; estar en ~s – vest sarunas

trauma *m med.* trauma

traumático *a* traumatisks

través *m* 1. slīpums; 2. neveiksme, nelaime; ◇ a ~, al ~ – 1) caur[i]; 2) ar (*kāda*) starpniecību; de ~ – šķērsām; dar al ~ con ... – sagandēt

travesear *v* 1. draiskoties; 2. (*uztraukti*) staigāt (*šurpu turpu*)

travesía *f* 1. šķērsiela; sāniela; 2. ceļojums (*pa jūru*); 3. attālums (*starp diviem punktiem*); distance

travesura *f* 1. nerātnība, palaidnība; draiskulība; 2. nedarbs

travieso I *a* 1. šķērs-; 2. nerātns, palaidnīgs; draiskulīgs; 3. nemierīgs

travolcar *v* apgriezt visu otrādi, radīt nekārtību

trayecto *m* 1. attālums, atstarpe (*starp diviem punktiem*); ceļa gabals; 2. brauciens

trayectoria *f* trajektorija

traza *f* 1. plāns; projekts; 2. rasē-

trazado

jums; ◇ tener buena (mala) ~ – labi (slikti) izskatīties; por las ~s – spriežot pēc izskata; darse ~ – 1) pielikt pūles; 2) veikli izdarīt (*kaut ko*)

trazado *m* 1. rasējums; plāns; uzmetums; 2. (*pilsētas u. tml.*) plānošana; 3. trase

trazador *m* plānotājs, projektētājs

trazar *v* 1. plānot, projektēt; 2. atrast līdzekļus (kaut kā veikšanai)

trazo *m* 1. līnija, svītra; 2. uzmetums; skice; rasējums

trébol *m bot.* āboliņš

trece *num* 1. trīspadsmit; 2. trīspadsmitais; ◇ mantenerse (seguirse) en sus ~ – pastāvēt uz savu

trecho *m* 1. (*zemes*) platība; 2. (*ceļa*) gabals; 3. laika sprīdis; a ~s – reizēm, laiku pa laikam; ◇ de ~ en ~, de ~ a ~ – 1) vietām; 2) dažreiz, reizēm

trefe *a* 1. vājš; vārgs; slimīgs; 2. nelikumīgs; 3. neīsts, viltots; moneda ~ – viltota nauda

tregua *f* 1. pamiers; romper la ~ – pārtraukt pamieru; 2. atelpa, īsa atpūta (*darbā*); no dar ~ – nedot mieru (atpūtu); lucha sin ~ – nenogurstoša cīņa

treinta *num* 1. trīsdesmit; 2. trīsdesmitais

treintañal *a* trīsdesmitgadīgs

tremedal *m* purvs; muklājs

tremend‖o *a* 1. šausmīgs, briesmīgs; 2. cienījams, godājams; 3. *sar.* milzīgs

tremolar *v* 1. attīt; pacelt (*karogu*); 2. plīvot, plandīties (*par karogu*)

tremolina *f* vētra

tremulación *f* vibrēšana, drebēšana

trémulo *a* 1. vibrējošs, drebošs; 2. mirgojošs (*par gaismu, uguntiņu*)

tren *m* 1. vilciens; ~ rápido – ātrvilciens; ~ suburbano – piepilsētas vilciens; ◇ llevar un gran ~ de vida – plaši dzīvot

trenza *f* 1. bize; 2. pīta lente

trepanación *f med.* trepanācija

trepanar *v med.* trepanēt

trepar[a] *v* 1. [uz] rāpties; 2. vīties (*par augiem*)

trepar[b] *v* 1. urbt; 2. izrotāt ar volāniem

trepe *m sar.* rājiens; echar un ~ – ņemt priekšā (*kādu*)

trepidación *f* 1. satricinājums; 2. drebēšana, trīcēšana; trīsas; drebuļi

trepidar *v* 1. satricināt; 2. [no]trīcēt, [no]drebēt

tres *num* 1. trīs; 2. trešais

trescientos *num* 1. trīs simti; 2. trīssimtais

triangulado, triangular *a* trīsstūra-; trīsstūrains

triángulo I *a* trīsstūra-; trīsstūrains; **II** *m* trīsstūris; ~ equilátero – vienādmalu trīsstūris; ~ isósceles – vienādsānu trīsstūris

tribu *f* cilts; dzimta

tribulación *f* bēdas, sāpes

tribuna *f* 1. tribīne; 2. galerija (*piem., teātrī*)

tribunal *m* tiesa, tribunāls; Tribunal Supremo – Augstākā tiesa; ~ militar – kara tribunāls; ~ de casación – kasācijas tiesa; ~ de cuentas – finanšu inspekcija
tributación *f* 1. nodokļu nomaksāšana; 2. nodokļu sistēma
tributante *m* nodokļu maksātājs
tributar *v* 1. nomaksāt (*nodokli u. tml.*); 2. izrādīt (*godbijību, cieņu*)
tributo *m* 1. nodoklis; 2. nomas maksa
triciclo *m* trīsritenis
tricolor *a* trīskrāsains
tricot *m* trikotāža
trigal *m* kviešu lauks
trigésimo *num* trīsdesmitais
trigo *m* kvieši; ~ otoñal (de invierno) – ziemas kvieši; ~ trechel (tremesino; tremés; marzal) – vasaras kvieši; ◊ ~ sarraceno – griķi
trígono *m* trīsstūris
trigonometría *f* trigonometrija
trigonométrico *a* trigonometrijas-; trigonometrisks
trigueño *a* 1. kviešu krāsas- (*par matiem*); 2. iededzis; melnīgsnējs (*par sejas krāsu*)
trilátero I *a* trīsmalu-; II *m* trīsstūris
trilogía *f* triloģija
trilla *f* 1. kulšana; 2. kūlums
trilladora *f* kuļmašīna
trillar *v* kult
trimestral *a* trīs mēnešu-; trimestra-
trineo *m* ragavas; kamanas; ~ a motor, ~ con hélice – motorkamanas, aerokamanas
trinquete *m* jūrn. fokmasts
Triones *m pl astr.* Lielā Lāča zvaigznājs, Lielie Greizie Rati
tripa *f* 1. zarna; 2. vēders; 3. *bot.* serde; ◊ tener malas ~s – būt cietsirdīgam; hacer de ~s corazón – prasmīgi slēpt savu nepatiku
triplaza *a* trīsvietīgs
triple *a* trīskārtējs; trīskārtīgs
tripulación *f* (*kuģa, lidmašīnas*) komanda; apkalpe
triste *a* 1. bēdīgs; sērīgs; apbēdināts, sarūgtināts; 2. melanholisks
tristeza *f* 1. bēdas, skumjas; grūtsirdība; 2. melanholija
triturador *m*, **trituradora** *f* drupinātājs (*mašīna*)
triturar *v* [sa]smalcināt; [sa]drupināt
triunfador I *a* uzvarošs; triumfējošs; II *m* uzvarētājs
triunfal *a* uzvaras-; arco ~ – triumfa arka
triunfar *v* 1. uzvarēt; gūt virsroku; 2. svinēt uzvaru; triumfēt
triunfo *m* uzvara; triumfs
triza *f* (*papīra u. tml.*) gabaliņš
trocla *f tehn.* bloks, trīsis
trocha *f* taka
trofeo *m* 1. trofeja; 2. uzvara
trombo *m med.* trombs
trombón *m mūz.* trombons, bazūne
trompa *f* 1. *mūz.* mežrags; 2. (*mednieka*) taure, rags; 3. (*ziloņa, tapīra*) snuķis

trompada *f*, **trompazo** *m* dunka; darse de trompadas, andar a trompazos – uzsākt kautiņu

trompeta *f mūz.* 1. trompete; 2. fanfara

trompetear *v* taurēt

trompetero *m* taurētājs

trompo *m* vilciņš (*rotaļlieta*); ◇ ponerse como un ~ – pieēsties līdz kaklam

tronada *f* (*pērkona*) grāvieni

troncho *m* kacens

tronga *f* mīļākā, piegulētāja

trono *m* tronis; subir al ~ – kāpt tronī

tronzadera *f* (*liels*) zāģis

tronzar *v* lauzt; sasist, sadauzīt; sadragāt

tropa *f* 1. pūlis, bars; pulks; 2. ~s *pl* karaspēks, karaspēka daļas

tropéolo *m bot.* krese

tropezar *v* 1. [pa]klupt; 2. kļūdīties; 3. sadurties; nejauši sastapties; ~ con dificultades – sadurties ar grūtībām; ~ con un amigo – sastapt draugu

tropical *a* tropiskais; tropu-

trópico I *a* tropisks; año ~ – tropiskais gads; II *m* 1. tropiskā josla, tropi; 2. *ģeogr.*, *astr.* trops; ~ de Cáncer – Vēža trops; ~ de Capricornio – Mežāža trops

tropiezo *m* 1. kavēklis; šķērslis; 2. klupšana; dar con un ~ – sadurties ar grūtībām

troquelar *v* kaldināt, ciļņot

troquilo *m ornit.* kolibrijs

trotar *v* rikšot

trova *v* trubadūra mīlas dziesma; 2. dzejolis

troza *f* baļķis

truculencia *f* cietsirdība; nežēlība

truculento *a* cietsirdīgs; nežēlīgs

trucha *f* 1. forele; 2. ceļamkrāns

trueno *m* 1. pērkons; 2. dārdoņa; rībona; dunoņa; ◇ dar un ~ – 1) sacelt troksni; 2) sarunāt rupjības

trueque *m* 1. apmaiņa, maiņa; a ~ – (*kā*) vietā; 2. pārmaiņa

truhán *m* 1. blēdis, krāpnieks, viltnieks; 2. jokdaris, āksts

truhanear *v* apmānīt, piekrāpt

truncar *v* 1. apcirst; aplauzt; 2. izkropļot; **~se** *rfl* pārtrūkt (*par dzīvi*)

trusión *f* 1. grūdiens; 2. rikošets

trust *m* trests

tu (*pl* tus) *pron pos* [*saīs. no* tuya, tuyo (tuyas, tuyos); *vsk. 2. pers. vīr. un siev. dz.*; *lieto tikai pirms lietv.*] tavs; tava

tú *pron pers* (*vsk. 2. pers.*) tu

tubérculo *m bot.* gums; bumbulis

tuberculosis *f* tuberkuloze; ~ pulmonar – plaušu tuberkuloze

tuberculoso I *a* 1. *bot.* bumbuļa-; bumbuļu-; 2. tuberkulozes-; II *m* tuberkulozes slimnieks

tubería *f* cauruļu vads; cauruļu sistēma; ~ del agua – ūdensvads; ~ del gas – gāzes vads; ~ del vapor – tvaika vads

tubo *m* caurule

tueco *m*, **tueca** *f* celms
tuerca *f* uzgrieznis
tuerce *m* vīšana; pīšana; griešana
tuero *m* malka; pagale
tuétano *m* kaulu smadzenes; ◇ hasta los ~s – caur un cauri
tufo *m* **1.** (*deguma*, *sviluma*) smaka; **2.** *sar.* asa smaka; smirdoņa; **3.** *sar.* augstprātība, lepnība
tugurio *m* būda; istabiņa, kambaris
tuición *f jur.* aizstāvēšana
tul *m* tils
tulenco *a* līkkājains
tulipa *f*, **tulipán** *m* tulpe
tumba *f* kaps
tumbar *v* **1.** nogāzt (notriekt) gar zemi; **2.** [no]pļaut
tumefacción *f med.* uztūkums, uzpampums; audzējs
tumefacer *v* izraisīt uztūkumu (uzpampumu)
tumor *m med.* audzējs; ~ maligno – ļaundabīgs audzējs
túmulo *m* **1.** kaps, kapa kopiņa; **2.** kapenes
tumulto *m* **1.** dumpis; **2.** (*ļaužu*) drūzma, pūlis
tumultuar *v* trokšņot
tunante **I** *a* viltīgs, blēdīgs; **II** *m* **1.** dīkdienis, slaists; klaidonis; **2.** viltnieks
tunantería *f* **1.** viltība, blēdība; **2.** dīkdienība; bezdarbība
tunar *v* slaistīties; slinkot
túnel *m* tunelis
tungsteno *m ķīm.* volframs

túnica *f* **1.** tunika; **2.** (*augļu*, *sīpolu*) miza
turbación *f* **1.** apjukums, samulsums; **2.** nekārtība
turbador *m* nemiera cēlājs; kūdītājs, musinātājs
turbante *m* turbāns
turbar *v* **1.** traucēt kartību; **2.** musināt, kūdīt
turbera *f* kūdras purvs
turbina *f* turbīna; ~ hidráulica – hidroturbīna; ~ de vapor – tvaika turbīna
turbio **I** *a* **1.** duļķains; neskaidrs; **2.** nemierīgs, trauksmains (*par laiku*); **II** *m* ~s *pl* padibenes, nosēdas (*par eļļu u. tml.*)
turbocompresor *m* turbokompresors
turbogenerador *m* turboģenerators
turbulento *a* **1.** duļķains; neskaidrs; **2.** apmulsis, apjucis, samulsis
turco **I** *a* turku-; **II** *m* **1.** turks; **2.** turku valoda; el gran ~ – turku sultāns
turno *m* kārta; rinda; por ~ – rindas kārtība
turón *m* sesks
turquí, **turquino** *a* tumši zils
turrar *v* grauzdēt (*kafiju*, *graudus*)
turumbaco *m* berete; galvassega
tutear *v* uzrunāt ar «tu», tutināt
tuto *a* uzticams
tutor *m* **1.** aizbildnis; aizstāvis; **2.** stute, balsts (*augiem*)
tutoría *f* aizbildnība, aizbildniecība

tuyaᵃ *f* tūja, dzīvības koks
tuyaᵇ (*pl* tuyas) *pron pos* (*vsk. 2. pers. siev. dz.*) 1. tava; 2. tavējā

tuyo (*pl* tuyos) *pron pos* (*vsk. 2. pers. vīr. dz.*) 1. tavs; 2. tavējais
tuyol *m* zīdkoka eļļas esence

U

u *conj* (*lieto «o» vietā pirms vārdiem, kas sākas ar «o» vai «ho»*) vai; siete u ocho – septiņi vai astoņi; española u holandesa – spāniete vai holandiete
ubérrimo *a* ļoti auglīgs
ubicación *f* 1. atrašanās vieta; 2. novietojums, izvietojums
ubicar *v* 1. atrasties; būt; 2. (*am.*) novietot, izvietot; **~se** *rfl* 1. atrasties; 2. apmesties; 3. iekārtoties darbā
ubicuo *a* 1. visuresošs; 2. ziņkārīgs
ucraniano I *a* Ukrainas-; ukraiņu-; II *m* 1. ukrainis; 2. ukraiņu valoda
ufanarse *v rfl* plātīties, lielīties; uzpūsties
ufanía *f* uzpūtība; iedomība; augstprātība
úlcera *f med.* čūla; ~ de estómago – kuņģa čūla, kuņģa jēlums
ulceración *f* 1. čūlošana; 2. čūla
ulcerar *v* čūlāt; **~se** *rfl* pārklāties ar čūlām
ulceroso *a* čūlājošs
uliginoso *a* purva-; purvains
ulitis *f* smaganu iekaisums
ulterior *a* turpmākais
ultimación *f* nobeigums

ultimar *v* [no]beigt, pabeigt
último *a* 1. pēdējais; a ~s de mes – mēneša beigās; 2. vecākais (*amatā*); 3. pagājušais (*par gadu, mēnesi utt.*); pēdējais, jaunākais; ~ noticias – pēdējās (jaunākās) ziņas; ◇ por ~ – galu galā
ultrajador I *a* apvainojošs; aizskarošs; II *m* 1. apvainotājs; 2. pavedējs
ultrajar *v* 1. smagi apvainot; 2. pavest, pavedināt; 3. zākāt, ķengāt
ultraje *m* smags apvainojums (*vārdos un darbos*)
ultramar *m* aizjūras zemes; ◇ azul de ~ – ultramarīns
ultrarrápido *a* ļoti ātrs; liela ātruma-
ultrarrojo *a* spilgti sarkans; infrasarkans; rayos ~s – infrasarkanie stari
ultrasonido *m* ultraskaņa
ultratumba *f* viņpasaule; de ~ – aizkapa-
umbral *m arī pārn.* slieksnis
umbría *f* paēna
umbrío *a* ēnains; tumšs
un I *art indet* (*vsk. vīr. dz.*) [kaut] kāds (*vai arī netiek tulkots*); solucionar ~ problema – [at]risināt

kādu problēmu; ~ libro – grāmata; **II** *num (saīs. no* uno, *lieto pirms vīr. dz. lietv. vsk.*) viens; él tiene ~ hermano – viņam ir viens brālis

una I *art indet (vsk. siev. dz.)* [kaut] kāda *(vai arī netiek tulkots)*; **solucionar** ~ cuestión – [at]risināt kādu jautājumu; una niña – meitene; **II** *num (lieto pirms siev. dz. lietv. vsk.)* viena; él tiene ~ hermana – viņam ir viena māsa; **III** *(pl* unas) *pron indef* kāda; cada ~ – ikviena; ~s horas después – pēc dažām stundām; el libro tendrá ~s doscientas páginas – grāmatā būs kādas divsimt lappuses; ◇ a ~ – 1) vienlaicīgi; 2) visi kā viens

unánime *a* vienbalsīgs; vienprātīgs

unanimidad *f* vienprātība; por ~ – vienprātīgi

unción *f* 1. *med.* ierīvēšana; 2. *bazn.* pēdējā iesvaidīšana

undoso *a* viļņojošs

undulación *f* viļņošanās

undular *v* viļņoties

ungüento *m* 1. ziede; 2. *pārn.* balzams

ungulados *m pl zool.* nagaiņi

único *a* 1. vienīgais; 2. rets; unikāls; 3. vienots

unicolor *a* vienkrāsains

unicornio *m zool.* degunradzis

unidad *f* 1. vienība; vienotība; 2. vienprātība; 3. saskaņa; harmonija; 4. *mil.* armijas daļa, vienība; ~ de aviación – aviācijas daļa; 5. *mat., fiz.* vienība; ~ de medida – mēra vienība; ~ de longitud – garuma vienība

unidamente *adv* 1. kopā, kopīgi; 2. vienoti, vienprātīgi; 3. saskaņoti

unido *a* 1. [ap]vienots, saliedēts; 2. draudzīgs; una familia muy ~ a – ļoti draudzīga ģimene

unificar *v* 1. apvienot; 2. unificēt; 3. standartizēt

uniforme I *a* 1. vienveidīgs; 2. saskaņots; 3. vienmērīgs *(par kustību)*; **II** *m* uniforma; ~ de gala – parādes forma

unigénito *a* vienīgais *(bērns)*

unión *f* 1. savienība; apvienība; 2. laulība

unir *v* 1. savienot; apvienot; 2. stāties laulībā; 3. vienot, tuvināt; ~**se** *rfl* 1. savienoties; apvienoties; 2. pievienoties

universal *a* universāls; vispārējs

universidad *f* 1. augstskola, universitāte; 2. korporācija, asociācija

universo *m* visums

uno I *num* viens; **II** *m* vieninieks; **III** *(pl* unos) *pron indef* kāds; cada ~ – ikviens; ~ a ~, ~ tras otro – cits aiz cita, viens pēc otra; ~ y otro – abi; gan viens, gan otrs; ~ de dos – viens no diviem; ~ de más, uno de tantos – viens no daudziem; ~s meses después – pēc dažiem mēnešiem

untar *v* 1. apsmērēt; iesmērēt; apziest; ieziest; **2.** *sar. pārn.* kukuļot; **~se** *rfl* **1.** nosmērēties; **2.** *sar.* apzagties

unto *m* **1.** ziede, smēre; **2.** (*dzīvnieku*) tauki

uña *f* **1.** *daž. noz.* nags; **2.** dzelonis; **3.** vēža spīle; **4.** *jūrn.* enkura ragi; **5.** miežgrauds (*acī*); ◇ largo de ~s – garnadzis; ser ~ y carne – būt sirdsdraugam

uñada *f* **1.** skrāpēšanās; **2.** švīka (*ieskrāpējuma vieta*)

urbanidad *f* pieklājība

urbanismo *m* pilsētu celtniecība

urbanizar *v* **1.** apbūvēt (*pilsētas rajonus*); **2.** civilizēt

urbano *a* **1.** pilsētas-; **2.** pieklājīgs; [labi] audzināts

urbe *f* moderna lielpilsēta

urdidor *m* **1.** spolētājs; **2.** metu uzvilcējs; **3.** tītavas; **4.** kūdītājs, musinātājs; barvedis

urea *f ķīm.* urīnviela

urgencia *f* steidzamība; neatliekamība; llamada de ~ – steidzīgs izsaukums; socorro de ~ – neatliekama (ātrā) palīdzība

urgente *a* steidzams; neatliekams

urgir *v* **1.** būt steidzamam; būt neatliekamam; **2.** [pa]steidzināt, [pa]skubināt; **3.** piespiest (*ar likumu*)

uroscopia *f med.* urīna analīze

uro *m zool.* sumbrs

urraca *f* žagata

urticaria *f med.* nātru drudzis, nātrene

usado *a* **1.** [no]lietots; **2.** pieredzējis

usanza *f* paraža; paradums

usar *v* **1.** lietot; **2.** nēsāt, valkāt; **3.** izlietot, izmantot; **4.** iztērēt, izdot (naudu); **5.** būt paradušam

usgo *m* riebums, pretīgums

uso *m* **1.** lietošana; **2.** paradums; **3.** mode; **4.** pieredze; **5.** lietošanas tiesības; ◇ hacer ~ de la palabra – ņemt vārdu

usted (*pl* ustedes – Uds., Vds.) [*pieklājības forma, saīs.* Vd. (*vuestra merced*) vai Ud., *lieto ar darb. v. vsk. 3. pers.*] Jūs

ustión *f* **1.** sadedzināšana; **2.** *ķīm.* degšana

usual *a* vispārpieņemts; parasts

utensilio *m* **1.** rīks, instruments; **2.** *mil.* uzturdeva

útil I *a* **1.** derīgs, vajadzīgs; **2.** ienesīgs; izdevīgs; II *m* **1.** ienesīgums; izdevīgums; **2.** darbarīks

utilidad *f* **1.** derīgums; **2.** izdevīgums; ienesīgums; **3.** ~es *pl* ienākumi; ◇ sin ~ – velti

utilizable *a* noderīgs; izlietojams, izmantojams

utilizar *v* izlietot, izmantot; lietot

uva *f* **1.** vīnoga; **2.** vīnogas; ◇ ~ espina – ērkšķoga; ~ pasa – rozīne

uvero I *a* vīnogu-; II *m* vīnogu pārdevējs

¡uy! *interj* ak!

V

vaca *f* 1. govs; 2. liellopu gaļa; 3. vēršāda; 4. brezents; buru audekls; 5. likme (*azarta spēlēs*); 6.: ~ de San Antón – mārīte

vacación *f* 1. pārtraukums (*darbā*); pauze; 2. ~es *pl* atvaļinājums; 3. ~es *pl* skolas brīvlaiks; 4. vakanta vieta

vacante I *a* 1. brīvs; vakants; 2. bezsaimnieka-; **II** *f* 1. brīva vieta, vakance; 2. brīvlaiks

vaciadero *m* 1. noteka; 2. izlietne

vaciar *v* 1. [iz]tukšot; 2. izliet; 3. atliet (*metālā, vaskā u. tml.*); 4. izkalt; izdobt; 5. uztrīt, uzasināt; 6. ietecēt (*par upi*); ◇ ~ el costal – izkratīt sirdi; **~se** *rfl* 1. iztukšoties; 2. *pārn.* izkratīt sirdi

vaciedad *f* [garīgs] tukšums

vacilación *f* 1. svārstīšanās, šaubīšanās; 2. nenosvērtība

vacilante *a* 1. svārstīgs, šaubīgs; 2. nenosvērts

vacilar *v* 1. svārstīties, šaubīties; 2. šūpoties; grīļoties; **~se** *rfl* (*am.*) piedzerties

vacio I *a* 1. arī *pārn.* tukšs; 2. bezdarbīgs, dīks; 3. uzpūtīgs; **II** *m* 1. tukšums; 2. dobums; 3. brīva vieta, vakance; 4. *fiz.* vakuums; ◇ volver de ~ – atgriezties tukšā; en ~ – velti, veltīgi

vacuna *f* vakcīna

vacunar *v med.* potēt

vacuno *a* govs-; vērša-; ganado ~ – liellopi

vadear *v* 1. pārbrist; 2. *mil.* forsēt; 3. pārvarēt; **~se** *rfl* rīkoties saskaņā (*ar ko*)

vado *m* 1. brasls; 2. līdzeklis; izeja; ◇ ni al ~ ni a la puente – ne uz priekšu, ne atpakaļ

vagabundear *v* klaiņot, klīst, klejot

vagabundo I *a* klaiņojošs; klīstošs, klejojošs; **II** *m* klaidonis

vagar I *m* vaļas brīdis; **II** *v* 1. klaiņot; klīst, klejot; 2. atrast brīvu laiku (*kaut kam*); 2. slinkot, slaistīties

vago I *a* 1. klaiņojošs; klīstošs, klejojošs; 2. nenodarbināts; 3. nenoteikts, neskaidrs; ◇ en ~ – velti; **II** *m* slaists; dīkdienis

vahaje *m* vēsma; vējiņš

vahído *m* ģībonis, bezsamaņa; reibonis

vaina *f* 1. maksts; 2. pāksts; 3. (*am.*) laimīgs gadījums; 4. (*am.*) traucēklis, šķērslis; ◇ echar ~s (*am.*) – izsmiet

vainilla *f* vaniļa

vainita *f* (*am.*) zaļās pupiņas

vajilla *f* servīze

vale *m* 1. parādzīme; vekselis; čeks; recoger un ~ – apmaksāt vekseli (čeku); ~ al portador – uzrādītāja čeks; 2. (*am.*) zellis, māceklis; ◇ ~ bancario – bankas čeks; ser ~

con alguien (*am.*) – būt labvēlīgi noskaņotam pret kādu

valedero *a* spēkā esošs (*piem., likums*); derīgs (*piem., dokuments*)

valentía *f* 1. spēks, enerģija; 2. drosme; vīrišķība; 3. lielība, dižošanās, plātīšanās; 4. pievilcība

valentón *m* mutes bajārs, lielībnieks

val‖er I *v* 1. maksāt; būt vērtam; 2. izpelnīties cieņu; 3. [no]derēt; 4. būt ienesīgam; ◇ más ~e tarde, que nunca – labāk vēlu nekā nekad; más ~e morir de pie que vivir de rodillas – labāk stāvus mirt nekā uz ceļiem dzīvot; más valiere ... – labāk būtu ...; valga lo que valiere – lai maksā ko maksādams; ~**se** *rfl* (de) – izmantot, likt lietā (*kaut ko*); **II** *m* vērtība, cena

valeroso *a* 1. iedarbīgs; 2. drosmīgs; vīrišķīgs; 3. vērtīgs

valía *f* 1. vērtība; hombre de ~ – vērtīgs cilvēks; 2. labvēlība

validar *v* padarīt likumīgu; sankcionēt, ratificēt

valido I *a* atzīts; cienījams; **II** *m* mīlulis, favorīts

válido *a* 1. likumīgs; 2. veselīgs, spēcīgs; darbspējīgs

valiente *a* 1. drosmīgs; varonīgs; 2. spēcīgs; 3. darbīgs, enerģisks; 4. lielisks; ◇ ~ pícaro – pēdējais blēdis

valimiento *m* 1. izlietojums; izlietošana; 2. labvēlība

valioso *a* 1. vērtīgs; dārgs; 2. bagāts; naudīgs; 3. ietekmīgs (*par kādu*)

valor *m* 1. cena; vērtība; 2. ienākumi; 3. nozīmīgums; 4. drosme, vīrišķība; cobrar ~ – sadūšoties, sasparoties; 5. nekaunība; 6. *mat.* lielums; 7. ~**es** *pl* vērtspapīri; obligācijas

valoración *f* novērtējums, notaksējums

valorar *v* novērtēt, notaksēt

válvula *f* 1. *tehn.* ventilis, vārsts, vārstulis; 2. *anat.* vārstulis; ~ del corazón (cardíaca) – sirds vārstulis

valla *f* 1. žogs; iežogojums; 2. *pārn.* šķērslis; 3. (*am.*) gaiļu cīņas arēna; ◇ saltar la ~ – rādīt priekšzīmi

valle *m* ieleja; ◇ por montes y por ~s – no malu malām

vanamente *adv* 1. veltīgi; 2. lielīgi; uzpūtīgi; 3. nedibināti, nepamatoti

vanguardia *f* avangards, priekšpulks

vanidad *f* 1. dižošanās, plātīšanās; 2. pašpaļāvība; iedomība; 3. niecība, niecīgums

vanidoso *a* plātīgs; iedomīgs

vano I *a* 1. veltīgs; esperanzas ~as – veltīgas cerības; esfuerzos ~s – veltas pūles; 2. nepamatots; 3. vieglprātīgs; **II** *m* atvērums, starpa; caurums; ◇ en ~ – velti

vapor *m* 1. tvaiks; garaiņi; 2. iztvaikošana, izgarošana; 3. dūmi; 4. tvaikonis; 5. reibonis; ◇ a todo ~ – ar pilnu jaudu

vaporar *v* iztvaicēt; **~se** *rfl* iztvaikot, izgarot

vaporización *f* 1. iztvaikošana, izgarošana; 2. iztvaicēšana

vaporizar *v* 1. iztvaicēt; 2. izsmidzināt; **~se** *rfl* 1. iztvaikot; izgarot; 2. izgaist; pazust

vaporoso *a* 1. tvaika-; tvaikveida-; 2. dūmakains, miglains; 3. viegls, gaisīgs; 4. miglains, neskaidrs

vaquería *f* 1. ganāmpulks; 2. govju ferma; 3. (*am.*) medības ar laso

vaqueriza *f* kūts

vaqueta *f* izstrādāta vēršāda; ◇ **cara de ~** – pretīgs purns

vara *f* 1. rīkste, vica; 2. zizlis; 3. ilkss; 4. *vēst.* olekts; 5. ievainošana ar šķēpu (*vēršu cīņās*); **picar de ~ larga** – būt piesardzīgam; **~ de luz** – gaismas stars; **~ de José** *bot.* – tuberoze; ◇ **temblar más que ~s verdes** – trīcēt kā apšu lapai

varar *v* 1. nolaist kuģi ūdenī; 2. ievest kuģi dokā; 3. strandēt, uzskriet uz sēkļa; 4. ciest neveiksmi

varear *v* 1. notriekt augļus no koka; 2. durt vērsi ar šķēpu; 3. trenēt zirgu sacīkstēm; **~se** *rfl* novājēt

variable I *a* 1. mainīgs; 2. pārejošs; 3. svārstīgs, nenoteikts; **tiempo ~** – nepastāvīgs laiks; **II** *f mat.* mainīgs lielums

variación *f* 1. variācija; 2. **~es** *pl mūz.* variācijas

variado *a* 1. mainīgs; 2. daudzveidīgs; 3. raibs

variante I *a* variabls; **II** *f* variants

variar *v* 1. variēt; 2. mainīties; pārvērsties; 3. atšķirties (*vienam no otra*); 4. novirzīties (*par magnēta adatu*)

varicela *f* vējbakas

variedad *f* 1. daudzveidība, dažādība; 2. mainīgums; 3. *biol.* varietāte

vario *a* 1. dažāds, daudzveidīgs; 2. mainīgs, nepastāvīgs; 3. raibs; 4. **~s** *pl* daži, vairāki

varioloso *a* 1. baku-; 2. slims ar bakām

varón *m* 1. vīrietis; 2. cienījams cilvēks; 3. *sar.* tēviņš; ◇ **santo ~** – vientiesis

varonil *a* vīrišķīgs

vaso *m* 1. glāze; **un ~ de agua** – glāze ūdens; 2. trauks; pods; 3. vāze; 4. *anat.* vads; **~s sanguíneos** – asinsvadi; **~ arterial** – artērija; **~ capilar** – kapilārs; 5. kuģis; 6. pakavs

vástago *m* 1. dzinums, asns; 2. *tehn.* vārpsta; 3. *pārn.* atvase, pēcnācējs

vasto *a* plašs; liels

vate *m* 1. gaišreģis, pravietis; 2. dzejnieks

vaticinar *v* zīlēt; pareģot

vaticinio *m* zīlēšana; pareģošana

vaya I *f* 1. joks; 2. *sar.* izjokošana; **II** *interj* 1. nu kā tad!; 2. (*am.*) pag!

vecindad *f* 1. kaimiņi; 2. iedzīvotāji; iemītnieki; 3. tuvums (*vietas nozīmē*); 4. līdzība

vecino I *a* kaimiņu-; II *m* **1.** kaimiņš; **2.** iedzīvotājs; iemītnieks

veda *f* **1.** aizliegums; **2.** taupāmais laiks (*dzīvniekiem*)

vedar *v* **1.** aizliegt; **2.** aizkavēt, likt šķēršļus

veedor I *a* ziņkārīgs; II *m* inspektors; kontrolieris

vega *f* **1.** auglīga ieleja; **2.** (*am.*) tabakas lauks; **3.** muklājs

vegetación *f* **1.** augu valsts; **2.** augšana; veģetācija; **3.** veģetēšana

vegetal I *a* **1.** augu-; **2.** augošs; II *m* augs, stāds

vegetar *v* **1.** augt; **2.** veģetēt

vehemencia *f* aizrautība, dedzība; hablar con ~ – runāt aizrautīgi

vehemente *a* **1.** aizrautīgs, dedzīgs; **2.** straujš, neapvaldīts

vehículo *m* satiksmes, transporta līdzeklis; ~ espacial – kosmosa kuģis

veinte *num* **1.** divdesmit; **2.** divdesmitais

veintenario *a* divdesmitgadīgs

vejamen *m* **1.** apgrūtinājums; **2.** izsmiešana; **3.** spaidi

vejar *v* **1.** apgrūtināt; **2.** izsmiet

vejez *f* **1.** vecums; **2.** veci laiki

vejiga *f* **1.** *anat.* pūslis; **2.** tulzna

velaᵃ *f* **1.** nomods; pasar la noche en ~ – būt nomodā (neguļēt) visu nakti; **2.** nakts maiņa; **3.** nakts sardze; **4.** svece; ◇ no dar ~ en un entierro – neļaut jaukties citu lietās; entre cuatro ~s – zārkā

velaᵇ *f* **1.** bura; **2.** burinieks; ◇ vuelo de ~ – planējošs lidojums; hacer(se) [a] la ~ – izbraukt jūrā

velada *f* **1.** vakars; ~ conmemorativa – piemiņas vakars; **2.** nakts sardze; nakts dežūra

velador I *a* nomodā esošais; II *m* **1.** sargs; **2.** koka svečturis; **3.** apaļš galds ar vienu kāju; **4.** (*am.*) naktsgaldiņš; **5.** (*am.*) naktslampiņa (*guļamistabā*); **6.** (*am.*) stikla kupols lampai

velarᵃ *v* **1.** būt nomodā, neguļēt; **2.** strādāt pa nakti; **3.** rūpēties (*par kādu*); būt nomodā (*par kādu*); **4.** pavadīt nakti (*piem., pie slimnieka gultas u. tml.*)

velarᵇ *v* **1.** aizplīvurot; **2.** laulāt (*baznīcā*); **3.** *glezn.* pārklāt ar plānu caurspīdīgas krāsas kārtu; **~se** *rfl* sagaismot (*fotoplati*)

veleroᵃ *m* sveču tirgotājs

veleroᵇ *m* **1.** buru kuģis; **2.** buru meistars

veleta *f* **1.** vēja rādītājs; **2.** pludiņš; **3.** vējgrābslis

velo *m* **1.** plīvurs; **2.** caurspīdīgs audums; **3.** mantiļa; **4.** plāns (caurspīdīgs) aizkars; **5.** iegansts; **6.** aizsegs; ◇ descorrer el ~ – atmaskot; echar un ~ sobre algo – 1) maskēt; 2) likt aizmirst

velocidad *f* **1.** ātrums; ~ de arranque – sākuma ātrums; ~ supersónica (ultrasónica) – virsskaņas ātrums; a toda ~ – pilnā ātrumā; cambio de

~es – ātruma pārslēgšana; 2. veiklība; izveicība

velocípedo *m* velosipēds

veloz *a* 1. ātrs, straujš; 2. veikls; izveicīgs

vellón[a] *m* 1. aitas vilna; 2. aitāda ar visu vilnu; 3. vilnas pika

vellón[b] *m* vara nauda

vellorita *f* 1. prīmula; 2. pīpene

velloso *a* spalvains

vena *f* 1. *anat.* vēna; 2. *anat.*, *ģeol.* dzīsla; 3. iedvesma; 4. (*am.*) liānas stīga; ◇ estar en ~ – būt [labā] formā; coger a uno de ~ – sastapt kādu labā omā; dar en la ~ – atrast līdzekļus

venado *m* 1. briedis; 2. (*am.*) izstrādāta brieža āda

venal[a] *a* venozs

venal[b] *a* 1. pārdodams; 2. *pārn.* pērkams, piekukuļojams

venalidad *f pārn.* pērkamība

vencedor I *a* uzvarošs; II *m* uzvarētājs

vencer *v* 1. uzvarēt; 2. pārvarēt; pārspēt; uzveikt; 3. (*am.*) saļimt; 4. paiet (*par termiņu*); ~se *rfl* savaldīties

vencible *a* 1. uzvarams, uzveicams; 2. pārvarams

vencida *f* uzvara; panākums

venda *f* 1. saite; 2. apsējs; pārsējs

vendaje *m* 1. apsējs; pārsējs; ~ de extención – elastīgā saite; 2. pārsiešana

vendar *v* 1. pārsiet; apsiet; 2. apstulbināt

vendaval *m* 1. spēcīgs jūras vējš; 2. orkāns

vendedor *m* 1. pārdevējs; 2. tirgotājs

vender *v* 1. pārdot; ~ al contado (al fiado) – pārdot par skaidru naudu (uz kredīta); ~ al por mayor (al por menor) – pārdot vairumā (mazumā); tirgot; 2. *pārn.* nodot; ~ la patria – nodot dzimteni; ~se *rfl* 1. pārdoties; 2. uzdoties (*par kādu*); ◇ ~se caro – uzsist sev cenu

vendible *a* pārdodams

vendido *a* pārdots

vendimia *f* 1. vīnogu novākšana; 2. ienākums

vendimiar *v* 1. ievākt vīnogas; 2. izmantot gadījumu; 3. nosist, nogalināt

veneno *m* 1. inde; 2. dusmas; naids

venenoso *a* indīgs

venera[a] *f* gliemežnīca, gliemežvāks

venera[b] *f* 1. avots; 2. *ģeol.* rūdas dzīsla

venerable *a* cienījams; godājams

veneración *f* cieņa; godbijība

venerar *v* cienīt; godāt

vengador *m* atriebējs

venganza *f* atriebība

vengar *v* atriebt

vengativo *a* atriebīgs

venia *f* 1. piedošana; 2. atļauja; 3. galvas mājiens (*sasveicinoties*)

venida *f* 1. [at]nākšana; pienākšana;

2. atgriešanās; **3.** plūdi; **4.** *pārn.* straujums, nemierīgums

venidero I *a* nākošais; gaidāmais; **II** *m* ~s *pl* – pēcnācēji

venir *v* **1.** nākt; atnākt; pienākt; ~corriendo – atskriet; ~ volando – atlidot; **2.** derēt (*par apģērbu*); **3.** piekrist (*kādam*); **4.** ienākt prātā; **5.** izrietēt (*par sekām*); **6.** (a + *inf*) sasniegt; **7.** rasties; ◇ ~ a ver – apciemot; ~ al caso – gadīties, nākt priekšā; ~ angosto – nepietikt, pietrūkt (*par līdzekļiem*); en lo por ~ – turpmāk; ~**se** *rfl* **1.** ienākties; **2.** uzrūgt; ◇ ~se abajo, ~se a tierra – sagrūt, sabrukt

venta *f* **1.** pārdošana; **2.** kontrakts; līgums; **3.** (*am.*) restorāns ceļa malā; **4.** klajš lauks

ventaja *f* **1.** pārākums; **2.** priekšrocība; priekšroka; **3.** ieguvums; **4.** peļņa; ◇ juego de ~ – azartspēle

ventajoso *a* **1.** izdevīgs; **2.** (*am.*) iedomīgs

ventana *f* **1.** logs; **2.** slēģis, aizvirtnis; **3.** nāss; ◇ tirar por la ~ – aizlaist vējā

ventanal *m* liels logs

ventear *v* **1.** pūst (*par vēju*); **2.** [iz]vēdināt; **3.** saost (*par suni*); ~**se** *rfl* **1.** bojāties (*par ēdienu*); **2.** plaisāt; **3.** tikt aizpūstam

ventilación *f* vēdināšana; ventilācija

ventilar *v* **1.** vēdināt; **2.** apspriest; izskatīt

ventisca *f* sniega vētra, putenis

ventor *m* medību suns

ventoso *a* **1.** vējains; **2.** uzpūsts (*par vēderu*)

ventrículo *m* **1.** kuņģis; guza; ~ del corazón *anat.* – sirds kambaris

ventura *f* **1.** laime, veiksme; probar ~ – izmēģināt laimi; mala ~ – nelaime, neveiksme; a la ~ – uz labu laimi; por ~ – varbūt; ◇ decir la buena ~ – zīlēt (*pēc rokas*); **2.** risks; briesmas

venturero I *a* **1.** klaiņojošs, klejojošs; **2.** laimīgs; **II** *m* **1.** dēku meklētājs; **2.** klaidonis

venturoso *a* laimīgs, veiksmīgs

ver I *m* **1.** redze; **2.** izskats, āriene; **3.** uzskats, domas; a mi ~ – pēc manām domām; ◇ ¡a más ~! – uz redzēšanos!; **II** *v* **1.** redzēt; skatīt; **2.** [no]vērot; **3.** apciemot; **4.** novērtēt; **5.** saprast; ◇ no tener [nada] que ~ con alguien – nebūt nekā kopīga ar kādu; hacer ~ – parādīt; ~**se** *rfl* **1.** būt, atrasties; ~se privado de ... – zaudēt (*kaut ko*); **2.** būt redzamam; **3.** tikties; redzēties; a lo que se ve – pēc visa spriežot; ¡habráse visto! – neredzēti!; neticami!

vera *f* mala

veraneo *m* vasaras atpūta

veranero I *a* (*am.*) vasaras-; **II** *m* **1.** vasaras ganības; **2.** (*am.*) kaņepju putniņš

veranillo *m* atvasara

verano *m* vasara

veras *f pl* 1. patiesība; 2. nopietnība; de ~ – 1) nopietni; 2) tik tiešām; ¿de ~ ? – patiesi?; 3. centība; dedzība

veraz *a* patiess; atklāts

verbal *a* 1. mutisks, mutvārdu-; contrato ~ – mutiska vienošanās; 2. *gram.* verbāls

verbo *m* 1. *gram.* verbs; 2. vārds; ◇ en un ~ – vienā mirklī

verbosidad *f* liekvārdība; runīgums, pļāpība

verboso *a* runīgs, pļāpīgs

verdad *f* 1. patiesība; taisnība; tratar ~ – teikt taisnību; 2. taisnīgums; patiesīgums; atklātība; 3. noteiktība; nelokāmība; ◇ a la ~ – tik tiešām; de ~ – patiesi; faltar a la ~ – sagrēkot pret patiesību, samelot

verdadero *a* 1. patiess; taisnīgs; 2. noteikts; nelokāms

verde I *a dažnoz.* zaļš; ~ vivo – spilgti zaļš; ~ claro – gaiši zaļš; II *m* 1. zaļums; 2. zaļa krāsa; 3. zaļbarība; 4. asa garša (*vīnam*); ◇ en ~ – neapstrādāts; svaigs, sulīgs (*par augiem*)

verdear *v* 1. [sa]zaļot; 2. būt zaļganam

verdín *m* 1. pirmie (agrie) zaļumi; 2. apsūnojums; 3. apsūbējums

verdor *m* 1. augu zaļums; 2. zaļa krāsa; 3. zaļoksnība

verdoso *a* zaļgans

verdugo *m* 1. dzinums, asns; 2. rīkste, vica; 3. rēta, svītra (*piem., no pātagas cirtiena*); 4. bende

verdura *f* 1. zaļums; 2. saknes, zaļumi

vereda *f* 1. celiņš, taciņa; 2. (*am.*) ietve

vergonzante *a* kautrīgs, kaunīgs

vergonzoso I *a* 1. apkaunojošs; 2. kautrīgs, kaunīgs; II *m zool.* bruņnesis

vergüenza *f* 1. kauns; 2. negods; apkaunojums; 3. kaunīgums, kautrīgums; ◇ sacar a la ~ – likt pie kauna staba

verídico *a* 1. patiess, īsts; 2. taisnīgs; patiesīgs

verificación *f* 1. pārbaude; 2. pierādījums; apstiprinājums; 3. īstenošana, realizēšana

verificar *v* 1. pārbaudīt; 2. pierādīt; apstiprināt; 3. īstenot, realizēt; **~se** *rfl* notikt, atgadīties

verja *f* restes; režģis

verosímil *a* ticams

verraco I *a* (*am.*) stulbs; II *m* 1. vepris; 2. (*am.*) meža kuilis

verraquear *v* 1. rukšķēt, urkšķēt; 2. brēkt, raudāt

verriondez *f* riesta laiks

verruga *f* 1. kārpa; 2. slikts paradums, netikums; 3. uzbāzīgs cilvēks

versado *a* 1. pieredzējis, piedzīvojis; 2. izdarīgs, izveicīgs

versar *v* 1. griezties; riņķot; 2. iztirzāt; 3. (*am.*) pļāpāt

versátil *a* 1. grozāms; 2. svārstīgs, nepastāvīgs

versificación *f* versifikācija
versificar *v* dzejot; rakstīt dzeju
versión *f* 1. versija; 2. tulkojums
verso *m* pants, vārsma; dzejolis
vértebra *f anat.* skriemelis
vertebral *a* skriemeļu-; columna ~ – mugurkauls
verter *v* 1. liet; izliet; 2. pārliet; 3. [no]tecēt; 4. pārtulkot; ◇ ~ salud – vai plīst aiz veselības; **~se** *rfl* ietecēt (*par upi*)
vertical I *a* svērtenisks, vertikāls; II *f* vertikāla līnija, vertikāle
vértice *m* 1. *mat.* virsotne; 2. galvvidus, pauris
vertiente I *a* notekošs, noplūstošs; II *f* 1. nogāze, slīpums; 2. notekcaurule
vértigo *m* 1. reibonis; tengo ~s – man reibst galva; 2. pēkšņs prāta aptumsums
vesícula *f* 1. tulzna; 2. *anat.* pūslis; ~ biliar – žultspūslis
vesperal *a* vakara-
véspero *m* vakarzvaigzne
vestíbulo *m* priekšnams; priekštelpa
vestido *m* apģērbs; tērps
vestigio *m* 1. *arī pārn.* pēdas; 2. ~s *pl* drupas
vestir *v* 1. [ap]ģērbt; 2. apvilkt (*ar drānu u. tml.*); 3. pārklāt, apklāt (*ar sniegu u. tml.*); 4. izpušķot; ◇ vísteme despacio, que estoy de prisa – lēnāk brauksi, tālāk tiksi; **~se** *rfl* 1. [ap]ģērbties; 2. pārklāties (*ar sniegu, zāli utt.*)

vestuario *m* 1. apģērbs; 2. *teātr.* kostīmi; 3. *teātr.* aktieru ģērbtuve; ģērbtuve
veta *f* 1. dаž. noz. dzīsla; 2. (*am.*) lente
veterinario I *a* veterinārs; veterinārmedicīnas-; II *m* veterinārs, veterinārārsts
veto *m* veto; poner ~ – aizliegt; derecho de ~ – veto tiesības
vetustez *f* senums, vecums
vetusto *a* sens, vecs
vez (*pl veces*) *f* 1. reize; otra ~ – citu reizi, citreiz; esta ~ – šoreiz; rara ~ – retu reizi, reti; una ~ – reiz; a veces – kādreiz; de una ~ – uzreiz; a su ~ – 1) savukārt; 2) savā reizē; de ~ en cuando, de ~ en ~ – šad tad; palaikam; reizēm; a la ~ – tai paša laikā; otra ~ – atkal; 2. kārta, secība; por ~ – pēc kārtas; ◇ tal ~ – varbūt; todas las veces que ... – vienmēr, kad ...
vía *f* ceļš; ~ férrea – dzelzceļš; ~ muerta – strupceļš; ~ aérea de cable – trosu ceļš; en ~ de ... – ceļā uz ...; ~ aéreo – ar gaisa pastu; ◇ ~ de agua – sūce; Vía Láctea – Piena Ceļš; de una ~ dos mandados – nošaut divus zaķus
viable *a* 1. dzīvotspējīgs; 2. praktisks; realizējams; 3. izbraucams (*par ceļu*)
viaducto *m* viadukts; ~ de caballetes – estakāde
viajante I *a* ceļojošs; II *m* ceļojošs tirgotājs

viajar *v* ceļot; braukāt

viaje *m* **1.** ceļojums; ~ de boda – kāzu ceļojums; brauciens; ~ redondo – brauciens turp un atpakaļ; **2.** maršruts; reiss; **3.** ūdens apgāde; **4.** otas vilciens; **5.** *sar.* naža dūriens; ◇ de ~ – caurbraucot; ¡buen viaje! – laimīgu ceļu!

viajero I *a* ceļojošs; II *m* **1.** ceļotājs; **2.** pasažieris

vial I *v* **1.** ceļa-; **2.** ielas-; II *m* aleja

vianda *f* **1.** ēdiens, barība; **2.** saldais ēdiens; **3.** ~s *pl* uzturlīdzekļi; **4.** ~s *pl* (*am.*) augļu (dārzeņu) piedevas (*vārītā veidā*)

víbora *f* **1.** odze; **2.** *pārn.* čūska

vibración *f* vibrēšana, trīsēšana

vibrar *v* **1.** vibrēt, trīsēt; **2.** vēcināt, vicināt; **3.** notrīsēt, nodrebēt (*iekšķīgi*)

viceversa *adv* **1.** otrādi; **2.** savstarpēji, abpusēji

viciar *v* **1.** [sa]bojāt; [sa]maitāt; **2.** viltot; **3.** *jur.* anulēt; **~se** *rfl* nodoties netikumiem

vicio *m* **1.** netikums; nepilnība, defekts; ~ de pronunciación – runas defekts; **2.** viltojums; **3.** izlutinātība; ◇ de ~ – 1) aiz paraduma; 2) aiz kaprīzes; quejarse de ~ – sūdzēties par katru nieku

vicioso *a* **1.** netikumīgs; **2.** kļūdains, nepareizs (*par uzskatiem*); **3.** izlutināts

víctima *f* upuris

victimar *v* upurēt

victoriaᵃ *f* **1.** uzvara; ~ decisiva – galīgā uzvara; cantar ~ – svinēt uzvaru; **2.** sasniegums, panākums

victoriaᵇ *f* viegli (*vienjūga*) rati

victorioso *a* **1.** uzvaras-, uzvarošs; **2.** uzvarām vainagots; **3.** izšķirošs, galīgs

vid *f* vīnogulājs; vīnogulāja (vīnogulāju) stīga

vida *f* **1.** dzīve; ~ espiritual – garīgā dzīve; **2.** dzīvība; **3.** dzīvesveids; ◇ darse buena ~ – dzīvot bez rūpēm; en la plenitud de la ~ – dzīves plaukumā; dar la ~ por uno – ziedot dzīvību kāda dēļ; ~ de perros – suņa dzīve; **4.** dzīves apraksts, biogrāfija; ◇ escapar con la ~ – izglābties no briesmām; nunca en la ~ – neparko, nemūžam; ¡por ~ mía! – tik tiešām, kā es dzīvoju!

vidente *m* gaišreģis

vidriar *v* pārklāt ar glazūru; **~se** *rfl* kļūt stiklainam

vidriera *f* **1.** vitrāža; **2.** (*am.*) vitrīna

vidrio *m* **1.** stikls; **2.** ~s *pl* stikla preces; ◇ pagar los ~s rotos – atlīdzināt zaudējumu

vidrioso *a* **1.** stikla-; stiklains; **2.** trausls, plīstošs; **3.** spoguļgluds (*par grīdu*); **4.** jūtīgs

viejo I *a* vecs; II *m* **1.** vecs vīrs, sirmgalvis; **2.** (*am.*) večuks, vecītis

viento *m* **1.** vējš; ~ de costado – sānvējš; ~ contrario – pretvējš;

2. oža; 3. uzpūtība; 4. (*am.*) reimatisms; ◇ instrumento de ~ – pūšamais instruments; contra ~ y marea – par spīti visam; proclamar a los cuatro ~s – skaļi reklamēt; moverse a todos los ~s – grozīties visiem vējiem līdzi; dejar atrás los ~s – traukties ātrāk par vēju; quien siembra ~s, recoge tempestades – kas vēju nes, tas vētru sēj

vientre *m* 1. vēders; 2. *anat.* vēdera dobums; ◇ en el ~ de la madre – mātes miesās; sacar el ~ de mal año – apmierināt izsalkumu; pieēsties pilnu vēderu

viernes *m* piektdiena

viga *f* 1. baļķis; ~ del techo – koka sija; 2. dzelzs sija; 3. spiede, prese

vigencia *f* 1. derīgums; 2. likumīgums

vigente *a* spēkā esošs (*par likumu*)

vigésimo I *num* divdesmitais; II *m* divdesmitā daļa

vigía I *m* 1. sardzes matrozis; 2. novērotājs sardzes tornī; II *f* sardzes tornis

vigilancia *f* 1. modrība; 2. apsardze; uzraudzība; bajo la ~ de uno – kāda uzraudzībā; buques de ~ costanera – krasta apsardzes kuģi

vigilante I *a* 1. sargājošs; 2. modrs, vērīgs; II *m* 1. sargs; uzraugs

vigilar *v* [ap]sargāt; uzraudzīt

vigilia *f* 1. bezmiega nakts; 2. bezmiegs; 3. nakts dežūra; 4. svētku priekšvakars; 5. gavēņa ēdiens

vigor *m* 1. spēks; estar en ~ – būt spēkā; entrar en ~ – stāties spēkā; 2. uzņēmība, enerģija; 3. derīgums

vigorizar *v* 1. spēcināt, stiprināt; 2. iedvesmot

vigorosidad *f* 1. spēks, stiprums; 2. spirgtums, mundrums

vigoroso *a* 1. spēcīgs, stiprs; 2. spirgts, mundrs

vil *a* 1. zemisks, nekrietns; 2. nicināms

vileza *f* zemiskums, nekrietnība; ◇ pobreza no es ~ – nabadzība nav grēks

vilipendio *m* 1. pazemošana; 2. nicināšana

vilipendioso *a* 1. pazemots; 2. nicināms

villa *f* 1. miests, ciemats; 2. vasarnīca; villa

villanesca *f* viljaneska (*sena spāņu tautas dziesma un deja*)

villanía *f* 1. zema kārta (izcelšanās); 2. zemiskums, nekrietnība; 3. lamas

villano I *a* 1. zemas kārtas-, nedižciltīgs; 2. rupjš, neaptēsts; II *m* 1. nedižciltīgais; 2. zemnieks; 3. viljano (*sena spāņu tautas deja*); ◇ ~ harto de ajos – neaudzināts cilvēks; lempis

vinagrar *v* (*am.*) 1. saskābt; 2. skābēt

vinagre *m* 1. etiķis; ◇ cara de ~ – skābs ģīmis; 2. īgņa

vinagrería *f* etiķa ražošana

vinagroso *a* 1. etiķa-; 2. skābs; 3. saīdzis, īgns

vincular *v* 1. savienot; sasaistīt; 2. uzlikt saistības; 3. *jur.* paziņot par neatsavināmu (*nekustamu īpašumu*); 4. likt cerības (*uz kaut ko*)

vínculo *m* 1. saites; 2. saistības; 3. *jur.* neatsavināmība (*par nekustamu īpašumu*)

vindicación *f* 1. atriebība; atmaksa; 2. vainas nožēlošana

vindicar *v* 1. atriebt; 2. aizstāvēt (*kādu*); 3. *jur.* atdabūt (*nelikumīgi atņemto*)

vindicativo *a* atriebīgs

vino *m* vīns; ~ seco – sausais vīns; ~ tinto – sarkanvīns; ~ de dos orejas – stiprs vīns; ◇ dormir el ~ – izgulēt dzērumu; tomarse del ~ – noreibt

vinoso *a* 1. vīna-; 2. vīnkrāsas-; 3. piedzēries

viña *f* vīna dārzs

violaᵃ *f* alts, alta vijole

violaᵇ *f* vijolīte; ~ tricolor – atraitnīte

violáceo *a* violets

violación *f* 1. aizskaršana; apvainojums; 3. (*likuma*) pārkāpšana

violar *v* 1. pārkāpt (*likumu*); 2. izvarot; 3. apgānīt (*svētu vietu*)

violencia *f* 1. vardarbība; 2. cietsirdība, nežēlība; 3. izvarošana; ◇ con ~ – ar varu

violentar *v* 1. piespiest, likt (*ko darīt*) ar varu; 2. izvarot; 3. sagrozīt jēgu (*domai, vārdam u. tml.*); ◇ ~ una casa – ielauzties mājā; ~**se** *rfl* pārvarēt (piespiest) sevi

violento *a* 1. varens, spēcīgs; 2. piespiedu-; 3. spēcīgs, nevaldāms; 4. nikns; nežēlīgs

violeta I *f* smaržīgā vijolīte; **II** *a* violets; vestido ~ – violets tērps; luz ~ – violeta gaisma

violín *m* 1. vijole; tocar el ~ – spēlēt vijoli; 2. vijolnieks; concertino ~ – koncertmeistars; el primer ~ – pirmā vijole

violinista *m, f* vijolnieks, -ce

violón *m* kontrabass; ◇ tocar el ~ – 1) izblamēties; 2) runāt aplamības

violonchelo *m* čells

vira *f* 1. smaila bulta; 2. starpzole

virar *v* 1. *jūrn.* halzēt; 2. *foto* viražēt; ~**se** *rfl* (*am.*) izrādīt pretestību; celties pretī

virgen I *a* 1. nevainīgs; šķīsts; 2. neskarts; tierra ~ – neskarta zeme; selva ~ – mūžamežs; 3. tīrs, bez piejaukuma (*par metālu*); **II** *f* jaunava

virginal *a* 1. jaunavīgs; 2. *pārn.* tīrs, šķīsts

virginidad *f* 1. jaunavība; 2. šķīstība, nevainība

viril *a* vīrišķīgs

virilidad *f* 1. vīrišķība; vīrišķīgums; 2. spēks, stiprums; 3. briedums, brieduma gadi

virolento *a* 1. slims ar bakām; 2. bakurētains

virtual *a* **1.** iedarbīgs, efektīvs; **2.** iespējams; potenciāls

virtud *f* **1.** krietnums, tikums; **2.** dziedinošs spēks; **3.** spējas, dotības; ◇ en ~ de ... – sakarā ar ...; ņemot vērā, ka ...

virtuoso I *a* **1.** krietns; tikumīgs; **2.** virtuozs; **II** *m* virtuozs

viruela *f* bakas; ~s locas – vējbakas

virulento *a* **1.** *biol.* virulents; **2.** dzēlīgs, ļauns; indīgs

virus *m med.* vīruss

visado *m* vīza, atļauja; ~ de permanencia – uzturēšanās atļauja

visaje *m* grimase

visar *v* vīzēt (*dokumentu*)

víscera *f anat.* iekšējais orgāns; ~s *pl* iekšas; iekšējie orgāni; zarnas

visceral *a* iekšķīgs

viscosidad *f* viskozitāte; valkanība

viscoso *a* viskozs; valkans

visibilidad *f* redzamība

visible *a* redzams

visión *f* **1.** redze; ~ acromática – daltonisms; **2.** uzskats; justa ~ – pareizs uzskats; **3.** parādība, vīzija; ver visiones – fantazēt

visionario *m* sapņotājs, fantazētājs

visita *f* **1.** vizīte; apmeklējums; apciemojums; **2.** ciemiņš; **3.** ārsta vizīte; **4.** (*slimnieku, skolu u. tml.*) apskate, pārbaude; ◇ ~ domiciliaria – kratīšana

visitación *f* **1.** vizīte; apmeklējums; apciemojums

visitador *m* **1.** apmeklētājs; ciemiņš; **2.** inspektors; revidents

visitar *v* **1.** apmeklēt; apciemot; **2.** apskatīt, pārbaudīt (*slimnieku, skolu u. tml.*)

vislumbrar *v* **1.** neskaidri redzēt; **2.** manīt, nojaust

vislumbre *f* **1.** atspīdums; vāja gaisma; **2.** nojauta; minējums; **3.** vājas (virspusīgas) zināšanas

viso *m* **1.** atspīdums; **2.** gluda virsma; **3.** izskats, āriene; **4.** redzes viedoklis; **5.** līdzība, līdzīgums; **6.** vizuļošana, lāsmošana (*par audumiem*); ◇ de ~ – svarīgs, nozīmīgs; ten er ~s de ... – izlikties, ka; al ~ – 1) pavērties skatienam

visón *m* ūdele

visorio I *a* redzes-; **II** *m* apskate

víspera *f* **1.** priekšvakars; en ~s – priekšvakarā; **2.** priekšvēstnesis; **3.** ~s *pl bazn.* vakara dievkalpojums

vista I *f* **1.** redze; ~ corta – tuvredzība; ~ larga – tālredzība; aguzar la ~ – piepūlēt redzi; **2.** skats, skatiens; extender la ~ – uzmest skatienu; sin quitar la ~ – nenovēršot skatienu; **3.** [iz]skats; conocer de ~ – pazīt pēc [iz]skata; **4.** atkalredzēšanās, tikšanās; ¡hasta la ~! – uz redzēšanos!; **5.** parādība, vīzija; **6.** mērķis, nolūks; **7.** *jur.* izmeklēšana; **8.** *jur.* tiesas sēde; **9.** ~s *pl* logu ailas; ◇ a simple ~ – ar neapbruņotu aci; en ~ de – ievērojot, ka; hacer la ~ gorda – izlikties neredzam; piemiegt acis; no perder de ~ a una persona o cosa – stipri uzmanīt kādu vai kaut ko; a ~ de pájaro – no putna lidojuma; ◊ doble ~ – gaišredzība; poner a la ~ – izlikt apskatei

vistazo *m* skatiens, acu uzmetiens

visto I *part no* ver; II *a* redzēts; ◊ bien ~ – labi ieredzēts; digno de ser ~ – skatīšanās vērts; está ~ que ... – ir skaidrs, ka ...; ~ que – ņemot vērā; por lo ~ – pēc visa spriežot

vistoso *a* 1. spilgts, uzkrītošs; 2. lielisks; skaists

visual I *a* redzes-; vizuāls; memoria ~ – redzes atmiņa

vital *a* dzīvības-; vitāls

vitalidad *f* vitalitāte

vitamina *f* vitamīns

vitorear *v* apsveikt ar saucieniem; sarīkot ovācijas

vítreo *a* 1. stikla; 2. stiklam līdzīgs

vituperar *v* noniecināt, nopelt

vituperio *m* noniecināšana, nopelšana

viuda *f* atraitne; ◊ ~ de pega – salmu atraitne

viudo *m* atraitnis

¡viva! *interj* lai dzīvo!

vivacidad *f* 1. mundrums, možums; 2. straujums; dedzīgums; 3. spilgtums

vivaracho *a* sprigans; ņiprs

vivaz *a* 1. dzīvotspējīgs; dzīvīgs; 2. *bot*. ilggadīgs; 3. dzīvs; kustīgs; sprigans; 4. stiprs, spēcīgs; 5. apķērīgs

víveres *m pl* pārtika

viveza *f* 1. kustīgums; spriganums; 2. spilgtums; košums; 3. asprātība; atjautība

vividero *a* apdzīvojams

vividor I *a* 1. dzīvojošs; 2. dzīvotspējīgs; 3. strādīgs, darbīgs; II *m* uzdzīvotājs

vivienda *f* 1. dzīvoklis; mājoklis; 2. (*am.*) dzīvesveids

viviente I *a* dzīvojošs; dzīvs; II *m* 1. dzīvs radījums

vivificar *v* 1. atdzīvināt; 2. stiprināt, spēcināt

vivificativo *a* 1. dzīvinošs; 2. spēcinošs

vivir I *v* 1. dzīvot; 2. apdzīvot; 3. ilgt, turpināties; 4. saglabāties atmiņā; ◊ ¿quién vive? – kas tur nāk?; ~ a lo que salga – dzīvot no rokas mutē; II el modo de ~ – dzīvesveids; ◊ de mal ~ – ar sliktu slavu

viv‖o I *a* 1. dzīvs; 2. kustīgs, mundrs; 3. spēcīgs; impresión ~a – spēcīgs iespaids; kvēls (*par jūtām*); 4. spilgts; košs; 5. asprātīgs; 6. stiprs, intensīvs; dolor ~ – dedzinošas sāpes; II *m* 1. asa mala; 2. trese; 3. slīpēts zellis; ◊ más ~ que muerto – ne dzīvs, ne miris

vizconde *m* vikonts

vocablo *m* vārds

vocabulario *m* 1. vārdnīca; 2. valodas vārdu krājums; 3. vārdu krājums

vocación *f* aicinājums; dotības; errar la ~ – kļūdīties profesijas izvēlē

vocal I *a* 1. balss-; cuerdas ~es – balss saites; 2. vokāls; II *f* patskanis; III *m* persona ar lēmējas balss tiesībām

vocativo *m gram.* vokatīvs

voceador I *a* kliedzošs; II *m* 1. *vēst.* saucējs, herolds; 2. bļāvējs; kliedzējs

vocear *v* 1. kliegt, saukt; 2. skaļi paziņot; 3. [pa]saukt; 4. apsveikt ar saucieniem

vocejón *m* aizsmakusi (rupja) balss

volada *f* 1. īss lidojums; 2. (*am.*) apkrāpšana; 3. (*am.*) notikums, atgadījums

volador I *a* 1. lidojošs; 2. viegls, raits (*par soli*); II *m* 1. uguņošanas raķetes; 2. lidojošā zivs

voladura *f* 1. [uz]spridzināšana; 2. sprādziens

volante I *a* 1. lidojošs; 2. nemierīgs; šaudīgs; kustīgs; II *m* 1. spararats; 2. svārsts, vēzeklis (*pulkstenim*); 3. stūre, stūres rats; 4. volāns

volar *v* 1. lidot; ~se *rfl* 1. aizlidot; 2. (*am.*) saskaisties

volatería *f* 1. medības ar piekūniem; 2. putni

volcán *m* 1. vulkāns; 2. (*am.*) bezdibenis; aiza; ◊ estar sobre un ~ – sēdēt uz pulvermucas

volcar *v* 1. apvelt; apgāzt; 2. radīt reiboni; 3. pārliecināt (*kādu mainīt savus uzskatus*); 4. satraukt, uzbudināt; ◊ ~ la responsabilidad – novelt atbildību; ~se *rfl* apvelties; apgāzties

voltaje *m* spriegums; voltāža

voltear *v* 1. griezt; grozīt; 2. apgāzt; 3. būvēt arku; 4. apgriezties; 5. (*am.*) pagriezt muguru; 6. (*am.*) apgāzties (*par satiksmes līdzekļiem*); 7. izlīt, iztecēt (*no apgāzta trauka*)

voltio *m fiz.* volts

voluble *a* 1. kustīgs; 2. vijīgs (*par augiem*); 3. mainīgs, nepastāvīgs

volumen *m* 1. apjoms; de ~ reducido – mazgabarīta; 2. tilpums; 3. sējums (*par grāmatu*)

voluminoso *a* liela apjoma-, liela apmēra-

voluntad *f* 1. griba; fuerza de ~ – gribasspēks; 2. vēlēšanās; patika; 3. patvaļa; 4. labvēlība; ◊ última ~ – testaments; captar la ~ de alguno – iepatikties kādam

voluntario I *a* 1. brīvprātīgs; 2. patvaļīgs; II *m* brīvprātīgais

voluptuosidad *f* bauda, tīksme

volver *v* 1. apgriezt apkārt; 2. atdot atpakaļ; 3. raidīt (*skatienu*); 4. pārtulkot; 5. pārvērst (*mainīt*) izskatu; 6. pārliecināt; 7. atgriezties; 8. apgriezties; pagriezties; 9. (a + *inf*) atkal (no jauna) ko darīt; ~ a casarse – no jauna apprecēties; ◇ ~ loco a alguno – sagrozīt kādam galvu; ~ en sí – nākt pie samaņas; ~ por sí – aizstāvēt savu godu; **~se** *rfl* **1.** atgriezties; **2.** mainīties, pārvērsties; kļūt; ~se pálido – kļūt bālam; **3.** pārvērsties etiķī (*par vīnu*); **4.** apmainīties uzskatiem; ◇ ~se atrás – lauzt vārdu

vomitar *v* **1.** [iz]vemt; **2.** izgrūst; ◇ ~ sangre – spļaut asinis; **~se** *rfl* apvemties

vómito *m* vemšana; vēmiens; ◇ ~ negro, ~ prieto – dzeltenais drudzis

voracidad *f* **1.** rijība; **2.** alkatība

voraz *a* **1.** rijīgs; **2.** alkatīgs; **3.** nenogurdināms; **4.** (*am.*) mēlnesīgs

vórtice *m* **1.** viesulis; **2.** virpuļvētra; **3.** ciklona centrs

vos *pron pers* **1.** *novec.*, *poēt.* jūs; **2.** (*am.*) tu

vosotras *pron pers* (*dsk. 2. pers. siev. dz.*) jūs

vosotros *pron pers* (*dsk. 2. pers. vīr. dz.*) jūs

votación, votada *f* balsošana; ~ ordinaria – atklātas vēlēšanas

votador *m* vēlētājs

votar *v* **1.** balsot, nodot balsi; **2.** [no]lamāt; **3.** *bazn.* dot mūka solījumu

voto *m* **1.** svēts (svinīgs) solījums; **2.** nobalsošana; **3.** vēlētāja balss; tener ~ – būt balsstiesīgam; **4.** balsstiesības; **5.** [no]vēlējums; **6.** lamas; ◇ dar su ~ – izteikt savus uzskatus; ~s de amén – piekrišana

voz (*pl* voces) *f* **1.** balss; a media ~ – pusbalsī; a una ~ – vienbalsīgi; **2.** skaņa; **3.** kliedziens; **4.** vārds; **5.** *gram.* (*darbības vārda*) kārta; ◇ a voces – skaļi; hundir la casa a voces – trokšņot, bļaustīties; mala ~ – slikta slava; de viva ~ – mutiski; corre la ~ – klīst baumas; secreto a voces – atklāts noslēpums; ~ del pueblo, ~ del cielo – tautas balss – Dieva balss

vuelco *m* **1.** apgāšana; apvelšana; **2.** krišana; ◇ a ~ de dado – uz labu laimi

vuelo *m* **1.** lidojums; **2.** (*putna*) spārns; **3.** (sieviešu) svārku platums; **4.** *arhit.* izvirzījums; **5.** mežģīnes uz piedurkņu atlokiem; ◇ al ~ – ātri; en un ~ – bez kavēšanās; tocar las campanas a ~ – kārt pie lielā zvana; tomar ~ – plaukt (*par veikalu u. tml.*); levantar el ~ – 1) pacelties gaisā; 2) aizsapņoties

vuelta *f* **1.** apgriezens; **2.** apgriešanās; **3.** pagriezens; **4.** līkums; **5.** atgriešanās; **6.** atkārtošanās; **7.** otra (kreisā) puse; **8.** īsa pastaiga; **9.** atpakaļ izdotā nauda; **10.** atloks (*kleitai*); **11.** *fizk.* aplis (*stadionā*); **12.** valdziņu rinda (zeķei); 13. pēriens; kāviens; 14. kūlenis; 15. pārmaiņa; pavērsiens; 16. kompensācija, atlīdzināšana; ◇ a la ~ de – beigu beigās; otra ~ – otrreiz; a ~ de – apmēram; andar a ~s – strīdēties; a ~s – bez tam; a ~ de correo – steidzīgi, nekavējoties; a la ~ – atpakaļceļā

vuelto *part* no **volver**

vuestra (*pl* vuestras) *pron pos* (*dsk.* 2. *pers. siev. dz.*) **1.** jūsu-; **2.** jūsējā

vuestro (*pl* vuestros) *pron pos* (*dsk.* 2. *pers. vīr. dz.*) **1.** jūsu-; **2.** jūsējais

vulcanizar *v* vulkanizēt

vulgar *a* **1.** vienkāršs, parasts, ikdienišķs; **2.** vulgārs; triviāls; ◇ lengua ~ – sarunvaloda

vulgarizar *v* **1.** vulgarizēt; **2.** popularizēt; darīt vispārpieejamu; **~se** *rfl* kļūt vulgāram, vulgarizēties

vulnerar *v* **1.** ievainot; **2.** aizvainot

vulpeja *f* lapsa

vultuoso *a* sarkans, pietūcis (*par seju*)

W

wat *m fiz.* vats
water-polo *m* ūdenspolo

whiski, whisky *m* viskijs
whist *m* vists (*kāršu spēle*)
wolframio *m ķīm.* volframs

X

xenófobo *a* naidīgs pret svešiem
xilófono *m* ksilofons

xilógrafo *m* kokgriezējs
xilórgano *m sk.* **xilófono**

Y

y *conj* un
ya I *adv* **1.** jau; ~ se lo dije – es jau viņam to teicu; **2.** tagad; nu; ~ es hora de trabajar – nu ir laiks strādāt; **3.** tūlīt; ~ voy – tūlīt iešu; ◇ ~ ... ~ ... – gan ..., gan ...; ~ que – 1) tā kā; 2) ja jau; **II** *interj* **1.** ak tā!;
2. protams!; ¡pues ~! – nu protams!; ¡~ está! – pietiek!, diezgan!

yacer *v* **1.** gulēt; atrasties; **2.** atdusēties (*par mirušu*)

yacija *f* **1.** guļasvieta; **2.** kaps; ◇ ser de mala ~ – 1) slikti gulēt; 2) būt satrauktam (nemierīgam)

yacimiento *m ģeol.* 1. slānis; 2. ~ aurífero – zelta atradne
yaguar *m* jaguārs
yambo *m lit.* jambs
yanqui I *a* [ziemeļ]amerikāņu-; II *m* [ziemeļ]amerikānis, jenkijs
yate *f* jahta
yedra *f* efeja
yegua *f* 1. ķēve; 2. (*am.*) izsmēķēta cigāra gals
yeguada *f* ķēvju ganāmpulks
yema *f* 1. pumpurs; 2. olas dzeltenums; 3. pirksta galiņš; 4. labākā daļa (*no kaut kā*)
yerba *f* zāle; augs
yerbajo *m* nezāle
yermar *v* 1. pārvērst postažā; 2. aizlaist atmatā
yermo I *a* 1. pamests; mežonīgs; 2. neauglīgs (*par zemi*); II *m* 1. tuksnesīgs apvidus; 2. atmata
yerno *m* znots
yerro *m* 1. kļūda; vaina; ~ de imprenta – drukas kļūda; ~ de cuenta – kļūda rēķinā; ~ del entendido – nepiedodama kļūda; 2. maldīšanās, kļūdīšanās
yerto *a* 1. stingrs; 2. stīvs, sastindzis; quedarse ~ – sastingt (*aiz bailēm u. tml.*)
yesal, yesar *m* 1. ģipša atradnes; 2. ģipša ieguves vieta
yesca *f* 1. viegli degoša viela; 2. (*am.*) kokosrieksta čaula; 3. *sar.* ēdiens, kas rada slāpes; 4. (*am.*) ~s *pl* šķiltavas
yeso *m* 1. ģipsis; 2. ģipša izstrādājumi (lējumi)
yo *pron pers* (*vsk. 1. pers.*) es
yodo *m ķīm.* jods
yoduro *m ķīm.* joda savienojumi
yogurt *m* jogurts
yperita *f ķīm.* iprīts
yuca *f* 1. *bot.* juka; 2. (*am.*) *sar.* nepatīkama vēsts
yungla *f* džungļi
yusión *f* pavēle, rīkojums
yute *m* 1. džuta; 2. džutas audums

Z

zabordar *v jūrn.* uzskriet uz sēkļa
zafado *a* (*am.*) 1. dzīvs, kustīgs (*par bērnu*); 2. nekaunīgs
zafar *v* 1. *jūrn.* uzlaist, palaist vaļīgāk (*tauvu*); 2. izpušķot, izdaiļot; ~se *rfl* tikt vaļā (*no kaut kā*)
zafio *a* 1. rupjš, neaptēsts; 2. (*am.*) cietsirdīgs, nežēlīgs
zafiro *m* safīrs
zafraᵃ *f* eļļas tvertne
zafraᵇ *f* 1. cukurniedru novākšana; 2. niedru cukura ražošana
zaga *f* 1. pakaļpuse; en ~ – pakaļpusē; a la ~ – nopakaļ; ir a la ~ – atpalikt; 2. bagāžnieks; ◊ no quedarse en ~ a

alguien – nebūt mazvērtīgākam par kādu

zagal *m* 1. zēns; jauneklis; 2. ganu zēns

zagala *f* 1. meitene; 2. ganu meita

zaguán *m* priekšnams, priekštelpa

zaguero I *a* 1. atpaliekošs; 2. pakaļējs; II *m* aizsargs (*futbolā*)

zahorí *m* 1. gaišreģis; zīlnieks; 2. *pārn.* tālredzīgs cilvēks

zahorra *f jūrn.* balasts

zaíno *a* viltīgs; nekrietns; neuzticams

zalamería *f* pārspīlēta pieklājība

zalamero *a* lišķīgs

zalea *f* aitāda

zamarra *f* 1. puskažoks; 2. aitāda; 3. ~s *pl* (*am.*) jātnieku bikses

zambo I *a* līkkājains; II *m* nēģera un indiānietes dēls

zambombo *m* rupjš cilvēks

zambullida *f* strauja ieniršana (iegrimšana) ūdenī

zambullir *v* strauji ienirt (iegrimt) ūdenī; ◇ ~ en la cárcel – iebāzt cietumā; ~**se** *rfl* 1. ienirt; 2. paslēpties

zampa *f* pālis

zampar *v* 1. ātri paslēpt; 2. *sar.* kāri rīt; ~**se** *rfl* iešmaukt (aizšmaukt) nepamanītam

zanahoria *f* 1. burkāns; 2. (*am.*) muļķis

zanca *f* 1. putna kāja; 2. tieva kāja (*cilvēkam*)

zancada *f* liels (plats) solis; ◇ en dos ~s – vienā rāvienā

zancadilla *f* 1.: echarle la ~ a uno – aizlikt kādam kāju priekšā; 2. piemānīšana, piekrāpšana

zancajo *m* 1. papēža kauls; 2. papēdis; 3. knauķis, knēvelis; ◇ roer los ~s – trīt zobus (*gar kādu*)

zancudo I *a* garstilbains, garkājains; II *m* (*am.*) moskīts

zangamanga *f* 1. *sar.* viltība; 2. attapība; izveicība

zanganada *f sar.* nekaunība

zanganear *v* slaistīties

zangarrear *v sar.* [s]trinkšķināt ģitāru

zangarro *m* (*am.*) telts

zangolotear *v* 1. mētāt, šūpot, svaidīt; 2. draiskuļoties; ~**se** *rfl* šūpoties; ļodzīties, būt nestabilam (*par kaut ko*)

zanguanga *f* izlikšanās par slimu; hacer la ~ – izlikties slimam

zanguango I *a* slinks; II *m* slinkuma lāpītājs, sliņķis

zanja *f* 1. grāvis; 2. būvbedre; 3. (*am.*) gramba, danga; 4. (*am.*) sēta; ◇ abrir las ~s – likt pamatus

zanjar *v* 1. rakt grāvjus; 2. rakt būvbedri; 3. *būvn.* likt pamatus; 4. pārvarēt šķēršļus (grūtības)

zanquear, zanquetear *v* 1. klibot, tenterēt; 2. skraidelēt

zanquillas *m sar.* īskājis

zapa[a] *f* 1. haizivs pasuga; 2. haizivs ādas izstrādājumi

zapa[b] *f* 1. kaplis; 2. lāpsta

zapador *m mil.* sapieris

zapar *v* **1.** kaplēt; **2.** *mil.* rakt ierakumus

zapata *f* **1.** puszābaks; **2.** *tehn.* paliktnis; balsts; **3.** *arhit.* cokols

zapatazo *m* **1.** kājas spēriens; **2.** spēcīgs sitiens; ◇ mandar a uno a ~s – aiztriekt kādu projām

zapatear *v* **1.** spert ar kāju; **2.** dauzīt kājas, dauzīt ar kājām; **3.** *sar.* slikti apieties (*ar kādu*); **4.** *jūrn.* plandīties (*par burām*); **~se** *rfl* justies drošam (*kopā ar kādu*)

zapatería *f* **1.** kurpnieka darbnīca; **2.** kurpnieka amats; **3.** kurpju veikals

zapatero *m* kurpnieks

zapato *m* **1.** kurpe; **2.** zābaks; ◇ como tres en un ~ – kā siļķes mucā; saber donde aprieta el ~ a alguien – zināt kāda vājo vietu; meter en un ~ – iebaidīt (*kādu*)

¡zape! *interj* skic!

zaperoco *m* (*am.*) jandāliņš

zaque *m* **1.** ādas maiss vīna uzglabāšanai; **2.** *sar.* žūpa

zara *f* maiss, kukurūza

zarabanda *f* **1.** sarabanda (*sena spāņu deja*); **2.** tracis

zaramagullón *m* nira, nirējpīle

zaranda *f* **1.** siets; **2.** (*am.*) trompete; **3.** (*am.*) dziedošais vilciņš (*rotaļlieta*)

zarandar, zarandear *v* **1.** [iz]sijāt; **2.** *sar.* sakratīt; **3.** *pārn.* sapurināt, uzpurināt; **~se** *rfl* iet līgodamies (gāzelēdamies)

zarando *a* (*am.*) gaisīgs, vieglprātīgs

zarapito *m ornit.* tilbīte

zarate *m* (*am.*) kašķis

zarcear *v* **1.** tīrīt (*caurules*); **2.** meklēt medījumu brikšņos (*par medību suni*); **3.** staigāt šurp un turp

zarcillo *m* **1.** auskars; **2.** *bot.* vīteņaugu stīgas

zarigüeya *f* oposums

zarpa *f* **1.** ķetna, ķepa; **2.** *jūrn.* enkura pacelšana; **3.** netīrumi (*uz drānām*); ◇ echar la ~ – uzlikt savu ķepu (*uz kaut kā*)

zarpada *f* sitiens ar ķepu

zarpar *v* pacelt enkuru; doties jūrā

zarposo *a* dubļains, netīrs

zarracatín *m* spekulants, uzpircējs

zarza *f* kazenājs

zarzal *m* **1.** kazenājiem apaugusi vieta; **2.** ērkšķājs

zarzamora *f* kazeņu oga, kazene

zarzaperruna *f* mežrozīte

zarzo *m* pīts žogs

zarzoso *a* ērkšķains

¡zas! *interj* blaukš!, blāc!, plaukš!

zascandil *m sar.* intrigants

zenit *m astr.* zenīts

zinc *m* cinks

zócalo *m* **1.** *arhit.* cokols; **2.** *arhit.* frīze; **3.** (*am.*) ciema centrs

zocatearse *v rfl* pārgatavoties

zocato *a* **1.** pārgatavojies; **2.** kreiļa-

zocolar *v* (*am.*) attīrīt zemi pirms sējas (*no krūmiem u. tml.*)

zolocho *a* vientiesīgs

zollipar *v sar.* šņukstēt
zompo I *a* 1. neveikls; 2. kropls;
  II *m* kroplis
zona *f* zona, josla
zonal *a* 1. zonāls; 2. sadalīts zonās
zoncera, zoncería *f* (*am.*) muļķība
zonzo I *a* 1. pliekans; 2. muļķīgs, stulbs; **II** *m* muļķis, stulbenis
zoología *f* zooloģija
zoológico *a* zooloģisks; jardín ~ – zooloģiskais dārzs
zoólogo *m* zoologs
zopetero *m* nogāze, nokalne
zopisa *f* sveķi
zopo *a* 1. neveikls; 2. kroplīgs
zorra *f* 1. lapsa; ~ argentada – sudrablapsa; 2. lapsas āda; 3. viltnieks; 4. *sar.* skurbulis; dormir la ~ – izgulēt skurbuli; 5. ielasmeita
zorrastrón I *a* 1. viltīgs; 2. liekuļots, neīsts; **II** *m* 1. viltnieks; blēdis 2. valšķis
zorrería *f* viltus
zorro *m* 1. lapsas tēviņš; ~ azul – polārlapsa; 2. lapsāda; 3. (*am.*) grauzdēti kviešu milti ar medu; 4. viltnieks, blēdis; 5. slaists; slīmests; 6. ~s *pl* putekļu slotiņa; ◇ ~ negro – jenots; ~ guache – āpsis; hacerse el ~ – izlikties par muļķi
zorruno *a* lapsas-
zote I *a* dumjš; vientiesīgs, aprobežots; **II** *m* muļķis; vientiesis
zozobra *f* 1. briesmas (*uz jūras*); 2. kuģa bojāeja; 3. nemiers, rūpes

zozobrar *v* 1. atrasties briesmās (*uz jūras*); 2. piedzīvot kuģa bojāeju; 3. būt nemierīgam (uztrauktam)
zumba *f* 1. zvaniņš (*lopiem*); 2. vilciņš (*rotaļlieta*); 3. dzēlība; izsmiekls; 4. (*am.*) pēriens, kāviens
zumbar *v* 1. dūkt, sanēt; 2. tuvoties; būt tuvu; 3. kaitināt (*kādu*); 4. (*am.*) izmest, izsviest [ārā]; **~se** *rfl* 1. izsmiet (*kādu*); 2. (*am.*) laisties lapās
zumbido *m* dūkšana, sanēšana
zumiento *a* sulīgs, sulots
zumo *m* 1. sula; 2. labums
zuncho *m* *tehn.* skava
zupia *f* 1. duļķains vīns; susla; 2. krāms
zurcido I *a* 1. aizšūts; 2. salāpīts; **II** *m* 1. lāpījums; 2. vīle; šuve; 3. lāpīšana
zurcir *v* lāpīt; ◇ ~ mentiras – veikli melot
zurd‖o I *a* kreisā (*roka*); ◇ a ~as – ačgārni; no ser ~ – būt veiklam; **II** *m* kreilis
zorrapa *f* 1. duļķes, nogulsnes; 2. brāķis; 3. draņķis
zurriagazo *m* 1. pātagas cirtiens; 2. *pārn.* likteņa sitiens; pēkšņa nelaime
zurriburi *m* *sar.* bezkauņa, nekauņa
zurrido *m* 1. dūkoņa, sanoņa; 2. dobjš sitiens
zurrir *v* dūkt, sanēt
zurumbático *a* apmulsis, apstulbis

DARBĪBAS VĀRDI

Spāņu valodā darbības vārdi dalās 3 grupās:
1) kārtnie jeb regulārie darb. v. (**verbos regulares**);
2) īpaši lokāmie nekārtnie jeb individuālie darb. v. (**verbos individuales**);
3) neregulārie darb. v. (**verbos irregulares**).

Locīšana

Verbos regulares – lokot mainās tikai galotne, bet sakne paliek nemainīga.
Verbos individuales – neliela grupa, ko veido apmēram 20 darbības vārdu.
Verbos irregulares – iedalās 5 grupās, un katras grupas darbības vārdi tiek locīti pēc īpaša parauga.

Kārtno darbības vārdu locīšana

Verbos regulares – mainās tikai galotne

Infinitivo	Presente de indicativo	Futuro simple	Participio	Gerundio
mandar	mando	mandaré	mandado	mandando
	mandas	mandarás		
	manda	mandará		
	mandamos	mandaremos		
	mandáis	mandaréis		
	mandan	mandarán		

Īpaši lokāmie nekārtnie jeb individuālie darbības vārdi

Verbos individuales

Infinitivo	Presente de indicativo	Futuro simple	Participio	Gerundio
CAER	caigo	caeré	caído	cayendo
	caes	caerás		
	cae	caerá		
	caemos	caeremos		
	caéis	caeréis		
	caen	caerán		
DAR	doy	daré	dado	dando
	das	darás		
	dar	dará		
	damos	daremos		
	dais	daréis		
	dan	darán		
DECIR	digo	diré	dicho	diciendo
	dices	dirás		
	dice	dirá		
	decimos	diremos		
	decís	diréis		
	dicen	dirán		
ESTAR	estoy	estaré	estado	estando
	estás	estarás		
	está	estará		
	estamos	estaremos		
	estáis	estaréis		
	están	estarán		

Infinitivo	Presente de indicativo	Futuro simple	Participio	Gerundio
HABER	he	habré	habido	habiendo
	has	habrás		
	ha	habrá		
	hemos	habremos		
	habéis	habrán		
	han	habrá		
HACER	hago	haré	hecho	haciendo
	haces	harás		
	hace	hará		
	hacemos	haremos		
	hacéis	haréis		
	hacen	harán		
IR	voy	iré	ido	yendo
	vas	irás		
	va	irá		
	vamos	iremos		
	vais	iréis		
	van	irán		
OÍR	oigo	oiré	oído	oyendo
	oyes	oirás		
	oye	oirá		
	oímos	oiremos		
	oís	oiréis		
	oyen	oirán		

Infinitivo	Presente de indicativo	Futuro simple	Participio	Gerundio
PODER	puedo puedes puede podemos podéis pueden	podré podrás podrá podremos podréis podrán	podido	pudiendo
PONER	pongo pones pone ponemos ponéis ponen	pondré pondrás pondrá pondremos pondréis pondrán	puesto	poniendo
QUERER	quiero quieres quiere queremos queréis quieren	querré querrás querrá querremos querréis querrán	querido	queriendo
SABER	sé sabes sabe sabemos sabéis saben	sabré sabrás sabrá sabremos sabréis sabrán	sabido	sabiendo
SALIR	salgo sales sale salimos salís salen	saldré saldrás saldrá saldremos saldréis saldrán	salido	saliendo

Infinitivo	Presente de indicativo	Futuro simple	Participio	Gerundio
SER	soy eres es somos sois son	seré serás será seremos seréis serán	sido	siendo
TENER	tengo tienes tiene tenemos tenéis tienen	tendré tendrás tendrá tendremos tendréis tendrán	tenido	teniendo
TRAER	traigo traes trae traemos traéis traen	traeré traerás traerá traeremos traeréis traerán	traído	trayendo
VENIR	vengo vienes viene venimos venís vienen	vendré vendrás vendrá vendremos vendréis vendrán	venido	viniendo
VER	veo ves ve vemos veis ven	veré verás verá veremos veréis verán	visto	viendo

Neregulāro darbības vārdu locīšana

Verbos irregulares

Grupo	Presente de indicativo	Gerundio	Verbos
I a) e - ie uzsvērtā zilbē	empiezo empiezas empieza empezamos empezáis empiezan	empezando	empezar comenzar cerrar entender despertar(se) pensar perder u. c.
b) o - ue uzsvērtā zilbē	cuento cuentas cuenta contamos contáis cuentan	contando	contar almorzar costar encontrar volver mostrar recordar jugar u. c.
II e - i a) uzsvērtā zilbē; b) zilbē pirms uzsvērta divskaņa	pido pides pide pedimos pedís piden	pidiendo	pedir repetir reír(se) depedir(se) servir vestir(se) seguir

Los numerales 100 – 1 000 000
Skaitļa vārdi (100 – 1 000 000)

101 – ciento uno
102 – ciento dos
110 – ciento diez
115 – ciento quince
132 – ciento treinta y dos
200 – doscientos
300 – trescientos
400 – cuatrocientos
500 – quinientos
600 – seiscientos
700 – setecientos

800 – ochocientos
900 – novecientos
1000 – mil
1001 – mil uno
1342 – mil trescientos cuarenta y dos
2000 – dos mil
3000 – tres mil
1 000 000 – un millón
2 000 000 – dos millones

Los numerales ordinales
Kārtas skaitļa vārdi

primero
segundo
tercero
cuarto
quinto

sexto
séptimo
octavo
noveno
décimo

Naturaleza. Tiempo
Dabas parādības

cielo, m – debesis
sol, m – saule
luna, f – mēness
estrella, f – zvaigzne
nube, f – mākonis
tierra, f – zeme
hierba, f – zāle
árbol, m – koks
hoja, f – lapa

Fenómenos naturales
lluvia, f – lietus
nieve, f – sniegs
viento, m – vējš
tormenta, f – vētra
ciclón, m – ciklons
huracán, m – viesuļvētra
inundación, f – plūdi
terremoto, m – zemestrīce
relámpago, m – zibens
trueno, m – pērkons

Verbos
llover (I)
nevar (I)
amanecer – aust, uzaust
              (gaisma)
el amanecer – rītausma
anochecer – krēslot, satumst
brillar – mirdzēt, spīdēt

Clima
cálido – karsts
templado – silts
frío – auksts
seco – sauss
húmedo – mitrs

Los días de la semana
Nedēļas dienas

Los días de la semana son:
lunes – pirmdiena
martes – otrdiena
miércoles – trešdiena
jueves – ceturtdiena
viernes – piektdiena
sábado – sestdiena
domingo – svētdiena

ĢEOGRĀFISKIE NOSAUKUMI

Abu-Dabi Abū Dabī
Acra Akra
Addis-Abeba Adisabeba
Aden Adena
Adriático (Mar) Adrijas jūra
Afganistán Afganistāna
África Āfrika
Albania Albānija
Alicante Alikante
Al Kowait Kuveita
Almá-Atá Almati
Almeria Almerija
Alpes Alpi
Altai Altajs
Amberes Antverpene
América Amerika
América Central Centrālamerika
América Latina Latīņamerika
América Meridional Dienvidamerika
Ammán Ammāna
Amsterdam Amsterdama
Amu-Dariá Amudarja
Andalucía Andalūzija
Andes Andi
Andorra (Principado de) Andora
Andorra (la Vieja) Andora (*pils.*)
Angola Angola
Angora, Ankara Ankara
Antananarivo Antananarivu
Antárticas (Tierras) Antarktika
Antártida Antarktīda
Antillas 1. (Archipiélago de las) Antiļu salas; **2.** (Mar de las) Karību jūra
Apeninos Apenīni
Apia Apija
Arabia Saudita Saūda Arābija
Aragón Aragona
Argel Alžīra
Argelia Alžīrija
Argentina Argentīna
Arjánguel(sk) Arhangeļska
Armenia Armēnija
Árticas (Tierras) Arktika
Ashjabad Ašhabada
Asia Āzija
Asturias Astūrija
Asunción Asunsjona
Atenas Atēnas

Atlántico (Océano) Atlantijas okeāns
Australia Austrālija
Austria Austrija
Ávila Avila
Azerbaidzhán Azerbaidžāna
Azof (Mar de) Azovas jūra

Badajoz Badahosa
Bagdad Bagdāde
Bahamas (Islas) Bahamu salas
Bahrein Bahreina
Baical, Baikal Baikāls
Bakú Baku
Balcanes (Montes) Balkāni, Balkānu kalni
Baleares (Islas) Baleāru salas
Báltico (Mar) Baltijas jūra
Bangkok Bangkoka
Barbada Barbadosa
Barcelona Barselona
Beirut Beirūta
Bélgica Beļģija
Belgrado Belgrada
Bengasi, Benghasi Bengāzī
Benin Benina
Berlín Berlīne
Berna Berne
Bielor(r)usia Baltkrievija
Bilbao Bilbao
Blanco (Mar) Baltā jūra
Bogotá Bogota
Bolivia Bolīvija
Bombay Bombeja
Bonn Bonna
Bósforo (estrecho) Bosfors

Bosnia-Herzegovina Bosnija un Hercegovina
Botswana Botsvāna
Brasil Brazīlija
Brasilia Brazilja (*pils.*)
Brazzaville Brazavila
Brest Bresta
Bridgetown Bridžtauna
Bruselas Brisele
Bucarest Bukareste
Budapest Budapešta
Buenos Aires Buenosairesa
Bulgaria Bulgārija
Burgos Burgosa
Burquina Faso Burkinafaso
Burundi Burundi

Cabul Kabula
Cáceres Kaseresa
Cádiz Kadisa
Cairo (El) Kaira
Calcuta Kalkuta
Camerún Kamerūna
Camboya Kambodža
Canadá (El) Kanāda
Canarias (Islas) Kanāriju salas
Canberra Kanbera
Caracas Karakasa
Caribe (Mar) Karību jūra
Cárpatos (Montes) Karpati
Cartagena Kartahena
Casablanca Kasablanka
Caspio (Mar) Kaspijas jūra
Castellón de la Plana Kasteljona de la Plana

Castilla Kastīlija
Cataluña Katalonija
Cáucaso Kaukāzs
Célebes Sulavesi
Cerdeña Sardīnija
Ceuta Seūta
Ciudad Real Sjudadreala
Colonia Ķelne
Comoras Komoru Salas
Congo Kongo
Copenhague Kopenhāgena
Cordilleras Kordiljeri
Córdoba Kordova
Corea del Sur Dienvidkoreja
Coruña (La) Lakorunja
Costa Rica Kostarika
Cóte-d'Ivoire Kotdivuāra
Creta Krēta
Crimea Krima
Croacia Horvātija
Cuba Kuba
Cuenca Kuenka
Chad Čada
Chequia Čehija
Chicago Čikāga
Chile Čīle
China Ķīna
Chipre Ķipra

Dacca Daka
Dakar Dakāra
Damasco Damaska
Danubio Donava
Dardanelos (Estrecho de los) Dardaneļi
Delhi Deli
Dinamarca Dānija
Dniéper, Dniepr Dņepra
Don Dona
Dublin Dublina
Duero Duero
Dushanbé Dušanbe

Ebro Ebro
Ecuador Ekvadora
Egeo (Mar) Egejas jūra
Egipto Ēģipte
Elba Elba
Elbrús Elbruss
Emiratos Árabes Unidos Apvienotie Arābu Emirāti
Ereván, Erivan Erevāna
Escocia Skotija
Eslovaquia Slovākija
Eslovenia Slovēnija
España Spānija
Estados Unidos de América (EE. UU.) Amerikas Savienotās Valstis
Estambul Stambula
Estocolmo Stokholma
Estonia Igaunija
Etiopia Etiopija
Europa Eiropa
Extemadura Estremadura
Extremo Oriente Tālie Austrumi

Fidji Fidži
Filipinas Filipīnas
Finlandia Somija

Francia Francija
Freetown Frītauna

Gabón Gabona
Gaborone Gaborone
Gales (País de) Velsa
Galicia Galisija
Gambia Gambija
Georgetown Džordžtauna
Georgia Gruzija
Ghana Gana
Gibraltar 1. Gibraltārs; **2.** (Estrecho de) Gibraltāra šaurums
Ginebra Ženēva
Granada Granada
Gran Bretaña Lielbritānija
Grecia Griēķija
Groenlandia Grenlande
Guadalajara Gvadalahara
Guadalquivir Gvadalkivira
Guadalupe Gvadelupa
Guantánamo Guantanamo
Guatamala Gvatemala
Guayana Gviāna
Guernica Gernika
Guinea Gvineja

Habana (La) Havana
Haití Haiti
Hanoi Hanoja
Hawai (Islas) Havaju salas
Haya (La) Hāga
Helsinki Helsinki
Himalaya (Montes) Himalaji
Hiros(h)ima Hirosima

Holanda Holande
Honduras Hondurasa
Hungría Ungārija
India Indija
Índico (Océano) Indijas okeāns
Indochina Indoķīna
Indonesia Indonēzija
Inglaterra Anglija
Irak Irāka
Irán Irāna
Irlanda Īrija
Islamabad Islāmābāda
Islandia Islande
Israel Izraēla
Italia Itālija

Jakarta Džakarta
Jamaica Jamaika
Japón Japāna
Java Java
Jerusalén Jeruzaleme
Jibuti Džibuti
Jordania Jordānija

Kalimantán Kalimantāna
Kampala Kampala
Katar Katara
Katmandú Katmandu
Kazajia Kazahstāna
Kenia Kenija
Kiev Kijeva
Kingston Kingstona
Kinshasa Kinšasa
Kirguizia Kirgīzija
Kishinev Kišiņeva

Konakry Konakri
Koweit Kuveita
Kuala Lumpur Kualalumpura
Lagos Lagosa
Laos Laosa
León Leona
Lesoto Lesoto
Letonia Latvija
Libano Libāna
Liberia Libērija
Libia Lībija
Libreville Librevila
Liechtenstein (Principado de) Lihtenšteina
Lima Lima
Lisboa Lisabona
Lituania Lietuva
Logroño Logronjo
Londres Londona
Luanda (San Pablo de) Luanda
Lusaka Lusaka
Luxemburgo Luksemburga

Macedonia Maķedonija
Madagascar Madagaskara
Madrid Madride
Málaga Malaga
Malasia Malaizija
Malí Mali
Malta Malta
Mallorca Maljorka
Managua Managva
Manama Manāma
Mancha (Canal de la) Lamanšs
Manila Manila

Maputo Maputu
Mármara (Mar de) Marmora jūra
Marruecos Maroka
Marsella Marseļa
Martinica Martinika
Mauritania Mauritānija
Mediterráneo (Mar) Vidusjūra
Méjico 1. Meksika; **2.** Mehiko
Melbourne Melburna
Menorca Menorka
Minsk Minska
Missisipi Misisipi
Missouri Misūri
Mogadiscio Mogadīšo
Moldavia Moldova
Mónaco Monako
Mongolia Mongolija
Monrovia Monrovija
Montevideo Montevideo
Montreal Monreāla
Moscova Maskavas upe
Moscú Maskava
Mozambique Mozambika
Munich Minhene
Murcia Mursija

Nairobi Nairobi
Namibia Namībija
Nauru Nauru
Navarra Navarra
Negro (Mar) Melnā jūra
Nepal Nepāla
Neva Ņeva
Nicaragua Nikaragva
Nicosia Nikosija

Nigeria Nigērija
Nilo Nīla
Norte (Mar del) Ziemeļjūra
Noruega Norvēģija
Nueva York Ņujorka
Nueva Zelanda Jaunzēlande

Océano Glacial Ártico Ziemeļu Ledus okeāns
Odesa Odesa
Omán Omāna
Oriente Medio 1. Tuvie Austrumi; **2.** Vidējie Austrumi
Oslo Oslo
Ottava Otava
Oviedo Ovjedo

Pacífico (Océano) Klusais okeāns
Países Bajos Nīderlande, Holande
País Vasco Basku Zeme
Pakistán Pakistāna
Palma Palma
Pamplona Pamplona
Panamá 1. Panama; **2.** (Canal de) Panamas kanāls
Papua(sia) – Nueva Guinea Papua-Jaungvineja
Paraguay Paragvaja
París Parīze
Paz (La) Lapasa
Pekín Pekina
Península Escandinava Skandināvijas pussala
Península Ibérica Pireneju pussala
Perú Peru

Pirineos Pireneji
Plata (La) Laplata
Polonia Polija
Portugal Portugāle
Praga Prāga
Pretoria Pretorija
Puerto Principe Portoprensa
Puerto Rico Puertoriko
Pyongyang Phenjana

Quito Kito

Rabat Rabāta
República del África Central Centrālāfrikas Republika
República Sudafricana Dienvidāfrikas Republika
Reykjavik Reikjavīka
Rhin Reina
Riga Rīga
Río de Janeiro Riodežaneiro
Río Grande del Norte Riogrande
Roma Roma
Ruanda Ruanda
Rumania Rumānija
Rusia Krievija

Sahara Sahāra
Salamanca Salamanka
Salvador (El) Salvadora
Samarcanda Samarkanda
Samoa Occidental Rietumsamoa
San Francisco Sanfrancisko
San José Sanhosē

San Juan Sanhuana
San Marino Sanmarīno
San Petersburgo Sanktpēterburga
San Salvador Sansalvadora
San Sebastián Sansevastjana
Santander Santandera
Santiago Santjago
Santo Domingo Santodomingo
Santo Tomé Santome
Santo Tomé y Príncipe Santome un Prinsipi
Sebastopol Sevastopole
Sena Sēna
Senagal Senegāla
Seúl Seula
Sevilla Sevilja
Seychelles (Islas) Seišeļu Salas
Shang(h)ai Šanhaja
Shri-Lanka Šrilanka
Siberia Sibīrija
Sierra Leone Sjerraleone
Sierra Nevada Sjerranevada
Singapur Singapūra
Sir-Dariá Sirdarja
Siria Sīrija
Sochi Soči
Sofia Sofija
Somalia Somālija
Sucre Sukre
Sudán Sudāna
Suecia Zviedrija
Suez (Canal de) Suecas kanāls
Suiza Šveice
Surinam Surinama
Swazilandia Svazilenda

Tadzhikia Tadžikistāna
Tailandia Taizeme
Tajo Taho
Tallinn Tallina
Tánger Tanžera
Tanzania Tanzānija
Tashkent Taškenta
Tbilisi Tbilisi
Teherán Teherāna
Tel-Aviv Telaviva
Teruel Teruela
Tian-Shan Tjanšans
Tirana Tirāna
Tokio Tokija
Toledo Toledo
Tonga Tonga
Trinidad y Tobago Trinidāda un Tobāgo
Trípoli Tripole
Túnez Tunisa
Tunicia Tunisija
Turkmenia Turkmenistāna
Turquia Turcija

Ucrania Ukraina
Uganda Uganda
Urales (Montes) Urāli
Uruguay Urugvaja
Uzbekia, Uzbekistán Uzbekistāna

Valencia Valensija
Valetta (La) Valleta
Valparaíso Valparaiso
Valladolid Valjadolida

Varsovia Varšava
Vascongadas (Provincias) Basku Zeme
Vaticano Vatikāns
Venecia Venēcija
Venezuela Venecuēla
Veracruz Verakrusa
Vesubio Vezuvs
Viena Vīne
Viet-Nam Vjetnama
Vilnius Viļņa
Vístula Visla
Vizcaya 1. Biskaja; **2.** (Golfo de) Biskajas līcis
Vladivostok Vladivostoka

Volga Volga
Volgogrado Volgograda

Washington Vašingtona
Wellington Velingtona

Yalta Jalta
Yaundé Jaunde
Yeniséi Jeņiseja
Yugoeslavia Dienvidslāvija

Zambia Zambija
Zaragoza Saragosa
Zimbabve Zimbabve
Zurich Cīrihe

Redaktore *Ruta Puriņa*
Korektore *Inese Ritenberga*
Datormaketētāja *Lilija Rimicāne*

Reģistrācijas apl. Nr. 000330791.
Formāts 70×100/32. Izdevniecība «Avots» SIA,
Puškina ielā 1a, Rīga LV 1050. Iespiesta un iesieta
a/s «Preses nams»
Balasta dambī 3, Rīga LV 1081

**Izdevniecības «Avots» grāmatas var iegādāties Rīgā,
Puškina ielā 1a, tālrunis 7212612**